Verkehrsmittel
& -wege

AN- &
WEITERREISE

Flugzeug
International

Regis St. Louis

Jayne D'Arcy, Sarah Gilbert, Paul Harding, Catherine Le Nevez,
Virginia Maxwell, Olivia Pozzan, Penny Watson

Willkommen an der Ostküste

Traumkulisse

Mit einer Länge von fast 18 000 km offenbart Australiens Ostküste eine der spektakulärsten Landschaften des Planeten. Zweifelsohne die imposanteste Attraktion ist die farbenprächtige Unterwasserwelt des Great Barrier Reef mit seiner verblüffenden marinen Artenvielfalt. Es gibt bunt schillernde Korallen zu entdecken, atemberaubende Strände, herrlich-schroffe Küstenstriche und Hunderte von Inseln – von windgepeitschen Naturschutzgebieten bis zu kleinen, von Regenwald bedeckten Eilanden. Abseits des Ozeans warten bezaubernde Nationalparks mit gemäßigten, subtropischen und tropischen Regenwäldern, sanft geschwungenen Hügeln, unberührten Seen und einer umwerfenden Artenvielfalt, zu der niedliche Kuscheltiere (Koalabären) genauso gehören wie gefährliche Räuber (Krokodile).

Große Abenteuer

Australien gleicht einem riesigen Abenteuerspielplatz. Man kann sich Maske und Flossen schnappen und einige der wundervollsten Tauchgründe der Welt erkunden. Es locken adrenalinlastige Raftings, Kajaktouren auf friedlichen Seen und von Bäumen gesäumten Flüssen. Erstklassig sind auch Bushwalking- und Wanderstrecken, egal ob man sich nun für einen anspruchsvollen mehrtägigen Trek entscheidet oder für kürzere Trails durch den australischen Bush, in den Bergen, durch Schluchten sowie an rau-

ROSS BARNETT/LONELY PLANET IMAGES ©

*Traumhafte Strände, kosmo-
politische Städte, unberührte
Regenwälder und das Great
Barrier Reef sind nur einige
der vielen Gründe, warum so
viele Besucher dem Zauber
der australischen Ostküste
hoffnungslos erliegen.*

(links) Sydneys Opera House (S. 55) und Harbour Bridge (S. 54) bei Sonnenuntergang
(unten) Blue Mountains (S. 105) in New South Wales

OLIVER STREWE/LONELY PLANET IMAGES ©

schenden Flüssen und spiegelglatten Seen. Oder vielleicht steht einem der Sinn nach einem Segeltörn über die türkisfarbenen Gewässer der Whitsundays, versüßt mit Zwischenstopps an weißen Sandstränden? Oder einem Autotrip in der Wildnis zwischen Victoria und dem Norden von Queensland? Oder einem Abenteuer auf dem „Strand-Highway" von Fraser Island …?

Essen, Trinken, Feiern

Wer Australiens vielfältige Küche kennenlernen will, ist in Sydney und Melbourne genau richtig, mit etwas Abstand folgt Brisbane: Es warten eine fantastische Cafészene, riesige Märkte und preisgekrönte Restaurants, deren Chefköche Genüsse aus aller Herren Länder zaubern. Nach Einbruch der Dunkelheit kann man Weinbars, Nachtclubs oder herrliche Old-School-Pubs ansteuern. Doch diese grandiose australische Gastroszene ist nicht nur auf die Städte beschränkt. Auch sonst im Land schlummern kulinarische Erlebnisse, von Seafoodfestivals an der Küste bis hin zu Feinschmeckergerichten, die rund um die Gippsland Lakes, in Newcastle, Byron Bay, Noosa, Townsville, Port Douglas und an zahllosen Orten zubereitet werden. Die Weingüter des Hunter Valley bilden schließlich die Kulisse für ein bacchantisches Gelage mit sinnlichen Weinen und feinen Köstlichkeiten (hier und auf der Mornington Peninsula bieten Winzer auch Verkostungstouren an). Bleibt nur noch ein Frage: Wo anfangen?

Top-Erlebnisse ›

Daintree Rainforest
Einen uralten Regenwald erforschen (S. 515)

Great Barrier Reef
Eines der größten Naturwunder bestaunen (S. 373)

Whitsunday Islands
Inmitten von korallengesäumten Inseln segeln (S. 440)

HÖHE Ü. M.

2000 m
1500 m
1000 m
750 m
500 m
250 m
0

PAPUA-
NEUGUINEA

SÜD-
PAZIFIK

KORALLEN-
MEER

Great

Barrier

Reef

TORRES STRAIT

GULF OF
CARPENTARIA

Cape York
Prince Of
Wales Island

Mungkan Kandju
National Park

Cape York
Peninsula

Jardine River
National Park

Cape
Grenville

Princess
Charlotte
Bay

Cape Melville
National Park

Lizard
Island

Lakefield
National
Park

Daintree
National Park

Cape Tribulation Section
(Daintree National Park)

Cooktown

Mossman
Port Douglas
Kuranda
Atherton
Tableland
Cairns
Babinda
Innisfail
Mission Beach
Tully
Cardwell
Hinchinbrook
Island
Ingham
Magnetic
Island
Townsville
Charters
Towers
Ayr
Bowen
Airlie
Beach
Proserpine
Whitsunday Islands
Conway National Park
Cape Hillsborough National Park
Eungella
National Park
Mackay
Sarina

Hughenden

Winton

Normanton

Flinders River

Mitchell River

Cloncurry

Mt. Isa

Burketown

Mornington
Island

Sweers
Island

Weipa

NORTHERN
TERRITORY

Tennant
Creek

Alice Springs

400 km

N

0

Noosa National Park
Malerische Landschaften abseits der Resortstadt (S. 359)

Brisbane
Australiens großartige wie unterschätzte Stadt am Fluss entdecken (S. 303)

Byron Bay
Surfen, essen, ausgehen und die Schönheit der Umgebung in sich aufsaugen (S. 176)

Blue Mountains
Himmlische Aussichten genießen (S. 105)

Sydney
An bezaubernden Stränden sonnenbaden (S. 51)

Montague Island
Pinguine, Robben und Seevögel besuchen (S. 164)

Wilsons Promontory
In der spektakulären Wildnis an der Küste wandern und zelten (S. 283)

Fraser Island
Eine holprige Tour über eine vom Regenwald bedeckte Insel wagen (S. 407)

Hunter Valley
Gut essen, Wein trinken und die dazugehörigen Weinberge besuchen (S. 117)

Canberra
Ausflug in die Geschichte der Hauptstadt Australiens (S. 137)

Melbourne
Kulturtrip in eine fesselnde Stadt (S. 221)

Great Ocean Road
Über Australiens herrlichste Panoramastrecke kurven (S. 260)

SÜD-PAZIFIK

Südlicher Wendekreis

TASMAN-SEE

SÜDPOLAR-MEER

BASS STRAIT

QUEENSLAND

SOUTH AUSTRALIA

NEW SOUTH WALES

ACT

VICTORIA

Yeppoon
Rockhampton
Emerald
Gladstone
Curtis Island
Lady Elliot Island
Bundaberg
Town of 1770
Childers
Biloela
Hervey Bay
Fraser Island
Rainbow Beach
Maryborough
Maroochydore
Caloundra
Noosa
Eumundi
Gympie
Brisbane
Gold Coast
Tweed Heads
Byron Bay
Ballina
Lismore
Murwillumbah
Casino
Warwick
Toowoomba
Dalby
Miles
Roma
Charleville
Cunnamulla
St. George
Goondiwindi
Moree
Glen Innes
Grafton
Yamba
Coffs Harbour
Nambucca Heads
South West Rocks
Crescent Head
Port Macquarie
Taree
Forster-Tuncurry
Myall Lakes National Park
Newcastle
Hunter Valley
Gosford
Sydney
Royal National Park
Wollongong
Kiama
Nowra
Ulladulla
Batemans Bay
Narooma
Montague Island
Merimbula
Eden
Mallacoota
Croajingalong National Park
Bega
Bermagui
Moruya
Cooma
Canberra
Goulburn
Wollemi National Park
Blue Mountains National Park
Dubbo
Tamworth
Inverell
Walgett
Bourke
Broken Hill
Birdsville
Charleville
Port Augusta
Adelaide
Murray Bridge
Port Lincoln
Swan Hill
Mildura
Echuca
Bendigo
Ballarat
Geelong
Melbourne
Warragul
Sale
Lakes Entrance
Bairnsdale
Albury
Wagga Wagga
Hay
Warrnambool
Portland
Mount Gambier
Tower Hill Reserve
Cape Otway
Phillip Island
Wilsons Promontory National Park
Murray River
Bellingen
Kempsey
Tenterfield
Walcha
Armidale

A7
A4
A3
A55
A2
A1
A55
49
39
38
34
55
71
79
75
20
31
23
24
M31
1
15
A8

20 TOP ERLEBNISSE

Sydney

1 Sydneys Einwohner wissen ganz genau, wie man das Beste aus einem Strandtag macht. Besucher legen meist nur ein Strandtuch aus, tragen viel Sonnencreme auf und stürzen sich in Bondis (S. 65) Strandszene. Eingeweihte nehmen aber auch die berühmteste Stadtfähre vom Circular Quay nach Manly (S. 67) und essen im Manly Pavilion (S. 93) bei einer von Sydneys besten Aussichten zu Mittag. Danach geht's zum Meeresstrand, um zu schwimmen oder der malerischen, umbrandeten Promenade zum Shelley Beach zu folgen. *Sydney Opera House und Sydney Harbour*

2 Als eines der weltgrößten Naturwunder säumt das atemberaubende Great Barrier Reef (GBR; S. 373) Queenslands Küste auf mehr als 2000 km. Einer der besten Wege, dieses lebendige Unterwasserreich zu erkunden, ist, die herrlichen Korallen, Meeresschildkröten, Haie, Rochen und Tropenfische aller Couleur aus nächster Nähe per Taucherbrille und -flossen zu bewundern. Alternativen sind Segeltörns, Rundflüge, Beobachtungstrips mit Halbtauch- bzw. Glasbodenbooten und Resortaufenthalte oder Camping auf entlegenen, korallengesäumten Inseln.

Daintree Rainforest

3 Fächerpalmen, Farne und Mangroven sind nur ein paar der ca. 3000 Pflanzenarten des uralten Daintree Rainforest (S. 516) mit seinem lebhaften Vogel-, Insekten- und Froschchor. Diese Welterbestätte ist eines der außergewöhnlichsten Ökosysteme der Erde – erlebbar z. B. auf geführten Tageswanderungen, bei nächtlicher Tierbeobachtung, einem Gebirgstrek, Naturlehrpfaden, Ausritten, Baumwipfeltouren, Spaziergängen auf eigene Faust, Jeep- oder Kajaktrips, Krokodilbeobachtungen per Boot und Führungen bzw. Probiersessions auf einer Tropenfruchtplantage.

Melbourne

4 Blauer Steinbelag zieht sich durch Melbournes (S. 218) Gassen, an denen versteckte Restaurants und fröhlich-freche Straßenkunst jene alternative Atmosphäre verströmen, die die Einheimischen so lieben. Nachdem die Baristas der Degraves St den Kaffeehorizont erweitert haben, offenbart Schaufensterbummeln schräges Kunst- und Schneiderhandwerk. Nach dem Anbruch des Abends am Yarra River geht's dann fast blind einige Stufen hinauf oder durch Gassen voller Graffitis, um eine Kneipe mit Musik und super Wein bzw. Bier aus Victoria zu finden. *Centre Place, Melbourne*

Segeltörns zu den Whitsunday Islands

5 Segeln übers blau schimmernde Korallenmeer, relaxen am Pool eines luxuriösen Inselresorts, Robinson Crusoe an einsamen Stränden spielen ... Die herrlichen Whitsunday Islands (S. 430) kann man auf viele Arten genießen. Eine der besten Methoden kostet warme Sonne, milde Meeresluft, spektakuläre, tropische Sonnenuntergänge und zahllose Sterne am Nachthimmel auf einem Segelbootdeck aus: Törns durch dieses Inselparadies lassen Seefahrerromantik real werden.

Byron Bay

6 Lebhaft, entspannt, unkonventionell: So wird dieser turbulente Strandort mit großem Herz oft beschrieben. Zunächst mag er zu touristisch und überlaufen wirken. Doch egal, wie viele bronzebraune Schultern man hier trifft – meist besänftigt Byron Bay (S. 174) selbst härteste Kritiker. Dabei helfen idyllische Strände, das reizende Zentrum und die vielseitige Gastroszene mit günstigen, fröhlichen Takeaways. Die liegen gleich neben hippen Bars und Restaurants. Byron Bays mitreißender Pep bringt einen stets zum Lächeln. Tallow Beach, Byron Bay

Noosa National Park

7 Auf einer Landzunge beim stilvollen Ferienort Noosa umfasst der Noosa National Park (S. 359) eine Reihe perfekter Buchten, die von Sand und Schraubenbäumen gesäumt werden. Surfer kommen wegen lang anrollender Wellen, Naturfans wegen der unberührten Landschaft. Während tolle Wege quer durch den Park führen, erspäht man am malerischen Küstenpfad zu den Hell's Gates eventuell Delfine vor der felsigen Landzunge und schläfrige Koalas in den Bäumen der Tea Tree Bay.

CHRISTOPHER GROENHOUT/LONELY PLANET IMAGES ©

RICHARD I'ANSON/LONELY PLANET IMAGES ©

ANDREW BAIN/LONELY PLANET IMAGES ©

Fraser Island

8 Fraser Island (S. 407) ist ein Öko-Wunderland aus Flugsand, auf dem üppige Regenwälder wachsen und Wildhunde frei herumstreifen. Zur riesigen Tierwelt dieses ursprünglichen Inselparadieses gehören auch Australiens reinrassigste Dingos. Die Insel lässt sich am besten per Geländewagen erkunden, wobei man dem scheinbar endlosen Seventy-Five Mile Beach folgt und landeinwärts über Sandpisten holpert. Tropischer Regenwald, saubere Süßwasserbecken und Strandcamping unter den Sternen bringen einen zurück zur Natur.

Brisbane

9 Als Queenslands Kulturzentrum hat das kunstliebende Brisbane (S. 303) einen Kalender voller kulinarischer und Musikfestivals, Tanz- und Theatervorstellungen, Ausstellungen und Konzerte – plus tolle Sportevents (Cricket, Rugby League, Australian Football) und viele Möglichkeiten, das ganze Jahr das subtropische Klima zu genießen. Am Fluss gibt's hier Freiluftmärkte, Boutiquen und eine super Cafészene. Preisgekrönte Restaurants und aufkeimendes Nachtleben lassen die Optionen auch abends niemals ausgehen. Grand Arbour (Entwurf. Denton Corker Marshall), Brisbane

Blue Mountains

10 Der sensationelle Blick von den malerischen Aussichtspunkten bei Katoomba (Echo Point) und Blackheath (Govetts Leap) in den Blue Mountains (S. 105) strapaziert die Speicherkapazität jeder Digitalkamera. Also Knipsen einstellen und stattdessen einem der markierten Buschwanderpfade ins herrliche Jamison oder Grose Valley folgen. Unterwegs riecht die Luft nach Eukalyptusöl, das einen feinen Dunst aus dem dichten Blätterdach absondert und dadurch der Landschaft dieser Welterbestätte ihren Namen gibt. Three Sisters und Mt. Solitary, Blue Mountains, New South Wales

Far North Queensland

11 Queenslands wilde Tropen bieten das große Abenteuer: Man kann bei Fallschirmsprüngen über dem Mission Beach (S. 475) aus 2743 m Höhe einen Superblick auf Regenwald und Riff genießen, die Stromschnellen des Tully River (S. 475) reiten und toll schwimmen, tauchen oder schnorcheln – etwa am Great Barrier Reef (S. 411) mit knallbunter Unterwasserwelt. So bringen einen viele Touranbieter übers, ins und unters Wasser. Zudem steht z. B. Green Island (S. 501) dicht vor Cairns für Relaxen in unberührter Umgebung. Rafting auf dem Tully River

Great Ocean Road

12 Die Twelve Apostles (S. 271) im Meer zählen zu Victorias schönsten Attraktionen. Es ist aber die Fahrt dorthin, die den Eindruck verdoppelt und die langsam vonstatten gehen sollte. Die Route kurvt an den Stränden der Bass Strait vorbei, um landeinwärts Regenwälder und malerische Orte zu passieren. Jenseits der Twelve Apostles erreicht die Great Ocean Road (S. 260) das maritime Juwel Port Fairy (S. 274) und das versteckte Cape Bridgewater (S. 276). Ganz langsam: wandern auf dem Great Ocean Walk von der Apollo Bay zu den Apostles. Twelve Apostles, Victoria

Sydneys Nachtleben

13 Sydneys schmucker Hafen und die gleißenden Strände sind zweifellos reizvoll. Doch für viele wird die Stadt erst abends lebendig (S. 96): Der Mix aus stilvollen Lounges, brummenden Nachtclubs, altmodischen Kneipen und Independent-Rockbars sorgt überall für Geselligkeit. Wer's ruhiger mag, quetscht sich in Jazzclubs neben die Kellerbühne oder wählt eine schlichte Weinbar mit Blick aufs Wasser. Außerdem gibt's Bars in Kunstgalerien, Rasenlounges in Hinterhöfen, modernasiatische Locations und Restaurants mit versteckten Tanzflächen. All das erlebt nur, wer sich hineinstürzt.

Tiere beobachten

14 Bei Tierbeobachtungstrips an Australiens Ostküste wird's pelzig, knuddelig, wild und noch viel mehr: Im Süden warten Pinguine und Pelzrobben, im Norden scheue Kasuare und dinosaurierartige Krokodile. Dazwischen stößt man auf außergewöhnliche, endemische Arten wie Koalas, Kängurus, Wombats oder Schnabeltiere. Ansonsten wären da auch noch Walbeobachtungen entlang der Küste und der beeindruckende Anblick brütender bzw. schlüpfender Meeresschildkröten an den Stränden von Queensland. Pinguine, Montague Island, New South Wales

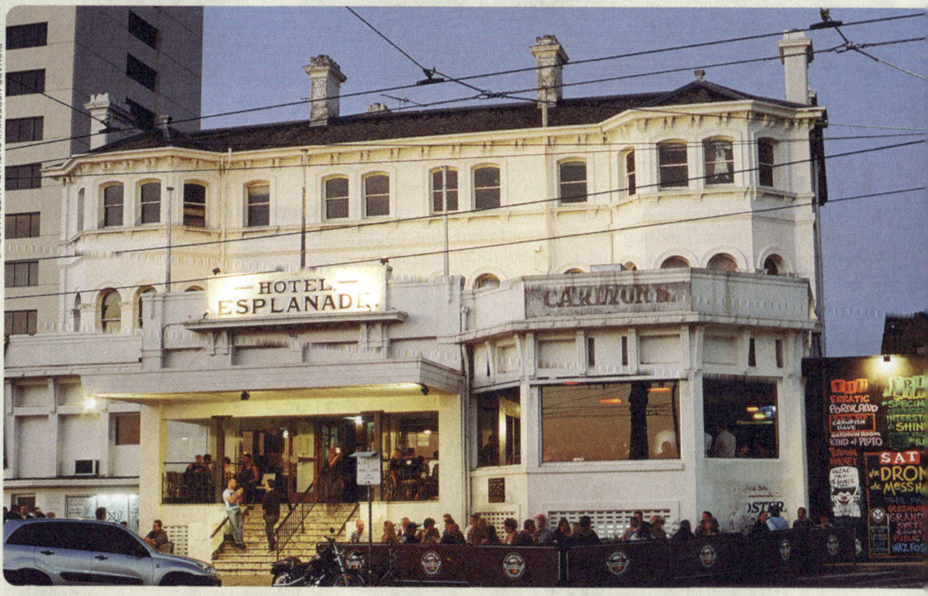

St. Kilda

15 Strandambiente, Rummelplatz-Reiz und eine gewisse Schäbigkeit machen St. Kilda (S. 231) schon lange zu einem von Melbournes charismatischsten Innenstadtvierteln. Die Acland St empfiehlt sich für Kuchenliebhaber, während das Esplanade Hotel (alias Espy) seit Jahrzehnten für Livemusik, Gammelteppiche und Bierkrüge steht. Hinzu kommen eher versteckte Geheimtipps wie eine Pinguinkolonie, ein Freiluftkino und einige tolle Uferrestaurants.

Lady Elliot Island

16 Das umweltbewusste Inselresort (S. 418) gehört zu den schönsten und ruhigsten Ausgangspunkten für die Erkundung des Great Barrier Reef. Hier heißt's direkt vom weißen Sand aus schnorcheln: Das lebendige Riff rund um das winzige Korallenatoll wimmelt von Tropenfischen, Schildkröten und standorttreuen Mantarochen. Während der Brutzeit (Jan.–April) flitzen Babyschildkröten über den Sand. Später ziehen Buckelwale vorbei (Juni–Okt.). Die ebenso erinnerungswürdige Anreise erfolgt per Panoramaflug über türkisfarbenes Wasser voller Riffe.

Wilsons Promontory

17 Das Wilsons Promontory (S. 283) ragt in die Bass Strait hinaus und ist voller Naturschönheiten. Der Nationalpark mit tollen Stränden bietet ein paar der besten Wander- bzw. Campingmöglichkeiten in Australiens Küstenwildnis. Zum Start braucht's nur Genehmigung, Karte und Rucksack. Prima Einstieg: Die Rundroute mit Übernachtung, die „The Prom" zwischen Tidal River und Sealers Cove überquert. Echte Wanderfans wählen aber den dreitägigen Great Prom Walk und schlafen in den herrlich einsamen Leuchtturmwärterhütten. Whale Rock, Tidal River, Wilsons Promontory

Weingüter im Hunter Valley

18 Welch Vorstellung: Ein Glas-pavillon mit Blick auf sanfte Hügel, über die sich viele Reihen üppig tragender Weinreben ziehen. Drinnen schlürfen Gäste golden schimmernden Semillon und erleben ein appetitliches Mittagsmenü mit einheimischen Spitzenprodukten. Man muss nur etwas auswählen, sich zurücklehnen, ein Glas erdigen Shiraz folgen lassen und zwanglos speisen – das ist Stoff für bleibende Reiseerinnerungen und verfügbar im Hunter Valley (S. 117), der führenden Weinbauregion in New South Wales.

Canberra

19 Wenn die Buschhauptstadt Canberra (S. 137) eines hat, sind es Massen von Museen für jeden Geschmack – egal ob man Kunst, Geschichte, Kino oder große Kanonen mag. Ein Highlight ist z. B. die klasse Sammlung der National Gallery of Australia, die Kunst aus Australien und Asien sowie Werke der Aborigines bzw. Torres-Strait-Insulaner zeigt. Das National Museum of Australia gibt kreative Einblicke in Herz und Seele des Landes, während das War Memorial auch mit der ergreifenden Hall of Memory fasziniert. National Museum of Australia, Canberra

Montague Island

20 Es deutet auf umweltbewuss-tere Zeiten hin, wenn Touris-ten lieber für Arbeitsschmutz an den Händen als für Maniküre bezahlen. Das spektakuläre Naturschutzgebiet (S. 164) mit Pelzrobben, Vögeln (z B. Pinguinen) und heiligen Stätten der Aborigines liegt 9 km vor Narooma als Teil des Batemans Marine Park im offenen Meer. Geführte Touren sind Pflicht, während das schönste Erleb-nis das Übernachten in Leuchtturm-wärterhütten ist. Von Gästen wird Mithilfe bei Kochen und Naturschutz erwartet. Nicht günstig, aber wohl eine Erfahrung fürs Leben. Brütende Eilseeschwalben, Montague Island

Gut zu wissen

Währung
» Australischer Dollar (AU$)

Sprache
» Englisch

Reisezeit

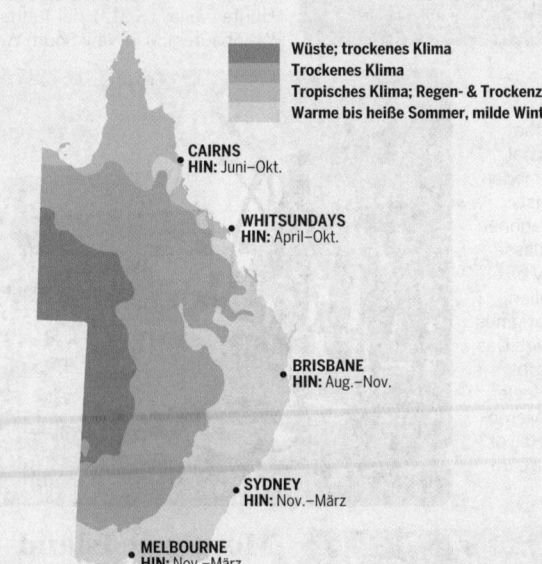

- Wüste; trockenes Klima
- Trockenes Klima
- Tropisches Klima; Regen- & Trockenzeit
- Warme bis heiße Sommer, milde Winter

CAIRNS
HIN: Juni–Okt.

WHITSUNDAYS
HIN: April–Okt.

BRISBANE
HIN: Aug.–Nov.

SYDNEY
HIN: Nov.–März

MELBOURNE
HIN: Nov.–März

Dez.–März
» Hauptsaison im Süden mit höheren Preisen für Unterkünfte

» Im Norden heiß und feucht, ergiebiger Niederschlag

» Die Quallensaison (offiziell Nov.–März) macht Schwimmen nördlich von Agnes Water unsicher

Okt.–Nov. & März–Mai
» Im Süden und Norden allgemein angenehme Temperaturen und weniger Trubel

» Im Frühling blühen die Blumen (Oktober); Herbstfarben in Victoria (April)

Juni–Sept.
» Im Süden kalte, nasse Wintertage und die niedrigsten Preise

» Hauptsaison im Norden, höhere Preise für Unterkünfte

» Warm im Norden; gute Sicht am Great Barrier Reef

Tagesbudget

weniger als

100 AU$

» Bett im Schlafsaal: 20–30 AU$; Campen: ab 5,50 AU$

» Kostenlose Aktivitäten (Strandtage, Gratiskonzerte)

» Studentenkarten und Ähnliches sparen Bares

mittleres Budget

100–250 AU$

» Doppelzimmer in einem Mittelklassehotel: 100–180 AU$

» Abendessen in einem ordentlichen Restaurant: 50–80 AU$

» Auto leihen: ab 35 AU$/Tag

mehr als

250 AU$

» Resortübernachtung: ab 250 AU$

» Spitzenklasserestaurant: 100 AU$/Pers.

» Aktivitäten: Segeln vor den Whitsundays (ab 300 AU$/ Nacht), Tauchkurs (650 AU$)

Geld

» Geldautomaten sind weit verbreitet. Kreditkarten werden in den meisten Unterkünften, Restaurants und Läden akzeptiert.

Visa

» Zur Einreise nach Australien braucht man ein Visum (online erhältlich unter www.immi.gov.au).

Handys

» Australische SIM-Karten können in australischen und europäischen Handys verwendet werden. Von den Hauptanbietern hat Telstra das beste Netz.

Autofahren

» Gefahren wird links, das Lenkrad ist auf der rechten Seite des Autos.

Infos im Internet

» **Lonely Planet** (www.lonelyplanet.com/australia/queensland) Informationen, Hotelbuchung, Forum, Fotos.

» **Australian Tourist Commission** (www.australia.com) Infos für Traveller.

» **Queensland Holidays** (www.queenslandholidays.com.au) Zu Queensland.

» **Tourism New South Wales** (www.visitnsw.com.au) Infos zu New South Wales.

» **Tourism Victoria** (www.visitvictoria.com) Offizielle Seite von Victoria.

Wechselkurse

Eurozone	1 €	1,37 AU$
	1 AU$	0,73 €
Schweiz	1 SFr	1,12 AU$
	1 AU$	0,89 SFr

Aktuelle Wechselkurse sind unter www.oanda.com/converter/classic zu finden.

Wichtige Telefonnummern

Landesvorwahl (Australien)	☎ 61
Vorwahl für internationale Gespräche	☎ 0011
Auskunft	☎ 1223
R-Gespräch	☎ 1800-REVERSE (738 3773)
Notruf	☎ 000

Ankunft am ...

» **Sydney Kingsford Smith Airport**
Airport Link Train – ab 15 AU$
KST-Shuttlebus – ab 14 AU$
Taxi – ab 45 AU$ zum Circular Quay
Details s. S. 102

» **Melbourne Tullamarine Airport**
Skybus (zum Bahnhof Southern Cross) – rund um die Uhr, 16 AU$
Taxi – ab 40 AU$
Details s. S. 253

» **Brisbane Airport**
Airtrain – 15 AU$
Coachtrans-Shuttlebus – 15 AU$
Taxi – rund 40 AU$
Details s. S. 303

Top-Reisetipps

» Unterkünfte online zu buchen, ist oft billiger, z. B. auf www.wotif.com.au, www.quickbeds.com und www.lastminute.com.au.

» Auf keinen Fall all die tollen Aussie-Süßigkeiten verpassen: Lamington (Schoko-Kokos-Kuchen), Pavlova (Baiser), Tim Tams (Schokokekse), Chocolate Crackles (Puffreis mit Schokolade).

» Besser nicht bei Dunkelheit fahren: Wildtiere könnten einem dann vor's Auto laufen.

» Im Wasser aufmerksam sein und nur in den beflaggten Bereichen schwimmen; die Brandung kann stark sein und gefährliche Strömungen haben.

» Immer Sonnencreme verwenden und eine Sonnenbrille mit UV-Schutz tragen.

» Eine leichte Regenjacke mitnehmen, falls ein unerwarteter Platzregen kommt.

» Sichergehen, dass man eine Reiseversicherung hat, die Abenteuer-Aktivitäten abdeckt (z. B. Bungeejumping, Rafting, Klettern).

Wie wär's mit ...

Strände

Mit fast 18 000 km Küste kann der Osten Australiens mit vielen Stränden aufwarten – von actionreichen, überfüllten Sandstränden bis zu schönen, einsamen Tropenstränden. Hier gibt es sonnenumschmeichelte Ufer aller Art: postkartenreife Streifen mit weißem Sand vor dem azurblauen Wasser, herrliche Surfstrände und wilde, idyllische Ufer, die zu endlosen Spaziergängen verführen.

Bondi Beach Die berühmte Ikone Sydneys ist ein Schmelztiegel von Sonnenhungrigen aus allen Teilen der Welt (S. 65)

Squeaky Beach Der weiße, wunderschöne Sandstrand ist eines der Highlights im Wilsons Promontory (S. 283)

Hyams Beach Das Schmuckstück an der Jervis Bay hat weißen Sand und klares Wasser. Von Mai bis November tummeln sich Wale vor der Küste (S. 156)

Noosa Main Beach Der Sandstrand ist einer der Stars der Sunshine Coast. Dahinter liegt ein üppiger Nationalpark mi Leuchtturm, wo man manchmal Koalas sieht (S. 359)

Whitehaven Beach Das Juwel der Whitsunday Islands ist einer der hübschesten Strände Australiens mit weißem Sand und kristallklarem Wasser (S. 455)

Inseln

In Australien gibt es Hunderte Inseln, darunter auch ein paar spektakuläre Refugien mit weichem Sand und Palmen. Buschwanderungen, eine prächtige Flora und Fauna, einsame Strände und ein filmreifes Meer mit Korallenriffen und Walen und Delfinen vor der Küste sind nur ein paar der Highlights...

Montague Island Auf der kleinen Insel in NSW leben Meeresvögel, Zwergpinguine und Seebären. Man kann sie auf einer Tagestour besuchen oder im Haus des Leuchtturmwärters schlafen (S. 164)

Fraser Island Ideal für Abenteuer per Jeep ist die größte Sandinsel der Welt mit Sanddünen, Seen und Wildtieren (S. 407)

Whitsunday Islands Man kann in einem der Resorts absteigen oder mit einem Segelboot so viele der unberührten Inseln wie möglich ansteuern (S. 440)

Lady Elliot Island Die einsame Insel ist vom Great Barrier Reef umgeben und nur per Leichtflugzeug zu erreichen – einmal Robinson spielen (S. 418)!

Fitzroy Island Fitzroy vor der Küste von Cairns ist eine magische Kombination aus verlockenden Stränden, korallenreichen Gewässern und hügeligem, tropischem Innenland (S. 501)

Wasserabenteuer

Die endlosen Strände, die von Wellen gepeitschten Inseln und das prächtige Great Barrier Reef bieten viele Abenteuer: Surfen, Tauchen, Schnorcheln, Kajakfahren, Riffwanderungen und Beobachtung von Meerestieren. Nur wenige Orte auf der Welt können sich mit diesem unglaublichen Reichtum Australiens messen.

Schwimmen mit Robben Bei einer Rundfahrt vor der Küste von Queenscliff kann man mit Robben und Delfinen schwimmen und Korallen bestaunen (S. 256)

Tauchen am Great Barrier Reef Einfach eine Fahrt zu diesem weitläufigen Unterwasserkönigreich buchen und beim Tauchen und Schnorcheln die atemberaubendste Meereslandschaft der Welt entdecken (S. 376)

Surfen Überall an der Küste kann man sich ein Surfbrett schnappen und sich auf die faszinierenden Wellen stürzen. Für Anfänger ist Byron Bay ideal zum Surfen lernen (S. 177)

Paddeln in den Everglades Die idyllischen Everglades in Noosa sind perfekt für einen Kanutrip. Anders als bei den Everglades in Florida gibt's hier auch keine Alligatoren (S. 361)

» *Koala, Cairns, Queensland*

Nachtleben

Sydney und Melbourne wetteifern zwar um die Krone der Königin der Nacht, aber es gibt an der ganzen Küste noch Hunderte anderer Orte mit einer tollen Livemusikszene, wo man sich die Nacht um die Ohren schlagen kann – von spaßigen Badeorten bis zu Pubs in einsamer Wildnis.

Venue 505 In Sydneys bester Jazzbar mit kantiger Underground-Atmosphäre treten erstklassige Musiker auf (S. 98)

Northcote Social Club Einer der besten Livemusikclubs in Melbourne. Die Bar vorne brummt, hinten gibt's eine große Terrasse (S. 250)

Fortitude Valley Abends erwacht das nachtverliebte Viertel Brisbanes zum Leben – mit Lounges, von Rockmusik erfüllten Bars und Megaclubs, alle nah beieinander (S. 323)

Railway Friendly Bar Der weitläufige Pub mit Innen- und Außenbereich hat an den meisten Abenden Livemusik und ist ein Muss im relaxten Byron Bay (S. 185)

Vollmondpartys Eine unvergessliche Partynacht verspricht das Base Backpackers, das einmal im Monat mit seinen wilden Partys auf Magnetic Island Hunderte von Feierlustigen an den Strand lockt (S. 468)

Wildtiere

Australien ist eine wahre Fundgrube: Es gibt hüpfende Kängurus, knuddelige Koalas, gackernde Kookaburras und Krokos, Spinnen und Schlangen. Man findet große und kleine und je nach Region unterschiedliche Tiere – von Pinguinen und Robben im Süden bis zu Korallen und Krokos im Norden.

Pinguine in Hülle und Fülle Auf Phillip Island lebt die weltweit größte Kolonie von Zwergpinguinen; am besten beobachtet man sie bei Sonnenuntergang, wenn sie aus dem Meer herausmarschieren (S. 278)

Walbeobachtung Wale kann man in der Saison (Juli–Okt.) bei einer Rundfahrt von der Hervey Bay aus sichten (S. 391)

Meeresschildkröten In Mon Repos bekommt man ehrfurchtgebietende Unechte Karettschildkröten – ausgewachsene wie auch frischgeschlüpfte – zu Gesicht (S. 404)

Koalas knuddeln Unweit von Brisbane hat man im Lone Pine Koala Sanctuary die einzigartige Möglichkeit, auf Tuchfühlung mit den weichen, pelzigen Beuteltieren zu gehen (S. 312)

Krokos beobachten Bei der Fahrt durch den Daintree River kann man einen Blick auf Leistenkrokodile werfen (S. 522)

Outdoor

Naturfreunde und Adrenalinjunkies sind begeistert angesichts der vielen Möglichkeiten, die Australien bietet – von Buschwanderungen, Vogelbeobachtungen und Rafting bis zu Fallschirmspringen. Weitere Dinge, die das Herz zum Rasen bringen, gibt's auf S. 31.

Croajingolong National Park In dieser außerordentlichen Küstenwildnis kann man Vögel beobachten, Buschwandern und am Strand relaxen. Der Nationalpark ist Unesco-Biosphärenreservat (S. 298)

Wildwasserrafting Queenslands mächtiger Tully River mit seinen 44 Stromschnellen sorgt für tolles, nasses Rafting (S. 475)

Fraser Island Great Walk Bei der herrlichen sechs bis acht Tage langen Wanderung sieht man das dichte Blätterdach des Regenwalds, malerische Seen und Wanderdünen (S. 407)

Dschungelsurfen Im uralten Regenwald vom Cape Tribulation kann man an einer Seilrutsche durch das Blätterdach des Dschungels rauschen (S. 518)

Fallschirmspringen am Mission Beach Unvergesslichen Spaß garantiert der Fallschirmsprung von einem Flugzeug in knapp 9000 Fuß (2750 m) Höhe (S. 476)

» *Wet'n'Wild Theme Park (S. 348), Gold Coast, Queensland*

Aborigines

Es gibt verschiedene Wege, die uralte Kultur der Ureinwohner Australiens zu entdecken. Man kann eine Traumzeit-Tour zu spirituellen Stätten machen, uralte Felszeichnungen bestaunen oder durch die Galerien in Brisbane stromern, wo die jüngere Generation der Aborigines-Künstler ihre Spuren hinterlassen.

Ku-Ring-Gai Chase National Park Das Reservat nördlich von Sydney schützt Hunderte wichtiger Stätten der Aborigines, darunter Felsritzungen und Höhlenmalereien (S. 68)

Melbournes Vergangenheit Die Kultur der südöstlichen Aborigines lässt sich im Koorie Heritage Trust entdecken, wo moderne und traditionelle Kunstwerke ausgestellt und Touren veranstaltet werden (S. 225)

National Gallery of Australia Das hervorragende Museum in Canberra beherbergt über 7500 Kunstwerke von Aborigines und Torres-Strait-Insulanern, darunter das bewegende *Aboriginal Memorial* (S. 137)

Kuku-Yalanji Dreamtime Walks Bei den von sachkundigen indigenen Guides geführten Wanderungen durch die üppige Mossman Gorge lernt man viel über Bushfood und Traumzeit-Legenden (S. 514)

Feste & Events

Egal, welche Jahreszeit, die Aussies finden immer was zum Feiern. Große Musikfestivals, Silvesterfeten, Pferderennen, die Rückkehr der Wale – das sind nur einige Gründe, um die Korken knallen zu lassen. Noch mehr Feste zum Feiern gibt's auf S. 20.

Melbourne Cup Den ausgefallensten Hut aussuchen, aufs richtige Pferd setzen und gemeinsam mit den Melbournern ausgelassen bei dem Pferderennen feiern (S. 235)

Silvester Punkt Mitternacht das Feuerwerk über dem schönsten Hafen der Welt mitzuerleben, ist einfach pure Magie (S. 72)

Blues & Roots Festival Das große Jam-Festival in Byron Bay ist Grund genug für den Besuch dieses hübschen und entspannten Surferstädtchens (S. 179)

Brisbane Festival Im September gibt's beim größten Festival in Brisbane ein Feuerwerk über dem Fluss und drei Wochen lang Konzerte, Theater, Tanz und andere Events (S. 314)

Hervey Bay Whale Festival Das reizende Städtchen feiert die Wiederkehr der Wale mit Livekonzerten, einem Straßenumzug und einem Kinderfest (S. 394)

Essen & Ausgehen

Beim Essen und Ausgehen in Australien gibt's viel Verlockendes. An erster Stelle steht die Küste mit ihrem Überfluss an Meeresfrüchten. Außerdem gibt es preisgekrönte Weine, kulinarische Feste und viele tolle Restaurants. Mehr zur kulinarischen Szene findet man auf S. 549.

Cutler & Co Das vom *Gourmet Traveller* 2011 zum Restaurant des Jahres gekürte Cutler & Co. ist eine Melbourner Legende (S. 244)

Icebergs Der Klassiker in Sydney bietet eine fantastische Küche (Meeresfrüchte und norditalienische Speisen), einen herrlichen Meerblick und die Möglichkeit, Promis nahezukommen (S. 84)

Hunter Valley Das fruchtbare Tal ist die Heimat von mehr als 140 Weingütern und dementsprechend ein Paradies für Leute, die einen guten Tropfen zu schätzen wissen (S. 117)

Oskars Über dem Strand an der Gold Coast thront dieses charmante Lokal, in dem es mit die besten Meeresfrüchte von ganz Queensland gibt (S. 350)

Noosa Food & Wine Festival In dem hübschen Städtchen an der Sunshine Coast steht im Mai das Schlemmen im Vordergrund (S. 362)

Wie wär's mit … wilden Abenteuern? Einfach in den Jeep setzen, sich mit der Fähre nach Fraser Island übersetzen lassen und die Strandstraße entlangfahren, vorbei an hochragenden Dünen, schönen Seen und üppigem Regenwald (S. 407)?

Familienspaß

Australien bietet jede Menge Unterhaltung für Kinder und Erwachsene. Zu den Highlights gehören Themenparks, Walbeobachtung, Aquarien und ein erstklassiger Zoo. Infos zu kinderfreundlichen Attraktionen in Großstädten gibt's in den Kapiteln zu Sydney (S. 71), Melbourne (S. 233) und Brisbane (S. 313).

Delfin- & Walbeobachtung
Eden an der South Coast von NSW ist der richtige Ort, um vorüberziehende Buckelwale und Südkaper sowie Delfine und Robben zu sehen (S. 172)

Themenparks Themenparks an der Gold Coast bieten nonstop Abenteuer – Wasserparks, Aquashows und aufregende Achterbahnen (S. 341)

Unterwasserwelt In dem größten Ozeanarium der südlichen Hemisphäre kann man aus nächster Nähe Haie, Stachelrochen, bunte Fische und mehr beobachten (S. 369)

Australia Zoo Man braucht einen ganzen Tag für den riesigen Zoo, Queenslands Tempel für die Tiere der Erde (S. 367)

Daydream Island Resort
Anders als in vielen Resorts auf den Whitsunday Islands werden Kinder hier mit offenen Armen empfangen; jede Menge Aktivitätsangebote für sie (S. 452)

Panoramafahrten

In Australien führt die Fahrt von A nach B oft durch schöne Landschaft. Man kann die Fahrt per Zug, Segelboot oder Fahrrad so planen, dass man tolle Eindrücke mitnimmt.

Der Lakes Way Scenic Drive
Wer die Küste von NSW rauffährt, sollte den Pacific Hwy verlassen und stattdessen diesen Weg durch die Nationalparks Myall Lakes und Booti Booti nehmen (S. 127)

East Gippsland Rail Trail
Per Fahrrad oder per pedes geht's an einer 97 km langen ehemaligen Eisenbahnstrecke in East Gippsland (Victoria) entlang. Man kann sein Gepäck transportieren lassen und findet unterwegs auch genügend Ortschaften (S. 291)

Segeltour um die Whitsunday Islands Das Archipel ist einer der schönsten Orte zum Segeln – entweder mit einem gecharterten Segelboot oder bei einer mehrtägigen Tour (S. 442)

Mit dem Zug nach Cairns Mit der 30 Stunden langen Fahrt zwischen Brisbane und Cairns belebt der *Sunlander* die goldene Ära der Eisenbahn (S. 331)

Mit dem Wasserflugzeug zur Lizard Island Die Reise zu dieser spektakulären Insel ist unvergesslich: Man landet in der Watson's Bay (S. 526)

Ein Hauch von Luxus

Wer zu viel Geld übrig hat, kann es in Australien ganz gut ausgeben. Denn immer mehr Spitzenklassehotels und Resorts wetteifern um die Gunst der luxuriösen Gäste.

Park Hyatt Sydney In dem opulenten Hotel vor dem Hafen kann man in die majestätische Aussicht eintauchen (S. 74)

Kingfisher Bay Resort Das umweltfreundliche Kingfisher ist ein grandioses Basislager für Strandspaß, Tierbeobachtungen und Erkundungen der bezaubernden Landschaft von Fraser Island (S. 409)

Daintree Eco Lodge & Spa Das stattliche Refugium mitten im Regenwald hat alles: Boutiquevillen, ein topmodernes Spa und geführte Wanderungen unter der Leitung von Angehörigen der Kuku-Yalanji (S. 522)

Mouses House Diese charmanten Cottages aus Zedernholz befinden sich im Springbrook National Park an der Gold Coast und wirken so mitten im nebligen Wald irgendwie märchenhaft (S. 355)

Paradise Bay Das Öko-Resort mit nur zehn wunderschön gelegenen Bungalows schafft es, puren Luxus mit Umweltfreundlichkeit zu verbinden (S. 450)

Monat für Monat

Januar

An der Ostküste herrscht eine feuchte Hitze. Über Queensland im Norden gehen Monsunregen nieder und der Tourismus kommt größtenteils zum Erliegen. Familienurlauber gehen zum Strand.

Big Day Out

Das riesige Open-Air-Festival gastiert je einen Tag in Sydney, Melbourne und Gold Coast. Auf dem Programm stehen internationale Namen und lokale Bands. Tickets früh kaufen (www.bigdayout.com)!

Australia Day

Am 26. Januar feiern die Australier die Ankunft der First Fleet 1788 mit viel Tamtam und BBQs. In vielen Großstädten finden Veranstaltungen statt, etwa Livekonzerte auf Freilichtbühnen und Feuerwerk.

Sydney Festival

Bei dem dreiwöchigen Festival finden in der ganzen Stadt rund 80 Events in Tanz, Theater, Musik, Kunst und Multimedia statt. Für Stimmung sorgen Open-Air-Konzerte in der Domain (www.sydneyfestival.org.au).

Midsumma

Melbournes Festival für Schwule, Lesben und Transsexuelle beginnt Mitte Januar mit dem Midsumma Carnival, einer Freiluftparty mit Musik und Tanz. Danach stehen drei Wochen Unterhaltung in Form von Theater, Ausstellungen, Kabarett, Filmaufführungen, Livemusik und gesellschaftspolitischen Debatten auf dem Programm (www.midsumma.org.au).

Australian Open Tennis Championships

Ende Januar versammeln sich im Melbourne Park die weltbesten Tennisspieler, um sich die begehrte Trophäe zu sichern. Die Australia Open sind die ersten der vier jährlichen Grand-Slam-Turniere (www.australianopen.com).

Februar

Hohe Temperaturen und viel Sonnenschein im Süden bereiten den Weg für Outdoor-Aktivitäten und heiße Strandtage. Im Norden halten die Niederschläge an und Queensland stöhnt unter der Hitze.

Tropfest

Das weltgrößte Kurzfilmfestival ist ein eintägiges Gratisspektakel mit Filmen und Shows. Als Kulisse dient Sydneys Domain in den Royal Botanic Gardens. Live-Schaltungen zu Locations in Melbourne, Canberra, Brisbane und Surfers Paradise gibt es auch (www.tropfest.com).

Sydney Gay & Lesbian Mardi Gras

Das 17-tägige Mardi Gras gehört zu den wildesten Festivals. Besucher erwarten ein Umzug die Oxford St hinunter und eine zügellose Mardi-Gras-Party (www.mardigras.org.au).

März

Hitze und Feuchtigkeit im Süden klingen allmählich ab, die Besucherzahlen sinken, ebenso die Preise in Urlaubsorten. Im Norden halten die für Reizbarkeit sorgenden hohen Temperaturen an.

Australian Formula One Grand Prix

Ende März macht am ansonsten friedlichen Albert

Park Lake für vier Tage die Formel 1 Station. Die 5,3 km lange Strecke um den See ist für ihren glatten, schnellen Belag bekannt (www.grandprix.com.au).

April

Der Herbst färbt Teile von Victoria in feurige Farben. An der Küste herrschen milde Temperaturen. Im Norden locken das Ende der Regenzeit und angenehm warmes Wetter viele an die frische Luft.

Byron Bay Bluesfest

Am Osterwochenende lockt eine Sound-Explosion mit Blues- und Rootsbands aus der ganzen Welt rund 20 000 Besucher an. Veranstaltungsort ist die 120 ha große Tyagarah-Tee-Tree-Farm 11 km nördlich von Byron Bay. Man kann campen (www.bluesfest.com.au)

Nimbin Mardi Grass

Die Mutter aller Hippiefestivals begeistert die alternative Gemeinde Nimbins mit Musik, Hanfprodukten, kostümierten Ganja Faeries und Sportveranstaltungen in Disziplinen wie Wasserpfeifenweitwurf und Jointdrehen. Hier heißt es mit einem Zelt im Gepäck mit den entspannten Festivalbesuchern ihr Lieblingskraut feiern (www.nimbin mardigrass.com)!

Mai

Im Süden werden die Tage merklich kühler. Südlich von Queensland sind Strandtage kaum

mehr möglich, ab Gold Coast nordwärts stehen die Chancen besser. Überall bieten Unterkünfte Schnäppchenpreise.

 ## Noosa Food & Wine Festival

Eines der besten regionalen kulinarischen Feste Australiens wird an drei Tagen Mitte Mai vom Gourmetstädtchen Noosa ausgerichtet. Besucher erwarten Kochvorführungen, Wein- und Käseproben, jede Menge Gourmetküche und abendliche Livekonzerte.

Wintermoon Festival

Das familienfreundliche Musikfestival findet am Wochenende des Maifeiertags vor einer hübschen Kulisse in Buschland nördlich von Mackay statt. Auf drei Bühnen wird Folk- und Weltmusik gespielt. Die vielen zeltenden Besucher sowie Spontangigs auf dem Gelände sorgen für gute Stimmung (www.winter moonfestival.com).

 ## Sydney Writers Festival

Im Mai versammeln sich in Sydney für eine Woche über 300 Autoren, Essayisten, Dichter, Historiker und Philosophen aus Australien und der Welt. Sie lesen aus ihren Werken, bieten Workshops an und veranstalten Podiumsdiskussionen (www.swf.org.au).

Biennale of Sydney

Sydneys Biennale, Australiens größtes Kunstevent, findet jedes gerade Jahr statt und zeigt die Werke Hunderter zeitgenössischer Künstler. Von Mai bis August gibt es Führungen,

Gespräche mit Künstlern, Filmvorführungen und innovative Ausstellungen; die meisten Events sind gratis (www.biennaleofsydney.com.au).

Juni

Der Süden zittert unter der Kälte, während im warmen tropischen Norden mit seinen nun quallenfreien Stränden die Touristensaison Fahrt aufnimmt. Vor der Küste sind (bis November) Wale zu beobachten.

 ## Cooktown Discovery Festival

Das Festival erinnert an Captain Cooks Ankunft im Jahr 1770. An einem Juniwochenende stellen kostümierte Schauspieler indigener und europäischer Herkunft das Ereignis nach. Zu den Highlights gehören Feuerwerke, Gartenpartys und Aborigines-Kultur in Form von Lagerfeuergeschichten, Aufführungen und Essensständen inklusive Bushtucker-Gerichten (www.cooktowndiscovery festival.com.au).

August

Im Süden sind die Tage kurz und die Nächte lang – es herrscht immer noch Winter. In Queensland hält die Hochsaison an, insbesondere im Norden mit seinen milden Temperaturen und geringen Niederschlägen.

 ## Cairns Festival

Das riesige Kunst- und Kulturfestival findet über drei Wochen von Mitte August bis Anfang

September statt. Auf dem umfangreichen Veranstaltungskalender stehen Musik, Theater, Tanz, Comedy, Film, indigene Kunst und Ausstellungen. Cairns Tropenkulisse wird für Freiluft-Events genutzt (www.festivalcairns.com.au).

Hervey Bay Whale Festival

Mit dem beliebten Fest Anfang August erweist Hervey Bay, eine der besten Adressen weltweit für Walsichtungen, den eindrucksvollen Riesen seine Ehre. Zum Programm gehören ein abendlicher Straßenumzug, ein Kinderfest und Gratiskonzerte am Meer (www.herveybaywhale festival.com.au).

September

Der Frühling beginnt und bringt Wildblumen und Optimismus in den Süden. Im ganzen Land sind die Temperaturen mild.

Brisbane Festival

Das 22-tägige Event gehört zu Australiens längsten und facettenreichsten Kunstfestivals. Auf dem eindrucksvollen Programm stehen Konzerte, Theater, Tanz und kleinere Veranstaltungen. Los geht's mit dem „Riverfire", einer ausgefeilten Feuerwerkshow über dem Fluss (www.bris banefestival.com.au).

Valley Fiesta

Fortitude Valley, Brisbanes lebendiges Nightlife-Zentrum, veranstaltet an einem Septemberwochenende das Kunstevent mit Gratis-Freiluftkonzerten, Kunsthandwerks- und Designermärkten, Modeschauen, Kunstausstellungen und anderen kreativen Veranstaltungen (www.valleyfiesta.com).

Noosa Jazz Festival

Das traditionsreiche Jazzfestival verwandelt das bezaubernde Noosa Anfang September in ein Musikmekka. Auf über 90 Veranstaltungen zeigen nationale und internationale Künstler u. a. auf Freilichtbühnen ihr Talent. Manche Konzerte sind kostenlos.

Oktober

Die Temperaturen steigen weiter, im Süden gehört aber immer noch eine Jacke ins Gepäck. Im Norden wird das Ende der Trockenzeit eingeläutet.

Melbourne International Arts Festival

Einmal im Jahr bietet das Festival Oper, Theater, Tanz und Kunst aus Australien und der Welt auf höchstem Niveau. Es dauert von Anfang Oktober bis Anfang November (www.melbourne festival.com.au).

November

Im November beginnt die Quallensaison und dauert im Norden Queenslands bis in den Mai hinein; ab Agnes Water nordwärts besser nicht baden!

Melbourne Cup

Australiens bekanntestes Pferderennen wird im ganzen Land mit Spannung verfolgt. In Victoria ist dann sogar offiziell Feiertag. Am Renntag selbst sind Spaß, schicke Kleider samt obligatorischem Hut für die Damen und Partys in Kneipen angesagt (www.melbournecup.com.au).

Dezember

Der Sommer hält Einzug und mit ihm längere Tage und wärmeres Wetter. Im Norden Queenslands beginnt die Regenzeit und sorgt für ungünstige Reisebedingungen. In Sommerferien strömen Touristen an die Strände.

Woodford Folk Festival

Beim Woodford Folk Festival, einem der größten Events der Sunshine Coast, treten vom 27. Dezember bis 1. Januar Folk-Musiker aus der ganzen Welt auf. Dazu Tanz, Essen, Performance Art, Workshops, Diskussionen und mehr (www.wood-fordfolkfestival.com).

Sydney to Hobart Yacht Race

Am Boxing Day (26. 12.) heißt es den Picknickkorb packen und sich mit den Massen zur Küste aufmachen, wo Segelschiffe aller Couleur in das mehrtägige Rennen starten (http://rolexsydneyhobart.com).

Sydney Harbour Fireworks

Für einen grandiosen Start ins Jahr sorgt das eindrucksvolle Feuerwerk, das feiernden Massen am Hafen von Sydney ein Lichtspektakel am australischen Nachthimmel bietet. Um 21 Uhr gibt's ein Feuerwerk für Familien, die eigentliche Show beginnt Schlag Mitternacht.

Trips zum Great Barrier Reef

Tiere beobachten

Auf **Lady Elliot** oder **Heron Island** zusehen, wie geschützte Meeresschildkröten schlüpfen und sich erstmals ins Wasser wagen – dann beim Tauchen oder Schnorcheln ihre älteren Verwandten beobachten, die würdevoll durch den Ozean gleiten.

Schnorchelspots

Per Schnellkatamaran ab Airlie Beach zum **Knuckle Reef** fahren oder ein Wasserflugzeug zum **Hardy Reef** nehmen und ein paar der weltbesten Schnorchelspots besuchen.

Aussicht von oben

Bei **Panoramaflügen** ab Cairns kann man von oben bewundern, wie die lebendige Riesenmasse des Riffs den Pazifik durchzieht.

Erholung

Am unberührten Südende des Great Barrier Reef vor allem die **Fitzroy Reef Lagoon** erkunden, einen der Riffbereiche, zu dem nur wenige Touristen kommen.

Segeln

Von Airlie Beach aus durch die **Whitsunday Islands** segeln und deren herrliche umliegende Saumriffe entdecken.

Das Great Barrier Reef zählt zu Australiens Welterbestätten und zu den facettenreichsten Wundern der Natur. Das größte Riffsystem des Planeten besteht komplett aus lebendigen Organismen. Es beginnt dicht am südlichen Wendekreis nahe Gladstone und endet über 2000 km entfernt gleich südlich von Papua-Neuguinea.

Das herrliche Naturspektakel des Riffs kann auf vielerlei Arten erlebt werden. Tauchen und Schnorcheln sind natürlich mit Abstand am besten, um der Menagerie aus Meereslebewesen und schillernden Korallen möglichst nahe zu kommen: Das Eintauchen ins Meer erweckt größtmögliche Bewunderung für die unglaubliche Schönheit und Vielfalt dieser farbenprächtigen Lebensgemeinschaft, das nicht einmal 1 m höher eine unscheinbare Wasseroberfläche verbirgt.

Wer möchte, kann sich aber auch trockenen Fußes mit tollen Tropenfischen umgeben: Durch die Fenster von Halbtauch- oder Glasbodenbooten fällt der Blick hinab auf die Unterwasserwelt. Alternativ begibt man sich in einem Unterwasser-Observatorium unter die Meeresoberfläche oder bleibt ganz oben und genießt eine Riffwanderung.

Ebenfalls spektakulär und trocken sind Panoramaflüge, die Schönheit und Größe des Riffs aus der Vogelperspektive offenbaren: Von dort oben lässt sich erfassen, wie die komplexen Korallenstrukturen teils bandartig miteinander verbunden sind.

Reisezeit

Die Hauptsaison am Great Barrier Reef geht von Juni bis Dezember. Zwischen August und Januar ist die Unterwassersicht im Allgemeinen am besten.

Das **nördliche Queensland** (nördlich von Townsville) erlebt von Dezember bis März eine ausgeprägte Regenperiode mit drückender Hitze und hohen Niederschlägen. Trockener und kühler wird's von Juli bis September. Die selten auftretenden Wirbelstürme (Nov.–März) sollten einen nicht von der Reise abhalten: Im Pazifikraum gibt's dafür ein effektives Warnsystem.

Die **Whitsundays** sind generell ganzjährig ein prima Ziel. Trotz eventuell angenehmer Wärme braucht man dort im Winter (Juni–Aug.) gelegentlich einen Pullover für den Tag und eine leichte Jacke für den Abend. Südlich der Whitsundays kann der Sommer (Dez.–März) heiß und feucht sein. Für eine richtige Regenzeit liegen die Inseln aber zu weit im Süden.

Der milde Winter (Juni–Aug.) im **südlichen** und **zentralen Queensland** ist angenehm genug fürs Tauchen oder Schnorcheln mit Nassanzug.

Reiseziel

Angeblich kann man jeden Tag am Great Barrier Reef tauchen und es trotzdem nicht komplett erkunden. Während die Regionenkapitel ausführliche Details enthalten, werden nun ein paar der beliebtesten und bemerkenswertesten Ausgangspunkte für Trips zum Riff vorgestellt. Achtung: Das Wetter oder aktuelle Riffschäden können mitunter zu veränderten Bedingungen an einzelnen Orten führen.

Zugang vom Festland

Auf dem Festland liegen mehrere Zugangstore zum Great Barrier Reef, die jeweils leicht verschiedene Erlebnisse und Aktivitäten zu bieten haben. Da dies die Wahl eventuell erschwert, folgt eine Kurzübersicht in Süd-Nord-Richtung.

Agnes Water und **Town of 1770** (S. 412) sind eine gute Wahl für alle, die den Menschenmassen entfliehen wollen. Von beiden Ortschaften führen Touren zur Fitzroy Reef Lagoon, die dank bislang beschränkter Besucherzahl zu den unberührtesten Bereichen des Riffs zählt. Die Lagune ist super zum Schnorcheln und auch vom Boot aus ein toller Anblick.

Gladstone (S. 415) ist etwas größer, aber ansonsten immer noch recht klein. Es dient als nächstgelegener Zugangspunkt zu den südlichen Riffinseln, zu den Eilanden vor der Capricorn Coast und zu zahllosen Atollen (z.B. Lady Elliot Island) – super für eifrige Taucher und Schnorchler.

Airlie Beach (S. 445) ist eine Kleinstadt mit allen erdenklichen Segelausrüstern. Hauptattraktion sind Bootstrips mit zwei oder mehr Bordtagen, die einige Korallen-Saumriffe der Whitsunday Islands besuchen. Trotz herrlicher Umgebung bekommt man aber nur die Ränder des Great Barrier Reef zu Gesicht. Ab Airlie flitzen allerdings auch mehrere Schnellkatamarane zu 60 km entfernten Riffen mit tollen Schnorchel-, Tauch- und Bademöglichkeiten hinaus.

Egal ob die Finanzen null oder fünf Sterne zulassen: In Airlie gibt's etwas für jeden Geldbeutel und somit bestimmt eine passende Tour.

Townsville (S. 459) ist eine berühmte Ausgangsbasis für Tauchtrips. Gleichermaßen toll für Anfänger und Experten sind Tauchsafaris, die Abstecher zu den vielen Inseln und Winkeln des Riffs mit vier oder fünf Übernachtungen an Bord verbinden. Das Kelso Reef und das Wrack der *Yongala* sind besonders artenreich. Alternativ finden diverse Tagesausflüge mit Glasbodenbooten statt. Mehr Auswahl bietet aber Cairns, wo zudem mit dem **Reef HQ** (S. 460) eine Aquariumsversion des Great Barrier Reef wartet.

Mission Beach (S. 475) liegt näher am Reef als alle anderen Zugangsorte. Von dieser ruhigen Kleinstadt führen einige Boots- und Tauchausflüge zu Abschnitten des Außenriffs. Das Angebot ist so klein wie die Besucherzahl. Daher wird das Erlebnis nicht von einer Flotte anderer Boote begleitet.

Cairns (S. 485) mit seiner verwirrenden Anzahl an Anbietern ist zweifellos der Hauptausgangspunkt für Touren zum Great Barrier Reef. Hier reicht die Skala von relativ günstigen Tagesausflügen auf großen Booten bis hin zu luxuriösen, fünftägigen Charterfahrten in traulicher Atmosphäre. Das Tourspektrum deckt einen großen Teil des Riffs ab. Manche Firmen schippern nordwärts bis nach Lizard Island hinaus. Günstigere Trips besuchen eher Innenriffe (z.B. in Festlandsnähe), die oft stärker beschädigt sind als Außenriffe. In Cairns starten auch Panoramaflüge. Doch nicht vergessen: Diese Stadt ist der beliebteste Ausgangspunkt für Touren. Wer sich kein privates Charterboot leisten kann oder will, muss das Erlebnis wohl mit vielen anderen teilen.

Port Douglas (S. 507) ist ein schicker Ferienort. Von hier aus geht's zu den Low Isles und zum Agincourt Reef, einem äußeren Barriereriff mit kristallklarem Wasser und besonders schönen Korallen. Die Stadt ist zwar kleiner als Cairns, aber sehr beliebt und mit vielen Touranbietern gesegnet. Tauch-, Schnorchel- oder Bootstrips sind hier vornehmer, teurer und weniger überlaufen als in Cairns. Vor Ort starten ebenfalls Panoramaflüge.

Cooktown (S. 523) ist ein weiteres Taucherziel. Sein Reiz besteht in der großen Nähe zu Lizard Island (S. 526), das auch von Cairns aus erreichbar ist. Bootsfahrten ab Cooktown sind aber wesentlich kürzer. Dank relativer Abgeschiedenheit verzeichnet der Ort mit seiner Handvoll Touranbieter nur recht wenige Touristen. So wird das Erlebnis wohl weder kurz noch hektisch. Einzige Schattenseite: Während der Regenperiode (Nov.–Mai) machen Stadt und Tourveranstalter den Laden dicht.

Inseln

Über das ganze Riff verteilt liegen zahlreiche Inseln und Inselchen, die ein paar der tollsten Zugangsmöglichkeiten bieten. Die folgende Übersicht über die besten Eilande bewegt sich von Süden nach Norden.

Weitere Infos zu einzelnen Inseln enthalten die Kapitel „Whitsunday Coast" (S. 430), „Capricorn Coast & Southern Reef Islands" (S. 411), „Von Townsville nach Innisfail" (S. 457) und „Cairns & Daintree Rainforest" (S. 484).

Das Korallenatoll **Lady Elliot Island** (S. 418) ist die südlichste der Southern Reef Islands und mit ca. 57 Piepmatzarten ein Paradies für Vogelbeobachter. Auch Meeresschildkröten brüten auf Lady Elliot, der obendrein wohl besten Riff-Location zum Beobachten von Mantarochen. Die Insel ist zudem ein berühmtes Tauchrevier und hat ein einfaches, teures Campingresort. Sie kann ansonsten per Tagesausflug ab Bundaberg besucht werden.

Heron Island (S. 419) ist ein winziges Korallenatoll inmitten eines riesigen Riffbereichs. Dieses Tauchermekka ermöglicht

INFOS IM INTERNET

» **Dive Queensland** (www.dive-queensland.com.au) Queenslands Tauchtourismusverband mit Infos zu Tauchspots, -anbietern, -schulen und -trips mit Übernachtung an Bord.

» **Tourism Queensland** (www.queenslandholidays.com.au) Queenslands offizielles Tourismusportal mit Verzeichnissen zu Attraktionen und Unterkünften.

» **Great Barrier Reef Marine Park Authority** (www.gbrmpa.gov.au) Infos zu Klimawandel, Naturschutz, Tourismus und Fischerei im Bereich des Great Barrier Reef.

» **Queensland Parks & Wildlife Services** (www.derm.qld.gov.au) Details zu allen Nationalparks inklusive Genehmigungen und Anreise.

» **Australian Bureau of Meteorology** (www.bom.gov.au) Aktuelle Infos (plus Jahresstatistiken) zu Niederschlägen, Temperaturen und Wetterbedingungen.

auch Riffwanderungen und prima Schnorchelerlebnisse.

Heron Island ist die Heimat von ca. 30 Vogelarten und Brutplatz von Grünen Meeresschildkröten sowie Unechten Karettschildkröten. Die exklusive, völlig ruhige Insel hat ein einziges Resort mit entsprechenden Preisen.

Hamilton Island (S. 452) ist der „Vater der Whitsundays" und hat ein weitläufiges Resort mit mächtiger Infrastruktur extrem familienfreundlich, aber nicht gerade Garant für super trauliche Atmosphäre. Dafür starten hier viele Touren zum äußeren Riff. Hamilton eignet sich auch gut, um Riffabschnitte zu besuchen, die vom Festland aus nicht zugänglich sind.

Hook Island (S. 451) ist eine der äußeren Whitsunday Islands und wird von Saumriffen umgeben. Seine Bade- und Schnorchelmöglichkeiten sind hervorragend. Dank ihrer Größe erlaubt die Insel auch viele gute Buschwanderungen. Leichte Erreichbarkeit ab Airlie Beach und bezahlbare Unterkünfte machen sie zum Topziel für Budgetreisende.

Orpheus Island (S. 465) ist ein Nationalparkgebiet und eins der exklusivsten, friedvollsten Romantikrefugien des Riffs.

TOP-SCHNORCHELSPOTS

Manche Nichttaucher könnten sich fragen, ob es sich wirklich lohnt, das Great Barrier Reef „nur zum Schnorcheln" zu besuchen. Die Antwort ist ein schallendes „Ja!": Hier gibt's ein paar super Schnorchelspots. Tatsächlich sind viele der üppigen, farbenfrohen Korallen leicht zugänglich – sie wachsen dicht unter der Wasseroberfläche, da sie zum Gedeihen helles Sonnenlicht brauchen. Die besten Schnorchelspots auf einen Blick:

» Fitzroy Reef Lagoon
» Heron Island
» Keppel Island
» Lady Elliot Island
» Lady Musgrave Island
» Hook Island
» Hayman Island
» Lizard Island
» Border Island (Whitsundays)
» Hardy Reef (Whitsundays)
» Knuckle Reef (Whitsundays)
» Michaelmas Reef (Cairns)
» Hastings Reef (Cairns)
» Norman Reef (Cairns)
» Saxon Reef (Cairns)
» Opal Reef (Port Douglas)
» Agincourt Reef (Port Douglas)
» Mackay Reef (Port Douglas)

Es eignet sich besonders gut zum Schnorcheln: Direkt vom Strand aus geht's hinein in die farbenfrohe Unterwasserwelt. Gruppen von Saumriffen sorgen zudem für viele Tauchmöglichkeiten.

Green Island (S. 501) ist ein weiteres echtes Korallenatoll des Great Barrier Reef. Seine umliegenden Saumriffe zählt man zu den schönsten der Welt: Die Tauch- und Schnorchelspots sind ziemlich spektakulär. Das ganze Eiland ist Nationalparkgebiet und von dichtem Regenwald bedeckt. Es gibt hier ein Unterwasser-Observatorium und üppige Vogelwelt mit ca. 60 Arten. Das Resort auf Green Island ist für Aktivitäten am Riff bestens gerüstet. Mehrere Touranbieter organisieren Tauch- und Schnorcheltrips. Green Island kann auch per Tagestrip ab Cairns erreicht werden.

Lizard Island (S. 526) ist einsam, schroff und der ideale Ort für eine Zivilisationsflucht. Hier gibt's einen Ring aus talkumweißen Stränden, bemerkenswert blaues Wasser und wenige Touristen. Lizard Island ist außerdem weltweit als Topziel für Sporttaucher berühmt: An Australiens wohl bekanntestem Tauchspot namens Cod Hole (S. 490) kann man mit friedlichen, bis zu 60 kg schweren Gefleckten Riesenzackenbarschen schwimmen. Pixie Bommie heißt eine weitere und ebenfalls sehr geschätzte Tauchstelle der Insel.

Um die Insel herum genießen auch Schnorchler den Blick auf die Unterwasserwelt: Gleich vor der Küste tummeln sich überall Mördermuscheln, Mantarochen, Barrakudas und dichte Fischschwärme.

Übernachtungsgäste müssen entweder einen dicken Geldbeutel oder keinerlei Ansprüche haben – hier heißt's entweder Fünf-Sterne-Luxus oder rustikales Buschcamping.

Tauchen & Schnorcheln am Riff

Tauchen und Schnorcheln findet hier oft vom Boot aus statt. Von manchen Inselstränden entlang des Great Barrier Reef kann man aber direkt zu tollen Riffen marschieren. Alle Bootsausflüge beinhalten normalerweise kostenlose Schnorchelausrüstung. Meistens wird insgesamt ca. drei Stunden lang über den Meeresboden marschiert. Bei Trips mit Übernachtung an Bord (engl. *live-aboards*) lassen sich die Riffe natürlich intensiver und flächendeckender erkunden. Wer nicht nur schnorcheln möchte und keinen Tauchschein hat, kann oft an geführten Einführungstauchgängen teilnehmen. Diese Unterwassertouren werden von erfahrenen Tauchern geleitet. Vorab gibt's eine gründliche Belehrung in Sachen Sicherheit und Ablauf. Ein Fünftageskurs der PADI (Professional Association of Diving Instructors) oder ein „Kamerad" sind nicht vonnöten.

Bootsausflüge

Wer nicht auf einer korallengesäumten Insel inmitten des Great Barrier Reef urlaubt, muss seine ganze Schönheit per Bootsausflug genießen – entweder bei Tagestrips oder mehrtägigen Varianten mit Übernachtung an Bord. Tagesausflüge starten an Inselresorts und in vielen Ortschaften an der Küste (die wichtigsten stehen auf S. 24). Sie beinhalten üblicherweise das Benutzen von Schnorchelausrüstung, Snacks, ein Mittagsbuffet und Sporttauchen als optionales Extra. Viele Boote bieten auch Einführungstauchgänge am Riff an, die von Tauchmeistern begleitet werden und potenziell einen super Ersteindruck von diesem Sport vermitteln. Manchmal halten auch Natur- oder Meeresforscher an Bord einen Vortrag zur Riffökologie.

Bootsausflüge unterscheiden sich deutlich in puncto Passagierzahl, Schiffstyp und Qualität, was sich letztendlich im Preis widerspiegelt. Vor der Entscheidung für einen bestimmten Trip heißt's somit möglichst alle Details ermitteln. Auswahlkriterien wären z. B. Bootstyp (motorisierter Katamaran oder Segelboot), Passagierzahl (6–400), Ziel und eventuelle Extras. Außenriffe sind in der Regel unberührter. Innenriffe leiden oft unter Schäden durch Menschenhand, Korallenbleiche oder korallenfressende Dornenkronenseesterne. Manche Firmen haben nur Besuchsgenehmigungen fürs Innenriff und daher günstigere Tourpreise – meist bekommt man dann das, was man bezahlt. Einige Veranstalter organisieren auch Fahrten mit Halbtauch- oder Glasbodenbooten.

Viele Boote verleihen Unterwasserkameras, die jedoch zu Lande günstiger auszuleihen sind. Wer viele Fotos schießen möchte und ein wasserdichtes Gehäuse für die eigene Digitalkamera kauft, spart noch mehr Bares. Teilweise sind auch Profifotografen mit an Bord, die Taucher begleiten und sie mit hoher Qualität ablichten.

Übernachten an Bord

Bei maximaler Tauchlust sind *live-aboards* eine super Sache: Sie geben Riffbesuchern die Chance auf ca. drei Tauchgänge bei Tageslicht und Nachttauchen bei Gelegenheit. Solche Exkursionen steuern oft entlegenere Bereiche des Great Barrier Reef an und beinhalten ein bis zwölf Übernachtungen. Mit am häufigsten gibt's Dreitagestrips mit drei Übernachtungen und bis zu elf Tauchgängen (neun bei Tag, zwei bei Nacht). Manche Varianten gehen auf Erkundungstour, andere stehen eher für Spontanität oder absolvieren feste Routen, die eventuell verankerte Stege oder Pontons abklappern. Ein genauer Check der verschiedenen Optionen lohnt sich: Einige Boote stimmen ihre Fahrten speziell auf bestimmte Meereslebewesen (z. B. Zwergwale) oder Unterwasser-Ereignisse wie die Korallenblüte ab. Andere besuchen stattdessen entlegenere Reviere wie Pompey Complex, Coral Sea Reefs, Swain Reefs oder die Riffe im äußersten Norden des Great Barrier Reef.

Der jeweilige Anbieter sollte unbedingt zu Dive Queensland gehören, um einen Mindeststandard an Richtlinien zu garantieren. Auf der Verbandswebsite (www.divequeensland.com.au) steht eine aktuelle Mitgliederliste. Im Idealfall hat das Unternehmen zusätzlich ein Zertifikat der Ecotourism Association of Australia (www.ecotourism.org.au).

Beliebte Startpunkte von Bootsausflügen mit Bordübernachtungen inklusive Ziele, die besucht werden:

» **Bundaberg** – Bunker Island Group mit Lady Musgrave und Lady Elliot Island; eventuell Fitzroy Reef, Llewellyn Reef und das kaum besuchte Boult Reef oder Hoskyn und Fairfax Island.

» **1770** – Bunker Island Group.

» **Gladstone** – Swain Reefs und Bunker Island Group.

» **Mackay** – Lihou Reef und Korallenmeer.

» **Airlie Beach** – Whitsundays, Knuckle und Hardy Reef.

» **Townsville** – Wrack der *Yongala* plus Canyons von Wheeler und Keeper Reef.

» **Cairns** – Cod Hole, Ribbon Reefs, Korallenmeer und eventuell die Riffe im äußersten Norden.

» **Port Douglas** – Osprey Reef, Cod Hole, Ribbon Reefs, Korallenmeer und eventuell die Riffe im äußersten Norden.

Tauchkurse

In Queensland kann man vielerorts das Tauchen lernen, Auffrischungskurse belegen oder vorhandene Fähigkeiten ausbauen. Örtliche Tauchkurse haben generell hohe Standards. Alle Schulen vergeben entweder Zertifikate der PADI (Professional Association of Diving Instructors) oder der SSI (Scuba Schools International). Wesentlich wichtiger als die Wahl des jeweiligen Zertifikat ist jedoch ein guter Tauchlehrer. Somit heißt's vor der Entscheidung für einen bestimmten Kurs unbedingt örtliche Empfehlungen einholen und den Tauchlehrer kennenlernen.

Cairns zählt zu den populärsten Pflastern für Tauchkurse. Dort gibt's z. B. günsti-

Tauchen & Flugreisen

Grundsätzlich sollte der letzte Tauchgang spätestens 24 Stunden vor jeglichen Flügen (auch per Ballon oder Fallschirmspringen) komplett beendet sein. So wird das Risiko gemindert, dass Reststickstoff im Blut zur Dekompressionskrankheit führt. Baldiges Tauchen nach der Ankunft per Flieger ist dagegen problemlos.

Versicherung

Man sollte unbedingt ermitteln, ob die eigene Versicherungspolice das Tauchen eventuell als gefährliche Sportart einstuft und daher nicht abdeckt. Gegen einen kleinen Jahresbeitrag bietet das **Divers Alert Network** (DAN; www.diversalertnetwork.org, Notfall-Hotline für Tauchunfälle ☎800 088 200) eine Versicherung an, die Evakuierungs- und Behandlungskosten bei Tauchunfällen trägt.

Sicht unter Wasser

Küstengewässer: 1–3 m

Mehrere Kilometer vor der Küste: 8–15 m

Außenrand des Great Barrier Reef: 20–35 m

Korallenmeer: 50 m und mehr

Wassertemperatur

Im Norden ist die Wassertemperatur ganzjährig hoch (ca. 24–30 °C). Gen Süden fällt sie schrittweise und sinkt im Winter auf 20 bis 28 °C.

ge Varianten (vier Tage ab ca. 450 AU$), die Pooltraining und Rifftauchen kombinieren. Am anderen Ende der Skala stehen längere, intensivere Optionen mit Rifftauchen und Übernachtung an Bord (fünf Kurstage inkl. 3 Tagen/2 Nächten an Bord ca. 825 AU$).

Auch hier geht's nach dem Tauchunterricht hinaus zum Great Barrier Reef:

» Bundaberg

» Mission Beach

» Townsville

» Airlie Beach

» Hamilton Island

» Magnetic Island

» Port Douglas

Weitere Details zu Tauchkursen stehen auf S. 490.

Sicher tauchen

Für ein Maximum an Spaß und Sicherheit sollten vor dem Schnorcheln, Geräte- oder Apnoetauchen unbedingt folgende Aspekte bedacht werden:

» Zum Gerätetauchen nur mit einem aktuellen, gültigen Tauchschein einer offiziell anerkannten Tauchschule aufbrechen.

» Nur tauchen, wenn Gesundheit und Wohlbefinden voll gegeben sind.

» Bei renommierten lokalen Tauchanbietern grundsätzlich verlässliche Infos zu allen Bedingungen (z. B. Wassertemperatur, Unterwassersicht, Gezeitenbewegungen, Gefahren) am jeweiligen Spot einholen und ermitteln, wie einheimische Taucher damit umgehen.

» Stets bedenken, dass Tauchbedingungen je nach Region oder sogar Spot deutlich variieren und zudem starken saisonalen Schwankungen unterliegen können; all dies bestimmt die jeweilige Wahl von Ausrüstung und Tauchmethode.

» Bezüglich Meereslebewesen und Natur immer alle örtlichen Gesetze, Bestimmungen und Verhaltensregeln befolgen.

» Nur an Stellen tauchen, die dem eigenen Erfahrungslevel entsprechen; möglichst einen kompetenten, professionell ausgebildeten Tauchlehrer oder -meister engagieren.

Tauchen für Nichttaucher

Mehrere Anbieter in Cairns (s. S. 490) ermöglichen Nichttauchern das „Tauchen" mittels oberflächenbasierter Luftsysteme: Beim Helmtauchen fließt frische Umgebungsluft durch Schläuche in astronauten-artige Helme. So kann man ganz normal atmen oder sogar eine Brille tragen, während Gesicht und Haar trocken bleiben. Interessenten müssen auch nicht schwimmen können, da sie 4 bis 5 m unter der Wasseroberfläche über eine versenkte Plattform laufen. Solche Spaziergänge (15–20 Min., ab ca. 140 AU$) finden unter Anleitung qualifizierter Tauchlehrer statt. Sie eignen sich theoretisch für alle Personen über zwölf Jahren und 140 cm Körpergröße. Wie beim Sporttauchen schließen jedoch bestimmte medizinische Aspekte (z.B. Asthma, Herzkrankheiten, Epilepsie, Schwangerschaft) die Teilnahme von vorn herein aus.

Unterkunft

Zum Great Barrier Reef gehören über ein Dutzend Inselresorts, die sich in Sachen Stil und Komfort unterscheiden. Die meisten fallen deutlich in den Spitzenklasse-bereich. Dennoch gibt's auch bezahlbare Aufenthalte für alle, die nach natürlicher Schönheit suchen und sich nicht an mittelmäßigen Unterkünften (z.B. denen auf Lady Elliot Island) stören.

Die Entscheidung für eine bestimmte Option hängt nicht nur vom Geldbeutel, sondern auch von den gewünschten Aktivitäten ab. Manche Resorts sind klein, abgeschieden und erlauben keine Kinder – eventuell ideal, wenn man fast nur in der Hängematte relaxen, an pulvrigen Sandstränden sonnenbaden und tropische Cocktails schlürfen möchte. In diesem Fall empfehlen sich Orpheus oder Hayman Island. Andere, betriebsamere Resorts wie Hamilton Island organisieren alle möglichen Aktivitäten von Segeln und Kajakfahren bis hin zu Rundflügen per Hubschrauber. Zudem bieten sie Restaurants und sogar etwas Nachtleben.

Die Whitsundays (S. 440) haben das größte Resortangebot. Auf S. 25 werden verschiedene Inseladressen vorgestellt.

NACHHALTIGER TOURISMUS AM RIFF

Vor Ausflügen zum extrem sensiblen Great Barrier Reef ist es unverzichtbar, sich gezielt über verantwortungsbewusstes Verhalten am Riff zu informieren. Die folgende Liste mit ein paar der wichtigeren nachhaltigen Maßnahmen ist keinesfalls vollständig.

» Ob auf Inseln oder an Bord: Allen Müll (auch biologisch Abbaubares wie Apfelgehäuse) mitnehmen und korrekt an Land entsorgen.

» Nicht vergessen: Das Beschädigen oder Entfernen von Korallen im Meeresschutzgebiet ist eine Straftat.

» Meereslebewesen nicht berühren oder drangsalieren; niemals auf Korallen sitzen, stehen oder herumlaufen, da diese durch jeglichen Kontakt beschädigt werden und zudem böse Wunden verursachen können.

» Beim Betrieb eigener Boote unbedingt die Ankervorschriften bzw. -verbote (*no anchoring areas*) im Riffbereich beachten und sehr vorsichtig Anker werfen, um Korallenschäden zu vermeiden.

» Beim Tauchen: sicherstellen, dass die Gewichte vor dem Gang ins Wasser korrekt bemessen sind und die Tarierweste (*buoyancy compensator*, BC oder *buoyancy control device*, BCD) nicht mit dem Riff in Berührung kommt; außerdem darauf achten, dass Ausrüstungsteile wie Sekundärregler oder Druckmesser nicht über die Korallen schleifen.

» Beim Schnorcheln: Vor allem als Anfänger zunächst so lange abseits der Korallen üben, bis die Bewegung im Wasser sicher kontrolliert werden kann.

» Neoprenanzug ausleihen statt üppig Sonnencreme auftragen, da diese das Riff beschädigen kann.

» Schwimmflossen stets im Auge behalten, um möglichst keine Sedimente aufzuwirbeln oder Korallen zu zerstören.

» Niemals nahe einer Indopazifischen Seekuh (Dugong) ins Wasser gehen, schwimmen oder tauchen.

» Beim Muschelsammeln immer alle Mengen- und Artenschutzbeschränkungen beachten.

TOP-TAUCHSPOTS AM RIFF

Das Great Barrier Reef hat ein paar der weltbesten Tauchspots. Für den Anfang können wir folgende Stellen wärmstens empfehlen:

» **SS Yongala** – versunkenes Schiffswrack, das seit über 90 Jahren eine lebendige Gemeinschaft von Meeresbewohnern beheimatet.

» **Cod Hole** – Auge in Auge mit Gefleckten Riesenzackenbarschen.

» **Heron Island** – farbenfrohe Fischschwärme direkt vor dem Strand.

» **Lady Elliot Island** – mit 19 berühmten Tauchspots.

» **Pixie Bommie** – Nachttauchgänge zur dunklen Seite des Riffs.

Camping am Great Barrier Reef

Inselcamping ist eine einzigartige und günstige Methode, um das Great Barrier Reef zu erleben: Wenn einem eine gewisse Rustikalität nichts ausmacht, erlebt man dabei Tropenidylle zum Bruchteil des Preises eines Fünf-Sterne-Inselresorts, das eventuell gleich in der Nähe des Campingplatzes liegt. Dessen Ausstattung kann von praktisch null bis zu Duschen, WCs, Picknicktischen und Infotafeln reichen. Die Entlegenheit der meisten Inseln macht eine angemessene Vorbereitung auf allgemeine und medizinische Notfälle unbedingt erforderlich. Unabhängig vom jeweiligen Ziel muss man sich komplett selbst versorgen können und eigene Nahrungsmittel sowie genug Trinkwasser mitbringen (Empfeh-

lung: 5 l pro Tag). Da sich geplante Abholtermine oft wetterbedingt verschieben, sind Zusatzvorräte für drei oder vier Tage ungemein empfehlenswert.

Bitte auch nie vergessen, dass alle Inseln sensible Ökosysteme haben – deshalb darf nur an ausgewiesenen Stellen campen, nur markierte Wege benutzen und alles Mitgebrachte muss man später wieder mitnehmen. Wegen des allgemeines Feuerverbots wird zudem ein Gas- oder anderer Campingkocher benötigt.

Stellplätze müssen rechtzeitig reserviert werden. Campinggenehmigungen für Nationalparks lassen sich online über den **QPWS** (☑13 74 68; www.derm.qld.gov.au) buchen. Unsere Favoriten:

Whitsunday Islands (S. 443) Über Hook, Whitsunday und Henning Island verteilen sich fast ein Dutzend herrlich gelegener Campingareale.

Capricornia Cays Stellplätze auf drei separaten Korallenatollen: Masthead Island, North West Island und das fantastische, unbewohnte Lady Musgrave Island (S. 419) für maximal 40 Camper.

Dunk Island (S. 481) Halb Resort, halb Nationalpark mit prima Bade-, Kajak- und Wandermöglichkeiten.

Fitzroy Island (S. 501) Resort plus Nationalpark mit kurzen Buschwanderpfaden und Korallen direkt vor den Stränden.

Frankland Islands (S. 502) Inselgruppe vor Cairns mit Korallen-Saumriffen und weißen Sandstränden.

Lizard Island (S. 526) Super Strände, klasse Korallen und riesige Tierwelt; nur per Flieger erreichbar.

Orpheus Island (S. 465) Abgeschiedene Insel mit hübschem Tropenwald und herrlichem Saumriff; per Flieger erreichbar.

Outdooraktivitäten an Australiens Ostküste

Wildtiere beobachten

Seebären und Pinguine auf Montague Island
Wale vor Eden und der Hervey Bay
Koalas in Cape Otway
Kasuare im Daintree Rainforest
Meeresschildkröten in Mon Repos
Krokodile im Daintree River

Wassersport

Tauchen und Schnorcheln am Great Barrier Reef
Windsurfen am Bondi Beach, in der Byron Bay und in Noosa
Segeln um die Whitsunday Islands
Kajakfahren auf North Stradbroke Island, in Noosa und am Airlie Beach

Für Mutige

Canyoning in den Blue Mountains
Klettern in Wilsons Promontory
Fallschirmspringen am Mission Beach
Bungeejumping in Cairns
Rafting auf dem Tully River

Beste Wandergebiete

Blue Mountains
Dorrigo National Park
Wilsons Promontory
Croajingolong National Park
Wooroonooran National Park
Springbrook National Park

Mit ihren uralten Regenwäldern, prachtvollen Inseln, zerklüfteten Bergen und dem hinreißenden Great Barrier Reef bietet die Ostküste Australiens grandiose Landschaften für die unterschiedlichsten Outdoor-Abenteuer. Ungeheuer beliebt sind beispielsweise das Tauchen und Schnorcheln in der artenreichen Meereswelt vor der Küste. Man findet hier Surfstrände von Weltklasse, wunderbare Möglichkeiten zur Walbeobachtung, zum Segeln, Angeln und für jede Menge weiterer Wassersportarten. Die Inseln sind ungeheuer vielfältig: Auf der einen Seite gibt es wunderschöne, von Riffen gesäumte Eilande, auf der anderen große Nationalparks mit gewaltigen Sanddünen, deren Inneres nur mit dem Geländewagen zugänglich ist. Man campt an einsamen Stränden, reitet auf riesigen Wellen oder paddelt in seinem Kajak durch dichte Mangrovenwälder. Im Binnenland locken wundervolle Wanderungen durch den Regenwald oder um zerklüftete Gipfel, auf die man auch klettern kann. Reißende Ströme sind ein Paradies für Wildwasserfahrten. Und wem das noch nicht Nervenkitzel genug ist, der seilt sich ab, stürzt sich am Bungee-Seil in die Tiefe oder betätigt sich als Fallschirmspringer.

Bushwalking & Trekking

An den Küsten und in den vielfältigen Landschaften der australischen Ostküste finden sich wunderbare Wanderwege von jeder nur denkbaren Länge und jedem nur denkbaren Schwierigkeitsgrad. Besonders gut wandert es sich in den Nationalparks und State Forests, die teils an der Küste und teils im Hinterland liegen und von denen auch viele von den Städten aus leicht zu erreichen sind.

Reisezeit

An der Ostküste kann man das ganze Jahr über durch den Busch wandern. Im Südosten ist der Sommer die beliebteste Reisezeit. Ins nördliche Queensland (oberhalb der Capricorn Coast) reist man am besten zwischen April und September, weil es hier im Sommer sehr heiß und schwül werden kann, insbesondere in der Regenzeit zwischen November und Februar – zu dieser Zeit sind auch viele der Trails gesperrt und man kann sie sowieso nicht absolvieren. Buschbrände sind im Sommer eine ernsthafte Bedrohung, und überhaupt sollte die Hitze nicht auf die leichte Schulter genommen werden. Sich immer erst vor Ort informieren, bevor man loszieht!

Aber ganz egal, zu welcher Jahreszeit man kommt und gleichgültig, wie kurz die geplante Wanderung sein mag: Man muss immer gut vorbereitet sein und stets viel Trinkwasser mitnehmen!

New South Wales

An den Küsten von NSW gibt es viele Möglichkeiten für Wanderungen von jeder Länge und jedem Schwierigkeitsgrad durch höchst unterschiedliches Gelände. In Sydney genießt man bei der atemberaubenden Küstenwanderung von Bondi nach Coogee die wunderbare Küstenlandschaft und kann dabei auch noch surfen oder einen Kaffee trinken. Jenseits der Stadt bieten sich ausgezeichnete Möglichkeiten zum Buschwandern in den Blue Mountains (S. 106), im Ku-ring-gai Chase National Park (S. 68) sowie im Royal National Park (S. 149).

Eine wunderbare Fernsicht auf die Küste, blühende Wildblumen und kurze, aber raue Wanderstrecken erwarten einen beim Aufstieg auf den Pigeon House Mountain (S. 158) an der Südküste oder auf den Mt.

GREAT WALKS OF QUEENSLAND

STRECKE	SCHWIERIG-KEITSGRAD	LÄNGE	DAUER	LANDSCHAFT
Fraser Island	schwer	90 km	bis zu 8 Tage	Regenwald, bunter Sand, malerische Seen, hohe Sanddünen
Hinterland der Gold Coast	mittelschwer	55 km	3 Tage	Täler voller Palmen, nebelverhangene Berge, Klippengrate mit weiter Aussicht, kristallklare Ströme
Mackay Highlands	mittelschwer	50 km	4–6 Tage	Regenwald, Schluchten, Steilhänge, hügeliges Farmland
Hinterland der Sunshine Coast	mittelschwer	58 km	4 Tage	führt durch die malerische Blackall Range mit Wasserfällen, Eukalyptus- und subtropischem Regenwald sowie erstklassigen Aussichtspunkten
Wet Tropics	mittelschwer	100 km	6 Tage	Wasserfälle, Schluchten, Aussichtspunkte und der zum Unesco-Weltnaturerbe zählende Regenwald im Girringun National Park
Whitsunday	schwer	30 km	3 Tage	Tropischer Tieflandregenwald, felsige Bäche, üppige Täler mit Palmen und schöner Aussicht, alles in der rauen Conway Range innerhalb des Conway National Park

Warning (S. 192) an der Nordküste von New South Wales. Ideal für Wanderer sind die grünen Täler im Dorrigo National Park (S. 210) mit ihren vielen wunderschönen Wasserfällen.

Victoria

Victorias Nationalparks und State Forests bieten Unternehmungslustigen eine große Auswahl an Möglichkeiten, die von kurzen Spaziergängen durch angenehm kühle Regenwälder über anspruchsvolle Bergwanderungen bis hin zu Erkundungen der Küstenwildnis reicht.

Für Streifzüge entlang der Küste begibt man sich am besten zum Wilsons Promontory National Park (S. 283) in Gippsland, der ab Tidal River und Telegraph Saddle markierte Wegen hat. Man kann ein paar Stunden hier wandern oder auch mehrere Tage unterwegs sein. Es erwarten einen weißer Sand, klares Wasser, Buschland und wirklich beeindruckende Aussichten auf die Küste. Weiter östlich, nämlich fast schon an der Grenze zu New South Wales, liegt der Croajingolong National Park (S. 298) nahe Mallacoota in East Gippsland. Er verfügt über felsige Wege durch das Inland und leichtere Küstenwege, die an historischen Leuchttürmen vorbeiführen und über Sanddünen klettern.

Queensland

In Queensland gibt's einige hochgerühmte Tracks für erfahrene Wanderer. Auf Hinchinbrook Island im nördlichen Queensland führt der 32 km lange, völlig naturbelassene Thorsborne Trail (S. 474) über abgelegene Strände, durch üppigen Regenwald und an kristallklare Ströme.

Zu den bei Wanderern besonders beliebten Nationalparks zählen der Springbrook (S. 354) im Hinterland der Gold Coast und der D'Aguilar Range National Park (S. 311), ein beliebtes Ausflugsziel, wenn man sich einmal von der Stadt erholen will. Weitere gute Parks zum Buschwandern sind der Cooloola-Abschnitt des Great Sandy National Park (S. 385) gleich nördlich der Sunshine Coast und der Wooroonooran National Park (S. 482) südlich von Cairns, in dem sich Queenslands höchster Gipfel, der Mt. Bartle Frere (1622 m), erhebt.

Die Great Walks of Queensland sind ein 16,5 Mio. AU$ teures Projekt mit dem Ziel, ein Wanderwegenetz von Weltklas-

se anzulegen. Alle Einzelheiten, darunter Wegbeschreibungen, Karten und Stellplatzreservierung, findet man bei **QPWS** (www.derm.qld.gov.au). Der bekannteste der vorgestellten Great Walks ist die 87 km lange, durch Regenwald und an der Küste entlangführende Wanderstrecke auf Fraser Island (S. 407).

Bücher

» Lonely Planets *Walking in Australia*: 60 Wanderstrecken von unterschiedlicher Länge im gesamten Land werden hier detailliert vorgestellt.

» *Take a Walk in Victoria's National Parks*: 3000 km an Wanderwegen in 35 Nationalparks.

» *Take a Walk in a National Park Sydney to Port Macquarie*: 1000 km an Wanderwegen, darunter im Sydney Harbour, in uralten Wäldern und zu Stätten mit Felszeichnungen der Aborigines.

» *Take a Walk in South-East Queensland*: 170 Wandermöglichkeiten in 22 Nationalparks in Queensland.

» *Tropical Walking Tracks*: Ausgezeichneter Wanderführer für die Gebiete im tropischen Norden.

Infos im Internet

Die regionalen Wanderclubs bieten auf ihren Websites viele interessante Informationen:

Bushwalking NSW (www.bushwalking.org.au)
Bushwalking Victoria (www.bushwalkingvictoria.org.au)
Bushwalking Queensland (www.bushwalking queensland.org.au)

Tauchen & Schnorcheln

Selbst wenn es das Great Barrier Reef nicht gäbe, blieben an Australiens Ostküste immer noch genug Tauchstellen von Weltklasse. Hier locken Korallenriffe, eine reiche Vielfalt des Meereslebens (mit Arten, die in der gemäßigten Zone, in den Subtropen und in den Tropen vorkommen) und Tausende von Schiffswracks, die nur darauf warten, von abenteuerlustigen Tauchern entdeckt zu werden.

Generell kann man das ganze Jahr über gut tauchen – in Queensland sollte man allerdings die Regenzeit (Dez.–März) vermeiden, wenn Überschwemmungen Schlamm ins Meer gespült werden können, der die Sicht trübt. Außerdem werden alle Wassersportaktivitäten von Würfelquallen behindert, die zwischen November und Mai an der Küste von Queensland nördlich von Agnes Water auftreten.

Überall an der Küste kann man schnorcheln: Das kostet wenig Anstrengungen und ist für alle möglich. Viele der hier erwähnten Tauchstellen sind auch bei Schnorchlern beliebt.

Einzelheiten über das Tauchen und Schnorcheln am Great Barrier Reef gibt's auf S. 373.

Tauchkurse

Jede größere Ortschaft an der Küste hat eine oder mehrere Tauchschulen, aber das Niveau variiert. Es lohnt sich also, ein paar Recherchen anzustellen, ehe man unterschreibt. Bei der Auswahl eines Kurses sollte man sich genau anschauen, wo die meisten Tauchgänge im offenen Meer stattfinden sollen. Billiganbieter beschränken sich in der Regel auf kurze Tauchgänge an der Küste, bei teureren Veranstaltern verbringt man vielleicht mehrere Tage an Bord eines Schiffs. Normalerweise muss man vor dem Beginn des Kurses beweisen, dass man zehn Minuten lang Wasser treten und 200 m weit schwimmen kann. Die meisten Schulen fordern auch eine medizinische Tauglichkeitsprüfung, die in aller Regel gesondert zu bezahlen ist (ca. 55–80 AU$). Ein vier- bis fünftägiger **PADI-Tauchkurs** (Professional Association of Diving Instructors; www.padi.com) für Tauchen in offenen Gewässern kostet zwischen 275 und 800 AU$ – die Gegend um Bundaberg zählt zu den Gebieten, in denen man die günstigsten Angebote findet.

Für zertifizierte Taucher gibt es praktisch überall Anbieter. Sie bieten Touren an und verleihen die notwendige Ausrüstung. Um diese Angebote in Anspruch zu nehmen, muss man seine Qualifikation nachweisen und bei manchen Anbietern auch sein Tauchbuch vorlegen. Das Ausleihen von Tauchausrüstung (mit zwei Druckluftflaschen) und eine Tagestour kosten generell zwischen 75 und 190 AU$. Bei den Tauchgeräteverleihern kann man auch Taucherbrille, Schnorchel und Schwimmflossen ausleihen; Kostenpunkt dafür ist rund 30 bis 50 AU$.

Beliebte Tauch- & Schnorchelstellen

New South Wales

Sydney Dive Centre Bondi (www.divebondi.com.au; S. 71): Höhlensysteme, Fischschwärme, Port-Jackson-Stierkopfhaie und Riesenlippfische

Byron Bay Dive Byron Bay (www.byronbaydivecentre.com.au; S. 177): Stellen mit spektakulärem Artenreichtum; man findet Schildkröten, Rochen und 400 Fisch-Spezies

Solitary Islands Marine Park Jetty Dive Centre (www.jettydive.com.au; S. 204): eindrucksvolle Meeresfauna mit tropischen und subtropischen Fischen, Stein- und Weichkorallen

Jervis Bay Dive Jervis Bay (www.divejervisbay.com; S. 157): mehr als 30 Tauchstellen mit Seebären, Sandtigerhaien und Kleinen Fetzenfischen

Montague Island Island Charters Narooma (www.islandchartersnarooma.com; S. 165); Meerestiere tropischer, subtropischer und kalter Gewässer, darunter zwei Seebärenkolonien und das Wrack der SS *Lady Darling*

Victoria

Bunurong Marine Park Seal Diving Services (www.sealdivingservices.com.au; S. 282): felsige Riffe, farbenprächtiger Seetang, Seebären, Stechrochen, 87 Fischarten

Arches Marine Sanctuary Port Campbell Boat Charters (www.portcampbellboatcharters.com.au; S. 271): Kelpwälder, Canyons, Bögen und Tunnel, reiche Meeresfauna, Tauchen zu Schiffswracks

Queensland

North Stradbroke Island Manta Lodge (www.mantalodge.com.au; S. 333): Riesenmantas, Leoparden- und Sandtigerhaie, Buckelwale, Schildkröten, Delfine, Stein- und Weichkorallen

Moreton Island Tangatours in Tangalooma (www.tangalooma.com; S. 335): Tauchen zu den Tangalooma Wrecks, gute Stelle für Schnorchler

Mooloolaba Scuba World (www.scubaworld.com.au; S. 369): Tauchen mit Haien und Rochen in der Underwater World sowie Tauchgänge zu dem Wrack eines vor der Küste gesunkenen Kriegsschiffs

Rainbow Beach Wolf Rock Dive Centre (www.wolfrockdive.com.au; S. 398): eines der Top-Ziele für Taucher in Australien – Sandtigerhaie, Schildkröten, Riesenmantas und Riesenzackenbarsche tummeln sich zwischen den vulkanischen Felsspitzen

Bundaberg Bundaberg Aqua Scuba (www.aqua scuba.com.au; S. 404): Tauchgänge zu Wracks, Zackenbarschen, Schildkröten und Rochen; Tauchgänge im Meer mit Übernachtung an Bord

Surfen

Im südlichen Teil der Ostküste findet man jede Menge Sandstrände mit Brandungswellen. In Queensland gibt es nördlich von Agnes Water wegen des Great Barrier Reef keine Wellen – das Riff schirmt die Küste vor den Wogen des Ozeans ab. Viele Traveller kommen extra an die Ostküste, um surfen zu lernen. An der ganzen Küste herrscht auch wahrlich kein Mangel an guten Wellen, Surfschulen und Surfbrettverleihern. Zweistündige Einführungskurse kosten zwischen 40 und 65 AU$; fünftägige Kurse für ernsthaft Interessierte schlagen mit 180 bis 250 AU$ zu Buche.

New South Wales

In den meisten Jahreszeiten treffen wunderbare Surfwellen auf die endlosen Strände von New South Wales. Es gibt so viele gute Stellen zum Surfen, dass ein Massenandrang allenfalls an den angesagtesten Stränden zu fürchten ist.

» **Bondi Beach** (S. 92): Das berühmte (und dementsprechend oft rappelvolle) Surfer-Mekka.

» **Manly Beach** (S. 93): Die weniger starken Wellen eignen sich prima für Anfänger.

» **Batemans Bay** (S. 161): Mehrere ordentliche Surfstrände, empfehlenswert ist vor allem Pink Rocks.

» **Booderee National Park** (S. 156): Beste Möglichkeiten bietet die Pipeline, ein Riffbrecher der A-Klasse mit periodisch auftretenden Tubes von 3,50 m.

» **Newcastle** (S. 113): In der ganzen Gegend gibt's prächtige Surfstellen.

» **Crescent Head** (S. 216): Sagenhafte Wellen, ideal für Longboard-Surfer.

» **Coffs Harbour** (S. 204): Prima Wellen von durchschnittlich 1,50 bis 2 m.

» **Lennox Head** (S. 194): Ausgezeichnete Surfwellen vor dem Seven Mile Beach.

» **Byron Bay** (S. 174): Hier gibt's Brecher jeder Art, und das Surferleben kann es mit Bondi Beach aufnehmen.

Queensland

Vom Surferstandpunkt aus betrachtet ist Queenslands Great Barrier Reef einer der größten Irrtümer der Natur: ein 2000 km langer Wellenbrecher! Aber glücklicherweise gibt es im Süden von Queensland noch einige großartige Surfstrände.

» **Coolangatta** (S. 351): beliebtes Surferziel bei den Einwohnern an der Gold Coast, besonders geschätzt ist der Kirra Beach.

» **Burleigh Heads** (S. 347): Starke Wellen, die sich nur für erfahrene Surfer eignen.

» **Caloundra** (S. 367) bis **Mooloolaba** (S. 369): An diesem Strandabschnitt darf man mit prima Wellen rechnen.

» **Noosa** (S. 359): beliebtes Ziel für Longboard-Surfer.

» **North Stradbroke Island** (S. 333): Die Insel ist zwar nicht leicht zu erreichen, bietet aber gute Surfstrände mit weniger Massenandrang als an der Gold Coast und der Sunshine Coast.

Victoria

Weil Victorias raue Südküste ständig den erbarmungslosen Wellen des Südpolarmeers ausgesetzt ist, gibt es hier jede Menge sehr gute Surfstrände, lediglich an der Südostküste ist es etwas ruhiger. Angesichts des in der Regel selbst im Sommer eiskalten Wassers verzichten auch die abgehärtetsten Surfer hier nicht auf einen Neoprenanzug. Im Winter trägt man in der Regel Ganzkörper-Neoprenanzüge von einer Dicke bis zu 7 mm.

» **Phillip Island** (S. 278): Hier gibt's die besten Wellen im östlichen Victoria, insbesondere am Woolami Beach.

» **Torquay** (S. 263): Die unumstrittene Hauptstadt des australischen Surfens bietet Surfschulen, ein Surfmuseum und gute Surfstrände ganz in der Nähe.

» **Bells Beach** (S. 264): Dieser Strand hat unbeständige, aber berühmte Wellen. Zu Ostern findet hier alljährlich die Rip Curl Pro statt.

Kajak- & Kanufahren

Mit dem Kajak oder Kanu kommt man in ansonsten unzugängliche Gebiete, kann sich in dichte Mangrovenwälder, Mündungsarme, von Flussläufen gegrabene

BOOTFAHREN

Nach dem Surfen ist das Bootfahren die beliebteste Freizeitaktivität im Meer an der Ostküste. Es gibt ein ausgeprägtes Jachthafen-Ambiente in allen Ortschaften mit größeren Häfen und sogar ein deutliches Bewegungsmuster: Im Winter verlegen die Boots- und Jachtbegeisterten ihre Aktivitäten in den wärmeren Norden.

New South Wales

Die bequemste Aktivität, die sich in Sydney anbietet, ist eine Rundfahrt (S. 71), aber die Natur hat hier auch die idealen Bedingungen zum Segelnlernen bereitgestellt (S. 70). Südlich und nördlich von Sydney gibt es verführerische Häfen voller Aktivität, darunter Port Stephens (S. 123) und Jervis Bay (S. 155). Im Norden ist Ballina ein guter Ort, um ein Boot zu mieten (S. 194).

Queensland

Queenslands Gewässer bieten einige der weltweit schönsten Stellen zum Segeln; kein Wunder, dass sich hier erfahrene und angehende Seefahrer gleichermaßen tummeln. Die absolut malerischen Whitsunday Islands (S. 440) sind ein zauberhafter Ort für einen Segeltörn. Man kann sich einer ganz- oder mehrtägigen Tour anschließen oder in Airlie Beach (S. 445) ein eigenes Boot mieten.

Zur Erkundung des Great Barrier Reef und einiger der Inseln vor der abgelegenen Nordküste von Queensland gibt es Charterboote oder Bootstouren ab Cairns (S. 489) oder Port Douglas (S. 509). Dort bietet der Jachtclub mittwochs kostenlose Segeltouren an.

Victoria

Victorias Südostküste lockt mit einer Reihe weiterer Buchten und einigen hübschen Meeresarmen, in denen das Bootfahren eine beliebte Aktivität ist. Jachtbegeisterte Städter halten sich in der Regel an die vielen Segelclubs rund um Port Phillip Bay. Weitere beliebte Regionen für Schiffstouren sind die weithin ausgedehnten Gippsland Lakes (s. Metung, S. 291) und das schöne Mallacoota Inlet (S. 296) nahe der Grenze zu New South Wales.

Schluchten, an einsame Inselstrände und abgeschiedene, unberührte Meeresarme wagen.

New South Wales

Kajakfahren im Meer kann man gleich im Sydney Harbour (S. 69); allerdings herrscht dort starker Verkehr, sodass es für unerfahrene Kajakfahrer nicht unbedingt empfehlenswert ist. Unterricht und Anleitung lassen sich leicht arrangieren. Viele der zahlreichen Flüsse im Bundesstaat sind zum Kajak- oder Kanufahren geeignet: Man findet hier sowohl reißende Ströme für Abenteuerlustige als auch langsam fließende Gewässer für gemächliche Paddeltouren.

Port Stephens Blue Water Sea Kayaking (www.kayakingportstephens.com.au; S. 125): Delfine, Wale, Touren in den Sonnenuntergang

Coffs Harbour Liquid Assets (www.surfrafting.com; S. 204): rasante Fahrten in der Brandung, Kajaktouren auf ruhiger See sowie in den flachen Gewässern der Sümpfe und des Küsten-Regenwalds des Bongil Bongil National Park

Yamba Yamba Kayak (http://angourie.me; S. 197): Paddeln inmitten idyllischer Landschaft auf dem Clarence River und dem Lake Wooloweyah

Byron Bay Cape Byron Kayaks (www.capebyronkayaks.com; S. 178): Delfine, vorbeiziehende Wale, Meeresschildkröten

Jervis Bay Jervis Bay Kayaks (www.jervisbaykayaks.com; S. 157): Kajaktouren in einem urtümlichen Meerespark, Kajaktouren mit Camping-Übernachtungen

Victoria

Melbournes Yarra River ist bei Kajakfahrern beliebt: Der ruhige untere Flusslauf eignet sich gut für Familien, während weiter am Oberlauf tolle Stromschnellen vom Schwierigkeitsgrad III locken. Der in Melbourne ansässige Veranstalter Sea Kayak Australia (www.seakayakaustralia.com.au) bietet eine große Palette an geführten Touren, von halbtägigen Paddelausflügen in der Stadt, bei denen man vor St. Kilda Pinguine und andere Wildtiere erspäht, über ganztägige Touren um Phillip Island bis hin zu mehrtägigen Kajakwanderungen rund ums Wilsons Promontory, in den Gippsland Lakes und weiteren Gebieten. Zwei weitere empfehlenswerte Veranstalter:

Melbourne Kayak Melbourne (www.kayakmelbourne.com.au; S. 232): Tages- und Mondschein-Paddeltouren auf dem Yarra River

Apollo Bay Apollo Bay Surf & Kayak (www.apollobaysurfkayak.com.au; S. 268): Touren an der unberührten Küste und hinaus zur Seebärenkolonie

Queensland

An der Küste von Queensland bieten zahlreiche Veranstalter Paddeltouren auf den idyllischen Wasserstraßen, den Seen oder hinaus in die ruhigen Gewässer des Barrier Reef an – letztere führen zuweilen vom Festland zu vorgelagerten Inseln. Manche Unternehmen veranstalten auch geführte Touren an der Gold und der Sunshine Coast.

North Stradbroke Island Straddie Adventures (www.straddieadventures.com.au; S. 333): Mangroven und eine schöne Küste, Delfine, Meeresschildkröten, Rochen

Whitsunday Islands Salty Dog (www.saltydog.com.au; S. 440): Bei den ein- und mehrtägigen Touren zur Erkundung der Molle Islands sieht man Korallenriffe, Delfine, Schildkröten und Cooadler

Noosa Noosa Ocean Kayak Tours (www.noosakayaktours.com; S. 360): Bei den Kajaktouren im Meer rund um die Laguna Bay sieht man Delfine und Schildkröten; außerdem Kajaktouren auf dem Noosa River

Magnetic Island Magnetic Island Sea Kayaks (www.seakayak.com.au; S. 468): Kajaktouren zur Erkundung der malerischen Buchten der Insel

Mission Beach Coral Sea Kayaking (www.coralseakayak.com.au; S. 476): eintägige Paddeltouren nach und rund um Dunk Island, mehrtägige Ausflüge zur atemberaubenden Hinchinbrook Island

Rafting

In Queensland sind der mächtige Tully River, der North Johnstone River und der Russell River zwischen Townsville und Cairns dank der sehr starken Regenfälle in der Region berühmte Ziele für Abenteuer im Wildwasser. Am beliebtesten ist der Tully River mit 44 Stromschnellen der Schwierigkeitsgrade III oder IV. Ganztägige Raftingtouren auf dem Russell River kosten rund 130 AU$, auf dem Tully rund 185 AU$, jeweils einschließlich des Transports. Weitere Einzelheiten stehen in den Abschnitten zu Cairns und Tully. Das ganze Jahr über herrschen gute Rafting-Bedingungen.

In Victoria gibt es eine ganze Palette von Wildwasserabenteuern auf dem Snowy River: Sie reichen von leichteren Tagestouren mit Stromschnellen der Klasse II bis hin zu schwereren, zwei- oder viertägigen Exkursionen durch tiefe Schluchten, offene Täler und Erosionsrinnen im Regenwald. Die besten Bedingungen herrschen zwischen November und März.

In New South Wales sind Wildwasserfahrten mit Stromschnellen der Klassen II und III auf dem malerischen Goolang River in der Nähe von Coffs Harbour möglich. Raftingtouren veranstaltet Liquid Assets.

Bungeejumping & Fallschirmspringen

Wer den Nervenkitzel sucht, kann in Cairns Bungeejumping (ab 140 AU$) machen oder sich den „Minjin Swings" (ab 90 AU$) anvertrauen, das ist eine Haltevorrichtung für mehrere Personen, die sich gemeinsam in die Tiefe stürzen.

Tandem-Fallschirmsprünge sind eine der spektakulärsten Möglichkeiten, die australische Landschaft auf sich wirken zu lassen. Die Preise hängen davon ab, aus welcher Höhe abgesprungen wird. Die meisten beginnen mit einem Absprung aus 9000 Fuß (2700 m), bei dem man bis zu 28 Sekunden im freien Fall erlebt. Ein solcher Sprung kostet rund 250 AU$. Man kann aber auch aus 11000 Fuß (3300 m) oder sogar aus 14000 Fuß (4200 m) abspringen. Dabei verbringt man 60 Sekunden im freien Fall und erreicht eine Geschwindigkeit von bis zu 200 km/h – für diesen Spaß zahlt man rund 350 AU$.

Beliebte Anlaufstellen für Fallschirmspringer sind die Byron Bay (S. 178), Caloundra (S. 367), Surfers Paradise (S. 341), Brisbane (S. 313), der Airlie Beach (S. 445), der Mission Beach (S. 475) und Cairns (S. 491).

Abseilen, Canyoning & Klettern

Die Blue Mountains in New South Wales, insbesondere rund um Katoomba sind ein wahrhaft fantastisches Gebiet zum Abseilen und für Canyoning. Zahlreiche Unternehmen geben Unterricht und verleihen Ausrüstung.

Wilsons Promontory bietet jede Menge Felsklippen, an denen man sich abseilen kann (s. First Track Adventures, S. 285). Weitere gute Stellen für den Klettersport finden sich in Victoria rund um den schönen und legendären Snowy River (s. Karoonda Park, S. 298).

Ob nun sechs oder 60 Tage zur Verfügung stehen, die folgenden Routen dienen als Orientierungshilfen für eine unvergessliche Reise. Mehr Inspirationen gefällig? Dann auf ins Internet, unter lonelyplanet.com/thorntree kann man sich mit anderen Reisenden austauschen!

Reise- routen

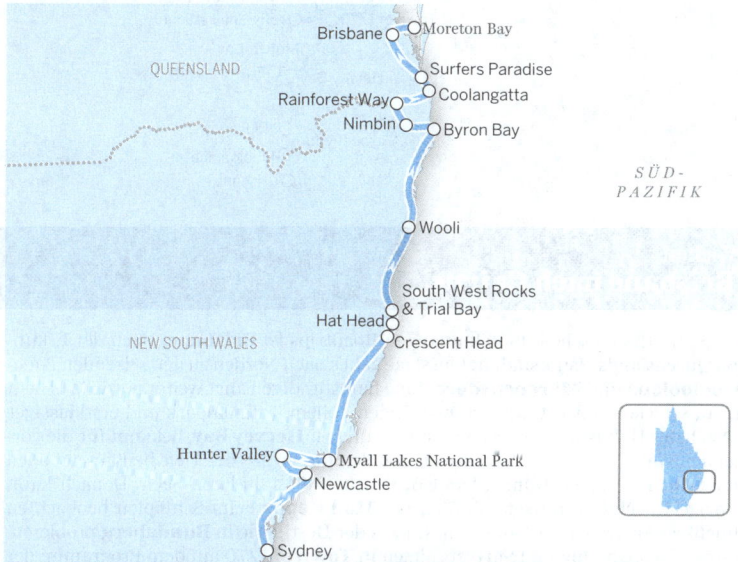

Zwei Wochen
Von Sydney nach Brisbane

> Los geht's mit ein paar Tagen in **Sydney**, wo Sehenswürdigkeiten, Spaziergänge, Restaurants, Shoppingtouren und ein facettenreiches Nachtleben warten. Dann führt die Route nordwärts zur kunstliebenden Surferhochburg **Newcastle** und ins Inland in die Weinberge des **Hunter Valley**. Zurück an der Küste wollen die Land-schaften und unberührten Strände des **Myall Lakes National Park** entdeckt werden.

Die Nordküste von NSW ist subtropisch. **Crescent Head** bietet exzellente Surfwellen, **Hat Head** großartige Ausblicke und das hübsche **South West Rocks** samt der nahe gele-genen **Trial Bay** beste Badebedingungen. Weiter oben geht's zu Traumstränden wie denen nahe des kleinen **Wooli**. Ein Stopp im dynamischen Badeort **Byron Bay** ist ein Muss. In Byrons grünem Hinterland liegt das reizende **Nimbin**. Nun führt die Reise weiter ins In-land auf dem **Rainforest Way**. Nächster Halt ist Gold Coast mit Ausflügen zum entspann-ten Badeort **Coolangatta** und der Partymetropole **Surfers Paradise**. Den Abschluss bildet **Brisbane** mit seiner großartigen Restaurantszene sowie einem tollen Nacht- und Kulturleben. Wer noch ein paar Tage hat, macht sich auf zu den Inseln der **Moreton Bay**.

Drei Wochen
Von Brisbane nach Cairns

Ausgangspunkt des epischen, 1800 km langen Roadtrips ist **Brisbane**. Nach der Erkundung von Queenslands Hauptstadt in Flusslage geht's nach Norden zu den reizenden Badeorten **Mooloolaba** und **Maroochydore**. Eine halbstündige Fahrt weiter nordwärts liegt **Noosa**, ein schicker Badeort mit Traumstränden, tollem Nationalpark und erstklassiger Küche. Nächster Halt ist das hübsche Küstenstädtchen **Hervey Bay**, bekannt für die vorbeiziehenden Wale. Nach einem Tête-à-Tête mit den Riesen aus der Tiefe heißt es auf nach **Fraser Island** mit seinen Dünen, Sandstraßen und kristallklaren Seen. Danach kann man winzige Unechte Karettschildkröten bei **Mon Repos** beim Schlüpfen beobachten und schließlich Australiens beliebtesten Rum in der Destillerie in **Bundaberg** probieren.

Nun steht Entspannung und Surfvergnügen in **Town of 1770** auf dem Programm; der Ort ist einer der letzten Surfspots auf der Route. Einblicke in die wunderschöne Korallenwelt des großen Riffs gibt die **Lady Musgrave Island** oder die von Korallen gesäumte **Lady Elliot Island**. Mit einem großen Hut auf dem Kopf geht's nun in die Rinderhauptstadt **Rockhampton**, wo es den ein oder anderen Cowboy mit Stier zu sehen und Steaks zu verspeisen gibt. Tropische Strandparadiese und Wanderwege verspricht **Great Keppel Island**. Weiter nördlich liegt der abgeschiedene **Byfield National Park** mit seinen kristallklaren Bächen. Offiziell gilt zwar NSW als das Schnabeltier-Terrain, die besten Chancen, eines zu entdecken, bietet jedoch der idyllische **Eungella National Park**.

Nächster Stopp ist das quirlige **Airlie Beach**. Von hier gelangt man zu den magischen **Whitsunday Islands**, einem Segel-, Tauch-, Schnorchel- und Badeparadies mit azurblauem Wasser und weißen Sandstränden; auf den unbewohnten Inseln kann man zelten. Nun geht's ins dynamische **Townsville**, das mit seiner Restaurant- und Ausgehszene überrascht, und ein exzellentes Aquarium sowie Bootstouren zu ursprünglichen Abschnitten des **Great Barrier Reef** bietet. Für Wanderliebhaber steht nun der Thorsborne Trail auf der großartigen **Hinchinbrook Island** auf dem Programm. Noch mehr Abenteuer wartet in den Stromschnellen des mächtigen Tully River. Für Erholung sorgt dann das charmante **Mission Beach**, wo der Regenwald auf das Meer trifft. Schlusspunkt bildet der Touristenort **Cairns**; hier kann man sich einen Ausflug zum Riff und ein leckeres Fischmenü gönnen und mit anderen Travellern plauschen.

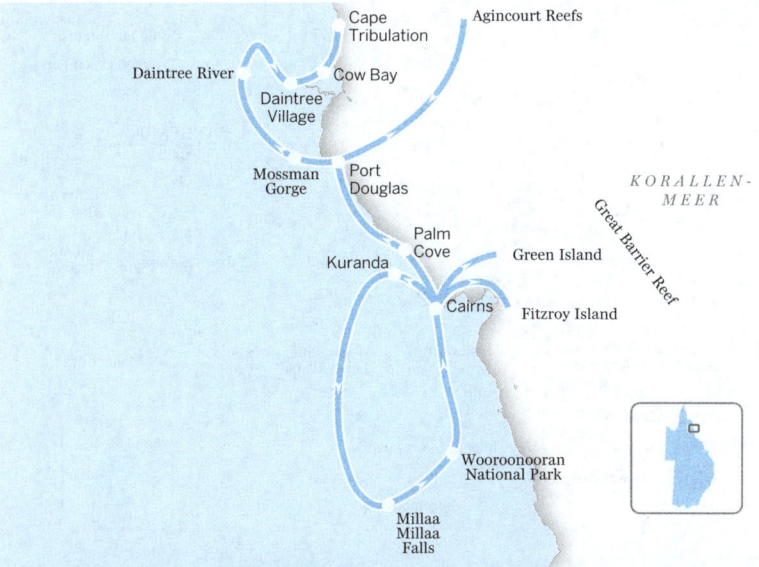

Cape Tribulation
Agincourt Reefs
Daintree River
Cow Bay
Daintree Village
Mossman Gorge
Port Douglas
KORALLEN-MEER
Palm Cove
Green Island
Kuranda
Great Barrier Reef
Cairns
Fitzroy Island
Wooroonooran National Park
Millaa Millaa Falls

Ein bis zwei Wochen
Regenwald & Riff

Cairns, Australiens Tauchhochburg und Ausgangsbasis für Touren in die tropischen Regenwälder im Norden, ist obligatorischer Stopp auf jeder Queensland-Reise. Nach ein paar Tagen in der lebendigen Stadt mit ihren schönen botanischen Gärten, dem leckeren Essen und dem wilden Nachtleben geht's zu den vom Riff gesäumten Küsten, grünen Landstrichen und hübschen Stränden von **Green Island** und **Fitzroy Island**. Hier gehören Schorchel- und Tauchausflüge zum **Great Barrier Reef** (am besten zum äußeren Riff), mehrtägige Schifffahrten zum **Cod Hole**, einem der besten Tauchgebiete des Landes, sowie Abenteuer wie Rafting und Fallschirmspringen zum Angebot.

Ab Cairns führt die Route per Gondelbahn oder über die malerische Eisenbahnstrecke ins Inland nach **Kuranda**, wo man durch den Regenwald wandern und belebte Märkte erkunden kann. Wer seine eigenen vier Räder dabei hat, bleibt mehrere Tage in der Gegend und besucht die hübschen **Millaa Millaa Falls** und geht wandern im spektakulären **Wooroonooran National Park**.

Nun geht's zurück zur Küste ins zauberhafte **Palm Cove**, unmittelbar nördlich von Cairns, wo sich eine Übernachtung in einem idyllischen Resort anbietet. Eine Stunde in Richtung Norden liegt **Port Douglas**, ein ruhiger Badeort mit tollem Strand; von hier stechen Boote zum äußeren Riff und supermoderne Katamarane zu den **Agincourt Reefs** in See.

Nach ein paar unterhaltsamen Abenden in Port Douglas geht die Fahrt weiter. Erster Halt ist **Mossman Gorge**, wo die üppigen Regenwälder des Tieflandes die Kulisse für den malerischen Mossman River bilden. Lohnenswert ist eine **Kuku-Yalanji-Dreamtime-Wanderung**, die von Angehörigen des Kuku-Yalanji-Stamms geführt wird.

Nun geht die Reise nach Norden zum **Daintree River** auf eine Bootsfahrt mit Krokodilsichtung; anschließend gibt's in **Daintree Village** Mittagessen. Zurück am Fluss geht es mit der Autofähre zum Nordufer und dann weiter nach Norden. Vorsicht, hier tummeln sich viele Kasuare! Das **Daintree Discovery Centre** informiert über die großartige Region. Auch der Strand nahe der **Cow Bay** ist einen Abstecher wert. Weiter gen Norden sorgt ein Besuch der **Daintree Ice Cream Company** für Erfrischung. Letzter Stopp ist **Cape Tribulation**, wo Regenwald und Riff zu einer wunderschönen Landschaft verschmelzen. Ein paar Nächte in einer Regenwaldlodge vermitteln den Zauber der Natur.

Great Ocean Road
Von Melbourne nach Sydney

NEW SOUTH WALES

Sydney
Blue Mountains
Royal National Park

CANBERRA

ACT

Jervis Bay

Batemans Bay

Narooma
Central Tilba

Montague Island

Eden

VICTORIA

Mallacoota

TASMAN-SEE

Cape Bridgewater
Port Fairy
Torquay & Bells Beach
Anglesea
Lorne
Port Campbell
Melbourne
Phillip Island
Gippsland Lakes District

Warrnambool
Twelve Apostles
Cape Otway
Apollo Bay
Aireys Inlet & Fairhaven
Wilsons Promontory

SÜDPOLARMEER

BASS STRAIT

Ein bis zwei Wochen
Von Melbourne nach Sydney

Die Reise beginnt in **Melbourne** mit Livemusik, Mode und Cafékultur und führt dann nach **Phillip Island**, wo sich Pinguine, Robben und Surfer in den Fluten vergnügen. Nächster Stopp ist **Wilsons Promontory**: Wanderungen, Tiere beobachten und Strandererholung. In Richtung Nordosten führt die Route vorbei an Wäldern, Farmen und den Gippsland-Seen zu Victorias zauberhaftem Küstenort **Mallacoota**. Nun geht's in die wärmeren Gefilde der Südküste von NSW, wo ein Besuch des Städtchens **Eden** (Wale beobachten!) und ein Spaziergang durchs malerische **Central Tilba** angesagt sind. Von **Narooma** mit Stränden und Surfspots schippert eine Fähre nach **Montague Island**, wichtige Aborigines-Stätte und Naturreservat. Nordwärts lohnt sich ein Abstecher bei **Bateman's Bay** ins Inland nach **Canberra** mit einigen der besten Museen des Landes. Zurück an der Küste wartet **Jervis Bay** mit Stränden, Delfinen und Nationalparks. Weiter an der Küste entlang geht es an den Klippen und Regenwäldern des **Royal National Park** vorbei, bevor die Lichter **Sydneys** auftauchen. Neben urbanen Expeditionen locken zum Schluss die atemberaubenden **Blue Mountains**.

Ein bis zwei Wochen
Great Ocean Road

Die Great Ocean Road gehört mit Recht zu den beliebtesten Reiserouten des Landes. Die Tour beginnt im Surfmekka **Torquay**, wo die Wellenbrecher am **Bells Beach** locken. Dann geht's ins familienfreundliche **Anglesea** samt Golfplatz, auf dem Kängurus hoppeln. Nächster Stopp ist **Aireys Inlet**; nach Besichtigung des Leuchtturms und einem Strandspaziergang bei **Fairhaven** stehen ein Kaffee und eine Übernachtung im Urlaubsort **Lorne** auf dem Plan. Abwechslung vom Meer bietet ein Abstecher in die Regenwälder der **Otway Ranges**. Zurück auf der Great Ocean Road geht's dann ins Fischerdorf **Apollo Bay**. Nach einem ein- bis zweitägigen Aufenthalt führt die Route ins Koala- und Leuchtturmterrain nach **Cape Otway**. Nach der recht langen Fahrt zum **Port Campbell National Park** und den berühmten **Twelve Apostles** (zählen nicht vergessen!) bietet eine Übernachtung in **Port Campbell** authentische Einblicke in die Region. An der Küste von **Warrnambool** heißt es dann nach Walen Ausschau halten, bevor in the Westen das malerische, sehr irische **Port Fairy** wartet. Wer noch Zeit hat, schließt die Tour mit einem Besuch des winzigen **Cape Bridgewater** ab.

Australiens Ostküste im Überblick

Sydney & Central Coast

Strände ✓✓✓
Essen ✓✓✓
Geschichte ✓✓

Strände
Australien behauptet bei vielen Dingen, die Nr. 1 zu sein (was bei einigen Sportarten und Biertrinken wohl auch zutrifft). Aber eines ist sicher: Die Surfstrände, besonders die Sydneys, sind unschlagbar.

Essen
Wenn es ums Kulinarische geht, kann Sydney zwar nicht ganz mit Melbourne mithalten, aber in den letzten Jahren haben es einige erstklassige Köche, Restaurants und Produzenten geschafft, die Gastroszene in Sydney, den Blue Mountains und im Hunter Valley zu einer der aufregendsten des Landes zu machen – auf keinen Fall entgehen lassen!

Geschichte
Zwei Seiten ein und derselben Geschichte: Aus dem einen Blickwinkel sind 1788 Strafgefangene und Soldaten ins Land gekommen, aus dem anderen wurden die Ureinwohner vertrieben.

S. 48

Canberra & südliches NSW

Strände ✓✓✓
Essen ✓✓✓
Geschichte ✓✓

Strände
Kängurus lieben die Strände der South Coast – sie müssen gut sein! Anderswo ist man auf seinem Stück weißem Sand oder am Surfspot ganz allein. Wer will, kann im Kajak Buchten und Mangroven erforschen.

Essen
In Canberra treffen Politiker auf Journalisten – Essen und Wein sind da gute Friedensstifter. Die Lokale an der Küste öffnen oft nur saisonal. Dann bieten sie Meeresfrüchte, Lokales und Sydney-Flair. Unvergesslich!

Geschichte
Canberras Galerien sind voller indigener und neuerer Kunst. An der Küste sind das Schicksal der Aborigines und deren Sicht auf die Wunder der Natur allgegenwärtig.

S. 135

Byron Bay & nördliches NSW

Nachtleben ✓✓✓
Strände ✓✓✓
Parks ✓✓✓

Nachtleben
In Byron Bay gibt's Bars und Kneipen aller Art. Man trinkt ein Bier oder – gediegener – ein Glas Sauvignon Blanc. Margaritas sind auch prima. Und nach Byron-Sitte trinken alle anderen mit.

Strände
Wer dramatische Sonnenuntergänge, Fish & Chips und tolle Surfspots sucht, ist in der Byron Bay richtig. Und wer Ruhe will, wird an den idyllischen, einsamen Sandstränden der Nordküste von NSW sicher fündig.

Parks
Das Hinterland des Nordens hat drei der größten und besten Nationalparks des Landes zu bieten. Einer wartet mit einem Vulkan, ein anderer mit 2000 Jahre alten Bäumen auf.

S. 174

Melbourne & Victorias Küste

Wandern ✓✓
Essen ✓✓✓
Strände ✓✓✓

Wandern
Die Great Ocean Road hat Routen aller Art zu bieten. Wilsons Promontory ist mit Wanderwegen und Campingplätzen übersät. Im Croajingolong National Park gibt's Wege im Inland und am Meer.

Essen
Am Kai Meeresfrüchte kaufen, in Melbourne in preisgekrönten Lokalen dinieren und auf der Mornington Peninsula einen besonderen Wein probieren ...

Strände
Den tollsten Sand Victorias gibt's zwischen Bells und Ninety Mile Beach. Auf der Mornington Peninsula finden sich Familienstrände, in Gunnamatta und Fairhaven geht's hoch zu Ross über den Sand. Surfspots gibt's auch.

S. 218

Brisbane & Gold Coast

Themenparks ✓✓
Essen ✓✓✓
Nachtleben ✓✓✓

Themenparks
Die Gold Coast ist etwas ganz Besonderes: Sie ist nicht nur ein Surfermekka, hier gibt's auch die besten Themenparks Australiens.

Essen
Super Köche, klasse Zutaten aus dem fruchtbaren Umland am Fluss – so stellt man sich ein exquisites Abendessen in Queenslands Hauptstadt vor. Wonach einem auch ist, in Brisbane findet man es.

Nachtleben
In Brisbane feiert man *open air* am Fluss. Nachteulen tummeln sich in Fortitude Valley in Lounges bei Musik vom Plattenteller, Livejazz oder -rock. Après-Surf gibt's an der Gold Coast in Lokalen unter freiem Himmel, Nachtclubs und auf den Straßen.

S. 301

Noosa & Sunshine Coast

Surfen ✓✓✓
Strände ✓✓✓
Natur ✓✓✓

Surfen
Blonde, gebräunte Surfer bevölkern die Straßen und Strände der Sunny Coast. Die Bedingungen sind überall spitze. Wellen, Breaks, *big smiles* und Zinksonnencreme für alle!

Strände
Noosas idyllische Bucht mit ruhigem Wasser ist ideal für eine Abkühlung. Mooloolaba, etwas südlicher, ist besonders bei Kids beliebt. Zwischen Coolum und Peregian hat man den Sand fast allein.

Natur
Die traumhaften, vom Südpazifik umspülten Strände der Sunshine Coast sind umgeben von Buschland, subtropischem Regenwald und den bewaldeten Hängen und Hügeln des Hinterlands – ideal fürs Bushwalking!

S. 357

Fraser Island & Fraser Coast

Natur ✓✓✓
Wale ✓✓✓
Inselleben ✓✓✓

Natur
Die Fraser Coast ist berühmt für lange Strände und tolle Nationalparks. Hier legen Meeresschildkröten Eier ab, vor der Küste ziehen Wale vorbei und es gibt Dingos und Delfine.

Wale
Die Buckelwale vor der Küste sind wie riesige, verspielte Welpen – sie tauchen auf, blasen Fontänen, winken mit den Flossen und wedeln mit den Fluken. Und wenn sie am Schiff aufkreuzen und einem zublinzeln, fragt man sich, wer wen beobachtet.

Inselleben
Wind und Meer prägen Fraser Island mit seinem einzigartigen, paradiesischen Ökosystem. Campen und sich bei jeder Sternschnuppe etwas wünschen!

S. 389

Capricorn Coast & Southern Reef

Landschaft ✓✓✓
Inseln ✓✓
Tauchen ✓✓✓

Landschaft
Auf Great Keppel Island gibt's feine Sandstrände und dichten Busch, die Capricorn Caves gestatten einen Blick in die Vergangenheit und Byfield wartet mit einsamen Stränden und Kanutouren auf.

Inseln
Die winzige, von Korallen umgebene Lady Elliot und die üppig grüne Heron Island bieten fantastische Schnorchelspots. Auf Great Keppel Island kann man herrlich im Busch wandern.

Tauchen
Am Rand des Great Barrier Reefs kann man super tauchen und schnorcheln. Von Town of 1770 aus werden Trips angeboten. Wer will, kann sich auf einer Insel einquartieren und in der bunten Unterwasserwelt schwelgen.

S. 411

Whitsunday Coast

Inseln ✓✓✓
Segeln ✓✓✓
Schnorcheln ✓✓✓

Inseln
Mit ihren 74 tropischen Perlen sind die Whitsunday Islands ein Traum für jeden Strandfan. Ob Buschwanderer, Kajakfahrer oder Faulenzer – letztendlich schlägt jeder am Traumstrand von Whitehaven Beach auf.

Segeln
Das klare, blaue Wasser rund um die Whitsunday Islands wäre ohne die schneeweißen Segeljachten irgendwie unvollständig. Für Segler und Inselhopper sind die Whitsundays top.

Schnorcheln
An Riffen schnorcheln und tropische Fische dabei beobachten, wie sie zwischen bunte Korallen, Polypen, Anemonen und andere skurrile Unterwasserpflanzen huschen – herrlich!

S. 430

Von Townsville nach Innisfail

Strände ✓✓✓
Architektur ✓✓
Parks ✓✓

Strände
Zwischen Townsvilles palmengesäumter Uferpromenade und Flying Fish Point bei Innisfail gibt's große Sandstrände wie Mission Beach und kleine, ruhige Buchten wie die Etty Bay.

Architektur
Zu den sehenswerten Architektur-Highlights gehören die Straßen aus der Goldrauschzeit in Charters Towers, herrliche Gebäude aus dem 19. Jh. in Townsville und Australiens höchste Dichte an Art-déco-Bauten in Innisfail.

Parks
Wander-, Camping-, Bade- und Picknickoptionen en masse gibt's in den Nationalparks. In den Regenwäldern tummeln sich flugunfähige, prähistorisch anmutende Kasuare.

S. 457

Cairns & Daintree Rainforest

Tauchen ✓✓✓
Essen ✓✓✓
Kulturtouren ✓✓

Tauchen
Jeden Tag bringen Boote Menschen von Cairns und Port Douglas zum legendären Great Barrier Reef. Tauchfreaks können an einem mehrtägigen Ausflug teilnehmen und entlegenere Abschnitte erkunden.

Essen
Viele Farmen, Gärten, Plantagen und die Kellereien, in denen Wein aus Früchten hergestellt wird, können besichtigt werden. Die leckeren einheimischen Produkte kann man aber auch in einem der vielen Restaurants probieren.

Kulturtouren
Von Aborigines geführte Touren sind eine spirituelle Reise durch alte Regenwälder und vermitteln einen Einblick in die Kultur der indigenen Bevölkerung.

S. 484

Empfehlungen von Lonely Planet:

 LP TIPP Das empfiehlt unser Autor

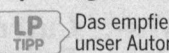 Nachhaltig und umweltverträglich

 **GRATIS** Hier bezahlt man nichts

Reiseziele

Sydney & die Central Coast

Gut essen

» Icebergs Dining Room &
Bar (S. 84)

» Bécasse (S. 80)

» Solitary (S. 109)

» Margan (S. 119)

» Bent on Food (S. 129)

Schön
übernachten

» Sydney Harbour YHA
(S. 74)

» Bondi Beach House (S. 78)

» Tower Lodge (S. 121)

Auf nach Sydney & zur Central Coast!

Sydney ist etwas Besonderes. Der Eora-Stamm, dem das Land traditionell gehört, wusste dies schon immer. Im Jahr 1770 erlebte die indigene Bevölkerung, wie Kapitän James Cook das riesige Potenzial ihres Landes erkannte und es für Großbritannien beanspruchte. Heute begrüßt sie jedes Jahr nahezu 3 Mio. Besucher aus aller Welt, die Cooks positive Einschätzung anscheinend vom ersten Moment an und ausnahmslos teilen. Die spektakuläre Hafenlage, das tolle Klima und ein edler Glanz, der über der Stadt liegt, machen es einzigartig in Australien und seine lebensfrohen Einwohner verleihen der Metropole selbstsicheren Charme.

Es läge nahe, anzunehmen, dass sich die Gebiete rund um Sydney damit zufriedengeben, sich im strahlenden Glanz ihres Nachbarn zu sonnen. Doch weit gefehlt! Orte wie die Blue Mountains, das Hunter Valley und die Central Coast haben selbst mehr als genug Besonderheiten und Anziehungspunkte; dazu gehören abgelegene Strände, Weinberge wie im Bilderbuch und herrliche Gebirgszüge.

Reisezeit
Sydney

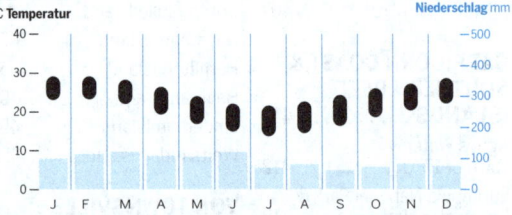

Januar Das neue Jahr wird mit einem spektakulären Feuerwerk über Circular Quay begrüßt.

Februar Die sommerliche Partysaison findet im Gay & Lesbian Mardi Gras ihren Höhepunkt.

Juli Holzfeuer, Wein und Wintermenüs locken in die Blue Mountains und ins Hunter Valley.

Indigene Kultur

Die indigene Bevölkerung von NSW lebt seit Jahrtausenden in einer komplexen, wechselseitigen Beziehung mit dem Land. Einen Einblick in ihr historisches Erbe zu bekommen, kann ein Highlight eines Besuchs hier sein. Solch einen Einblick ermöglicht die Aboriginal Heritage Tour der Royal Botanic Gardens (S. 54), eine Führung durch den Sydney Harbour (S. 54) mit dem Thema indigene Kultur oder ein Blue Mountains Walkabout (S. 108).

Weitere Infos zur indigenen Kultur der Region stehen auf S. 49.

AUSTRALISCHE STRÄFLINGSSTÄTTEN

Der jüngste australische Beitrag zur Weltkulturerbeliste der Unesco sind elf Stätten, die zusammen als **Australian Convict Sites** (Australische Sträflingsstätten; www.environment.gov.au/heritage/places/world/convict-sites) bekannt sind. Vier dieser Stätten liegen in oder um Sydney: Old Government House und Domain in Parramatta; Hyde Park Barracks Museum in Sydney (S. 59), Cockatoo Island, am Zusammenfluss des Parramatta und Lane Cove River in Sydney; und die Old Great North Rd, an der man auf dem Weg ins Hunter Valley vorbeikommt.

Sie gehören zu einer Vielzahl von Orten und Bauwerken in Sydney und an der Central Coast, die aus der frühen Kolonialzeit stammen. In Sydney sorgt der Historic Houses Trust dafür, dass viele dieser Orte gepflegt und für die Öffentlichkeit zugänglich sind. Sein „Tickets through Time" (S. 51) gewährt ermäßigten Eintritt zu den Stätten, während aus den Einnahmen gleichzeitig die laufende Instandhaltung und Öffentlichkeitsarbeit der Organisation unterstützt wird. Und bei Weitem nicht alle dieser Orte befinden sich in Sydney. Die Hauptstraße von Port Macquarie ist mit ihren von Sträflingen erbauten Gebäuden auch eine beliebte, von Weltkulturerbestätten gesäumte Promenade.

Tolle Stellen zum Surfen

» Northern Beaches, Sydney (S. 68) – ein 20 km langes Stück mit beeindruckenden, urbanen Surfspots

» Bar und Merewether Beach, Newcastle (S. 113 & S. 113) – weltberühmte Strand-Breaks

» Boomerang Beach, Pacific Palms (S. 127) – gemeinsam mit Delfinen auf den Wellen reiten

» Lighthouse Beach, Seal Rocks (S. 127) – bei südlicher Dünung türmen sich gewaltige Wellen auf

» One Mile Beach, Anna Bay (S. 123) – hier ist sowohl für Anfänger als auch für Experten was dabei

» North Haven (S. 130) – geniale Rights an den Wellenbrechern

TOP-TIPP

MyMulti Public Transport Passes (www.myzone.nsw.gov.au) Dieser Pass für öffentliche Verkehrsmittel berechtigt zum unbegrenzten Fahren mit den staatlich betriebenen Bussen und Fähren und, in weiten Teilen von NSW, auch mit den Zügen.

Kurzinfos

» Bevölkerung: 4,2 Mio.

» Fläche: 800 642 km^2

» Vorwahl: ☑02

» Anzahl überwachter Surfstrände: 405

Reiseplanung

» Ein Besuch während der jährlich stattfindenden regionalen Festivals lohnt: Hunter Valley (S. 117) im Juni, die Blue Mountains (S. 105) im Winter, und die Strände von Newcastle (S. 113) im März.

» Vor allem im Sommer die Unterkünfte rechtzeitig buchen!

» Spitzenrestaurants sind am Wochenende oft komplett ausgebucht und schließen unter der Woche schon recht früh. Telefonisch reservieren!

Infos im Internet

» Auf visit NSW (www.visitnsw.com.au) gibt's Infos über Sydney und NSW.

» Das Department of Environment, Climate Change & Water (www.environment.nsw.gov.au/nationalparks) hat Infos über die Nationalparks in NSW

Highlights

1 An Bord einer von Sydneys **Hafenfähren** (S. 104) hüpfen

2 Sich essender- und trinkenderweise seinen Weg durch die Crown St in **Surry Hills** (S. 82) bahnen

3 Auf dem **Bondi to Coogee Clifftop Walk** (S. 66) die Landschaft und ihre Formationen genießen

4 Gast bei einer Aufführung im **Sydney Opera House** (S. 98) sein

5 In den **Blue Mountains** (S. 105) unter den Blättern alter Bäume meditieren

6 Im **HunterValley** (S.117) den Gaumen verwöhnen und den Gürtel weiter schnallen

7 Ein einsames Stück Strand im **Booti Booti** (S. 128) oder **Crowdy Bay National Park** (S. 129) für sich entdecken

8 Die Sanddünen des **Worimi Conservation Lands** (S. 123) überqueren

9 Die Strand- und Cafékultur in **Port Macquarie** (S. 130) auskosten

SYDNEY

4,2 MIO. EW.

Sydney ist die Stadt, die alle anderen Städte Australiens gerne hassen. In Wirklichkeit wollen sie aber alle sein wie sie: von der Sonne verwöhnt, anspruchsvoll und extrem selbstbewusst. Sydney ist um einen der schönsten natürlichen Häfen der Welt gebaut und kann mit der Harbour Bridge, dem Opernhaus und Bondi Beach gleich drei der wichtigsten australischen Wahrzeichen für sich verbuchen. Und die Attraktionen sind damit noch lange nicht erschöpft. Sydney ist Australiens älteste, größte und facettenreichste Stadt mit hervorragenden Museen, herrlichen Stränden und einem einzigartigen Multikulturalismus, der Farbe und Leben in die innerstädtischen Viertel und die Suburbs am Stadtrand bringt.

Geschichte

Die Region Sydney ist die Heimat der Eora (Guringai, Birrabirragal und Cadigal), die ein enges, verantwortungsbewusstes Verhältnis zu ihrer Umwelt hatten und drei verschiedene Sprachen benutzten. Ihre Religionen und Kunstformen waren hoch entwickelt. 1788 gründete Kapitän Arthur Phillip die erste europäische Siedlung auf australischem Boden. Kurz darauf wurden die Eora ihrer Landrechte beraubt, systematisch eingesperrt, getötet oder gewaltsam vertrieben.

In den ersten Jahren hatte Sydney mit Hungersnöten und politischen Unruhen zu kämpfen, die durch den starken Alkoholkonsum noch mehr angeheizt wurden. Der Boom ließ bis zum Goldrausch der 1850er-Jahre auf sich warten, doch dann verdoppelte sich die Bevölkerungszahl der Stadt innerhalb von nur zehn Jahren.

Nach dem Zweiten Weltkrieg verhalfen Einwanderer aus Großbritannien, Irland und dem Mittelmeerraum Sydney zu Lebensfreude und Wohlstand. Mittlerweile hat sich der Immigrantenkreis auch auf Asien (vor allem Vietnam und China), den Nahen Osten und Afrika ausgeweitet. Anlässlich der Olympischen Spiele 2000 richteten sich alle Augen auf Sydney, und dank ihres Glamours steht die Stadt nach wie vor im Rampenlicht.

◉ Sehenswertes

In Sydney gibt es immer was zu tun. Wer überdurchschnittlich viele Museen und Attraktionen besuchen und an vielen Touren

teilnehmen will, für den sind die Rabattangebote von **Australian Travel Specialists** (ATS; ☑ 1800 355 537; www.atstravel.com. au; Ticketstände an der Wharf 6, Circular Quay und im Harbourside Shopping Centre, Darling Harbour) interessant. Eines davon ist der **See Sydney & Beyond Pass** (mit/ohne Nutzung öffentlicher Verkehrsmittel Erw. ab 183/149 AU$, Kind 122/109 AU$). Hier sollte man vor dem Kauf genau durchrechnen, ob man dadurch wirklich Geld spart. Eine weitere Rabattkarte ist der **Explore 4 Pass** (Erw./Kind 50/30 AU$), in dem der Eintritt für das Sydney Aquarium, den Sydney Tower, Oceanworld in Manly und das Sydney Wildlife World eingeschlossen ist. Ein hervorragendes Ticket ist das **Ticket Through Time** (☑ 02 8239 2211; www.hht.net.au/visiting/ticket_ through_time; Erw./erm. & Kind 30/15 AU$), in dem der Eintritt zu elf verschiedenen Anwesen, die der Historic Houses Trust der Öffentlichkeit zugänglich gemacht hat, inbegriffen ist.

SYDNEY HARBOUR

Dieser herrliche natürliche Hafen erstreckt sich von der Pazifikküste 20 km ins Landesinnere, bis zur Mündung des Parramatta River. Er ist das schillernde Herzstück der Stadt und für alle Besucher Hauptanziehungspunkt schlechthin. Mit seinen großen und kleinen Buchten, Stränden, Inseln und kleinen, tierreichen Stückchen Nationalpark bildet der Hafen die entspannte, bilderbuchreife Kulisse des schnelllebigen urbanen Treibens der Stadt und bietet den Einheimischen zudem unzählige Möglichkeiten zur Erholung und Entspannung. Die Erkundung dieses weitläufigen und durch seine Schönheit fesselnden Gebiets mit der Fähre (S. 104) gehört zu den tollsten Erlebnissen, die Sydney zu bieten hat.

Der **North Head** und der **South Head** bilden vom Ozean her das Tor zum Hafen. Das ehemalige Fischerdorf **Watsons Bay** liegt an der Hafeninnenseite des South Head. Sydneys beliebtestes Ziel für Tagesausflüge, **Manly**, nimmt eine kleine Landzunge ein, die am North Head zwischen Hafen und Ozean ins Meer ragt. Hafeneinwärts liegt in gleichem Abstand von den Heads der **Middle Head** des North Shore, der durch geschützte Buchten und vornehme Wohnviertel gekennzeichnet ist.

Mittelpunkt des inneren Hafens und wichtigster Verkehrsknotenpunkt der Stadt ist der **Circular Quay** (Karte S. 56), der im Schatten Sydneys großartiger Wahrzei-

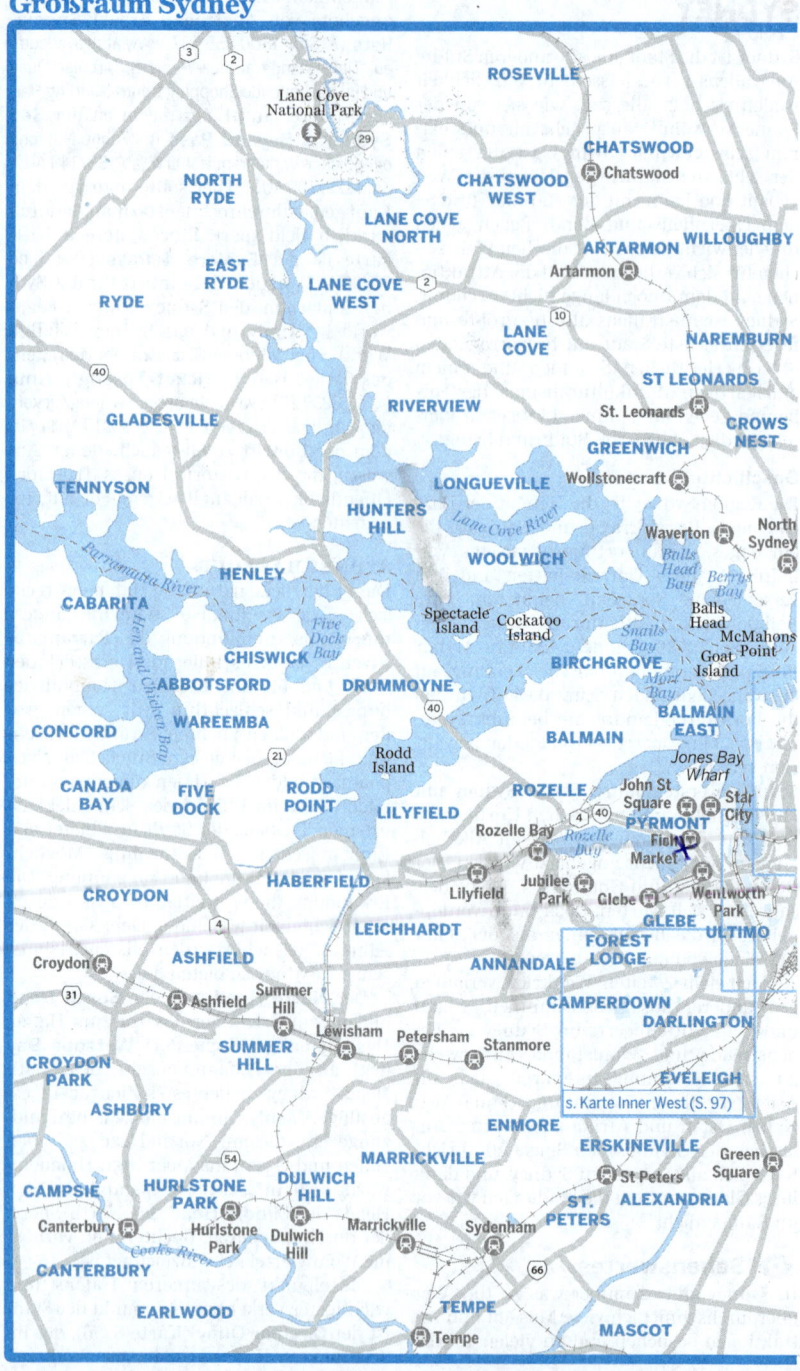

ROSEVILLE

CHATSWOOD
Chatswood

NORTH RYDE

CHATSWOOD WEST

ARTARMON   WILLOUGHBY
Artarmon

Lane Cove National Park

LANE COVE NORTH

EAST RYDE

LANE COVE WEST

LANE COVE

NAREMBURN

RYDE

ST LEONARDS
St. Leonards

RIVERVIEW

CROWS NEST

GLADESVILLE

GREENWICH
Wollstonecraft

TENNYSON

LONGUEVILLE

HUNTERS HILL

Lane Cove River

Waverton

North Sydney

Balls Head Bay

Berry Bay

HENLEY

WOOLWICH

Parramatta River

Balls Head

CABARITA

Five Dock Bay

Spectacle Island

Cockatoo Island

Snails Bay

McMahons Point

CHISWICK

Goat Island

ABBOTSFORD

DRUMMOYNE

BIRCHGROVE

Mort Bay

Hen and Chicken Bay

CONCORD

WAREEMBA

BALMAIN EAST

CANADA BAY

FIVE DOCK

RODD POINT

Rodd Island

BALMAIN

Jones Bay Wharf

CROYDON

HABERFIELD

LILYFIELD

Rozelle Bay

ROZELLE

John St Square

Star City

PYRMONT
Fish Market

Lilyfield

Jubilee Park

Glebe

Wentworth Park

LEICHHARDT

GLEBE

ULTIMO

Croydon

ASHFIELD

ANNANDALE

FOREST LODGE

Croydon
Ashfield

Summer Hill

Lewisham

Petersham

Stanmore

CAMPERDOWN

DARLINGTON

SUMMER HILL

EVELEIGH

CROYDON PARK

s. Karte Inner West (S. 97)

ASHBURY

ENMORE

ERSKINEVILLE

Green Square

St Peters

MARRICKVILLE

CAMPSIE

HURLSTONE PARK

DULWICH HILL

ST. PETERS

ALEXANDRIA

Canterbury

Hurlstone Park

Dulwich Hill

Marrickville

Sydenham

Cooks River

CANTERBURY

TEMPE

MASCOT

EARLWOOD

Tempe

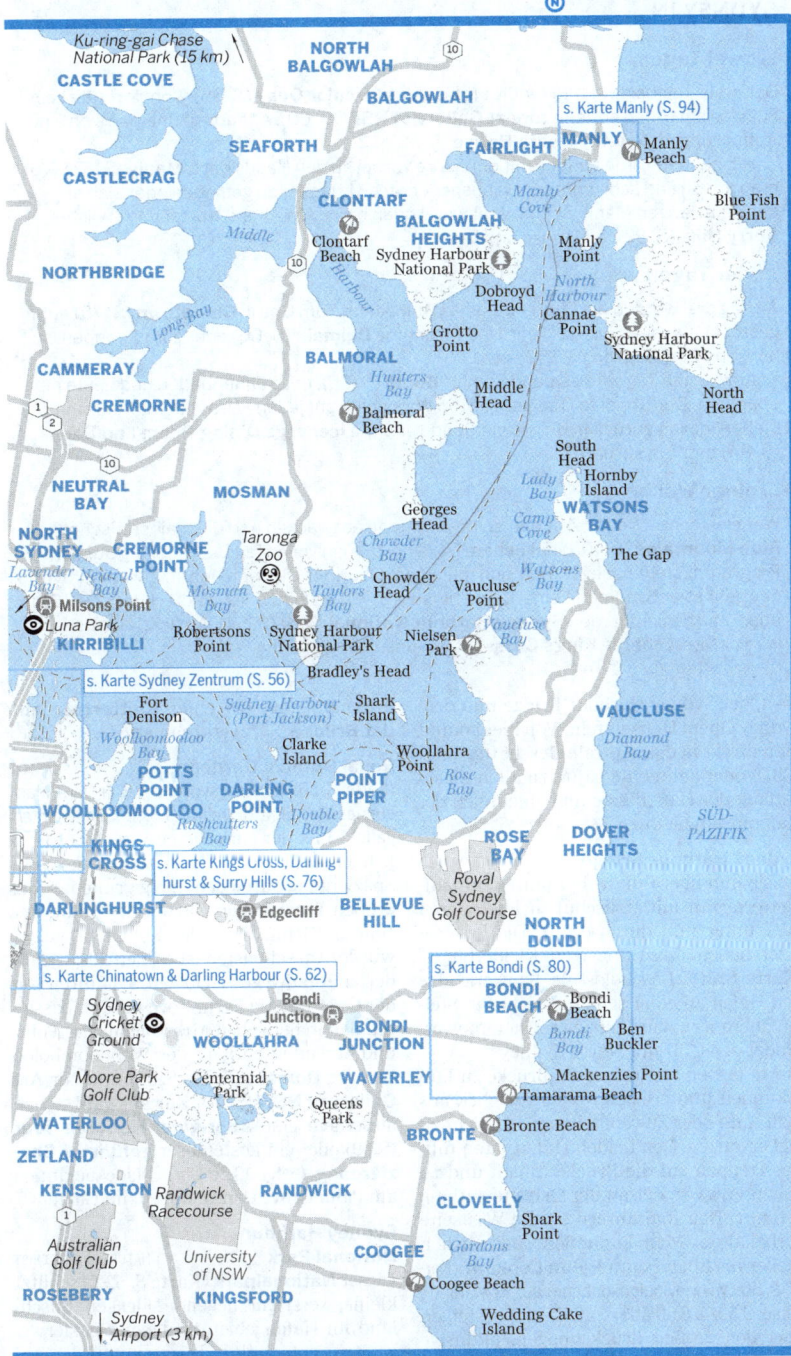

0 ————— 2 km

Ku-ring-gai Chase National Park (15 km)

CASTLE COVE

NORTH BALGOWLAH

BALGOWLAH

s. Karte Manly (S. 94)

SEAFORTH

FAIRLIGHT

MANLY

Manly Beach

CASTLECRAG

CLONTARF

Blue Fish Point

BALGOWLAH HEIGHTS

Clontarf Beach

Manly Cove

Sydney Harbour National Park

Manly Point

NORTHBRIDGE

Middle Harbour

North Harbour

Dobroyd Head

Cannae Point

Sydney Harbour National Park

Grotto Point

Long Bay

BALMORAL

Hunters Bay

Middle Head

North Head

CAMMERAY

Balmoral Beach

CREMORNE

South Head

Hornby Island

Georges Head

WATSONS BAY

NEUTRAL BAY

MOSMAN

Lady Bay

Camp Cove

NORTH SYDNEY

Taronga Zoo

Chowder Bay

The Gap

CREMORNE POINT

Watsons Bay

Lavender Bay

Neutral Bay

Chowder Head

Vaucluse Point

Mosman Bay

Milsons Point

Luna Park

Taylors Bay

Sydney Harbour National Park

Vaucluse Bay

KIRRIBILLI

Robertsons Point

Nielsen Park

s. Karte Sydney Zentrum (S. 56)

Bradley's Head

Fort Denison

Shark Island

VAUCLUSE

Sydney Harbour (Port Jackson)

Woolloomooloo Bay

Clarke Island

Woollahra Point

Diamond Bay

POTTS POINT

DARLING POINT

POINT PIPER

Rose Bay

WOOLLOOMOOLOO

Double Bay

SÜD-PAZIFIK

Rushcutters Bay

KINGS CROSS

ROSE BAY

DOVER HEIGHTS

s. Karte Kings Cross, Darling hurst & Surry Hills (S. 76)

BELLEVUE HILL

Royal Sydney Golf Course

DARLINGHURST

Edgecliff

NORTH BONDI

s. Karte Chinatown & Darling Harbour (S. 62)

s. Karte Bondi (S. 80)

Sydney Cricket Ground

Bondi Junction

BONDI BEACH

BONDI JUNCTION

Bondi Beach

Moore Park Golf Club

WOOLLAHRA

Ben Buckler

Bondi Bay

Centennial Park

WAVERLEY

Mackenzies Point

Queens Park

Tamarama Beach

WATERLOO

BRONTE

Bronte Beach

ZETLAND

KENSINGTON

Randwick Racecourse

RANDWICK

CLOVELLY

Shark Point

Australian Golf Club

University of NSW

COOGEE

Gordons Bay

ROSEBERY

KINGSFORD

Coogee Beach

Sydney Airport (3 km)

Wedding Cake Island

SYDNEY IN ...

... zwei Tagen

Der erste Tag beginnt mit der Erkundung des **Circular Quay** (S. 55). Von dort führt ein Fußweg am Hafen entlang zur **Art Gallery of NSW** (S. 60). Abends gönnt man sich eine Aufführung im **Sydney Opera House** (S. 55).

Am nächsten Tag geht es mit der Fähre vorbei an den Heads nach **Manly** (S. 67), wo man am Strand schwimmen, ein ausgedehntes Mittagessen genießen oder sich an den 9 km langen Manly Scenic Walkway wagen kann. Am Abend wartet das stylishe **Surry Hills** (S. 82) mit Drinks und Dinner.

... vier Tagen

An Tag drei werden die Energiereserven mit einem Yum Cha in **Chinatown** (S. 75) aufgestockt, bevor es mit der Fähre ins vornehme **Balmain** (S. 66) oder zum Shoppen ins hübsche **Paddington** (S. 100) geht.

Am vierten Tag wird es dann Zeit für **Bondi** (S. 65), mit Sonnenbaden und Leute beobachten. Der Bondi to Coogee Clifftop Walk sollte auf jeden Fall auf dem Programm stehen, bevor, zurück in Bondi, ein Sundowner im **Icebergs Dining Room and Bar** (S. 84) den Tag abrundet.

... einer Woche

Wer eine ganze Woche Zeit hat, sollte zwei Tage abzwacken und die majestätischen **Blue Mountains** (S. 105) besuchen. Da kann z. B. ein voller Tag Bushwalking auf dem Programm stehen, bevor man sich mit einem Gourmet-Dinner belohnt. Zurück in Sydney geht es entweder mit einer Jacht hinaus (S. 70), es wird The Rocks erkundet (S. 58) oder man besichtigt den **Sydney Harbour National Park** (S. 54). Am letzten Abend wird das berüchtigte **Kings Cross** (S. 64) unsicher gemacht.

---

chen, der Sydney Harbour Bridge und dem Sydney Opera House, steht. Von hier kommt man direkt in das zentrale Geschäftsviertel (CBD) oder kann eine Fähre zu allen Zielen entlang der Hafenküste und zu einigen der Hafeninseln nehmen.

Sydney Harbour Bridge   WAHRZEICHEN

Ob sie nun über ihn drüber fahren, hinaufklettern, ihn mit Rollschuhen überqueren oder unter ihm durchsegeln. Die Sydneysider lieben ihren „riesigen Kleiderbügel" (Karte S. 56). Das kolossale Bauwerk, das den Hafen an einer seiner schmalsten Stellen überquert, wurde 1932 eröffnet und verbindet den CBD mit North Sydney.

Am besten kann man die Brücke zu Fuß erkunden und erleben – vom Ausblick aus dem Auto oder Zug sollte man sich nicht zu viel erwarten. Von beiden Hafenseiten führen Treppen auf die Brücke hinauf und zu einem Fußweg, der an der Ostseite entlang verläuft. Den Radfahrern ist die Westseite vorbehalten. Man kann den südöstlichen Pfeiler bis hinauf zum **Pylon Lookout** (Karte S. 56; www.pylonlookout.com.au; Erw./Kind/Senior 9,50/4/6,50 AU$; ⊙10–17 Uhr) besteigen oder den großen Brückenbogen, inklusive

Adrenalinstoß, bei einer **Klettertour auf der Brücke** (S. 72) erklimmen.

Royal Botanic Gardens   GARTEN

(Karte S. 56; www.rbgsyd.nsw.gov.au; Mrs Macquaries Rd; Eintritt frei; ⊙7 Uhr–Sonnenuntergang) Einer der einfachsten Wege, die Herrlichkeit des Hafens voll auszukosten, ist ein Spaziergang durch den üppig grünen, 30 ha großen Botanischen Garten der Stadt, der 1816 als Gemüsebeet der Kolonie angelegt wurde. Am schönsten ist es, den ausgeschilderten Rundwegen zu folgen. Sie führen von der Oper aus die Farm Cove herum, passieren den malerischen Mrs Macquaries Point und verlaufen entlang der Woolloomooloo Bay zur **Domain** (Karte S. 56) und zur **Art Gallery of NSW** (S. 60). Zur Auswahl stehen außerdem eine **Aboriginal Heritage Tour** (S. 69) oder ein kostenloser **geführter Spaziergang** (⊙tgl. 10.30 Uhr). Beide beginnen am Palm Grove Centre mitten im Garten.

Sydney Harbour National Park   NATURSCHUTZGEBIET

Dieser **Nationalpark** (Karte S. 52 f.) schützt kleine, verstreut liegende Flecken Buschland im Hafengebiet, in denen Spazierwege, Aussichtspunkte, Felsgravuren der Aborigines und historische Stätten zu finden sind. Im Süden gehören **South Head** und **Nielsen Park** in Vaucluse dazu. Am North Shore sind es **North Head**, **Dobroyd Head**, **Middle Head**, **Georges Head** und **Bradleys Head**.

Zum Park gehören außerdem fünf Inseln im Hafen: **Clark Island** vor Darling Point, **Shark Island** vor Rose Bay, **Rodd Island** in Iron Cove in der Nähe des Birkenhead, **Goat Island** vor Balmain, und das kleine befestigte **Fort Denison** vor dem Mrs Macquaries Point. Sie können alle besichtigt werden: Rodd und Goat mit dem eigenen Boot oder Wassertaxi (7 AU$ Anlegegebühr pro Person, zu entrichten im Sydney Harbour National Park Information Centre (S. 55), auf dessen Website oder über den telefonischen Informationsservice); für Fort Denison gibt es ein Pauschalangebot inklusive Fähre, Tagespass und 30-minütiger **Führung** (Erw./erm. 27/22 AU$; ☺12.15 & 14.30 Uhr & Mi–So 10.45 Uhr), das auch über das Sydney Harbour National Park Information Centre gebucht werden kann; Clark Island wird im Zuge einer zweistündigen **Aboriginal Culture Tour** (☎02 9206 1111; www.captaincook.com.au/tribal; Erw./erm./Kind 60/45/40 AU$; ☺Mi–So) besichtigt, die von der Tribal Warriors Association organisiert wird; und zur Shark Island kommt man mit einer Fähre von **Captain Cook Cruises** (Buchungen ☎9358 1999, www.captaincook.com. au; Erw./Kind 20/17 AU$; ☺5 Fähren tgl. 9.45–15 Uhr). Auf Fort Denison bekommt man im Café und im Restaurant ein Frühstück/ Mittagessen, auf den anderen Inseln gibt es Vorrichtungen, wo man ein Picknick (selbst mitbringen!) machen kann.

CIRCULAR QUAY

Sydney Opera House   WAHRZEICHEN
(Karte S. 56; www.sydneyoperahouse.com; Bennelong Pt, Circular Quay E) Das vom dänischen Architekten Jørn Utzon konzipierte Bauwerk ist Teil des Unesco-Weltkulturerbes und Australiens markantestes Wahrzeichen. Die Oper ist optisch eine Anspielung auf die aufgeblähten weißen Segel einer Jacht (von einheimischen Witzbolden wird sie oft eher als kopulierende Schildkröten beschrieben) und dominiert das Bild des Circular Quay.

Der Gebäudekomplex besteht aus fünf Sälen, die Schauplatz für Tanz- und Musikveranstaltungen, Theaterstücke und Opern sind – am beeindruckendsten ist die Concert Hall. Auf der Website findet man das genaue Programm und kann seine Tickets gleich online buchen.

Am besten erlebt man das Opernhaus natürlich im Rahmen einer Veranstaltung. Alternativ kann man sich aber auch einer **Führung** (☎9250 7250) anschließen. Die einstündige **Essential Tour** (Erw./erm. 35/24,50 AU$; ☺9–17 Uhr alle 30 Min.) besteht aus einer interaktiven audiovisuellen Einführung, bei der man mehr über das Design und den Bau der Oper erfährt und einen Saal besichtigen kann. Wer das Ticket online bucht, bezahlt weniger. Bei der zweistündigen **Backstage Tour** (155 AU$; ☺7 Uhr) werden die Besucher in Bereiche geführt, die normalerweise den Künstlern und Produktionsteams vorbehalten sind. Außerdem beinhaltet sie ein Frühstück im Green Room. Zu beachten ist, dass Kinder unter zwölf Jahren von der Teilnahme an der Backstage Tour ausgeschlossen sind. Täglich um 12 Uhr gibt es spezielle Touren für Besucher mit eingeschränkter Mobilität – für diese Tour und die Backstage Tour ist eine Reservierung erforderlich. Wer sein Ticket vor Ort kaufen will, kann dies unten im Foyer am Guided-Tours-Schalter tun.

Die **Opera Bar** (S. 95) und das Spitzenrestaurant **Guillaume at Bennelong** (S. 81) erfreuen sich sowohl bei den Einheimischen als auch bei Touristen großer Beliebtheit. Von hier hat man einen wunderschönen Blick auf den Hafen.

Customs House   GEBÄUDE
(Karte S. 56; www.cityofsydney.nsw.gov.au/ library; 31 Alfred St; Eintritt frei; ☺Mo–Fr 8–24, Sa 10–24, So 12–17 Uhr, Bücherei Mo–Fr 10–19, Sa & So 11–16 Uhr) Gegenüber vom hoffnungslos chaotischen Verkehrsknotenpunkt Circular Quay steht dieses hübsche Gebäude von 1885. Es ist nach umfangreichen Renovierungsarbeiten seit 2005 wieder für die Öffentlichkeit zugänglich und beherbergt eine Zweigstelle der Stadtbücherei Sydney. Hier kann man über WLAN kostenlos bzw. über die Terminals der Bücherei kostenpflichtig (2 AU$/30 Min. plus einmalig 1 AU$ für eine Zugangskarte) im Internet surfen, das riesige Angebot an internationalen Zeitungen und Zeitschriften in Anspruch nehmen, die Toiletten benutzen und unter dem Glasboden des Eingangsbereichs ein Modell von Sydney im Maßstab 1:5000 bewundern. Den oberen Stock nimmt das schicke Cafe Sydney ein. Der Blick von dort auf den Hafen ist aber bedeutend beeindruckender als die Speisekarte, weshalb

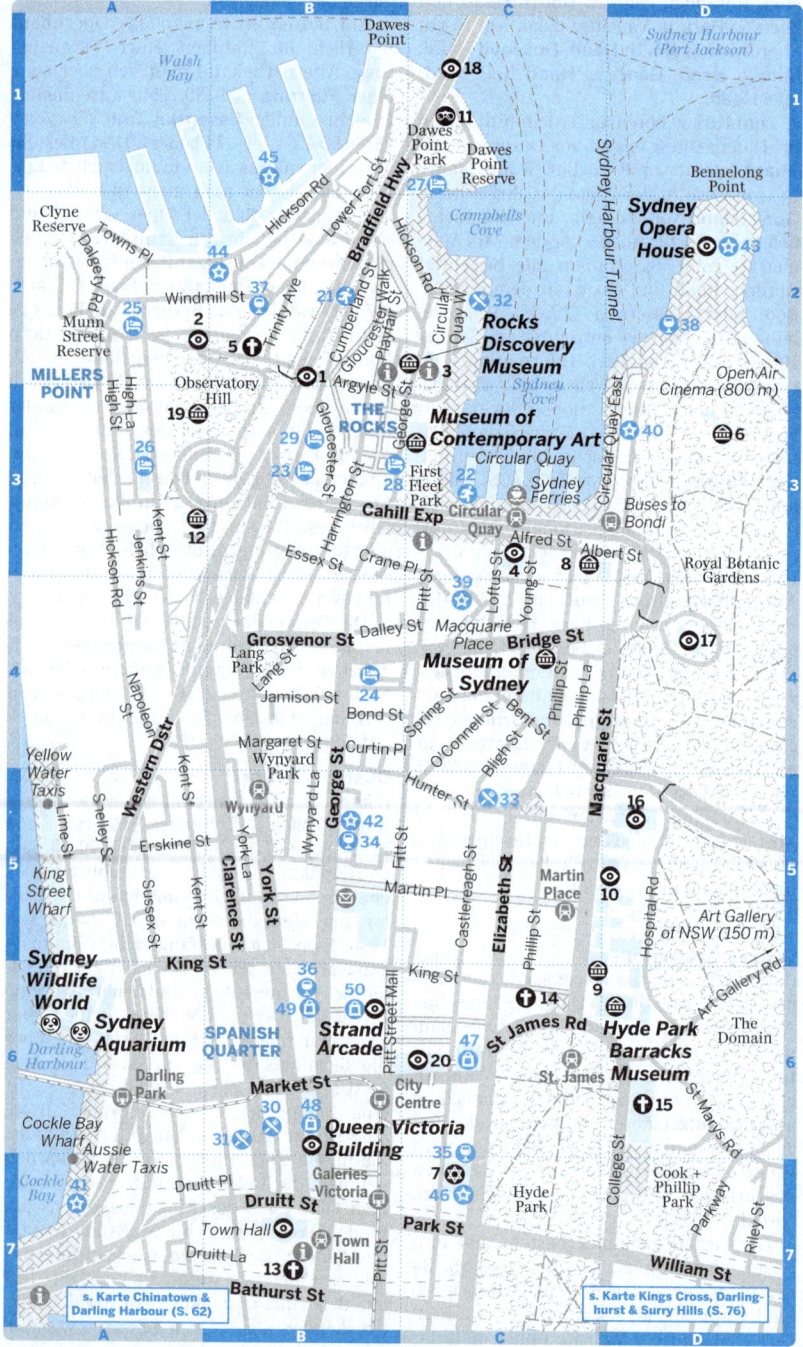

0 — 400 m

Sydney Harbour
(Port Jackson)

Dawes
Point

18

11

Dawes
Point
Park

Walsh
Bay

45

Dawes
Point
Reserve

27

Campbells
Cove

Bennelong
Point

Clyne
Reserve

44

Windmill St

37

21

Trinity Ave

Lower Fort St

Bradfield Hwy

Hickson Rd

Cumberland St

Gloucester St

Playfair St

Circular Quay W

Sydney Harbour Tunnel

**Sydney
Opera
House** 43

25

2

5

1

Argyle St

George St

3

32

**Rocks
Discovery
Museum**

38

Munn
Street
Reserve

**MILLERS
POINT**

Observatory
Hill

19

**THE
ROCKS**

Sydney
Cove

**Museum of
Contemporary Art**

Open Air
Cinema (800 m)

6

40

Circular Quay

26

29

23

28

First
Fleet
Park

22

Circular Quay East

**Circular
Quay**

Sydney
Ferries

Buses to
Bondi

Royal Botanic
Gardens

12

Cahill Exp

Essex St

Crane Pl

39

Alfred St

4

8

Albert St

Grosvenor St

Dalley St

Macquarie
Place

Bridge St

17

Lang
Park

Lang St

Jamison St

24

Bond St

Spring St

O'Connell St

Bligh St

Bent St

Phillip St

Phillip La

**Museum of
Sydney**

Margaret St

Curtin Pl

Wynyard
Park

George St

Hunter St

33

Macquarie St

16

Yellow
Water
Taxis

Snelley St

Wynyard

Erskine St

Western Dstr

Kent St

York La

Wynyard La

Fitt St

42

34

Martin Pl

Castlereagh St

Martin
Place

10

Hospital Rd

Art Gallery
of NSW (150 m)

King
Street
Wharf

Lime St

King St

Sussex St

Kent St

Clarence St

York St

Martin Pl

King St

Elizabeth St

Phillip St

9

Art Gallery Rd

**Sydney
Wildlife
World**

36

49

50

Pitt Street Mall

47

14

St James Rd

**Hyde Park
Barracks
Museum**

The
Domain

**Sydney
Aquarium**

Darling
Harbour

**SPANISH
QUARTER**

**Strand
Arcade**

20

City
Centre

St James

15

St Marys Rd

Darling
Park

Cockle Bay
Wharf

Aussie
Water Taxis

Druitt Pl

30

48

31

Market St

**Queen Victoria
Building**

Galeries
Victoria

7

46

35

Hyde
Park

College St

Cook +
Phillip
Park

Parkway

Riley St

Cockle
Bay

41

Druitt St

Town Hall

13

Druitt La

Town
Hall

Druitt St

Park St

Bathurst St

William St

s. Karte Chinatown &
Darling Harbour (S. 62)

s. Karte Kings Cross, Darlinghurst & Surry Hills (S. 76)

die Einheimischen eher das **Young Alfred Cafe** (☎9251 5192; Ecke Alfred St & Young St, Circular Quay; Pizza 24–32 AU$, Pasta 22/26 AU$; ✦Mo-Sa 7–23 Uhr) im Untergeschoss bevölkern. Es hat Sitzgelegenheiten drinnen und draußen.

GRATIS **Museum of Contemporary Art** MUSEUM
(Karte S. 56; www.mca.com.au; 140 George St; Eintritt frei außer Wanderausstellungen; ✦10–17 Uhr) Dieses Museum für australische und

internationale zeitgenössische Kunst ist in spektakulärerer Lage in einem stattlichen Art-déco-Gebäude gegenüber der Westseite des Circular Quay untergebracht – der Blick aus dem Café im Erdgeschoss ist an sich schon ein Kunstwerk. Das häufig wechselnde Ausstellungsprogramm setzt seinen Schwerpunkt besonders auf die multimediale Kunst, Gemälde und Skulpturen sind aber auch zahlreich vertreten. Die jährliche „Primavera"-Show findet im Frühling statt. Sie stellt Werke australischer bildender

Künstler unter 35 Jahren aus und bietet einen faszinierenden Einblick in die lokale Kunstszene.

THE ROCKS

Hier, am Fuße des südlichen Pfeilers der Harbour Bridge, entstand Sydneys erste europäische Siedlung. Diese geschichtsträchtige Enklave hat sich im Vergleich zu früher radikal gewandelt. Damals wateten die Bewohner noch durch die offene Kanalisation und streiften durch verwahrloste Gassen. Hier betranken und rauften sich Matrosen, Walfänger und sonstige zwielichtige Gestalten schamlos in den zahllosen Hafenkneipen, Bordellen und Opiumhöhlen.

The Rocks blieb ein wichtiger Knotenpunkt für den Handel und Schiffsverkehr, bis der Schiffsgüterverkehr im späteren 19. Jh. vom Circular Quay wegverlagert wurde. Der Ausbruch der Beulenpest im Jahr 1900 trug zu diesem Untergang bei ,und als in den 1920er-Jahren mit dem Bau der Harbour Bridge begonnen wurde, fielen ganze Straßenzüge der südlichen Zufahrt auf die Brücke zum Opfer.

Erst in den 1970er-Jahren wurde die kulturelle und architektonische Bedeutung von The Rocks erkannt. Die darauf folgende, vom Tourismus vorangetriebene Sanierung des Viertels hat das Gebiet östlich der Brücke in eine Touristenfalle verwandelt, wo kitschige Cafés und Läden Plüschkoalas verramschen und falsche Didgeridoos ein Verkaufsschlager sind.

Cadmans Cottage   HISTORISCHES GEBÄUDE
(Karte S. 56; ☑9247 5033; www.nationalparks. nsw.gov.au; 110 George St; ☺Mo–Fr 9.30–16.30, Sa & So 10–16.30 Uhr) Das auf einem verschütteten Strand erbaute Cadmans Cottage ist Sydneys ältestes Gebäude (1816). Es wurde nach John Cadman benannt, einem Sträfling, der begnadigt wurde und als Bootsinspektor in dem Haus lebte. In den späten 1840er-Jahren diente das Gebäude der Wasserschutzpolizei als Gefängnis und wurde später Residenz pensionierter Kapitäne. Heute befindet sich darin das Informationszentrum des NSW National Parks and Wildlife Service.

Sydney Observatory   DENKMAL
(Sternwarte; Karte S. 56; www.sydneyobservatory. com; Watson Rd; Eintritt frei für Gebäude & Areal, Show tagsüber Erw./Kind & erm. 7/5 AU$, Nachtvorführungen Erw./Kind/erm. 15/10/12 AU$; ☺10–17 Uhr) Auf dem Observatory Hill thront dieses italienisch anmutende Ge-

bäude, das mit Sandstein aus der Region erbaut wurde und mit einem kuppelförmigen Kupferdach versehen ist. Man kann das Gebäude und das dazugehörige Areal besichtigen, eine himmlische Vorführung im 3D-Kino verfolgen oder bei Nacht die Sterne und Planeten durch das Teleskop beobachten (Achtung: Die Nachtvorführung muss vorab gebucht werden und die Anfangszeiten variieren!). Tagsüber findet die Show unter der Woche um 14.30 und 15.30 Uhr statt, am Wochenende um 11, 14.30 und 15.30 Uhr.

SH Ervin Gallery   GALERIE
(Karte S. 56; ☑9258 0173; www.nsw.natio naltrust.org.au/ervin.html; Watson Rd; Erw./Kind über 11 Jahre 7/5 AU$; ☺Di–So 11–17 Uhr) Im Gebäude des alten Militärkrankenhauses ist sowohl das NSW-Hauptquartier des National Trust als auch die zum Trust gehörende SH Ervin Gallery untergebracht, in der historische und zeitgenössische australische Kunst ausgestellt werden.

Rocks Discovery Museum   MUSEUM
(Karte S. 56; www.therocks.com; 2-8 Kendall Lane, The Rocks; Eintritt frei; ☺10–17 Uhr) Das Museum taucht mithilfe zahlloser Artefakte tief in die Geschichte dieses Gebiets ein und ermöglicht interaktive Einblicke in das Leben seiner Einwohner – auch der indigenen Bevölkerung, die ursprünglich hier lebte.

Hinter dem **Argyle Cut** (Karte S. 56), einem beeindruckenden, von Sträflingen gegrabenen Tunnel, befindet sich **Millers Point**, ein zauberhaftes Viertel mit Häusern aus der frühen Kolonialzeit. Bei einem Spaziergang hier kann man all das genießen, was The Rocks vermissen lässt. **Argyle Place** (Karte S. 56) ist eine Art Dorfwiese im englischen Stil, über die sich die **Garrison Church** (Karte S. 56) erhebt. Sie ist Australiens ältestes Gotteshaus (1848).

Die Kais rund um den Dawes Point erholen sich rasch von der langen Zeit des Zerfalls. In Pier 4 an der Walsh Bay sind die renommierte **Sydney Theatre Company** (S. 99) und noch einige weitere Ensembles untergebracht. Das beeindruckende **Sydney Theatre** (S. 99) liegt gleich auf der anderen Straßenseite.

CITY EAST

Vom Circular Quay aus führen enge Gassen den Hügel hinauf nach Südosten, wo an der Macquarie Street Sydneys historisches Parlamentsviertel liegt.

Museum of Sydney
MUSEUM

(Karte S. 56; www.hht.net.au; Ecke Bridge St & Phillip St; Erw./Kind/Fam. 10/5/20 AU$; ☺9.30–17 Uhr) Die Skulpturinstallation *Edge of the Trees* von Janet Laurence und Fiona Foley nimmt im Vorhof dieses eleganten Museums einen Ehrenplatz ein und markiert den Ort des ersten Zusammentreffens britischer Besiedler mit den ursprünglichen Einwohnern Sydneys, dem Volk der Gadigal. Es ist eins von vielen bedeutenden Kunstwerken des Museums, zu denen auch Gordon Bennetts Gemälde *Possession Island* aus dem Jahr 1991 zählt, das der Besucher beim Eintreten ins Foyer als erstes sieht. Im Gegensatz zu den meisten Geschichtsbüchern zeichnet er ein ganz neues Bild von Kapitän Cooks Landung im Jahr 1770 und des britischen Herrschaftsanspruchs. Das Museum wurde an der Stelle errichtet, an der Sydneys erstes Government House (1788) stand. Dessen Grundmauern können heute noch durch die Glasfliesen im Boden bestaunt werden. Zudem zeigt das Museum eine moderate Dauerausstellung, in der die frühe Kolonialgeschichte Sydneys beleuchtet wird. Sie wird durch mündliche Überlieferungen, Artefakte und modernste interaktive Einrichtungen zum Leben erweckt. In zwei eigens dafür vorgesehenen Galerien werden auch immer wieder wechselnde Ausstellungen gezeigt.

Justice & Police Museum
MUSEUM

(Karte S. 56; www.hht.net.au; Ecke Albert St & Phillip St; Erw./Kind & orm. 8/1 AU$; ☺10 17 Uhr) Die ehemalige Wache der Wasserschutzpolizei (1858) gegenüber dem Circular Quay East beherbergt heute dieses kleine Museum, in dem die dunkle und eher unrühmliche Vergangenheit der Stadt durch regelmäßig wechselnde Ausstellungen ans Licht gebracht wird.

Macquarie Street
HISTORISCHES VIERTEL

Eine Vielzahl prachtvoller Kolonialgebäude aus Sandstein säumt diese Straße, die das östliche Ende des Stadtzentrums markiert. Viele der Gebäude wurden von Lachlan Macquarie in Auftrag gegeben. Der erste Gouverneur von NSW hatte mit Sydney eigentlich Größeres vor, als nur eine Gefangenenkolonie daraus zu machen, und verpflichtete den Sträfling und Architekten Francis Greenway dazu, ihm bei der Umsetzung seiner Pläne zu helfen. Bis heute kommt die Stadt leider nicht an die hohe architektonische Messlatte heran, die die beiden gemeinsam etabliert haben.

Government House

(Karte S. 56; ☎9931 5222; www.hht.net.au; Eintritt frei; ☺Fr–So 10.30–15 Uhr, Gelände tgl. 10–16 Uhr) Dieses neogotische Gebäude wurde zwischen 1837 und 1845 gleich hinter der Macquarie St in den Royal Botanic Gardens erbaut. Ins Innere kommt man nur im Rahmen einer Führung, für die eine Reservierung nötig ist.

Sydney Conservatorium of Music

(Karte S. 56; www.usyd.edu.au/conmusic; Macquarie St) Am oberen Ende der Bridge St befinden sich die von Greenway als Ställe und Bedienstetenunterkünfte geplanten Gebäude, die ursprünglich zum Vorgänger des heutigen Government House gehören sollten. Gouverneur Macquarie verlor sein Amt aber noch bevor das Gebäude fertiggestellt werden konnte – teilweise wohl auch wegen der Extravaganz dieses Projekts.

State Library of NSW

(Karte S. 56; www.sl.nsw.gov.au; ☺Mo–Do 9–20, Fr 9–17, Sa & So 10–17 Uhr) Weiter südlich befindet sich die State Library, die über 5 Mio. Bücher beherbergt und in deren Galerien innovative Ausstellungen zu sehen sind. Wer mit Laptop unterwegs ist, für den ist die State Reference Library mit ihrem kostenlosen WLAN optimal, um online zu gehen. Das tagesaktuelle Passwort bekommt man auf Anfrage am Empfang.

Mint & Parliament House

(Karte S. 56; www.hht.net.au, www.parliament. nsw.gov.au, Eintritt frei, ☺Mo–Fr 9–17 Uhr) Neben der Bibliothek tauchen die weitläufigen Veranden und feierlichen Kolonnaden diesee ockerfarbenen, aus zwei Teilen bestehenden Gebäudes von 1816 auf. Ursprünglich waren dies zwei Flügel des berüchtigten Rum-Krankenhauses, das von zwei Handelsleuten aus Sydney und dem Chefchirurgen der Kolonie 1816 als Gegenleistung für das dreijährige Monopol auf den Rumhandel erbaut wurde. An der Rückseite der Mint, der ehemaligen Münzprägeanstalt, befindet sich der Hauptsitz des Historic Houses Trust. Das 2002 umgebaute Gebäude ist eines der am sorgfältigsten durchdachten und attraktivsten zeitgenössischen architektonischen Werke im Zentrum Sydneys. Der Entwurf für den Umbau stammte von FJMT Architects.

Hyde Park Barracks Museum

(Karte S. 56; www.hht.net.au; Erw./Kind/Fam. 10/5/20 AU$; ☺9.30–17 Uhr) Die 1819 erbauten Baracken dienten in ihrer Geschichte schon anglo-irischen Strafgefangenen als Unterkunft (1819–1848), als Einwandererlager (1848–86) und als Gericht (1887–1979). Heute beherbergen sie ein Museum, das anhand von Installationen und Ausstellungen äußerst faszinierende Einblicke in das Alltagsleben der Strafgefangenen gewährt.

St. James Church

(Karte S. 56) Sydneys älteste Kirche wurde 1819 erbaut.

RUND UM DEN HYDE PARK

Am südlichen Ende der Macquarie Street liegt der **Hyde Park** (Karte S. 56), ein sehr beliebter öffentlicher Park mit breiten, von Bäumen gesäumten Wegen und einigen hübschen Brunnen. Das würdevolle **Anzac Memorial** (Karte S. 76; www.rslnsw.com.au; Eintritt frei; ⊙9–17 Uhr) hat in seinem Innern eine Kuppel, die mit 120 000 Sternen verziert ist – einer für jeden Bürger von NSW, der im Ersten Weltkrieg gedient hat. Die Kiefern nahe dem Eingang stammen von Samen, die in Gallipoli gesammelt wurden. Von Osten her dominiert die **St. Mary's Cathedral** (Karte S. 56) den Park, während die von 1878 stammende **Great Synagogue** (Karte S. 56; www.greatsynagogue.org.au; 187a Elizabeth St; Erw./Kind & Senior 8/5 AU$; ⊙Führungen Di & Do 12 Uhr) hinter der im Westen an den Park angrenzenden Häuserfront liegt.

Australian Museum   MUSEUM

(Karte S. 76; www.australianmuseum.net.au; 6 College St; Erw./Kind/erm. 12/6/8 AU$; ⊙9.30–17 Uhr) Das naturhistorische Museum liegt gegenüber vom Hyde Park an der Ecke William Street und ist nicht zu übersehen. Schon 40 Jahre nachdem die First Fleet in Sydney vor Anker ging, wurden hier die ersten ausgestopften Tiere ausgestellt. Weder die Herangehensweise noch die Ausstellungsstücke scheinen sich im Laufe der Jahrhunderte bedeutend verändert zu haben. Einzige Ausnahme bilden die wechselnden Ausstellungen in der Galerie der Indigenous Australians, in der oft zeitgenössische Kunst der Aborigines gezeigt und ihre aktuellen Belange thematisiert werden.

🄻🄿 TIPP Art Gallery of NSW   KUNSTGALERIE

(Karte S. 56; www.artgallery.nsw.gov.au; Art Gallery Rd, The Domain; Eintritt frei, Preise für Wanderausstellungem variieren; ⊙Do–Di 10–17, Mi bis 21 Uhr) Zu den Highlights dieser beeindruckenden Galerie gehören australische Kunst des 19. und 20. Jhs. und Kunstwerke

der Aborigines und der Torre Strait Islander. Es gibt auch ein hervorragendes Angebot an Wanderausstellungen aus anderen australischen Staaten und aus dem Ausland. Der umstrittene und viel diskutierte australische Kunstpreis Archibald (www.thearchibaldprize.com.au) stellt hier Jahr für Jahr Porträtbilder von Stars und Sternchen aus. Das weckt den Kunstkritiker in jedem Besucher.

Wer schon mal hier ist, sollte auch im Café oder im Restaurant vorbeischauen. Von dort hat man einen wunderschönen Blick hinüber zur Woolloomooloo Bay. Infos zu Führungen, Lesungen, Filmvorführungen und dem Angebot für Kinder gibt's auf der Website.

SYDNEY ZENTRUM

Martin Place   FUSSGÄNGERZONE

(Karte S. 56) Ein echtes Stadtzentrum gibt es in Sydney zwar nicht, Martin Place kommt dem aber recht nahe. Die stattliche Fußgängerzone erstreckt sich von der Macquarie St bis zur George St und wird von gewaltigen Finanzgebäuden und den viktorianischen Kolonnaden des Hauptpostamts gesäumt. In der Mitte steht ein Ehrenmal, das zu Ehren der im Krieg gefallenen Australier errichtet wurde. Es gibt eine Art Amphitheater, in dem die Sydneysider ihre Mittagspause verbringen, und jede Menge Plätze, von denen sich wunderbar das Alltagstreiben beobachten lässt. Am Wochenende ist hier allerdings tote Hose.

Town Hall   HISTÖRISCHES GEBAUDE

(Karte S. 56) Dieses beeindruckende Gebäude (1874) befindet sich einige Häuserblocks südlich des Martin Place, an der Ecke George St/Druitt St. Der Sitzungssaal und der Konzertsaal sind aufwendig ausgestaltet, was perfekt zur wunderbaren Außenfassade passt.

Sydney Tower   TURM

(Karte S. 56; 86-100 Market St; Erw./Kind/erm. 25/15/20 AU$; ⊙9–22.30 Uhr) Im Inneren des Einkaufszentrums Westfield Sydney befindet sich der Zugang zu diesem Aussichtsturm, von dem aus man einen echt atemberaubenden Rundblick über die ganze Stadt hat.

St. Andrew's Cathedral   KIRCHE

(Karte S. 56) Gleich neben der Town Hall steht die zur gleichen Zeit erbaute anglikanische Kirche, die gleichzeitig auch Australiens älteste Kathedrale ist.

Neben St. Andrew's nimmt das **Queen Victoria Building** (S. 99) einen ganzen Straßenblock ein. Es ist Sydneys kostspieligste Shoppingmall und ein echtes Highlight, dicht gefolgt von der eleganten, zwischen der Pitt St Mall und der George St gelegenen **Strand Arcade** (S. 100). Hier sind vor allem australische Designer mit ihren Kollektionen vertreten. Das erst kürzlich eröffnete **Westfield Sydney** ist das glamouröseste Einkaufszentrum in Sydney (Karte S. 56) und hat im 5. Stock eine hervorragende Lebensmittelabteilung.

Das eher maßvolle **Spanish Quarter** (Karte S. 62) und das florierende **Chinatown** (Karte S. 62) peppen den Südwesten des Zentrums ein wenig auf. Chinatown ist ein immer lebendiger Stadtteil voller Restaurants, Läden und von verschiedensten Aromen erfüllten Gassen rund um die Dixon St. Hier wird während des chinesischen Neujahrsfests Ende Januar/Anfang Februar wild gefeiert. Überall in den Straßen sieht man dann Vorführungen, Musiker die von digitalem Sound begleitet werden, und Stände, an denen alles verkauft wird – vom Glückskeks bis hin zum Eiskrem-Burger mit schwarzem Sesam (keine Angst: Wenn man nach deren Verzehr überall grinsende, Feuer speiende Papierdrachen sieht, sind das keine Halluzinationen).

DARLING HARBOUR

Cockle Bay liegt am westlichen Rand der Innenstadt und war einst ein industrielles Hafenviertel mit zahlreichen Fabriken, Lagerhäusern und Schiffswerften. Heute ist daraus eine weitläufige und extrem kitschige Touristenpromenade geworden (www.darlingharbour.com), und das einzig Lohnenswerte hier sind das hervorragende Aquarium und das Maritimmuseum.

Besucher finden sich einer architektonischen Flut von grotesken Konstruktionen, einem hässlichen Kongresszentrum, Hotelketten und überteuerten Geschäften und Restaurants gegenüber, von denen keines wirklich zum Verweilen einlädt. Wer auf der Suche nach einem Kaffee oder etwas zu essen ist, der ist besser beraten, den überteuerten und enttäuschenden Optionen an der **Cockle Bay Wharf** (Karte S. 62) und der **King St Wharf** (Karte S. 56) den Rücken zu kehren und stattdessen der **Jones Bay Wharf** einen Besuch abzustatten. Hier befinden sich das ausgezeichnete Restaurant Flying Fish und das bewährte Café Morso. Beide haben einen tollen Ausblick.

Auch eine Möglichkeit ist ein Spaziergang über die sanierte **Pyrmont Bridge** (Karte S. 62), die mit ihrem zeitlosen Charme das ganze Elend überspannt. Sie führt hinüber nach **Pyrmont**, wo der Sydney Fish Market (S. 63) beheimatet ist.

Darling Harbour und Pyrmont sind mit der Fähre, Monorail und dem Metro Light Rail (MLR) zu erreichen.

Sydney Aquarium AQUARIUM
(Karte S. 56; www.sydneyaquarium.com.au; Aquarium Pier; Erw./Kind 35/18 AU$; ◷9–20 Uhr) Diese ungeheuer beliebte Touristenattraktion zelebriert die Vielfalt der australischen Meeresfauna und -flora und verfügt im Hafen über drei „Ozeanarien": In einem kann man Haie, Rochen und riesige Fische, in den anderen beiden Meereslebewesen aus dem Sydney Harbour und Robben beobachten. Zu den Highlights gehören die farbenfrohe Ausstellung zum Great Barrier Reef, die Schnabeltiere und Krokodile der Abteilung Southern and Northern Rivers und die putzigen Pinguine bei den Southern Oceans.

Sydney Wildlife World ZOO
(Karte S. 62; www.sydneywildlifeworld.com.au; Aquarium Pier; Erw./Kind 35/18 AU$; ◷9–17 Uhr) In diesem Indoor-Zoo gleich neben dem Aquarium hat man die Möglichkeit, mit einheimischen Tieren wie Koalas, roten Riesenkängurus, Felsenkängurus und Amethyst-Pythons auf Tuchfühlung zu gehen. Die Schaukästen mit Ameisen und anderen fleißigen Insekten sind faszinierender als man denkt.

Australian National Maritime Museum MUSEUM
(Karte S. 62; www.anmm.gov.au; 2 Murray St; genereller Eintritt frei; ◷9.30–17 Uhr) Das Dach des Museums erinnert irgendwie an den Architekturstil Utzons. Hier wird durch thematisch angeordnete Exponate die enge Beziehung Australiens zum Meer deutlich. Die Ausstellungen reichen von Kanus der Aborigines bis hin zur Surfkultur und Navy. Für die Besichtigung des Zerstörers HMAS *Vampire,* des U-Boots HMAS *Onslow,* des Großseglers *James Craig* und des Nachbaus von Kapitän Cooks *Endeavour* braucht man ein **Big Ticket** (Erw. 32 AU$, Kind & erm. 17 AU$, auch eingeschränkt günstigere Angebote erhältlich). Sie liegen alle hier vor Anker.

Powerhouse Museum MUSEUM
(Karte S. 62; www.powerhousemuseum.com; 500 Harris St, Ultimo; Erw./Kind unter 4/Kind 4–15 Jah-

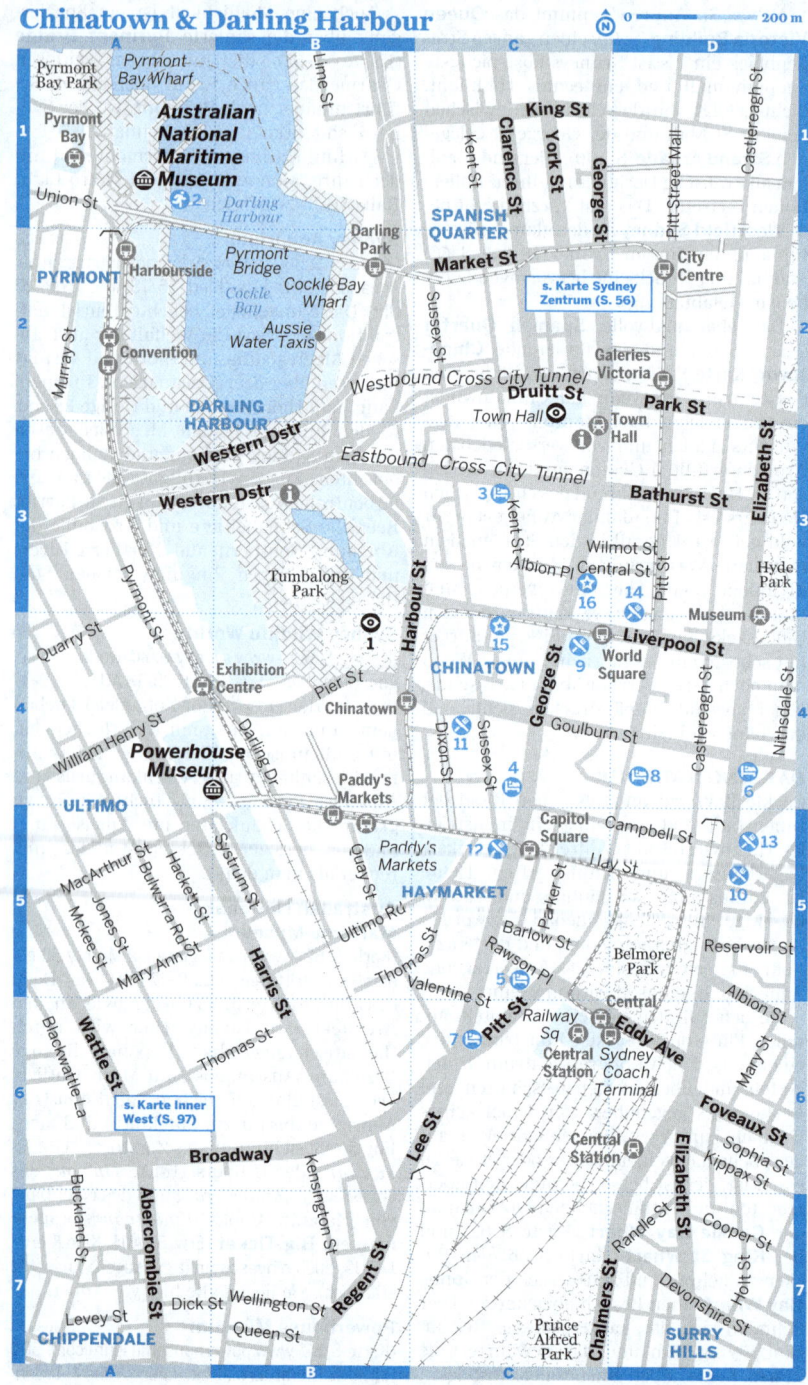

0 ——— 200 m

Pyrmont Bay Park
Pyrmont Bay Wharf
Pyrmont Bay
Lime St
King St
Clarence St
Kent St
York St
George St
Castlereagh St
Pitt Street Mall

Australian National Maritime Museum 2

Union St
Darling Harbour
SPANISH QUARTER
Market St
City Centre

PYRMONT Harbourside
Pyrmont Bridge
Darling Park
s. Karte Sydney Zentrum (S. 56)

Murray St
Cockle Bay
Cockle Bay Wharf
Sussex St
Galeries Victoria

Convention
Aussie Water Taxis
Westbound Cross City Tunnel
Druitt St
Park St
Elizabeth St

DARLING HARBOUR
Town Hall
Town Hall
Eastbound Cross City Tunnel
Bathurst St

Western Dstr
Kent St
Wilmot St
Albion Pl Central St
Hyde Park

Western Dstr
3
Western Dstr
16 14
Museum

Quarry St
Pyrmont St
Tumbalong Park
Harbour St
15 World Square
Liverpool St
9
Castlereagh St
Nithsdale St

Exhibition Centre
Pier St
Chinatown
CHINATOWN
George St
Goulburn St

William Henry St
Darling Dr
11
Dixon St
Sussex St
4
8
6

Powerhouse Museum
Paddy's Markets

ULTIMO
Paddy's Markets
12
Capitol Square
Campbell St
13
10

MacArthur St
Hackett St
Bulwarra Rd
Systrum St
Quay St
HAYMARKET
Parker St
Hay St

Jones St
Mary Ann St
Ultimo Rd
Barlow St
Rawson Pl
Belmore Park
Reservoir St

McKee St
Harris St
Thomas St
Valentine St
5
Albion St

Blackwattle La
Thomas St
Central
Railway Sq
Eddy Ave
Mary St

Wattle St
7
Pitt St
Central Station
Central Sydney Coach Terminal
Foveaux St

s. Karte Inner West (S. 97)
Broadway
Lee St
Central Station
Elizabeth St
Sophia St
Kippax St
Cooper St

Buckland St
Abercrombie St
Dick St Wellington St
Regent St
Kensington St
Chalmers St
Randle St
Holt St
Devonshire St

CHIPPENDALE
Levey St
Queen St
Prince Alfred Park
SURRY HILLS

re & Student mit Studentenausweis 10/frei/5 AU$,
für Sonderausstellungen mehr; ◎9.30–17 Uhr)
Dieses sensationelle Museum für Kunst
und Design ist im ehemaligen Kraftwerk
des früheren Sydneyer Straßenbahnnetzes
untergebracht. Viele halten es für das beste
Museum Australiens. Die Besucher sind ein-
geladen, durch sorgfältig ausgewählte und
oft interaktive Exponate die menschliche
Genialität zu entdecken und sich von ihr
inspirieren zu lassen.

Sydney Fish Market　　　　　MARKT
(Karte S. 52 f.; ☎9004 1122; www.sydneyfishmar
ket.com.au; Ecke Pyrmont Bridge Rd & Bank St, Pyrmont; ◎7–16 Uhr) Auf diesem gigantischen
Fischmarkt werden jährlich 15 Mio. kg
Meeresfrüchte verschifft und so gibt es hier
eine schwindelerregende Auswahl an Krabben, „Balmain Bugs" (*Ibacus peronii*, eine
Art der Bärenkrebse), Hummer, Austern,
Meeräschen, Regenbogenforellen und noch
mehr. Es gibt jede Menge Fischrestaurants,
eines davon ein typisches Yum-Cha-Re-
staurant, ein Feinkostgeschäft, einen Wein-
handel, eine Sushi- sowie eine Austernthe-
ke. Auch ein Picknick direkt am Wasser
bietet sich an. Dies ist, nach Tokio, der
zweitgrößte Fischmarkt der Welt, und die
frühmorgendlichen Auktionen sind wirklich unglaublich interessant. Man kann sie
aber nur im Rahmen einer **Behind-the-
Scenes-Tour** (Erw./Kind 6–12 J. 20/10 AU$;
◎Mo & Do 6.55–8.30 Uhr) mitverfolgen. Für
diese Führung ist eine Reservierung unbedingt notwendig und die Teilnehmer
müssen geschlossene Schuhe tragen. Die
Sydney Seafood School (☎9004 1111; Kurse
ab 85 AU$) bietet die passenden Kochkurse

an, von denen viele von einheimischen Star-
köchen geleitet werden.

Der Markt befindet sich westlich von
Darling Harbour an der Blackwattle Bay.
Die MLR bringt einen hin.

Chinese Garden of Friendship　　GARTEN
(Karte S. 62; www.chinesegarden.com.au; Erw./
Kind unter 12 Jahren 6/3 AU$; ◎9.30–17.30 Uhr)
Der nach dem Prinzip der Ausgeglichenheit

MOËT & CHANDON BAR

Den saftigen Eintrittspreis zur Aussichtsplattform des Sydney Tower
kann man sich auch sparen und stattdessen einfach der **Moët & Chandon
Bar** (☎8223 3800; www.sydneyto-
werrestaurant.com.au; Glas Moët & 4
Canapés 26 AU$, ◎ab 16.30 Uhr) einen
Besuch abstatten. Der Ausblick ist
derselbe, für fast das gleiche Geld bekommt man aber noch ein Glas Cham-
pagner und einige Häppchen dazu.
Das verleiht dem Sonnenuntergang
Stil! Zu beachten: Eine Reservierung
ist ratsam und es gilt eine strenge
Kleiderordnung (keine Turnschuhe,
Shorts oder Flip-Flops). Im Winter
geht die Sonne gegen 17 Uhr, im Sommer gegen 19.30 Uhr unter.

Hier oben sind auch das **360 Restaurant** (2-/3-Gänge-Menü ohne Getränke 85/90 AU$) und das **Sydney Tower
Buffet** (Gerichte 49,50–85 AU$) unter-
gebracht, die sich beide – wie die
Bar – innerhalb einer Stunde um
360 Grad drehen.

von Yin und Yang angelegte Garten ist im sonst so hektischen Darling Harbour eine wahre Oase der Stille.

KINGS CROSS

Weit oberhalb des CBD und unter dem riesigen **Coca-Cola-Schild** (Karte S. 76) – das zu Sydney so untrennbar gehört wie der Hollywood-Schriftzug zu Los Angeles – liegt das bizarre, dicht bewohnte „The Cross", die Dichotomie von Gut und Böse. Stripschuppen, kitschige Touristengeschäfte und Backpackerhostels treffen hier auf angesagte Restaurants, abgefahrene Bars und luxuriöse Pensionen. Dem Besucher wird schnell klar, dass das Viertel, trotz seines ungebrochen anrüchigen und teilweise auch fast schon tragischen, ausbeuterischen Flairs in Wirklichkeit weit weniger bedrohlich ist als sein Ruf. Manchmal fühlt sich das ganze Durcheinander wie ein Beiprogramm zu einer Jahrmarktsveranstaltung an, manchmal hat man, wenn man die Darlinghurst Rd entlangläuft, einfach nur Mitleid. Egal wie, langweilig wird's nie.

Die freundlichen, von Bäumen gesäumten Enklaven **Potts Point** und **Elizabeth Bay** sind schon seit fast zwei Jahrhunderten beliebte Wohngegenden. Damals ließ der Kolonialminister von NSW, Alexander Macleay, hier das **Elizabeth Bay House** (Bauzeit 1835–1839) im griechischen Revival-Stil errichten. Das einst auf einem Anwesen von fast 22 ha erbaute Wohnhaus überblickt den Hafen und ist heute der Öffentlichkeit als **Museumshaus** (www.hht. net.au; 7 Onslow Ave, Elizabeth Bay; Erw./erm. 8/4 AU$; ⊙Fr–So 9.30–16 Uhr) zugänglich.

Von Kings Cross geht es über die **McElhone Stairs** hinunter nach **Woolloomooloo**, das vermutlich einzige Wort der Welt mit acht „O" im Namen. Früher war dies ein Slum voll mit Betrunkenen und Matrosen (viele von ihnen betrunkene Matrosen), heute geht es hier aber bedeutend weniger ruppig zu. In den Kneipen herrscht eine entspannte Atmosphäre und an der **Woolloomooloo Wharf** befindet sich das angesagte **Blue Hotel** (www.tajhotels.com/sydney) mit einer Vielzahl von gehobenen Restaurants in guter Gesellschaft. Gleich beim Kai steht das berühmte **Harry's Cafe de Wheels**, in dem schon Generationen von Sydneysidern nach einer langen Nacht in „The Cross" auf dem Heimweg einen späten bzw. frühen „Tiger" (Rindfleischpastete mit Erbsenpüree, Kartoffelbrei und Bratensaft) verschlungen haben, um wieder nüchtern zu werden.

Zu Fuß sind es aus der Innenstadt 15 Minuten bis nach Kings Cross. Alternativ nimmt man die Bahn oder einen der Busse 323-7 und 333, deren Route durch das Cross führt.

INNER EAST

Das einstige Herzstück von Sydneys Unterhaltungs- und Shoppingszene, die **Oxford Street** (Karte S. 76), ist heute leider eher geschmacklos kitschig. Mittlerweile befinden sich die meisten Shoppingoptionen in Seitenstraßen wie der Glenmore Rd in Paddington und der Queen Street in Woollahra. Viele Bars und Restaurants sind in das benachbarte **Surry Hills** abgewandert. Trotzdem ist der Bereich rund um den **Taylor Square** (Karte S. 76) auch weiterhin hemmungsloses Zentrum der Schwulen- und Lesbenszene der Stadt. Der berühmte **Sydney Gay & Lesbian Mardi Gras** (s. S. 73) wirbelt jeden Februar durch die Oxford Street und in den auf Schwule und Lesben eingestellten Kneipen und Clubs ist am Wochenende ganz schön was los. Aus dem CBD kann man vom Hyde Park aus zu Fuß gehen oder vom Railway Sq den Bus 378 bzw. vom Circular Quay die Busse 380, 389 und L82 nehmen.

Zwischen Oxford St und William St eingebettet liegt das unkonventionelle Darlinghurst, mit vielen Cafés, Boutiquehotels und dem **Sydney Jewish Museum** (Karte S. 76; www.sydneyjewishmuseum.com.au; 148 Darlinghurst Rd; Erw./Kind/erm. 10/6/7 AU$; ⊙So–Do 10–16, Fr bis 14 Uhr, an jüdischen Feiertagen geschl.).

Paddington, alias „Paddo", ist ein gehobenes Wohnviertel mit restaurierten Reihenhäusern aus viktorianischer Zeit, von denen viele mit schicken schmiedeeisernen Details verziert sind. Die beste Zeit für einen Erkundungsgang durch die mit Palisander gesäumten Straßen und Gassen ist samstags, wenn hier der **Paddington Market** (S. 100) stattfindet. Nachdem man sich tapfer durch die Massen von Marktbesuchern gekämpft hat, ist es nicht mehr weit ins benachbarte Surry Hills. Dort lockt ein Mittagessen oder der Besuch im **Brett Whiteley Studio** (Karte S. 52 f.; www.brettwhiteley. org; 2 Raper St, Surry Hills; Eintritt frei; ⊙Sa & So 10–16 Uhr). Hier werden Werke des talentierten und für seine Drogenabhängigkeit bekannten Künstlers (1939–92) aus Sydney ausgestellt. Die umliegenden Straßen sind von einer abenteuerlichen Mischung aus stilbewussten Städtern und zahlreichen

Kneipen geprägt – wer schon mal hier ist, sollte also auf jeden Fall den einen oder anderen Schooner trinken. Surry Hills liegt nur einen kurzen Fußweg östlich der Central Station bzw. südlich der Oxford St. Zudem fahren die Busse 301, 302 und 303 vom Circular Quay hierher.

Unmittelbar südöstlich von Paddington liegt am oberen Ende der Oxford Street der 220 ha große **Centennial Park** (Karte S. 52 f.), der von Wegen zum Joggen, Radfahren, Inlineskaten und Reiten durchzogen ist und in dem es zudem zahlreiche Ententeiche, Grillstellen und Sportplätze gibt.

Ein Großteil des ehemaligen Ausstellungsgeländes Sydney Showgrounds in der Nähe des Moore Park wurde an die privat betriebenen **Fox Studios** verkauft. In der Nähe befinden sich das Aussie Stadium und der Sydney Cricket Ground (Karte S. 52 f.).

EASTERN SUBURBS

Das hübsche **Rushcutters Bay** liegt einen etwa fünfminütigen Fußmarsch östlich von Kings Cross und sein Park direkt am Hafen eignet sich optimal für einen Spaziergang oder zum Joggen. Hier beginnen auch die östlichen Vororte. Die Eastern Suburbs sind eine konservative Ansammlung europäischer Limousinen, überteuerter Boutiquen und mit hohen Hypotheken belasteter Villen direkt am Ufer. Die New South Head Rd schlängelt sich den gesamten Hafen entlang, passiert dabei **Double Bay** und **Rose Bay** und steigt dann gen Osten zur traumhaften Enklave **Vaucluse** an. Dort liegt der schattige **Nielsen Park** mit einem der besten Hafenstrände Sydneys. Dieser hat einen sicheren Schwimmbereich mit Hainetz, einen sichelförmigen Sandstrand, Picknickstellen und ein beliebtes Café-Restaurant – ein idyllisches Plätzchen, an dem man gerne den ganzen Tag verbringt, am besten allerdings unter der Woche, da man am Wochenende den Massen auch hier nicht entkommen kann.

Für einen tollen Ausblick bietet sich vom Park aus der einfache, zehnminütige Rundweg vorbei an den Bottle und Glass Rocks an, aber auch der öffentliche Park auf dem Gelände des nahe gelegenen **Strickland House** aus dem Jahr 1856 bietet einen traumhaften Blick auf den Hafen. Alternativ kann man das **Vaucluse House** (www.hht.net.au; Wentworth Rd, Vaucluse; Erw./Kind/Fam. 8/4/17 AU$; ☺Fr–So 9.30–16 Uhr) besichtigen. Dieses beeindruckende, mit Türmen versehene Beispiel des typisch australischen Gotikstils ist in einem wundervollen Garten untergebracht. Der Entdecker und politische Unruhestifter William Charles Wentworth lebte hier von 1828 bis 1862.

An der Einmündung zum Hafen liegt **Watsons Bay**. Hier kann man die herrlich salzige Brise genießen und von der Fisherman's Wharf aus bei Fish & Chips zum Mitnehmen von **Doyle's on the Wharf** (☺10–18 Uhr; Fish & Chips 11,80–17,50 AU$) den Postkartenblick auf die Skyline Sydneys genießen. Die nahe gelegene **Camp Cove** (Karte S. 52 f.) zählt zu den besten Hafenstränden Sydneys. In der Nähe des South Head an der **Lady Bay** gibt es einen vorwiegend von Männern besuchten FKK-Strand. Vom **South Head** hat man eine tolle Aussicht über die Hafenmündung bis hin zum North Head und Middle Head. **The Gap** ist ein berühmt-berüchtigter Aussichtspunkt hoch oben auf den Felsen, an dem man häufig frischverliebte Paare trifft und wo die Sonne bald ebenso häufig auf- und untergeht wie sich jemand von den Klippen stürzt ...

Die Busse 324 und 325 fahren vom Circular Quay über Kings Cross in die Eastern Suburbs (für den besten Ausblick setzt man sich auf der Fahrt in Richtung Osten am besten auf die linke Seite). Die Fähre zur Watsons Bay legt an Wharf 4 am Circular Quay ab und hält unterwegs in Double Bay und Rose Bay.

BONDI

Das von zerklüfteten Felsen und mehreren Millionen Dollar teuren Apartments gesäumte **Bondi** ist jedem anderen Strand der Stadt haushoch überlegen – und dies trotz der Massen, der unschönen Uferpromenade, der teilweise tückischen Brandung und den alles andere als gleichmäßig brechenden Wellen. Der berühmte goldene Halbmond zieht Tag für Tag Horden von sonnenverbrannten Backpackern, gebräunten Einheimischen, mit Botox aufgespritzten B-Promis und dem Körperkult verfallenen Sydneysidern an, die den Sandstrand, die umliegenden Wege entlang der Klippen und den Park am Ufer bevölkern. Vielleicht sind es gerade die Gegensätze dieses Ortes, die ihn so unwiderstehlich machen. In Bondi passt jeder irgendwie dazu – so lange er Badesachen trägt, Sonnencreme aufträgt und ein Lächeln auf den Lippen hat. Der Vorort selbst versprüht ein einzigartiges Flair. Das verdankt er einer vielseitigen Mischung aus Mitgliedern der traditionell jüdischen Gemeinde, eingefleischten Aussies,

Touristen, die den Absprung nicht geschafft haben, und gesellschaftlich aufstrebenden, jungen Berufstätigen.

Der 5,5 km lange **Bondi to Coogee Clifftop Walk** ist einfach sensationell. Er führt von Bondi Beach die Klippen entlang in Richtung Süden nach Coogee und passiert dabei Tamarama, Bronte und Clovelly. Dazwischen finden sich immer wieder Stellen mit tollem Panoramablick, überwachte Strände, Seebäder, Parks direkt am Ufer und Tafeln mit Mythen und Geschichten der Aborigines.

Die meisten guten Kneipen, Bars und Restaurants findet man in Bondi am nördlichen Ende der Campbell Pde, an der Bondi Rd und der Glenayr Ave. Jeden Sonntag finden auf dem Gelände der Grundschule auf der Campbell Parade die entspannten **Bondi Markets** (S. 100) statt. Am südlichen Ende des Strands befindet sich sowohl der Ausgangspunkt des Eastern Beaches Walk als auch der berühmte Bondi Icebergs Swimming Club mit seinem **Pool mit Strandblick** (S. 70).

Nach North Bondi kommt man vom Circular Quay aus mit Bus 380 oder 333 (Achtung: Sie halten nicht am Bondi Beach; vom Umsteige-Busbahnhof am Brighton Blvd sind es zu Fuß 5 Min.!). Alternativ kommt man mit Bus oder Bahn bis zum Umsteigebahnhof Bondi Junction, von wo aus einen Bus 389 und 333 ohne Umwege zum Strand bringen.

INNER WEST

Westlich des Stadtzentrums liegt auf einer Halbinsel das etwas chaotisch angeordnete Stadtviertel **Balmain**. Früher als raues Viertel der Hafenarbeiter bekannt, ist es heute eine künstlerisch angehauchte Enklave, die jede Menge wunderschön restaurierte viktorianische Häuser, einladende Kneipen, Cafés und trendige Läden zu bieten hat. Ein Anziehungspunkt ist der sehr beliebte Samstagsmarkt (S. 100), der sich hervorragend mit einem Besuch in der berühmtesten Patisserie Sydneys, dem **Adriano Zumbo** (S. 93), verbinden lässt. Hin kommt man mit einer Fähre von Wharf 5 am Circular Quay oder mit Bus 441/2 vom QVB.

Einst war es ein Hotspot des unkonventionellen Sydneys, heute ist **Glebe** (Karte S. 97) eher ein etwas verschlafenes Viertel. Es grenzt im Südwesten ans Zentrum an und liegt in der Nähe der Sydney University. Hier finden sich eine Reihe guter und günstiger Unterkünfte und mit **Gleebooks** (Karte S. 97; www.gleebooks.com.au; 49 Glebe Point Rd; ☺9–21 Uhr) auch einer der beliebtesten Buchläden der Stadt. Samstags wird die Glebe Public School von Marktständen (S. 100) förmlich überrollt. Glebe ist von der Central Station durch kleine Seitenstraßen in zehn Minuten zu Fuß zu erreichen – den Broadway und seinen Smog am besten meiden! Die Busse 431 und 433 fahren über die George St und dann auf der Glebe Point Rd; Bus 433 fährt weiter zum Gladstone Park, der am westlichen Ende Balmains liegt. Auch die MLR hält hier.

Südlich der Sydney University liegt **Newtown** (Karte S. 97), ein wahrer Schmelztiegel gesellschaftlicher und sexueller Subkulturen. Die Hauptdurchgangsstraße King St ist unerbittlich urban und bietet zahllose abgefahrene Kleiderläden, Buchläden und Cafés. Man erreicht sie entweder mit der Bahn oder mit den Bussen 422, 423, 426 und 428. Abfahrt ist am Circular Quay oder in der Castlereagh St, Ausstieg King St.

Südwestlich von Glebe liegt das vorwiegend italienisch geprägte **Leichhardt**. Die Norton St ist der Ort schlechthin für Pizza, Pasta und Diskussionen über die Vor- und Nachteile des Ferrari 430 Spider. Vom Circular Quay kommt man mit den Bussen 436, 438 und 440 nach Leichhardt.

NORTH SHORE

An der nördlichen Seite der Harbour Bridge liegen am Ufer die überraschend ruhigen Stadtviertel **Milsons Point** und **McMahons Point**, von denen man einen beeindruckenden Blick auf die Stadt hat. Zudem überblickt man die glitzernden Wasser des **Lavender Bay** und ist ganz in der Nähe des **Wendy Whiteley's Secret Garden** (Karte S. 52 f.; Eintritt frei), einem der verborgenen Schätze Sydneys. Dieser öffentliche Garten wurde von der Witwe des Künstlers Brett Whiteley (die selbst Künstlerin ist) entworfen und an einem alten Gleisanschluss angelegt. Er ist durch den Clark Park an der Lavender St zugänglich.

Am Ostufer der Lavender Bay erwartet der **Luna Park** (Karte S. 52 f.; www.lunapark sydney.com; 1 Olympic Pl, Milsons Point; Eintritt frei, Tickets für mehrere Fahrten ab 20 AU$; ☺Öffnungszeiten variieren) seine Gäste. Der klassische Jahrmarkt bei Coney Island ist seit 1935 in Betrieb und hat mit seinem Riesenrad, einem Rotor, einem Flying Saucer („fliegende Untertasse"), einem Tumble Bug (ein echt wildes „Karussell") und anderen Fahrgeschäften einiges zu bieten.

Unmittelbar östlich der Brücke befindet sich das stattliche Viertel **Kirribilli**, in dem auch das **Admiralty House** und das **Kirribilli House** zu finden sind, die Residenzen des Generalgouverneurs bzw. des Premierministers.

Über die Brücke gelangt man zum Milsons Point und zum McMahons Point, zur Lavender Bay und nach Kirribilli. Wer nicht zu Fuß gehen möchte, legt das kurze Stück mit der Fähre zurück (von Wharf 4 oder 5 am Circular Quay).

Östlich von hier befinden sich die edleren Viertel **Neutral Bay**, **Cremorne** und **Mosman**, die für ihre malerischen Buchten, die Parks direkt am Hafen und ihre wohlhabenden, gut gekleideten Ehefrauen (die sogenannten „ladies who lunch") bekannt sind. Der Strand des unglaublich malerischen **Balmoral** nördlich von Mosman liegt am Hunters Bay und verfügt über einen Schwimmbereich mit Hainetz und den äußerst beliebten **Bather's Pavilion** (www.bathersspavilion.com.au) – Restaurant, Café und Kiosk in einem. Wer alle diese Viertel am North Shore besuchen möchte, nimmt sich am besten eine Fähre von der Wharf 4 am Circular Quay.

Taronga Zoo   ZOO
(Karte S. 52 f.; www.taronga.org.au/taronga-zoo; Bradleys Head Rd, Mosman; Erw./Kind 4–15 Jahre/erm. 43/21/30 AU$; ⊙9–17 Uhr) Die Sydneysider machen sich oft darüber lustig, dass die Tiere hier am besten Immobilienstandort der Stadt untergebracht sind. Leider ändern der umwerfende Blick und die herrlich schöne Fülle an Bäume nichts an der Tatsache, dass die Gehege der Bewohner viel zu eng sind.

Im Sommer finden hier in der Dämmerung Konzerte statt und wer sich für das Angebot „Roar and Snore" entscheidet, kann sogar im Zoo übernachten. Mit dem Familienticket spart man etwas Geld.

Alle 30 Minuten legen Fähren zum Zoo an der Wharf 2 am Circular Quay ab – man sollte wissen, dass der Eingang in der Nähe der Fähranlegestelle unter der Woche erst um 11 Uhr öffnet. Nach der Ankunft mit der Fähre geht's zuerst zur Kasse und dann zum nahe gelegenen **Sky Safari Cable Car** (das Ticket ist im Eintrittspreis dabei), der den steilen Hügel hinauf bis zum höchsten Punkt des Zoos schwebt. Während der kurzen Fahrt sieht man unter sich schon die ersten Gehege. Im **ZooPass** (Erw./Kind 4–15 49,50/24,50 AU$), der am Circular Quay und

an anderen Verkaufsstellen erhältlich ist, sind Hin- und Rückfahrt mit der Fähre und der Zooeintritt inbegriffen, was in etwa einer Ersparnis von 10 % entspricht.

MANLY

Das angenehm entspannte **Manly** liegt auf einer schmalen Landenge zwischen dem Ozean und den Hafensträanden des North Head. Hier liegt Sydneys einziger mit der Hafenfähre erreichbarer Badestrand am Ozean. Das Publikum ist ganz anders als das in Bondi: Es gibt mehr Einheimische als ausländische Besucher und Bodyboards sind als Accessoire weitaus beliebter als Designer-Bikinis oder „budby-smugglers" (enge Badehosen).

Das hilfreiche **Manly Visitors Ventre** (Karte S. 94; ✆9977 1430; www.manlytourism.com; Manly Wharf; ⊙Mo–Fr 9–17, Sa & So 10–16 Uhr) befindet sich gleich am Ausgang der Fähranlegestelle.

Hier am Kai gibt es einr ganze Reihe etwas kitschiger Cafés, Kneipen und Restaurants, von denen **Hugos Manly** (S. 93) am empfehlenswertesten ist. Wer auf der Suche nach etwas Besonderem ist, der wird im nahe gelegenen **Manly Pavilion** (S. 93) fündig. Neben seinem herrlichen Blick auf den Hafen besticht er durch Mittagsgerichte in entspannter Atmosphäre und die perfekte Location für einen Sundowner. Gleich neben dem Pavillon steht das **Oceanworld** (Karte S. 94; www.oceanworld.com.au; W Esplanade; Erw./Kind/erm. 20/10/14 AU$; ⊙10–17,30 Uhr), ein mit der Zeit etwas verblasstes Aquarium aus den 1980er-Jahren mit transparenten Unterwasserröhren, durch die 3 m lange Haie beobachtet werden können.

Eine recht ungepflegte Fußgängerzone mit dem Namen **Corso** verbindet Manlys Ozean mit den Stränden auf der Hafenseite. Hier reihen sich Burgerbuden, Saftbars und Cafés aneinander, die qualitativ aber nicht viel hergeben, und so holt man sich lieber einen Burger zum Mitnehmen bei **BenBry Burgers** (Karte S. 94; www.benbryburgers.com.au; 5 Sydney Rd; Burger 7,50–14 AU$; ⊙7 Uhr-open end), Fish & Chips auf dem **Manly Fish Market** (Karte S. 94; 11-27 Wentworth St; Fish & Chips 11,50 AU$; ⊙8–20 Uhr) oder einen wirklich ausgezeichneten Kaffee bei **Barefoot Coffee Traders** (Karte S. 94; Ecke Sydney Rd & Whistler St; ⊙Mo–Fr 6.30–17.30, Sa & So ab 7.30 Uhr) und macht damit ein kleines Picknick am Strand.

Ein ausgedehnter Spaziergang entlang des **Manly Scenic Walkway** gehört zu den beliebtesten Aktivitäten in Manly. Der Weg besteht aus zwei Abschnitten: dem westlichen Teil zwischen Manly Cove und Spit Bridge und dem östliche Teil von Manly Cove bis zum North Head.

Gen Westen führt der Weg um den North und Middle Harbour herum. Er passiert herrschaftliche, am Wasser gelegene Villen, Hafenstrände, Aussichtspunkte und Felsgravuren der Aborigines und durchquert den wilden Sydney Harbour National Park. Endpunkt ist die Spit Bridge am Fisher Bay, von wo aus die Busse 160, 179 und 189 zurück in die Innenstadt fahren.

In Richtung Osten führt der Weg zuerst die Eastern Esplanade und die Stuart St bis zur Spring Cove entlang und geht dann weiter in das Gebiet rund um den North Head, der auch Teil des Sydney Harbour National Park ist. Auf dem Weg zum spektakulären Fairfax Lookout am North Head wird jede Menge Buschland durchquert. Wer in der Jahresmitte hier ist, hat vielleicht das Glück, von diesem Aussichtspunkt einige Wale auf ihrer Wanderung beobachten zu können. Von hier geht es weiter mit dem Fairfax Loop (er endet auch wieder hier) und danach mit dem Cabbage Tree Bay Coastal Walk, der entlang einer mitunter stürmischen Küste am winzigen **Fairy Bower Beach** und am reizenden **Shelly Beach** vorbei- und zurück zum Fähranleger führt.

Nach Manly kommt man am besten mit der Fähre von Wharf 3 am Circular Quay – eine der beliebtesten Strecken in Sydney.

NORTHERN BEACHES

Der 20 km lange Küstenstreifen zwischen Manly und dem gut betuchten Palm Beach (wo die australische Seifenoper *Home and Away* gedreht wird) wird oft als weltweit beeindruckendster städtischer Surfspot bezeichnet, und die zahlreichen Einheimischen, die sich zum Schwimmen und Surfen an den Stränden von Manly, Collaroy, Freshwater, Dee Why, North Narrabeen, Mona Vale, Newport, Bilgola, Avalon, Whale und Palm Beach in die Wellen stürzen, würden sicher ohne zu zögern zustimmen.

Die Strände Collaroy, North Narrabeen, Mona Vale, Newport, Bilgola, Avalon, Whale und Palm Beach erreicht man vom Zentrum aus ab dem Railway Sq mit Bus L90. Von Manly Wharf fährt der Bus 136 über Curl Curl und Dee Why nach Chatswood; Bus 156 kommt auf seinem Weg nach McCarrs Creek auch an Dee Why, North Narrabeen und Mona Vale vorbei.

Ku-ring-gai Chase National Park PARK (Karte S. 52 f.; www.nationalparks.nsw.gov.au; Eintritt 11 AU$/Auto) Dieser spektakuläre, 150 km² große Park liegt 24 km vom Stadtzentrum entfernt und bildet im Norden Sydneys Grenze. Hier findet man eine typische Mischung aus Sandstein und Buschland und eine tolle Aussicht auf allerlei Wasser. Der Park umfasst über 100 km Küste des südlichen Broken Bay, wo er in den Hawkesbury River übergeht.

Der Name Ku-ring-gai stammt von den ursprünglichen Bewohnern des Parks, den Guringai, die alle unmittelbar nach der Kolonisierung entweder gewaltsam durch die britischen Siedler oder durch eingeschleppte Krankheiten ausgelöscht wurden. Sehr empfehlenswert in diesem Zusammenhang ist der für den Man-Booker-Preis nominierte Roman von Kate Grenville *Der Verborgene Fluss*, eine fesselnde, zugleich aber auch erschütternde Erzählung ebendieser Geschichte.

Dank der über 800 gut erhaltenen Stätten der Aborigines sind ihre Spuren auch heute noch überall zu finden, darunter auch Felsmalereien, Abfallhaufen und Höhlenkunst. Wer mehr darüber erfahren möchte, betritt den Park am besten über den Eingang Mt-Colah und schaut im **Kalkari Discovery Centre** (✆9472 9300; Ku-ring-gai Chase Rd; Eintritt frei; ⏰Mo–Fr 10–16, Sa & So bis 17 Uhr) vorbei, in dem Ausstellungen und Videos über die australische Fauna und die Kultur der Aborigines informieren. Man kann auf eigene Faust eine kleine Wanderung unternehmen, auf der man mit etwas Glück Sumpfwallabys, Buschhühner, einheimische Enten und Warane zu Gesicht bekommt.

Vom Picknickplatz des Resolute-Wanderwegs am **West Head** sind es gerade mal 100 m bis zur **Red Hands Cave**, in der einige stark verblasste ockerfarbene Handabdrücke zu sehen sind. Nach weiteren etwa 500 m auf dem **Resolute Track** (nach einem kurzen aber steilen Anstieg) ist eine Stätte mit Felsgravuren der Aborigines erreicht. Hier kann man entweder umkehren oder weitergehen und noch eine andere Stätte besichtigen: Der 3,5 km lange Rundweg endet am **Resolute Beach**. Der Blick vom **West Head Lookout** ist richtig spektakulär und ein wahres Muss.

Nicht einmal 3 km westlich des Picknickplatzes beginnt an der West Head Rd der **Basin Track**, ein einfacher Spaziergang, der zu einer Reihe von gut erhaltenen

Sydney ist der perfekte Ort für eine erste Begegnung mit dem Leben und der Kultur der Aborigines.

Mehr Informationen zu den alten Felsmalereien und -gravuren der Aborigines rund um den Sydney Harbour gibt's beim Sydney Harbour National Parks Information Centre (S. 102). Von Nahem kann man Felsgravuren auf dem **Manly Scenic Walkway** (S. 67) und im **Ku-ring-gai Chase National Park** (S. 68) bewundern.

Das **Australian Museum** (S. 60), die **Art Gallery of NSW** (S. 60), das **Museum of Sydney** (S. 59), das **Powerhouse Museum** (S. 61) und die **Royal Botanic Gardens** (S. 54) bieten alle Ausstellungen und Programme zum Thema Leben und Kultur der Aborigines.

Leider gibt es nur sehr wenige Veranstalter, die Touren mit Schwerpunkt auf indigene Kultur anbieten. Mit viel Glück bekommt man einen Platz bei der **Aboriginal Heritage Tour** (☏ 9231 8134; Erw./erm. 28/13 AU$; ☉ Fr 10 Uhr), die in den Sydney Royal Botanic Gardens angeboten wird. Als Alternative bietet sich ein kleiner Bootsausflug an: Die **Aboriginal Culture Cruise** (S. 55) führt durch den Sydney Harbour.

In vielen Geschäften in der Innenstadt werden von Aborigines hergestellte Kunstwerke, Artefakte und Produkte verkauft. Oft findet man aber leider auch Kopien made in China, Arbeiten, die das kulturelle Copyright der indigenen Künstler verletzen und Galerien, die die Armut der Künstler ausnutzen, indem sie ihnen die Kunstwerke viel zu billig abkaufen. Man sollte sich Werke aussuchen, die vor Ort von Aborigines hergestellt werden und/oder von gemeinnützigen Geschäften verkauft werden, deren Besitzer der indigenen Bevölkerung angehören. Galerien sollten grundsätzlich der Australian Indigenous Art Trade Association oder der Australian Commercial Galleries Association angeschlossen sein. Kunstwerke und Artefakte sollten angemessen dokumentiert sein (z. B. durch ein Echtheitszertifikat einer verlässlichen Quelle, durch Fotografien oder andere Belege) und ihre Herkunft sollte eindeutig angegeben sein (z. B. wo, wann und von wem sie hergestellt wurden und wie sie auf den Markt gekommen sind).

Felsgravuren führt. Nach etwa 2,5 km erreicht man das **Basin** (Tagesticket Erw./Kind 3/2 AU$), eine flache, runde Bucht, in der es einen **Campingplatz** (☏ 9974 1011; www.basincampground.com.au; Stellplatz pro Erw./Kind 14/7 AU$) mit Grillstellen, Duschen und Toiletten gibt. Zu erreichen ist er über den Basin Track oder per Fähre oder Wassertaxi ab Palm Beach.

Infos zum Parks bekommt man im **Bobbin Head Information Centre** (☏ 9472 8949; Bobbin Inn, Bobbin Head; ☉ 10–16 Uhr), das vom NSW Parks & Wildlife Service betrieben wird. Hier gibt's auch einen Bootsanleger, Picknickstellen, ein Café und einen Bohlenweg durch die Mangroven.

In den Park kommt man entweder mit dem Auto oder mit der von Fantasea betriebenen **Palm Beach Ferry** (☏ 9974 2411; www.palmbeachferry.com.au; Erw./Kind 6,90/3,50 AU$; ☉ Mo–Fr 9–19, Sa & So bis 18 Uhr). Sie fährt einmal stündlich von Palm Beach nach Mackerel Beach und hält dabei auch im Basin. Zu erreichen ist Palm Beach vom CBD aus mit Bus L90 vom Railway Sq oder mit Bus 156 und 169 ab der Manly Wharf.

Wer mit dem Auto unterwegs ist, biegt in Mt. Colah vom Pacific Hwy in die Ku-ring-gai Chase Rd ab, in North Turramurra in die Bobbin Head Rd oder in Terrey Hills in die McCarrs Creek Rd.

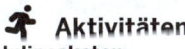 **Aktivitäten**

Inlineskaten

An den Strandpromenaden von Bondi und Manly und auf den Wegen des Centennial Park macht Inlinern am meisten Spaß.

Rollerblading Sydney　　INLINESKATEN
(☏ 0411 872 022; www.rollerbladingsydney.com.au; Unterricht 50 AU$/Std.) Verleih, Unterricht und geführte Touren.

Skater HQ　　INLINESKATEN
(Karte S. 94; www.skaterhq.com.au; 2/49 North Steyne, Manly; pro Std. Erw./Kind 20/15 AU$; ☉ Mo–Do 10–19, Fr 10–20, Sa 9–20, So 9–18 Uhr) Verleih von Blades, Rollern und Skateboards.

Kanu- & Kajakfahren

Natural Wanders　　BRÜCKENTOUREN
(☏ 0427 225 072; www.kayaksydney.com; ab 65 AU$/Pers.) Bietet anregende morgendli-

che Touren rund um die Harbour Bridge, Lavender Bay, Balmain und Birchgrove.

Radfahren

Bicycle NSW   RADFAHREN
(www.bicyclensw.org.au) Herausgeber des *Cycling Around Sydney,* in dem verschiedene Citytouren und Radwege detailliert beschrieben werden. Der Onlineshop verkauft auch das von Bicycle Australia herausgegebene *Where to Ride Sydney* und *Great Cycling Rides in NSW* des NRMA.

Sydney City Council   RADFAHREN
(www.cityofsydney.nsw.gov.au) Stellt auf seiner Website Infos über Fahrradkarten und -routen zur Verfügung, hat Links zu den Infos rund ums Radfahren anderer Stellen und ist Herausgeber des kostenlosen gedruckten *Sydney Cycling Guide + Map.*

Centennial Park Cycles   RADFAHREN
(www.cyclehire.com.au; pro Tag/Woche ab 50/ 110 AU$; ☺9–17 Uhr) Fahrradverleih. Hat Zweigstellen in Randwick und im Centennial Park.

Reiten

**Centennial Parklands
Equestrian Centre**   REITEN
(☎9332 2809; www.cpequestrian.com.au; Lang Rd, Paddington; ☺9–17 Uhr) Verschiedene Ställe in der Mitte des Parks bieten Reitstunden und Ausritte für Erwachsene und Kinder im mit Bäumen bewachsenen Centennial Park, Sydneys beliebtesten städtischen Grünanlagen (1 Std., 3,6 km lange Ausritte 70–80 AU$, 1 Std. Reitunterricht 100–135 AU$).

Schwimmen

In Sydney gibt es über 100 öffentliche Schwimmbäder, und viele der Strände haben geschützte Becken direkt am Meer. Die Strände im Hafen bieten geschützte, mit Hainetzen versehene Stellen, aber nichts kommt den Wellen des Pazifiks gleich. Unbedingt beachten: Nur in den von Rettungsschwimmern überwachten und mit Flaggen markierten Bereichen schwimmen und niemals die Kraft der Brandung unterschätzen!

Andrew „Boy" Charlton Pool   SCHWIMMEN
(www.abcpool.org; 1C Mrs Macquaries Rd, The Domain; Erw./Kind/Schließfach 5,60/2/3 AU$; ☺Sept.–April 6–19 Uhr, während der Sommerzeit 1 Std. länger) Ein 50 m langes Salzwasserbecken im Freien und ein Café mit Blick auf den Hafen.

Bondi Icebergs Swimming Club   SCHWIMMEN
(Karte S. 80; http://icebergs.com.au; ☺Mo–Mi & Fr 6–18.30, Sa & So 6.30–18.30 Uhr; Erw./Kind & Senior 5/3 AU$) Der Blick von Sydneys beliebtestem Schwimmbad ist in Bondi ungeschlagen; zudem gibt es hier ein nettes kleines Café.

Dawn Fraser Baths   SCHWIMMEN
(www.lpac.nsw.gov.au/Dawn-Fraser-Baths.html; Elkington Park, Glassop St, Balmain; Erw./Kind & Student/Senior 4/2,80/2,10 AU$; ☺Okt.–Nov. & März–April 7.15–18.30 Uhr, Dez.–Feb. 6.45–19 Uhr) Dieser wunderschön restaurierte spätviktorianische Pool (1884) wird von den Gezeiten mit Meerwasser versorgt. Bei Ebbe gibt es hier einen kleinen Strand und im Sommer stehen Yogakurse auf dem Programm (12,20 AU$).

North Sydney Olympic Pool   SCHWIMMEN
(www.northsydney.nsw.gov.au; 4 Alfred St South, Milsons Point; Erw./Kind/Senior 6,50/3,20/ 5,20 AU$; ☺Mo–Fr 5.30–21, Sa & So 7–19 Uhr) Neben dem Luna Park und direkt am Hafen. Ein legendärer Ort, denn hier wurden viele Weltrekorde aufgestellt. Für 18 AU$ kann man noch die Fitnesseinrichtungen, die Sauna und den Wellnessbereich mitbenutzen.

Wylie's Baths   SCHWIMMEN
(www.wylies.com.au; Neptune St, Coogee; Erw./ Kind/Senior 4/0,50/1,50 AU$; ☺während der Sommerzeit 7–19, sonst bis 17 Uhr) Ausgezeichneter Meerwasserpool von 1907. Nach dem Schwimmen stehen ein Yogakurs (14 AU$), eine Massage oder ein Kaffee am Kiosk mit zauberhaftem Blick auf den Pazifik zur Auswahl.

Segeln

In Sydney gibt es Dutzende von Jachtclubs und Segelschulen. Folgende gehören dazu:

EastSail Sailing School   SEGELN
(☎9327 1166; www.eastsail.com.au; d'Albora Marina, New Beach Rd, Rushcutters Bay; Segeltörn pro Erw./Kind ab 119/89 AU$, 2-tägiger „Start Yachting"-Kurs 575 AU$; ☺9–18 Uhr) Ein freundlicher Anbieter mit Grundlagenkursen, Törns für Fortgeschrittene und Morgenausfahrten/Sunset-Cruises.

Sydney by Sail   SEGELN
(Karte S. 62; ☎9280 1110; www.sydneybysail.com. au; Festival Pontoon, National Maritime Museum, Darling Harbour) Segeltörns durch den Hafen (3 Std., Erw./Kind 150/75 AU$), Einführungswochenenden (495 AU$), Walbeobachtung (6 Std., 175 AU$) und weitere Angebote.

Während der Schulferien (Dez./Jan., April, Juli & Sept.) werden haufenweise Aktivitäten für Kinder angeboten. Infos findet man auf www.sydneyforkids.com.au, www.kidfriendly.com.au und in der kostenlosen Zeitschrift *Sydney's Child*.

Die meisten Kinder lieben das **Sydney Aquarium** (S. 61), **Sydney Wildlife World** (S. 61), das **Australian National Maritime Museum** (S. 61) und das **Powerhouse Museum** (S. 61) in Darling Harbour. Außerdem sind der **Taronga Zoo** (S. 67) und der **Luna Park** (S. 66) ein Garant für gute Laune, und selbst die anspruchsvollsten kleinen Racker sollte ein Besuch der Schwimmbäder (S. 70), ein Surfkurs (S. 131) oder ein Ausritt zu Pferd oder mit dem Pony im Centennial Park (S. 70) zufriedenstellen. Der **Nielsen Park** (S. 65) in Vaucluse ist für die kleinen Reiseteilnehmer perfekt, um sich die Füße zu vertreten und etwas überschüssige Energie zu verbrennen. Hier lassen sich auch prima Sandburgen bauen!

Surfen

Am South Shore locken die Wellen in Bondi, Tamarama, Coogee, Maroubra und Cronulla. Der North Shore hat zwischen Manly und Palm Beach ein Dutzend coole Surfstrände im Angebot, etwa Curl Curl, Dee Why, Narrabeen, Mona Vale und Newport.

Let's Go Surfing SURFEN
(Karte S. 80; ☑9365 1800; www.letsgosurfing.com.au; 128 Ramsgate Ave, Bondi; 2 Std. Gruppenkurs inkl. Benutzung Surfbrett & Neoprenanzug Erw./Kind ab 89/79 AU$; ☺9–17 Uhr, Sommer länger) Auch Verleih von Surfbrettern und Neoprenanzügen (30 AU$/2 Std.).

Manly Surf School SURFEN
(Karte S. 94; ☑9977 6977; www.manlysurfschool.com; North Steyne Surf Lifesaving Club, Manly; 2 Std. Gruppenkurs inkl. Benutzung Surfbrett & Neoprenanzug Erw./Kind 60/50 AU$; ☺9–18 Uhr) Die Kurse eignen sich für jedes Level an Fitness und Erfahrung und für alle Altersstufen.

Tauchen

Sydneys beste Tauchspots vor der Küste sind Gordons Bay nördlich von Coogee, Shark Point in Clovelly und Ship Rock in Cronulla. Beliebte Stellen für Tauchgänge vom Boot aus sind Wedding Cake Island vor Coogee, Sydney Heads und die Gewässer vor dem Royal National Park.

Dive Centre Bondi TAUCHEN
(Karte S. 80; ☑9369 3855; www.divebondi.com.au; 198 Bondi Rd, Bondi; ☺Mo–Fr 8.30–18, Sa & So ab 7.30 Uhr) Eintägiger PADI-Discover-Scuba-Schnupperkurs 225 AU$; Tauchgänge vor der Küste und vom Boot aus; Verleih.

Dive Centre Manly TAUCHEN
(Karte S. 94; ☑9977 4355; www.divesydney.com.au; 10 Belgrave St, Manly; ☺Mo–Mi & Fr 9–18, Do

bis 20, Sa & So 8–18 Uhr) Der PADI-Discover-Scuba-Schnupperkurs kostet 155 AU$, es gibt Tauchgänge vor der Küste und vom Boot aus und einen Verleih.

☞ Geführte Touren

In Sydney werden unzählige geführte Touren angeboten, von denen man die meisten in den Visitor Centres (S. 102) buchen kann.

Hafenrundfahrten

Captain Cook Cruises BOOTSFAHRT
(Karte S. 56; ☑9206 1111; www.captaincook.com.au; Wharf 6, Circular Quay) Bietet eine einviertelstündige „Harbour Highlights"-Rundfahrt (Erw./Kind 5–14 Jahre/Student 30/16/26 AU$) und ein 24 Stunden gültiges „Hop on hop off"-Ticket für den Harbour Express mit Eintritt zum Fort Denison, Shark Island und den Taronga Zoo (Erw./Kind/Student 58/32/36 AU$). Der Anbieter hat seinen Standort an der Aquarium Wharf in Darling Harbour.

Sydney Ferries FÄHRE
(Karte S. 56; www.sydneyferries.nsw.gov.au) Auf der Website oder am Circular-Quay-Ticketschalter erfährt man alles Wissenswerte über die Erkundung des Hafens mit der Fähre.

Panoramaflüge

Sydney Seaplanes PANORAMAFLUG
(☑9974 1455; www.seaplanes.com.au; 15-/30-minütiger Rundflug 170/235 AU$, Flug & Lunchpaket 460–555 AU$) Mit einem Wasserflugzeug geht es von der Rose Bay zum Berowra Waters Inn am Hawkesbury River oder zu Jonah's am Whale Beach an Sydneys Northern Beaches. Es werden auch Flüge über den Sydney Harbour und 30-minütige Flüge bis nach Newcastle (175–225 AU$) angeboten.

Stadtrundfahrten

City Sightseeing STADTRUNDFAHRT
(www.city-sightseeing.com) Für die Nutzung
der beiden Touren dieses Anbieters reicht ein
Ticket (Erw./Kind/Student/Senior 24-Std.-
Ticket 35/20/30/25 AU$; 48-Std.-Ticket
56/32/48/40 AU$; 8.30–19.30 Uhr mit Ab-
ständen von 20 Min. benutzbar). Die Busse
fahren alle 15 bis 20 Minuten an der Central Station ab. Die Tour starten kann man
an jeder Haltestelle; die Tickets können im
Bus gekauft werden. Die **Sydney Tour** beginnt an der Central Station und dreht eine
90-minütige Runde durch Pyrmont, Darling Harbour, The Rocks, Circular Quay, das
Stadtzentrum, Kings Cross, The Domain
und die Macquarie Street. Unterwegs hält
der Bus an 23 Haltestellen, an denen man
beliebig ein- und aussteigen kann. Die zweite Tour ist die **Scenic Bondi & Bay Tour**,
ebenfalls ein „Hop on hop off"-Bus, der von
der Central Station abfährt und innerhalb
von 90 Minuten Sydney Tower, Paddington,
Bondi Beach, North Bondi, Rose Bay, Double Bay und das Australian Museum anfährt.

Stadtspaziergänge

Sydney Architecture Walks SPAZIERGÄNGE
(☑Reservierungen 8239 2211; www.sydney
architecture.org; Erw./erm. 35/25 AU$) Eine
zweistündige von Architekten geführte
Tour, die zwischen September und Mai
stattfindet. Ausgangspunkt ist das Museum
of Sydney. Mittwochs gibt es fast immer um
10.30 Uhr eine Stadtführung, samstags um
10.30 Uhr liegt der Schwerpunkt auf dem
Opernhaus, teilweise werden auch Touren
rund ums industrielle Erbe von The Rocks
angeboten (zu unterschiedlichen Zeiten).

BridgeClimb KLETTERTOUR AUF DER BRÜCKE
(Karte S. 56; ☑9240 1100; www.bridgeclimb.com;
5 Cumberland St, The Rocks; Erw. 188–268 AU$;
Kind 10–15 128–188 AU$; ⏱3½-stündige Touren;
rund um die Uhr) Kopfschutz auf, Nabelschnur
um, den grässlich grauen Overall an – und
fertig machen für das Klettererlebnis des
Lebens! Frühzeitig buchen!

✦ Feste & Events

In Sydney finden das ganze Jahr über Feste
und besondere Events statt. Bei den Visitor
Centres erfährt man, was gerade los ist.

Januar

Big Day Out LIVEMUSIK
(www.bigdayout.com) Open-Air-Konzert im
Januar mit vielen einheimischen und internationalen Künstlern und Bands.

Sydney Festival KUNST
(www.sydneyfestival.org.au) Bei diesem riesigen Event im Januar wird die Stadt mit
Kunst überflutet, darunter auch kostenlose
Konzerte in der Domain.

Februar

Chinesisches Neujahr KULTUR
(www.cityofsydney.nsw.gov.au/cny) Buntes Fest
mit Essen, Feuerwerk und mehr. Der Ter-
min richtet sich nach den Mondphasen.

**Sydney Gay &
Lesbian Mardi Gras** SCHWULENBEWEGUNG
(www.mardigras.org.au) Highlight des weltberühmten Festivals ist die etwas überzogene,
mit endlos vielen Pailletten besetzte Parade
auf der Oxford St, die im Entertainment
Quarter in einer ausgelassenen Party gipfelt.

Tropfest FILM
(www.tropfest.com) Einen Abend lang ist die
Domain fest in der Hand dieses weltweit
größten Kurzfilmfestivals.

März/April

Royal Easter Show LANDWIRTSCHAFT
(www.eastershow.com.au) Zwölf Tage lang
dauert diese Landwirtschaftsausstellung
mit Jahrmarkt in Homebush Bay.

Mai

Sydney Writers' Festival LITERATUR
(www.swf.org.au) Australiens herausragende
Literatur-Sause findet in den verschiedensten Locations statt, darunter auch am Pier
4/5 der Walsh Bay.

Juni

Biennale of Sydney KUNST
(www.biennaleofsydney.com.au) Hochkaräti-
ges Kunst- und Ideenfest, das in geraden
Jahren abgehalten wird.

September

Rugby League Grand Final SPORT
(www.nrl.com) Die zwei besten Teams der
National Rugby League (NRL) treffen zum
Kräftemessen aufeinander.

Dezember

Sydney-to-Hobart-Boat-Race SPORT
(www.rolexsydneyhobart.com) Am 26. Dezember bietet sich im Sydney Harbour ein toller
Anblick, wenn Hunderte Boote im Hafen
liegen und die Jachten verabschieden, die
an der zermürbenden Regatta teilnehmen.

Silvester FEUERWERK
(www.cityofsydney.nsw.gov.au/nye) Die größte Party des Jahres mit farbenprächtigem
Feuerwerk an der Harbour Bridge.

Die Schwulen- und Lesbenkultur Sydneys ist ein wesentlicher und lautstarker Teil des gesellschaftlichen Gefüges der Stadt. Der **Taylor Square** (Karte S. 76) an der Oxford St ist das Zentrum der wohl zweitgrößten Schwulengemeinde der Welt, nach San Francisco, während in Newtown die Lesbenszene Sydneys angesiedelt ist.

Sydneys berühmter **Gay & Lesbian Mardi Gras** (www.mardigras.org.au) zieht über 700 000 Zuschauer an und auch der jährliche **Sleaze Ball**, der Ende September/Anfang Oktober im **Horden Pavilion** im Moore Park stattfindet, gehört zum Mardi Gras dazu.

Zur kostenlosen Schwulen- und Lesbenpresse zählt u. a. *SX*, online findet man Infos z. B. auf www.ssonet.com.au (Sydneys wichtigste Tageszeitung für Schwule und Lesben), www.lotl.com (Sydneys monatlich erscheinendes Lesbenmagazin) und auf den G&L-Seiten des monatlich erscheinenden *Time Out*-Magazins.

Die meisten Unterkünfte auf der und rund um die Oxford St sind sehr schwulen- und lesbenfreundlich. Wer sich ein wenig austoben möchte, kann sich auf dem City-nahen Teil der Oxford St umschauen oder folgende Optionen ausprobieren:

ARQ NACHTCLUB
(Karte S. 76; www.arqsydney.com.au; 16 Flinders St, Darlinghurst; Eintrittspreise unterschiedl.; ☺Do 21–7, Fr–So bis 9 Uhr) Dieser schnieke Megaclub bietet eine Cocktailbar und Drag-Shows. Die Moist-Night für Lesben wird immer am letzten Freitag des Monats gefeiert.

Imperial Hotel KABARETT
(Karte S. 97; www.theimperialhotel.com.au; 35 Erskineville Rd, Erskineville; Kneipe/Cabaret-Bar/Keller-Nachtclub frei/10/5 AU$; ☺Mo 15–23.30, Di & Mi bis 24, Do bis 4, Fr & Sa bis 6, So 13–24 Uhr) Die Drag-Shows dieses Art-déco-Pubs dienten dem Film *Priscilla, Königin der Wüste* als Inspiration (die Anfangsszene wurde hier gedreht), und jeden Samstagabend wird eine Priscilla-Tribute-Show aufgeführt (10 AU$). Jede namhafte Drag-Queen hatte hier in der Cabaret Bar schon ihren Auftritt.

Midnight Shift NACHTCLUB/BAR
(Karte S. 76; www.themidnightshift.com.au; 85-91 Oxford St, Darlinghurst; Videobar frei, Clubeintritt variiert; ☺Mo–Mi 12–4, Do & Fr bis 6, Sa & So 14–6 Uhr) Die Grande Dame der Oxford Street zeigt sich von zwei recht unterschiedlichen Seiten. Die Videobar im Untergeschoss zählt eine unscheinbare Mischung aus coolen Kerlen, zarten Bubis und harten Männern zu ihren Gästen, während der Club mit hämmernden Beats und aufwendigen Drag-Shows aufwartet.

Oxford Hotel BAR
(Karte S. 76; www.theoxfordhotel.com.au; 134 Oxford St, Taylor Sq, Darlinghurst; Eintritt frei; ☺10 Uhr–open end) Wieder ein neuer Besitzer, wieder ein neues Aussehen … und wieder die Panik, dass diese allseits geschätzte Location ein (o Graus!) Hetero-Schuppen werden könnte. Glücklicherweise ist dieser Fall bisher nicht eingetreten, und so wird auch weiterhin auf drei sehr unterschiedlichen Ebenen wunderbar *gay* gefeiert.

Und zu guter Letzt bietet für alle, die nur auf der Suche nach einen etwas anderen Mitbringsel sind, der **Tool Shed** (Karte S. 76; www.toolshed.com.au; Level 1, 81 Oxford St; ☺24 Std.) jede Menge Sexspielzeug, das beim Sicherheitspersonal am Flughafen einerseits Staunen, andererseits Entsetzen auslösen wird.

🛏 Schlafen

In Sydney lässt es sich gut (wenn auch nicht ganz billig) nächtigen. In den Wintermonaten kann man das eine oder andere Angebot abstauben, zwischen November und Februar steigen die Preise jedoch teilweise um bis zu 40 %. Eigentlich ist in Sydney das ganze Jahr über was los, weshalb man vorab immer reservieren und nach den besten Preisen suchen sollte.

Vor dem Buchen der Unterkunft ist es auch ratsam, sich gründlich über die verschiedenen Viertel zu informieren: Partygänger sind in Kings Cross, Potts Point, Darlinghurst, Surry Hills oder Bondi gut aufgehoben; wer vorrangig auf Sightseeing aus ist, ist in The Rocks, dem CBD, Darling Harbour oder Chinatown an der richtigen Adresse. Wie ein Einheimischer fühlt man sich in Glebe, Manly oder Newtown.

Ein Budgetzimmer ($) ist in diesem Kapitel ein Zimmer für unter 110 AU$ pro Nacht. Ein Zimmer der Mittelklasse ($$) kostet zwischen 110 und 200 AU$, und ein Zimmer in einer Spitzenklasseunterkunft ($$$) beginnt bei 200 AU$ pro Nacht. Die angegebenen Preise gelten nicht in der geschäftigen Zeit um Weihnachten und Neujahr, wenn die Preise in die Höhe schnellen.

CIRCULAR QUAY & THE ROCKS

LP TIPP **Sydney Harbour YHA**   HOSTEL **$**
(Karte S. 56; ✆8272 0900; www.yha.com.au/hostels/nsw/sydney-surrounds/sydney-harbour; 110 Cumberland St, The Rocks; B 44–59 AU$, DZ 148–170 AU$, DZ mit Blick auf den Hafen 165–185 AU$; ❄@🖥🛜) Der Blick von der Dachterrasse und die Deluxe-Zimmern dieses neu eröffneten und außerordentlich gut geführten YHA-Hostel ist einfach umwerfend: Man schaut über den Circular Quay direkt auf die Oper. Die modernen Schlafsäle und Zimmer sind nett und komfortabel und haben alle eine Klimaanlage und ein eigenes Bad. Das Gebäude wurde ökologisch nachhaltig entworfen und beherbergt ein archäologisches Informationszentrum, in dem der Standort des Hostels mitten zwischen den archäologischen Überresten der frühen Kolonialzeit beleuchtet wird.

The Russell   BOUTIQUEHOTEL **$$$**
(Karte S. 56; ✆9241 3543; www.therussell.com.au; 143a George St, The Rocks; DZ mit Bad 199–246 AU$, mit Gemeinschaftsbad 130–199 AU$) Erst vor Kurzem wurde dieses traditionsreiche und beliebte Hotel renoviert und erstrahlt nun ohne veralteten Schnickschnack in modernem Chic. Auch die Weinbar im Erdgeschoss ist neu. Der Dachgarten und die Lage nur wenige Minuten vom Cirular Quay entfernt sind zwei ganz große Pluspunkte; leider sind nur wenige Zimmer mit Klimaanlage ausgestattet.

**Lord Nelson
Brewery Hotel**   BOUTIQUEHOTEL **$$**
(Karte S. 56; ✆9251 4044; www.lordnelson.com.au; 19 Kent St, The Rocks; DZ 190 AU$, ohne Bad 130 AU$; ❄🛜) Das aus Sandstein erbaute Boutiquegasthaus aus dem Jahr 1841 kann mit eigener Brauerei aufwarten (das „Nelson's Blood" nicht verpassen!) und bietet zudem überraschend elegante Zimmer. In vielen von ihnen kann man noch die

unverputzten Wände des Originalgebäudes sehen. Die Badezimmer und sogar die Gemeinschaftsbäder sind majestätisch.

Park Hyatt   HOTEL **$$$**
(Karte S. 56; ✆9241 1234; www.sydney.park.hyatt.com; 7 Hickson Rd, The Rocks; Zi. 695–1045 AU$; ❄@🖥🛜) Hier, im teuersten Hotel Sydneys, treffen Luxus und tolle Lage aufeinander. Es befindet sich direkt gegenüber dem Opera House am Ende des Circular Quay und die Zimmer, der Service und die sonstigen Annehmlichkeiten sind unübertroffen – wenn auch das Gebäude selbst nicht gerade durch architektonische Anmut besticht (ganz im Gegenteil).

Observatory Hotel   HOTEL **$$$**
(Karte S. 56; ✆9256 2222; www.observatoryhotel.com.au; 89-113 Kent Street, The Rocks; Zi. 315–615 AU$; ❄@🖥🛜) Was Luxus angeht, steht das Observatory Hotel dem Park Hyatt in nichts nach. Dieses gepflegte Hotel ist in einem unscheinbaren Gebäude in The Rocks untergebracht, gleicht dies aber mehr als gebührend durch seine äußerst eleganten und komfortablen Zimmer wieder aus. Außerdem stehen ein Wellnessbereich, ein Restaurant, ein Fitnessraum, ein Hallenbad und ein Tennisplatz zur Verfügung.

B&B Sydney Harbour   B&B **$$-$$$**
(Karte S. 56; ✆9247 1130; www.bedandbreakfastsydney.com; 140-142 Cumberland St, The Rocks; EZ 165–214 AU$, ohne Bad 140–165 AU$, DZ 178–260 AU$, ohne Bad 155–178 AU$; ❄) Die Zimmer in dieser über 100 Jahre alten Pension in The Rocks sind gemütlich und traditionell eingerichtet und versprühen ein typisch australisches Flair; einige haben einen Blick auf den Hafen. Das großzügige Frühstück wird auch im hübschen Innenhof serviert. Nicht alle Zimmer sind mit Klimaanlage ausgestattet.

ZENTRUM

Vibe Hotel   HOTEL **$$**
(Karte S. 62; ✆9282 0987; www.vibehotels.com.au; 111 Goulburn St; DZ 165–220 AU$, Suite 220–300 AU$; ❄@🖥🛜) Das in der Nähe der Central Station gelegene Vibe hat geräumige Zimmer und auch der Preis kann sich sehen lassen. Alle sind mit Sitzbereich, Flachbildfernseher, Arbeitstisch und einem außerordentlich großen Schrank versehen. Im Erdgeschoss stehen ein Café, ein Fitnessraum, eine Sauna und, im Außenbereich, ein Pool von angemessener Größe bereit. Das Frühstück kostet zusätzlich 22 bis 28 AU$.

Westend Backpackers
HOSTEL $

(Karte S. 62; ☎9211 4588; http://legendhasitwest
end.com.au; 412 Pitt St; B 19–35 AU$, EZ mit ei-
genem Bad 85–95 AU$, DZ 87–97 AU$; ✻@🖥)
Dieses gut geführte Hostel hat auch einen Schlafsaal mit 32 Betten („Church")
im Angebot – billiger übernachtet man in
Sydney nirgends. In der hervorragenden
Gemeinschaftsküche gibt's kostenlos Pasta
und Reis, und jeden Freitagabend werden
im einladenden Gemeinschaftsraum gratis
Käse und Wein aufgefahren. So wird der
Aufenthalt noch günstiger. Zudem ist es
hier sauber, komfortabel und sicher.

Y Hotel
HOSTEL $-$$$

(Karte S. 76; ☎9264 2451; www.yhotel.com.
au; 5-11 Wentworth Ave; B 35–65 AU$, EZ 70–
202 AU$, DZ 70–250 AU$; ✻@🖥) Ein belieb-
tes Hotel mit günstigen Preisen, das eher
Pauschalurlauber als Partygänger anlockt.
Die Lage in einem ruhigen Winkel der
Stadt, gleich in der Nähe des Hyde Parks,
der Oxford St, von Metrostationen und Bus-
haltestellen, ist wahrlich perfekt. Die Un-
terkünfte sind einfach, gepflegt und extrem
sauber und von kleinen Schlafsälen bis hin
zu geräumigen Studios mit eigenem Bad
und Kochnische ist alles dabei.

Establishment Hotel
BOUTIQUEHOTEL $$$

(Karte S. 56; ☎9240 3100; www.merivale.com;
5 Bridge Lane; Zi. 445–800 AU$; ✻@🖥) Hier
trifft man auf öffentlichkeitsscheue Promis, Paare mit Stil und Manager, die auf
ein Schäferstündchen mit ihrer Assistentin
vorbeischauen. Viele Annehmlichkeiten
sucht man hier vergebens, dafür ist der Gla-
mourfaktor umso höher. Wer einen leichten
Schlaf hat, wird sich hier allerdings schwer
tun – das Hotel liegt in einem der beliebtesten (und lautesten) Unterhaltungskomplexe
der Stadt.

Wake Up!
HOSTEL $

(Karte S. 62; ☎9288 7888; www.wakeup.com.
au; 509 Pitt St; B 32–40 AU$, DZ oder DRZ 112–
132 AU$, ohne Bad 98–118 AU$; ✻@🖥) Ein
umgebautes Kaufhaus von 1900, direkt
an Sydneys geschäftigster Kreuzung. Das
Hostel ist gesellig, bunt und professionell
geführt, mit einem Infoschalter für die
Weiterreise und Touren, Check-in rund um
die Uhr, einem sonnigen Café, Bar und aus-
geprägter Partystimmung. Die Schlafsäle
sind mit vier bis zehn Betten ausgestattet.

Sydney Central YHA
HOSTEL $

(Karte S. 62; ☎9218 9000; www.yha.com.au/ho-
stels/nsw/sydney-surrounds/sydney-central; 11
Rawson Pl; B 36–45 AU$, DZ mit Bad 108–132 AU$;
✻@🖥✉) Nahe der Central Station befindet
sich dieses denkmalgeschützte, hoch aufragende Gebäude von 1913. Es wurde vor
wenigen Jahren renoviert und ist eine sichere, wenn auch zweckmäßige Wahl. Die
Zimmer erstrahlen in bunten Farben und
die Küchen und der Kinoraum sind großar-
tig. Highlight ist eine Runde faulenzen im
beheizten Pool auf der Dachterrasse.

CHINATOWN & DARLING HARBOUR

Pensione Hotel
BOUTIQUEHOTEL $$

(Karte S. 62; ☎9265 8888; www.pensione.com.
au; 631-635 George St; EZ/DZ ab 100/135 AU$;
✻@🖥) In diesem geschmackvoll renovier-
ten ehemaligen Postamt erwarten die Gäs-
te 68 elegante und schlicht eingerichtete
Zimmer und ein Gemeinschaftsraum mit
Küchennische. Drucke von Mark Rothko
und eine Holztreppe verleihen den einfa-
chen, unaufdringlichen Räumlichkeiten
eine gemütliche Wärme. Um dem Straßen-
lärm zu entgehen ist ein Zimmer nach hin-
ten die bessere Wahl. Das Frühstück kostet
10 AU$ extra.

Medina Grand Sydney
APARTMENTS $$

(Karte S. 62; ☎9211 8633; www.rydges.com/
capitolsquare; Ecke George St & Campbell St;
Studio 160–430 AU$, 1-Bett-Apt. 210–500 AU$,
2-Bed-Apt. 280–650 AU$; ✻🖥✉) Nicht weit
von Chinatown und Darling Harbour entfernt gelegen, aber mit Doppelglasfenstern
ausgestattet, sodass die Nacht garantiert
ruhig wird. In diesem Apartment-Hotel finden sich voll ausgestattete Apartments und
auch kleinere Studios mit Kochnische. Die
Apartments sind aber der beste Deal.

KINGS CROSS & POTTS POINT

The Original Backpackers
HOSTEL $

(Karte S. 76; ☎9356 3232; www.originalbackpa
ckers.com.au; 160-162 Victoria St, Kings Cross;
B 25–32 AU$, DZ mit Bad 90–95 AU$, DZ mit Gemeinschaftsbad 80–85 AU$; @🖥) Seit über
drei Jahrzehnten nimmt dieses außergewöhnlich gut geführte Hostel zwei Häuser
im viktorianischen Stil ein, die bis oben hin
mit zeitgenössischer Kunst gefüllt sind (die
Besitzer betreiben auch eine Kunstgalerie).
In einem neuen Flügel sind Doppelzimmer
mit Bad, Kühlschrank, TV und DVD-Player
untergebracht; Schlafsäle und Doppelzimmer mit Gemeinschaftsbad haben gebohr-
nerte Dielen und hohe Decken und befinden sich in den Haupthäusern. Mit seiner
Lage direkt im Zentrum des Partyviertels

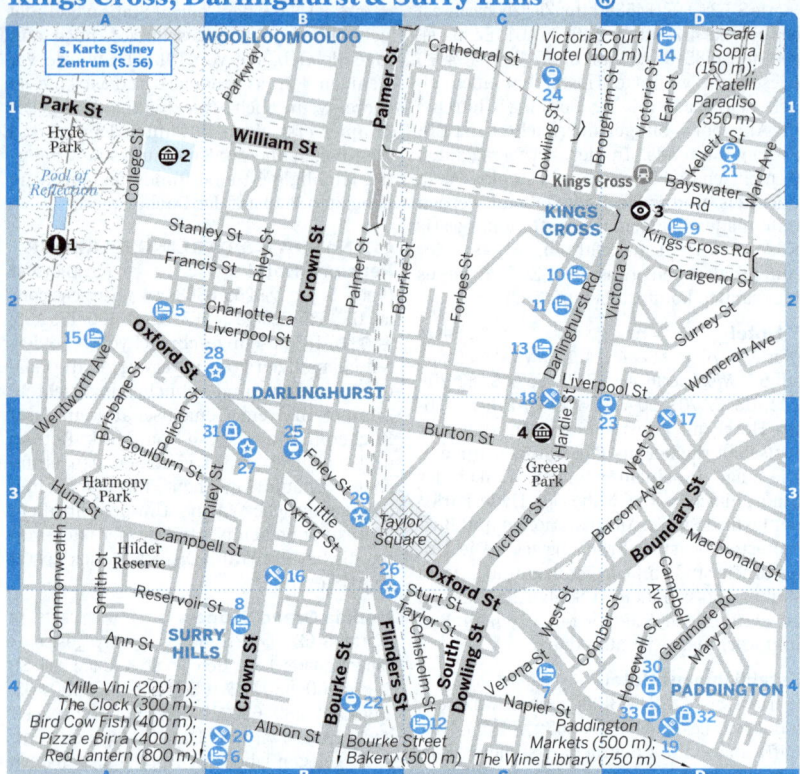

SYDNEY & DIE CENTRAL COAST SYDNEY

schlechthin hat es auch ein ansehnliches Angebot an Aktivitäten und zudem einen gemütlichen Innenhof und eine hervorragende Gemeinschaftsküche mit abschließbaren Schränken, in denen man Lebensmittel aufbewahren kann.

Diamant Hotel
HOTEL $$-$$$

(Karte S. 76; ☏9295 8888; www.8hotels.com/ diamant-boutique-hotel-sydney-welcome.html; 14 Kings Cross Rd, Kings Cross; DZ 165–350 AU$, Suite 305–375 AU$; ✸@⌂) Dieses hyperelegante Mitglied der 8-Hotels-Kette steht nicht weniger stolz als das nahe gelegene Coca-Cola-Schild mitten in Kings Cross. Hier gibt es Zimmer in verschiedenen Stilrichtungen, viele mit Innenhof und schönem Ausblick. Die Betten sind übergroß und mit qualitativ hochwertiger Bettwäsche bezogen – Teil eines wahrlich anspruchsvollen Pakets, dessen einziges Manko das fehlende WLAN auf den Zimmern ist. Die beliebte Weinbar „Time to Vino" befindet sich im Erdgeschoss. Es gibt kein Frühstück.

Simpsons of Potts Point
B&B $$$

(☏9356 2199; www.simpsonspottspoint.com.au; 8 Challis Ave, Potts Point; ZI. 235–305 AU$, Suite 325–385 AU$; ✸@⌂) Eine aus roten Ziegelsteinen erbaute Villa aus dem Jahr 1892 beherbergt das allseits beliebte Simpsons. Es befindet sich am ruhigen Ende einer belebten Café-Meile und liegt Laura Ashley und ihrer unverkennbar verschnörkelten Raumausstattung direkt gegenüber. Die Lounge und der Frühstücksraum im Erdgeschoss sind sehr hübsch und die Zimmer sowohl komfortabel als auch picobello sauber. Eine exzellente, wenn auch sehr konservative Übernachtungsoption.

Eva's Backpackers
HOSTEL $

(☏9358 2185; www.evasbackpackers.com.au; 6-8 Orwell St, Kings Cross; B 30–34 AU$, DZ 80–92 AU$; ✸@⌂) Das Eva's, schon lange eine äußerst beliebte Option, hat eine einladender Gemeinschaftsküche, Dachterrasse und kostenloses WLAN/Internet. Die Zimmer und Badezimmer sind zwar einfach, aber sauber und gut instand gehalten. Einige der Schlafsäle im Obergeschoss haben eine Klimaanlage, das übrige Gebäude wird im Sommer allerdings sehr heiß.

Victoria Court Hotel   B&B **$$**
(Karte S.76; ☏9357 3200; www.victoriacourt. com.au; 122 Victoria St, Potts Point; EZ 99–132 AU$, DZ 110–280 AU$; ✳@☎) In diesem nicht mehr taufrischen, aber gut geführten B&B ist kitschiger Charme das Motto der Stunde. In den jeweils drei Stockwerken der beiden aus Ziegeln erbauten Reihenhäuser von 1881 sind 25 Zimmer untergebracht. In den teureren Zimmern gibt's mehr Platz und einen Balkon.

INNER EAST
Kirketon   BOUTIQUEHOTEL **$$**
(Karte S.76; ☏9332 2011; www.8hotels.com; 229 Darlinghurst Rd, Darlinghurst; Zi. 145–239 AU$; ✳@) Die 40 Designerzimmer des Kirketon sind ebenso piekfein herausgeputzt wie seine angesagten Gäste und die heißen Angestellten. Die stylishen, spartanisch eingerichteten Standardzimmer sind ziemlich klein, weshalb sich ein Upgrade auf ein Premium-, Executive- oder Superior-Zimmer lohnt. Wenn das nicht klappt, keine Panik:

Man kann seine Zeit auch in der schicken Bar „Eau de Vie" verbringen.

Hotel Altamont   BOUTIQUEHOTEL **$$**
(Karte S.76; ☏9360 6000; www.8hotels.com; 207 Darlinghurst Rd, Darlinghurst; Zi. ab 135 AU$; ✳@☎) Im Altamont, das seinen Namen seinem georgianischen Baustil verdankt, haben schon die Rolling Stones genächtigt. Mittlerweile wurde das Hotel aber postmodern überholt und die Zimmer sind heute eher im Zen- als im schmuddeligen Rock-'n'-Roll-Stil gehalten. Die Bar/der Frühstücksraum des Foyers ist hervorragend dafür geeignet, das Treiben auf der Darlinghurst St zu beobachten. Hervorragendes Preis-Leistungs-Verhältnis.

🄻🄿 TIPP Adina Apartment Hotel Sydney   APARTMENTS **$$$**
(Karte S.76; ☏9212 1111; www.adinahotels.com. au; 359 Crown St, Surry Hills; 1-Bett-Apt. 250–350 AU$, 2-Bett-Apt. 350–460 AU$; ✳@☎🏊) Im Herzen des Ausgehbezirks Surry Hills liegt das kürzlich renovierte Adina mit seinen 85 stylishen und gut ausgestatteten Apartments. Das Bill's, eines von Sydneys bekanntesten Cafés, befindet sich im selben Gebäude und liefert auf Anfrage das Abendessen aufs Zimmer. Wenn möglich, nimmt man sich ein Apartment in den hö-

her gelegenen Etagen, da es in den unteren nämlich recht laut werden kann.

150 Apartments
APARTMENTS $$$

(KarteS. 76;☑1300246835;www.apartmenthotel.com.au; 150 Liverpool Street, Darlinghurst; 249–599 AU$; ✺🛜) Die Designer Engelen Moore sind Meister des Minimalismus und haben diese schrecklich modernen Zweibett-Apartments in der Nähe des Hyde Park entworfen. Sie sind voll ausgestattet mit Designermöbeln und stylishen Elektrogeräten. Wer die Apartments für längere Zeit bucht, bekommt einen Preisnachlass.

Medusa
BOUTIQUEHOTEL $$$

(Karte S. 76; ☑9331 1000; www.medusa.com.au; 267 Darlinghurst Rd, Darlinghurst; Zi. 310–420 AU$; ✺🛜) Trotz des Namens ist in diesem extravagant eingerichteten Designerhotel weit und breit keine Schlange zu sehen. Die achtzehn verführerischen Zimmer gehen entweder auf den ruhigen Innenhof mit Reflexionsbecken oder auf die von Bäumen gesäumte Darlinghurst Road. Hunde sind kein Problem, über Kinder freuen sich die Angestellten aber weniger.

City Crown Motel
MOTEL $$

(Karte S. 76; ☑9331 2433; www.citycrownmotel.com.au; 289 Crown St, Surry Hills; Zi. 110–150 AU$, FZ 140–177 AU$; ✺🛜) Die Lage dieses unauffälligen Motels in Surry Hills ist einfach unschlagbar. Auf seinen drei Etagen befinden sich einfache, mit freundlichen Farben gestaltete Zimmer mit mittelguten Betten. Seinen nächsten Streifzug durch die Stadt plant man da lieber auf dem Balkon (jedes Zimmer hat einen) oder im Straßencafé. Frühstück kostet extra.

Hughenden
PENSION $$-$$$

(☑9363 4863; www.hughendenhotel.com.au; 14 Queen St, Woollahra; Zi. 148–328 AU$, Apt. 228–288 AU$; ✺@🛜) Diese Pension wurde in den 1870er-Jahren nach italienischem Vorbild erbaut und gehört einem Kinderbuchautor. Hier herrscht eine angenehm künstlerisch angehauchte Atmosphäre, die donnerstags und freitags bei den Jazzabenden noch deutlicher spürbar ist. Die schon recht abgewohnten Zimmer sind sehr abwechslungsreich eingerichtet; einige sind klein und dunkel, die besten Zimmer haben aber einen Balkon mit Blick auf die hübsche Queen Street. Haustiere sind gestattet.

Manor House
BOUTIQUEHOTEL $$$

(Karte S. 76; ☑9380 6633; www.manorhouse.com.au; 86 Flinders St, Paddington; Zi. 175–350 AU$,

Suite 400 AU$; ✺@🛜) Runter von der geschäftigen Flinders St und rein in die 1850er-Jahre. Dieses großartige Herrenhaus hat extravagante Kronleuchter, gewölbte Decken und viktorianische Fliesen. Der Brokatstoff hier ist einer Königin würdig (und Queens übernachten hier, besonders während des Mardi Gras, sehr häufig).

Arts Hotel
HOTEL $$

(Karte S. 76; ☑9361 0211; www.sullivans.com.au; 21 Oxford St, Paddington; Zi. 140–195 AU$; ✺🛜) Bei schwulen Travellern ebenfalls sehr beliebt ist dieses gut geführte Motel in „Paddinghurst". Die 64 Zimmer sind glanzlos, aber komfortabel, könnten jedoch einige Verschönerungsarbeiten vertragen. Ein Pluspunkt sind die kostenlosen Parkmöglichkeiten, die Fahrräder für die Gäste und der Garten im Innenhof mit einem solarbeheizten Pool von ansehnlicher Größe. Frühstück kostet extra (15–20 AU$).

BONDI

LP
TIPP
Bondi Beach House
PENSION $$

(Karte S. 80; ☑0417 336 444; www.bondibeachhouse.com.au; 28 Sir Thomas Mitchell Rd; EZ 95–135 AU$, ohne Bad 80–110 AU$, DZ 170–300 AU$, ohne Bad 120–215 AU$, Suite 185–325 AU$; ✺🛜) Hinter der Campbell Pde versteckt sich in einer ruhigen Ecke Bondis diese charmante Unterkunft. Auch weit weg von daheim fühlt man sich hier wie zu Hause. Obwohl das Beach House zu Fuß nur fünf Minuten vom Strand entfernt liegt, bewegt man sich auch gerne mal den ganzen Tag nicht fort – der Hinterhof und die Terrasse vor dem Haus sind optimal zum Entspannen und die Zimmer (vor allem die Suiten) verleiten zum Ausschlafen. Keine Kinder unter zwölf Jahren! Frühstück muss man sich hier selbst machen.

Bondi Beachouse YHA
HOSTEL $

(Karte S. 80; ☑9365 2088; www.yha.com.au; 63 Fletcher St; B 33–50 AU$, DZ oder 2BZ 100–130 AU$, ohne Bad 78–110 AU$; @🛜) Einen kurzen Fußweg vom Strand entfernt befindet sich dieses Art-déco-Hostel mit 95 Betten – es ist das beste in Bondi. Die Schlafsäle haben zwischen vier und acht Betten und einige der Doppel- bzw. Zweibettzimmer bieten einen Blick aufs Meer. Alle Zimmer sind sauber und gut in Schuss gehalten. Zudem gibt es eine Tischtennisplatte, einen Spieleraum, einen TV-Raum mit Klimaanlage und eine Grillstelle. Bodyboards und Schnorchelausrüstung kann kostenlos genutzt werden und von der Dachterrasse hat man einen schönen Blick über Bronte Beach. Dies ist eine Unterkunft, in der man gerne noch eine Nacht bleibt. Bus 380 vom Circular Quay hält in der Nähe.

Ravesi's
BOUTIQUEHOTEL **$$$**

(Karte S. 80; ☑9130 3271; www.hotelbondi. com.au; 178 Campbell Pde; Zi. wochentags 249–399 AU$, Wochenende 269–429 AU$; ❖🖤) Wer seinen Aufenthalt in Bondi in vollen Zügen genießen möchte, der mietet sich in einem der zwölf geräumigen und stylischen Zimmer über der berühmten Campbell Parade Bar ein. Und wer außerdem einen Grund zum Feiern hat, sollte sich das Deluxe Penthouse gönnen, von dessen großer eigener Terrasse man einen tollen Blick auf den Strand hat. Kein Frühstück.

COOGEE
Coogee Sands Hotel & Apartments
HOTEL **$$-$$$**

(☑9665 8588; www.coogeesands.com.au; 161 Dolphin St; Zi. 155–295 AU$; ❖🖤) Der güldene Sand von Coogee Beach liegt direkt auf der anderen Straßenseite. Beste Option dieses Apartment-Hotels in der Dolphin Street (Welch ein Name!) ist das Studio mit Terrasse und Blick aufs Meer.

Dive Hotel
HOTEL **$$-$$$**

(☑9665 5538; www.divehotel.com.au; 234 Arden St; Zi. 150–310 AU$; ❖🖤) Dive lässt sich zwar auch mit Spelunke übersetzen, dennoch kann man dieses Hotel guten Gewissens weiterempfehlen. Hier bietet sich die einmalige Chance, den günstigen aber schicken IKEA-Style hautnah zu erleben, ohne die Möbel erst mühsam zusammenschrauben zu müssen. Die raffinierten, einfachen Zimmer sind mit Kochnischen ausgestattet und haben blau gefliese Badezimmer; einige besitzen Balkons mit Strandblick.

GLEBE & NEWTOWN
Billabong Gardens
HOSTEL **$**

(Karte S. 97; ☑9550 3236; www.billabonggardens.com.au; 5-11 Egan St, Newtown; B 26–28 AU$, EZ/DZ 95 AU$, ohne Bad 55 AU$; @🖾) Ganz in der Nähe der Universität befindet sich dieses alteingesessene Motel/Hostel, das mehr Charakter hat als die meisten herkömmlichen Backpacker-Absteigen. Am winzigen Pool mischen sich Traveller, tourende Rockbands und sonstige Gäste. Die Einzel-, Doppel und Sechsbettzimmer (Schlafsäle) gibt es mit und ohne Bad; maximale Bettenzahl in den Schlafsälen ist sechs. Internet gibt es kostenlos (für WLAN muss man bezahlen).

Glebe Point YHA
HOSTEL **$**

(☑9692 8418; www.yha.com.au; 262-264 Glebe Point Rd, Glebe; B 28–32 AU$, EZ 64 AU$, DZ 76,50 AU$; @🖤) Ein hervorragendes Beispiel für die von Robin Boyd angeprangerte große *Australian Ugliness*. Dieses auf Funktionalität ausgelegte Hostel in der von Bäumen gesäumten Glebe Point Rd sieht von innen bedeutend besser aus als von außen. Die Zimmer, Schlafsäle und Gemeinschaftsbäder sind einfach, aber sauber; ein paar wenige Schlafsäle haben keine Fenster nach draußen. Die Gemeinschaftsküche ist groß und gut ausgestattet und auf dem Dach wird abends oft gegrillt.

Glebe Village
HOSTEL **$**

(☑9660 8878; www.glebevillage.com; 256 Glebe Point Rd, Glebe; B 23–27 AU$, EZ/DZ 65/90 AU$; @🖤) Die Schlafsäle hier sind heiß und stickig, die Zimmer sind einfach und das Hostel ist allgemein nicht so sauber wie das nahe gelegene YHA. Allerdings ist das Management freundlich, die Preise sind niedrig und im Garten gibt's eine Tischtennisplatte und jede Menge Platz zum Abhängen – Party ist also vorprogrammiert.

NORTH SHORE
📷 Lane Cove River Tourist Park
CAMPING **$**

(☑9888 9133; www.lcrtp.com.au; Plassey Rd, North Ryde; Stellplatz für 2 ohne/mit Strom 35/37 AU$, Hütte ab 121 AU$, DZ Luxus-Ökozelt 390–450 AU$; ❖@🖾) Ein freundlicher Ort mit hervorragender Ausstattung mitten im Lane Cove National Park, 14 km nördlich der Stadt. Der CBD ist mit Bus bzw. Bahn 25 Minuten entfernt.

MANLY
Manly Pacific
HOTEL **$$$**

(Karte S. 94; ☑9977 7666; www.accorhotels.com. au; 55 North Steyne; DZ 209–419 AU$; ❖@🖤🖾) Direkt an Manlys Pazifikstrand liegt dieses kürzlich renovierte, nicht ganz so hoch aufragende Hotel, das zur Resort-Kette Novotel gehört. Die 214 Zimmer liegen zwar nur eine kurze Fährüberfahrt vom CBD entfernt, bieten aber mehr Urlaubsgefühle als Coffs Harbour und sogar als die Gold Coast. Am Pool auf der Dachterrasse oder auf dem eigenen Balkon mit Blick aufs Meer lässt es sich gut aushalten.

101 Addison Road
B&B **$$**

(☑9977 6216; www.bb-manly.com; 101 Addison Rd; EZ 150 AU$, DZ 170 AU$) Die Besitzerin Jill Caskey bietet hier Bed & Breakfast wie

Bondi

es im Buche steht. Zwei der Zimmer ihres bezaubernden Hauses im viktorianischen Stil können gemietet werden, aber nur vom selben Gast. Das eigene Wohnzimmer ist mit Büchern, TV, DVD und einem Flügel ausgestattet. Sogar Strandtücher und Sonnenschirme liegen bereit.

Boardrider Backpacker HOSTEL **$**
(Karte S. 94; ☏ 9977 6077; www.boardrider.com. au; Rear 63, The Corso; B 26–4/ AU$, DZ mit Bad 90–162 AU$, DZ mit Gemeinschaftsbad 65–132 AU$; @ ☎) Das Boardriders ist das beste der beiden Hostels in Manly (mit Abstand) und hat eine Reihe von Schlafsälen und Zimmern im Angebot. Das Achtbettzimmer (nur für Frauen) und die Deluxe-Doppelzimmer mit eigenem Bad sind die besten Optionen. Eine kleine Warnung vorab: Sauberkeit scheint hier nicht an erster Stelle zu stehen und aufgrund der Lage direkt am Corso sollte man einen guten Schlaf haben, sonst hält einen der Lärm nachts wach.

✗ Essen

Frischwaren in Hülle und Fülle, innovative Küchenchefs und ein multikultureller Mix – all dies macht das Essengehen in Sydney zu einer äußerst genüsslichen und beliebten Angelegenheit. Wo immer möglich, sollte man im Voraus einen Tisch reservieren.

In diesem Kapitel bedeutet Budgetoption ($), dass Hauptgerichte für unter 20 AU$ zu haben sind; in einem Restaurant der Mittelklasse ($$) bezahlt man zwischen 20 und 50 AU$, und bei einer Spitzenklasseoption ($$$) werden für ein Essen über 50 AU$ fällig. Steht eine Telefonnummer dabei, ist es empfehlenswert, im Voraus einen Tisch zu reservieren.

ZENTRUM, THE ROCKS & CIRCULAR QUAY

Bécasse MODERN-AUSTRALISCH **$$**
(Karte S. 56; ☏ 9283 3440; www.becasse.com. au; Level 5, Westfield Sydney, Ecke Pitt St Mall & Market St, Sydney; 3/5/9-Gänge-Probiermenü 120/150/190 AU$; ☺ Mo-Sa mittags & abends) Der umjubelte Chefkoch Justin North kreiert hier raffinierte und köstliche Gerichte der modernen europäischen Küche. Kürzlich erst war er mutig genug, die Location des Bécasse, seines Aushängeschilds, zu verlegen. Nun haben dort noch gerade einmal 25 Personen Platz. Wer im Kampf um einen Tisch leer ausgeht, kann ein anderes seiner neuen Restaurants probieren. Das **Quarter 21** (☺ tgl. mittags, Mo-Sa abends) gleich nebenan beispielsweise ist eine lässigere und auch günstigere Option (Hauptgerichte 34–39 AU$, 7-Gänge-Probiermenü 90 AU$).

Bondi

Rockpool Bar & Grill MODERN-AUSTRALISCH **$$**
(Karte S. 56; ☑8078 1900; www.rockpool.com.au/
sydney/bar-and-grill; Ecke Hunter St & Blight St,
Sydney; Hauptgerichte 21–110 AU$; ☺Mo–Fr mit-
tags, Mo–Sa abends) Das elegante Rockpool ist
im City Mutual Building untergebracht. Wer
in diesem Art-déco-Gebäude zu Abend isst,
wird sich fühlen wie ein verwöhnter Bör-
senmakler im Manhattan der 1930er-Jahre.
Die Bar ist für ihre Wagyū-Hamburger aus
gut abgehangenem, vollblutigem Fleisch
bekannt (dazu gehört unbedingt eine Porti-
on der selbstgemachten, fettigen Pommes).
Fleischliebhaber werden aber auch von den
saftigen Steaks des Grillrestaurants nicht
enttäuscht sein. Beides schmeckt besonders
gut mit einem fachmännisch zubereiteten
Martini. Der Besitzer und Chefkoch Neil
Perry betreibt auch das stimmungsvoll
dunklen **Spice Temple** (☑8078 1088; www.
rockpool.com.au/sydney/spice-temple; Gerichte
16–85 AU$) im Untergeschoss, dessen Spezi-
alität Gerichte aus verschiedenen chinesi-
schen Provinzen sind und für den dieselben
Öffnungszeiten gelten.

Quay MODERN-AUSTRALISCH **$$$**
(Karte S. 56; ☑9251 5600; www.quay.com.au;
oberes Stockwerk, International Passenger Terminal, Circular Quay; 3-Gänge-Menü mittags/abends

105/155 AU$, Probiermenü 210 AU$; ☺Di–Fr
mittags, tgl. abends) Als eines der ganz Großen in der Restaurantszene Sydneys ist das
Quay für seinen außergewöhnlichen Blick
auf den Hafen, einen aufmerksamen Service und die köstlich angerichteten Speisen bekannt. Wem beim Gedanken an die
saftigste Rechnung der ganzen Stadt nicht
ganz wohl ist, der sollte stattdessen ein
Exemplar des vom Chefkoch Peter Gilmo-
re herausgegebenen Kochbuchs erstehen.
Darin wird das Geheimnis der außergewöhnlichen Sea-Pearls und des Snow-Egg-
Desserts enthüllt, die auch im Quay auf der
Speisekarte stehen.

Guillaume at Bennelong MODERN-AUSTRALISCH
(Karte S. 56; ☑9241 1999; www.guillaumeatbenne
long.com.au; Hauptgerichte 40–80 AU$; Do & Fr
mittags, Mo–Sa abends) Für besondere Anläs-
se findet sich kaum eine bessere Location
als dieses äußerst stylishe Restaurant, in
dem der preisgekrönte Chefkoch Guillaume Brahimi moderne australische Küche
mit einem klassisch französischen Touch
kreiert. Beim Dinner neben Jørn Utzons ge-
wölbtem „Betongerippe" genießt man den
spektakulären Blick auf den Sydney Harbour, die Harbour Bridge, die Royal Botanic
Gardens, den Circular Quay und die Stadt.

Le Grand Cafe FRANZÖSISCH **$**
(Karte S. 56; ☑9283 3440; www.becasse.com.
au; 257 Clarence St, Sydney; Frühstück 4–12 AU$,
Mittagessen 9–12 AU$; ☺Mo–Sa morgens & mit-
tags) *Oh là là* lautet das Urteil über Justin
Norths Café im Foyer des von Harry Seidler
entworfenen Alliance-Française-Gebäudes.
Die typischen französischen Snacks (wie
deftige Suppen, Quiche und Croque-Mon
sieur) sind köstlich und die Location zudem äußerst elegant. Keine Reservierung
möglich. Es kann nur mit Bargeld bezahlt
werden.

CHINATOWN & DARLING HARBOUR
Din Tai Fung TAIWANESICH **$**
(Karte S. 62; www.dintaifungaustralia.com.au;
Level 1, World Square, 644 George St, Haymarket; Teigtaschen 8,80–17,80 AU$, Nudeln 4,80–
16,80 AU$; ☺mittags & abends) Beim Reinbei-
ßen in Din Tai Fungs delikates Krabben-
fleisch, die Krabbeneier und Teigtaschen
mit Schweinefleisch erlebt man eine wahre
Explosion der Sinne. Aber damit sind die
kulinarischen Genüsse dieses Lokals noch
lange nicht erschöpft. Zur Wahl stehen
auch zahlreiche Nudeln, Teigtaschen und
Baozi. Hier gilt: früh kommen, hungrig

kommen und bereit sein, den Tisch mit anderen Gästen zu teilen.

Sydney Madang
KOREANISCH **$**

(Karte S. 62; 371A Pitt St, Sydney; ⊙tgl. 11.30–1 Uhr) Das in einer etwas anrüchigen Seitengasse der Pitt Street versteckte Sydney Madang hat dampfende Schüsseln mit scharfem Inhalt, mörderische Kimchi-Gerichte und ein umfangreiches Sortiment an Grillvariationen auf der Speisekarte stehen. Zu den Gästen zählt eine treue, eingeschworene Gemeinschaft von Einheimischen und koreanische Urlauber, die sichtlich beeindruckt sind. Keine Reservierung möglich, deshalb früh kommen und aufs Schlangestehen gefasst machen.

Mamak
MALAYSISCH **$**

(Karte S. 62; www.mamk.com.au; 15 Goulburn St, Haymarket; Satay 8–14 AU$, Roti 5–10,50 AU$, Hauptgerichte 13–18 AU$; ⊙mittags & abends, Fr & Sa bis 2 Uhr) Wer ohne anzustehen einen Sitzplatz ergattern will, muss schon früh hier sein (ab 17.30 Uhr), denn das malaysische Mamak ist gut für eine schnelle Mahlzeit und gehört zu den beliebtesten billigen Esslokalen der Stadt. Die Satay-Spieße werden auf Holzkohlefeuer gegart und sind mit einem knusprig-goldenen Roti besonders lecker. Keine Reservierung möglich; alkoholische Getränke können selbst mitgebracht werden.

Marigold Restaurant
CHINESISCH **$-$$**

(Karte S. 62; ☑9217 6090; www.marigold.com.au; Level 4 & 5, 683-689 George St, Haymarket; 4–5 Portionen Yum Cha 15–25 AU$, Menü mittags & abends 33–48 AU$; ⊙10–15 & 17.30–24 Uhr) In diesem riesigen Yum-Cha-Lokal schwirren zahlreiche Bedienungen in Cheongsams und Kellner mit Fliege umher, die bis zu 800 Gäste mit chinesischen Teigtaschen versorgen, die zu den leckersten der Stadt gehören.

SURRY HILLS

Bird Cow Fish
MODERN-AUSTRALISCH **$$**

(außerhalb der Karte S. 76; ☑9380 4090; www.birdcowfish.com.au; Shop 4 & 5, 500 Crown St, Surry Hills; Brunch 15,50–18,50 AU$, Hauptgerichte 36–37 AU$; ⊙tgl. mittags, Mo–Sa abends, Sa & So Brunch ab 9 Uhr) Der Name dieses genialen Bistros in Surry Hills ist lediglich eine Zusammenfassung seiner Zutatenliste, lässt aber nicht erahnen, wie hervorragend die verwendeten Produkte, die Gerichte, Weinliste und der Service hier sind. Der Brunch ist ein wahrer Genuss, vor allem, weil der Kaffee zu den besten in Sydney zählt.

Spice I Am
THAILÄNDISCH **$**

(Karte S. 62; www.spiceiam.com.au; 90 Wentworth Ave; Hauptgerichte 14–26 AU$; ⊙Di–So mittags& abends) Markenzeichen dieses ungemein beliebten BYO-Lokals am Rande von Surry

DER KULT UM DIE STARKÖCHE

Für viele Sydneysider gehört zum Essengehen abends unbedingt eine Prise Prominenz dazu – sei es nun ein Restaurant, in dessen Liste von Stammgästen sich auch zahlreiche Promis reihen, oder das eigene Lokal eines Starkochs. Restaurants wie Armando Percuocos Buon Ricordo (www.buonricordo.com.au) in Paddington fallen genau in diese Kategorie, und es gibt überall in der Stadt zahlreiche Chefköche, die durch Kochprogramme im Fernsehen oder Kochbücher lokal oder international zu Ruhm gelangt sind. Darunter auch:

» **Bill Granger:** Bills (S. 84) Lifestyle-Chefkoch und Autor von zwölf Kochbüchern; seine Gerichte und sein Style sind für viele der Inbegriff Sydneys.

» **Kylie Kwong:** Billy Kwong (S. 83) Hat ihre eigenen TV-Sendungen (*My China* etc.) und ist Autorin einer Reihe von Kochbüchern.

» **Luke Nguyen:** Red Lantern (S. 83) Hat seine eigene TV-Sendung (*Luke Nguyen's Vietnam*); von ihm stammt das Kochbuch *Songs of Sapa*.

» **Neil Perry:** Rockpool Bar & Grill (S. 81), Rockpool und Spice Temple (www.rockpool.com.au) Sydneys erster kochender Rockstar (sogar mit passendem Pferdeschwanz) hat drei Restaurants, hat zahlreiche Kochbücher geschrieben und war als Chefkoch schon in vielen Kochprogrammen im Fernsehen zu sehen.

» **Adriano Zumbo:** Adriano Zumbo (S. 93) Jeder der die TV-Serie über Sydneys angesagten Konditormeister gesehen hat weiß, dass Mr. Zumbo seine Rolle als Starkoch sehr ernst nimmt – zum Glück kann man sagen, dass der Hype um seine süßen Kreationen völlig berechtigt ist.

Hills sind wohlriechende, geschmackvolle und billige Gerichte – Schlange stehen ist also unvermeidbar. Der Service legt ein flottes Tempo vor. Sollte die Wartezeit aber einmal zu lang sein, ist auch das nahe gelegene **House** (202 Elizabeth St) eine gute Wahl. Das Esslokal im Hof der Triple Ace Bar wird von denselben Leuten betrieben und verkauft thailändisches Essen auf die Hand.

Porteño   SÜDAMERIKANISCH $$

(☎8399 1440; 358 Cleveland St, St, Surry Hills; Gerichte für mehrere 4–48 AU$; ◷Mo–Sa abends) Die selbstsicheren Jungs vom Porteño haben mit ihrer äußerst beliebten Bodega/Tapasbar in der Commonwealth St ein Zeichen gesetzt. Nun haben sie beschlossen, ihre Hommage an die Gerichte Südamerikas mitsamt ihrer riesigen Fangemeinde an den westlichen Rand von Surry Hills zu verlegen, wo jetzt gastronomische Ausflüge der ganz besonderen Art auf die Gäste warten. Mitzubringen sind jede Menge Appetit und wenn möglich vier Freunde, denn Reservierungen sind erst ab fünf Personen möglich. Nicht verpassen sollte man das Spanferkel – einfach großartig!

Bourke Street Bakery   BÄCKEREI $

(außerhalb Karte S. 76; www.bourkestreetbakery. com.au; 633 Bourke St, Surry Hills; Gebäck & Kuchen 2,80–4,80 AU$, Pies 4–5,30 AU$, Sandwiches 7,50 AU$; ◷Mo–Fr 7–18, Sa & So 8–17 Uhr) Die Sandwiches der beliebten Eck-Bäckerei in Surry Hills sind einfach wunderbar. Zur Auswahl stehen Sauerteigbrot, Sojalaibe und knuspriges Baguette, aber auch die Pies, Quiches, Kuchen und das Gebäck stehen in nichts nach. An den heiß begehrten Sitzplätzen kann man sich auch noch einen Kaffee dazu genehmigen.

Marque   MODERN-AUSTRALISCH $$$

(Karte S. 76; ☎9332 2225; www.marquerestau rant.com.au; 4-5 Crown St, Surry Hills; 3-Gänge-/ Probiermenüs 95/150 AU$; ◷Fr mittags, Mo–Sa abends) Der Kochstil Mark Bests mag global inspiriert sein, zubereitet wird hier aber feinste französische Küche – und das auf höchstem Niveau. Nach einem Besuch hier wird man verstehen, warum das Marque vom *Sydney Morning Herald Good Food Guide* zum Restaurant des Jahres 2011 gekürt wurde. Freitags gibt es hier ein dreigängiges Mittagsmenü mit unschlagbarem Preis-Leistungs-Verhältnis (45 AU$).

Red Lantern   VIETNAMESISCH $$

(außerhalb der Karte S. 76; ☎9698 4355; www.redlantern.com.au; 545 Crown St, Surry Hills;

Hauptgerichte 28–38 AU$; ◷Di–Fr mittags, tgl. abends) Am Ende der etwas über eine Meile langen Gourmetmeile Crown St befindet sich, nahe der Cleveland St, dieses stimmungsvolle Lokal, das von den Fernsehköchen Luke Nguyen (*Luke Nguyen's Vietnam*) und Mark Jensen (*Ready Steady Cook*) sowie von Pauline Nguyen (Marks Ehefrau, Lukes Schwester und Autorin des hervorragenden autobiographischen Kochbuchs *Secrets of the Red Lantern*) geleitet wird. Hier kommen moderne Variationen klassischer vietnamesischer Gerichte auf den Tisch. Nicht ohne Grund extrem beliebt!

Bentley Restaurant & Bar   MODERN-AUSTRALISCH $$-$$$

(Karte S. 76; ☎9332 2344; Crown St, Surry Hills; Hauptgerichte 33–40 AU$; ◷Di–So mittags & abends) Diese umgebaute Eckkneipe ist fast so schick wie Surry Hills selbst und hat auch eine ganz bodenständige Bar, in der es auch leckere Tapas gibt. Die Gäste kommen aber in erster Linie wegen des hoch angesehenen Restaurants hierher, in dem die Gerichte sorgfältig zubereitet und wunderschön angerichtet werden – leider sind die Portionen winzig. Das Acht-Gänge-Probiermenü (120 AU$) ist die beste Wahl, vor allem mit dem passenden Weinangebot für 70 AU$.

Billy Kwong   CHINESISCH $$

(Karte S. 76; Shop 3, 355 Crown St, Surry Hills; Hauptgerichte 26–48 AU$; ◷abends) Ob Kylie Kwongs phänomenal beliebtes Lokal wirklich empfehlenswert ist, muss jeder selbst entscheiden. Einerseits werden hier mit viel Aufwand nachhaltige Speisen aus biologisch angebauten und, wenn möglich, einheimischen Zutaten angeboten – und das Ergebnis ist wirklich köstlich (beispielsweise ist die knusprige Ente à l'Orange eine grandiose Wahl). Andererseits passen die engen, lauten und unkomfortablen Sitzgelegenheiten, der teilweise lustlose Service, das Fehlen eines Dessertangebots und die Tatsache, dass man nicht reservieren kann, nicht zu den hohen Preisen.

Pizza e Birra   PIZZA $$

(500 Crown St, Surry Hills; Pizza 22–25 AU$, Pasta 20–24 AU$; ◷Do–So mittags, Mo–Mi abends) Die authentische Pizza nach neapolitanischer Art schmeckt besonders gut zu einem schönen kalten Bier oder einem guten Glas Wein. Diese Pizzeria ist schon immer sehr beliebt, es sind aber keine Reservierungen möglich.

POTTS POINT & DARLINGHURST

LP TIPP **Fratelli Paradiso** ITALIENISCH **$-$$**
(16 Challis Ave, Potts Point; Hauptgerichte 20–33 AU$; ☺Mo–Fr 7–23, Sa & So bis 18 Uhr) Die Challis Ave gehört zu den wichtigsten Cafémeilen der Stadt, und die Bäckerei mit Bistro liegt mitten drin im Geschehen. Die Speisekarte und die Atmosphäre sind zu 100 % italienisch, was durch den großartigen Espresso und die koketten, aufmerksamen Kellner verstärkt wird. Jeden Tag gibt's andere Gerichte und alles schmeckt toll.

Café Sopra ITALIENISCH **$-$$**
(81 Macleay St, Potts Point; Hauptgerichte 16–24 AU$, Panini 10,50 AU$, Salate 16–22 AU$; ☺mittags & abends) Das Café Sopra schließt unmittelbar an das eindrucksvolle Fratelli Fresh an und ist vermutlich das beliebteste Restaurant von Sydney – aus gutem Grund. In betriebsamer, freundlicher Atmosphäre werden hier perfekt zubereitete italienische Gerichte ohne viel Schnickschnack serviert. Die riesige Speisekarte ändert ihr Angebot je nach Jahreszeit, einige Dauerbrenner (z. B. die fabelhaften *Rigatoni alla Bolognese*) bleiben aber. Weitere Filialen befinden sich in der Danks St, in Waterloo und in Walsh Bay (Karte S. 56).

Fish Face SEAFOOD **$$**
(Karte S. 76; 132 Darlinghurst Rd, Darlinghurst; Hauptgerichte 36–45 AU$; ☺tgl. abends, So mittags) In diesem winzigen Lokal kommt der Fisch so frisch auf den Tisch, dass er fast noch zappelt. Wie am Fließband werden aus der offenen Küche, in der es ganz schön eng zugeht, hervorragende Kreationen serviert – das Sushi und Sashimi sind besonders erwähnenswert.

Bills CAFÉ **$**
(Karte S. 76; www.bills.com.au; 433 Liverpool St, Darlinghurst; Frühstück 5,50–18,50 AU$, Mittagessen 7,50–26 AU$; ☺Mo–Sa 7.30–15, So 8.30–15 Uhr) Bill Granger hat, beinahe im Alleingang, Sydneys Liebe für den stylishen Brunch entfacht. Seine beiden berühmtesten Gerichte – Ricotta-Pfannkuchen und Mais-Krapfen – haben Scharen von Fans gefunden. Einziges Manko ist der Kaffee – der könnte in allen drei seiner Cafés besser sein. Die anderen Filialen befinden sich in Woollahra und Surry Hills (Karte S. 76).

PADDINGTON & WOOLLAHRA

Four in Hand FRANZÖSISCH **$$**
(☏9362 1999; 105 Sutherland St, Paddington; Hauptgerichte 36–42 AU$; ☺Di–So mittags & abends) In Paddington und Woollahra stolpert man an jeder Ecke über eine hübsche alte Kneipe mit tollem Essen. In diesem Fall aber stolpert man über das beste Kneipenessen in ganz Sydney. Das Restaurant ist bekannt für seine mit Sorgfalt zubereiteten Fleischgerichte und hat auch tolle Gerichte mit Seafood und eine kleine aber feine Auswahl an Desserts. Auch die Speisekarte der Bar (Hauptgerichte 15–18 AU$) ist klasse.

Bistro Moncur FRANZÖSISCH **$$**
(116 Queen St, Woollahra; Hauptgerichte 30–43 AU$; ☺tgl. abends, Di–So mittags) Die besten *steak frites* der Stadt gibt's genau hier, in diesem berühmten Bistro im Erdgeschoss des vornehmen Woollahra Hotels. Auch seine blauen Schwimmkrabben und Mais-Omelettes sind ganz schön lecker. Donnerstagabends wird hier von 19.45 bis 22.45 Uhr Liverock gespielt und sonntags gibt's von 18.30 bis 21.30 Uhr Livejazz auf die Ohren. Keine Reservierung möglich!

Jackie's Cafe JAPANISCH/MODERN-AUSTRALISCH **$$**
(Karte S. 76; 1C Glenmore Rd, Paddington; Sandwiches 13–18 AU$, Sushi ab 15 AU$; ☺7.30–16 Uhr) Lieblingscafé vieler einheimischer Ladys auf Dauerdiät, die sich hier zum Mittagessen treffen und sich mit Küsschen begrüßen. Das Sushi ist hervorragend, der Sashimi-Salat sieht üppig aus, ist aber kalorienreduziert, und der Kaffee ist einfach immer köstlich. In den umliegenden Boutiquen kann man nach dem Mittagessen testen, wie fit die eigene Kreditkarte ist.

BONDI

LP TIPP **Icebergs Dining Room & Bar** ITALIENISCH **$$$**
(Karte S. 80; ☏9365 9000; www.idrb.com; 1 Notts Ave; Hauptgerichte 36–97 AU$; ☺Di–So mittags & abends) Von hier hat man einen großartigen Blick über Bondi Beach, was das Icebergs zu Australiens glamourösestem Restaurant macht – und zwar mit Abstand. Auch die Speisekarte hält, was sie verspricht, und hat moderne, köstliche Variationen italienischer Klassiker und eine Auswahl an perfekt zubereitetem getrocknetem Rindfleisch im Angebot. Am besten genießt man den Ausblick beim Mittagessen oder kommt abends etwas früher und gönnt sich vor dem Essen an der Bar einen Sundowner.

Pompei's PIZZA **$$**
(Karte S. 80; ☏9365 1233; www.pompeis.com.au; 126-130 Roscoe St, Bondi Beach; Pizza 19–23 AU$,

(Fortsetzung auf S. 93)

Das ist Sydney

Sydney Harbour »
Strände »
Nachtleben »
Nationalparks »

Sydney Harbour Bridge (S. 54)

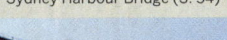

Sydney Harbour

Sydneys Spitzname Harbour City, also Hafenstadt, kommt nicht von ungefähr. Nur wenige Städte sind derart geprägt von den geografischen Gegebenheiten ringsum und mit einer so traumhaften natürlichen Schönheit gesegnet.

Seitdem die First Fleet aus England am 26. Januar 1788 in Sydney landete, werden unentwegt Lobeshymnen auf den Hafen angestimmt. Sie können ihm aber kaum gerecht werden. Wie auch? Das fantastische Gefühl an Bord einer Fähre, die sich durch das glitzernde Wasser im Hafenbecken pflügt, oder an einem Nachmittag in einer geschützten Bucht kann nicht in Worte gefasst werden.

In Sydney und den Vororten dreht sich einfach alles ums Wasser: die Freizeit, der Verkehr und die gemeinsame Identität.

Im etwas phlegmatisch wirkenden North Shore zwischen Neutral Bay und Manly hat sich die konservative Mittelschicht in großzügigen Wohnhäusern mit Garten angesiedelt. Dort sind Staus an der Tagesordnung. Genauso typisch sind Bootsanhänger. Ein eigenes Segelboot zu besitzen, scheint hier zum guten Ton zu gehören.

Jenseits der Harbour Bridge liegt eine völlig andere Welt. Der CBD (*central business district*; Geschäftsviertel) ist von netten innerstädtischen Vororten umringt.

Dort fühlt man sich wirklich wie in der Großstadt, allerdings in einer schönen, mit Hafenblick an jeder Straßenecke.

In den Vororten im Osten leben Leute mit Villen, Geld und einer Mentalität so alt wie Australien selbst. Im Westen, Richtung Parramatta River, liegen die einstigen Arbeiterviertel, die sich in den letzten Jahren zu alternativen Wohngebieten gemausert haben.

Im Zentrum liegt Circular Quay mit den wichtigsten Ikonen der Stadt: der Oper (S. 55) und der Harbour Bridge (S. 54). Hier legt die „städtische Flotte" grüngelber Fähren ab und befördert Passagiere in fünf Minuten nach Milsons Point und Kirribilli, schnelle Segelboote steuern den Middle Harbour an oder passieren den Hafeneingang, um nach Manly zu gelangen.

Die Attraktionen im Hafenbecken sind wunderschön und gut erreichbar – eine seltene Kombination. Fährfahrten sind relativ billig, und man kann die hübschen (Busch-)Wanderwege im Sydney Harbour National Park (S. 54) umsonst nutzen, in einer Bucht schwimmen gehen oder auch einfach nur den Blick aufs Wasser genießen.

TOP 5: AKTIVITÄTEN IM HAFEN

» Per Fähre nach **Manly** (S. 67) fahren
» Aussicht und leckeres Essen im **Quay** (S. 81), **Manly Pavilion** (S. 93) oder **Bather's Pavilion** (S. 67) genießen
» Schwimmen im **Nielsen Park** (S. 65), am **Balmoral Beach** (S. 67) oder in **Camp Cove** (S. 65)
» Dem **Manly Scenic Walkway** (S. 67) folgen
» Die **Hafeninseln** (S. 54) erkunden

Von oben links im Uhrzeigersinn
1. Sydney Opera House (S. 55) **2.** Klettern auf der Sydney Harbour Bridge (S. 72) **3.** Angeln im Hafen

HOLGER LEUE/LONELY PLANET IMAGES ©

2

3

OLIVER STREWE/LONELY PLANET IMAGES ©

Strände

In Sydney gibt es nichts Besseres als einen Tag am Strand. Sechs Monate im Jahr dreht sich hier alles um Sonne, Sand und Wellen. Die Einheimischen lieben es!

Zwischen dem Royal National Park und Palm Beach erstrecken sich wunderschöne Meeresstrände und bezirzen Surfer, Szenegänger, Schwimmer und Sonnenanbeter mit ihrem goldfarbenen Sand und den Wellen des Südpazifiks.

Anders als in Europa ist „Privatstrand" hier ein Fremdwort. Wenn man sein Handtuch auf den Sand legt, hat man gewissermaßen ein Stück Paradies für sich beschlagnahmt – und es gehört einem, so lange man will! Mancher Einheimischer hüpft vor oder nach der Arbeit schnell ins Meer, echte Glückspilze verbringen den ganzen Tag am Strand. Jeder nutzt seine Zeit so gut wie möglich.

Surfbegeisterte zieht es nach Cronulla im Süden, nach Maroubra, Bronte, Tamarama und North Bondi im Osten oder nach Narrabeen, Harbord (Freshwater) und Manly im Norden der Stadt. Bronte Beach und Manly sind auch bei Schwimmern beliebt, genauso wie Coogee, Clovelly, Bondi, Whale und Palm Beach. Jeder dieser Strände zieht eine spezielle Klientel an: Familien bevorzugen z. B. Clovelly, Bronte und Whale Beach, schön gebräunte Singles schwören auf Coogee und Palm Beach. Am bekanntesten sind Bondi und Manly. Dort trifft man eine heterogene Masse aus blassen Ausländern, Surfgurus mit wettergegerbten Gesichtern, *grommets* (Surfanfänger), kamerageilen B-Promis und arthritischen Einheimischen, die ihre Bodysurfing-Technik in mehr als 50 Jahren perfektionieren konnten. In Bondi und Manly ist immer der Teufel los. Dort offenbart sich, was Sydney ausmacht – ein Besuch ist ein absolutes Muss!

Wer Angst vorm offenen Meer hat, kann alternativ in Schwimmbecken am Meer oder an den Hafenstränden baden gehen. Beliebt sind z. B. der Bondi Icebergs Swimming

Von oben links im Uhrzeigersinn
1. Surfer, Manly (S. 67) **2.** Blick von Bronte auf den Bondi Beach (S. 65) **3.** Coogee Beach

Club (S. 70), die historischen Wylie's Baths in Coogee (S. 70) und die Meeresbecken von Bronte, Avalon, Bilgola, Newport, Freshwater, Manly, Palm und Whale Beach. Im Hafenbecken findet man mit Netzen abgetrennte Badebereiche oder Pools in Cremorne Point, Nielsen Park und Balmoral Beach.

Das war aber noch längst nicht alles. Wer gern nackt schwimmt, kann die offiziellen Nudistenstrände ansteuern: Lady Bay (bei Watsons Bay), Obelisk und Cobblers Beach im Middle Harbour und Werrong Beach im Royal National Park (S. 149).

Unser Tipp? Reinhüpfen und Spaß haben, ganz gleich, ob man gerade eine Badehose bzw. einen Bikini trägt oder nicht!

„CLIFF-TOP WALK" VON BONDI NACH COOGEE

Der 5,5 km lange Weg (2,5 Std.) führt oben auf den Klippen von Bondi Beach nach Coogee und ist eines der Highlights von Sydney. Los geht's am Bondi Icebergs Swimming Club. Von dort aus folgt man den Wegweisern gen Süden zu einem kleinen Schutzgebiet (Mark's Park). Unterwegs passiert man wunderschöne Aussichtspunkte (nach Walen und Delfinen Ausschau halten!) sowie Schilder, die über Aborigines-Mythen etc. informieren.

Dann gelangt man zum kleinen Tamarama Beach. Vom grasbewachsenen Schutzgebiet geht's weiter nach Bronte Beach mit seinen Norfolk-Tannen, dem Picknickbereich und dem beliebten Kinderspielplatz.

Auf den Klippen spaziert man vorbei am malerischen Waverley-Friedhof nach Clovelly (gut zum Schnorcheln), nach Gordon's Bay und Coogee Beach.

Am schönsten ist der Klippenwanderweg zwischen Ende Oktober und Mitte November, denn dann findet das beliebte Sculpture by the Sea (www.sculpturebythesea.com) zwischen Bondi und Tamarama statt.

Nachtleben

Nichts lieben die Sydneysider mehr, als von einer Veranstaltung zur nächsten Party zu tanzen und dabei viele neue Leute kennenzulernen. Wer kann es ihnen verübeln?

Seit Sydneys Gründung als Kolonie für Strafgefangene hat sich in puncto Unterhaltungsprogramm einiges getan. Damals waren ein oder zwei Becher Rum das äußerste der Gefühle für Soldaten, Gefangene & Co. Das ist heutzutage doch ein bisschen anders.

Man werfe nur einen Blick auf den Festival- und Veranstaltungskalender. Los geht's mit dem total irren Silvesterfeuerwerk am Circular Quay – und von da an kommt die Stadt einfach nicht zur Ruhe. Sobald das Sydney Festival vorüber ist, steht schon die größte Party überhaupt an, der berühmte Gay & Lesbian Mardi Gras (S. 73). Der Winter steht dann im Zeichen von Mode, Literatur, Film und Kunst, und in den Terminkalendern werden fleißig Vernissagen, Cocktailpartys und Lesungen eingetragen. Nach einer kurzen Atempause ist der Sommer da, und die Einheimischen strömen auf die Straßen, um das Tageslicht und die wunderbar milden Nächte zu genießen.

Egal, wonach einem der Sinn steht, Sydney hat, was man braucht. Man kann ins Theater oder in die Oper

1

gehen, Jazzmusik hören oder sich eine Travestieshow ansehen, Filme unter freiem Himmel schauen oder bis spät in die Nacht abtanzen. Sexy, heiß und solipsistisch, so präsentiert sich Sydneys Szene. Sie ist wesentlich größer und besser als die anderer Staaten. Und wer etwas anderes behauptet, hat einfach unrecht!

Es stimmt auch nicht, dass man nur auf der Tanzfläche oder bei einem teuren Konzert abrocken und Spaß haben kann. Viele Einheimische verbringen die Abende bevorzugt in einer der zig Bars oder in einem Restaurant. In Sydney gibt es wirklich etwas für jeden Geschmack und für jedes Budget.

Kurz gesagt: Sydney wird dem Ruf, eine Partystadt zu sein, 100%-ig gerecht. Na dann, viel Spaß!

NICHT VERPASSEN

» Die Restaurant- und Barszene entlang der **Crown Street, Surry Hills** (S. 77 & S. 78)

» Eine Vorführung im **Sydney Opera House** (S. 55) erleben

» Den **Gay & Lesbian Mardi Gras** (S. 73) feiern

» In einer lauen Nacht **Jazzmusik** (S. 98) hören

» Ins **Open-Air-Kino** (S. 96) gehen

Von oben links im Uhrzeigersinn
1. Die Skyline von Darling Harbour aus **2.** Mardi Gras (S. 73) **3.** Silvesterfeuerwerk, Sydney Harbour

TIM BARKER/LONELY PLANET IMAGES ©

2

3

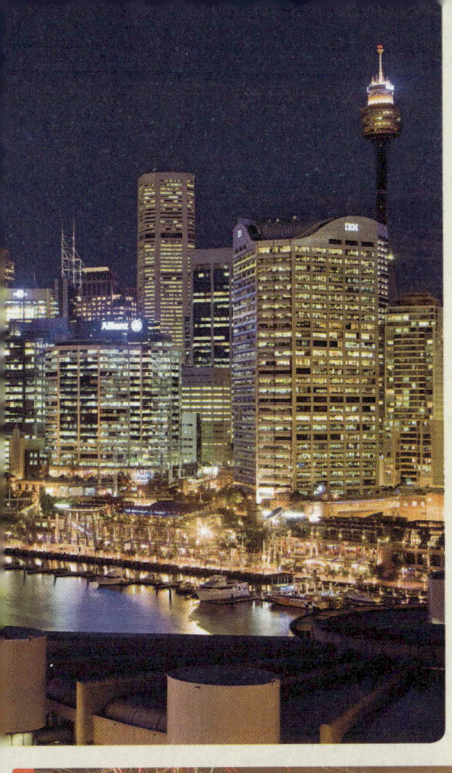

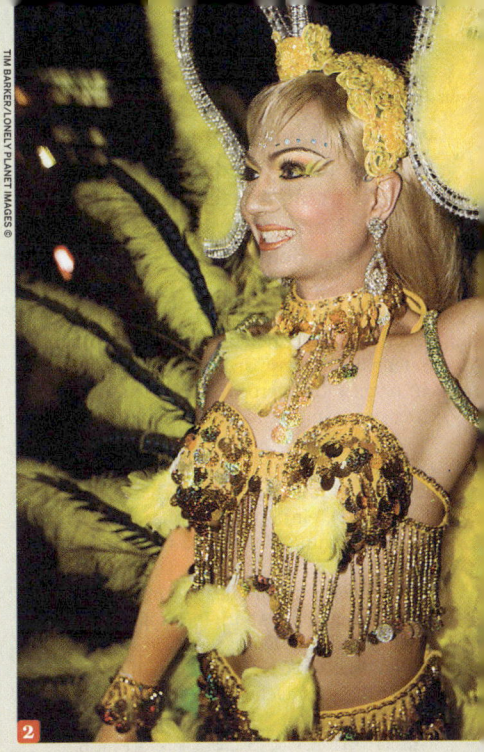

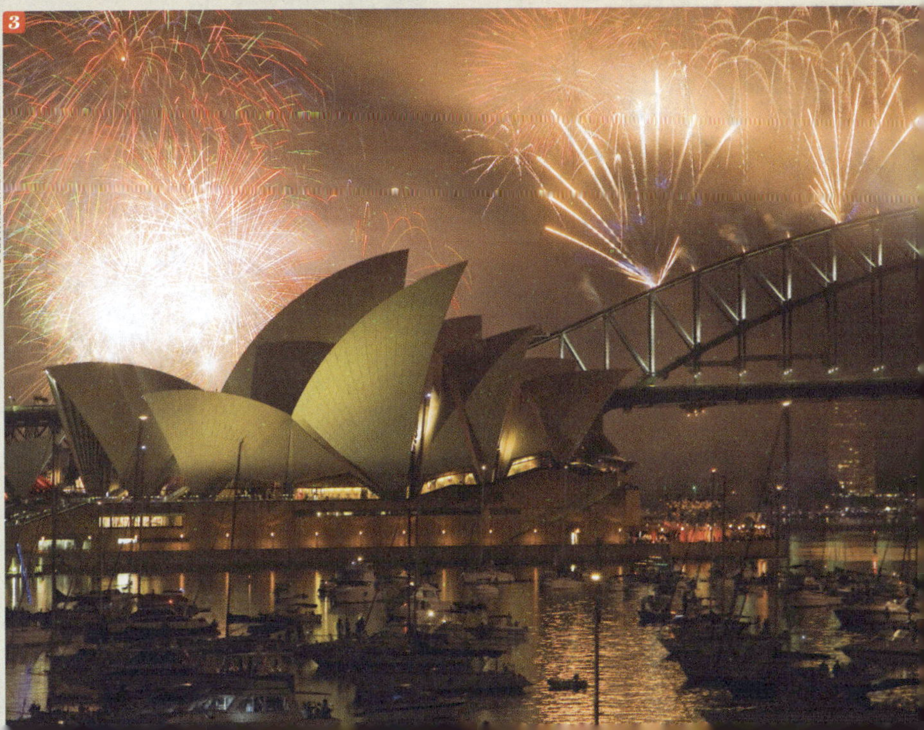

ANDREW WATSON/LONELY PLANET IMAGES ©

Nationalparks

Wer eine Weile von Attraktion zu Attraktion gehetzt ist, braucht vielleicht eine Auszeit. Dann sind die vier Nationalparks in Stadtnähe genau das Richtige.

Am einfachsten zu erreichen ist der Sydney Harbour National Park (S. 54), der Inseln und Uferstreifen im Hafen und in Hafennähe umfasst. Jede Menge Busch und ein reiches Kulturerbe machen den Park zu einer der Hauptattraktionen von Sydney, das wird aber nicht an die große Glocke gehängt.

Etwas entlegener, aber unbedingt sehenswert ist der Ku-ring-gai Chase National Park (S. 68), ein 150 km² großes Waldgebiet an der Mündung des Hawkesbury River in den Südpazifik. Seine Markenzeichen sind Unmengen von jahrtausendealten Felsmalereien der Aborigines und eine reiche Flora und Fauna.

Der Lane Cove National Park liegt an der North Shore, umgeben von Wohngebieten (zwischen East Ryde und Pennant Hills). Er bietet Buschland und das Süßwasserbiotop des Lane Cove River. Er ist der größte und beliebteste „Hinterhofgarten" der Stadt.

Die tollste Grünoase aber ist der Royal National Park (S. 149). Der zweitälteste Nationalpark der Welt (nach Yellowstone in den USA) wartet mit wunderschönen Surfstränden, Klippenwanderwegen durch Heidevegetation und unzähligen Freizeitmöglichkeiten auf.

TOP 5: AKTIVITÄTEN IN DEN NATIONALPARKS

» Picknicken, wandern und schwimmen im **Nielsen Park** (S. 55)
» Aborigines-Felszeichnungen im **Ku-ring-gai Chase National Park** (S. 68) bestaunen
» Auf dem Gelände des **Lane Cove River Tourist Park** (S. 79) zelten
» Surfen am **Garie Beach** (S. 149)
» Dem Küstenwanderweg im **Royal National Park** (S. 149) folgen

Resolute Beach, Ku-ring-gai Chase National Park (S. 68)

(Fortsetzung von S. 84)

Pasta 24–26 AU$; ⊘Fr–So 11 Uhr–open end, Di–Do 15 Uhr–open end) Die schlicht sensationelle römische Pizza, die hausgemachte Pasta und das beste Eis der Stadt ziehen sowohl Einheimische als auch Urlauber in dieses Restaurant. Es ist das geschäftigste in ganz Bondi und bietet Sitzgelegenheiten drinnen und draußen, aber keinen guten Ausblick.

Organic Republic BÄCKEREI $
(Karte S. 80; Ecke Glenayr & Warners Ave, Bondi Beach; Sandwiches 7–10 AU$, Gebäck 3–4 AU$; ⊘5–18 Uhr) Dem Motto „Lass das Brot sprechen" ist nichts mehr hinzuzufügen. Traumhafte Sandwiches aus dicken Scheiben hausgemachten Bio-Brots (auch mit Dinkel) sind das Aushängeschild dieses Cafés mit Bäckerei in einer ruhigen Ecke Bondis. Aber auch leckere Kuchen, Gebäck, Obstkuchen und Kekse sind im Angebot. Am besten schmeckt alles mit einem Kaffee aus fairem Handel und mit Bio-Milch.

North Bondi Italian Food ITALIENISCH $$
(Karte S. 80; www.idrb.com/northbondi; 118-120 Ramsgate Ave, North Bondi; Pasta/Hauptgerichte 27/29 AU$; ⊘tgl. abends) Diese Trattoria im North Bondi RSL-Gebäude ist ebenso laut wie schick. Hier herrscht eine lockere Atmosphäre, das Essen ist einfach aber *molto delizioso*, und da man nicht reservieren kann, bekommt man seinen Tisch nach dem Demokratieprinzip. Wer einen Tisch mit Blick auf den Strand ergattern möchte, sollte früh dran sein.

Sabbaba FAST FOOD $
(Karte S. 80; 80-82 Hall St, Bondi Beach; Falafel im Fladenbrot 8,50 AU$, Kebab im Fladenbrot 9,50, Kebab mit Dips & Salat 17 AU$; ⊘11–22 Uhr) Dieses freundliche nahöstliche Restaurant befindet sich auf Bondis wichtigster jüdischer Straße. Jedoch sieht man hier mehr Badeshorts als schwarze Gewänder. Zur Auswahl stehen Falafel oder Kebab im Fladenbrot, eine vegetarische marokkanische Suppe, Dips und Salate. Alles ist frisch, günstig und lecker.

EASTERN BEACHES
Bronte Road Bistro FRANZÖSISCH $$
(☏9389 3028; www.bronteroadbistro.com; 282 Bronte Rd, Charing Cross; Hauptgerichte 31 AU$; ⊘Di–Sa abends, Do–Sa mittags) Eine tolle Belohnung/ein perfekter Ansporn für den wunderschönen Clifftop Walk ab Bondi ist dieses freundliche und persönliche Bistro. Der Sitzbereich (halb drinnen, halb drau-

ßen) ist locker gestaltet und immer voll, die französischen Favoriten auf der Karte sind ein echter Renner unter den Gästen.

INNER WEST
Adriano Zumbo PATISSERIE $
(http://adrianozumbo.com; 296 Darling St; ⊘Mo–Sa 8–18, So bis 17 Uhr) Sydneys berühmteste Patisserie erkennt man an der Schlange vor der Tür. Der Konditormeister Adriano Zumbo wurde über Nacht zum Star, nachdem er in der Reality-Show *MasterChef* auftauchte. Heute lebt er das zuckersüße Leben eines Stars. Sein Aushängeschild sind seine Makronen (mit Maracuja oder Basilikum einfach himmlisch). Sie sind, ebenso wie alle seine Kuchen, sehr empfehlenswert. Hier und in seinem Laden in Manly (Karte S. 94; Ecke East Esplanade & Wentworth St; ⊘Mo–Fr 7–19, Sa & So 8–17.30 Uhr) gibt's Süßes nur zum Mitnehmen; im nahe gelegenen Rozelle (114 Terry St; ⊘Mo–Fr 6.30–16, Sa & So 7.30–16 Uhr) ist auch ein Café dabei.

MANLY
Manly Pavilion ITALIENISCH $$
(Karte S. 94; ☏9949 9011; West Esplanade; Hauptgerichte 40–45 AU$; ⊘mittags & abends) Zum ultimativen kulinarischen Erlebnis in Sydney gehört ein entspanntes Mittagessen auf der Uferterrasse oder im Speisesaal von Manlys bestem Restaurant, mit direktem Blick aufs Wasser. Das in den 1930er-Jahren erbaute Gebäude (ein ehemaliger Badepavillon) wurde schick renoviert und der Blick, die moderne italienische Küche, die Weinkarte und der Service sind alle gleichermaßen beeindruckend. Auch ein *aperitivo* bei Sonnenuntergang mit köstlichen *stuzzichini* (Snacks, 10–15 AU$) oder Antipasti (26–30 AU$) schmecken hier besonders gut.

Hugos Manly PIZZA $$
(Karte S. 94; ☏8116 8555; www.hugos.com.au; Shop 1, Manly Wharf, East Esplanade; Pizza 20–28 AU$; ⊘Mo–Fr 12 Uhr–open end, Sa & So ab 11.30 Uhr) In Manly ist Glamour King – und das trifft nirgends so zu wie im Hugos. Die tolle Lage am Kai und die Pizzas sind lecker, die Kellner bestechen oft eher durch Arroganz als durch Können. Eine weitere Filiale ist in Kings Cross (☏9332 1227; 33 Bayswater Rd; ⊘Di–Sa 17 Uhr–open end, So 15 Uhr–open end).

PALM BEACH
Barrenjoey House MODERN-AUSTRALISCH $$
(☏9976 2051; www.barrenjoeyhouse.com; 1108 Barrenjoey Rd, Palm Beach; Hauptgerichte 25–

Manly

0   200 m

Birkley Rd
Park Ave
Ivanhoe Park
Sydney Rd
Raglan St
Whistler St
Short St
Central Ave
Francis La
Henrietta La
North Steyne
SÜD-PAZIFIK
Camera St
Tower St
Gilbert St
Eustace St
West Prom
Belgrave St
James St
Rowe St
Sydney Rd
Market Pl
The Corso
MANLY
Manly Beach
South Steyne
Fairlight St
West Esp
Commonwealth Pde
Manly Scenic Walkway
East Esp
Wentworth St
Darley Rd
Victoria Pde
South Steyne Manly Surf Lifesaving Club
Manly Cove
Manly Wharf
Ashburner St
Manly Surf School (400 m); North Steyne Lifesaving Club (400 m)

39 AU$; mittags & abends) Gegenüber dem Fähranleger liegt dieses Restaurant, von dem aus man einen malerischen Blick rüber nach Pittwater hat. Am Wochenende ist es die perfekte Location für ein entspanntes Mittagessen. Die Speisekarte ist zwar nicht üppig, aber erprobt, und bietet für jeden Geschmack etwas, selbst für anspruchsvolle Kindergaumen. Um hierher zu kommen, nimmt man im CBD vom Railway Sq den Bus L90 oder von der Manly Wharf Bus 156 oder 169.

The Boathouse   CAFÉ $-$$

(www.theboathousepb.com.au; Governor Phillip Park, Palm Beach; Frühstück 5,50–15,50 AU$, Mittagessen 12,50–34 AU$; 7.30–16 Uhr) Entweder setzt man sich auf die Holzterrasse, die über den Station Beach hinausragt, oder man schnappt sich eine Picknickdecke und macht es sich auf dem Rasen gemütlich – beides ist in Palm Beachs beliebtestem Café ein verlockender Gedanke. Das Essen und der Kaffee hier sind beinahe genauso eindrucksvoll wie der Ausblick. Und das will was heißen.

Ausgehen

Kneipen sind ein wichtiger Dreh- und Angelpunkt des sozialen Lebens in Sydney. In kunstvoll eingerichteten Locations aus dem 19. Jh., riesigen Art-déco-Schuppen, moder-nen und minimalistischen Treffs und allem, was noch dazwischen liegt, lassen sich die Gäste ihr Glas Wein oder einen Schooner (in NSW das Wort für ein großes Glas) mit Gerstensaft schmecken. Bars sind für gewöhnlich stylisher und urbaner und haben manchmal einen Dresscode.

ZENTRUM, THE ROCKS & CIRCULAR QUAY

Grasshopper   BAR

(Karte S. 56; Temperance Lane; Mo–Fr 12–1 Uhr) Auch wenn es in den schmuddeligen kleinen Gassen der Innenstadt mittlerweile zahllose Bars gibt: Diese war die erste (Ash Street Cellar zählt nicht, da die Gasse dafür neu angelegt wurde) und sie ist das Coolste, was das Stadtzentrum zu bieten hat. Im Restaurant im Obergeschoss wird gutes Essen serviert, Hauptanziehungspunkt ist allerdings die Bar unten.

Bambini Wine Room   WEINBAR

(Karte S. 56; www.bambinitrust.com.au; 185 Elizabeth St; Mo–Fr ab 15, Sa ab 17.30 Uhr) Dieser winzige, mit dunklem Holz getäfelte Raum mit dem riesigen Kronleuchter gehört zu den Orten, in denen man eigentlich erwartet, Oscar Wilde irgendwo in einer Ecke sitzen zu sehen. Umfangreiche Weinkarte und eine gute Auswahl an klassischen Bar-Essen (8–40 AU$). Im gleichen Gebäude ist

Manly

◎ **Sehenswertes**

Aktivitäten, Kurse & Touren

🛏 **Schlafen**

⊗ **Essen**

◍ **Ausgehen**

auch das hervorragende Bambini Trust Restaurant untergebracht.

Ash Street Cellar   WEINBAR
(Karte S. 56; www.merivale.com; 1 Ash St; Tapas 8–32 AU$; ⏰Mo–Fr 11 Uhr–open end) Diese europäisch angehauchte Weinbar in einem kleinen Fußgängersträßchen abseits der George St gehört zum fast schon erschreckend schicken Ivy-Komplex. Hier trifft man vor allem auf Anzugträger, willkommen ist aber jeder. Tagsüber gibt's hervorragenden Kaffee und abends noch bessere Tapas und Wein. Die Bars Ivy Bar und Ivy Lounge sind auch Teil des Komplexes.

Hero of Waterloo   KNEIPE
(Karte S. 56; http://heroofwaterloo.com.au; 81 Lower Fort St; ⏰Mo–Sa 9–24, So 12–22 Uhr) In dieser historischen, fast schon altertümlichen Bar mit grobem Sandstein-Interieur trifft man auf ausgelassene Einheimische und bekommt jeden Abend andere Musik auf die Ohren (Klaviermusik, Folk, Jazz oder keltische Klänge).

Lord Nelson Brewery Hotel   KNEIPE
(s. S.95) Das „Nello" von 1841 ist angeblich die älteste Kneipe Sydneys, und die selbstgebrauten Biere der eigenen Kleinbrauerei gehören ganz sicher zu den besten der Stadt.

Opera Bar   BAR
(Karte S. 56; ⏰So–Do 11.30–24, Fr & Sa bis 1 Uhr) Im unteren Teil der Oper ist diese Bar untergebracht, die der perfekte Ort für einen Drink oder ein Essen vor der Vorstellung ist. Dazu gibt's Livejazz.

Shakespeare Hotel   KNEIPE
(200 Devonshire St; ⏰11–23 Uhr) Die beliebteste Kneipe Surry Hills' hat alles, was eine nette Kneipe um die Ecke braucht: eiskaltes Bier, günstiges Bar-Essen und kurz angebundene Einheimische, die sich Pferderennen anschauen und sich das fettige Essen schmecken lassen.

Mille Vini   WEINBAR
(Karte S. 76; 397 Crown St; ⏰Di–Do 6–23, Fr bis 24, Sa 14–2 & So 14–22 Uhr) In der Bar unten oder an den Tischen an der Straße Platz nehmen, aus einer endlosen Weinkarte (der Name der Bar ist schließlich „1000 Weine") seinen liebsten Tropfen wählen, eine Portion Antipasti bestellen und sich für ein, zwei Stunden nach italienischer Art zurücklehnen und relaxen.

Aperitif   BAR
(Karte S. 76; 7 Kellett St, Kings Cross; ⏰Mo & Mi–Sa 18–3, So bis 24 Uhr) Mit ebenso vielen Bars wie Bordellen ist die kurvige, sexy Kellett St eine etwas schiefe Miniaturversion der berühmten Bourbon St. Das heimelige Aperitif hebt mit seiner professionell zusammengestellten, vollständig europäischen Weinkarte und hervorragenden französischen und spanischen Speisen das Niveau deutlich. Die Küche ist bis in die Nacht geöffnet (Bestellungen bis 2 Uhr).

Shady Pines Saloon   BAR
(Karte S. 76, Shop 4, 256 Crown St, Darlinghurst; ⏰16–24 Uhr) Unter Künstlern ist „Surryhurst" (die Grenze zwischen Darlinghurst und Surry Hills) im Moment extrem beliebt, was vor allem an Läden wie diesem liegt. Auf die Ohren gibt's denkwürdige amerikanische Pioniersmusik und Willie Nelson. Ja, wirklich.

Old Fitzroy Hotel   KNEIPE
(Karte S. 76; 129 Dowling St; ⏰Mo–Fr 11–24, Sa ab 12, So ab 15 Uhr) Die Bar im EG hat 13 verschiedene Biersorten vom Fass (in der heimeligeren Bar im Obergeschoss sind es sechs) und eine Raucherterrasse. Die hier ansässige Theatergruppe führt auch regelmäßig Stücke auf (http://rocksurfers.org).

Green Park Hotel   KNEIPE
(Karte S. 76; www.greenparkhotel.com.au; 360 Victoria St, Darlinghurst; ⏰Mo–Sa 10–2, So 12–24 Uhr) Diese herausgeputzte Eckkneipe ist bei den Einwohnern von Darlinghurst und den Angestellten des nahe gelegenen St.

SYDNEY AUSGEHEN

Vincent's Hospital sehr beliebt. Donnerstagabends wird Livemusik gespielt.

Beresford Hotel KNEIPE
(Karte S. 76; www.theberesford.com.au; 354 Bourke St; ⊙12–1 Uhr) Eher eine Location mit Klasse als eine typische Kneipe. Das Beresford hat eine schicke öffentliche Bar, eine italienische Trattoria und einen Biergarten, in dem im Sommer abends manchmal Filme gezeigt werden.

Clock KNEIPE
(Karte S. 76; www.clockhotel.com.au; 470 Crown St; ⊙11.30–24 Uhr) Die Bar auf dem Balkon dieser kultigen Kneipe in Surry Hills ist immer brechend voll. Gleiches gilt für die Poolbar, die mit Billardtisch, Lounge und einem großen TV ausgestattet ist, auf dem Sportereignisse übertragen werden.

PADDINGTON & WOOLLAHRA

LP TIPP Wine Library WEINBAR
(Karte S. 76; ☎9331 2604; 18 Oxford Street. Woollahra; ⊙Mo–Sa 9–22, So bis 18 Uhr) Die Auswahl an offenen Weinen ist beeindruckend und die Atmosphäre stylish, aber locker. Wer Hunger hat, wählt entweder aus der mediterran angehauchten Speisekarte der Bar oder macht sich ins **Buzo** (www.buzo restaurant.com.au; Hauptgerichte 26–35 AU$; ⊙Mo–Sa abends) in der Jersey Rd auf. Diese bei den Einheimischen sehr beliebte Trattoria liegt gleich um die Ecke und wird vom gleichen Team geleitet.

Royal Hotel KNEIPE
(☎9331 2604; 237 Glenmore Rd, Five Ways, Paddington; ⊙11–24 Uhr) An einer Seite der sternförmigen Kreuzung liegt diese schicke, dreistöckige Kneipe. Ganz oben bietet die Elephant Bar einen tollen Blick auf die Skyline der Stadt.

NEWTOWN & GLEBE

Courthouse Hotel KNEIPE
(Karte S. 97; 202 Australia St, Newtown; ⊙Mo–Sa 10–24, So bis 22 Uhr) Hier trifft man auf die unterschiedlichsten Trinkgefährten: Studenten, die sich im Biergarten ein günstiges Essen genehmigen, seltsame Gestalten, die um die Jukebox herumlungern und stämmige Einheimische, die schon seit Jahrzehnten ihren Stammplatz an der Bar haben.

Friend in Hand Hotel KNEIPE
(Karte S. 97; www.friendinhand.com.au; 58 Cowper St, Glebe; ⊙Mo–Sa 8–24, So 10–22 Uhr) Hier wird man beim Probieren der elf einheimi-

schen Fassbiere schon mal von Lesungen oder einem Krabbenrennen abgelenkt.

BONDI & COOGEE

Beach Road Hotel KNEIPE
(Karte S. 80; www.beachroadbondi.com.au; 71 Beach Rd, Bondi; ⊙Mo & Di 10–23, Mi–Fr bis 24, Sa 9–24, So 10–22 Uhr) Eine große, würfelartige Kneipe, in der man am Wochenende beim Billardspielen, Biertrinken und beim Abfeiern zu Livemusik und DJs sowohl typische Bondi-Typen (braungebrannt, muskulös und paarungswillig) als auch Touristen antreffen kann. Viel besser als der Shack hinter Noah's Hostel, wo nur Backpacker abhängen.

Coogee Bay Hotel KNEIPE
(www.coogeebayhotel.com.au; Ecke Coogee Bay Rd & Arden St, Coogee; ⊙10 Uhr–open end) In der weitläufigen und lärmenden Anlage des Coogee Bay gibt's Livemusik, einen Biergarten und einen tollen Blick aufs Meer.

☆ Unterhaltung

Sydneys Kunst-, Unterhaltungs- und Musikszene ist vielfältig und innovativ. Open-Air-Kinos und Sportstadien bieten familienfreundliche Unterhaltung, die Theaterszene der Stadt ist gesund und dynamisch und Livemusik findet man an jeder Ecke.

Die Freitagsbeilage „Metro" des *Sydney Morning Herald* informiert umfassend über alle Veranstaltungen und in den kostenlosen Straßenzeitungen, etwa *The Brag* und *The Drum*, findet man vorrangig Infos zu Konzerten und Clubs. Tickets für die meisten Veranstaltungen gibt's direkt vor Ort oder bei den Vorverkaufsstellen **Moshtix** (☎1300 438 849; www.moshtix.com.au) und **Ticketek** (Karte S. 56; ☎132 849; www.ticketek.com.au).

Kinos

Kinos mit aktuellen Filmen gibt's wie Sand am Meer. Der reguläre Eintritt kostet meist zwischen 15 und 18 AU$, Studenten bezahlen 13 oder 14 AU$ und für ein Kind werden 10 bis 12 AU$ fällig. Oft haben die Kinos einen „Kinotag", an dem die Karten dann um etwa ein Drittel billiger sind. Sydney hat aber auch eine große Fangemeinde von Independent- und fremdsprachigen Filmen.

Open Air Cinema KINO
(Karte S. 56; www.stgeorgeopenair.com.au; Mrs Macquaries Point, Royal Botanic Gardens; Erw./erm. 30/28 AU$; ⊙Kasse 18.30 Uhr, Vorführungen Jan. & Feb. 20.30 Uhr) Die Leinwand

ist so hoch wie ein dreistöckiges Gebäude und steht direkt am Hafen. Hinzu kommen ein klasse Surround-Soundsystem, der Sonnenuntergang, die Skyline und eine extravagante Speisen- und Weinauswahl. Die meisten Tickets gehen schon im Voraus weg, eine beschränkte Zahl an Karten wird aber jeden Abend um 18.30 Uhr noch an der Abendkasse verkauft. Detailliertere Infos gibt's auf der Website.

Bondi Open Air Cinema KINO
(Karte S. 80; ☎1300 438 849; www.bondiopenair. com.au; Bondi Pavilion, Bondi; ⊗Jan.–Anfang März Sonnenuntergang–open end) In unmittelbarer Nähe zum Ozean werden hier Filme unter freiem Himmel vorgeführt. Bevor es losgeht, sorgen Livebands für Stimmung. Reservierung erforderlich.

Dendy Opera Quays KINO
(Karte S. 56; www.dendy.com.au; Shop 9, 2 Circular Quay East) Ein schickes Kino mit aktuellen Independent-Filmen aus aller Welt.

Moonlight Cinema KINO
(www.moonlight.com.au; Belvedere Amphitheatre, Ecke Loch Ave & Broome Ave, Centennial Park; Erw./Kind/erm. 18/14/16 AU$; ⊗Kasse 19 Uhr, Vorführungen Dez.–März 20–20.30 Uhr) Im

großartigen Centennial Park gibt's zum Picknick unter den Sternen noch die neuesten Filme dazu. Am besten zu erreichen von der Oxford St durch das Woollahra Gate.

Nachtclubs

GoodGod Small Club LIVEMUSIK, CLUB
(Karte S. 62; www.goodgodgoodgod.com; 53-55 Liverpool St, Chinatown; Eintritt variiert, vordere Bar frei; ☺Mi–Sa 22 Uhr–open end) In einer ehemaligen Kellertaverne des Spanish Quarter sorgt heute das GoodGod für gute Stimmung. Neben Livebands mit Indie-Musik wird hier alles gespielt, von jamaikanischem Reggae und Soul der 1950er-Jahre bis zu Rockabilly und Tropical House. Das Geheimnis des Erfolgs liegt darin, dass guter Musik mehr Bedeutung beigemessen wird als einer glamourösen Location.

Home CLUB
(Karte S. 56; www.homesydney.com; Cockle Bay Wharf, Darling Harbour; Eintritt variiert; ☺Do–Sa) Die Kuppel des Home überdacht ein dreistöckiges extravagantes Vergnügungsparadies aus Holz und Glas. Hier haben 2000 Personen Platz und es gibt eine riesige Tanzfläche, unzählige Bars, Balkone und ein beeindruckendes DJ-Pult. Namhafte internationale DJs legen hier House auf; Livebands machen das Angebot komplett.

Ivy CLUB
(Karte S. 56; www.merivale.com; 330 George St, Sydney) Promis und solche, die es werden wollen, kommen in Scharen in Justin Hemmes' Ivy-Komplex. Es gilt das Motto „Sehen und gesehen werden". Zur Hauptbar gehört eine große Tanzfläche, die samstags Schauplatz des **Pure Ivy** (20 AU$; ☺18 Uhr–open end) ist. Die Tanzfläche des **Tank** (Fr ab 22, Sa ab 21 Uhr) funkelt am Wochenende um die Wette und der berüchtigte **Pool Club** (☺Mo 16 Uhr–open end, Di–Fr 12 Uhr–open end) auf dem Dach sorgt bei allzu heißem Wetter für Abkühlung. Für alle drei Locations muss man sich auf die Gästeliste setzen lassen.

Oxford Art Factory BAR
(Karte S. 76; www.oxfordartfactory.com; 38-46 Oxford St, Darlinghurst; Eintritt & Öffnungszeiten variieren) Die Szene Darlos feiert hier in zwei nach dem Vorbild von Warhols New York künstlerisch modellierten Räumen. Diese halten für alle Arten von Events her: Es gibt eine Galerie, eine Bar und Platz für verschiedene Darbietungen. Oft sind hier auch internationale Künstler und DJs zu Gast. Das Programm findet sich auf der Website.

Livemusik

Sydney Opera House KLASSIK
(S. 55) Ja, sie ist tatsächlich mehr als nur ein Wahrzeichen. Neben Theater- und Tanzaufführungen werden im Opernhaus auch Stücke der **Opera Australia** (Tickets ☏9318 8200; www.opera-australia.org.au) und Konzerte der **Sydney Symphony** (Tickets ☏8215 4600; www.sydneysymphony.com) aufgeführt.

LP TIPP Venue 505 JAZZ
(http://venue505.com; 280 Cleveland St, Surry Hills; Eintritt variiert; ☺Mo–Sa ab 19.30 Uhr) Eine kleine und entspannte Livemusik-Location, die ihr Hauptaugenmerk auf Jazz, Worldmusik und Klassik legt. Sie wird von Künstlern selbst geleitet und das Programm ist sorgsam zusammengestellt. Hier gibt es bequeme Sofas und die Wandmalereien stammen vom einheimischen Künstler Benjamin Yarrad.

Basement JAZZ
(Karte S. 56; www.thebasement.com.au; 7 Macquarie Pl, Circular Quay; Eintritt variiert; ☺Mo–Do 12–1.30, Fr bis 2.30, Sa 19.30–3, So 19–1 Uhr) Die führende Jazz-Location Sydneys präsentiert sowohl berühmte tourende Jazzmusiker und -bands als auch großartige einheimische Talente. Zum breiten musikalischen Spektrum gehören auch Auftritte von Funk-, Blues- und Soulbands. Einen Tisch an der Bühne reservieren!

Vanguard ROCK
(Karte S. 97; ☏9550 3666; www.thevanguard.com.au; 42 King St, Newtown; ☺Di–So 18.30–24 Uhr) Die britische Zeitung *Independent* zählt das Vanguard zu einer der weltweit besten zehn Livemusik-Locations und die Bohème-Szene der Stadt würde da sicher zustimmen. In diesem heimeligen, extra für diese Zwecke erbauten Gebäude ist alles drin, ob Varieté, Blues, Country oder Weltmusik. Die meisten Plätze sind für diejenigen reserviert, die sich für das „Dinner-and-Show"-Paket (40–45 AU$) entscheiden. Der normale Eintritt kostet 15 AU$.

Annandale Hotel ROCK
(Karte S. 97; www.annandalehotel.com; 17 Parramatta Rd, Annandale) „F*ck this – I'm going to the Annandale!" Das ist das Motto von Sydneys führender Rock-Location. Zahlreiche Einheimische befolgen diesen Rat immer wieder gerne und freuen sich über Livemusik (fast immer Mi–So) und Kultstreifen (immer dienstags). Das Programm steht auf der Website.

Enmore Theatre ROCK

(Karte S. 97; ☎9550 3666; www.enmoretheatre. com.au; 118-132 Enmore St, Newtown) Newtown ist das Zentrum von Sydneys Musikszene und das Enmore das Herz des Mainstreams. Hier treten sowohl bekannte einheimische Künstler als auch internationale Acts auf.

Metro Theatre ROCK

(Karte S. 62; ☎9550 3666; www.metrotheatre. com.au; 624 George St) Die Bühne des Metro haben schon zahlreiche namhafte Indie-Acts beehrt. Seine Ränge sind wie im Theater angeordnet, der Saal ist klimatisiert, der Sound genial und die Sicht hervorragend.

Zuschauersport

An jedem Wochenende wird in Sydney irgendwo ein Ball durch die Gegend geschleudert, getreten oder geschlagen. Die Sydneysider sind verrückt nach der **National Rugby League** (NRL; www.nrl.com.au; Tickets über Ticketek ab 25 AU$). Während der Saison finden die Spiele in verschiedenen Stadien in den Vororten statt, die Endspiele im September werden dann aber im **ANZ Stadium** (Karte S. 52 f.; ☎9360 6601; www.anz stadium.com.au; Sydney Olympic Park, Olympic Blvd, Homebush Bay) ausgetragen.

Die **Sydney Swans** (www.sydneyswans. com.au), das Lieblingsteam der Sydneysider in der **Australian Football League** (AFL; www.afl.com.au; Tickets 20–40 AU$), spielen von März bis September im **Sydney Cricket Ground** (SCG; www.sydneycricketground. oom.au; Driver Ave, Moore Park). Ab 2012 wird es ein zweites Team in Sydney geben, und zwar Greater Western Sydney (The Giants), deren Heimspiele voraussichtlich in den Sydney Showgrounds ausgetragen werden.

Die **Cricket-Saison** (http://cricket.com. au) dauert von Oktober bis März. Im SCG werden die „Sheffield Shield Matches" (zwischen den Bundesstaaten), die immer ausverkauften internationalen Testspiele, die Twenty20 und die 50-Over Spiele ausgetragen.

Theater

Sydney Theatre Company THEATER

(Karte S. 56; ☎9250 1777; www.sydneytheatre. com.au; Level 2, Pier 4, Hickson Rd, Walsh Bay; Tickets 60–65 AU$) Das bedeutendste Theaterensemble Sydneys tritt an seinem Heim-Spielort in Walsh Bay und im Drama Theatre des Opernhauses auf. Die künstlerischen Leiter Cate Blanchett und Andrew Upton setzen Stücke lokaler und internationaler Dramatiker auf den Spielplan und ziehen

Schauspieler und Regisseure aus aller Welt an. Wer unter 30 ist bezahlt für sein Ticket bedeutend weniger.

Company B THEATER

(☎9699 3444; www.belvoir.com.au; 25 Belvoir St, Surry Hills; Tickets ab 39 AU$) Stars wie Geoffrey Rush treten regelmäßig in diesem innovativen Theater auf.

Sydney Theatre THEATER

(Karte S. 56; ☎9250 1999; www.sydneytheatre.org. au; 22 Hickson Rd, Walsh Bay; Tickets 40–79 AU$) Im prächtigen Sydney Theatre am Fuße des Observatory Hill finden bei Tanz- und Theateraufführungen 850 Zuschauer Platz.

🔓 Shoppen

Die meisten Geschäfte haben von Montag bis Samstag von 9.30 bis 18 Uhr geöffnet, donnerstags länger: bis 21 Uhr. Oft machen die Läden auch sonntags auf, haben dann allerdings kürzere Geschäftszeiten, etwa von 12 bis 16 oder 17 Uhr. Ausnahmen sind hier vermerkt.

ZENTRUM

Wenn die Einwohner von Sydney nach etwas Speziellem suchen oder sich zum Powershopping aufmachen, zieht es sie meistens in die Innenstadt. Die große Auswahl an vor allem hochwertigen Geschäften – alle rund um die Pitt St Mall, die Market St und George St angesiedelt – bietet ein breites Spektrum an Geschenkideen und kleinen Besonderheiten.

David Jones KAUFHAUS

(Karte S. 62; www.davidjones.com.au; Ecke Market St & Castlereagh St, Sydney, ◯Mo-Mi 9.30–19, Do & Fr bis 21, Sa 9–21, So 10–19 Uhr) Das DJs ist Sydneys führendes Kaufhaus. In der Market St gibt's Herrenbekleidung, die Castlereagh St ist für Damen- und Kindermode die richtige Adresse. Hier weist ein freundlicher Concierge gerne den richtigen Weg. Ganz besonders beeindruckend sind die Mode der australischen Designer und die Essensmeile im Untergeschoss der Filiale in der Market St.

Queen Victoria Building EINKAUFSZENTRUM

(QVB; Karte S. 56; www.qvb.com.au; 455 George St, Sydney) Dieses Prachtstück aus der Blütezeit der viktorianischen Baukunst nimmt mitten in der Innenstadt gegenüber der Town Hall einen ganzen Häuserblock ein. Obwohl hier einige sehr gute unabhängige Geschäfte zu finden sind, sind sie doch angesichts der zauberhaften schmiedeeisernen Balustraden, Ladenfronten aus Buntglas und Mosaikböden eher zweitrangig.

RM Williams
BEKLEIDUNG

(Karte S. 62; www.rmwilliams.com.au; 389 George St, Sydney) Stadt-Cowboys und Country-People sind seit jeher gleichermaßen treue Abnehmer dieser strapazierfähigen Outbackkleidung. Zu den Klassikern gehören Öljacken, Akubra-Hüte, Jeans aus Pilotstoff und Lederstiefel. In der Stadt verstreut befinden sich noch weitere Filialen.

Strand Arcade
EINKAUFSZENTRUM

(Karte S. 56; www.strandarcade.com.au; 412 George St & 193-195 Pitt St Mall, Sydney) Das 1891 erbaute Strand konkurriert mit dem QVB um den Titel des prächtigsten Einkaufszentrums Sydneys. Hier sind besonders viele australische Designer mit ihren Kollektionen vertreten und im berühmten Strand Hatters (www.strandhatters.com.au) werden die Hüte ganz nach dem Kopf des Kunden maßgenau in die richtige Form gebracht.

Westfield Sydney
EINKAUFSZENTRUM

(Karte S. 56; http://westfield.com.au/sydney; Ecke Pitt St Mall & Market St, Sydney) Im neusten und größten Einkaufszentrum der Stadt findet man sowohl die üblichen Ladenketten wie Zara als auch Designerboutiquen und einen hervorragenden Food Court.

WUNDERBARE MÄRKTE

Sydneysider gehen fast so gerne auf die kleinen lokalen Märkte wie sie an den Strand gehen (und das will echt was heißen). In vielen der Innenstadtviertel werden an den Wochenenden Märkte auf dem Gelände von Schulen oder Kirchen abgehalten. Dort wird dann alles verkauft, von Bio-Gemüse bis zu original Designerbekleidung. Um tragische Restposten einer Hippiekultur, haarsträubende Kunstwerke und überteuerten Touristenkitsch kommt man dabei nicht herum. Oft warten hier aber auch tolle Schnäppchen.
  Zu den besten Märkten gehören:

Balmain Market
MARKT

(www.balmainmarket.com.au; Ecke Darling St & Curtis Rd, Balmain; ◷Sa 8.30–16 Uhr) Ein kleiner Markt auf dem schattigen Gelände der St. Andrews Congregational Church. An den Ständen werden Kunst, Kunsthandwerk, Bücher, Kleidung, Schmuck, Pflanzen und Obst und Gemüse verkauft.

Bondi Markets
MARKT

(Karte S. 80; www.bondimarkets.com.au; Bondi Beach Public School, Ecke Campbell Pde & Warners Ave, Bondi; ◷So 10–16 Uhr) Hier trifft man auf die typischen Bondi-Charaktere auf der Suche nach gebrauchten Batikklamotten, Büchern, Perlen und Ohrringen, ätherischen Ölen, Kerzen, alten Schallplatten und mehr. Samstags von 9 bis 13 Uhr wird auf dem Schulgelände ein Bauernmarkt abgehalten.

Eveleigh Market
MARKT

(Karte S. 52 f.; www.eveleighmarket.com.au; 243 Wilson St, Darlington; ◷Bauernmarkt Sa 8–13 Uhr, Kunstmarkt 1. So im Monat 10–15 Uhr, 1. Januarhälfte geschl.) Auf Sydneys bestem Bauernmarkt verkaufen über 70 ständige Anbieter ihre selbst angebauten Produkte. Er wird in einer Unesco-gelisteten Bahnwerkstatt in den Eveleigh Railyards abgehalten. Ist man schon einmal hier, lohnt auch der Besuch des Kunst- und Kulturbezirks CarriageWorks (www.carriageworks.com.au).

Glebe Markets
MARKT

(Karte S. 97; www.glebemarkets.com.au; Glebe Public School, Ecke Glebe Point Rd & Derby Pl, Glebe; ◷Sa 10–16 Uhr) Der beste Markt im Westen des Zentrums. Hier sieht man jede Menge Besucher ohne Schuhe, dafür aber mit Dreadlocks, die aus der ganzen Innenstadt auf diesen gut besuchten Markt mit Hippieflair strömen.

Paddington Markets
MARKT

(Karte S. 76; www.paddingtonmarkets.com.au; St. John's Church, 395 Oxford St, Paddington; ◷Sa 10–16 Uhr) Dies ist Sydneys beliebtester Wochenendemarkt. Hier bekommt man Vintage-Kleidung und angesagte Mode, Schmuck, Bücher, Massagen und kann sich aus der Hand lesen lassen. Und wenn man gerade aufgeben will, entdeckt man unter irgendeinem Sonnensegel doch noch etwas Besonderes.

PADDINGTON & WOOLLAHRA

Glenmore Rd in Paddington und Queen St in Woollahra sind Sydneys führende Mode-Enklaven. Wer auf der Suche nach einem (oder vielleicht doch lieber zwei) bezaubernden Outfit(s) ist, der hat mehrere Optionen:

Akira Isagowa BEKLEIDUNG
(12A Queen St, Woollahra) Sorgfältig geschneiderte Kreationen aus tollen Stoffen. Eine weitere Filiale ist in der Strand Arcade zu finden.

Collette Dinnigan BEKLEIDUNG
(www.collettedinnigan.com.au; 104 Queen St, Woollahra) Die Königin der Aussie-Couture entwirft tolle feminine Roben mit wunderbaren Säumen und Besätzen.

Dinosaur Design SCHMUCK
(www.dinosaurdesigns.com.au; 339 Oxford St, Paddington) Märchenhafter Schmuck und tolle Einrichtungsgegenstände aus kunterbuntem Polyesterharz. Eine weitere Filiale ist in der Strand Arcade.

Easton Pearson BEKLEIDUNG
(Karte S. 76; 30 Glenmore Rd, Paddington) Die Designerinnen aus Brisbane haben den Ethno-Chic in Australien populär gemacht und sind besonders bei etwas korpulenteren Frauen sehr beliebt.

Willow BEKLEIDUNG
(Karte S. 76; www.willow.com.au; Glenmore Rd, Paddington) Die einheimische Designerin Kit Willow Podgornik ist mit ihrer herrlichen Kleidung und Unterwäsche weltweit groß rausgekommen.

Zambesi BEKLEIDUNG
(Karte S. 56; www.zambesi.co.nz; 5 Glenmore Rd, Paddington) Dieser Ausstatter aus Neuseeland wartet mit einem aufregenden Sortiment an Mode für Sie und Ihn auf.

Zimmermann BEKLEIDUNG
(Karte S. 76; http://zimmermannwear.com; Shop 2, 2-16 Glenmore Rd, Paddington). Schicke und freche Freizeitmode und Badebekleidung von Nicky und Simone Zimmermann. Eine weitere Filiale befindet sich im Westfield Sydney.

ⓘ Praktische Informationen

Geld

Überall in Sydney gibt es zahlreiche Geldautomaten; Wechselstuben findet man in Kings Cross und Chinatown und rund um den Circular Quay und die Central Station.

American Express Zentrum (☏1300 139 060; 296 George St, Sydney; ◷Mo–Fr 9–17 Uhr); Haymarket (☏1300 139 060; 296 George St, Sydney; ◷Mo–Fr 9–17 Uhr)

Infos im Internet

Weitere Infos zu Sydney gibt's auf folgenden Websites:

www.art-almanac.com.au Umfassende Liste mit öffentlichen und privaten Galerien.

www.cityofsydney.nsw.gov.au Besucherinformationen, behindertengerechte Zugänge, Parken, die Geschichte der Stadt und Stadtspaziergänge zum Herunterladen.

www.realsurf.com Lokale Surfberichte.

www.shfa.nsw.gov.au Links zu interessanten Websites über drei der Bezirke der Sydney Harbour Foreshore Authority: The Rocks, Darling Harbour und das gerade entstehende Barangaroo.

www.smh.com.au Gut für Infos zu anstehenden Events und Kritiken über Restaurants und Bars. Eine Website, die nah am Geschehen ist.

www.timeoutsydney.com.au Verzeichnisse und Artikel des monatlich erscheinenden Magazins.

Internetzugang

Sydney hat viele Internetcafés, viele davon findet man in Kings Cross, Chinatown und Bondi. Für eine Stunde sind um die 3 AU$ fällig. Hostels bieten ihren Gästen meist über Anbieter wie **Global Gossip** (http://globalgossip.com) WLAN und Breitband-Internet; auch hierfür zahlt man rund 3 AU$ pro Stunde. Die teureren Hotels nutzen teilweise Anbieter, die bis zu 20 AU$ pro Stunde berechnen. Eine Liste kostenloser WLAN-Hotspots gibt's auf www.unwired.com.au/get/storefinder.php?p=3.

Medizinische Versorgung

Kings Cross Travellers Clinic (☏9358 3066; www.travellersclinic.com.au; 13 Springfield Ave, Kings Cross; Standardsprechstunde 65 AU$; ◷Mo–Fr 9–13 & 14–18, Sa 10–12 Uhr) Allgemein- und Reisemedizin, Impfungen; Terminvereinbarung empfohlen.

St. Vincent's Hospital (☏8382 1111; www.stvincents.com.au; 390 Victoria St, Darlinghurst; ◷Notaufnahme 24 Std.)

Sydney Hospital (☏9382 7111; www.sesahs.nsw.gov.au/sydhosp; 8 Macquarie St, Sydney; ◷Notaufnahme 24 Std.)

Notfall

Im Notfall ☏000 anrufen. So erreicht man Polizei, Krankenwagen und Feuerwehr.

Lifeline (☏13 11 14; www.lifeline.com.au) Telefonische Beratungsstelle, auch Suizid-Prävention.

Polizeiwachen Eine Liste aller Polizeiwachen in NSW findet sich, mit Suchfunktion, auf www. police.nsw.gov.au/about_us/structure/ operations_command/local_area_commands.

Rape Crisis Centre (bei Vergewaltigung; ☏1800 424 017) 24-Std. Beratung.

Post

Hauptpost (GPO; Karte S. 56; ☏13 13 18; www.auspost.com.au; 1 Martin Pl; ⊙Mo–Fr 8.15–17.30, Sa 10–14 Uhr)

Touristeninformation

Sydney City Council Information Kiosks (www.cityofsydney.nsw.gov.au) Circular Quay (Karte S. 56; Ecke Pitt St & Alfred St; ⊙9.30–15.30 Uhr); Town Hall (Karte S. 56; George St; ⊙9.30–15.30 Uhr) Äußerst freundliche und hilfreiche Angestellte versorgen einen mit Stadtplänen, Broschüren und Infos, darunter auch der kostenlose *Sydney Guide* mit Informationen und Rabattmarken.

Sydney Harbour National Parks Information Centre (Karte S. 56; ☏9247 5033; Cadmans Cottage, 110 George St, The Rocks; ⊙Mo–Fr 9.30–16.30, Sa & So 10–16.30 Uhr) Hat Karten mit Wanderungen in Parks und Infos zu geführten Touren auf die Inseln im Hafen.

Sydney Visitor Centres (☏9240 8788; www. sydneyvisitorcentre.com) The Rocks (Karte S. 56; 1. Stock, Ecke Argyle St & Playfair St; ⊙9.30–17.30 Uhr); Darling Harbour (Karte S. 56; Palm Grove, hinter dem Imax; ⊙9.30–17.30 Uhr) Beide bieten eine Vielzahl von Broschüren und die Angestellten können Unterkünfte, geführte Touren und sonstige Attraktionen buchen. Die Filiale in The Rocks ist auch ein Souvenirladen.

❶ An- & Weiterreise

Bus

Alle privaten Überland- und Regionalbusse halten im **Sydney Coach Terminal** (Karte S. 62; ☏9281 9366; Central Station, Eddy Ave; ⊙Mo–Fr 6–18, Sa & So 8–18 Uhr). Von hier aus geht's z. B. nach Brisbane (ab 88 AU$, 16 Std.), Byron Bay (ab 85 AU$, 12½ Std.), Canberra (ab 15 AU$, 3½ Std.) und Melbourne (ab 60 AU$, 14 Std.). Es gibt jede Menge ermäßigte Fahrpreise.

Die staatliche Bahngesellschaft CountryLink bietet auch Busse an. Die meisten dieser Busse machen auf ihrem Weg aus der Stadt auch in den Vororten Sydneys Halt. Die größeren Busgesellschaften, die den Terminal nutzen, sind:

Australia Wide (☏9516 1300; www.austwide coaches.com.au) Orange und Bathurst.

Busways (☏9625 8900; www.busways.com. au) Central Coast.

Firefly (☏1300 730 740; www.fireflyexpress. com.au) Wagga Wagga, Albury, Melbourne und Adelaide.

Greyhound (☏1300 473 946; www.greyhound. com.au) Canberra, Melbourne, Byron Bay.

Murrays (☏13 22 51; www.murrays.com.au) Canberra und die South Coast.

Port Stephens Coaches (☏4982 2926; www. pscoaches.com.au) Newcastle und Nelson Bay.

Premier (☏13 34 10; www.premierms.com.au) Coffs Harbour, Byron Bay, Brisbane und Cairns.

Flugzeug

Sydney Airport (Code: SYD; Karte S. 52 f.; www. sydneyairport.com.au) ist Australiens verkehrsreichster Flughafen, weshalb Verspätungen hier nichts Ungewöhnliches sind. Er liegt nur 10 km südlich des Stadtzentrums und ist deshalb relativ gut zu erreichen. Die Terminals T1 (internationale Flüge) und T2 und T3 (Inlandsflüge) liegen 4 km auseinander und können mit dem Bus (5,50 AU$; 10 Min.) oder mit der Bahn (5 AU$; 2 Min.) erreicht werden (der Flughafen ist in privater Hand, weshalb mit dem Transfer zwischen den Terminals – ein Service, der beinahe in der ganzen Welt kostenlos ist – noch einmal Profit gemacht wird). Für Passagiere, die von einem Quantas-Langstreckenflug auf einen Quantas-Inlandsflug (oder umgekehrt) wechseln, bietet die Fluggesellschaft einen kostenlosen Transferservice. Ähnliches gilt für Virgin Blue.

Sydney wird von allen üblichen Flughäfen im In- und Ausland angeflogen. **Qantas** (☏13 13 13; www.qantas.com.au), **Jetstar** (☏13 15 38; www.jetstar.com.au), **Virgin Blue** (☏13 67 89; www.virginblue.com.au) und **Tiger Airways** (☏03-9335 3033; www.tigerairways.com/au/ en) bieten regelmäßige Flüge in andere große Städte. Kleinere Quantas-Tochtergesellschaften bedienen kleinere australische Flughäfen.

Weitere Details zu Flügen innerhalb Australiens finden sich auf S. 102. Infos über Flüge nach/ von Australien gibt's auf S. 102.

Zug

Sydneys wichtigster Bahnhof für Regional- und Fernzüge der Bahngesellschaft CountryLink ist die riesige **Central Station** (Karte S. 62; ☏Reservierungen 13 22 32, 24-Std.-Transport-Info 13 15 00; www.coun trylink.info; Eddy Ave; ⊙besetzte Ticketschalter 6.15–20.45 Uhr, Ticketautomaten 24 Std.). CountryLink gibt auf die Economy-Preise oft noch einmal 40 % Rabatt – Reisen mit dem Zug ist manchmal günstiger als mit dem Bus.

Beispielpreise für Bahntickets (ohne Ermäßigung): Brisbane (92 AU$, 14½ Std.), Melbourne (92 AU$, 11 Std.).

❶ Unterwegs vor Ort

Sydney bietet vielleicht eine Vielzahl von Transportmöglichkeiten, einfacher ist der Weg von A nach B deshalb noch lange nicht. An jeder Ecke hört man Geschichten darüber, in welch schlechtem Zustand sich dieses aufgeblasene, unterfinanzierte System befindet. Die Fähren, Züge und zahlreiche Busse werden unter ein und demselben Ministerium verwaltet, scheinen aber völlig voneinander abgekoppelten Regeln zu gehorchen. So gibt es z. B. überhaupt nur ein Ticket, das in allen Verkehrsmitteln gilt, nämlich den MyMulti-Pass. Und selbst dieser hat in den privat betriebenen Tram- und Monorail-Bahnen keine Gültigkeit.

Infos zu staatlich betriebenen Bussen, Fähren und Zügen bekommt man bei der **Transport Infoline** (☑13 15 00; www.131500.com.au).

Auto & Motorrad

Autos sind ideal für Tagesausflüge in die Umgebung, in der Stadt selbst werden sie jedoch zum Klotz am Bein. Starker Verkehr, versteckte und teure Parkplätze (selbst in Hotels, wo man mit 30 AU$ am Tag rechnen muss) und weitere zusätzliche Kosten sind den ganzen Stress einfach nicht wert.

EIN AUTO KAUFEN/VERKAUFEN Der Gebrauchtwagenmarkt ist ein einziger Morast aus Misstrauen, fragwürdigen Autos und zwielichtigen Verkäufern. Wer sich aber etwas mit dem Thema auseinandersetzt, kann trotzdem einen anständigen Deal landen. Entlang der Parramatta Rd finden sind jede Menge Gebrauchtwagenhändler und in der *Trading Post* (www.tradingpost.com.au), einem wöchentlich erscheinenden Revolverblatt, das man beim Zeitschriftenhändler bekommt, werden auch gebrauchte Fahrzeuge zum Kauf angeboten. Weitere Infos zum Kauf oder Verkauf eines Fahrzeugs gibt's auf S. 103.

Der **Kings Cross Car Market** (☑1800 808 188; www.carmarket.com.au; 110 Bourke St, Woolloomooloo, ⏰9−17 Uhr) ist ein guter Ort, um ein Auto zu kaufen oder zu verkaufen. Das kann manchmal mühsam sein, viel los ist aber immer.

AUTOVERMIETUNGEN Die größten Autovermietungen mit Büros in Sydney sind:

Avis (☑13 63 33; www.avis.com.au)

Budget (☑13 27 27; www.budget.com.au)

Europcar (☑1300 13 13 90; www.europcar.com.au)

Hertz (☑13 30 39; www.hertz.com.au)

Thrifty (☑1300 367 227; www.thrifty.com.au)

In den **Gelben Seiten** (www.yellowpages.com.au) findet man zahlreiche weitere Autovermietungen, die teilweise klapprige Schrottkisten zu Tiefstpreisen vermieten – Kleingedrucktes beachten! Wer einen Campervan mieten möchte, ist in der William St in Kings Cross genau richtig. Hier sitzen Anbieter wie **Jucy** (☑1800 150 850; www.jucy.com.au).

MAUT Für die Sydney Harbour Bridge und den Harbour Tunnel ist in südlicher Fahrtrichtung eine Gebühr von 4 AU$ fällig; auf dem Eastern

Distributor sind es in nördlicher Richtung 5,50 AU$; die Fahrt durch den Cross City Tunnel kostet 2,10 AU$; und für den Lane Cove Tunnel wird eine Maut von 2,83 AU$ fällig. Auch für die wichtigsten Motorways Sydneys (M2, M5 und M7) muss Maut bezahlt werden (2,50−7 AU$). Es gibt noch einige wenige Mautstellen, an denen die Gebühr bar entrichtet werden kann, normalerweise wird die Maut aber über ein elektronisches System erfasst. Das bedeutet, dass sich jeder selbst darum kümmern muss, eine elektronische Marke oder einen Besucherpass über eine der folgenden Websites zu organisieren: www.roamcom.au, www.roamexpress.com.au oder www.myRTA.com.au. Infos bekommt man unter www.sydneymotorways.com.

Bus

Sydney Buses (www.sydneybuses.info) hat ein ausgedehntes Busnetz; Routen und Fahrpläne gibt's online. Wenn gegen 24 Uhr die regulären Busse ihren Dienst einstellen, übernehmen die Nightrider-Busse. Die wichtigsten Haltestellen in der Innenstadt sind Circular Quay, Wynyard Park (York St) und Railway Sq. In vielen Bussen gilt unter der Woche das Prepay-System – Tickets müssen vor dem Einsteigen beim Zeitschriftenhändler oder in den Bus TransitShops gekauft werden.

Am Wochenende kann man sein Ticket normalerweise im Bus kaufen. Es gibt drei Tarifzonen: 2/3,30/4,30 AU$. Am Circular Quay gibt's einen **Bus-TransitShop-Kiosk** (www.sydneybuses.info; Ecke Alfred St & Loftus St; ⏰Mo−Fr 7−19, Sa & So 8.30−17 Uhr), weitere befinden sich am Queen Victoria Building (Karte S. 56), am Railway Sq (Karte S. 56) und an der Wynyard Station (Karte S. 56).

Busrouten, die mit einem „X" beginnen, sind Expresslinien mit einer eingeschränkten Anzahl von Halten. „L" bedeutet ebenfalls weniger Stopps. Es gibt ein kostenloses CBD-Shuttle (555), das von Montag bis Mittwoch und freitags zwischen 9.30 und 15.30 Uhr, donnerstags von 9.30 bis 21 Uhr und am Wochenende von 9.30 bis 18 Uhr seine Runde dreht. Es verkehrt alle 20 Minuten zwischen dem Circular Quay und der Central Station, mit Zwischenstopps an den Bahnstationen Martin Pl, St. James und Museum, in Chinatown und an den Stationen Town Hall, QVB und Wynyard.

Vom/Zum Flughafen

Der Weg vom/zum Flughafen ist am einfachsten mit einem Shuttleunternehmen wie **Kingsford Smith Transport** (KST; ☑9666 9988; www.kst.com.au; einfache Strecke/hin & zurück ab 12,60/20,70 AU$; ⏰5−19 Uhr), das die Hotels im Stadtzentrum abdeckt. **Airport Shuttle North** (☑1300 505 100; www.airportshuttlenorth.com; einfache Strecke ab 35 AU$; ⏰5−23 Uhr) und **Manly Express** (☑8065 9524; www.manly

express.com.au; einfache Strecke ab 30 AU$; ☎3–23.30 Uhr) sind für die North Shore und die Northern Beaches zuständig. Alle müssen vorab gebucht werden.

Der **Airport Link** (☎13 15 00; www.airport link.com.au; einfache Strecke/hin & zurück Zentrum Sydney Erw. 15/25 AU$, Kind 10/15,50 AU$, ☎4.30–0.40 Uhr) ist eine etwas seltsame Angelegenheit: Eigentlich ist es eine gewöhnliche Pendlerlinie (mit schmutzigen Wägen), wer aber am Flughafen aussteigen will, der bezahlt einen absolut überteuerten Preis (normale Fahrgäste, die zur Wolli-Creek-Station nach dem Flughafen wollen, bezahlen 3,20 AU$).

Ein Taxi vom Flughafen ins Stadtzentrum kostet etwa 39 AU$ (51 AU$, 22–6 Uhr), bis nach Bondi 43 AU$ (55 AU$, 22–6 Uhr) und 80 AU$ bis nach Manly (106 AU$, 22–6 Uhr).

Monorail & Metro Light Rail (MLR)

Die privat betriebene **Metro Monorail** (www. metromonorail.com.au; einzelne Rundfahrt 4,90 AU$, Tagespass 9,50 AU$; ☎Mo–Do 7–22, Sa & So 8–22 Uhr, alle 5 Min.) fährt, beginnend an Galleries Victoria an der Ecke Pitt St/Park St, eine Runde und kommt dabei durch Chinatown und Darling Harbour.

Dasselbe Unternehmen betreibt auch die **Metro Light Rail** (MLR; www.metrolightrail. com.au; Zone 1 Erw./erm. 3,40/2,20 AU$, Zone 1 & 2 Erw. 4,40/3,40 AU$, Tagespass Erw. 9 AU$; ☎24 Std., 6–24 Uhr alle 10–15 Min., 24–6 Uhr alle 30 Min.), eine Straßenbahnlinie, die zwischen der Central Station und Pyrmont verkehrt und auch durch Chinatown und Darling Harbour fährt. Zone 2, die hinter Pyrmont beginnt und sich über den Fischmarkt, Glebe und Rozelle bis nach Lilyfield erstreckt, ist montags bis donnerstags und sonntags von 6 bis 23 Uhr in Betrieb, freitags und samstags bis 24 Uhr.

Schiff/Fähre

FÄHRE Die von **Sydney Ferries** (www.sydney ferries.info) betriebenen Hafenfähren und River-Cats (nach Parramatta) legen am Circular Quay ab. Die meisten Fähren sind zwischen 6 und 24 Uhr in Betrieb, die Fähren, die nur Touristenattraktionen bedienen, kürzer.

Eine einfache Fahrt auf einer normalen Fähre im inneren Hafenbereich kostet 5,30 AU$ bzw. 2,60 AU$ (Erw./erm.). Eine einfache Fährfahrt nach Manly oder Parramatta kostet 6,60/3,30 AU$. Senioren können für 2,50 AU$ ein Tagesticket kaufen und Familien profitieren vom "Family Funday"-Ticket, mit dem man für 2,50 AU$ pro Person (min. 1 Erw. & 1 Kind) einen ganzen Tag sämtliche Transportmittel in Sydney nutzen kann.

Das Privatunternehmen **Captain Cook Ferries** (www.captaincook.com.au) hat vom Circular Quay aus Fährverbindungen nach Manly (hin

---

ℹ️ TICKETS FÜR DEN NAHVERKEHR

Es gibt zwei Rabattoptionen für die Nutzung von Sydneys öffentlichem Nahverkehr:

MyMulti-Pass Hier wählt man zwischen einem Tages- (20 AU$) und einem Wochenpass (Zone 1/2/3 41/48/57 AU$), mit dem man in allen staatlichen Bussen, Fähren und Zügen innerhalb Sydneys, im Blue Mountains Hunter Valley, an der Central Coast, in Newcastle und Port Stephens kostenlos unterwegs ist.

MyBus-, MyTrain- und MyFerry-TravelTen-Tickets Mit diesen Zehnerkarten fährt man zwar günstiger, sie können aber nur in jeweils einem Transportmittel genutzt werden.

Die Tickets und Pässe sind bei Zeitschriftenhändlern, an Zeitungskiosken und an den Bus-/Fähr-/Bahn-Fahrkartenschaltern erhältlich. Infos dazu finden sich auf www.myzone. nsw.gov.au.

& zurück Erw./Kind 17/8,50 AU$) und Darling Harbour (hin & zurück Erw./Kind 24/12 AU$). Es bietet auch einen Zoo-Expressservice zum Taronga Zoo vom Circular Quay und Darling Harbour an (hin & zurück Erw./Kind 49,50/24,50 AU$ inkl. Eintritt).

Informationen über Hafenrundfahrten stehen auf S. 104.

WASSERTAXI Wassertaxis bedienen bestimmte Shuttlerouten; es können aber auch Fahrten zu/von anderen Orten im Hafen gebucht werden.

Aussie Water Taxis (Karte S. 56; ☎9211 7730; www.aussiewatertaxis.com.au; Cockle Bay Wharf, Darling Harbour; ☎9–22 Uhr) Darling Harbour nach Circular Quay einfache Strecke/hin & zurück Erw. 15/25 AU$, Kind 10/15 AU$; Darling Harbour zum Taronga Zoo einfache Strecke/hin & zurück Erw. 25/40 AU$, Kind 15/25 AU$; 45-minütige Harbour- bzw. Nightlights-Tour Erw./Kind 35/25 AU$.

Yellow Water Taxis (Karte S. 56; ☎1300 138 840; www.yellowwatertaxis.com.au; King St Wharf, Darling Harbour; ☎7–24 Uhr) Vom Circular Quay bis nach Darling Harbour kostet die Überfahrt 15/10 AU$ pro Erw./Kind; für eine 45-minütige Harbour „Hop On Hop Off"-Tour mit Stopps am Sydney Aquarium, am Luna Park, am Taronga Zoo und am Sydney Opera House bezahlt man 40/20 AU$ pro Erw./Kind.

Taxi

An Taxis und Taxiständen mangelt es in Sydney wahrlich nicht. Der Startpreis liegt bei 3,30 AU$, danach bezahlt man 1,99 AU$ je Kilometer (22–6 Uhr 20 % mehr). Warten wird mit 0,86 AU$ je Minute abgerechnet. Die Passagiere bezahlen alle Gebühren für Brücken, Tunnel und Straßen (auch wenn diese aus der Stadt heraus nicht anfallen, denn der Fahrer muss sie dann auf der Rückfahrt bezahlen).

Die großen Taxiunternehmen, die telefonisch bestellt werden können (gegen eine Gebühr von 2,20 AU$), sind:

Legion (✆13 14 51; www.legioncabs.com.au)

Premier Cabs (✆13 10 17; www.premiercabs. com.au)

Taxis Combined (✆13 33 00; www.taxis combined.com.au)

Zug

Der Betreiber von Sydneys Schienennetz außerhalb der Innenstadt ist **CityRail** (✆13 15 00; www.cityrail.info). Die Linien gehen vom unterirdischen City Circle (sieben Stationen im Zentrum) ab, bedienen aber weder die Strände im Norden und Süden noch Balmain oder Glebe. Alle Vorortszüge halten an der Central Station und meistens zusätzlich an einer oder an mehreren Stationen des City Circle.

Diese Züge fahren zwischen 5 und 24 Uhr. Nach 9 Uhr gibt's unter der Woche ein Ticket (mit Rückfahrt) zum „Off-Peak"-Tarif, das bis 4 Uhr am nächsten Morgen gültig ist und nur wenig teurer ist als ein normales einfaches Ticket.

An den meisten Stationen sind Fahrkartenautomaten aufgestellt, die rund um die Uhr in Betrieb sind. Wer bei den ganzen Tarifen persönliche Unterstützung braucht, bekommt diese dort aber meistens auch. Wer umsteigen muss, kauft sich ein Ticket direkt bis zum Ziel, darf an der Umsteigestation aber nicht aus dem Bahnhof raus, denn sonst wird das Ticket ungültig.

Informationen zu Zügen gibt der hilfsbereite **CityRail-Infostand** (Circular Quay; ☺9.05–16.50 Uhr).

BLUE MOUNTAINS

77784 EW.

Schaut man sich die spektakulären Blue Mountains (Karte S. 107) an, so scheint es, als hätten sie mehr Schluchten, Eukalyptusbäume und Gourmetrestaurants als Einwohner. Deshalb überrascht es auch nicht, dass die Region als Bewerber ins Rennen ging, als die Unesco Australien um Nominierungen für die Welterbeliste bat. Im Jahr 2000 wurde die Aufnahme dann

bestätigt. Der schieferfarbene Dunst, der den „Blauen Bergen" ihren Namen gab, stammt vom feinen öligen Dunst, den die riesigen Eukalyptusbäume verströmen. Sie überspannen die oft unzugänglichen Täler und hoch aufragenden Sandsteinfelsen mit einem dichten Blätterdach. Die Landschaft der Blue Mountains besticht durch ihre außergewöhnliche Schönheit und Artenvielfalt, die sie in Australien zu einem der beliebtesten Wanderziele machen.

Die ersten Ausläufer beginnen 65 km landeinwärts von Sydney und steigen dann zu einem 1100 m hohen Sandsteinplateau an, das von Tälern durchzogen ist, die sich im Laufe von Tausenden von Jahren ihren Weg durch den Stein gebahnt haben. In diesem Gebiet gibt es acht zusammenhängende Schutzgebiete, zu denen auch der **Blue Mountains National Park** (www. environment.nsw.gov.au/nationalparks) gehört, der mit einer wahrlich fantastischen Kulisse, hervorragenden Wandermöglichkeiten, Felsgravuren der Aborigines und unvorstellbar vielen Schluchten und Felsen aufwartet. Es ist der beliebteste und auch am einfachsten zugängliche der drei Parks in der Gegend. Tolle Aussichtspunkte sind u. a. der Evan's und der Govett's Leap Lookout bei Blackheath und der Echo Point in Katoomba.

Der nördlich der Bells Line of Rd gelegene **Wollemi National Park** (www.environ ment.nsw.gov.au/nationalparks) ist das größte bewaldete Naturgebiet in NSW und er streckt sich bis nach Denman im Hunter Valley.

Es gibt sechs indigene Sprachgruppen, deren äußerst enge Verbindung zu diesem Gebiet lange Zeit zurückreicht: der Stamm der Dharawal und Gundungurra im Süden, die Wiradjuri im Westen und Nordwesten und die Wanaruah, Darkinjung und Darug im Nordosten.

Es ist zwar möglich, die Blue Mountains von Sydney aus in einem Tagesausflug zu besuchen, aber es wäre schade um alles, was man verpasst. Man sollte eigentlich mindestens eine Nacht bleiben, um einige der Orte zu erkunden, mindestens eine Wanderung zu machen und in einem der hervorragenden Restaurants in Blackheath oder Leura zu Abend zu essen.

Nach ein paar Strandtagen in Bondi fühlen sich die Berge überraschend kühl an, deshalb etwas zum Überwerfen oder eine Jacke mitnehmen

◉ Sehenswertes

Aus Sydney kommend ist Glenbrook der erste Ort der Blue Mountains. Von hier aus ist der **Blue Mountains National Park** (Karte S. 107, 7 AU$/Auto, Fußgänger frei; ⊙8.30–18 Uhr, während der Sommerzeit bis 19 Uhr) zu Fuß oder mit dem Auto zu erreichen. Der Mt. Portal Lookout befindet sich 6 km hinter dem Eingangstor des Parks und bietet einen tollen Panoramablick in die Glenbrook Gorge, über den Nepean River und zurück bis nach Sydney.

Der Ort **Wentworth Falls** liegt noch ein Stück tiefer im Park drinnen. Von hier eröffnet sich den Süden der Blick über das majestätische Jamison Valley. Die Wasserfälle selbst ergießen sich in Schwaden schimmernder Tropfen über den 300 m tiefen Abgrund – den besten Blick hat man vom Falls Reserve. Das Reserve ist auch der Ausgangspunkt für eine Reihe von Wanderwegen, die ins grandiose Valley of the Waters mit seinen Wasserfällen, Schluchten, Misch- und Regenwäldern führen. Viele dieser Wanderungen beginnen am **Conservation Hut** (www.conservationhut.com.au; Fletcher St; Hauptgerichte 23–30 AU$; ⊙Mo–Fr 9–16, Sa & So ab 17 Uhr), wo man beim Essen oder auch bei einer Tasse Kaffee auf der Sonnenterasse einem tollen Blick über das Tal hat.

Das nahe gelegene **Leura** (Karte S. 107) ist ein elegantes Städtchen mit gewundenen Straßen, traditionellen Häusern und üppig grünen Gärten. Im Zentrum liegt The Mall, eine von Bäumen gesäumte Hauptstraße mit Boutiquen, Galerien und Cafés. Die **Everglades Gardens** (www.everglades.org. au; 37 Everglades Ave; Erw./Kind/erm. 8/4/6 AU$, ⊙Okt.–März 10–17 Uhr, April–Sept. bis 16 Uhr) sind Eigentum des National Trust, wurden in den 1930er-Jahren angelegt und gehören zu den bedeutendsten historischen Gärten des Landes.

Von Leura aus sind es nur 2 km bis nach **Katoomba** (Karte S. 107), dem „Hauptstädtchen" der Region. Die oft nebligen, steilen Straßen sind von Art-déco-Gebäuden gesäumt und die Bewohner eine seltsame Mischung aus einer hart arbeitenden Mittelschicht und Hippie-Aussteigern aus dem „Big Smoke" (Sydney). Eines scheinen sie aber gemeinsam zu haben: Sie lassen sich nicht von den unzähligen Reisebussen und Touristen beirren, die hierher kommen, um einen spektakulären Blick auf das Jamison Valley und die hoch aufragende Felsformation der **Three Sisters** von der Aussichts-

plattform **Echo Point** zu erhaschen. Am Echo Point starten ein paar kurze Spaziergänge, auf denen man den Massen etwas entkommen kann. Das Parken ist hier sehr teuer (3,80 AU$ für die 1. Std., 4,40 AU$ für jede weitere); wer vom Ortskern zu Fuß hierher kommt, läuft am besten die Lurline St entlang.

3 km vom Zentrum von Katoomba entfernt befindet sich das **Scenic World** (www. scenicworld.com.au; Ecke Cliff Dr & Violet St; Ticket hin & zurück Erw./Kind 21/10 AU$; ⊙9–17 Uhr), eine Art riesiges Naturkino. Hier gibt's eine Eisenbahn aus den 1880er-Jahren und eine moderne Seilbahn, die beide bis ins Tal hinunterfahren und dabei ein Gefälle von 52° bewältigen. Die mit gläsernem Boden ausgestattete Seilbahn **Scenic Skyway** (Erw./Kind 16/8 AU$) bleibt in der Luft und gleitet über das Tal.

Der nächste Ort in westlicher Richtung ist **Blackheath** (Karte S. 107). Hier gibt's eine Reihe von fantastischen Aussichtspunkten, nämlich Perrys Lookdown, Pulpit Rock, Govetts Leap und Evans Lookout, und die Massen sind nicht ganz so massiv wie am Echo Point. Blackheath ist auch das kulinarische Zentrum der Region, mit einigen ausgezeichneten Restaurants, die von Donnerstag bis Sonntag geöffnet haben.

🏃 Aktivitäten

Bushwalking

Die Entdecker Wentworth, Blaxland und Lawson waren 1813 die ersten Europäer, die diese majestätischen Berge überquerten. Ihre Expedition sorgte damals dafür, dass das Interesse an einer Erkundung der Gegend stark anstieg. Schön ist, dass es hier Wanderungen von jeder Länge und jeder Schwierigkeitsstufe gibt: Wirklich jeder kann seinen Teil zur Erkundung beitragen. Die beiden beliebtesten Gebiete für Bushwalking sind das Jamison Valley südlich von Katoomba und das Grose Valley im Nordosten Katoombas und östlich von Blackheath. Auch das Gebiet südlich von Glenbrook ist sehr schön. Eine der lohnenswertesten Wanderungen ist der 45 km lange, dreitägige „Six Foot Track" von Katoomba das Megalong Valley entlang bis nach Cox's River, und von dort weiter zu den Jenolan Caves. Hier gibt es unterwegs Stellen zum Zelten.

Das NPWS-Infozentrum in Blackheath hilft bei der Auswahl der richtigen Wanderung; bei kürzeren Wanderungen ist das

Katoomba

Katoomba

Besucherzentrum am Echo Point behilflich. Es ist zu beachten, dass der Wald hier sehr dicht ist und man sich sehr einfach verlaufen kann – das hat andere schon das Leben gekostet. Wer zu einer Wanderung aufbricht, sollte seinen Namen und seine Route immer bei der Polizei in Katoomba, bei einem Angestellten des NPWS oder in einem der Visitor Centres hinterlassen. Die Polizeiwache in Katoomba, das Echo Point Visitor Centre und das NPWS-Büro verleihen kostenlos Ortungsgeräte für die persönliche Sicherheit.

Auch an sauberes Trinkwasser muss man denken, da die Bäche aufgrund ihrer Nähe zu bewohnten Gebieten verschmutzt sind.

Im NPWS-Büro und in den Visitor Centres in Glenbrook und Katoomba sind eine Reihe von NPWS-Wanderbroschüren und -karten für 3 bis 6 AU$ erhältlich. In allen drei bekommt man auch die Heama-*Blue Mountains*-Wanderkarte (8,95 AU$) und

Veechi Stuarts beliebtes Buch *Blue Mountains: Best Bushwalks* (29,95 AU$).

Radfahren

Die Berge sind auch ein sehr beliebtes Ziel für Radfahrer, und viele nehmen ihre Räder mit dem Zug bis nach Woodford, von wo es dann in zwei bis drei Stunden bergab bis nach Glenbrook geht. Radkarten (7 AU$) gibt's in den Visitor Centres in Glenbrook und Katoomba.

Fahren

Der **Greater Blue Mountains Drive** (www.greaterbluemountainsdrive.com.au) ist eine Fahrtstrecke von 1200 km, die Sydney und die Region rund um die Blue Mountains verbindet. Entlang dieser Strecke befinden sich 18 zusätzliche „Entdeckungsrouten" (landschaftlich schöne Fahrstrecken), deren beliebteste Route der 36 km lange „Blue Mountains Drive Discovery Trail" ist, der eine Stunde dauert und in Katoomba beginnt. Endpunkt ist die Picknickstelle im Valley of the Waters an den Wentworth Falls.

Die besten Straßenkarten sind die *Blue Mountains Touring Map* (7,95 AU$) und die *Greater Blue Mountains Drive Touring Map* (7,95 AU$). Beide sind von Gregory's und beide sind in den Visitor Centres erhältlich.

Abenteuersport & Geführte Touren

Die meisten Anbieter haben ein Büro in Katoomba, was den Wettbewerb stark belebt, weshalb sich die Suche nach dem besten Angebot durchaus lohnt.

Australian School of Mountaineering BERGSTEIGEN
(ASM; Karte S.107; 4782 2014; www.asmguides.com; 166 Katoomba St, Katoomba) Klettern/Abseilen/Canyoning ab 175/145/175 AU$.

Blue Mountains Adventure Company ABENTEUERSPORT
(Karte S.107; 4782 1271; www.bmac.com.au; 84A Bathurst Rd, Katoomba) Abseilen gibt's ab 110 AU$, die Kombi aus Abseilen und Bushwalking ab 180 AU$, Canyoning beginnt bei 165 AU$, Bushwalking bei 100 AU$ und losgeklettert wird ab 180 AU$.

Blue Mountains Walkabout ABORIGINES-TOUR
(0408 443 822; www.bluemountainswalkabout.com) Hier gibt's siebenstündige und Halbtageswanderungen mit einem Aborigine als Führer (das ganze Unternehmen ist in indigener Hand). Schwerpunktthemen sind die indigene Bevölkerung und spirituelle Fragen (95/75 AU$). Treffpunkt ist der Faulconbridge-Bahnhof.

Tread Lightly Eco Tours ÖKO-TOUR
(4788 1229; www.treadlightly.com.au) Hat ein großes Angebot an Wanderungen (tagsüber oder bei Nacht), deren Schwerpunkt die Ökologie der Umgebung ist (65–135 AU$).

Schlafen

Die Blue Mountains bieten ein breites Spektrum an Übernachtungsmöglichkeiten, im Winter und an Wochenenden muss man seine Unterkunft aber vorab buchen (die Einwohner von Sydney lieben es, hier ein romantisches Wochenende zu verbringen). Backpacker übernachten vorwiegend in Katoomba, da dort die Hostels angesiedelt sind, wer mit eigenem fahrbaren Untersatz unterwegs ist, ist aber in Leura und Blackheath besser aufgehoben: Dort sind die Cafés und Restaurants besser.

Das berühmte **Hydro Majestic Hotel** (www.hydromajestic.com.au), ein extravagantes Art-déco-Gebäude der besonderen Art in Medlow Bath, wurde zum Zeitpunkt der Recherche gerade umfassend renoviert. Voraussichtliche Wiedereröffnung ist 2012.

Glenella Guesthouse PENSION $$
(Karte S.107; 4787 8352; www.glenellabluemountainshotel.com.au; 56-60 Govetts Leap Rd, Blackheath; Zi. 100–160 AU$, FZ 200–240 AU$;) Das großartige Glenella dient schon seit 1912 als Pension und wird mittlerweile mit viel Begeisterung und Professionalität von einem jungen britischen Paar geführt, das seine Gäste sehr herzlich empfängt. Es gibt sieben komfortable Zimmer, einen schicken Aufenthaltsraum und einen beeindruckenden Speiseraum, in dem ein wirklich exzellentes Frühstück aufgefahren wird.

Flying Fox HOSTEL $
(Karte S.107; 4782 4226; www.theflyingfox.com.au; 190 Bathurst Rd, Katoomba; DZ mit Gemeinschaftsbad 79 AU$, Stellplatz 19 AU$/Pers.;) Die Besitzer Ross und Wendy sind selbst begeisterte Traveller und geben diesem einfachen Hostel eine so liebenswerte Atmosphäre, dass man sich gleich wie zu Hause fühlt. Partys sucht man hier vergeblich, dafür gibt's im gemütlichen Aufenthaltsraum Glühwein und Tim Tams und ein kostenloses Pancake-Frühstück in der gut ausgestatteten Gemeinschaftsküche. Internet und WLAN sind kostenlos, Badezimmer sind hier allerdings rar.

Blue Mountains YHA
HOSTEL **$**

(Karte S. 107; [📞]4782 1416; www.yha.com.au; 207 Katoomba St, Katoomba; B 29,50–31,50 AU$, DZ mit/ohne Bad 98,50/88,50 AU$, FZ mit/ohne Bad 140/126 AU$; [@][📶]) Hinter der nüchternen Art-déco-Fassade dieses beliebten Hostels verbergen sich 200 Betten, darunter auch eine Reihe komfortabler, heller und picobello sauberer Schlafsäle und Familienzimmer. Highlights sind der Aufenthaltsraum mit offenem Kamin, die Zentralheizung, ein riesiger TV-Raum, ein Billardtisch, eine hervorragende Gemeinschaftsküche und der Außenbereich mit Grillstellen. Von hier lassen sich jede Menge Aktivitäten planen. Für ein Frühstück zum Selbermachen bezahlt man 6,50 AU$.

Greens of Leura
B&B **$$**

(Karte S. 107; [📞]4784 3241; www.thegreensleura. com.au; 24-26 Grose St, Leura; Zi. ab 145/175 AU$ wochentags/Wochenende; [@][📶]) In einer ruhigen Parallelstraße zu The Mall befindet sich, umgeben von einem netten Garten, dieses hübsche, aus Holz gefertigte Haus. Es gibt fünf Zimmer, die nach englischen Schriftstellern benannt (Browning, Austen etc.) und individuell eingerichtet sind. Einige haben ein Himmelbett und einen Whirlpool.

Leura House
PENSION **$$**

(Karte S. 107; [📞]4784 2035; www.leurahouse. com.au; 7 Britain St, Leura; EZ 145 AU$, DZ 170–190 AU$, Suite 190–230 AU$; [@][📶]) Dieses weitläufige Herrenhaus aus den 1880er-Jahren ist von einem wunderbaren Garten umgeben und diente früher als Kloster. Seit einigen Jahrzehnten ist hier allerdings eine Pension mit 13 komfortablen und sauberen, wenn auch etwas verblichenen Zimmern untergebracht. Der Blick aus Zimmer Nr. 11 ist toll. Das Frühstück könnte besser sein.

Carrington Hotel
HOTEL **$$-$$$**

(Karte S. 107; [📞]4782 1111; www.thecarrington. com.au; 15-47 Katoomba St, Katoomba; Zi. mit eigenem Bad 205–315 AU$, Zi. mit Gemeinschaftsbad 129–149 AU$, Suite 340–490 AU$; [✳][@][📶]) Das Carrington ist Katoombas gesellschaftliches und architektonisches Highlight und nimmt seit 1880 Besucher auf. Obwohl ein Großteil des Gebäudes etwas aufpoliert wurde, hat es sich seinen historischen Charakter erhalten. Besondere Annehmlichkeiten sind eine Bibliothek, ein Billardzimmer und eine stattliche Grünanlage.

No 14
HOSTEL **$**

(Karte S. 107; [📞]4782 7104; www.numberfourteen.com; 14 Lovel St, Katoomba; B 25–28 AU$,

DZ mit Bad 75–85 AU$, DZ mit Gemeinschaftsbad 65–75 AU$; [@][📶]) Die freundliche Atmosphäre dieses kleinen Hostels erinnert ein bisschen an eine vergnügliche WG. Leider gibt es hier viel zu wenige Badezimmer (drei Duschen für 30 Betten). Die Schlafsäle sind mit drei bis vier Betten ausgestattet; die Doppelzimmer unterm Dach sind sehr gemütlich. Im Preis ist ein einfaches Frühstück inbegriffen und Internetzugang auf den hauseigenen Computern ist kostenlos. Für WLAN werden pro 24 Stunden 5 AU$ fällig.

🍴 Essen

Obwohl es der wichtigste Ort der Blue Mountains ist, hat Katoomba eine enttäuschende Auswahl an Cafés und Restaurants – wer seinen fahrbaren Untersatz dabei hat, geht besser woanders essen.

[LP TIPP] Solitary
MODERN-AUSTRALISCH **$$**

(Karte S. 107; [📞]4782 1164; www.solitary. com.au; 90 Cliff Drive, Leura Falls; Mittagessen 14–33,50 AU$, Abendessen 26–33,50 AU$; [🕐]tgl. mittags, Sa abends, im Jan. 2 Wochen geschl.) Der fantastische Blick auf den Mt. Solitary ist die Hauptattraktion hier, die vorrangig saisonalen und absolut leckeren Gerichte können aber problemlos mit der tollen Lage oben an den Leura Cascades mithalten. Hier wird auch Devonshire-Tee serviert (10 AU$).

Whisk & Pin Store & Cafe
CAFÉ **$**

(Karte S. 107; www.whiskandpin.com; 1 Railway Pde, Medlow Bath; Frühstück 7–17,50 AU$, Sandwiches 9,50–16,50 AU$, leichte Mittagsgerichte 15,50–17,50 AU$; [🕐]Mo-Fr 8.30–16, Sa & So bis 17 Uhr) Dieses Café ist in einem Laden untergebracht, der Gourmetkonserven und stylishe Geschenke verkauft. Man schnappe sich einen Platz auf einem der Sofas oder an einem der Gemeinschaftstische und genieße die frisch zubereiteten und leckeren Gerichte. An der nördlichen Seite des Highways, gegenüber dem Bahnhof.

Ashcrofts
MODERN-AUSTRALISCH **$$**

(Karte S. 107; [📞]4787 8297; www.ashcrofts. com; 18 Govetts Leap Rd, Blackheath; 2/3 Gänge 68/85 AU$; [🕐]Mi-So abends, So mittags, Febr. & 1. Märzhälfte geschl.) Chefköchin Corinne Evatt begeistert seit einem Jahrzehnt sowohl Einheimische als auch Touristen mit ihrer geschmackvollen, global inspirierten Küche. Die Weinkarte ist vielleicht die beste der Blue Mountains und der Service ist tadellos.

Escarpment
MODERN-AUSTRALISCH **$$**

(Karte S. 107; ☑ 4787 7269; www.escarpmentblack
heath.com; 246 Great Western Highway, Black-
heath; Hauptgerichte 28–34,50 AU$; ⊙Do–Mo
abends, Sa & So mittags) Zum Dekor dieses
erst vor Kurzem eröffneten Bistros in der
Nähe des Bahnhofs gehören schicke Kunst-
werke und eine altmodische Espresso-
maschine. Die Speisekarte ist aber weder
altmodisch noch zu experimentierfreudig
– die Speisen passen sich der Jahreszeit an
und wo möglich werden lokale Produkte
verwendet.

Fresh Espresso & Food Bar
CAFÉ **$**

(Karte S. 107; www.freshcafe.com.au; 181 Ka-
toomba St, Katoomba; Frühstück 4,50–14,90 AU$,
Mittagessen 12,90–15,90 AU$; ⊙Mo–Sa 8–17,
So bis 16 Uhr) Der biologisch angebaute, von
einer Umweltorganisation zertifizierte und
fair gehandelte Kaffee, den es hier im Fresh
gibt, hat im Ort eine treue Fangemeinde ge-
funden. Auch das hervorragende ganztägig
angebotene Frühstück ist sehr beliebt. Die
Filiale in Katoomba ist klein, das neue Café
mit Rösterei an der Ecke Megalong St/The
Mall in Leura hat aber genug Platz.

Silk's Brasserie
MODERN-AUSTRALISCH **$$**

(Karte S. 107; ☑ 4784 2534; www.silksleura.com;
128 The Mall, Leura; Hauptgerichte 24–37 AU$;
⊙mittags & abends) Sowohl das Dekor als
auch die Angestellten dieses langjährigen
Feinschmeckerrestaurants in Leura sind äußerst einladend. Die Gerichte sind manchmal etwas übertrieben, die Portionen sind
aber großzügig und der Geschmack stimmt.

Blue Mountains Food Co-op
LEBENSMITTELGESCHÄFT **$**

(Karte S. 107; www.bluemtnsfood.asn.au; Shops
1 & 2, Ha'penny Lane, Katoomba; ⊙Mo–Mi & Fr
9–18, Do bis 18.30, Sa 8.30–17, So 10–16.30 Uhr)
Der perfekte Laden für alle unerschrocke-
nen Selbstversorger und Wanderer, die für
unterwegs was Leckeres brauchen. Hier bekommt man biologisch angebaute, vegane
und glutenfreie Erzeugnisse aus der Umgebung.

🍷 Ausgehen

Station Bar
BAR

(Karte S. 107; http://stationbar.com.au; 287 Bathurst Rd, Katoomba; ⊙open end) Dieses neue
Lokal am Bahnhof ist die beliebteste Kneipe im Ort – die Erfahrung hat aber gezeigt,
dass man von der Pizza besser die Finger
lassen sollte. Sonntagabends gibt's hier ab
19 Uhr Livemusik.

The Old City Bank Bar & Brasserie
BAR

(Karte S. 107; Katoomba St, Katoomba; ⊙Mo–Do
7–2, Fr & Sa bis 3, So 10–22 Uhr; 🐾) Ein beliebter Laden mit Bar im Erdgeschoss und Speisesaal im Obergeschoss. Dort gibt's ganz
annehmbares Kneipenessen und Pizzas
(Hauptgerichte 14–24 AU$). Freitags und
Samstag gibt's abends meistens Livemusik.

❶ Praktische Informationen

Weitere Infos zu den Nationalparks (auch zum
Wandern und Campen) gibt es beim **NPWS
Visitors Centre** in Blackheath (Karte S. 107;
☑ 4787 8877; www.nationalparks.nsw.gov.au;
Govetts Leap Rd, Blackheath; ⊙9–16.30 Uhr),
etwa 2,5 km abseits vom Great Western Hwy und
10 km nördlich von Katoomba.

Visitor Information Centres (☑ 1300 653
408 oder 1800 641 227; www.visitbluemoun
tains.com.au) finden sich am Great Western
Highway in **Glenbrook** (⊙Mo–Fr 9–16.30, Sa &
So 8.30–15.30 Uhr) und am Echo Point in **Katoomba** (Karte S. 107; ⊙9–17 Uhr). Beide haben
jede Menge Infos und können Unterkünfte, geführte Touren und andere Attraktionen buchen.

❶ Anreise & Unterwegs vor Ort

Wer mit dem Auto von Sydney in die Blue
Mountains fährt, verlässt die Stadt über die
Parramatta Rd. In Strathfield man auf die
mautfreie M4, die westlich von Penrith in den
Great Western Hwy übergeht, der an allen Orten
der Blue Mountains vorbeikommt. Die Fahrt aus
dem Zentrum von Sydney bis nach Katoomba
dauert ungefähr anderthalb Stunden.

Nördlich des Great Western Hwy verläuft die
landschaftlich schöne Bells Line of Rd. Sie windet sich durch die Berge und bildet gemeinsam
mit dem Great Western Hwy einen Rundweg.
Zur Bells Line of Rd gelangt man, indem man in
Parramatta nach Nordwesten auf die Windsor
Rd nach Windsor auffährt. Die Richmond Rd,
die aus Windsor herausführt, wird westlich von
Richmond zur Bells Line of Rd.

Blue Mountains Bus (☑ 4751 1077; www.bmbc.
com.au) Linienbusse fahren von Katoomba
nach Wentworth Falls (685 und 690K), Scenic
World (686), Leura (690K) und Blackheath
(698). Der Fahrpreis beträgt zwischen 2 und
4,30 AU$.

Blue Mountains Explorer Bus (☑ 1300 300
915; www.explorerbus.com.au; 283 Main St, Katoomba; Erw./Kind 36/18 AU$; ⊙9.45–16.54
Uhr) Dieser Bus fährt in 30- bis 60-minütigen
Abständen zwischen Katoomba und Leura
hin- und her; man kann ein- und aussteigen wo
man möchte.

Blue Mountains ExplorerLink (☑ 13 15 00;
www.cityrail.info; 1-Tage-Pass Erw./Kind ab
46,80/23,40 AU$, 3-Tage-Pass Erw./Kind ab

66,80/33,40 AU$) Hin- & Rückfahrtticket von Sydney in die Blue Mountains inklusive Nutzung des Explorer Bus.

CityRail (☑13 15 00; www.cityrail.info) Fährt von Sydneys Central Station in die Blue Mountains (einfache Strecke Erw./Kind 7,80/3,90 AU$, 2 Std., stündl.)

Trolley Tours (☑4782 7999, 1800 801 577; www.trolleytours.com.au; 285 Main St, Katoomba; Erw./Fam. 20/60 AU$; ☺9.45–17.42 Uhr) Ein Bus nach dem „Hop on hop off"-Prinzip, der mehr schlecht als recht als „Trolley" (Straßenbahn) verkleidet ist. Hält 29-mal zwischen Katoomba und Leura.

VON SYDNEY NACH NEWCASTLE

Ist der nervenaufreibende Verkehr der nördlichen Vororte Sydneys erst einmal überwunden, stellt sich die Frage, ob man direkt die Schnellstraße nach Newcastle nimmt oder gemütlich die Küste entlang nach Norden fährt. Ehrlich gesagt wird keine der beiden Routen als Highlight der Reise in Erinnerung bleiben, wer aber etwas Zeit übrig hat, findet an der Küstenstraße einige nette Abstecher.

Der größte Ort in dieser Gegend ist das hügelige **Gosford**, ein wenig reizvoller Ort, der als Verkehrs- und Versorgungsknotenpunkt für die umliegenden Strände fungiert. Infos über die Umgebung bekommt man am einfachsten im **Central Coast Visitor Centre** (☑4343 4444; www.visitcentralcoast.com.au; The Avenue, Kariong; ☺Mo–Fr 9–17, Sa & So 9.30–15.30 Uhr) unmittelbar an der F3-Schnellstraße am Ortseingang. Es gibt einen auch ein kleineres **Visitor Centre** (☑4343 4444; 200 Mann St; ☺Mo–Fr 9.30–16, Sa bis 13 Uhr) mit ehrenamtlichen Mitarbeitern in der Nähe des Bahnhofs und ein Büro des **National Parks & Wildlife Service (NPWS)** (☑4320 4200; 207 Albany St N; ☺Mo–Fr 8.30–16.30 Uhr), das hinter dem Gosford Town Centre Shopping Centre zu finden ist.

Der **Australian Reptile Park** (☑4340 1022; www.reptilepark.com.au; Erw./Kind/erm. 24,50/12,50/17 AU$; ☺9–17 Uhr), von der Ausfahrt der Schnellstraße gut ausgeschildert, bietet die Möglichkeit, mit Koalas und Pythons auf Tuchfühlung zu gehen, zuzusehen, wie Trichternetzspinnen „gemolken" werden (für die Herstellung der Gegengifts), und sich über die bedrohliche Lage des Tasmanischen Teufels zu informieren (der Park ist eine von mehreren Aufzucht-

stationen). Es gibt auch ein Gehege im Disney-Stil mit dem Namen *Lost Kingdom of Reptiles* – so scheußlich, dass es schon wieder sehenswert ist.

Südwestlich von Gosford durchziehen Wanderwege das zerklüftete Sandsteingebiet des **Brisbane Water National Park** (www.nationalparks.nsw.gov.au), der an den Hawkesbury River angrenzt und für seine Wildblumen bekannt ist. Die **Bulgandry Aboriginal Engraving Site** mit Felsgravuren der Aborigines befindet sich 3 km südlich des Central Coast Hwy an der Woy Woy Rd.

Bei Schauspielern, Schriftstellern und anderen Angehörigen der Schickeria beliebt ist das hübsche Dörfchen **Pearl Beach**. Es liegt am östlichen Rand des Parks und hat zahlreiche Cafés und Restaurants, darunter auch das **Pearls on the Beach** (☑4342 4400; www.pearlsonthebeach.com.au; 1 Tourmaline Ave; Hauptgerichte 30–36 AU$; ☺Do–So mittags & abends), eine stilvolle Strandhütte direkt am Ufer.

Südöstlich von Gosford erstreckt sich der **Bouddi National Park** (www.environment. nsw.gov.au/national parks) vom nördlichen Punkt der Broken Bay bis zum MacMasters Beach, 12 km südlich von Terrigal. Die Zufahrt mit dem Auto ist eingeschränkt, es gibt aber kurze Wanderwege, die an abgelegenen Stränden vorbeiführen, darunter auch der hübsche **Maitland Bay**. Der Park besteht aus zwei Teilen, jeweils rechts und links von **Putty Beach**. Er ist mit dem Auto zugänglich (7 AU$). Zeltplätze befinden sich am **Little Beach** (Stellplatz pro Erw./Kind 14/7 AU$), **Putty Beach** (Stellplatz pro Erw./Kind 14/7 AU$) und **Tallow Beach** (Stellplatz pro Erw./Kind 10/5 AU$) und können über das NPWS-Büro in Gosford gebucht werden. Nur der Zeltplatz am Putty Beach hat Trinkwasser und Toiletten mit Wasserspülung.

Östlich von Gosford ist die Küste dicht besiedelt. Der sichelförmige Strand in **Terrigal** ist schön und gut zum Surfen; ein kleiner Boxenstopp lohnt sich. Im **Cove Cafe** (http://covecafe.com.au; The Haven; Hauptgerichte 15,90–33,90 AU$; ☺tgl. morgens & mittags, Sommer Fr & Sa abends) kann man beim Essen oder einem Drink den Meerblick genießen; alternativ gibt's bei **Haven Seafoods** direkt am Wasser oder im **Snapper Spot** an der Esplanade leckere Fish & Chips, die man dann am Strand verdrückt. Gute Übernachtungsmöglichkeiten sind hier dünn gesät. Das enge, aber saubere **Terrigal Beach YHA**

(☎4384 1919; www.yha.com.au; 9 Ocean View Dr; B 30 AU$; DZ mit eigenem Bad/Gemeinschaftsbad 85/75 AU$; 🛜) ist nicht schlecht.

Im Norden erstrecken sich entlang der Küste zwischen Bateau Bay und Newcastle eine Reihe von Salzwasser-„Seen". Der größte von ihnen, **Lake Macquarie**, ist viermal so groß wie Sydney Harbour.

ℹ️ An- & Weiterreise

Gosford ist mit vielen CityRail-Verbindungen nach Sydney (Erw./Kind 7,80/3,90 AU$, 1½ Std.) und Newcastle (Erw./Kind 7,80/3,90 AU$, 1½ Std.) gut angebunden. Vom Bahnhof in Gosford bieten **Busways** (☎9625 8900; www.busways.com.au) und **Redbus** (☎4332 8655; www.redbus.com.au) Verbindungen nach Terrigal und in die umliegenden Orte und an die Strände; an Wochenenden fahren diese Busse seltener.

Die CityRail-Züge halten bei Bedarf auch am Bahnhof Wondabyne im Brisbane Waters National Park (nur der hintere Wagen). Mit öffentlichen Verkehrsmitteln erreicht man den Bouddi National Park ab Gosford mit Busways-Bus 61.

NEWCASTLE

540 796 EW.

Sydney hat vielleicht Glanz und Glamour, die zweigrößte Stadt von NSW wartet dafür mit einem bodenständigen, unkonventionellen Charme auf. Newcastle ist so ein Ort, an dem man barfuß zum Einkaufen und in der Mittagspause zum Surfen gehen kann und wo man in einer Bar nach ein paar Bier auch schnell mal mit den Einheimischen Brüderschaft trinkt.

Diese unbekümmerte Lebenseinstellung ist wohl von Newcastles rauer und bewegter Vergangenheit geprägt, die mit Verbrechern und Grubenarbeitern ihren Anfang nahm. Heute ist hier der größte Kohleexporthafen der Welt zu finden, die Stadt erlebt momentan aber so etwas wie eine Wiedergeburt. Pläne für die Verjüngungskur des Kais hauchen dem Hafen neues Leben ein und eine vielseitige und innovative Kunstszene bringt Farbe und Kultur in die Straßen.

Die beliebten Strände laden zum Schwimmen und Surfen ein, die Meeres-Schwimmbäder zum Planschen; der CBD lockt mit herausragender, traditioneller Architektur oder man bummelt einfach die angesagte Darby St entlang. Zum Essen gibt's Fish & Chips, am Horizont ziehen große Frachter vorüber und irgendwo findet sich immer eine Bar mit Livemusik – ein Zwischenstopp von ein oder zwei Tagen lohnt sich hier also allemal.

👁 Sehenswertes
Museen, Galerien & historische Stätten

GRATIS **Lock Up** KULTURZENTRUM

(www.thelockup.info; 90 Hunter St; ⊙Mi–So 10–16 Uhr) Heutzutage werden in dieser ehemaligen Polizeiwache (1861) keine Verbrecher mehr eingesperrt, es sind vielmehr ortsansässige Künstler, die freiwillig hier sind. Es gibt eine Galerie zeitgenössischer Kunst, Ateliers und ein interessantes Polizeimuseum mit gruseligen, beengten Gefängniszellen, die Teil des denkmalgeschützten Gefängnisses sind.

Newcastle Regional Museum MUSEUM

(www.newcastle.nsw.gov.au/about_newcastle/newcastle_museum; Workshop Way, Honeysuckle Precinct; Eintritt frei; ⊙Di–So 10–17 Uhr) Das im August 2011 eröffnete Museum ist so etwas wie Newcastles Aushängeschild. Es ist in der restaurierten Honeysuckle-Bahnwerkstatt am Hafen untergebracht und befasst sich mit den Menschen, Aktivitäten und Plätzen der Stadt und der Region.

Fort Scratchley HISTORISCHE STÄTTE

(www.fortscratchley.org.au; Nobby's Rd; Eintritt oberer Bereich frei, geführte Tour Fort & Tunnel Erw./Kind/erm. 15/7,50/8 AU$; ⊙Mi–Mo 10–16 Uhr, geführte Touren am Wochenende oder auf Anfrage) Die ursprünglich während des Krimkriegs zum Schutze der Stadt gegen eine mögliche Invasion erbaute Festung liegt hoch oben über dem Hafen von Newcastle und wurde kürzlich restauriert. Im Zweiten Weltkrieg war sie eine der wenigen Verteidigungsanlagen Australiens mit scharfen Geschützen. Am 8. Juni 1942 tauchte plötzlich ein japanisches U-Boot auf, das die Stadt mit Granaten beschoss. Fort Scratchley erwiderte das Feuer und wehrte die Bedrohung mit nur vier Schuss ab. Mehr darüber erfährt man bei der Führung.

The Newcastle Maritime Centre MUSEUM

(Lee Wharf, 3 Honeysuckle Dr; Erw./Kind/erm. 10/5/7 AU$; ⊙Di–So 10–16 Uhr) Alles Wissenswerte über Newcastles Geschichte der Seefahrt erfährt man in diesem neuen Museum, das in einem renovierten Gebäude am Kai mit Blick auf den Hafen residiert.

GRATIS **Newcastle Region Art Gallery** KUNSTGALERIE

(www.newcastle.nsw.gov.au/nag; 1 Laman St; ⊙Di–So 10–17 Uhr) Die Galerie zeigt eine Dauerausstellung mit Werken renommierter Aussie-Künstler (Drysdale, Nolan, Whiteley) und spannende Wechselausstellungen.

Naturschutzgebiete

GRATIS **Blackbutt Reserve** NATURSCHUTZGEBIET (www.newcastle.nsw.gov.au/recreation/blackbutt_reserve; Carnley Ave, Kotara; ☺9–17 Uhr) In diesem vom Gemeinderat verwalteten Buschgebiet mit zahlreichen Wanderwegen und Picknickstellen gibt es auch Gehege mit vielen einheimischen Tieren, u.a. Koalas, Kängurus, Wallabys und Wombats, und einem schrägen Chor einheimischer Vögel. Mit Bus 224 oder 317 (30 Min.) geht es bis zum Park; nach 1 km Fußweg ist der Eingang erreicht.

Hunter Wetlands Centre NATURSCHUTZGEBIET (www.wetlands.org.au; Sandgate Rd, Shortland; Erw./Kind/erm. 10/5/6,50 AU$; ☺Mo–Fr 9–16, Sa & So bis 17 Uhr) In diesem sumpfigen Wunderland leben über 200 Vogel- und andere Tierarten. Am besten erkundet man das Naturschutzgebiet mit dem Kanu (14,90 AU$/2 Std.) – oder man taucht ein Netz ins Wasser und untersucht seinen Fang mit einer Lupe. Wer nicht unfreiwillig zu diesem Ökosystem beitragen will, der sollte besser Insektenschutzmittel dabei haben. Um hierher zu kommen, nimmt man den Pacific Hwy bis Maitland und biegt dort am Friedhof links ab. Vom Bahnhof aus fahren aber auch die Busse 106 und 107 (40 Min.).

Noch mehr Sehenswertes

Vom **Queens Wharf Tower** am Ufer und vom **Obelisken**, der über dem King Edward Park thront, hat man einen weitschweifenden Blick über Stadt und Meer. Auf der anderen Flussseite (mit der Fähre etwa 5 Min.) liegt **Stockton**, eine unauffällige Siedlung mit tollem Blick hinüber nach Newcastle und einem freiliegenden Schiffswrack im Wasser.

Nobby's Head war ursprünglich eine Insel, bis sie 1846 mit dem Festland verbunden wurde, um eine einzigartig schöne Sandbank zu schaffen. Zu Beginn war die Sandbank doppelt so hoch wie heute, wurde 1855 aber bis auf 28 m überm Meeresspiegel abgetragen. Ein Spaziergang entlang dieser Sandbank bis zum Leuchtturm und der Wetterstation ist eine tolle Sache: Die Wellen rauschen und brechen direkt am Strand und es wimmelt nur so von Joggern.

🏃 Aktivitäten
Schwimmen & Surfen

Am East End hat der **Newcastle Beach** alles zu bieten, was Surfer und Schwimmer so brauchen. Wer aber übermäßig ängstlich ist was Haie anbelangt, der fühlt sich vielleicht im einbetonierten **Meeres-Schwimmbad** sicherer, das eine wunderschön bunte Fassade von 1922 schmückt. Für Kleinkinder gibt es ein flaches Becken und die Kulisse des mächtigen Ozeans und der vorbeituckernden Dampfer hat was für sich. Surfer können sich an **Nobby's Beach** gleich nördlich des Schwimmbads in die Wellen stürzen – die schnellen Lefthander, Wedge genannt, finden sich an seinem Nordende.

Südlich des Newcastle Beach liegt unterhalb des King Edward Parks Australiens ältestes Meeres-Schwimmbad, das von Strafgefangenen in den Stein gemeißelte **Bogey Hole**. Ein stimmungsvoller Ort zum Baden, vor allem, wenn sich die Brandung zischend über die Begrenzungsmauern ergießt.

Der berühmteste Surfspot findet sich 1 km weiter südlich am **Bar Beach**. Wer gerade mal keine Lust auf Badekleidung hat, kann am oberen Ende des Strandes um die Felsen herumklettern und erreicht den (inoffiziellen) FKK-Strand **Susan Gilmour Beach**, der nur bei Ebbe zugänglich ist. Im Meeres-Schwimmbad des nahe gelegenen **Merewether Beach** wird die Winterbadesaison etwas anders eingeläutet: Es werden Eisblöcke ins Wasser geworfen und dann können die kaltblütigen Freaks vom Merewether Mackerels Winter Swimming Club zeigen, was sie draufhaben. Zwischen dem CBD und dem Bar Beach ganz im Süden verkehren regelmäßig Busse, allerdings fahren nur Bus 201, 225 und 310 weiter nach Merewether.

Surfausrüstung gibt's in **Richards Surf Shop** (☏ 4961 3088; 755 Hunter St). Die **Jye Byrnes Surf School** (☏ 0409 227 407; jyebyrnes@hotmail.com; 80-minütiger Gruppenunterricht 40 AU$/Pers., Privatunterricht 70 AU$) ist spezialisiert auf individuelle Betreuung und Unterricht in kleinen Gruppen.

Das berühmte Surffestival der Stadt, das **Surfest** (www.surfest.com), findet jedes Jahr im März statt.

Stadtspaziergänge

Im Visitor Centre bekommt man eine Broschüre mit Stadtplan, in der zwei Stadtspaziergänge mit verschiedenen Schwerpunkten beschrieben sind und die man beide auf eigene Faust machen kann. Der **Bather's Way** verläuft zwischen den beiden Stränden Nobby's und Merewether Beach. Unterwegs sind Schilder aufgestellt, die einen zwischen zwei Schwimmgängen mit Infos über die indigene Bevölkerung, die Straf-

Newcastle

Newcastle

gefangenen und naturgeschichtliche Hintergründe versorgen. Der **Newcastle East Heritage Walk** führt an den Highlights der kolonialen Vergangenheit Newcastles vorbei, darunter auch am **Convict Lumber Yard** gegenüber dem Bahnhof.

Auch die Broschüre *Newcastle by Design* gibt's im Visitor Centre. Sie beschreibt einen kurzen Spaziergang rund um die Hunter St, der die Architektur der Stadt erläutert.

👉 Geführte Touren

Hunter Valley Day Tours   WEINTOUREN
(☑4951 4574; www.huntervalleydaytours.com.au) Besucht werden vier bis fünf Weingüter im Hunter Valley, die Hunter Valley Cheese Company und die Hunter Valley Chocolate Company; Preise variieren je nach Gruppengröße (ab 95 AU$/Pers.).

Tex Tours   WEINTOUREN
(www.textours.com.au; ☑0410 462 540) Unterhaltsame, ganztägige Weintouren im Hun-

ter Valley (65 AU$, Rabatte für Backpacker) sowie Delfinbeobachtungen und Dünentouren per Jeep nach Port Stephens (75 AU$).

🛏 Schlafen

Newcastle Beach YHA   HOSTEL $
(☑4925 3544; www.yha.com.au/hostels/details.cfm?hostelid=134; 30 Pacific St; B 33 AU$, EZ 55 AU$, DZ 80 AU$; @🛜) Dieses denkmalgeschützte Gebäude ist nur einen Steinwurf vom Newcastle Beach entfernt. Mit seinen prächtigen Wohnbereichen und hohen Decken erinnert es an eine britische Privatschule (ohne Rituale und Schikanen). Bodyboards können kostenlos, Surfbretter gegen eine Gebühr ausgeliehen werden. Es gibt Gutscheine für Kneipenessen und jeden Donnerstagabend ein kostenloses Barbecue.

Stockton Beach
Tourist Park   CAMPING $
(☑4928 1393; www.stocktonbeach.com; Pitt St, Stockton; Stellplatz ohne Strom 24–37 AU$, Stellplatz mit Strom 29–46 AU$, DZ in Schlafbaracke 59–86 AU$, Hütte für 2 Pers. 97–176 AU$; @🛜) Hier, hinter den Dünen von Stockton, liegt der Strand direkt vor der Tür (bzw. vor dem Zelt). Der Campingplatz hat Grillstellen, eine Camperküche, Kinderspielplätze, eine voll ausgestattete Waschküche und kostenloses WLAN und Internet. Wer in der Schlafbaracke übernachtet, muss zusätzlich Bettwäsche leihen.

Hamilton Heritage B&B   B&B $$
(☑4901 1242, colaine@iprimus.com.au; 178 Donison St, Hamilton; EZ 95–110 AU$, DZ 135–165 AU$; ✳🛜) Blümchen und Rüschen stehen in diesem um die Jahrhundertwende erbauten Wohnhaus in der Nähe der Café-Meile Beaumont St hoch im Kurs. Drei der Zimmer sind angemessen groß und haben ein eigenes Bad. Es gibt ein Mini-Zimmer mit Gemeinschaftsbad (EZ/DZ 60/80 AU$). Kinder und Haustiere sind willkommen.

Backpackers Newcastle   HOSTEL $
(☑1800 33 34 36, 4969 3436; www.backpackersnewcastle.com.au; 42-44 Dennison St; B 26–29 AU$, DZ/2BZ 60–65 AU$, Stellplatz 15 AU$/Pers.; @🛜) Kein Vergleich zum YHA, dafür ist es billig und bietet kostenlosen Surfunterricht (Surfbrett & Neoprenanzug 25 AU$/2 Std.), montags und mittwochs ein kostenloses Abendessen und einen kostenlosen Abholservice vom Bahnhof.

Crowne Plaza   HOTEL $$$
(☑4907 5000; www.crowneplaza.com.au/newcastle; Ecke Merewether St & Wharf Rd; Zi. 248–

374 AU$; ✳ @ ⚊ 🛜) Ein großes, beigefarbenes, modernes Hotel in toller Lage direkt am Meer. Es ist mit Abstand das beste Hotel der Stadt, mit exzellentem Service und tollem Pool. Frühstück kostet 40 AU$.

Cooks Hill Cottage
FERIENHAUS $$$

(☑0401 269 863; www.cookshillcottage.com.au; 102 Dawson St, Cooks Hill; Preis auf Anfrage; ✳) Ein stilvoll renoviertes Ferienhaus mit zwei Schlafzimmern in der Nähe des Centennial Park. Hier kann man auf der Terrasse im Whirlpool (für fünf Personen!) relaxen oder sich in der Gourmetküche ein Essen vom Feinsten zubereiten.

✗ Essen

Darby und Beaumont sind die kulinarischen Meilen schlechthin, aber auch rund um die Honeysuckle Warf gibt es am Ufer zahlreiche Cafés und Restaurants.

Bacchus
MODERN-AUSTRALISCH $$

(☑4927 1332; www.bacchusnewcastle.com.au; 141 King St; Mittagessen 2/3 Gänge 48/60 AU$, Hauptgerichte abends 44–49 AU$, Probiermenüs 110–120 AU$; ⏱Do & Fr mittags, Di–Sa abends) Ein dekadenter römischer Gott hat diese ehemalige methodistische Missionsstation in einen sehr stimmungsvollen, sündigen Ort verwandelt (kulinarisch zumindest). Hier geht es außerordentlich elegant zu, für die Gerichte kann gebürgt werden und der Wein ist hervorragend.

Jonah's on the Beach
MODERN-AUSTRALISCH $$

(☑4929 5181; Ecke Shortland Esplanade & Zara St; Hauptgerichte 35–57 AU$, 2-/3-Gänge-Mittagsmenü 38/45 AU$; ⏱morgens, mittags & abends) Das Jonah's gehört zu einem Vier-Sterne-Hotel direkt am Newcastle Beach. Neben einem tollen Ausblick bekommt man hier deftige und geschmackvolle Köstlichkeiten serviert. Die Weinkarte hat zahlreiche edle Tropfen aus dem Hunter Valley und donnerstags, freitags und samstags wird abends Livemusik gespielt.

East End Enoteca
ITALIENISCH $-$$

(☑4925 2244; www.eastendenoteca.com; 14 Pacific St, Newcastle East; ⏱Do & Fr mittags, Di–Sa ital. Snacks & abends; ital. Snacks 4–22 AU$, Hauptgerichte mittags 15 AU$, Hauptgerichte abends 23–35 AU$) Auch hier regiert die italienische Lässigkeit. Das Essen ist top und es gibt eine gute Auswahl an offenen Weinen.

Estabar
CAFÉ $

(61 Shortland Esplanade; ⏱7–20 Uhr) Ein guter Tag beginnt mit einem hervorragenden Kaffee oder einer spanischen heißen Schokolade in diesem sonnenverwöhnten Café direkt am Newcastle Beach. An heißen Tagen kann man sich mit dem besten Eis der Stadt Abkühlung verschaffen.

Silo
MODERN-AUSTRALISCH $$

(www.silolounge.com.au; 1 Honeysuckle Wharf; Hauptgerichte mittags 19–25 AU$, Hauptgerichte abends 32–39 AU$; ⏱Sa & So morgens, tgl. mittags & abends) Das beliebte Bar-Restaurant mit Glamourgarantie und Sitzmöglichkeiten im Freien ist eines von vielen Lokalen, die in den letzten Jahren im sanierten Gebiet rund um den Kai eröffnet haben. Zwischen 16 und 18 Uhr gibt's Pizza für 10 AU$ und ein Glas Bier oder Sekt für 3,50 AU$.

Delucas Pizza
PIZZA $$

(☑4929 3555; 159B Darby St, Cooks Hill; Pizza 18–25 AU$; ⏱Di–So 17 Uhr–open end) Köstliche Pizzas und die liebenswerte altertümliche Einrichtung machen das Delucas zu Newcastles beliebtester Pizzeria. Die Pasta ist auch sehr gut.

🍃 3 Bean
CAFÉ $

(103 Tudor St, Hamilton; Frühstück 7–16 AU$, Mittagessen 18–21 AU$; ⏱Mo–Fr 7–17, Sa bis 15 Uhr) Die Speisekarte ist mit sehr viel Aufmerksamkeit von einem Feinschmecker zusammengestellt worden und sogar die Herkunft der Zutaten ist angegeben – die meisten biodynamisch und biologisch angebaut. Der Eingang ist in der Beaumont St.

🍷 Ausgehen & Unterhaltung

Finnegans
KNEIPE

(www.finneganshotel.com.au; 21–23 Darby St; ⏱Mo–Sa) Hier gibt's Backpacker-Gerichte, Quizabende, Billard-Wettbewerbe und, am Wochenende, Livebands und DJs.

Brewery
MIKROBRAUEREI

(http://qwb.com.au; 150 Wharf Rd) Sowohl unter einheimischen Angestellten als auch unter Studenten sind die Tische im Freien und der tolle Blick sehr beliebt. Diese Mikrobrauerei an der Queens Wharf bietet mittwochs regelmäßig Livemusik und sonntags ganz gutes Essen.

Honeysuckle Hotel
KNEIPE

(www.honeysucklehotel.com.au; Lee Wharf, Honeysuckle Drive; ⏱Mo–Do 10–23, Fr & Sa bis 24, So bis 22 Uhr) Die Terrasse der am Wasser gelegenen Location mitten im angesagten Honeysuckle-Viertel ist der perfekte Ort für einen Sundowner. Im Sommer legt hier sonntags zwischen 16 und 21 Uhr ein DJ auf.

Cambridge Hotel
CLUB

(www.yourcambridge.com; 789 Hunter St, Newcastle West) Das Cambridge ist bei Backpackern sehr beliebt und hat der Band Silverchair, dem berühmtesten Kulturexport Newcastles, zum Durchbruch verholfen. Auch heute noch stehen zwischen Mittwoch und Sonntag tourende australische Bands und lokale Acts auf der Bühne.

ℹ Praktische Informationen

Wer einen WLAN-fähigen Laptop hat, kann in der Beaumont St in Hamilton zwischen Tudor St und Donald St die kostenlose Breitbandverbindung nutzen. Banken und Geldautomaten gibt's in der Hunter St Mall. Die meisten tauschen auch Geld.

John Hunter Hospital (☑4921 3000; Lookout Rd, New Lambton) 24-Std. Notaufnahme.

Post (☑13 13 18; 1 Market St)

Visitor Centre (☑4974 2999; www.visitnew castle.com.au; Lee Wharf, 3 Honeysuckle Dr; ⊙Di–So 10–16 Uhr) Die ehrenamtlichen Mitarbeiter sind sehr hilfsbereit, dabei aber leider nicht besonders hilfreich.

ℹ An- & Weiterreise

Bus

Nahezu alle Langstreckenbusse halten hinter dem Bahnhof von Newcastle. **Greyhound** (☑1300 473 946; www.greyhound.com.au) fährt von hier nach Forster (39 AU$, 3 Std., tgl.) und Port Macquarie (59 AU$, 4 Std., 3-mal tgl.). **Premier Motor Service** (☑13 34 10; www. premierms.com.au) bietet täglich einen Bus von/nach Sydney (34 AU$, 2½ Std.) bzw. Brisbane (76 AU$, 14 Std.).

Rover Coaches (☑4990 1699; www.rover coaches.com.au) fährt Cessnock (4,30 AU$, 1½ Std.) im Hunter Valley an. **Port Stephens Coaches** (☑4982 2940; www.pscoaches.com. au) verkehrt regelmäßig zwischen Nelson Bay und Newcastle (4,30 AU$, 1¾ Std.). **Busways** (☑1800 043 263; www.busways.com.au) hat Busse von/nach Hawks Nest über Tea Gardens (23 AU$, 1½ Std., 3-mal tgl.).

Flugzeug

Der **Newcastle Airport** (☑4928 9800; www. newcastleairport.com.au) befindet sich 23 km nördlich der Stadt in Williamtown.

Virgin Blue (☑13 67 89; www.virginblue.com. au) und **Jetstar** (☑13 15 38; www.jetstar.com) fliegen beide nach Brisbane, Melbourne und an die Gold Coast. **Brindabella Airlines** (☑1300 66 88 24; www.brindabellaairlines.com.au) bedient Brisbane, Coffs Harbour, Port Macquarie und Canberra. **Aeropelican** (☑13 13 13; www. aeropelican.com.au) hat Flüge nach Sydney. **Norfolk Air** (☑1300 669 913; www.norfolkair.

com) fliegt einmal pro Woche „nach Hause" auf die Norfolkinsel.

Sydney Seaplanes (☑1300 732 752; www. seaplanes.com.au) bietet unter der Woche zweimal täglich einen Flug zwischen Honeysuckle Wharf und Sydneys Rose Bay (175–225 AU$; 45 Min.) an.

Zug

Eine bessere Alternative zum Bus sind die Züge von **CityRail** (☑13 15 00; www.cityrail.info). Sie fahren nach Sydney (Erw./Kind 7,80/3,90 AU$, 3 Std.) und kommen dabei auch durch Gosford (Erw./Kind 7,80/3,90 AU$, 90 Min.); eine Linie bedient Branxton (Erw./Kind 7,80/3,90 AU$, 55 Min.) im Hunter Valley.

ℹ Unterwegs vor Ort

Bus

Newcastle verfügt über ein ausgedehntes und preiswertes Netzwerk von **Linienbussen** (☑13 15 00; www.newcastlebuses.info). Zwischen 7.30 und 18 Uhr gilt in der Innenstadt eine Buszone, in der man kostenlos fahren kann. Die übrigen Fahrpreise berechnen sich nach Zeit (1 Std./4 Std./ganzer Tag 3,30/6,40/9,80 AU$). Das Busdepot befindet sich gleich neben Newcastles Bahnhof.

Vom/Zum Flughafen

Port Stephens Coaches (☑4982 2940; www. pscoaches.com.au) fährt häufig nach Nelsons Bay und kommt unterwegs am Flughafen in Williamtown (4,30 AU$, 40 Min.) vorbei.

Ein Shuttlebus vom Flughafen nach Newcastle kostet etwa 35 AU$ pro Person (45 AU$ für 2 Pers.). Wer diesen Shuttleservice zu anderen Zielen in der Umgebung buchen möchte, wendet sich am besten an **Newcastle Airport Information Services** (☑4928 9822; ⊙7–19 Uhr).

Für eine Taxifahrt ins Zentrum von Newcastle werden etwa 65 AU$ fällig.

Schiff/Fähre

Die Stockton-Fähre (Erw./Kind 2,30/1,10 AU$) legt jede halbe Stunde an der Queens Wharf ab. Sie fährt freitags und samstags zwischen 5.15 Uhr und Mitternacht, montags bis donnerstags bis 23 Uhr und sonntags bis 22 Uhr.

Zug

Newcastle ist nach den Haltestellen Broadmeadow, Hamilton, Wickham und Civic die Endstation.

HUNTER VALLEY

50 834 EW. (CESSNOCK SHIRE).
14 043 EW. (UPPER HUNTER SHIRE)

Ein filigranes Netz enger Landstraßen schlängelt sich kreuz und quer durch die-

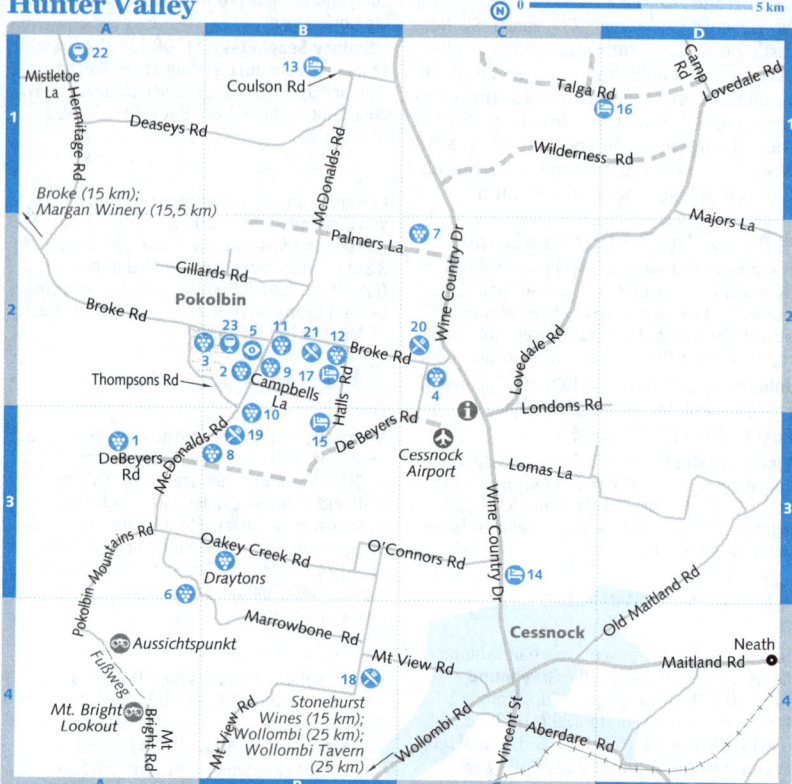

ses üppig grüne Tal. Ein netter Ausflug aufs Land ist aber sowieso nicht die wichtigste Motivation für einen Besuch hier – nein, es ist die pure Dekadenz. Das Hunter Valley ist ein einziges Fest für die Geschmacksnerven: feiner Wein, Boutiquebier, Schokolade, Käse, Oliven ... Dem Weingott Bacchus würde es hier sicherlich gefallen.

Ganz der allgemeinen Annahme gemäß, dass die Kombination aus gutem Essen und Wein unweigerlich in einer heißen Liebesnacht endet, ist die Region tatsächlich ein beliebtes Wochenendziel für Pärchen aus Sydney. Jeden Freitag fallen sie hier mit ihren Ralph-Lauren-Polohemden wie eine Heuschreckenplage ein. Entsprechend steigen dann auch die Preise.

Das Hunter ist das älteste Weinanbaugebiet Australiens und bekannt für seinen Semillon und Shiraz. Die ersten Weinreben wurden hier in den 1820er-Jahren gepflanzt und in den 1860ern hatte sich die bebaute Fläche schon auf 20 km² ausgebreitet.

Dennoch ging die Zahl der Weingüter kontinuierlich zurück und erst in den 1960er-Jahren wurde der Weinanbau erneut als wichtiger Wirtschaftsfaktor entdeckt. Auch wenn es nicht mehr die Nummer 1 der australischen Weinindustrie ist, bekommt man hier noch einige ausgezeichnete Tropfen.

Ein wichtiges Ass hat das Hunter Valley allerdings noch im Ärmel: Die Winzer hier zeigen keinerlei Anflug von Überheblichkeit und freuen sich mit ihrer erfrischenden Art sowohl über Weinkenner als auch über Neulinge. Die Mitarbeiter strafen einen hier nicht mit bösen Blicken, nur weil man schon etwas beschwippst, sein Glas einmal zu oft geschwenkt oder das Bouquet nicht überschwänglich genug gelobt hat. Selbst wer sich nur mäßig für Wein interessiert, sollte dem Hunter Valley auf jeden Fall einen Besuch abstatten – die Region ist wunderschön und eine tolle Alternative, wenn das Wetter nicht mehr so richtig strandtauglich ist.

Hunter Valley

◉ Sehenswertes & Aktivitäten

Die meisten Attraktionen im Hunter Bal-
ley beschränken sich auf ein Gebiet, das
im Norden vom New England Hwy und im
Süden von der Wollombi/Maitland Rd beschränkt wird. Der wichtigste Ort dieser
Gegend ist Cessnock im Süden. Wine Country Dr führt von Cessnock direkt hinauf
nach Branxton, das einen Bahnhof hat. Zur
allgemeinen Verwirrung ist diese Straße in
der unteren Hälfte teilweise als Allandale
Rd ausgeschildert, am oberen Ende aber als
Branxton Rd.

Im Nordwesten, rund um Broke und
Singleton, befinden sich noch weitere Weinberge.

Weingüter

Die über 140 Weingüter des Hunter Valleys
reichen von kleinen Weinkellereien in Fami-
lienhand bis hin zu gigantischen Betrieben.
Die meisten bieten kostenlose Weinproben
an, einige der schickeren allerdings verlangen eine geringe Gebühr. Man muss bedenken, dass die Weingüter diesen Service nur
aus purer Nächstenliebe anbieten. Es gehört
sich, wenigstens eine Flasche zu kaufen.

Entweder geht man nach System und mit
Karte vor oder man folgt einfach seinem
Gefühl und entdeckt so die versteckten,
kleineren Kellereien. Die meisten Weingüter liegen entlang der Broke Rd in Pokolbin
oder ganz in ihrer Nähe. Dies ist eine kleine
Auswahl, damit der Anfang leichter fällt:

Audrey Wilkinson Vineyard WEINGUT
(www.audreywilkinson.com.au; DeBeyers Rd, Pokolbin; ⊙Mo–Fr 9–17, Sa & So 9.30–17 Uhr) Im
Weinbaugeschäft ein alter Hase (erste An-
pflanzung 1866). Der Besuch lohnt sich vor
allem wegen der interessanten historischen
Ausstellungsstücke und des tollen Ausblicks
(Picknickkorb mitbringen!); der Degustationsraum ist überfüllt und sehr touristisch.

Brokenwood WEINGUT
(www.brokenwood.com.au; 401-427 McDonalds
Rd, Pokolbin; ⊙9.30–17 Uhr) Eines der beliebtesten Weingüter im Hunter Valley.

Hungerford Hill WEINGUT
(www.hungerfordhill.com.au; 2450 Broke Rd,
Pokolbin; ⊙So–Do 10–17, Fr & Sa 9–18 Uhr) Wie
ein Wächter in Form eines riesigen Fasses
mit geöffnetem Deckel steht dieses Weingut
an der Zufahrt zur Broke Rd. Hier befindet
sich auch das hoch angesehene **Muse Restaurant** (⊙tgl. mittags, Mi–Sa abends; Hauptgerichte mittags 28–36 AU$, Hauptgerichte abends
39–44 AU$, 5-Gänge-Probiermenü 110 AU$).

Macquariedale Estate WEINGUT
(☎6574 7012; www.macquariedale.com.au; 170
Sweetwater Rd, Rothbury; ⊙10–17 Uhr) Ein
Boutiquewinzer, der zertifizierten Bio-Wein
herstellt. Auch Knoblauch wird angebaut.

Margan WEINGUT
(www.margan.com.au; 1238 Millbrodale Rd, Broke; ⊙10–17 Uhr) Eine einmalige Lage, ein
stilvoller Degustationsraum und das beste
Restaurant im Hunter Valley (s. S. 117).

McWilliams
Mount Pleasant Estate WEINGUT
(www.mountpleasantwines.com.au; 401 Marrow-
bone Rd, Pokolbin; ⊙10–17 Uhr) Bietet täglich
um 11 Uhr geführte Weintouren an (5 AU$).

Moorebank Vineyard WEINGUT
(www.moorebankvineyard.com.au; 150 Palmers Lane, Rothbury; ⊙10–17 Uhr) Nachhaltige Weinherstellung und leckere hausgemachte Würzsaucen.

Pooles Rock Wines WEINGUT
(www.poolesrock.com.au; DeBeyers Rd, Pokolbin; ⊙9.30–17 Uhr) Einer der ganz Großen und Hersteller des in der mittleren Preiskategorie angesiedelten Cockfighter's Ghost. Auch seine Vorzeigeweine sind hervorragend. Fabelhaftes Café-Restaurant (s. S. 121).

Small Winemakers Centre WEINGUT
(www.smallwinemakerscentre.com.au; McDonalds Rd, Pokolbin; ⊙10–17 Uhr) Gewährt Einblicke in die Produkte von sechs Boutiquewinzern.

Stonehurst Cedar Creek WEINGUT
(www.cedarcreekcottages.com.au; 1840 Wollombi Rd, Wollombi; ⊙10–17 Uhr) Eines von sechs Weingütern im malerischen Wollombi Valley. Hier wird biologisch angebaut und es gibt einfache Unterkünfte in Hütten.

Tamburlaine WEINGUT
(www.tamburlaine.com.au; 358 McDonalds Rd, Pokolbin; ⊙9–17 Uhr) Ein hervorragender Hersteller, der sich dem nachhaltigen Weinanbau verschrieben hat.

Tempus Two WEINGUT
(www.tempustwo.com.au; Ecke McDonalds Rd & Broke Rd, Pokolbin; ⊙9–17 Uhr) Das gigantische Weingut ist bei Reisebussen sehr beliebt, deren Passagiere dann das koreanische und japanische Restaurant bevölkern und sich im Smelly Cheese Shop (s. S. 122) mit Gourmetspezialitäten eindecken.

Tower Estate WEINGUT
(www.towerestatewines.com.au; Ecke Halls & Broke Rd, Pokolbin; ⊙10–17 Uhr) Das Tower Estate wurde von einem der größten Weinexperten Australiens, dem verstorbenen Len Evans, aufgebaut. Es ist das stilvollste Weingut im Valley und bietet die eleganteste Übernachtungsmöglichkeit (s. S. 108).

Noch mehr Sehenswertes

Hunter Valley Gardens PARK
(www.hvg.com.au; Broke Rd; Erw./Kind/erm. 23,50/12/18 AU$; ⊙9–17 Uhr) Zwar haftet diesem noch recht jungen, 24 ha großen Park ein Hauch von Disneyland an, aber die Blumenarrangements und der Landschaftsbau sind beeindruckend. Hier kann man im Winter auch die berühmten **Christmas Lights Spectacular** (Mitte Nov.–Anfang Jan.) bestaunen, die gigantischste Weihnachtsbeleuchtung Australiens.

🖒 Geführte Touren

Sollte sich niemand finden, der freiwillig weniger trinkt und noch fährt, so bietet sich eine der vielen Weintouren an. Einige Anbieter holen die Teilnehmer für eine lange Tagestour sogar in Sydney oder Newcastle ab. Das Personal in Visitor Centres und Unterkünften sollte in der Lage sein, bei der Auswahl der richtigen Tour zu helfen. Hier ein paar der ortsansässigen Anbieter:

Floveda Tours WEINTOUR
(☑0402 909 090; www.aussiewinetours.com.au) Bei privaten Touren mit eigenem Chauffeur kann man die Route selbst bestimmen.

Hunter Valley Tours WEINTOUR
(☑4990 8989; www.huntervalleytours.com.au) Boutiquetouren für Kleingruppen; ab 65 AU$ pro Person für einen halben Tag und ab 99 AU$ für eine Ganztagestour inklusive Mittagessen.

Wine Rover WEINTOUR
(☑4990 1699; www.rovercoaches.com.au) Die Busse warten morgens in Morriset auf die Züge aus Sydney (55 AU$); die Passagiere werden abends nach einem Tag voller Weingüter und sonstiger Attraktionen wieder am Bahnhof abgesetzt. Teilnehmer werden auch in Newcastle (wochentags/Wochenende 60/70 AU$) und Cessnock (wochentags/Wochenende 45/55 AU$) abgeholt.

🎉 Feste & Events

In den Sommermonaten kommen hier regelmäßig Superstars vorbei und geben in den größeren Weingütern Konzerte. Wenn etwas Besonderes auf dem Programm steht, sollte man seine Unterkunft weit im Voraus buchen. Infos zu anstehenden Events gibt's auf www.winecountry.com.au.

A Day on the Green MUSIK
(www.adayonthegreen.com.au) Findet im Sommer im Bimbadgen Estate statt.

Lovedale Long Lunch ESSEN
(www.lovedalelonglunch.com.au) Im Mai kreieren sieben Weingüter und Chefköche magenfüllende Mittagsgerichte; dazu gibt's Musik und Kunst.

Hunter Valley Wine & Food Month WEIN
(www.hvwineandfood.hvva.com.au) Im Juni.

Jazz in the Vines MUSIK
(www.jazzinthevines.com.au) Jazz in den Weinbergen. Findet im Oktober im Tyrrell's Vineyard statt.

Opera in the Vineyards

MUSIK

(www.4di.com.au) Oper in den Weinbergen, im Oktober im Wyndham Estate.

🛏 Schlafen

Freitags und samstags schießen die Preise in die Höhe und oft muss man mindestens zwei Nächte bleiben. Am besten kommt man unter der Woche her.

LP TIPP Tower Lodge

HOTEL $$$

(☑4998 7022; www.towerlodge.com.au; Halls Rd, Pokolbin; DZ wochentags/Wochenende ab 720/810 AU$; ✳@🛜🛌) Dieses Hotel in den Weinbergen hat zwölf luxuriöse Zimmer zur Auswahl, von denen jedes mit Antiquitäten, Kunstwerken und den größten Badezimmern der Welt (na ja, zumindest des Hunter Valleys) ausgestattet ist. Nach einem anstrengenden Tag im Valley bekommt man hier in der großartigen Lounge einen Nachmittagstee oder einen Aperitif aufs Haus. Zum Abendessen empfiehlt sich das sehr persönliche **Nine Restaurant** (Probiermenü 180 AU$, 250 AU$ mit passendem Wein). Hier sind keine Kinder erwünscht – für die einen ein Grund zu kommen, für die anderen einer, wegzubleiben.

Buffs at Pokolbin

HÜTTEN $$

(☑4998 7636; www.buffsatpokolbin.com.au; 47 Coulson Rd, Pokolbin; Hütte mit 1 Schlafzi. wochentags/Wochenende 180/225 AU$, Hütte mit 2 Schlafzi. 250/350 AU$; ✳🛌) Auf einem über 40 ha großen Grundstück, auf dem Kängurus unter Eukalyptusbäumen umherhüpfen und ab und zu eine kühle Brise herüberweht, stehen diese vier tadellos sauberen Hütten für Selbstversorger. Sie sind in Standard und Komfort so hoch wie sie im Preis angemessen sind. Sowohl für Familien als auch für Paare eine fantastische Option.

Peppers Convent

BOUTIQUEHOTEL $$$

(☑07-5665 4450; www.peppers.com.au; Halls Rd; Zi. ab 372 AU$; ✳@🛜) Erst seit Kurzem wird das Peppers vom gleichen Team geleitet wie die luxuriöse Tower Lodge. Dieses großartige ehemalige Nonnenkloster wurde Hunderte Kilometer transportiert, mitten zwischen die Weinbergen platziert und mit großer Liebe zum Detail im französischen Landhausstil renoviert – ein hübscher, Rückzugsort, dem es an nichts fehlt. Nicht zu verwechseln mit dem bei weitem weniger beeindruckenden Peppers Guest House!

Tonic

BOUTIQUEHOTEL $$$

(☑4930 9999; www.tonichotel.com.au; 251 Talga Rd, Lovedale; DZ inkl. Frühstück 425 AU$; ✳@🛌)

Bei stilbewussten Sydneysidern ist dieses Boutiquehotel der Renner. Es gibt sechs Doppelzimmer und ein Apartment mit zwei Schlafzimmern. Das Dekor vermeidet jede Art von blumigen Stoffen, die Betonböden sind blank, die Farben lebhaft und die Einrichtung zeitgenössisch; die Toilettenartikel stammen von Aesop. Eine weitere kinderunfreundliche Unterkunft.

Hunter Valley YHA

HOSTEL $

(☑4991 3278; www.yha.com.au/hostels/details.cfm?hostelid=235; 100 Wine Country Dr; Stellplatz 10 AU$/Pers., B 27–34 AU$, DZ mit Bad 85,50–95 AU$, DZ mit Gemeinschaftsbad 73,50–82 AU$; @🛌) Im Spätsommer ist dieses relativ neue, extra für diesen Zweck erbaute Hostel brechend voll mit jungen Backpackern, die bei der Weinlese Geld verdienen (mit dem „Working Holiday-Maker"-Visum). Am Ende eines langen Arbeitstags wird man mit einem netten Pool, sauberen Anlagen und einer freundlichen Atmosphäre belohnt. Am Wochenende sind die vom Hostel angebotenen Weintouren sehr beliebt. In den Zimmern kann es allerdings unglaublich heiß werden.

✗ Essen

Anscheinend wird allgemein davon ausgegangen, dass Weintrinker auch Vielfraße und Millionäre sind, denn im Hunter Valley gibt es vor allem teure Restaurants mit zusammengestellten Mega-Menüs.

LP TIPP Margan

MODERN-AUSTRALISCH $$

(☑6579 1372; 1238 Milbrodale Rd, Broke; Hauptgerichte 22–36 AU$; ⊘So morgens, Fr–So mittags, Fr & Sa abends) Bei der verlockenden Auswahl an Gerichten dieses Weinbergrestaurants sollte man einfach mal aufs Ganze gehen. Viele der hier verarbeiteten Zutaten kommen aus dem hauseigenen Garten, der Rest, wenn möglich, von umliegenden Erzeugern. Von hier blickt man über die Weinberge der Brokenback Range.

Firestick Cafe & Rock Restaurant

MODERN-AUSTRALISCH $$-$$$

(☑4998 6968; www.rockrestaurant.com.au; Pooles Rock Wines, DeBeyers Rd; Hauptgerichte mittags 36–39 AU$, Pizza 23–25 AU$, Hauptgerichte abends 59–60 AU$; ⊘tgl. mittags, Do–Fr abends) Tagsüber ist das Restaurant des malerischen Poole-Rock-Weinkellers das lockere Firestick; abends verwandelt es sich ins preisgekrönte Rock. Die leckere, knusprige Pizza (nur tagsüber) ist eine erschwingliche Möglichkeit, das beste Gourmetlokal des Hunter

Valley zu testen. Aber Achtung: Beim Anblick der modern-australischen Gerichte auf der Karte wird man leicht schwach!

Cafe Enzo
CAFÉ $

(www.enzohuntervalley.com.au; Peppers Creek, Ecke Broke Rd & Ekerts Rd, Pokolbin; Frühstücksgerichte 8,50–22,50 AU$, Hauptgerichte mittags 22,50–36 AU$; ☺morgens & mittags) Im Winter sitzt man hier am besten am Kamin, im Sommer im Garten. Dieses beliebte Café in Pepper Creek Village serviert rustikale und großzügige Gerichte. Der Laden nebenan verkauft verlockende natürliche Erzeugnisse aus landwirtschaftlichem Anbau.

Bistro Molines
FRANZÖSISCH $$

(☎4990 9553; www.tallaveragrove.com.au; 749 Mount View Rd, Mount View; Hauptgerichte 40–45 AU$; ☺Do–Mo mittags, Fr & Sa abends) Im Weingut Tallavera Grove ist dieses französische Restaurant mit sensationeller saisonaler Speisekarte beheimatet. Fast so beeindruckend wie der Blick über die Weinberge!

Produkte kaufen

Hunter Valley
Smelly Cheese Shop
FEINKOST $

(www.huntervalleysmellycheeseshop.com.au; Tempus Two Winery, 2144 Broke Rd, Pokolbin; ☺9–17.30 Uhr) Ein ungeheuer beliebter Laden, der bis oben hin voll mit landwirtschaftlichen Produkten von umliegenden Erzeugern oder anderswoher ist. Im klimatisierten Käseraum finden sich unzählige leckere Käsesorten und man kann dazu Brot, Würzsaucen, Fleisch und Oliven für ein Picknick im Wine Country kaufen. Eine weitere Zweigstelle befindet sich in Pokolbin Village, in der 2188 Broke Rd.

Hunter Valley
Cheese Company
ERZEUGER $

(www.huntervalleycheese.com.au; McGuigans Complex, McDonalds Rd; Käseplatten 28 AU$; ☺9–17.30 Uhr) „Gesegnet seien alle Käsehersteller", so lautet der Spruch auf den T-Shirts der Angestellten. Und sie versorgen einen seeeehr bereitwillig mit Infos über alles rund um den Käse – ganz besonders um 11 Uhr beim täglichen Käse-Talk. Eine unfassbar große Auswahl verschiedener Käsesorten wird auch zum Kauf angeboten.

Für weitere Leckereien:

Hunter Valley
Chocolate Company
ERZEUGER $

(www.hvchocolate.com.au; Peterson's Champagne House, Ecke Broke Rd & Branxton Rd; ☺9–17 Uhr) Alles, was die Kakaobohne so hergibt.

Hunter Olive Centre
ERZEUGER $

(www.pokolbinestate.com.au; Pokolbin Estate Vineyard, 298 McDonalds Rd; ☺10–17 Uhr) Dutzende Leckereien, die man auf Brotstückchen probieren darf – Öl, Tapenade, *dukkah* (eine Mischung aus gemahlenen Nüssen und Gewürzen), Chutney etc. Wer schamlos genug ist, kann sich so das Mittagsessen sparen.

♟ Ausgehen

Wollombi Tavern
KNEIPE

(www.wollombitavern.com.au; Old North Rd, Wollombi; ☺10 Uhr–open end) In guter Lage an der Wollombi-Kreuzung liegt diese fabelhafte Kneipe, aus der der Dr. Jurd's Jungle Juice stammt. Der „Dschungelsaft" ist eine nicht zu unterschätzende Mischung aus Port, Brandy und Wein. Wer weniger abenteuerlustig ist, bestellt einen der tollen lokalen Weine, z.B. einen Stonehurst Chambourcin, einen Undercliff Semillon oder einen Shiraz. An den Wochenenden ist die Taverne beliebter Boxenstopp von Motorradclubs (solche von der freundlichen Sorte).

Bluetongue Brewery
BRAUEREI

(www.HunterValley.com.au/bluetongue; Hunter Valley Resort, Hermitage Rd; ☺10 Uhr–open end) Zum Ausprobieren der erfrischenden Bierkreationen eignet sich das „Tasting Paddle" (6 Biere für 12 AU$). Es gibt auch Pies, Sandwiches, Käseplatten und einen Billardtisch.

Harrigan's
KNEIPE

(☎4998 4000; Broke Rd) Ein gemütliches Irish Pub, das „Rind mit Guinness"-Pasteten auf der Speisekarte stehen hat. Am Wochenende gibt's meistens Livemusik und Spaß ist hier sowieso vorprogrammiert.

❶ Praktische Informationen

Visitor Centre (☎4990 0900; www.winecountry. com.au; 455 Wine Country Dr; ☺Mo–Sa 9–17, So bis 16 Uhr)

WEINPROBE MIT KÖPFCHEN

Wer fährt, muss an die Promillegrenze von 0,5‰ denken. Um diesen Wert nicht zu überschreiten, gilt allgemein, dass Männer in der ersten Stunde bis zu zwei Standardgetränke trinken dürfen und danach eines pro Stunde; Frauen dürfen nur ein Standardgetränk pro Stunde trinken. Die Weingüter bieten meist Probiergläser mit 20 ml an – fünf davon entsprechen also einem Standardgetränk.

ℹ️ An- & Weiterreise

Es gibt eine CityRail-Bahnverbindung von Newcastle durch das Hunter Valley (Erw./Kind 6/3 AU$, 55 Min.). Aus Sydney (Erw./Kind 7,80/3,90 AU$, 3¾ Std.) nimmt man zuerst den Zug nach Hamilton und steigt dann nach Branxton um. Dort befindet sich der den Weingütern am nächsten gelegene Bahnhof.

Greyhound (☎1300 473 946; www.greyhound.com.au) fährt täglich von Sydney (65 AU$, 4½ Std.) nach Branxton; Abfahrt ist um 18.30 Uhr an der Central Station. Die Busse von **Rover Coaches** (☎4990 1699; www.rovercoaches.com.au) fahren regelmäßig zwischen Cessnock und Newcastle (4,30 AU$, 1½ Std.). **Hunter Valley Day Tours** (☎4951 4574; www.huntervalleydaytours.com.au) bietet einen Shuttleservice zwischen dem Newcastle Airport und den Hotels des Hunter Valley (125 AU$ für 1 od. 2 Pers.).

ℹ️ Unterwegs vor Ort

Wer kein Auto hat, wird sich hier schwer tun. Im YHA-Hostel gibt's Leihfahrräder. Man bekommt auch welche bei **Grapemobile** (☎0418 404 039; www.pokolbinbrothers.com.au/grapemobile.htm; Pokolbin Brothers Vineyard, Palmers Lane; 25 AU$/Tag) und **Hunter Valley Cycling** (☎0418 281 480; www.huntervalleycycling.com.au; 45 AU$ für 2 Tage).

Das **Vineyard Shuttle** (☎4991 3655; www.huntervalleyclassiccarriages.com.au) bietet einen Tür-zu-Tür-Service ab 15 AU$ pro Person und Fahrt. Perfekt, um ins Restaurant zu kommen.

VON NEWCASTLE NACH TAREE

Nach Newcastle besteht die Möglichkeit, entweder auf dem Pacific Hwy direkt weiter nach Norden zu düsen oder die bei Weitem schönere Route entlang der Küste mit einigen längeren Abstechern zu wählen.

Port Stephens

27 531 EW.

Diese atemberaubende geschützte Bucht liegt etwa eine Autostunde nördlich von Newcastle in einem gefluteten Tal, das sich mehr als 20 km landeinwärts erstreckt. An seiner südlichen Seite wird es von der schmalen **Tomaree Peninsula** begrenzt, die mit beinahe menschenleeren Stränden, Nationalparks und einer außergewöhnlichen Dünenlandschaft aufwartet. Der wichtigste Ort ist **Nelson Bay**. Hier liegen sowohl eine Fischereiflotte als auch eine ganze Armada von Touristenbooten vor

Anker, die von Nelson Bays Image als „Delfin-Hauptstadt Australiens" profitieren.

Unmittelbar östlich liegt das praktisch schon mit Nelson Bay verschmolzene, etwas kleinere **Shoal Bay**, mit einem langen Strand, der sich hervorragend zum Schwimmen eignet (aber nur morgens, da es nachmittags recht windig wird). Fährt man ein Stück weiter nach Süden, ist am **Fingal Bay** das Ende der Straße erreicht. Hier, am Rande des **Tomaree National Park**, liegt ein weiterer hübscher Strand. Der Park dehnt sich nach Westen rund um die beliebten Surfspot **Samurai Beach** (FKK erlaubt) und den **One Mile Beach** aus. Letzterer ist ein grandioser sichelförmiger Strand mit unglaublich weichem Sand und tiefblauem Wasser. Ein Geheimtipp für Surfer, Strandspaziergänger und hoffnungslose Romantiker.

Der Park endet direkt am Meer am verschlafenen Örtchen **Anna Bay**, dem als Kulisse die unglaublich schönen **Worimi Conservation Lands** dienen. Die Gan Gan Rd verbindet Anna Bay, One Mile Beach und Samurai Beach mit der Nelson Bay Rd.

◉ Sehenswertes

Worimi Conservation Lands　　SANDDÜNEN

Mit einer Ausdehnung von über 35 km gelten die Sanddünen von Stockton Bight als die längsten Wanderdünen der Südhalbkugel. Die Tourismusbehörde beschreibt sie als typisch *Mad Max*. Wenn man allerdings schon den Vergleich mit einem Kinofilm bemühen will, dann doch eher mit *Lawrence von Arabien* – Stockton Bight erinnert mehr an die Sahara als ans Outback. Steht man mittendrin, sieht man bald vor lauter Sand kein Meer mehr, und es gibt kein Anzeichen von Leben. Ein unbeschreibliches Gefühl. Am westlichen Ende des Strands liegt das Wrack der *Sygna* im Wasser.

Dank der Großzügigkeit der Worimi (s. Kasten S. 129), denen das Land gehört, ist es möglich, hier ungestört umherzustreifen (solange die Aborigines-Stätten nicht gestört werden), 100 m von der Flutlinie entfernt zu zelten (nur mit tragbarer Toilette), am Strand entlangzufahren (nur mit Vierradantrieb und Genehmigung) und innerhalb der ausgewiesenen Zonen etwas Dünensand aufzuwirbeln. Genehmigungen (10 AU$ für 3 Tage) bekommt man im Port Stephens Visitor Centre, in den NPWS-Büros in Nelson Bay (S.126) oder telefonisch unter ☎4984 8200 (es kann bis zu sieben Tagen dauern, bis der Pass per Post kommt).

Tomaree National Park
NATIONALPARK

(www.environment.nsw.gov.au/nationalparks; Zufahrt mit Fahrzeug 7 AU$) Das wunderbar weitläufige Naturreservat bietet mehreren bedrohten Tierarten einen Lebensraum, darunter auch dem Riesenbeutelmarder und der mächtigen Eule. Wer die Augen offenhält, kann auch Koalas oder Wallabys erspähen. Am östlichen Ende der Shoal Bay führt ein kurzer Fußweg zum unbewachten **Zenith Beach** (Vorsicht: starke Brandung und Unterströmungen!). Alternativ kann man den anstrengenden **Tomaree Head Summit Walk** (hin & zurück 1 km, 1 Std.) in Angriff nehmen, der mit einem tollen Blick auf den Ozean belohnt. In der Broschüre *Bushwalks around Port Stephens* (5,95 AU$) sind längere Wanderungen ausführlich beschrieben. Sie ist beim NPWS und den Touristeninformationen erhältlich.

Heritage Light House Cottage
LEUCHTTURM

(☎4984 2505; Eintritt frei; ◷10–16 Uhr) Dieses renovierte Gebäude (1875) am Nelson Head

beherbergt ein kleines Museum mit Exponaten zur Geschichte der Region und eine Teestube. Zudem eröffnet sich von hier ein herrlicher Blick auf Port Stephens.

☞ Geführte Touren

Es gibt Dutzende von Veranstaltern, die verschiedene actionreiche Tagesausflüge anbieten. Sie können im Visitor Centre von Nelson Bay gebucht werden.

Nass

Imagine Cruises
BOOTSFAHRT

(☎4984 9000; www.imaginecruises.com.au; Dock C, d'Albora Marinas, Nelson Bay) Öko-zertifizierte Bootsfahrten, darunter auch die dreieinhalbstündige „Sail, Swim & Snorkel Tour" (Erw./Kind/erm. 50/30/45 AU$; Dez.–März) und zweistündige Delfin- (30/15/25 AU$; Dez.–März) bzw. dreistündige Walbeobachtungstouren (60/25/50 AU$; Mai–Nov.). Die Seafood-Dinner-Rundfahrt mit leckeren Meeresfrüchten zum Abendessen dauert zwei Stunden (35/20/30 AU$;

Dez.–April), und wer mit Delfinen schwimmen will, bucht das dreieinhalbstündige „Swim with the Dolphins" (229 AU$; nur am Wochenende).

Anna Bay Surf School   SURFEN
(☎0411 419 576; www.annabaysurfschool.com.au; Hannah Pde, One Mile Beach Holiday Park; Einführung 75 AU$, 2/3 Tage 110/165 AU$) Surfkurse und Brettverleih (pro Std./Tag 17/50 AU$).

Blue Water Sea Kayaking   KAJAKFAHREN
(☎0405 033 518; www.kayakingportstephens.com.au) Bietet eine Reihe von Paddelausflügen an, darunter einstündige Anfängertouren (Erw./Kind 25/20 AU$), 90-minütige Champagner-Sonnenuntergangs-Touren (35/25 AU$) und zweieinhalbstündige Entdeckertouren (45/35 AU$).

Moonshadow   DELFINBEOBACHTUNG
(☎4984 9388; www.moonshadow.com.au; Shop 3, 35 Stockton St, Nelson Bay) Delfinbeobachtungen (Erw./Kind/erm. 23/11,50/18 AU$), Walbeobachtungen (51/22/43 AU$; Mai-Nov.) und Bootsfahrten mit Abendessen (65/21,50/59 AU$). Öko-zertifiziert.

Sandig
Oakfield Ranch   KAMELREITEN
(☎0429 664 172; www.oakfieldranch.com.au; Birubi Pt Parkplatz, James Patterson Dr, Anna Bay) 20-minütiges Kamelreiten am Strand; findet jeden Sonntag und in den Schulferien statt.

Port Stephens 4WD Tours   STRANDTOUREN
(☎4984 4760; www.portstephens4wd.com.au; Shop 3, 35 Stockton St, Nelson Bay) Bietet eine anderthalbstündige Strand- und Dünentour (Erw./Kind/erm. 49/29/46 AU$) und Sandboarding (Erw./Kind 26/19 AU$).

🛌 Schlafen
Die Unterkünfte in Nelson Bay und Shoal Bay sind meist nichtssagend und teuer. Anna Bay oder One Mile Beach kann die bessere Alternative sein. Hier ist es ruhig und die tollen Strände sind in der Nähe.

LP TIPP Port Stephens YHA Samurai Beach Bungalows   HOSTEL $
(☎4982 1921; www.samuraiportstephens.com; Frost Rd, Anna Bay; B 31–37 AU$, DZ mit Bad 102–159 AU$, DZ mit Gemeinschaftsbad 82–117 AU$; @🛜🐾) Diese hübsch eingerichteten Hütten mit Holzfußboden stehen rund um einen Swimmingpool und inmitten eines kleinen Wäldchens mit Koalas und asiatischen Statuen. Es gibt hier eine Buschküche mit Grillstellen und einen etwas baufälligen Spiele-Schuppen mit Tischkicker. Traumhaft!

Melaleuca Surfside Backpackers   HOSTEL $
(☎4981 9422; www.melaleucabackpackers.com.au; 2 Koala Pl, One Mile Beach; Stellplatz 18–20 AU$/Pers., DZ 30–40 AU$, DZ mit Bad 80–100 AU$; @🛜) Die von einem Architekten entworfenen Holzbauten stehen in einem friedlichen Waldstück, das von Koalas und Kookaburras bewohnt wird. Das Hostel ist freundlich und gut geführt. Es gibt einen einladenden Gemeinschaftsbereich und eine Küche. Der Besitzer bietet Dünensurfen und andere Tagesausflüge an. Auch traumhaft!

📘 Wanderers Retreat   HOTEL $$
(☎4982 1702; www.wanderersretreat.com; 7 Koala Pl, One Mile Beach; Baumhaus DZ 195–270 AU$, DZ Hütte 125–250 AU$; ❄🛜) Die Gäste des ruhigen Hotels können in einem der drei luxuriösen Baumhäuser einen auf Robinson Crusoe machen. Wer lieber auf dem Boden bleibt, mietet sich in einer der sieben Hütten (mit je zwei Schlafzimmern) ein.

O'Carrollyn's   APARTMENTS $$
(☎4982 2801; www.ocarrollyns.com.au; 5 Koala Pl, One Mile Beach; DZ wochentags 120–140 AU$, Wochenende 140–180 AU$, pro Kind zusätzl. 15 AU$; ❄🛜🐾) In einem über 2 ha großen, gepflegten Garten stehen neun Hütten für Selbstversorger mit je zwei Schlafzimmern bereit. Zwei von ihnen sind mit Whirlpool ausgestattet und alle sind rollstuhlgerecht. Ende 2011 soll noch ein Gesundheits- und Wellnesszentrum dazukommen.

Bali at the Bay   APARTMENTS $$$
(☎4981 2964; www.baliatthebay.com.au; 1 Achilles St, Shoal Bay; DZ 240–260 AU$; ❄) Diese zwei herrlich schönen Selbstversorgerapartments mit Holzschnitzereien sind mit blumengeschmückten Buddhas vollgestopft und machen so ihrem Namen alle Ehre. Die Badezimmer sind wunderbar und auf Anfrage gibt es Wellnessanwendungen.

🍴 Essen
Ach du Schande kann man da nur sagen! Die meisten Optionen an diesem Küstenabschnitt sind entweder lachhaft abgehoben (und überteuert) oder ungenießbar. Zum Glück haben die meisten genannten Unterkünfte auch Kochgelegenheiten. Wer sich also selbst einen Gefallen tun möchte, der deckt sich in Nelson Bay mit Vorräten ein und sorgt selbst für sein leibliches Wohl.

Point   MODERN-AUSTRALISCH $$
(☎4984 7111; www.thepointrestaurant.com.au; Soldiers Point Marina, Sunset Blvd, Soldiers Point;

Hauptgerichte 34–38 AU$; ⊘Di–So mittags & abends) Wenn die Einheimischen einen romantischen Anlass zum Feiern haben, kommen sie hierher. Der Blick vom Balkon und aus dem verglasten Speiseraum ist sehr schön und die Speisekarte bietet zahlreiche verlockende Gerichte mit Meeresfrüchten. Von Nelson Bay 9 km westlich gelegen.

Red Ned's Pies FAST FOOD **$**
(www.redneds.com.au; Shop 3/17-19 Stockton St, Nelson Bay; Pies 5,50–7 AU$; ⊘6–17 Uhr) Barry Kelly ist Pie-Macher und hat dieses Handwerk in den renommiertesten internationalen Hotels erlernt. Seine Beweggründe sind kein Geheimnis: Er liebt es, wie die Menschen staunend und mit großen Augen vor der Tafel mit den Spezialitäten stehen bleiben. Wie wär's mit Krokodil in Petersilie, Schalotten und Weißweinsauce?

ℹ Praktische Informationen
NPWS Büro (☑4984 8200; www.npws.nsw. gov.au; 12B Teramby Rd, Nelson Bay; ⊘Mo–Fr 8.30–16.30 Uhr)

Visitor Centre (☑4980 6900; www.port stephens.org.au; Victoria Pde, Nelson Bay; ⊘9–17 Uhr) Hat kostenlose Exemplare des hilfreichen *Port Stephens Visitors Guide.*

ℹ Anreise & Unterwegs vor Ort
Port Stephens Coaches (☑4982 2940; www. pscoaches.com.au) verkehrt zwischen den verschiedenen Orten von Port Stephens und Newcastle bzw. dem Newcastle Airport (4,30 AU$, 1¾ Std.). Täglich fährt ein Bus nach/von Sydney (Erw./Kind 38/31 AU$, 4 Std.) mit Stopps an Soldiers Point, in Nelson Bay und in Shoal Bay.

 Port Stephens Ferry Service (☑0412 682 117) schippert dreimal am Tag von Nelson Bay nach Tea Gardens und wieder zurück (hin & zurück Erw./Kind 20/10 AU$, 1 Std. pro Strecke).

Tea Gardens & Hawks Nest
☑02 / 2094 EW. (TEA GARDENS), 1030 EW. (HAWKS NEST)
Gegenüber von Nelson Bay, am nördlichen Küstenabschnitt von Port Stephens, liegen **Tea Gardens** und **Hawks Nest**. Diese beiden Örtchen mit den so wunderbar wohlklingenden Namen sind Teil des Great Lakes District. Sie liegen an der Mündung des Myall River und werden durch die elegant geschwungene Singing Bridge verbunden. Tea Gardens versprüht einen idyllischen und gelassenen Charme, schon etwas reifer und elegant – es liegt eben mehr am Fluss als am Meer. In Hawks Nest dreht sich alles nur ums Strandleben. **Jimmys Beach**

hat glasklares Wasser und liegt Nelson Bay direkt gegenüber, während der wunderschöne **Bennetts Beach** sich mit Blick auf Broughton Island zum Meer hin öffnet.

🛏 Schlafen & Essen
Tea Gardens Boat Shed CAFÉ **$–$$**
(110 Marine Dr, Tea Gardens; Frühstücksgerichte 5–16,50 AU$, Sandwiches 7,50 AU$, Hauptgerichte 15–24,95 AU$; ⊘8.30–21 Uhr) Wer im ehemaligen Bootsschuppen am Fluss isst, muss sich mit dem Geschrei der Pelikane abfinden – oder sein Mahl mit ihnen teilen. Ist ja klar, dass die verärgert sind, denn das Essen hier ist äußerst lecker. Auch der Kaffee ist gut und die Terrasse bietet sich für einen Drink bei Sonnenuntergang an.

Nicole's CAFÉ **$$**
(81 Marine Dr, Tea Gardens; Frühstück & Mittagessen 5–17 AU$, Abendessen 15–27 AU$; ⊘tgl. morgens & mittags, Mo–Sa abends) Ein wirklich nettes Café in einem viktorianischen Cottage. Es dient auch als Kunstgalerie und Geschenkboutique. Der Garten ist traumhaft, mit plätschernden Wasserspielen, Vogelbädern, viel Grün und Skulpturen.

Tea Gardens Hotel Motel HOTEL **$**
(☑4997 0203; www.teagardenshotelmotel.com. au; Ecke Marine Dr & Maxwell St; Zi. ab 55 AU$; ❄) Eine beliebte Kneipe direkt am Flussufer mit einfachen Zimmern, die um einen Garten hinterm Haus angeordnet sind.

ℹ Praktische Informationen
Tea Gardens Visitor Information Centre (☑4997 0111; www.greatlakes.org.au; Myall St; ⊘10–16 Uhr) In der Nähe der Brücke.

ℹ Anreise & Unterwegs vor Ort
Luftlinie nur 5 km voneinander entfernt, beträgt die Distanz zwischen Tea Gardens und Nelson Bay auf dem Landweg 81 km. Über Medowie geht es zurück auf den Pacific Hwy und dann parallel den ganzen Weg wieder zurück. Die Alternative ist die Fähre (Port Stephens Ferry Service, S. 126).

 Wer Richtung Norden weiterreist, sollte die atemberaubend malerische Route durch den Myall Lakes National Park wählen, inklusive einer kurzen Fährfahrt am Bombah Point.

 Busways (☑1800 043 263; www.busways. com.au) hat Verbindungen nach/von Newcastle (23 AU$, 90 Min., 3-mal tgl.).

Myall Lakes National Park
An einem außergewöhnlich schönen Küstenabschnitt liegt dieser weitläufige **Natio-**

nalpark (www.environment.nsw.gov.au/national parks; Zufahrt mit Fahrzeug 7 AU$), ein Flickenteppich aus Seen, Inseln, dichtem Küstenregenwald und Stränden. Die Seen bieten einer unglaublich großen Anzahl und Vielfalt von Vögeln einen Lebensraum, z.B. Laubenvögeln, Weißbauchseeadlern und Eulenschwalmen. Der Regenwald ist von zahlreichen Wanderwegen durchzogen, die auch im Süden an den Stranddünen am **Mungo Brush** vorbeiführen, wo man Wildblumen und Dingos zu Gesicht bekommt.

Die besten Strände und Brandungen finden sich im Norden rund um das schöne, abgeschiedene **Seal Rocks**, ein kleines, von Regenwald umgebenes Dorf an der Sugarloaf Bay. Der Strand hier ist toll, mit smaragdgrünen Felsenbecken, einem unglaublich schönen Meerblick und goldenem Sand. Das **Sugarloaf Point Lighthouse** ist nach einem kurzen Fußmarsch erreicht und offenbart einen sensationellen Blick. Auf dem Weg dorthin passiert man eine wasserreiche Schlucht und kann einem kleinen Abstecher zum einsamen, bei Surfern sehr beliebten **Lighthouse Beach** machen. Geht man um den Leuchtturm herum, so kommt man zu einem Aussichtspunkt mit Blick auf die eigentlichen Seal Rocks. Diese kleinen Inseln sind Zufluchtsort von Australiens nördlichster Seehundkolonie. Während der Paarungszeit im Sommer sind hier besonders viele der Tiere zu sehen. Am besten also ein Fernglas mitbringen! Auch **Buckelwale** kommen jedes Jahr auf ihrer Reise an den Seal Rocks vorbei und können manchmal von der Küste aus beobachtet werden.

Broughton Island ist von Nelson Bay aus mit dem Boot in einer halben Stunde erreicht. Die fast unbewohnte Insel (Dunkle Sturmtaucher, Zwergpinguine und eine unglaubliche Vielfalt an Fischen gibt es hier) bietet tolle Möglichkeiten zum Tauchen und unberührte Strände.

Der Park bietet eine Vielzahl von Unterkünften, am meisten Atmosphäre findet man jedoch in den historischen **Lighthouse Keepers Cottages** (☑4997 6590; www.sealrockslighthouseaccommodation.com. au; 300–450 AU$) am Sugarloaf Point. Diese aus Stein erbauten Selbstversorger-Cottages wurden komplett saniert und bieten Platz für jeweils sechs bis acht Personen. Ebenso empfehlenswert sind die von einem Architekten entworfenen **Bombah Point Eco Cottages** (☑4997 4401; www.bombah. com.au; 969 Bombah Pt Rd; DZ 220–275 AU$; ☀); ebenfalls für Selbstversorger.

Überall im Park gibt es **Zeltplätze** (www. npws.nsw.gov.au; Stellplatz Erw. 7,50–10 AU$, Kind 3,50–5 AU$), von denen die meisten Komposttoiletten und Wasser zum Abkochen haben; eine Reservierung ist nicht möglich. Hier liegt auch der tolle **Seal Rocks Holiday Park** (☑4997 6164; www.sealrocksholidaypark.com.au; Kinka Rd, Seal Rocks; Stellplatz ohne Strom 26–33 AU$, Stellplatz Zelt & Wohnmobil mit Strom 30–37 AU$, Hütte 70–185 AU$) mit einem breiten Spektrum an Budgetunterkünften, darunter begrünte Zelt- und Wohnmobilstellplätze am Ufer.

Am Bombah Broadwater legt die Bombah Point Fähre (5 AU$/Auto; 5 Min.) zwischen 8 und 18 Uhr halbstündlich ab. Ein 10 km langes Teilstück der Bombah Point Rd in Richtung Bulahdelah bzw. zum Pacific Hwy ist unbefestigt.

Der Lakes Way

Diese nette Strecke ist eine malerische Alternative zum Pacific Hwy. Der Lakes Way beginnt unmittelbar hinter dem kleinen Örtchen Bulahdelah und schlängelt sich durch die Nationalparks Myall Lakes und Booti Booti und vorbei am beliebten Pacific Palms. Dann geht es weiter ins regionale Zentrum Forster-Tuncurry, bevor die Straße am Rainbow Flat wieder mit dem Pacific Hwy zusammenläuft. Insgesamt ist das eine Strecke von 80 km.

Wer noch einmal tanken muss, bevor er den Highway verlässt, tut dies am besten in Bulahdelah. Und wer Hunger hat, schnappt sich dann gleich noch in der **Bulahdelah Bakery** (69 Stroud St) eine der fabelhaften Fleischpasteten.

Pacific Palms
☑ 680 EW.

Durch die Nationalparks Myall Lakes und Booti Booti von der Außenwelt abgeschieden, gehört Pacific Palms zu den Orten, in die sich gutbetuchte Städter am Wochenende flüchten. Das hört sich zwar fürchterlich an, im Endeffekt würde das aber doch jeder gerne tun. Pacific Palms ist um Längen besser als die weiter nördlich gelegenen Orte Forster und Tuncurry. Um die macht man besser einen Bogen. Wer in einem der beiden Parks campt, wird sich hier vermutlich früher oder später aufgrund akuten Koffeinmangels wiederfinden – es gibt ein paar hervorragende Cafés.

Die meisten Häuser stehen entweder am **Blueys Beach** oder am **Boomerang Beach**, beides beliebte Surfstrände mit goldenem Sand. Am schönsten ist aber **Elizabeth Beach**. Er gehört gerade noch zum Booti Booti und wird in der Ferienzeit überwacht.

Das **Visitor Centre** (☑6554 0123; Boomerang Dr; ⏰10–15 Uhr) wird von ehrenamtlichen Helfern betrieben und bietet Internetzugang (2,50 AU$/15 Min.) und verkauft einige Kunstwerke und Kunsthandwerk.

🛏 Schlafen & Essen

Mobys
Beachside Retreat   APARTMENTS **$$–$$$**
(☑6591 0000; www.mobysretreat.com.au; 4 Red Gum Rd, Boomerang Beach; Apt. mit 1 Schlafzi. 170–225 AU$, mit 2 Schlafzi. 210–275 AU$, mit 3 Schlafzi. 290–365 AU$; ✺ ⧓) Gleich gegenüber vom Boomerang Beach. Die 75 Ferienwohnungen für Selbstversorger sind ziemlich eng zusammengepfercht. Sie sind aber schön eingerichtet und hervorragend ausgestattet und es gibt einen Tennisplatz, einen Swimmingpool und einen Kinderspielplatz. Hier befindet sich auch das äußerst beliebte **M Bistro** (☑6554 0766; www.mbistro.com.au; Mittagstisch 17,50 AU$, Hauptgerichte abends 22–29 AU$; ⏰Mi–So mittags & abends).

Buddha on the Lake   INTERNATIONAL **$$**
(☑6554 0877; www.thebuddhaonthelake.com.au; Ecke The Lakes Way & Kookie Ave; Frühstücksgerichte 5–15 AU$, Hauptgerichte 25–27 AU$; ⏰Sa & So morgens, Mi–So mittags, Mi–Sa abends) Alles, was in der Kookie Ave liegt, ist einfach klasse! Gäste werden hier von balinesischen Statuen und einem vielversprechenden Geruch nach Gewürzen empfangen. Das Buddha ist ein entspanntes Restaurant, das eine fünfminütige Autofahrt östlich vom Blueys Beach liegt. Es gibt eine aufwendige vegetarische Speisekarte und ein Kindermenü für 10 AU$. Alkoholische Getränke dürfen selbst mitgebracht werden.

Recky   KNEIPE **$**
(☑6554 0207; The Lakes Way; Hauptgerichte 14–21 AU$; ⏰11 Uhr–open end) Wer mal einen ganz formellen Abend verbringen möchte, ist im Pacific Palms Recreation Club richtig. Es ist einer dieser Clubs mit billigem Alkohol, einem Bistro und gelegentlicher Livemusik, wo man sich an der Tür einschreiben muss. Der Slogan fordert zum Totalabsturz auf: „Get wrecked at the Recky".

Twenty by Twelve   CAFÉ **$**
(Shop 8, 207 Boomerang Dr; Frühstücksgerichte 4–13 AU$, Wraps 9,50 AU$; Burger & Pies 14,50 AU$; ⏰7.30–15 Uhr) Campen ist zwar schön und gut, aber der Gaskocher gibt

solch einen köstlichen Kaffee nicht her. Hier gibt's auch leichte Gerichte, biologisch angebaute Erzeugnisse aus der Umgebung und leckere und delikate Köstlichkeiten.

ℹ Anreise & Unterwegs vor Ort

Busways (☑1800 043 263; www.busways.com.au) hält auf dem Weg von Taree/Forster nach Newcastle am Blueys Beach.

Booti Booti National Park

Der 1567 ha große **Nationalpark** (www.environ ment.nsw.gov.au/nationalparks; Zufahrt mit Fahrzeug 7 AU$) erstreckt sich auf einer schmalen Halbinsel mit dem **Seven Mile Beach** im Osten und dem **Wallis Lake** im Westen. Im nördlichen Teil des Parks wächst Küstenregenwald. Höchste Erhebung ist **Cape Hawke** (224 m) mit einer tollen **Aussichtsplattform**. Der schöne Blick entschädigt für die über 420 schweißtreibenden Stufen.

Die 1940 geweihte **Green Cathedral** ist ein interessanter Ort. Sie hat weder ein Dach noch eine Tür, nur hölzerne Bänke, viele Palmen und einen Blick auf den See.

Am südlichen Ende des Seven Mile Beach liegt der Campingplatz **Ruins** (Campen pro Erw. 10–14 AU$, Kind 5–7 AU$) mit Selbstregistrierung. Ganz in der Nähe ist auch ein **NPWS-Büro** (☑6591 0300; ⏰8.30–16.30 Uhr).

Fosters Motelwahnsinn entgeht man am besten im **Lakeside Escape B&B** (☑6557 6400; www.lakeseescape.com.au; 85 Green Point Dr, Green Point; EZ 140–155 AU$, DZ 165–195 AU$; @). Es liegt sieben Minuten außerhalb, im Fischerdorf Green Point. Die En-Suite-Zimmer bieten einen Blick über den Wallis Lake und es gibt einen Whirlpool. Das Frühstück ist im Preis inbegriffen.

VON TAREE NACH PORT MACQUARIE

Nach Forster-Tuncurry macht der Pacific Hwy einen Knick und führt nach **Taree** (20 000 Ew.) ins Landesinnere. Taree ist eine größere Stadt, die als Versorgungspunkt für die Farmen im fruchtbaren Manning Valley fungiert. Das hilfreiche **Taree Visitors Centre** (☑1800 182 733, 02-6592 5444; 21 Manning River Dr; ⏰Sept.–Mai 9–17 Uhr, Juni–Aug. Mo–Fr 9–17, Sa & So bis 16 Uhr) liegt am nördlichen Ende der Stadt.

Stößt man noch weiter in westlicher Richtung ins Tal vor, erreicht man das **Wingham Brush Nature Reserve**. Auf diesem Fleckchen idyllischen Regenwalds leben ganze Kolonien von Flughunden und hier wachsen auch die riesigen Großblättrigen Feigenbäume, die aussehen, als wären sie nicht von dieser Welt. Ganz in der Nähe liegt das Örtchen **Wingham**, in dem sich das beschauliche englische Landleben mit ruppiger Holzfällertradition mischt. Ein Stopp hier lohnt aus zwei Gründen: um im **Bent on Food** (Sandwiches & Salate 12–16 AU$; ☺Mo–Fr 8–17, Sa bis 15, So 9–15 Uhr), einem der besten Cafés im ländlichen NSW, etwas zu essen und um eine Nacht im **Bank Guesthouse** (☑6553 5068; www.thebankandtellers.com.au; 48 Bent St; EZ 155–175 AU$, DZ 165–185 AU$, Hütte 110–120 AU$; ✶🛜) zu verbringen. Die stilvoll eingerichteten Zimmer der freundlichen Pension sind im Wohnhaus eines Bankdirektors aus den 1920er-Jahren untergebracht. Im Garten hinter dem Haus steht ein Cottage für Selbstversorger.

CountryLink (☑8202 2000; www.countrylink.info) bietet Züge ab Sydney, die in Taree und Wingham (47 AU$, 5½ Std., 2-mal tgl.) halten. Sie fahren von dort weiter nach Coffs Harbour (32 AU$, 3½ Std., 2-mal tgl.).

Zurück auf dem Pacific Hwy ist nach einer halben Autostunde in Richtung Norden die Abzweigung zum Fischerdorf **Harrington** erreicht. Es wird von spektakulären Felsformationen geschützt, die als Wellenbrecher dienen, und zudem von Pelikanen bewacht. Der Ort ist bei Urlaubern und bei Rentnern sehr beliebt. Alles ist ein wenig entschleunigt – 30% der Bevölkerung ist über 65. Wenn die Einheimischen nicht gerade golfen oder fischen, sind sie im **Harrington Hotel** (☑6556 1205; 30 Beach St; EZ/DZ 45/55 AU$) anzutreffen, einer großräumigen Kneipe mit beliebtem Bistro und einer großen Terrasse mit Meerblick.

Crowdy Head ist ein noch kleineres Fischerdorf 6 km nordöstlich von Harrington, am Rande des **Crowdy Bay National Park** (www.environment.nsw.gov.au/nationalparks; Zufahrt mit Fahrzeug 7 AU$). Angeblich stammt der Name von Captain Cook, der 1770 an dieser Landzunge eine Aborigines-Versammlung beobachtete. Der Blick vom 1878 erbauten **Leuchtturm** ist atemberaubend. Er schweift hinaus auf den grenzenlosen Ozean, hinunter auf die verlassenen Strände und zurück auf die scheinbar wilde Küstenebene und unberührten Küstengebirge. Als ob Cook niemals hier gewesen wäre.

Der für seine Felsformationen und die zerklüftete Steilküste bekannte Nationalpark ist 100 km² groß und trifft hier auf einen schönen Strand, der sich vom Crowdy Head nach Norden bis zum **Diamond Head** erstreckt. Dort führt ein toller Rundweg (4,8 km, 2 Std.) quer über die Landzunge.

Die Straßen durch den Park sind unbefestigt und voller Schlaglöcher. Dennoch ist die Fahrt dank des atmosphärischen Lichts, das durch das Blätterwerk der Eukalyptusbäume fällt, sehr schön. Einfache **Zeltplätze** (☑6582 3355; Stellplatz pro Erw./Kind 10/5 AU$) finden sich am Diamond Head, Indian Head, Kylie's Hut und Kylie's Beach sowie im südlichen Teil des Parks am **Crowdy Gap** (☑6552 4097; Stellplatz pro Erw./Kind 10/5 AU$). Überall muss Wasser mitgebracht werden.

Hat man den Nationalpark über die Diamond Head Rd verlassen, geht es weiter nach Laurieton und bis zum winzigen Örtchen Kew. Dort bildet der Ocean Dr, der von hier bis nach Port Macquarie verläuft, eine Alternative zum Highway. Unterwegs passiert er den **Dooragan National Park**, über dem sich der **North Brother Mountain** mit

WORIMI COUNTRY

Das Gebiet von der Tomaree Peninsula bis nach Forster und Gloucester ganz im Westen ist das Land der Worimi, die schon seit Tausenden von Jahren in dieser Region leben. Mittlerweile befindet sich nur noch wenig davon in ihrem Besitz, 2001 wurden allerdings die Sanddünen von Stockton Bight an sie zurückgegeben und die Worimi Conservation Lands (S. 123) wurden gebildet. Im Gegenzug stimmten die Worimi zu, diese mit dem NPWS gemeinsam zu verwalten.

Heilige Stätten und von den Aborigines besiedelte Gebiete findet man in der ganzen Region. Der **Dark Point Aboriginal Place** im Myall Lakes National Park ist für die Worimi seit etwa 4000 Jahren ein Ort von großer Bedeutung. Der Überlieferung zufolge fand hier im späten 19. Jh. eines von vielen Massakern an der indigenen Bevölkerung statt. Eine Gruppe von Aborigines wurde von weißen Siedlern zusammengetrieben und von den Felsen in die Tiefe gestoßen.

Weitere Infos gibt es in der Broschüre *Worimi Conservation Lands*, die vom NSW Department of Environment and Climate Change herausgegeben wird.

ELLENBOROUGH FALLS

Wer gern durch schöne Landschaften fährt, der sollte die 40 km lange Route von Wingham zu den **Ellenborough Falls** nicht verpassen. Etwa 17 km davon sind unbefestigt und voller Schlaglöcher, aber die Szenerie ist bezaubernd. Wenn die Straße steil zum Bulga Plateau ansteigt, weichen Farmen dem natürlichen Buschland, wo einst Zedern abgeholzt wurden. Die Wasserfälle stürzen dramatisch 200 m tief in eine Schlucht. Den besten Blick hat man von The Knoll, erreichbar über einen leichten, kurzen Weg durch den Busch. Anstrengender ist der Weg zur Basis der Fälle: 30 Minuten braucht man runter, aber 45, um wieder hochzukommen.

zahlreichen fantastischen Aussichtspunkten erhebt. Ganz in der Nähe liegt **Camden Haven**, eine Ansammlung verschlafener Dörfer, die rund um die breite Meeresmündung des **Queens Lake** verstreut liegen. Der **North Haven** ist ein Prachtstück von einem Surfstrand. Etwas weiter nördlich kommt die Straße am **Lake Cathie** (sprich kät-ai) vorbei. Sein seichtes Wasser ist das ideale Planschbecken für Kinder.

PORT MACQUARIE

39 220 FW

Die Bestrafung als Existenzberechtigung für diesen Ort wurde längst von Genuss und Vergnügen abgelöst. Port Macquarie wurde 1821 als dritte Stadt auf dem australischen Festland gegründet und diente als Arbeitslager für rückfällige Verbrecher aus Sydney. Heute ist „Port" eine echte Urlaubsstadt und profitiert dabei von seiner Lage am Tor zum subtropischen Regenwald, den wunderschönen Surfstränden und seiner entspannten Kaffeekultur.

⊙ Sehenswertes

Strände

Port hat neun geniale Strände. Super Surfbedingungen bieten sich an den im Sommer bewachten Stränden **Town**, **Flynns** und **Lighthouse Beach**; am **Shelly** und **Miners Beach** reicht der Regenwald bis ans Wasser. Er ist ein inoffizieller FKK-Strand.

Die Entfernung zwischen Town Wharf und Lighthouse Beach kann man gut zu Fuß bewältigen. Unterwegs passiert man am Ende des Ortes den **Hafendamm**, der mittlerweile zu so etwas wie einem örtlichen Straßenkunstwerk geworden ist. Die Felsen wurden teils mit viel Aufwand bemalt oder besprüht und gedenken z.B. verstorbenen Angehörigen, teilweise sind darauf aber auch nur dumme Sprüche zu lesen.

Tiere

Koala Hospital NATURSCHUTZGEBIET
(www.koalahospital.org.au; Lord St; Eintritt gegen Spende; ⊙8–16.30 Uhr) Koalas, die in der Nähe von Städten leben, laufen immer Gefahr, überfahren oder von Haustieren angefallen zu werden. In diesem Hort landen deshalb pro Jahr über 200 Tiere. Man kann auch auf eigene Faust durch das offene Gehege streifen, informativer sind aber die geführten Touren (15 Uhr). Auf Tafeln wird über das Schicksal der Patienten berichtet, die schon länger hier sind. Auf der Website kann man sich über die Möglichkeit informieren, ehrenamtlich mitzuhelfen.

Sea Acres
Rainforest Centre NATURSCHUTZGEBIET
(www.nationalparks.nsw.gov.au; Pacific Dr; Erw./Kind 8/4 AU$; ⊙9–16.30 Uhr) Dieses 72 ha große Regenwaldgebiet an der Küste (es ist Anwärter auf den Nationalparkstatus) wimmelt nur so von Tieren. Es gibt zahlreiche Vögel, Warane, Buschhühner und, um eine authentische Erfahrung zu bieten sozusagen, jede Menge Stechmücken (Insektenschutzmittel bekommt man am Eingang). Den Großteil dieses Gebiets kann man kostenlos erkunden, dennoch lohnt es sich, für das Ökologiezentrum und den 1,3 km langen rollstuhlgerechten Bohlenweg Eintritt zu bezahlen. Im Preis inbegriffen ist eine einstündige Führung mit fachkundigen ehrenamtlichen Helfern. Wer an einer Tour mit einem Aborigine als Führer Interesse hat, sollte sich zuvor telefonisch nach genauen Terminen erkundigen. Bei dieser „Bush Tucker"-Tour lernt man viel über die Nahrungsmittelbeschaffung im Busch.

Billabong Koala &
Wildlife Park NATURSCHUTZGEBIET
(61 Billabong Dr; Erw./Kind 18/11 AU$; ⊙9–17 Uhr) Wer noch mehr auf Tuchfühlung mit den Koalas gehen möchte, ist hier richtig. Der Park liegt westlich der Kreuzung Pacific/Oxley Hwy und bietet eine „Koalastreichelstunde" (10.30, 13.30 & 15.30 Uhr). Es

gibt auch eine Aufzuchtstation, allerdings lohnt der Besuch nicht so richtig. Ein Date mit einem Koala besteht eben größtenteils daraus, herumzuhocken und bekifft angeschaut zu werden. Im Park leben auch noch Unmengen von anderen australischen Geschöpfen, die sich über einen Besuch freuen.

GRATIS **Kooloonbung Creek Nature Park** NATURSCHUTZGEBIET
(Ecke Gordon St & Horton St) Dieser vogelreiche Park liegt nahe am Stadtzentrum und besteht aus 50 ha Busch- und Sumpfgebieten. Erkunden lässt er sich am besten über Wander- und rollstuhlgerechte Bohlenwege. Hier ist auch der historische Friedhof **Port Macquarie Historic Cemetery** (Gordon St).

Historische Gebäude & Museen

St. Thomas' Anglican Church KIRCHE
(Hay St; Erw./Kind 2/1 AU$; ⊙Mo–Fr 9.30–12 & 14–16 Uhr) Die 1824 von Strafgefangenen errichtete Kirche gehört zu den ältesten Australiens, in denen immer noch Gottesdienste abgehalten werden. Ihre Kirchenbänke und der mit Zinnen versehene Turm erinnern an die normannischen Kirchen Südenglands.

Roto House HISTORISCHES GEBÄUDE
(Lord St; Eintritt gegen Spende, mind. 1 AU$; ⊙10–16 Uhr je nach Verfügbarkeit ehrenamtlicher Mitarbeiter) Gleich neben dem Koala Hospital im Macquarie Nature Reserve steht diese hübsche viktorianische Villa (1890), in der interessante Exponate über die ursprünglichen Besitzer ausgestellt sind.

Garrison Building HISTORISCHES GEBÄUDE
(Ecke Clarence St & Hay St) Dieses Gebäude versteckt sich hinter einer unauffälligen Reihe von Schnellrestaurants.

Port Macquarie Historical Society Museum MUSEUM
(22 Clarence St; Erw./Kind 5/2 AU$; ⊙Mo–Sa 9.30–15 Uhr) Im Gegensatz zum Garnisonsgebäude nebenan hat dieses Museum von 1836 erbaulichere Exponate, z.B. eine Kostümgalerie.

Courthouse HISTORISCHES GEBÄUDE
(Erw./Kind 2/0,50 AU$; ⊙Mo–Fr 10–15.30, Sa bis 13 Uhr) Das 1869 erbaute Gerichtsgebäude steht gegenüber dem Port Macquarie Historical Society Museum.

Tacking Point Lighthouse LEUCHTTURM
Der kleine Leuchtturm (1879) thront auf einer Landzunge und bietet einen weitschweifenden Blick auf die Küste. Von hier kann man die Wellen beobachten, wie sie auf den wunderschönen Lighthouse Beach zurollen.

Maritime Museum MUSEUM
(☑6583 1866; 6 William St; Erw./Kind 5/2 AU$; ⊙10–16 Uhr) Das ehemalige Haus des Leuchtturmwächters über dem Town Beach ist heute ein kleines Museum. Ein noch kleinerer Ableger dieses Museums ist an der Town Wharf im Bootshaus des Leuchtturmwächters (1890er-Jahre) untergebracht.

Observatory STERNWARTE
(☑6584 9164; www.pmobs.org.au; William St; Erw./Kind 8/7 AU$; ⊙Mi & So 7.30–20.30 Uhr, während der Sommerzeit 8.15–21.15 Uhr) Sterngucker werden diese kleine Sternwarte im Rotary Park lieben.

Glasshouse Cultural Centre KULTURZENTRUM
(www.glasshouse.org.au; Ecke Clarence St & Hay St; ⊙Mo–Fr 9–17.30, Sa & So bis 16 Uhr) Dieses vor Kurzem eröffnete Zentrum wurde an jener Stelle erbaut, wo früher die Unterkünfte der Sträflingsaufseher standen. Im Foyer sind zahlreiche archäologische Artefakte aus den ursprünglichen Gebäuden ausgestellt.

GRATIS **Newcastle Regional Art Gallery** GALERIE
(☑Di–Fr 10–17, Sa & So bis 16 Uhr) Die Galerie ist im Glasshouse Cultural Centre untergebracht. Hier gibt es sowohl ein Theater mit 600 Plätzen als auch eine Touristeninformation und ein Laden, in dem einheimische Kunst und Kunsthandwerk verkauft werden.

🏃 Aktivitäten

Port Macquarie Surf School SURFEN
(☑6585 5453; www.portmacquariesurfschool.com.au; Unterricht ab 40 AU$) Die Surfschule bietet viele verschiedene Kurse zu unterschiedlichen Preisen.

Port Sea Kayak Adventures KAJAKFAHREN
(☑0409 776 566; www.portkayak.com.au; Buller St Bridge) Hat eine zweistündige Fluss- und Mangroventour (35 AU$) sowie einen sechsstündigen Freshwater-Rapids-Ausflug (70 AU$) im Angebot.

Port Macquarie Camel Safaris KAMELSAFARI
(☑0437 672 080; www.portmacquariecamels.com.au; Matthew Flinders Dr; ⊙So–Fr 9.30–13 Uhr) 30-minütiges Kamelreiten (Erw./Kind 30/25 AU$) am südlichen Ende des Lighthouse Beach.

☞ Geführte Touren

Port Macquarie
Cruise Adventures BOOTSFAHRT
(☎1300 555 890; www.cruiseadventures.com.
au; 74 Clarence St, Town Wharf; Erw./Kind/erm.
ab 25/10/22 AU$) Organisiert Delfin- und
Walbeobachtungen, Touren inklusive Aus-
tern- bzw. Mittagessen, Bootsfahrten bei
Sonnenuntergang sowie Flussexkursionen
und Ausflüge in die Sumpfgebiete.

🛏 Schlafen

Port bietet verschiedenste Übernachtungsoptionen, von einer Reihe von sauberen Hostels bis hin zu zahlreichen Urlaubsresorts
im Apartmentstil.

LP
TIPP **Observatory** HOTEL $$
(☎6586 8000; www.observatory.net.au;
40 William St; Zi. 129–199 AU$, Apt. 159–329 AU$;
❋☎☂) Ein freundlicher Empfang ist Stan-
dard in diesem hervorragenden modernen
Hotel gegenüber vom Town Beach. Die
Zimmer und Apartments sind komfortabel
und gut ausgestattet; viele haben Balko-
ne mit Meerblick. Durch die tolle Lage in
Strandnähe und nicht weit von guten Cafés
und dem Stunned Mullet Restaurant (S. 133)
braucht man auch gar nicht weit zu gehen.
Allseits beliebt sind das Hallenschwimm-
bad, der Whirlpool und die Sauna.

Port Macquarie Backpackers HOSTEL $
(☎6583 1791; www.portmacquariebackpackers.
com.au; 2 Hastings River Dr; B 26–30 AU$; DZ mit
Gemeinschaftsbad 60–80 AU$; @☎☂) Dieses
denkmalgeschützte Haus hat Wände aus
gepresstem Aluminium, bequeme Stock-
betten, einen neuen Dusch- und Toilet-
tenblock und einen supernetten Besitzer/
Manager, der manchmal für seine Gäste
dreitägige Camping- und Surfausflüge in
den Crowdy Bay National Park (195 AU$)
anbietet. Der Verkehrslärm kann störend
sein, kostenlose Extras (z.B. Frühstück)
entschädigen aber dafür.

Ozzie Pozzie Backpackers HOSTEL $

(✆/Fax 6583 8133; 36 Waugh St; B 26–33 AU$, EZ mit Gemeinschaftsbad 45–65 AU$, DZ mit Gemeinschaftsbad 65–90 AU$; @≋) In einem etwas merkwürdigen Häuserkomplex aus drei umgebauten Vorstadthäusern ist dieses Hostel untergebracht. Die Zimmer sind sauber, die Betten bequem und die Atmosphäre schreit nach Party. Zudem werden einige Aktivitäten angeboten und es gibt einen Billardtisch, Tischkicker und kostenloses Internet. Man kann Bodyboards (kostenlos), Fahrräder (5 AU$/Tag) und Surfbretter/Neoprenanzüge (20 AU$/Tag) ausleihen.

Mantra Quayside APARTMENTS $$

(✆6588 4000; www.mantraquayside.com. au; Ecke William St & Short St; Studio/Apt. ab 135/170 AU$; ❀@≋≋) Zusammen mit dem neu eröffneten **Mercure Centro Hotel** (✆1300 786 989; www.centrohotel.com.au; 103 William St; Zi. ab 169 AU$) ist dies das Schickste, was Port zu bieten hat. Wer einen Rückzugsort mit Selbstversorgung sucht, der sowohl in Strandnähe als auch nahe an der Cafémeile liegt, wird sich hier wohlfühlen.

South Pacific Apartments APARTMENTS $$

(✆6583 8033; www.southpacificpm.com.au; 37 Pacific Dr; Apt. 99–320 AU$; ❀≋≋) Ein eigentlich recht charakterloser Blockbau gegenüber vom Flynn's Beach. Die Apartments im Obergeschoss haben Meerblick, die unten eine kleine Terrasse. Alle Apartments sind sauber und hell und bieten Platz für vier bis sechs Personen.

Eastport Motor Inn MOTEL $$

(✆6583 5050; www.hwmotel.com.au; Ecke Lord St & Burrawan St; EZ 95–105 AU$, DZ 130–140 AU$; ❀✆≋) Unter den „Nicht-Hostels" eine recht günstige Unterkunft mit etwas kleinen, aber sauberen und gut ausgestatteten Zimmern mit bequemen Betten und sauberer Bettwäsche. Zudem gibt's kostenloses WLAN.

✕ Essen

Wenn es um Essen und Kaffee geht, wächst Port über sich hinaus. Hier kann man wunderbar essen und trinken!

LP TIPP **Stunned Mullet** MODERN-AUSTRALISCH $$
(✆6584 7757; www.thestunnedmullet.com.au; 24 William St; Hauptgerichte 26–49 AU$; ☺mittags & abends) Zuerst ein bisschen Nachhilfe in australischem Englisch: „To look like a stunned mullet" heißt soviel wie verwirrt oder erstaunt dreinblicken. Und genau so schauen die Gäste hier nämlich, wenn sie sich für eines der köstlichen modern-australischen Gerichte bzw. für einen

edlen Tropfen der umfassenden Weinkarte in Ports bestem Restaurant entscheiden müssen.

Corner Restaurant Cafe
CAFÉ **$$**

(Ecke Clarence St & Munster St; Frühstücksgerichte 6–19 AU$, Baguette 16 AU$, Hauptgerichte abends 27–34 AU$; ☺morgens, mittags & abends) Im Erdgeschoss des Macquarie Waters Boutique Apartment Hotels befindet sich dieses schicke Café, dessen Atmosphäre und Aufmachung stark an Sydney erinnern. Und tatsächlich könnten die café-typischen Köstlichkeiten auch irgendwo in Surry Hills verkauft werden (und das ist ein riesiges Kompliment).

Milkbar Town Beach
CAFÉ **$$**

(Shop 2, 40 William St; Frühstücksgerichte 4,50–11,50 AU$, Mittagsgerichte 9,50–14,50 AU$; ☺Mo–Fr morgens & mittags, Sa & So morgens & Brunch) Und noch ein lässiges, schickes Café im Erdgeschoss eines modernen Apartmentblocks (diesmal im Observatory). Die Milkbar ist bekannt für ihr hausgemachtes Wassereis, den sortenreinen Kaffee und die Surfer, die sich hier sehr wohl fühlen.

Fusion 7
MODERN-AUSTRALISCH **$$**

(☑6584 1171; www.fusion7.com.au; 124 Horton St; Hauptgerichte 28–34 AU$; ☺Di–Sa abends) Chefkoch Lindsey Schwab hat schon mit dem Erfinder der Fusionsküche Peter Gordon in London zusammengearbeitet, ist aber nach Port zurückgekehrt, um näher bei seiner Familie zu sein. Trotz dieses Hintergrunds und des Restaurantnamens ist das Essen hier eher modern-australisch als Fusion. Die Nachspeisen sind ganz besonders lecker.

Cedro
CAFÉ **$**

(72 Clarence St; Frühstück 6–18 AU$, Mittagessen 12–18 AU$; ☺Mo–Sa morgens & mittags) An einem sonnigen Tag kann man zwischen den Palmen an der Straße sitzen, sich ein großzügiges Frühstück bestellen, den guten Kaffee genießen und in aller Ruhe planen, wie der Tag weitergehen soll: mit Strand oder noch einem Kaffee?

Boardwalk
TAPAS **$$**

(75 Clarence St; Tapasgerichte 8–22 AU$; ☺Sa & So morgens, mittags & abends, Mo–Fr mittags & abends) Diese erst kürzlich eröffnete Tapas- und Weinbar liegt nur einen Steinwurf von der Town Wharf entfernt und bietet einen wunderschönen, weitschweifenden Blick über den Hastings River. Die Einheimischen lieben es.

☙ Ausgehen & Unterhaltung

Finnian's
KNEIPE

(97 Gordon St; ☺11 Uhr–open end) Ganz in der Nähe des neuen Busdepots befindet sich diese irische Kneipe, die sich bei Backpackern größter Beliebtheit erfreut. Unter der Woche gibt's hier Tombolas und Quizabende, freitags und samstags wird die Partystimmung aber schnell mit Livemusik (ab 20 Uhr) angeheizt.

Beach House
KNEIPE

(Horton St; ☺11 Uhr–open end) Durch seine beneidenswerte Lage direkt am grasbewachsenen Ufer ist das Beach House prädestiniert dafür, einen gemütlichen Nachmittag zu verbringen. Abends wird dann auf Bier umgestellt und man hängt lässig auf den schwarzen Ledersofas im Innern ab.

❶ Praktische Informationen

Port Macquarie Base Hospital (☑6581 2000; Wrights Rd) Krankenhaus.

Post (Palm Court, Ecke Short St & William St)

Visitor Centre (☑6581 8000; www.portmacquarieinfo.com.au; Glasshouse Cultural Cenre, Ecke Hay St & Clarence St; ☺Mo–Fr 9–17.30, Sa & So bis 16 Uhr)

❶ Anreise & Unterwegs vor Ort

Bus

Greyhound (☑1300 473 946; www.greyhound.com.au) hält hier dreimal täglich auf dem Weg zwischen Sydney (49–81 AU$, 6½ Std.) und Brisbane (55–110 AU$, 9½ Std.) an.

Premier Motor Service (☑13 34 10; www.premierms.com.au) fährt jeden Tag nach Sydney (60 AU$, 6½ Std.), Newcastle (47 AU$, 4 Std.) und Brisbane (67 AU$, 8½ Std.).

Flugzeug

Der **Port Macquarie Airport** (☑6581 8111; Boundary St) liegt 5 km vom Stadtzentrum entfernt (17 AU$ mit dem Taxi).

Sowohl **Qantas** (☑13 13 13; www.qantas.com.au) als auch **Virgin Blue** (☑13 67 89; www.virginblue.com.au) fliegen täglich nach Sydney. **Brindabella Airlines** (☑1300 66 88 24; www.brindabellaairlines.com.au) bietet Flüge nach Brisbane, Coffs Harbour und Newcastle an.

❶ Unterwegs vor Ort

Busways (☑6559 7712; www.busways.com.au) betreibt Nahverkehrsbusse.

Die **Settlement Point Ferry** (3 AU$/Auto) ist rund um die Uhr in Betrieb. Mit einem flachen Kahn gelangt man innerhalb von zehn Minuten zum North Beach.

Canberra & Südküste New South Wales

Inhalt »

Gut essen

» River (S. 163)
» Ottoman Cuisine (S. 142)
» Zanzibar (S. 171)
» Bannisters (S. 159)
» Hungry Duck (S. 153)

Schön übernachten

» Montague Island (S. 164)
» Paperbark Camp (S. 157)
» Pebbly Beach (S. 160)
» Hyatt Hotel (S. 141)

Auf nach Canberra und an die Südküste von New South Wales!

Während Canberra und das Australian Capital Territory (ACT) Architektur und Stadtplanung des letzten Jahrhunderts wie aus dem Lehrbuch präsentieren, bietet die Südküste des Bundesstaats üppiges Grün und malerische Blicke aufs Wasser. Überhaupt sind es die Gegensätze, die Canberra und die hiesige Küste zu einem idealen Reiseziel machen.

An einem Tag zieht man durch die Museen und Galerien, schlendert um künstliche Seen und bestaunt die gewaltigen Regierungsgebäude. Und am nächsten Tag findet man sich inmitten der freien Natur wieder. Hier erwarten einen unberührte Gewässer, Delfine und Wale und riesige Nationalparks, durch die Kängurus hoppeln. Ein weiterer Vorteil ist, dass sowohl Canberra als auch die Küste gut zu erreichen und bequem zu erkunden sind. Kurzum: Die zwei Ziele sollten eine wichtige Zutat für jeden Trip an der australischen Ostküste sein.

Reisezeit

Canberra

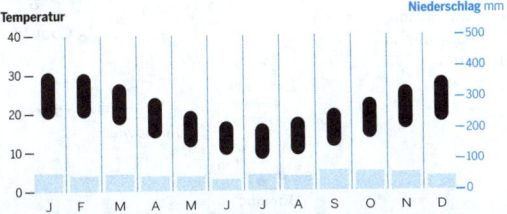

°C Temperatur
Niederschlag mm

Februar–Mai (außer Ostern) Reichlich Sonne, und wenig Kids (die müssen wieder zur Schule).

Mai–November An der Küste sieht man Wale auf ihrer Wanderschaft.

Dezember Weihnachten down under – mittags gibt's frisches Seafood und Strandkricket.

Highlights

1 Im **Murramarang National Park** (S. 159) hüpfen auch Kängurus über den Campingplatz

2 Vom atemberaubenden **Pigeon House Mountain** (S. 158) einen lauten Ruf in die Gegend senden

3 Auf **Montague Island** (S. 164) mit Robben und Pinguinen abhängen

4 An der **Jervis Bay** (S. 155) auf dem funkelnden, schneeweißen Sand Fußspuren hinterlassen

5 Die architektonische Pracht des **Parliament House** (S. 137) bewundern

6 Bei Sonnenuntergang an einem der strahlend schönen Stadtstrände von **Wollongong** (S. 144) ein Eis schlecken

7 In **Eden** Zeuge der Versöhnung zwischen Wal und Mensch werden (S. 172)

8 In **Central Tilba** (S. 166) das ruhige Landleben gänzlich auskosten

9 Im **National Museum of Australia** (S. 137) all die Dinge auf sich wirken lassen, die mit Australien zu tun haben

ⓘ Anreise & Unterwegs vor Ort

Auto & Motorrad

Der schnellste Weg von Canberra zur Küste führt über den Kings Hwy. Der Princes Hwy schlängelt sich von Wollongong im Norden nach Eden im Süden: Er ist die wichtigste Strecke zur Erkundung der Küste – egal, aus welcher Richtung man kommt – und führt durch die größeren Ortschaften Batemans Bay, Narooma und Merimbula. Die kleineren Straßen, die streckenweise vom Highway abzweigen, eignen sich für einen Abstecher zu den kleineren Orten an der Küste und im Hinterland.

Bus

Busse verbinden Canberra mit den Hauptstädten der Bundesstaaten und kurven an der Küste entlang.

Flugzeug

Einen internationalen Flughafen gibt's in Canberra, kleinere Flughäfen in Moruya und Merimbula.

Zug

Zwischen Canberra und Sydney verkehren Züge. Es gibt keinen Direktzug nach Melbourne. Weitere Infos gibt's auf S. 143.

CANBERRA

☏02 / 323 000 EW.

Das liebevoll auch „Hauptstadt im Busch" genannte, freundlich gestimmte Canberra mag einen verschlafenen Eindruck erwecken, doch es punktet mit einer herrlichen Natur in der Umgebung, den besten Museen des Landes und einer aufstrebenden Restaurant- und Weinszene.

1901 formierten sich die einst voneinander unabhängigen Kolonien zum modernen, demokratischen Commonwealth of Australia. Sydney und Melbourne wetteiferten um die Ehre, Hauptstadt des neuen Landes zu werden, und lieferten sich ein totes Rennen. Schließlich wurde ein Kompromiss gefunden: Mitten in den Brindabella Hills wurde nach dem meisterhaften Entwurf von Walter Burley Griffin eine funkelnagelneue Stadt erbaut.

Canberra ist eine gänzlich durchgeplante Stadt, weshalb man sich mitunter nicht dem Gefühl erwehren kann, durch ein Architekturmodell zu schlendern. Aber wer einen Crashkurs in australischer Geschichte, Kultur und Politik will, ist hier genau richtig. Die tollen Kunstgalerien und wundervollen Museen sind ein Fenster zur Seele Australiens, während die politischen Institutionen faszinierende Einblicke bieten, wie die moderne Demokratie funktioniert.

ⓞ Sehenswertes

Die meisten wichtigen Gebäude, Museen und Galerien Canberras verteilen sich rund um den Lake Burley Griffin, der von Civic, Manuka und Kingston aus leicht zu Fuß zu erreichen ist.

Parliament House
GEBÄUDE

(☏6277 5399; www.aph.gov.au; Eintritt frei; ⊙9–17 Uhr) Der vierbeinige, 81 m hohe Fahnenmast auf dem Capital Hill markiert den Standort des Parlamentsgebäudes, ein vollendetes Beispiel moderner Architektur, das sich harmonisch in seine Umgebung einfügt. In dem öffentlich zugänglichen Teil sind informative Ausstellungen, eine hervorragende Sammlung von Aborigineskunst und eine Handschrift der *Magna Charta* von 1297 zu sehen.

Täglich finden mehrmals kostenlose Führungen statt (an sitzungsfreien Tagen 45 Min., ansonsten 20 Min.). Man kann das Gebäude aber auch auf eigene Faust erkunden. Tickets für die Fragestunde (an Sitzungstagen um 14 Uhr) sind ebenfalls kostenlos, müssen aber im Voraus beim **Sergeant at Arms** (☏6277 4889) gebucht werden (am besten bis mittags, ansonsten könnte man leer ausgehen). Für andere Sitzungen in beiden Häusern benötigt man keine Eintrittskarte.

National Gallery of Australia
KUNSTGALERIE

(☏0240 6502; www.nga.gov.au; Parkes Pl, Parkes; Dauerausstellung frei; ⊙10–17 Uhr) Die ausgezeichnete Galerie präsentiert australische Kunst, darunter auch bedeutende Gemälde von Arthur Boyd, Sidney Nolan und Grace Cossington Smith. Zur Kunst der Aborigines zählen Werke wie das wunderbare *Aboriginal Memorial* (1988): Der Wald besteht aus 200 Begräbnispfählen, die von 43 Künstlern aus dem Arnhem Land anlässlich des 200. Jahrestages der Kolonialisierung bemalt wurden. Das wohl berühmteste der hier gezeigten ausländischen Werke ist Jackson Pollocks *Blue Poles: Number 11, 1952*.

Täglich gibt es kostenlose Führungen (Termine der Website entnehmen), die einen Überblick über die Highlights der Galerie vermitteln, wie auch Führungen mit dem Schwerpunkt auf australischer und indigen-australischer Kunst.

National Museum of Australia
MUSEUM

(☏6208 5000; www.nma.gov.au; Lawson Cres, Acton Peninsula; Eintritt frei; ⊙9–17 Uhr) Das

N 0 ———— 500 m

Daley Rd
University Ave
Blue & White Lodge (3 km)
Barry Dr
Mort St
Lonsdale St
Elouera St
Torrens St
Donaldson St
15
BRADDON
Cooyong St
Northbourne Ave
Batman St
Limestone Ave
12
Canberra Nature Park
Australian National University
Kingsley St
20
ACTON
Jolimont Centre
22 16
Alinga St
East Row
23
Doonkuna St
Ainslie Ave
Childers St
CIVIC
Petrie Plaza
Bunda St
City Walk
Ballumbir St
Elimatta St
Treloar Cres
Marcus Clarke St
London Cct
24
9
Akuna St
REID
Australian War Memorial
Balmain Cres
4
Vernon City Cir Hill
Euree St
Anzac Park
Anzac Pde
13
McCoy Cct
Liversidge St
Edinburgh Ave
Allara St
Canberra Convention Centre
Amaroo St
Anzac Park
10
Parkes Way
Constitution Ave
Creswell St
Australian National Botanic Gardens (1,4 km)
8
Barrine Dr
Commonwealth Park
Parkes Way
West Basin
Commonwealth Ave
Wendouree Dr
Russell Dr
Acton Peninsula
Lawson Cres
2 Regatta Point
Lake Burley Griffin
Central Basin
National Museum of Australia
Flynn Dr
5
Parkes Pl
PARKES
Aspen Island
Kings Park
11
Langton Cres
7
King Edward Tce
National Carillon
Mcrshead Dr
Alexandrina Dr
Coronation Dr
King George Tce
6
Parkes Pl
National Gallery of Australia
Forster Cres
1
3
Queen Victoria Tce
Canberra International Airport (5 km)
East Basin
State Cir
Kings Ave
Blackall St
Capital Cir
BARTON
17
Perth Ave
Capital Hill
Capital Cir
Bowen Dr
Bowen Park
Parliament House
State Cir
Brisbane Ave
Macquarie St
Adelaide Ave
National Cct
National Cct
Telopea Park West
Telopea Park East
Wentworth Ave
Green Sq
Howitt Ave
National Cct
Canberra Ave
Franklin St
19
21
14
FORREST
Giles St
18
Eyre St
Kennedy St
Dawes St
Manuka Oval
Kingston
KINGSTON

Museum ist ein moderner Bau am Nordufer des Sees. Es zeigt mithilfe von interaktiven Exponaten Land und Leute aus Sicht der Australier. Das Personal hilft gerne dabei, sich in den Ausstellungen zum Klimawandel, zur indigenen Kultur, zu nationalen Wahrzeichen usw. zurechtzufinden. Besucher können aber auch an einer einstündigen Führung (Erw./Kind 7,50/5,50 AU$) teilnehmen.

Das Museum ist mit Bus 34 ab Civic zu erreichen.

Australian War Memorial　　　MUSEUM
(☑6243 4211; www.awm.gov.au; Treloar Cres, Campbell; Eintritt frei; ☺10–17 Uhr) Das kolossale Kriegerdenkmal befindet sich in schöner Lage zwischen großen Bäumen, Skulpturen und Kanonen am Fuße des Mt. Ainslie. Die Stätte beherbergt eine interessante Sammlung von Dioramen, Gemälden, Artefakten und Exponaten. Den ganzen Tag über finden kostenlose 90-minütige Führungen statt.

In der prächtigen **Hall of Memory** befindet sich die **Grabstätte des unbekannten australischen Soldaten**, dessen sterbliche Überreste 1993 von einem Schlachtfeld des Ersten Weltkrieges hierher überführt wurden. Die Halle selber ist voller Symbolik und erinnert mit ihrem Buntglas und dem filigranen Mosaik aus mehr als 6 Mio. italienischen Steinchen, das 1958 an Dach und Wänden angebracht wurde, an eine Kirche. Hier findet der Kult um das Anzac (Australian und New Zealand Army Corps) seinen Höhepunkt – selbst Pazifisten wird das nicht unbeeindruckt lassen.

Lässt man den Blick die **Anzac Parade** hinab über den See zum Parlament schweifen, sieht man, wie grandios geometrisch Canberra geplant und aufgebaut wurde.

Zum War Memorial kommt man mit dem Bus 33 ab Civic.

Museum of Australian Democracy im Old Parliament House　　　MUSEUM
(☑6270 8222; www.moadoph.gov.au; King George Tce, Parkes; Erw./erm. 2/1 AU$; ☺9–17 Uhr) Das Museum ist in dem altehrwürdigen Old Parliament House untergebracht, in dem die Regierung von 1927 bis 1988 ihren Sitz hatte. Es gewährt einen Einblick in die Arbeit des Parlaments in der Vergangenheit. Erhalten sind die alten Sitzungssäle von Senat und Repräsentantenhaus. Die ergänzenden Exponate stellen die australische Tradition in den Kontext der Geschichte der Demokratie auf der ganzen Welt in zwei Jahrtausenden. Auch das Restaurant und das Café hier sind exzellent.

Auf dem Rasen vor dem Old Parliament House steht die **Aboriginal Tent Embassy**, eine wichtige Stätte im Kampf um die Gleichstellung und Anerkennung der Aborigines.

EIN VERLÄNGERTES WOCHENENDE IN CANBERRA

SAMSTAG Nach dem Einchecken im Hotel widmet man sich der australischen Kunst in der **National Gallery of Australia** (S. 137) und der **National Portrait Gallery** (unten). Ein Spaziergang führt westwärts am Ufer des Lake Burley Griffin entlang, vorbei am High Court und der **National Library** (S. 141). Zum Abschluss des Spaziergangs gönnt man sich im historischen **Hyatt Hotel** (S. 141) den High Tea. Im **Arc Cinema** (unten) kann man sich einen Klassiker oder einen modernen Film anschauen und anschließend ein spätes Dinner im **Ottoman Cuisine** (S. 142) oder im **Italian & Sons** (S. 142) nehmen. Wer es lebhafter mag, kann sich im todschicken **Parlour Wine Room** (S. 142) ein paar Tapas und Drinks genehmigen.

SONNTAG Der Tag beginnt mit einem Brunch in der **Silo Bakery** (S. 142) oder im **Urban Pantry** (S. 142). Danach geht's zum **National Museum of Australia** (S. 137), wo man alles über die faszinierende indigene und postkoloniale Geschichte des Landes erfährt. Wer einen fahrbaren Untersatz hat, kann den Nachmittag für den Besuch einiger der exzellenten Weingüter der Region (s. www.canberrawines.com.au) nutzen. Oder man schwingt sich aufs Rad und dreht eine Runde um den **See** (unten). Danach erkundet man das nahe gelegene Yarralumla und seine vielen skurrilen Botschaftsgebäude. Zur Belohnung gibt's ein Abendessen im **Portia's Place** (S. 142).

MONTAG Sofern Sitzungen anstehen, sollte man sich im Parlament einen Platz auf der Tribüne sichern, denn dort gibt's den einzigen echten Schlagabtausch vor Ort: die **parlamentarische Fragestunde** (S. 137). Auf dem Weg zur Sitzung um 14 Uhr kann man noch im **Museum of Australian Democracy im Old Parliament House** (S. 139) vorbeischauen, sich mit der politischen Geschichte vertraut machen und gleich noch im hübschen Hofcafé zu Mittag essen. Vor der Abreise sollte man auch unbedingt noch das bewegende wie informative **War Memorial** (S. 139) besuchen.

National Portrait Gallery
KUNSTGALERIE
(www.portrait.gov.au; King Edward Tce, Parkes; Eintritt frei; ◷10–17 Uhr) Die Galerie erzählt die Geschichte Australiens anhand von Porträts. Die mehreren Hundert Arbeiten zeigen auch die Entwicklung der Porträtkunst von Wachs-Kameen indigener Stammesleute bis hin zu einem fluoreszierenden Nick Cave. Schon das herrliche neue Gebäude für sich ist ein Prachtwerk: Alle Bundesstaaten und Territorien Australiens steuerten Holz und Steine bei.

National Film & Sound Archive
MUSEUM, KINO
(☑02-6248 2000; www.nfsa.gov.au; McCoy Circuit, Acton; Eintritt frei; ◷Mo–Fr 9–17, Sa & So 10–17 Uhr) Das tolle Archiv ist in einem wunderschönen Art-déco-Gebäude untergebracht und widmet sich Australiens umfangreicher Film-, Fernseh- und Radiogeschichte. Das kleine Kino zeigt Schätze aus der Sammlung, während im größeren Arc Cinema (◷Vorstellungen Do 14 & 19, Sa & So 14 & 16.30 & Sa 19.30 Uhr; Erw./erm. 11/9 AU$) Klassiker und neue ausländische Filme laufen.

Lake Burley Griffin
AREAL
Der nach dem Architekten Canberras benannte Lake Burley Griffin entstand 1963 durch die Eindämmung des Molonglo River. Baden sollte man hier lieber nicht, aber man kann hervorragend Boot fahren oder mit dem Rad eine Runde um den See drehen. Boote, Fahrräder und Inlineskates kann man sich am Nordufer an der Fährstelle Acton Park ausleihen.

Am 35 km langen Ufer findet man viele interessante Orte. Am auffälligsten ist der **Captain Cook Memorial Water Jet**, der 1970 zum 200. Jahrestag der Landung Captain Cooks erbaut wurde.

Australian National Botanic Gardens
GARTEN
(☑6250 9540; www.anbg.gov.au/anbg; Clunies Ross St, Acton; Eintritt frei; ◷8.30–17 Uhr) Auf über 90 ha erstreckt sich an den unteren Hängen des Black Mountain der Botanische Garten, der sich der Zucht und dem Studium australischer Pflanzen widmet. Ausgewiesene Spazierwege führen zu den Highlights, z.B. zum Regenwaldbereich und zu den thematisch bepflanzten Abschnitten.

Das **Visitor Centre** (◷9–16.30 Uhr) hat Lagepläne. Dort beginnen auch die kostenlosen Führungen.

An Wochenenden, Feiertagen und in den Schulferien fährt Bus 81 von Civic direkt hierher. Wer fit ist, kann einen netten Spaziergang durch den Campus der Australian National University bis zum Botanischen Garten machen.

National Library of Australia GEBÄUDE
(☎6262 1111; www.nla.gov.au; Parkes Pl, Parkes; Eintritt frei; ☺Großer Lesesaal Mo–Do 9–21, Fr & Sa 9–17, So 13.30–17 Uhr) Die National Library of Australia, untergebracht in einem der elegantesten Gebäude in Canberra, beherbergt mehr als 6 Mio. Werke, u.a. seltene Bücher, Gemälde, alte Manuskripte, Fotografien, mündlich überlieferte Geschichten und Karten. Die kostenlose, 45-minütige **Behind-the-Scenes Tour** (☎6262 1271; ☺Führung Do 12.30 Uhr) muss im Voraus gebucht werden. Die **Exhibition Gallery** (Eintritt frei; ☺9–17 Uhr) präsentiert interessante Exponate aus den diversen Sammlungen der Bibliothek.

National Zoo & Aquarium ZOO
(☎6287 8400; www.zooquarium.com.au; Lady Denman Dr, Yarralumla; Erw./Kind 30/19 AU$; ☺10–17 Uhr) Der beeindruckende Zoo befindet sich nahe dem Scrivener Dam am westlichen Ende des Lake Burley Griffin.

Bus 81 fährt von Civic zum Zoo und hält dann am Botanischen Garten – allerdings nur an Wochenenden, Feiertagen und in den Schulferien.

Questacon – National Science & Technology Centre MUSEUM
(☎6270 2800; www.questacon.edu.au; King Edward Ice, Parkes; Erw./Kind 20/15 AU$, ☺9–17 Uhr) Das interaktive Museum ist lehrreich und kurzweilig. Die mehr als 200 interaktiven Exponate zeigen, wie Wissenschaft und Technik im Alltag funktionieren.

✯ Feste & Events

National Multicultural Festival KULTUR
(www.multiculturalfestival.com.au) Wird zehn Tage lang im Februar gefeiert.

Royal Canberra Show LANDWIRTSCHAFTSMESSE
(www.rncas.org.au/showwebsite/main.html) Ende Februar trifft Land auf Stadt ... die Reise ist nicht weit.

Celebrate Canberra Festival KULTUR
(www.celebratecanberra.com) Mitte März wird ausgiebig Canberras Geburtstag gefeiert.

National Folk Festival VOLKSMUSIK
(www.folkfestival.asn.au) An Ostern.

Floriade GÄRTEN
(www.floriadeaustralia.com) Von Mitte September bis Mitte Oktober stehen einen ganzen Monat lang Frühlingsblumen im Mittelpunkt.

🛏 Schlafen

Canberra ist eine Regierungsstadt. Wenn das Parlament tagt, gibt es nur sehr selten günstige Unterkünfte und selbst die lausigsten Kaschemmen sind ausgebucht. Es lohnt sich, im Voraus zu buchen (online gibt's bei www.lastminute.com.au und www.wotif.com gute Schnäppchen zu ergattern).

LP TIPP | Hyatt Hotel Canberra HOTEL $$$
(☎6270 1234; www.canberra.park.hyatt.com; Commonwealth Ave, Yarralumla; Zi. ab 250 AU$; ❄@☲) In dem Art-déco-Hotel eilt den Gästen das Personal in Knickerbocker-Hosen entgegen (der Große Gatsby lässt grüßen). In den Diplomatensuiten kann man quasi noch den Geruch vergangener Machtränke riechen. Im neueren Flügel hingegen ist wieder alles typisch Hyatt: komfortabel und bodenständig.

University House HOTEL $$
(☎6125 5211; www.anu.edu.au/unihouse; 1 Balmain Cres, Acton; EZ ohne Bad 90 AU$, Zi. 134–149 AU$; ❄@☎) Das auf dem weitläufigen Campusgelände gelegene prächtige Gebäude aus den 1950er-Jahren mit entsprechend sagenhaften Möbeln wurde restauriert, nicht renoviert. Die Zimmer sind eigentlich kleine Suiten; viele haben auch einen Balkon.

Diamant BOUTIQUEHOTEL $$
(☎6175 2222; www.8hotels.com/dia-can; 15 Edinburgh Place, Civic; Zi./Suite ab 160/295 AU$; ❄@☎) Das Boutiquehotel ist nicht weit vom National Museum entfernt. Die Zimmer sind ultrahip (mit Fotodrucktapeten und kleinen Fischschuppenfliesen im Bad). Es gibt eine tolle Weinbar (S. 142).

Canberra City YHA HOSTEL $
(☎6248 9155; canberracity@yhansw.org.au; 7 Akuna St, Civic; B 29–39 AU$, DZ/2BZ 89/99 AU$; ❄@☲) Der große, helle Komplex mit Grillbereich auf der Dachterrasse, Bar, Indoor-Swimmingpool, Billardtischen und komfortabler Lounge bietet viel Möglichkeiten, Gleichgesinnte kennenzulernen.

Olims Hotel Canberra HOTEL $$
(☎6243 0000; www.olimshotel.com; Ecke Ainslie & Limestone Aves, Braddon; Zi. 85–350 AU$; ❄@☎) Das denkmalgeschützte Gebäude von 1927 säumt einen schönen Innenhof. Die in sich abgeschlossenen „Loft"-Zimmer

im ersten Stock sind geräumiger, haben Balkone und blicken auf den Garten.

Victor Lodge
PENSION **$**

(☎6295 7777; www.victorlodge.com.au; 29 Dawes St, Kingston; EZ/DZ & 2BZ ohne Bad, mit Frühstück 89/106 AU$; ✱⊛@⊚) Nicht gerade luxuriös, aber recht ansehnlich ist dieses große Haus mit sauberen Zimmern, Gemeinschaftsbädern und einer Gemeinschaftsküche.

Blue & White Lodge
B&B **$$**

(☎6248 0498; http://blueandwhitelodge.com. au; 524 Northbourne Ave, Downer; EZ/DZ 110/130 AU$; ✱) Das familienbetriebene B&B ist eine Mischung aus schlichtem, geziegeltem und gefliestem Haus und dem Parthenon (mit ionischen Säulen und Ziergiebeln). Es liegt nur eine kurze Busfahrt nördlich vom Zentrum und bietet seinen Gästen ein warmes Frühstück und komfortable, saubere Zimmer.

Tall Trees Motel
MOTEL **$$**

(☎6247 9200; www.bestwestern.com.au/tall trees; 21 Stephen St, Ainslie; Zi. 150 AU$; ✱) Die Grünanlagen in dem Motel und seine Lage im grünen Ainslie (in kurzer Entfernung zum Zentrum) verleihen der Unterkunft eine entspannte Atmosphäre.

Canberra Motor Village
WOHNWAGENPARK, HÜTTEN **$$**

(☎6247 5466; www.canberravillage.com; Kunzea St, O'Connor; Stellplatz ohne/mit Strom 23/28 AU$, Wohnwagen-Stellplatz mit Strom 35 AU$, Hütte 115–195 AU$; ✱✱) Im friedlichen Busch, 6 km nordwestlich vom Zentrum, gibt es Hütten und Stellplätze, die genauso gewissenhaft angeordnet wurden wie die Häuser und Straßen in Canberra.

✗ Essen

Die meisten Restaurants findet man in Civic, Kingston, Manuka und Griffith; in Dickson gibt's eine Reihe fantastischer asiatischer Lokale. Außerdem haben viele Sehenswürdigkeiten der Stadt ausgezeichnete Restaurants, so das War Memorial, das Old Parliament House oder das National Film & Sound Archive.

 Ottoman Cuisine
TÜRKISCH **$$$**

(☎6273 6111; Ecke Broughton & Blackall St, Barton; Hauptgerichte 29–35 AU$; ⊙mittags Di–Fr, abends Di–Sa) Das Restaurant trifft den Nerv der Zeit und treibt verwegene Spiele mit der türkischen Küche. Der Service ist hervorragend. Gute Weinkarte und überragende Teller mit Meze (Vorspeisen).

Italian & Sons
ITALIENISCH **$$**

(☎6162 4888; 7 Lonsdale St, Braddon; Hauptgerichte 23–32 AU$; ⊙Di–Fr mittags, Mo–Sa abends) Das nette, neue Restaurant am Rand von Civic serviert köstliche Pastagerichte und Holzofenpizzas (auch vegetarische) sowie allerlei herzhafte Gerichte – alles aus erstklassigen Zutaten. Großartige Wein- und Käsekarte.

Silo Bakery
BÄCKEREI, CAFÉ **$**

(☎6260 6060; 36 Giles St, Kingston; Hauptgerichte 6–19 AU$; ⊙Mo–Sa 7–16 Uhr, 24. Dez.–31. Jan. geschl.) Nahezu unfassbar beliebt ist diese legendäre Bäckerei, die zugleich ein Käseladen ist. Sie hat auch einen Café-Sitzbereich und eine ausgezeichnete Frühstückskarte.

Portia's Place
CHINESISCH **$$**

(☎6239 7970; 11 Kennedy St, Kingston; Hauptgerichte 22–35 AU$; ⊙So–Fr mittags, tgl. abends) Die quirlige Portia ist die Gastgeberin in dem beliebten, durch und durch traditionellen chinesischen Restaurant, in dem sich öfters auch Politiker blicken lassen.

Milk & Honey
CAFÉ **$**

(☎6247 7722; Garema Pl, Civic; Frühstück 5–16 AU$, Mittag- & Abendessen 16–32 AU$; ⊙morgens, mittags & abends) In der Straße gibt es mehrere Cafés, dieses hier hat aber das interessanteste Essen. Probieren sollte man das Frühstücks-Trifle (eine englische Süßspeise) oder etwas Herzhafteres wie Rührei mit Chorizo und Bohnen.

Urban Pantry
MODERN AUSTRALISCH **$$**

(☎02-6162 3556; 5 Bougainville St, Manuka; Hauptgerichte 12–38 AU$; ⊙Mo–Sa 8 Uhr–open end, So 8–16 Uhr) Das schicke, bei Brunchern beliebte Lokal verkauft hausgemachtes Brot und Kuchen und serviert hervorragende Gerichte. Im Sommer wird freitagabends draußen Jazz gespielt.

♟ Ausgehen & Unterhaltung

Ausgehtipps findet man in der Rubrik „Fly" in der Donnerstagsausgabe der *Canberra Times* und im kostenlosen monatlichen Straßenblatt *bma*. **Ticketek** (☎132 849; www.ticketek.com.au; 11 Akuna St, Civic) verkauft Eintrittskarten für große Events.

LP TIPP **Parlour Wine Room**
WEINBAR

(☎02-6162 3656; www.parlour.net.au; 16 Kendall Lane, Civic; ⊙Di–Do 12 Uhr–open end, Fr & Sa bis 3, So bis 24 Uhr) Diese moderne Version einer viktorianischen Raucherlounge serviert ausgezeichnete Weine, leckere Tapas und gigantische Cocktails. Die sonnige

Terrasse mit Blick auf den See ist perfekt für einen Nachmittagsdrink, während die lederüberzogenen Clubsessel und vornehmen Sitzbänke eine einladende Option für spätabendliche Snacks und Drinks sind.

Filthy McFadden's
KNEIPE
(☎6239 5303; www.lovefilthys.com; Green Sq, Kingston; ⏰12 Uhr–open end) Überdurchschnittlich guter irischer Pub mit einer großen Auswahl an Fassbieren und angemessen schäbiger Atmosphäre.

ANU Union Bar
KNEIPE
(☎6125 3660; www.anuunion.com.au; Union Court, Acton; ⏰Gigs 20 Uhr) Während des Semesters gibt's hier dreimal pro Woche lebhafte Livemusik. Für Bands aus der Region zahlt man rund 10 AU$, ansonsten wird man auch mal bis zu 50 AU$ los.

Academy
NACHTCLUB
(☎6257 3355; www.academyclub.com.au; Bunda St, Civic; Eintritt 5–25 AU$; ⏰Do–Sa 21 Uhr–open end) Die Tanzfläche des ehemaligen Kinos wird von der Originalleinwand dominiert. Die tanzenden Massen werden mit überlebensgroßen Animationen unterhalten.

Dendy Canberra Centre
KINO
(☎6221 8900; www.dendy.com.au; 148 Bunda St, Civic; Erw./Kind 15/11 AU$) Schickes, neues Programmkino.

 Praktische Informationen

Im zentral gelegenen YHA (S. 141) gibt's ein verlässliches Internetcafé.

Canberra Hospital (☎6244 2222, Notfall 6244 2611; Yamba Dr, Garran)

Hauptpost (☎13 13 18; 53–73 Alinga St, Civic) Postlagernde Briefe gehen an: Poste Restante Canberra GPO, Canberra City, ACT 2601.

National Library Bookshop (☎6262 1424; Parkes Pl, Parkes) Super Auswahl australischer Bücher.

Visitor Centre (☎1300 554 114; www.visitcanberra.com.au; 330 Northbourne Ave, Dickson; ⏰Mo–Fr 9–17, Sa & So 9–16 Uhr) Karten zu Fahrradrouten und Wanderungen.

NRMA (☎6222 7000; Canberra Centre, City Walk, Civic) Infos für Autofahrer und Karten.

ℹ An- & Weiterreise
Auto & Motorrad
Die schnellste Strecke zwischen Canberra und der Küste ist der Kings Hwy. Er führt durch Weideland und dann durch den Mongo National Park hinunter nach Batemans Bay (150 km). Der steile, gewundene Abschnitt ist wunderschön.

Wer möglichst rasch nach Sydney (280 km) kommen möchte, nimmt erst den Federal und dann den Hume Hwy. Ist Melbourne das Ziel (660 km), folgt man erst dem Barton, dann dem Hume Hwy. An die Küste von Victoria geht's über den Minaro Hwy Richtung Lakes Entrance (420 km).

Bus
Der Fernbusbahnhof ist das **Jolimont Centre** (Northbourne Ave, Civic). Von dort kann man kostenlos im Visitor Centre anrufen.

Die Busse von **Greyhound** (☎1300 473 946; www.greyhound.com.au; Jolimont Centre, Northbourne Ave & Alinga St; ⏰7–18 Uhr) fahren häufig nach Sydney (25–40 AU$, 3½ Std.) und Melbourne (50–80 AU$, 9 Std.).

Murrays (☎13 22 51; www.murrays.com.au; Jolimont Centre, Northbourne Ave & Alinga St; ⏰7–18 Uhr) betreibt täglich Busse nach Sydney (37 AU$, 3½ Std.), Batemans Bay (24 AU$, 2½ Std.), Narooma (37 AU$, 4½ Std.), Wollongong (31 AU$, 3½ Std.) und zu den Skigebieten.

Flugzeug
Der **Canberra International Airport** (☎6275 2222; www.canberraairport.com.au) wird von vier Fluglinien angeflogen:

Brindabella Airlines (☎1300 66 88 24; www.brindabellaairlines.com.au) Flüge nach Newcastle (70 Min.) und Albury (45 Min.).

Qantas (☎13 13 13; www.qantas.com.au; Jolimont Centre, Northbourne Ave, Civic) fliegt nach Brisbane (95 Min.), Sydney (50 Min.), Melbourne (1 Std.), Adelaide (1¾ Std.) und Perth (4 Std.).

Tiger Airways (☎03-9335 3033; www.tigerairways.com) Flüge ab/nach Melbourne.

Virgin Blue (☎136 789; www.virginblue.com.au) Verbindungen nach Sydney, Melbourne und Adelaide sowie an die Gold Coast (90 Min.).

Zug
Hauptbahnhof ist die **Kingston Train Station** (Burke Cres, abseits der Wentworth Ave; Bus 35 & 39 ab Civic). Fahrkarten sind im Bahnhof im **CountryLink-Reisezentrum** (☎13 22 32; www.countrylink.info; ⏰Mo–Fr 6–16.45 Uhr) erhältlich. Züge verkehren ab/nach Sydney (56 AU$, 4½ Std., 2-mal tgl.), nach Melbourne gibt's jedoch keine Direktzüge. Stattdessen kann man den CountryLink-Bus nach Yass nehmen und dort in den Zug umsteigen, aber der Trip dauert ein paar Stunden länger als mit einem Direktbus von Murrays oder Greyhound.

ℹ Unterwegs vor Ort
Bus
Betreiber der öffentlichen Busse in Canberra ist **Action** (☎13 17 10; www.action.act.gov.au); sie fahren kreuz und quer durch die Stadt.

Es gibt Einzelfahrscheine (Erw./erm. 4/2 AU$), in den meisten Fällen ist man aber mit einer Tageskarte (Erw./erm. 7,60/3,80 AU$) besser beraten. Fahrscheine bekommt man in den Action-Verkaufsstellen (z. B. im Visitor Centre und an einigen Zeitungskiosken) oder direkt beim Busfahrer.

Vom/Zum Flughafen

Der Canberra International Airport liegt 7 km südöstlich der Stadt. Ein Taxi dorthin kostet rund 35 AU$. Der **Airliner Bus** (✆6299 3722; www.airliner.com.au) verkehrt zwischen dem Flughafen und der Stadt (einfache Strecke/hin & zurück 9/15 AU$, 20 Min.).

Taxi

Cab Express (✆6260 6011)
Canberra Cabs (✆13 22 27)

WOLLONGONG

✆02 / 93 849 EW.

Wollongong ist gesäumt von der majestätischen Illawarra Escarpment und erstreckt sich entlang der Küste vom Lake Illawarra im Süden bis kurz vor die Grenzen des Royal National Park. Je weiter man nach Norden kommt, desto schöner wird die Stadt – in Port Kembla im Süden befindet sich Australiens größtes Stahlwerk. Das Zentrum gewinnt zwar auch nicht unbedingt Schönheitswettbewerbe, dafür aber liegen nördlich davon einige wunderbare Surfstrände. Und auch die beeindruckenden Steilhänge der Illawarra Escarpment im Hintergrund machen einiges wett.

Die Region gehört zum traditionellen Land der Dharawal, das sich im Norden bis zur Botany Bay erstreckt. Europäer erforschten das Gelände im frühen 19. Jh., man fällte Holz und betrieb Milchwirtschaft. Doch davon abgesehen tat sich hier wenig, bis Kohlereviere in den Klippen der Escarpment Mitte des 19. Jhs. erste Minenarbeiter anzogen. Bis zu Beginn des 20. Jhs. hatte sich Wollongong zu einem bedeutenden Kohlehafen gemausert, in den 1920er-Jahren entstanden dann die ersten Stahlwerke. Heute zählt die Region mit Wollongong, der neuntgrößten Stadt des Landes, zu Australiens wichtigsten Industriegegenden.

Wollongongs lokale Surferszene steht in Kontrast zu dem Ruf der Stadt als Arbeiterstadt. Das Ergebnis ist ein Ort mit relaxten Einwohnern, die einen entspannten Lebensstil pflegen. Seine Küche entspricht der anderer großer Städte und viele Studenten sorgen dafür, dass es dem Kneipenpersonal nicht langweilig wird.

◉ Sehenswertes & Aktivitäten

Belmore Basin   NATURSCHUTZGEBIET
Wollongongs Fischereiflotte liegt am südlichen Ende des Hafens im Belmore Basin. Das Becken wurde 1868 aus dem massiven Felsen gehauen. Es gibt eine Fischereigenossenschaft und an der Spitze einen Leuchtturm von 1872. Unweit davon steht auf der Landzunge das neuere **Breakwater Lighthouse**.

Strände   STRAND
Am North Beach gibt es generell bessere Wellen als am Wollongong City Beach ... außerdem sieht man im Norden die Fabrik nicht. Die Strände am Hafen selber sind gut für Kinder geeignet. Es gibt noch weitere Strände gen Norden die Küste hinauf, darunter die Surfermagneten Bulli, Sandon Point, Thirroul und der hübsche Strand Austinmer. Übrigens: In Thirroul lebte D. H. Lawrence während seines Aufenthalts in Australien; das Cottage, in dem er *Kangaroo* schrieb, steht noch.

**Jumbulla Aboriginal
Discovery Centre**   KULTURZENTRUM
(www.jumbulla.com.au; Visitor Centre, Pacific Hwy, Bulli Tops, Erw./Kind 15/10,50 AU$) Das brandneue Jumbulla dokumentiert mit neuesten technischen Mitteln, u. a. vier filmischen Erzählungen, die Sozialgeschichte und Kultur der Illawarra-Aborigines. Einfach der Ausschilderung zum Southern Gateway Centre folgen.

Science Centre & Planetarium   MUSEUM
(http://sciencecentre.uow.edu.au/; Squires Way, Fairy Meadow; Erw./Kind 11/8 AU$; ◷10–16 Uhr) Aufgeweckte Kinder aller Altersstufen werden das Science Centre lieben. Es wird von der University of Wollongong betrieben und umfasst alles von Dinosauriern bis Elektronik. Im Planetarium finden den ganzen Tag über Vorführungen statt (4 AU$/Pers.).

Wollongong Botanic Gardens   GARTEN
(61 Northfields Ave, Keiraville; Eintritt frei) Der herrlich ruhige, zauberhafte Botanische Garten ist wie geschaffen für ein mittägliches Picknick. Hier wachsen und gedeihen tropische Pflanzen, Waldpflanzen und Gewächse gemäßigter Zonen.

Nan Tien Temple   TEMPEL
(www.nantien.org.au; Berkeley Rd, Berkeley; Eintritt frei; ◷Di–So 9–17 Uhr) Unmittelbar süd-

TAMAHRA PROWSE – FALLSCHIRMSPRINGERIN

Mit 19 fing ich mit dem Fallschirmspringen an. Mein Onkel, ein Ex-Airforce-Soldat, hatte mich dazu überredet, einmal einen Sprung zu versuchen. Und schon nach dem ersten Flug in freiem Fall war ich süchtig danach! Ein paar Jahre später reisten mein Freund Anthony und ich durch Mexiko und machten in Playa del Carmen einen Fallschirmsprung mit Landung am Strand ... und nachdem wir ein paar Tequilas zu viel intus hatten, entschieden wir uns, das Skydive the Beach in Wollongong zu eröffnen.

Wie oft springen Sie?

Die Jungs, die hier auch die Einführungen machen, springen bis zu zwölfmal am Tag aus dem Flugzeug. Ich dagegen bin derzeit am Erdboden gefesselt, weil in sechs Monaten mein zweites Kind zur Welt kommt.

Was ist das Beste am Fallschirmspringen?

Für mich ist das die Zehntelsekunde, in der meine Füße den Boden des Flugzeugs verlassen. Ich liebe dieses Gefühl der völligen Schwerelosigkeit und den Rausch, der mich erfasst – und zwar selbst noch nach Hunderten von Sprüngen.

Was muss man gesehen haben?

Den Blick vom Bald Hill Lookout (Stanwell Tops) über Wollongong und die South Coast.

Gibt es auch versteckte Schätze?

Der Strand Wombarra ist mein Favorit – wegen seines tollen, goldenen Sandes.

lich der Stadt liegt der Nan Tien, der größte buddhistische Tempel der südlichen Hemisphäre. Die Tempelwächter laden Besucher ein, die 10 000 Buddhas auf sich wirken zu lassen und an Meditationen und kulturellen Veranstaltungen teilzunehmen. Angemessene Kleidung tragen – kurze Hosen, Trägershirts oder Flipflops sind tabu – und vor dem Betreten des Tempels Schuhe ausziehen!

Wollongong City Gallery MUSEUM
(www.wollongongcitygallery.com; Ecke Kembla & Burelli St; Eintritt frei; ⏱Di–Fr 10–17, Sa & So 12–16 Uhr) Die hervorragende Galerie zeigt eine Dauerausstellung moderner australischer, indigener und asiatischer Kunst sowie diverse Wechselausstellungen.

Cockatoo Run MUSEUMSBAHN
(☎1300 653 801; www.3801limited.com.au; Erw./Kind/Fam. 50/40/140 AU$; ⏱meistens So & Do 10.50 Uhr) Die Museumsbahn fährt landeinwärts durch die Southern Highlands nach Moss Vale. Unterwegs überquert sie die Klippen und passiert dichten Regenwald.

Skydive the Beach FALLSCHIRMSPRINGEN
(☎4225 8444; www.skydivethebeach.com; Stuart Park; Tandemsprung 285–339 AU$; ⏱jederzeit) Adrenalinjunkies können aus rund 4300 m Höhe einen Fallschirmsprung wagen und im Sand landen.

🛏 Schlafen

In vielen Motels in Wollongong scheint die Zeit in den 1970er-Jahren oder noch früher stehen geblieben zu sein. Am Wochenende steigen die Preise um 20 bis 30 %.

Die Stadt betreibt drei **Touristenparks** (http://touristparks.wollongong.nsw.gov.au; Stellplatz 22–28 AU$/2 Pers.) an beliebten Stränden: **Windang** (☎4297 3100; Fern St; Hütte 63 168 AU$), **Corrimal** (☎4285 5688; Lake Pde; Hütte 84–168 AU$) und **Bulli** (☎4285 5677; 1 Farrell Rd; Hütte 60 200 AU$).

Coledale Beach Camping Reserve CAMPING $

LP TIPP

(☎4267 4302; Beach Rd, Coledale; Stellplatz ohne/mit Strom ab 22/28 AU$) Der kleine Campingplatz liegt rund 20 Minuten nördlich vom Stadtzentrum direkt am Strand und ist einer der besten stadtnahen Campingplätze an der Küste. Die Camper können die tolle Brandung genießen und haben die Chance, Delfine, Südkaper und Buckelwale zu sichten. Kurz: Wahre Schönheit in all seiner Schlichtheit.

Keiraleagh HOSTEL $
(☎4228 6765; www.backpack.net.au; 60 Kembla St; B 20–25 AU$, EZ/DZ 43/70 AU$) Das weitläufige, denkmalgeschützte Haus mit seinen verzierten Metalldecken, den Rosetten im Sims und den prachtvoll ausgemalten Zimmern verströmt eine wunderbare

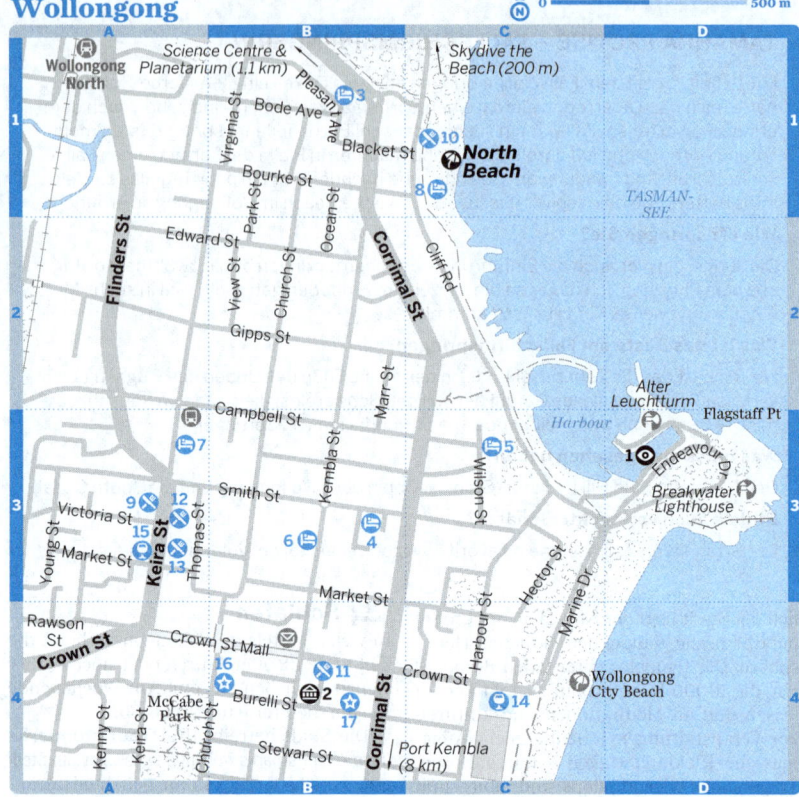

Atmosphäre. Im hinteren Teil liegen die schlichten Schlafräume, eine große Terrasse und eine Grillstelle.

Keiraview Accommodation HOSTEL $

(☎4229 1132; www.yha.com.au/hostels; 75–79 Keira St; B/DZ/2BZ 33/110/82 AU$; @) Moderner, klinisch sauberer Komplex mit einem YHA-Hostel, wo sich Studenten und Backpacker in ordentlichen Vierbettzimmern einquartieren können. Im Keiraview selber werden teure Doppelzimmer und Familienzimmer mit Veranda und Kochnische vermietet.

Boat Harbour Motel MOTEL $$

(☎4228 9166; www.boatharbour-motel.com. au; Ecke Campbell & Wilson St; EZ 110–129 AU$, DZ 120–145 AU$; ❄) Das maritim blau-weiß gestaltete Motel älteren Stils hat hübsche Balkone, einen von Palmen übersäten Innenhof und ein komfortables, wenn auch unscheinbares Dekor. Die besseren Zimmer blicken aufs Wasser (und die Straße).

Novotel Northbeach HOTEL $$$

(☎4226 3555; www.novotelnorthbeach.com. au; 2–14 Cliff Rd; Zi. mit Frühstück ab 209 AU$; ❄@❄) Wollongongs schickste Unterkunft hat geräumige, komfortable Zimmer mit Balkonen, die zum Ozean oder zur Illawarra Escarpment blicken.

Beach Park Motor Inn HOTEL $$

(☎4226 1577; 16 Pleasant Ave, North Beach; EZ 82–99 AU$, DZ 88–120 AU$; ❄) Die freundlichen Inhaber halten die niedlichen Zimmer in dem weißen Ziegelgebäude blitzblank. Es hat eine städtische Lage und ist nur einen kurzen Spaziergang vom Strand entfernt.

Pleasant Heights B&B B&B $$$

(☎4283 3355; www.pleasantheights.com.au; 77 New Mt Pleasant Rd; Zi. 250–450 AU$) Die drei sehr unterschiedlichen Zimmer sind exzentrisch und stylish eingerichtet und absolut luxuriös. Manche haben einen herrlichen Blick, andere opulente Wellnessbadezimmer. Und alle Zimmer duften gut.

Wollongong

Belmore All Suite Hotel HOTEL $$
(☎4224 6500; www.belmore.net; 39 Smith St; Apt. 139–219 AU$; ❄) In dem prächtigen, konservativ dekorierten Gebäude in der Nähe der Strände sind alle Wohneinheiten – von Studios bis zu Apartments mit zwei Schlafzimmern – geräumig. Es gibt auch Kochnischen und nette Terrassen.

✕ Essen
An der Keira St nördlich der Mall gibt es viele Lokale aller Art und für jeden Geldbeutel (die Thai-Lokale sind besser und authentischer als die vietnamesischen). Weitere Restaurants findet man überall in der Stadt.

LP TIPP ❯ Lee & Me CAFÉ $$
(www.leeandme.com.au; 87 Crown St; ☉morgens & mittags) Ein Café und ein Laden für Kunst und Bekleidung in einem zweistöckigen denkmalgeschützten Gebäude. Es gibt nichts Besseres, als hier ein Omelett mit Pilzen und Ziegenkäse auf dem sonnigen Balkon zu essen und danach satt und zufrieden in der Boutique zu shoppen.

Diggies CAFÉ, BAR $$
(www.diggies.com.au; 1 Cliff Rd, North Beach; Tapas 7–11 AU$; ☉tgl. morgens & mittags, Fr & Sa abends, So Cocktails ab 16 Uhr) In dem lässigen Strandcafé passt der gute Service zur tollen Aussicht. Während man sich das Frühstück für Genießer schmecken lässt, kann man den Blick übers Meer schweifen lassen und abends bei ein paar Drinks dem Rauschen der Wellen lauschen.

Caveau MODERN AUSTRALISCH $$$
(☎4226 4855; www.caveau.com.au; 122–4 Keira St; Verkostungsmenü mit 2/3/7 Gängen 60/77/95 AU$; ☉Di–Sa abends) Das Spitzenrestaurant an der Südküste mit einem gehörigen Schuss an Förmlichkeit, trotz des hippen wellblechverkleideten Dekors. Auf der Karte stehen nur Speisen wie „Champagne *veloute*" und „Perigord Truffle", die auch nach der schmerzlichen Kreditkartenabrechnung noch in Erinnerung bleiben werden. Reservierung empfohlen!

Educated Palate CAFÉ, FEINKOST $
(hinter der 87 Crown St; Hauptgerichte 7–20 AU$; ☉morgens & mittags) Vom ziemlich hochtrabenden Namen darf man sich nicht einschüchtern lassen. An der Theke des Feinkostladens bekommt man guten Proviant. Oder man lässt die Köche für sich arbeiten und – sagen wir mal – ein Omelett mit gegrilltem Haloumi-Käse und Chorizo zubereiten. Der Kaffee ist ausgezeichnet.

Lorenzo's Diner ITALIENISCH $$
(☎4229 5633; www.lorenzosdiner.com.au; 119 Keira St; Hauptgerichte 19–34 AU$; ☉Do & Fr mittags, Di–Sa abends) Das schicke, moderne italienische Restaurant wird von richtig netten Leuten geführt. Das Essen passt zum super Service. Reservierung empfohlen!

Austibeach MODERN AUSTRALISCH $
(www.austibeach.com.au; 104 Lawrence Hargrave Dr, Austinmer; Frühstück 4–17 AU$, Mittagessen 13–20 AU$, Tapas 10–14 AU$; ☉tgl. morgens & mittags, Sa & So abends) Auf dem Weg die Küste hinauf kann man hier zum Brunchen oder auf ein hausgemachtes Eis halten. Der Ausblick von der Terrasse über den Austinmer Beach ist einfach himmlisch. Zum Abendessen gibt's Tapas mit australischem Touch.

Old Siam Style THAILÄNDISCH $
(157 Keira St; Hauptgerichte 14 AU$; ☉mittags & abends) Eines der besseren Restaurants an der Keira St. Das geräumige Lokal serviert exzellente und authentische Thai-Gerichte mit Orchideen und allem Drum und Dran.

GRANDIOSE AUSSICHTEN

Das großartige, alte **Scarborough Hotel** (www.scarboroughhotel.com.au; 383 Lawrence Hargrave Dr, Scarborough; Hauptgerichte 12–33 AU$), 1886 erbaut, steht heute unter Denkmalschutz. Kürzlich wurde es nach einer Renovierung wiedereröffnet und ist zu neuem Leben erwacht. Die Gäste werden hier auch gleich mit einem der besten Biergärten in New South Wales – wenn nicht in ganz Australien – verwöhnt. Der Blick aufs Meer von den Holzbänken und -tischen ist derart spektakulär, dass es nichts ausmachen würde, wenn das Bier warm wäre. Zum Glück ist das nicht so. Auch das Essen ist top.

 ## Ausgehen

Hotel Illawarra — KNEIPE
(www.hotelillawarra.com.au; Ecke Keira & Market St) Das Illawarra hat sich zum protzigsten Kneipenkomplex der Stadt gemausert. Ein Bistro, Billardtische, regelmäßig auflegende DJs und ein Biergarten, in dem ein Wasserfall stetig vor sich hin plätschert, halten die Gäste bei Laune.

Five Islands Brewing Company — BAR
(www.fiveislandsbrewery.com; WIN Entertainment Centre, Ecke Crown & Harbour St; ☼) Das Markenzeichen sind zehn Fassbiere, mit denen die Leute abgefüllt werden. Am Wochenende ist es rappelvoll. Es gibt einen tollen Patio mit Blick aufs Meer.

☆ Unterhaltung

Illawarra Performing Arts Centre — THEATER
(IPAC, ☎4226 3366; www.ipac.org.au; 32 Burelli St) Der geschäftige Veranstaltungsort präsentiert ausgezeichnetes Theater, Tanztheater und Musikevents. Hier ist auch die eindrucksvolle Merrigong Theatre Co zu Hause.

Greater Union — KINO
(☎4228 4888; www.greaterunion.com.au; 68 Burelli St) In mehreren Kinosälen laufen Hollywood-Blockbuster.

 ## Praktische Informationen

Das **Wollongong Visitor Centre** (☎4227 5545; www.tourismwollongong.com) ist in einen Zweckbau umgezogen, der – nicht sehr praktisch – 20 Minuten vom CBD entfernt am Princes Hwy in Bulli Tops liegt.

Es gibt eine Post und Banken mit Geldautomaten in der Crown St Mall.

NPWS-Büro (☎4223 3000; EG, State Government Office Block, Market St; ⏰Mo–Fr 9–15 Uhr)

 ## An- & Weiterreise

Alle Fernbusse starten am **Fernbusbahnhof** (☎4226 1022; Ecke Keira & Campbell St).

Premier (☎13 34 10; www.premierms.com.au) schickt Busse nach Sydney (18 AU$, 2 Std.) und Eden (69 AU$, 8 Std.), **Murrays** (☎13 22 51; www.murrays.com.au) fährt nach Canberra (33 AU$, 3½ Std.). **CountryLink** (☎13 22 32; www.countrylink.info) betreibt Busse nach Moss Vale (7,80 AU$, 1½ Std.), die vor dem Bahnhof starten. Züge von **CityRail** (☎13 15 00; www.cityrail.info) fahren zur Central Station in Sydney (8 AU$, 1½ Std.); südwärts geht's nach Kiama, Gerringong und Bomaderry/Nowra.

 ## Unterwegs vor Ort

In der Region sind die zwei hiesigen Busunternehmen, **Premier Illawarra** (☎4271 1322; www.premierillawarra.com.au) und **Dions** (☎4254 4888; www.dions.com.au), im Einsatz. Die wichtigsten Bushaltestellen finden sich am Marine Dr und an der Ecke der Crown und der Keira St. Wer von Sydney aus dem Zug sein Fahrrad mitbringt, kann damit ausgiebig die Gegend erkunden. Ein Radweg führt vom Stadtzentrum nordwärts nach Bulli und südwärts nach Port Kembla.

Der **Gong Green Shuttle** (No 55; www.131500.com.au/tickets/fares/cbd-shuttle; ⏰Mo–Fr 7–22 & Sa & So 7–18 Uhr) ist ein kostenloser Busshuttle, der werktags von 7 bis 18 Uhr alle zehn Minuten und ansonsten alle 20 Minuten fährt.

Der **Taxiruf** lautet ☎4229 9311.

Rund um Wollongong
SÜDLICH DER STADT

Unmittelbar südlich von Wollongong liegt der bei Wassersportlern sehr beliebte **Lake Illawarra** – hierher kommen u.a. auch viele Windsurfer. Schöne Meeresstrände gibt's auf der Halbinsel Windang östlich des Sees. Weiter südlich befindet sich **Shellharbour**, ein beliebtes Ferienresort und eine der ältesten Küstenstädte. Sein Name rührt von Überbleibseln aus der Aborigines-Zeit her, den zahlreichen Muschelhaufen, die europäische Siedler hier vorfanden.

ILLAWARA ESCARPMENT STATE CONSERVATION AREA

Regenwälder schmiegen sich an den Rand fortwährend erodierender Sandsteinklippen der Illawarra Escarpment; die höchste Erhebung ist mit 534 m der **Mt. Kembla**. Ein Großteil dieser Landschaft befindet sich auf dem Gelände des staatlichen Naturschutzgebiets. Vom **Mt. Keira Lookout** (464 m) hat man einen geradezu traumhaften Blick auf die Küste; einfach auf der Schnellstraße Richtung Norden fahren und den Schildern folgen. Andere Aussichtspunkte findet man in **Bulli** und am **Sublime Point**.

Das Gebiet kann von mehreren Parkplätzen entlang der Straße aus erreicht werden. Der NPWS (S.148) gibt eine hervorragende Broschüre mit Karten und Details zu Wanderungen heraus.

NÖRDLICH DER STADT

An der Straße zum Royal National Park bietet der auf dem Bald Hill gelegene **Lawrence Hargrave Lookout** nördlich von Stanwell Park einen großartigen Ausblick. In dieser Gegend machte Flugpionier Hargrave im frühen 20.Jh. seine ersten Flugversuche. Seine Leidenschaft hat sich auf passionierte Drachenflieger übertragen. Wer dabei sein möchte, kann mit **HangglideOz** (☏0417 939 200; www.hangglideoz.com.au) oder dem **Sydney Hang Gliding Centre** (☏0400 258 258; www.hanggliding.com.au) einen Tandemflug absolvieren (ab 220 AU$).

In den **Symbio Wildlife Gardens** (☏4294 1244; www.symbiozoo.com.au; 7–11 Lawrence Hargrave Dr, Stanwell Tops; Erw./Kind 22/12 AU$; ⊗9.30–17 Uhr) leben mehr als 1000 niedliche pelzige Tiere, die besonders bei Kindern großen Anklang finden. Manche stammen aus der Gegend, andere sind wahre Exoten. Es leben auch einige Nutztiere hier.

Will man die Wege auf dem Rücken eines Pferdes erkunden, wendet man sich an die **Darkes Forest Riding Ranch** (☏4294 3441; www.horseriding.au.com; 84 Darkes Forest Rd, Darkes Forest; ab 48 AU$/Std.).

Royal National Park

Der fantastische Küstenpark bewahrt Wollongong davor, ein Vorort von Sydney zu werden. Er breitet sich auf einer Fläche von 15 091 ha aus, umfasst einen 32 km langen Küstenstreifen und erstreckt sich landeinwärts. Der zweitälteste Nationalpark

der Welt wurde 1879 eröffnet und trumpft heute wie damals mit hohen Klippen, abgelegenen Stränden, Buschland und üppigen Regenwäldern auf.

⊙ Sehenswertes & Aktivitäten

In dem **Park** (Auto 11 AU$, Fußgänger & Radfahrer kostenlos) gibt es ein umfangreiches Netz an **Wanderwegen**, darunter den spektakulären, 26 km langen Coast Track (2 Tage).

Hier gibt es auch unzählige schöne Strände. Die meisten sind aber unbewacht und die Strömung kann gefährlich sein. Beliebte Surfstrände sind **Garie**, **Era**, **South Era** und **Burning Palms**; am **Werrong Beach** treffen sich FKKler. Die zu den kleineren Stränden führenden Nebenstraßen sind ab 20.30 Uhr gesperrt. Radfahren ist beliebt; wer aber keine Geldstrafe kassieren will, sollte sich an die Radwege halten.

Die recht große Ortschaft **Bundeena** am Südufer von Port Hacking, vis-à-vis von Sydneys südlichem Vorort Cronulla, ist von einem Park umgeben. Von hier aus führt eine halbstündige Wanderung Richtung Meer zum **Jibbon Head**, wo es einen guten Strand und interessante Aborigines-Felszeichnungen gibt. In Bundeena beginnt auch der Küstenspazierweg.

Das **Visitor Centre** (☏9542 0648) befindet sich in Audley, 2 km hintern nordöstlichen Eingang des Nationalparks, abseits des Princes Hwy.

🛏 Schlafen

In mehreren Gebieten ist Buschcampen erlaubt; es wird jedoch zuvor eine Genehmigung (Erw./Kind 5/3 AU$) benötigt, die es beim Visitor Centre gibt. Dort erhält man auch Infos zu Campingplätzen.

Bonnie Vale ⁣ CAMPING $
(☏9542 0648; Stellplatz Erw./Kind 14/7 AU$) In der Nähe von Bundeena liegt der einzige Campingplatz im Park, der per Auto zu erreichen ist.

Weemalah Cottage ⁣ HÜTTE $$
(☏9542 0648; Cottage Winter/Sommer 190/220 AU$) Der NPWS vermietet das wunderbare Cottage in Warumbul am Fluss. Einst diente es als Unterkunft für Ehrengäste. Das vollständig in sich abgeschlossene Haus hat breite Veranden und bietet Platz für acht Personen.

Beachhaven B&B ⁣ B&B $$$
(☏9544 1333; www.beachhavenbnb.com.au; 13 Bundeena Dr, Bundeena; Zi. 275 AU$; ❋ @) Im

Schatten von Palmen, mit direktem Zugang zum herrlichen Hordens Beach, bietet dieses B&B zwei piekfeine Zimmer mit DVD-Player, Antiquitäten und einem Whirlpool mit Blick auf den Sandstrand.

An- & Weiterreise

Die Fähren von **Cronulla National Park Ferries** (☑9523 2990; www.cronullaferries.com.au; Erw./Kind 5,70/2,85 AU$; ☺8.30–17.30 Uhr stündl.) fahren von Cronulla nach Bundeena. Cronulla erreicht man von Sydney aus mit dem Zug. Werktags und im Sommer verkehren die Fähren länger.

Kiama & Umgebung

☑02 / 12 290 EW.

Kiama ist eine große Ortschaft mit schönen alten Gebäuden, prächtigen Bäumen, zahlreichen Stränden und bizarren Felsformationen. Aber die eigentliche Attraktion ist das Blasloch.

◉ Sehenswertes & Aktivitäten

Blowhole Point　　　　　　　　AREAL
Am spektakulärsten präsentiert sich das Schauspiel bei starker Brandung: Das Wasser schlägt an die Klippen, wird in eine Meereshöhle und dort durch eine kleine Öffnung in der Landspitze als Wasserfontäne nach oben gepresst. Seit 100 Jahren zieht das Spektakel Besucher an. Inzwischen ist die Stelle nachts mit Flutlicht beleuchtet. Gleich abseits der Hauptstraße.

Das **Visitor Centre** (☑4232 3322; www. kiama.com.au) ist gleich in der Nähe, neben dem kleinen **Pilot's Cottage Museum** (☑4232 1001; Erw./Kind 3/2 AU$; ☺Fr–Mo 11–15 Uhr).

Little Blowhole　　　　　　　　　AREAL
(abseits des Tingira Cres, Marsden Head) Das kleine Blasloch ist zwar nur ein paar Fuß breit, kann sich aber durchaus mit seinem großen Bruder messen. Dem Schnauben eines Drachens gleich schießt das Wasser in die Höhe. Es gibt einen kleinen, separaten Surfstrand direkt in der Stadt. Toll ist auch der Bombo Beach, 3 km nördlich vom Zentrum. In der Nähe des Sandstrands findet sich auch ein CityRail-Haltepunkt.

Saddleback Mountain　　　NATURSCHUTZGEBIET
Vom Gipfel bietet sich eine tolle Aussicht auf die Illawarra Escarpment, die große Sandsteinklippe, die die Küstenebene von den Southern Highlands trennt. Von der Manning St biegt man rechts in die Sadd-

leback Mountain Rd ein und hält Ausschau nach den historischen Bruchsteinmauern, die die Straße einfassen.

Minnamurra Rainforest Centre　　　　　　　NATURSCHUTZGEBIET
(☑4236 0469; Auto 11 AU$; ☺9–17 Uhr, letzter Einlass 16 Uhr) In derselben Gegend wie der Illawarra Fly befindet sich dieses Zentrum, rund 14 km landeinwärts von Kiama am östlichen Rand des **Budderoo National Park** gelegen. Vom NPWS-Visitor-Centre führt ein **1,6 km langer Rundweg** auf Holzplanken durch den Regenwald und folgt einem stufenförmig abfallenden Bach. Wer genau hinschaut, kann Wasseragamen oder besonders zutrauliche Leierschwänze sehen. Eine weitere, 2,6 km lange Strecke führt über schöne, manchmal steile Abschnitte zu den **Minnamurra Falls**. Das Visitor Centre hat ein Café.

Coastal Walk　　　　　　　　　WANDERN
Der neue, 6 km lange Wanderweg erstreckt sich von der Love's Bay in Kiama Heights bis zum Nordende des Werri Beach. Unterwegs sieht man große Felsblöcke, Strände, Meereshöhlen und Klippenwände.

Illawarra Fly　　　　　　　NATURSCHUTZGEBIET
(☑1300 362 881; www.illawarrafly.com.au; 182 Knights Hill Rd, Knights Hill; Erw./Kind/Fam. 22/9,50/55 AU$; ☺9–17 Uhr) Der 500 m hohe Aussichtsturm befindet sich 25 km westlich der Stadt am höchsten Punkt des Steilhangs. Von hier bietet sich ein spektakulärer Blick auf das Blätterdach des Regenwalds.

Jamberoo　　　　　　　　　GEBÄUDE
Auf dem Weg nach Minnamurra. In dem hübschen alten Dorf gibt es eine **Kneipe**, in der es sich lohnt, ein Bier zu trinken.

🛌 Schlafen & Essen

Kiama Harbour Cabins　　APARTMENTS $$
(☑4232 2707; Blowhole Point, Kiama; Hütte mit 1/2/3 Schlafzi. ab 205/220/280 AU$) In bester Lage in der Stadt befinden sich diese hübschen Hütten. Sie sind wie aus dem Ei gepellt und gut ausgestattet. Grillstellen auf der Vorderveranda und Blick auf den Strand und den Meerwasserpool.

Kendalls on the Beach Holiday Park　　WOHNWAGENPARK $
(☑4232 1790; www.kiama.net/holiday/kendalls; Bonaira St; Stellplatz 35–40 AU$/2 Pers., Cottage 100–300 AU$; ❄) Der exklusive Ferienpark liegt an einem der hübschesten Strände Ki-

amas. Er hat schicke Cottages mit Blick auf den Strand und gute, saubere Einrichtungen für Camper.

Bellevue Accommodation
PENSION $$
(☏4232 4000; www.bellevueaccommodation.com. au; 21 Minnamurra St; Wohneinheit ab 180 AU$; ✳) Das hübsche Haus von 1890 wurde umgebaut. Heute hat es sechs große, moderne, exklusive Wohneinheiten mit breiter Veranda, Ausblick auf die Stadt, DVD-Player und Küche.

Chachi's
ITALIENISCH $$$
(☏4233 1144; 32 Collins St; Hauptgerichte 14–34 AU$; ⊙Mo–Sa abends, im Sommer So) In einer historischen Reihenhauszeile liegt das Chachi's. Weil man hier so entspannt im Freien italienisch essen kann, ist es bei den Einheimischen sehr beliebt. Den verführerischen Gerüchen, die noch vom Gehweg aus zu vernehmen sind, kann man nur schwer widerstehen.

Seafood Co-op
SEAFOOD $$
(☏4233 1800; Kiama Harbour) Die bei Einheimischen beliebte Genossenschaft verkauft superfrische Riesengarnelen (25 AU$/kg) und Austern (20 AU$/2 Dutzend) aus hiesigen Gewässern.

Hanoi on Manning
VIETNAMESISCH $$
(10 Manning St; Hauptgerichte 15–24 AU$; ⊙Mi–Mo mittags & abends) Der Blick auf die Karte verrät, dass hier nicht nur das Bier Viet 333 authentisch vietnamesisch ist. Altbekannte Spezialitäten wie Reispapier-Rollen und *pho* werden mit frischen regionalen Zutaten zubereitet.

Kiama Produce Market
MARKT $
(132 Black Beach; ⊙Sa 8–13 Uhr) Jeden vierten Samstag im Monat gibt's auf diesem Markt jede Menge Bio-Obst und -Gemüse aus der Region, ungewöhnliche Backwaren und fertig zubereitetes Essen.

ℹ Anreise & Unterwegs vor Ort
Premier (☏13 34 10; www.premierms.com. au) betreibt zwei Busse am Tag nach Berry (18 AU$, 30 Min.), Eden (69 AU$, 7½ Std.) und Sydney (25 AU$, 2½ Std.). **Kiama Coachlines** (☏4232 3466; www.kiamacoachlines.com.au) fährt nach Gerroa, Gerringong und Minnamurra (über Jamberoo).

Züge von **CityRail** (☏13 15 00; www.city rail.info) fahren nach Wollongong, Sydney und Bomaderry/Nowra.

Wer mit dem Auto unterwegs ist, kann über Gerringong und Gerroa einen Abstecher zum Strand machen und entweder in Berry oder gleich nördlich von Nowra wieder auf den Highway zurückfahren.

Gerringong & Gerroa
☏02
Gerringong (3588 Ew.) ist die kleinere der beiden auf „gong" endenden Ortschaften an der Küste. Es handelt sich um einen hübschen, kleinen, von Ackerland umgebenen Ort, der oberhalb des imposanten, steilen Werri Beach liegt. Er erfreut sich vor allem bei Rentnern und Surfern großer Beliebtheit. Direkt daneben liegt das noch verschlafenere Gerroa (497 Ew.), eine Ansammlung von Häusern mit Blick auf die Mündung des Crooked River und den atemberaubenden Seven Mile Beach. **Just Gifts** (Ecke Fern & Belinda St, Gerringong) dient als Touristeninformation.

◉ Sehenswertes & Aktivitäten
Boolarng Nangamai
KULTURZENTRUM
(☏0414 322 142; www.boolarng-nangamai.com; 5/9 Bergin St, Gerringong; ⊙Sa & So 10.30–15.30 Uhr) Das Zentrum für Kunst und Kultur der Aborigines veranstaltet Workshops und fungiert auch als Galerie für hiesige Künstler. Nach dem Bahnhof die erste Straße links.

Heritage Centre
MUSEUM
(10 Blackwood St, Gerringong; ⊙Sa & So 13–16 Uhr) Vermittelt einen Einblick in die lokale Milchwirtschaft und ihre Geschichte.

Seven Mile Beach Holiday Park
WASSERSPORT
(200 Crooked River Rd, Gerroa) Verleiht Fahrräder, Surfbretter und Kajaks (15 AU$).

Surf Camp Australia
SURFEN
(☏1800 888 732; www.surfcamp.com.au; 2 Tage 275 AU$) Erteilt Surfunterricht am Seven Mile Beach.

🛏 Schlafen & Essen
Seven Mile Beach Holiday Park
WOHNWAGENPARK $
(☏4234 1340; www.kiamacoast.com.au/Sevenmile_Beach/index.html; 200 Crooked River Rd, Gerroa; Stellplatz 23–65 AU$, Hütte 85–285 AU$; ✳) Zu beiden Seiten des Crooked River liegt diese ruhige Anlage mit guten Hütten und Einrichtungen und viel Platz zum Spielen im Grünen. Von der nördlichen Seite aus gibt es einen direkten Zugang zum rund 11 km langen Strand.

**Bellachara
Boutique Hotel** BOUTIQUEHOTEL $$$
(✆4234 1359; www.bellachara.com.au; 1 Fern St; Zi. unter der Woche ab 145 AU$; ❈⛱) Das alte Motel im Ort wurde gründlich überholt und in diese luxuriöse Anlage umgewandelt. Die Zimmer sind elegant möbliert, das Tages-Spa ist angemessen glamourös. Die Zimmerpreise steigen in der Hochsaison aufs Doppelte an.

LP TIPP ❯ **Seahaven
Cafe** MODERN AUSTRALISCH $$
(✆4234 3796; 19 Riverleigh Ave, Gerroa; Hauptgerichte 18–35 AU$; ⊙tgl. morgens & mittags, Sa & So abends) Eines der alteingesessenen guten Café-Restaurants an der South Coast. Es punktet mit Gourmetgerichten, geschmackvollem Dekor und hübscher Lage an der Küste. Morgens empfiehlt sich der Obstsalat mit Wassermelone, Erdbeeren, Rosenwasser, Joghurt und Pistazien.

Gerringong Deli & Café FEINKOST, CAFÉ $
(133 Fern St; Frühstück 5–17 AU$, Mittagessen 10–20 AU$) Das Feinkostcafé in einem hübschen alten Holzgebäude präsentiert an den Wänden viel Kunst. Auf der Speisekarte stehen eine große vegetarische Auswahl, Sandwichs, Wraps, Burger und Pasta.

❶ An- & Weiterreise

Vom **Bahnhof Gerringong** (✆4234 1422; Grey St) fährt **CityRail** (✆131 500; www.cityrail.info) regelmäßig nach Wollongong (6 AU$, 56 Min.) und Berry (4 AU$, 9 Min.); hier besteht dann Anschluss nach Sydney.

SHOALHAVEN COAST

Die Schönheit dieser Küste ist einzigartig in der Region. Herrliche Strände, Wälder und zahlreiche Nationalparks, darunter der riesige, 190 751 ha große Morton National Park im Westen, ziehen Besucher in ihren Bann. Sydney liegt noch in unmittelbarer Reichweite – man muss daher damit rechnen, dass an Wochenende und während der Schulferien die Unterkünfte schnell ausgebucht sind und die Preise in die Höhe schnellen.

Berry

✆02 / 1485 EW.
Berry hat sich von einem kleinen Rentnerort in einen beliebten Inlandstopp an der South Coast entwickelt. Ob der Kitsch in-

zwischen den traditionellen Charakter in den Hintergrund verdrängt hat, muss jeder selbst entscheiden. In jedem Fall gibt es hier Unmengen an großartigen Restaurants, ebenso viele Cafés – einige sind gut, andere eher durchschnittlich –, zwei Kneipen und unzählige denkmalgeschützte Gebäude. Die größte **Touristeninformation** befindet sich ungefähr 17 km südwestlich in Nowra; Infos bekommt man aber auch unter www.berry.net.au.

◉ Sehenswertes & Aktivitäten

Das in den 1820er-Jahren gegründete Berry war bis 1912 in Privatbesitz; es gehörte zum Coolangatta Estate (S. 156). Ein Bummel über die kurze Hauptstraße lohnt sich allein schon wegen der denkmalgeschützten Gebäude und der vielen Souvenirshops und Cafés.

Treat Factory
(✆4464 1112; www.treatfactory.com.au; Old Creamery Lane; ⊙Mo–Fr 9.30–16.30, Sa & So 10–16 Uhr) Ein Old-School-Laden voller Nostalgie: Lollis wie Rocky Road und Lakritz.

Berry Museum
(135 Queen St; Eintritt frei; ⊙Sa 11–14, So 11–15 Uhr) Das Museum ist nahe der Post in einem interessanten Bankgebäude von 1884 untergebracht.

Weingüter
In der hügeligen Landschaft rund um Berry gibt es ein paar sehr gute Weingüter.

Hotel Berry HOTEL
(✆4464 1011; 120 Queen St; ⊙Führung Sa 11 Uhr) Veranstaltet eine kurze, nette Weintour (30 AU$); im Voraus buchen!

Jasper Valley Wines WEINGUT
(✆152 Croziers Rd; ⊙Fr–So 10–16 Uhr) 5 km südlich von Berry. Im Angebot sind Weinproben und Mittagessen.

Silos Estate WEINGUT
(www.thesilos.com; B640 Princes Highway, Jaspers Brush; Vorspeisen 20 AU$, Hauptgerichte 27–33 AU$; ⊙Do–So mittags & abends) Neben den Weinproben gibt's hier ein angesehenes Restaurant und ein Boutiquehotel (195–395 AU$).

✿ Feste & Events

Berry Country Fair LANDWIRTSCHAFT
Die beliebte Messe findet am ersten Sonntag des Monats auf dem Ausstellungsgelände statt.

Berry Celtic Festival KULTUR

(www.berrycelticfestival.org.au; Berry Show-
ground; Erw./Kind 10/5 AU$) Am letzten Sams-
tag im Mai wird die Ruhe durch Baum-
stammwerfer, Haggis-Schleuderer und
Dudelsackmusik gestört.

🛏 Schlafen

Berry beschwört Bilder von gemütlichem
Kaminfeuer hervor und ist auch im Winter
ein beliebtes Wochenendziel.

Berry Hotel HOTEL $

(4464 1011; www.berryhotel.com.au; 120 Queen
St; EZ/DZ ohne Bad 50/80 AU$) Die Dorf-
kneipe ist eine Rarität: Obwohl sich am
Wochenende auch Großstadthelden unter
die Leute mischen, hat sich der Pub seine
einheimische Stammkundschaft erhalten.
Übernachten kann man in den Gästezimmern; die sind zwar nichts Besonderes
(Toiletten sind im Flur), aber groß und gut
hergerichtet.

Bellawongarah at Berry B&B $$

(4464 1999; www.accommodation-berry.com.
au; 869 Kangaroo Valley Rd, Bellawongarah; Zi./
Suite/Cottage 400/520/500 AU$ pro 2 Über-
nachtungen; ✳) Nebliger, magischer Regenwald umgibt das wunderbare B&B, das
8 km von Berry entfernt an der Gebirgsstra-
ße zum Kangaroo Valley liegt. Das Haupt-
haus ist mit asiatischen Kunstwerken geschmückt. Daneben steht eine im Jahr 1868
erbaute Methodistenkirche, die im französischen Landhausstil umgebaut wurde und
als ein separates Cottage für zwei Personen
vermietet wird.

Posthouse PENSION $$$

(4464 2444; www.berryposthouse.com.au; 137
Queen St; EZ/DZ mit Frühstück 190–260 AU$)
Am Ende der Hauptstraße ist diese hervorragende Pension in einem der eindrucks-
vollsten Gebäude der Stadt untergebracht.
Sie bietet zwei exquisite Zimmer, eines
mit Himmelbett und offenem Kamin. Das
Frühstück wird unten in dem preisgekrönten **Restaurant** (Sa & So morgens, Do–So
mittags & abends) serviert.

Berry Village Boutique Motel MOTEL $$

(4464 3570; www.berrymotel.com.au; 72
Queen St; Zi. 155–235 AU$; ✳✲) Die großen,
komfortablen Zimmer sind der Renner des
exklusiven Motels am Ende des Zentrums.
Der winzige Pool gleich hinter der Rezeption sieht eher wie ein Wasserspiel aus,
ermöglicht aber wenigstens eine kurze Erfrischung.

✗ Essen

LP TIPP — Hungry Duck MODERN ASIATISCH $$$

(4464 2323; www.hungryduck.com.
au; 85 Queen St; Tapas 8–30 AU$; Mi–So,
abends) Das schicke kleine Lokal ist in Rot-
und Schwarztönen gehalten und serviert
Tapas mit modernem asiatischem Touch. Es
gibt einen Hinterhof und einen Kräutergar-
ten – die Kräuter kommen also frisch gepflückt auf den Teller. Nicht weniger frisch
sind Fisch und Fleisch aus der Region. Und
die Eier stammen von den Hühnern des
Chefkochs persönlich. Die Karte wechselt
ständig; hin und wieder wird Zucchini-
blüten-Tempura mit Soja und Zitrone angeboten. Es gibt auch Verkostungsmenüs mit
fünf bzw. sieben Gängen. Im Sommer ist
das Lokal auch montags geöffnet.

Coach House Restaurant WIRTSHAUS $

(120 Queen St; Hauptgerichte 15–25 AU$; 10
Uhr–open end) Das Restaurant im Berry
Hotel bietet eine schöne Atmosphäre und
überdurchschnittlich gutes Kneipenessen.
Man sitzt in dem großen überdachten Biergarten oder an einem Tisch in dem 1860
erbauten Kangaroo Inn, dem Backsteinge-
bäude hinten, das nur aus einem einzigen
Raum besteht.

Berry Woodfired Sourdough Bakery BÄCKEREI, CAFÉ $

(Prince Alfred St; Hauptgerichte 5–17 AU$; Mi–
So morgens & mittags) Die sehr angesehene
Bäckerei lockt Feinschmecker aus nah und
fern an. Man kann sich mit köstlichem Brot
versorgen oder gleich hier einen kleinen
Happen zu sich nehmen.

ℹ An- & Weiterreise

CityRail (131 500; www.cityrail.info) fährt
vom **Bahnhof Berry** (4464 1022; Station Rd)
häufig nach Wollongong (6 AU$, 75 Min.) und No-
wra (4 AU$, 10 Min.) mit Anschluss nach Sydney.

Malerische Straßen führen von Berry bis ins
hübsche Kangaroo Valley. **Premier** (13 34 10;
www.premierms.com.au) hat Busse nach Kiama
(18 AU$, 30 Min.), Nowra (18 AU$, 20 Min.) und
Sydney (25 AU$, 3 Std., 2-mal tgl.).

Nowra

02 / 27 480 EW.

Für Reisende ist Nowra eher eine langwei-
lige Zwischenstation als ein Reiseziel. Es ist
zwar die größte Stadt in der Shoalhaven-
Region, hat aber nicht den Charme des
17 km nordöstlich gelegenen Berry oder der

DIE FITZROY FALLS

Wasser, das 81 m in die Tiefe fällt, macht gehörig Krach – und genau den hört man an dieser herrlichen Stelle im **Morton National Park** (3 AU$/Fahrzeug). Noch spektakulärer ist der Blick von den kahlen Klippen des Steilhangs hinunter ins Yarrunga Valley. In der Gegend locken mehrere Wanderwege. Wer Glück hat, sieht vielleicht sogar ein Schnabeltier oder einen Leierschwanz. Das **Visitor Centre** (☑4887 7270) hat ein Café und gute Infos.

Die Anfahrt ist sowohl von Nowra als auch von Berry aus ein tolles Erlebnis: Die Straße führt durch das hübsche Kangaroo Valley, vorbei an der historische Stadt von Bergen eingerahmt ist. Dann geht's weiter über die an eine Burg erinnernde Hampden Bridge, ein pompöses Sandstein-Bauwerk von 1898, und schließlich den Steilhang hinauf.

25 km südöstlich gelegenen Strände der Jervis Bay. Nowra ist der südlichste Punkt, an dem der Zug hält, der ab Sydney an der East Coast fährt. Es gibt ein paar nette Lokale – und wenn es an der Jervis Bay zu voll sein sollte, kann man hier absteigen und dann hin und her pendeln.

⊙ Sehenswertes & Aktivitäten

Nowra Wildlife Park   TIERPARK
(www.nowrawildlifepark.com.au; Rock Hill Rd; Erw./Kind 16/8 AU$; ☺9–17 Uhr) Im 6,5 ha großen Park am Nordufer des Shoalhaven River kann man Kakadus und andere heimische Tiere bewundern. Von Nowra geht's nordwärts über die Brücke und dann gleich nach links; von dort der Ausschilderung folgen. Im Park gibt's einen voll ausgestatteten **Campingplatz** (Erw./Kind 10/6 AU$).

Fleet Air Arm Museum   MUSEUM
(www.navy.gov.au/faam/; 489a Albatross Rd; Erw./Kind 10 AU$/frei; ☺10–16 Uhr) Wer sich für Militärflugzeuge und Hubschrauber interessiert, wird angesichts der tollen Ausstellung 10 km südlich von Nowra begeistert sein. Vom nahe gelegenen **Aussichtspunkt Nowra Hill** aus hat man einen sagenhaften Blick auf die Ebene bis zum Steilhang.

Meroogal   MUSEUM
(www.hht.net.au/museums/meroogal/; Ecke West & Worrigee St; Erw./Kind 8/4 AU$; ☺Sa 13–17, So 10–17 Uhr) Das fesselnde Museum ist in einem historischen Gebäude von 1885 untergebracht. Es zeigt Artefakte, die vier Generationen von Frauen, die hier lebten, gesammelt haben. Im Januar auch freitags geöffnet.

Nowra Museum   MUSEUM
(Ecke Kinghorne & Plunkett St; Erw./Kind 1/0,50 AU$; ☺Sa & So 13–16 Uhr) Hat haufenweise altes Zeug.

Shoalhaven River Cruises   BOOTSFAHRT
(☑0429 981 007; www.shoalhavenrivercruise. com) Zweistündige Rundfahrten (26 AU$) und Fish-&-Chips-Fahrten (39 AU$) auf dem wunderschönen Shoalhaven River. Los geht's an der Anlegestelle gleich östlich der Brücke. Termine im Voraus telefonisch erfragen!

Wandern

Das Visitor Centre gibt eine praktische Broschüre über Wandermöglichkeiten in dem Gebiet heraus. Der entspannte **Ben's Walk** beginnt an der Brücke nahe dem Scenic Dr und folgt dem Südufer des Shoalhaven River (hin & zurück 6 km). Am Ende der Narang Rd nördlich des Flusses beginnt der 5,5 km lange **Bomaderry-Creek-Rundweg**, der durch Sandsteinschluchten führt.

🛏 Schlafen & Essen

White House Heritage
Guest House   B&B $$
(☑4421 2084; www.whitehouseguesthouse.com; 30 Junction St; EZ 98–123 AU$, DZ 98–151 AU$, 3BZ/FZ 139/152 AU$; ✳) Eine sympathische Familie betreibt diese wunderschön restaurierte Pension mit komfortablen Zimmern mit Bad, manche mit Spa. Das leichte Frühstück auf der breiten Veranda ist ein toller Start in den Tag.

Boatshed   MODERN AUSTRALISCH $$
(☑4421 2419; 10 Wharf Rd; Frühstück 5–12 AU$, Mittagessen 13–15 AU$, Abendessen 19–24 AU$; ☺Sa & So morgens & mittags, Do–Sa abends) Nowras gemütlichstes Restaurant liegt direkt am Fluss, fast unter der Brücke. Am Wochenende kann man auf der Terrasse brunchen oder im edlen Speiseraum dinieren.

Tea Club   CAFÉ $
(☑4422 0900; www.teaclub.com.au; 46 Berry St; Frühstück 7 AU$, Mittagessen 11 AU$; ☺Mo–Sa

morgens & mittags) Nowras Bohemiens versammeln sich in dem gemütlichen kleinen Vegetariercafé mit Kunst an den Wänden und einem großen Garten hinter dem Haus. Am besten bestellt man sich einen Chai. Auf der Website findet man Infos zu interessanten Live-Gigs.

George Bass Motor Inn
MOTEL **$$**
(✆4421 6388; www.georgebass.com.au; 65 Bridge Rd; EZ 109–129 AU$, DZ 124–144 AU$; ❄) Bescheidenes, aber gut ausgestattetes einstöckiges Motel mit sauberen, sonnigen Zimmern. Wer ein bisschen mehr ausgibt, bekommt etwas neuere Zimmer.

River Deli
CAFÉ **$**
(84 Kinghorne St; Gerichte 5–15 AU$; ☺Mo–Sa morgens & mittags) Hier liegen stapelweise Zeitung herum. Während man darin schmökert, kann man eine Reihe von Köstlichkeiten genießen, z.B. belegte Baguettes und Salate.

Red Raven
ITALIENISCH **$$**
(✆4423 3433; 55 Junction St; Mittagessen 13–20 AU$, Abendessen 20–28 AU$; ☺Di–Fr mittags, Di–Sa abends) In der alten Feuerwache von 1908 ist dieses Restaurant untergebracht, das interessante Gerichte mit italienischer Note serviert, u.a. Pizzas und viele vegetarische Speisen. Alkoholische Getränke werden nicht ausgeschenkt, dürfen aber mitgebracht werden.

❶ Praktische Informationen

NPWS (✆4423 2170; 55 Graham St; ☺Mo–Fr 8.30–16.30 Uhr)

Post (59 Junction St)

Visitor Centre (✆4421 0778; www.shoalhaven.nsw.gov.au; Ecke Princes Hwy & Pleasant Way) Hat auch PCs mit Internetzugang (1 AU$/15 Min.).

❶ Anreise & Unterwegs vor Ort

Der **Bahnhof** (✆4423 0141; Meroo St) befindet sich 3 km nördlich der Stadt in Bomaderry. Häufig fahren Züge von **CityRail** (✆131 500; www.cityrail.info) über Berry (4 AU$, 10 Min.) nach Wollongong (7,80 AU$, 75 Min.), wo man Richtung Sydney umsteigen kann. Stadtbusse fahren werktags von Nowra zum Bahnhof; samstags besteht nur eingeschränkter Busverkehr. Man kann auch ein **Taxi** (✆4421 0333) nehmen.

Hier halten auch Busse von **Premier** (✆13 34 10; www.premierms.com.au), die ab/nach Sydney (25 AU$, 3 Std.) via Berry (18 AU$, 20 Min.) und ab/nach Melbourne (82 AU$, 14 Std.) via Ulladulla (19 AU$, 1 Std.) unterwegs sind.

Von Ulladulla zur Jervis Bay

Milton liegt 6 km nördlich von Ulladulla am Highway. Sie war die erste richtige Stadt in der Gegend und wurde als Versorgungszentrum für die umliegenden Bauernsiedlungen gegründet. Hier sieht man, wie sich die Prioritäten geändert haben: Wie so viele andere alte Ortschaften in dieser Küstenregion wurde auch Milton mehrere Kilometer landeinwärts errichtet, weit weg von der kalten, stürmischen Küste.

Es gibt mehrere Cafés und ein paar Antiquitätenläden an der Hauptstraße (Princes Hwy), auf der am Wochenende ziemlich viel los ist. **Pilgrims Wholefoods** (✆4455 3421; Princes Hwy; Gerichte 5–12 AU$; ☺morgens & mittags) hat interessante vegetarische Mittagsgerichte – allein sechs vegetarische Burger! – und Bio-Lebensmittel.

Der Highway führt durch den **Conjola National Park** und dann am **St. Georges Basin** vorbei, einem großen Wasserbecken, das durch den schmalen **Sussex Inlet** mit dem Meer verbunden ist. Die Wohnbebauung am Nordufer des Beckens erinnert an die Zersiedelung an der Zentralküste.

Jervis Bay

Die große, geschützte Bucht ist einer der schönsten Orte an der Südküste. Sie vereint auf nahezu zauberhafte Weise schneeweißen Sand, kristallklares Wasser, Nationalparks und herumtollende Delfine. Je nach Saison versammeln sich hier scharenweise Urlauber aus Sydney (im Sommer und an den meisten Wochenenden) und vorbeiziehende Wale (Mai–Nov.).

1995 machte die Gemeinschaft der Aborigines erfolgreich Landansprüche in der Gegend um die Wreck Bay geltend und ist heute Mitverwalter des Booderee National Park am südlichen Ende der Bucht. Kurioserweise gehört diese Gegend eigentlich zur Australian Capital Territory (ACT) und nicht zu North South Wales (NSW).

Am stärksten ist die Jervis Bay an der Westküste erschlossen, rund um die Siedlungen Huskisson und Vincentia (insgesamt 3391 Ew.). Am nördlichen Ufer ist die touristische Infrastruktur dagegen schwächer ausgeprägt. Callala Bay (2717 Ew.) liegt zwar in der Nähe von Huskisson, ist aber durch den Currambene Creek davon ge-

SURFEN & SCHMAUSEN

Östlich von Nowra windet sich der Shoalhaven River durch Weideland und speist Meeresarme und Sumpfland, bis er schließlich bei Crookhaven Heads (auch Crooky genannt) ins Meer mündet. Dort lässt es sich gut surfen. **Greenwell Point**, rund 15 km östlich von Nowra am Meeresarm, ist ein ruhiges, hübsches Fischerdorf, das sich auf **frische Austern** spezialisiert hat. Der kleine Kiosk in der Nähe des Anlegers verkauft frische Fish & Chips.

An der Nordseite des Meeresarms liegt **Shoalhaven Heads**: Die einstige Flussmündung blockieren heute Sandbänke. Gleich nördlich vom Surfstrand erstreckt sich bis nach Gerroa der überwältigende **Seven Mile Beach National Park** (Eintritt frei). Hier kann man in idyllischer Umgebung wunderbar picknicken.

Einen Steinwurf von Shoalhaven Heads entfernt liegt **Coolangatta**, die älteste europäische Siedlung an der Südküste von New South Wales. Das **Coolangatta Estate** (☑4448 7131; www.coolangattaestate.com.au; EZ/DZ 120/140 AU$; ⊙Weingut 10–17 Uhr) ist ein schickes Weingut mit einem Golfplatz, einem guten Restaurant und Unterkünften in von Sträflingen erbauten Gebäuden. Am Wochenende kostet die Übernachtung beinahe doppelt so viel.

trennt. Um den Ort zu erreichen, muss man zurück zum Highway und dann nach Süden fahren (wie die Einheimischen es tun). Die Beecroft Peninsula bildet den nordöstlichen Abschluss der Jervis Bay; sie endet an der steil abfallenden Felswand des passend benannten Point Perpendicular (Punkt der Senkrechte). Der Großteil der Halbinsel ist zwar Marinegelände, aber normalerweise auch für die Öffentlichkeit zugänglich.

⦿ Sehenswertes & Aktivitäten

Huskisson, liebevoll auch Huskie genannt, ist das Zentrum der meisten touristischen Aktivitäten. Südlich von Huskisson liegt der **Hyams Beach**, ein attraktiver Sandstrand mit dem angeblich weißesten Sand der Welt. Man könnte fast meinen, man laufe auf warmem Schnee …

Booderee National Park NATURSCHUTZGEBIET
An der südöstlichen Landzunge der Jervis Bay liegt dieser grandiose Nationalpark. Sowohl in der Bucht als auch an den Stränden am offenen Meer lässt sich gut baden, surfen und tauchen. Der Nationalpark besteht zum größten Teil aus Heideland mit ein paar Wäldern und kleinen Regenwaldgebieten.

Booderee bedeutet übersetzt „jede Menge Fisch" – und es ist nicht schwer, sich vorzustellen, was der fruchtbare Ort für die Aborigines bedeutet. Der aus Wreck Bay stammende **Uncle Barry** (☎0402 441 168) organisiert maßgeschneiderte Touren mit Schwerpunkt auf indigener Kultur.

Am Parkeingang gibt's ein gutes **Visitor Centre** (☑4443 0977; www.booderee.gov.au;

⊙9–16 Uhr), das Wanderkarten und Infos zum Campen hat. Im Park befinden sich die **Booderee Botanic Gardens** (⊙8.30–16 Uhr), ein Ableger der Australian National Botanic Gardens in Canberra. Dort gedeihen auch ein paar riesige Rhododendronbüsche.

Viele Wanderwege führen durch den Park, in dem 206 Vogelarten, 27 Landsäugetierarten und 23 Reptilienarten zu Hause sind. Amphibienfreunde können sich auf 15 verschiedene Froscharten freuen.

Der Parkeintritt kostet für Autos 10 AU$ (für 48 Std.); alternativ kann man sich auch eine Jahreskarte für 40 AU$ kaufen. NPWS-Pässe besitzen hier keine Gültigkeit. Idyllische Campingplätze findet man am **Green Patch** (Stellplatz 20–45 AU$, zzgl. 10/5 AU$ pro Erw./Kind) und **Bristol Point** (Stellplatz 20–52 AU$, zzgl. 10/5 AU$ pro Erw./Kind). Wer die Einsamkeit sucht, sollte den schlichten Campingplatz am **Caves Beach** (Stellplatz 11 AU$) ansteuern; Buchungen übers Visitor Centre oder online vornehmen, in der Hauptsaison mindestens drei Wochen im Voraus! Aber auch ohne Reservierung lohnt es sich vorbeizuschauen, gibt es doch immer mal wieder freie Plätze. Am Parkeingang gibt's ein Registrierungssystem, das rund um die Uhr in Betrieb ist.

Einen guten Surfspot findet man am Caves Beach vor. Der eigentliche Magnet ist die **Pipeline** (auch als Black Rock, Wreck Bay oder Summercloud Bay bekannt). Es warten erstklassige Tubes, die bei optimalen Bedingungen bis zu 3,50 m hoch sind.

In dem Park liegt auch das Marineausbildungsschiff HMAS *Creswell*, das für die Öffentlichkeit nicht zugänglich ist.

Jervis Bay National Park   NATURSCHUTZGEBIET

(www.environment.nsw.gov.au) Um zur Callala Bay zu gelangen, muss man mehrere Abschnitte des Jervis Bay National Park durchqueren. Der 4854 ha große Park umfasst niedriges Buschland und Wälder, in denen gefährdete Braunkopf-Lackvögel leben. Bei der Bucht handelt es sich um einen geschützten Meerespark.

Lady Denman Maritime Museum   MUSEUM

(www.ladydenman.asn.au; Ecke Woollamia Rd & Dent St; Erw./Kind 8/4 AU$; ◷10–16 Uhr) Hier kann man eine interessante historische Sammlung und die Fähre Lady Denman von 1912 bewundern. Darüber hinaus findet sich hier der Laden **Timbery's Aboriginal Arts & Crafts**, in dem die Arbeiten einer Künstlerfamilie verkauft werden, und eine kleine **Touristeninformation.**

Dive Jervis Bay   TAUCHEN

(☑4441 5255; www.divejervisbay.com; 64 Owen St) Der bei Tauchern beliebte Meerespark bietet die Gelegenheit, Sandtigerhaie und Seebären aus nächster Nähe zu sehen. Für zwei Tauchgänge vom Boot aus zahlt man 100 AU$; eine Leihausrüstung kostet extra (Gesamtpreis 150 AU$).

Jervis Bay Kayaks   KAJAKFAHREN

(☑4441 7157; www.jervisbaykayaks.com; 13 Hawke St) Die Jungs verleihen Kajaks (2 Std./1 Tag 39/69 AU$) und organisieren halbtägige Paddelausflüge (96 AU$). Abenteurer lieben die selbstgeführten Campingausflüge.

Huskisson Sea Pool   SCHWIMMEN

(Eintritt frei; ◷Mo–Fr 7–18, Sa & So 10–17 Uhr) Das mit Meerwasser gefüllte Schwimmbad hinter dem Pub hat – ganz anders als die anderen, normalen Meerwasserpools – eher olympische Ausmaße.

Hire Au Go-Go   RADFAHREN

(☑4441 5241; www.hireaugogo.com.au; 1 Tomerong St; 1 Std./1 Tag 18/60 AU$) Mit einem Elektrorad kann man die Uferwege erkunden.

Dolphin Watch Cruises   BOOTSFAHRTEN

(☑4441 6311; www.dolphinwatch.com.au; 50 Owen St) Bietet auf seinem eigenen Katamaran Bootsfahrten zum Beobachten von Delfinen (35/20 AU$) und Walen (65/35 AU$).

Husky Hire-A-Boat   BOOTSVERLEIH

(☑4441 6200; Wollamia Boat Ramp; 1–4 Std. 40–100 AU$) Verleiht Boote, mit denen man auf dem hübschen Currambene Creek herumfahren kann.

🛏 Schlafen

In Huskisson und Vincentia gibt's viele Unterkünfte. Es lohnt sich, im Voraus zu buchen. Am Wochenende schnellen die Preise in die Höhe. Man kann sich am entspannten Hyams Beach einquartieren. Allerdings wird dort fast nur privat vermietet – einfach mal bei **Hyams Beach Real Estate** (☑4443 0242; www.hyamsbeachholidays.com.au; 76 Cyrus St, Hyams Beach) anfragen.

LP TIPP   Paperbark Camp   ÖKO-ZELTE $$$

(☑4441 6066; www.paperbarkcamp.com.au; 59 Woollamia Rd; Zelt 350 AU$) Auf dem umweltbewusst geführten Campingplatz kommt man in einem der zwölf luxuriösen, solarbetriebenen Safarizelte mit gemütlichen Betten, geräumigen Badezimmern und umlaufenden Veranden unter. Die Anlage befindet sich in dichtem Buschland, 3,5 km von Huskisson entfernt. Man kann sich auch Kajaks ausleihen, um den Bach entlang bis zur Bucht zu paddeln.

Jervis Bay Guesthouse   B&B $$$

(☑4441 7658; www.jervisbayguesthouse.com.au; 1 Beach St; Zi. mit Frühstück 235–255 AU$; ❄ @) Die herrlich restaurierte Pension ist in einem Holzhaus inmitten eines tropischen Gartens gegenüber vom Strand untergebracht. Die meisten Zimmer blicken auf den Strand und haben breite Veranden. Warmes Frühstück.

Huskisson Beach Tourist Resort   CAMPING $

(☑4441 5142; www.holidayhaven.com.au; Beach St; Stellplatz 38–76 AU$ pro 2 Pers., Hütte 95–190 AU$; ❄) Der gut ausgestattete Campingplatz in toller Lage direkt am Strand wird vom Shoalhaven Council betrieben und hat auch schicke Hütten.

Jervis Bay Motel   MOTEL $$

(☑4441 5781; www.jervisbaymotel.com.au; 41 Owen St; Zi. 99–139 AU$; ❄ ❄) Ein altmodisches, aber generalüberholtes Motel mit angenehmem Dekor und guten Möbeln. Von den teureren Zimmern im Obergeschoss aus hat man einen schöne Aussicht.

🍴 Essen

LP TIPP   Seagrass Brasserie   MODERN AUSTRALISCH $$$

(☑4441 6124; www.seagrass.net.au; 13 Currambene St, Huskisson; Vorspeisen 20 AU$, Hauptgerichte 34 AU$; ◷abends) Das fantastische Restaurant liegt am Strand, hat aber trotzdem

Klasse, zu erkennen an Fensterläden und weiße Tischdecken. Man kann drinnen und draußen auf der Terrasse essen. Die Meeresfrüchtegerichte mit asiatischen Zutaten sind die Krönung der erstklassigen Speisekarte. Und dann wäre da noch „Oyster Shooters-Bloody Mary" ...

Gunyah Restaurant MODERN AUSTRALISCH **$$$**
(☑4441 7299; www.paperbarkcamp.com.au; 59 Woollamia Rd; Hauptgerichte 29–32 AU$; ☾morgens & abends) Auf dem Balkon des hochgelobten Restaurants im Paperbark Camp (S. 157) sitzen die Gäste unter den Bäumen und können das durchs Blätterdach verursachte Spiel des Sonnenlichts beobachten. Hier werden hauptsächlich Zutaten aus der Region verwendet. Wenn aber gerade ein Känguru vorbeihüpft, vergeht so manchem vielleicht der Appetit auf Kängurufleisch.

Supply CAFÉ **$**
(1/54 Owen St, Huskisson; Hauptgerichte 5–15 AU$; ☾morgens & mittags) Das Supply ist das beste Café in Huskisson und fungiert zugleich als Feinkostladen. Einfach eine Zeitung nehmen, in dem schicken Café Platz nehmen und ein gutes Frühstück genießen.

🍷 Ausgehen & Unterhaltung

Husky Pub KNEIPE
(☑4441 5001; www.thehuskypub.com.au; Owen St) Die Kneipe mit dem größten Spaßfaktor hat zudem noch einen herrlichen Blick auf die Bucht – sowohl von drinnen als auch von den vielen Picknicktischen draußen. An den meisten Wochenenden gibt's Livemusik.

Huskisson Pictures KINO
(☑4441 6343; www.huskipics.com.au; Ecke Sydney & Owen St; Karte 8,50–9,50 AU$) Das hübsche alte Lichtspieltheater ist eher ein Programmkino.

ⓘ Anreise & Unterwegs vor Ort

Jervis Bay Territory (☑4423 5244) Betreibt einen Bus, der die Gemeinden an der Jervis Bay bedient, von der Jervis Bay nach Nowra (werktags 3-mal, Sa & So 1-mal).

Nowra Coaches (☑4423 5244; www.nowra coaches.com.au) Dienstags und freitags fährt ein Bus (733) an der Jervis Bay und nach Nowra (70 Min.).

Ulladulla

☑02 / 10 298 EW.
Der Hafen ist das Zentrum dieser von Fischfang geprägten Stadt, die zur Flotten-

segnungszeremonie an Ostern jede Menge Leute anzieht. Ulladulla selbst kann ein bisschen langweilig sein, hat aber ein paar schöne Strände.

◉ Sehenswertes & Aktivitäten
Man kann sich beim Klettern am **Pigeon House Mountain** versuchen.

Küste STRAND
Nördlich vom Zentrum erstreckt sich über mehr als 2 km der herrliche Strand **Mollymook** mit goldenem Sand. Anschließend folgt der **Narrawallee Beach**; am Ende des Strandes liegt ein hübscher kajakfreundlicher Meeresarm. An beiden Stränden gibt es Beach Breaks. Passionierte Surfer zieht es aber an den **Collers Beach** unterhalb des Golfplatzes. Dort brechen Reef Breaks als Lefthander und Righthander, außerdem rollen anständige Tubes gen Ufer. Unmittelbar südlich des Hafens findet man einen kleinen Strand mit einem großen **Meerwasserpool**.

Coomee Nulunga
Cultural Trail WANDERN & TREKKEN
Den 700 m langen Wanderweg hat der örtliche Aboriginal Land Council angelegt. Er beginnt am Lighthouse Oval (man nimmt die Deering St östlich des Highways) und führt von der Landspitze durch heimisches Buschland bis zum Strand. Unterwegs gabelt sich der Weg am Rainbow Serpent (der in der Mystik der Aborigines eine wichtige Rolle spielt).

Ulladulla's
Oldest House HISTORISCHES GEBÄUDE
(☑4455 6996; www.somethingsbrewing.org.au; 275 Green St; Eintritt frei; ☾Mo & Mi–Fr 9–17, Sa 9–16, So 10–15 Uhr) Im Vergleich zum Wanderweg ist das 1850 erbaute Haus ein Youngster. Heute ist darin eine Teestube untergebracht, aber auch wer sich nur umschauen will, ist willkommen.

🛏 Schlafen
Wer eine Ferienwohnung mieten will, kann sich an **First National** (☑4455 3999; www.firstnationalulladulla.com.au; The Plaza, 107 Princes Hwy) wenden.

Ulladulla Headland
Tourist Park WOHNWAGENPARK **$**
(☑4455 2457; www.holidayhaven.com.au; South St; Stellplatz 30–42 AU$, Hütte 75–235 AU$; 🛜🖼) In puncto Park lässt sich der Tourist Park nicht lumpen: Die Anlage mit guten, gepflegten Einrichtungen auf der Landspit-

ze hat eine hübsche Lage im Grünen und einen tollen Blick aufs Meer.

Mollymook Shores
HOTEL $$

(☏4455 5888; www.mollymookshores.com.au; Ecke Golf Ave & Shepherd St; DZ/Suite/Apt. ab 110/140/170 AU$; ❄) Wer ein Hotel im Grünen direkt vor dem Strand Mollymook sucht, ist hier genau richtig. Die Inhaber sind freundlich, die Suiten haben ein Spa, und das Restaurant ist sehr angesehen (Di–Sa abends).

Southcoast Backpackers
HOSTEL $

(☏44540500;www.southcoastbackpackers.com.au; 63 Pacific Hwy; B/DZ/2BZ 30/65/65 AU$) Die pensionsartige Unterkunft kennt man weithin auch unter dem Namen „Traveller's Rest Accommodation". Hier kommen Traveller verschiedenster Couleur zusammen, Junge wie Alte. Das saubere, gemütliche Hostel stellt seinen Gästen auch Fahrräder, Surfbretter und Bodyboards zur Verfügung.

Bannisters
HOTEL $$$

(☏4455 3044; www.bannisters.com.au; 191 Mitchell Pde, Mollymook; Zi. 250–395 AU$, Suite 540–895 AU$; ❄@🌐🏊) Das schicke, unglaublich luxuriöse Hotel hat eine Renovierung von Grund auf hinter sich: Von dem ursprünglichen Betonblock des Motels aus den 1970er-Jahren ist nur das Gerüst übrig geblieben. Einfach in den Infinity Pool springen und von seinem Rand aus den atemberaubenden Blick auf die Küste genießen. Wer wasserscheu ist, setzt sich hierzu auf den Balkon.

✗ Essen

LP TIPP › **Bannisters Restaurant**

(☏4455 3044; 191 Mitchell Pde; Frühstück 15 AU$, Abendessen 28–48 AU$; ⊙tgl. morgens & abends, Mi, Sa & So mittags) In eleganter Lage am Bannister's Point, 1 km nördlich der Stadt. Die Meeresfrüchtegerichte des berühmten britischen Chefkochs Rick Stein können mit der tollen Aussicht konkurrieren. Was auf der Karte steht, hängt davon ab, was frisch gefangen wurde.

Cupitt's Winery & Restaurant
MODERN AUSTRALISCH $$$

(☏4455 7888; www.cupittwines.com.au; 60 Washburton Rd; Vorspeisen 16 AU$, Hauptgerichte 32–37 AU$; ⊙Mi–So mittags, Fr & Sa abends) Wer ein bisschen Provence erleben will, sollte in dem wunderbaren Restaurant einkehren. Es ist in einer restaurierten Molkerei von 1851 untergebracht. Seine Küche

zählt zu den angesehensten diesseits von Sydney. Das Weingut bietet auch Weinproben und eine Boutique-Unterkunft.

Hayden's Pies
CAFÉ $

(☏4455 7798; 166 Princes Hwy; Pie 3–5 AU$; ⊙Mo–Fr 6.30–17.30, Sa & So 7–16.30 Uhr) Das kleine Pie-Lokal ist voll mit leckeren Düften und knusprigen Köstlichkeiten von traditionellen Gerichten bis zu Gourmetspeisen (marokkanisches Lamm und Garnelen) und vegetarischen Optionen.

Jasper Peel Breads
BÄCKEREI $

(☏4454 7969; Shop 16, 10 Wason St) Das Sauerteigbrot ist die Spezialität des Hauses, aber auch das Gebäck und die Pizza sind lecker.

ℹ Praktische Informationen

Post (Princes Hwy)

Visitors Centre (☏4455 1269; www.shoalhavenholidays.com.au; Princes Hwy) Hat einen Internetzugang (1 AU$/30 Min.).

ℹ An- & Weiterreise

Busse von **Premier** (☏13 34 10; www.premierms.com.au) halten hier auf dem Weg von Sydney (35 AU$, 5 Std.) nach Melbourne (82 AU$, 12 Std.) via Batemans Bay (16 AU$, 45 Min.) und Nowra (19 AU$, 1 Std.).

Ulladulla Bus Lines (☏4455 1674; www.ulladullabus.com.au) bedient das Umland, darunter Milton, Narrawallee und Mollymook.

Murramarang National Park

Der schöne, 12 396 ha große **Küstenpark** (7 AU$/Auto) beginnt gleich oberhalb der Batemans Bay und erstreckt sich bis 20 km vor Ulladulla. Wer bis jetzt noch kein Känguru in freier Natur gesehen hat, sollte hier gute Chancen haben. In der Morgen- und Abenddämmerung kommen sie scharenweise aus den Eukalyptus- und Regenwäldern raus ans Ufer des hübschen **Durras Lake** gehoppelt. In den Bäumen sieht man zudem viele bunte Papageien.

Bei Surfern sehr beliebt sind die Strände **Wasp Head**, **Depot**, **Pebbly** und **Merry**; am **Myrtle Beach** tummeln sich FKK-Anhänger (zu welchem Strand FKK-Surfer gehen, wissen wir nicht). Von den Stränden gehen zahlreiche Wanderwege ab. Wer mag, kann den steilen, aber schönen Weg zum **Durras Mountain** (283 m) hinaufmarschieren.

Am nördlichen Ende des Parks befindet sich die **Murramarang Aboriginal Area**

PIGEON HOUSE MOUNTAIN

Den Pigeon House Mountain (720 m), heute auch unter dem Aborigines-Namen **Didthul** bekannt, ganz im Süden des Morton National Park zu besteigen, ist echte Schwerstarbeit, lohnt aber alle Mühe.

Ungefähr 8 km südlich von Ulladulla geht vom Highway der Hauptzufahrtsweg zum Berg ab. Man fährt 26 km über die raue, steinige Straße bis zum Picknickgelände, wo der Aufstieg beginnt. Für die Wanderung (hin & zurück 5 km) sollte man drei bis vier Stunden einkalkulieren – lieber mehr als weniger, denn auf dem Gipfel bietet sich ein umwerfender Rundumblick auf die Welt unter einem.

An klaren Tagen streckt der Gulaga (Mt. Dromedary) im Süden seinen Kopf heraus, während man im Nordwesten den Point Perpendicular sieht. Dazwischen liegt das Blätterdach des Nationalparks wie eine Decke, die hin und wieder in den steilen Schluchten des Clyde River Falten schlägt und über den langen Ebenen der Byangee Walls und des Castle wieder ganz glatt wird.

Wer Höhenangst hat, sollte den letzten Abschnitt des Aufstiegs lieber bleiben lassen. Auf jeden Fall ausreichend Trinkwasser mitnehmen, da hier kein Nachschub vorhanden ist!

mit dem größten Muschelhaufen an der Südküste, der auf eine 12 000 Jahre andauernde Nutzung des Landes schließen lässt. Ein mit Infotafeln versehener Wanderweg führt dorthin.

🛏 Schlafen

Der NPWS betreibt am **Depot Beach** (☑4478 6582), **Pebbly Beach** (☑4478 6023) und **Pretty Beach** (☑4457 2019) idyllische **Campingplätze** (www.environment.nsw.gov.au/NationalParks/; Stellplatz mit Strom Erw./Kind 14/7 AU$, Stellplatz ohne Strom Erw./Kind 10/5 AU$) mit Duschen, Spültoiletten und Grillstellen. Während der Schulferien sind freie Stellplätze rar – daher rechtzeitig reservieren! Der NPWS vermietet am Depot Beach und am Pretty Beach auch schmucke, in sich abgeschlossene **Hütten** (Wald/Strand 100/120 AU$) im Wald und am Strand, in denen vier bis sechs Personen unterkommen.

EcoPoint Murramarang Resort RESORT **$$$** (☑4478 6355; www.murramarangresort.com.au; Mill Beach, Banyandah St, South Durras; Stellplatz 34–74 AU$/2 Pers., Villa 120–350 AU$; 🏊) Hier lassen sich öfters Kängurus blicken. In dem großen, modernen Resort steht eine Reihe von Zimmertannen zwischen der Anlage und dem Strand. Schicke Extras wie Stellplätze mit angeschlossenem Bad und Hütten mit Whirlpool sind hier die Norm.

Durras Lake
North Holiday Park WOHNWAGENPARK **$$** (☑4478 6072; www.durrasnorthpark.com.au; 57 Durras Rd, Durras North; Stellplatz pro 2 Pers. 20–50 AU$, Hütte 60–215 AU$) Der freund-

liche Ferienpark hat schattige Stellplätze und hübsche Hütten. Des Öfteren verirren sich auch Kängurus hierher.

ℹ An- & Weiterreise

Der Princes Hwy bildet die westliche Grenze des Parks, allerdings sind es von hier aus noch 10 km bis zu den Stränden. Viele der Straßen sind ziemlich holprig; die nach Durras, zum Durras Lake, zum Depot Beach und nach Durras North sind jedoch asphaltiert, ebenso die Mt. Agony Rd zum Pebbly Beach, nicht aber die Pebbly Beach Rd.

EUROBODALLA COAST

Dieser südliche Küstenabschnitt trägt übersetzt den Namen „Land des vielen Wassers" – und genau das ist es: Blau ist die dominierende Farbe. Hier und da sind noch ein paar grüne Tupfer zu sehen – entlang der Küste erstrecken sich nämlich Teile des nicht zusammenhängenden Eurobodalla National Park.

In der Region gibt es hübsche, kleine Ortschaften, Seen, Buchten und Meeresarme und dahinter verstreute Eukalyptuswälder, in denen viele wilde Tiere leben. Das Gebiet gehört zum Ursprungsland der Yuin, in dem auch ihr heiliger Berg Gulaga (s. S. 168) steht.

Batemans Bay

☑02 / 10 845 EW.

Obwohl Canberra 150 km weit entfernt ist, fungiert Batemans Bay praktisch als hauptstadteigener Strand. Das erklärt, wa-

rum es einer der größten Ferienorte an der Südküste ist. Aufgrund der Zersiedelung der Strände südlich vom Zentrum hat die Stadt im Vergleich zur wunderschönen Küste rundherum leider viel Charme eingebüßt.

◉ Sehenswertes & Aktivitäten

Strände STRAND
Der Strand, der dem Stadtzentrum am nächsten iot, heißt **Corrigans Beach**. Südlich davon liegen verstreut ein paar kleine Strände an der felsigen Küste. Längere Strände findet man nördlich der Brücke auf dem Weg zum **Murramarang National Park**. Surfer zieht es zum **Surf Beach**, zur **Malua Bay**, zum kleinen **McKenzies Beach** (gleich südlich der Malua Bay) und zum **Bengello Beach**, an dem es selbst dann noch Wellen gibt, wenn überall sonst nur Flaute herrscht. Erfahrene Surfer sind bei Nordwind am besten mit den **Pink Rocks** (bei Broulee) bedient. Einheimischen zufolge sind die Wellen hier bis zu 6 m hoch. Broulee selbst hat einen breiten sichelförmigen Sandstrand; an dessen Nordende herrscht eine starke Strömung.

Old Courthouse Museum MUSEUM
(Museum Place; Erw./Kind 5/1 AU$; ⊙Di & Do 12–15, So meistens 9–12 Uhr) Das Museum gleich abseits der Orient St zeigt Ausstellungen zur Lokalgeschichte. Unmittelbar hinter dem Museum liegen der kleine **Water Garden Town Park** und ein Plankenweg durch Marschland.

Merinda Cruises BOOTSFAHRT
(☑4472 4052; www.southcoast.com.au/tickets/merinda; Boatshed, Clyde St; Erw./Kind 27/14 AU$; ⊙Abfahrt 11.30 Uhr) Dreistündige Bootsfahrten den Clyde River hinauf nach Nelligen.

Bluefin Adventures BOOTSFAHRTEN
(☑0427 220 238; www.bluefinadventures.com.au; Main Wharf; Erw./Kind 55/29 AU$) Fährt aufs Meer hinaus, wo man in der Bucht im Tollgate Islands Nature Reserve Delfine und Pinguine und – je nach Saison – sogar Wale sichten kann.

Region X KAJAKFAHREN
(☑0400 184 034; www.regionxrivers.com.au) Hat dreistündige Meereskajaktrips (75 AU$) sowie morgendliche und abendliche Bootsausflüge (99 AU$) im Angebot.

Bay & Beyond KAJAKFAHREN
(☑4478 7777; www.bayandbeyond.com.au) Ähnliches Angebot.

✦ Feste & Events

Great Southern Blues & Rockabilly Festival MUSIK
(www.bluesfestival.tv) Am letzten Oktoberwochenende.

🛏 Schlafen

Es gibt reichlich Ferienwohnungen; eine der Vermittlungsagenturen ist **Nola Debney Real Estate** (📞4472 1218; www.beach frontholidays.com.au). Im Sommer ziehen die Preise deutlich an.

Alternativ dazu kann man mit Freunden ein Hausboot beziehen. **Bay River Houseboats** (📞4472 5649; www.bayriverhouseboats. com.au; Wray St) und **Clyde River Houseboats** (📞4472 6369; www.clyderiverhouse boats.com.au) vermieten Boote mit sechs oder zehn Kojen für vier Übernachtungen (Mo–Fr) ab 840 AU$.

Esplanade Motor Inn HOTEL $$
(📞4472 0200; www.esplanade.com.au; 23 Beach Rd; DZ 130–230 AU$; ❄) Wer unbedingt einen Blick auf den Fluss haben will, fährt mit diesem Hotel am Ende der Promenade im Stadtzentrum am besten. Es ist schick im Stil der Achtziger eingerichtet und hat saubere, komfortable Zimmer.

Shady Willows Holiday Park HOSTEL $
(📞4472 6111; www.shadywillows.com.au; Ecke South St & Old Princes Hwy; B/DZ 27/57 AU$; ❄🛜🏊) Das YHA-Hostel ist umgeben von schattenspendenden Palmen und fest verankerten Wohnwagen. Hier herrscht eine eher unkonventionelle Stimmung, was die einen anziehen, die anderen aber abstoßen kann. Die Doppelzimmer sind in den Wohnwagen untergebracht; außerdem gibt's noch eine Hütte für bis zu vier Personen.

Clyde River Motor Inn MOTEL $$
(📞4472 6444; www.clydemotel.com.au; 3 Clyde St; EZ 90–136 AU$, DZ 100–157 AU$, FZ 136 AU$; ❄) Das ältere, von duftendem Jasmin umgebene Motel liegt am Fluss im Stadtzentrum. Die Zimmer sind sauber; manche haben eine hübsche Aussicht.

🍴 Essen

LP TIPP **On the Pier** SEAFOOD, MODERN AUSTRALISCH $$$
(📞4472 6405; www.onthepier.com.au; 2 Old Punt Rd; Hauptgerichte 31 AU$; ⊙mittags & abends) Das denkmalgeschützte, heute ganz in blau gehaltene Stelzenhaus im Norden der Stadt ist ein perfektes Mittagsrestaurant. Es blickt auf den Clyde River und die Hausboote, die unter der Brücke hindurchgleiten. Reservierung empfohlen!

Monet's MEDITERRAN $$
(www.monetscafe.com.au; 2/5 Orient St; Hauptgerichte 20 AU$; ⊙tgl. morgens & mittags, Do–Sa Tapas) Eines der gemütlicheren Restaurants, das innovative Gerichte mit einer großartigen Atmosphäre zu kombinieren weiß. Zusätzlich gibt's im Obergeschoss eine Bar mit Blick aufs Wasser. Bio-Produkte und Eier von freilaufenden Hühnern sind hier die Regel. Zur Auswahl stehen auch viele vegetarische Speisen.

North St Café & Bar CAFÉ
(5 North St; Hauptgerichte 8–20 AU$; ⊙morgens & mittags) Das Café ist eine Ode an die Moderne – von der coolen Theke bis hin zu den Bio-Produkten und glutenfreien Speisen.

🍷 Ausgehen & Unterhaltung

Bayview Hotel KNEIPE
(20 Orient St; ⊙10–24 Uhr) Die einzige „echte" Kneipe im Ort bietet ein lebendiges Programm mit Bands, DJs und Quizabenden.

Bay City Cinemas KINO
(📞4472 6009; www.baycitycinemas.com.au; Perry St; Karten 10,50–11,50 AU$) Hier kann man sich an verregneten Tagen Blockbuster anschauen.

ℹ Praktische Informationen

Post (7 Orient St)

Touristeninformation (📞4472 6900; Ecke Beach Rd & Princes Hwy) Hat Internetzugang (2 AU$/15 Min.).

ℹ An- & Weiterreise

Gleich nördlich von Batemans Bay führt der malerische Kings Hwy den Steilhang hinauf und weiter bis nach Canberra. **Murrays** (📞13 22 51; www.murrays.com.au) bedient diese Strecke mit zwei Bussen am Tag nach Canberra (22 AU$, 2½ Std.), Moruya (16 AU$, 1 Std.) und Narooma (24 AU$, 2 Std.).

Die Busse von **Premier** (📞13 34 10; www. premierms.com.au) halten hier auf ihrem Weg von Sydney (45 AU$, 6 Std.) nach Melbourne (73 AU$, 11 Std.) via Ulladulla (16 AU$, 45 Min.) und Moruya (11 AU$, 30 Min.).

Mogo

📍02 / 257 EW.

In der historischen Ortschaft Mogo stehen aus Holz erbaute Läden und Häuser, in denen sich fast alles nur um Devonshire Tea, Kunsthandwerk und Antiquitäten dreht.

Gleich hinter dem Highway liegt die **Gold Rush Colony** (📞4474 2123; www.gold rushcolony.com.au; 26 James St; Erw./Kind

15/8 AU$; 10–17 Uhr), der Nachbau eines weitläufigen Pionierdorfs. Hier kann man sich kostenlos als Goldwäscher versuchen oder in einer der **Goldgräberhütten** (B/EZ/DZ/FZ 30/105/120/110 AU$, Suite EZ/DZ 60/75 AU$; ✉) übernachten und nach Einbruch der Dunkelheit Pionier spielen.

Der **Mogo Zoo** (www.mogozoo.com.au; 222 Tomakin Rd; Erw./Kind 23/12 AU$), 2 km östlich vom Highway, ist ein kleiner, aber interessanter Zoo, wo man großen Katzen gefährlich nahe kommt. Die Stars der Show sind die verspielten, seltenen weißen Löwen.

Das **Blue Fox Cafe** (15 Sydney St; Gerichte 9–15 AU$; Brunch & mittags) ist zugleich auch eine Sauerteigbäckerei und ein Bio-Laden. Dementsprechend liegt der Schwerpunkt auf leckeren Sandwiches mit Salat und anderem leckerem Belag.

Moruya

02 / 2432 EW.

Der Name bedeutet „schwarzer Schwan", doch das Städtchen mit seinen schönen viktorianischen Gebäuden rund um den breiten Fluss ist definitiv kein hässliches Entlein. An der Südseite der Moruya Bridge findet ein beliebter **Wochenmarkt** (Sa 9–12 Uhr) statt.

Die beste Unterkunft ist das **Post & Telegraph B&B** (4474 5745; www.south coast.com.au/postandtel; Ecke Page & Campbell St; EZ/DZ ab 100/135 AU$). Es handelt sich um das wunderschön restaurierte alte Postamt mit Parkett, Eisenbetten und Veranden, die auf den Garten blicken. Nur eines der drei Zimmer hat ein angeschlossenes Bad.

LP TIPP **River** (44745505; www.theriver moruya.com.au; 16b Church St; Hauptgerichte 26–34 AU$; Mi–So mittags, Mi–Sa abends; ✉) Der Name verrät, wo das River liegt. Das Essen beweist, dass ländlich nicht gleich bäuerlich ist. Auf der ständig wechselnden Speisekarte findet man Gerichte aus frischen lokalen Zutaten mit internationaler Note. Das Restaurant ist sehr beliebt; also unbedingt reservieren!

Der **Moruya Airport** (4474 2095; George Bass Dr) befindet sich 7 km außerhalb vom Ort unweit von North Head. **Rex** (13 17 13; www.rex.com.au) fliegt von Merimbula (75 AU$, 30 Min., 2-3-mal tgl.) und Sydney (ab 125 AU$, 50 Min., tgl.) hierher.

Murrays (13 22 51; www.murrays.com.au) hat Busse nach Canberra (26 AU$, 3½ Std.),

Sydney (49 AU$, 9 Std.) und Melbourne (69 AU$, 10½ Std.).

Von Moruya nach Narooma

Von Moruya führt der Highway von einem langen, wenig besuchten Küstenabschnitt ins Landesinnere zu Teilen des **Eurobodalla National Park**. Nahezu jede Linkskurve lohnt einen Abstecher, vor allem für Surfer.

Bei **Moruya Heads** gibt's einen guten Surfstrand, von Toragy Point aus hat man eine schöne Aussicht. Von hier aus fährt man 7 km westwärts am Fluss entlang nach Moruya. Oder man fährt gen Süden über die unbefestigte Straße durch einen schönen Wald nach **Congo**. In dem hübschen, friedlichen Ort erwartet einen ein **Campingplatz** (4476 0800; Erw./Kind 10/5 AU$) zwischen dem Mündungstrichter und dem Surfstrand. Congo bildet auch das Ende des **Bingi Dreaming Track**. Der 14 km lange Wanderweg folgt einer für Aborigines spirituell bedeutsamen Route (eine Broschüre dazu erhält man von NPWS-Büro in Narooma). Wer die Augen offenhält, sieht mit etwas Glück Kängurus, Wallabys, Nasenbeutler und Warane. Der Weg beginnt weiter südlich an den unglaublichen Felsformationen bei **Bingi Point**.

Nördlich von Narooma führt der Highway vorbei an ein paar Salzwasserseen – bzw. Meeresarmen, Lagunen oder wie auch immer man sie nennen mag. Die Gemeinde betreibt in der Nähe des **Brou Beach** den **Campingplatz Dalmeny** (44 768 596; Stellplatz ohne/mit Strom 23/20 AU$). Einen kostenlosen, einfachen **Campingplatz** findet man im Park am **Brou Lake**. Bei **Potato Point** gibt's ordentliche Surfwellen.

Narooma

02 / 3100 EW.

An der Mündung eines großen, von Bäumen gesäumten Meeresarms liegt das wirklich außerordentlich hübsche, von vielen Surfstränden gesäumte Narooma. Das Geschäftszentrum auf dem Hügel ist zwar nichts Besonderes, aber das gleicht der herrliche Blick auf den Ozean wieder aus. Die Einheimischen sind ein freundliches Völkchen, aber bei all dem entspannenden,

unberührten Wasser rundherum ist das ja auch kein Wunder.

👁 Sehenswertes & Aktivitäten

LP TIPP **Montague Island (Baranguba)** NATURSCHUTZGEBIET

9 km vor der Küste von Narooma liegt diese kleine, schädlingsfreie Insel, ein spektakuläres Naturschutzgebiet, in dem viele Meeresvögel (Sturmvögel, Seeadler und Wanderfalken) und Hunderte von Seebären leben. Hier nisten Zwergpinguine; manche bleiben das ganze Jahr, am meisten Tiere zählt man aber zwischen September und Februar, wenn sich hier mehr als 10000 tummeln.

Baranguba, der Aborigines-Name der Insel, bedeutet übersetzt „großer Bruder" (s. S. 169) – rund 8000 Jahre vor Orwells Big Brother und vor dem gleichnamigen Fernsehformat. Auf der Insel gibt es immer noch heilige Stätten, zu denen nur die hiesigen Yuin Zutritt haben.

Die Insel kann nur im Rahmen einer **geführten Tour** (☎ 4476 2881; www.montagueisland.com.au; Erw./Kind/Fam. 130/99/430 AU$) besucht werden. Während der extrem interessanten, von NPWS-Rangern begleiteten dreistündigen Touren klettert man auch auf den 1881 aus Granit erbauten **Leuchtturm**. Die Ausflüge hängen von der Teilnehmerzahl und den Wetterbedingungen ab; also im Voraus beim Visitor Centre buchen! Die Bootsfahrt dauert ungefähr eine halbe Stunde; falls es der Seegang erlaubt, wird dabei die ganze Insel umrundet. Beim Nachmittagstrip stehen die Chancen höher, auch Pinguine zu sehen.

Über den NPWS hat man die Möglichkeit, einen unvergesslichen Aufenthalt in einer der mit Solarstrom betriebenen **Leuchtturmwächter-Cottages** (www.conservationvolunteers.com.au/volunteer/montague.htm; 2 Nächte EZ/DZ 690/810 AU$ pro Pers., 3 Nächte 1318–2058 AU$ pro Zi.) zu verbringen – vorausgesetzt, man packt während

Narooma

seines Aufenthaltes beim Umweltschutz mit an: Beispielsweise werden beim Zählen und Wiegen von Pinguinen helfende Hände benötigt oder auch beim Jäten von Unkraut und dem Pflanzen von Bäumen. Die sehr komfortablen Cottages sind wunderschön renoviert. Das Essen ist zwar im Preis enthalten, allerdings muss man bei der Zubereitung mithelfen. Außerhalb der Walsaison sind die Preise etwas günstiger. Weit im Voraus buchen!

In den klaren Gewässern rund um die Insel lässt es sich wunderbar **tauchen**, vor allem von Februar bis Juni. **Island Charters Narooma** (☏4476 1047; www.is-landchartersnarooma.com) organisiert u. a. Tauchgänge (Doppeltauchgang 85 AU$), Schnorchelausflüge (75 AU$) und Walbeobachtungstouren (Erw./Kind 80/55 AU$). Zu den hiesigen Attraktionen gehören Sandtigerhaie, Robben und das Wrack der SS *Lady Darling*.

Strände   STRAND
Das Wasser rund um Narooma ist so außergewöhnlich klar, dass man ständig mit sich kämpfen muss, um nicht gleich hineinzuspringen. Die beste Badestelle ist der mit einem Netz geschützte **Schwimmbereich** oberhalb der Brücke am Südende des Bar Beach unterhalb des Wellenbrechers. Es gibt einen Surferclub am **Narooma Beach**, die Wellen am **Bar Beach** sind allerdings bei Südostwind besser.

Bar Rock Lookout   AREAL
Am Riverside Dr beginnend, kann man einen schönen Spaziergang am Meeresarm entlang bis zum Meer unternehmen. Dort erwartet einen eine prächtige Aussicht. Direkt unterhalb des Aussichtspunkts liegt der **Australia Rock**, ein Fels mit einem großen Loch, dessen Form entfernt an Australiens Umrisse erinnert (natürlich ohne Tasmanien).

Wagonga Princess   BOOTSFAHRTEN
(☏4476 2665; www.wagongainletcruises.com; Riverside Dr; Tour Feb.–Dez. So, Mi & Fr 13 Uhr, Jan. tgl.; Erw./Kind/Fam. 33/22/100 AU$) Auf dieser 100 Jahre alten elektrisch betriebenen Fähre kann man eine dreistündige Fahrt den Meeresarm hinauf unternehmen. Los geht's am Taylor's Boatshed.

Kayaking Narooma   KAJAKFAHREN
(☏0407 705 371; www.kayakingnarooma.com.au) Wer das Tempo selber vorgeben will, kann hier Einer- und Doppelkajaks mieten (½/1 Std. 12/20 AU$).

🎊 Feste & Events
Oyster Festival   ESSEN
(www.narooma.org.au) Mitte Mai ist in Narooma viel Spaß beim Austernknacken angesagt.

🛏 Schlafen
Narooma Real Estate (☏4476 3887; www. naroomaholidays.com.au; 78 Princes Hwy) Der Immobilienmakler hat jede Menge private Ferienwohnungen im Angebot.

Whale Motor Inn   MOTEL $$
(☏4476 2411; www.whalemotorinn.com; 104 Wagonga St; Zi. 120–205 AU$; ✴ ✳) In dem noblen Motel mit atemberaubender Aussicht und hübsch renovierten Zimmern (manche allerdings mit altmodischem Badezimmer) kann man vom Balkon aus Wale beobachten; es stehen sogar Ferngläser zur Verfügung. In den Spa-Suiten kann man selbst Wal spielen.

Narooma YHA   HOSTEL $
(☏4476 4440; www.yha.com.au; 243 Princes Hwy; B/2BZ 26/69 AU$, DZ 68–72 AU$; @) Die superfreundliche Einrichtung war augenscheinlich zwar ein altmodisches Motel, ist jetzt aber ein großartiges Hostel. Jedes Zimmer hat ein eigenes Bad. Kostenlose Fahrräder und Bodyboards gibt's noch obendrein.

**Easts Narooma
Shores Holiday Park**   WOHNWAGENPARK $$
(☏4476 2046; www.easts.com.au; Princes Hwy; Stellplatz 28–60 AU$, Hütte 90–195 AU$; ✴ @ 🛜 ✳) Mehr als 260 Stellplätze und 43

Hütten gibt es in diesem hübschen Park am Meeresarm. Die freundlichen Betreiber kümmern sich gut um die Anlage. Unter den Palmen gibt's auch einen großen Pool.

✖ Essen

Die stimmungsvollsten Lokale findet man an den Anlegestellen am Riverside Dr. Alle bieten eine traumhafte Aussicht auf das stille, klare Wasser des Meeresarms, vor allem bei Sonnenuntergang ist es da richtig romantisch.

 **Whale Restaurant** MODERN AUSTRALISCH **$$$**
(☑4476 2411; www.whalemotorinn.com; 104 Wagonga St; Hauptgerichte 34 AU$) Es scheint unwahrscheinlich, aber das schlicht eingerichtete Hotelrestaurant mischt in der Feinschmecker-Liga oberhalb seiner Gewichtsklasse mit. Man kann sich mit einem gut angerichteten Rinderfiletsteak oder einem Lammkarree verwöhnen, während man den tollen Blick auf die Küste genießt. Den passenden Wein bringt man sich selbst mit.

Quarterdeck Marina SEAFOOD **$**
(13 Riverside Dr; Hauptgerichte 22 AU$; ⊙Do–Mo morgens & mittags) Dies ist das einzige Restaurant am Meeresarm, in dem die Einrichtung fast noch faszinierender ist als die Aussicht. Dutzende von Tikis (geschnitzte Holzfiguren), Bilder des Großen Vorsitzenden Mao und signierte Fotos von Fernsehstars der 1950er-Jahre blicken auf die Gäste herab, die sich an hervorragenden Frühstücks- und Meeresfrüchtegerichten laben.

Taylor's Seafood Café SEAFOOD **$**
(12B Riverside Dr; Gerichte 7–16 AU$; ⊙Di–So mittags & abends) Die Imbisse sind zwar billiger, aber man sollte es sich nicht nehmen lassen, mit Blick aufs Paradies den gegrillten Fisch und die zur Abwechslung mal nicht triefenden Pommes zu genießen.

☆ Unterhaltung

Narooma Cinema KINO
(☑4476 2352; 94 Campbell St; Karten Erw./Kind 12/11 AU$) Der Filmpalast zeigt schon seit 1926 Filme und hat sich seitdem auch kaum verändert. Eine gute Option für Regentage.

ℹ Praktische Informationen

Bibliothek (Field St; ⊙Mo–Fr 10–17, Sa 9.30–14 Uhr) Kostenloser Internetzugang.
NPWS-Büro (☑4476 2888; Burrawang St)
Post (106 Wagonga St)

Visitor Centre (☑4476 2881; www.eurobodalla.com.au; Princes Hwy) Hat ein kleines Museum.

ℹ An- & Weiterreise

Premier (☑13 34 10; www.premierms.com.au) hat Busse nach Melbourne (67 AU$, 10 Std.) via Eden (27 AU$, 2½ Std.) und nach Sydney (58 AU$, 7 Std.) via Wollongong (56 AU$, 5 Std.). Die Busse halten vor dem Lynch's Hotel. **Murrays** (☑13 22 51; www.murrays.com.au) fährt nach Moruya (17 AU$, 1 Std.), Batemans Bay (22 AU$, 2 Std.) und Canberra (33 AU$, 4½ Std.).

Tilba Tilba & Central Tilba

☑02 / 500 EW.

Die Küstenstraße von Bermagui stößt kurz vor der Umgehungsstraße, die zu diesen unglaublich schönen denkmalgeschützten Dörfern im Schatten des Gulaga führt, auf den Princes Hwy.

Tilba Tilba ist nur halb so groß wie sein Nachbar mit dem einen Tilba im Namen: Central Tilba liegt 2 km weiter in einem Tal, das sich seit dem 19. Jh., als auch hier der Goldrausch boomte, kaum verändert hat – nur dass heute an den Wochenenden die Hauptstraße von den Autos der Besucher verstopft ist. Bei einem Bummel auf der Bate St findet man eine Reihe von Läden, die alles verkaufen, was man in einem denkmalgeschützten Dorf so erwarten darf: Toffee, Lollis, Käse, besondere Teesorten, Eis und Kunsthandwerk. Außerdem gibt's einige Cafés. Hinter der Kneipe führt ein kurzer Weg hinauf zum Wasserturm. Von den Felsen aus hat man einen atemberaubenden Blick auf den Gulaga.

Infos und einen praktischen Stadtführer erhält man im **Bates Emporium** (Bates St; ⊙8–17 Uhr), das auch als Tankstelle, Internetcafé und Post fungiert.

◉ Sehenswertes & Aktivitäten

Foxglove Spires GARTEN
(www.foxglovespires.com.au; Corkhill Dr; Eintritt 7,50 AU$; ⊙10–16 Uhr) Gartenfreunde werden den rund 1,5 ha großen zauberhaften Privatgarten mit vielen versteckten Alleen und schattigen Plätzchen lieben.

🛏 Schlafen & Essen

Dromedary Hotel HOTEL **$**
(☑4473 7223; 5 Bate St, Central Tilba; DZ 60 AU$) Der hübsche, alte Pub hat oben ein paar saubere, schlichte Unterkünfte. Unten zieren alte Fotos und Bilder preisgekrönter

Kürbisse die Wände. Das Bistro ist einer der wenigen Läden, wo man abends noch etwas essen kann.

Green Gables
B&B $$

(☎4473 7435; www.greengables.com.au; 269 Corkhill Dr, Tilba Tilba; Zi. 150 AU$; @) Es fällt schwer, das Wort „entzückend" nicht zu gebrauchen, wenn man das schwulenfreundliche B&B beschreiben will. Das Cottage von 1879 hat drei attraktive Zimmer, entweder mit eingebautem oder eigenem Bad und Blick über die Felder.

Two Story B&B
B&B $$

(☎4473 7290; www.tilbatwostory.com; Bate St, Central Tilba; DZ 140 AU$) Das atmosphärische frühere Wohnhaus des Postmeisters von 1894 bietet viel Charme und im Winter ein gemütliches Kaminfeuer. Manche Zimmer haben ein eingebautes Bad. Das warme Frühstück ist im Preis inbegriffen.

Rose & Sparrow Café
CAFÉ $

(3 Bate St; Hauptgerichte 5–15 AU$; ☉morgens & mittags) Serviert gesundes Essen in großen Portionen, darunter leckere Linsenburger mit hausgemachtem Mango-Chutney.

✸✸ Feste & Events

Tilba Easter Festival
KUNST

(www.tilba.com.au) Während des Festivals mit viel Musik, Unterhaltung und mehreren Tausend Besuchern sind alle Straßen gesperrt.

Cobargo Folk Festival
MUSIK

(www.cobargofolkfestival.com) Das andere große Event ist das beliebte Festival im historischen Cobargo, 20 km Richtung Bega.

❶ An- & Weiterreise

Busse von **Premier** (☎13 34 10; www.premierms.com.au) fahren täglich auf der Strecke von/nach Sydney (59 AU$, 8 Std.) über Narooma (9 AU$, 25 Min.), Eden (25 AU$, 2 Std.) und Merimbula (23 AU$, 90 Min.) durch die Tilbas.

Der südlichste Teil von North South Wales steht Queenslands Gold Coast in nichts nach. Ihren Namen trägt die Küste zu Recht – das glasklare Wasser glitzert wahrhaftig in herrlichen Blautönen. Vom Princes Hwy aus sieht man nicht allzu viel, aber so ziemlich jede Straße Richtung Osten führt zu einem Flecken makelloser, von Felsen eingerahmter Küste. Hier beginnt das traditionelle Land der Yuin.

Bermagui

☎02 / 1300 EW.

Südlich des wunderschönen Wallaga Lake mit seinen vielen Vögeln liegt abseits des Princes Hwy Bermagui. Es handelt sich um einen hübschen Fischerhafen, dessen Hauptstraße kleinstädtisch zufrieden wirkt. Die Atmosphäre ist sehr angenehm – das liegt vermutlich an dem bunten Völkchen aus Fischern, Surfern, Alternativen und indigenen Australiern, das hier lebt. In typisch australischer Manier wird der Ort einfach nur Bermie genannt.

Das eigens errichtete **Informationszentrum** (☎6493 3054; www.bermagui.net; Bunga St; ☉10–16 Uhr) mit seinem Museum und dem Discovery Centre war das erste Zeichen, dass Touristen in die Gegend Einzug hielten. Inzwischen ist der neue, schicke **Fishermen's Wharf** (Lamont St) mit all dem Schnickschnack hinzugekommen, den Besucher sich eben wünschen. Der Kai wurde von dem im Ort lebenden renommierten Architekten Philip Cox entworfen.

◉ Sehenswertes & Aktivitäten

Rund um Bermagui gibt's mehrere Wanderwege, z.B. den 6 km langen Küstenweg nordwärts zum **Camel Rock** und 2 km weiter zum **Wallaga Lake**. Die Strecke folgt dem **Haywards Beach**, einem guten Surfstrand.

ABSTECHER

MAGISCHE TOUR ZUR MYSTERY BAY

Südlich von Narooma, unmittelbar vor der Abzweigung zu den beiden Tilbas, führt eine Straße zur herrlichen, unberührten **Mystery Bay** und zum ersten Abschnitt des **Eurobodalla National Park**. Am Südende des größten Surfstrands hat sich in den Felsen ein idyllisches **natürliches Schwimmbecken** gebildet. Die Gemeinde betreibt einen **Campingplatz** (☎0428-622 357; www.mysterybaycampground.com; Stellplatz NS/HS 15/25 AU$) unter den Bäumen. Er liegt so nahe am Strand, dass man morgens aus dem Zelt nahezu direkt in den Sand tappt.

Gut surfen kann man auch am Camel Rock und am Cuttagee Beach. Nur einen Steinwurf von den Läden entfernt, erstreckt sich der kinderfreundliche Badestrand **Shelly Beach**. Läuft man einen Kilometer um die Landspitze herum, gelangt man zum **Blue Pool**, einem eindrucksvollen Meerespool am Fuß der Klippen.

Schlafen

Wer eine Ferienwohnung mieten will, kann sich an **Julie Rutherford Real Estate** (6493 3444; www.julierutherford.com.au; Fisherman's Wharf) wenden.

Bermagui Beach Hotel
LP TIPP BOUTIQUEHOTEL $$

(6493 4206; www.bermaguibeachhotel.com.au; 10 Lamont St; Zi. 110–135 AU$; ✱) Am Strandende der Hauptstraße liegt dieser tolle alte Pub, der 1895 erbaut wurde. Es gibt hier neun Suiten mit Spa, vier davon mit Balkon und Blick auf den Strand und den Gulaga. Wer in die lokale Szene eintauchen will, ist hier genau richtig.

Bermagui Motor Inn
HOTEL $

(6493 4311; www.acr.net.au/~bmi/; 38 Lamont St; EZ/DZ 89/99 AU$; ✱) Das Motel direkt im Ort ist zwar schon etwas älter, hat aber neue Teppiche, bequeme Betten und sehr freundliche Inhaber.

Zane Grey Tourist Park
CAMPING, WOHNWAGENPARK $

(6493 4382; www.zanegreytouristpark.com.au; Lamont St; Stellplatz 27 AU$, Hütte 47–95 AU$) Von der zentralen Lage am Dickson's Point könnte man einen Frisbee direkt in die Horseshoe Bay werfen.

Essen

Bluewave Seafoods
LP TIPP FISH & CHIPS $

(Fishermen's Wharf; ⏰mittags & abends) Der fesche Imbiss mit Blick auf den Jachthafen ist die Reinkarnation der originalen Fischerkooperative. Es gibt Sitzplätze auf der Terrasse mit Blick auf die Fischkutter. Die leicht panierten Fish & Chips sind die besten an der South Coast. Vorsicht vor den Möwen!

Mister Jones
ESPRESSO-BAR $

(1/4 Bunga St; www.misterjones.com.au; ⏰Di–Sa ab 7 Uhr) Das namenlose kleine Kunststudio mit Café würde man glatt übersehen, wenn draußen nicht die Leute sitzen würden. Mister Jones – bzw. der Mann, der vorgibt, dieser zu sein – krönt seine Cappuccinos mit großen Schokostückchen. Hier gibt's auch coole Kunstwerke.

Il Passaggio
ITALIENISCH $$

(Fishermen's Wharf; Hauptgerichte 29 AU$; ⏰Fr–So mittags & Di–So abends) Das angemessen hippe Lokal mit grünen Filzwänden und roten Ledersitzen hat eine kleine Auswahl an authentischen italienischen Gerichten. Spezialität des Hauses ist Kalbssaltimbocca alla Romana, aber es gibt auch einfachere Speisen wie Linguini mit Garnelen, Chili, Rucola und Zitrone.

An- & Weiterreise

Einmal am Tag hält der Bus von **Premier** (13 34 10; www.premierms.com.au) hier auf seinem Weg ab/nach Sydney (60 AU$, 10 Std.) via Narooma (13 AU$, 40 Min.) und ab/nach Eden (24 AU$, 1¾ Std.) via Merimbula (20 AU$, 45 Min.).

Von Bermagui nach Merimbula

Mimosa Rocks (5802 ha) ist ein wundervoller Küstenpark mit dichtem, vielfältigem Buschland, Meereshöhlen, Lagunen und einer 20 km langen herrlichen Küste. Mit dem Auto erreichbare **Campingplätze** (4476 2888; Erw./Kind 10/5 AU$) gibt's am Gillards Beach, am Picnic Point und am Aragunnu Beach. Der nur zu Fuß erreichbare Campingplatz am Middle Beach ist besonders reizvoll. Man läuft unter dem Blätterdach hoher Eukalyptusbäume und Palmen bis zu dem einsamen Surfstrand.

Sapphire Coast Ecotours (6494 0283, www.sapphirecoastecotours.com.au; Tour Erw. 30–60 AU$, Kind 15–30 AU$) veranstaltet sehr empfehlenswerte Wanderungen zur Erkundung der vielfältigen Ökosysteme des Parks. Mit etwas Glück wird man sogar von einem Aborigines geführt.

Südlich des Hauptstrands führt von **Cuttagee** die Kullaroo St zur abgeschiedenen, vom Busch gesäumten **Armands Bay**. Dies ist der einzige Strand an der Sapphire Coast, an dem FKK gestattet ist.

Tathra (1622 Ew.) ist ein hübscher kleiner Küstenort. An seinem Nordende bildet der Bega River eine traumhafte, unberührte Lagune. Der von 1862 stammende **Tathra Wharf** ist der letzte noch verbliebene Dampfer-Anleger im Bundesstaat und eine sehr beliebte Angelstelle. Hier gibt es auch das kleine **Maritime Museum** (Erw./Kind 2/1 AU$; ⏰10–16 Uhr). Die **Tathra Beach Pickle Factory** (35 Andy Poole Dr; Snack 3–8 AU$; ⏰morgens & mittags) ist ein absolut lohnen-

DIE GESCHICHTE DER MUTTER

In der Überlieferung der Yuin ist der Gulaga (Mt. Dromedary, 806 m) die Mutter, Barunguba (Montague Island) und Najanuga (Little Dromedary) sind ihre zwei Söhne. Die beiden Söhne wollten losziehen, um die Welt zu erkunden, aber Gulaga meinte, Najanuga sei zu jung dafür und behielt ihn bei sich. So zog Barunguba allein los und wurde schließlich durch das Wasser von seiner Mutter getrennt.

Für die Aborigines sind diese Stätten sehr heilig. 2006 wurde der Berg zur ersten Area of Aboriginal Significance (Stätte mit spiritueller Bedeutung für die Aborigines) in Australien erklärt. Der Berg bildet nun den **Gulaga National Park** (4768 ha) und wird gemeinsam von der indigenen Gemeinde und dem NPWS verwaltet. Die hiesigen Wanderwege sind für alle zugänglich, solange man dem Berg mit Respekt begegnen. Beginnend an Pam's Store in Tilba Tilba, kann man dem alten **Weg der Packpferde** folgen. Für den 11 km langen Wanderweg (hin und zurück) benötigt man ca. fünf Stunden. Als besonderes Highlight gilt der Rundweg auf dem Gipfel. Weil es auf dem Berg oft regnet und Nebelschwaden umherwabern, sollte man entsprechende Vorkehrungen treffen. Der Legende nach ist der Gulaga ein „Berg der Frauen", der respektlose Männer sich verirren oder sie mit Schürfwunden und verstauchten Knöcheln zurückkehren lässt.

des Feinkostcafé mit Snacks zum Mitnehmen und Gourmetmagazinen.

Im 2654 ha großen **Bournda National Park** (7 AU$/Auto) gibt es schöne, menschenleere Surfstrände, zerklüftete Landzungen und Wanderwege, die durch Heidelandschaften und Wälder mit Eukalyptusbäumen und Südseemyrten führen.

LP TIPP Der **Hobart Beach** (☑6495 5000; Stellplatz Erw./Kind 10/5 AU$) liegt im Park am Südufer des friedlichen **Wallagoot Lake**. Dort kann man mitten im Busch gut campen.

Merimbula

☑02 / 3850 EW.

Merimbula liegt am oberen Ende eines prächtigen, langen, goldenen Sandstrands und eines reizenden Meeresarms, den die Einheimischen als See bezeichnen. Das Städtchen, fest in der Hand von Urlaubern und Rentnern, ist nicht groß genug, um interessant zu sein, aber trotzdem von Zersiedelung gebeutelt. Über den fantastischen Meeresarm hinaus fällt es daher schwer, sich für das Stadtzentrum zu begeistern. Wie die zahlreichen Ferienwohnungen vermuten lassen, ist dies einer der wenigen Orte an der Südküste, die während der Sommerferien richtig boomen.

◉ Sehenswertes

Nature Boardwalk   NATURSCHUTZGEBIET

Dieser herrliche Holzsteg ist in der Umgebung eines der neueren Highlights, die man keinesfalls versäumen sollte. Er führt

1,75 km südwestlich des Damms am Meeresarm entlang, vorbei an Mangrovenhainen, Austernfarmen und Südseemyrten. Unterwegs sieht man Unmengen an Vögeln, Säuge- und Schalentieren.

Merimbula Aquarium   AQUARIUM

(www.merimbulawharf.com.au; Lake St; Erw./Kind 11,50/6,50 AU$; ☾10–16 Uhr) Das freundliche Aquarium mag klein sein, zeigt aber alle Arten an Fischen, die in der Bucht vorkommen. Auch wenn die Eltern vielleicht gelangweilt sind, die meisten Kinder lieben es. Das Aquarium liegt am Ende der Sackgasse Lake St.

Old School Museum   MUSEUM

(Main St; Erw./Kind 3 AU$/frei; ☾Di, Do & So 14–16.30 Uhr) Das ist kein Museum für in die Jahre gekommene Rapper, sondern ein von ehrenamtlichen Mitarbeitern geführtes Haus mit allerlei Krimskrams und Ausstellungen zur Lokalgeschichte.

🏃 Aktivitäten

Badesachen einpacken: Die meisten Aktivitäten rund um Merimbula haben mit dem Wasser zu tun!

True Blue   DELFINBEOBACHTUNG

(www.merimbulamarina.com; Merimbula Marina; Erw./Kind 30/20 AU$) Bietet preisgünstige Rundfahrten in der Bucht zum Beobachten von Delfinen und Walen (Mitte Sept.–Nov.).

Coastlife Adventures   SURFEN, KAJAKFAHREN

(☑6494 1122; www.coastlife.com.au) Veranstaltet morgens Surf- (55 AU$) und Stehpaddelkurse (30 AU$) sowie Kajaktouren auf dem Meer (55 AU$).

Merimbula

Merimbula

Top Lake Boat Hire   BOOTSVERLEIH
(☑64951987; Lakewood Dr; ◷Mo & Di 8–13, Mi–So bis 16 Uhr) Fast am Ende des Plankenwegs. Vermietet Motorboote, Tretboote, Kajaks, Kanus und Ruderboote.

Cycle'n'Surf   RADFAHREN, SURFEN
(1b Marine Pde) Südlich des Sees; vermietet Fahrräder (7 AU$/Std.), Bodyboards (halber Tag 10 AU$) und Surfbretter (10 AU$/Std.) und repariert Fahrräder.

Tauchen
Tauchen ist in dieser Region sehr beliebt. Kein Wunder, gibt es doch hier mehrere Schiffswracks, darunter die große *Empire Gladstone,* die 1950 untergegangen ist.

Merimbula Divers Lodge   GEFÜHRTE TOUREN
(www.merimbuladiverslodge.com.au; 15 Park St) Bietet einfache Einführungen, Tauchausflüge in flachem Gewässer (1/2 Tauchgänge ab 77/99 AU$ zzgl. Ausrüstung 55 AU$) und Schnorcheltrips (44 AU$).

🛏 Schlafen
Die Landenge zwischen Strand und See ist komplett mit Motels und Ferienwohnungen überzogen. In sich abgeschlossene Apartments werden normalerweise pro Woche vermietet, vor allem im Sommer, wenn die Preise in die Höhe schnellen. Bei **Fisk &**

Nagle (☑6495 2000; www.getawaymerimbula. com.au; The Promenade, Market St) anfragen.

Merimbula Lakeview Hotel   HOTEL $$
(☑6495 1202; www.merimbulalakeviewhotel. com.au; Market St; Zi. ab 79 AU$) Die Anlage am Wasser hat modische Zimmer mit allem, was zu einem Motel gehört. Im Sommer gibt's gleich in der Nähe einen Biergarten – das kann für den einen ein Plus, für den anderen ein Minus sein. Das Bistro Lakeview (Hauptgerichte 12–30 AU$) hat hochwertige Kneipenkost; im Winter lodert ein offenes Kaminfeuer.

Coast Resort   APARTMENTS $$$
(☑6495 4930; www.coastresort.com.au; 1 Elizabeth St; Apt. mit 1/2/3 Schlafzi. ab 160/180/240 AU$; ❄🏊) Man könnte die Einrichtung des riesigen, schicken Apartmentkomplexes als hochmodern beschreiben, wobei etwas mehr Schlichtheit wohl angenehmer wäre. An Komfort mangelt es aber keineswegs und es gibt jede Menge Annehmlichkeiten: zwei Pools, einen Tennisplatz und den Strand gleich in der Nähe.

Wandarrah YHA Lodge   HOSTEL $
(☑6495 3503; www.yha.com.au; 8 Marine Pde; B/EZ/DZ ab 30/55/73 AU$) Das saubere Hostel mit guter Küche und Bereichen zum Relaxen liegt unweit des Surfstrands und der Bus-

haltestelle. Abholung nach Vereinbarung. Bescheid geben, wenn man spät ankommt!

Merimbula Beach Holiday Park
CAMPING, WOHNWAGENPARK **$$**

(☑6495 3381; www.merimbulabeachholidaypark. com.au; 2 Short Point Rd; Stellplatz 31–67 AU$, Hütte 75–185 AU$; 🛜🍴) Der Campingplatz mit Blick auf den Short Point Beach liegt weit weg vom Stadtzentrum, aber in der Nähe der Surfaction. Sein Zelt kann man im Grünen oder im kinderfreundlichen Bereich am Pool aufschlagen.

Merimbula Gardens Motel
MOTEL **$**

(☑6495 5900; 36 Merimbula Dr; Zi. ab 75 AU$; ❄@🍴) Es gibt hier zwar keinen nennenswerten Garten, dafür aber gehört das Motel alter Schule zu den preisgünstigeren Optionen mitten im Ort. Die Zimmer sind schlicht, aber sauber und komfortabel.

Merimbula Divers Lodge
HOSTEL **$**

(☑6495 3611; www.merimbuladiverslodge.com. au; 15 Park St; B 29 AU$) Die Bettwäsche (mit Kopfkissen) kostet 10 AU$ extra, dafür hat das zentral gelegene Hostel saubere Etagenbetten in drei einzelnen, in sich abgeschlossenen Zimmern für jeweils acht Personen.

✗ Essen & Ausgehen

LP TIPP **Zanzibar**
SEAFOOD,
MODERN AUSTRALISCH **$$$**

(☑6495 4038; Ecke Main & Market St; Hauptgerichte 25–33 AU$; ☺Di–Sa abends) Das Restaurant bietet ein kulinarisches Highlight, das man nicht versäumen sollte. Auf den Tisch kommen vor Ort gefangene Meeresfrüchte und handverlesene Produkte der South Coast. Die Spezialität des Hauses ist der Seafood-Eintopf für zwei mit Riesengarnelen, schwarzen Muscheln aus Eden und Balmain Bugs (eine Art Bärenkrebse).

Cantina
TAPAS, MEDITERRAN **$**

(56 Market St; Tapas 10–16 AU$; Hauptgerichte 18–30 AU$; ☺mittags & abends) Das stimmungsvolle kleine, versteckte Lokal im Zentrum tischt leckeren Tintenfisch mit Salz und Pfeffer, gebratenen Chorizo und Lamm-Souvlaki auf. Keinen Hunger? Macht nichts, auch an der Bar herrscht gute Laune.

Waterfront Café
CAFÉ **$**

(Beach St; Frühstück 5–17 AU$, Mittagessen 18–23 AU$; ☺8–17 Uhr) Hier kann man sich einen ausgezeichneten Kaffee oder einen Snack gönnen, während man den Blick auf den See genießt.

☆ Unterhaltung

Picture Show Man
KINO

(www.pictureshowman.com.au; 80 Main St; Karten 9–11 AU$) Volles Programm aus künstlerisch anspruchsvollen Filmen und Blockbustern.

❶ Praktische Informationen

NPWS-Büro (☑6495 5000; Ecke Merimbula & Sapphire Coast Dr)

Post (5 Merimbula Dr)

Visitor Centre (☑6495 1129; www.sapphire coast.com.au; 2 Beach St)

❶ Anreise & Unterwegs vor Ort

Bus

Die Busse halten vor der Commonwealth Bank an der Market St. **Premier** (☑13 34 10; www.pre mierms.com.au) schickt täglich zwei Busse nach Sydney (69 AU$, 8½ Std.) via Narooma (25 AU$, 2 Std.) und einen nach Melbourne (58 AU$, 8¼ Std.). **CountryLink** (☑13 22 32; www.country link.com.au) fährt einmal am Tag nach Canberra (33 AU$, 4 Std.).

Deanes Buslines (☑6495 6452; www.deanes buslines.com.au) betreibt die Regionalbusse (nur Mo–Sa), z. B. nach Bega (10,60 AU$, 1 Std., 6-mal tgl.) und Eden (8,80 AU$, 40 Min., 5-mal tgl.). **Tathra Bus Service** (☑6492 1991; www. tathrabus.com.au) fährt dienstags und donnerstags ab/nach Tathra (8,40 AU$, 25 Min.).

Flugzeug

Der **Merimbula Airport** (MIM; ☑6495 4211; www.merimbulaairport.com.au; Arthur Kaine

---

ABSTECHER

KÜHE ODER KÜSTE?

Von Tilba Tilba und Bermagui geht's entweder über den Princes Hwy weiter nach Bega oder über den **Sapphire Coast Drive** nach Merimbula. Während der Highway durch eine schöne Ackerlandschaft führt, kommt man bei der alternativen Strecke an spektakulären Stränden und Nationalparks vorbei, bis die Straße bei Pambula wieder auf den Highway trifft. Die Strecke ist 5 km kürzer; es liegen auch ein paar Galerien auf dem Weg.

Dr) liegt 1 km außerhalb des Orts an der Straße nach Pambula. **Rex** (📞13 17 13; www.rex.com. au) fliegt nach Melbourne (ab 143 AU$, 90 Min., 1–2-mal tgl.), Moruya (75 AU$, 30 Min., 2- bis 3-mal tgl.) und Sydney (ab 143 AU$, 1¾ Std., 3-mal tgl.).

Eden

📞02 / 3006 EW.

Die erste Ortschaft nördlich der Grenze zu Victoria ist das kleine, verschlafene Eden. Hier herrscht nur dann ein wenig Trubel, wenn unten am Kai die Fischerboote anlegen. Zu beiden Seiten der felsigen Halbinsel erstrecken sich hübsche Strände.

Die Bucht ist seit wohl Tausenden von Jahren Zeuge der außergewöhnlichen Begegnung zwischen Mensch und Wal. Die vorüberziehenden Buckelwale und Südkaper kommen auf ihrem Weg extrem nah an die Küste heran. Für Experten ist die Bucht daher einer der besten Orte in Australien, um die faszinierenden Meeressäuger zu beobachten. Oft sieht man die Wale auf ihrem Rückweg nach Süden in die Antarktis beim Fressen oder Ausruhen in der Twofold Bay.

⊙ Sehenswertes & Aktivitäten

Cat-Balou Cruises WALBEOBACHTUNG
(📞0427 260 489; www.catbalou.com.au; Main Wharf, 253 Imlay St) Das Team veranstaltet im Oktober und November dreieinhalbstündige Walbeobachtungstouren (Erw./Kind 70/60 AU$). Zu anderen Zeiten des Jahres kann man bei zweistündigen Rundfahrten durch die Bucht (Erw./Kind 32,50/20 AU$) Delfine und Robben bestaunen.

Sapphire Coast Marine Discovery Centre AQUARIUM
(www.sapphirecoastdiscovery.com.au; Main Wharf; ⊘Mi–So 13–16 Uhr) In dem neuen Meereszentrum wartet ein Meeresriff-Aquarium. Angeboten werden auch Streifzüge an der Felsküste und am Strand entlang (Erw./Kind 5/2 AU$).

Killer Whale Museum MUSEUM
(www.killerwhalemuseum.com.au; 94 Imlay St; Erw./Kind 7,50/2 AU$; ⊘Mo–Sa 9.15–15.45 Uhr, So 11.15–15.45 Uhr) Das 1931 gegründete Museum ist in erster Linie für das Skelett von Old Tom da – der Killerwal ist eine lokale Legende.

Walbeobachtungspunkt AREAL
Eine der vielen guten Stellen zum Beobachten von Walen findet sich am Ende der Bass

St. Werden Wale gesichtet, lässt das Killer Whale Museum eine Sirene ertönen.

✹✦ Feste & Events

Ende Oktober erwacht Eden während des **Whale Festival** aus seinem Dornröschenschlaf. Dann werden wie bei einem Jahrmarkt Straßenstände aufgebaut, zudem gibt es einen Umzug und einige ungewöhnliche Ereignisse wie den Slimy Mackerel Throw (Makrelenweitwurf).

🛏 Schlafen

An beiden Ortseingängen werden die Gäste reihenweise von nahezu identischen Motels und Motorparks am Straßenrand begrüßt.

Crown & Anchor Inn B&B $$$
(📞6496 1017; www.crownandanchoreden.com. au; 239 Imlay St; Zi. ab 180 AU$) Das unglaublich atmosphärische, historische Haus von 1845 wurde wunderschön restauriert und mit Himmelbetten, Badewannen mit Klauenfüßen und dergleichen eingerichtet. Vom Hinterhof aus bietet sich ein hübscher Blick auf die Twofold Bay.

Eden Tourist Park WOHNWAGENPARK $
(📞6496 1139; www.edentouristpark.com.au; Aslings Beach Rd; Stellplatz 26 AU$/2 Pers., Hütte 63–171 AU$) Der große, gepflegte Park liegt einsam auf einer Landzunge, die den Aslings Beach vom Lake Curalo trennt. Aus den schützenden Bäumen rundherum tönt fröhliches Vogelgezwitscher.

Great Southern Inn HOSTEL $
(📞6496 1515; www.greatsoutherninn.com.au; 121 Imlay St; B/EZ/DZ/FZ 20/30/60/80 AU$) Das freundliche Hostel hat gute, preisgünstige Gemeinschaftszimmer und hübsch renovierte Backpackerunterkünfte. Das herzhafte Kneipenessen wird unten serviert. Der Renner ist die Hinterterrasse.

Twofold Bay Motor Inn HOTEL $$
(📞6496 3111; www.twofoldbaymotorinn.com.au; 164–166 Imlay St; Zi. ab 110 AU$; ❄☎☀) Das zentral gelegene Motel bietet gute Zimmer, manche mit Blick aufs Wasser. Es gibt auch einen kleinen Innenpool.

✕ Essen

Die folgenden Lokale liegen dicht beieinander am Main Wharf (253 Imlay St) im unteren Stadtteil.

Taste of Eden SEAFOOD $$
(📞6496 1304; Hauptgerichte 10–28 AU$; ⊘morgens & mittags) Das bunt gestrichene Café mit

einer Einrichtung, die glatt aus Davy Jones' Spind stammen könnte, serviert u. a. köstliche regionale Meeresfrüchte ohne jeglichen Schnickschnack. Das Essen ist so frisch, dass die Speisekarte nicht gedruckt, sondern auf die Kreidetafel geschrieben wird.

Wharfside Café   MODERN AUSTRALISCH **$$** (✆6496 1855; www.wharfsidecafe.com; Hauptgerichte 10–20 AU$; ⊙morgens & mittags; 🛜) Das Café ist ein guter Start in den Tag. Es gibt ordentliches Frühstück, starken Kaffee und Tische mit Blick auf den Hafen.

ℹ️ Praktische Informationen

Post (140 Imlay St)

Touristeninformation (✆6496 1953; www.visiteden.com.au; Ecke Imlay & Mitchell St) Internetzugang.

ℹ️ An- & Weiterreise

Premier (✆13 34 10; www.premierms.com.au) hat täglich zwei Busse nach Wollongong (69 AU$, 8 Std.) und Sydney (71 AU$, 9 Std.) sowie einen Bus nach Melbourne (58 AU$, 8 Std.). **CountryLink** (✆13 22 32; www.countrylink.com.au) fährt einmal am Tag nach Canberra (35 AU$, 5¼ Std.).

Deanes Buslines (✆6495 6452; www.deanesbuslines.com.au) schickt fünf Busse (Mo–Sa) nach Bega (13,20 AU$, 1¼ Std.) via Merimbula (8,80 AU$, 40 Min.).

Ben Boyd National Park

Kaum hat man eine Wildnis hinter sich gelassen, beginnt schon die nächste: Der 10 485 ha große **Ben Boyd National Park** wurde nach dem Unternehmer Boyd benannt, der 1850 bei dem Versuch kläglich scheiterte, ein Imperium in Eden aufzubauen. In dem zweigeteilten Naturschutzgebiet (Eden liegt genau dazwischen) kann man Spuren seines wahnwitzigen Projekts sowie eine atemberaubend schöne Küste mit einsamen Stränden entdecken.

Den südlichen Teil erreicht man über vorwiegend nicht asphaltierte Schotterstraßen (7 AU$/Fahrzeug), die von der befestigten Edrom Rd abgehen; diese wiederum zweigt 19 km südlich von Eden vom Princes Hwy ab. An der Südspitze steht einsam und verlassen die 1883 erbaute, elegante **Green Cape Lightstation** (✆6495 5000; www.nationalparks.nsw.gov.au; Green Cape Rd; Cottage werktags/Wochenende ab 200/280 AU$) mit einem traumhaften Fernblick. Interessenten können eine **Führung** (Erw./Kind 7/5 AU$; ⊙Do–Mo 13 & 15 Uhr) mitmachen. Wer die Einsamkeit sucht, kann die Nacht in einer aufwendig restaurierten Leuchtturmwärterhütte (max. 6 Pers.) verbringen.

Fährt man die Edrom Rd weiter, gelangt man nach 11 km zur Abzweigung zur historischen **Davidson Whaling Station** an der Twofold Bay. Besucher können im rustikalen Garten des 1896 erbauten **Loch Gaira Cottage** picknicken. Vom Walfang sind nur noch wenige Spuren geblieben, auf Infotafeln kann man allerdings dessen Geschichte nachlesen. Nur schwer vorstellbar, dass der heute so friedlich wirkende Ort bis 1929 vom Stöhnen sterbender Wale und dem Gestank kochenden Walspecks geprägt war.

Noch ein Stück weiter liegt die Abzweigung zum **Boyd's Tower**. Der eindrucksvolle Turm wurde Ende der 1840er-Jahre erbaut – und zwar aus Sandstein, der extra aus Sydney herangeschafft wurde. Er sollte eigentlich ein Leuchtturm werden, doch die Regierung verweigerte Boyd die nötige Genehmigung.

Der 31 km lange **Light to Light Walk** führt von Boyds Möchtegern-Leuchtturm zu einem echten Leuchtturm am Green Cape. Entlang der Strecke gibt es **Campingplätze** (✆6495 5000; Erw./Kind 10/5 AU$) am **Saltwater Creek** und an der **Bittangabee Bay**. Beide sind per Fahrzeug erreichbar.

In den nördlichen Teil des Parks gelangt man über den Princes Hwy nördlich von Eden. Vom Aussichtspunkt Haycock Point führt ein Wanderweg zu einer Landzunge mit Blick auf den Pambula River. Ein weiterer, wenn auch kurzer Wanderweg (1 km) führt zu den **Pinnacles**.

Byron Bay & Nördliches New South Wales

Gut essen

» St Elmo (S. 183)
» Howard's (S. 188)
» Gorman's (S. 198)
» Satiate (S. 187)

Schön übernachten

» Yamba YHA (S. 198)
» Coaching Station Inn (S. 201)
» Riverview Guesthouse (S. 187)
» Byron at Byron (S. 179)

Auf ins nördliche New South Wales!

An keinem Ort an der Ostküste verbinden sich Strand, Natur und Spaß derart gelungen wie in Byron Bay. Der einzigartige Mix aus Muße und Energie hat einen hohen Suchtfaktor. Und so kehren Besucher meist begeistert nach Hause zurück – wenn sie dies überhaupt tun.

Byron ist das Herz der Region. Zum Schlagen bringt es jedoch das grüne Umland und die Küste zwischen Tweed Heads und Port Macquarie. Zweifellos zieht Byron Urlauber magisch an, abseits davon warten allerdings atemberaubende Ausblicke, endlose weiße Strände und herrliche Wellenbrecher. Kleine Küstenorte, z.B. Yamba und Crescent Head, vermitteln einen authentischen Eindruck der Region. Und wer den vielen Sand satt hat, macht sich auf zu den Nationalparks inmitten eindrucksvoller Deltas mächtiger Flüsse. Dörfer wie Bangalow und Bellingen mit ihrer ausgezeichneten Küche und Bio-Farmen locken alternative Urlauber und Großstädter. Eins jedenfalls ist sicher: Hier kann man es sich richtig gut gehen lassen!

Reisezeit
Byron Bay

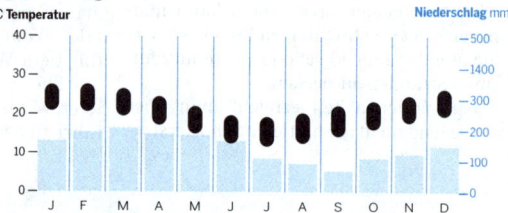

Juni & Juli, September–November Buckelwale schauen auf ihren Wanderungen vorbei.

Dezember–Februar Sommer, Strand und Sonnenschein garantieren puren Urlaubsspaß.

Ostern Das East Coast International Blues & Roots Festival macht in Byron Bay Station.

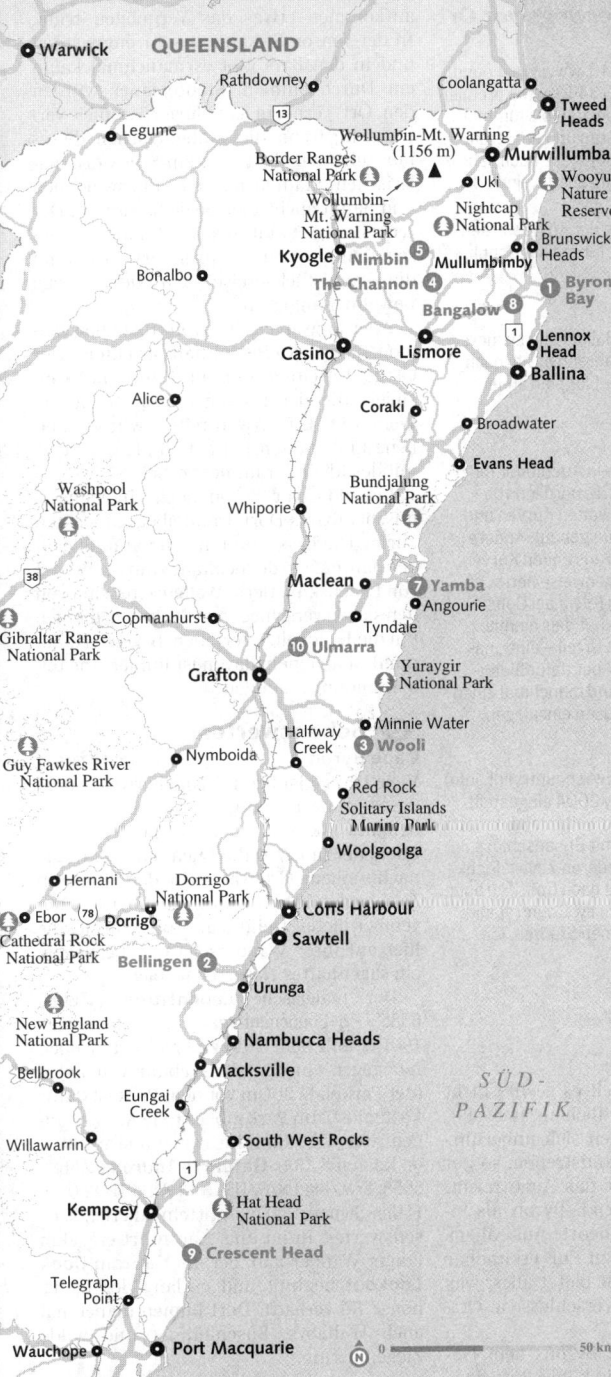

Highlights

1 Im aufregenden **Byron Bay** (S. 180) das Leben in vollen Zügen genießen

2 Den kreativen Charme des Dorfes **Bellingen** (S. 208) erleben

3 Sich an den unberührten Stränden in der Nähe von **Wooli** (S. 201) treiben lassen

4 Dörfer im Hinterland wie **The Channon** (S. 191) erkunden

5 Auf Märkten wie dem in **Nimbin** (S. 189) auf Schatzsuche gehen

6 Fauna und Flora der alten **Gondwana-Regenwälder** (Kasten S. 192) im äußersten Norden des Hinterlandes entdecken

7 Am **Pippi's Beach** (S. 197) in Yamba mit Delfinen surfen

8 In einem der vielen exzellenten Restaurants im winzigen **Bangalow** (S. 187) zu Abendessen

9 Am Strand in **Crescent Head** (S. 216) frische Austern verspeisen

10 In einem Biergarten in **Ulmarra** (S. 199) den Blick auf den wunderschönen Clarence River genießen

ℹ️ Anreise & Unterwegs vor Ort

Bus

Greyhound (☎1300 473 946; www.greyhound. com.au) und **Premier** (☎13 34 10; www.premier ms.com.au) verkehren beide drei- bis fünfmal täglich zwischen den kleineren und größeren Städten entlang des Pacific Hwy. Je nach Fahrpreis bzw. -plan wird die Wahl auf die eine oder andere Linie fallen.

Die Verbindungen entlang der Küste werden nur sporadisch bedient; oft fahren nur Schulbusse.

Flugzeug

In Coffs Harbour, Grafton, Ballina und Lismore landen auch Billigflieger, während es ab/nach Sydney Linienflüge gibt. Der Flugplan ändert sich sehr oft.

Straßennetz

Der Pacific Hwy (Hwy 1) ist ein Abenteuer für sich. Einzelne Abschnitte (z. B. nördlich von Byron Bay) wurden gut mit weiten Kurven und zweispurigen Fahrbahnen ausgebaut. Andere Strecken sind ein Minenfeld aus engen Kurven, Ampeln und Blitzern. Streckenweise herrscht hohes Verkehrsaufkommen (etwa bei Coffs Harbour). Ein Lokalpolitiker hat dies einmal – vielleicht etwas zu hart im Urteil – eine „nationale Schande" genannt. Aber dafür bietet der schlechte Straßenzustand manchmal einen Grund mehr, Verschnaufpausen einzulegen.

Zug

CountryLink (☎13 22 32; www.countrylink.info) hat die Züge nach Byron Bay 2004 eingestellt. Züge ab/nach Sydney halten weiter landeinwärts in der Provinzstadt Casino mit Busanschluss nach Byron, Lismore und anderen Zielen. Richtung Süden verkehrt ein Zug nach Coffs Harbour, Nambucca Heads und Kempsey. CountryLink-Busse fahren zu verschiedenen Städten, v. a. weit in den Norden.

BYRON BAY

☎02 / 4980 EINW.

New South Wales mangelt es gewiss nicht an Stränden. Sowohl nördlich als auch südlich von Byron Bay finden sich unberührte und wunderschöne Sandstreifen, so gut wie überall und so weit das Auge reicht. Es ist durchaus zutreffend, Byron als einen der besten Strandbadeorte Australiens zu bezeichnen – flippig, zu Fuß erkundbar und entspannt. Die Stadt bietet alles, was Queenslands übermäßig erschlossene Ortschaften nicht haben.

Leider sind die Reize Byrons kein Geheimnis mehr, weshalb ein hohes Besucheraufkommen etwas das Vergnügen trübt. In der Jonson St kann es sehr eng werden und in den Bars gibt es manchmal kaum ein Durchkommen. Städteplaner würden den Ort gerne in ein Surferparadies verwandeln, wenn die Einheimischen dieses nur zuließen. Jeder will ein Stück des malerischen Städtchens sein Eigen nennen und damit auch seine Seele bewahren. Der rechtslastige Stadtrat wird ständig mit Geschäftsinteressen konfrontiert, während die Grundstückspreise nach wie vor neue Bewohner anlocken.

Allerdings hat sich Byron trotz allen Glamours sein Kleinstadtflair erhalten. Der Ort ist für einige Tausend Einwohner konzipiert, die hier das ganze Jahr über leben. Wenn die Straßen verbreitert würden und neue Einkaufszentren entstünden, wäre es mit der Idylle für immer vorbei.

Bis 1963 war Byron noch ein ruhiges, unscheinbares Dorf. Dann aber entdeckten Surfer The Pass – und in den darauffolgenden Jahren wurde die Stadt zum Szenetreff von Lebenskünstlern. Wellenreiter sind von den sieben verschiedenen Stränden, die sich um die Landspitze verteilen, begeistert. Zumindest an einem davon ist immer eine tolle Brandung zu finden.

👁️ Sehenswertes

Cape Byron   NATURSCHUTZGEBIET
Viele Leute glauben fälschlicherweise, dass die Stadt nach George Gordon Lord Byron benannt ist. Tatsächlich benannte James Cook, der um 1770 die Bucht entdeckte, sie nach seinem Großvater. In den Monaten Juni und Juli bzw. von September bis November bieten Delfine und Buckelwale, die hier auf ihrer Wanderschaft vorbeiziehen, ein sagenhaftes Naturschauspiel.

Der malerische **Leuchtturm** (☎6685 6585; ☉8–Sonnenuntergang) aus dem Jahr 1901 ist mit dem Auto zu erreichen, jedoch nur gegen eine Zufahrtsgebühr von 7 AU$ (der Parkplatz 300 m vor dem Park ist dafür kostenlos!). Im Park gibt es tolle Ausstellungen; wer will, kann hier auch übernachten (s. Kasten S. 183). **Geführte Touren** (☎6685 5955; Erw./Kind 8/6 AU$; ☉Di & Do 11, 12.00 & 14 Uhr, Sommer Sa) vermitteln allerlei Wissenswertes. Rund ums Kap führt ein 4 km langer Wanderpfad, der am **Captain Cook Lookout** beginnt und entlang der Lighthouse Rd verläuft. Dort hüpfen manchmal auch Wallabys, Buschhühner und wilde Ziegen herum.

Strände

Direkt vor der Stadt liegt der **Main Beach,** an dem man gut Leute beobachten und schwimmen kann. Am westlichen Stadtrand lockt der perfekte, gut besuchte **Belongil Beach** mit FKK-Bereich. Am östlichen Ende vergnügen sich geübte Surfer am **Wreck,** wo die Brandung besonders riskant ist.

Der **Clarkes Beach** am östlichen Ende des Main Beach weist zwar mitunter eine gute Brandung auf, doch ist diese meistens ein paar Strände weiter östlich noch besser. **The Pass** grenzt an Clarkes an. **Watego's** ist ein weiter, sichelförmiger Sandstrand am türkisfarbenem Meer. Parkplätze sind begrenzt; besser ist also ein Fußmarsch auf dem 1,1 km langen Pfad, der am **Captain Cook Lookout** beginnt. 400 m weiter geht's zum **Little Watego's,** einer reizvollen, von Felsen eingerahmten Sandbucht. 300 m weiter östlich erreicht man die letzte Badestelle vor Australiens östlichster Landspitze.

Der **Tallow Beach** erstreckt sich 7 km südlich vom Cape Byron. Mit dem **Arakwal National Park** landeinwärts und der zerklüfteten Steilküste zum offenen Meer hin ist dieser Strand eine echte Wucht. Die Felsen von Cape Byron blicken Richtung Norden, und nahe des Strandparkplatzes gibt es viele gute Wanderwege. Die Menschenmassen sind fern, und vom Zentrum ist es weder zu Fuß noch mit dem Fahrrad allzu weit.

Hinter dem Tallow Beach beginnt ein folgenreicher Abschnitt rund um **Broken Head** und das Naturreservat mit einer ganzen Reihe von kleinen Stränden, bevor der **Seven Mile Beach** seinen Anfang nimmt, der sich bis nach Lennox Head erstreckt.

Der Vorort **Suffolk Park** (noch mehr Wellen, vor allem im Winter) liegt 5 km südlich der Stadt. **Kings Beach** ist ein beliebter Schwulentreff gleich in der Nähe der Seven Mile Beach Rd unweit des Broken Head Holiday Park.

✸ Aktivitäten

In Byron Bay gibt es ein großes Angebot an Erlebnissportarten, am beliebtesten sind Surfen und Tauchen. Die Veranstalter bieten einen kostenlosen Shuttledienst ab der jeweiligen Unterkunft an.

Surfen

Die meisten Hostels verleihen Surfbretter gratis an Gäste, eine komplette Ausrüstung ist gegen eine Leihgebühr erhältlich. Halbtägige Kurse gibt's ab 60 AU$.

Blackdog Surfing

(☎6680 9828; www.blackdogsurfing.com; Shop 8, The Plaza, Jonson St) Kurse in kleinen Gruppen und extra für Frauen.

Byron Bay Surf School

(☎1800 707 274; www.byronbaysurfschool.com; 127 Jonson St) Hat Surfcamps im Angebot.

Byron Surf Kool Katz

(☎6685 5169; www.koolkatzsurf.com) Halbtägige Kurse für 49 AU$.

Mojosurf Adventures

(☎1800 113 044; www.mojosurf.com; Marvell St) Unvergessliche Surfausflüge.

Samudra

(☎6685 5600; www.samudra.com.au) Surfen & Yoga.

Surfing Byron Bay

(☎6685 7099; www.gosurfingbyronbay.com; 84 Jonson St) Veranstaltet Kinderkurse.

Tauchen

Etwa 3 km vor der Küste trifft bei den **Julian Rocks** die kalte Strömung aus dem Süden auf warme aus dem Norden. Dies lockt jede Menge Meeresbewohner und Taucher an. Der Großteil der Gewässer steht als Cape Byron Marine Park unter Naturschutz.

Dive Byron Bay

(☎1800 243 483, 6685 8333; www.byronbaydivecentre.com.au; 9 Marvell St) Verleih, Verkauf; PADI-Kurse ab 495 AU$ und Tauchgänge ab 95 AU$.

Sundive

(☎6685 7755; www.sundive.com.au; 8 Middleton St; ⊙Touren 8, 10.15 & 13 Uhr) Sporttauchen und tägliche Schnorchelausflüge (50 AU$).

Alternative Therapien

In Byron sorgen heilende Hippies für geistige und körperliche Ausgeglichenheit. Die Schwarzen Bretter sind voller Reklame für „Evolutionary Facilitators" u.Ä.

Abundantia

(☎6685 8008; www.ruthsmithhealing.com; 6-7 Byron St; Behandlungen ab 125 AU$) Die eigene Spiritualität entfaltet heilende Wirkung.

Bikram Hot Yoga

(☎6685 6334; www.bikramyogabyronbay.com.au; 35 Childe St; 90-minütiger Kurs 20 AU$)

Buddha Gardens

(☎6680 7844; www.buddhagardensdayspa.com.au; Arts Factory Village, 21 Gordon St; Behandlungen ab 85 AU$) Tagesspa im Bali-Stil.

Byron Ayurveda Centre
AYURVEDA

(6632 2244; www.ayurvedahouse.com.au; Shop 6, Middleton St; Behandlungen ab 45 AU$; Mi–So 10–17 Uhr) Peeling und Entschlackung in entspannter Atmosphäre für die breite Masse.

Cocoon
MASSAGE

(6685 5711; www.cocoonbyron.com.au; 6/11 Fletcher St; Massagen ab 65 AU$) Entspannung für Familienurlauber.

Relax Haven
MASSAGE, FLOATING-BECKEN

(6685 8304; www.belongilbeachouse.com; Belongil Beachouse, Childe St; bis 20 Uhr) Floating-Becken (1 Std. 35 AU$) und Massagesitzungen (1 Std. 45 AU$), betreut von Therapeutinnen.

Shambala
REFLEXZONENMASSAGE, AKUPUNKTUR

(6680 7791; www.shambala.net.au; 4 Carlyle St; Behandlungen ab 50 AU$; bis 19 Uhr) Massage, Reflexzonenmassage und Akupunktur.

Kajakfahren

Kommunikative Delfine geben den malerischen halbtägigen Kajaktouren im und um den Cape Byron Marine Park den richtigen Pepp. Erwachsene zahlen zwischen 60 und 65 AU$, Kinder weniger.

Cape Byron Kayaks
KAJAKFAHREN

(6680 9555; www.capebyronkayaks.com; Touren 8.30 & 13 Uhr)

Dolphin Kayaking
KAJAKFAHREN

(6685 8044; www.dolphinkayaking.com.au; Touren 8.30 Uhr)

Gosea Kayaks
KAJAKFAHREN

(0416 222 344; www.goseakayakbyronbay. com.au; Touren 9.30 & 14 Uhr)

Fliegen

Byron Airwaves
DRACHENFLIEGEN

(6629 0354; www.byronair.cjb.net) Tandemflüge (145 AU$) und Kurse (ab 1500 AU$).

Byron Bay Ballooning
BALLONFAHRTEN

(1300 889 660; www.byronbayballooning.com. au; Tyagarah Airport; Erw./Kind 325/175 AU$) Ballonfahrten bei Sonnenaufgang inklusive Gourmetfrühstück.

Byron Bay Microlights
WALBEOBACHTUNG, RUNDFLÜGE

(0407 281 687; Tyagarah Airport) Walbeobachtungstouren (180 AU$) und Rundflüge (100 AU$) mit Ultraleichtflugzeugen.

Skydive Byron Bay
FALLSCHIRMSPRINGEN

(6684 1323; www.skydivebyronbay.com; Tyagarah Airport) Die Preise für Tandemsprünge (249–334 AU$) richten sich nach Absprunghöhe und Dauer des freien Falls (20–70 Sekunden).

Noch mehr Akivitäten

Byron Surf & Bike Hire
AUSRÜSTUNGSVERLEIH FÜR AKTIVSPORTARTEN

(6680 7066; 1-3 31 Lawson St) Verleiht Fahrräder (20 AU$/Tag), Kajaks (45 AU$/halber Tag), Surfbretter (25 AU$/Tag) und andere Ausrüstung.

Circus Arts
ARTISTIK

(6685 6566; www.circusarts.com.au; 17 Centennial Circuit) Etwa 2 km westlich der Stadt; bei den Jonglierkursen kann man so richtig abschalten.

🖝 Geführte Touren

Zahlreiche Veranstalter bieten Ausflüge nach Nimbin und zu anderen interessanten Zielen im Hinterland an. Die meisten holen Teilnehmer von ihrer Unterkunft ab.

Aboriginal Cultural Concepts
INDIGENE KULTUR

(0405 654 280; www.aboriginalculturalcon cepts.com; ab 80 AU$; Mi–Sa 10–13 Uhr) Expeditionen zu mythologischen Stätten entlang der Bundjalung Coast inklusive Bush-Food-Tour.

Byron Bay Wildlife Tours
NATUR

(0429 770 686; www.byronbaywildlifetours.com; Erw./Kind 70/35 AU$) Der Veranstalter garantiert Sichtungen von Wildtieren wie Schnabeltieren. Bei Online-Buchung gibt's Rabatt.

Happy Coach
NIMBIN

(6685 3996; www.happycoach.com.au; 10 Uhr; 25 AU$) Touren nach Nimbin.

Jim's Alternative Tours
NIMBIN

(0401 592 247; www.jimsalternativetours.com; Touren 40 AU$; 10 Uhr) Kurzweilige Touren nach Nimbin mit musikalischer Untermalung.

Mountain Bike Tours
MOUNTAINBIKING

(1800 122 504, 0429 122 504; www.mountain biketours.com.au; Touren 99 AU$; 9.30 Uhr) Radtouren mit ökologischem Anspruch.

Night Vision Walks
NATUR

(6687 4237; www.visionwalks.com; Erw./Kind ab 40/25 AU$) Teilnehmer bekommen nachtaktive Tiere in ihrem natürlichen Lebensraum zu sehen.

🎇 Feste & Events

Das Musikfestival **Splendour in the Grass** ist nach Woodford umgezogen.

East Coast International
Blues & Roots Music Festival MUSIK
(www.bluesfest.com.au) Das internationale Musikfestival, bei dem Hochkaräter aus der ganzen Welt und australische Stars auftreten, findet zu Ostern statt. Früh buchen!

Byron Bay Writers Festival LITERATUR
(✆6685 5115; www.byronbaywritersfestival.com. au) Ende Juli/Anfang August versammeln sich in Byron Bay angesehene Schriftsteller und Literaturinteressierte aus ganz Australien.

🛏 Schlafen
In und um Byron gibt es alle möglichen Unterkünfte. Wer im Januar nicht im Voraus bucht, muss sich allerdings in die langen Schlangen von Rucksacktouristen und Jet-Set-Models einreihen, die alle dachten, dass bestimmt noch ein Zimmer frei wäre.

Auch in der Ferienwoche Ende November ist der Ansturm groß. Während dieser Hauptreisezeiten muss man meistens mehr als eine Nacht buchen.

In der Innenstadt und im Süden entlang der Bangalow Rd finden sich viele Motels. Am Belongil Beach wiederum reihen sich B&Bs und Apartments aneinander. Das **Accommodation Booking Office** (✆6680 8666; www.byronbayaccom.net) im Besucherzentrum ist gute Adresse, um Reservierungen vorzunehmen.

Ferienhäuser vermittelt **Professionals** (✆6685 6552; www.byronbaypro.com.au; Ecke Lawson & Fletcher St).

LP TIPP **Byron at Byron** RESORT $$$
(✆1300 554 362, 6639 2000; www. thebyronatbyron.com.au; 77 Broken Head Rd; Zi. ab 325 AU$; ✳@🛜🏊) Das inmitten eines 4000 m² großen Areals subtropischen Regenwalds gelegene Resort mit seinen 92 Suiten bietet ultimativen Luxus. Die Anlage ist Lebensraum verschiedener Wildtiere und bedrohter Arten – die Betreiber leben ihre ökologischen Überzeugungen. Wer sich nicht gerade am Infinity-Pool mit einer Pediküre verwöhnen lässt, kann sich auf den zehnminütigen Fußmarsch über wunderschöne Promenaden hin zum Tallow Beach machen. Online gibt's oft Rabatte.

Arts Factory Lodge HOSTEL, CAMPING $
(✆6685 7709; www.artsfactory.com.au; Skinners Shoot Rd; B/DZ ab 34/80 AU$, Stellplatz 17 AU$; @🏊) Die Anlage bietet mit ihren Didgeridoo-Kursen und Yoga- und Meditationsworkshops, die in entspannter Atmosphäre in einer malerischen Seenlandschaft abgehalten werden, das ultimative Byron-Flair. Zur Auswahl stehen farbenfrohe Schlafräume für sechs bis zehn Personen, ein Ferienhaus, Tipis und Waggons. Für Pärchen eignen sich die würfelförmigen Cube-Zimmer, einsame Hütten auf Inseln (beide 90 AU$) oder die teurere „Love-Shack" mit Bad (100 AU$)

Atlantic PENSION $
(✆6685 5118; www.atlanticbyronbay.com.au; 13 Marvell St; B/DZ ab 25/150 AU$; ✳🛜🏊) Was eine Renovierung bewirken kann! Das kleine unscheinbare Gebäude in Küstenlage wurde in ein leuchtend weißes Paradies verwandelt, das für Backpacker, Singles, Pärchen und Familien das richtige Quartier zu bieten hat. Die Zimmer sind hell und freundlich, die günstigsten haben Gemeinschaftsküche und -bad, die Schlafsäle Einzelbetten. Etwas ungewöhnlicher nächtigt es sich in dem glänzenden Retro-Wohnwagen aus Aluminium (175 AU$).

Nomads HOSTEL $
(✆6680 7966; www.nomadsbyronbay.com.au; 1 Lawson Lane; B/DZ 30/89 AU$; @🛜) Byrons neueste Backpacker-Unterkunft kommt mit ihrem glänzenden Designer-Dekor und den flippigen Möbeln absolut trendig daher. Die spezialgefertigte Anlage beherbergt zehn blitzsaubere und gemütliche Schlafsäle. Noch viel besser sind allerdings die King-Rooms (140 AU$) mit Bad, Kühlschrank und Plasmafernseher. Direkter Nachbar ist das Global Gossip im Zentrum.

Beach Hotel Resort RESORT $$$
(✆6685 6402; www.beachhotelresort.com.au; Bay St; Zi. inkl. Frühstück ab 260 AU$; ✳🏊) Die Klientel des Strandresorts in superzentraler Lage hat etwas mehr Klasse als die des riesigen Hotelbiergartens in direkter Nachbarschaft. Die Zimmer im Erdgeschoss gehen auf grüne Gärten und ein beheiztes Becken hinaus, in dem eine Eidechsenfamilie die Sonne genießt, die in den oberen Stockwerken warten mit Meerblick auf. Die größten sind die Zimmer 3 und 4.

Bamboo Cottage PENSION $$
(✆6685 5509; www.byron-bay.com/bamboo cottage; 76 Butler St; Zi. ab 99 AU$) Das Bamboo Cottage mit seinem internationalen Charme und den geschmückten Wänden bietet Gästen drei individuell gestaltete Zimmer mit asiatischen Elementen und gemütlicher Atmosphäre. Es liegt in einer ruhigen Gegend bei den Eisenbahnschienen.

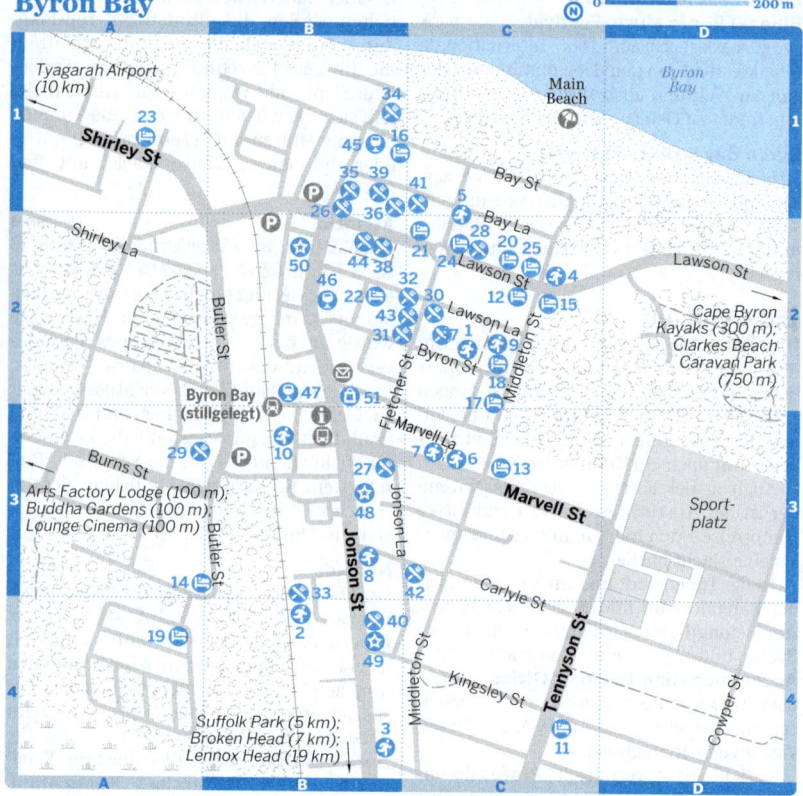

Rae's on Watego's
HOTEL **$$$**

(☎6685 5366; www.raes.com.au; Marine Pde; Preis auf Anfrage: ✳@☞☰) Die strahlend weiße, mediterran angehauchte Villa stand mal auf der Liste der 25 Weltklassehotels von *Condé Nast Traveller* ganz oben und spielt immer noch in der ersten Liga. Die Zimmer strahlen kreativen Luxus gepaart mit lässiger Eleganz aus. Allein schon das Restaurant ist die Anreise wert.

Oasis Resort & Treetop Houses
APARTMENTS **$$**

(☎1800 336 129, 6685 7390; www.byronbay oasisresort.com.au; 24 Scott St; Apt. ab 190 AU$, Treetop-Apt. ab 325 AU$; ✳☰) Die kompakte Anlage liegt abseits der Innenstadt inmitten von Palmen. Sie hat geräumige Apartments mit ein bis zwei Schlafzimmern und großen Balkonen. Imposanter sind allerdings die „Tree Top Houses" mit Whirlpool unter freiem Himmel und Meerblick. Bei längeren Aufenthalten gibt's Rabatt.

Aquarius
HOSTEL **$**

(☎6685 7663; www.aquarius-backpackers.com. au; 14-16 Lawson St; B/DZ ab 35/100 AU$, Motel DZ ab 200 AU$; ✳@☞☰) In der motelähnlichen Backpacker-Unterkunft gehen rund um die Uhr gut gelaunte Urlauber voller Tatendrang ein und aus. Die großzügigen Gemeinschaftsbereiche – u.a. eine Bar – sorgen auch bei Alleinreisenden für Geselligkeit. Zum Angebot gehören separate Apartments (DZ ab 140 AU$).

Outrigger Bay Resort
APARTMENTS **$$**

(☎6685 8646; www.outriggerbay.com; 9 Shirley St; Apt. mit 2/3 Zimmern 206/267 AU$; ✳☞☰) Die grüne Anlage verfügt über Apartments mit ein, zwei oder drei Schlafzimmern mit Blick auf einen Pool. Der Strand ist nur 50 m entfernt, und die offenen Küchen eignen sich bestens für gesellige Abende.

Belongil Beachouse
HOSTEL **$**

(☎6685 7868; www.belongilbeachouse.com; Childe St; B/DZ ab 30/70 AU$, separate Cottages ab

160 AU$; @) Das stilvolle Anwesen befindet sich gegenüber vom Belongil Beach auf einem parkähnlichen Gelände und bietet separate Cottages, spartanische Wohnungen und gemütliche Schlafsäle. Die behaglichen separaten Doppelzimmer sind erste Wahl.

Byron Bayside Motel APARTMENTS $
(☎6685 6004; www.byronbaysidemotel.com.au; 14 Middleton St; DZ/FZ ab 89/109 AU$) Die einfachen, aber makellosen Zimmer verfügen über eine kleine Küchenzeile sowie Waschmaschine und Trockner. Sie eignen sich ideal für Camper, die ein bisschen Abwechslung suchen. Das Motel liegt zentral, ist recht günstig und schreibt Sicherheit groß.

Amigos PENSION $$
(☎0417 732 244; www.amigosbb.com; 32 Kingsley St; EZ/DZ ab 88/108 AU$) Das niedliche B&B ohne Fernseher, dafür mit jeder Menge Lateinamerika-Flair bietet drei Zimmer mit gestärkten weißen Leinen und bunten Decken. Die Besitzer *hablan español* – der Autor weniger.

Bay Beach Motel MOTEL $$
(☎6685 6090; www.baybeachmotel.com.au; 32 Lawson St; Zi. 155–180 AU$, Apt. mit 2 Zimmern ab 235 AU$; ❈☒) Das unprätentiöse, aber schicke Hotel aus weißem Ziegelstein mit Möbeln à la Ikea liegt gerade so weit vom Zentrum und Strand entfernt, dass Partygänger nicht die Nachtruhe der Gäste stören.

Main Beach Backpackers HOSTEL $
(☎6685 8695; www.mainbeachbackpackers.com; Ecke Lawson & Fletcher St; B/DZ ab 27/70 AU$; ❈@☎☒) Das Personal wirkt zwar etwas unmotiviert, sonst ist an dem Hostel in Zentrum- und Strandnähe mit seinen 94

Betten und einem anständigen Pool nichts auszusetzen.

Außerdem empfehlenswert:

Clarkes Beach Caravan Park CAMPING **$** (✆6685 6496; www.northcoastparks.com.au/clarkes; abseits der Lighthouse Rd; Stellplatz ohne Strom/Bungalows ab 38/125 AU$) Große Auswahl an Bungalows und Stellplätzen in Buschlandschaft.

Hibiscus Motor Inn MOTEL **$$** (✆6685 6195; www.hibiscusmotel.com.au 33 Lawson St; DZ 165 AU$; ❀) Einfaches, zentral und in der Nähe vom Main Beach gelegenes Motel mit freundlichen Besitzern.

MÄRKTE

Die zahllosen Märkte bieten authentische Einblicke in das Leben an der Nordküste und im Hinterland. Sie ziehen Hippies, Yuppies und Besucher aller Couleur an. Das kulinarische Angebot ist exquisit und facettenreich, die Chance, die Region in ihrer authentischsten Form zu erleben, einzigartig (s. www.farmersmarkets.org.au).

Neben jeder Menge saisonaler Bio-Erzeugnisse sind Leckereien wie Bauernkäse, Honig und Backwaren erhältlich. Oft verkaufen Händler Kunsthandwerk und am Wochenende geben Bands Folk-Musik zum Besten. Die Öffnungszeiten sind unregelmäßig, am besten kommt man einfach morgens.

Wochenmärkte

Bangalow Farmers Market (Byron St; ⊙Sa 7–11 Uhr) Bio-Produkte.

Byron Farmers Market (Butler St; ⊙Do 7–11 Uhr)

Lismore Farmers Market (Lismore Showground; ⊙Sa 8–12 Uhr)

Rainbow Region Organic Markets (Lismore Showground; ⊙Di 7–11 Uhr)

Ballina Missingham Bridge Farmers Market (Kingsford Smith Dr; ⊙So 6–12 Uhr)

Erstes Wochenende im Monat

Brunswick Heads (Memorial Park; ⊙Sa 7.30–14 Uhr)

Byron Community Market (Butler St; ⊙So 8–14 Uhr)

Lismore Car Boot Market (Lismore Shopping Centre; ⊙So 8–14 Uhr)

Zweites Wochenende im Monat

Alstonville Market (Apex Pavilion, Alstonville Showground; ⊙So 8–12.30 Uhr)

Channon Craft Market (Coronation Park; ⊙So 9–15 Uhr)

Lennox Head Lakeside Market (Lake Ainsworth Foreshore; ⊙So 8–14 Uhr)

Drittes Wochenende im Monat

Nimbin Aquarius Market (Community Centre; ⊙So 8–16 Uhr) Lebensmittel, Kunst und Livemusik.

Ballina Markets (Canal Rd; ⊙So 7–13 Uhr)

Lismore Car Boot Market (Lismore Shopping Centre; ⊙So 8–14 Uhr)

Mullumbimby Museum Market (Stuart St; ⊙Sa 7.30–14 Uhr)

Murwillumbah Cottage Market (Innenstadt; ⊙Sa 8–13 Uhr)

Viertes Wochenende im Monat

Bangalow Village Market (Bangalow Centre; ⊙So 7.30–14 Uhr)

Evans Head Riverside Market (Park St Recreation Reserve; ⊙Sa 7.30–14 Uhr)

Fünftes Wochenende im Monat

Nimbin Aquarius Markets (Community Centre; ⊙So 8–16 Uhr) Lebensmittel, Kunst und Livemusik.

Lennox Head Lakeside Market (Lake Ainsworth Showground; ⊙So 8–14 Uhr)

Direkt am Leuchtturm von Byron Bay (S. 180) liegen die alten **Lighthouse Keepers Cottages** (☑6685 6552; www.byronbaypro.com.au; 3-tägiger Aufenthalt ab 900 AU$) aus dem Jahr 1901. Nach Renovierungsarbeiten mit glänzendem Parkettboden und wunderschönen Möbeln versehen, werden sie jeden Gast begeistern. Die Aussicht ist traumhaft und nach Sonnenuntergang ist man hier ganz für sich allein. Alternativ gibt es jede Menge ähnlicher Juwelen, die sich in den Nationalparks, Naturschutzgebieten und Naturreservaten entlang der Küste verstecken. So können Naturliebhaber in einem Leuchtturm, in Strandhütten oder in einem abgelegenen Häuschen im Hinterland nächtigen. Auf der NPWS-Website (www.environment.nsw.gov.au/NationalParks) gibt's jede Menge Infos.

Waves APARTMENTS **$$$**
(☑1800 040 151; www.wavesresorts.com.au; 35 Lawson St; Apt. für 2 Pers. ab 300 AU$; ✳@☎) Gemütliche, edle Penthouse-Wohnungen und Einzimmerapartments im Herzen Byrons.

Cape Byron YHA HOSTEL **$**
(☑1800 652 627, 6685 8788; www.yha.com.au; Ecke Middleton & Byron St; B/DZ ab 34/115 AU$; ✳@☎) Die zweistöckige moderne und gepflegte Anlage in zentraler Lage verfügt über eigene Läden und einen beheizten Pool.

Glen Villa Resort CAMPING **$$**
(☑6685 7382; www.glenvillaresort.com.au; Butler St; Bungalow für 2 Pers. ab 120 AU$; ✳@☎) Die Betreiber bestehen zwar strikt auf der Zwei-Personen-Regel, dafür ist die Anlage gepflegt, sauber, komfortabel und sicher. Sie liegt abseits der Hauptstraße – man darf sich daher auf angenehme Ruhe und einen nicht allzu großen Besucheransturm freuen.

✕ Essen

Byron hat Feinschmeckern einiges zu bieten. Es gibt eine riesige Auswahl und viele exzellente Restaurants. Sind Telefonnummern angegeben, sollte man zu den Stoßzeiten im Voraus reservieren.

LP TIPP **St Elmo** MEDITERRAN **$$**
(☑6680 7426; www.stelmodining.com; Ecke Fletcher St & Lawson Lane; Gerichte für 2 Pers. 23 AU$; ☺mittags & abends) Hier kann man sich auf Kartell-Stühlen, den Designer-Sitzmöbeln par excellence, von durchtrainierten, gebräunten und charmanten Barmixern Gourmetcocktails servieren lassen oder zu Abend essen. Die Teller für zwei eignen sich bestens für ein Date.

Kinoko Sushi Bar JAPANISCH **$$**
(7/23 Jonson St; Hauptgerichte 7–25 AU$; ☺mittags & abends) In geselliger Atmosphäre können sich hier Gäste vom Sushi-Fließband

bedienen, frisch vom japanischen Küchenchef zubereitetes Sashimi verspeisen oder Asahi schlürfen. Die Sushibar serviert auch noch zu später Stunde Abendessen.

Balcony MEDITERRAN **$$**
(☑6680 9666; www.balcony.com.au; Ecke Lawson & Jonson St; Abendessen 9–39 AU$; ☺morgens, mittags & abends; ☎) Als Namensgeber fungierte hier der Balkon, der das gesamte Gebäude umgibt und fantastische Ausblicke auf das bunte Treiben in Byron samt notorisch verstopftem Verkehrskreisel bietet. Zur Auswahl stehen mediterrane Küche mit internationalen Einflüssen sowie eine lange Getränkekarte.

Petit Snail FRANZÖSISCH **$$$**
(☑6685 8526; www.thepetitsnail.com.au; 5 Carlyle St; Hauptgerichte 31–39 AU$; ☺Abendessen) Das Restaurant liegt abseits der Hauptstraße und erinnert eher an Bordeaux als an Byron. In intimer Atmosphäre serviert das französische Personal denn auch entsprechende Gerichte, z. B. Tatar, Wildkaninchenterrine, Entenconfit und jede Menge *fromage*. Gäste können draußen auf der Veranda speisen.

Bay Leaf Café MODERN AUSTRALISCH **$**
(Marvell St; Hauptgerichte 10–18 AU$; ☺tgl. morgens & mittags, Do–Sa abends) Das winzige, keilförmige Künstlercafé serviert eine kleine, aber feine Auswahl an Gerichten, die in einer betriebsamen Schauküche zubereitet werden. Am leckersten ist das Frühstück mit frischem Rhabarberkompott, Joghurt und Pistazien. Nudelliebhaber wird außerdem die hausgemachte Pasta begeistern.

Fishheads SEAFOOD **$**
(www.fishheadsbyron.com.au; 1 Jonson St; Hauptgerichte 6–27 AU$; morgens, mittags & abends ☎) In den großartigen Strandkiosk gibt's den Klassiker Fish & Chips zum Mitnehmen (12,50 AU$) und die Luxusvariante

mit gegrillten Garnelen und Salat (18 AU$). Das Restaurant ist ebenfalls gut – aber was ist besser als ein Picknick am Strand?

Orient Express
THAI, VIETNAMESISCH **$$$**

(☎6680 8808; www.orientexpresseatery.com.au; 1/2 Fletcher St; Hauptgerichte 20–34 AU$; ⊗Fr-So Mittagessen, Di–So Abendessen) Das Orient Express wirkt zunächst wie ein asiatischer Einrichtungsladen oder ein Teehaus, ist jedoch eines der besten Restaurants in Byron und wird von Tippy Heng geleitet. Die moderne Speisekarte ist zwar kurz, die Gerichte sind dafür aber umso geschmacksintensiver. Man sollte mit Wartezeit rechnen.

One One One
MEDITERRAN **$$**

(☎6680 7388; 1/111 Jonson St; Hauptgerichte 10–25 AU$; ⊗tgl. morgens & mittags, Fr & Sa Abendessen; ☎♨) Die Topadresse für Slow-Food-Anhänger aus der Gegend. Die Zutaten kommen aus der Region und die Küche ist – abgesehen von den delikat gewürzten Garnelen und anderen Meeresfrüchtegerichten – vegetarisch. Die Portionen sind groß genug für zwei.

Earth 'n' Sea
ITALIENISCH **$$**

(☎6685 6029; www.earthnsea.com.au; Ecke Fletcher & Byron St; Hauptgerichte 14–34 AU$; ⊗mittags & abends) Das alteingesessene Lokal serviert eine große Auswahl an leckeren Pizzas und Pastagerichten. Die Biersorten stammen aus exzellenten kleinen Brauereien, die zur Northern Rivers Brewing Co. gehören.

Rae's on Watego's
MODERN AUSTRALISCH **$$$**

(☎6685 5366; www.raes.com.au; Marine Pde; Hauptgerichte 40–45 AU$; ⊗mittags & abends) Vor der akustischen Kulisse des Meeresrauschens wird hier exzellente Küche auf einer Terrasse serviert. Die Speisekarte wechselt täglich und überrascht immer wieder mit ihren unkonventionellen Kombinationen von Zutaten und Gewürzen. Im Voraus reservieren!

Fresh
CAFÉ **$**

(☎6685 7810; www.byronfresh.com.au; 7 Jonson St; Gerichte 13–31 AU$; ⊗morgens & mittags & abends) In dem großartigen Frühstückscafé gibt's Pancakes vom Feinsten. Abends wird zu geselligem Trubel an den Tischen im Freien sowohl Leichtes (Salate) als auch Herzhaftes (geschmorte Rinderbacke) serviert.

Mongers
FISH & CHIPS **$**

(www.byron-bay.com/mongers; Bay Lane; Hauptgerichte 10–20 AU$; ⊗mittags & abends) Hinter dem Beach Hotel serviert der beste Fish-&-Chips-Imbiss der Region in einer en-

gen Seitengasse einem treuen Stammpublikum Köstliches aus der Fritteuse. In der Gegend gibt es mittlerweile mehrere Lokale.

Espressohead
ESPRESSOBAR **$**

(Shop 13, 108 Jonson St) Einheimische schwören auf die verschiedenen Kaffeesorten des hinter Woolworth versteckten Cafés. Als Zeitvertreib kann man die Vans zählen, die am Schwarzen Brett zum Verkauf angeboten werden.

Orgasmic
NAHÖSTLICH **$**

(11 Bay Lane; Hauptgerichte 8–19 AU$; ⊗10–22 Uhr) In dem kleinen, in einer Gasse gelegenen Imbiss wird auf kubischen Kissen gespeist. Für Picknickfans gibt's Gerichte zum Mitnehmen, z. B. große Mezze-Platten.

Twisted Sista
CAFÉ

(Shop 1, 4 Lawson St; Hauptgerichte 9–18 AU$; ⊗morgens & mittags) Die gebackenen Leckereien wie riesige Muffins, Käseaufläufe und dick belegte Sandwiches aus köstlichem Brot können an Tischen im Freien verspeist werden. Angesichts der geselligen Stimmung schmeckt's gleich noch besser.

Mary Ryan's
CAFÉ

(www.maryryans.com.au; Shop 5, 21-25 Fletcher St; Hauptgerichte 8–18 AU$) Das Literaturcafé im ABC Bookshop serviert Koffeinhaltiges zwischen hohen Wänden, an denen sich ein, zwei Gemälde ganz gut machen würden.

Blue Olive
SELBSTVERSORGER **$$**

(27 Lawson St; ⊗Di-Sa 10–17.30, So 10–16 Uhr) Feiner Käse und Delikatessen; an den schattigen Tischen im Freien munden die Leckereien besonders gut.

Außerdem empfehlenswert:

Engine Room
ESPRESSOBAR **$**

(Shop 1, Lawson Lane) Das winzige Café brüht schon frühmorgens sensationellen Kaffee.

Dip
MEDITERRAN **$**

(21 Fletcher St; Tapas 6–18 AU$; ⊗tgl. Mittagessen & Frühstück) Stimmungsvolles Flair trifft auf eine kreative Küche.

Mokha
MEDITERRAN, NAHÖSTLICH **$**

(Shop 2, Lawson St; Hauptgerichte 6–27 AU$; ⊗tgl. morgens & mittags & abends; ☎) Abwechslungsreiche mediterran-nahöstliche Küche und eine schier endlose Weinkarte.

Lemongrass
VIETNAMESISCH **$$**

(☎6680 8443; Lawson Arcade, 3/17 Lawson St; Hauptgerichte 15–20 AU$; ⊗Mo–Sa abends) Leckere vietnamesische Klassiker, von Reispapierrollen und Rinder-*pho* über Papau-Salat bis hin zu Reis mit gebratenen Garnelen.

🍷 Ausgehen

Byron Bays Nachtleben ist facettenreich und dauert bis spät in die Nacht. In den donnerstags erscheinenden *Byron Shire News* gibt's jede Menge Veranstaltungstipps, alternativ schaltet man einfach Bay 99.9 FM ein.

LP TIPP | **Railway Friendly Bar**   KNEIPE
(Jonson St; ⊙11 Uhr–open end) Die Kneipe alias „The Rails" zieht eine bunt gemischte Klientel an, von Rentnern über krebsrote Touristen und berauschte Hippies bis hin zu partywütigen Modeltypen. Der alte Bahnhof beherbergt den gemütlichen Innenbereich, der Biergarten davor mit allabendlicher Livemusik eignet sich bestens für feuchtfröhliche Stunden. Gegen den Hunger hilft tolles Kneipenessen, gegen den Durst süffiges St.-Arnou-Bier vom Fass.

Balcony   BAR
(☏6680 9666; Ecke Lawson & Jonson St; ⊙8–23 Uhr) In der großartigen Bar mit Restaurant und von Palmen umgebener Veranda kann man sich wahlweise auf Hockern, Stühlen oder Sofas durch die eindrucksvolle Cocktailkarte wühlen.

Great Northern   KNEIPE
(☏6685 6454; Byron St; ⊙12 Uhr–open end) Die schicken Klamotten kann man für diese feucht-fröhliche Kneipe getrost im Schrank lassen. Hier geht's bierselig und laut zu, es gibt fast jeden Abend Livemusik – und wenn bekannte Bands spielen, werden noch ein paar Dezibel mehr draufgelegt. Gegen den Hunger hilft Steinofenpizza.

Beach Hotel   KNEIPE
(☏6685 6402; Ecke Jonson & Bay St; ⊙11 Uhr-open end) Die Mutter aller Kneipen liegt in der Nähe des Hauptstrandes und versprüht jede Menge gute Stimmung und Geselligkeit. An manchen Abenden gibt's Livemusik oder es legen DJs auf.

St Elmo   BAR
(www.stelmodining.com; Ecke Fletcher St & Lawson Lane) Kreative Cocktails vom Feinsten, die in entsprechend schickem Outfit geschlürft werden wollen.

☆ Unterhaltung

Arts Factory Lounge Cinema   KINO
(☏6685 5828; www.loungecinema.com; Skinners Shoot Rd; Eintritt 9 AU$) Das Kino bei der Arts Factory Lodge (S. 179) umfasst 135 Sitze und zeigt jeden Abend Klassiker und Arthaus-Filme.

Byron Theatre   KINO, THEATER
(☏6685 6807; www.byroncentre.com.au; 69 Jonson St) In dem 350 Sitze umfassenden Theater treten bekannte australische Schauspieler auf. Außerdem dient es als Kino, das Arthaus-Filme und ausländische Produktionen zeigt.

Cheeky Monkeys   CLUB
(www.cheekymonkeys.com.au; 115 Jonson St; ⊙19–open end) Beliebter Backpacker-Club, in dem tatsächlich Wet-T-Shirt-Contests auf dem Programm stehen.

Cocomangas   CLUB
(www.cocomangas.com.au; 32 Jonson St; ⊙21 Uhr–open end) Auf zwei Etagen sorgen in dem schwulenfreundlichen Club Indie-Rock, Techno und Fusion für Stimmung. Montags ist Backpacker-Night.

🛍 Shoppen

Byrons viele Geschäfte laden zu ausgiebigen Shoppingtouren ein. Auf der Fletcher St nördlich der Marvell St konzentrieren sich die schicksten Boutiquen, Kleidergeschäfte finden sich rund um den Verkehrsring der Lawson und Fletcher St. Westlich davon und in der Jonson St weiter südlich warten verschiedene Läden, die ein breites Spektrum anbieten, von Dessous bis hin zu New-Age-Fummel.

Planet Corroboree   INDIGENE KUNST
(☏6680 7884; 1/69 Jonson St) Große Auswahl an Aborigines-Kunst.

Happy High Herbs   KRÄUTER, NATURHEILKUNDE
(www.happyhighherbs.com; 1/5-7 Byron St) Die Wunderwelt der Kräuter und pflanzlichen Heilmittel ist nur für Erwachsene zugänglich.

ℹ Praktische Informationen

Neben den hier genannten Tipps gibt auch die Website www.byron-bay.com nützliche Infos. Der lokale *Pink Guide* richtet sich an Schwule und Lesben, die sich auch unter www.byronbaypinkguide.blogspot.com. informieren können.

Geld

Byron Foreign Exchange (Central Arcade, 4/47 Byron St; @) Devisen, Bargeldauszahlungen, Überweisungen und Internet.

Internetzugang

In Byron kommt man vielerorts ins Internet. Meistens drängen sich allerdings zahlreiche Surfer in stickigen kleinen Räumen vor winzigen Bildschirmen. Im Balcony und One One One gibt's WLAN.

Global Gossip (📷6680 9140; 84 Jonson St; 8 AU$/Std.; @) Internetzugang.

Medizinische Versorgung

Bay Centre Medical Clinic (📷6685 6206; www.byronmed.com.au; 6 Lawson St; ⊙Mo–Do 8–17, Fr bis 17.30, Sa 8–12 Uhr) Ambulanz mit Rundum-Service.

Byron Bay Hospital (📷6639 6699; www. ncahs.nsw.gov.au; Ecke Wordsworth & Shirley St; ⊙24 Std.) Für Notfälle.

ChemCoast Pharmacy (📷6685 6274; 20 Jonson St; ⊙8–20 Uhr) Apotheke.

Touristeninformation

Backpackers World (📷6685 8858; www. backpackersworld.com.au; Shop 6, 75 Jonson St) In erster Linie eine Reiseagentur.

Byron Bus & Backpacker Centre (📷6685 5517; 84 Jonson St; ⊙7.30–19 Uhr) Neben der Haltestelle für Fernbusse; bucht Bus- und Bahnreisen sowie Touren und vermittelt Unterkünfte. Die Schließfächer kosten 6 AU$.

Byron Environmental Centre (www.byronen vironmentcentre.asn.au; Mullumbimby Railway Station, 2 Prince Street, Mullumbimby) Die Öffnungszeiten variieren stark, dafür sind die Umweltschützer stets mit Begeisterung bei der Arbeit.

Touristeninformation (📷6680 9279; www. visitbyronbay.com; Stationmaster's Cottage, Jonson St) Großartige Infostelle, manchmal aber extrem überlaufen.

Waschsalon

Coin Laundry (Ecke Jonson & Marvell St; ⊙7–19 Uhr)

ℹ An- & Weiterreise

Bus

In der Jonson St halten Fernbusse von **Greyhound** (📷1300 473 946; www.greyhound.com. au) und **Premier** (📷13 34 10; www.premierms. com.au). Sie fahren mehrmals täglich Brisbane (30 AU$, 2¾ Std.), Coffs Harbour (50 AU$, 5¼ Std.) und Sydney (90 AU$, 12–14 Std.) an, Änderungen vorbehalten. Weitere Verbindungen nach Queensland sind dem Fahrplan an der Bushaltestelle zu entnehmen.

   Blanch's Bus Service (📷6686 2144; www. blanchs.com.au) verkehrt mehrmals täglich zwischen Byron Bay und Lennox Head (6,40 AU$, 30 Min.) sowie zwischen Ballina (Haltestelle Tamar St 9,60 AU$, 40 Min.; Haltestelle Flughafen 9,60 AU$, 70 Min.) und Mullumbimby (9,60 AU$, 35 Min.).

Flugzeug

Der nächstgelegene und aufgrund seines ständig wachsenden Serviceangebots auch beste

Flughafen in der Umgebung Byrons befindet sich in Ballina (S. 194). Vor Ort gibt es Shuttlebusse und Mietwagen.

   Der Flughafen von Coolangatta (s. S. 303) an der Gold Coast ist noch besser ausgebaut, doch es kann auf dem Weg dorthin zu Verkehrsstaus kommen. **Byron Bay Shuttle** (www.byronbay shuttle.com.au) bedient sowohl den Flughafen Coolangatta (37 AU$) als auch den in Ballina (15 AU$)

Zug

Einheimische trauern noch immer der beliebten CountryLink-Linie nach Sydney nach, deren Stilllegung in dem erfolgreichen Film *Derailed* aus dem Jahr 2008 thematisiert wird. **CountryLink** (📷13 22 32; www.countrylink.info) betreibt Anschlussbusse zum Bahnhof Casino (70 Min.). Weitere Infos gibt's direkt am recht tristen **Bahnhof** (⊙Mo–Fr 10–16 Uhr).

ℹ Unterwegs vor Ort

Byron Bay Bicycles (📷6685 6067; The Plaza, 85 Jonson St) Verleiht Mountainbikes für 28 AU$ pro Tag.

Byron Bay RentaCar (📷6685 5517; 84 Jonson St) Breite Palette an Mietwagen.

Hertz (📷6621 8855; 5 Marvell St) Verleiht auch Autos für die einfache Fahrt zum Flughafen Ballina.

Earth Car Rentals (📷6685 7472; www.earth car.com.au; 3a/1 Byron St) Angeblich Australiens erste CO$_2$-neutrale Autovermietung.

Byron Bay Taxis (📷6685 5008; www.byron baytaxis.com.au) Rund um die Uhr im Einsatz.

HINTERLAND DER OBEREN NORDKÜSTE

Die obere Nordküste besteht nicht nur aus Strand. Landeinwärts ist die Landschaft geprägt von üppiger Vegetation; Biomärkte und alternative Lebensformen ergänzen das Angebot rund um Byron Bay. Und so ist die Region im äußersten Norden von New South Wales eine der attraktivsten Reisegegenden in ganz Australien. Die Liebe zum Landleben hat nach der Hippie-Ära breite Massen erfasst, sodass das Epizentrum Nimbin fast eine Art Themenpark darstellt.

   Vor 22 Mio. Jahren entstand nach einem Vulkanausbruch des Mt. Warning/Wollumbin durch den erkalteten Lavastrom der nördliche Teil des Küstenhinterlands. In der Folge verflachte das Tal und war fortan von steilen Bergketten umgeben. Der Süden ist geprägt von einem Labyrinth steiler

Berge und wunderschöner Täler, darunter einige mit herrlichen Regenwaldgebieten. Woanders wurde Weideland erschlossen oder Flächen mit Macadamianuss-, Avocado- und Kaffeeplantagen kultiviert. Die drei von Regenwald bedeckten Nationalparks gehören zum Weltnaturerbe: Border Ranges, Wollumbin (der den ehemaligen Mt. Warning National Park mit einschließt) und Nightcap (s. Kasten S. 192).

Bangalow

☏02 / 1330 EW.

Nur 14 km von Byron Bay entfernt wartet Bangalow mit tollen Restaurants, Buchläden, einer exzellenten Kneipe und einer atmosphärischen Hauptstraße auf. Der wunderhübsche Ort überzeugt selbst den hartgesottensten Großstadtfan vom idyllischen Landleben.

Wöchentlich findet ein lohnender **Farmers Market** (Byron St; ⊘Sa 8–11 Uhr) statt, außerdem ist im Ort eine renommierte **Kochschule** (☏6687 2799; www.bangalowcookingschool.com) ansässig.

Das stattliche, alteingesessene **Riverview Guesthouse** (☏6687 1317; www.riverviewguesthouse.com.au; 99 Byron St; DZ/2BZ ab 195/150 AU$) ist ein wahrer Traum von einem B&B. Es liegt am Flussufer, so können Gäste beim Frühstück Schnabeltiere und überdimensionale Eidechsen beobachten.

Rund 4 km weiter nördlich lockt das **Possum Creek Eco Lodge** (☏6687 1188; www.possumcreeklodge.com.au; Cedarvale Rd; Bungalows ab 198 AU$; ❄) mit Ausblicken auf die grünen Täler. Der Begriff Öko hält hier, was er verspricht: Das Regenwasser wird aufgefangen und nach Gebrauch aufbereitet, die Anlage teils mit Solarstrom betrieben.

LP TIPP Das **Satiate** (Probiermenü ab 75 AU$; ⊘Di-Sa Abendessen), ein Stockwerk über dem Ate, serviert ein erstklassiges Menü aus saisonalen und regionalen Produkten.

Im **Ate** (☏6687 1010; www.ate.net.au; 33 Byron St; Hauptgerichte 23–36 AU$; ⊘morgens & mittags) kann man Kaffee auf der Veranda genießen oder sich abends mit kreativen Gerichten verwöhnen lassen.

Das **Bangalow Dining Rooms** (☏6687 1711; www.bangalowdining.com; Byron St; Hauptgerichte 15–32 AU$; ⊘mittags & abends) beim Bangalow Hotel vereint Klasse mit Lässig-

keit. Die Tische im Speisesaal müssen im Voraus reserviert werden, alternativ werden auf der Veranda günstigere Gerichte wie Gourmetburger serviert.

Das Interieur des **Utopia** (☏6687 2088; 13 Byron St; Gerichte 13–30 AU$; ⊘tgl. morgens & mittags, Fr & Sa abends; ❄) wirkt wie Milchschaum auf einem Latte macchiato. Der lange enge Raum ist offen und luftig, Stapel mit Hochglanzmagazinen sorgen für Unterhaltung. Die Desserts sind zum Niederknien.

Glutenfreie, äußerst leckere Wraps, Salate und Brötchen sowie Obst und Gemüse, alles Bio-Erzeugnisse, stehen im **Pantry 29** (29 Byron St; ⊘morgens & mittags & abends) und im **Urban Café** (37 Byron St; Hauptgerichte 10–25 AU$; ⊘morgens & mittags) zur Auswahl. Letzteres verwandelt sich abends ins **Bang Thai** (☏6687 2000; Hauptgerichte 20–32 AU$; ⊘Do–Sa Abendessen), das schmackhafte Klassiker wie Mussuman-Curry serviert.

Blanch's Bus Service (☏6686 2144; www.blanchs.com.au) fährt nach Ballina (7,60 AU$, 30 Min.) und Byron Bay (6,40 AU$, 20 Min.).

Lismore

☏02 / 27070 EW.

Lismore, das Geschäftszentrum des Hinterlandes, liegt inmitten einer grünen ursprünglichen Landschaft. Die Stadt thront über dem Wilson River, hat aus der vorteilhaften Flusslage jedoch bisher wenig Nutzen gezogen. Zahlreiche unter Denkmalschutz stehende Bauten und Art-déco-Gebäude säumen die Straßen, während eine aufstrebende Künstlergemeinde und die Studenten von der Southern Cross University ein facettenreiches Stadtbild garantieren.

⊙ Sehenswertes & Aktivitäten

Koala Care Centre   NATURSCHUTZGEBIET

(☏6622 1233; Rifle Range Rd; Pers./Familie 5/10 AU$; ⊘Geführte Touren Mo–Fr 10 & 14, Sa 10 Uhr) Ein Besuch des Koala Care Centre, in dem kranke Koalas aufgepäppelt werden, lohnt in jedem Fall. Wer ein Schnabeltier sehen will, fährt bis ans nördliche Ende der Kadina St und läuft bei Sonnenauf- oder -untergang zum **Tucki Tucki Creek**. Am **Robinson's Lookout** (Robinson's Ave, Girards Hill) wiederum stehen die Chancen gut, Koalas vor die Linse zu bekommen.

Spaziergang   SPAZIERGANG

Der Weg entlang des Wilson River beginnt in der Innenstadt und führt an einem

VON BYRON NACH TWEED HEADS

Der Pacific Hwy verläuft nordwärts bis zur Grenze von Queensland bei Tweed Heads. Wer keine Eile hat, kann einen Abstecher zu den Ortschaften **Mullumbimby** („Mullum"; 3655 Ew.) und **Brunswick Heads** (1614 Ew.) einlegen. Mullumbimby ist ein ruhiges Städtchen mit Küstenflair, hübschen Palmen, typisch tropischer Architektur und einem kosmopolitischen Mix aus Cafés, Bistros und Kneipen. In der Pizzeria **Milk & Honey** (☑6684 1422; 59a Station St; Hauptgerichte 14–22 AU$; ⊙Mo–Sa abends) zaubert Chefkoch Chris Pellen Köstlichkeiten aus dem Holzofen mit kreativen Belägen. Wer innen oder drinnen einen der Tische ergattern will, muss sich schon früh in die Warteschlange einreihen. Für einen Verdauungsspaziergang bietet sich der Brunswick River an, der durch tropische Wälder fließt und von Schautafeln gesäumt wird, die **Geschichten der Aborigines** erzählen. Das **Mullum Music Festival** (www.mullummusicfestival.com) Ende November zieht jede Menge Besucher an.

Einen Tick weiter nördlich am Old Pacific Hwy liegt Brunswick. Die Flussarme des friedlichen Brunswick River und die Strände versorgen das hübsche Städtchen mit jeder Menge frischer Austern und Mangrovenkrabben. Das eindrucksvolle **Hotel Brunswick** (☑6685 1236; www.hotelbrunswick.com.au; Mullumbimby St; EZ/DZ/FZ 55/85/110 AU$) aus den 1940er-Jahren lohnt mit seinem großartigen, von blühenden Flamboyants gesäumten Biergarten einen Abstecher. Es hat außerdem anständige Gästezimmer und das **Bruns** (Hauptgerichte 15–25 AU$; ⊙mittags & abends) serviert leckere Burger und Pastagerichte; am Wochenende spielt Livemusik. Ähnlich empfehlenswert, doch etwas versteckt in einem wenig attraktiven Motel gelegen, ist das **FatBelly Kat** (☑6685 1100; www.fatbellykat.com; 26 Tweed St; Mezze-Platten 4–26 AU$; ⊙Mi–Mo abends). Das renommierte Restaurant bereitet leckere Feta- und Dolmades-Kreationen zu, die den Originalen in Griechenland in Nichts nachstehen.

Nun geht's weiter den (neueren) Pacific Hwy entlang zur Abzweigung nach Wooyung. Die Straße führt über eine kleine alte Eisenbahnbrücke und dann entlang der unberührten Küstenlandschaft. Anschließend fährt man 5 km gen Osten und biegt auf eine befestigte Küstenstraße Richtung Norden ab. Dort liegt das **Wooyung Nature Reserve**, ein kaum erschlossenes Naturreservat mit langem Dünenstrand und zahlreichen wunderschönen, einsamen Küstenabschnitten. Nach 8 km beginnt der Pottsville Beach, von wo aus der Weg Richtung Westen zur Autobahn zurückführt.

Tweed Heads (51.788 Ew.) bildet den südlichen Abschluss der Gold Coast. Am Point Danger thront das **Captain Cook Memorial** über der unauffälligen Bundesstaatsgrenze, die weder durch einen Grenzfluss noch in anderer Form markiert ist. Bevor es in den „Sunshine State" geht, lohnt ein Besuch des **Minjungbal Aboriginal Cultural Centre** (☑5524 2109; Ecke Kirkwood & Duffy St; ⊙Mo–Fr 9–16 Uhr), das von alten Eukalyptusbäumen umgeben am Tweed River liegt. Eine Ausstellung zeigt, wie die Minjungbal einst im Einklang mit der Natur lebten, ein Steg führt durch die Mangrovenwälder.

Bush-Tucker-Garten vorbei. Dort wachsen Pflanzen, von denen sich einst die Widjabal, die Urbevölkerung des Landes, ernährten.

Lismore Regional Art Gallery KUNSTGALERIE (☑6622 2209; www.lismoregallery.com.au; 131 Molesworth St; Eintritt gegen Spende; ⊙Di–Sa 10–16, Do bis 18 Uhr) Lismores winzige Galerie bietet gerade einmal Platz für zwei Ausstellungen, die jedoch exzellente Werke zeigen.

🛏 Schlafen & Essen

Von einigen Ausnahmen abgesehen, ist Lismore nicht gerade ein Motelmekka. Die meisten Besucher übernachten in Dörfern im Hinterland oder in Küstennähe. Der **Farmers Market** (☑6621 5916; ⊙Sa 8–11 Uhr) und der **Organic Market** (☑6628 2391; ⊙Di 8–11 Uhr) liegen gut sichtbar an der Straße nach Nimbin.

LP TIPP **Howard's** CAFÉ, FEINKOST **$** (106 Keen St; www.howardsdeli.com.au; Hauptgerichte 8–20 AU$; ⊙morgens & mittags) Der Delikatessenladen mit Café und Metzgerei ist ein wahrer Gourmettempel. Zu den kulinarischen Köstlichkeiten gehören bekömmliche Salate, Fleischlasagnen und herzhafte Frittatas. Wer Lust auf ein Picknick hat, bedient sich an den Regalen voller Chutneys, Öl und Kaffee, Camper wiederum können sich mit hausgemachten Würsten und frischem Fleisch für den nächsten Grillabend rüsten.

Blue Tongue
CAFÉ **$**

(☐6622 0750; 43 Bridge St; Hauptgerichte 8–19 AU$; ☉morgens & mittags) Das Blue Tongue ist in einem romantisch-verfallenen Gebäude untergebracht und liegt gemeinsam mit anderen hübschen Cafés auf der ruhigeren Flussseite. Im sonnigen Innenhof kommen leckere mit Speck, Salat, Avocado und Tomaten belegte Sandwiches („BLATs"), getoastete Fladenbrote und leckerer Kaffee auf den Tisch.

Mecca
CAFÉ, BAR **$**

(☐6621 3901; 80 Magellan St; Gerichte 8–16 AU$; ☉Mo–Mi 7–17, Do–Sa 7 Uhr–open end) Hier hat sich ein tristes altes Café zu einer angesagten Retrobar gemausert. Tagsüber hängen jede Menge Musiker draußen an den Tischen herum und schlürfen den ausgezeichneten Kaffee, am Wochenende geben sie ihr Können bis spät in die Nacht zum Besten.

Lismore Palms
CAMPING **$**

(☐6621 7067; 42 Brunswick St; Stellplatz/Bungalows ab 20/70 AU$; ☒) Der beste Campingplatz Lismores liegt direkt am Fluss und bietet 13 separate Bungalows.

Karinga
MOTEL **$$**

(☐6621 2787; www.karingamotel.com; 258 Molesworth St; EZ/DZ 95/105 AU$; ☒@☒) Nach einer geschmackvollen Renovierung gehört das Karinga zu den besten Unterkünften vor Ort. Die Zimmer sind komplett neu gestaltet, zudem wurden ein hübscher Pool und ein Spa gebaut.

Lismore Pie Cart
PASTETEN

(☐6622 2946; 11 Magellan St; ☉Mo–Fr 6–17 Uhr) Serviert hausgemachte Pasteten mit Kartoffelpüree, Erbsenmus und Bratensoße.

Goanna Bakery & Café
BÄCKEREI, CAFÉ

(☐6622 2629; 171 Keen St; Hauptgerichte 6–10 AU$; ☉Mo–Sa morgens & mittags) Drinnen oder draußen kommen hausgerösteter Kaffee und leckere vegetarische Küche auf den Tisch.

 Shoppen

In dem Häuserblock bei der Kreuzung Carrington und Magellan St gibt es mehrere Secondhand-Buchläden. **Noahs Arc** (www.noahsarcbookstore.com.au; 66 Magellan St), ein authentischer Laden in einem denkmalgeschützten Gebäude, hat eine große Auswahl.

Praktische Informationen

Touristeninformation (☐1300 369 795; www.visitlismore.com.au; Ecke Molesworth & Ballina St) Internet, eine Regenwaldausstellung und indigene Kunst aus der Gegend; ganz in der Nähe können Kinder auf dem Spielplatz des Heritage Park buddeln oder sich im Skatepark vergnügen.

An- & Weiterreise

In Lismore gibt es das wohl nützlichste Transitzentrum in NSW. Es liegt an der Molesworth St nahe der Galerie.

Kirklands (☐6622 1499; www.kirklands.com.au) bedient Byron Bay (15 AU$, 50 Min., 2- bis 3-mal tgl.). Schulbusse von **Waller's** (☐6687 8550) fahren nach Nimbin (10 AU$, 70 Min.).

Nimbin

☐02 / 500 EW.

Das legendäre Wassermannfestival aus der Hippie-Ära hat Nimbin zum Ort für Alternative gemacht, was heute jedoch die breite Masse anspricht. Tätowierungen sind immer noch rot gerändert und Didgeridoo-Spieler kommen aus Sydneys besten Schulen. Alt und Jung tummeln sich in den Straßen. Und die zahlreichen Geschäfte und Gemeinschaftszentren zeugen von einer einzigartigen Kulturszene vor Ort.

Ein Aufenthalt in Nimbin mag so manchem wie eine etwas surreale Sozialstudie vorkommen: Mittags wimmelt es von Tagesausflüglern aus Byron, die von Haschdealern eingeschüchtert werden. Zu anderen Zeiten, wenn die eigentlichen Einheimischen die Mehrheit bilden, bekommen Besucher aber das authentische schöne Nimbin zu Gesicht.

Sehenswertes & Aktivitäten

Obwohl sich viele Einheimische gegen formelle Öffnungszeiten wehren, ist fast alles in Nimbin etwa von 10 bis 17 Uhr geöffnet – schließlich möchte man nicht als besucherunfreundlich gelten. Jeden dritten und fünften Sonntag findet ein **Markt** (☉8–16 Uhr) statt, der eine tolle Auswahl an Obst und Gemüse, Livemusik und jede Menge lokale Kultur bietet. Es gibt Pläne für den Bau eines **Skateparks**, ein Board im Gepäck kann also nicht schaden.

Hemp Embassy MUSEUM
(☑6689 1842; www.hempembassy.net; 51 Cullen St) Gegenüber dem Museum schafft die Hemp Embassy Bewusstsein für legalisierten Konsum von Marihuana als Arzneimittel und zeigt alle möglichen Werkzeuge und Accessoires, die man hierzu benötigt (bzw. mit denen man die Aufmerksamkeit der Polizei auf sich zieht). Jedes Jahr im Mai veranstaltet sie das Mardi Grass Festival. Die winzige Hemp Bar nebenan ist ein beliebter Treffpunkt für Kiffer.

Nimbin Candle Factory KERZENFABRIK
(☑6689 1010; www.nimbincandles.com.au) 400 m vor den Stadttoren den Berg hinunter befindet sich in einer Nebenstraße der Murwillumbah Road die Old Butter Factory. Sie beherbergt heute diverse kleine Geschäfte und die intensiv nach Wachs riechende Kerzenfabrik, wo Tausende handgeschöpfter Kerzen ausgestellt sind.

Nimbin Museum & Café MUSEUM
(☑6689 1123; www.nimbinmuseum.com; 62 Cullen St) Das kreativ-expressionistische Museum zeigt auf kleiner Fläche eine facettenreiche Sammlung und hat eher einen künstlerischen als einen historischen Anspruch.

Nimbin Artists Gallery GALERIE
(☑6689 1444; 47 Cullen St; ⊙10–16 Uhr) In Nimbin gibt es mehr Künstler als Marihuana-Dealer; ihre Werke sind hier zu bewundern.

🛏 Schlafen
Was war zuerst da, Nimbin oder seine Biobauernhöfe? Da diese Frage nicht leicht zu beantworten ist, wundert es kaum, dass die fast 100 Farmen der Gegend gerne freiwillige Helfer, die sich ums Unkraut oder um andere Aufgaben kümmern, bei sich aufnehmen. Entsprechende Programme werden von Willing Workers on Organic Farms (www.wwoof.com.au) koordiniert.

Nimbin Rox YHA Hostel HOTEL $
(☑6689 0022; www.nimbinrox.com; 74 Thornburn St; B/DZ ab 28/60 AU$; @☎) Hängematten, Ökogärten, Ateliers, Livebands, Thai-Massagen, Jurten (72 AU$), Tipis (25 AU$/Pers.), Stellplätze (15 AU$/Pers.) und ein beheizter Pool. Weitere Infos gibt's auf der Website – eine virtuelle Reise für sich.

Rainbow Retreat Backpackers HOSTEL $
(☑6689 1262; www.rainbowretreat.net; 75 Thorburn St; B 20 AU$, DZ ab 40 AU$) Die sehr einfache Unterkunft bietet Hippie-Flair,

Entspannung pur sowie Übernachtungen in Hütten (30 AU$), im Zigeunerwagen (30–50 AU$) oder im Zelt (13 AU$). Ab Byron Bay fährt ein kostenloser Bus hierher.

Black Sheep Farm PENSION $$
(☑6689 1095; www.blacksheepfarm.com.au; nahe des Nightcap National Park; DZ 195 AU$) Das separate Häuschen mit Salzwasserpool und finnischer Sauna am Rande des Regenwalds möchte man gar nicht mehr verlassen. Es bietet Platz für bis zu sieben Personen (Extraperson 20 AU$). Zur Auswahl steht zudem ein kleineres und günstigeres Cottage.

Außerdem empfehlenswert:

Nimbin Hotel & Backpackers GÄSTEZIMMER $
(☑6689 1246; www.nimbinhotelandbackpackers.com; 53 Cullen St; B/DZ 30/60 AU$; @) Die Zwei- und Vierbettzimmer in der alteingesessenen Dorfkneipe sind gepflegt und gehen auf eine schattige Veranda hinaus.

Nimbin Caravan & Tourist Park CAMPING $
(☑6689 1402; 29 Sibley St; Stellplatz ab 16 AU$; ☎) Einfacher Campingplatz mit drei Dutzend Stellplätzen neben dem Schwimmbecken; findet sich hinter dem Nimbin Hotel in der Cullen St.

✗ Essen & Ausgehen
An der gepflasterten Straße reihen sich einige alteingesessene Cafés aneinander.

Nimbin Hotel MODERN AUSTRALISCH $
(☑6689 1246; Cullen St; Gerichte 7–15 AU$) Der Klassiker unter den Kneipen vor Ort. Im hinteren Bereich bietet eine weitläufige überdachte Terrasse Ausblicke auf das grüne Tal, im Inneren schmücken Künstlerfotos von Stammkunden die Wände und mit viel Willen ist ein Touch minimalistischen Stils zu erkennen. Serviert wird typisches Kneipenessen, freitagabends untermalt von Livemusik.

Rainbow Café CAFÉ $
(☑6689 1997; 64a Cullen St; Hauptgerichte 6–13 AU$; ⊙morgens & mittags) Die Wände des beliebten Cafés schmücken Wandgemälde, auf den Tisch kommen mächtige Burger, Wraps, Nachos und Salate. Der schattige Innenhof versprüht eine gemütliche Atmosphäre.

Nimbin Trattoria & Pizzeria ITALIENISCH $$
(☑6689 1427; 70 Cullen St; Hauptgerichte 10–20 AU$; ⊙Fr–So mittags, tgl. abends) Hervorragende Pizzas (4 AU$/Stück) und köstliche Pasta. Donnerstags gibt's Livemusik.

ABSTECHER: DÖRFER IM HINTERLAND

Die Ausflugsroute **Rainforest Way** (www.rainforestway.com.au) führt auf wunderhübschen verschlungenen Straßen des Hinterlandes durch Nationalparks und bezaubernde kleine Dörfer. Der Abschnitt ab Lismore in Richtung Norden durch The Channon, Nimbin, Uki und Murwillumbah gibt Einblicke in die Schönheit der Landschaft.

Wer kann, besucht **The Channon** am zweiten Sonntag des Monats – dann findet dort ein für das Hinterland typischer Kunsthandwerksmarkt statt. Ansonsten gibt's ein Café und eine alte Kneipe, die zum Entspannen einladen und zudem gute Informationsquellen für die vielen eigenwilligen, in den Bergen versteckten B&Bs sind. **Eternity Springs B&B** (✆6688 6385; www.eternitysprings.com; 483 Tuntable Creek Rd; Campingplatz 12 AU$/Pers., EZ/DZ ab 50/110 AU$) und **Havan's** (✆6688 6108; www.rainbowregion.com/havan; Lot 1, Lawler Rd; EZ/DZ 85/125 AU$) verfolgen ökologische Ziele und bieten jede Menge Flora und Fauna.

Uki (*uke*-i) ist ein niedliches Dörfchen, das versteckt zwischen dem wilden Tweed River und dem hoch aufragenden Wolllumbin/Mt. Warning liegt. Hier gibt es eine Reihe von Galerien und einem Secondhand-Buchladen sowie ein ehrenamtlich betriebenes **Besucherzentrum** (✆6679 5399; ⏰Mo–Sa 10–15 Uhr), das über die nahe gelegenen Naturparks informiert. Bemerkenswert ist außerdem das **Denkmal** an der Straßenkreuzung; die große Anzahl der Namen zeugt von den Auswirkungen beider Weltkriege auch auf kleine ländliche Ortschaften.

Das **Uki Guesthouse** (✆6679 5777; www.ukiguesthouse.com.au; Mitchell St; EZ/DZ 110/135 AU$; @🛜🅿) ist in einem alten Haus mit Fensterläden mit Blick an der Straßenkreuzung untergebracht. Gutes Essen serviert das **Uki Café** (1 Rowlands Creek Rd; ⏰tgl. morgens & mittags, Fr & Sa Abendessen) auf seiner ausladenden Veranda oder im Inneren vor einem heimeligen Kanonenofen.

🛈 Praktische Informationen

Nimbin ist im Prinzip ein kleines Dorf, das sich in ein paar Minuten zu Fuß erkunden lässt. Ein Großteil der Geschäfte befindet sich auf der Cullen St, dahinter gibt es jede Menge Parkplätze.

Die **Touristeninformation** (✆6689 1388; www.visitlismore.com; Cullen St; ⏰Mo–Sa 10–16 Uhr) im Herzen der Stadt vermittelt Unterkünfte, verkauft Bustickets und gibt jede Menge Infos. Auch die Website (www.nimbinweb.com.au) und der Radiosender 2NIM auf 102,3 FM sind nützlich.

🛈 Anreise & Unterwegs vor Ort

Der **Nimbin Tours & Shuttle Bus** (✆6680 9189; www.nimbinaustralia.com/nimbinshuttle/nimbin.html) verkehrt zwischen Byron Bay, Nimbin und Uki; bei Bedarf hält er auch beim Wollumbin/Mt. Warning. Der Bus startet an der Touristeninformation.

Mehrere Anbieter organisieren ab Byron Bay (S. 180) Shuttles und Touren für Ausflügler, manchmal mit Stopps bei Landschaften und in Kleinstädten. Je nach Route und Reisezeit kosten die Touren zwischen 25 und 40 AU$; wer nur nach Nimbin reisen möchte, zahlt weniger.

Waller's (✆6687 8550) Wie in den guten alten Zeiten tuckern Waller's Schulbusse nach Lismore. Die Konkurrenz von **Gosel's** (✆0427 149 689) fährt nach Uki und weiter nach Murwillumbah (90 Min.) sowie zur Abzweigung zum Wollumbin/Mt. Warning.

Murwillumbah

📍02 / 7950 EW.

Murwillumbah liegt am Ufer des mächtigen Tweed River zwischen den nebelverhangenen Hügeln des Wollumbin/Mt. Warning im Westen und der fruchtbaren Flussebene im Osten. Das Städtchen befindet sich in einer malerischen Gegend, die einen Abstecher vom Pacific Hwy wert ist. Zudem kann es als Ausgangsbasis für Touren in den Border Ranges National Park dienen und ist wichtiges Etappenziel auf dem Rainforest Way. Das überschaubare Zentrum eignet sich für einen Bummel mit Stopp in einem der Cafés.

⊙ Sehenswertes

Tweed River
Regional Art Gallery   KUNSTGALERIE
(✆6670 2790; www.tweed.nsw.gov.au/artgallery; Ecke Mistral Rd & Tweed Valley Way; ⏰Mi–So 10–17 Uhr) Die außergewöhnliche Galerie ist ein architektonisches Juwel und setzt großartige australische Kunst mittels verschiedener Medien in Szene.

Murwillumbah Museum MUSEUM
(6672 1865; 2 Queensland Rd; Erw./Kind
2/1,50 AU$; Mi–Fr & 4. So im Monat 11–15 Uhr)
Das kleine Stadtmuseum ist in einem wunderschönen alten Gebäude untergebracht. Es zeigt lokale Geschichte und einen interessanten Funkraum.

Tropical Fruit World OBSTPLANTAGE
(6677 7222; www.tropicalfruitworld.com.au; Duranbah Rd; Erw./Kind/Fam. 37/20/85 AU$) Die Plantage nördlich der Stadt bietet Touren auf die Felder, Verköstigungen und eine Fahrt durch den Dschungel. Damit sich der teure Eintritt auch lohnt, sollte man mindestens einen halben Tag einplanen.

🛏 Schlafen & Essen

**Mount Warning-
Murwillumbah YHA** HOSTEL **$**
(6672 3763; www.yha.com.au; 1 Tumbulgum Rd; B/DZ ab 32/70 AU$) Die ehemalige Kapitänsresidenz bietet abendliches Gratiseis und ei-

nen Kanu- und Fahrradverleih. Die geführten Touren zum Wollumbin/Mt. Warning sind Grund genug für eine Übernachtung.

Sugar Beat CAFÉ **$**
(6672 2330; Shop 2, 6-8 Commercial Rd; Hauptgerichte 15 AU$; morgens & mittags) Hier kann man sich am sonnigen Fenster, auf der langen Eckbank oder draußen an den Tischen Fusion-Küche und regionale Gebäckspezialitäten schmecken lassen.

Murwillumbah Motor Inn MOTEL **$$**
(6672 2022; www.murwillumbahmotorinn.com.au; 17 Byangum Rd; EZ/DZ 96/106 AU$; ❋ @ ☲)
Wer etwas abseits des Zentrums nächtigen möchte, ist mit den sauberen, gemütlichen Zimmern gut bedient. Die Deluxe-Varianten bieten Flachbildfernseher. Es gibt einen hübschen Hinterhof.

Imperial Hotel KNEIPE **$**
(6672 2777; 115 Main St; EZ/DZ ohne Bad 39/77 AU$, DZ 55 AU$) Die rosafarbene Knei-

---

DIE GROSSEN DREI

Als Beweis seiner landschaftlichen Schönheit wartet das Hinterland der oberen Nordküste mit gleich drei Nationalparks auf, in denen Wasserfälle und geheimnisvolle Bäche plätschern, alte Vulkane ruhen und eine vielfältige wie seltene Tier- und Pflanzenwelt zu Hause ist. Durch die Parks erstrecken sich die von der Unesco zum Weltnaturerbe erklärten Gondwana-Regenwälder, die vor 50 Mio. Jahren als Teil des Superkontinents Gondwana entstanden. Es wäre fast schon eine Sünde, bei einem Besuch der Region nicht zumindest einen der Parks zu erkunden.

Nightcap National Park

Südlich von Murwillumbah sowie nördlich von Lismore und an Nimbin und The Channon angrenzend, erstreckt sich der 8080 ha große **Nightcap National Park**. Er ist Lebensraum für Gespensterfledermäuse, Purpurbrust-Fruchttauben, Schleiereulen und Rotbeinfilander (eine Wallaby-Art). In der Region werden die höchsten Niederschlagsmengen in NSW gemessen, was die spektakulären Wasserfälle und imposanten Steilklippen erklärt. Bereits von Lismore aus sind die auffälligen Felsen der **Sphinx** zu sehen, der **Mt. Nardi** (800 m) wiederum bietet ein anspruchsvolles Klettervergnügen.

Durch die Region verläuft der geschichtsträchtige **Nightcap Track** (16 km), der Ende des 19. und Anfang des 20. Jhs. nur von Postangestellten genutzt wurde. Nicht weit abseits der Straße von den Wasserfällen hinunter liegt der beliebte Picknickplatz **Rummery Park**. Der Aussichtspunkt **Peate's Mountain Lookout** in der Nähe bietet einen herrlichen Panoramablick vom Jerusalem Mountain im Norden bis nach Byron Bay im Osten. Beim Picknickplatz im Rocky Creek Dam steht eine Plattform zum **Beobachten von Schnabeltieren**. Im **Alstonville-NPWS-Büro** (6627 0200; Colonial Arcade, 75 Main St) gibt's weitere Infos.

Wollumbin-Mt. Warning National Park

Südwestlich von Murwillumbah erstreckt sich der **Wollumbin National Park**, der nun den früheren Mt. Warning National Park umfasst und somit 4117 ha groß ist. Hier erhebt sich der Wollumbin/Mt. Warning (1156 m), eindrucksvollste Landmarke des Hinterlandes, über dem Tal. James Cook taufte den Berg im Jahr 1770 Mt. Warning, um Seefahrer vor den küstennahen Riffen zu warnen. Heute trägt er wieder seinen Aborigine-Namen

pe an der Hauptstraße ist kaum zu verfehlen. Die alten Gästezimmer wirken recht schäbig und lieblos. Unten gibt's ein anständiges Bistro.

New Leaf Café VEGETARISCH **$**
(☎6672 2667; Shop 10, Murwillumbah Plaza; Gerichte 5–18 AU$; ⊙morgens & mittags; ✎) Hier kommt kreative vegetarische Küche mit nahöstlichen Einflüssen auf den Tisch. Große Salatauswahl. Gespeist wird draußen oder drinnen. Es gibt Essen zum Mitnehmen.

Modern Grocer FEINKOST **$$**
(☎6672 5007; Shop 3, 1 Wollumbin St; ⊙Di–Sa) Dieses Gourmetparadies verwandelt jedes Picknick in eine echte Schlemmerorgie.

ℹ Praktische Informationen

Besucherzentrum (☎6672 1340; www.tweedcoolangatta.com.au; Ecke Alma St & Tweed Valley Way) In dem direkt am Tweed River gelegenen Zentrum gibt's Infos und Pässe für den Nationalpark sowie eine großartige Regenwaldausstellung.

ℹ An- & Weiterreise

Greyhound (☎1300 473 946; www.greyhound.com.au) und **Premier** (☎13 34 10; www.premierms.com.au) verkehren mehrmals täglich nach Sydney (92 AU$, 14 Std.) und Brisbane (27 AU$, 2 Std.).

Gosel's (☎0427 149 689) fährt mit Schulbussen über Uki nach Nimbin (90 Min.).

OBERE NORDKÜSTE

An diesem Abschnitt der Küste pulsiert das Leben – nicht nur wegen der hohen Temperaturen geht es hier heiß zu. Byron Bay ist mit seinem Nachtleben, der eindrucksvollen Lage und dem Strand der unangefochtene Star, es gibt jedoch nicht weniger schöne Orte, die sehr viel ruhiger sind. In Lennox Head und Umgebung geht es gelassener zu

Wollumbin, was wahlweise mit „Wolkenfänger", „kämpfender Herrscher des Berges" oder „Wettermacher" übersetzt werden kann.

Sein Gipfel ist der erste Punkt auf dem australischen Festland, der bei Tagesanbruch in Sonnenlicht getaucht wird. Aus diesem Grund nehmen viele Trekker den Aufstieg auf sich, der Teil eines 9 km langen Rundwegs ab Breakfast Creek ist, für den man etwa fünf Stunden benötigt. Man sollte wissen, dass nach den Gesetzen des lokalen Stammes der Bundjalung der Aufstieg nur bestimmten Menschen gestattet ist. Deswegen bitten sie die Wanderer, auf die Tour zu verzichten. Eine Alternative bietet der 200 m lange **Lyrebird Track**, der allerdings keine wirkliche Herausforderung ist. Weitere Infos hält das NPWS-Besucherzentrum von Murwillumbah (S. 191) bereit.

Border Ranges National Park

Im Westen erstreckt sich der 31729 ha große **Border Ranges National Park** über die McPherson Range, die grob der Grenze zwischen NSW und Queensland folgt. Ein Viertel aller in Australien lebenden Vogelarten soll hier beheimatet sein.

Um einige davon zu Gesicht zu bekommen, bietet sich eine Fahrt über den zerklüfteten **Tweed Range Scenic Drive** an, eine Schotterstraße, die nur bei trockenem Wetter befahrbar ist. Ab Lillian Rock verläuft sie als Schleife quer durch den Park (auf halbem Weg zwischen Uki und Kyogle) nach Wiangaree, nördlich von Kyogle auf der Woodenbong-Straße. Die Beschilderung auf den Zugangsstraßen lässt zu wünschen übrig, doch die Suche lohnt sich. Im Zweifel folgt man einfach den Schildern zum Nationalpark.

Die Straße führt durch hügelige Wälder, vorbei an Steilwänden und atemberaubenden Aussichtspunkten, von denen man auf das Tweed Valley bis zum Wollumbin/Mt. Warning und zur Küste blickt. Die recht gefährliche Klippenwanderung auf der **Pinnacle** (hin & zurück ca. 30 Min.) ist nichts für schwache Nerven. Wer sich traut, wird allerdings mit der traumhaften Kulisse des sich vor dem Sonnenuntergang erhebenden Wollumbin/Mt. Warning belohnt. Bei **Antarctic Beech** befindet sich ein Wald mit 2000 Jahre alten antarktischen Buchen. Ab hier verläuft ein etwa 5 km langer Wanderpfad hinunter zum von üppigem Regenwald eingefassten **Brindle Creek**, wo sich Schwimmbecken und ein Picknickplatz befinden. Die Straße führt ebenfalls nach Brindle Creek. Weitere Infos hält das **NPWS-Büro in Kyogle** (☎6632 0000; 136 Summerland Way) bereit.

als in der touristischen Hochburgs des Nordens. Und auch das an einem Meeresarm gelegene Yamba ist einen Besuch wert.

Neben den Stränden und dem idealen subtropischen Klima tragen auch die Flüsse zur Attraktivität der Region bei. Der tiefblaue Clarence River ist einer der schönsten Flüsse in NSW, während die weit verzweigten Flussdeltas des Richmond River und Tweed River mit Panoramablicken aufwarten. Viele Besucher kommen außerdem wegen der warmen Winter und der langen heißen Sommer.

Lennox Head

📞 02 / 6620 EW.

Das Surfmekka Angouries Lennox Head wurde zum National Surfing Reserve erklärt und liegt an einem malerischen Küstenabschnitt mit grandioser Brandung. Eine aufstrebende kulinarische Szene, gepaart mit entspannter Atmosphäre, machen den Ort zu einer guten Alternative zum lauten, recht überlaufenen, 19 km weiter nördlich gelegenen Nachbarn Byron, auch wenn es auf der kleinen Hauptstraße ebenfalls voll werden kann.

◉ Sehenswertes & Aktivitäten

Strände STRAND
Der eindrucksvolle **Seven Mile Beach** verläuft parallel zur Hauptstraße. Für einen Sprung ins kühle Nass eignet sich am besten das nördliche Ende in der Nähe des Surfclubs oder das südliche Ende beim Kanal. Vom **Aussichtspunkt Port Morton** kann man Wale und Delfine beobachten.

Der **Lake Ainsworth**, eine Lagune hinter dem Surfclub, ist von den Teebäumen entlang des Ufers braungefärbt. Seinem Wasser wird wohltuende Wirkung für die Haut zugeschrieben.

Outdoor-Aktivitäten OUTDOOR-AKTIVITÄTEN
Bei guten Windverhältnissen veranstaltet **Wind & Water Action Sports** (📞0419 686 188; www.windnwater.net; ab 80 AU$) Kitesurf-, Windsurf- und Surfkurse und verleiht Ausrüstung. **Seabreeze Hang Gliding** (📞0428 560 248; www.seabreezehanggliding.com; ab 95 AU$) hat Tandemdrachenflüge bei Lennox Headland im Angebot.

✕ Essen & Schlafen

Professionals (📞6687 7579; www.professionals lennoxhead.com.au; 66 Ballina St) ist eine gute Vermittlungsagentur für Ferienunterkünfte.

Lennox Lodge HOSTEL $
(📞6687 7210; www.lennoxlodge.com.au; 20 Byron St; EZ/DZ 25/80 AU$; @🖂) Die motelähnliche senffarbene Backpacker-Unterkunft mit dem üblich lässigen Flair schmücken Palmen und Wachsblumen. In den gemütlichen Zimmern mit Bad finden maximal vier Personen Platz.

Lennox Head Beach House HOSTEL $
(📞6687 7636; www.yha.com.au; 3 Ross St; B/DZ 28/78 AU$) Die Jugendherberge liegt nur 100 m vom Strand entfernt. Sie bietet makellose Zimmer und eine tolle Stimmung. Gegen eine Gebühr von 5 AU$ kann man Surfbretter, Windsurfbretter und Fahrräder ausleihen.

Lake Ainsworth Holiday Park CAMPING $
(📞6687 7249; www.ballinabeachside.com.au; Pacific Pde; Stellplatz ohne/mit Strom 27/29 AU$, Hütten ab 80 AU$) Der Campingplatz überzeugt mit seiner familienfreundlichen Atmosphäre und liegt auf einer flachen grünen Wiese gegenüber dem Strand in der Nähe des Sees.

O-pes MEDITERRAN $$
(📞6687 7388; 90-92 Ballina St; Hauptgerichte 25 AU$; ⊙Sa & So morgens; tgl. mittags & abends) Bequeme Sofas und niedrige Tische treffen auf Strandflair und eine tolle Aussicht. Auf der Speisekarte finden sich sowohl Tapas-Snacks als auch gehaltvollere Gerichte.

Lennox Bistro MODERN AUSTRALISCH $$
(📞6687 5769; 17-19 Pacific Pde; Hauptgerichte 22 AU$; ⊙mittags & abends) Im Lennox Point Hotel lassen sich Einheimische Bistroküche schmecken. Der Balkon im Obergeschoss eignet sich bestens für ein Feierabendbier mit Meerblick.

❶ An- & Weiterreise

Blanch's Bus Service (📞6686 2144; www.blanchs.com.au) Verbindungen nach Ballina (6,40 AU$, 15 Min.), Mullumbimby (10 AU$, 1 Std.) und Byron Bay (7,60 AU$, 30 Min.).

Ballina

📞 02 / 16 480 EW.

Jenseits des Richmond River ist Schluss mit Fischerdörfern – dort hat der Tourismus die Küste fest in der Hand. Ballina hat mit seinen familienfreundlichen Unterkünften und naturverbundenen Freizeitprogramm die Zeichen der Zeit erkannt. Zwar will es sich von Byron als ruhigere Alternative abheben, entlang des Flussufers nimmt der Touristentrubel jedoch zunehmend an Fahrt auf.

Aus nördlicher Richtung führt der Pacific Hwy in die Stadt, wo er sich in die River St, die Hauptstraße, verwandelt. Bis 2012 soll eine Umgehungsstraße fertiggestellt sein, die den vielbefahrenen Pacific Hwy durch Ballina entlasten soll – ein Segen für Anwohner und Autofahrer.

◉ Sehenswertes & Aktivitäten

Interessante Einblicke in die Geschichte der Stadt bietet ein Spaziergang entlang der **Norton Street**, die mehrere eindrucksvolle Gebäude aus dem späten 19. Jh. säumen, den goldenen Zeiten des Holzhandels. Architektur der … nun ja … „ungewöhnlichen“ Art gibt's 1 km westlich der Stadt mit der baufälligen **Big Prawn** zu sehen.

Strände   STRAND

Weiß und sandig wie alle guten Strände kommt der bewachte **Shelly Beach** daher. Die ruhige **Shaws Bay Lagoon** ist bei Familien beliebt. Ein schönes Ausflugsziel ist der **South Ballina Beach**, zu dem eine **Autofähre** ab der Burns Point Ferry Rd verkehrt.

Naval & Maritime Museum   MUSEUM

(Regatta Ave; Eintritt gegen Spende; ◷9–16 Uhr) Hinter dem Informationszentrum sind die eindrucksvollen Überreste eines Balsaholzfloßes zu bestaunen. Im Rahmen der Las-Balsas-Expedition im Jahr 1973 überquerte es ab Ecuador den Pazifik.

Richmond River Cruises   BOOTSFAHRT

(☏6687 5688; Regatta Ave; 2-stündige Fahrt Erw./Kind 25/13 AU$; ◷Mi, Sa & So 12 & 14 Uhr) Der erfahrene Veranstalter von Bootsfahrten vor Ort bietet behindertenfreundlichen Service, Fahrten mit Mittag- oder Abendessen sowie morgens und nachmittags mit Kaffee und Kuchen an.

Aboriginal Cultural
Concepts   INDIGENE KULTUR

(☏0405 654 280; www.aboriginalculturalconcepts.com; ◷Mi–Sa 10–13 Uhr; ab 80 AU$) Die Touren bieten Einblicke in die indigene Kultur der Region und führen zu mythologischen Orten entlang der Bundjalung Coast. Beliebt ist die dreistündige Bush-Tucker-Tour.

Radfahren   RADFAHREN

Radwege säumen Ballinas viele Wasserstraßen. **Jack Ransom Cycles** (16 Cherry St) verleiht Räder ab 20 AU$ pro Tag.

Ballina Boat Hire   BOOTSVERLEIH

(☏6681 6115; Ecke Brunswick St & Winton Lane; 90 AU$/halber Tag) Verleiht winzige Fischerboote; Abenteuerlustige können sich auch einen Katamaran schnappen.

Ballina Ocean   TIERBEOBACHTUNG,
Tours   SCHNORCHELN

(☏0408 863 999; www.ballinaoceantours.com; Touren ab 45 AU$) Wal- und Delfinbeobachtungstouren, Schnorchelausflüge und andere aufregende Wasseraktivitäten.

Summerland Surf School   SURFEN

(www.summerlandsurfschool.com.au; Pacific Hwy; ◷9–17 Uhr; 2–5 Std. ab 50 AU$) Die Surfschule liegt unmittelbar südlich von Ballina in Evans Head.

Thursday Plantation   TEEBAUMÖL

(www.thursdayplantation.com; Pacific Hwy; ◷9–17 Uhr) Gleich nördlich von Ballina sind hier aus Teebaumöl hergestellte Produkte erhältlich; renommierter Anbieter.

⌨ Schlafen

An der River St und am nördlichen Zubringer des Pacific Hwy befinden sich zahlreiche Motels. **Ballina Professionals** (☏6686 3511; www.professionalsballina.com.au; Ecke Martin & River St) ist eine der örtlichen Vermittlungsstellen für Unterkünfte

⎁ Ballina Manor   PENSION $$$
LP TIPP

(☏6681 5888; www.ballinamanor.com.au; 25 Norton St; Zi. 165–375 AU$; ❋🛜) Das Boutiquehotel gehört zu den besten Unterkünften der Region und ist in einem Gebäude untergebracht, das ab den 1920er-Jahren als Mädchenschule diente. Die zwölf Zimmer wurden wunderschön restauriert und mit vielen Antiquitäten ausgestattet. Das kleine Restaurant ist nur abends geöffnet.

Ramada Ballina   HOTEL $$

(☏1800 826 181; www.ramadaballina.com.au; 2 Martin St; Zi. ab 160 AU$; ❋🛜🏊) Das Ramada entstand im Rahmen des schnellen Ausbaus der Ufergegend und bietet große Zimmer mit breiten Doppelbetten, Schreibtischen, Spas und Balkonen mit schöner Aussicht. Es gibt auch Ein-Zimmer-Apartments und ein schickes Café, das sich unter trendbewussten Einheimischen großer Beliebtheit erfreut.

Ballina Heritage Inn   HOTEL $$

(☏6686 0505; www.ballinaheritageinn.com.au; 229 River St; DZ 130 AU$; ❋🏊) Der gepflegte Gasthof in der Innenstadt verfügt über ordentliche, helle und gemütliche Zimmer, die sich signifikant von der lokalen Motel-Konkurrenz abheben. Einige sind mit Spas ausgestattet.

Ballina Travellers Lodge HOTEL $

(☑6686 6737; www.ballinatravellerslodge.com.au; 36-38 Tamar St; EZ/DZ/2BZ 69/92/97 AU$; ✱@🛜🏊) Die saubere gemütliche Lodge liegt an einer ruhigen Wohnstraße und ist teils Motel, teils Hotel. Die Besitzer sind eine tolle Infoquelle.

Shaws Bay Caravan Park CAMPING $

(☑6686 2326; www.ballinabeachside.com.au; 1 Brighton St; Stellplatz/Hütten ab 31/105 AU$; 🛜) Der einfache Campingplatz liegt direkt bei der Lagune, nur einen kurzen Fußmarsch vom Zentrum entfernt, und verfügt über 123 Stellplätze.

 **Essen**

Evolution Espresso Bar CAFÉ, BAR $

(☑6681 4095; Martin St; Hauptgerichte 12–18 AU$; ☺morgens & mittags, Fr & Sa abends; @🛜) Wer einen guten Riecher hat, den wird der Duft des frischen Kaffees schon vom Highway aus in das legere kleine Café locken. Es serviert leichte Gerichte und Kuchen und hat Sofas und eine Bar mit Blick auf den Richmond River.

La Cucina di Vino ITALIENISCH $$

(☑6618 1195; Ecke Martin & Fawcett St; Hauptgerichte 15–30 AU$; ☺tgl. mittags, Mi–So abends) Der Meerblick und die offene Front machen das überraschend authentische italienische Restaurant zu einer exzellenten Adresse für ein ausgiebiges Mittagessen. Für den schnellen Hunger gibt's außerdem Pizza.

Weitere Empfehlungen:

Healthy Noodle Bar ASIATISCH $

(☑6686 6632; 216 River St; Hauptgerichte 10 AU$; ☺mittags & abends) Die Nudelbar reiht sich an mehrere günstige Imbisse. Besonders lecker sind die gebratenen Nudeln nach Singapurart mit Paprika und Knoblauch.

Shelly's on the Beach CAFÉ $

(☑6686 9844; Shelly Beach Rd; Gerichte 9–18 AU$; ☺morgens & mittags) Die über den Dünen aufsprühende Gischt der Surfer weckt den Sportsgeist. Leckere Frühstücke und Mittagsmenüs sorgen für den Energieschub.

Pelican 181 FISH & CHIPS $

(☑6686 9181; 12-24 Fawcett St; Gerichte 6–20 AU$; ☺morgens & mittags & abends) Das lebhafte Fish-&-Chips-Restaurant mit Imbiss liegt direkt am Fluss. Unwiderstehlich sind die Krabbenbaguettes.

Wicked MEDITERRAN $$

(☑6686 2564; 37 Cherry St; Hauptgerichte 24–30 AU$; ☺Mi–So abends) In dem schicken Open-Air-Bistro sind exzellente Fischgerichte mit internationalem Touch das Gebot der Stunde.

ⓘ Praktische Informationen

Ins Internet gelangt man in der Evolution Espresso Bar.

Besucherzentrum (☑6686 3484; www.discoverballina.com; Ecke Lasbalsas Plaza & River St) Gibt detaillierte Infos über Attraktionen der Region.

ⓘ Anreise & Unterwegs vor Ort

Wer mit dem Auto unterwegs ist, sollte die Küstenstraße durch Lennox Head nach Byron Bay wählen: Die Strecke ist schöner und weniger befahren als die Pacific Hwy.

Bus

Greyhound (☑1300 473 946; www.greyhound.com.au) bietet Verbindungen in Richtung Norden nach Byron (17 AU$, 40 Min.) und Brisbane (55 AU$, 3 Std.) sowie südwärts nach Sydney (137 AU$, 12 Std.). Auch **Premier** (☑13 34 10; www.premierms.com.au) verkehrt nach Sydney (97 AU$, 11 Std.).

Blanch's Bus Service (☑6686 2144; www.blanchs.com.au) fährt täglich mehrmals vom Flughafen sowie von den Bushaltestellen auf der Tamar St nach Lennox Head (6,40 AU$, 30/15 Min.), Byron Bay (9,60 AU$, 70/40 Min.) und Mullumbimby (10 AU$, 85/95 Min.). **CountryLink** (☑13 22 32; www.countrylink.info) bietet Anschlussbusse zu den Zügen des Bahnhofs Casino (70 Min.).

Flugzeug

Ballinas Flughafen (BNK-Airport) ist der beste Verkehrsknotenpunkt, wenn man die Region rund um Byron Bay erkunden will. Er liegt 30 km weiter nördlich. Dort gibt's Autovermietungen und jede Menge andere Transportmöglichkeiten. Immer mehr Fluglinien sind vor Ort vertreten.

Jetstar (☑13 15 38; www.jetstar.com.au) Flüge nach Sydney.

Regional Express (☑13 17 13; www.regionalexpress.com.au) Flüge nach Sydney.

Virgin Blue (☑13 67 89; www.virginblue.com.au) Fliegt über Sydney nach Melbourne.

Shuttle-Service

Zahlreiche Shuttle-Unternehmen bieten den Ankunfts- und Abflugzeiten angepasste Verbindungen ab/nach Ballina, Byron Bay und zu anderen Städten der Umgebung. Die Preise liegen bei 15 bis 20 AU$.

Airport Express (☎0414 660 031; www.steves tours.com.au)

Byron Easy Bus (☎6685 7447; www.byronbay shuttle.com.au)

Yamba & Angourie
☏02

Yamba (5514 Ew.) lässt langsam aber sicher den Ruf als verschlafenes Fischerdorf hinter sich und lockt mit seiner weitläufigen Strandlandschaft, dem geruhsamen Lebensrhythmus, exzellenter Küche und der nicht allzu ausufernden touristischen Infrastruktur eine wachsende Fangemeinde an.

Der südliche Nachbar **Angourie** (169 Ew.) umfasst das National Surfing Reserve von NSW und war schon immer eine beliebte Adresse für erfahrene Surfer (also die auf einem Surfbrett geborenen Helmträger, die sich Felsen hinunterstürzen). Das ruhige Örtchen ergänzt das ambitionierte Yamba perfekt. Außer den Surfmöglichkeiten ist für Besucher auch das Zuhause von Gordon Merchant auf der Pacific St interessant. Der Gründer der Surferlabels Billabong wuchs hier auf und läuft in seiner Heimat angeblich immer noch gern in seinen Boardshorts herum.

◉ Sehenswertes & Aktivitäten

Blue Pools   NATURSCHUTZGEBIET
Die tiefen Wasserbecken werden von den Niederschlägen im Frühling gespeist und sind Überreste des Steinbruchs, der beim Bau der Wellenbrecher entstand. Einheimische und besonders Mutige erklimmen die Klippenwände über die „Chalk-Line", „Tree-Line" oder „Death-Line" und stürzen sich von dort in die Tiefe. Alle anderen lassen sich einfach in das klare Wasser gleiten und genießen – nur wenige Meter von der Brandung entfernt – die umliegende Buschlandschaft.

Strände   STRAND
Angourie Point ist das Terrain für erfahrene Surfer, die Strände Yambas wiederum haben für jeden etwas zu bieten. Bei flachem Wellengang lohnt sich ein Tag am **Pippi's Beach**, besonders wenn Delfine vorbeischauen. Am **Main Beach** ist am meisten los; dort gibt's einen Meerespool, Bananenpalmen und eine Liegewiese für alle, die der viele Sand so langsam nervt. Der **Convent Beach** ist das Paradies für Sonnenanbeter, der durch einen Wellenbre-

cher geschützte **Turner's Beach** eignet sich bestens für Surfunterricht.

Iluka Nature Reserve   NATURSCHUTZGEBIET
Das zum Weltnaturerbe gehörende Areal von Iluka liegt nur einen kleinen Umweg vom Highway bzw. eine Fahrt mit der Fähre entfernt; es bildet das südliche Ende des unberührten **Bundjalung National Park** (7 AU$/Tag & Auto), der sich am besten per Geländewagen erkunden lässt. Zu den Highlights gehören der Ten Mile Beach und die Hell Hole Lagoon. Die Passagierfähre **Clarence River Ferry** (☎6646 6423; www.clarenceriverferries.com; Erw./Kind 8/3 AU$) verkehrt viermal täglich.

Yamba-Angourie Surf School   SURFEN
(☎6646 1496; www.yamba-angouriesurfschool.com.au; 2-stündiger Kurs 50 AU$) Die Kurse werden von einem australischen Surfmeister geleitet. Wer in Eigenregie losziehen will, kann sich beim **Plank Shop** (☎6645 8362; Clarence St, Yamba) Bretter aller Formen und Größen leihen, darunter auch Minimals.

Rockfish Cruises   BOOTSFAHRT
(☎0447 458 153; www.rockfish.com.au; The Marina, Yamba Rd) Die liebenswerten Besitzer Di und Pete veranstalten Bootsfahrten mit mittäglichem Barbecue auf dem Clarence River (11–14 Uhr, Budget/Gourmet 55/75 AU$). Passagiere können sich in einem am Heck befestigten Netz durchs Wasser ziehen lassen. Zum Angebot gehören außerdem romantische Fahrten in der Abenddämmerung (Abfahrt bei Sonnenuntergang; 55 AU$) und dreistündige Walbeobachtungstouren (Ende Mai–Mitte Nov., Abfahrt 9.30 Uhr; 95 AU$).

Wandern & Radfahren   WANDERN, RADFAHREN
Ein Wander- und Radweg windet sich durch die Berge bis zur Küste von Yamba. Am schönsten ist der Abschnitt zwischen Pippi's Beach rund um den Lovers Point und dem Convent Beach. **Xtreme Cycle & Skate** (☎6645 8879; 34 Coldstream St; halber/ganzer Tag Erw. 15/25 AU$, Kind 10/15 AU$) verleiht Fahrräder.

Yamba Kayak   KAJAKFAHREN
(☎6646 1137; www.yambakayak.com.au; Parkplatz Whiting Beach; 3 Std. Erw./Kind 70/60 AU$) Zum Programm gehören halb- und ganztägige Erlebnistouren sowie mehrtägige Kneipen-Kajaktouren mit Stopps bei den denkmalgeschützten Hotels am Clarence River.

Weitere Optionen:

Sunday Jazz Cruise BOOTSFAHRT
(☎0408 664 556; Erw./Kind 30/15 AU$; ⏱11–15 Uhr) Flussfahrt samt Bar mit Schanklizenz. Dieselben Betreiber bieten eine **Fahrt zur Hardwood Island** (Erw./Kind 20/10 AU$; ⏱Mi & Fr 11–15 Uhr) an.

Yuraygir Coastal Walk WANDERN & TREKKEN
Der an der Küste verlaufende Wanderweg startet in Angourie; s. S. 201.

Yamba River Markets MARKT
(www.rivermarkets.weloveyamba.com; Ford Park) Die Märkte finden am vierten Sonntag im Monat beim Clarence River statt.

Story House Museum MUSEUM
(☎6646 2316; River St; Erw./Kind 3/0,50 AU$; ⏱Di, Mi & Do 10–16.30, Sa & So 14–16.30 Uhr) Fotos erzählen von der einst die Region beherrschenden Seefahrt. Dutzende Schiffswracks laden zum Erkunden ein.

🛏 Schlafen

LP TIPP **Yamba YHA** HOSTEL $
(☎6646 3997; www.yha.com.au; 26 Coldstream St; B/DZ 30/80 AU$; ✱@🛜🏊) Das moderne, hippe und zweckmäßig gestaltete Hostel hat eine exzellente Bar im Erdgeschoss, ein Restaurant (Hauptgerichte 9–29 AU$) und eine überaus familienfreundliche und gesellige Atmosphäre. Oben stehen Gästen eine Dachterrasse, ein kleiner Pool und ein Grill zur Verfügung. Nach der Teilnahme an einer von Shanes „10-Buck"-Willkommenstouren will man hier gar nicht mehr weg.

Pacific Hotel KNEIPE, MOTEL $
(☎6646 2466; www.pacifichotelyamba.com.au; 18 Pilot St, Yamba; B 35 AU$, Zi. mit/ohne Bad 120/60 AU$) Der großartige Gasthof mit Meerblick bietet helle Quartiere mit Stockbetten und hübsche Hotelzimmer. Bei der tollen Aussicht ist ein Bier in der Kneipe ein Muss; auch das Essen hebt sich angenehm von der einschlägigen Konkurrenz ab.

Angourie Rainforest Resort RESORT $$$
(☎6646 8600; www.angourieresort.com.au; 166 Angourie Rd, Angourie; Zi. 140–355 AU$; ✱@🏊) Das Luxus-Paradies inmitten eines 600 ha großen Naturareals punktet mit Pool, Tennisplatz, Restaurant und Spa. Kleines Extra: reinste Regenwaldluft sowie Vögel und Eidechsen als tierische Besucher.

Surf Motel MOTEL $$
(☎6646 2200; 2 Queen St; Zi. 120–300 AU$; ✱) Das moderne Motel thront auf einer Klippe

über dem Main Beach vis-à-vis vom Park und bietet sieben recht große Zimmer mit Balkon und Küchenzeile. Abgesehen vom typischen Surfsound ist es hier angenehm ruhig.

Calypso Holiday Park CAMPING $
(☎6646 2468; www.calypsoyamba.com.au; Harbour St; Stellplatz ab 26 AU$, Hütten 77–155 AU$; ✱@) Der Zeltplatz punktet mit einer exzellenten Lage; er ist nur ein paar Gehminuten vom Zentrum und den Stränden entfernt. Zur Auswahl stehen 162 Stellplätze und 32 teilweise recht schicke Bungalows.

🍴 Essen, Ausgehen & Unterhaltung

LP TIPP **Gorman's Restaurant** SEAFOOD $$$
(☎6646 2025; Yamba Bay, Hauptgerichte 30 AU$; ⏱abends) Das Fischrestaurant liegt versteckt hinter dem Calypso Holiday Park und ist eine echte Institution Yambas. Die naturverbundene Einrichtung versetzt Gäste zurück in die 1970er-Jahre, ebenso die Speisekarte mit köstlich zubereiteten Klassikern wie Knoblauchgarnelen.

El Pirata TAPAS $$
(☎6646 3276; 6 Clarence St, Yamba; ⏱Di–So abends) Die großartige Tapasbar serviert authentische kalte und heiße spanische Spezialitäten wie *jamón* (Schinken), Chorizo, Garnelen in Knoblauchöl und mit Käse gefüllte Paprika (9–18 AU$). Am schönsten ist es hier in den Sommermonaten, wenn die Besitzer aus Sydney vor Ort sind.

Yamba Bar & Grill STEAK $$$
(☎6646 1155; 15 Clarence St; Hauptgerichte 14–34 AU$; ⏱Di–So Abendessen) Das hippe großflächige Restaurant bietet eine tolle Terrasse mit Aussicht. Die Speisekarte ist etwas für eingefleischte Steakliebhaber, zudem gibt's gehobene rustikale Küche wie Pommes Frites mit Aioli und Rucolasalat. An der kleinen Straße liegen auch noch einige andere Restaurants.

Sounds Lounge Café CAFÉ $
(☎6646 3909; 16 Yamba Rd, Yamba; Hauptgerichte 5–18 AU$; ⏱morgens & mittags; @🛜) Das eigenwillige Café mit Innen- und Außenbereich im Zentrum verkauft eine Auswahl an außergewöhnlichen CDs und serviert leckere Smoothies, Burger, Säfte und Kaffee.

Weitere Optionen:

Frangipan MEDITERRAN $$$
(☎6646 2553; www.frangipan.com.au; 11-13 The Crescent, Angourie; Hauptgerichte 19–32 AU$;

⏱Di–Sa abends) Das Restaurant gewann Preise, die Meinung der Einheimischen ist jedoch gespalten.

Beachwood NAHÖSTLICH **$**
(☎6646 9781; 22 High St) Das wohl beste Frühstück der Stadt.

Yamba Bowling Club CLUB
(☎6646 2305; 44 Wooli St) Das Programm informiert über regelmäßig sattfindende Livemusikabende.

ℹ Praktische Informationen

Es gibt zwar noch keine Touristeninformation, dafür aber versorgt das **Yamba YHA** (☎6646 3991; www.yambabackpackers.com.au; 26 Coldstream St) oder die Website http://welove yamba.com Urlauber mit den nötigen Infos.

ℹ Anreise & Unterwegs vor Ort

Yamba liegt 15 km östlich des Pacific Hwy; an der Kreuzung unmittelbar südlich des Clarence River biegt man in die Yamba Rd ein.

Busways (☎1300 555 611; www.busways.com.au) verkehrt nach Maclean (6 AU$, 30 Min.) und Grafton (11,20 AU$, 75 Min., Mo–Sa mehrmals). Busse von **CountryLink** (☎13 22 32; www.countrylink.info) fahren nach Byron Bay (14 AU$, 3 Std., 1-mal tgl.) und Grafton mit Anschluss nach Sydney (75 AU$, 11½ Std.). **Greyhound** (☎1300 473 946; www.greyhound.com.au) bietet im Süden Verbindungen nach Sydney (127 AU$, 11½ Std.), im Norden nach Byron (54 AU$, 2 Std.) an.

Von Yamba nach Grafton

Der Clarence River verläuft am Pacific Hwy in südliche Richtung durch ein wunderschönes fruchtbares Tal und mündet in Yamba ins Meer. Das Flussdelta zwischen Grafton und der Küste präsentiert sich als ein Flickenteppich aus Ackerland – der sehr verzweigte Clarence River ließ über 100 teilweise sehr große Inseln entstehen.

Das Gebiet markiert das Ende der Zuckerrohrfelder, die typische Queensland-Architektur – auf Stelzen gebaute Holzhäuser mit hohen Dächern, die in den heißen Sommermonaten für eine bessere Luftzirkulation sorgen – weicht einem etwas rustikaleren Stil. Wenn zwischen Mai und Dezember die Zuckerrohrfelder abgebrannt werden, legt sich ein Rauchschleier über die Region.

Das malerische Städtchen **Maclean** (3245 Ew.) ist stolz auf sein schottisches Erbe, auch wenn seine Lage entlang eines ruhigen Arms des Deltas nur wenig mit der kulturellen Heimat gemein hat. Besucher können am Fluss spazieren, durch die Läden bummeln und sich in den alten Hotels mit einem kühlen Drink erfrischen. Die **Touristeninformation Clarence Coast** (☎6645 4121; Ferry Park, Pacific Hwy, Maclean) am Stadtrand vermittelt Unterkünfte.

Das denkmalgeschützte **Ulmarra** (1586 Ew.) mit einem kleinen Hafen am Fluss lohnt einen Abstecher. Es gibt eine reizende alte **Eckkneipe** (☎6644 5305; 2 Coldstream St; ⏱tgl. morgens & mittags, Fr & Sa abends) mit schmiedeeiserner Veranda, Gästezimmern (EZ/DZ 40/65 AU$) und einem grünen Biergarten, der sich bis zum Fluss hinunter erstreckt. Diesen wiederum überquert eine Autofähre, 1 km nördlich der Stadt.

Grafton

☏02 / 17500 EW.

Das verkehrsgünstig am Pacific Hwy gelegene Grafton ist landwirtschaftliches Zentrum der Region. Der hübsche Ort gibt einen guten Vorgeschmack auf das weite Hinterland von NSW und macht Lust auf mehr. Ende Oktober färben die Blüten der brasilianischen Jacaranda-Bäume die Straßen violett. Wer sich von der Fahrt ausruhen möchte, findet vor Ort eine Handvoll Unterkünfte.

Man sollte sich nicht von den vielen Restaurantketten am Straßenrand in die Irre führen lassen; die eigentliche Stadt beginnt erst hinter der imposanten zweigeschossigen Auto- und Eisenbahnbrücke aus dem Jahr 1932.

◎ Sehenswertes

Victoria Street HISTORISCHE GEBÄUDE
Die Victoria St war einst Mittelpunkt der Stadt und gibt mit dem **Courthouse** (1862), dem **Roches Family Hotel** (1870), der **anglikanischen Kathedrale** (1884) und der Privatvilla **Istria** (1899) Einblicke in die Architektur des 19. Jhs.

GRATIS **Grafton Regional Gallery** KUNSTGALERIE
(☎6642 3177; 158 Fitzroy St; ⏱ Di–So 10–16 Uhr) Auf der Fitzroy St, die parallel zur Victoria St verläuft, befindet sich die sehenswerte städtische Kunstgalerie. In dem meist stattlichen Gebäude aus dem Jahr 1880 gibt es Werke regionaler Künstler und regelmäßige Spezialausstellungen zu sehen.

Das nahe gelegene **Schaeffer House** (1903) beherbergt die **Clarence River His-**

ABSTECHER: LANDEINWÄRTS AB GRAFTON

Der Clarence River ist stromaufwärts bis zum Dorf **Copmanhurst**, rund 35 km nordwestlich von Grafton, schiffbar. Noch ein Stück höher fließt er mit gehörigem Tempo von der Gibraltar Range hinunter durch die zerklüftete **Clarence River Gorge**, einem beliebten Terrain für erfahrene Kanufahrer.

Die Schlucht wird von Privatgrundstücken eingefasst. Im Süden gehört das Land der Familie Winter; sie gewährt Tagesausflüglern über Copmanhurst Zutritt und vermietet Häuschen: **Winters' Shack** (6647 2173; Stellplatz 10 AU$/Pers., EZ/DZ 30/60 AU$); am besten einfach klingeln, damit die Tore geöffnet werden. Bei **Wave Hill Station** (6647 2145; www.wavehillfarmstay.com.au; Stellplatz 25 AU$, B&B DZ 80 AU$) auf der Nordseite gibt es Unterkünfte, Jeeps zum Mieten und Ausritte in die Schlucht.

In südwestlicher Richtung verläuft eine interessante Route von Grafton nach Armidale; man passiert unterwegs Nymboida und Ebor und kommt an den Abzweigungen nach Dorrigo (S. 211) und zu den Nationalparks New England und Cathedral Rock vorbei. Westwärts führt der Gwydir Hwy auf seinem Weg nach Glen Innes durch die großartigen Nationalparks Washpool und Gibraltar Range.

torical Society (190 Fitzroy St; Erw./Kind 3/1 AU$; Di, Mi, Do & So 13–16 Uhr); ausgestellt sind kleine Schätze, die einst auf Graftons Dachböden gefunden wurden.

✷ Feste & Events

Horse Racing Carnival PFERDERENNEN
(www.racenet.com.au/grafton-raceclub-nsw) Das Pferderennen gehört zu den renommiertesten des Landes und findet alljährlich im Juli statt.

Jacaranda Festival BLUMEN
(www.jacarandafestival.org.au) Ende Oktober/Anfang November verwandelt Australiens ältestes Blumenfest Grafton für eine Woche in einen malvenfarbenen Ozean.

Grafton Artsfest KUNST
(www.artsfestgrafton.com) Zweimal im Jahr präsentiert sich die lokale Kunstszene mit Workshops und Ausstellungen.

🛏 Schlafen & Essen
Der Pacific Hwy wird von Motels gesäumt.

Annie's B&B B&B $$
(0421 914 295; www.anniesbnbgrafton.com; 13 Mary St; Zi. 120–200 AU$; ❄🛜🐕) Das wunderschöne altehrwürdige viktorianische Gebäude befindet sich an einer Ecke in einem der schönsten Viertel Graftons. Die separat vom Wohnhaus liegenden Gästezimmer schmücken Stilmöbel.

LP TIPP **Roches Family Hotel** HOTEL $
(6644 2866; www.roches.com.au; 85 Victoria St; EZ/DZ 30/40 AU$) Die alte historische Eckkneipe im Zentrum verfügt über

saubere, gepflegte Zimmer mit neuen Bädern. Am schönsten sind die zur Veranda hinaus.

Georgie's Café CAFÉ $$
(6642 6996; 158 Fitzroy St; Hauptgerichte 12–20 AU$; Di–So Mittagessen, Di–Sa Abendessen) Sowohl das Essen als auch die Kulisse – der Innenhof der Grafton Regional Gallery – versprühen künstlerisches Flair. Zu den Tagesgerichten gehören Leckereien aus dem Backofen, kreative Salate, deftige Sandwiches u. v. m. Die abendliche Speisekarte richtet sich nach saisonalen Zutaten aus der Region.

Clocktower Hotel KNEIPE $
(www.clocktowerhotel.com.au; 93 Princes St; Hauptgerichte 11–30 AU$; mittags & abends) Die beliebte Kneipe kombiniert historisches Flair mit moderner Einrichtung und zieht eine eher junge Klientel an. Das Essen kann sich sehen lassen; am Wochenende wird Livemusik gespielt.

ℹ Praktische Informationen

Touristeninformation Clarence River (6642 4677; www.clarencetourism.com; Ecke Spring & Charles St; 9–17 Uhr) Am Pacific Hwy südlich der Stadt, unweit der Abzweigung zur Brücke. Gemeinsamer Parkplatz mit McDonald's.

NPWS-Büro (National Parks & Wildlife Service; 6641 1500; 49 Victoria St)

ℹ An- & Weiterreise

Busways (1300 555 611; www.busways.com.au) verkehrt nach Yamba (11,20 AU$, 75 Min., 6-mal tgl.) und Maclean (10 AU$, 45 Min.).

Greyhound (☎1300 473 946; www.grey hound.com.au) und **Premier** (☎13 34 10; www. premierms.com.au) halten auf ihrer Fahrt südwärts nach Sydney (67 AU$, 11 Std.) und nordwärts nach Byron (47 AU$, 3½ Std.) am Bahnhof.

CountryLink (☎13 22 32; www.countrylink. info) legt hier auf der Nordküstenroute einen Stopp ein. Nach Sydney gibt es drei tägliche Verbindungen (72 AU$, 10 Std.).

MITTLERE NORDKÜSTE

Südlich von Grafton gehen vom Pacific Hwy viele Abzweigungen zu reizvollen Zielen ab. Der familienfreundliche Strandort Coffs Harbour punktet mit seinem hübschen Umland wie etwa der wunderschönen Landschaft rund um Wooli. Weiter südlich warten Crescent Head und South West Rocks mit traumhaften, oft menschenleeren Stränden auf. In den Bergen wiederum führt die Route durch das charmante Bellingen und weiter nach Dorrigo mitten in den Regenwald mit seinen zahlreichen Wasserfällen.

Von Grafton nach Coffs Harbour

Ab Grafton führt der Pacific Hwy zurück in Richtung Meer, vorbei an der Abzweigung zum Yuraygir National Park und dem abgelegenen Strandort Wooli. Dann verläuft er weitere 30 km nördlich von Coffs in Küstennähe, zu sehen ist diese allerdings nicht.

Auf dem Weg weisen verschiedene Abzweigungen den Weg zu kleinen, oft fast verlassenen Stränden.

Der 53 502 ha große **Yuraygir National Park** (pro Tag & Auto 7 AU$) erstreckt sich über einen 60 km langen Küstenstreifen nördlich von Red Rock. Die abgeschiedenen Strände sind am besten über den **Yuraygir Coastal Walk** zu entdecken; der 65 km lange ausgeschilderte Wanderweg führt von Angourie nach Red Rock auf den Spuren des Emu über verschiedene Pfade, Strände und Felsplattformen und durch die Dörfer Brooms Head, Minne Water und Wooli.

Auf dem Weg können Wanderer auf sieben einfachen **Campingplätzen** (ab 17 AU$/ Pers.) mitten im Busch zelten. Am besten läuft man von Süden nach Norden, mit der Sonne im Rücken. Das **NPWS-Büro in Grafton** (☎6641 1500; www.environment. nsw.gov.au) hält Infos und eine Karte zum Download bereit.

Wooli (501 Ew.) liegt an einer lang gestreckten Meerenge, die eine Flussmündung mit dem Ozean verbindet. Diese Lage verstärkt den Einsiedler-Charme des Städtchens. Es ist außerdem der Austragungsort der **Australian Goanna Pulling Championships** (www.goannapulling.com.au), bei denen die Wettkampfteilnehmer mit einem Lederband um den Kopf auf allen Vieren im Tauziehen gegeneinander antreten.

Das **Solitary Islands Marine Park Resort** (☎1800 003 031, 6649 7519; North St; Stellplatz/Hütte/Strandhütte ab 20/82/46 AU$) bietet hübsche Hütten in wilder Natur.

RUSSELL CROWES SCHATZKISTE

Was hat Russell Crowes *Gladiator*-Kostüm in einem alten Holzhaus in dem winzigen Ort Nymboida, eine Fahrtstunde nordwestlich von Coffs Harbour, zu suchen? Und warum leisten ihm Johnny Cashs goldene Alben und Don Bradmans Mützen Gesellschaft? Die Antwort: Wir befinden uns im Museum of Interesting Things, das keinem Geringeren als Russell Crowe persönlich gehört.

Der australische Superstar wuchs im nahe gelegenen Nana Glena auf, wo seine Eltern immer noch leben. Nachdem er das angrenzende **Coaching Station Inn** (☎6649 4126; www.coachingstation.com; 3970 Armidale Rd, EZ/DZ 90/120 AU$), eine tolles altes Gasthaus an der Straße, gekauft hatte, verwandelte er es in einen Ausstellungsraum für seine beträchtliche Sammlung an „Lieblingsspielzeug"; zu sehen gibt's Erinnerungsstücke aus den Bereichen Musik, Film und Sport sowie Oldtimer-Motorräder. Das **Museum** (☉Mi–Fr & So 11–15, Sa bis 17 Uhr) beherbergt außerdem Artefakte aus der Pionierzeit, als Kutschen von Cobb & Co. hier auf der Wollpack Road zwischen Armidale und Grafton einen Zwischenstopp einlegten.

Den Oscar-Preisträger selbst wird man außer auf Fotos, die die Bar des Gasthofs pflastern, wohl nicht zu sehen bekommen. Der Barkeeper nährt allerdings die Hoffnungen auf einen Spontanbesuch, es seien schließlich „nur elf Minuten auf dem Motorrad vom Haus seiner Eltern hierher."

Red Rock (274 Ew.) ist ein verschlafenes Dorf mit wunderschöner Bucht und großartigem Umland. Es lohnt sich, die 3 km vom Highway zu dem Ort, der dem Gunawarri-Stamm als heilige Stätte gilt, zu Fuß zurückzulegen. Im **Red Rock Caravan Park** (6649 2730; www.redrock.org.au; 1 Lawson St, Red Rock; Stellplatz/Hütte ab 19/94 AU$, Cottage 105 AU$) kann man sich wunderbar in der Sonne aalen oder angeln. Das **Yarrawarra Aboriginal Cultural Centre** (6640 7100; http://yarrawarra.org; 170 Red Rock Rd, Corindi Beach) veranstaltet Buschmedizin-Touren, Kurse im traditionellen Korbflechten und Kunstworkshops, zudem serviert das Bush-Tucker-Café Gerichte mit Krokodil-, Känguru- und Emufleisch. Das aktuelle Programm kann man telefonisch erfragen.

Etwa 20 km nördlich von Coffs lohnt der kleine Küstenort **Woolgoolga** (auch Woopi genannt; 4356 Ew.) einen Zwischenstopp. Bekannt ist er für seine Surfspots und eine hier ansässige Sikh-Gemeinde. Neben der Autobahn rückt der eindrucksvolle **Guru Nanak Temple**, ein Sikh-*gurdwara* (Gebetsstätte), ins Blickfeld.

Die Fahrt quer durch die Stadt bietet großartige Ausblicke auf eine Gruppe von fünf Inseln im **Solitary Islands Marine Park**. Hier treffen warme und kältere Strömungen aufeinander und bieten einer großen Vielfalt von Korallen, Korallenfischen und Meeresalgen einen idealen Lebensraum. Die Tauchgeschäfte in Coffs Harbour veranstalten Tauchausflüge.

Der **Woolgoolga Beach Caravan Park** (6654 1373; www.coffscoastholidayparks.com.au; Beach St; Stellplatz ohne Strom/Hütte ab 27/60 AU$) punktet mit seiner perfekten Lage direkt am Strand. Diesbezüglich kann selbst die angesagte **Bluebottles Brasserie** (6654 1962; Ecke Wharf & Beach St; Hauptgerichte 24–28 AU$; tgl. morgens & mittags, Fr & Sa abends) nicht mithalten; dafür gibt's leckere Fischgerichte und Jazzkonzerte.

Coffs Harbour

02 / 26 350 EW.

In Coffs Harbour, im Herzen der Region, ist ein Zwischenstopp fällig, die Streckenführung des Pacific Hwy lässt einem keine andere Wahl. Die Stadt bietet geschützte Strände und familienfreundliche Aktivitäten. Für alle Singles: „Familienfreundlich" heißt nicht immer automatisch langweilig und vorhersehbar.

Der Ort wurde in den 1860er-Jahren als Korff's Harbour gegründet. Der Hafenkai wurde 1892 erbaut, um Zedern und andere Hölzer zu verladen; seit seiner Renovierung hat er seinen einstigen Glanz wiedergewonnen. In den 1880er-Jahren wurden die ersten Bananenplantagen in der Region angelegt, die allerdings erst mit dem Bau der Eisenbahnlinie 1918 finanzielle Gewinne einbrachten.

Der Handel mit Bananen erreichte in den 1960er-Jahren seinen Höhepunkt, heute stellt allerdings der Tourismus die Haupteinkommensquelle dar.

Die Stadt teilt sich in drei Bereiche: die Hafenzone, das Geschäftszentrum mit seinen Einkaufszentren und die Strände. Auf seinem Weg durch den belebten Verkehr der Stadt wird der Pacific Hwy zunächst zur Grafton St und dann zur Woolgoolga Rd. Das Zentrum befindet sich rund um die Kreuzung Grafton St und Harbour Dr. Bei der High St und dem Harbour Dr handelt es sich um ein und dieselbe Straße, die von angrenzenden Geschäften nur unterschiedlich genannt wird.

Zu den Stränden und Resorts im Norden gelangt man am besten über den Pacific Hwy. Südlich von Coffs liegt Sawtell; die verschiedenen Siedlungen mit ein paar fabelhaften Surfstränden direkt vor der Tür ziehen sich bis nach Coffs Harbour.

Sehenswertes

Legends Surf Museum　　　MUSEUM
LP TIPP
(6653 6536; Pacific Hwy; Erw./Kind 5/2 AU$; 9–16 Uhr) Hier gibt's über 160 Surfbretter zu sehen, darunter 50 Jahre alte Fossilien. Der Seebär Scott Dillon, Eigentümer des Museums, hat jede Menge Geschichten in petto, wobei nach eigener Aussage alle immer nur die Haistorys hören wollen. Das Museum liegt 500 m westlich des Pacific Hwy bzw. 7 km nördlich der Stadt; aufgrund von Bauarbeiten am Highway muss es allerdings eventuell umsiedeln.

North Coast Botanic Gardens　　GARTEN
(Hardacre St; Eintritt gegen Spende; 9–17 Uhr) Der botanische Garten lädt zu einem subtropischen Streifzug durch den Regenwald inklusive einiger vom Aussterben bedrohter Arten ein. Weitere Bereiche widmen sich anderen Teilen der Welt wie Afrika, China und auch Queensland. Der 6 km lange **Coffs Creek Habitat Walk** führt am Park vorbei; er beginnt gegenüber dem Rathaus an der Coffs St und endet am Meer.

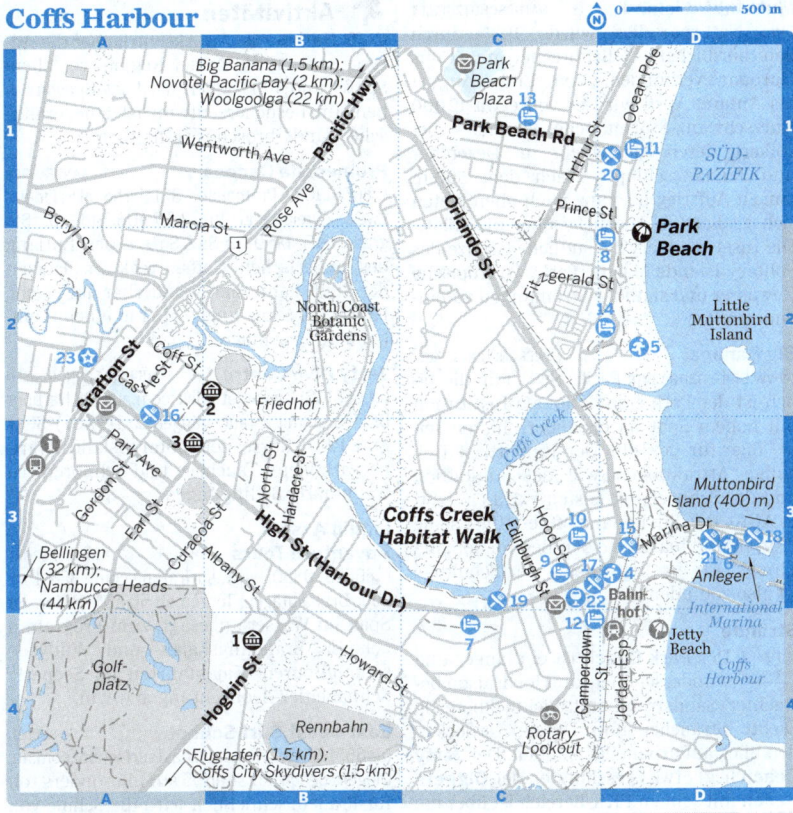

Coffs Harbour

Muttonbird Island NATURSCHUTZGEBIET

Das Naturparadies wurde 1935 durch den nördlichen Wellenbrecher mit Coffs Harbour verbunden. Von Ende August bis Anfang April wird es von etwa 12 000 Kurzschwanz-Sturmtaucher-Pärchen bevölkert, deren Nachwuchs im Dezember und Januar schlüpft. Nach dem 500 m langen Aufstieg bis ganz nach oben bieten sich großartige Ausblicke über die Küste. Die Insel markiert die südliche Grenze des Solitary Islands Marine Park, wo tropische Gewässer und südliche Strömungen aufeinandertreffen.

Big Banana VERGNÜGUNGSPARK

(www.bigbanana.com; Pacific Hwy) Für die einen ist der Park eine nationale Institution mit hohem Spaßfaktor, andere halten seine Tage für gezählt. Der Eintritt ist frei, einige Attraktionen wie das Eisstadion und der Schneehang kosten extra (16 bzw. 14 AU$). Das Big Banana öffnete 1964 seine Pforten und markierte den Beginn der „Big Things"-Ära in Australien – der Schuldige ist also gefunden …

Strände

LP TIPP Der **Park Beach** ist ein langer und wunderschöner, zur Hochsaison bewachter Sandstrand mit Picknickbereich. Dichte Sträucher und Dünen verdecken den Blick auf urbane Bausünden. Der **Jetty Beach** liegt etwas geschützter, der **Diggers Beach** mit seinem FKK-Bereich ist über die Autobahnausfahrt beim Big-Banana-Park erreichbar. Surfer zieht es zum Diggers und auf die Landzunge von **Macauleys Headland,** wo sich die Wellen bis zu 1,5 m hoch türmen.

Galerien KUNSTGALERIE

Coffs Harbour Regional Gallery (www.coffsharbour.nsw.gov.au; Rigby House, Ecke Coff & Duke St; ⊙Mi–Sa 10–16 Uhr) zeigt regionale Kunst und Wanderausstellungen. In der **Bunker Cartoon Gallery** (www.coffsharbour.nsw.gov.au; John Champion Way; Erw./Kind 2/1 AU$; ⊙Mo–Sa 10–16 Uhr) sind in einem Bunker aus dem Zweiten Weltkrieg verschiedene Exemplare einer Sammlung zu sehen, die insgesamt 18 000 Cartoons umfasst.

Coffs Harbour Regional Museum MUSEUM

(www.coffsharbour.nsw.gov.au; 191a Harbour Dr; Erw./Kind 3/1 AU$; ⊙Di–Sa 10–16 Uhr) In dem alten Haus werden Exponate zur Geschichte von Schifffahrt und Plantagenanbau gezeigt.

🏃 Aktivitäten

Coffs Harbour ist für Aktivurlauber die Adresse schlechthin in der Region; vor allem Spaß rund ums Meer wird großgeschrieben. Im Besucherzentrum ist eine praktische Wanderbroschüre erhältlich.

Promenade Canoes KANUFAHREN

(☑6651 1032; Promenade, 321 Harbour Dr; Einer-/Zweier-/Dreierkanu 15/22/27 AU$/Std., 3. Std gratis; ⊙Fr–Mo 9–13, Sa & So 9–17 Uhr) Entlang des malerischen Coffs Creek im Herzen der Stadt kann man wunderbar auf eigene Faust eine 5 km lange Fahrt in einem Leihkanu unternehmen.

Jetty Dive Centre TAUCHEN, SCHNORCHELN

(☑6651 1611; www.jettydive.com.au; 398 Harbour Dr; Touren mit 2 Tauchgängen ab 115 AU$) Sehr gute PADI-Kurse; der Solitary Islands Marine Park bietet Tauchern und Schnorchlern traumhafte Bedingungen.

Liquid Assets

Adventure Tours WASSERSPORT

(☑6658 0850; www.surfrafting.com; 328 Harbour Dr; halbtägige Touren ab 50 AU$) Hier ist Spaß im Wasser angesagt; zum Programm gehören Brandungskajak- und Wildwasserkanutouren, Kajakfahrten im Seepark, Schnabeltier-Beobachtungen u. v. m.

East Coast Surf School SURFEN

(☑6651 5515; www.eastcoastsurfschool.com.au; Diggers Beach; Kurse ab 55 AU$) Besonders toll für Frauen, schließlich wird die Schule von der bekannten Surferin Helene Enevoldson betrieben.

Crying Tiger Cooking School KOCHEN

(☑6650 0195; http://thecryingtiger.com; 110 AU$/Pers.; 382 Harbour Dr) Die Thai-Kochkurse des beliebten Restaurants (max. 4 Pers.) beginnen um 10 Uhr und enden damit, dass die Teilnehmer die selbstgekochten Kreationen verspeisen.

Weitere Optionen für Aktive:

Lee Winkler's Surf School SURFEN

(☑6650 0050; Park Beach; Kurse ab 60 AU$) Genießt einen guten Ruf.

Valery Horse Trails REITEN

(☑6653 4301; www.valerytrails.com.au; 758 Valery Rd, Valery; 2-stündige Ausritte 50 AU$) Gestüt mit 60 Pferden; für Ausritte erstreckt sich in der Hügellandschaft hinter der Stadt ein weitläufiges Gebiet.

Coffs Jet Ski JET-SKI

(☑0418 665 656; Park Beach; 15/30/60 Min. 60/100/160 AU$)

Coffs Harbour
City Skydivers FALLSCHIRMSPRINGEN
(✆6651 1167; www.coffsskydivers.com.au; Coffs Harbour Airport; Tandemsprünge 325 AU$) Befriedigt die Bedürfnisse von Adrenalinjunkies.

👉 Geführte Touren
Spirit of Coffs
Harbour Cruises WALBEOBACHTUNG
(✆6650 0155; www.gowhalewatching.com.au; Shop 5, Coffs Harbour Marina) Walbeobachtungstouren (45 AU$) und Bootsfahrten.

Pacific Explorer
Whale Watching WALBEOBACHTUNG
(✆0422 210 338; www.pacificexplorer.com.au; 2–3 Std. ab 30 AU$) Auf dem 10 m langen Katamaran finden bis zu 23 Passagiere Platz.

⭐ Feste & Events
Pittwater to Coffs Yacht Race SEGELN
(www.pittwatertocoffs.com.au) Das Segelrennen an Neujahr beginnt in Sydney und endet in Coffs Harbour.

Sawtell Chilli Festival CHILIS
(www.sawtellchillifestival.com.au) Anfang Juli.

Gold Cup PFERDERENNEN
(✆6652 1488) Coffs' bekanntes Pferderennen findet Anfang August statt.

Coffs Harbour International
Buskers' Festival MUSIK, THEATER
(www.coffsharbourbuskers.com) Tolles Festival; Ende September.

Coffs Coast Food &
Wine Festival WEIN, ESSEN
Anfang November.

🛏 Schlafen
Ein Großteil der Motels befindet sich nahe des Besucherzentrums am Pacific Hwy – hier steigen gerne Partywütige ab – und am Park Beach, der Adresse für Strandgänger.

Zu den vielen Vermittlungsagenturen für Ferienwohnungen gehört **Pacific Property & Management** (✆6652 1466; www.coffsholidayrentals.com.au; 101 Park Beach Rd). Das Angebot ist riesig; auch die Touristeninformation hilft gerne beim Buchen.

Es spricht nur wenig dafür, sich eine Unterkunft draußen am Pacific Hwy zu suchen. Viele Hostels verlangen auch in der Hochsaison nicht mehr als sonst, allerdings sollte man zeitig reservieren.

Observatory
Holiday Apartments APARTMENTS $$
(✆6650 0462; www.theobservatory.com.au; 30-36 Camperdown St; Apt. ab 130 AU$; ❄🅿) Die Apartments bieten Balkone mit Meerblick, manche außerdem verglaste Luxusbäder. Die Ein-, Zwei- und Drei-Zimmer-Wohnungen in der attraktiven modernen Anlage sind hell und luftig, die Küchen benutzerfreundlich eingerichtet.

Caribbean Motel MOTEL $$
(✆6652 1500; www.caribbeanmotel.com.au; 353 High St; Zi. 100–180 AU$; ❄@🅿) Das Motel liegt in der Nähe des Coffs Creek und des Piers. Es wurde geschmackvoll renoviert und bietet ein Frühstücksbuffet sowie Tische im Freien beim Pool. Die besten der 24 Quartiere verfügen über Balkon, schöne Aussicht und Spa, zudem gibt's tolle Ein-Zimmer-Suiten mit Küchenzeile.

Coffs Harbour YHA HOSTEL $
(✆6652 6462; www.yha.com.au; 51 Collingwood St; B/DZ/FZ 31/86/132 AU$; @🅿) Das Hostel sticht mit seinem großartigen Service und den vielen Extras die hiesige Hotel-Konkurrenz mühelos aus. Die Schlafsäle und Doppelzimmer mit Bad sind groß und modern, das Fernsehzimmer und die Küchen makellos. Es gibt einen Verleih für Surfbretter und Fahrräder.

Aussitel Backpackers Hostel HOSTEL $
(✆1800 330 335, 6651 1871; www.aussitel.com; 312 Harbour Dr; B/DZ 27/65 AU$; @🅿) Nicht von Äußerlichkeiten abschrecken lassen! Das weitläufige Backsteingebäude mit seinen gemütlichen Schlafsälen und schattigem Innenhof ist die Adresse schlechthin für Backpacker aller Couleur. Vor Ort kann man Tauchkurse buchen (PADI-Kurse ab 295 AU$).

Hoey Moey Pub KNEIPE, HOSTEL $
(✆6652 3833; www.hoeymoey.com.au; 90 Ocean Pde; EZ/DZ 25/60 AU$) Die motelähnlichen Backpackerquartiere liegen zwischen der Kneipe und dem Hauptstrand. Geräuschtechnisch dominieren das Meeresrauschen und die Gespräche der Gäste im Biergarten. Die renovierten Zimmer kosten etwas mehr.

Aanuka Beach Resort RESORT $$$
(✆6652 7555; www.aanuka.com.au; 11 Firman Dr; Zi. ab 123 AU$; ❄@🅿) Das Luxusresort liegt vor den Stadttoren mitten im Grünen an einem ruhigen Abschnitt des Diggers Beach und bietet großartige Studios und Apart-

ments mit Spa und geschmackvoller Einrichtung. Zur Anlage gehören Tennisplätze und ein preisgekröntes Restaurant.

Novotel Pacific Bay
RESORT $$$
(☎6659 7000; www.pacificbayresort.com.au; Ecke Pacific Hwy & Bay Dr; Zi. ab 185 AU$; ❋☎☲) Hier gibt's alles, was man sich von einem großen Resort erwartet: Tennisplätze, Golfplatz, Wanderwege, Kinderclub, Spa und Fitnessstudio. Die 180 Zimmer der weitläufigen Anlage 3 km nördlich von Coffs verfügen über Balkone und teilweise auch Küchen.

Bo'suns Inn Motel
MOTEL $$
(☎6651 2251; www.motelcoffsharbour.com; 37 Ocean Pde; DZ ab 80 AU$; ❋☲) Hier wurde maritimes Dekor konsequent umgesetzt, vom lebensgroßen Seemann am Eingang bis hin zu den Fregattenmotiven über den Betten. Gehört zu einer Handvoll von 08/15-Unterkünften vor Ort, die sich eher durch ihre strandnahe Lage als durch ästhetischen Anspruch auszeichnen.

Park Beach Holiday Park
CAMPING $
(☎6648 4888; www.coffsholidays.com.au; Ocean Pde; Stellplatz/Hütten ab 27/61 AU$; @☲) Riesige kinderfreundliche Anlage mit 332 Stellplätzen und 55 Bungalows in bester Strandlage.

✖ Essen

Leckere Küche gibt's unten am Pier. Auch die Restaurantmeile auf dem Harbour Dr sorgt für Gaumenfreuden. Die Innenstadt eignet sich fürs Mittagessen oder für einen Kaffee, abends ist jedoch fast alles geschlossen. In der Fußgängerzone gegenüber der Palm Mall, Teil der High St Pedestrian Mall, gibt es ein paar Straßencafés.

Neben folgenden Optionen gibt es außerdem günstige Imbissstuben für italienische, vietnamesische und indische Speisen und Fish & Chips. Warme Küche gibt's bis etwa 20.30 Uhr, man sollte also frühzeitig kommen. Wer ein bestimmtes Lokal im Sinne hat, sollte außerdem reservieren.

LP TIPP Mangrove Jacks
MODERN AUSTRALISCH $$
(☎6652 5517; www.mangrovejackscafe.com.au; Promenade Centre, Harbour Dr; Hauptgerichte 25 AU$; ☺tgl. morgens & mittags, Di–Sa Abendessen) Eines von zwei großartig gelegenen Restaurants mit Blick auf einen ruhigen Abschnitt des Coffs Creek. Serviert werden gehaltvolle Gourmetabendessen, Coopers-Bier vom Fass sowie leichtere Frühstücke und Mittagsmenüs.

Urban Espresso Lounge
CAFÉ $$
(www.urbanespressolounge.com.au; 384a Harbour Dr, Pier; Hauptgerichte 8–17 AU$; ☺morgens & mittags) Das stilvolle kleine Café auf der Restaurantmeile serviert leckere Pancakes sowie frische Früchte und Joghurt zum Frühstück. Mittags kommen Rind nach thailändischer Art, Garnelensalat oder saftiges Roastbeef-Sandwich auf den Tisch.

Caffé Fiasco
ITALIENISCH $$$
(☎6651 2006; www.caffefiasco.com.au; 368 Harbour Dr, Pier; Hauptgerichte 15–30 AU$; ☺So Brunch, Di–Sa abends) Der Name passt nun wirklich nicht, wie wär's denn mit Caffé Perfetto? Die klassischen italienischen Speisen werden in einer offenen Küche zubereitet und in einem weitläufigen Speisesaal mit Innen- und Außenbereich serviert. Die Gerichte, z.B. exzellente Fischkreationen, werden mit Kräutern aus dem hauseigenen Garten gewürzt. Die Bar öffnet um 16 Uhr.

Crying Tiger
THAI $$
(http://thecryingtiger.com; 382 Harbour Dr, Pier; Hauptgerichte 19–24 AU$; ☺abends) Das kürzlich renovierte Crying Tiger verwöhnt anspruchsvolle Gaumen mit Gerichten wie rotem Entencurry oder Gambas im Kaffernlimettenblatt und Kokosnuss, die in stimmungsvollem Ambiente serviert werden. Die Chilimenge bestimmt jeder Gast selbst.

YKnot Bistro
BAR, RESTAURANT $$
(www.yknotbistro.com.au; 30 Marina Dr, Marina; Hauptgerichte 15–39 AU$; ☺morgens & mittags & abends) Das dezente Restaurant gehört zum Coffs Harbour Yacht Club und bietet eine kneipenähnliche Bar, einen riesigen Speiseraum, jede Menge Tische im Freien und einen Blick aufs Meer – eine echte Rarität in Coffs.

OP81
MODERN AUSTRALISCH $$
(81 Ocean Pde; Hauptgerichte 8–27 AU$; ☺Di–So morgens & mittags, Fr abends) Das OP81 ist eines der wenigen Lokale auf der von Hotels gepflasterten Ocean Pde. Nach seiner Renovierung kommen Gäste nun in den Genuss von modernem Dekor und einer großen Terrasse. Den Weg weist das Zischen der Kaffeemaschine.

Cocoa
CAFÉ $
(36/35 Harbour Dr; Hauptgerichte 8–13 AU$; ☺morgens & mittags) Die helle moderne Einrichtung und exzellenter Kaffee locken Geschäftsleute und Eltern mit Anhang

gleichermaßen an. Auch das Frühstück – Obstsalat und frisches Joghurt – kann sich sehen lassen.

Foreshore Café
CAFÉ $

(394 Harbour Dr, Jetty; ☺morgens & mittags) Die großen Holztische des weiträumigen Cafés mit Innen- und Außenbereich sind immer gut besetzt, schließlich bietet die Speisekarte etwas für jeden Geschmack.

Fisherman's Co-op
FISH & CHIPS $

(www.coffsfishcoop.com.au; Ecke Marina Dr & Orlando St; Hauptgerichte 8–10 AU$; ☺Winter 9–18, Sommer bis 20 Uhr) Hier gehören Chips mit frischem Weißfisch, hausgemachtes Eis sowie überdachte Picknicktische zum Programm. Die Bewohner der Muttonbird Island wären begeistert …

🍷 Ausgehen & Unterhaltung

Veranstaltungstipps stehen in der Donnerstagsausgabe des *Coffs Harbour Advocate*. Die Clubnamen ändern sich regelmäßig.

Coast Hotel
KNEIPE

(www.coasthotel.com.au; 2 Moonee St; ☺11 Uhr-open end) Nach Renovierungsmaßnahmen eignet sich das ehemalige Fitzroy Hotel wunderbar für einen faulen Nachmittag im Biergarten mit Unterhaltungsprogramm. Es gibt eine grüne Terrasse, einen Chill-Out-Bereich mit Sofas, der zum Entspannen einlädt, und auch leckeres Essen.

Hoey Moey Pub
KNEIPE

(www.hoeymoey.com.au; Ocean Pde; ☺10 Uhr-open end) Die riesige Kneipe mit Biergartenflair gibt einen Vorgeschmack auf die stimmungsgeladenen Sommernächte. Auf dem Programm stehen Pool-Wettbewerbe, abendliche Livemusik (Mi–So) und die unvermeidlichen Karaokeabende. Also besser gleich die Stimme ölen …

Noch mehr Kneipen und Livemusik:

Coffs Hotel
KNEIPE

(www.coffsharbourhotel.com; Ecke Pacific Hwy & West Harbour Dr; ☺11–1 Uhr) Irish Pub mit Bands, mehreren Bars, DJs und verrückten Partynächten am Freitag.

Pier Hotel
KNEIPE

(www.pierhotelcoffs.com.au; Ecke Hood St & Harbour Dr; ☺10–1 Uhr) Nagelneue Sonnenterrasse und Livemusik am Mittwoch.

Plantation Hotel
KNEIPE

(www.plantationhotel.com.au; 88 Grafton St alias Pacific Hwy) Bier, Livemusik und ordentliche Steaks – wie es sich für eine anständige Kneipe gehört.

ℹ Praktische Informationen

Hauptpost (EG, Palms Centre Shopping Complex) In einem Einkaufszentrum. Weitere Filialen gibt es an der Anlegestelle gegenüber dem Pier Hotel und am Park Beach Plaza (das große Einkaufszentrum am Pacific Hwy).

Jetty Dive (398 Harbour Dr; 4 AU$/Std.) Internetzugang.

Touristeninformation (☎6652 1522, 1300 369 070; www.coffscoast.com.au; Ecke Pacific Hwy & McLean St; ☺8–17 Uhr) Umfangreiche Infos zu Unterkünften, Aktivitäten und Touren. Ärgerlicherweise wurden allerdings Kontaktdaten in Broschüren unkenntlich gemacht und mit denen des Zentrums ersetzt.

ℹ An- & Weiterreise

Bus

Fern- und Regionalbusse fahren von einem überdachten Sammelplatz neben dem Besucherzentrum ab.

Premier (☎13 34 10; www.premierms.com. au) bietet mehrere tägliche Verbindungen Richtung Norden, u. a. nach Byron Bay (50 AU$, 5¼ Std.), und nach Sydney (66 AU$, 8½ Std.) im Süden. **Greyhound** (☎1300 473 946; www. greyhound.com.au) bedient ähnliche Routen in beide Richtungen.

Busways (☎1300 555 611; www.busways. com.au) fährt von Montag bis Samstag zwei- bis dreimal täglich über Urunga nach Nambucca Heads (9 AU$, 70 Min.) und Bellingen (8,80 AU$, 70 Min.).

Flugzeug

Der Coffs Harbour Airport (CFS) liegt südlich der Stadt. **Virgin Blue** (☎13 67 89; www.virginblue. com.au) und **QantasLink** (☎13 13 13; www. qantas.com.au) fliegen nach Sydney (120 AU$, 75 Min.).

Zug

CountryLink (☎13 22 32; www.countrylink. info) bietet drei tägliche Zugverbindungen zu der unscheinbaren Stadt Casino (früher ging's hier noch weiter nach Byron Bay) und nach Brisbane (59 AU$, 5½ Std.) im Norden sowie nach Sydney (67 AU$, 9 Std.) im Süden.

ℹ Unterwegs vor Ort

Hostels bieten Shuttledienste zu den Fernbussen und Zügen an.

Coffs Bike Hire (☎6652 5102; Ecke Orlando & Collingwood St; 25 AU$/Tag) verleiht u. a. Cruiser-Fahrräder und Mountainbikes.

Am Flughafen sind größere Autovermietungen vertreten.

Coffs District Taxi Network (☎13 10 08, 6658 5922) Rund um die Uhr im Einsatz.

Bellingen

☑02 / 2880 EW.

Bellingen ist ein charmantes auf einem Hügel gelegenes Städtchen, dem es auch ohne touristischen Kitsch gelingt, sich gut zu verkaufen. Entspannte Atmosphäre trifft hier auf kreativ-alternative Lebensentwürfe. In der Region leben viele Country-Musiker. Ein Großteil der Gebäude mit ihrem Gusseisendekor stammt vom Anfang des 20. Jhs. Typisch sind außerdem die zahlreichen Aushänge, auf denen für Yogakurse, Meerschweinchenzucht, E-Gitarren-Unterricht u. v. m. geworben wird.

Bevor es in den 1840er-Jahren europäische Holzfäller für sich beanspruchten, gehörte das weite Flusstal von Bellingen zum Gebiet der Gumbainggir. Die erste Siedlung entstand in Fernmount, etwa 5 km östlich von Bellingen. Das regionale Verwaltungszentrum wurde jedoch später hierher verlegt. Flussschifffahrt war hier bis in die 1940er-Jahre möglich, dann wurden die dafür nötigen Baggerarbeiten eingestellt. Bis in die 1960er-Jahre, als der Tourismusboom in Coffs Harbour einsetzte, war Bellingen die wichtigste Stadt der Region.

Die Hauptstraße ab dem Pacific Hwy nach Dorrigo und zum Waterfall Way wird in der Stadt zur Hyde St. Neben dem Postamt überquert die Wharf St den Fluss nach North Bellingen und Gleniffer. Die nächste Touristeninformation befindet sich in Urunga, auf dem Pacific Hwy in Richtung Süden.

⊙ Sehenswertes & Aktivitäten

Hammond & Wheatley Emporium SHOPPEN
(Hyde St) Das wunderschöne restaurierte Gebäude aus dem Jahr 1909 vermittelt das Flair und die Einkaufsgewohnheiten vergangener Zeiten. Feilgeboten wird eine Reihe stilvoller Waren.

Musik MUSIK

Von den vielen interessanten Läden widmen sich zwei lokaler Musik. **Heritage Music** (☑6655 1611; 23 Hyde St; ⊙Di–Sa 10–16 Uhr), ein wahres Akustik-Mekka, verkauft und stimmt Gitarren; zudem bieten echte Koryphäen ihres Fachs Unterricht an und geben gelegentlich ihr Können zum Besten. **Heartland Didgeridoos** (☑6655 9881; www.heartlanddidgeridoos.com.au; 2/25 Hyde St; ⊙Mo–Sa 10–16 Uhr) wiederum hat Didgeridoos aus ganz Australien, Unterricht und einiges mehr im Programm.

Natur NATUR

Zwischen Dezember und März bietet auf Bat Island eine riesige Kolonie von Flughunden ein eindrucksvolles Schauspiel, wenn diese zur Abenddämmerung auf Futtersuche gehen. Am besten ist das Spektakel von der Brücke aus zu beobachten. In der Nähe der Jugendherberge lockt zudem ein interessanter Wanderweg mit Seilschwingen über dem Fluss.

Märkte MÄRKTE

Am dritten Samstag im Monat findet in Bellingen ein **Straßenmarkt** (www.bellingenmarkets.com.au) statt, der mit seinen über 250 Ständen mittlerweile ein regionales Großereignis ist. Am zweiten und vierten Samstag jedes Monats präsentiert sich Bellingen auf dem immer gut besuchten **Bauernmarkt** in seiner ganzen Pracht.

Old Butter Factory KUNST, KUNSTHANDWERK

(☑6655 2150; 1 Doepel Lane; ⊙9.30–17 Uhr) Die alte Fabrik atmet lokale Geschichte und beherbergt Kunsthandwerksläden, eine Kunstgalerie, Opalhändler und Esoterik-Heiler.

Bellingen Museum MUSEUM

(☑6655 0382; Hyde St; Erw./Kind 3 AU\$/frei; ⊙Mo–Fr 10–14 Uhr) Das Museum wird ehrenamtlich und mit sehr viel Engagement betrieben. Es liegen Broschüren zu Wanderwegen und zur Geschichte der Region aus.

Bellingen Canoe Adventures KANUFAHREN

(☑6655 9955; www.canoeadventures.com.au; 4 Tyson St; Tagestouren Erw./Kind 90/60 AU\$) Etwa 8 km östlich der Stadt in Fernmount, zum Programm gehören tolle geführte Kanutouren auf dem Bellinger River, wahlweise auch bei Vollmond (Erw./Kind 25/20 AU\$).

✦ Feste & Events

Camp Creative KUNST

(www.campcreative.com.au) Einwöchige Kunstmesse Mitte Januar.

Bellingen Jazz & Blues Festival MUSIK

(www.bellingenjazzfestival.com.au) Mitte August treten hier bekannte Jazzgrößen auf.

Global Carnival MUSIK, KUNST

(www.globalcarnival.com) Anfang Oktober wartet das Multikulti-Festival mit Musik und Aufführungen auf.

🛏 Schlafen

Die Unterkünfte der Region bestehen größtenteils aus kleinen B & Bs und Cottages, die verstreut in den Bergen liegen. In den aufgeführten Preisen ist Frühstück inbegriffen.

LP TIPP **Bellingen YHA** HOSTEL **$**
(☑6655 1116; www.yha.com.au; 2 Short St; B/DZ/2BZ/FZ ab 30/98/78/98 AU$; @) Spätestens wenn man auf der großen Veranda den Ausblick auf den Regenwald genießt oder in einer Hängematte liegend den Flughunden lauscht, weiß man, warum die Jugendherberge so beliebt ist. Das renovierte Haus umgibt eine wunderbare Stille, zudem gibt's einen kostenlosen Shuttleservice zum Bahnhof und Busbahnhof in Urunga. Wer möchte, kann auch campen.

CasaBelle B&B **$$$**
(☑6655 9311; www.casabelle.com; Gleniffer Rd; Zi. ab 235 AU$; ❄) Das luxuriöse Gästehaus versprüht jede Menge Toskana-Flair, so geben die Flügeltüren des hübschen Innenhofs den Weg zu Reben und Hecken frei. Sowohl Frühstücks- als auch Check-out-Zeiten sind etwas für Langschläfer, zudem gibt's Kosmetikprodukte von L'Occitane und Kamine.

Bellingen River Family Cabins HÜTTEN **$$**
(☑6655 0499; www.bellingencabins.com.au; 850 Waterfall Way; Hütte ab 120 AU$) Die zwei großen Hütten mit jeweils zwei Schlafzimmern gehören zu einer familiengeführten Farm 4 km östlich von Bellingen. Sie bieten einen wunderbaren Ausblick auf das weite Flusstal. Zur umfangreichen Ausstattung gehören DVD-Player und weitere Extras wie Kanus und Angelausrüstung.

Rivendell PENSION **$$**
(☑6655 0060; www.rivendellguesthouse.com.au; 12 Hyde St; EZ/DZ 115/140 AU$; ❄) Im Gegensatz zu vielen anderen Pensionen liegt das Rivendell mitten im Zentrum. Die drei Schlafzimmer verfügen über Veranden und Sicht auf einen grünen Park mit Süßwasserbecken. Das Dekor ist wie bei vielen B&Bs angenehm schlicht. In der Hochsaison steigen die Preise.

Federal Hotel KNEIPE **$**
(☑6655 1003; www.federalhotel.com.au; 77 Hyde St; B/EZ/DZ 40/65/80 AU$; ❄ @) Die wunderschöne alte Kneipe beherbergt renovierte Zimmer mit Zugang auf einen Balkon, der eine hübsche Aussicht auf die Hauptstraße bietet. Unten im Pub herrscht gesellige Stimmung, in der beliebten Bar mit Grillbereich (Gerichte 20 AU$) wird Mittag- und Abendessen serviert.

Lily Pily PENSION **$$$**
(☑6655 0522; www.lilypily.com.au; 54 Sunny Corner Rd; Zi. ab 240 AU$; ❄) Die moderne Designeranlage 3 km südlich des Zentrums liegt auf einer Anhöhe und bietet drei Schlafzimmer mit Blick auf die Täler. Hier ist Luxus pur angesagt: So gibt's Champagner zur Begrüßung, üppiges Frühstück bis 12 Uhr, exquisite Möbel u.v.m.

Koompartoo Retreat APARTMENTS **$$**
(☑6655 2326; www.koompartoo.com.au; Ecke Lawson & Dudley St; DZ 165–185 AU$; ❄) Wuchernde Farne schmücken die großen Balkone der vier Chalets, die in tropischer Umgebung und doch stadtnah liegen. Sie sind aus regionalen Harthölzern erbaut und fügen sich harmonisch in die Berglandschaft ein. Die kleinen Küchen inspirieren zu romantischen Menüs.

✖ Essen & Ausgehen

In den vielen Cafés und Restaurants zeigt sich die Kreativität der Einheimischen.

LP TIPP **Lodge 241** CAFÉ, BAR **$**
(☑6655 2470; Hyde St; ⊙Mi–So ab 8.30 Uhr, Fr & Sa abends) Ein Sitzplatz in dem exzellenten Café ist Gold wert. Sonntags zieht die gemütliche Atmosphäre Schachspieler an, während sich Einheimische an einem langen Tisch leckeren Kaffee schmecken lassen. Zum Frühstück gibt's u.a. Bananen-Kokosnuss-Brot mit Ricotta und Honig. Seit Neuestem stehen auch alkoholische Getränke auf der Karte.

Vintage Espresso CAFÉ **$**
(☑6655 0015; 62 Hyde St; Gerichte 9 AU$; ⊙morgens & mittags) In dem Vintage-Café lässt sich eine bunt gemischte Klientel exzellenten Kaffee schmecken. Designtechnisch trifft hier Modernes auf Nostalgie in Form von alten Büchern und Platten, gebrauchten Möbeln und Geschirr aus den 1970er-Jahren. Die herzhaften Sandwiches mit Roastbeef und Tandoorihühnchen sind allerdings äußerst frisch.

No 2 Oak St MODERN AUSTRALISCH **$$$**
(☑6655 9000; 2 Oak St; Hauptgerichte 28 AU$; ⊙Mi–Sa Abendessen) Das renommierte Restaurant schöpft das Potential der Fülle regionaler Erzeugnisse voll aus. Für einen herzlichen Empfang sorgt Toni Urquart, während in der Küche Ray Urquart den Kochlöffel schwingt. Der Verandatisch vor dem Landhaus aus dem Jahr 1910 garantiert geradezu magische Abende. In den Ferien auch dienstags geöffnet.

Tuckshop Bellingen
CAFÉ $

(☑6655 0655; www.tuckshopbellingen.com.au; 63 Hyde St; ⊙Mo–Fr 8–17, Sa bis 14 Uhr) Das winzige Café serviert leckeren Kaffee und schmackhafte Frühstücke und Mittagsessen. Besonders lecker: türkisches Brot mit Speck, Ei und gerösteter Tomate sowie Polenta mit Grillgemüse, Pesto, Prosciutto und Bocconcini.

Bean@Bello
CAFÉ, BAR $

(☑0413 707 775; 7 Church St; Gerichte unter 12 AU$; ⊙Di–So 9–16 Uhr) Exzellentes Frühstück und frische Säfte sorgen für das leibliche Wohl, eine große Auswahl an Spielen und Büchern für Unterhaltung. Die gemütlichen Sofas eignen sich bestens für Regentage.

Weitere Optionen:

Bellingen Gelato Bar
CAFÉ $

(☑6655 1870; 101 Hyde St; ⊙10–18 Uhr) Amerika der 1950er-Jahre, sensationelles hausgemachtes Eis und Tische im Freien.

Little Red Kitchen
ITALIENISCH $

(☑6655 1551; 111 Hyde St; Hauptgerichte 10–32 AU$; ⊙Do–Mo 17–21 Uhr) Pizza und Pasta mit Gourmetanspruch.

Kombu Wholefoods
CAFÉ $

(☑6655 9299; 105 Hyde St) Bioladen und Treffpunkt für die lokale Kulturszene mit schlüssiger Firmenphilosophie.

ℹ Praktische Informationen

Bellingen Book Nook (☑6655 9372; 25 Hyde St; ⊙Mo–Fr 10–16, Sa Markt 9–15 Uhr) Der kleine Eckladen ist randvoll mit Büchern. Ein paar Leseratten schmökern, andere tauschen Klatsch und Tratsch aus.

www.bellingen.com Ausgezeichnete Informationsquelle.

ℹ An- & Weiterreise

Busways (☑1300 555 611; www.busways.com.au) fährt montags bis samstags zwei- bis dreimal von Nambucca Heads (9,80 AU$, 40 Min.) und Coffs Harbour (8,80 AU$, 70 Min.) über Urunga nach Bellingen.

Keans (☑1800 625 587) bietet Verbindungen nach Dorrigo und Tamworth im Westen an, allerdings nur zweimal pro Woche.

Ab Bellingen führt der Waterfall Way (S. 211) steile 29 km hinauf bis nach Dorrigo; die Fahrt ist wahrlich spektakulär.

Rund um Bellingen

Die grünen Täler rund um Bellingen sind in jedem Fall eine Erkundungstour wert. Am einfachsten zu erreichen ist das 6 km weiter nördlich gelegene Dörfchen **Gleniffer**, das ab North Bellingen ausgeschildert ist. Hinter der kleinen Gleniffer School of Arts an der Kreuzung kann man in einem Becken am **Never Never River** schwimmen. Eine atemberaubend schöne Fahrt garantiert die Loop Rd, die bis zum Fuß des New England Tableland führt.

Wer sich sportlich betätigen möchte, kann sich den anspruchsvollen 15 km langen **Syndicate Ridge Walking Trail** (www.environment.nsw.gov.au/NationalParks) vornehmen, der von Gleniffer zur Dorrigo-Hochebene entlang einer ehemaligen Holzfällerbahnlinie verläuft. Teil des Aufstiegs ist eine 1 km lange Kletterpartie. Zu dem Wanderweg gelangt man ab Bellingen über die Straße nach Gleniffer, die sich kurz nach der Überquerung des Flusses in die Adams Lane verwandelt. Der Pfad beginnt am ersten Tor.

Das **Kalang Valley** südwestlich der Stadt und das etwa 10 km weiter westlich gelegene **Thora Valley** sind ebenfalls eine Erkundungstour wert. Hier scheint die Zeit in den 1960er-Jahren stehen geblieben zu sein.

Dorrigo National Park

Der 11902 ha große Nationalpark mit seinen steilen Gipfeln und stark abfallenden Tälern ist das am leichtesten zugängliche geschützte Regenwaldgebiet Australiens. Dank des subtropischen Klimas und des reichhaltigen Bodens wächst hier eine vielfältige Flora. In den vielen Bäumen nisten über 120 verschiedene Vogelarten.

Zwischen Bellingen und Dorrigo führt der **Waterfall Way** durch eine hügelige Landschaft auf und ab. Unterwegs kommt man an mehreren Wasserfällen vorbei – schließlich muss der Weg seinem Namen gerecht werden. In der Nähe des Gipfels bzw. 2 km südlich von Dorrigo informiert das **Rainforest Centre** (Dome Rd; ⊙9–16.30 Uhr) am Parkeingang über die Wanderwege im Park und zeigt Exponate rund ums Thema Natur. Das Highlight ist der kurze **Skywalk**, ein Baumwipfelpfad über den Regenwald mit tollem Ausblick auf die Täler und – bei schönem Wetter – sogar bis aufs Meer. Der dreistündige **Wonga Walk** (6 km hin & zurück) führt über einen befestigten Weg ins Herz des Regenwalds. Lohnend ist auch die Fahrt zu dem Rastplatz **Never-Never-**

Rest-Area mitten im Nationalpark, einem Ausgangspunkt für Ausflüge zu Wasserfällen oder für längere Wanderungen.

Dorrigo

✔ 02 / 970 EW.

Die menschenleeren Straßen des landwirtschaftlich geprägten Dorfes auf der Hochebene füllen sich allmählich mit Leben, schließlich erfreut sich Dorrigo wachsender Beliebtheit. Hier oben ist es im Gegensatz zu den nebligen Wäldern in tieferen Lagen meist sonnig und warm.

Die Hauptattraktionen des Ortes sind das Dorrigo Rainforest Centre und die **Dangar Falls**, die sich in ein Bassin ergießen und bestens für eine Rückenmassage geeignet sind.

🛏 Schlafen & Essen

Dorrigo Hotel/Motel KNEIPE, MOTEL **$**
(✔ 6657 2017; www.hotelmoteldorrigo.com.au; Ecke Cudgery & Hickory St; B/FZ 30/190 AU$, DZ 60–85 AU$) Der Charme der eindrucksvollen Fassade findet in der Bar oder dem Speisesaal im hinteren Teil der Kneipe zwar keine Fortsetzung, dafür aber wurden die Schlafzimmer im Obergeschoss, einige davon mit Bädern, geschmackvoll renoviert und versprühen ländliche Gastlichkeit. Flügeltüren führen zu einer ausladenden Veranda mit hübschem Ausblick auf die Hauptstraße. Zum Angebot gehören auch Motelzimmer.

Mossgrove B&B **$$**
(✔ 6657 5388; http://mossgrove.com.au; Old Coast Rd; DZ 185 AU$) Das wunderschöne, im Federation Style erbaute Anwesen liegt auf einem rund 2,5 ha großen Grundstück 8 km von Dorrigo entfernt. Es bietet zwei

gastliche Zimmer, einen Aufenthaltsraum und Badezimmer, allesamt geschmackvoll und der damaligen Mode angepasst renoviert. Für 35 AU$ gibt's ein warmes Frühstück, die perfekte Grundlage für einen Spaziergang durch die Bonsai-Ausstellung und Olivenhaine.

LP TIPP **33 on Hickory** ITALIENISCH **$$**
(✔ 6657 1882; www.thirtythreeonhickory.com.au; 33 Hickory St; Hauptgerichte 20 AU$; ⊙ So mittags, Do–So abends) Buntglasfenster, geschmackvolle Antiquitäten und ein blühender Garten schmücken das wunderschöne kleine Landhaus aus den 1920er-Jahren. Die Spezialität ist Sauerteigpizza aus Bio-Erzeugnissen, die stilvoll auf weißen Tischtüchern mit glänzendem Silberbesteck neben einem gemütlichen Kamin serviert wird. Die B&B-Unterkunft (135 AU$/Paar) ist ähnlich elegant.

Red Dirt Distillery DESTILLERIE, CAFÉ **$**
(✔ 6657 1373; 51-53 Hickory St; ⊙ Mo–Fr 10–16, Sa 10–12 Uhr) Mitten im Zentrum entwickelt Besitzer und Kreativkopf David Scott verschiedene Wodka- und Likörsorten. Diese gewinnt er u.a. aus in Dorrigos rotbraunen Böden gewachsenen Kartoffeln. Für ein Picknick eignet sich ein Fläschchen sowie ein paar der leckeren Snacks, alternativ gibt's Antipastiteller im Café.

Dragonfly CAFÉ **$**
(✔ 6657 2356; 18-20 Cudgery St; Hauptgerichte 10–20 AU$; ⊙ Mo–Sa morgens & mittags) Das Café mit integriertem Buchladen in elegant-minimalistischem Ambiente ist ein beliebter Treffpunkt der Einheimischen. Im großen sonnigen Essbereich werden kreative Salate, Sandwiches und vegetarische Gerichte serviert; der Service ist etwas langsam.

ABSTECHER

WATERFALL WAY

Wer die 41 km durch Bellingen nach Dorrigo auf dem Pacific Hwy zurückgelegt hat, ist schon recht weit von der Küste entfernt. Allerdings fehlen immer noch ganze 124 km entlang des Waterfall Way bis nach Armidale. Wer flink ist, kann folgende Highlights mitnehmen:

» 48 km hinter Dorrigo (2 km westlich von Ebor) führt eine Abzweigung zu den Ebor Falls, wo der Guy Fawkes River in die Tiefe stürzt.

» 7 km weiter auf der Point Lookout Rd geht's zum New England National Park, einer weiteren Weltnaturerbestätte. Hier führen zahlreiche Wanderwege in den nebligen Regenwald.

» Nach weiteren 30 km locken die Wollomombi Falls mit einer Fallhöhe von 260 m, ein Highlight des zum Weltnaturerbe gehörenden Oxley Wild Rivers National Park.

ℹ️ Praktische Informationen

Die **Touristeninformation** (☎6657 2486; 36 Hickory St; ⏰10–16 Uhr) liegt mitten auf der sogenannten Hauptstraße. Sie wird ehrenamtlich und mit viel Herzblut betrieben. Es sind nützliche Broschüren über Panoramafahrten erhältlich (1 AU$).

ℹ️ An- & Weiterreise

Keans (☎1800 625 587) bietet magere zweimal die Woche Busverbindungen nach Bellingen im Osten und Tamworth im Westen an.

Nambucca Heads

☎02 / 5870 EW.

Im auf einem Hügel gelegenen Nambucca (nam-*buk*-a) geht das Leben seinen alltäglichen Gang, an der Küste bieten sich jedoch traumhafte Ausblicke aufs Meer. Es gibt eine Reihe von Naturpfaden und viele Strandwanderwege, die auch im Urlaub fit halten.

Im Nambucca-Tal – der Name bedeutet so viel wie „viele Kurven" – lebten einst die Gumbainggir, bis europäische Holzfäller in den 1840er-Jahren die Gegend erschlossen. In Nambucca Heads und im Bowraville-Tal weiter oben leben noch immer Aborigines-Gemeinschaften.

Der Ort liegt unweit des Pacific Hwy. Der Riverside Dr verläuft entlang der Flussmündung des Nambucca und steigt dann bis zur Haupteinkaufsstraße Bowra St steil an. Oben auf dem Hügel führt die Ridge St nach rechts zu den Klippen und Stränden. Auf dem Wellington Dr entlang des Flusses geht es zum V-Wall.

👁 Sehenswertes & Aktivitäten

Gulmani Boardwalk   NATURLEHRPFAD
Ab der **Touristeninformation** (☎6568 6954; Ecke Riverside Dr & Pacific Hwy) führt der Pfad über 3 km am Küstenvorland entlang, vorbei an Parks und Buschland und über unberührte Sandlandschaften und Wasserstraßen. Der perfekte Einstieg für die Erkundung des Ortes.

Strände   STRAND
Am östlichen Ende der Stadt, auf einem hohen Felsvorsprung 1,2 km vom Zentrum entfernt, bietet der **Captain Cook Lookout** weite Ausblicke auf die Strände. Hier führt eine Straße zum **Shelly Beach** mit seinen Meeresbassins. Weiter im Norden geht der Strand in den **Beilby's Beach** und dann in den **Main Beach** über; dort gibt es

ABSTECHER

VON DORRIGO NACH COFFS

Wer Lust auf einen etwas längeren Abstecher hat, folgt folgender Route: Nördlich von Dorrigo führt eine teilweise befestigte Straße vorbei an den **Dangar Falls** und windet sich durch eine wunderschöne Regenwaldlandschaft ostwärts bis nach Coffs Harbour. Auf dem Weg geht's an einem **riesigen Eukalyptusbaum** mit einer Höhe von 56 m und einem Durchmesser von 3 m vorbei; der alte wunderschöne Riese verströmt aus jeder Pore die Kraft der Natur. Der Abstecher bietet tolle Einblicke in ursprüngliche Landschaften, ohne zu weit von der Hauptroute wegzuführen.

jede Menge Parkplätze und eine Küstenwache für Surfer. Der **Bellwood Park** eignet sich mit seinem ruhigen Wellengang zum Schwimmen und Planschen. **Grassy Head** ist ein angenehm leerer Surfstrand, **Scotts Head** die beste Option im Winter.

Wellington Dr   NATURLEHRPFAD
Die Straße zweigt von der Bowra St ab und führt hinunter zum Meeresufer und zum **V-Wall**, einem Hafendamm mit – größtenteils – kunstvollen Graffitis, die von Einheimischen oder Touristen stammen. Durch die Mangroven verläuft ein kurzer, aber interessanter Weg. Zu den Aussichtspunkten auf den Hügeln führen mehrere Naturpfade; mit ein wenig Glück lässt sich im Dickicht auch mal eine Jägerliste (Kookaburra) erspähen.

Headland Historical Museum   MUSEUM
(☎6568 6380; www.here.com.au/museum; Liston St; Erw./Kind 2/0,50 AU$; ⏰Mi, Sa & So 14–16 Uhr) Oberhalb des Main Beach zeigt das Museum Exponate zur Lokalgeschichte, darunter eine Sammlung von über 1000 Fotos und Ausstellungsstücke zur Schifffahrt.

Nambucca Kayaks   KAJAKFAHREN
(☎0488 588 743; www.nambuccakayaks.com.au) Kajakfahrten auf Bächen und am Hafen, wahlweise auch bei Sonnenuntergang (33 AU$/Pers.).

🛏 Schlafen

Nambucca Heads lockt viele Sonnenanbeter an und ist im Sommer oft ausgebucht.

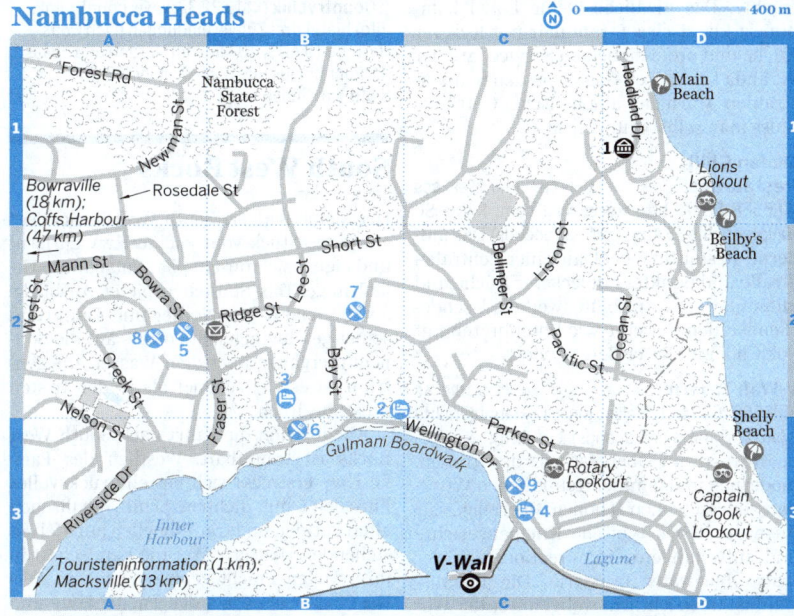

Nambucca Heads

Nambucca Heads

◉ Highlights
V-Wall C3

◉ Sehenswertes
1 Headland Historical Museum D1

🛏 Schlafen
2 Marcel Towers B2
3 Riverview Boutique Hotel..................B2
4 White Albatross Holiday Resort ... C3

✴ Essen
5 Bookshop Café A2
6 Matilda's...B3
7 Ocean Chill Restaurant B2
8 Terrie Catherine's..............................A2
9 V-Wall Tavern.....................................C3

Riverview Boutique Hotel   PENSION **$$**
(☎6568 6386; www.riverviewlodgenambucca.
com.au; 4 Wellington Dr; DZ 125–185 AU$; ✴) Der
alte Gasthof aus dem Jahr 1887 (auch als
Nambucca Riverview Lodge bekannt) kam
viele Jahre gemeinsam mit einer Handvoll
weiterer Gebäude in Genuss der exklusiven
Lage an einem Hügel mit Aussicht auf die
Küste. Heute blickt das zweigeschossige
charmante Holzhaus auf eine schillernde
Geschichte zurück, die die Besitzer gerne

an ihre Gäste weitergeben. Manche der
acht Zimmer mit Kühlschränken bieten
traumhafte Ausblicke.

Marcel Towers   APARTMENTS **$$**
(☎6568 7041; www.marceltowers.com.au; Wel-
lington Dr; DZ ab 120 AU$; ✴ @) Die Einrich-
tung der Ferienwohnungen ist zwar nicht
gerade modern, dafür bieten die Balkone
tolle Ausblicke über die von Restaurants gesäumte Küstenlandschaft. Die Apartments
sind sauber und können nur für eine Nacht
gemietet werden.

White Albatross Holiday Resort CAMPING **$**
(☎6568 6468; www.whitealbatross.com.au; Wellington Dr; Stellplatz ab 35 AU$, Hütten/Wohnmobil
ab 90/45 AU$) Neben einer windgeschützten
Lagune unweit der Flussmündung gelegen,
eignet sich die weitläufige Ferienanlage bestens für Badespaß. Zudem liegen die Strände und die V-Wall Tavern ganz in der Nähe.

✕ Essen & Ausgehen
Die frische Meeresbrise macht schon früh
müde – die Straßen sind unter der Woche
ab 22 Uhr wie leer gefegt.

LP TIPP **Matilda's**   SEAFOOD **$$**
(☎6568 6024; Wellington Dr; Hauptge-
richte 25–39 AU$; ◷Mo–Sa Abendessen) *Die*
Adresse für Fischgerichte und Meeres-

früchte. Das niedliche kleine Lokal kombiniert klassisches Strandflair mit leckerer Küche und professionellem Service. Auf der Veranda lassen sich Gäste von den Sonnenstrahlen wärmen; alkoholische Getränke muss man selbst mitbringen.

Ocean Chill Restaurant
MODERN AUSTRALISCH $$$

(☎6568 8877; http://oceanchill.com; Ridge St; Hauptgerichte 35 AU$; ☺Mi–Sa abends) Das moderne Restaurant liegt an einer zentralen Straße und punktet mit leckerer Küche und gutem Service. Auf blütenweißen Tischdecken werden Gerichte wie Entenbraten mit Pok Choi und Roter Bete serviert.

V-Wall Tavern
KNEIPE, BISTRO $$

(☎6568 6394; 1 Wellington Dr; Hauptgerichte 27 AU$; ☺mittags & abends) Die lang gezogene Terrasse im Obergeschoss des großen, modernen und familienfreundlichen Wirtshauses bietet einen schönen Meerblick. Zur Auswahl stehen typische Kneipengerichte und aufwendigere Fischkreationen in der Bistro Bluewater Brasserie. Die Bierauswahl ist übersichtlich, wobei unter der Woche nur bis 21 Uhr ausgeschenkt wird.

Bookshop Café
CAFÉ $

(☎6568 5855; Ecke Ridge & Bowra St; Gerichte 8–16 AU$; ☺8–17 Uhr; @) Die Tische auf der Veranda bieten die perfekte Kulisse für ein Frühstück in der Stadt. Bei exzellenten Fruchtsmoothies wird der übliche Klatsch und Tratsch ausgetauscht.

Terrie Catherine's
CAFÉ $

(☎6569 4422; 5 Mann St; ☺mittags & abends) Das Café an der Hauptstraße punktet mit einer traumhaften Aussicht von der rückseitigen Terrasse und – falls das Wetter umschlägt – mit gemütlichen Sofas. Alkoholische Getränke müssen selbst mitgebracht werden.

ℹ Anreise & Unterwegs vor Ort

Fernbusse halten an der Touristeninformation. Eine Fahrt mit **Premier** (☎13 34 10; www.premierms.com.au) nach Sydney oder Brisbane (beide 8–9 Std.) kostet jeweils 63 AU$. **Greyhound** (☎1300 473 946; www.greyhound.com.au) verlangt 96 AU$ für eine Verbindung nach Sydney (9 Std.) und 110 AU$ für eine etwas schnellere Fahrt nach Brisbane.

Busways (☎1300 555 611; www.busways.com.au) verkehrt montags bis samstags zwei- bis dreimal täglich von Nambucca Heads über Urunga nach Bellingen (9,80 AU$, 40 Min.) und Coffs Harbour (9 AU$, 50 Min.).

CountryLink (☎13 22 32; www.countrylink.info) bietet drei Zugverbindungen nach Coffs Harbour (5 AU$, 40 Min.) im Norden und etwas darüber hinaus und nach Sydney (67 AU$, 8 Std.) im Süden an.

South West Rocks
☎02 / 4070 EW.

Der kleine Badeort South West Rocks liegt ein gutes Stück vom Pacific Hwy entfernt und eignet sich für ein paar entspannte Urlaubstage. Das Städtchen bietet Ausblicke auf die Trial Bay im Norden und – aufgrund seiner geschwungenen Form – auf die Sonnenuntergänge über dem Wasser. Im Zentrum ist es viel schöner als in den tristen Außenbezirken.

Allein schon die Fahrt nach South West Rocks ist traumhaft. Westlich des Pacific Hwy erstreckt sich ein eindrucksvolles Flussdelta mit dichtem Schilf, idyllischen alten Farmen und traditionellen auf Stelzen stehenden Häusern. Wer die Landschaft in ihrer vollen Pracht genießen möchte, verlässt bei Seven Oaks den Pacific Hwy und nimmt die 22 km lange kurvenreiche Straße entlang des Macleay River, der an malerischen Fischerdörfern vorbeifließt.

◉ Sehenswertes & Aktivitäten

Trial Bay
HISTORISCHE STÄTTE

Die eindrucksvolle Bucht erstreckt sich über die östliche Landzunge von South West Rocks und blickt auf eine bewegte Vergangenheit zurück: Strafgefangene aus Sydney kaperten 1816 ein Schiff namens *Trial*; ihr Fluchtversuch endete jedoch an den Felsen, wo das Schiff bei einem Unwetter kenterte. Später beschloss die Regierung den Bau eines Wellenbrechers, um weiteren Schiffen – gestohlen oder nicht – dieses Schicksal zu ersparen. Für die Häftlinge, die besagten Schutzwall bauten, wurde dann das **Trial Bay Gaol** errichtet. Seiner eigentlichen Bestimmung wurde das Gefängnis jedoch nicht zugeführt. Es blieb bis auf ein kurzes Intermezzo während des Zweiten Weltkriegs, als dort deutsche Gefangene inhaftiert waren, über 100 Jahre ungenutzt. Heute beherbergt es ein **Museum** (☎6566 6168; Erw./Kind 8/5 AU$; ☺9–16.30 Uhr). Das ehemalige Gefängnis wird von der **Arakoon State Conservation Area** und einem dazugehörigen schönen Campingplatz umgeben. Ab South West Rocks führt ein 4 km langer Strandweg zur Trial Bay.

Smoky Cape Lighthouse — LEUCHTTURM

(☎6566 6301) Der Leuchtturm thront südöstlich von South West Rocks auf einem stürmischen Kap hoch über dem Meer und lohnt eine Besichtigung. Führungen müssen telefonisch gebucht werden, außerdem gibt's Unterkünfte.

Tauchen — TAUCHEN

Rund um South West Rocks finden Taucher tolle Bedingungen vor, besonders bei der **Fish Rock Cave** südlich vom Smoky Cape. Die Tauchzentren **South West Rocks** (☎6566 6474; www.southwestrocksdive.com.au; 5/98 Gregory St) und **Fish Rock** (☎6566 6614; www.fishrock.com.au; 134 Gregory St) haben zwei Tauchgänge für etwa 165 AU$ im Angebot und haben außerdem Übernachtungsmöglichkeiten im Programm.

Little Bay Beach — STRAND

Hier schauen einem manchmal Kängurus beim Baden zu. Der Strand ist Ausgangspunkt mehrerer schöner Spazierwege.

🛏 Schlafen & Essen

LP TIPP **Smoky Cape Lighthouse** — B&B **$$$**
(☎6566 6301; www.smokycapelighthouse.com; DZ 198 AU$, Cottages für 2 Nächte ab 390 AU$) In dem robusten, weißen, von Wind umtosten Haus des Leuchtturmwärters, das nur ein paar Meter neben dem Leuchtturm steht, sind romantische Nächte garantiert. Auch die Aussicht verspricht Leidenschaft pur.

Horseshoe Bay Beach Park — CAMPING **$**

(☎6566 6370; www.horseshoebaypark.com.au; 1 Livingstone St; Stellplatz/Wohnmobil/Hütte mit Strom 39/50/90 AU$) Nur einen Steinwurf von der Hauptstraße entfernt und direkt am geschützten Town Beach. Der tolle Campingplatz mit seinen 82 Stellplätzen und zwölf Hütten ist im Sommer heiß begehrt.

Seabreeze Beach Hotel — KNEIPE, HOTEL **$$**

(☎6566 6909; www.seabreezebeachhotel.com.au; Livingstone St; Hauptgerichte 8–18 AU$; ☻mittags & abends; ✷@) Hier wird auf hübschen Terrassen leckere rustikale Kost serviert. Die Zimmer (EZ/DZ ab 80/105 AU$) mit Balkon haben keinen Meerblick, die Zimmer mit Meerblick keinen Balkon. Dafür sind sie jedoch sauber und groß.

Trial Bay Camping Area — CAMPING **$**

(☎6566 6168; Stellplatz 27 AU$/Nacht) Der großartige Campingplatz liegt hinter dem ehemaligen Gefängnis auf der Halbinsel. Die meisten Stellplätze bieten schöne Strandblicke, zudem gibt's Warmwasserduschen und Münzgrills.

Heritage — PENSION **$$**

(☎6566 6625; www.heritageguesthouse.com.au; 21-23 Livingstone St; DZ inkl. Frühstück ab 115 AU$; ✷) Das renovierte Gebäude aus den 1880er-Jahren beherbergt hübsche altmodische Zimmer, manche davon mit Spa. Im Erdgeschoss gibt's die simpleren Varianten, oben die luxuriöseren mit Meerblick.

Geppys — MEDITERRAN **$$**

(☎6566 6169; Ecke Livingstone & Memorial St; Hauptgerichte 30 AU$; ☻abends) Das kosmopolitische Restaurant hat sich der Slowfood-Bewegung verschrieben. Zur Auswahl stehen z. B. Kalbfleischmedaillons mit Himbeersoße oder frischer Fisch mit Salsa Verde, zudem gibt's alkoholische Getränke.

South West Woks — ASIATISCH **$**

(☎6566 6655; Gregory St; Hauptgerichte 5–23 AU$; ☻abends) Wer ein günstiges Abendessen sucht, bringt einfach eine Flasche Wein mit und wählt aus der umfangreichen asiatischen Speisekarte. Es gibt auch Tische im Freien.

Surf Club — CLUB **$**

(☻Dez.–Feb. Fr–So 16–21 Uhr) Der Club an der Horseshoe Bay eignet sich ideal für ein Bier mit Meerblick. Zu der unprätentiösen Auswahl gehören verschiedene Braten; sonntags ist der Shepherds Pie, eine Pastete aus Hackfleisch, Kartoffeln und Gemüse, ein Muss.

ABSTECHER

FLUSSWELTEN

Ein bisschen Abenteuer verspricht die teils unbefestigte, aber gut in Schuss gehaltene Loftus Rd, die von **South West Rocks** entlang der malerischen Belmore und Macleay Rivers nach Crescent Head führt. Die Straße verläuft durch das wunderschöne am Fluss gelegene **Gladstone**; hier kann man sich bestens im **Heritage Hotel** (www.heritagehotel.net.au; 21 Kinchela St; ☻mittags & abends) stärken, einer exzellenten Kneipe mit paradiesischem Biergarten in Flussnähe. Ganz in der Nähe serviert das **Old Lodge Gallery & Riverbank Café** (8 Kinchela St; ☻morgens & mittags) leckeres englisches Gebäck.

❶ Praktische Informationen

Touristeninformation (☏1800 642 480; Boatman's Cottage) Am Ende der Hauptstraße.

❶ An- & Weiterreise

Busways (☏1300 555 611; www.busways. au) verkehrt montags bis samstags zwei- bis dreimal täglich ab/nach Kempsey (Belgrave St, 11,20 AU$, 55 Min.).

Cavanaghs (☏6562 7800; www.cavanaghs. com.au) fährt ab der Bushaltestelle an der Horseshoe Bay nach Kempsey.

Hat Head National Park

Der 7458 ha große, abgeschiedene Küstennationalpark erstreckt sich Richtung Süden in etwa von South West Rocks bis nach Crescent Head. Das Vogelparadies birgt Sumpfgebiete und traumhafte Strände, auch eine der größten Sanddünen in NSW ist hier zu finden. In der Nähe von Hat Head ragt aus der sonst recht flachen Landschaft der Hungry Hill hervor. Für eine Wanderung empfiehlt sich der zweieinhalbstündige Rundweg ab dem Picknickplatz beim Kap.

Mitten im Park liegt das winzige Dorf **Hat Head**. Am Ortsausgang überquert eine hübsche hölzerne Fußgängerbrücke die Salzwiesen eines türkisfarbenen Meeresarms. Das klare Wasser gibt den Blick auf umherschwimmende Fische frei. Der **Hat Head Holiday Park** (☏6567 7501; www.4shoreholidayparks.com.au; Stellplatz/Hütte ab 22/79 AU$) in der Nähe der geschützten Bucht und der Fußgängerbrücke hat Backpacker-Preise.

Besucher können in dem Park auch campen (Erw./Kind 5/3 AU$): nämlich bei Hungry Gate, 5 km südlich von Hat Head (dort gibt's Komposttoiletten, jedoch keine Duschen; Wasser muss man selbst mitbringen) oder beim Smoky Cape, direkt unterhalbdesSmokyCapeLighthouse(S. 215)am Nordende des Parks.

Der Park ist über den Ort Kinchela zugänglich, der wiederum an der hübschen Straße zwischen Kempsey und South West Rocks gelegen ist.

Crescent Head

☏02 / 1080 EW.

Der verschlafene, abgeschiedene Ort, 18 km südöstlich von Kempsey, vermag kreative Geister zu wecken und ist nebenbei die Hauptstadt des Longboard-Surfens.

Crescent Head machte in den 1960er-Jahren das Malibu-Surfboard in Australien berühmt. Und noch heute kommen viele, um den Longboard-Surfern bei ihrem Ritt auf den epischen Brandungswellen der **Little Nobby's Junction** zuzusehen. Abseits der Plomer Rd finden zudem Shortboard-Surfer beste Bedingungen vor. Der weitläufige **Killick Beach** erstreckt sich 14 km in Richtung Norden.

Bei den **Sun Worship Eco Apartments** (☏1300 664 757; www.sunworship.com.au; 9 Belmore St; Apt. 150–300 AU$; 📶) handelt es sich um neue moderne Villas aus Stampflehm; ihr nachhaltiges Design reflektiert sich in einem ökologischen Belüftungssystem und einer Solaranlage, mit der das Wasser erwärmt wird. Übernachtungsmöglichkeiten bietet außerdem das **Point Break Realty** (☏1800 352 272, 6566 0306; www.pointbreakrealty.com.au; Rankine St). Bei kürzeren Aufenthalten ist das **Wombat Beach Resort** (☏6566 0121; www.wombatresort.com.au; 30-34 Pacific St; DZ 95–115 AU$; ✳@🏊) mit seinen gemütlichen Zimmern, dem grünen Park und einer anständigen Pizzeria die richtige Adresse.

Das **Bush & Beach Motel** (☏1800 007 873; www.surfaris.com; 353 Loftus Rd; B/DZ 25/60 AU$; @🏊), besser bekannt als Surfari Central, ist die perfekte Unterkunft für ambitionierte Surfer. Die Betreiber, die Initiatoren der Surftouren von Sydney nach Byron, haben ihren Sitz nach Crescent Head verlegt – denn schließlich „ist das Surfen hier jeden Tag garantiert". Die sauberen, gemütlichen Zimmer mit Bädern schmücken skurrile Wandmalereien. Lohnend sind die Surf-&-Stay-Angebote.

LP TIPP Die **Crescent Tavern** (2 Main St; Hauptgerichte 26 AU$; ⊙mittags & abends) bietet kaltes Bier, eine Sonnenterrasse und exzellente Küche. Der vietnamesische Küchenchef zaubert neben weiteren asiatischen Klassikern am Wochenende Reispapierrollen. Das **Mongrel** (7 Main St) wiederum verkauft ein Dutzend frischeste **Sydney-Felsenaustern** für 9 AU$ – der perfekte Strandsnack.

Für Camper ideal geeignet ist der **Crescent Head Holiday Park** (☏6566 0261; Pacific St; Stellplatz/Hütten ab 20/87 AU$; @) in direkter Strandlage. Die Rezeption fungiert zugleich auch als **Creso Cafe**, das Espresso, Wraps und Sandwiches und als herzhaftes Frühstück Brötchen mit Spiegelei und Speck (5 AU$) serviert. Zur Anlage gehört außerdem ein Surfbrettverleih (pro Std./ halber Tag/Tag 15/30/40 AU$).

Busways (☎1800 043 263; www.busways. com.au) hat Busverbindungen zwischen Crescent Head und Kempsey (25 Min.).

Kempsey

☎02 / 8140 EW.

Das landwirtschaftlich geprägte Kempsey liegt etwa 45 km nördlich von Port Macquarie und lebt von den Farmen im Macleay Valley. Die Stadt ist die Geburtsstätte der so typisch australischen **Akubra-Hüte** (www. akubra.com.au). Auch wenn sich die eigentliche Fabrik das Geschäft mit dem Tourismus entgehen lässt (sie ist für Besucher nicht zugänglich), befriedigt ein Hutladen vor Ort die Bedürfnisse von Souvenirjägern.

Der mittlerweile verstorbene Slim Dusty, eine australische Legende der Country-Musik, wurde hier geboren. Angeblich hat ihn das Provinznest zu Liedern wie „Dun-

can" inspiriert. Wichtige Attraktion ist das sich im Bau befindliche **Slim Dusty Heritage Centre** (www.slimdustycentre.com.au; Old Kempsey Showgrounds); das genaue Eröffnungsdatum steht nicht fest.

Die **Touristeninformation** (☎6563 1555, 1800 642 480; Pacific Hwy) liegt an einem Rastplatz im Süden der Stadt. Angeschlossen ist ein kleines Museum, das Schafscherern, Holzarbeitern, Viehzüchtern und allen anderen die Ehre erweist, die Kempsey zu einem landwirtschaftlichen Zentrum gemacht haben.

Die Straße nach Crescent Head zweigt unweit der Touristeninformation in Kempsey ab. Aus Richtung Norden führt alternativ die malerische Belmore Rd hierher; sie geht bei Seven Oaks vom Pacific Hwy ab und verläuft am Macleay River entlang.

Cavanaghs (☎6562 7800; www.cavanaghs. com.au) bietet Busverbindungen ab dem Kempsey Medical Centre (Belgrave St) nach South West Rocks.

Melbourne & Victorias Küste

Gut essen

» Metung Galley (S. 291)
» Merrijig Inn (S. 275)
» Cutler & Co (S. 242)
» Loam (S. 256)

Schön übernachten

» Déjà Vu (S. 293)
» Adobe Mudbrick Flats (S. 297)
» Punthill (S. 240)
» Medina Executive Flinders Street (S. 235)

Auf nach Melbourne & an Victorias Küste!

Windumtoste Strände, kosmopolitische Orte am Meer und legendäre Surfstellen: Victorias Küste hat jede Menge sagenhafte Landschaft, ein erfrischendes Klima und die Kulturmetropole Melbourne zu bieten. An den Stränden von Phillip Island, einem beliebten Ziel der Touristen, paradieren die Zwergpinguine, die Westküste blickt auf die Bass Strait und lockt Surfer und alle diejenigen an, die den Twelve Apostles ihre Reverenz erweisen wollen.

An der Südostküste erstreckt sich ein langer, weiter Strand, der rund um Lakes Entrance auf ein Seensystem trifft, wo Aktivurlauber jede Menge Möglichkeiten finden. Und auf dem Weg zur Grenze mit New South Wales gibt's weitere atemberaubende Nationalparks.

Melbournes kulinarische Qualitäten strahlen über die gesamte Küste aus, und prima Unterkunft findet man in Luxus-Öko-Hostels und Boutique-B&Bs.

Reisezeit

Melbourne

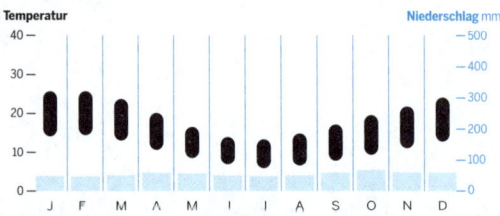

Februar Die Urlauberfamilien sind weg, man hat das gute Wetter zum Baden und Wandern für sich.

April Nun locken ruhige Strände und das Apollo Bay Music Festival.

November Es wird wärmer, und die Wanderwege führen durch volle Blütenpracht.

Touren in der Region

Die **Great Ocean Road** ist eine der beliebtesten Routen in Australien, und zweifellos ist der Hype auch berechtigt. Man sollte sich viel Zeit nehmen – zwei Wochen sind angemessen –, um alle Highlights in der Region mitzunehmen.

Los geht's im Surfermekka Torquay mit den mächtigen Wellen am **Bells Beach**, dann weiter ins familienfreundliche **Anglesea**, wo Kängurus auf dem Golfplatz grasen. Als nächstes steht das **Aireys Inlet** an: Nach der Besichtigung des Leuchtturms bietet sich der Ferienort **Lorne** zur Übernachtung an. Nach so viel Meer bringt ein Abstecher in die Regenwälder der **Otway Ranges** willkommene Abwechslung. Wieder zurück auf der Great Ocean Road erholt man sich ein, zwei Tage im Fischerdorf Apollo Bay und fährt dann weiter westwärts zum **Cape Otway** mit seinen Leuchttürmen und Koalas. Es ist ein ganz schönes Stück bis zum **Port Campbell National Park** und seinen berühmten **Twelve Apostles** – man sollte sich schon die Zeit nehmen, sie zu zählen und eine Übernachtung in **Port Campbell** einzulegen, um sich mit dem Gebiet etwas vertraut zu machen. An der Küste rund um **Warrnambool** kann man nach Walen Ausschau halten, ehe man weiter nach Westen ins urig-irische **Port Fairy** fährt. Wenn noch Zeit bleibt, lohnt sich ein Abstecher ins winzige **Cape Bridgewater** mit seiner Seebärenkolonie.

NICHT VERSÄUMEN!

Wer kann schon der abendlichen Parade der niedlichen Zwergpinguine widerstehen, die auf **Phillip Island** aus dem Ozean an Land kommen und über den Strand zu ihren Nisthöhlen watscheln? Mehr als 3 Mio. Touristen kommen jedes Jahr, um sich das Schauspiel anzusehen. Die kleine Insel in der Western Port Bay bietet außerdem sagenhafte Surfstrände, einen Motor Racing Circuit und Naturparks.

Was Naturschönheit angeht, bleiben in **Wilsons Promontory** keine Wünsche offen. Die in die Bass Strait vorspringende Landspitze ist ein abgelegener, aber zugänglicher Nationalpark mit prachtvollen Meeresstränden und Wanderwegen durch die Wildnis, die zu den besten im ganzen Bundesstaat zählen. Der Park besitzt ein gut unterhaltenes Wegenetz und Gebiete, wo man im Busch campieren kann – mit Karte und Marschgepäck geht's auf in die Wildnis.

Strände

» Surfen: am berühmten Bells Beach bei Torquay

» Schön abgelegen: Wer es abgeschieden mag, ist am Ninety Mile Beach genau richtig

» Campen am Strand: am wilden Johanna Beach kann man kostenlos zelten

TOP-TIPP

In Küstenorten am Kai Meeresfrüchte frisch vom Boot kaufen. Insbesondere in Lorne und Lakes Entrance kommen Fischfans voll auf ihre Kosten. Braten kann man seinen Einkauf auf öffentlichen Grillplätzen in der Nähe.

Kurzinfos

» Bevölkerung: 5 444 000
» Fläche: 227 500 km²
» Vorwahl: 03
» Küste: 2000 km

Reiseplanung

Von Weihnachten bis Ende Januar und zu Ostern sollte man die Küste lieber meiden: Wegen der Schulferien sind die Strände vollgepackt, die Unterkünfte ausgebucht und beliebte Wanderrouten kontingentiert. Die Ferientermine findet man unter www. education.vic.gov.au.

Infos im Internet

» Visit Victoria (www.visit-victoria.com) Die offizielle Website der Tourismusbehörde

» Parks Victoria (www.park web.vic.gov.au) Infos zu den Nationalparks

» The Age (www.theage. com.au) Nachrichten aus Victoria

» Bureau of Meteorology (www.bom.gov.au/weather/ vic) Wetterbericht

Highlights

1 Wie viele der **Twelve Apostles** (S. 272) stehen noch?

2 Wandern im spektakulären **Wilsons Promontory** (S. 286)

3 In **Melbourne** (S. 221) durch die Arkaden schlendern urd Mode und Essen genießen

4 In der Abenddämmerung die **Pinguinparade** (S. 27E) auf Phillip Island bewundern

5 Sich am **Bells Beach** (S. 264) den Wellen hingeben

6 Am **Ninety Mile Beach** (S. 287) campen und angeln

7 Nach einer Weintour abends in **Lakes Entrance** (S. 293 & S. 294) Meeresfrüchte genießen

8 In **Warrnambool** (S. 272) vor der Küste Wale beobachten

9 Im tollen kleinen **Mallacoota** (S. 296) ein Boot mieten

10 Am einsamen **Cape Bridgewater** (S. 276) die Seebären beobachten

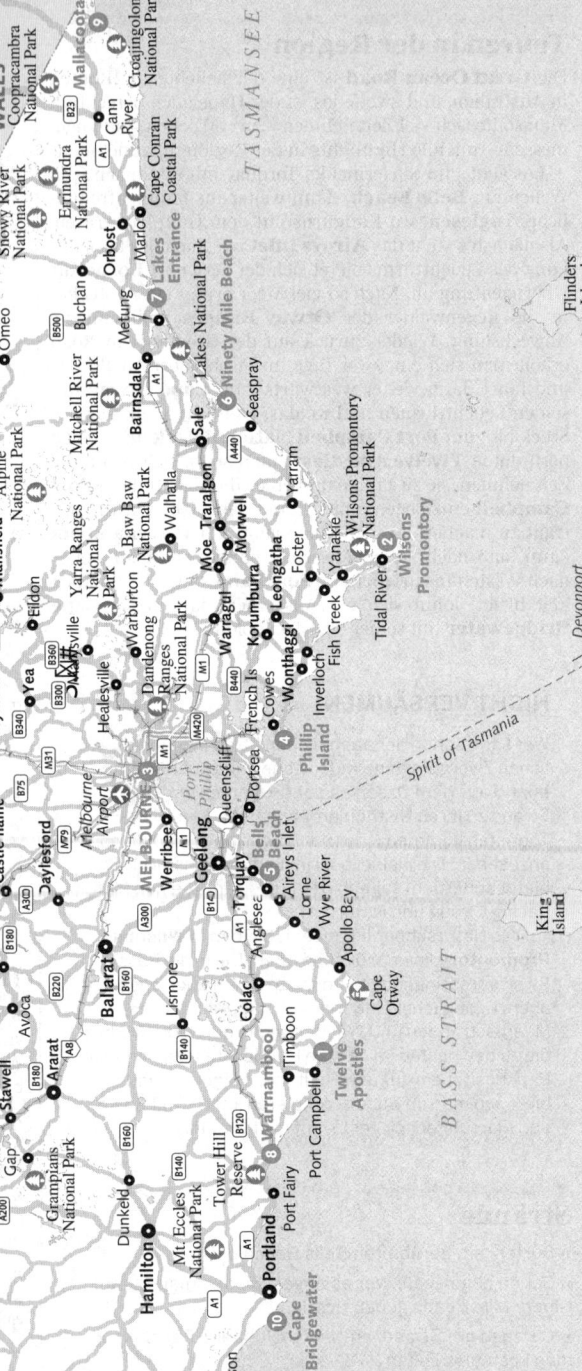

MELBOURNE

In der Stadt mit fast 4 Mio. Einwohnern ist mächtig viel los. Kaffee, gutes Essen, Kunst und Mode werden sehr ernst genommen, haben aber nichts Exklusives: Für einen Bar- und/oder Shopping-Bummel braucht man nur ein bisschen Kleingeld und Talent im Aufspüren versteckter Treppenaufgänge und graffitiübersäter Gässchen.

In vielen Bereichen gibt die Indie-Szene in Melbourne den Ton an – man findet sie hauptsächlich im CBD, in St. Kilda, Fitzroy, Collingwood, Brunswick und Northcote, aber auch in den Ecken und Winkeln der meisten anderen innenstadtnahen Viertel hat sie ein Plätzchen gefunden.

Der tief braune Yarra River trennt die nördlichen Viertel Fitzroy, Collingwood und Carlton von denen im Süden, zu denen Prahran und South Yarra gehören. Es gibt hier auch eine leichte kulturelle Grenze, die allerdings für den Sport nicht gilt. Man begeistert sich allgemein, je nach Jahreszeit, für Aussie-Rules-Football (Footy), Pferderennen und Cricket.

◉ Sehenswertes

STADTZENTRUM

Federation Square   AREAL

(Fed Sq; Karte S. 236 f.; www.federationsquare. com.au; Ecke Flinders & Swanston St) Der eindrucksvolle Federation Square ist der angesagte Treff zum Feiern, Demonstrieren und Partymachen. Der „Square" nimmt einen prominenten Block der Stadt ein, ist aber alles andere als quadratisch. Der mit Stein aus Kimberley wellenförmig gepflasterte Außenbereich erinnert an die Plätze europäischer Städte. Im Untergrund darunter verbirgt sich das **Melbourne Visitor Centre** (☏9928 0096; ☺9–18 Uhr; geführte Touren 12 AU$/Erw.).

Ian Potter Centre: National
Gallery of Victoria Australia   KUNSTGALERIE

(NGVA; Karte S. 236 f.; www.ngv.vic.gov.au; Federation Sq; ☺Di–So 10–17 Uhr) Das Zentrum beherbergt die große Sammlung von Gemälden, Kunsthandwerk, Fotografien, Grafiken, Zeichnungen, Skulpturen, Modeschöpfungen, Textilien und Schmuck australischer Künstler, die sich im Besitz der NGV befinden.

Das Erdgeschoss wird von den Schöpfungen indigener Künstler dominiert; hier sollen vorgefertigte Konzepte über das „Authentische" hinterfragt werden. Im Oberge-

schoss werden Gemälde kolonialzeitlicher Maler und Zeichnungen von Aborigines-Künstlern des 19. Jhs. in einer Dauerausstellung gezeigt. Sehenswert sind auch die Bilder australischer Impressionisten der Heidelberg School und die große Sammlung von Werken der avantgardistischen „Angry Penguins", darunter von Sir Sidney Nolan, Arthur Boyd, Joy Hester und Albert Tucker.

Australian Centre
for the Moving Image   MUSEUM

(ACMI; Karte S. 236 f.; www.acmi.net.au; Federation Sq; ☺10–18 Uhr) Im gleichermaßen informativen wie spannenden und unterhaltenden ACMI gibt's Filme und Spiele, mit denen man Tage oder sogar Monate zubringen könnte. Die Ausstellung **Screenworld** legt den Schwerpunkt auf australisches Kino und Fernsehen; die **Australian Mediatheque** im Obergeschoss zeigt Filme aus den Beständen des National Film and Sound Archive und des ACMI.

Birrarung Marr   PARK

(Karte S. 236 f.; zw. Federation Sq & Yarra River) Mit Grashügeln, Spazierwegen am Fluss und einer überlegten Bepflanzung mit endemischer Flora bietet Birrarung Marr eine willkommene Ergänzung zu Melbournes weit verteilten Parks und Gärten. Hier findet sich auch die Musikskulptur **Federation Bells**.

Collins Street   STRASSE

(Karte S. 236 f.; zw. Spring & Spencer St) Das schicke „Paris End" der Collins St zwischen der Spring und der Swanston St ist von Platanen gesäumt und prunkt mit prächtigen Gebäuden und Luxusboutiquen; daher der Spitzname.

Die **Block Arcade**, die sich zwischen der Collins und der Elizabeth St erstreckt, wurde 1891 errichtet und ist mit Ätzglasdecken und Mosaikböden verziert.

Chinatown   STADTVIERTEL

(Karte S. 236 f.; Little Bourke St, zw. Spring & Swanston St) Auf der Suche nach dem „neuen Goldberg" kamen chinesische Bergleute in den 1850er-Jahren in die Region und siedelten sich in dem Abschnitt der Little Bourke St an, der heute von roten Torbögen flankiert ist. Hier findet man eine interessante Mischung von Bars und Restaurants, darunter eines von Melbournes besten (s. Flower Drum, S. 241). Hier kann man sich an Yum Cha (Dim Sum) laben oder in den angrenzenden Gassen am späten Abend Klö-

FLEMINGTON

Flemington Racecourse

Maribyrnong River

Ballarat Rd

Gordon St

Droop St

Geelong Rd

KENSINGTON

Kensington

Macaulay

Kensington Rd

Arden St

West Footscray

Footscray Market

Footscray

Middle Footscray

Dynon Rd

South Kensington

North Melbourne

Napier St

Sims St

WEST MELBOURNE

Footscray Rd

Harris Reserve

Seddon

CityLink

NEW QUAY

Somerville Rd

Yarraville Gardens

Swanson Dock

Victoria Harbour

Yarraville

YARRAVILLE

Yarra River

Bolte Bridge

DOCKLANDS

Francis St

Hyde St

Stony Creek Park

Salmon St

West Gate Fwy

Ingles St

Donald McLean Reserve

Spotswood

West Gate Bridge

Westgate Park

Todd Rd

Williamstown Rd

PORT MELBOURNE

SPOTSWOOD

Douglas Pde

Todd Rd

Williamstown Rd

Bay St

BEACON COVE

Newport

Newport Park

North Rd

Webb Dock

Princes Pier

Station Pier

Beach St

NEWPORT

Greenwich Bay

Hobsons Bay

Williamstown Cemetery

North Williamstown

Ferguson St

Williamstown Beach

WILLIAMSTOWN

Port Phillip

Fearon Reserve

Williamstown

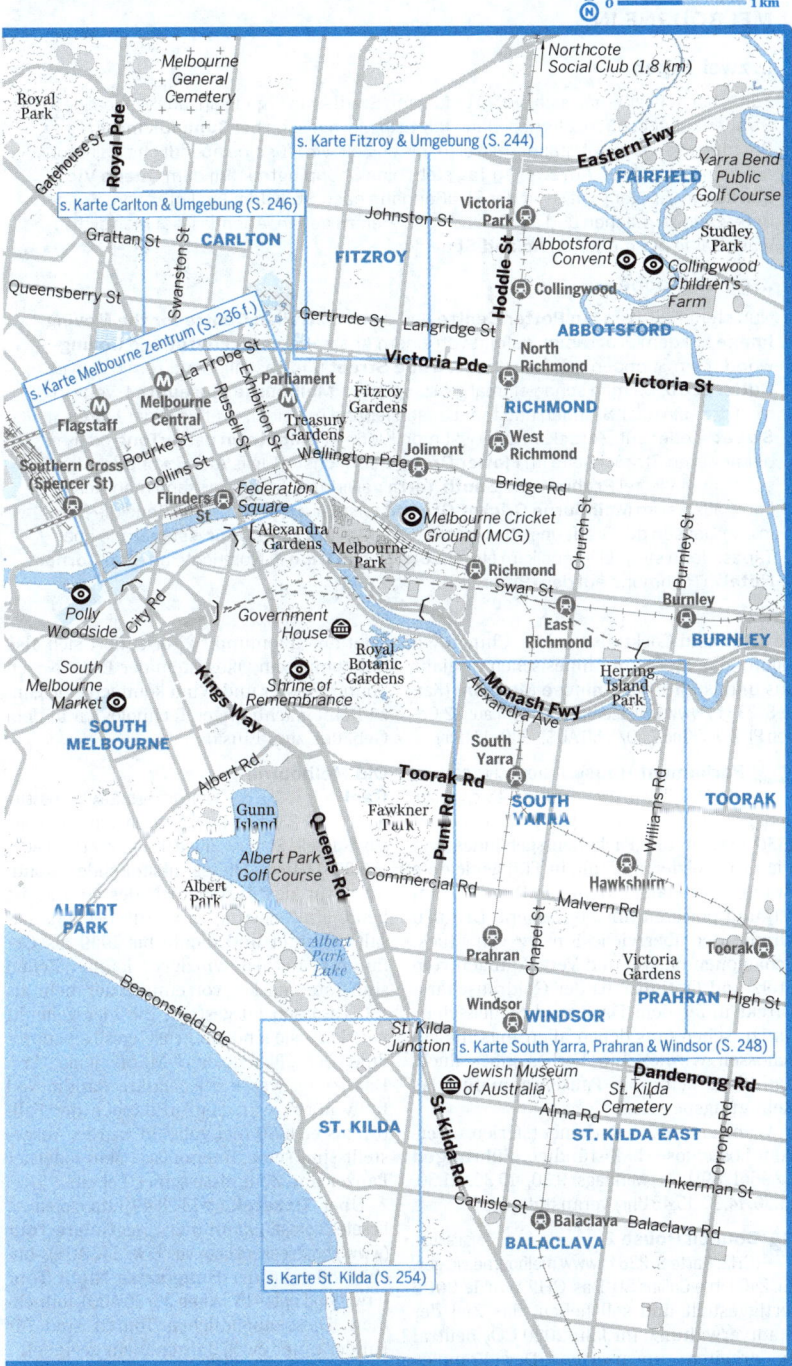

MELBOURNE IN...

... zwei Tagen

Zunächst schließt man sich einem geführten Stadtspaziergang an, um Melbournes Straßenkunst kennenzulernen, dann folgt ein Mittagessen bei **Cumulus Inc**. In einer Dachterrassenbar entspannt man sich, bis es Zeit wird für eine abendliche Kajaktour auf dem Yarra River. Am zweiten Tag steht eine Shoppingtour auf dem **Queen Vic Market** an. Später geht's mit der Straßenbahn nach **St. Kilda**, um Fotos vom Sonnenuntergang zu machen und am Strand spazieren zu gehen. Abends lässt man sich in einer Bar in der munteren **Acland St** nieder.

... einer Woche

Nun steht Kultur im **Ian Potter Centre** und dem **Australian Centre for the Moving Image** auf dem Programm, gefolgt von einem Abstecher nach **Fitzroy** und **Collingwood**. Zum Shoppen geht's in die **Gertrude Street** und anschließend zum Essen ins **Cutler & Co**. Da man schon einmal ganz nah beim **Melbourne Museum** ist, verbringt man dort ein paar Stunden und tankt anschließend mit einem Kaffee in der **Lygon Street** wieder auf. Zurück im CBD isst man Klöße in **Chinatown** bei **HuTong** oder auf der anderen Straßenseite im **Flower Drum**. Der nächste Tag ist der Erkundung der geschäftigen Viertel **Prahran** und **South Yarra** gewidmet. Im Winter kann man sich ein Footballspiel im **Melbourne Cricket Ground** anschauen und anschließend die Bars in den Gassen der Stadt unsicher machen. Im **Movida Next Door** isst man ein paar Tapas, dann steht Livemusik im **Northcote Social Club** in Northcote oder im **Corner Hotel** in Richmond auf dem Programm.

ße essen und Cocktails trinken. Chinatown richtet das Fest zum Chinesischen Neujahr aus und ist Sitz des **Chinese Museum** (Karte S. 236 f.; www.chinesemuseum.com.au; 22 Cohen Pl; Erw./Kind 7,50/5,50 AU$; ◷10–17 Uhr).

GRATIS **Parliament House** HISTORISCHES GEBÄUDE (Karte S. 236 f.; www.parliament.vic.gov.au; Spring St) Auf der prächtigen Freitreppe des 1856 errichteten Parlamentsgebäudes von Victoria stolzieren häufig in Tüll gekleidete Bräute oder Plakate tragende Demonstranten und posieren für die Kamera. Drinnen kündet der überreiche Einsatz von Stuck, Schablonenmalerei und Vergoldungen vom Stolz und Optimismus der Goldrauschära. Direkt unter dem Dach sind Schießscharten zu sehen (aus denen allerdings nie geschossen wurde). Ein Verlies gibt's auch, das dient heute als Pausenraum für das Reinigungspersonal.
Während der Parlamentsferien werden kostenlose halbstündige **Führungen** (◻9651 8911; ◷werktags 9.30, 10.30, 11.30, 13.30, 14.30, 15.45 Uhr) veranstaltet.

Council House 2 GEBÄUDE (CH2; Karte S. 236 f.; www.melbourne.vic.gov.au; 240 Little Collins St) Das CH2 wurde 2006 fertiggestellt und soll helfen, das Ziel der Stadtverwaltung, im Jahr 2020 CO_2-neutral zu arbeiten, umzusetzen. Der Komplex

setzt auf „Biomimikry", orientiert sich also am komplexen Ökosystem der Erde. Neben Sonne, Wasser und Wind kommen eine ganze Reihe nachhaltiger Technologien in dem Gebäude zum Einsatz.

Old Melbourne Gaol HISTORISCHES GEBÄUDE, MUSEUM (Karte S. 236 f.; www.oldmelbournegaol.com.au; Russell St; Erw./Kind/Fam. 21/11/49 AU$; ◷9.30–17 Uhr) Dieses abstoßende Monument für das Justizwesen des 19. Jhs. ist heute ein Museum. Es wurde 1841 aus Basalt errichtet und diente bis 1929 als Gefängnis. In den winzigen, kahlen Zellen sind Totenmasken von einigen der mehr als 130 Insassen ausgestellt, die hier gehenkt wurden – sie sind ein gruseliges Nebenprodukt der „Phrenologie"-Manie jener Ära. Das letzte, was der legendäre Bandit Ned Kelly hörte, war das Aufklappen der Falltür, als er 1880 hier gehenkt wurde. Ausgestellt sind seine Totenmaske, sein lederner Panzer und Zeugnisse seines Lebens.
Über **Ticketek** (◻13 28 49; http://premier.ticketek.com.au) kann man eine **Geistertour** (www.ghostseekers.com.au; Erw. 140 AU$) buchen oder an der **Hangman's Night Tour** (Erw./Kind unter 15 Jahren 35/30 AU$) teilnehmen. Diese abendlichen Touren sind für Kinder unter zwölf Jahren nicht geeignet.

Queen Victoria Market MARKT

(Karte S. 236 f.; www.qvm.com.au; 513 Elizabeth St; ⊙Di & Do 6–14, Fr 6–17, Sa 6–15, So 9–16 Uhr) Den „Queen Vic" gibt es schon seit mehr als 130 Jahren; zuvor diente das Gelände als Friedhof.

Die Einwohner der Stadt decken sich hier mit frischen Lebensmitteln ein, darunter auch Bio-Produkten und asiatischen Spezialitäten. Man findet hier einen Deli, eine Fleisch- und Fischhalle sowie eine Zone mit Fast-Food-Läden und Restaurants.

Zwischen Mitte November und Ende Februar findet mittwochs ein Abendmarkt mit Imbissständen, Ausschank und Musik statt.

Royal Arcade HISTORISCHE ARKADE

(Karte S. 236 f.; www.royalarcade.com.au; 335 Bourke St Mall) Diese Arkade Pariser Art wurde 1869/70 errichtet und ist damit die älteste in Melbourne; an den höheren Wandteilen sind viele der ursprünglichen Details aus dem 19. Jh. erhalten. Der im schwarzweißen Schachbrettmuster gepflasterte Weg führt zu den Figuren der mythologischen Riesen Gog und Magog, die sich mit ihren Häm-

mern auf dem überwölbten Ausgang zur Little Collins St niedergelassen haben.

Koorie Heritage Trust KULTURZENTRUM

(Karte S. 236 f.; www.koorieheritagetrust.com; 295 King St; Eintritt gegen Spende, Führung 15 AU$; ⊙10–16 Uhr) Dieses Kulturzentrum widmet sich der Kultur der Aborigenes im Südosten und sammelt Artefakte und mündliche Überlieferungen. In den Ausstellungssälen werden zeitgenössische und traditionelle Werke gezeigt. In der Mitte des Zentrums steht das Modell eines Narbenbaums, und außerdem gibt es noch eine Dauerausstellung zur Geschichte der Koorie in Victoria.

Hinter den Kulissen werden bedeutende Objekte sorgsam restauriert; in den Ausstellungen finden sich Repliken, die die Besucher auch anfassen dürfen. In den Kulturzentrum gibt es auch einen Laden mit Büchern, CDs, Kunsthandwerk und Zubehör für die Zubereitung von Bush Food.

Immigration Museum MUSEUM

(Karte S. 236 f.; www.museumvictoria.com.au/immigrationmuseum; 400 Flinders St; Erw./Kind

---

GEHEIMTIPP

FAY JUNE BALL, LEHRERIN VOM VOLK DER WIRADJURI: DER KOORIE HERITAGE TRUST

Ich veranstalte Führungen durch das Gebiet um Melbourne, zeige den Menschen die beiden einzigen indigenen Roten Eukalypten, die noch in Flagstaff Gardens stehen, und die Gegend am Birrarung (Yarra). Der hat den falschen Namen Yarra erhalten, mit dem eigentlich der (heute verschwundene) Wasserfall bezeichnet wurde. Der richtige Name des Flusses ist Birrarung. Die meisten Menschen wissen nicht, dass sich die Kultur und die Sprachen der Aborigines von Region zu Region unterscheiden. In der Kunst der Aborigines aus Victoria gibt es keine Punkte. Im Koorie Heritage Trust verkaufen wir echte Kunst aus Victoria und hauen die indigenen Künstler nicht übers Ohr.

Anschauen

Die beiden „Scar Trees" (von Aborigines entrindete Bäume) auf dem Parkplatz des Melbourne Cricket Ground und der Corroboree-Baum bei St. Kilda Junction (Karte S. 254), den die Gemeinde St. Kilda bewahrt hat.

Essen

Im Charcoal Lane in Fitzroy (Karte S. 244).

Lesen

Aboriginal Melbourne: The Lost Land of the Kulin People von Gary Presland; The Melbourne Dreaming: a Guide to the Aboriginal Places of Melbourne von Meyer Eidelson

Gewusst?

Alle reden über das Wetter in Melbourne. Die hiesigen Wiradjuri wissen, warum: In Melbourne gibt es sechs Jahreszeiten, nicht bloß vier.

8 AU$/frei; ⊙10–17 Uhr) Das Immigration Museum erzählt anhand von Bildern, Dokumenten und privaten und offiziellen Mitteilungen die Geschichte von einigen der 9 Mio. Menschen, die seit 1788 nach Australien einwanderten. Es residiert passenderweise im Old Customs House (1858–1870).

Melbourne Aquarium
AQUARIUM
(Karte S. 236 f.; ☎9923 5999; www.melbourne aquarium.com.au; Ecke Queenswharf Rd & King St; Erw./Kind/Fam. 33/19/88 AU$; ⊙Jan. 9.30–21 Uhr, Feb.–Dez. bis 18 Uhr) In dem Aquarium schwimmen Rochen, Zackenbarsche und Haie in einem 2,2 Mio. l Wasser fassenden Becken. Von einem hindurchführenden Glastunnel aus können die Besucher die Tiere beobachten. Dreimal täglich gibt's Tauchgänge zu den Haien; mit 150 bis 345 AU$ ist man dabei.

State Library of Victoria
BIBLIOTHEK
(Karte S. 236 f.; www.slv.vic.gov.au; 328 Swanston St; ⊙Mo–Do 10–21, Fr–So bis 18 Uhr; ☎) Als die Bibliothek 1856 eröffnet wurde, mussten Besucher sich ins Gästebuch eintragen, mindestens 14 Jahre alt sein und saubere Finger haben. Heute reicht es aus, sein Gepäck im Schließfach zu verstauen (1–2 AU$/4 Std.) und sich im Haus einigermaßen still zu verhalten.

Als der achteckige **La Trobe Reading Room** 1913 fertiggestellt wurde, war seine Stahlbetonkuppel die größte ihrer Art weltweit. Im zur Little Lonsdale St hin gelegenen **Wheeler Centre** (www.wheelercentre. com), dessen Anschubfinanzierung die Lonely Planet Gründer Tony und Maureen Wheeler übernahmen, finden regelmäßig Lesungen und Diskussionen mit in- und ausländischen Schriftstellern statt. Nach dem Bibliotheksbesuch kann man sich bei **Mr. Tulk** (⊙ So geschl.) stärken.

GRATIS Until Never
KUNSTGALERIE
(Karte S. 236 f.; www.untilnever.net; 2. Stock, 3-5 Hosier Lane; ⊙Mi–Sa 11–17 Uhr) Diese Galerie wird von Andrew Mac, einem führenden Vertreter der Melbourner Straßenkunstszene geleitet und konzentriert sich auf Underground-Künstler. Die Galerie bildet eine wunderbare Ergänzung zur Straßenkunst in diesem Viertel und dem schon lange etablierten City Lights Project. Der Eingang befindet sich in der Rutledge Lane.

Bourke Street Mall
MALL
(Karte S. 236 f.; zw. Swanston & Elizabeth St) Westlich der Swanston St beginnt die Bourke St Mall. Hier wimmelt es von Straßenbahnen,

peruanischen Straßenmusikanten, aufdringlichen Verkäufern und Einkaufslustigen. Seit 60 Jahren stehen die Leute von November bis Anfang Januar (manchmal stundenlang) vor den Schaufenstern von **Myer** an, um einen Blick auf die animierte Weihnachtsdekoration zu werfen.

SOUTHBANK & DOCKLANDS
Southbank, früher ein schäbiges Industrieviertel, liegt gleich gegenüber der Flinders St am anderen Ufer des Yarra. Hinter dem Einkaufszentrum **Southgate** liegt das wichtigste Kunstviertel der Stadt, zu dem u. a. die National Gallery of Victoria International und das Arts Centre gehören. Hinten am Fluss erstreckt sich der Uferweg bis zum Crown Casino & Entertainment Complex, einer selbsternannten „Welt des Entertainment", das seine Besucher täglich rund um die Uhr empfängt. Westlich der City liegen die Docklands.

GRATIS National Gallery of Victoria International
KUNSTGALERIE
(NGVI; www.ngv.vic.gov.au; 180 St. Kilda Rd; Dauerausstellung frei, Eintritt für internationale Sonderausstellungen; ⊙Mi–Mo 10–17 Uhr) Hinter der Wasserwand erwartet die Besucher internationale Kunst von der Antike bis zur Gegenwart. Das 1967 fertiggestellte, ursprüngliche NGV International – Roy Grounds' „verrückte Ikone" – gehörte zunächst zu den umstrittensten Bauwerken Australiens, wurde aber schließlich als ein Meisterwerk des Modernismus anerkannt. Das Innere wurde 1990 bis 2003 unter der Leitung von Mario Bellini umgestaltet. Unbedingt einen Blick auf die Buntglasdecke in der Großen Halle werfen!

Eureka Tower & Skydeck 88
AUSSICHTSTERRASSE
(Karte S. 236 f.; www.eurekaskydeck.com.au; 7 Riverside Quay, Southbank; Erw./Kind/Fam. 18/9/40 AU$, The Edge zus. 12/8/29 AU$; ⊙10–22 Uhr, letzter Einlass 21.30 Uhr) Der 2006 errichtete Eureka Tower ist 92 Stockwerke hoch. Mit dem schnellen Aufzug fährt man fast bis zur Spitze – er bewältigt 88 Stockwerke in weniger als 40 Sekunden. „The Edge" ist kein Bandmitglied von U2, sondern ein recht sadistischer Glaswürfel, in dem man aus dem Gebäude herausgeschnellt wird.

GRATIS Australian Centre for Contemporary Art
KUNSTGALERIE
(ACCA; www.accaonline.org.au; 111 Sturt St; ⊙Di–Fr 10–17, Sa & So 11–18 Uhr) Das ACCA ist eine

der spannendsten und Sehgewohnheiten herausforderndsten Galerien zeitgenössischer Kunst in Australien. U. a. werden hier Werke gezeigt, die speziell für diesen Raum in Auftrag gegeben wurden. Außerdem präsentiert die Galerie eine ganze Palette australischer und internationaler Künstler. Das Gebäude wirkt selber wie eine Skulptur: Die rotbraune Fassade erinnert an die Fabriken, die einst hier standen, und der schicke, hohe, sehr anpassungsfähige Raum ist ideal für die Aufstellung der oft sehr großen Installationen. Vom Bahnhof Flinders Street geht man über die Princes Bridge und folgt dann der St. Kilda Rd. Rechts in die Grant St und dann links in die Sturt St abbiegen!

Crown Casino & Entertainment Complex KASINO

(Karte S. 236 f.; www.crowncasino.com.au; Southbank) Der Crown Entertainment Complex erstreckt sich über zwei Blocks und umfasst drei Luxushotels, die mit dem Crown Casino verbunden sind. Letzteres hat allein als 300 Spieltische, 2500 Geldspielautomaten und ist rund um die Uhr geöffnet. Das Ganze ist eine in sich abgeschlossene Welt ohne natürliches Licht, in der die Stunden verfliegen.

Ansonsten finden sich hier künstliche Wasserfälle, Feuerbälle, ein gigantischer Kinokomplex, eine Bowlingbahn, diverse Nachtclubs und ein Veranstaltungssaal mit 900 Plätzen. Auch ein paar Luxusgeschäfte, Ladenketten und Spezialitätengeschäfte, Bars, Cafés und eine Imbisshalle haben in dem Komplex ihren Platz. Die Restaurants decken die Palette von Massenabfütterung bis Spitzenklasse ab; mehrere hoch angesehene kulinarische Tempel finden sich unten am Fluss.

Polly Woodside Maritime Museum MUSEUM

(Karte S. 222 f.; www.pollywoodside.com.au; 2a Clarendon St, South Wharf; Erw./Kind 15/8 AU$) Das aufgemöbelte interaktive Besucherzentrum erzählt die Geschichte des mit einem Eisenrumpf versehenen Handelsschiffs *Polly Woodside*, das 1885 im nordirischen Belfast vom Stapel lief und heute in einer Konstruktion ruht, die an einen riesigen Käfig erinnert.

Melbourne Recital Centre/Melbourne Theatre Company MUSIK/THEATER

(MTC; www.melbournerecital.com.au, www.mtc. com.au; Ecke Southbank Blvd & Sturt St, South-

bank) Das neue, preisgekrönte Gebäude mag wie eine eingerahmte Honigwabe aussehen, ist aber tatsächlich der Sitz (oder Stock) von zwei Melbourner Theaterkompanien. Bei der MTC stehen oft Schauspieler aus der Liga eines Geoffrey Rush auf der Bühne, während sich das Programm des Recital Centre von einheimischen Liedermachern und Quartetten bis zu Babar dem Elefanten erstreckt. Vom Bahnhof Flinders Street aus die Brücke über den Yarra nehmen und dann rechts auf den Southbank Blvd abbiegen!

Victorian Arts Centre KUNSTZENTRUM

(Karte S. 236 f.; www.theartscentre.com.au; 100 St. Kilda Rd) Das Arts Centre besteht aus zwei separaten Gebäuden: der Hamer Hall, einer Konzerthalle, die zur Zeit der Recherche gerade einen größeren Umbau erlebte, und dem Theatres Building (mit der Turmspitze). Beide Gebäude sind über eigens angelegte Spazierwege miteinander verbunden.

Das Famous Spiegeltent, eines der letzten großen belgischen Spiegelzelte, nimmt alljährlich zwischen Februar und April den Vorplatz ein und dient als Bühne für Cabaret, Comedy, Musik- und Zirkusveranstaltungen. Die George Adams Gallery und die St. Kilda Road Foyer Gallery sind Ausstellungsräume, in denen Wechselausstellungen bei freiem Eintritt gezeigt werden.

Sonntags findet zwischen 10 und 16 Uhr im Arts Centre der Makers' Market statt, auf dem rund 80 Kunsthandwerker alles Mögliche von Jonglierbällen bis zu Fotografien anbieten.

Auf dem Weg durch die Kings Domain begegnet man der Sidney Myer Music Bowl, einer Freiluftbühne, auf der im Sommer Konzerte mit Stars wie Dame Kiri Te Kanawa, aber auch große Dancepartys stattfinden.

Docklands GEBIET

(Karte S. 222 f.; www.docklands.vic.gov.au) Dieses Uferareal war bis in die Mitte der 1990er-Jahre das wichtigste Industrie- und Hafengelände der Stadt. Dann wurde hier eigens ein Atelierkomplex errichtet, dem sich Quartiere mit Wohnungen, Läden und Restaurants anschlossen. Am interessantesten für Traveller ist der zuerst errichtete Komplex New Quay. Hier finden sich Kunstwerke, Spazierwege und eine gute Mischung diverser Cafés und Restaurants. Auch die Waterfront City hat Restaurants und Bars zu bieten, außerdem einen Jachtclub und, wenn es denn wieder aufgebaut wird, das Riesenrad:

Es wurde 2010 aufgestellt, dann aber wieder demontiert, weil Probleme mit der Statik auftraten.

EAST MELBOURNE & RICHMOND

An den geruhsamen, breiten Straßen von East Melbourne stehen prachtvolle viktorianische Reihenhäuser und Villen im italienischen Stil. In dem Viertel befindet sich auch der gewaltige Melbourne Cricket Ground (MCG). Auf der anderen Seite der ständig verstopften Punt Rd/Hoddle St liegt die Vorstadt Richmond. Dort gibt es an der Victoria St eine ganze Reihe munterer vietnamesischer Restaurants, Modeläden in der Bridge Rd und ein paar gute Bars in der Church St.

Melbourne Cricket Ground   STADION
(MCG; Karte S. 222 f.; www.mcg.org.au; Brunton Ave) Das „G" ist eine der bedeutendsten Sportarenen der Welt und für viele Australier gewissermaßen heiliger Boden.

1858 fand dort, wo sich heute das MCG und sein Parkplatz befinden, das erste Spiel des Australian-Rules-Football (Aussie rules) statt, und 1877 wurde hier das erste Test Match im Cricket zwischen Australien und England ausgetragen. 1956 war das MCG das zentrale Stadion der Olympischen Spiele und 2006 Austragungsstätte der Commonwealth Games. Die William Barak Bridge verbindet es heute mit dem CBD. Für Melbourner der Oberschicht ist es Ehrensache, Mitglied des MCG zu sein.

Wer über das Gelände pilgern will, kann bei **Führungen** (☑9657 8879; Erw./Kind/Fam. 20/10/50 AU$) die Tribünen, die Vereins- und Trainerbereiche, den Long Room sowie (wenn frei) die Umkleideräume besichtigen und auch auf den Platz gehen. Die Führungen finden (an spielfreien Tagen) zwischen 10 und 15 Uhr statt. Vorab zu reservieren ist zwar nicht erforderlich, aber empfehlenswert. Auf dem Gelände des MCG befindet sich auch das **National Sports Museum**; für Führung und Museumsbesuch zusammen gilt ein Sonderpreis (Erw./Kind/Fam. 30/15/60 AU$).

Fitzroy Gardens   GARTEN
(Karte S. 222 f.; zw. Wellington Pde, Clarendon, Lansdowne & Albert St) Gleich östlich der Spring St weicht die Stadt urplötzlich Melbournes schönem Hinterhof, den Fitzroy Gardens. Die stattlichen Wege sind von Ulmen gesäumt. Die Anlage mit ihren Blumenbeeten, weiten Rasenflächen, merkwürdigen Springbrunnen und einem Was-

serlauf ist von der Stadt nur einen kurzen Spaziergang entfernt.

Cooks' Cottage (www.cookscottage.com. au; Erw./Kind/Fam. 4,50/2/12 AU$; ☺9–17 Uhr) wurde 1934 in Yorkshire in 253 Kisten verpackt und in Melbourne wieder aufgebaut – das Häuschen gehörte ursprünglich einmal den Eltern des Seefahrers. In der Nähe steht der **Fairies' Tree** mit den skurrilen Schnitzereien der Autorin Ola Cohn. Um den 300 Jahre alten Baumstumpf, den die Künstlerin 1932 mit Feen, Elfen, Kängurus, Emus und Possums verzierte, zu erhalten, ist es auch den wahren Gläubigen untersagt, in den Löchern des Stamms Botschaften an die Feen zu hinterlassen.

Zwischen dem Cooks' Cottage und dem Fairies' Tree steht der (heute abgestorbene) **Scarred Tree** der Fitzroy Gardens. Er wurde für den Bau eines Kanus von den Aborigenes teilweise entrindet.

Im Mittelpunkt des Parks steht **Tudor Village**. Das Miniaturdorf war ein Geschenk der britischen Stadt Lambeth zum Dank für die australischen Nahrungsmittelspenden an Großbritannien während des Zweiten Weltkriegs.

FITZROY & UMGEBUNG

Fitzroy, Melbournes erste Vorstadt, galt einst als ein Inbegriff von Schmutz und Laster. Trotz lang anhaltender Gentrifizierung treffen sich hier auch heute noch die Kreativen, allerdings eher, um zu Mittag zu essen, darüber in ihrem Blog zu schreiben und anschließend „einmalige" Boutiquen und Antiquitätenläden zu durchstöbern.

Die Gertrude St, in die sich früher die braven Bürger nicht hineintrauten, ist Melbournes angesagte Straße. Die Smith St hat zwar noch raue Ecken, aber heute ist nicht mehr von ihrer einstigen Verkommenheit, sondern von ihren smarten Restaurants, Cafés und Boutiquen die Rede. Außerdem ist die Straße immer noch ein Treffpunkt der Aborigines.

Im Norden liegt das grüne Wohnviertel North Fitzroy, dessen Mittelpunkt die Edinburgh Gardens sind, wo die Hipster abhängen. Wenn es in Northcotes High St Abend wird, betreten unzählige Vergnügungslustige in Turnschuhen das Pflaster.

Abbotsford Convent   KUNSTBEZIRK
(Karte S. 222 f.; (☑9415 3600; www.abbotsford convent.com.au; 1 St Heliers St, Abbotsford; ☺7.30–22 Uhr) Die 1861 geschaffene Klosteranlage liegt nur 4 km vom CBD entfernt und

erstreckt sich über fast 7 ha Uferland. Die Nonnen sind längst fort und niemand fragt einen mehr, wann man zuletzt bei der Messe war. Heute finden sich hier Künstlerateliers und Begegnungszentren. In der **Convent Bakery** (www.conventbakery.com) erhält man die Zutaten für ein improvisiertes Picknick, im **Handsome Steve's House of Refreshment** (http://houseofrefreshment.com; 1. Stock) mixt einem Steve in seiner Bar im Stil der 1950er-Jahre einen Campari Soda, den man auf dem Balkon genießt, während man die Klosterarchitektur bewundert und dem Footballspiel im Radio lauscht. An jedem vierten Samstag gibt es einen **Slow Food Market** (www.mfm.com.au; Eintritt 2 AU$; ☺8–13 Uhr) an jedem dritten den **Shirt and Skirt Market**. Gegenüber vom Kloster liegt die **Collingwood Children's Farm** (www.farm.org.au; Erw./Kind/Fam. 8/4/16 AU$; ☺9–17 Uhr), ein rustikales Refugium am Fluss mit einer Reihe lustiger Hoftiere.

Centre for Contemporary Photography
KUNSTGALERIE

(CCP; Karte S. 244; www.ccp.org.au; 404 George St, Fitzroy; Eintritt gegen Spende; ☺Mi–Fr 11–18, Sa & So 12–17 Uhr) Das gemeinnützige Centre zeigt in einer Reihe von Galerien Wechselausstellungen teils traditioneller, teils konzeptueller Werke.

CARLTON & UMGEBUNG

Die Lygon St führt durch das grüne North Carlton bis ins boomende Brunswick. Hier findet man einen munteren Mix aus Studenten, alteingesessenen Familien, Erneuerern und neu eingetroffenen Migranten. Die zentrale Lebensader von Brunswick, die Sydney Rd, ist ständig von Autos verstopft und hat jede Menge nahöstlicher Lebensmittelgeschäfte und Restaurants. Die Lygon St in East Brunswick kommt immer mehr in Mode; hier findet man eine Ansammlung von Restaurants, Musiktreffs und Bars.

Melbourne Museum
MUSEUM

(Karte S. 246; (☑13 11 02; www.museumvictoria.com.au; 11 Nicholson St, Carlton; Eintritt Erw./Kind 8 AU$/frei, Sonderausstellungen 24/16 AU$); ☺10–17 Uhr) In der selbstbewusst postmodernen Ausstellungsfläche stehen altvertraute Objektpräsentationen neben interaktiv gestalteten Themenbereichen. Das Museum ist fast zu reichhaltig, um noch einen Zusammenhang zu wahren, liefert aber insgesamt einen großartigen Einblick in die Naturkunde und Kulturgeschichte

von Victoria. Man schlendert durch eine Gasse, die das Leben im 19. Jh. nachstellt, oder kann sich in die Legende des „australischen Wunderpferds" Phar Lap versenken. Die Ausstellung Bunjilaka im Erdgeschoss vermittelt die Geschichte und die Geschichten der australischen Ureinwohner anhand von Objekten und Berichten von Aborigines. Ferner gibt es den „lebenden Wald", ein offenes Atrium, dass die Pflanzen und Tiere Victorias vorstellt, sowie ein **Imax-Kino** (S. 250) nebenan.

Royal Exhibition Building
HISTORISCHES GEBÄUDE

(Karte S. 246; www.museumvicoria.com.au/reb; Nicholson St, Carlton) Das für die Internationale Ausstellung von 1880 errichtete Bauwerk ist seit 2004 Unesco-Welterbestätte. Die wunderschöne große Halle ist vom byzantinischen, lombardischen, romanischen und dem Stil der italienischen Renaissance beeinflusst und kündet von den großen Tagen der Industriellen Revolution, des britischen Empire und von der wirtschaftlichen Vormachtstellung Melbournes im 19. Jh. Im Jahr 1901 tagte hier das erste Parlament des australischen Bundes; heute finden hier Veranstaltungen aller Art von Handelsmessen bis zu Dance Partys statt. An den meisten Tagen gibt es **Führungen** (☑Reservierung 13 11 02; Erw./Kind 5/3,50 AU$), die um 14 Uhr am Melbourne Museum starten.

Royal Melbourne Zoo
ZOO

(☑9285 0300; www.zoo.org.au; Elliott Ave, Parkville; Erw./Kind/Fam. 25/13/57 AU$; ☺9–17 Uhr) Der Melbourne Zoo ist eine der beliebtesten Attraktionen der Stadt. Durch manche Anlagen führen Besucherwege hindurch; so kann man durch die Vogelvoliere spazieren, den Löwenpark auf einer Brücke überqueren und im Tropenhaus farbenprächtige Schmetterlinge bewundern. Viele einheimische Tierarten leben hier in einer naturnah gestalteten Umwelt, darüber hinaus gibt es ein Schnabeltier-Aquarium, Robben, Tiger und Löwen, viele Reptilien und ein Gehege mit asiatischen Elefanten. Im Sommer finden im Zoo abends die **Twilight Concerts** statt. Im Rahmen von **Roar 'n' Snore** (Erw./Kind 195/145 AU$, ☺Sept.–Mai) kann man im Zoo campieren und morgens die Tierpfleger auf der Fütterungsrunde begleiten.

Ceres
ÖKOPARK

(www.ceres.org.au; 8 Lee St, East Brunswick; ☺9–17 Uhr, Markt Mi & Sa 9–13 Uhr) Ceres ist ein seit mehr als 20 Jahren bestehendes

ELVIS IN MELBOURNE

Wenn man weiß, dass Elvis Presley nie in Melbourne aufgetreten ist, wirkt es doch überraschend, dass seine Fans dem King nach seinem Tod im Jahr 1977 auf dem Melbourne General Cemetery in North Carlton ein Denkmal errichtet haben. Man kann die große Grotte bewundern (und an seinem Geburtstag und an anderen wichtigen Tagen seines Lebens auch die angereisten Fans).

genossenschaftliches Umweltprojekt auf dem Gelände einer ehemaligen Schutthalde. Man kann durch die Permakultur- und Bush-Food-Pflanzungen spazieren und sich anschließend mit Bio-Kaffee und Kuchen in dem hübschen (und sehr beliebten) Café stärken. Die Kinder haben ihren Spaß an der Natur, und an den Markttagen kann man sich mit Lebensmitteln aus ökologischem und Eigenanbau eindecken, während sich die Kleinen mit den Hühnern und Schafen vergnügen.

SOUTH YARRA, PRAHRAN & WINDSOR

Das Viertel ist seit eh und je der Inbegriff von Glanz und Glamour; wer hier wohnt, lebt nicht einfach südlich, sondern auf der „richtigen" Seite des Flusses. Die erhöhte Lage und die großen Parzellen sorgten stets für Prestige.

Der Abschnitt der Chapel St in South Yarra preist sich immer noch als ein Muss für Modebewusste an, hat aber schon bessere Tage gesehen; heute haben sich Kettenläden und kitschige Bars hier eingenistet und abends dröhnen die Motoren von Autonarren durch das Viertel. Prahran ist aber immer noch ein cooler und toller Stadtteil mit Designerläden, Bars und einigen erfrischend originellen Geschäften. Die Commercial Rd ist Melbournes munteres Zentrum der Schwulen- und Lesbenszene mit diversen Nachtclubs, Bars und Buchläden. Hier findet auch der Prahran Market statt, auf dem sich die Anwohner mit Obst, Gemüse und Delikatessen eindecken. Die Chapel St setzt sich nach Windsor fort und ist ein Sammelbecken lustiger Cafés und Trödelläden.

Stilvoll shoppen kann man im Hawksburn Village auf dem Hügel an der Malvern Rd sowie in der High St in Armadale.

GRATIS **Royal Botanic Gardens**　　　GARTEN (Karte S. 222 f.; www.rbg.vic.gov.au; ☉Nov.–März 7.30–20.30 Uhr, April–Okt. bis 17.30 Uhr) Der botanische Garten gehört zu den prachtvollsten Attraktionen in Melbourne. Die wunderschön gestalteten Anlagen erstrecken sich am Yarra River und präsentieren Pflanzen aus aller Welt sowie spezifisch australische Landschaften. Neben den vielen Pflanzenspezies findet man hier auch überraschend viele Tiere, darunter Wasservögel, Enten, Schwäne und Aale (vor denen sich die Kinder gruseln) im und rund um den Zierteich, außerdem noch Kakadus und Possums. Zu den Anlagen gehört auch der ausgezeichnete, natürlich gehaltene **Children's Garden**.

Um den Garten herum verläuft die **Tan**, eine 4 km lange ehemalige Reitbahn, auf der sich heute die Jogger tummeln. In den Sommermonaten finden im botanischen Garten das **Moonlight Cinema** (S. 250) und Theateraufführungen statt.

Shrine of Remembrance　　　DENKMAL (Karte S. 222 f.; www.shrine.org.au; Birdwood Ave, South Yarra; ☉10–17 Uhr) Neben der St. Kilda Rd steht der gewaltige Shrine of Remembrance, der als Denkmal für die Einwohner Victorias errichtet wurde, die im Ersten Weltkrieg gefallen sind. Tausende besuchen am Anzac Day (25. April) den bewegenden morgendlichen Gottesdienst.

Governor La Trobe's Cottage & Government House　　HISTORISCHES GEBÄUDE (Karte S. 222 f.; Kings Domain) Östlich des Shrine of Remembrance steht **Governor La Trobe's Cottage** (www.nattrust.com.au), der erste Regierungssitz von Victoria. Das Gebäude wurde in vorgefertigten Einzelteilen 1840 direkt aus dem Mutterland hergeschafft. Drinnen finden sich viele originale Möbel. Nach hinten lagen die Quartiere der Dienerschaft.

Das vergleichsweise bescheidene Landhaus bildet einen heftigen Kontrast zu dem italianisierenden Koloss des **Government House** (☎8663 7260; Government House Dr). Es ist eine Replik von Queen Victorias Palast auf der Isle of Wight. Das Gebäude ist seit seiner Errichtung im Jahr 1872 der Wohnsitz des jeweils amtierenden Gouverneurs von Victoria. Rechtzeitig im Voraus muss man die vom National Trust veranstalteten **Führungen** (www.nattrust.com.au; Erw./Kind 10/5 AU$) durch die beiden Gebäude reservieren. Sie finden jeweils montags und mittwochs statt.

FOOTSCRAY & YARRAVILLE

Westlich der verbliebenen Dockanlagen Melbournes liegen Footscray und Yarraville. Zentrum des Gebiets ist das sagenhaft schnörkellose Footscray. Fast die Hälfte der Bewohner des Viertels stammt aus dem Ausland, die meisten aus Vietnam, Afrika, China, Italien und Griechenland. Der Footscray Market (Karte S. 222 f.; Ecke Hopkins & Leeds St; ⊙Di, Mi & Sa 7–16, Do bis 18, Fr bis 20 Uhr) vermittelt einen guten Eindruck von der herrschenden Vielfalt.

Hungern braucht man hier im Westen nicht, denn es gibt authentische Gerichte diverser Küchen und Cafés, die mehr bieten als das Alltägliche; empfehlenswert sind das **Café Le Chien** (5 Gamon St, Seddon) in Seddon, das afrikanische Restaurant **Cafe Lalibela** (91 Irving St, Footscray) und die Nudelsuppe bei **Hung Vuong** (128 Hopkins St, Footscray).

Südlich von Footscray folgen die eleganten Wohnviertel Seddon und Yarraville. Yarravilles Mittelpunkt ist das Gebiet um den Bahnhof mit dem wundervoll erhaltenen, denkmalgeschützten Einkaufsgebiet rund um die Anderson St.

Herring Island PARK
(Karte S. 248; http://home.vicnet.net.au/~herring) Einst eine vernachlässigte Halde für ausgebaggerten Schlick, ist Herring Island heute ein Naturparadies, in dem man die ursprünglichen Bäume, Sträucher und Gräser am Lauf des Yarra erhalten will und in dem es neben endemischen Tieren wie Sittichen, Possums und Eidechsen auch Skulpturen zu bewundern gibt.

Ausgewiesene Picknickplätze mit Grillstellen machen die nur 3 km vom Zentrum entfernte Insel zu einem prima Refugium. Prinzipiell kann man die Insel ganzjährig besuchen, sie ist aber nur per Boot erreichbar. Ein **Kahn von Parks Victoria** (☎13 19 63; 2 AU$; ⊙Dez.–März Sa & So 11.30–17 Uhr) legt im Sommer von Como Landing an der Alexandra Ave in South Yarra zur Insel ab.

Prahran Market MARKT
(Karte S. 248; www.prahranmarket.com.au; 163 Commercial Rd, South Yarra; ⊙Di & Sa Sonnenaufgang–17 Uhr, Do & Fr Sonnenaufgang–18 Uhr, So 10–15 Uhr) Der Prahran Market ist seit mehr als hundert Jahren eine Institution und einer der besten Obst- und Gemüsemärkte der Stadt.

ST. KILDA & UMGEBUNG
Wer Meeresbrise schnuppern, der anrüchigen Vergangenheit nachspüren oder einfach nur Leute beobachten will, ist in St. Kilda richtig.

St. Kilda lockt mit seinen Palmen, dem Blick auf die Bucht, der salzigen Brise und den rosafarbenen Sonnenuntergängen: Das alles ist einfach herzzerreißend schön. An den Wochenenden wird aufgedreht, der Verkehr quält sich durch die Straßen, und Partystimmung macht sich breit.

Jewish Museum of Australia MUSEUM
(Karte S. 222 f.; www.jewishmuseum.com.au; 26 Alma Rd, St. Kilda; Erw./Kind/Fam. 10/5/20 AU$; ⊙Di–Do 10–16, So 11–17 Uhr) Interaktive Exponate erzählen die Geschichte der Jüdischen Gemeinde Australiens seit den frühen Tagen der europäischen Besiedelung, während die Dauerausstellungen über die vielen Feste und Feiertage im Judentum informieren.

Luna Park VERGNÜGUNGSPARK
(Karte S. 254; www.lunapark.com.au; Lower Esplanade, St. Kilda; Erw./Kind Ticket für 1 Fahrgeschäft 9,40/7,50 AU$, Tageskarte 42/32 AU$; ⊙saisonale Öffnungszeiten der Website entnehmen) Der Luna Park wurde 1912 eröffnet und hat sich die Atmosphäre eines altmodischen Vergnügungsparks bewahrt. Schon beim Eintritt kann man sich vor dem weit geöffneten Rachen von Mr. Moon richtig gruseln. Es gibt eine denkmalgeschützte Achterbahn (die älteste noch funktionstüchtige weltweit) und daneben das ganze Sortiment schwindelerregender moderner Fahrgeschäfte. Bei Erwachsenen können der Lärm und das Fehlen von Grün und Schatten schnell für Überdruss sorgen.

Strand von St. Kilda STRAND
(Karte S. 254; Jacka Blvd, St. Kilda) Es gibt hier palmengesäumte Promenaden, einen als Park gestalteten Streifen und einen langen Sandstrand. Aber Strände wie in Bondi oder Noosa darf man nicht erwarten. St. Kilda erinnert als Ferienort am Meer eher an das englische Brighton als an *Baywatch*,

woran auch die schicken Neubauten der letzten 20 Jahre nichts ändern. Und genauso wollen es die Melbourner auch haben: einen Ort mit ausgeprägtem Charakter und einem Allwettercharme, mit stürmischen Tagen an der Bucht, spektakulären Wolkenburgen und heftigen, kleinen Wellen neben den viel sicherer vorhersagbaren Sommertagen mit strahlendem Sonnenschein.

Der Wellenbrecher nahe dem **St. Kilda Pier** wurde in den 1950er-Jahren errichtet und ist heute die Heimat einer Zwergpinguinkolonie. Man kann die Pinguine im Rahmen einer Öko-**Stehpaddeltour** besuchen. Im Sommer veranstaltet das **Port Phillip Eco Centre** (www.ecocentre; 55a Blessington St, St. Kilda) eine Reihe von Touren, darunter eine, die an einem Regenwasserabfluss beginnt und an der Pinguinkolonie endet. Wer sich an der Erforschung der Pinguine oder der Beobachtung der Goldbauch-Schwimmratten beteiligen will, sollte mit **Earthcare St. Kilda** (earthcare stkilda@gmail.com) Kontakt aufnehmen.

SOUTH MELBOURNE, PORT MELBOURNE & ALBERT PARK

In diesen fast schon angeberischen Vorstädten am Meer herrscht eine friedliche, elegante Atmosphäre – nur beim Grand Prix steigt der Geräuschpegel erheblich an. South Melbourne lohnt den Besuch wegen seines Markts (der für Dim Sum berühmt ist), seiner Haushaltswarenläden und seiner erstklassigen Cafés (man scheint sich einen Wettbewerb um den besten Kaffee zu liefern). Im nahe gelegenen Port Melbourne befindet sich der Station Pier, wo die Passagierfähren von Melbourne nach Tasmanien ablegen (s. S. 253).

Albert Park Lake   SEE
(Karte S. 222 f.; zw. Queens Rd, Fitzroy St, Aughtie Dr & Albert Rd, Albert Park) Prächtige Trauerschwäne begrüßen einen auf dem 5 km langen Weg um diesen künstlich angelegten See. Joggen, Radfahren, Spazierengehen und lärmendes Spiel sind die Beschäftigungen, denen die Menschen hier nachgehen. Der Lakeside Dr wurde in den 1950er-Jahren als Motorsport-Rennstrecke genutzt; seit 1996 dient die neu ausgebaute Strecke als Austragungsort des jeden März stattfindenden **Australian Formula One Grand Prix** (S. 234).

South Melbourne Market   MARKT
(Karte S. 222 f.; Ecke Coventry & Cecil St, South Melbourne; ☺ Mi 8–16, Fr bis 18, Sa & So bis 16 Uhr)

Dieser Markt ist ein Irrgarten, vollgestopft mit skurrilen Ständen, an denen alles von Teppichen bis Chinakohl verkauft wird.

🏃 Aktivitäten

Boccia

Früher waren Bocciaclubs die Domäne von Rentnern in weißen Anzügen mit Bügelfalte, doch inzwischen werden sie von jüngeren Leuten überlaufen, die sich barfuß, das Bier in der einen, die Kugel in der anderen Hand, diesem Freizeitspaß hingeben.

St. Kilda Bowling Club   BOCCIA
(Karte S. 254; 66 Fitzroy St, St. Kilda; ☺ Di–So 12 Uhr–Sonnenuntergang) Die einzige Kleiderregel heißt hier: Schuhe aus! Und schon geht's mit all den anderen hinaus in die freie Natur, mit der Kugel und einem Bier bewaffnet.

North Fitzroy Bowls   BOCCIA
(www.fvbowls.com.au; 578 Brunswick St, North Fitzroy) Das Center hat Flutlicht, also kann man auch abends spielen, Grillstellen und einen Biergarten. Telefonisch Öffnungszeiten erfragen und reservieren!

Kanu- & Kajakfahren

Kayak Melbourne   KAJAKFAHREN
(✆ 0418 106 427; www.kayakmelbourne.com. au; Touren 89 AU$) Die zweistündigen Touren führen an den neusten Bauprojekten Melbournes vorbei, und man erfährt etwas über die Geschichte der früheren. Am stimmungsvollsten sind die Mondscheinfahrten, bei denen ein Abendessen (Fish & Chips) dabei ist.

Radfahren

Radkarten gibt's im Melbourne Visitor Information Centre am Federation Square und bei **Bicycle Victoria** (✆ 8636 8888; www.bv.com.au). Auf den Straßen ist man als Radfahrer nicht allein: Es gibt eine große Clubszene, und auch das entspannte Fahren ist neuerdings groß in Mode. In Australien herrscht für Radfahrer Helmpflicht. Es gibt ein öffentliches Fahrradverleih-Projekt (S. 253), man kann aber auch anderswo Räder ausleihen.

Humble Vintage   RADFAHREN
(✆ 0432 032 450; www.thehumblevintage.com) Hier kann man aus einer erlesenen Sammlung alter Rennräder, Stadträder und Damenräder wählen. Die Ausleihe kostet ab 30 AU$ pro Tag oder 80 AU$ pro Woche. Im Preis inbegriffen sind ein Fahrradschloss, ein Helm und eine erstklassige Wegekarte.

Schwimmen

Im Sommer locken die städtischen Sandstrände. Beliebt sind die Strände von St. Kilda, Middle Park und Port Melbourne sowie in den Vorstädten Brighton (hier gibt es fotogene Badehäuschen) und Sandringham. Auch die öffentlichen Schwimmbäder sind sehr beliebt.

Fitzroy Swimming Pool SCHWIMMEN
(Karte S. 244; Alexandra Pde, Fitzroy; Erw./Kind 4,60/2,10 AU$) Zwischen den Schwimmrunden sonnen sich die Einheimischen hier gerne auf den Tribünen oder dem Rasen. Das italienische Warnschild „Aqua Profonda" wurde 1953 gemalt – auf Initiative des Bademeisters, der häufig Kinder von Einwanderern retten musste, die die englischen Schilder nicht verstanden haben. Das Schild steht unter Denkmalschutz; auch der Schreibfehler – richtig heißt es „Acqua" – darf nicht verbessert werden.

Melbourne City Baths SCHWIMMEN
(Karte S. 236 f.; www.melbournecitybaths.com.au; 420 Swanston St, Melbourne; Baden Erw./Kind/Fam. 5,50/2,60/12 AU$, Halle 20 AU$; ☺Mo–Do 6–22, Fr 6–20, Sa & So 8–18 Uhr) Das Stadtbad wurde 1860 eröffnet, um die Menschen dazu zu bringen, nicht mehr in dem stark verschmutzten Yarra River zu baden. Es ist ein Vergnügen, in der denkmalgeschützten Halle von 1903 zu schwimmen.

Windsurfen, Kitesurfen & Stehpaddeln
RPS –
the Board Store WINDSURFEN, STEHPADDELN
(☎9525 6475; www.rpstheboardstore.com; 87 Ormond Rd, Elwood) Veranstaltet im Sommer Kurse in Windsurfing und Stehpaddeln.

Stand Up Paddle Boarding STEHPADDELN
(☎0416 184 994; www.supb.com.au; St. Kilda Sea Baths; Touren 89–130 AU$) Verleiht in St. Kilda Bretter und Paddel fürs Stehpaddeln (25 AU$/Std.) und veranstaltet Touren.

☞ Geführte Touren

◆ Aboriginal Heritage Walk ABORIGINES
(☎9252 2429; www.rbg.vic.gov.au; Royal Botanic Gardens; Erw./Kind/25/10 AU$; ☺Di & Do & 1. So im Monat 11 Uhr) Die Royal Botanic Gardens befinden sich auf einem traditionellen Lager- und Versammlungsplatz der Aborigines. Bei den 90-minütigen Führungen erfährt man viel über ihre Geschichte, ihre Lieder und ihr Pflanzenwissen.

◆ Sunset Eco Penguin Tour NATUR
(☎0416 184 994; www.supb.com.au; 130 AU$) Hier erlebt man St. Kildas Pinguinkolonie als Stehpaddler (Einführung in die Navigation inbegriffen).

GRATIS City Circle Trams STRASSENBAHN
(www.metlinkmelbourne.com.au) Kostenlose Straßenbahnfahrten in historischen Wagen durch das Stadtzentrum; täglich zwischen 10 und 18 Uhr.

GRATIS Melbourne City Tourist Shuttle STADTRUNDFAHRT
(www.thatsmelbourne.com.au; ☺9–16.30 Uhr) Anderthalbstündige Stadtrundfahrt zu den wichtigsten Sehenswürdigkeiten der Stadt, darunter zum Melbourne Museum, dem MCG (an spielfreien Tagen) und zu den Docklands.

◆ Melbourne by Foot STADTSPAZIERGANG
(☎0418 394 000; www.melbournebyfoot.com; Tour 29 AU$) Mit Dave unternimmt man

---

MELBOURNE MIT KINDERN

» **Children's Garden** (S. 230) mit natürlichen Tunneln durch den Regenwald, einem Küchengarten und Planschbereichen.

» **Collingwood Children's Farm** (S. 229) Old MacDonald hat hier nichts zu sagen: Es herrscht eine naturverbundene Öko-Atmosphäre, und auch die Hoftiere haben (meistens) nichts dagegen, dass sich die Kinder um sie drängen.

» **ACMI** (S. 221) Der freie Zugang zu Computerspielen und Filmen ist sicher nicht immer zu empfehlen, aber an regnerischen Tagen kann man sich hier prima damit vergnügen.

» **Melbourne Zoo** (S. 229) Mit „Roar 'n' Snore" kann man einen Blick hinter die Kulissen werfen.

» **National Sports Museum** (S. 228) Schon beim Reingehen in das Museum schlagen die Herzen der kleinen Sportler höher.

» **Melbourne Museum** (S. 229) Im Kindermuseum sind die Kleinen von den Exponaten begeistert, die sie in die Hand nehmen und ausprobieren können.

einen mehrstündigen entspannten und informativen Spaziergang. Themen sind u.a. Straßenkunst, Politik, die Geschichte und ethnische Vielfalt Melbournes.

GRATIS Greeter Service STADTRUNDFAHRT
(☎9658 9658; Melbourne Visitor Centre, Federation Sq) Die kostenlose zweistündige „Orientierungstour" startet täglich um 9.30 Uhr am Fed Sq (Reservierung erforderlich!).

Hidden Secrets Tours STADTSPAZIERGANG
(☎9663 3358; www.hiddensecretstours. com; Tour 70–145 AU$) Veranstaltet eine breite Palette an Stadtspaziergängen mit Themen wie Gassen und Arkaden, Wein, Architektur, Kaffee und Cafés oder das Melbourne der Vergangenheit.

Real Melbourne Bike Tours RADTOUR
(☎0417 339 203; www.rentabike.net.au; Tour inkl. Mittagessen Erw./Kind 110/79 AU$) Die vierstündigen Radtouren führen durchs CBD, zum Ufer des Yarra und nach Fitzroy.

★★ Feste & Events
Wenn's ums Feiern geht, macht man in Melbourne keine Umstände. Winterkälte oder Sommerhitze sind für die Melbourner keine Entschuldigung, sich nicht das ganze Jahr über mit Gleichgesinnten bei Freiluftevents, in Kinos, Theatersälen oder Sportstätten zu versammeln.

Januar
Australian Open TENNIS
(www.australianopen.com; National Tennis Centre, Melbourne Park) Die Topspieler der Welt und gut gelaunte Zuschauermassen strömen zu Australiens Grand-Slam-Tennismeisterschaft.

Midsumma Festival KUNST
(www.midsumma.org.au) Melbournes jährliches schwul-lesbisches Kunstfestival bietet von Mitte Januar bis Mitte Februar mehr als 100 Events, den Abschluss bildet ein großer Umzug.

Big Day Out MUSIK
(www.bigdayout.com) Das nationale Rockfestival steht Ende Januar im Kalender.

Chinesisches Neujahrsfest KULTUR
(www.melbournechinatown.com.au; Little Bourke St, Chinatown) Melbourne feiert das nach dem Mondkalender anstehende Chinesische Neujahrsfest ausgelassen, seit die Little Bourke St in den 1860er-Jahren zu Chinatown wurde.

Februar
St. Kilda Festival STADTVIERTEL
(www.stkildafestival.com.au; Acland & Fitzroy St, St. Kilda) Das eine Woche dauernde Fest endet am Sonntag mit einer Straßenparty, die sich über das gesamte Viertel ausbreitet.

Melbourne Fashion Festival MODE
(www.mff.com.au) Das Stilfestival präsentiert in Modenschauen und Umzügen die Schaffenspalette etablierter Modeschöpfer.

Melbourne Food & Wine Festival ESSEN, WEIN
(www.melbournefoodandwine.com.au) Überall Marktbesuche, Weinproben, Kochkurse und Präsentationen berühmter Köche.

März
Moomba KULTUR
(www.thatsmelbourne.com.au; Alexandra Gardens, Birrarung Marr & Docklands) Ein Festival am Ufer, das für die verrückte Birdman Rally berühmt ist, bei der sich die Teilnehmer mit selbstgebauten Flugmaschinen in den Yarra stürzen.

Australian Formula One Grand Prix AUTORENNEN
(www.grandprix.com.au; Albert Park) Der 5,3 km lange Straßenkurs um den sonst beschaulichen Albert Park Lake ist für seine schnellen, glatten Belag bekannt. Vier spannungsreiche Tage lang haben die dröhnenden Motoren die Stadt voll im Griff.

April
International Comedy Festival COMEDY
(www.comedyfestival.com.au) Vier Wochen lang bringen etliche heimische und internationale Comedians die Leute zum Lachen.

Mai
Melbourne Jazz JAZZ
(www.melbournejazz.com) Internationale Jazzgrößen schließen sich den einheimischen Könnern bei Auftritten in der Hamer Hall, dem Regent Theatre und dem Palms im Crown Casino an.

Juli
Melbourne International Film Festival FILM
(www.melbournefilmfestival.com.au) Filmfans in schwarzen T-Shirts strömen in Massen zu diesem Filmfest mitten im Winter.

August
Melbourne Writers Festival LITERATUR
(www.mwf.com.au) Das Autorenfestival beginnt in der letzten Augustwoche. Diskus-

sionsforen und Events gibt's an verschiedenen Orten in der Stadt.

September

AFL Grand Final
AUSSIE-RULES-FOOTBALL

(www.afl.com.au; MCG) Es ist leichter, ein Tor von der Auslinie zu schießen als ein Ticket für das Grand Final zu ergattern, aber das Endspielfieber lässt sich überall in Melbourne (insbesondere in den Pubs) erleben.

Melbourne Fringe Festival
KUNST

(www.melbournefringe.com.au) Experimentelles aus Theater, Musik und bildender Kunst steht im Mittelpunkt dieses Festivals.

Oktober

Melbourne International Arts Festival
KUNST

(www.melbournefestival.com.au) An verschiedenen Veranstaltungsorten in der Stadt präsentiert dieses Festival ein interessantes Programm mit australischem und internationalem Theater, Oper, Tanz, Musik und bildender Kunst.

November

Melbourne Cup
PFERDERENNEN

(www.springracingcarnival.com.au) Der Spring Racing Carnival, dessen Höhepunkt der prestigeträchtige Melbourne Cup bildet, ist gleichermaßen ein sportliches wie gesellschaftliches Ereignis. Der Cup findet am ersten Dienstag im November statt und ist in Melbourne ein Feiertag.

Dezember

Boxing Day Test
CRICKET

(www.mcg.org.au; MCG) Traditionsgemäß ist der zweite Weihnachtsfeiertag alljährlich der erste Tag der Test Matches in Melbourne. Die Massen strömen, und insbesondere auf Tribüne 13 geht's munter zu.

🛏 Schlafen

Im CBD hat man besten Zugang zu den wichtigsten Sehenswürdigkeiten. Man kann sich aber auch auf eine der näheren Vorstädte wie das schrille Fitzroy, das am Meer gelegene St. Kilda oder das smarte South Yarra einlassen.

ZENTRUM

Melbourne Central YHA
HOSTEL $

(Karte S. 236 f.; ✆ 9621 2523; www.yha.com.au; 562 Flinders St; B/DZ 32/100 AU$; @🛜) Das altehrwürdige Gebäude wurde von den YHA-Leuten vollkommen umgestaltet. Es erwarten einen munterer Empfang, hübsche Zimmer und Küchen und Gemeinschafts-

bereiche auf jedem der vier Stockwerke. Unterhaltung wird großgeschrieben, es gibt ein sagenhaftes Restaurant (Bertha Brown) im EG und eine großartige Dachterrasse.

Medina Executive Flinders Street
APARTMENTS $$

(Karte S. 236 f.; ✆ 8663 0000; www.medina.com.au; 88 Flinders St; Apt. ab 165 AU$; ❄) Diese coolen, monochrom gehaltenen Apartments mit Service sind extra groß und luxuriös. Wer einen Blick in die wunderbare Parklandschaft haben will, wählt eines nach vorne. Aus den riesigen Atelierwohnungen mit Dielenboden hat man hingegen einen Blick in die Gassen der Stadt. Alle Apartments haben voll ausgestattete Küchen.

Nomad's Industry
HOSTEL $

(Karte S. 236 f.; ✆ 9328 4383; www.nomadshostels.com; 198 A'Beckett St; B 28–36 AU$, DZ 125 AU$; @🛜) Mit diesem smarten Hostel, das einen Mix aus Vier- bis 14-Bettensälen bietet (Gruppen können ein 4BZ mit eigenem Bad nehmen), hat das Flashpacking in Melbournes CBD Einzug gehalten. Es gibt eine Dachterrasse und viel Chic (ganz besonders im Frauen vorbehaltenen „Princess Wing").

Adelphi Hotel
HOTEL $$

(Karte S. 236 f.; ✆ 8080 8888; www.adelphi.com.au; 187 Flinders Lane; Zi. ab 185 AU$; ❄@🛜🏊) Dieses dezente Anwesen in der Flinders Lane, das von Denton Corker Marshall in den frühen 1990er-Jahren entworfen wurde, war eines der ersten australischen Boutiquehotels. Die lauschigen Zimmer haben mit ihrer originalen Ausstattung die Zeiten überdauert; der Pool, der über die Flinders Lane vorspringt, hat Nachahmer inspiriert.

Robinsons in the City
BOUTIQUEHOTEL $$

(Karte S. 236 f.; ✆ 9329 2552; www.ritc.com.au; 405 Spencer St; Zi. ab 185 AU$ inkl. komplettes Frühstück; ❄🛜) Das Robinsons ist ein Schmuckstück mit sechs großen Zimmern und freundlichem Service. Bei dem Gebäude handelt es sich um eine frühere Bäckerei von 1850, aber es hat einen modernen Look erhalten. Die Bäder befinden sich nicht in den Zimmern, aber zu jedem gehört ein eigenes im Flur.

Sofitel
HOTEL $$$

(Karte S. 236 f.; ✆ 9653 0000; www.sofitelmelbourne.com.au; 25 Collins St; Zi. ab 270 AU$; ❄@🛜) Die Gästezimmer im Sofitel beginnen in der 36. Etage, ein schwindelerregender Ausblick ist also garantiert. Die Zimmer

Melbourne Zentrum

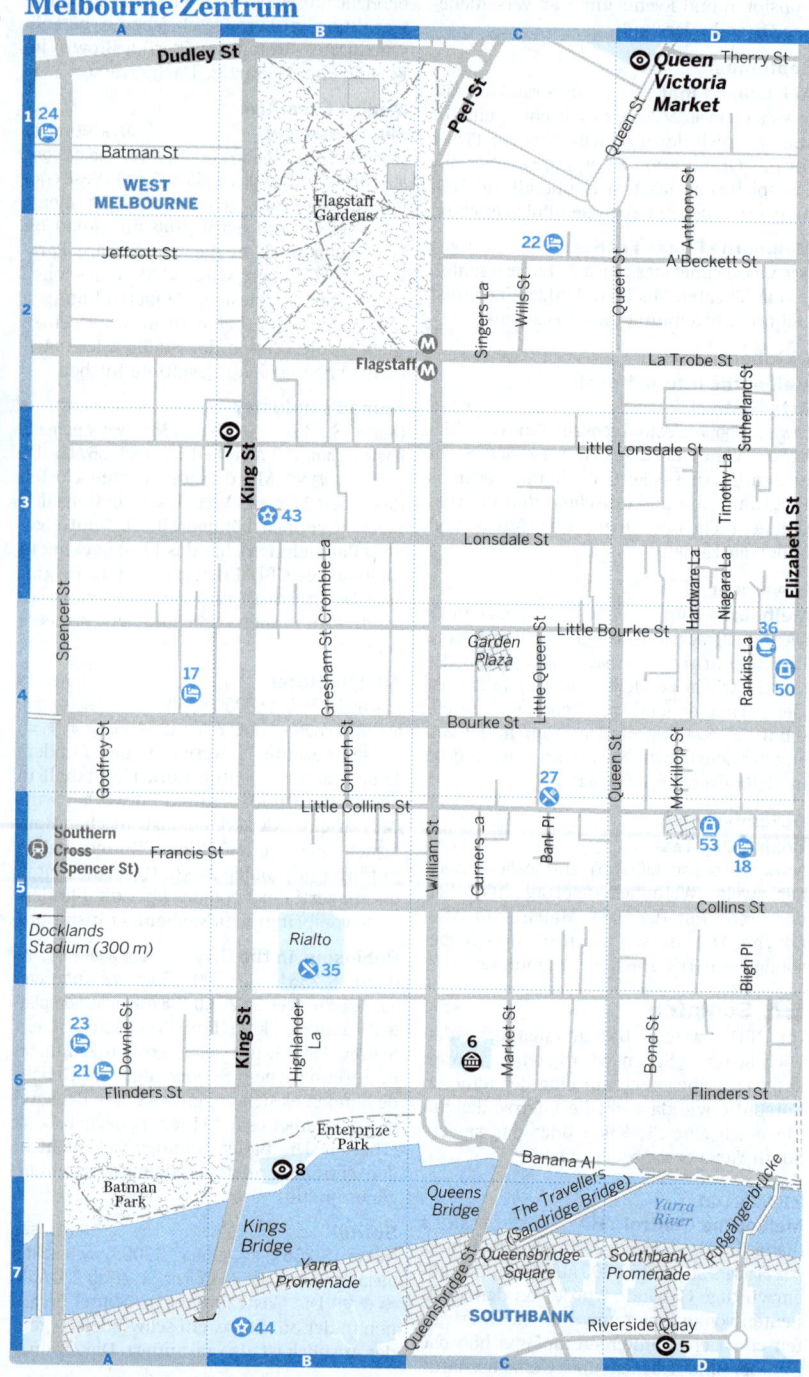

Dudley St

Queen
Victoria
Market

Therry St

Peel St

Queen St

24

Batman St

WEST
MELBOURNE

Flagstaff
Gardens

A'Anthony St

22

A'Beckett St

Jeffcott St

Queen St

Singers La

Wills St

La Trobe St

Flagstaff

Sutherland St

7

King St

Little Lonsdale St

Timothy La

43

Elizabeth St

Lonsdale St

Hardware La

Niagara La

Spencer St

Gresham St

Crombie La

Little Bourke St

Rankins La

36

Garden
Plaza

Little Queen St

50

17

Church St

Bourke St

Queen St

McKillop St

Godfrey St

27

Little Collins St

William St

Curners-a

Bank Pl

53

18

Southern
Cross
(Spencer St)

Francis St

Collins St

Docklands
Stadium (300 m)

Rialto

Bligh Pl

35

23

Downie St

King St

Highlander
La

Market St

6

Bond St

21

Flinders St

Flinders St

Enterprize
Park

8

Banana Al

Batman
Park

Queens
Bridge

The Travellers
(Sandridge Bridge)

Yarra
River

Fußgängerbrücke

Kings
Bridge

Yarra
Promenade

Queensbridge St

Queensbridge
Square

Southbank
Promenade

44

SOUTHBANK

Riverside Quay

5

0 — 200 m

Queensberry St

Royal Melbourne Institute of Technology

Cardigan St

Earl St

Lygon St

CARLTON

15

Victoria St

Franklin St

s. Karte Carlton & Umgebung (S. 246)

Rathdowne St

Carlton Gardens South

Royal Melbourne Institute of Technology

Old Melbourne Gaol

Mackenzie St

Russell St

Bowen St

Swanston St

Victoria Pde

Little La Trobe St

Melbourne Central

La Trobe St

34

11

Melbourne Central

Melbourne Central

Melbourne Central

42

Davisons Pl

Bennetts La

La Exploration La

Little Lonsdale St

Exhibition St

Hayward La

Jones La

14

Red Cape La   Jane Bell La

QV Square

Artemis La

Lonsdale St

40

CHINATOWN

3

Parliament

48

Caledonian La

52

Chinatown

La Trobe Pl

Little Bourke St

Coverlid Pl

30

Parliament House

Parliament Gardens

Parliament

GPO

2

29 **31**

45

Bourke St

Royal La

Russell St

37

9

Union La

38

Parliament

4

19

Baptist Pl

Little Collins St

Alfred Pl

26

Parliament

Melbourne Town Hall

46

Collins St

Gordon Reserve

Centre Pl

Manchester La

Regent Pl

City Square

George Pde

47

25

Spring St

Flinders La

49

Swanston St

16

St. Paul's Cathedral

12

Russell St

Oliver La

ACDC La

28

51

33

Exhibition St

32

20

Treasury Gardens

Flinders St

Australian Centre for the Moving Image (ACMI)

41

54 **Ian Potter Centre: National Gallery of Victoria Australia (NGVA)**

Wellington Pde South

Flinders St

Federation Square

Princes Bridge

39

St Kilda Rd

Batman Ave

10

Southbank

Southgate

13

NGVI (100 m); Shrine of Remembrance (1 km); Habitat HQ (3 km)

Birrarung Marr

1

◉ **Highlights**
Australian Centre for the Moving
Image (ACMI)........................F6
Chinatown.................................F4
Federation Square....................F6
Ian Potter Centre: National Gallery
of Victoria Australia (NGVA)..............F6
Old Melbourne Gaol.................F2
Parliament House.....................H4
Queen Victoria Market.............D1

◉ **Sehenswertes**
1 Birrarung Marr.........................G7
2 Bourke St Mall.........................E4
3 Chinese Museum......................G3
4 Council House 2.......................F4
Crown Casino & Entertainment
Complex.......................(siehe 44)
5 Eureka Tower & Skydeck 88..............D7
6 Immigration Museum...............C6
7 Koorie Heritage Trust..............B3
8 Melbourne Aquarium...............B6
9 Royal Arcade...........................E4
10 Southgate..............................E7
11 State Library of Victoria..........F2
12 Until Never............................F6
13 Victorian Arts Centre.............E7
14 Wheeler Centre......................E3

Aktivitäten, Kurse & Touren
15 Melbourne City Baths.............F1

◉ **Schlafen**
16 Adelphi Hotel.........................F6
17 Alto Hotel on Bourke.............A4
18 Causeway 353........................D5
19 City Centre Hotel...................H4
20 Medina Executive Flinders
Street................................G6
21 Melbourne Central YHA.........A6
22 Nomad's Industry...................C2
23 Pensione Hotel.......................A6
24 Robinsons in the City............A1
25 Sofitel...................................H5

◉ **Essen**
26 Bar Lourinhã..........................H5
Bistro Vue.....................(siehe 27)
27 Café Vue................................C4
28 Cumulus Inc...........................H6
29 Flower Drum...........................G4
30 Gingerboy..............................G4
31 HuTong Dumpling Bar............G4
32 Little Press & Cellar...............G6
33 Movida...................................F6
Movida Next Door..........(siehe 33)
34 Mr. Tulk.................................F2
35 Vue de Monde.........................B5

◉ ◉ **Ausgehen**
36 Brother Baba Budan................D4
37 Carlton Hotel.........................F4
38 Madame Brussels....................H4
Palmz............................(siehe 37)
39 Riverland...............................F7
40 Section 8...............................F3

◉ **Unterhaltung**
41 Australian Centre for the Moving
Image (ACMI)........................F6
42 Bennetts Lane........................G2
43 Brown Alley...........................B3
44 Crown Casino & Entertainment
Complex.............................B7
45 Ding Dong Lounge...................G4
46 Half Tix Melbourne.................E5
Hamer Hall.....................(siehe 13)
47 Kino Cinemas.........................H5
48 Rooftop Cinema......................E3
Toff in Town...................(siehe 48)

◉ **Shoppen**
49 Alice Euphemia......................E6
50 Captains of Industry...............D4
51 Counter.................................H6
52 Fat..E4
53 Little Salon............................D5
54 NGV Shop Ian Potter..............F6
Southgate.....................(siehe 10)

sind bester internationaler Stil, opulent und gar nicht minimalistisch. Auch wenn der Hoteleingang mit der wunderbaren, von I.M. Pei entworfenen Decke gnadenlos geschäftsmäßig wirkt, ist man vom Alltag schon bald eine Welt (zumindest aber 36 Stockwerke) entfernt. Das No35 ist ein ausgezeichnetes Restaurant im – welch Überraschung – 35. Stock.

🌿 **Alto Hotel on Bourke** HOTEL $$
(Karte S. 236 f.; ☎9606 0585; www.altohotel.com.au; 636 Bourke St; Zi./Apt. ab 160/190 AU$; ✳@🐾) Dieses umweltbewusste Hotel hat wassersparende Duschen, Energiesparlampen und Fenster mit Doppelverglasung, die sich öffnen lassen. Recycling vor Ort wird gefördert. Darüber hinaus sind die Zimmer gut ausgestattet, hell und neutral dekoriert.

Melbournes Schwulen- und Lesbenszene ist gut in die Gesamtbevölkerung integriert, aber ihre Clubs und Bars konzentrieren sich in zwei Bereichen: Abbotsford/Collingwood sowie Prahran/South Yarra. In der Commercial Rd, die die beiden letztgenannten Vorstädte trennt, finden sich zahlreiche schwule Clubs, Cafés und Läden. Hier geht es glamouröser zu als auf der „North Side", die als bodenständiger und weniger eingebildet gilt.

Das Midsumma Festival (www.midsumma.org.au; ⊘Mitte Jan.–Anfang Feb.) bietet ein vielfältiges Programm mit Szene-Events, Kultur- und Sportveranstaltungen.

Das **MCV** (www.mcv.net.au) ist ein kostenloses Wochenblatt; eine weitere wichtige Infoquelle für Besucher und Einheimische ist die schwul-lesbische Radiostation **JOY 94.9 FM** (www.joy.org.au).

Ausgehen & Nachtleben

Xchange Hotel
CLUB
(Karte S. 248; www.xchange.com.au; 119 Commercial Rd, South Yarra; ⊘Mo–Do 16–1, Fr–So 14–3 Uhr) Bei der brandneuen Umgestaltung ist ein „Pamela's Place" für die Girls hinzugekommen; der „Boom Boom Room" ist zu einem arenaartigen Dance Floor auf mehreren Ebenen geworden.

Glasshouse Hotel
PUB
(www.glass-house.com.au; 51 Gipps St, Collingwood; ⊘Mi 17 Uhr–Open End, Fr & So 12 Uhr–Open End, Sa 16 Uhr–Open End) Unterhält seine überwiegend lesbische Kundschaft mit Auftritten von Livebands, Drag-Kings und DJs.

Peel Hotel
CLUB
(www.thepeel.com.au; Ecke Peel & Wellington St, Collingwood; ⊘Do–Sa 21 Uhr–Open End) Das überwiegend männliche Publikum tanzt zu House, Retro und Commercial Dance Music.

Schlafen

169 Drummond
PENSION **$$**
(Karte S. 246 (☑9663 3081; www.169drummond.com.au; 169 Drummond St, Carlton; DZ 135–145 AU$) Privat geführte Pension in einem renovierten Reihenhaus aus dem 19. Jh. im inneren Norden der Stadt, einen Block von der munteren Lygon St entfernt.

Causeway 353
HOTEL **$$**
(Karte S. 236 f.; ☑0000 8888; www.causeway. com.au; 353 Little Collins St; Zi. ab 150 AU$, mit Frühstück; ✳@🛜) Wer braucht schon Ausblick, wenn er direkt an einer Gasse wohnt? Das Frühstück des Causeway 353 gibt's in einem Café in einer solchen munteren Gasse. Nach einer Nacht in den einfachen, aber stilvollen Zimmern mit schicken Ledermöbeln und großen Betten mit dunkelbraunen Kopfteilen fühlt man sich pudelwohl.

Pensione Hotel
HOTEL **$**
(Karte S. 236 f.; ☑9621 3333; www.pensione. com.au; 16 Spencer St; Zi. ab 100 AU$; ✳@🛜) Mit erfrischender Ehrlichkeit bezeichnet das Pensione Hotel einige seiner Zimmer als „kleine Doppelzimmer". Doch was einem an Raum versagt bleibt, wird durch Stil, Extras und äußerst günstige Preise mehr als wett gemacht.

City Centre Hotel
HOTEL **$**
(Karte S. 236 f.; ☑9654 5401; www.citycentre budgethotel.com.au; 22 Little Collins St; EZ/DZ/ FZ 70/90/130 AU$; @🛜) Intim, eigenständig, unaufdringlich: Dieses 38-Zimmer-Budgethotel ist eine echte Entdeckung. Es liegt am schöneren Ende der Stadt, in einer kleinen Straße ein paar Treppen hinauf in einem unscheinbaren Gebäude. Alle Zimmer haben Gemeinschaftsbäder, aber die Zimmer wirken frisch und lichtdurchflutet und verfügen über Fenster, die sich öffnen lassen. Als Extras gibt es kostenloses WLAN und eine Waschküche.

FITZROY & UMGEBUNG

🔲 Brooklyn
LP TIPP Arts Hotel
BOUTIQUEHOTEL **$$**
(Karte S. 244; ☑9419 9328; www.brooklyn artshotel.com; 48-50 George St, Fitzroy; Zi. ab

135 AU$; 🕿) Es gibt sieben sehr unterschiedliche Zimmer in diesem einzigartigen, charaktervollen Hotel. Die Betreiberin Maggie hat nach Künstlervolk gesucht, und das übernachtet hier gern, man darf also muntere Gespräche beim kontinentalen Frühstück erwarten. Die Zimmer sind sauber, skurril, schön und farbenfroh dekoriert; in einem steht sogar ein Klavier.

Tyrian Serviced Apartments
APARTMENTS $$$
(Karte S. 244; 🖉9415 1900; www.tyrian.com.au; 91 Johnston St; Zi. ab 200 AU$; ✳🕿) Die großen, in sich abgeschlossenen modernen Apartments haben einen Fitzroy-Promi-Chic, den man schon beim Gang durch den gedämpft beleuchteten Korridor zur Rezeption verspürt. Schwere Sofas, Flachbildfernseher und Balkone verstärken diesen Eindruck.

Home@The Mansion
HOSTEL $
(Karte S. 244; 🖉9663 4212; www.homemansion.com.au; 80 Victoria Pde, East Melbourne; B 28–34 AU$, DZ 90 AU$; @🕿) In dem stattlich wirkenden, denkmalwürdigen Gebäude gibt es 92 Schlafstellen und ein paar Doppelzimmer. Alle Räume sind hell und bunt und haben angenehm hohe Decken. Es gibt zwei kleine Bereiche mit Playstations und Fernsehern, einen nach vorn liegenden Hof und eine sonnige Küche.

Nunnery
HOSTEL $
(Karte S. 244; 🖉9419 8637; www.nunnery.com.au; 116 Nicholson St, Fitzroy; B/EZ/DZ mit Frühstück 30/75/110 AU$; @🕿) Die Nunnery strahlt mit den großen Treppenhäusern und vielen originalen Klosterdetails viel Atmosphäre aus: An den Wänden hängt christliche Kunst, und es gibt prächtige Buntglasfenster. Sehr zu begrüßen sind die großen, komfortablen Lounges und Gemeinschaftsbereiche.

SOUTH YARRA, PRAHRAN & WINDSOR

LP TIPP ### Punthill Apartments South Yarra
APARTMENTS $$
(Karte S. 248; 🖉1300 731 299; www.punthill.com.au; 7 Yarra St, South Yarra; Zi. ab 180 AU$; ✳🕿) Dank der kleinen Dinge – die Kreidetafel in der Küche, um Nachrichten zu hinterlassen, oder die einzeln eingewickelten Lakritzbonbons am Bett – ist dieses Haus eine großartige Wahl. Die hellen Zimmer verfügen über Waschmaschinen, und bei den Zimmern mit Balkon begrüßt einen ein Hund (aus Zinn) auf dem Kunstrasen.

Art Series (The Olsen)
BOUTIQUEHOTEL $$$
(Karte S. 248; 🖉9040 1222; www.artserieshotels.com.au/olsen; 637 Chapel St, South Yarra; Zi. ab 200 AU$; ✳@🕿🏊) Dieses neue Hotel, das den Künstler John Olsen ehrt, ist heute eine Absteige für internationale Berühmtheiten, und wir können uns auch denken warum: Das Personal ist aufmerksam, das schick-moderne Foyer ist eine Pracht, und die Zimmer mit offenem Grundriss sind einfach wunderbar. Und zu allem Überfluss ragt der Hotelpool auch noch über die Chapel St vor. Man kann nie wissen, wer einem im Fahrstuhl gerade über den Weg läuft.

Art Series (The Cullen)
BOUTIQUEHOTEL $$
(Karte S. 248; 🖉9098 1555; www.artserieshotels.com.au/cullen; 164 Commercial Rd, Prahran; Zi. ab 169 AU$; ✳@🕿) An den glamourösen Trennwänden zwischen Zimmer und Bad kann man hier Bilder des schießenden Ned Kelly erwarten, denn das muntere Hotel ist mit vielen Werken des aus Sydney stammenden Künstlers Adam Cullen geschmückt. Wenn man das „Cullen Car" (60 AU$/Tag) oder ein Kronan-Rad (5 AU$/Std.) mietet, weiß ganz Melbourne gleich, wo man abgestiegen ist.

Lyall
HOTEL $$$
(Karte S. 248; 🖉9868 8222; www.thelyall.com; 14 Murphy St, South Yarra; Zi. ab 270 AU$; ✳@🕿) Das Lyall liegt versteckt in einer grünen Wohnstraße. Die geräumigen Zimmer sind gut ausgestattet und bieten kleinen Luxus wie Feinschmeckerkäse in der Minibar, Waschküchen und teilweise sogar Fernseher in den Badezimmern.

Back of Chapel
HOSTEL $
(Karte S. 248; 🖉9521 5338; www.backofchapel.com; 50 Green St, Windsor; B 20–28 AU$, DZ 60–80 AU$, inkl. Frühstück; @) Die saubere Backpackerherberge in einem alten viktorianischen Reihenhaus hat eine eigene Bar (die angeblich die billigsten Drinks in Melbourne ausschenkt) und befindet sich wortwörtlich nur zwanzig Schritte von der brummenden Chapel St entfernt. Das Haus bietet zwei Großbildfernseher, neue Badezimmer und eine Reihe kostenloser Extras (z. B. Frühstück).

Hotel Claremont
PENSION $
(Karte S. 248; 🖉9826 8000, 1300 301 630; www.hotelclaremont.com; 189 Toorak Rd, South Yarra; B/EZ/DZ inkl. Frühstück 34/69/79 AU$; @🕿) In einem großen, denkmalwürdigen Gebäude von 1868 bietet das Claremont mit komfortablen Zimmern, hohen Decken

und Gemeinschaftsbädern ein ordentliches Preis-Leistungs-Verhältnis. Ein aufwendiges Dekor darf man hier nicht erwarten: Es handelt sich einfach um eine saubere und einladende Budgetunterkunft.

ST. KILDA & UMGEBUNG

Prince
HOTEL **$$$**

(Karte S. 254; ☑9536 1111; www.theprince.com.au; 2 Acland St, St. Kilda; Zi. inkl. Frühstück ab 260 AU$; ✳@☎) Das Prince hat eine angemessen dramatische Lobby, und die Zimmer zeigen eine interessante Verbindung der Proportionen des ursprünglichen Pubs mit natürlichen Materialien und einer zurückgenommenen Ästhetik. In den größeren Zimmern und Suiten findet man typische Beispiele historisch-modernistischer Möblierung. Zu den Einrichtungen vor Ort gehören einige der meisterwähnten in der Stadt: Bars, Band-Rooms und sogar ein Weinladen im Erdgeschoss.

Base
HOSTEL **$**

(Karte S. 254; ☑8598 6200; www.basebackpackers.com; 17 Carlisle St, St. Kilda; B/Zi. ab 30/110 AU$; ✳@☎) Dieses Hostel, ein Ableger des Accor, hat modernisierte Schlafsäle mit jeweils zugehörigem Bad sowie schicke Doppelzimmer. Eine Etage ist Frauen vorbehalten. Für gute Stimmung sorgen eine Bar und abends Livemusik.

Habitat HQ
HOSTEL **$**

(☑9537 3777; www.habitathq.com.au; 333 St. Kilda Rd; DJO 30 AU$, DZ 139 AU$, jeweils inkl. Frühstück; ✳@☎) In diesem neuen Hostel gibt es fast alles, u.a. offen gestaltete Gemeinschaftsbereiche, einen Biergarten, einen Reiseveranstalter sowie einen Billardtisch.

✗ Essen

Das beste Essen gibt's außerhalb des Zentrums: Im einst rauen Collingwood gehen Gastronomie-Blogger aus und ein, in Brunswick findet man Boutiquerestaurants, aber auch im CBD steigt das Niveau der Mittagsangebote. Unbedingt St. Kilda mit seinen alteingesessenen Restaurants besuchen!

ZENTRUM

LP TIPP **Cumulus Inc** MODERN-AUSTRALISCH **$$**

(Karte S. 236 f.; www.cumulusinc.com.au; 45 Flinders Lane; Hauptgerichte 21–38 AU$; ☺Mo–Sa morgens, mittags & abends) Ob zum Frühstück, Mittag- oder Abendessen: Dieses Restaurant gehört zu Melbournes besten. Man genießt die wunderbare Küche

von Andrew McConnell zu wirklich vernünftigen Preisen. Der Schwerpunkt liegt auf erstklassigen Lebensmitteln und einfacher, aber kunstvoller Zubereitung: vom Frühstück mit Sardinen und geräucherten Tomaten auf Toast an der Marmorbar bis hin zu frisch aus der Schale gelösten Austern, die man abends auf den mit Leder überzogenen Sitzbänken verdrückt.

Vue de Monde
FRANZÖSISCH, MODERN-AUSTRALISCH **$$$**

(Karte S. 236 f.; ☑9691 3888; www.vuedemonde.com.au; 430 Little Collins St; Feinschmeckermenüs mittags/abends ab 100/150 AU$; ☺Di–Fr mittags & abends, Sa abends) Melbournes beliebtester Ort für feierliches Dinieren steckt mitten im Umzug auf die alte „Aussichtsterrasse" des **Rialto**, wo der Blick dann endlich dem Namen entsprechen wird. Auch am neuen Standort wird es dank der visionären Shannon Bennett dort die gewohnte fantastische französische Cuisine geben. Den Tisch vorab reservieren! In der alten Anwaltskanzlei werden das **Bistro Vue** (☑9691 3838) und das **Cafe Vue** (☺Mo–Fr 7–16 Uhr) bleiben.

Movida
SPANISCH **$$**

(Karte S. 236 f.; ☑9663 3038; www.movida.com.au; 1 Hosier Lane; Tapas 4–6 AU$, Raciones 10–17 AU$; ☺mittags & abends) Das Movida versteckt sich in einer kopfsteingepflasterten Gasse, die gleichzeitig eine der weltweit größten Ansammlungen von Straßenkunst auf engem Raum darstellt – melbourne-typischer geht es kaum. Man stellt sich an die Bar, sammelt sich um die kleinen Tische am Fenster oder setzt sich, wenn man reserviert hat, an seinen Tisch im Speisebereich. Das **Movida Next Door** (tatsächlich gleich daneben) ist ideal für ein Bier und einige Tapas vor dem abendlichen Show-Besuch.

Flower Drum
CHINESISCH **$$$**

(Karte S. 236 f.; ☑9662 3655; www.flower-drum.com; 17 Market Lane; Hauptgerichte 35–55 AU$; ☺Mo–Sa mittags, tgl. abends) Das Flower Drum ist nach wie vor das am meisten gefeierte chinesische Restaurant in Melbourne. Die feinsten und frischesten Zutaten werden hier mit sorgsamer Aufmerksamkeit auf alle Details zubereitet, deswegen ist diese Institution der Chinatown immer auf Wochen im Voraus ausgebucht. Die aufwendigen, aber scheinbar schlichten kantonesischen Gerichte werden mit dem professionellen Service serviert, den man in einer solch eleganten Umgebung erwarten darf.

HuTong Dumpling Bar
CHINESISCH $

(Karte S. 236 f.; 14-16 Market Lane; Hauptgerichte 12 AU$) Aus den Schaufenstern des HuTong blickt man auf das berühmte Flower Drum. Wegen seines Rufs, himmlische Klöße zuzubereiten, darunter *shao-long bao*, ist es schwierig, hier mittags einen Tisch zu ergattern. Man schaut den Köchen bei der Zubereitung der delikaten Klöße zu und kann nur hoffen, dass diese einem nicht beim Essen zuschauen, wenn man sich ungeschickt anstellt (eine ausführliche Anleitung, wie man es richtig macht, liegt zum Nachlesen auf den Tischen). Es gibt noch eine Filiale in Prahran (s. Karte S. 248).

Little Press & Cellar
GRIECHISCH $$$

(Karte S. 236 f.; 72 Flinders St; Hauptgerichte 35–49 AU$; ☺Mo–Fr 7 Uhr–open end, Sa & So 12 Uhr–open end) Das Lokal ist zwar nicht so groß wie der Press Club nebenan, aber man kann hier die Kochkünste von George Calombaris zum Schnäppchenpreis kennenlernen. Empfehlenswert ist das Express-Mittagsmenü (Mo–Fr), bei dem es drei griechische Gerichte für 34 AU$ gibt, doch man sollte sich auf keinen Fall den „kleinen Snack" aus Taramosalata und scharfen Chips entgehen lassen (13,50 AU$).

Gingerboy
FUSION, ASIATISCH $$

(Karte S. 236 f.; ☏9662 4200; www.gingerboy.com.au; 27-29 Crossley St; kleine Gerichte 13–16 AU$, große Gerichte 30–36 AU$; ☺Mo–Fr mittags & abends, Sa abends) Man sollte der mächtig trendigen Umgebung und der Partyszene am Wochenende trotzen, denn der talentierte Teague Ezard versteht sich auf die Zubereitung von richtig schicken Imbissgerichten. Empfehlenswert sind würzige Speisen wie Muscheln mit grünem Chili oder Makrele mit Kokosmilch und einem Erdnuss-Tamarinden-Dressing. Am Abend gibt es gleich zwei Menürunden; Reservierung erforderlich!

Bar Lourinhã
TAPAS $$

(Karte S. 236 f.; ☏9663 7890; www.barlourinha.com.au; 37 Little Collins St; Tapas 9–20 AU$ ☺Mo–Fr mittags & abends, Sa abends) Matt McConnells wunderbare nordspanisch-portugiesische Spezialitäten kommen mit dem Stolz und der Ehrlichkeit eines iberischen Hirten daher, haben dabei aber eine pfiffige, großstädtische Note. Am besten beginnt man leicht mit der zarten Makrele mit Pancetta und endet mit der herzhaften hausgemachten Chorizo oder einer gebackenen *morcilla* (Blutwurst).

FITZROY & UMGEBUNG

Cutler & Co
LP TIPP
MODERN-AUSTRALISCH $$$

(Karte S. 244; ☏9419 4888; www.cutlerandco.com.au; 55 Gertrude St, Fitzroy; ☺Fr & So mittags, Di–So abends) Der Hype um Andrew McConnells jüngstes Restaurant ist voll und ganz berechtigt. Das Dekor wirkt vielleicht ein bisschen abgedreht, aber das aufmerksame, kundige Personal und die Gaumenfreuden verheißenden Gerichte (Spanferkel ist besonders beliebt) haben das Restaurant schnell zu einem der besten in Melbourne gemacht.

St. Jude's Cellar
MODERN-AUSTRALISCH $$

(Karte S. 244; www.stjudescellars.com.au; 389-391 Brunswick St, Fitzroy; Hauptgerichte rund 22–26 AU$; ☺ Sa & So morgens, Di–So mittags & abends) Die riesige Lagerhalle wurde geschickt, cool und menschenfreundlich umgestaltet, doch ohne ihren loftig-industriellen Charakter zu verlieren. Das Restaurant beginnt im Keller hinter der Ladenfront, sodass man vor dem Gewimmel der Brunswick St geschützt ist. Zu den Hauptgerichten zählen Muscheln und Lauch in Coldstream-Cider und Ziegenragout, doch man sollte unbedingt auch die innovativen Desserts probieren.

Moroccan Soup Bar
NORDAFRIKANISCH, VEGETARISCH $$

(☏9482 4240; 183 St Georges Rd, North Fitzroy; Bankett 18 AU$; ☺Di–So 18–22 Uhr) Man muss hier auf Schlangestehen gefasst sein, bis einen die unerschütterliche Hana platziert und einem die Speisekarte erläutert. Sehr zu empfehlen ist das Bankett, das mit seinen drei Gängen ausgesprochen preisgünstig ist. Für den himmlischen Kichererbsen-Auflauf stellen sich die Einheimischen mit eigenen Gefäßen an, um einen Schlag mitzunehmen. Das Restaurant schenkt keinen Alkohol aus, aber gleich nebenan befindet sich eine nette Bar.

Cavallero
MODERN-AUSTRALISCH $

(Karte S. 244; www.cavallero.com.au; 300 Smith St, Collingwood; Hauptgerichte 10–25 AU$; ☺Di–So morgens, mittags & abends) Die subtile, aber äußerst schicke Einrichtung bringt den Charme dieses prächtigen viktorianischen Ladengeschäfts voll zur Geltung. Unter einem Rehkopf erhält man morgens Kaffee und Brioche, mittags einfallsreiche getoastete Sandwiches und Pinot Gris sowie abends Cocktails und jede Menge Gerichte, die man sich gerne mit seiner Begleitung teilen kann.

Charcoal Lane
AUSTRALISCH **$$**
(Karte S. 244; ✆9418 3400; www.charcoal
lane.com.au; 136 Gertrude St, Fitzroy; Hauptge-
richte 17–35 AU$; ☺Di–Sa mittags & abends)
Dieses Restaurant, in dem Aborigines und
benachteiligte junge Menschen ausgebildet
werden, ist eines der besten Lokale, um sich
mit den kulinarischen Möglichkeiten der
einheimischen Flora und Fauna vertraut zu
machen: Auf der Karte stehen u. a. Wallaby-
Tartar und Känguru mit lokalen Gewürzen.

Commoner
MODERN-BRITISCH **$$**
(Karte S. 244; ✆9415 6876; www.thecommoner.
com.au; 122 Johnston St, Fitzroy; Hauptgerichte
13–30 AU$; ☺Sa & So mittags, Mi–So abends)
Will man sich von den Leistungen dieses
Restaurants abseits der Hauptstraße über-
zeugen, braucht man sich nur an den Zie-
gen- oder Schweinebraten vom Holzofen zu
halten, der am Sonntagmittag aufgetischt
wird. Am Sonntagabend gibt's keine Speisekarte, sondern man lässt sich überraschen.

Birdman Eating
TAPAS **$**
(Karte S. 244; www.birdmaneating.com.au; 238
Gertrude St, Fitzroy; Hauptgerichte 8–18 AU$)
Das sehr beliebte Lokal ist nach der be-
rühmt-berüchtigten „Birdman Rally" benannt, die in Melbourne beim Moomba-
Festival stattfindet. Glücklicherweise muss
man sich aber nicht von einer Brücke stürzen, um hier gemütlich zu sitzen und sich
an Käsetoast oder Lauchpastete zu laben.

Wabi Sabi Salon
JAPANISCH **$**
(Karte S. 244; www.wabisabi.net.au; 94 3mllll
St, Collingwood; Gerichte 3–20 AU$; ☺Mo–Sa
mittags & abends) Hier erwarten einen ver-
rücktes japanisches Dekor und delikate
japanische Küche, darunter täglich wechselnde Bento-Boxen (man sagt, ob man sie
mit Fleisch, Fisch oder vegetarisch haben
möchte, um alles übrige kümmern sich die
japanischen Köche).

Vegie Bar
VEGETARISCH **$**
(Karte S. 244; www.vegiebar.com.au; 380
Brunswick St, Fitzroy; Hauptgerichte 7–15 AU$;
☺mittags & abends) Man isst die köstlichen,
dünnbodigen Pizzas, schmackhaften Currys und Suppen mit saisonalem Gemüse
entweder draußen in der fantastischen
Brunswick St oder drinnen an den Gemein-
schaftstischen im großen Speisesaal.

CARLTON & UMGEBUNG

Rumi
NAHÖSTLICH **$$**
(✆9388 8255; 116 Lygon St, Brunswick East;
Hauptgerichte 17–22 AU$; ☺Di–So abends)
Das wunderbar konzipierte Restaurant
präsentiert einen Mix aus libanesischer
Kochkunst und modernen Abwandlungen
altpersischer Gerichte. Die *sigara boregi*
(Börek mit Käse und Pinienkernen) ist be-
rühmt, und neben leckeren Hauptgerichten
wie Fleischklößen gibt es auch eine große
und interessante Auswahl an vegetarischen
Speisen.

Bar Idda
ITALIENISCH **$$**
(✆9380 5339; www.baridda.com.au; 132 Lygon
St, Brunswick East; Hauptgerichte 18 AU$; ☺Di–
Sa abends) Die im Diner-Stil eingedeckten
Tische geben keinen Vorgeschmack auf die
feinen Bissen, die dieses sizilianische Restaurant serviert. Gerichte zum Teilen sind
der Renner; sie reichen von Lammkeule mit
Pistazienkruste bis zur vegetarisch gefüllten Aubergine.

Hellenic Republic
GRIECHISCH **$$**
(✆9381 1222; www.hellenicrepublic.com.au;
434 Lygon St, Brunswick East; Hauptgerichte 21–
32 AU$; ☺Sa & So morgens, mittags & abends,
Fr–So mittags, Mo–So abends) Der mit Euka-
lyptusholz befeuerte Grill im nördlichen
Vorposten der Restaurants von George
Calombaris ist ständig mit der Zubereitung
von Fladenbrot, Riesengarnelen, Tintenfi-
schen der Region, australischen Meerbras-
sen und zartem Lamm gut ausgelastet.

ST. KILDA & UMGEBUNG

Attica
MODERN **000**
(✆9530 0111; www.attica.com.au; 74 Glen
Eira Rd, Ripponlea; 8-Gänge-Verkostungsmenü
144 AU$; ☺Di–Sa abends) Das Attica verdankt
seinen Ruhm der Tatsache, dass es 2010 als
einziges Lokal Melbournes einen Platz auf
der San-Pellegrino-Liste der besten Restau-
rants ergatterte. Das vorstädtische Lokal
serviert Ben Shewrys kreative Gerichte im
Verkostungsstil. Die köstlichen kleinen Por-

Fitzroy & Umgebung

0   200 m

FITZROY NORTH

↑ North Fitzroy Bowls (800 m);
Moroccan Soup Bar (1 km)

CLIFTON HILL

Princes St

Alexandra Pde (Eastern Hwy)

83

Cecil St

Station St

Westgarth St

Kay St

CARLTON

Leicester St

23

Rose St

Keele St

Kerr St

Easey St

Kerr St

Argyle St

Sackville St

Elgin St

34

6

FITZROY

17

10

Johnston St

34

Victoria St

Chapel St

21

Bell St

45

Greeves St

St David St

20

16

Hodgson St

Moor St

18

Stanley St

Moor St

5

COLLINGWOOD

Hanover St

Condell St

Charles St

Atherton Reserve

Webb St

Palmer St

11

22

Gertrude St

24

15

14

9

19

7

Langridge St

45

3

Little Victoria St

Mason St

32

32

Victoria Pde

4

MELBOURNE ESSEN

tionen beispielsweise von in Erde gebackenen Kartoffeln sind wirklich ein Erlebnis für alle Sinne.

Stokehouse   MODERN-AUSTRALISCH **$$$**
(Karte S. 254; ☑9525 5555; www.stokehouse.com.au; 30 Jacka Blvd, St. Kilda; Hauptgerichte im OG 28–32 AU$, im EG 10–20 AU$; ☺mittags & abends) Das Stokehouse nutzt seine Lage am Strand und präsentiert sich als Lokal mit zwei Gesichtern: Unten bedient man Familien und zufällig hereingeschneite Gäste, oben speist man elegant. Das Lokal ist eine feste Größe auf der kulinarischen Landkarte Melbournes und beliebt wegen seiner Meeresfrüchte, dem guten Service und dem herrlichen Blick auf die Bucht. Für einen Besuch im Obergeschoss vorab reservieren!

Cicciolina   MODERN-MEDITERRAN **$$**
(Karte S. 254; www.cicciolinastkilda.com.au; 130 Acland St, St. Kilda; Hauptgerichte 19–40 AU$; ☺mittags & abends) Der freundliche Raum mit dunkler Holztäfelung, gedämpfter Beleuchtung und Bleistiftzeichnungen ist eine Institution in St. Kilda. Die modern-mediterranen Gerichte wirken inspiriert, smart und kommen in großen Portionen; die Bedienung ist herzlich. Reservierungen werden nicht angenommen: Man kommt entweder früh zum Essen oder wartet in der stimmungsvollen kleinen Bar hinten, bis ein Tisch frei wird. Einen Besuch lohnt auch das zugehörige neue Restaurant **Ilona Staller** (282 Carlisle St), im nahe gelegenen Balaclava.

Lentil as Anything   VEGETARISCH **$**
(Karte S. 254; www.lentilasanything.com; 41 Blessington St, St. Kilda; Bezahlung nach Ermessen der Kunden; ☺mittags & abends) Die Wahl unter den stets öko-vegetarischen Gerichten fällt nicht schwer, die angemessene Bezahlung manchmal schon. Dieser einmalige gemeinnützige Betrieb bietet benachteiligten Menschen Ausbildungsmöglichkeiten und den Gästen schmackhafte, wenn auch sonst nicht weiter bemerkenswerte vegetarische Speisen. Weitere Filialen finden sich im **Abbotsford Convent** (Karte S. 222 f.; 1 St. Heliers St, Abbotsford) sowie in der Barkly St in Footscray.

Café di Stasio   ITALIENISCH **$$**
(Karte S. 254; ☑9525 3999; www.distasio.com.au; 31a Fitzroy St, St. Kilda; Hauptgerichte 27–43 AU$; ☺mittags & abends) Kapriziöse Kellner in weißen Jacketts, ein düsteres Foto von Bill Henson und Jazzmusik aus den Lautsprechern geben hier die Stimmung vor. Auch die italienische Speisekarte lässt es an Leidenschaft und Anmut natürlich nicht fehlen.

Claypots   SEAFOOD **$$**
(Karte S. 254; 213 Barkly St; Hauptgerichte 25–35 AU$; ☺mittags & abends) Im Claypots, einem Lieblingslokal der Einheimischen, gibt es Meeresfrüchte aus dem Tontopf, wie es schon der Name verspricht. Man muss früh kommen, um einen Platz und die besten Sachen zu ergattern, denn die besonders beliebten, frischen Gerichte sind schnell ausverkauft.

0 ——————— 200 m

Carlton & Umgebung

◎ **Highlights**

Melbourne Museum D3
Royal Exhibition Building D3

🛏 **Schlafen**

1 169 Drummond..................................C2

✪ **Unterhaltung**

2 Cinema Nova.......................................B1
3 IMAX C3

🛍 **Shoppen**

4 Readings..B1

Banff   PIZZA $

(Karte S. 254; www.banffstkilda.com.au; 145 Fitzroy St; Hauptgerichte 9 AU$) Nicht nur die tägliche Happy Hour, sondern auch die Pizzas für 9 AU$ (mittags nur 5 AU$) sorgen dafür, dass die Tische des Banff in der Fitzroy St immer gut besetzt sind.

SOUTH YARRA, PRAHRAN & WINDSOR

Jacques Reymond   MODERN-AUSTRALISCH $$$

(Karte S. 248; ☎9525 2178; www.jacques reymond.com.au; 78 Williams Rd, Prahran; 3-Gänge-Menü ab 98 AU$; ☺Do–Fr mittags, Di–Sa abends) Das Reymond war bei Verkostungsmenüs ein Lokalpionier. Die Verkostungsteller haben heute Vorspeisengröße, und es gibt auch eine innovative vegetarische Variante. Die Karte ist französisch beeinflusst mit asiatischen Akzenten. Eines der vielen schätzenswerten Details ist die im Haus hergestellte Butter.

Pearl   MODERN-AUSTRALISCH $$$

(Karte S. 248; ☎9421 4599; www.pearlrestaurant. com.au; 631-633 Church St, Richmond; Hauptgerichte 35–48 AU$; ☺mittags & abends) Eigentümer und Chefkoch Geoff Lindsay bezeichnet sich als einen „Aussie der fünften Generation mit einer Leidenschaft für Ingwer, Chili, Palmzucker, Lokum, Schokolade und

Granatäpfel". Und auch uns packt die Leidenschaft: Lindsays exquisite Köstlichkeiten sind ein Inbegriff modern-australischer Kochkunst. Das Restaurant wirkt schick, aber gemütlich, nur der Service ist manchmal saumselig.

Outpost   CAFÉ $$
(Karte S. 248; http://outpostcafe.com.au; 9 Yarra St, South Yarra; Hauptgerichte 14 AU$) Das mächtig frequentierte Café gehört zum St.-Ali-Kaffeeimperium und bietet eine Auswahl unterschiedlicher Räume, in denen man essen und sich unterhalten kann. Besonders gut gefällt uns jener, in dem man beobachten kann, wie die Speisen – darunter italienische Schwarztrüffel – zubereitet werden.

Ausgehen

Melbournes Bars sind legendär und reichen von verstohlenen Lokalen in den Gassen bis zu messingblinkenden Etablissements, die eine Straßenecke dominieren. Man hat es also leicht, eine zu finden, wo einem Ambiente und Getränkeangebot zusagen.

ZENTRUM
Carlton Hotel   BAR
(Karte S. 236 f.; www.thecarlton.com.au; 193 Bourke St; ⏰16 Uhr–open end) Überkandideltes Melbourner Rokoko wird hier durchdekliniert und nötigt einem ein Lächeln ab. Auf der Dachterrasse im **Palmz** fühlt man sich wie in Miami – oder genießt einfach nur die prachtvolle Aussicht.

Madame Brussels   BAR
(Karte S. 236 f.; www.madamebrussels.com; 3. Stock, 59-63 Bourke St; ⏰12–1 Uhr) Wer genug von Stimmungsbeleuchtung und dunklem Holz hat, ist hier richtig. Diese Bar ist zwar nach einer berühmten Bordellwirtin des 19. Jhs. benannt, wirkt aber wie ein psychedelischer Schuppen der 1960er-Jahre mit seinem Kunstrasen und den à la Country Club ausstaffierten Barkeepern.

Brother Baba Budan   CAFE
(Karte S. 236 f.; www.sevenseeds.com.au; 359 Little Bourke St) Der schnuckelige innerstädtische Vorposten der selbständigen Kaffeerösterei St. Ali bietet natürlich Kaffee, von dem allenfalls die *rugelech* (traditionelles jüdisches Gebäck) und Kekse ablenken.

Riverland   BAR
(Karte S. 236 f.; www.riverlandbar.com; Vaults 1-9, Federation Wharf; ⏰7–24 Uhr) Dieses Schmuckstück aus Basalt steht am Wasser und hält sein Angebot einfach: guter Wein, Bier vom Fass und Bar-Snacks.

Section 8   BAR
(Karte S. 236 f.; www.section8.com.au; 27-29 Tattersalls Lane; ⏰Mo–Fr 8 Uhr–open end, Sa & So 12 Uhr–open end) Das neueste in Sachen Container-Habitat; hier kann man inmitten der Leute, die von der Arbeit kommen und denen ein Versandkisten-Dekor ausreicht, ein Mountain Goat (Bier) stemmen.

EAST MELBOURNE & RICHMOND
LP TIPP Der Raum   BAR
(www.derraum.com.au; 438 Church St, Richmond; ⏰17 Uhr–open end) Der Name beschwört Bilder eines düsteren Fritz-Lang-Films herauf, und tatsächlich erinnern die Aufmachung „des Raums" und die ausgeprägte Vorliebe für harte Schnäpse auch an einen Film der schwarzen Serie.

Mountain Goat Brewery   BRAUEREI
(www.goatbeer.com.au; Ecke North & Clark St, Richmond; ⏰nur Mi & Fr ab 17 Uhr) Diese örtliche Kleinbrauerei residiert in einem Braukomplex. Man kann die hier gebrauten Biere genießen und dabei an einer Pizza knabbern.

FITZROY & UMGEBUNG
Little Creatures Dining Hall   BIERKNEIPE
(Karte S. 244; www.littlecreatures.com.au; 222 Brunswick St, Fitzroy; ☎) Mit kostenlosem W-LAN, Leihfahrrädern und tagsüber einer auch kinderfreundlichen Stimmung ist diese große Bierhalle ein perfekter Ort, um sich mit Pizza vollzustopfen und dazu örtliche Weine oder Biere zu konsumieren.

Naked for Satan   BAR
(Karte S. 244; www.nakedforsatan.com.au; 285 Brunswick St; ⏰12 Uhr–open end) Die muntere und laute Bar erweckt eine angebliche Legende der Brunswick St wieder zum Leben (nämlich die von einem Typ mit den Spitznamen Satan, der während der Great Depression in einer Wodka-Schwarzbrennerei wegen der Hitze nackt herumgelaufen sein soll). Auf jeden Fall kommen die Gäste aber wegen der beliebten *pintxos* (Tapas; 2 AU$) und der Getränke mit den lustigen Namen.

De Clieu   CAFÉ
(Karte S. 244; 187 Gertrude St, Collingwood) Die gleichen Leute, die dem nach Kaffee verrückten Melbourne das Seven Seeds beschert haben, betreiben auch das De Clieu, ein abgefahrenes, lustiges kleines Café mit Böden aus poliertem Beton.

Napier Hotel
KNEIPE

(Karte S. 244; www.thenapierhotel.com; 210 Napier St, Fitzroy; ⊙Mo–Do 15–23, Fr & Sa 13–1, So 13–23 Uhr) Das Napier gibt es an dieser Ecke schon länger als hundert Jahre – hier ist durch manches Bier die Kehle hinuntergeflossen, während sich das Viertel verändert hat.

CARLTON & UMGEBUNG
Gerald's Bar
WEINBAR

(386 Rathdowne St, Carlton North; ⊙Mo–Sa 17–23 Uhr) Wein wird im Gerald's ganz demokratisch per Glas ausgeschenkt. Hinter der gekurvten Bar aus Holz werden nette alte Schallplatten aufgelegt. 2010 wurde das Lokal als „Bar des Jahres" ausgezeichnet.

ST. KILDA & UMGEBUNG
Carlisle Wine Bar
WEINBAR

(137 Carlisle St, Balaclava; ⊙ Sa & So Brunch, tgl. abends) Die Einheimischen lieben dieses oft ausgelassene Weinlokal, das früher eine Fleischerei war. Die Bedienung behandelt einen gleich wie einen Stammgast, schenkt einem eine Spezialität ein oder findet inmitten des ganzen Wochenendtrubels trotzdem die Zeit, einem schnell einen Cocktail zu mixen.

George Public Bar
BAR

(Karte S. 254; www.georgepublicbar.com.au; UG, 127 Fitzroy St, St. Kilda) Hinter der abblätternden Farbe und den eduardianischen Bogenfenstern des George Hotel finden sich der Melbourne Wine Room und vorne eine große Bar, in der sich die Leute nach der Arbeit treffen. Im Keller des Gebäudes wartet dann die George Public Bar, die oft auch nur als die „Snakepit" (Schlangengrube) bezeichnet wird.

★ Unterhaltung
Nachtclubs
alumbra
NACHTCLUB

(www.alumbra.com.au; Shed 9, Central Pier, 161 Harbour Esplanade, Docklands; ⊙Fr–So 16 Uhr–open end) Die tolle Musik und die sagenhafte Location beeindrucken – die Deko, die sich nicht zwischen Marokko und Bali entscheiden kann, weniger.

Revolver Upstairs
NACHTCLUB

(Karte S. 248; www.revolverupstairs.com.au; 229 Chapel St, Prahran; ⊙Mo–Do 12–4 Uhr, Fr–So 24 Std.) Das rummelige Revolver mag wie eine riesige Version des eigenes Wohnzimmers wirken, doch bei 54 Stunden Musik nonstop am Wochenende freut man sich doch, dass es das nicht ist.

Brown Alley
NACHTCLUB

(Karte S. 236 f.; www.brownalley.com; Ecke King & Lonsdale St, ⊙Mo–Fr 11.30 Uhr–open end, Sa & So 18 Uhr–open end) Hinter dem historischen Pub verbirgt sich ein Nachtclub mit 24-Std.-Lizenz. Der Laden ist riesig und besitzt abgegrenzte Räume für bis zu 1000 Menschen.

Kinos
Multiplex-Kinos sind über die ganze Stadt verbreitet, es gibt aber auch eine ganze Reihe angesehener unabhängiger Kinos im CBD und auch in den umliegenden Vorstädten. Man nehme sich ein Choc-Top (in Schokolade getauchtes Eis) und schaue sich einen Film in einem der folgenden Kinos an:

Astor
KINO

(Karte S. 248; www.astor-theatre.com; Ecke Chapel St & Dandenong Rd, St. Kilda)

Cinema Nova
KINO

(Karte S. 246; www.cinemanova.com.au; 380 Lygon St, Carlton)

Kino Cinemas KINO
(Karte S. 236 f.; www.palacecinemas.com.au; Collins Pl, 45 Collins St)

Imax 3-D-KINO
(Karte S. 246; www.imaxmelbourne.com.au; Melbourne Museum, Carlton Gardens)

Palace Como KINO
(Karte S. 248; www.palacecinemas.com.au; Ecke Toorak Rd & Chapel St, South Yarra)

Im Sommer sind Open-Air-Kinos beliebt; Öffnungszeiten und die Programme erfährt man auf den jeweiligen Websites:

Moonlight Cinema OPEN-AIR-KINO
(www.moonlight.com.au; Gate D, Royal Botanic Gardens Melbourne, Birdwood Ave, South Yarra)

Rooftop Cinema OPEN-AIR-KINO
(Karte S. 236 f.; www.rooftopcinema.com.au; Level 6, Curtin House, 252 Swanston St, Melbourne)

St. Kilda Openair Cinema OPEN-AIR-KINO
(Karte S. 254; www.stkildaopenair.com.au; St. Kilda Sea Baths, 10-18 Jacka Blvd, St. Kilda)

Theater

Melbournes Theaterszene beschränkt sich nicht auf ein bestimmtes Gebiet: Die Kompanien und Theater sind über den ganzen Stadtraum verteilt. Wegen verbilligter Eintrittskarten sollte man es bei **Half Tix Melbourne** (Karte S. 236 f.; Melbourne Town Hall; ☺Mo 10–14, Di–Fr 11–18, Sa 10–16 Uhr) versuchen; dazu muss man am Aufführungstag persönlich im Half-Tix-Büro erscheinen und die Karte in bar bezahlen.

Melbourne Theatre Company THEATER
(MTC; ☎8688 0800; www.mtc.com.au; 140 Southbank Blvd, Southbank) Melbournes größte Theatertruppe bringt jedes Jahr rund 15 Produktionen heraus, von zeitgenössischen und modernen Stücken (darunter viele neue Werke australischer Autoren) bis hin zu Shakespeare und anderen Klassikern.

Malthouse Theatre THEATER
(☎9685 5111; www.malthousetheatre.com.au; 113 Sturt St, South Melbourne) Die Produktionen der Malthouse Theatre Company gehören oft zu den spannendsten der Melbourner Theaterszene.

Livemusik

Northcote Social Club LIVEMUSIK
(☎9489 3917; www.northcotesocialclub.com; 301 High St, Northcote) Einer der besten Livemusiktreffs in Melbourne: Hier treten viele ausländische Musiker auf, die vielleicht nur noch ein Album vom Starruhm entfernt sind, und auch der Aufmarsch einheimischer Talente kann sich hören lassen. Wer einfach nur etwas trinken will, findet vorne eine Bar, die jeden Abend gut besucht ist. Für faule Nachmittage bietet sich die hinten gelegene große Terrasse an. Ein idealer, allseits beliebter Treff.

Bennetts Lane LIVEMUSIK
(Karte S. 236 f.; www.bennettslane.com; 25 Bennetts Lane, Melbourne; ☺8.30 Uhr–open end) Das Bennetts Lane ist schon lange *der* Jazz-Hotspot Melbournes. Hier tritt die Creme der örtlichen und internationalen Talente auf, und auch das Publikum weiß, wann ein Solo Applaus verdient. Hinter der vorne liegenden, gemütlichen Bar befindet sich ein weiterer Raum, der für große Konzerte reserviert ist.

Esplanade Hotel LIVEMUSIK
(Karte S. 254; http://espy.com.au; 11 The Esplanade, St. Kilda; ☺Mo–Fr 12 Uhr–Open End, Sa & So 8 Uhr–open end) Rockfans sind begeistert. Das Espy ist nach wie vor prima schäbig und einladend für alle. An den meisten Abenden spielen Bands, und hinten befindet sich eine schicke Küche. Und für den Preis eines Biers bekommt man noch dazu einen Platz in der ersten Reihe beim Blick auf den rosaroten Sonnenuntergang in St. Kilda.

Ding Dong Lounge LIVEMUSIK
(Karte S. 236 f.; www.dingdonglounge.com.au; 18 Market Lane, Melbourne; ☺ Mi–Sa 19 Uhr–Open End) Das Ding Dong ist groß in Sachen Rock'n'Roll und ein prima Ort, um örtliche Bands oder eine kleinere Gruppe auf Tour zu erleben.

Toff in Town LIVEMUSIK
(Karte S. 236 f.; ☎9639 8770; www.thetoffintown. com; Level 2, Curtin House, 252 Swanston St, Melbourne; ☺So–Do 17 Uhr–open end, Fr 12 Uhr–open end) Der stimmungsvolle Treff eignet sich gut für Cabaret, aber auch für intimere Auftritte von Rockgrößen, avantgardistischen Folkmusikern oder Dancehall-Queens.

Tanz

Australian Ballet BALLETT
(☎1300 369 741, 9669 2700; www.australianballet.com.au; 2 Kavanagh St, Southbank) Das in Melbourne ansässige und mittlerweile schon mehr als 40 Jahre bestehende Australian Ballet führt traditionelle und neue Werke des Tanztheaters im Victorian Arts Centre auf.

Chunky Move TANZ
(www.chunkymove.com; 111 Sturt St, Southbank)
Das Chunky Move mit Stammsitz in Melbourne führt in aller Welt „Gattungsgrenzen sprengendes" Tanztheater auf. Wenn die Truppe vor Ort ist, tritt sie im Malthouse Theatre auf die Bühne.

🔒 Shoppen

ZENTRUM

Captains of Industry MASSBEKLEIDUNG
(Karte S. 236 f.; www.captainsofindustry.com.au; Level 1, 2 Somerset Pl) Hier bekommt man an einem Ort neben Haarschnitt, Maßbekleidung und Schuhe. Und darüber hinaus bieten die emsigen Leute im Captains auch noch gemütliches Frühstück und einfallsreiche Mittagsgerichte.

Counter KUNSTHANDWERK, DESIGN
(Karte S. 236 f.; www.craftvic.org.au; 31 Flinders Lane) Als Ladengeschäft von Craft Victoria stellt das Counter handgemachte Dinge ins Zentrum. Die große Auswahl an Schmuck, Textilien, Accessoires, Glaswaren und Keramik verbindet Handwerk mit Kunst. Man findet hier wunderbare Mitbringsel, die einen später an die Reise erinnern.

Alice Euphemia MODE, SCHMUCK
(Karte S. 236 f.; Shop 6, Cathedral Arcade, 37 Swanston St, Melbourne) Bei den meisten hier verkauften Marken ist der künstlerische Anspruch unverkennbar, und auch der Schmuck bewegt sich zwischen shocking und berauschend schön.

NGV Shop im Ian Potter Centre GALERIE
(Karte S. 236 f.; www.ngv.vic.gov.au; Federation Sq) In diesem Museumsshop findet man eine große Auswahl internationaler Design-Zeitschriften, eine Kinderabteilung und das übliche Angebot solcher Läden. Es gibt auch einen Shop im **NGV International**.

FITZROY & UMGEBUNG

Crumpler ACCESSOIRES
(Karte S. 244; www.crumpler.com.au; Ecke Gertrude & Smith St, Fitzroy) Mit Crumplers Fahrradkuriertaschen fing alles an. Die dauerhaften, praktischen Designs findet man heute in aller Welt, und inzwischen gibt es auch Taschen für Fotoapparate, Laptops und MP3-Player.

Little Salon KUNSTHANDWERK, MODE
(Karte S. 244; www.littlesalon.com.au; 71 Gertrude St, Fitzroy) Das kleine Geschäft, teilweise Kunstgalerie, teilweise Laden, ist ein Paradies für die Hippen. Tragbares Kunsthandwerk, darunter aus Sitzgurten gewebte Taschen, Strickmieder und Armbänder aus Knöpfen, teilen sich die Fläche mit dekorativen Stücken für die Wand oder das Regal. Eine Filiale gibt's auch in Melbournes Zentrum (Karte S. 236 f.; 1/353 Little Collins St).

LP TIPP **Third Drawer Down** DESIGN
(Karte S. 244; www.thirddrawerdown.com; 93 George St, Fitzroy) Hier bekommt man alles, was das Leben ungewöhnlich macht, von Mühlen für Sesamsamen über Strandtücher mit „Beer-o'clock"-Aufdruck bis hin zu Schildern mit der Aufschrift „Come in, we're closed".

CARLTON & UMGEBUNG

Readings BÜCHER
(Karte S. 246; www.readings.com.au; 309 Lygon St, Carlton) Beim Herumschlendern in diesem herausfordernd erfolgreichen unabhängigen Buchladen kann man schon einen ganzen Nachmittag verbringen. Es gibt hier einen gefährlich vollgeladenen Tisch mit

MELBOURNES BESTE MÄRKTE

Auf den folgenden Märkten kann man am Wochenende einheimische Künstler treffen oder sich mit fantastischen Originalwerken eindecken.

Rose Street Artists' Market (Karte S. 244; www.rosestmarket.com.au; 60 Rose St, Fitzroy; ⊙Sa & So 11–17 Uhr) Einer der besten und beliebtesten Kunsthandwerksmärkte Melbournes liegt nur einen kurzen Spaziergang von der Brunswick St entfernt.

Camberwell Sunday Market (www.sundaymarket.com.au; Station St, Camberwell; Eintritt gegen Spende; ⊙So 7–12.30 Uhr) Auf diesem hinter der Kreuzung Burke und Riversdale Rd gelegenen Markt bieten die Melbourner ihren Trödel den Antiquitätenjägern an.

Esplanade Market (Karte S. 254; www.esplanademarket.com; Upper Esplanade, zw. Cavell & Fitzroy St, St. Kilda; ⊙So 10–17 Uhr) Schickes Shoppen am Meer? Auf diesem Markt stehen die Tapeziertische 1 km lang. Zu haben ist alles an Handwerksprodukten von Spielzeug über Bioseife bis zu großen, Fischwesen darstellenden Metallskulpturen.

(günstigen) Sonderangeboten, hellwache Mitarbeiter und in den Regalen das ganze Sortiment von Lacan bis *Charlie & Lola*.

SOUTH YARRA, PRAHRAN & WINDSOR

Chapel Street Bazaar
SAMMELOBJEKTE
(Karte S. 248; 217-223 Chapel St, Prahran) Wenn man den Laden als eine überdachte, ständige Ansammlung von Marktständen bezeichnet, dürfte klar sein, was einen hier erwartet. Die alte Verkaufsarkade ist der Renner bei allen, die auf Altes stehen. Ob man nun italienische Glaswaren oder Noddy-Eierbecher sucht: Man wird fündig.

Fat
MODE, ACCESSOIRES
(Karte S. 248; www.fat4.com; 272 Chapel St, Prahran) Das Fat-Modereich hat die Art verändert, wie sich die Frauen in Melbourne kleiden und die Stadt mit einer neuen Generation von Modeschöpfern bekannt gemacht, zu denen Claude Maus und Dress Up gehören. Es gibt außerdem noch Filialen in Melbourne (Karte S. 236 f.; GPO, 250 Bourke St, Melbourne) und Fitzroy (Karte S. 244; 209 Brunswick St, Fitzroy).

ST. KILDA & UMGEBUNG

Brotherhood of St. Laurence
VINTAGE, MODE
(Karte S. 254; 82a Acland St, St. Kilda) Von den rund 26 genossenschaftlichen Läden der Wohlfahrtsorganisation Brotherhood of St. Laurence ist dieser am meisten auf Retro eingestellt. Es gibt noch eine ähnliche Filiale in Fitzroy namens **Hunter Gatherer** (Karte S. 244; 274 Brunswick St, Fitzroy).

Dot & Herbey
MODE, ACCESSOIRES
(Karte S. 254; www.dotandherbey.com; 229 Barkly St, St. Kilda) Von einem Riesenfoto lächeln Grandma Dot und Grandpa Herb auf den winzigen Eckladen herab und fühlen sich inmitten der alten geblümten Stoffe und der anderen Retro-Artikel wie zu Hause.

🛈 Praktische Informationen

Gefahren & Ärgernisse

Gelegentlich wird von alkoholbedingten Schlägereien in einigen Teilen von Melbournes CBD berichtet, insbesondere in der King St.

Fahren ohne gültiges Ticket wird von den Kontrolleuren in den öffentlichen Verkehrsmitteln der Stadt nicht als Kavaliersdelikt angesehen.

Geld

Überall in Melbourne findet man Geldautomaten. Geld wechseln kann man in größeren Hotels sowie bei den meisten Banken während der Kassenöffnungszeiten. Eine Reihe von Wechselstuben gibt es in der Swanston St.

Infos im Internet

Auf der Lonely Planet Website (www.lonely planet.com) gibt's nützliche Links. Weitere interessante Websites:

That's Melbourne (www.thatsmelbourne. com.au) Karten zum Herunterladen, Infos und Podcasts zu Melbourne.

Three Thousand (www.threethousand.com.au) Eine wöchentliche Zusammenfassung von dem, was vor Ort so abgeht.

Visit Victoria (www.visitvictoria.com.au) Event-Highlights in Melbourne und Victoria.

Internetzugang

Kostenlosen WLAN-Zugang gibt es an zentralen Stellen im CBD, darunter am Federation Square. Die Hotels stellen für WLAN-Zugang oft zwischen 3 und 20 AU$ pro Stunde in Rechnung. Wenn man nicht mit dem Laptop oder dem Smartphone unterwegs ist, bleiben die vielen Internetcafés in der gesamten Stadt mit ihren Computern (ab 2 AU$/Std.).

Medien

Melbournes Qualitätsblatt *The Age* (www.the age.com.au) bringt Nachrichten aus Melbourne, Australien und der ganzen Welt, ebenso das Boulevardblatt *Herald Sun* (www.heraldsun. com.au). Das Stadtmagazin *Broadsheet* (www. broadsheet.com.au) findet man in Cafés.

Infos zur Musikszene geben die kostenlosen Straßenblätter *Beat* (www.beat.com.au) und *Inpress* (www.streetpress.com.au).

Medizinische Versorgung

Travel Doctor (TVMC; ☎9935 8100; www.tra veldoctor.com.au; 2. Stock, 393 Little Bourke St) ist auf Impfungen spezialisiert. Es gibt noch eine Filiale in Southgate (☎9690 1433; 3 Southgate Ave, Southgate).

Royal Melbourne Hospital (☎9342 7666; www.rmh.mh.org.au; 300 Grattan St, Parkville) Öffentliches Krankenhaus mit Notaufnahme.

Tambassis Pharmacy (☎9387 8830; Ecke Sydney & Brunswick Rd, Brunswick) und **Mulqueeny Midnight Pharmacy** (☎9510 3977; Ecke High St & Williams Rd, Prahran) Zwei Apotheken, die bis 24 Uhr geöffnet haben.

Notfall

Polizei, Ambulanz und Feuerwehr erreicht man telefonisch unter ☎000.

Centre Against Sexual Assault (CASA; ☎1800 806 292)

Poisons Information Centre (☎13 11 26)

Translating & Interpreting Service (☎13 14 50) Rund um die Uhr erreichbar.

Post

Melbourne GPO (Karte S. 236 f.; Ecke Little Bourke & Elizabeth St; ☺Mo–Fr 8.30–17.30, Sa 9–17 Uhr)

Touristeninformation

Melbourne Visitor Centre (MVC; Karte S. 236 f.; ☎9658 9658; Federation Sq; ☺9–18 Uhr)

ℹ An- & Weiterreise

Auto & Motorrad, Bus

Die **Southern Cross Station** (Karte S. 236 f.; www.southerncrossstation.net.au) ist der Hauptbusbahnhof für Fernbusse.

V/Line (www.vline.com.au) fährt Ziele im Bundesstaat Victoria an.

Firefly (www.fireflyexpress.com.au) Busse nach/von Adelaide und Sydney.

Greyhound (www.greyhound.com.au) Busse zu Zielen in ganz Australien.

In der Southern Cross Station gibt es eine **Gepäckaufbewahrung** (12 AU$/Tag).

Flugzeug

Zwei Flughäfen – Avalon und Tullamarine – bedienen Melbourne, wenn auch gegenwärtig nur die Inlands-Fluglinien **Tiger** (☎9335 3033; www.tigerairways.com) und **Jetstar** (☎13 15 38; www.jetstar.com) den Flughafen Avalon nutzen. Beide Linien starten und landen aber auch in Tullamarine, wo **Qantas** (☎13 13 13; www.qantas.com) und **Virgin Blue** (☎13 67 89; www.virginblue.com.au) mit ihren Inlands- und Auslandsflügen vertreten sind.

In Terminal 2 des Tullamarine Airport gibt es eine **Gepäckaufbewahrung** (Ankommende Auslandsflüge; 15 AU$/24 Std.; ☺5.30–0.30 Uhr).

Regional Express (☎13 17 13; www.regional express.com.au) fliegt nach Portland.

Schiff/Fähre

Die **Spirit of Tasmania** (☎1800 634 906; www.spiritoftasmania.com.au) fährt über die Bass Strait von Melbourne nach Devonport auf Tasmanien. Fahrten gibt es mindestens jede Nacht, in der Spitzensaison wird auch tagsüber gefahren. Die Überfahrten dauern elf Stunden und starten am Station Pier in Port Melbourne (Karte S. 222 f.).

Zug

Die ankommenden und abfahrenden Fernzüge nutzen die Southern Cross Station.

ℹ Unterwegs vor Ort

Auto & Motorrad

AUTOVERMIETUNG Es gibt u. a. folgende Anbieter:

Avis (☎13 63 33; www.avis.com.au)

Budget (☎1300 362 848; www.budget.com.au)

Europcar (☎1300 131 390; www.europcar.com.au)

Hertz (☎13 30 39; www.hertz.com.au)

Rent a Bomb (☎9696 7555; www.rentabomb.com.au)

Thrifty (☎1300 367 227; www.thrifty.com.au)

CAR-SHARING Zwei Car-Sharing-Unternehmen arbeiten in Melbourne: **Go Get** (☎1300 769 389; www.goget.com.au) und **Flexi Car** (☎1300 363 780; www.flexicar.com.au). Man mietet die Autos pro Stunde oder Tag; im Preis ist das Benzin inbegriffen. Beide erheben Beitrittsgebühren (rund 30 AU$) und Go Get auch eine voll erstattungsfähige Kaution von 500 AU$, während bei Flexi Car eine Jahresversicherungsgebühr von 70 AU$ fällig wird. Die Autos sind in und rund um den CBD auf ausgewiesenen „Car Share"-Parkplätzen abgestellt. Je nach dem gewählten Angebot kostet das Car-Sharing rund 10 AU$ pro Stunde.

MAUTSTRASSEN Motorräder fahren mautfrei auf dem CityLink; Autofahrer müssen einen Pass kaufen, wenn sie eine der beiden Mautstraßen benutzen wollen (den CityLink bzw. den East-Link, der von Ringwood nach Frankston führt).

PARKEN Die „Grey Ghosts" (Kontrolleure) sind im CBD besonders wachsam: Die meisten Parkplätze am Straßenrand sind parkscheinpflichtig; bei Überschreitung der Parkzeit erhält man eine Geldstrafe (60–119 AU$). Auch sollte man unbedingt darauf achten, sich nicht ins Parkverbot zu stellen. In der Stadt gibt es viele Parkhäuser mit unterschiedlichen Gebühren.

Motorräder dürfen auf dem Bürgersteig abgestellt werden.

Fahrrad

Melbourne Bike Share (www.melbourne bikeshare.com.au; ☎1300 711 590) startete 2010 und lief zäh an, was vor allem auf die in Victoria herrschende Helmpflicht zurückgeführt wurde. Jetzt gibt es subventionierte Sicherheitshelme in den 7Eleven-Läden rund um den CBD (5 AU$ mit 3 AU$ Pfand, der bei Rückgabe erstattet wird). Die erste halbe Stunde ist kostenlos. Will man das Rad einen Tag (2,50 AU$) oder eine Woche (8 AU$) nutzen, erfordert das eine Kreditkarte und die Zahlung einer Kaution von 300 AU$.

Vom/Zum Flughafen

TULLAMARINE AIRPORT Zum Tullamarine Airport gibt es keine Zug- oder Straßenbahnverbindungen. Taxis nehmen für die Fahrt in den CBD Melbournes 40 AU$. Eine Alternative ist der **Sky Bus** (☎9335 3066; www.skybus.com.au; Erw./Kind einfache Strecke 16/6 AU$), ein Expressbus, der alle 20 Minuten vom/zum Bahnhof Southern Cross fährt.

MELBOURNE & VICTORIAS KÜSTE MELBOURNE

St. Kilda

Ein Teil der Hauptstrecke vom Tullamarine Airport nach Melbourne ist eine mautpflichtige Straße, die von **CityLink** (☎13 26 29; www. citylink.com.au) betrieben wird. Falls man mit dem Auto unterwegs ist, braucht man den Tulla Pass (4,65 AU$). Wenn man Zeit hat und das Geld sparen will, die Ausfahrt Bell St nehmen und über die Nicholson St Richtung CBD fahren.

AVALON AIRPORT Sita Coaches (www.sita-coaches.com.au; einfache Strecke zum/vom Avalon Airport 20 AU$; 50 Min.) bedient alle An- und Abflüge auf dem Avalon. Die Busse fahren vom Bahnhof Southern Cross; Abfahrtzeiten der Website entnehmen! Keine Reservierung erforderlich.

Öffentliche Verkehrsmittel

Die **Flinders Street Station** (Karte S. 200 f.) ist der zentrale U-Bahnhof, der die Stadt mit den Vorstädten verbindet. Der City Loop verläuft unterirdisch und verbindet die vier Ecken der Stadt.

Das ausgedehnte Straßenbahnnetz erreicht alle Ecken der Stadt und nutzt in Nord-Süd- und Ost-West-Richtung die meisten Hauptstraßen.

RICHTIG ABBIEGEN

An vielen Kreuzungen in der Stadt kann man nur aus der linken Spur nach rechts abbiegen, damit die Straßenbahn nicht behindert wird. Wenn man das Schild „Right Turn from Left Only" sieht, sich in der linken Spur einordnen, den rechten Blinker setzen und warten. Wenn die Ampel für die Straße, in die man einbiegen will, grün zeigt, nach rechts abbiegen.

Die Straßenbahnen fahren montags bis freitags ungefähr im Abstand von drei Minuten, samstags alle zehn und sonntags alle 20 Minuten. Mehr Infos gibt's auf der Website von **Metlink** (www.metlink.com.au). Immer lohnend ist die kostenlose City-Circle-Straßenbahn, die eine Schleife ums Stadtzentrum fährt

STRASSENBAHNLINIEN	STRASSENBAHN-NR.
Carlton	1, 96
Collingwood	86
Docklands	30, 48, 86
Fitzroy	86, 96, 112
North Carlton	1, 96
Northcote	86
North Melbourne	55, 68
Parkville/Brunswick	19
Prahran	72, dann 78/79 auf der Chapel St
Richmond	45, 70, 75, 109
South Melbourne	1/109/112 oder Light Rail 96
South Yarra	72
St. Kilda	16/67/112 oder Light Rail 96
Toorak	8

FAHRKARTEN Die **Myki-Karte** (www.myki. com.au) gilt in den Bussen, Straßenbahnen und Zügen Melbournes und muss beim Ein- und Aussteigen entwertet werden. Myki-Karten (Fahrpreis ohne Erm. 10 AU$) gibt's online, im Bahnhof Flinders Street, im **MetShop** (☎13 16 38) sowie im **Myki Discovery Centre** in der Southern Cross Station.

Man muss die Karte mit Bargeld aufladen; das ist an den Automaten möglich, die es in den meisten Bahnhöfen gibt (oder online, allerdings kann die Freischaltung hier 24 Stunden dauern). Wenn man nur ein paar Tage in der Stadt ist, kann man in den Automaten der Busse, Straßenbahnen und Züge auch „Short-term Tickets" ziehen, die aber etwas teurer sind. Mit Myki kostet das Fahren in der Zone 1 3,02 AU$ (2 Std. gültig), die Tageskarte 6,04 AU$, mit einem „Short-term Ticket" zahlt man 3,80 AU$ bzw. 7,00 AU$.

Taxi

Melbournes Taxis fahren mit Taxameter. Bei einer Fahrt zwischen 22 und 5 Uhr muss der geschätzte Fahrpreis im Voraus bezahlt werden. Die Differenz zum tatsächlichen Preis wird nach Erreichen des Ziels nachgezahlt oder, bei Überzahlung, vom Fahrer erstattet. Fällige Mautgebühren werden auf den Fahrpreis aufgeschlagen.

RUND UM MELBOURNE

Die Dandenongs

An klaren Tagen kann man die **Dandenong Ranges** von Melbourne aus sehen – und kann umgekehrt den Sonnenuntergang über der Stadt von dem Aussichtspunkt auf dem Gipfel des 633 m hohen Mt. Dandenong aus beobachten. Die Hügel liegen 35 km östlich der Stadt, man kann sie also gut im Rahmen eines Tagesausflugs besuchen und dort wandern und Tiere beobachten oder auch einfach nur herumfahren und in einem der idyllischen Dörfer Olinda, Sassafras, Kallista oder Emerald eine Mittagspause mit Tee und Scones einlegen.

Der immer beliebte restaurierte Dampfzug **Puffing Billy** ([☎]9754 6800; www.puffing billy.com.au; Old Monbulk Rd, Belgrave; Belgrave-Gembrook hin & zurück Erw./Kind/Fam. 52/26/ 105 AU$) tuckert in der Ferienzeit bis zu sechsmal täglich durch die Dandenongs, an den übrigen Tagen drei- bis viermal. In einem hinreißenden alten Forst mit Mammutbäumen, Riesen-Eukalyptusbäumen und japanischen Eichen kann man mit **Trees Adventure** ([☎]9752 5354; www.trees adventure.com.au; Old Monbulk Rd; 2-Std. Erw./ Kind/Fam. 16/32/95 AU$; ⊙Mo–Fr 11–17, Sa & So 9–17 Uhr) in den Bäumen klettern, an Seilrutschen durch die Wipfel sausen und Hindernisparcours absolvieren.

Im **Dandenong Ranges National Park** gibt es viele tolle Wanderwege, darunter in der **Ferntree Gully Area** den beliebten **1000 Steps Track** hinauf zum Picknickplatz One Tree Hill (hin & zurück 2 Std.).

Im **Sherbrooke Forest** sieht man in den hohen Riesen-Eukalyptusbäumen Kookaburras, Würgerkrähen und Honigfresser.

Fährt man zum **SkyHigh Mt. Dandenong** ([☎]9751 0443; www.skyhighmtdandenong. com.au; Observatory Rd, Mt. Dandenong; Eintritt 5 AU$/Auto; ⊙Mo–Fr 9–22, Sa & So 8–22 Uhr), hat man dort vom höchsten Punkt der Dandenongs aus eine hinreißende Aussicht auf Melbourne und die Port Phillip Bay.

Das **Dandenong Ranges & Knox Visitors Centre** ([☎]9758 7522; www.dandenong rangestourism.com.au; 1211 Burwood Hwy, Upper Ferntree Gully; ⊙9–17 Uhr) befindet sich vor dem Bahnhof Upper Ferntree Gully.

Queenscliff

3300 EW.

Das historische Queenscliff ist ein hübscher Flecken, der bei Tagesausflüglern und Übernachtungsgästen beliebt ist. Sie finden hier gutes Essen und Wein, hübsche Läden und die Möglichkeit, entspannt am Strand zu schlendern. Der Ausblick auf die Port Phillip Heads und die Bass Strait ist eindrucksvoll, und vom neuen Aussichtsturm am Fährhafen hat man eine wunderschöne Sicht auf den Ort und seine Umgebung.

☉ Sehenswertes & Aktivitäten

Der **Bellarine Rail Trail** verläuft neben der historischen Bahnstrecke. Der 34 km lange Weg ist bei Radfahrern, Joggern und Wanderern beliebt.

Bellarine Peninsula Railway MUSEUMSBAHN ([☎]5258 2069; www.bpr.org.au; Bht. Queenscliff hin & zurück Erw./Kind/Fam. 20/12/50 AU$; ⊙ Fahrten ganzjährig So 11.15, 13.40 & 14.45 Uhr, Schulferien Di & Do, 26. Dez.–9. Jan. tgl., Mitte–

NICHT VERSÄUMEN

LOAM

Man sollte nicht überrascht sein, wenn einem eine selbstgezogene Rote Rübe zum Riechen in die Hand gedrückt wird: Das preisgekrönte Restaurant **Loam** ([☎]5251 1105; 650 Andersons Rd, Drysdale; ⊙Do–So mittags, Fr & Sa abends) möchte zu den Wurzeln des Essens zurück. Der Restauranttraum von Aaron und Astrid Turner ist eine Erfolgsgeschichte, die im Bellarine-Hinterland in der Nähe von Queenscliff spielt– Monate im Voraus buchen!

Ende Jan. Di–Do, Sa & So) Zugfans betreiben die Dampfzüge, die nach Drysdale und wieder zurück fahren (hin & zurück 1¾ Std.).

Sea-All Dolphin Swims   TOUR

(☎5258 3889; www.dolphinswims.com.au; Larkin Pde; Beobachten Erw./Kind 70/60 AU$, Schnorcheln 3½ Std. 130/115 AU$; ☺Sept.–Mai 8 & 13 Uhr) Man kann Robben und Delfinen sehen und mit ihnen schwimmen.

✵ Feste & Events

Queenscliff Music Festival   MUSIK

(☎5258 4816; www.qmf.net.au) Bei dem Festival am letzten Novemberwochenende treten australische Folk- und Bluesmusiker auf.

❶ Praktische Informationen

Queenscliff Visitors Centre (☎5258 4843; www.queenscliffe.vic.gov.au; 55 Hesse St; ☺9–17 Uhr; @) Internetzugang 6 AU$ pro Stunde (auch nebenan in der Bibliothek).

❶ An- & Weiterreise

Man kann mit Zügen von **V/Line** (☎13 61 96; www.vline.com.au) von Melbourne nach Geelong (6,20 AU$, 1 Std.) fahren und dort in den Bus von **McHarry's** (☎5223 2111; www.mcharrys.com.au) nach Queenscliff (3,20 AU$, 50 Min.) umsteigen. Alternativ nimmt man in Sorrento die Fähre.

Mornington Peninsula

Die Mornington Peninsula – die stiefelförmige Landspitze zwischen Port Phillip und den Western Port Bays – ist seit den 1870er-Jahren, als Raddampfer nach Portsea hinunterfuhren, die Sommerspielwiese der Melbourner. Heute ziehen die ruhigen „vorderen" Strände an der Port Phillip Bay immer noch die Familien an, die in den Orten an der Bucht – Mornington, Rosebud, Dromana, Rye, Blairgowrie und Sorrento – gerne Ferien machen. Die rauen, zum Meer hin offenen „hinteren" Strände an der Bass Strait bieten dagegen herausfordernde Wellen für Surfer und Gelegenheit für eindrucksvolle Wanderungen an der Küste, die einen Teil des Mornington Peninsula National Park bildet.

Aber auch einen Trip ins Innere der Halbinsel sollte man nicht auslassen: Das hügelige Farmland ist hier größtenteils Weinbergen und Obstplantagen gewichen; Gourmets lieben diese Region, in der ein Mittagessen auf einem Weingut zu den echten Highlights zählt. Aber auch hübsche Stellen mit unberührtem Buschland sind hier noch zu finden.

❶ Praktische Informationen

Mornington Peninsula Visitors Centre (☎1800 804 009, 5987 3078; www.visit morningtonpeninsula.org; 359b Nepean Hwy, Dromana; ☺9–17 Uhr) In der Haupttouristeninformation auf der Halbinsel kann man Unterkünfte und geführte Touren buchen.

Mornington Visitors Centre (☎5975 1644; www.visitmorningtonpeninsula.org; 320 Main St; ☺9–17 Uhr) Liegt bequem direkt in Mornington.

❶ Anreise & Unterwegs vor Ort

Met-Züge (man braucht ein Ticket für die Zonen 1 & 2) fahren vom Bahnhof Flinders St nach Frankston. Dort betreibt der **Portsea Passenger Service** (☎5986 5666; www.grenda.com.au) den Bus 788 nach Portsea (5 AU$, 1½ Std.) über Mornington, Dromana und Sorrento.

Die Fähre von **Inter Island Ferries** (☎9585 5730; www.interislandferries.com.au; hin & zurück Erw./Kind/Fahrrad 21/10/8 AU$) fährt zwischen Stony Point und Cowes (Phillip Island) mit Zwischenstopp an French Island.

Die Fähren von **Car & Passenger Ferries** (☎5258 3244; www.searoad.com.au; einfache Strecke Fußgänger Erw./Kind 9/7 AU$, 2 Erw. & Auto Standard/Spitzenzeiten 58/64 AU$; ☺stündl.) fahren zwischen Sorrento und Queenscliff.

SORRENTO & PORTSEA
1500 EW.

Das historische Sorrento nimmt unter den Ortschaften auf der Mornington Peninsula wegen seiner schönen Sandsteingebäude, der Meeresstrände und geschützten Buchten und nicht zuletzt wegen der munteren Ferienort-Atmosphäre den ersten Platz ein. Hier wurde 1803 von einer englischen Expedition aus Strafgefangenen, Seeleuten, Beamten und freien Siedlern die erste offizielle europäische Siedlung in Victoria gegründet.

Zu den prachtvollen Gebäuden aus dem 19. Jh. zählen das **Sorrento Hotel** (1871), das **Continental Hotel** (1875) und das **Koonya** (1878).

An Sorrentos breiten Sandstränden und Klippen finden sich beste Gelegenheiten zum Baden und Wandern. Bei Ebbe ist der Felsteich am hinteren Strand eine sichere Stelle zum Baden und Schnorcheln für Erwachsene und Kinder; der Surfstrand wird im Sommer von Rettungsschwimmern überwacht.

Nur 4 km weiter westlich bietet das winzige **Portsea** ebenfalls gute Strände zur Bucht sowie Tauch- und Wassersportveranstalter.

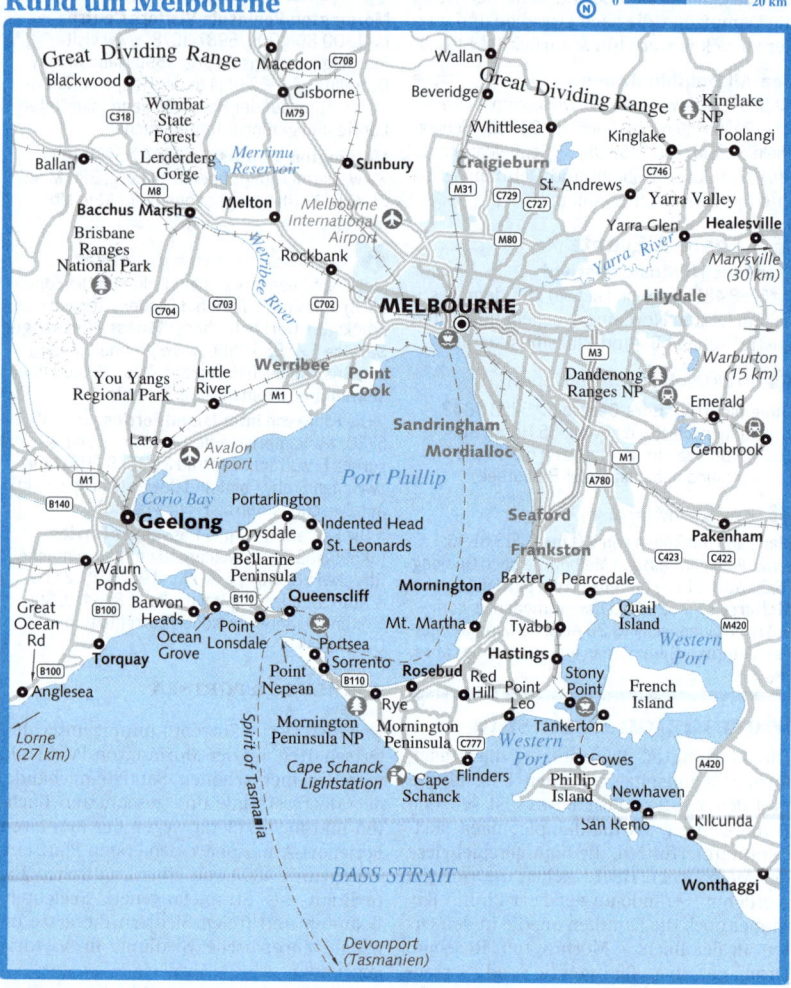

Das kleine **Sorrento Visitors Centre** (☑5984 5678; 2 St Aubins Way) ist in der Hauptstraße.

👉 Geführte Touren

Am Sorrento Pier bieten zwei etablierte Unternehmen die beliebten Trips zum Schwimmen mit Delfinen und Robben an.

Moonraker Charters NATUR
(☑5984 4211; www.moonrakercharters.com.au; Erw./Kind Beobachten 55/44 AU$, Schwimmen mit Delfinen & Robben 115/105 AU$)

Polperro Dolphin Swims NATUR
(☑5988 8437; www.polperro.com.au; Beobachten Erw./Kind 55/35 AU$, Schwimmen alle 125 AU$)

🛏 Schlafen & Essen

Sorrento Beach House YHA HOSTEL $
(☑5984 4323; www.sorrento-beachhouse.com; 3 Miranda St; B/DZ 40/90 AU$; @) Das Hostel in ruhiger, aber zentraler Lage hat eine entspannte Atmosphäre. Die hintere Terrasse des Zweckbaus und der Garten sind prima, wenn man mit anderen Travellern ins Gespräch kommen will. Das Personal kann Ausritte, Schnorchel- und Tauchtouren organisieren.

Portsea Hotel HOTEL $$
(☑5984 2213; www.portseahotel.com.au; Point Nepean Rd; EZ/DZ ab 65/110 AU$, mit Bad ab

125/160 AU$) Das Fachwerkgebäude ist ein Wahrzeichen, in dem das Leben pulsiert. Vom Rasen und der Terrasse des Gasthauses aus hat man einen wunderbaren Blick über die Bucht. Im Haus gibt es ein ausgezeichnetes Bistro (Hauptgerichte 20–28 AU$) sowie altmodische Unterkünfte (überwiegend mit Gemeinschaftsbad), deren Preis je nach Meerblick und Jahreszeit variiert.

Carmel of Sorrento PENSION $$
(☎5984 3512; www.carmelofsorrento.com.au; 142 Ocean Beach Rd; DZ 150–220 AU$, separate Wohneinheiten 220 AU$; ❄) Das liebenswerte, denkmalwürdige alte Sandsteingebäude mitten im Zentrum von Sorrento wurde geschmackvoll im Stil der Zeit restauriert und verbindet geschickt die Geschichte des Ortes mit zeitgemäßem Komfort.

Baths MODERN-AUSTRALISCH, FISH & CHIPS $$
(☎5984 1500; www.thebaths.com.au; 3278 Point Nepean Rd; Hauptgerichte 26–32 AU$; ☺mittags & abends, Fish & Chips 12–20 Uhr) Die Uferterrasse des ehemaligen Seebads mit Blick auf den Jachthafen und die Fähre nach Queenscliff ist der perfekte Ort für ein Mittagessen oder ein romantisches Dinner bei Sonnenuntergang. Auf der Speisekarte stehen einige gute Meeresfrüchtegerichte. Sehr beliebt ist der vorne untergebrachte Imbiss mit Fish & Chips zum Mitnehmen.

Sorrento Foreshore Reserve CAMPING $
(☎5986 8286; Nepean Hwy; Stellplatz ohne/mit Strom 25/30 AU$, Hauptsaison 40/45 AU$) Die hügeligen Stellplätze liegen im Busch zwischen dem geschützten Strand an der Bucht und der Hauptstraße nach Sorrento.

Smokehouse PIZZA $$
(☎5984 1246; 182 Ocean Beach Rd; Hauptgerichte 17–32 AU$; ☺Mi–Mo abends) Pizza und Pasta für Feinschmecker sind die Spezialität in diesem bei einheimischen Familien beliebten Lokal. Die Speisen überzeugen durch einfallsreiche Beläge und das Aroma dank des mit Holz befeuerten Ofens.

NATIONALPARKS POINT NEPEAN & MORNINGTON PENINSULA
Die Spitze der Halbinsel nimmt der malerische **Point Nepean National Park** (☎5984 4276; Point Nepean Rd, Portsea), ein. Hier gab es ursprünglich eine Quarantänestation und einen Armeestützpunkt. Heute findet man hier lange Abschnitte autofreier Stra-

EIN SÜFFIGES MITTAGSMAHL

Die Mornington Peninsula hat sich zu einer der wunderbaren kühlen Weinregionen entwickelt. Die meisten der mehr als 50 Weingüter der Halbinsel liegen in den Hügeln zwischen Red Hill und Merricks; viele verfügen über ausgezeichnete Cafés oder Restaurants. Hier einige Weingüter, die einen Besuch lohnen:

Montalto (☎5989 8412; www.montalto.com.au; 33 Shoreham Rd, Red Hill South; ☺Weinverkauf 11–17 Uhr, tgl. mittags, Fr & Sa abends) Eines der besten Weingut-Restaurants auf der Mornington Peninsula – der Pinot Noir und der Chardonnay sind himmlisch!

Port Phillip Estate (☎5989 4444; www.portphillipestate.com.au; 263 Red Hill Rd, Red Hill South; ☺Weinverkauf 11–17 Uhr, Mi–So mittags, Fr & Sa abends) Aus diesem preisgekrönten Weingut stammen die Weine der Marke Port Phillip Estate und Kooyong. Das Restaurant ist ausgezeichnet und schön luftig.

Red Hill Estate (☎5989 2838; www.redhillestate.com.au; 53 Shoreham Rd, Red Hill South; ☺Weinverkauf 11–17 Uhr, tgl. mittags, Fr & Sa abends) Die Markenzeichen des Red Hill Estate, sein Pinto und die Schaumweine, sind ausgezeichnet. Das Max's Restaurant gehört zu den besten auf der gesamten Halbinsel.

Ten Minutes by Tractor (☎5989 6080; www.tenminutesbytractor.com.au; 1333 Mornington-Flinders Rd, Main Ridge; ☺Weinverkauf 11–17 Uhr, Mi–So mittags, Do–Sa abends) Ein weiteres ausgezeichnetes Restaurant und eine feine Auswahl an Pinot Noir, Chardonnay und Pinot Gris. Der ungewöhnliche Name bezieht sich auf die drei Weinberge des Guts, die jeweils zehn Traktorminuten voneinander entfernt liegen.

T'Gallant (☎5989 6565; www.tgallant.com.au; 1385 Mornington-Flinders Rd, Main Ridge; ☺mittags) Hier wurde der vollmundige Pinot Gris in Australien eingeführt, und das Gut produziert auch den besten. Elegant dinieren kann man in der Trattoria La Baracca, Pizza und anderes gibt's zwanglos in Spuntino's Bar (an den Wochenenden Livemusik).

FRENCH ISLAND

Zwar ist French Island mit der Fähre nur eine Viertelstunde von Stony Point auf der Mornington Peninsula entfernt, aber hier fühlt man sich völlig einsam und abgeschieden: Die Insel ist zu zwei Dritteln ein Nationalpark, praktisch autofrei, und es gibt weder Leitungswasser noch elektrischen Strom. Die Hauptattraktionen sind Wandern und Radfahren durch das Sumpfland, in dem man eine der größten **Koala-Kolonien** Australiens und viele Vogelarten entdecken kann.

Die Insel diente ab 1916 als Straflager für Gefangene, die hier den letzten Teil ihrer Strafe absaßen; die alte Sträflingsfarm kann man besichtigen. Ein wichtiger Gewerbezweig war zwischen 1897 und 1963 der Anbau von Zichorie (als Kaffeeersatz) – man kann sich die alten **Trockenöfen** an der Bayview Rd anschauen und in dem rustikalen Café, das Lois, das eine Einheimische in der vierten Generation betreibt, einen Zichorienkaffee oder einen Tee mit Scones, Marmelade und Schlagsahne zu sich nehmen.

Die Fähre legt in Tankerton an. Von dort aus sind es rund 2 km bis zum **French Island General Store** (☑5980 1209; Lot 1, Tankerton Rd, Tankerton; Fahrradverleih 25 AU$; ⊙8–18 Uhr, So ab 9 Uhr). Der Laden, der auch Alkoholisches ausschenkt, dient außerdem als Postamt, Touristeninformation, Fahrradverleih und Herberge (110 AU$/ Pers.). Fahrräder kann man auch an der Fährstelle in Tankerton leihen.

French Island Biosphere Bus Tours (☑5980 1241, 0412 671 241; www.frenchisland tours.com.au; halber Tag Erw./Kind 18/10 AU$, ganzer Tag 38/22 AU$; ⊙Di, Do, So sowie Sa während der Schulferien) veranstaltet informative halbtägige Touren mit Morgen- oder Nachmittagstee; bei der ganztägigen Tour ist ein Mittagessen inbegriffen.

Kostenlos zelten kann man auf dem einfachen **Fairhaven Camping Ground**, doch man muss seinen Platz (über Parks Victoria) im Voraus buchen.

Inter Island Ferries (☑9585 5730; www.interislandferries.com.au; Erw./Kind/Fahrrad hin & zurück 21/10/8 AU$) betreibt einen Fährdienst von Stony Point nach Tankerton (10 Min., tgl. min. 2 Fahrten, Di, Do, Sa & So 4 Fahrten) mit Weiterfahrt nach Phillip Island. Stony Point ist mit dem Metlink-Zug direkt von Frankston aus erreichbar.

ßen, die sich hervorragend zum Radfahren eignen, und außerdem Wanderwege, die zu den Stränden führen. Im Besucherzentrum kann man Fahrräder leihen (20 AU$/Tag); sechsmal täglich fährt vom Besucherzentrum der Point Transporter (Erw./Kind/ Fam. hin & zurück 8,70/6/22,90 AU$) seinen Rundkurs – man kann in diesen Bus beliebig aus- und wieder zusteigen.

Der **Mornington Peninsula National Park** umfasst den dramatischen Küstenabschnitt zwischen Portsea und Cape Schanck, wo zerklüftete Strände von Klippen umrahmt werden. Man kann über den markierten Weg die ganze Strecke von Portsea bis Cape Schanck (26 km, 8 Std.) wandern.

Die 1859 errichtete **Cape Schanck Lightstation** (☑5988 6184; 420 Cape Schanck Rd, Cape Schanck; nur Museum Erw./Kind/ Fam. 12/8/34 AU$, Museum & Leuchtturm 15/12/ 40 AU$, Parken 4,50 AU$; ⊙10.30–16 Uhr) ist ein fotogener, noch immer in Dienst stehender Leuchtturm mit einem Kiosk, einem Museum, einem Infozentrum und regelmäßigen Führungen. Übernachten kann man

im **Cape Schanck B&B** (☑5988 6184; www. austpacinns.com.au; DZ ab 150 AU$) im Leuchtturmwärterhäuschen aus Sandstein.

GREAT OCEAN ROAD

Die Great Ocean Road (B100) ist eine der berühmtesten Straßen Australiens für Autotouren. Man fährt vorbei an erstklassigen Surfstränden, durch Regenwald und ruhige Orte am Meer und teilweise unter einem Blätterdach, in dem Koalas sitzen. Man sieht Heideland, Milchfarmen, nackte Kalksteinklippen und kommt den mächtigen, gefährlichen Brechern des Südpolarmeers ganz nahe. Gleichgültig ob als Wanderer oder Autofahrer: Man wird den Trip genießen!

Geelong
216 000 EW.

Geelong ist eine selbstbewusste Stadt, die stolz ist auf ihre beiden Markenzeichen:

den Geelong Football Club (alias Cats) und die Ford-Werke. Die Cats hatten in letzter Zeit große Erfolge in der AFL, sie gewannen 2007 (zum ersten Mal seit 44 Jahren) das Grand Final und dann gleich wieder im Jahr 2009. Und die Ford-Werke, die zweite blauweiße Ikone Geelongs, sorgen dafür, dass die Autoindustrie der größte Arbeitgeber der Stadt bleibt.

Die Wathaurong – die Ureinwohner von Geelong – nannten die Gegend Jillong. Heute verfügt Geelong über eine neue Umgehungsstraße, sodass Traveller die Stadt links liegen lassen und sich schnurstracks zur Great Ocean Road aufmachen können. Es gibt aber viele gute Gründe für einen Zwischenstopp.

◎ Sehenswertes & Aktivitäten

Geelongs aufgeschönte **Uferpromenade** lohnt einen Spaziergang, auf dem man sich auch Jan Mitchells 111 **angemalte Poller** anschauen kann. Am **Eastern Beach** kann man im Art-déco-**Badehaus** gegenüber der Promenade schwimmen.

GRATIS **Geelong Art Gallery** KUNSTGALERIE
(www.geelonggallery.org.au; Little Malop St; ◎10–17 Uhr) Die Galerie beherbergt mehr als 4000 Werke. Vor allem die australische Malerei ist stark vertreten. Zur Sammlung gehört auch Frederick McCubbins berühmtes Bild *A Bush Burial* (1890).

National Wool Museum MUSEUM
(www.nwm.vic.gov.au; 26 Moorabool St; Frw / Kind/Fam. 7,50/4/20 AU$; ◎9.30–17 Uhr) In dem hübschen Sandsteingebäude von 1872 informiert ein Museum über die Geschichte, die politische Bedeutung und das Erbe des wolligen Wirtschaftszweigs.

Geelong Helicopters HUBSCHRAUBERFLUG
(☎0422 515 151; www.geelonghelicopters.com. au; Flug Erw./Kind 45/35 AU$) Das Unternehmen hat seinen Sitz an der Uferpromenade.

Bay City Seaplanes WASSERFLUGZEUGFLUG
(☎0438 840 205; www.baycityseaplances.com. au; Flüge ab 35 AU$/Pers.) Das Unternehmen hat seinen Sitz an der Uferpromenade.

🛏 Schlafen

Gatehouse on Ryrie PENSION **$**
(☎0417 545 196; www.gatehouseonryrie.com.au; 83 Yarra St; DZ inkl. Frühstück 75–120 AU$; @🛜) Die beste Option für Budgettraveller: Das 1897 erbaute Haus hat überall Holzdielen, die Zimmer sind geräumig, und es gibt eine Gemeinschaftsküche und einen Loungebereich. Die Zimmer im Obergeschoss teilen sich die Bäder.

Haymarket BOUTIQUEHOTEL **$$$**
(☎5221 1174; www.haymarkethotel.com.au; 244 Moorabool St; DZ inkl. Frühstück ab 200 AU$; 🛜) Die luxuriösen Zimmer in diesem historischen Gebäude sind mit französischen Antiquitäten aus der Erbauungszeit (1855) ausgestattet. Die sechs Schlafzimmer haben moderne Bäder und Flachbildfernseher mit Kabel-TV. Schick und erfrischend ist die unbewachte Bar im Erdgeschoss, wo man sich auf die Ehrlichkeit der Gäste verlässt. Kinder unerwünscht.

🍴 Essen

Go! CAFÉ **$**
(www.cafego.com.au; 37 Bellarine St; Hauptgerichte ab 8 AU$; ◎Mo–Sa morgens & mittags) Das Go! ist ein lustiges Café, das großartiges Essen in einem Meer von Farben und guter Laune serviert. Der überdachte hintere Hof ist riesig und einladend, das Personal zuvorkommend.

Mr Hyde CAFÉ, BAR **$$**
(www.myhyde.com.au; 11 Malop St; Hauptgerichte 15–23 AU$; ◎Di–So morgens, mittags & abends) Viele Sitzecken, verstohlene Räume und prächtige Toiletten bestimmen den Eindruck dieses großen alten Bankgebäudes. Zum Abendessen gibt es Meze-Gerichte

---

TOUREN AUF DER GREAT OCEAN ROAD

Diese Touren ab Melbourne bewältigen die Great Ocean Road oft an einem Tag:

Adventure Tours (☎1800 068 886; www.adventuretours.com.au)

Autopia Tours (☎9391 0261; www.autopiatours.com.au)

Go West Tours (☎1300 736 551; www.gowest.com.au)

Goin South (☎1800 009 858; www.goinsouth.com.au)

Otway Discovery (☎9654 5432; www.otwaydiscovery.com.au)

Ride Tours (☎1800 605 120; www.ridetours.com.au)

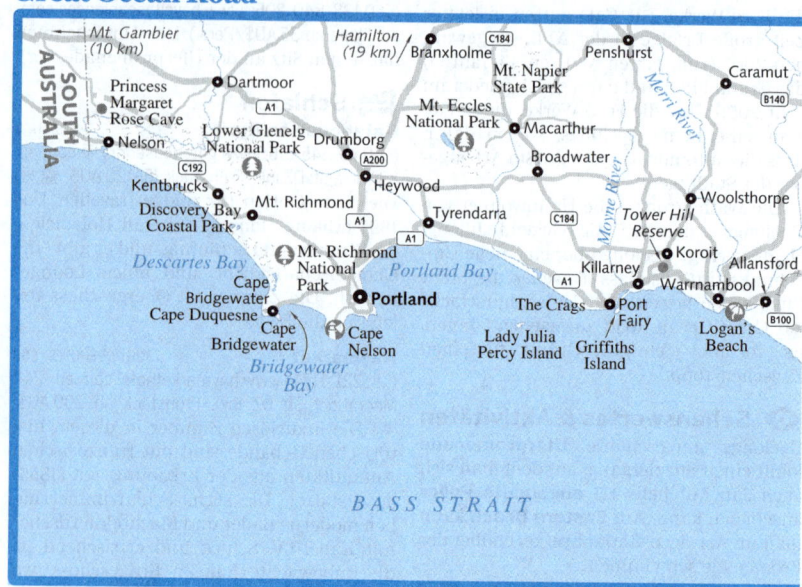

(etwa Lammkoteletts mit Falafel-Kruste) und eine Auswahl an türkischen Pizzas. Zum Frühstück kommen u.a. Kräuteromelettes und Bio-Müsli auf den Tisch.

Le Parisien
FRANZÖSISCH **$$$**

(☑5229 3110; www.leparisien.com.au; 15 Eastern Beach Rd; Hauptgerichte 40–45 AU$; ☺mittags & abends) Direkt am Ufer gibt's hier klassische französische Küche *à l'Australienne* – empfehlenswert ist das Kängurufilet mit Buschtomaten-Chutney.

Ausgehen & Unterhaltung

CQ
COCKTAILBAR

(City Quarter; www.thecityquarter.com.au; Cunningham Pier; ☺Do–So nachmittags–open end) Im Rahmen der Neugestaltung des Cunningham Pier sind hier ein Restaurant, ein Café und eine Boutiquebar in eindrucksvoller Lage entstanden. Es lohnt sich, die Freitreppe zum CQ hinaufzusteigen und das schicke Ambiente zu genießen, während man aus der Cocktailkarte und dem Tapas-Angebot wählt.

Praktische Informationen

Geelong & Great Ocean Road Visitors Centre (www.greatoceanroad.org; Princes Hwy, Little River; ☺9–17 Uhr) Hat seinen Sitz an der Tankstelle in Little River, das rund 20 km von Geelong entfernt ist.

National Wool Museum Visitors Centre (www.visitgreatoceanroad.org.au; 26 Moorabool St; ☺9–17 Uhr)

An- & Weiterreise

Auto

Die 25 km lange Geelong Ring Rd führt von Corio nach Waurn Ponds, ohne Geelong zu berühren. Wer in die Stadt fahren will, bleibt auf dem Princes Hwy (M1).

Bus

Der **Avalon Airport Shuttle** (☑5278 8788; www.avalonairportshuttle.com.au) lädt die Flugreisenden an Avalon Airport ein und fährt nach Geelong (17 AU$, 35 Min.) und Lorne (70 AU$, 1¾ Std.).

Die Busse von **Gull Airport Service** (☑5222 4966; www.gull.com.au; 45 McKillop St) fahren 14-mal täglich zwischen Geelong und dem Melbourne Airport (30 AU$, 1¼ Std.).

McHarry's Buslines (☑5223 2111; www.mcharrys.com.au) bietet häufig fahrende Busverbindungen u. a. nach Torquay und zur Bellarine Peninsula.

V/Line (☑13 61 96; www.vline.com.au) betreibt eine fahrplanmäßige Buslinie zwischen Geelong und Apollo Bay (13 AU$, 2½ Std., tgl. 2- bis 4-mal) über Torquay (3,50 AU$, 25 Min.) und Lorne (8,50 AU$, 1½ Std.). Montags, mittwochs und freitags fährt ein Bus weiter nach Port Campbell (24 AU$, 4 Std.) und Warnambool (27 AU$, 6 Std.).

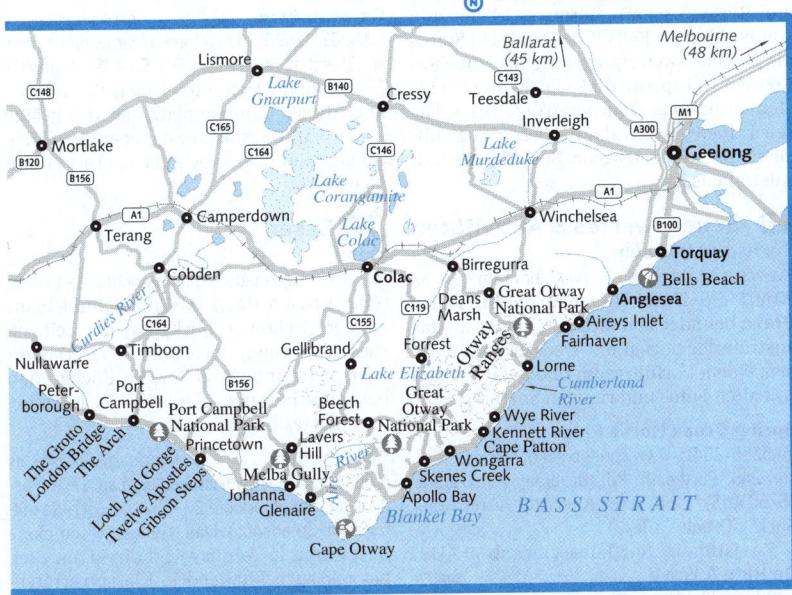

Flugzeug

Die Fluglinien **Jetstar** (☏13 15 38; www.jetstar.
com.au) und **Tiger** (☏9335 3033; www.tigerair
ways.com) bieten Inlandsflüge vom nahe gelegenen Avalon Airport.

Zug

Züge von **V/Line** (☏13 61 96; www.vline.com.au)
fahren vom **Bahnhof Geelong** (☏5226 6525;
Gordon Ave) zum Melbourner Bahnhof Southern
Cross (9 AU$, 1 Std., häufig). Von Geelong fahren
auch Züge nach Warrnambool (10 AU$, 2½ Std.,
tgl. 3-mal).

Torquay

15 700 EW.

In den 1960er- und 1970er-Jahren war Torquay nur irgendein verschlafenes Städtchen am Meer. Windsurfen war seinerseits
in Australien nur etwas für Gegner des
Establishments, für hartgesottene Hippie-
Aussteiger, die in klapprigen VW-Bussen
lebten, Marihuana rauchten und mit den
Töchtern des Bürgertums durchbrannten.
Seit jenen Tagen aber ist das Surfen längst

GREAT OCEAN ROAD: ENTFERNUNGEN & FAHRTZEITEN

STRECKE	ENTFERNUNG (KM)	DAUER
Melbourne–Geelong	75	1 Std.
Geelong–Torquay	21	15 Min.
Torquay–Anglesea	16	15 Min.
Anglesea–Aireys Inlet	10	10 Min.
Aireys Inlet–Lorne	22	15 Min.
Lorne–Apollo Bay	43	1 Std.
Apollo Bay–Port Campbell	88	70 Min.
Port Campbell–Warrnambool	66	1 Std.
Warrnambool–Port Fairy	28	20 Min.
Port Fairy–Portland	71	1 Std.
Melbourne–Portland	440	6 Std., 25 Min.

im Mainstream angekommen und weltweit ein Riesengeschäft. Torquays Nähe zum weltberühmten Bells Beach und sein Status als Heimat zweier prägender Surfzubehör-Marken – Ripcurl und Quicksilver, beide stellten anfangs Taucheranzüge her – lassen keinen Zweifel daran, dass das Städtchen die unumstrittene Surferhauptstadt Australiens ist.

⊙ Sehenswertes & Aktivitäten

Surfworld Museum MUSEUM
(www.surfworld.org.au; Erw./Kind/Fam. 10/6/20 AU$; ☺9–17 Uhr) Hinten an der **Surf City Plaza** befindet sich diese Hommage an das australische Surfen mit Wechselausstellungen, einem Vorführraum und Sammlungen von alten Fotos und riesigen Surfbrettern.

Spring Creek Horse Rides REITEN
(☑5266 1541; www.springcreekhorserides.com.au; 245 Portheath Rd, Bellbrae; 1 Std./2 Std. 35/60 AU$) Geführte Ausritte durch das Spring Creek Valley.
  Zweistündige Surfkurse gibt's ab 50 AU$:

Go Ride A Wave SURFEN
(☑1300 132 441; www.gorideawave.com.au; 1/15 Bell St, Torquay; ☺9–17 Uhr) Betreibt eine weitere Filiale in Anglesea (143b Great Ocean Rd, Anglesea).

Torquay Surfing Academy SURFEN
(☑5261 2022; www.torquaysurf.com.au; 34a Bell St, Torquay; ☺9–17 Uhr)

Westcoast Surf School SURFEN
(☑5261 2241; www.westcoastsurfschool.com.au; ☺Sommer 9–17 Uhr)

🛏 Schlafen

Bellbrae Harvest APARTMENTS $$$
(☑5266 2100; www.bellbraeharvest.com.au; 45 Portreath Rd; DZ 200 AU$) Fern der Massen findet man hier drei eindrucksvolle, zweistöckige separate Apartments mit Blick auf einen Staudamm. Die Apartments haben Duschen mit in die Decke integriertem Duschkopf, Einbauküchen, große Flachbildfernseher und bieten jede Menge Ruhe und Frieden.

Bells Beach Lodge HOSTEL $
(☑5261 7070; www.bellsbeachlodge.com.au; 51-53 Surfcoast Hwy; B/DZ 25/65 AU$; @) Diese schäbige Budgetherberge liegt am Highway und hat Gemeinschaftseinrichtungen und einen Surfbrett- und Fahrradverleih. Das Haus ist besonders während Events gut besucht und auf große Gruppen eingestellt – dementsprechend laut kann es werden.

Torquay Foreshore Caravan Park CAMPING, HÜTTEN $
(☑5261 2496; www.torquaycaravanpark.com.au; Stellplatz ohne Strom 30–50 AU$, Hütten DZ 75–250 AU$) Gleich hinter dem Back Beach liegt dieser Campingplatz, der der größte an der Surf Coast ist. Er bietet gute Einrichtungen und neue, hochpreisige Hütten mit Meerblick.

 Essen

Moby CAFÉ $
(41 The Esplanade; Hauptgerichte 9–16 AU$; ☺morgens & mittags) Das alte Schindelhaus an der Esplanade blickt auf die Zeit zurück, als Torquay noch einfach war. Das gilt aber nicht unbedingt für die Küche: Man bekommt hier u.a. Linguini oder in Honig mariniertes Lamm-Souvlaki.

Scorched MODERN-AUSTRALISCH $$
(☑5261 6142; www.scorched.com.au; 17 The Esplanade; Hauptgerichte 26–36 AU$; ☺Fr–So mittags, Mi–So abends) Das vielleicht schickste Restaurant in Torquay liegt direkt am Ufer, hat ein zurückhaltendes, Klasse verratendes Dekor und Fenster, die sich öffnen lassen, sodass die Meeresbrise hereinströmt. Empfehlenswert ist der Bauernteller mit saisonalen Gerichten.

❶ Praktische Informationen
Torquay Visitors Centre (www.greatocean road.org; Surf City Plaza, Beach Rd; @) Torquays gut ausgestattete Touristeninformation befindet sich neben dem Surfworld Museum.

❶ An- & Weiterreise
Busse von **McHarry's Buslines** (☑5223 2111; www.mcharrys.com.au) fahren zwischen 9 und 21 Uhr stündlich von Geelong nach Torquay (3,20 AU$, 30 Min.). **V/Line** (☑13 61 96; www.vline.com.au) betreibt Busse von Geelong nach Torquay (3,20 AU$, 30 Min., Mo–Fr tgl. 4-mal, Sa & So tgl. 2-mal).
  Torquay liegt südlich von Geelong und ist von dort mit dem Auto über die B100 in 15 Minuten erreichbar.

Von Torquay nach Anglesea
Rund 7 km außerhalb von Torquay liegt der **Bells Beach**. Die mächtigen Brecher des Bells sind Teil der internationalen Surferfolklore (in dem Film *Point Break,* der allerdings komplett in den USA gedreht wurde, ist der Bells Beach Schauplatz der letzten

Auseinandersetzung zwischen Keanu Reeves und Patrick Swayze). Die Wellen sind notorisch unzuverlässig, wenn die lange, rechts brechende Welle aber kommt, kann man auf ihr so lange reiten wie fast nirgendwo sonst im Land. Seit 1973 findet am Bells Beach jeweils zu Ostern die **Rip Curl Pro** (www.aspworldtour.com) statt – das glanzvollste Event der ASP World Tour. Wenn die Welle am Bells nicht kommt, zieht die Rip Curl Pro regelmäßig zum Johanna Beach um, zwei Stunden weiter westlich.

9 km südwestlich von Torquay liegt die Abzweigung zum von dort noch 3 km entfernten spektakulären **Point Addis**. Der breite, urtümliche Strand, an dem man auch nackt baden darf, lockt Surfer, Schwimmer und Drachenflieger an. Der ausgeschilderte **Koorie Cultural Walk** ist ein 1 km langer Rundweg, der durch das Naturschutzgebiet **Ironbark Basin** zum Strand führt.

Der **Surf Coast Walk** (www.surfcoast.vic.gov.au/walkingtracks.htm) folgt der Küstenlinie von Jan Juc bis in die Nähe von Aireys Inlet und lässt sich auch etappenweise angehen – für die gesamte Strecke braucht man elf Stunden. Der Weg ist auf der *Surf Coast Touring Map* eingezeichnet, die in den Touristeninformationen erhältlich ist.

Anglesea

2300 EW.

Angleseas **Main Beach** ist ein prima Ort, um surfen zu lernen, und der geschützte **Point Roadknight Beach** eignet sich gut für Kinder. Man kann sich die Kängurus anschauen, die auf dem städtischen Golfplatz grasen, oder ein Paddelboot mieten und damit den Anglesea River hinauffahren.

🏃 Aktivitäten

Go Ride A Wave SURFEN
(☎1300 132 441; www.gorideawave.com.au; 143b Great Ocean Rd; ⊙9–17 Uhr) Verleiht Kajaks und Surfbretter und bietet zweistündigen Surfunterricht (ab 75 AU$).

🛌 Schlafen

Anglesea Overboard HÜTTE **$$**
(☎5289 7424; www.overboardcottages.com.au; 39c O'Donohue Rd; DZ ab 195 AU$; ✱) Diese Hütte mit einem Schlafzimmer bietet Meerblick, einen Whirlpool und einen Kamin für kühle Winternächte. Das Haus ist auf Paare eingerichtet, Babys und Hunde (aber vorher anfragen!) sind aber durchaus willkom-

men. Eine weitere Hütte dieses Betreibers findet sich in Aireys Inlet. Mindestaufenthalt: zwei Tage.

Anglesea Backpackers HOSTEL **$**
(☎5263 2664; www.angleseabackpackers.com; 40 Noble St; B/DZ 35/95 AU$) Die einfache Backpackerherberge (nur zwei Schlafsäle und ein Dreibettzimmer) ist sauber, hell und einladend. Im Winter verbreitet das Kaminfeuer im Wohnzimmer freundliche Wärme.

Rivergums B&B B&B **$$**
(☎5263 3066; www.anglesearivergums.com.au; 10 Bingley Pde; DZ 100–160 AU$; ✱) Beschaulichen Ausblick auf den Fluss verheißt dieses B&B mit zwei geräumigen, geschmackvoll möblierten Gästeunterkünften (einem freistehenden Bungalow und einem an das Haus angebauten Zimmer).

🍴 Essen

River Vu MODERN-AUSTRALISCH **$$**
(113 Great Ocean Rd; Hauptgerichte 21–38 AU$; ⊙Di–So morgens, mittags & abends) Das Lokal hat seinen Namen recht häufig gewechselt und präsentiert sich jetzt als Restaurant mit einfachen Gerichten in großzügigen Portionen. Die Tische auf der Vorderterrasse sind prima für ein Abendessen im Freien.

Red Till CAFÉ **$**
(143a Great Ocean Rd; ⊙Sa–Mo & Do morgens & mittags, Sommer tgl.) Dieses Café am Ortsrand bietet den gleichen Kaffee und das gleiche Retro-Dekor wie die vergleichbaren Cafés in Melbourne – nur das Tempo ist wesentlich gesetzter.

❶ Praktische Informationen

Visitors Centre (16/87 Great Ocean Rd; ⊙Sept.–Mai 9–17 Uhr, Juni–Aug. 10–16 Uhr) Die neue Touristeninformation befindet sich gegenüber vom Angahook Cafe und neben einem gleichfalls neuen Grillplatz.

❶ An- & Weiterreise

Busse von **V/Line** verbinden Anglesea mit Geelong (4,80 AU$, 45 Min.).

Die neue Umgehungsstraße in Geelong hat die Fahrtzeit von Melbourne nach Anglesea auf rund 75 Minuten verkürzt.

Aireys Inlet

1200 EW.

In Aireys Inlet gibt es sagenhafte Strände, z.B. den reiterfreundlichen **Fairhaven** und **Moggs Creek**, einen Hotspot für Drachenflieger.

Das 34 m hohe **Split Point Lighthouse** und die Häuschen für die Leuchtturmwärter wurden 1891 erbaut. Der Leuchtturm ist immer noch in Betrieb, Führungen gibt es bis 15 Uhr. Ganz in seiner Nähe befindet sich ein niedliches Café.

◉ Sehenswertes & Aktivitäten

Blazing Saddles   REITEN
(☎5289 7322; www.blazingsaddlestrailrides.com.au; Lot 1 Bimbadeen Dr; Ausritte 1¼/2¼ Std. 40/65 AU$) Aufsatteln, und schon geht's hoch zu Ross in den Busch oder an den atemberaubenden Strand.

🛏 Schlafen

Cimarron B&B   B&B $$
(☎5289 7044; www.cimarron.com.au; 105 Gilbert St; DZ 185 AU$; ☎) Das Haus, ein idyllisches Refugium mit Blick auf Point Roadknight, wurde 1979 aus heimischem Holz erbaut, wobei – rustikal, aber raffiniert – nur Holzdübel und Verschalungsbretter zum Einsatz kamen. Gäste finden hier zwei einmalige loft-artige Doppelzimmer mit gewölbten Holzdecken und ein höhlenartiges Apartment. Draußen herrschen der State Park und die Natur. Das Cimarron ist eine schwulenfreundliche Option, Kinder sind dagegen unerwünscht.

Lightkeepers Inn   MOTEL $$
(☎5289 6666; www.lightkeepersinn.com.au; 64 Great Ocean Rd; DZ 110 AU$; ☎☎) Hier findet man saubere Motelzimmer, deren extrastarke Wände Ruhe und Frieden gewährleisten. Der Betreiber Trevor kennt sich bestens mit den örtlichen Wanderwegen und Mountainbikepisten aus.

🍴 Essen

A La Grecque   GRIECHISCH $$$
(☎5289 6922; www.alagreque.com.au; 60 Great Ocean Rd; Hauptgerichte 28–36 AU$; ⊙Mi–So morgens, mittags & abends, Sommer tgl.) Diese moderne griechische Taverne ist ausgezeichnet. Sie serviert Mezes wie geräucherte Makrele mit Apfel, Sellerie und Zitronen-Dressing und Hauptgerichte wie Riesengarnelen vom Holzkohlengrill mit frischem Oregano. Die Veranda ist ein idealer Ort, um eine Mittagspause einzulegen.

Lorne
1000 EW.

Lorne bietet eine unglaublich schöne Natur: Hohe Gummibäume säumen die hüge-

ligen Straßen, und die Loutit Bay leuchtet verführerisch.

Allerdings ist in Lorne viel los: Im Sommer muss man mit den Tagesausflüglern um die Plätze in den Restaurants und die Schnäppchen in den Läden konkurrieren, aber trotz des Touristenandrangs ist der Ferienort einfach schön.

◉ Sehenswertes & Aktivitäten

Qdos Art Gallery   GALERIE
(☎5289 1989; www.qdosarts.com; 35 Allenvale Rd; ⊙Do–Mo 8.30–18 Uhr, Schulferien tgl.) Qdos, das sich in den Hügeln hinter Lorne versteckt, bietet immer etwas Kunsthandwerkliches in seinen Galerien, und Skulpturen stehen in der üppig grünen Landschaft. Die angebotenen Café-Gerichte sind köstlich, und man kann die Nacht in einem der luxuriösen Zen-Baumhäuser verbringen (200 AU$/Tag, Mindestaufenthalt 2 Tage, Kinder unerwünscht).

Erskine Falls   WASSERFALL
Außerhalb des Ortes liegt dieser hübsche Wasserfall. Es gibt einen leichten Weg hinauf zu der Aussichtsplattform, und 250 (oft glitschige) Stufen führen hinunter zum Fuß des Wasserfalls. Unten angekommen, kann man weiterwandern oder einfach wieder die Stufen hinaufsteigen.

🎉 Feste & Events

Falls Festival   MUSIK
(www.fallsfestival.com; Tickets 350 AU$) Ein dreitägiger Schwof über Neujahr auf einer Farm außerhalb des Orts. Rock- und Indie-Bands der Spitzenklasse treten an. In den Ticketpreisen ist der Stellplatz für das Zelt inbegriffen.

🛏 Schlafen

In vielen Unterkünften in Lorne herrscht an den Wochenenden eine Mindestübernachtungsdauer von zwei Tagen; die Preise in der Hauptsaison liegen oft fast doppelt so hoch wie während des Winters. Weitere Unterkunftsoptionen in der Touristeninformation erfragen!

Chapel   COTTAGES $$$
(☎5289 2622; thechapellorne@bigpond.com; 45 Richardson Blvd; DZ 200 AU$; ☀) Dieser ausgezeichnete, zweistöckige moderne Bungalow scheint einem Hochglanzmagazin entstiegen. Er prunkt mit geschmackvollen asiatischen Möbeln, reizvollen Farben und Erkerfenstern, die sich zum Wald hin öffnen. Das

Haus befindet sich in abgeschlossen-idyllischer Lage und bietet außerdem eine Dusche für zwei und kostenlose Bademäntel.

Allenvale Cottages
COTTAGES **$$**

(📞5289 1450; www.allenvale.com.au; 150 Allenvale Rd; DZ ab 175 AU$) Die vier separaten Holzhütten aus dem Anfang des vorigen Jahrhunderts wurden luxuriös restauriert und bieten jeweils Platz für vier (oder auch mehr) Personen. Sie reihen sich 2 km nordwestlich von Lorne auf grünem Rasen unter schattigen Bäumen, und auch einen plätschernden Bach mit einer Brücke gibt es. Eine ideale Unterkunft für Familien.

Great Ocean Road Cottages & Backpackers YHA
HOSTEL **$**

(📞5289 1070; www.yha.com.au; 10 Erskine Ave; Zelt 25 AU$, B 20–30 AU$, DZ 55–75 AU$, Hütte 170 AU$) Versteckt im Busch inmitten von Kakadus und Koalas bietet diese zweistöckige Lodge aus Holz geräumige Schlafsäle, Zelte mit bereits aufgestellten Betten zum Schnäppchenpreis sowie sehr gute und günstige Doppelzimmer. In den teureren Finnhütten (mit Küche und angeschlossenem Bad) ist Platz für bis zu sechs Leute.

Lorne Foreshore Caravan Park
CAMPING **$**

(📞1300 736 533; www.lornecaravanpark.com.au; 2 Great Ocean Rd; Stellplatz mit Strom 30–50 AU$, Hütte DZ ab 60 AU$) Hier kann man Plätze für die fünf Wohnwagenparks buchen, die es in Lorne gibt. Der schönste ist der Erskine River Park am Ortseingang links gleich vor der Brücke. Für einen Aufenthalt während der Hauptsaison weit im Voraus buchen.

 Essen

Ba Ba Lu Bar
SPANISCH **$$$**

(www.babalubar.com.au; 6a Mountjoy Pde; Hauptgerichte 32–42 AU$; ⊙morgens, mittags & abends) Mit den Paella-Abenden im Winter und den chilenischen Musikanten, die im Sommer hereinschneien, kann einem die Ba Ba Lu Bar schon spanisch vorkommen. Auf der Karte stehen einfallsreiche Tapas und viele Fleischgerichte. Die Bar ist bis in die späte Nacht geöffnet.

Kafe Kaos
CAFÉ **$**

(www.kafekaos.com.au; 52 Mountjoy Pde; Mittagsgerichte 8–15 AU$; ⊙morgens &mittags) Das helle und kecke Kafe Kaos ist ein gutes Beispiel für die entspannte Feinschmeckerkultur in Lorne: Die barfüßige Kundschaft macht sich in Boardshort oder Bikini über die erstklassigen Panini, Bruschetta, Burger und Pommes her.

Bottle of Milk
BURGER **$**

(52 Mountjoy Pde; Burger ab 8,50 AU$; ⊙morgens, mittags & abends) In diesem coolen Diner sitzt man auf altmodischen Stühlen und stürzt sich auf die klassischen Burger mit frischen Zutaten.

ℹ️ Praktische Informationen

Lorne Visitors Centre (📞1300 891 152; www.visitsurfcoast.com.au; 15 Mountjoy Pde; ⊙9–17 Uhr) Hier gibt's stapelweise Infomaterial, hilfsbereites Personal und einen Buchungsservice für Unterkünfte.

Cumberland River

Gerade einmal 7 km südwestlich von Lorne befindet sich **Cumberland River**. Es gibt hier weder Läden noch Häuser, sondern nur den wunderbaren **Cumberland River Holiday Park** (📞5289 1790; www.cumberlandriver.com.au; Great Ocean Rd; Stellplatz ohne Strom 37 AU$, Hütte mit Bad ab 105 AU$). Der waldige Campingplatz hat eine tolle Lage neben einem schönen Fluss und hohen, verwitterten Klippen auf der anderen Seite.

Wye River

140 EW.

Die Great Ocean Road schlängelt sich hinter Cumberland River spektakulär um die Klippen und erreicht schließlich Wye River, eine kleine Ortschaft mit tollen Ideen.

Wye River Foreshore Camping Reserve

(📞5289 0412; Stellplatz 30 AU$; ⊙Dez.–April) Hier findet man im Sommer am Strand Stellplätze mit Stromanschluss.

LP TIPP **Wye General** (www.thewyegeneral.com; 35 Great Ocean Rd; Abendessen 15–26 AU$; ⊙morgens & mittags tgl., abends Sommer tgl., Winter Fr & Sa) Das schicke Café, das wahrlich kein *general store* (Gemischtwarenladen) ist, hat mit viel Selbstvertrauen den Ort erobert. Man kann drinnen oder

---

EINE SCHINDEREI

Die ersten Abschnitte der Great Ocean Road wurden von Soldaten, die aus dem Ersten Weltkrieg heimgekehrt waren, von Hand (mit Picke, Schaufel und Brecheisen) angelegt. Die Arbeiten begannen im September 1919; die Straße zwischen Anglesea und Apollo Bay wurde 1932 fertiggestellt.

draußen sitzen; polierte Betonböden und Holzdekor bestimmen das Ambiente. Zum perfekten Kaffee erhält man auch Sauerteigbrot.

Kennett River

Nur 5 km hinter Wye River folgt **Kennett River**, wo man sogar im Ort an einigen Stellen prima **Koalas** beobachten kann. Man sieht die pelzigen Tiere aber auch oberhalb der Great Ocean Road bei der Weiterfahrt Richtung Apollo Bay. Im Ort Kennett River geht man gleich hinter dem Wohnwagenpark die Grey River Rd 200 m hinauf, und schon erblickt man die Koalas, wie sie sich verschlafen bündelweise an die Äste klammern. Bei Nacht (Taschenlampe mitnehmen!) kann man an gleicher Stelle **Glühwürmchen** leuchten sehen.

Der freundliche **Kennett River Holiday Park** (☎1300 664 417, 5289 0272; www.kennettriver.com; Stellplatz ohne/mit Strom 29/35 AU$, Hütte DZ ab 105 AU$; @ 🛜) ist ein Campingplatz in freier Natur mit kostenlosem Internetzugang und kostenlosen Grillstellen. Der Bau einer Feldküche ist geplant.

Apollo Bay

1800 EW.

Apollo Bay steht für Musikfestivals, die Otways sowie schöne Strände und ist zudem eine der größten Ortschaften an der Great Ocean Road.

Majestätische Hügel bilden einen postkartenreifen Hintergrund für das Städtchen, während im Vordergrund weiße, breite Sandstrände das Bild beherrschen. Der Ort ist ein idealer Ausgangspunkt für die Erkundung des malerischen Cape Otway und des Otway National Park.

👁 Sehenswertes & Aktivitäten

Mark's Walking Tours GEFÜHRTE TOUREN
(☎0417 983 985; www.greatoceanwalk.asn.au/markstours; Tour 2-3 Std. Erw./Kind 50/15 AU$) Der einheimische Mark Brack, der Sohn des Leuchtturmwärters des Cape Otway Lighthouse, veranstaltet Wanderungen durch die Gegend. Er kennt diesen Küstenstreifen, seine Geschichten und seine Gespenster besser als jeder andere. Bei seinen täglichen Touren stehen u.a. Schiffswracks, die Geschichte, die Glühwürmchen oder der Great Ocean Walk im Zentrum. Mindestens zwei Teilnehmer!

Gemeindemarkt MARKT
(www.apollobay.com/market_place; ⊙Sa 8.30–16.30 Uhr) Dieser Markt findet an der Hauptstraße statt und ist ideal, um Äpfel aus der Region, vor Ort gefertigte Souvenirs oder auch aus Baumstümpfen geschnitzte Tischlampen zu kaufen.

Apollo Bay Surf & Kayak OUTDOORAKTIVITÄTEN
(☎0405 495 909; www.apollobaysurfkayak.com.au; Tour 2 Std. 65 AU$) In Zweierkajaks geht's raus zu einer Kolonie Australischer Seebären. Die Touren starten am Marengo Beach und sind geeignet für Kinder ab zwölf.

Otway Expeditions OUTDOORAKTIVITÄTEN
(☎5237 6341; http://otwayexpeditions.tripod.com; Argo-Buggy-Fahrt ab 45 AU$) Im Angebot sind Touren mit vollgefederten Mountainbikes durch die Otways (min. 6 Teilnehmer) sowie Abenteuerfahrten in gelände- und wassertauglichen Argo-Buggys.

✦ Feste & Events

Apollo Bay Music Festival MUSIK
(☎5237 6761; www.apollobaymusicfestival.com; Wochenendpass Erw./Jugendl./Kind unter 13 Jahren 162/90 AU$/frei) Auf dem Programm des dreitägigen Festivals, das an einem Wochenende Anfang April stattfindet, stehen Klassik, Folk, Blues, Jazz, Rock und auch kontroverse moderne Töne. Im Ort geht es dabei wirklich munter zu.

🛌 Schlafen

YHA Eco Beach 🄻🄿 TIPP HOSTEL $
(☎5237 7899; 5 Pascoe St; B 32–38 AU$, DZ 88–95 AU$, FZ 109–145 AU$; ✳@) Auch wenn man nicht jeden Dollar umdrehen muss, ist dieses von einem Architekten gestaltete Hostel, dessen Errichtung 3 Mio. AU$ kostete, eine prima Unterkunft. Die Maßnahmen zur Reduzierung der Umweltbelastung sind so umfassend, dass sie im Einzelnen hier nicht aufgezählt werden können. Man erlebt eine großartige Architektur mit wunderbaren Lounge-Bereichen, Küchen, Fernsehzimmern, einer Internet-Lounge und Dachterrassen.

Nelson's Perch B&B B&B $$
(☎5237 7176; www.nelsonsperch.com; 54 Nelson St; DZ 160 AU$; ✳@🛜) Das Nelson's wirkt frischer als manche der altgedienten B&Bs im Ort. Es gibt drei Zimmer, jeweils mit einem Hof, und kostenloses W-LAN.

Surfside Backpackers HOSTEL $
(☎5237 7263; www.surfsidebackpacker.com; Ecke Great Ocean Rd & Gambier St; B 23–30 AU$,

DZ 60 AU$) Die Zimmer sind etwas beengt, aber die Lounge hat große Fenster mit Blick auf den Ozean, sodass diese gemütliche Herberge schon eine Überlegung wert ist.

✕ Essen

Die **Apollo Bay Fishermen's Co-operative** (Breakwater Rd; ⏱10–16 Uhr) verkauft frischen Fisch und Meeresfrüchte am Kai.

Vista   SEAFOOD **$$**
(www.thevistaseafoodrestaurant.com; 155 Great Ocean Rd, Hauptgerichte 25–35 AU$; ⏱abends) Ein sagenhaftes, gehobenes Restaurant an der Hauptstraße. Man speist vor Ort gefangene Krebse, dazu gibt's Wein aus der Region.

Café Nautigals   CAFÉ **$**
(1/57-59 Great Ocean Rd; Hauptgerichte 14–16 AU$; ⏱tgl. morgens & mittags, Sommer abends; @) Für einen Zehner bekommt man einen Stapel Pfannkuchen und einen Kaffee, und alle sind zufrieden.

La Bimba   MODERN-AUSTRALISCH **$$$**
(125 Great Ocean Rd; Hauptgerichte 25–45 AU$; ⏱Mi–Mo morgens, mittags & abends) Dieses im Obergeschoss residierende modern-australische Restaurant ist exzellent und lohnt die Investition. Die Atmosphäre ist nett, elegant, und entspannt, der Ausblick schön, die Bedienung freundlich, und auch die Weinkarte kann sich sehen lassen.

❶ Praktische Informationen

Great Ocean Road Visitors Centre (☑5237 6529; 100 Great Ocean Rd; ⏱9–17 Uhr) Hier gibt es ein eindrucksvolles „Öko-Center" mit Exponaten zur Geschichte der Aborigines, zum Regenwald, zu den Schiffswracks und zum Bau der Great Ocean Road.

Parks Victoria (☑5237 2500; www.parkweb. vic.gov.au; Ecke Oak Ave & Montrose St; ⏱Mo–Fr 8–16.30 Uhr)

Rund um Apollo Bay

17 km hinter Apollo Bay befindet sich der **Maits Rest Rainforest Boardwalk**, ein leichter, 20-minütiger Spaziergang auf einem Plankenweg längs einer Erosionsrinne im Regenwald. Weiter landeinwärts, 5 km vom Beech Forest entfernt, folgt der **Otway Fly** (☑5235 9200; Phillips Track; www.otwayfly. com; Erw./Kind/Fam. 22/9,50/55 AU$; ⏱9–16.30 Uhr), ein erhöhter stählerner Laufsteg hoch im Blätterdach mit einem schwankenden Aussichtsturm.

NICHT VERSÄUMEN

GREAT OCEAN WALK

Die mehrtägige Wanderung **Great Ocean Walk** (www.greatoceanwalk. com.au) beginnt in Apollo Bay und führt bis zu den Twelve Apostles. Man kann die Wanderung an irgendeinem Punkt beginnen und die Abholung an einem anderen vorab vereinbaren – öffentliche Verkehrsmittel sind spärlich. Für die gesamte 104 km lange Strecke braucht man sechs Tage, aber man kann sich auch mit Teilstrecken begnügen. Entlang des Great Ocean Walk finden sich ausgewiesene (kostenlose) Campingplätze. **Walk 91** (☑5237 1189; www.walk91.com.au) arrangiert Verkehrsmittel, verleiht Ausrüstung und transportiert das Gepäck der Wanderer zum vorgesehenen Zielort. **GOR Shuttle** (☑5237 9278; 0428 379 278) ist ein empfohlener Shuttledienst für Wanderer und Gepäck und holt einen nach Beendigung der Wanderung am Ziel ab.

Cape Otway

Cape Otway ist (nach Wilsons Promontory) der zweitsüdlichste Punkt des australischen Festlands und zugleich eines der feuchtesten Gebiete im Bundesstaat. Die hiesige Küste ist besonders schon und zerklüftet, aber auch besonders gefährlich. Mehr als 200 Schiffe sanken in der Zeit zwischen den 1830er- und 1930er-Jahren zwischen Cape Otway und Port Fairy, weshalb die Küste den Spitznamen „Shipwreck Coast" erhielt.

Die Abzweigung auf die Lighthouse Rd, die über 12 km hinunter zum Leuchtturm führt, befindet sich 21 km von Apollo Bay entfernt. Das **Cape Otway Lighthouse** (☑5237 9240; www.lightstation.com; Erw./Kind/ Fam. 17/8/42 AU$; ⏱9–17 Uhr) ist der älteste erhaltene Leuchtturm auf dem australischen Festland; er wurde 1848 von mehr als 40 Steinmetzen ohne Zuhilfenahme von Mörtel und Zement erbaut.

🛏 Schlafen

Blanket Bay   CAMPING **$**
(☑13 19 63; www.parkweb.vic.gov.au; Stellplatz 20 AU$) Blanket Bay ist beschaulich (wenn man keine lauten Nachbarn hat), und der nahe gelegene Strand ist schön. Der Platz

ist allerdings wahrlich kein Geheimnis: Zwischen Weihnachten und Ende Januar sind die Stellplätze so begehrt, dass sie ausgelost werden (die Ziehung findet im Oktober statt). Zu den weiteren Campingplätzen in der Nähe zählen **Parker Hill**, **Point Franklin** und **Crayfish Beach**. Über **Parks Victoria** (✆13 19 63; www.parkweb.vic.gov.au) Stellplätze reservieren!

Great Ocean Ecolodge ÖKOLODGE $$$
(✆5237 9297; www.capeotwaycentre.com; 635 Lighthouse Rd, EZ/DZ ab 160/320 AU$) Vorab ein Zimmer in der Ökolodge reservieren, dann kann man die einheimische Tierwelt näher kennenlernen, denn das angeschlossene Cape Otway Centre for Conservation dient zugleich als Hospital für kranke oder verletzte Tiere. Die luxuriösen Zimmer mit angeschlossenem Bad sind in Pfosten-Riegel-Konstruktion errichtet, mit Lehmziegeln ausgefacht und werden mit Solarstrom versorgt. Alle bieten Terrassen mit Blick in die Natur. Das Center veranstaltet geführte Wanderungen und Aktivitäten mit ökologischem Schwerpunkt.

Lighthouse Keeper's Residence B&B $$$
(Cape Otway Lighthouse; www.lightstation.com; DZ ab 200 AU$) In diesem windumtosten Anwesen gibt es eine Reihe von Optionen: Man kann das ganze Haus des Hauptleuchtturmwärters mieten, in dem 16 Personen Platz finden, aber auch das kleinere Wohnhaus des Verwalters (für 2 Pers.).

Bimbi Park CAMPING, HÜTTEN $$
(✆5237 9246; www.bimbipark.com.au; Manna Gum Dr; Stellplatz ohne Strom Neben-/Hauptsaison 20/30 AU$, Stellplatz mit Strom 30/35 AU$, Hütte DZ 60–180 AU$) Am Ende einer unbefestigten Straße bietet diese 3 km vom Leuchtturm entfernte Pferderanch Stellplätze in der Natur, schicke (und weniger schicke) Hütten und Ausritte (45 AU$/Std.).

Von Cape Otway zum Port Campbell National Park

Nach Cape Otway wird die Great Ocean Road flach, führt in die fruchtbaren Ebenen des Horden Vale und kehrt im winzigen Glenaire noch einmal kurz an die Küste zurück. Danach wendet sich die Straße wieder landeinwärts, und der Anstieg zum Lavers Hill beginnt. An bewölkten oder regnerischen Tagen kann sich in den Hügeln dichter Nebel bilden; dann sind die vielen Kurven und Schleifen mit Vorsicht zu genießen,

weil man vielleicht noch nicht einmal das Ende seiner Motorhaube deutlich erkennt.

6 km nördlich von Glenaire führt ein 5 km langer Abstecher über die Red Johanna Rd durch wellige Hügel vorbei an grasenden Kühen hinunter zu der wild tosenden Brandung des **Johanna Beach**, an dem Schwimmen unmöglich ist. Der weltberühmte Rip-Curl-Pro-Surfwettbewerb findet hier statt, wenn die Wellen am Bells Beach nicht mitspielen.

🛏 Schlafen

Johanna Campground CAMPING
(Parks Victoria; ✆13 19 63; www.parkweb.vic. gov.au; Stellplatz kostenl.) Dieser Campingplatz liegt auf einer geschützten Grasfläche zwischen den Dünen und den Hügeln. Stellplätze vorab reservieren! Das Zelten ist kostenlos, eine Campingerlaubnis ist nicht erforderlich. Es gibt sanitäre Anlagen, aber Feuermachen ist verboten, und man muss sein eigenes Trinkwasser mitbringen.

Boomerangs APARTMENTS $$$
(✆5237 4213; www.theboomerangs.com; Ecke Great Ocean & Red Johanna Rd; DZ ab 230 AU$) Die bumerangförmigen Hütten haben gewölbte Decken und Fußböden aus Jarrah-Holz, bleiverglaste Fenster, Whirlpools und einen beeindruckenden Ausblick auf das Johanna Valley. Die netten Betreiber wohnen vor Ort.

Port Campbell National Park

Nach dem Verlassen der Otways wird die Straße eben und führt an der Küste zwischen Princetown und Peterborough in ein Gebiet mit schmalen, relativ ebenen, von Sträuchern bewachsenen Steilhängen, die über nackte Klippen 70 m tief zum Meer abfallen – eine ganz andere Landschaft. Das ist der Port Campbell National Park mit den Twelve Apostles, der berühmteste und meistfotografierte Abschnitt der Great Ocean Road. Über Jahrtausende hin haben Wellen und Gezeiten den weichen Kalksteinfelsen erodiert und ausgehöhlt und so eine faszinierende Reihe von Felsnadeln, Schluchten, Bögen und Blaslöchern geschaffen.

Die **Gibson Steps**, die im 19. Jh. vom Landbesitzer Hugh Gibson von Hand in die Klippen gehauen (und später durch Betonstufen ersetzt) wurden, führen hinunter an den wilden Gibson Beach, den man sich nicht entgehen lassen sollte. Dieser Strand ist allerdings, wie auch andere an diesem Küstenabschnitt, wegen starker Strömungen und Strudel nicht zum Schwimmen geeignet. Man kann am Strand spazieren gehen, muss sich jedoch vor der Flut und hohen Wellen in Acht nehmen. Die einsamen **Twelve Apostles** sind Felsnadeln, die als Reste der erodierten Landspitze übrig geblieben sind. Heute sind von den Aussichtsplattformen nur mehr sieben dieser Felsnadeln zu sehen. Am unscheinbaren **Aussichtspunkt** (Great Ocean Rd; ⊙9–17 Uhr) an der Straße, 6 km hinter Princetown, gibt es öffentliche Toiletten und ein Café. Helikopter brummen rund um die Twelve Apostles und geben den Travellern die Gelegenheit, sich die Felsen ganz aus der Nähe anzuschauen. **12 Apostles Helicopters** (☑5598 6161; www.12apostleshelicopters. com.au) hat seinen Sitz am Aussichtspunkt hinter dem Parkplatz; die zehnminütigen Rundflüge führen über Attraktionen wie die Twelve Apostles, die Loch Ard Gorge, den Sential Rock und Port Campbell (ab 95 AU$/Pers.).

An der nahe gelegenen **Loch Ard Gorge** spielte sich die berühmteste und anrührendste Geschichte der Shipwreck Coast ab, denn hier gelangten die beiden jungen Überlebenden des Klippers *Loch Ard* an den Strand, der trotz seines Rumpfes aus Eisen gekentert war (s. S. 273).

Port Campbell

400 EW.

Der kleine, windige Ort liegt in einer dramatischen natürlichen Bucht von fast vollkommen rechteckiger Form, die durch die Erosion der umliegenden Kalksteinklippen entstanden ist. Port Campbell ist ein freundlicher Flecken mit einigen tollen, günstigen Unterkünften und bietet sich ideal für Entspannung nach dem Besuch bei den Twelve Apostles an. Die kleine Bucht hat einen hübschen Sandstrand; dies ist die einzige sichere Badestelle an dieser stürmischen Küste.

◉ Sehenswertes & Aktivitäten

Wunderbar **tauchen** kann man in den Kelpwäldern, Canyons und Tunnels des **Arches Marine Sanctuary** sowie zum Wrack der *Loch Ard*. Am Strand tauchen kann man in der **Wild Dog Cove** und der

Crofts Bay. Ein 4,7 km langer, beschilderter **Discovery Walk** gibt eine Einführung in die Natur und Geschichte der Gegend. Er befindet sich gleich außerhalb der Ortschaft auf dem Weg nach Warrnambool.

Port Campbell Touring Company   GEFÜHRTE TOUR
(☑5598 6424; www.portcampbelltouring.com. au; halbtägige Tour 65 AU$) Hat Touren an der Apostle Coast, Abendwanderungen zum Loch Ard und Angelausflüge nach Crofts Bay im Programm.

Port Campbell Boat Charters   GEFÜHRTE TOUR
(☑5598 6411) Veranstaltet Tauch- und Angelausflüge sowie Rundfahrten.

🛏 Schlafen & Essen

Port Campbell Guesthouse   PENSION $
(☑0407 696 559; www.portcampbellguesthouse. com.au; 54 Lord St;Pension /Flashpacker-Herberge 35/38 AU$/Pers.) Das Anwesen in Ortsnähe hat den Charme eines zweiten Zuhauses und bietet sich gerade auch für Familien an. In dem gemütlichen Haus gibt es nach hinten hinaus vier Zimmer und nach vorn eine motelartige separate „Flashpacker"-Herberge.

Port Campbell Hostel   HOSTEL $
(☑5598 6305; www.portcampbellhostel. com.au; 18 Tregea St; B/DZ 25/70 AU$; 🕿) Der brandneue, doppelstöckige Zweckbau bietet Backpackern Zimmer mit Ausblick nach Westen, eine große Gemeinschaftsküche und einen noch größeren Lounge- und Barbereich. Recycling wird hier großgeschrieben, sogar die Toiletten sind umweltfreundlich. Man kann prima in der Lounge abhängen und dort die Tageszeitungen oder eine Liebesschnulze aus dem *Mills-&-Boon-Lesezirkel* verschlingen.

Room Six   RESTAURANT $$
(28 Lord St; Hauptgerichte 15–30 AU$; ⊙Fr-Mi morgens, mittags & abends) Das Restaurant bietet sich für ein nettes Abendessen (mit den guten Meeresfrüchten der Region) oder auch tagsüber für einen einfachen Snack an. Es ist zwar neu, macht aber einen hübsch gediegenen Eindruck.

12 Rocks Cafe Bar   CAFÉ $
(19 Lord St; Hauptgerichte 8–15 AU$; ⊙morgens, mittags & abends) Das geschäftige Café hat die beste Aussicht auf den Strand. Während man seinen Kaffee trinkt oder ein Pasta- oder Meeresfrüchtegericht verspeist

Die Twelve Apostles sind keine zwölf und waren es, allen Aufzeichnungen zufolge, auch nie. Von der Aussichtsplattform aus kann man deutlich sieben ausmachen, aber vielleicht verstecken sich ja einige? Wir fragten bei Beamten von Parks Victoria nach, bei den Mitarbeitern von Touristeninformationen und sogar bei der Reinigungskraft am Aussichtspunkt, und doch ließ sich diese Frage nicht klären. Die Einheimischen meinen, es hänge alles davon ab, von wo man schaue, und das ist auch tatsächlich so.

In der geologischen Fachterminologie handelt es sich bei den Apostles um „Brandungspfeiler". Ursprünglich hießen sie die „Sow and Piglets", doch in den 1960er-Jahren meinte irgendjemand (niemand erinnert sich, wer das war), dass die Felsen bestimmt mehr Touristen anlocken würden, wenn sie einen ehrwürdigeren Namen hätten als die „Sau mit den Ferkeln". Also wurden sie in „The Apostles" umgetauft. Und da Apostel nun einmal im Dutzend auftreten, kam die Zahl 12 etwas später dazu. Die beiden Felsnadeln östlich der Aussichtsplattform (Richtung Otway) sind eigentlich keine Apostel, sondern heißen Gog und Magog (man bleibt also in biblischem Gelände).

Es gibt hier also keine zwölf Felsen, aber vom Boot oder Helikopter aus kann man elf zählen. Die weichen Kalksteinklippen verändern sich weiter, denn die Erosion hört durch die unaufhörlich anbrandenden Wellen niemals auf – ein 70 m hoher Felsen stürzte im Juli 2005 ins Meer, und der Island Archway verlor im Juni 2009 seinen Bogen. Wenn man genau hinschaut, kann man sehen, wie die Wellen dem zugespitzten Teil des Klippensockels zusetzen und dabei sind, einen neuen Apostel zu erschaffen. Es wird aber noch viele tausend Jahre dauern, bis er freigelegt ist.

und dazu ein Otways-Bier aus der Region trinkt, sieht man, wie das Treibgut ans Ufer gespült wird.

❶ Praktische Informationen

Port Campbell Visitor Centre (☏1300 137 255; www.visit12apostles.com.au; 26 Morris St; ⊙9–17 Uhr) Hier finden sich stapelweise Infos zur Region und zu den Unterkünften sowie interessante Relikte aus den Schiffswracks – vor der Tür steht der Anker der *Loch Ard,* der 1978 geborgen wurde.

❶ An- & Weiterreise

Busse von **V/Line** (☏13 61 96; www.vline.com.au) fahren montags, mittwochs und freitags von Geelong nach Port Campbell (24 AU$, 4 Std.) und weiter nach Warrnambool (27 AU$, 6 Std.).

Von Port Campbell nach Warrnambool

Die Great Ocean Road führt hinter Port Campbell weiter nach Westen und an mehr Felsnadeln vorbei. Die nächste ist der **Arch**, der vor Point Hesse aus dem Meer ragt.

In der Nähe befindet sich die **London Bridge**. Sie war über zwei Bögen mit dem Festland verbunden. Besucher konnten über die schmale natürliche Brücke auf die gewaltige Felsformation gelangen. Im Januar 1990 brach die Brücke ein; zwei erschreckte Touristen fanden sich gestrandet auf der neuesten Insel des Planeten – sie wurden schließlich per Helikopter aus ihrer misslichen Lage befreit. Ganz in der Nähe liegt auch die **Grotto**.

Die **Bay of Islands** befindet sich 8 km westlich des winzigen **Peterborough**, von dessen Parkplatz man auf kurzen Wegen zu prächtigen Aussichtspunkten kommt.

Man bewegt sich hier durch viele Morgen Farmland – beim Autofahren auf ein- und abbiegende Milchlaster achten! Die leicht kitschige **Cheese World** (www.cheeseworld.com.au; Great Ocean Rd, Allansford; ⊙Mo–Fr 9.30–17, Sa 9–16, So 9–15 Uhr) findet man 12 km vor Warrnambool gegenüber der größten Molkerei der Gegend. Hier gibt es ein Museum, ein Restaurant, einen Käsekeller und leckere (und billige) Milchshakes.

Ganz in der Nähe endet die Great Ocean Road. Sie trifft auf den Princes Hwy, der durch das angestammte Land der Gunditjmara weiter nach South Australia führt.

Warrnambool

28100 EW.

Warrnambool war ursprünglich eine Siedlung von Walfängern und Robbenschlägern – heute ist die Stadt ein größeres regionales

Zentrum des Handels und der Walbeobachtung. Ihre historischen Gebäude, Wasserwege und von Bäumen gesäumten Straßen sind attraktiv, und man trifft auf viele Studierende, die die Außenstelle Warrnambool der Deakin University besuchen. Die großen Wohnsiedlungen und Gewerbeparks am Stadtrand sehen so aus wie die meisten Vorstädte anderswo in Australien, aber die Gebiete am Ufer haben sich weitgehend ihren historischen Charme bewahrt.

⊙ Sehenswertes & Aktivitäten

Zwischen Juli und September paaren sich Südkaper in den Gewässern vor dem Logan's Beach und bringen dort ihre Jungen zur Welt. Man kann sie von der **Logan's Beach Whale-Watching Platform** aus gut beobachten, wenn sie aus dem Wasser brechen und ihre Schwanzflosse zeigen. Die Wale sind eine große Touristenattraktion, aber Sichtungen sind nicht garantiert.

Flagstaff Hill Maritime Village   AREAL
(☑1800 556 111; www.flagstaffhill.com; Merri St; Erw./Kind/Fam. 16/7/39 AU$; ⊙9–17 Uhr) Die große Touristenattraktion ist einer frühen australischen Hafensiedlung nachempfunden. Die Kanonen und Befestigungsanlagen stammen von 1887 und sollten einer befürchteten russischen Invasion trotzen. **Shipwrecked** (Erw./Kind/Fam. 26/14/67 AU$) ist eine fesselnde Sound- & Lasershow über den Schiffbruch der *Loch Ard*. Bei Pippies by the Bay bekommt man etwas zu essen.

GRATIS **Warrnambool Art Gallery**   KUNSTGALERIE
(www.warrnambool.vic.gov.au; 165 Timor St; ⊙Mo–Fr 10–17, Sa & So 12–17 Uhr) In der Dauerausstellung australischer Malerei sind namhafte Künstler wie Tom Roberts, James Gleeson und Arthur Boyd vertreten.

Rundell's Mahogany Trail Rides   REITEN
(☑0408 589 546; www.rundellshorseriding.com. au; Ausritt am Strand 2 Std. 65 AU$) Hier kann man die ruhigen Strände von Warrnambool hoch zu Pferd erkunden.

🛏 Schlafen

Hotel Warrnambool   GASTHAUS **$$**
(☑5562 2377; www.hotelwarrnambool.com. au; Ecke Koroit & Kepler St; DZ mit/ohne Bad 140/110 AU$; ❄@) Die kürzliche Renovierung des historischen Gasthauses von 1894 hat Wunder gewirkt. Die Zimmer haben heute Plasma-Fernseher und Zugang zu einer Einbauküche und einer Lounge. Einige Zimmer haben auch ein eigenes Bad und einen Balkon. Im Erdgeschoss befindet sich eines der nettesten Kneipenrestaurants im Ort.

Warrnambool Beach Backpackers   HOSTEL **$**
(☑5562 4874; www.beachbackpackers.com.au; 17 Stanley St; B/DZ 28/80 AU$; ❄@) Nahe am Meer bietet das ehemalige Museum einen großen Wohnbereich mit einer Bar, Internetzugang und der Küche. Gäste werden kostenlos abgeholt. Die Zimmer könnten mal renoviert werden. Das Haus ist eine gute Anlaufstelle, wenn man einen Gelegenheitsjob sucht.

Atwood Motor Inn   MOTEL **$$**
(☑5562 7144; www.atwoodmotorinn.com.au; 8 Spence St; DZ ab 105 AU$; ❄☎) Die Anlage hat geräumige Motelzimmer mit Flachbildfern-

---

DER SCHIFFBRUCH DER LOCH ARD

Die Küste Victorias zwischen Cape Otway und Port Fairy war in den Tagen der Segelschifffahrt wegen der versteckten Riffe und des häufigen starken Nebels ein gefürchtetes und gefährliches Gewässer. In nur 40 Jahren sanken über 80 Schiffe an dieser 120 km langen Küste.

Der berühmteste Schiffbruch ereignete sich 1878: Um 4 Uhr morgens sank der Klipper *Loch Ard*, ein schneller Segler mit Eisenrumpf, nach der langen Reise aus England vor der Mutton Bird Island. Von den 37 Besatzungsmitgliedern und 19 Passagieren an Bord konnten sich lediglich zwei Personen retten. Eva Carmichael, die nicht schwimmen konnte, klammerte sich an ein Wrackteile und wurde mit ihnen in eine Schlucht gespült, wo der Offiziersanwärter Tom Pearce sie rettete. Heldenhaft kletterte Tom die nackte Felswand hinauf und schlug Alarm, aber weitere Überlebende konnten nicht gefunden werden. Eva und Tom waren beide 19 Jahre alt, und die Presse spekulierte über eine Romanze. Doch dazu kam es nicht: Die beiden sahen sich niemals wieder, und Eva kehrte bald danach nach Irland zurück – man kann ihr nicht verdenken, dass sie für die Heimfahrt ein Dampfschiff nahm.

sehern und Bädern, die so groß sind, dass man einen (kleinen) Wal drin unterbringen könnte. Die Standard-Doppelzimmer sind am kleinsten, aber immer noch absolut komfortabel.

✖ Essen & Ausgehen

Donnelly's Restaurant MODERN-AUSTRALISCH **$$**
(78 Liebig St; Hauptgerichte 24–31 au4; ⊘Di–So mittags & abends, Sommer tgl.) Das smarte Restaurant macht mit seinen Steaks und Meeresfrüchten großen Umsatz, was nicht verwundert: Es handelt sich um regionale Produkte, und sie sind sehr gut.

Wyton CAFÉ **$**
(www.wytonevents.com; 91 Kepler St; Hauptgerichte 12 AU$; ⊘Mo–Sa früh, Mo–Fr mittags) Hier gibt's raffinierte Frühstücksgerichte, ausgezeichneten Kaffee und gesunde Mittagsgerichte (darunter gewürzte Karotten und Nudelreis), auch zum Mitnehmen.

Pippies by the Bay MODERN-AUSTRALISCH **$$**
(Flagstaff Hill Maritime Village, Merri St; Hauptgerichte 28–32 AU$; ⊘tgl. mittags & abends, Sa & So früh) Ein feines Restaurant im Flagstaff Hill Visitors Centre: Man kann hier zu Abend essen und eine Show angucken oder am Wochenende zum Frühstück kommen und die Aussicht genießen.

ⓘ Praktische Informationen

Warrnambool Library (25 Liebig St; ⊘Mo–Di 9.30–17, Mi–Fr bis 18, Sa 10–12 Uhr) Kostenloser Internetzugang.

Warrnambool Visitors Centre (www.visitwarrnambool.com.au; Merri St; ⊘9–17 Uhr) Das vom Princes Hwy (A1) aus ausgeschilderte Besucherzentrum im Flagstaff-Hill-Komplex gibt eine Radwegekarte und mehrere Wanderkarten heraus. Es gibt hier auch Internetzugang (10 AU$/Std.) und einen Fahrradverleih (30 AU$/Tag).

ⓘ An- & Weiterreise

Bus
Dreimal pro Woche (Mo, Mi & Fr) fahren Busse von Geelong über die Great Ocean Road nach Warrnambool (27 AU$, 6 Std.). Rund zehn Busse von **V/Line** (✆13 61 96; www.vline.com.au) fahren täglich nach Port Fairy (3,50 AU$, 30 Min.) und drei davon weiter nach Portland (9,50 AU$, 1½ Std.). Montags, mittwochs und freitags fährt ein Bus nach Apollo Bay (15,80 AU$, 3½ Std.). Die **Christians Bus Co** (✆5562 9432) fährt dienstags, freitags und sonnabends nach Port Fairy (3,30 AU$, Abfahrt 8 Uhr).

Zug
Züge von **V/Line** (✆13 61 96; www.vline.com.au; Merri St) fahren nach Melbourne (26 AU$, 3¼ Std., 3- bis 4-mal tgl.).

Tower Hill Reserve

Der Tower Hill, 15 km westlich von Warrnambool, ist ein gewaltiger Krater, der bei einem Vulkanausbruch vor 35 000 Jahren entstanden ist. Artefakte der Aborigines, die in der Vulkanasche gefunden wurden, belegen, dass australische Ureinwohner zu jener Zeit in der Gegend lebten. Die Worn Gundidj Aboriginal Cooperative betreibt das **Tower Hill Natural History Centre** (www.worngundidj.org.au; ⊘Mo–Fr 9–17, Sa, So & Feiertage 10–16 Uhr). Das Naturschutzgebiet ist einer der wenigen Orte, wo man gleichzeitig Emus, Kängurus und Koalas in freier Wildbahn erleben kann.

Es gibt ausgezeichnete Tageswanderungen, darunter den steilen, 30-minütigen **Gipfelaufstieg** – von oben hat man einen spektakulären Rundblick.

Port Fairy

2600 EW.

Das Küstenstädtchen an der Mündung des Moyne River wurde 1835 von Walfängern und Robbenschlägern gegründet. Port Fairy besitzt auch heute noch eine beachtliche Fischereiflotte und die entspannte Atmosphäre eines Hafenstädtchens mit alten Bluestone- und Sandsteingebäuden, weiß getünchten Cottages, bunten Fischerbooten und von Bäumen gesäumten Straßen. Der Ort ist vor allem ein Ziel für besser betuchte Touristen, die hier Kunstgalerien, Antiquitätenläden und Boutiquen finden.

◎ Sehenswertes & Aktivitäten

Das Visitors Centre hat Broschüren und Karten, auf denen der beliebte **Shipwreck Walk** und der **History Walk** ausgewiesen sind. Auf dem **Battery Hill** gibt es einen Aussichtspunkt und Kanonen und Befestigungsanlagen aus den 1860er-Jahren. Unten gibt es einen hübschen Weg (1 Std.), der um **Griffiths Island** herumführt, wo sich der Moyne River ins Meer ergießt. Die Insel ist mit dem Festland über eine Fußgängerbrücke verbunden. Auf der Insel lebt eine **Kolonie der geschützten Kurzschwanz-Sturmtaucher**; die Vögel kommen jedes Jahr im Oktober hierher und bleiben bis

April. Außerdem steht auf der Insel noch ein bescheidener **Leuchtturm**.

✨ Feste & Events

Port Fairy Folk Festival   FOLKFESTIVAL
(www.portfairyfolkfestival.com; Tickets 195 AU$) Australiens wichtigstes Folk-Musikfestival findet Anfang März an dem langen Wochenende um den Labour Day statt. Unterkünfte frühzeitig buchen!

🛏 Schlafen

Pelican Waters Holiday Park   BOUTIQUEUNTERKUNFT **$**
(📞 5568 1002; www.pelicanwatersportfairy.com. au; 34 Regent St; Hütte/Zug ab 100 AU$) Warum in einem Hotel absteigen, wenn man auch im Zug schlafen kann? Auf dem schön gestalteten Anwesen gibt es neben Hütten auch zwei Eisenbahnwagen aus Melbourne, die zu je zwei Zimmern umgebaut wurden.

Port Fairy YHA   HOSTEL **$**
(📞 5568 2468; www.portfairyhostel.com.au; 8 Cox St; B 26–30 AU$, DZ/FZ/2-Bett-Apartment ab 75/115/200 AU$; @ 🛜) In dem großen ehemaligen Wohnhaus des Kaufmanns William Rutledge von 1844 bietet ein freundliches, gut geführte Hostel eine große Küche, einen Billardtisch und gratis Kabel-TV.

Daisies by the Sea B&B   B&B **$$**
(📞 5568 2355; www.port-fairy.com/daisiesby thesea; 222 Griffiths St; DZ ab 160 AU$) In den beiden lauschigen Suiten am Strand, 1,5 km außerhalb der Ortschaft, singt einen die Brandung, die 50 m vor der Haustür an Land schlägt, in den Schlaf.

🍴 Essen

Merrijig Inn   MEDITERRAN **$$$**
(📞 5568 2324; www.merrijiginn.com; Ecke Campbell & Gipps Sts; 5-Gänge-Menü 90 AU$)

Hier isst man superb, und die Speisekarte wechselt nach Saison. Auf der Karte können beispielsweise Entenbrust oder -keule in Brik-Teig, rote Rübchen, eingelegte Rose, Rhabarber und Mangold oder Flusskrebse mit Spargel, Mandeln und Kapuzinerkresse stehen.

Rebecca's Cafe   CAFÉ **$**
(70-72 Sackville St; Hauptgerichte 9–16 AU$; 🕑 morgens & mittags) Das Café ist ausgezeichnet für ein Frühstück oder kleines Mittagsgericht. Neben den üblichen Kuchen, Muffins, Brotscheiben, Scones und Keksen finden sich auf der Karte auch ausgefallene Sachen wie die dicke Wildreis-Porridge mit Rhabarber.

Hub   CAFÉ **$**
(Ecke Bank & Sackville St; Hauptgerichte 14 AU$; 🕑 morgens, mittags & abends; ☎) An den Wochenenden ist dieses Eckcafé voll besetzt mit Leuten, die hier ein würziges Gourmet-Frühstück genießen. Neben dem guten alten Schinkenspeck mit Ei gibt es auch vor Ort gemachte Chorizo-Würstchen. Abends kommen hauptsächlich Gerichte mit Meeresfrüchten hinzu.

ℹ Praktische Informationen

Port Fairy Visitors Centre (📞 5568 2682; www.visitportfairy-moyneshire.com.au; Bank St; 🕑 9–17 Uhr) Hier erhält man Infos, und man kann sein Handy aufladen.

➊ An- & Weiterreise

Busse von **V/Line** (📞 13 61 96; www.vline.com. au) fahren an Werktagen dreimal täglich (Sa zweimal & So einmal) nach Portland (6,50 AU$, 1 Std.) sowie zehnmal täglich nach Warrnambool (3,50 AU$, 30 Min.).

Port Fairy liegt 20 Autominuten westlich von Warrnambool an der A1.

DAS MAHAGONISCHIFF

Das Mahagonischiff soll eine portugiesische Galeere gewesen sein, die im 16. Jh. vor Warrnambool auf Grund lief. Schon 1846 will man die Trümmer des geheimnisvollen Wracks hoch in den Dünen gesichtet haben. Französische Landkarten des 16. Jhs., die sogenannten *Dieppe-Karten,* denen möglicherweise portugiesische Schiffskarten zugrundeliegen, sollen einen Teil der Küste Südaustraliens darstellen, darunter die Armstrong Bay 6 km westlich von Warrnambool – ein weiterer Baustein der Legende vom Mahagonischiff. Nach anderen Theorien könnte es sich bei dem Schiff um eine chinesische Dschunke aus noch älterer Zeit handeln. Seit mehr als 150 Jahren versucht man, die Überreste des Mahagonischiffs zu finden. Einige meinen, es läge tief unter den Dünen begraben, andere wieder, es sei ins offene Meer gespült worden. Es gibt in Wirklichkeit gar keinen direkten Beweis dafür, dass es überhaupt existierte, doch rund alle zehn Jahre steht es vor Ort im Zentrum des Mahogany Ship Symposium.

Portland

9800 EW.

Das recht große Portland hat seinen Reiz: Die Siedlung besitzt historische Häuser, eine Reihe von Gespenstergeschichten und liegt unweit eines schönen Leuchtturms. Die Stadt ist außerdem Start- und Zielpunkt des Great Southwest Walk.

Portland war die erste europäische Siedlung in Victoria und diente im 19. Jh. zunächst als Station für Walfänger und Robbenschläger. Im Jahr 1862 kam Mary MacKillop, die 2010 als erster Einwohner Australiens vom Papst heiliggesprochen wurde, aus Melbourne in den Ort und gründete hier die erste australische Ordensgemeinschaft.

🛏 Schlafen & Essen

Annesley House `LP TIPP`   BOUTIQUEHOTEL **$$**
(☏0429 852 235; www.annesleyhouse.com.au; 60 Julia St; DZ ab 135 AU$) Das kürzlich restaurierte frühere Wohnhaus des Arztes, das um 1878 errichtet wurde, bietet heute sechs sehr unterschiedliche, separate Zimmer, von denen einige Badewannen mit Klauenfüßen und eine echt schöne Aussicht haben. Alle Zimmer dieser sehr zu empfehlenden Unterkunft sind ausgesprochen stilvoll.

Claremont Holiday Village   HÜTTEN **$**
(☏5523 7567; www.holidayvillage.com.au; 37 Percy St; Stellplatz ohne/mit Strom ab 26/35 AU$, Hütten ab 70 AU$; @) Dieser zentral gelegene Wohnwagenpark hat ganz ordentliche Einrichtungen, darunter eine große Feldküche. Die billigeren Hütten haben Gemeinschaftsbäder.

GREAT SOUTHWEST WALK

Der 250 km lange, ausgeschilderte Rundkurs beginnt und endet an der Touristeninformation in Portland und führt durch einige der schönsten Naturlandschaften des Südwestens, von der einsamen, stürmischen Küste über das Flusssystem des Lower Glenelg National Park und zurück durch das Hinterland nach Portland. Für den gesamten Rundkurs würde man mindestens zehn Tage brauchen, man kann sich aber auch mit Teilstrecken begnügen. Wanderkarten gibt's im Portland Visitors Centre, bei Parks Victoria und der Touristeninformation in Nelson. Siehe www.greatsouthwestwalk.com.

Deegan Seafoods   FISH & CHIPS **$**
(106 Percy St; Hauptgerichte 10 AU$ ⊙mittags & abends) Der Fisch, der in diesem Fish-&-Chips-Laden angeboten wird, ist so frisch wie nur irgendwo in Victoria.

ℹ Praktische Informationen

Parks Victoria (☏5522 3454; www.parkweb.vic.gov.au; 8-12 Julia St; ⊙Mo–Fr 8–16.30 Uhr)

Portland Visitors Centre (☏5523 2671; www.greatoceanroad.org; Lee Breakwater Rd; ⊙9–17 Uhr) Im eindrucksvoll ausschauenden Maritime Discovery Centre.

ℹ An- & Weiterreise

Busse von **V/Line** (☏13 61 96; www.vline.com.au) fahren dreimal täglich (sonntags nur einmal) von Portland nach Port Fairy (6,50 AU$, 55 Min.) und Warrnambool (9,50 AU$, 1½ Std.).

NICHT VERSÄUMEN

CAPE BRIDGEWATER

Ein 21 km langer Abstecher führt von der Portland–Nelson Rd zum Cape Bridgewater. Der wunderschöne, 4 km lange Bogen der **Bridgewater Bay** zählt zu den schönsten weißen Sand- und Surfstränden Australiens und liegt hinter unberührten Dünen. Die von Windparks gesäumte Straße setzt sich weiter zum **Cape Duquesne** fort, wo Wanderwege zu einem **Blowhole** und dem **Petrified Forest** auf der Spitze der Klippe führen. Ein längerer zweistündiger Rundweg führt an einer **Seebärenkolonie** vorbei, wo man Dutzende der Tiere beim Sonnenbaden auf den Felsen sieht.

Unterkunft findet man im freundlichen **Sea View Lodge B&B** (☏5526 7276; www.hotkey.net. au/~seaviewlodge; Bridgewater Rd; DZ ab 140 AU$) oder im **Cape Bridgewater Holiday Camp** (☏5526 7247; www.capebridgewatercoastalcamp.com.au; Blowhole Rd; Stellplatz ohne Strom/B/Haus 15/30/150 AU$), das blitzblanke Schlafsäle, separate Häuser und eine riesige Feldküche besitzt. Das Holiday Camp bietet außerdem die lustigen **Seals by Sea Tours** (Erw./Kind 30/20 AU$) an.

Nelson

230 EW.

Das winzige Nelson ist der letzte Vorposten der Zivilisation vor der Grenze nach South Australia. In dem Ort gibt's gerade einmal einen Gemischtwarenladen, einen Pub und ein paar Unterkünfte. Nelson ist ein beliebter Ferien- und Angelort an der Mündung des **Glenelg River**, der durch den **Lower Glenelg National Park** fließt. Achtung: In Nelson gilt die Telefonvorwahl für South Australia (08)! Warum? Keine Ahnung!

◉ Sehenswertes & Aktivitäten

Glenelg River Cruises GEFÜHRTE TOUR
(☏08-8738 4191; Bootsfahrt Erw./Kind 30/10 AU$) Die dreieinhalbstündigen gemütlichen Bootsfahrten starten täglich (außer Do & Mo) um 13 Uhr in Nelson und führen zur **Princess Margaret Rose Cave** (☏08-8738 4171; www.princessmargaretrosecave.com; Erw./Kind/Fam. 14/9/32 AU$). Die Tickets für eine Besichtigung der Höhle kosten extra. Wer die Höhle auf eigene Faust besuchen will, fährt von Nelson aus etwa 17 km weit in Richtung Grenze.

Nelson Boat & Canoe Hire BOOTFAHREN
(☏08-8738 4048; www.nelsonboatandcanoehire.com.au) Hier erhält man die nötige Ausrüstung für längere Campingausflüge. Kanus kann man ab 60 AU$ pro Tag mieten. Auch Paddelboote werden verliehen (20 AU$/30 Min.).

🛏 Schlafen

Am Glenelg River zwischen Nelson und Dartmoor gibt es neun **Campingplätze**, die bei Kanuten beliebt, aber auch mit dem Auto erreichbar sind. Sie sind mit Regenwassertanks, Toiletten und Feuerstellen ausgestattet; das Holz für letztere muss man selber mitbringen. Campinggenehmigungen gibt's bei Parks Victoria in Nelson. Der schönste der Plätze ist das Forest Camp South: Es liegt direkt am Fluss, bietet Gelegenheit, eine reiche Vogelwelt zu bestaunen, und ist über die Portland–Nelson Rd leicht zu erreichen.

Nelson Hotel GASTHAUS $
(☏08-8738 4011; www.nelsonhotel.com.au; Kellett St; DZ/Apt. ab 40/135 AU$; ⊙mittags & abends) Über der Bar des Hotel thront ein staubiger ausgestopfter Pelikan. Auf der fischlastigen Karte (Hauptgerichte 17–30 AU$) stehen auch ein paar vegetarische Gerichte. Die Zimmer sind einfach, aber in

NICHT VERSÄUMEN

CAPE NELSON LIGHTHOUSE

Das Cape Nelson Lighthouse ist ein wunderbarer Ort mit einer tollen Aussicht, und man bekommt hier auch etwas zu essen. **Isabella's Cafe** (⊙10–16 Uhr) residiert am Fuß des Bauwerks und bietet innerhalb der dicken Bluestone-Mauern ausgezeichnetes Essen nach Deli-Art. Bei den **Leuchtturmführungen** (Erw./Kind 15/10 AU$; ⊙10 & 14 Uhr) kann man weit in die Gegend schauen. Wer länger bleiben will, mietet sich im separaten **Cottage des Leuchtturmwärterassistenten** (www.capenelsonlighthouse.com.au; DZ ab 180 AU$) ein.

Ordnung, und haben Gemeinschaftsbäder. Das angeschlossene Apartment/Studio ist ausgezeichnet.

ℹ Praktische Informationen

Parks Victoria & Nelson Visitors Centre (☏08-8738 4051; nelsonvic@hotkey.net.au; ⊙9–17 Uhr; @) Unmittelbar vor der Brücke über den Glenelg River.

GIPPSLAND & DIE SÜDÖSTLICHE KÜSTE

Victorias Südostküste mag vielleicht nicht so bekannt sein wie die Great Ocean Road im Westen, bietet aber die möglicherweise schönsten Strände im Bundesstaat, unglaublich schöne Dörfer an den Ufern der Seen und die wunderbarsten Küsten-Nationalparks, darunter den prachtvollen Wilsons Promontory National Park. Diese Region im östlichen Victoria heißt Gippsland (benannt nach George Gipps, einem ehemaligen Gouverneur von New South Wales). Die meisten Traveller konzentrieren sich auf die Küste zwischen Phillip Island und Mallacoota, die Region umfasst jedoch auch ein großes Gebiet im Binnenland mit Farmland, Kraftwerken, den Ausläufern des High Country und großen Waldgebieten.

Bei einem Trip durch Gippsland kann man baden, surfen, angeln, zelten und an der Küste Boot fahren. Große Abschnitte der Küste sind meist völlig einsam, allerdings nicht während der Sommerferien. Außerdem kann man Pinguine und andere Wildtiere beobachten, die frischesten Meeresfrüchte schlemmen, auf einem Netz von Radwegen an Bahnstrecken von Ort zu Ort fahren oder sich mit Rucksack und Wander-stiefeln in die entlegensten Nationalparks des Bundesstaats aufmachen.

Phillip Island

7500 EW.

Die Pinguinparade und der Grand Prix Ra-cing Circuit haben Phillip Island berühmt gemacht und locken eine einmalige Mi-schung von Surfern, Motorsportfans und ausländischen Touristen an, die vor den Zwergpinguinen Schlange stehen.

Aber die kleine Insel hat noch viel mehr zu bieten. Im Inneren ist die 100 km^2 große Insel immer noch von Farmen bestimmt. Und neben den Zwergpinguinen gibt es eine große Seebärenkolonie, eine reiche Vogelwelt in den Rhyll Wetlands sowie eine Koalakolonie. An der zerklüfteten Südküs-te gibt es einige fabelhafte Surfstrände. Wegen des Touristenandrangs im Sommer gibt es eine ganze Reihe von Attraktionen für Familien, viele Unterkünfte und in der Inselhauptstadt Cowes auch eine muntere Café- und Restaurantszene. Wer die Insel im Winter besucht, findet viel Ruhe. Die ortsansässigen Farmer, Surfer und Hippies gehen dann einfach ihren Geschäften nach.

◉ Sehenswertes & Aktivitäten

Der Three Parks Pass (Erw./Kind/Fam. 36/18/ 90 AU$) gilt für den Besuch der Pinguin-parade, des Koala Conservation Centre und von Churchill Island. Für jede der drei Attraktionen kann man aber auch Einzelti-ckets kaufen.

Pinguinparade   NATUR
(☑5951 2800; www.penguins.org.au; Summer-land Beach; Erw./Kind/Fam. 21/11/53 AU$; ☺10 Uhr–nach Sonnenuntergang) Die Pinguinpa-rade lockt pro Jahr über eine halbe Million Besucher an. Auf den Tribünen des Amphi-theaters finden bis zu 3800 Personen Platz, die jauchzen, wenn die Pinguine nach Son-nenuntergang aus dem Meer auftauchen und über den Strand zu ihren Nistplätzen watscheln. Warme Kleidung mitnehmen! Es gibt eine Reihe spezialisierter Führun-gen (Erw. 40–75 AU$), bei denen man von Rangers begleitet wird oder die Pinguine von der Skybox (einem Hochstand) aus beobachten kann. Im Komplex befinden sich auch ein Café und eine Naturkunde-Ausstellung.

Nobbies Centre   NATUR
(Ventnor Rd; Führung Erw./Kind 10/5 AU$; ☺Dez.–Feb. 10–20 Uhr, März–Mai bis 17 Uhr, Juni–Aug. 11–16 Uhr, Sept.–Nov. 11–18 Uhr) Die Nobbies sind eine Felsformation an der Südwestspitze der Insel. Das Nobbies Cen-tre bietet eine tolle Aussicht auf die Felsen, jede Menge Spaß für Kids und eine Menge interaktiver Geräte, darunter Unterwas-serkameras. Hinter den Nobbies liegen die Seal Rocks, auf denen Australiens größte Seebärenkolonie lebt.

Motor Racing Circuit   MOTORSPORT
(☑5952 9400; www.phillipislandcircuit.com. au; Back Beach Rd; ☺9–17.30 Uhr) Auch wenn gerade kein Motorradrennen ansteht, sind die Fans ganz wild auf den Motor Racing Circuit. Am Besucherzentrum starten Führungen (Erw./Kind/Fam. 19/10/44 AU$; ☺11 & 14 Uhr), auch ein Besuch im History of Motorsport Museum (Erw./Kind/Fam. 13,50/6/30 AU$) lohnt sich. Wagemutige kön-nen mit einem Rennfahrer in einem frisier-ten V8 eine Runde drehen (295 AU$, Reser-vierung erforderl.) oder selber bei Champ Karts (29/53/68 AU$ pro 10/20/30 Min.) auf einer maßstabgerechten Nachbildung der Rennstrecke ein Gokart steuern.

Phillip Island
Chocolate Factory   SCHOKOLADENFABRIK
(☑59566600; www.phillipislandchocolatefactory. com.au; 930 Phillip Island Rd, Newhaven; Werks-führung Erw./Kind/Fam. 12/8/36 AU$; ☺9–17 Uhr) Hier gibt's Kostproben handgemach-ter belgischer Pralinen, eine Führung, auf der man sicht, wie die Schokolade gemacht wird, und eine bemerkenswerte Galerie von Skulpturen aus Schokolade – von Michelan-gelos *David* bis zu einem ganzen Dorfmo-dell aus der braunen Leckerei!

Strände   STRÄNDE
Die ausgezeichneten Surfstrände locken Tagesausflügler aus Melbourne mit ih-ren Brettern an. Im Norden der Insel gibt es ruhigere, kinderfreundliche Strände, darunter den in Cowes. Zu den Meeres-stränden im Süden zählt der spektakuläre Woolamai, der mit seinen gefährlichen Untiefen und Strömungen nur für erfah-rene Surfer geeignet ist. Für Anfänger und Familien empfiehlt sich der Smiths Beach, wo Island Surfboards (☑5952 3443; www. islandsurfboards.com.au; 225 Smiths Beach & 147 Thompson Ave, Cowes; Surfunterricht 2 Std. 55 AU$) Surfunterricht gibt und Ausrüstung verleiht (Surfbrett 40 AU$/Tag).

Churchill Island HISTORISCHE FARM

(☎5956 7214; abseits der Phillip Island Rd; Erw./Kind/Fam. 11/6/26,50 AU$; ☉10–16.30 Uhr) Auf der Insel, die durch eine Brücke mit Phillip Island verbunden ist, befindet sich eine immer noch genutzte historische Farm, die man besichtigen kann.

Koala Conservation Centre NATUR

(☎5951 2800; www.phillipislandguide.com/koala; Phillip Island Rd; Erw./Kind/Fam. 11/6/26,50 AU$; ☉10–17 Uhr) Auf Plankenwegen in Baumwipfelhöhe kann man hier Koalas in ihrer natürlicher Umgebung dabei beobachten, wie sie Eukalyptusblätter mampfen und dösen.

Phillip Island Wildlife Park NATUR

(☎5952 2038; www.piwildlifepark.com.au; Phillip Island Rd; Erw./Kind/Fam. 15/8/40 AU$; ☉10–17 Uhr) In dem Park, der rund 2 km südlich von Cowes liegt, leben mehr als 100 australische Wildtierarten.

👉 Geführte Touren

Go West TAGESTOUREN

(☎1300 736 551; www.gowest.com.au; Tagestour 125 AU$) Tagestouren ab Melbourne mit Mittagessen und iPod-Kommentar in verschiedenen Sprachen. Der Eintritt zur Pinguinparade ist im Preis inbegriffen.

Wildlife Coast Cruises NATUR

(☎1300 763 739, 5952 3501; www.wildlifecoast cruises.com.au; Rotunda Bldg, Cowes Jetty; Tour 35–70 AU$; ☉Nov.–Mai) Bietet eine Reihe verschiedener Bootstouren, darunter zur Seebärenbeobachtung, eine Dämmerungstour und eine ums Kap; außerdem halbtägige Fahrten zur French Island (Erw./Kind 75/55 AU$) und ganztägige zum Wilsons Promontory (190/140 AU$).

✨ Feste & Events

Pyramid Rock Festival MUSIK

(www.thepyramidrockfestival.com; Neujahr) Das riesige Rockspektakel, bei dem einige der besten australischen Bands auftreten, findet jedes Jahr an Silvester statt.

Australian Motorcycle Grand Prix MOTORRADRENNEN

(www.motogp.com.au; Okt.) Das größte Event auf der Insel – drei Oktobertage lang gibt's Motorradaction.

🛏 Schlafen

Die meisten Unterkünfte befinden sich in und rund um Cowes, es gibt aber auch ein paar in Rhyll und Newhaven. Hinzu kommen noch B&Bs und zahlreiche Wohnwagenparks überall auf der Insel.

Surf & Circuit Accommodation APARTMENTS $$

(☎5952 1300; www.surfandcircuit.com; 113 Justice Rd, Cowes; Apartment 135–380 AU$; ❄🚲♨) Die acht geräumigen, modernen und komfortablen Wohneinheiten haben jeweils zwei oder drei Schlafzimmer und Platz für sechs bis zehn Personen; sie sind ideal für Familien oder Reisegruppen. Die Apartments bieten Küchen, Wohnzimmer mit Plasmafernseher und Patios sowie manche auch einen Whirlpool. Draußen finden sich Grillbereiche, ein Tennisplatz und ein Spielgelände.

Amaroo Park YHA HOSTEL $

(☎5952 2548; www.yha.com.au; 97 Church St, Cowes; Stellplatz ohne Strom 30 AU$, B/DZ/FZ ab 30/95/135 AU$; @🚲♨) Auf einem schattigen, bewaldeten Gelände hat das Amaroo Park YHA ein hübsches, altmodisches Gästehaus mit Gemeinschaftsküche und Grillbereichen, Bar, Lounge und Fernsehzimmer. Es gibt Hütten mit angeschlossenem Bad und Stellplätze im Freien.

Island Accommodation HOSTEL $

(☎5956 6123; www.theislandaccommodation.com.au; 10-12 Phillip Island Tourist Rd, Newhaven; B 30–36 AU$, DZ 155 AU$; ❄🚲) Die zum Islantis-Wave-Komplex in Newhaven gehörende brandneue Backpackerherberge ist ideal für Surfer, die der Action in Woolamai nahe sein wollen. Die Anlage ist einfach, aber makellos. Es gibt eine Dachterrasse und eine Küche.

🍴 Essen & Ausgehen

Die meisten Restaurants liegen in Cowes – an der Esplanade und in der Thompson Ave drängen sich die Fish-&-Chips-Lokale, Cafés und Imbisse aneinander –, aber ein paar Schmuckstücke verteilen sich auch über die Insel.

COWES

Infused MODERN-AUSTRALISCH $$

(☎5952 2655; www.infused.com.au; 115 Thompson Ave, Cowes; Hauptgerichte 25–38 AU$; ☉Mi–Mo mittags & abends) Der lustige Mix aus Holz, Naturstein und limettengrünem Dekor macht das Lokal zu einem entspannten Ort für ein schön angerichtetes Mittag- oder Abendessen oder auch für einen Cocktail am späten Abend. Auf der vielfältigen, modern-australischen Karte stehen

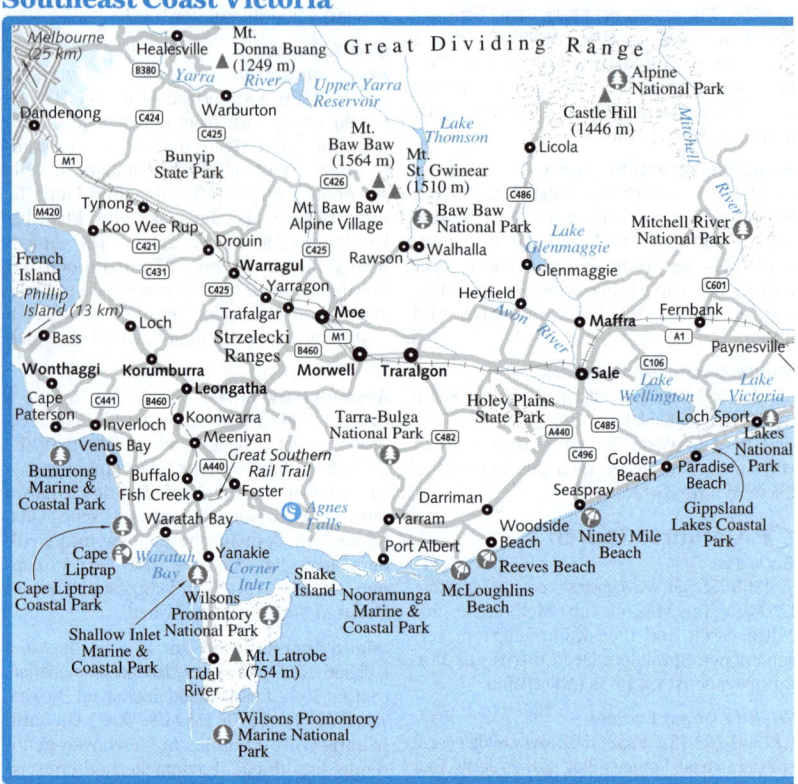

Melbourne
(25 km)   Healesville   Mt.
B380   Donna Buang   Great Dividing Range
Yarra   River   ▲ (1249 m)
Upper Yarra   Alpine
Reservoir   National Park
Dandenong   C424   Warburton
Lake   Castle Hill
C425   Thomson   (1446 m)
M1   Mt.   Licola
Bunyip   Baw Baw   Mt.
State Park   (1564 m)   St. Gwinear
C426   (1510 m)   C486
Tynong   Mt. Baw Baw   Baw Baw   Mitchell River
M420   Koo Wee Rup   Alpine Village   National Park   Lake   National Park
C421   Drouin   C425   Walhalla   Glenmaggie
French   Rawson
Island   C431   Warragul   Glenmaggie   C601
C425   Yarragon
Phillip   Trafalgar   Heyfield   Fernbank
Island (13 km)   Loch   Moe   A1
Bass   Strzelecki   M1   Maffra   Paynesville
Wonthaggi   Korumburra   Ranges   B460   Morwell   Traralgon   Sale   C106
Cape   C441   B460   Leongatha   Holey Plains   Lake   Lake
Paterson   Inverloch   Koonwarra   Tarra-Bulga   State Park   A440   Wellington   Loch Sport   Victoria
Venus Bay   Meeniyan   National Park   C482   C485   National
Bunurong   Buffalo   A440   Great Southern   C496   Golden   Park
Marine &   Fish Creek   Rail Trail   Darriman   Beach   Paradise
Coastal Park   Foster   Agnes   Seaspray   Beach   Gippsland
Waratah Bay   Falls   Yarram   Woodside   Lakes Coastal
Cape   Yanakie   Port Albert   Beach   Ninety Mile   Park
Liptrap   Waratah   Corner   Snake   Reeves Beach   Beach
Cape Liptrap   Bay   Inlet   Island   Nooramunga   McLoughlins
Coastal Park   Wilsons   Marine &   Beach
Shallow Inlet   Promontory   Coastal Park
Marine &   National Park
Coastal Park   Tidal   ▲ Mt. Latrobe
River   (754 m)
Wilsons Promontory
Marine National
Park

vor allem Fischgerichte, man findet aber alles von frisch geknackten Austern bis zu asiatischen Currys und Steak vom Black-Angus-Rind.

Hotel   KNEIPE $$
(☎5952 2060; www.hotelphillipisland.com; 11-13 The Esplanade, Cowes; Hauptgerichte 10–28 AU$; ☺mittags & abends) Der Laden ist so cool, dass er sich schlicht „Hotel" nennt, ohne irgendeinen Zusatz. Das luftige Lokal an einer Ecke setzt ganz auf Leder, klare Linien und große Fenster. Die Kost ist ehrlich und gut. Den ganzen Tag gibt's Vorspeisenteller, Pizzas und die üblichen Standardgerichte wie Steaks und Hähnchen-Parmigiana.

Madcowes   CAFÉ & FEINKOST $
(☎5952 2560; 17 The Esplanade, Cowes; Hauptgerichte 7–17 AU$; ☺morgens &mittags) Das stilvolle Zwischending aus Café und Delikatessenladen blickt auf den Hauptstrand und tischt herzhaftes Frühstück und kleine Mittagessen auf, die zu den besten auf der In-

sel zählen. Empfehlenswert sind der Pfannkuchen mit Ricotta oder der Bauernteller. Unbedingt einen Blick auf die Auswahl an Weinen und Lebensmitteln werfen!

CAPE WOOLAMAI

White Salt   FISH & CHIPS $
(☎5956 6336; 7 Vista Pl; Fisch ab 5 AU$, Menüs ab 20 AU$; ☺Fr–So mittags & abends, Mi & Do ab 16.30 Uhr) Das White Salt serviert die besten Fish & Chips auf der Insel – ausgesuchte Fischfilets und von Hand geschnittene Fritten, dazu Garnelen-Tempura und marinierten Grill-Oktopus-Salat mit Mais, Pesto und Zitrone.

Curry Leaf   INDISCH $
(☎5956 6772; 9 Vista Pl; Hauptgerichte 12–18 AU$; ☺Mi–Mo abends, Fr–So mittags;) Das gut gelaunte indische Restaurant mit Essen auch zum Mitnehmen ist beliebt für seine pikanten Fleisch-, Meeresfrüchte- und vegetarischen Currys, seine Samosas und aromatischen Biryanis.

ⓘ Praktische Informationen

Phillip Island Visitors Centres (☎1300 366 422, 5956 7447; www.visitphillipisland.com; 895 Phillip Island Tourist Rd, Newhaven; ☺9–17 Uhr, Ferienzeit bis 18 Uhr) Die Haupttouristeninformation befindet sich in der Hauptstraße in Newhaven, eine kleinere Filiale gibt es in Cowes (Ecke Thompson & Church St, Cowes).

Waterfront Internet Service (☎5952 3312; Shop 1/130 Thompson Ave, Cowes; ☺Mo–Fr 9–17, Sa 10–13 Uhr) Internetzugang für 6 AU$ pro Stunde.

ⓘ An- & Weiterreise

Mit dem Auto ist Phillip Island nur über die Brücke zwischen San Remo und Newhaven erreichbar. Von Melbourne aus den Monash Fwy (M1) bis zur Ausfahrt Pakenham fahren, dann bei Koo Wee Rup auf den South Gippsland Hwy.

Bus

V/Line (☎13 61 96; www.vline.com.au) hat Zug-/Busverbindungen vom Bahnhof Southern Cross in Melbourne über den Bahnhof Danenong oder über Koo Wee Rup (10,40 AU$, 2 Std.). Direktverbindungen gibt es nicht.

Schiff/Fähre

Inter Island Ferries (☎9585 5730; www.interislandferries.com.au; hin & zurück Erw./Kind/Fahrrad 21/10/8 AU$) fährt zwischen Stony Point auf der Mornington Peninsula und Cowes mit Zwischenstopp in French Island (45 Min.). Montags und mittwochs gibt es zwei, dienstags, donnerstags, freitags, samstags und sonntags drei Fahrten.

ⓘ Unterwegs vor Ort

Ride On Bikes (☎5952 2533; www.rideonbikes.com.au; 43 Thompson Ave, Cowes; halber/ganzer Tag 25/35 AU$) Fahrradverleih.

South Gippsland

South Gippsland hat viele Perlen an der Küste zwischen Inverloch und Wilsons Promontory zu bieten: Die Venus Bay, der Cape Liptrap Coastal Park und die Waratah

KOONWARRA

Das kulinarisch orientierte Koonwarra ist zwar nur ein kleiner Flecken am South Gippsland Hwy, hat sich aber durch einen feinen Lebensmittelladen und eine Bio-Kochschule einen Namen gemacht.

Koonwarra Food, Wine & Produce Store (☑5664 2285; Ecke South Gippsland Hwy & Koala Dr; Hauptgerichte 6–34 AU$; ☺tgl. morgens &mittags, Fr abends; ☑) Der Laden serviert einfache Speisen mit Flair; die Produkte stammen von umweltbewussten Bio-Lieferanten. Im Laden findet man einheimische Weine und Lebensmittel wie Saucen, Konfitüren und Pasteten, die vor Ort gemacht werden. Am Wochenende gibt's auch Verkostungen von Wein und Käse (5 AU$). Draußen gibt es einen schönen, schattigen Gartenbereich.

Die **Peaceful Gardens Organic Cooking School** (☑5664 2480; Koala Dr; halber/ganzer Tag ab 70/130 AU$, Kinder halber Tag 30–50 AU$) ist Victorias erste Kochschule mit Ökosiegel und führt das Motto „ökologisch, saisonal, lokal". Es gibt eine wunderbare Palette an kurzen Kursen, z.B. über das Backen von Kuchen und Brot, die Zubereitung von Konfitüren, traditionellen Pasteten und Pasta. Bei allen Kursen werden Produkte von der eigenen Farm verwendet. Für Kinder gibt es auch Ganztagskurse.

In Koonwarra findet man auch ein Wellnessbad und in der Nähe mehrere sehr gute Weingüter.

Bay lohnen alle eine Erkundung. Im Binnenland zwischen den Farmerstädtchen und Weinbergen gibt es malerische Straßen durch die Strzelecki Ranges, dann den Great Southern Rail Trail (Radweg) und trendige Ortschaften wie Koonwarra und Fish Creek.

INVERLOCH

Die fabelhafte Brandung, ruhige Strände am Meeresarm und erstklassige Tauch- und Schnorchelstellen machen Inverloch und die umliegende Bass Coast zu einem beliebten Ziel an der Straße in Richtung Cape Paterson. Trotz der unvermeidlichen Urlaubermassen hat sich der Ort seine Bodenständigkeit bewahrt. Einen Besuch beim beliebten **Inverloch Jazz Festival** (www.inverlochjazzfest.org.au) am langen Wochenende um den Labour Day im März sollte man einplanen.

Surfunterricht gibt's bei der **Learn to Surf Offshore Surf School** (☑5674 3374; www.surfingaustralia.com.au; 32 Park St; Surfunterricht 2 Std. 45 AU$) am Hauptsurfstrand in Inverloch. Es ist für alles gesorgt – man muss nur buchen und sich zum Strand aufmachen.

SEAL Diving Services (☑5174 3434; www.sealdivingservices.com.au; 7/27 Princes Hwy, Traralgon) veranstaltet Tauchgänge von der Küste bei Cape Paterson aus sowie Tauchgänge vom Boot im nahe gelegenen Bunurong Marine & Coastal Park.

🛏 Schlafen & Essen

Inverloch Foreshore Camping Reserve CAMPING $
(☑5674 1447; www.inverlochholidaypark.com.au; Ecke The Esplanade & Ramsay Blvd; Stellplatz ohne/mit Strom ab 26/30 AU$) Gleich hinter dem Strand am Meeresarm bieten nette Stellplätze Schatten und Intimität.

Tomo JAPANISCH $$
(☑5674 3444; www.tomo-modern-jp.com; 23 A'Beckett St; Sushi ab 4 AU$. Hauptgerichte 21–39 AU$; ☺Di–So mittags & abends, Sommer tgl.) Hier gibt's moderne, perfekt zubereitete japanische Küche. Man beginnt am besten mit zartem Sushi oder Sashimi, sollte aber auch den *gyoza* (Klößen) oder dem Riesengarnelen-Tempura zusprechen.

Red Elk Bar & Café CAFÉ $
(☑5674 3264; 27 A'Beckett St; Hauptgerichte 12–20 AU$; ☺früh &mittags) In einer Schindelhütte an einer Ecke residiert dieses neue Café mit Bar und versorgt seine reichlich strömenden Gäste mit Kaffee und einem herzhaften Frühstück. Am Wochenende gibt's Livemusik.

❶ Praktische Informationen

Inverloch Visitors Centre (☑1300 762 433; www.visitbasscoast.com; 39 A'Beckett St; ☺9–17 Uhr; ❷) Die hilfsbereiten Mitarbeiter buchen kostenlos Unterkünfte.

Bunurong Environment Centre & Shop (☑5674 3738; www.sgcs.org.au; Ecke The Esplanade & Ramsey Blvd; ☺Fr–Mo 10–16 Uhr,

Ferienzeit tgl.) Viele Bücher und Broschüren zu Umweltschutz und umweltbewusstem Leben. Hier befindet sich auch ein Muschelmuseum (2 AU$) mit mehr als 6000 Muscheln.

ℹ️ An- & Weiterreise

Züge von **V/Line** (☎️13 61 96; www.vline.com. au) fahren täglich von den Bahnhöfen Flinders St und Southern Cross in Melbourne nach Dandenong, wo man Anschluss an Busse nach Inverloch hat (13,70 AU$, 3 Std.). Eine schnellere Alternative (2 Std.) ist der V/Line-Bus mit Umsteigen in Koo Wee Rup.

FISH CREEK

Schon seit Jahren legen kundige Traveller, die auf dem Weg zur Küste oder zum Wilsons Promontory National Park sind, einen Zwischenstopp im idyllischen Fish Creek ein, um einen Happen zu essen. Inzwischen hat sich der Ort zu einer unkonventionellen kleinen Künstlergemeinde mit Kunsthandwerksläden, Galerien, Ateliers, Buchläden und einigen wirklich großartigen Cafés entwickelt.

Celia Rosser Gallery (☎️5683 2628; www. celiarossergallery.com; Promontory Rd; 🕐Fr– Mo 10–16 Uhr) In der hellen Galerie werden die Arbeiten der berühmten Blumenillustratorin Celia Rosser sowie diverser anderer Künstler gezeigt. Das angeschlossene **Banksia Café** hat eine sonnige Terrasse.

Das im Art-déco-Stil gehaltene **Fish Creek Hotel** (☎️5683 2416; Old Waratah Rd; Hauptgerichte 16–30 AU$; 🕐mittags & abends), allgemein bekannt als Fishy Pub (aber auch als das Promontory Gate Hotel), ist ein wesentlicher Zwischenstopp für ein Bier oder ein Bistrogericht. Hinter dem Haus gibt es auch Motelzimmer.

Wilsons Promontory National Park

Wer gerne durch die Wildnis wandert, eine atemberaubende Küstenlandschaft und abgeschiedene weiße Sandstrände liebt, ist hier absolut richtig. „Der Prom", wie man den Nationalpark liebevoll nennt, ist einer der beliebtesten Australiens und unser bevorzugter Küstenpark.

Das Wilsons Promontory war ein wichtiges Gebiet für die Kurnai- und Boonwurrung-Aborigines, und vielerorts wurden Muschelhaufen gefunden, z.B. am Cotters Beach und am Darby Beach sowie an der Oberon Bay. Der Prom ist der südlichste Zipfel des australischen Festlands und bil-

dete einst eine Landbrücke, auf der man zu Fuß nach Tasmanien gehen konnte.

Das 30 km vom Parkeingang entfernte **Tidal River** ist das Verkehrszentrum. Hier gibt es ein Büro von Parks Victoria, einen Gemischtwarenladen, ein Café und Unterkünfte. Die Wildtiere rund um Tidal River sind bemerkenswert zahm: Die Kookaburras (Jägerlieste) und Plattschweifsittiche schauen erwartungsvoll (man sollte dem Drang, sie zu füttern, aber widerstehen), und Wombats watscheln gemächlich aus dem Unterholz.

Zwar gibt es eine mit Personal ausgestattete **Eingangsstation** (🕐9 Uhr–Sonnenuntergang), an der man eine Eintrittskarte erhält, aber der Eintritt ist frei. In Tidal River ist kein Benzin erhältlich.

🏃 Aktivitäten

Auf mehr als 80 km markierten **Wanderwegen** geht es durch Wälder, Sümpfe und Täler voller Baumfarne über niedrige Granithügel und an Stränden entlang, hinter denen sich Sanddünen türmen. Aber auch wer nicht wandern will, kann die Schönheit des Parks erleben, da man von den Parkplätzen an der Straße nach Tidal River leicht zu prachtvollen Stränden und Aussichtspunkten gelangt.

Sichere Badestellen sind die wunderschönen Strände an der **Norman Bay** (bei Tidal River) und rund um die Landspitze am **Squeaky Beach** – der feine Quarzsand quietscht tatsächlich unter den Füßen!

Wer ohne viel Gepäck unterwegs ist, kann Campingausrüstung (Zelt, Kocher, Schlafsack, Rucksäcke usw.) bei **Wilsons Prom Hiking Hire** (☎️5678 1152; 3670 Prom Rd, Yanakie) ausleihen.

GREAT SOUTHERN RAIL TRAIL

Der 49 km **Rad- und Wanderweg** (www.railtrails.org.au) folgt der alten Bahnstrecke von Leongatha nach Foster und führt durch die Ortschaften Koonwarra, Meeniyan, Buffalo und Fish Creek, die sich alle für eine erholsame Pause anbieten. Die Strecke windet sich durch Farmland mit ein paar sanften Hügeln und über einige Bockbrücken. Immer wieder bietet sich ein Blick auf die Küste und das Wilsons Promontory.

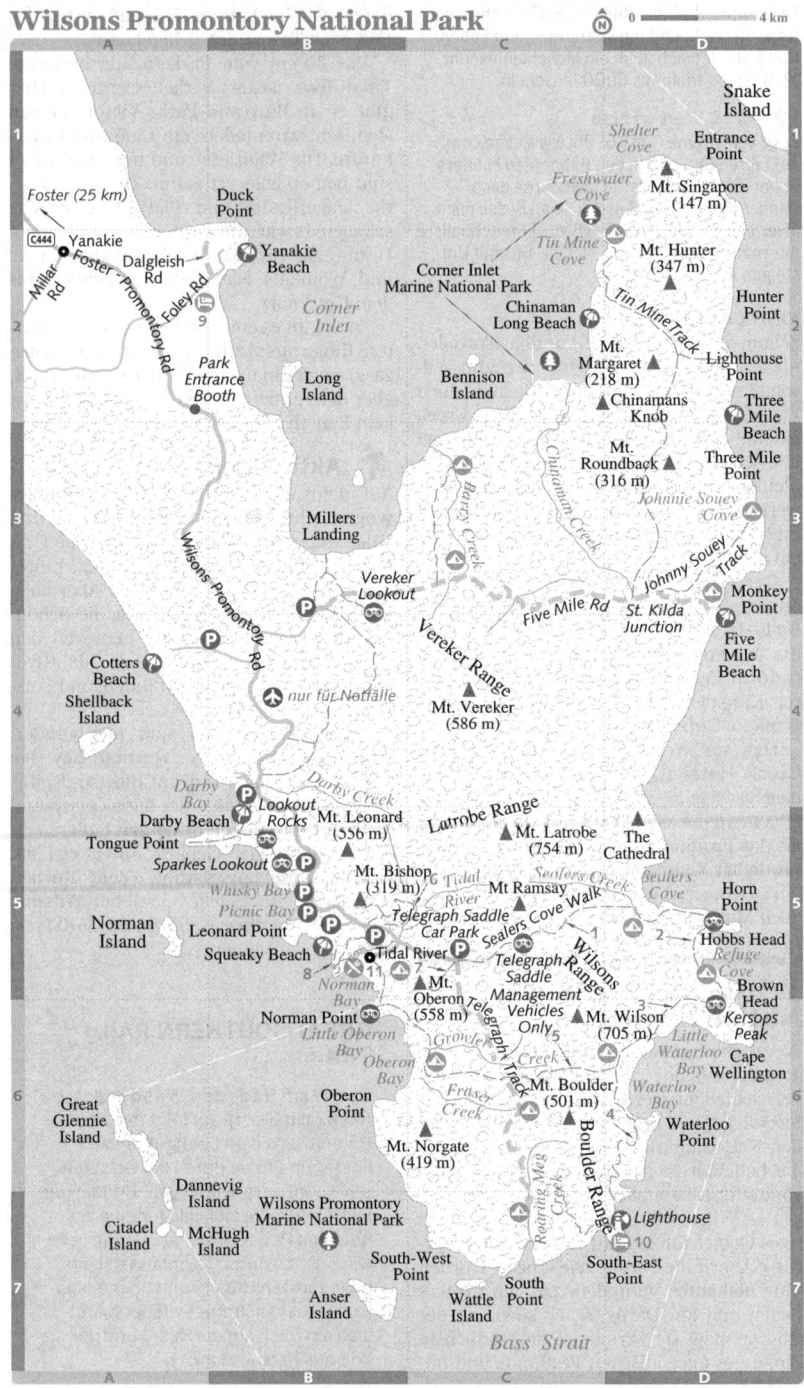

0 ————————— 4 km

Snake
Island

Entrance
Point

Shelter Cove

Freshwater Cove

Mt. Singapore
(147 m)

Foster (25 km)

C444 Yanakie

Millar Rd

Foster-Promontory Rd

Dalgleish Rd

Foley Rd

Duck
Point

Yanakie
Beach

Corner Inlet

Corner Inlet
Marine National Park

Tin Mine Cove

Mt. Hunter
(347 m)

Hunter
Point

Tin Mine Track

Chinaman
Long Beach

Mt.
Margaret
(218 m)

Lighthouse
Point

Park
Entrance
Booth

Long Island

Bennison
Island

Chinamans
Knob

Three
Mile
Beach

Mt.
Roundback
(316 m)

Three Mile
Point

Millers
Landing

Johnnie Souey Cove

Wilsons Promontory Rd

Barry Creek

Chinaman Creek

Vereker
Lookout

Johnny Souey Track

Five Mile Rd

St. Kilda
Junction

Monkey
Point

Vereker Range

Five
Mile
Beach

Cotters
Beach

Shellback
Island

nur für Notfälle

Mt. Vereker
(586 m)

Darby Bay

Darby Creek

Lookout
Rocks

Darby Beach

Mt. Leonard
(556 m)

Latrobe Range

Mt. Latrobe
(754 m)

The
Cathedral

Beulers Cove

Tongue Point

Sparkes Lookout

Mt. Bishop
(319 m)

Tidal River

Mt Ramsay

Sealers Creek

Horn
Point

Whisky Bay

Picnic Bay

Telegraph Saddle
Car Park

Sealers Cove Walk

Hobbs Head

Refuge Cove

Norman
Island

Leonard Point

Squeaky Beach

Tidal River

Telegraph
Saddle

Wilsons Range

Brown
Head

Kersops
Peak

Norman Bay

Norman Point

Mt.
Oberon
(558 m)

Management
Vehicles
Only

Mt. Wilson
(705 m)

Little Waterloo Bay

Cape
Wellington

Little Oberon Bay

Oberon Bay

Telegraph Track

Growler Creek

Mt. Boulder
(501 m)

Waterloo Bay

Waterloo
Point

Great
Glennie
Island

Oberon
Point

Fraser Creek

Boulder Range

Roaring Meg Creek

Mt. Norgate
(419 m)

Dannevig
Island

Wilsons Promontory
Marine National Park

Lighthouse

10

Citadel
Island

McHugh
Island

South-West
Point

South-East
Point

Anser
Island

Wattle
Island

South
Point

Bass Strait

👉 Geführte Touren

Hiking Plus WANDERN
(📞0418 341 537; www.hikingplus.com; 3-/5-tägige Tour 1100/1800 AU$) Der Veranstalter organisiert geführte Wanderungen in den Prom mit voller Verpflegung vom nahe gelegenen Foster aus. Das Angebot umfasst eine zwei- bis dreitägige Wanderung, die Mahlzeiten, eine Massage und Anwendungen, und man selber braucht nur leichtes Gepäck zu tragen.

Bunyip Tours TAGESTOUREN
(📞1300 286 947, 9650 9680; www.bunyiptours.com; Tagestour 120 AU$) Eine geführte Tagestour in den Prom ab Melbourne mit der Option, danach zwei weitere Tage zu bleiben, um den Park dann auf eigene Faust zu erkunden.

First Track Adventures OUTDOORAKTIVITÄTEN
(📞5634 2761; www.firsttrack.com.au) Dieses Unternehmen mit Sitz in Yarragon organisiert auf Kundenwünsche zugeschnittene Wander-, Kletter- und Abseil-Trips in den Prom.

🛏 Schlafen

Nichts ist so schön wie eine Nacht im Prom. Die meisten Unterkünfte gibt es in Tidal River, außerdem aber auch elf Campingplätze im Busch, die sich über den ganzen Prom verteilen; dort findet man Plumpsklos oder Komposttoiletten, aber keine weiteren Einrichtungen, sein Trinkwasser muss man selber mitbringen. Wanderer, die im Busch übernachten wollen, brauchen eine Campinggenehmigung (Erw./Kind 8/4 AU$ pro Nacht), die vorab über Parks Victoria gebucht werden muss.

TIDAL RIVER

Angesichts der Lage an der Norman Bay und des kurzen Wegs bis zu einem wundervollen Strand verwundert es nicht, dass die Unterkünfte in Tidal River begehrt sind. Insbesondere bei Aufenthalten an den Wochenenden und in der Ferienzeit muss man seine Unterkunft weit im Voraus über **Parks Victoria** (📞1800 350 552, 13 19 63; www.parkweb.vic.gov.au) buchen.

Lorikeet Units & Cabins HÜTTEN **$$**
(DZ 110–172 AU$, zus. Erw. 23 AU$) In den geräumigen, privaten, separaten Hütten finden bis zu sechs Personen Platz. Die Hütten haben große Glas-Schiebetüren und Terrassen und bieten einen Ausblick in den Busch oder auf den Fluss. Die Lorikeet Units sind genauso komfortabel; in diesen Wohneinheiten kommen bis zu vier Personen unter.

Wilderness Retreat SAFARIZELTE **$$$**
(DZ 250 AU$, zus. Pers. 20 AU$) Diese Zelte, die bei Tidal River versteckt im Busch stehen, sind die teuersten Unterkünfte im Prom. Die luxuriösen Safarizelte für jeweils bis zu vier Personen sind kühl, haben eine eigene Terrasse, angeschlossene Bäder, große Betten, Heizung und eine gemeinschaftliche Küche in einem Zelt.

Lighthouse Keepers' Cottages COTTAGES **$**
(8-Betten-Cottage 51–83 AU$/Pers.) Die einsamen, denkmalgeschützten Häuschen mit dicken Granitmauern stammen aus den 1850er-Jahren und sind ein echtes Refugium. Sie stehen neben einem Leuchtturm, der in Betrieb ist, auf einem kleinen Landstück, das in den wilden Ozean vorspringt. Nach der 19 km langen Wanderung kann man die Füße hochlegen und Schiffe und Wale vorbeischwimmen sehen. Die Häuschen haben Gemeinschaftseinrichtungen, darunter eine voll ausgestattete Küche.

Camp Sites CAMPING **$**
(Stellplatz ohne Strom 20–24 AU$ pro Auto & 3 Pers., Stellplatz mit Strom 44–52 AU$ pro Fahrzeug & bis zu 8 Pers.) Tidal River hat 480 Stellplätze, aber nur 20 mit Stromanschluss. Für Stellplätze während der Weihnachtsferien gilt ein Auslosungsverfahren (man muss sich bis zum 31. Juli online unter www.parkweb.vic.gov.au bewerben).

Park Huts HÜTTEN **$**
(Hütte mit 4/6 Betten 65/100 AU$) Wer ohne Zelt reist, für den sind die gemütlichen Holzhütten mit Stockbetten und Kochnische ein ordentliches, preisgünstiges Angebot.

YANAKIE & FOSTER

Die winzige Streusiedlung Yanakie bietet die nächsten Unterkünfte außerhalb der Grenzen des Nationalparks – von Hütten und Stellplätzen bis hin zu luxuriösen Cottages. In Foster, der nächsten größeren Ortschaft, gibt es ein Backpackerhostel und mehrere Motels.

Black Cockatoo Cottages   COTTAGES **$$**
(☑5687 1306; www.blackcockatoo.com; 60 Foley Rd, Yanakie; DZ 160 AU$) In diesen intimen, stilvollen Cottages aus dunklem Holz hat man sogar von den sehr bequemen Betten aus einen tollen Blick in den Nationalpark, und das auch noch zu absolut moderaten Preisen. Die Anlage umfasst drei moderne Cottages und ein Haus mit drei Schlafzimmern.

Prom Coast Backpackers   HOSTEL **$**
(☑5682 2171; www.yha.com.au; 40 Station Rd, Foster; B/DZ/FZ ab 30/70/90 AU$; ◉) Dieses gemütliche, kleine YHA-Hostel mit zehn Betten steht in Foster und ist die dem Park am nächsten liegende Backpackerunterkunft. Die gleichen Betreiber führen auch das Motel nebenan.

✖ Essen

Im Gemischtwarenladen in Tidal River gibt es zwar Lebensmittel und einiges an Campingausrüstung, wer wandern will, deckt sich aber günstiger vorab in Foster mit dem Nötigen ein. Das **Prom Café** (◉morgens, mittags & abends; Hauptgerichte 12–22 AU$) verkauft ganztägig Essen zum Mitnehmen. An Wochenenden und Feiertagen gibt's auch Frühstück und kleine Mittags- sowie Bistrogerichte.

❶ Praktische Informationen

Parks Victoria (☑1800 350 552, 13 19 63; www.parkweb.vic.gov.au; Tidal River; ◉8.30–16.30 Uhr) In der hilfreichen Touristeninformation kann man alle Unterkünfte im Park buchen und sich die Campinggenehmigung für die Gebiete außerhalb von Tidal River holen.

❶ An- & Weiterreise

Eine direkte öffentliche Verkehrsverbindung zwischen Melbourne und dem Prom gibt es nicht, aber der **Wilsons Promontory Bus Service** (Moon's Bus Lines; ☑5687 1249) fährt freitags um 16.30 Uhr von Foster nach Tidal River (über Fish Creek) und sonntags um 16.30 Uhr wieder

---

DIE BESTEN WANDERWEGE IM PROM

Die Schönheit des Prom entdeckt man am besten zu Fuß. Zwischen November und Ostern fährt ein kostenloser Shuttlebus zwischen dem Besucherparkplatz Tidal River und dem Parkplatz Telegraph Saddle (einem guten Startpunkt für den Prom Circuit Walk). Das sind sechs der besten Wanderstrecken:

Great Prom Walk Die beliebteste lange Wanderstrecke: Der mittelschwere, 45 km lange Rundweg führt von Tidal River hinüber zur Sealers Cove, dann hinunter zur Refuge Cove, zur Waterloo Bay, weiter zum Leuchtturm und über die Oberon Bay zurück nach Tidal River. Man sollte für die Strecke drei Tage einplanen und die Wanderung auf die Gezeiten abstimmen, weil es gefährlich sein kann, bei Flut bestimmte Flussläufe zu überqueren.

Sealers Cove Walk Die beste zweitägige Wanderung beginnt am Telegraph Saddle und führt den Telegraph Track hinunter zur schönen Little Waterloo Bay (12 km, 4 Std.), wo man übernachten kann. Am nächsten Tag wandert man über die Refuge Cove bis zur Sealers Cove und zurück zum Telegraph Saddle (24 km, 7 Std.).

Lilly Pilly Gully Nature Walk Die leichte, 5 km lange Wanderung (2 Std.) führt durch Heideland und Eukalyptuswälder, in denen viele Wildtiere leben.

Mt. Oberon Summit Die mittelschwere bis schwere, 7 km lange Wanderung (2 Std.) mit Start am Parkplatz Mt. Oberon bietet einen idealen Überblick über den Prom – vom Gipfel aus hat man einen tollen Rundblick. Der kostenlose Mt.-Oberon-Shuttlebus bringt einen zum Parkplatz Telegraph Saddle und wieder zurück.

Little Oberon Bay Die leichte bis mittelschwere, 8 km lange Wanderung (3 Std.) führt über Sanddünen, die von Kanuka-Bäumen gesäumt sind. Von den Dünen aus hat man einen wunderschönen Blick auf die Little Oberon Bay.

Squeaky Beach Nature Walk Der leichte, 5 km lange Rundweg führt durch ein Gelände voller Kanuka und Banksia zu einem herrlichen weißen Sandstrand.

zurück (Erw./Kind 8/4 AU$). Mit diesem Bus hat man in Fish Creek Anschluss an den V/Line-Bus aus Melbourne.

V/Line (☑13 61 96; www.vline.com.au) betreibt Direktbusse vom Bahnhof Southern Cross in Melbourne nach Foster (16,60 AU$, 3 Std., tgl. 4-mal).

Gippsland Lakes

Die schönen Gippsland Lakes bilden das größte System von Wasserstraßen auf dem australischen Festland: Die drei größten, miteinander verbundenen Seen – der Lake Wellington, der Lake King und der Lake Victoria – erstrecken sich von Sale bis über Lakes Entrance hinaus. Die Seen sind in Wahrheit Salzwasserlagunen, die durch den Gippsland Lakes Coastal Park und den Ninety Mile Beach, einen schmalen Küstenstreifen aus Sanddünen, vom offenen Meer getrennt sind.

SALE
13 300 EW.

Als Tor zu den Gippsland Lakes hat Sale viele Unterkünfte, Läden, Restaurants und Pubs, so dass es sich als gutes, kleinstädtisches Standquartier für die Erkundung des Ninety Mile Beach anbietet.

Der **Sale Wetlands Walk** (4 km, 1 Std.) ist eine angenehme Wanderstrecke um den Lake Gutheridge und das angrenzende Sumpfland, zu dem auch der Indigenous Art Trail gehört. Er ruft die Bedeutung der Sümpfe für die örtlichen indigenen Gunai/Kurnai ins Gedächtnis. Das **Sale Common**, ein 300 ha großes Naturschutzgebiet mit Hochsitzen zum Beobachten der Vögel, einem Aussichtsturm, einer Wasserstelle, Planken- und weiteren Wanderwegen, ist Teil eines international beachteten Systems von Feuchtgebieten.

GRATIS **Gippsland Art Gallery** (☑5142 3372; www.wellington.vic.gov.au/gallery; Civic Centre, 68 Foster St; ☺Mo–Fr 10–17, Sa & So 12–16 Uhr) Die Galerie zeigt Werke regional und landesweit anerkannter Künstler sowie Wanderausstellungen.

🛏 Schlafen & Essen

Im Feuchtgebiet um den Lake Wellington (außer Sale Common) darf man kostenlos campen, wenn man einen Mindestabstand von 20 m zum Wasser einhält. Einrichtungen für Camper gibt es nicht.

Cambrai Hostel   HOSTEL **$**
(☑5147 1600; www.maffra.net.au/hostel/back packers.htm; 117 Johnson St, Maffra; B/DZ 25/60 AU$; @) Im nahe gelegenen Maffra ist dieses entspannte Hostel eine Anlaufstelle für Budgettraveller und eine der wenigen echten Backpackerunterkünfte in Gippsland. In der gemütlichen Lounge gibt es eine Bar mit Alkoholausschank, einen offenen Kamin und einen Billardtisch, außerdem hat das Haus saubere, nette Zimmer und eine winzige Küche für Selbstversorger zu bieten. Die Betreiber können manchmal auch Arbeitsgelegenheiten in der Region vermitteln.

bis cucina   CAFÉ-RESTAURANT **$$**
(☑5144 3388; www.biscucina.com.au; 100 Foster St; Frühstück &Mittagessen 12–23 AU$, Abendessen 23–36 AU$; ☺tgl. morgens &mittags, Fr, Sa & Veranstaltungstage abends) Dieses Restaurant im Wellington Entertainment Centre ist dank der mediterran angehauchten modern-australischen Küche eine gute Option für Feinschmecker, für ein Essen vor der Show oder auch nur für einen Kaffee und ein gemütliches Frühstück.

🛈 Praktische Informationen
Wellington Visitor Information Centre
(☑1800 677 520; www.tourismwellington.com.au; 8 Foster St; ☺9–17 Uhr; @) Internetzugang und kostenlose Buchung von Unterkünften.

🛈 An- & Weiterreise
V/Line (☑13 61 96; www.vline.com.au) hat Zug- sowie Zug-/Bus-Verbindungen zwischen Melbourne und Sale (20,40 AU$, 3 Std., tgl. 6-mal) über Traralgon.

NINETY MILE BEACH
Um die unsterblichen Worte von Crocodile Dundee zu paraphrasieren: Das ist nicht ein Strand, das ist der Strand. Der abgelegene Ninety Mile Beach ist ein schmaler Sandstreifen mit Dünen und Lagunen im Hintergrund, der sich ununterbrochen über ungefähr 90 Meilen (150 km) aus der Nähe des McLoughlins Beach bis zum Kanal in Lakes Entrance erstreckt und damit der womöglich längste, ununterbrochene Strand in ganz Australien ist. Die Gegend eignet sich ausgezeichnet zum Brandungsfischen, Campen und für lange Strandwanderungen, während das Baden wegen der mächtigen Brandung außer an den Stellen in Seaspray, Woodside Beach und Lakes Entrance, wo Rettungsschwimmer den Strand bewachen, zu gefährlich ist.

Zwischen Seaspray und Lakes Entrance liegt der **Gippsland Lakes Coastal Park**, ein geschütztes Areal mit niedrigen Küstensträuchern, Banksia und Südseemyrten, wo im Frühling die Wildblumen in voller Pracht stehen. Eine Genehmigung zum Zelten im freien Gelände bekommt man bei **Parks Victoria** (☎13 19 63; www.parkweb.vic.gov.au).

Einen Zeitsprung in die Vergangenheit erlebt man in **Seaspray** (190 Ew.), denn der kleine Ort hat sich irgendwie der Bauwut, die an der Küste grassiert, entziehen können. Und so findet man hier heute noch die alten Ferienhütten, die das Bild der Küstenorte Victorias in den 1970er-Jahren geprägt haben.

An der Straße zwischen Seaspray und Golden Beach gibt es kostenlose **Campingplätze**, die zurückgesetzt vom Strand im Schatten von Südseemyrten liegen. Im Sommer ist es schwer, einen freien Stellplatz zu finden, aber zu anderen Zeiten genießt man hier eine einmalige Ruhe. Einige Plätze verfügen über Grillstellen und Plumpsklos, aber Wasser und Brennholz muss man selber mitbringen. Warmwasserduschen finden sich in **Golden Beach** (2 AU$).

Loch Sport (780 Ew.) ist ein kleiner, bewaldeter Ort auf einer schmalen Landzunge, zwischen einem See und dem Ozean gelegen. Hier gibt es einige gute Badestellen für Kinder. Und im **Marina Hotel** (☎5146 0666; Basin Blvd, Loch Sport; Hauptgerichte 16–28 AU$ ⊙mittags & abends), das am See und am Jachthafen steht, herrscht immer eine freundliche Pub-Atmosphäre. Man genießt den schönen Blick in den Sonnenuntergang und ordentliche Meeresfrüchte von der Bistro-Karte.

LAKES NATIONAL PARK

Der mit Sträuchern bewachsene schmale Landstreifen zwischen den Seen auf der einen und dem Ozean auf der anderen Seite ist ein wunderbarer, ruhiger Ort, um ein Lager aufzuschlagen.

Viele Banksia und Eukalyptusbäume stehen in den Gebieten, die von niedriger Heide und hie und da von versalzten Sümp-

---

ABSTECHER

WALHALLA

Versteckt hoch in den grünen Hügeln und Wäldern des westlichen Gippsland liegt 46 km nordöstlich von Moe das winzige Walhalla, eine der besterhaltenen und charmantesten historischen Goldgräbersiedlungen im Bundesstaat. Mitten durch den Ort fließt der Stringer's Creek und bildet ein idyllisches Tal umgeben von einer Reihe graubrauner historischer Gebäude an den Hügelhängen.

Das **Walhalla Historical Museum** (☎5165 6250; www.walhalla.org.au; Eintritt 2 AU$; ⊙10–16 Uhr) im alten Postamt fungiert zugleich als Touristeninformation. Hier kann man auch die beliebten **Geistertouren** (www.walhallaghosttour.info; Erw./Kind 25/18 AU$) buchen, die am Freitag- und Samstagabend stattfinden.

Eine Hauptattraktion ist die malerische **Walhalla Goldfields Railway** (☎9513 3969; www.walhallarail.com; hin & zurück Erw./Kind/Fam. 18/13/40 AU$; ⊙Mi, Sa, So & Feiertage 11, 13 & 15 Uhr ab Bahnhof Walhalla, 11.40, 13.40 & 15.40 ab Bahnhof Thomson). Die 20-minütige Fahrt zwischen den Bahnhöfen Walhalla und Thomson führt durch bewaldete Schluchten und über restaurierte Gerüstpfeilerviadukte.

Bei Führungen durch die **Long Tunnel Extended Gold Mine** (☎5165 6259; abseits der Walhalla-Beardmore Rd; Führung Erw./Kind/Fam. 19,50/13,.50/49,50 AU$; ⊙Mo–Fr 13.30 Uhr, Sa, So, Feiertage & Schulferien 12, 13.30 & 15 Uhr) wird die Bergbauvergangenheit lebendig. Man erkundet den Cohens Reef, einst eine der reichsten Fundstätten von Berggold in Australien.

Kostenlos campen kann man in **North Gardens** am Nordende der Siedlung, wo Toiletten und Grillstellen zur Verfügung stehen, oder beliebig irgendwo am Stringer's Creek. Darüber hinaus gibt es in Walhalla eine Handvoll B&Bs und Cottages.

Das wiederaufgebaute, historische **Walhalla Star Hotel** (☎5165 6262; www.star-hotel.com.au; Main Rd; B&B DZ 219 AU$, mit Abendessen 319 AU$; ✲) bietet stilvolle Boutiquezimmer mit großen Betten und einem raffinierten Dekor, bei dem der Innenarchitekt geschickt auf vor Ort gefundene Materialien wie die Wassertanks aus Wellblech zurückgriff. Gutes Frühstück, Kaffee und Kuchen erhält man im angeschlossenen **Greyhorse Café** (Gerichte ab 5 AU$; ⊙11–14 Uhr).

fen mit Strauchbewuchs geprägt sind. Im Frühling blühen die Wildblumen, darunter so viele einheimische Orchideenarten wie kaum irgendwo sonst in Australien. Dank einer Straße, die in einer Schleife durch den Park führt, ist er per Auto gut zugänglich. Der Park besitzt gut markierte Wanderwege. **Point Wilson** an der Ostspitze des Festlands-Abschnitts des Parks ist die beste Stelle für ein Picknick; hier sammeln sich auch gern die Kängurus. Ein richtig starkes Insektenschutzmittel ist hier allerdings unverzichtbar.

Der **Emu Bight Camp Site** (Stellplatz 14,50 AU$/6 Pers.) ist der einzige Campingplatz im Park mit Plumpsklos und Feuerstellen; das Wasser muss man selber mitbringen.

Bairnsdale

11290 EW.

Die Ortschaft Bairnsdale ist das Wirtschaftszentrum in East Gippsland und der Abzweig zur Great Alpine Rd, die nordwärts nach Omeo und südwärts nach Paynesville und Raymond Island führt. Der Ort ist munter und hat eine Reihe von Attraktionen, aber die meisten Traveller fahren auf dem Weg zur Küste oder in die Berge einfach durch.

◎ Sehenswertes & Aktivitäten

▣ Krowathunkoolong Keeping Place   INDIGENES KULTURZENTRUM

(▣ 5152 1891; 37-53 Dalmahoy St; Erw./Kind/Fam. 6/4/15 AU$; ◷ Mo–Fr 9–17 Uhr) Das bewegende und fesselnde Koorie-Kulturzentrum vermittelt Einblicke in das Leben der Gunai/Kurnai von der Traumzeit bis in die Ära nach Beginn der europäischen Landnahme. Die Ausstellung verfolgt die Geschichte des Gunai/Kurnai-Clans zurück bis zu ihren Ahnenwesen, Borun, dem Pelikan, und seiner Frau, der Lappenente. Weitere Themen sind das Leben in der Lake Tyers Mission östlich von Lakes Entrance, die heute ein Fonds ist, der sich im Privatbesitz der Aborigines befindet, sowie die Massaker an den Kurnai in den Jahren zwischen 1839 und 1849.

MacLeod Morass Boardwalk   NATUR

Das international anerkannte geschützte Feuchtbiotop hat Wanderwege und Hochsitze zur Vogelbeobachtung. Es liegt am Ortsrand und ist vom Highway aus am Kreisverkehr bei der westlichen Ortseinfahrt ausgeschildert.

ABSTECHER

PAYNESVILLE & RAYMOND ISLAND

Paynesville, 16 km südlich von Bairnsdale, ist ein entspannter, kleiner Ort am See, wo sich das Leben ganz am Wasser abspielt. Ein guter Grund für einen Abstecher ist die Möglichkeit, mit der Flachrumpf-Fähre nach Raymond Island überzusetzen (5 Min.), wo man Koalas in freier Wildbahn beobachten kann. Auf der Insel lebt eine große Kolonie der Beutelbären, die überwiegend von Tieren abstammen, die in den 1950er-Jahren aus Phillip Island umgesiedelt wurden. Die Auto-/Personenfähre fährt zwischen 7 und 23 Uhr halbstündlich und ist für Fußgänger und Radfahrer kostenlos.

Mehrere Anbieter vermieten Boote. **Aquamania** (☎ 0417 163 365; www.aquamania. com.au) organisiert Bootstouren, veranstaltet Wasserski- und Wakeboardkurse und betreibt ein Wassertaxi.

Das beliebte **Paynesville Jazz Festival** (www.paynesvillejazzfestival.com.au) findet am letzten Februarwochenende statt

Drüben auf Raymond Island herrscht im **Cafe Espas** (☎ 5156 7275; Raymond Island Foreshore; Hauptgerichte 29–35 AU$; ◷ Fr–So mittags; Fr & Sa abends) echte Inselatmosphäre. Auf der Karte stehen gut zubereitete Gerichte aus aller Welt vom thailändischen Meeresfrüchtesalat bis zu Paella. Die Wände sind mit Bildern geschmückt, die der Betreiber selber gemalt hat.

Der **Fisherman's Wharf Pavilion** (☎ 5156 0366; 70 The Esplanade; Mittagessen 8–24 AU$, Abendessen 24–45 AU$; ◷ Mi–So morgens & mittags, Mi–Sa abends) thront über dem Wasser und hat eine offene Terrasse, auf der man an sonnigen Tagen prima Pfannkuchen frühstücken oder Quiches zu Mittag essen kann. Abends wird der Pavillon zu einem eleganten Steak- und Meeresfrüchterestaurant, das frische, regionale Produkte verwendet.

GRATIS **East Gippsland Art Gallery** KUNSTGALERIE

(☑5153 1988; www.eastgippslandartgallery.org.
au; 2 Nicholson St; ◐Di–Fr 10–16, Sa bis 14 Uhr)
In dem hellen, offenen Ausstellungsraum
der East Gippsland Art Gallery finden regelmäßig Kunstausstellungen statt; nicht
überraschend: meistens werden Werke von
diversen Künstlern aus East Gippsland
gezeigt.

St. Mary's Church KIRCHE

(Main St) Einen Blick in die Kirche zu werfen
lohnt sich wegen der prächtigen Decken-
und Wandfresken.

🛏 Schlafen & Essen

Mitchell Gardens Holiday Park CAMPING $

(☑5152 4654; www.mitchellgardens.com.au;
Stellplatz ohne/mit Strom ab 23/26 AU$, Hütte
DZ 56–140 AU$; ✳✳) Östlich vom Ortszen-
trum liegt am Ufer des Mitchell River dieser freundliche und schattige Park. Von
den Deluxe-Hütten hat man einen schönen
Blick auf den Mitchell River.

Grand Terminus Hotel GASTHAUS $$

(☑5152 4040; www.grandterminus.com.au; 98
McLeod St; Hauptgerichte 13–26 AU$; ◐mittags
& abends) In diesem Gasthaus auf einem
Eckgrundstück bekommt man Bistroge-
richte. Die Zimmer mit angeschlossenem
Bad (EZ/DZ 65/76 AU$) liegen im Ober-
geschoss und haben ein ausgezeichnetes
Preis-Leistungs-Verhältnis.

River Grill MODERN-AUSTRALISCH $$

(☑5153 1421; 2 Wood St; Hauptgerichte 25–
36 AU$; ◐Mo–Sa mittags & abends) Gutes
Essen mit Flair bietet der rustikale River
Grill. Auf der Speisekarte stehen modern-
australische Gerichte mit mediterranem
Einschlag.

❶ Praktische Informationen

Bairnsdale Visitors Centre (☑1800 637 060,
5152 3444; www.discovereastgippsland.com.
au; 240 Main St; ◐9–17 Uhr; ⓐ) Neben der
St. Mary's Church; kostenlose Buchung von
Unterkünften.

❶ An- & Weiterreise

Bairnsdale ist die Endstation der Gippsland-
Bahnlinie. Züge von **V/Line** (☑13 61 96; www.
vline.com.au) fahren dreimal täglich zwischen
Melbourne und Bairnsdale (25 AU$, 3½ Std.).
Von Bairnsdale fahren dann Busse weiter nach
Lakes Entrance (5,60 AU$, 40 Min., tgl. 3-mal)
und Orbost (13,70 AU$, 1¼ Std., tgl.).

Metung

730 EW.

Das sich an die Bancroft Bay schmiegende
kleine Metung ist einer der hübschesten
Orte an den Gippsland Lakes – Lokalpat-
rioten sprechen von der Gippsland Riviera,
wogegen angesichts der Lage direkt am
Ufer und des gelassenen Charmes dieses
Ortes auch gar nichts zu sagen ist.

Aufs Wasser rauszukommen, ist kein
Problem: **Riviera Nautic** (☑5156 2243; www.
rivieranautic.com.au; 185 Metung Rd; Motorboot
140 AU$/Tag, Yacht ab 1210 AU$/2 Tage) vermietet Boote und Jachten, mit denen man auf
den Gippsland Lakes herumfahren, angeln
und segeln kann. Am Visitor Centre vermietet **Slipway Boat Hire** (☑5156 2969) kleine
Boote (55 AU$/Std., 165 AU$/Tag, jeweils
inkl. Benzin).

Wer es lieber bequem hat, unternimmt
auf der **Director** (☑5156 2628; www.thedi-
rector.com.au; Bootstour 2½ Std. Erw./Kind/
Fam. 45/10/105 AU$; ◐Di, Do & Sa 15 Uhr) eine
Bootsfahrt zum Ninety Mile Beach und
wieder zurück.

Um 12 Uhr setzen die Pelikane zum
Sturzflug an, wenn die Fischreste aus dem
Metung Hotel ins Meer geworfen werden.
Denn die Pelikane wissen ganz genau,
wann es mühelos einen guten Bissen zu er-
gattern gibt.

🛏 Schlafen & Essen

Die einzigen Budgetunterkünfte gibt's im
Metung Hotel. Der nächstgelegene Cam-
pingplatz findet sich die Straße hinauf bei
Swan Reach.

McMillans of Metung RESORT $$$

(☑5156 2283; www.mcmillansofmetung.com.
au; 155 Metung Rd; Cottage 145–440 AU$, Villa
185–415 AU$; ✳✳) Das schicke Resort am
See hat mit seinem Komplex von Cottages
im englischen Landhausstil auf einem 3 ha
großen, gepflegten Gartengelände, seinen
modernen Villen, dem eigenen Jachthafen
und Spa-Center schon einen Stapel an Tou-
rismuspreisen gewonnen.

Metung Hotel GASTHAUS $

(☑5156 2206; www.metunghotel.com.au; 1 Kur-
nai Ave; Hauptgerichte 20–32 AU$; ◐mittags &
abends) Die Lage am Metung Wharf ist erst-
klassig, und die großen Fenster sowie die
hölzerne Außenterrasse nutzen diesen Vor-
teil voll aus. Im Bistro gibt's tolle Kneipen-
gerichte. Außerdem bietet das Hotel auch

EAST GIPPSLAND RAIL TRAIL

Der **East Gippsland Rail Trail** (www.eastgippslandrailtrail.com) ist ein 97 km langer Wander- und Radweg entlang der früheren Bahnstrecke zwischen Bairnsdale und Orbost, der durch Bruthen und Nowa Nowa sowie nahe an einer Reihe weiterer kleiner Ortschaften vorbeikommt. Der Weg führt durch hügeliges Farmland, gemäßigten Regenwald, den Colquhoun Forest und über einige eindrucksvolle Holzbrücken. Mit dem Fahrrad lässt sich der Trail bequem in zwei Tagen bewältigen, man sollte sich aber mehr Zeit nehmen, damit man das Land erkunden und vielleicht noch einen Abstecher über den Gippsland Lakes Discovery Trail nach Lakes Entrance einlegen kann. Das künstlerisch angehauchte Nowa Nowa ist eine echte Radfahrergemeinde mit einem neuen Mountainbikepark und Wegen, die von der Hauptstrecke abgehen. Es gibt Pläne, den Trail über Orbost hinaus längs dem Snowy River bis nach Marlo zu verlängern.

Wer kein eigenes Rad hat, kann mit **Snowy River Cycling** (☑0428 556 088; www.snowyrivercycling.com.au) selbstgeführte Fahrradtouren unternehmen (ab 30 AU$), das Unternehmen stellt auch Karten und übernimmt den Transport (25 AU$) der Kunden samt ihres Gepäcks. Außerdem sind auch noch geführte Radwanderungen im Angebot.

---

noch die billigsten Zimmer vor Ort: Die einfachen Doppelzimmer kosten 85 AU$, eine Schlafstelle 30 AU$ pro Person.

Metung Galley CAFÉ-RESTAURANT **$$**
(☑5156 2330; www.themetunggalley.com.au; 50 Metung Rd; Mittagessen 10–22 AU$, Abendessen 21–31 AU$; ⊙tgl. morgens &mittags, Mi–Mo abends) Die Wirtserfahrungen von Felicity und Richard machen sich in diesem freundlichen, innovativen Café bezahlt, das schön präsentierte, hochwertige Gerichte mit lokalen Zutaten wie frischen Meeresfrüchten und Lamm aus Gippsland serviert. Kürzlich haben sie ihr Café noch um eine Weinbar sowie ein Delikatessengeschäft auf der anderen Straßenseite erweitert.

Metung Holiday Villas HÜTTEN **$$**
(☑5156 2306; www.metungholidayvillas.com; Ecke Mairburn & Stirling Rd; Hütte 110–160 AU$; ❇❄) Metungs früherer Wohnwagenpark wurde in ein kleines Dorf aus recht luxuriösen Hütten umgewandelt. Eines der besten Angebote in Metung!

❶ Praktische Informationen

Metung Visitors Centre (☑5156 2969; www.metungtourism.com.au; 3/50 Metung Rd; ⊙9–17 Uhr) Buchung von Unterkünften und Vermietung von Booten.

Lakes Entrance

4100 EW.

Da der flache Meeresarm des Cunninghame Arm die Stadt vor der Ozeanbrandung schützt, hat Lakes Entrance eine unbestreitbar schöne Lage, aber in der Ferienzeit präsentiert es sich als ein Touristenort mit einem reizlosen Motelstreifen, Wohnwagenparks, Minigolfplätzen und Souvenirläden an der Esplanade. Immerhin sind die in den Wellen schaukelnden Fischerboote, die frischen Meeresfrüchte, die endlosen Strände und die Bootstouren nach Metung und zur Wyanga Park Winery eindeutige Pluspunkte. Für Familien und Kinder wird hier viel geboten, und in der Nebensaison gibt es Geruhsamkeit und Schnäppchenangebote bei den Unterkünften.

Der Ort ist nach dem Kanal benannt, der 1889 geschaffen wurde, um eine Zufahrt aus den Meeresarmen in den Ozean zu gewinnen und einen Hafen für die Fischerboote anzulegen.

◉ Sehenswertes & Aktivitäten

Strände & Seen STRÄNDE, SEEN
Eine lange Fußgängerbrücke über den Cunninghame Arm verbindet den Ort im Osten mit dem vorgelagerten **Ninety Mile Beach** und dem Ozean. Von Dezember bis Ostern werden am dem Ozean zugewandten Ende der Fußgängerbrücke Paddelboote, Kanus und Segelboote vermietet. Dort beginnt auch der **Eastern Beach Walking Track** (2,3 km, 45 Min.) auf dem man durch Küstengesträuch bis zum eigentlichen Eingang der Seen laufen kann.

Zur Erkundung der Seen vermieten drei Anbieter an der Marine Pde (auf der anderen Seite des Ortszentrums) **Boote** (50/90/150 AU$ pro 1/4/8 Std.).

Lakes Entrance

Aussichtspunkte — AUSSICHTSPUNKTE

Am Princes Hwy im Westen des Ortes liegt der **Kalimna Lookout**, ein beliebter Aussichtspunkt mit Münzferngläsern. Nimmt man aber die Straße direkt gegenüber und fährt zu **Jemmy's Point Lookout**, findet man dort eine noch bessere Aussicht auf den Ozean und den Meeresarm (und viel weniger Rummel).

Surf Shack — SURFEN

(☎5155 4933; 507 The Esplanade; Surfunterricht 2 Std. 50 AU$) Surfunterricht (die Ausrüstung wird den Teilnehmern zur Verfügung gestellt) kann man hier am nahe gelegenen Lake Tyers Beach nehmen.

☞ Geführte Touren

Mehrere Veranstalter bieten Bootsfahrten auf den Seen an:

Lonsdale Cruises — ÖKO-BOOTSFAHRT

(☎5155 2889; Postanlegestelle; Bootstour 3 Std. Erw./Kind/Fam. 45/25/99 AU$; ◷13 Uhr) Idyllische, ökologisch ausgerichtete Bootsfahrt nach Metung und zum Lake King auf einer alten Personenfähre, die früher auf der Strecke Queenscliff–Sorrento fuhr.

Peels Lake Cruises — LUNCH-BOOTSFAHRT

(☎5155 1246; Postanlegestelle; Bootstour mit Mittagessen 4 Std. Erw./Kind 48/13 AU$) Das schon lange bestehende Unternehmen veranstaltet täglich um 11 Uhr eine Bootsfahrt auf der *Stormbird* bis nach Metung (mit Mittagessen).

🛶 Sea Safari
NATUR

(☎5155 5027; www.lakes-explorer.com.au; Postanlegestelle; Bootstour 1 Std./2 Std. 12/20 AU$) Der Schwerpunkt dieser Safaris an Bord der *Lakes Explorer* sind Forschung und Ökologie: das Bestimmen und Zählen von Meeresvögeln, das Testen des Wassers in Hinblick auf Verschmutzungen und die Vermittlung von Kenntnissen über das Leben im Meer.

🛏 Schlafen

Lakes Entrance hat eine große Menge an Unterkünften. Bei den meisten handelt es sich um die typischen Motels, Ferienwohnungen und Wohnwagenparks, die sich an der Esplanade drängen. In der Urlaubszeit gelten mehr als doppelt so hohe Preise wie sonst (vorab reservieren!), aber in der Nebensaison gibt es gute Rabatte.

Déjà Vu
B&B $$$

(☎5155 4330; www.dejavu.com.au; 17 Clara St; DZ 165–300 AU$; ❄✉) Das eindrucksvolle, sandsteinfarbene moderne Wohnhaus wurde an einem Hügelhang errichtet, um einen guten Blick aufs Wasser zu haben. Der üppige, natürlich belassene Garten sorgt für ungestörte Intimität. Im Angebot sind innenarchitektonisch schön ausgestaltete Apartments mit Meerblick, außerdem das Bootshaus am Ufer und auch B&B-Einzimmerwohnungen.

Riviera Backpackers YHA
HOSTEL $

(☎5155 2444; www.yha.com.au; 660-71 The Esplanade; für YHA-Mitglieder B/EZ/DZ 23/35/50 AU$; @✉) Das gut gelegene YHA-Hostel hat saubere Zimmer in Backsteingebäuden mit jeweils zwei oder drei Zimmern und angeschlossenem Bad. Es gibt eine große Gemeinschaftsküche und eine Lounge mit Billardtisch und Internetzugang.

Kalimna Woods
COTTAGES $$

(☎5155 1957; www.kalimnawoods.com.au; Kalimna Jetty Rd; DZ 125–220 AU$; ❄) Dieses Refugium liegt 2 km außerhalb des Ortszentrums in einem großen Garten voller Regenwald und Busch, in dem man auch freundliche Possums und Vögel findet. Die separat stehenden Cottages im Landhausstil bieten entweder einen Whirlpool oder einen Kamin und sind geräumig, intim und gemütlich.

Eastern Beach Tourist Park
CAMPING $

(☎5155 1581; www.easternbeach.com.au; 42 Eastern Beach Rd; Stellplatz ohne/mit Strom ab 24/29 AU$, Hütte 110–240 AU$; @🐾) In den meisten Wohnwagenparks in Lakes drängen sich die Stellplätze dicht an dicht, hier aber findet man Platz und Stellplätze mit Gras. Die Anlage befindet sich fern dem Stadttrubel in wunderbar grüner Lage ein wenig zurückgesetzt vom Eastern Beach. Ein Wanderweg führt in den Ort; man braucht ungefähr 30 Minuten.

Lazy Acre Log Cabins
HÜTTEN $$

(☎5155 1323; www.lazyacre.com; 35 Roadknight St; DZ/FZ 105/125 AU$; ❄🐾✉) Die kleinen, separaten Holzhütten stehen im Schatten alter Eukalyptusbäume. Das Lazy Acre hat freundliches Personal und ist eine entspannende Unterkunft. In der Spitzenzeit während der Ferien sind die Preise doppelt so hoch.

🍴 Essen & Ausgehen

Lakes Entrance ist der ideale Ort, um frische Meeresfrüchte zu verspeisen, denn hier gibt es die größte Fischfangflotte Victorias. Schalentiere wie Garnelen und Hummer kann man direkt von den Booten

---

SCHIFFSTOUREN MIT WEIN & ABENDESSEN

Ein tolles Erlebnis ist die Kreuzfahrt mit der Corque von Lakes Entrance zur **Wyanga Park Winery** (☎5155 1508; www.wyangapark.com.au; 222 Baades Rd; Bootstour mit Mittag-/Abendessen 50/75 AU$). Das Schiff legt täglich um 11 Uhr zu einer Fahrt mit Mittagessen von der Postanlegestelle in Lakes Entrance ab und kehrt um 15 Uhr zurück. Die Fahrt dauert 50 Minuten, führt durch die Seen und schließt eine kommentierte Weinprobe mit ein. Auf dem rustikalen Weingut – dem ältesten in Gippsland, schön gelegen mit Blick auf den North Arm – kann man eine Reihe von Weinen probieren, darunter einen leckeren Eis-Muskateller, und in Henry's Café zu Mittag essen. Donnerstags fährt das Schiff über Metung. Am Freitag- und Samstagabend gibt es eine abendliche Tour: Sie startet um 17.30 Uhr und schließt ein Drei-Gänge-Menü mit ein – ein tolles, preisgünstiges Angebot.

kaufen (nach Ausschilderungen schauen!), oder man isst sie bei Ferryman's. **Omega 3** (Shop 5, Safeway Arcade, Church St; ☺9–17 Uhr) ist der Laden der örtlichen Fischergenossenschaft, man kann also sicher sein, dass die Meeresfrüchte immer frisch sind.

Die besten Cafés findet man an der Esplanade und um die Ecke in der Myer St, direkt gegenüber der Fußgängerbrücke über den Cunninghame Arm.

Ferryman's Seafood Cafe   SEAFOOD $$
(✑5155 3000; www.ferrymans.com.au; Middle Harbour, The Esplanade; Mittagessen 14–22 AU$, Abendessen 25–42 AU$; ☺Brunch, mittags & abends) Auf dem Deck dieses schwimmenden Café-Restaurants zu speisen, ist vom Ambiente her kaum zu übertreffen. Hier kann man sich bis zu den Kiemen mit Fisch- und Meeresfrüchtegerichten vollstopfen, und auch die guten alten Fish & Chips sind zu haben. Unten werden von 8.30 bis 17 Uhr frische Meeresfrüchte, darunter Garnelen und Krebse, zum Kauf angeboten.

Six Sisters & a Pigeon   CAFÉ $
(✑5155 1144; 567 The Esplanade; Gerichte 7–17 AU$; ☺Di–So morgens & mittags; ✑) Schon der seltsame Name lockt einen in dieses urige Café mit Alkoholausschank an der Esplanade gegenüber der Fußgängerbrücke. Es gibt guten Kaffee, den ganzen Tag über Frühstücksgerichte – Eier auf mexikanische Ort, Armer Ritter oder spanische Omelette –, mittags Focaccia, Baguettes und kleine Hauptgerichte mit asiatisch-italienischer Note.

Pinocchio Inn   ITALIENISCH $
(✑5155 2565; 569 The Esplanade; Pizza & Pasta 12–25 AU$; ☺abends) Wenn man von Meeresfrüchten genug hat und dringend eine Pizza braucht, bietet sich das Pinocchio an, ein schon lange bestehendes Lokal im Café-Bereich an der Esplanade. Es gibt hier auch eine Bar, aber zum Abendessen kann man sich auch seinen eigenen Wein mitbringen. Gutes Preis-Leistungs-Verhältnis.

Waterwheel Beach Tavern   KNEIPE $$
(✑5156 5855; www.waterwheeltavern.com; 577 Beach Rd, Lake Tyers; Hauptgerichte 18–32 AU$; ☺mittags & abends) Es lohnt sich, die zehnminütige Autofahrt von Lake Entrance bis zum Lake Tyers zu machen, um in diesem Pub am Strand ein Bier zu trinken. Die Lage ist prima, und das Kneipenessen zwar unprätentiös, aber nicht ohne Klasse. Dienstags stehen Steaks, mittwochs Parmigiana im Mittelpunkt.

Miriam's Restaurant   STEAKS $$
(✑5155 3999; Ecke The Esplanade & Bulmer St; Hauptgerichte 16–34 AU$; ☺abends) Vom Speisesaal im Obergeschoss des Miriam's blickt man auf die Esplanade. Die Steaks von heimischen Rindern und die Meeresfrüchtegerichte sind ausgezeichnet, es herrscht eine zwanglose Cocktailbar-Atmosphäre.

❶ Praktische Informationen
The Hub (✑5155 4247; Ecke Myer St & The Esplanade; ☺Mo–Fr 9.30–17, Sa 10–14 Uhr; Internetzugang 5 AU$/Std.; @☏) Internetcafé in einem eigenwilligen, von Düften geschwängerten Modeladen.

Lakes Entrance Library (✑5153 9500; 18 Mechanics St; ☺Mo–Fr 8.30–17 Uhr; @) Kostenloser Internetzugang.

Lakes Entrance Visitors Centre (✑1800 637 060, 5155 1966; www.discovereastgippsland. com.au; Ecke Princes Hwy & Marine Pde; ☺9–17 Uhr) Kostenloser Service zur Buchung von Unterkünften und Touren. Auch einen Blick auf die Website www.lakesentrance.com werfen!

❶ An- & Weiterreise
V/Line (✑13 61 96; www.vline.com.au) betreibt eine Verbindung mit Zug und Bus von Melbourne nach Lakes Entrance mit Umsteigen in Bairnsdale (28,50 AU$, 4½ Std., tgl. 3-mal).

Buchan
330 EW.

Das ziemlich verschlafene Dorf Buchan liegt in den Ausläufern der Snowy Mountains und ist für das spektakuläre, verwinkelte Kalksteinhöhlensystem im **Buchan Caves Reserve** berühmt, das inzwischen seit fast 100 Jahren für Besucher zugänglich ist. Unterirdische Flussläufe bahnten sich einst ihren Weg durch die alten Kalksteinfelsen und schufen Höhlen und Kavernen, in denen Aborigines schon vor 18 000 Jahren Unterschlupf fanden. **Parks Victoria** (✑5162 1900; www.parks.vic.gov.au; Führung Erw./Kind/Fam. 14,50/8,50/40,50 AU$; ☺Okt.–Ostern 10, 11.15, 13, 14.15 & 15.30 Uhr, Ostern–Sept. 11, 13 & 15 Uhr) veranstaltet tägliche Höhlenführungen, abwechselnd gehen sie durch die Royal bzw. die Fairy Cave (Führungen durch beide Höhlen kosten pro Erw./Kind/ Fam. 22/12,50/60,50 AU$). In der Hauptsaison bieten die Ranger zusätzlich Führungen (mit Schutzhelm) durch die weniger gut erschlossene Federal Cave an. Das Naturschutzgebiet um die Höhlen ist ein hübscher Ort mit schattigen Picknick-stellen, Wanderwegen und äsenden Kängurus.

🛏 Schlafen

Buchan Caves Reserve   CAMPING, HÜTTEN **$**
(📞5162 1900; www.parks.vic.gov.au; Buchan Caves Reserve; Stellplatz ohne/mit Strom 18/24 AU$, Hütte DZ 77 AU$ Safarizelt DZ 150 AU$; 🏊) Auf diesem beschaulichen Campinggelände von Parks Victoria am Rand eines State Forest gibt es eine Reihe von Standardhütten sowie luxuriöse Safarizelte für ein echtes Wildnis-Erlebnis.

Buchan Lodge   HOSTEL **$**
(📞5155 9421; www.buchanlodge.com.au; 9 Saleyard Rd; B 20 AU$) In kurzer Laufentfernung vom Ortszentrum und ganz nah am Fluss liegt diese aus Kiefernstämmen gezimmerte, überaus freundliche Backpackerherberge, in der man gut abhängen und die Aussicht ins Land genießen kann. Es gibt eine große, ländliche Küche, eine gemütliche Lounge und Lagerfeuer hinter dem Haus.

ℹ An- & Weiterreise

Buchan liegt 56 km nördlich von Lakes Entrance und ist per Auto bequem zu erreichen. **Buchan Bus 'n' Freight** (📞5155 0356) bietet mittwochs und freitags eine Busverbindung zwischen Bairnsdale und Buchan (16,50 AU$, 1 Std., 3-mal wöchentl.), die Anschluss an den Zug von/nach Melbourne hat. Davon abgesehen ist man auf eigene Transportmittel angewiesen.

Orbost & Marlo

2100 EW.

Orbost ist ein Dienstleistungszentrum für die umliegenden Farm- und Waldgebiete. Die meisten Traveller brausen vorbei, da der Princes Hwy südlich am Ort vorbeiführt und man über die Bonang Rd in nördlicher Richtung zu den Nationalparks Snowy River und Errinundra kommt. Die Marlo Rd folgt dem Snowy River südwärts nach Marlo und setzt sich die Küste entlang weiter nach Cape Conran fort.

Das **Orbost Visitor Information Centre** (📞5154 2424; Ecke Nicholson & Clarke St; ⊙9–17 Uhr) residiert in der historischen Slab Hut von 1872. Das eindrucksvolle **Orbost Exhibition Centre** (📞5154 2634; www.orbost exhibitioncentre.org; Clarke St; Erw./Kind 4 AU$/ frei; ⊙Mo–Sa 10–16, So 13–16 Uhr) neben der Touristeninformation zeigt Werke einheimischer Holzschnitzer.

Nur 15 km südlich von Orbost liegt das verschlafene Küstenstädtchen **Marlo** an der Mündung des Snowy River. Es ist ein hübscher Ort, und die Straße führt weiter bis zum Cape Conran, bevor sie wieder in den Highway mündet. Neben der prachtvollen Küste ist die Hauptattraktion hier die **PS Curlip** (📞5154 1699; www.paddlesteamercurlip. com.au; Erw./Kind/Fam. 25/15/60 AU$; ⊙Mi–So 11.30 & 14.30 Uhr), der Nachbau eines Raddampfers von 1890, der einst den Snowy River hinauf nach Orbost fuhr. Tickets für eine Fahrt gibt's im Gemischtwarenladen vor Ort.

Ein nachmittägliches Bier auf der großen Holzterrasse des **Marlo Hotel** (📞5154 8201; www.marlohotel.com.au; 17 Argyle Pde; DZ 140 AU$, mit Whirlpool 130–160 AU$) ist nicht zu toppen. Die Boutiquezimmer sind überdurchschnittlich gut, und das Restaurant serviert Fisch aus der Region, z. B. Australischen Glatthai und Riesengarnelen (Hauptgerichte 14–30 AU$).

Cape Conran Coastal Park

Dieser erfreulicherweise unerschlossene Teil der Küste ist eine der schönsten Ecken von Gippsland, in der lange, einsame, weiße Sandstrände das Bild prägen. Besonders die 19 km lange Küstenstrecke von Marlo nach Cape Conran ist wunderschön – Banksia säumen die Straße und man sieht nichts als weite Grasebenen, Sanddünen und den Ozean.

Zu den guten Wanderwegen zählt der Nature Trail, der auf den East Cape Boardwalk trifft, wo Erläuterungstafeln einen Einblick in die frühere Lebensweise der hiesigen Aborigines vermitteln. Will man ihnen weiter nachspüren, nimmt man von der Cape Conran Rd aus die West Cape Rd zu den **Salmon Rocks**, wo sich ein Muschelhaufen der Ureinwohner befindet, der mehr als 10 000 Jahre alt ist.

Ein kurzer Abstecher von der Verbindungsstraße zwischen Cape Conran und dem Princes Hwy führt zu den **Cabbage Tree Palms**, dem einzigen natürlichen Palmenhain in Victoria – eine winzige Regenwaldoase.

🛏 Schlafen

Parks Victoria (📞5154 8438; www.conran.net. au) verwaltet die drei ausgezeichneten Unterkunftsoptionen im Cape Conran Coastal Park. Zu ihnen gehören **Stellplätze** am

FREIWILLIGENARBEIT

Wer freiwillig irgendwo mithelfen will, für den sind Nationalparks und Biofarmen zwei Alternativen.

Parks Victoria (☎13 16 93; www.parkweb.vic.gov.au) betreibt Freiwilligenprogramme während der Weihnachts- und Osterferien im Wilsons Promontory National Park, im Buchan Caves Reserve, im Cape Conran und im Croajingolong National Park. Freiwillige verpflichten sich auf mindestens zwei Wochen als Campingplatz-Hosts und beteiligen sich am Alltagsbetrieb des Parks als Helfer für die Besucher und die Parkranger. Freiwillige Helfer brauchen für ihren Stellplatz nichts zu bezahlen, und Zelte können gestellt werden. Bewerbungen an Parks Victoria richten!

Willing Workers on Organic Farms (WWOOF; ☎5155 0218; www.wwoof.com.au; 2615 Gelantipy Rd, W Tree) ist eine landesweite Organisation mit Sitz in East Gippsland. Die freiwilligen Helfer arbeiten auf Biofarmen, die dem WWOOF-Verband angeschlossen sind, und erhalten für ihre Arbeit Kost und Unterkunft.

Strand (18–24 AU$), **Hütten** (96–145 AU$ für bis zu 4 Pers.) und **Safarizelte** (150 AU$).

West Cape Cabins HÜTTEN **$$**
(☎5154 8296; www.westcapecabins.com; 1547 Cape Conran Rd; DZ/FZ 175/250 AU$) Die aus hier gewachsenem oder Recycling-Holz gebauten separaten Hütten sind echte Kunstwerke, ein paar Kilometer abseits des Parks. Man erfährt, von welcher Baumart die Hölzer stammen, und sogar der Rahmen der großen Betten wurde aus Baumstämmen angefertigt. Die großen Bäder mit Whirlpool befinden sich draußen und machen den Aufenthalt noch angenehmer.

Mallacoota

980 EW.

Das abgelegene Mallacoota ist ein echtes Juwel: Victorias östlichster Ort ist in einem kleinen Abstecher von der Küstenstraße zwischen Melbourne und Sydney aus leicht zu erreichen. Der Ort schmiegt sich an das riesige Mallacoota Inlet und ist von den steilen Hügeln und den Stranddünen des wunderschönen Croajingolong National Park umgeben. Wer die lange Anreise nicht scheut, wird mit langen, menschenleeren Surfstränden, von Gezeiten geprägten Flussmündungen und reichlich Gelegenheit zum Baden, Angeln und Bootfahren im und auf dem Inlet belohnt. Zu Weihnachten und Ostern ist Mallacoota ein bei Familien beliebter Ferienort, doch sonst den größten Teil des Jahres einfach hübsch und sehr entspannt.

◉ Sehenswertes & Aktivitäten

Gabo Island INSEL
Auf Gabo Island, das 14 km vor der Küste bei Mallacoota liegt, finden sich im windumtosten, 154 ha großen **Gabo Island Lightstation Reserve** viele Vögel und eine der weltweit größten Zwergpinguinkolonien – viel größer als die auf Phillip Island. Vor der Küste werden regelmäßig Wale, Delfine und Seebären gesichtet. Auf der Insel steht ein 1862 errichteter **Leuchtturm**. Er ist immer noch in Betrieb und der höchste auf der Südhalbkugel. Wer will, kann hier in den alten Leuchtturmwärter-Cottages übernachten (bei Parks Victoria nachfragen). **Mallacoota Air Services** (☎0408 580 806; hin & zurück 300 AU$ für 3 Erw. oder 2 Erw. & 2 Kinder) fliegt einen auf Anfrage schnell auf die Insel, man kann aber auch mit einem Boot von Wilderness Coast Ocean Charters übersetzen.

Mallacoota Hire Boats BOOTSVERLEIH
(☎0438-447 558; Main Wharf, Ecke Allan & Buckland Dr; Motorboot 60/100/140 AU$ für 2/4/6 Std.) Am besten erkundet man die Schönheiten von Mallacoota und den Gewässern des Meeresarms per Boot. Dieser Anbieter liegt zentral und verleiht Kanus und Boote. Einen Motorbootführerschein braucht man nicht. Man kann nur in bar bezahlen!

Wanderungen WANDERN
Es gibt viele tolle kürzere Wanderwege rund um den Ort, am Meeresarm und im Busch. Ein leichter, 4 km langer Wander- und Radweg führt um den Meeresarm nach Karbeethong. Von dort folgt der Wanderweg von der **Bucklands Jetty zur Captain Creek Jetty** (einfache Strecke 5 km, 1 Std.) der Küste des Meeresarms vorbei an den Narrows. Der **Mallacoota Town Walk** (7 km, 5 Std.) dreht eine Schleife um den Bastion Point und verbindet fünf einzelne Wanderwege.

Strände

Gute Surfwellen findet man am **Bastion Point** oder am **Tip Beach**. Am abgeschirmteren **Betka Beach**, an dem in den Weihnachtsferien Rettungsschwimmer im Einsatz sind, kann man in den Wellen baden.

☞ Geführte Touren

Wilderness Coast Ocean Charters　　NATUR
(☏5158 0701, 0417 398 068; wildcoast@dragnet.com.au) Veranstaltet Tagestouren nach Gabo Island (60 AU$, min. 8 Pers.; 60 AU$ in beide Richtungen, wenn man auf der Insel übernachtet) und bei ausreichend großer Nachfrage auch Fahrten die Küste hinunter zur Seebärenkolonie vor dem Wingan Inlet.

MV Loch-Ard　　NATUR
(☏5158 0764; Main Wharf; Erw./Kind Tour 2 Std. 28/10 AU$, Tour 3 Std. 38/12 AU$) Bietet mehrere Fahrten auf dem Meeresarm an, darunter eine in den Sonnenuntergang und andere, bei denen Tiere beobachtet werden. Start ist am Main Wharf.

Porkie Bess　　BOOTSFAHRT, ANGELN
(☏5158 0109, 0408 408 094; Bootsfahrt 2 Std. 25 AU$, Angeltour 50 AU$) Mit dem Holzboot aus den 1940er-Jahren werden Angeltouren und Fahrten auf den Seen angeboten, aber auch Wanderer ans andere Ufer übergesetzt (20 AU$/Pers., min. 4 Pers.). Abfahrt ist an der Karbeethong Jetty.

🛏 Schlafen

Während der Oster- und Weihnachtsferien muss man sein Quartier am besten weit im Voraus buchen. In dieser Zeit sind die Übernachtungspreise natürlich auch erheblich teurer.

Adobe Mudbrick Flats　　PENSION $
(☏5158 0329; www.adobeholidayflats.com.au; 17 Karbeethong Ave; DZ 75 AU$, 4BZ 90–140 AU$) Diese Lehmziegelwohnungen in Karbeethong, ein paar Kilometer nördlich von Mallacoota, wurden von Margaret und Peter Kurz mit viel Liebe errichtet und sind etwas ganz Besonderes. Hier wird viel Wert auf Recycling und Umweltschonung gelegt, das Warmwasser wird mit Solarenergie erwärmt, und die Gäste werden dazu angehalten, ihre Küchenabfälle zu kompostieren. Direkt vor der Tür kann man Vögel, Eidechsen und Possums von Hand füttern. Die eigenwilligen Apartments sind gemütlich, gut ausgestattet und unglaublich günstig.

Mallacoota Foreshore Holiday Park　　CAMPING $
(☏5158 0300; www.mallacootaholidaypark.com.au; Ecke Allan Dr & Maurice Ave; Stellplatz ohne/mit Strom 12/18 AU$, Hauptsaison ab 27/32 AU$; ☏) Der grasbewachsene Campingplatz am Ufer zählt zu den geselligsten und landschaftlich schönsten in Victoria. Man hat einen wunderbaren Blick auf den Meeresarm mit seinen Trauerschwänen und Pelikanen. Es gibt keine Hütten, aber zum Zelten ist es der beste Platz in Mallacoota.

Karbeethong Lodge　　PENSION $$
(☏5158 0411; www.karbeethonglodge.com.au; 16 Schnapper Point Dr; B 75–220 AU$) Auf den breiten Veranden dieses Holzhauses aus dem frühen 20. Jh. empfindet man Ruhe und Frieden und genießt einen unverstellten Ausblick auf das Mallacoota Inlet.

Mallacoota Wilderness Houseboats　　HAUSBOOTE $$
(☏0409 924 016; www.mallacootawildernesshouseboats.com.au; Karbeethong Jetty; 4 Übernachtungen werktags ab 750 AU$, eine Woche 1200–1600 AU$) Diese Hausboote mit jeweils sechs Kojen sind nicht luxuriös, aber ideal, um die Wasserstraßen Mallacootas zu erkunden.

Mallacoota Hotel Motel　　MOTEL $$
(☏5158 0455; www.mallacootahotel.com.au; 51-55 Maurice Ave; Motel EZ/DZ ab 75/95 AU$, Wohneinheiten DZ/2BZ 115/125 AU$; ❄☀) Die sauberen, preisgünstigen Motel-Wohneinheiten neben dem Hotel verteilen sich um eine Rasenfläche mit Swimmingpool. Auch die Standard-Motelzimmer bieten alle modernen Einrichtungen.

✕ Essen & Ausgehen

Die meisten Besucher halten den Fisch, den man selber gefangen hat, für das beste Essen. Es gibt aber auch einige wenige gute Restaurants an der Maurice Ave.

Lucy's　　ASIATISCH $
(☏5158 0666; 64 Maurice Ave; Gerichte 10–20 AU$; ☺8–21 Uhr; @) Das Lucy's ist wegen seiner köstlichen, selbstgemachten und preisgünstigen Reisnudeln mit Hähnchen, Garnelen oder Seeohren und wegen seiner Klöße beliebt. Auf der Seitenterrasse kann man aber auch prima frühstücken.

Croajingolong Cafe　　CAFÉ $
(☏5158 0098; Shop 3, 14 Allan Dr; Hauptgerichte 5–14 AU$; ☺Di–So morgens &mittags; ☏) Das Café mit Blick über den Meeresarm ist der

Die beiden abgelegenen Naturparks nördlich von Orbost nehmen den größten Teil der Ostecke Victorias zwischen den Bergen und der Küste ein. Die Parks sind im Norden durch die teilweise unbefestigte MacKillops Rd angebunden, dank derer es möglich ist, die Schleife von Buchan nach Orbost per Fahrzeug zu absolvieren. Bei trockener Witterung reicht ein normales Auto aus, man sollte sich aber vorab unbedingt bei Parks Victoria über die Straßenverhältnisse erkundigen!

Snowy River National Park

Dieser Nationalpark nordöstlich von Buchan ist einer der abgelegensten und spektakulärsten in Victoria. Ihn kennzeichnen tiefe Schluchten, die der Snowy River auf seinem Weg aus den Snowy Mountains in New South Wales zur Mündung bei Marlo in den Sand- und Kalksteinfels gegraben hat. Der gesamte, 1145 km² große Park bietet eine reiche Vielfalt an wunderschönen Busch- und Gebirgslandschaften, von Berg- über Eukalyptus- bis hin zu Regenwäldern. Zu den vielen Tieren, die hier leben, zählt auch das seltene Bürstenschwanz-Felskänguru.

Im Westen des Parks hat man von den gut ausgeschilderten Aussichtspunkten auf Hügelspitzen einen prachtvollen Blick auf die **Little River Falls** und in die **Little River Gorge**, Victorias tiefste Schlucht. Von dort sind es ungefähr 20 km bis zur gewaltigen **McKillops Bridge** über den Snowy River, über die man hinüber in den Errinundra National Park fahren kann. Der hügelige und schwere **Silver Mine Walking Track** (15 km, 6 Std.) beginnt am östlichen Ende der Brücke.

Auf einer Reihe einfacher Plätze im Park kann man kostenlos campen. Der wichtigste Campingplatz ist aber der an der McKillops Bridge. Er hat eine wunderschöne Lage und bietet Toiletten und Feuerstellen.

Der **Karoonda Park** (☑5155 0220; www.karoondapark.com; 3558 Gelantipy Rd; B/EZ/ DZ 30/50/70 AU$, Hütte 115 AU$/6 Pers.; ✱@✉), 40 km nördlich von Buchan an der Straße zum Snowy River National Park, hat komfortable Schlafstellen für Backpacker und Hütten. An Aktivitäten gibt es hier Abseilen, Ausritte, Schluchtenwanderungen, Wildwasserrafting und Arbeit auf einer Farm. Auch ein Mountainbikeverleih ist vorhanden.

ideale Ort, um beim Frühstück mit Kaffee, Baguettes oder Pfannkuchen einen Blick in die Zeitung zu werfen

Mallacoota Hotel KNEIPE **$$**
(☑5158 0455; 51-55 Maurice Ave; Hauptgerichte 17–30 AU$; ☺mittags & abends) Das örtliche Pub-Bistro hat eine abwechslungsreiche Karte mit herzhaften Gerichten, darunter so verlässliche Klassiker wie Hähnchen-Parmagiana oder Gippsland-Steak. Im Sommer treten hier regelmäßig Bands auf.

ℹ Praktische Informationen

Mallacoota Visitors Centre (☑5158 0800; www.visitmallacoota.com.au; Main Wharf, Ecke Allan & Buckland Dr; ☺10–16 Uhr) Wird von freundlichen Ehrenamtlichen geführt.

ℹ An- & Weiterreise

Mallacoota liegt 23 km südöstlich von Genoa (am Princes Hwy). Von Melbourne aus den Zug nach Bairnsdale nehmen und dort in den V/Line-Bus nach Genoa umsteigen (26,70 AU$,

3 Std., tgl.). Montags, donnerstags, freitags und während der Schulferien auch sonntags wird der V/Line-Bus in Genoa vom Bus des **Mallacoota-Genoa Bus Service** (☑0408 315 615) erwartet, der einen dann nach Mallacoota bringt (3,40 AU$, 30 Min.).

Croajingolong National Park

Der Croajingolong National Park ist einer der schönsten Küsten-Naturparks Australiens und als Weltbiosphärenreservat von der Unesco (als eines von zwölf solcher Reservate in Australien) anerkannt. Unberührte Strände, Meeresarme, Flussmündungen und Wälder sorgen dafür, dass man hier in Abgeschiedenheit campen, wandern, baden und surfen kann. Der Park umfasst 87 500 ha und erstreckt sich über rund 100 km vom Bemm River bis zur Grenze von New South Wales. Die fünf Meeresarme – der **Sydenham**, **Tamboon**, **Mueller**, **Win-**

Errinundra National Park

Der Errinundra National Park umfasst Victorias größten gemäßigten Regenwald, aber die Wälder rund um den Park sind ein umkämpftes Gebiet zwischen den Holzfällern und Umweltschützern, die die alten Waldbestände retten wollen.

Der Nationalpark umfasst eine Fläche von 256 km²; in ihm gibt es drei Granitberge, die bis in die Wolken ragen. Sie sorgen für hohe Niederschlagsmengen, tiefen, fruchtbaren Boden und ein Netz von Bächen und Flüssen, die nach Norden, Süden und Osten fließen. In diesem reichen Habitat leben viele einheimische Vögel und Säugetiere, darunter auch viele seltene und gefährdete Arten wie das Kaninchenkänguru.

Kombiniert man Fahrten mit dem Auto über malerische Straßen mit kurzen und mittellangen Wanderungen, lässt sich der Park gut erkunden. Vom **Mt. Ellery** hat man eine sagenhafte Aussicht; am **Errinundra Saddle** gibt es einen Plankenweg durch den Regenwald, und vom **Ocean View Lookout** bietet sich ein wunderbarer Ausblick hinunter auf den Goolengook River und in die Ferne bis zum Bemm River.

Die **Frosty Hollow Camp Site** (Stellplätze frei) ist der einzige Campingplatz innerhalb des Nationalparks und liegt in dessen Osten. Außerdem gibt es noch kostenlose Campingplätze an den Rändern des Parks: am Ellery Creek in Goongerah sowie am Delegate River.

Jacarri (☎5154 0145; www.eastgippsland.net.au/jacarri; Ecke Bonang Hwy & Ellery Creek Track, Goongerah; DZ/FZ 80/90 AU$) ist ein tolles kleines Öko-Cottage auf einer Farm, die ökologischen Landbau betreibt. Das Cottage nutzt Solarenergie, hat einen energiesparsamen Ofen zum Heizen und Kochen und bietet Platz für vier Personen.

Geführte Touren

Gippsland High Country Tours (☎5157 5556; www.gippslandhighcountrytours.com.au) veranstaltet leichte, mittelschwere und schwere fünf bis sieben Tage dauernde Wanderungen in den Nationalparks Errinundra, Snowy River und Croajingolong.

Snowy River Expeditions (☎5155 0220; www.karoondapark.com/sre; Karoonda Park, Gelantipy; Tour ab 85 AU$/Tag) ist ein etabliertes Unternehmen, das Abenteuertouren anbietet, darunter ein-, zwei- und viertägige Raftingtouren auf dem Snowy River. Auch halb- oder ganztägige Abseiltrips oder Höhlenwanderungen sind im Angebot.

gan und Mallacoota Inlet (letzterer ist der größte und am besten zugängliche) – sind beliebte Orte zum Kanufahren und Angeln.

Der **Wilderness Coast Walk** ist nur etwas für kühne und gut vorbereitete Wanderer. Der Weg beginnt am Sydenham Inlet beim Bemm River und führt die Küste entlang nach Mallacoota. Will man sich mit einem Teilstück begnügen, ist **Thurra River** ein guter Ausgangspunkt: Von dort hat man eine leichte bis mittelschwere Wanderung (59 km, 5 Tage) bis nach Mallacoota vor sich.

Point Hicks war der erste Punkt des australischen Kontinents, den Captain Cook und die Besatzung der *Endeavour* im Jahr 1770 erspähten, und wurde nach Zachary Hicks benannt, dem Ersten Offizier des Schiffs. Der **Leuchtturm** (☎5158 4268; www.pointhicks.com.au; ☺Führung Fr–Mo 13 Uhr) ist für Führungen geöffnet; in den alten Leuchtturmwärter-Cottages kann man auch übernachten. Ganz in der Nähe des Leuchtturms findet man immer noch Trümmer der SS *Saros*, die 1937 hier auf Grund lief.

Vom Princes Hwy aus führen Nebenstraßen unterschiedlicher Qualität in den Park. Abgesehen von der Mallacoota Rd sind alle diese Straßen unbefestigt und im Winter oft in sehr schlechtem Zustand; will man sich auf sie wagen, sollte man sich, insbesondere während oder nach längeren Regenfällen, unbedingt bei Parks Victoria nach dem Straßenzustand erkundigen.

🛏 Schlafen

Wegen der abgeschiedenen Lage des Parks sind seine Campingplätze erstaunlich ruhig. Reservierungen sind nur während der Weihnachts- und Osterferien erforderlich; Stellplätze für diese Zeiten werden nach einem Losverfahren vergeben. Es gibt vier ausgewiesene Campingplätze: Stellplätze am Wingan Inlet und Shipwreck Creek bucht man bei **Parks Victoria** (☎13 19 63;

Stellplatz 17 AU$); die Stellplätze am Thurra River und am Mueller Inlet bei **Point Hicks Lighthouse** (☑5158 4268; www.pointhicks. com.au; Stellplatz 20 AU$). Der Campingplatz Shipwreck Creek ist 15 km von Mallacoota entfernt und am leichtesten erreichbar, aber die schönste Umgebung bietet der Platz am Wingan Inlet.

Point Hicks Lighthouse   COTTAGES **$$** (☑5158 4268, 5156 0432; www.pointhicks. au; Bungalow 100–120 AU$, Cottage 330 AU$) Zu dem einsamen Leuchtturm gehören zwei komfortable, unter Denkmalschutz stehen-de Cottages und ein Doppelbungalow, wo einst die Assistenten des Leuchtturmwär-ters wohnten. Die Cottages bieten Kamine, einen sagenhaften Ausblick aufs Meer und Platz für sechs Personen.

❶ Praktische Informationen

Parks Victoria (☑13 19 63, Cann River 5158 6351, Mallacoota 5161 9500; www.parkweb.vic. gov.au) Wegen Infos über den Straßenzustand, Wanderungen über Nacht, Campinggenehmi-gungen und Wegebeschreibungen an die Parks Victoria-Büros in Cann River oder Mallacoota wenden!

Brisbane & Gold Coast

Inhalt »

Auf nach Brisbane & zur Gold Coast!

Mit 35 Stränden und 300 Sonnentagen im Jahr verspricht die Gold Coast ihren jährlich 4 Mio. Besuchern unverfälschten Aussie-Lebensstil: Sonne, Wellen und Spaß. Die Strände sind spektakulär, Burleigh Heads, Currumbin, Kirra und Duranbah hervorragende Surfspots. In Surfers Paradise kann man sich ins wilde Partyleben stürzen, in der lieblichen Moreton Bay Inseln entdecken oder einfach nur dem Urlaubscharme der Orte erliegen. Im grünen, subtropischen Hinterland laden die Nationalparks Lamington und Springbrook zu Wanderungen durch Regenwälder und zu Wasserfällen ein; urige Unterkünfte runden das Ganze ab.

Das Tor zur Gold Coast ist Brisbane, eine lässige Stadt mit pulsierender Kunstszene, lebendigem Nachtleben und erstklassigen Restaurants. Die Einheimischen wissen das gemäßigte Klima und die Traumlage am Fluss zu schätzen – an den Wochenenden wird gejoggt, geradelt, Kajak gefahren und geklettert. Überall in der Stadt gibt's tolle Märkte, Restaurants und Bars unter freiem Himmel.

Gut essen

- » E'cco (S. 318)
- » Ortiga (S. 319)
- » Mondo Organics (S. 322)
- » Oskars (S. 350)
- » ElephantRockCafé(S. 350)

Schön übernachten

- » Treasury (S. 314)
- » Portal (S. 314)
- » Limes (S. 317)
- » Komune (S. 351)

Reisezeit

Brisbane

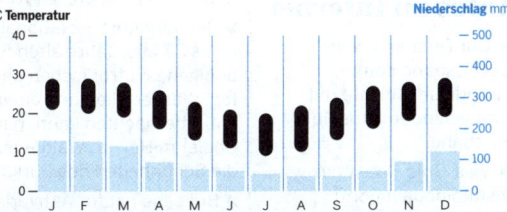

Januar Hohe Temperaturen, hohe Luftfeuchtigkeit und gelegentliche Schauer.

Mai Die milden, sonnigen Wintertage locken Sonnenanbeter aus der ganzen Welt an.

September Im Frühjahr ist's angenehm warm – genau das richtige Festivalwetter.

TOP-TIPP

In Brisbane gibt's fantastische Lebensmittelmärkte mit vielen Leckereien, Livemusik und massenhaft Besuchern (man sollte sich also frühzeitig auf den Weg machen). Die beiden besten Veranstaltungen sind der zweimal im Monat stattfindende Jan Power's Farmers Market (S. 330) und der West End Market (S. 330) samstags.

Kurzinfos

» Bevölkerung: 2,3 Mio.
» Fläche: 6150 km²
» Vorwahl: 07

Reiseplanung

» Unterkünfte kann man unter http://hotels.www.lonelyplanet.de oder www.wotif.com buchen.

» Man sollte sich überlegen, wie man die Region erkunden will, und sich dann ein Auto mieten oder den Bus- und Zugfahrplan genau studieren (www.translink.com.au).

Infos im Internet

» Our Brisbane (www.ourbrisbane.com): Grandiose Website mit umfassenden Infos über Brisbane.

» Visit Gold Coast (www.visitgoldcoast.com): Attraktionen, Events und Beschreibung der einzelnen Orte.

» Gold Coast (www.goldcoast.com): Nachrichten, Sport, Surfberichte, Klatsch und Tratsch.

Inselträume

Die Region ist nicht zuletzt für ihre traumhaften Inseln mit langen, lieblichen Stränden und nicht weniger reizvollem Buschland bekannt. Auf Moreton Island etwa gibt's nur Sandpisten und keine Straßen, ohne Geländewagen ist man auf der idyllischen subtropischen Insel verloren (es gibt auch geführte Touren). North Stradbroke hat neben gepflasterten Straßen noch Einiges mehr zu bieten: Tauch- und Schnorchelspots, Surfen und Meerkajaktouren. Für den Besuch der unberührten Seen der Insel sollte man einen eigenen fahrbaren Untersatz haben. Ein ruhiges, friedliches Plätzchen ist das autofreie South Straddie. Auf allen Inseln kann man Bushwalking-Touren unternehmen und Wale beobachten (Juni–Nov.). Also das Fernglas nicht vergessen!

NICHT VERSÄUMEN!

An der grandiosen Gold Coast liegen einige der einladendsten und sonnigsten Küstenabschnitte der ganzen Ostküste. Für Partygänger ist Surfers Paradise mit seinem tollen Strand und der guten Brandung ideal; wer es ruhiger mag, sollte die Strände weiter im Süden ansteuern. Burleigh Heads etwa hat weiße Sandstrände mit postkartenreifer Bergkulisse und umwerfenden Surfbreaks. Coolangatta und das benachbarte Tweed Heads sind charmante und relaxte Badeorte. Wer nicht surfen und erste Stehversuche auf einem Brett unternehmen will, ist an der Gold Coast genau richtig. Currumbin Alley ist z. B. ein idealer Ort für Anfänger.

Outdoor-Abenteuer

» Der 200 km² große Lamington National Park (S. 356) mit seinen subtropischen Regenwäldern, steilen Klippen und Tälern und unzähligen wilden Tieren bietet ausgezeichnete Voraussetzungen fürs Bushwalking. Ehrgeizige Wanderer können den 24 km langen Border Trail in Angriff nehmen, der zwei Abschnitte des Parks miteinander verbindet. Spannend ist auch der Tree-Top Canopy Walk.

» Der Springbrook National Park (S. 354) mit den Überresten eines 23 Mio. Jahre alten Schildvulkans wartet mit einer üppigen, subtropischen Landschaft, grandiosen Schluchten, Wasserfällen und einer vielfältigen Flora und Fauna auf. Übernachten kann man in einer Pension oder einem Chalet mitten im Wald – ein perfekter Ausgangspunkt, um die Schönheiten des Parks zu erkunden.

» Brisbane hat für Aktivurlauber einiges zu bieten: von Joggen oder Radeln am Flussufer über Kanu- und Kajaktouren auf dem Fluss bis hin zu Kletterrouten an den Kangaroo Point Cliffs. Tagesausflüge führen u. a. zum Mt. Coot-tha Reserve (S. 309) mit grandiosen Ausblicken auf die Stadt. Die Wege im D'Aguilar Range National Park (S. 311) führen durch eine recht wilde Landschaft. Der Nationalpark ist nur 30 Autominuten von Brisbane entfernt.

ℹ️ An- & Weiterreise

Bus

Fernbusse halten im CBD am **Brisbane Transit Centre** (www.brisbanetransitcentre.com.au) in der Roma St und an den Transitbushaltestellen in Southport, Surfers Paradise und Coolangatta. **Greyhound Australia** (☑1300 473 946; www.greyhound.com.au) und **Premier Motor Service** (☑13 34 10; www.premierms.com.au) fahren von Brisbane und der Gold Coast nach Byron Bay (ab 30 AU$, 2½–4 Std.), Sydney (ab 150 AU$, 15–18 Std.) und darüber hinaus.

Flugzeug

Brisbane Airport (http://bne.com.au) 16 km nordöstlich der Stadt.

Gold Coast Airport (http://goldcoastairport.com.au) In Coolangatta, 25 km südlich von Surfers Paradise.

ℹ️ Unterwegs vor Ort

Bus

Greyhound Australia (☑1300 473 946; www.greyhound.com.au) verkehrt mehrmals täglich zwischen der Gold Coast und Brisbane (20 AU$, 1½ Std.).

Surfside Buslines (☑13 12 30; www.translink.com.au) fährt häufig den Gold Coast Hwy von Tweed Heads aus rauf und runter. Stopps sind Dreamworld, Sanctuary Cove und Paradise Point.

Coachtrans (www.coachtrans.com.au) betreibt einen Shuttlebus zwischen Brisbane und Tweed Heads mit verschiedenen Zwischenstopps an der Strecke: u. a. Dreamworld, Movie World und Wet'n'Wild. Coachtrans fährt außerdem von Brisbane nach Surfers (32 AU$, 1½ Std.) und zu den Themenparks.

Vom/zum Flughafen

Der **Airtrain** (☑3215 5000; www.airtrain.com.au; Erw./Kind 15/7,50 AU$; ☺6–19.30 Uhr) düst vom Brisbaner Flughafen nach Fortitude Valley, zur Central Station und zum Brisbane Transit Centre. Außerdem gibt's von den Gold-Coast-TransLink-Stationen alle 30 Minuten eine Verbindung zum Flughafen.

Coachtrans (☑3358 9700; www.coachtrans.com.au; Erw./Kind 15/8 AU$) betreibt einen Shuttleservice zwischen dem Flughafen und jedem Hotel im CBD. Außerdem fahren die Busse vom Brisbaner Flughafen zu jedem Ort an der Gold Coast (einfache Strecke 43,50 AU$).

Gold Coast Tourist Shuttle (☑1300 655 655, 5574 5111; www.gcshuttle.com.au; Erw./Kind/Fam. 18/9/45 AU$) Die Busse warten am Coolangatta Airport auf ankommende Gäste und bringen sie zu den meisten Unterkünften an der Gold Coast.

Taxi

In Brisbane bekommt man ein Taxi unter der Nummer ☑13 10 08 oder ☑13 19 24; an der Gold Coast unter ☑13 10 08.

Zug

TransLink-Züge fahren von Brisbane aus ca. alle 30 Minuten nach Helensvale (Zone 12, einfache Strecke 12,40 AU$, 1 Std.), Nerang (Zone 13, einfache Strecke 12,90 AU$, 65 Min.) und Robina (Zone 15, einfache Strecke 15,10 AU$, 71 Min.). Die Shuttlebusse von **Surfside Buslines** (☑13 12 30; www.surfside.com.au) starten regelmäßig an den Bahnhöfen in Richtung Themenparks, Surfers (4–5 AU$) und darüber hinaus.

BRISBANE

Keine australische Metropole wächst schneller als Brisbane. Die Stadt punktet mit subtropischen Gärten, einer relaxten Stimmung, einem tollen Lebensstil, bei dem viel im Freien stattfindet, First-Class-Restaurants, bemerkenswerte historische Gebäude und eine geniale Kunstszene. Brisbanes Herz schlägt am idyllischen Brisbane River, der sowohl ein Segen (Open-Air Cafés, Bars, Restaurants, Uferwege) als auch ein Fluch ist (2011 verursachte der über seine Ufer gestiegene Fluss verheerende Zerstörungen).

In Brisbane herrscht ein gemäßigtes Klima. In Australiens drittgrößter Stadt halten sich Hochhäuser und Grünanlagen mit ihren vielen Bäumen noch die Waage. Ein riesiges Kulturangebot macht die Hauptstadt Queenslands zudem zum Epizentrum für Kunst aller Art: Sie wartet mit Galerien von Weltklasse, Museen, Theater, Avantgarde-Kinos, Veranstaltungsorten für Livemusik und zahlreichen Events auf. Und last, not least verstehen es die erstklassigen Chefköche hervorragender Restaurants wahrhaft, selbst den anspruchsvollsten Globetrotter zufriedenzustellen.

Die Inseln in der Moreton Bay östlich der Stadt sind idyllische Ausflugsorte. Hier kann man schöne Buschwanderungen unternehmen, surfen und mit dem Kajak in die Fluten stechen. Vor North Stradbroke laden gute Spots zum Tauchen ein. Direkt vor Moreton Island kann man wunderbar in den Tangalooma Wrecks schnorcheln.

◉ Sehenswertes

Die meisten Sehenswürdigkeiten Brisbanes befinden sich im CBD (Central Business District) oder in den innerstädtischen Vororten. Bei einem Spaziergang durch das

Highlights

❶ Die tropische Vielfalt in Brisbanes **City Botanic Gardens** (S. 305)

❷ Die langen Flure der erstklassigen **Gallery of Modern Art** (S. 306)

❸ Ein Mahl in einem der besten Restaurants in **New Farm** (S. 321)

❹ Ein Ausflug in die coole Bar- und Clubszene in **Fortitude Valley** (S. 323)

❺ Wilde Partys in **Surfers Paradise** (S. 340)

❻ Ein kühles Bad am Streets Beach in **South Bank Parklands** (S. 306)

❼ Eine Wanderung im **Springbrook National Park** (S. 354) und im **Lamington National Park** (S. 356) – tiefe Schluchten und in den Himmel ragende Regenwälder warten

❽ Eine Boots- oder Busfahrt zum **Lone Pine Koala Sanctuary** (S. 312), um dort Koalas zu knuddeln

❾ Eine Erkundung der noch unberührten Inseln der **Moreton Bay** (S. 332)

❿ Ein Ritt über die Wellen oder ein Sonnenbad in **Coolangatta** (S. 351) an der berühmten Gold Coast

Stadtzentrum offenbart sich Brisbanes koloniale Geschichte und Architektur. Nach einer kurzen Fahrt mit der Fähre oder einem Spaziergang über die Brücke erreicht man South Bank, wo es erstklassige Kunstmuseen und eine ruhige, friedliche Parklandschaft mit reizvollen, künstlich angelegten Badelagunen gibt. Chinatown und die Brunswick St liegen in Fortitude Valley und bieten genau die richtige Mischung von Restaurants, Nachtclubs, Läden und Galerien.

STADTZENTRUM

City Hall HISTORISCHES GEBÄUDE

(Rathaus; Karte S. 310; zw. Ann St & Adelaide St; Eintritt frei) Dieses historische Sandsteingebäude am King George Sq wurde 1930 errichtet. Oben im Glockenturm gibt's eine Aussichtsplattform, von der man einen grandiosen Blick über die Stadt hat. Zum Zeitpunkt der Recherchen wurde die City Hall gerade restauriert und war für Besucher geschlossen.

Museum of Brisbane MUSEUM

(Karte S. 310; 157 Ann St; Eintritt frei; ◷10–17 Uhr) Dieses Museum, das nur ein paar Schritte von der City Hall entfernt liegt, beleuchtet die Stadt aus mehreren Blickwickeln. In interaktiven Ausstellungen werden sowohl die Sozialgeschichte als auch die neueste Kulturlandschaft beschrieben.

Treasury Building HISTORISCHES GEBÄUDE

(Karte S. 310) Am westlichen Ende der Queen St Mall steht das im Stil der italienischen Renaissance errichtete herrliche Treasury Building. Hinter der Imposanten Fassade findet man aber keine Büroangestellten oder Finanzbeamten im Nadelstreifenanzug, ganz im Gegenteil, hier tummeln sich Geldeintreiber der ganz anderen Art: Das Treasury Building beherbergt heute Brisbanes rund um die Uhr geöffnetes Kasino. Gegenüber vom Kasino auf der anderen Seite der mit Gras bewachsenen Plaza befindet sich ein nicht minder prächtiges Gebäude, das ehemalige **Land Administration Building**, das heute als Fünf-Sterne-Hotel fungiert.

Parliament House HISTORISCHES GEBÄUDE

(Parlament; Karte S. 310; Ecke Alice St & George St; Eintritt frei) Weiter südlich an der George St trifft man auf das Parliament House aus dem Jahre 1868, das man im Rahmen einer geführten Tour kostenlos besichtigen kann (Mo-Fr 9–16 Uhr).

City Botanic Gardens GARTEN

(Karte S. 310; Albert St; ⊘24 Std.) Brisbanes Botanic Gardens liegen direkt am Fluss und grenzen an das Gelände vom Campus der Queensland University of Technology (QUT). Jede Menge Grünflächen sowie hoch aufragende Großblättrige Feigenbäume, Bunya-Bunya-Bäume, Macadamiabäume und andere tropische Pflanzen warten auf Besucher. In der Mittagszeit sind die Wiesen bei Büroangestellten, Joggern und Picknickfans sehr beliebt.

QUT Art Museum MUSEUM

(Karte S. 310; 2 George St; Eintritt frei; ⊘Di, Do & Fr 10–17, Mi 10–20, Sa & So 12–16 Uhr) Das Kunstmuseum auf dem Gelände der QUT widmet sich in regelmäßig wechselnden Ausstellungen der zeitgenössischen australischen Kunst; auch Arbeiten von Kunststudenten aus Brisbane werden gezeigt. Direkt nebenan steht das ehemalige **Old Government House**, ein wunderschönes, 1860 errichtetes Kolonnadengebäude, in dem jetzt der National Trust untergebracht ist.

Commissariat Stores Building HISTORISCHES GEBÄUDE

(Karte S. 310; 115 William St; Erw./Kind 5/2,50 AU$; ⊘Di–Fr 10–16 Uhr) Das 1829 von Sträflingen erbaute Commissariat Stores Building ist eines der ältesten Gebäude der Stadt. Es beherbergt ein Museum, das sich Brisbanes Strafgefangenen und der Kolonialgeschichte der Stadt widmet.

SOUTH BANK

LP TIPP Cultural Centre KULTURZENTRUM

In South Bank gegenüber vom CBD jenseits der Victoria Bridge bildet das Cultural Centre Brisbanes kulturelles Herz. Der riesige Komplex umfasst eine Konzert- und Theaterhalle, vier Museen und die Queensland State Library.

Queensland Museum

(Karte S. 308; www.southbank.qm.qld.gov.au; Ecke Grey St & Melbourne St; Eintritt frei; ⊘9.30–17 Uhr) In dem Museum gibt's ziemlich viel Kurioses zu sehen. Anhand einer interessanten Sammlung von Exponaten bekommt man einen guten Einblick in die Geschichte. So sind u. a. ein Skelett des australischen Dinosauriers *Muttaburrasaurus* und das winzige Flugzeug *Avian Cirrus* zu bewundern, in dem der Queenslander Bert Hinkler 1928 den ersten Alleinflug von England nach Australien unternahm.

In dem Gebäude befindet sich auch das **Sciencentre** (Erw./Kind/Fam. 12/9/40 AU$) mit mehr als 100 interaktiven Ausstellungsstücken. Wissenschaft und Technolo-

BRISBANE IN ...

... zwei Tagen

Den ersten Tag beginnt man mit einem Frühstück im angesagten **West End**, bevor es in die **South Bank Parklands** geht. Im **Cultural Centre** schaut man sich dann eine Ausstellung an und stattet anschließend einem der Lokale am Fluss einen Besuch ab. Danach bummelt oder planscht man am **Streets Beach** und erforscht die Parklands. Schließlich fährt man mit der Fähre zum **Brisbane Powerhouse** in New Farm, um einen Happen zu essen oder sich vielleicht auch eine Show anzusehen.

Am zweiten Tag steht dann die Innenstadt mit ihrem Mix aus alter und neuer Architektur auf dem Programm. Erst werden das **Rathaus**, der **King George Square** und das **Treasury Building** besichtigt und dann geht's weiter in die üppig grünen **City Botanic Gardens**. Den Tag beschließt man mit einem kühlen Bier im **Belgian Beer Cafe** und einem Festmahl in der **Chinatown** von Fortitude Valley.

... vier Tagen

Am dritten Tag testet man die Café-Kultur in **New Farm** und taucht in die Läden und Galerien im nahe gelegenen Fortitude Valley ein. Den Nachmittag verbringt man in der **Mt. Coot-tha Reserve** und in den **Brisbane Botanic Gardens**. Dann geht's wieder zurück nach **Fortitude Valley**, um dort zunächst vornehm zu speisen und hinterher die Kalorien in einem der Clubs oder einer der Late-Night-Bars wieder abzuarbeiten.

Am vierten Tag sollte man mit dem Boot flussaufwärts zum **Lone Pine Koala Sanctuary** fahren. Bei einem Bier im **Breakfast Creek Hotel** kann man die Erlebnisse des Tages später Revue passieren lassen, bevor man den Abend in Paddington mit einem Cocktail und einer kleinen Leckerei im **Lark** beschließt.

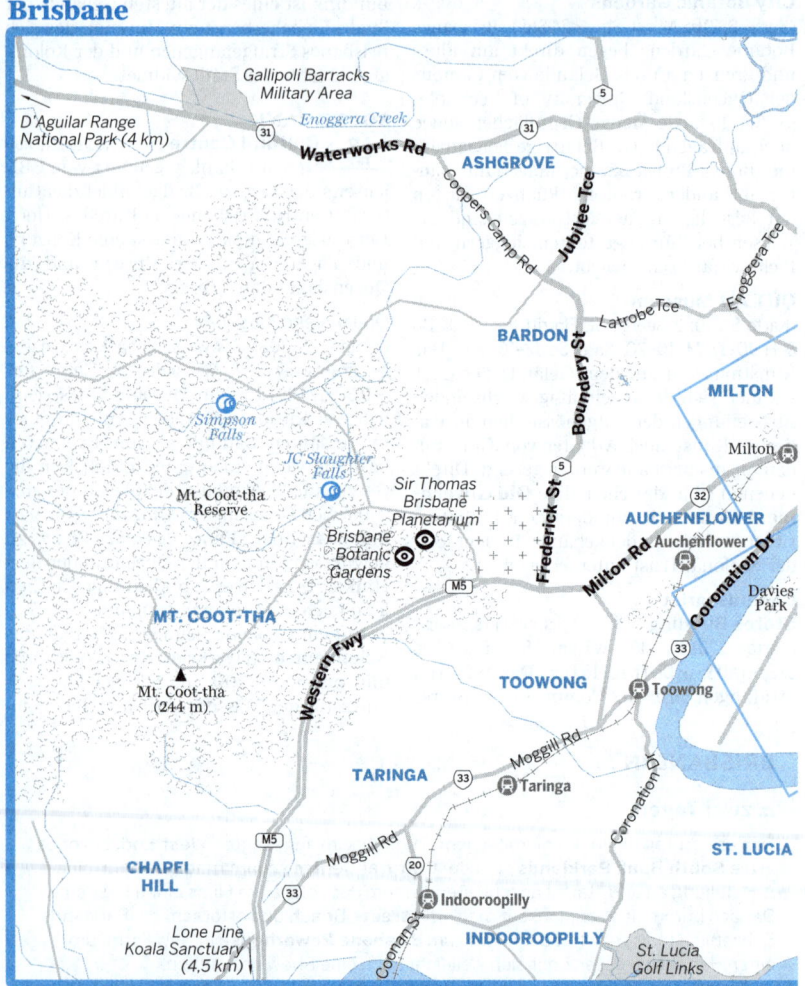

Gallipoli Barracks
Military Area

D'Aguilar Range
National Park (4 km)

Enoggera Creek

Waterworks Rd

ASHGROVE

Coopers Camp Rd

Jubilee Tce

Latrobe Tce

Enoggera Tce

BARDON

Boundary St

MILTON

Milton

Simpson Falls

JC Slaughter Falls

Mt. Coot-tha
Reserve

Sir Thomas
Brisbane
Planetarium

AUCHENFLOWER

Milton Rd Auchenflower

Brisbane
Botanic
Gardens

Coronation Dr

Davies
Park

MT. COOT-THA

Western Fwy

TOOWONG Toowong

Mt. Coot-tha
(244 m)

Moggill Rd

TARINGA Taringa

Coronation Dr

ST. LUCIA

CHAPEL
HILL

Moggill Rd

Coonan St

Indooroopilly

INDOOROOPILLY

St. Lucia
Golf Links

Lone Pine
Koala Sanctuary
(4,5 km)

---

gie zum Anfassen regen die Besucher zum Nachdenken an.

Queensland Art Gallery

(Karte S. 308; www.qag.qld.gov.au; Melbourne St, South Brisbane; Eintritt frei; ◷Mo–Fr 10–17, Sa & So 9–17 Uhr) Die Queensland Art Gallery, die in einem wahrhaft schmucklosen Betonklotz untergebracht ist, zeigt eine hervorragende Dauerausstellung mit Arbeiten australischer und europäischer Künstler. Die australischen Exponate stammen aus dem Zeitraum zwischen 1840 und 1970. Auch Werke von so berühmten Meistern wie Sir Sidney Nolan, Arthur Boyd, William

Dobell und George Lambert kann man hier bewundern.

Gallery of Modern Art

(Karte S. 308; Stanley Place; Eintritt frei; ◷Mo–Fr 10–17, Sa & So 9–17 Uhr) In dieser großen Galerie wird australische Kunst aus der Zeit von 1970 bis heute in Wechselausstellungen und mithilfe unterschiedlicher Medien präsentiert. Besucher bekommen Gemälde, Skulpturen und Fotografien, aber auch Videos, Installationen und Filme geboten.

South Bank Parklands PARK

(Karte S. 308; Eintritt frei; ◷Sonnenaufgang–Sonnenuntergang) Dieser wunderschöne, grü-

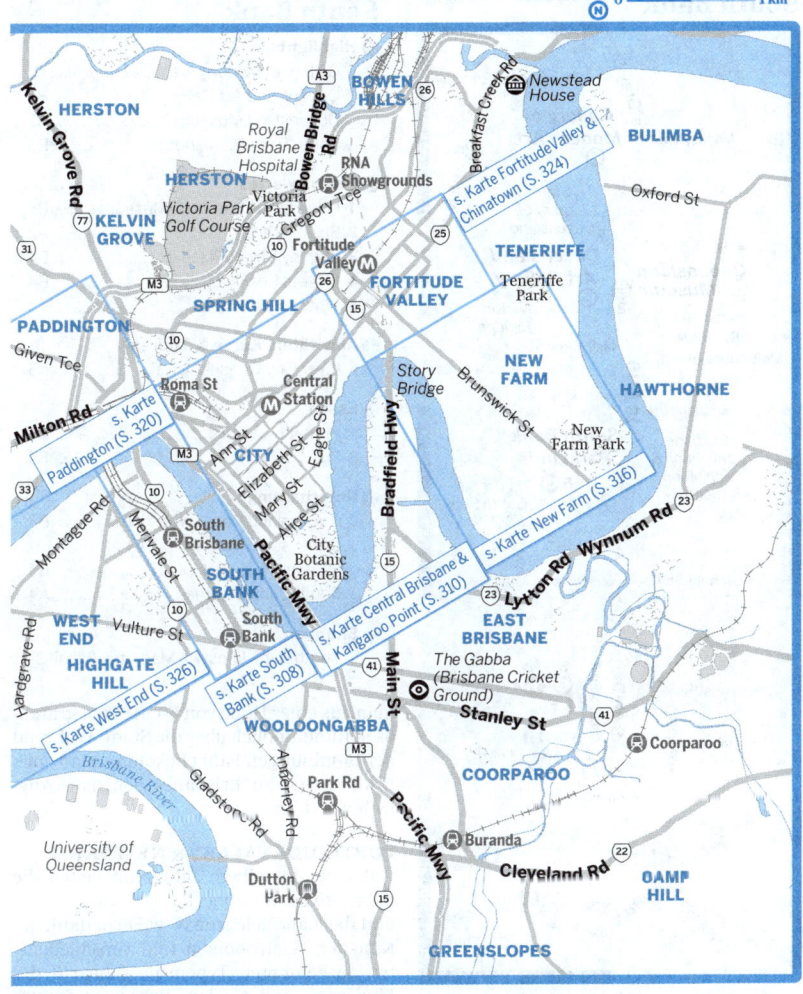

ne Park am Westufer des Brisbane River wurde durch das Hochwasser 2011 stark in Mitleidenschaft gezogen. Die Fähranleger an der South Bank wurden weggespült und die Parkabschnitte direkt am Flussufer überschwemmt. Die Aufräumarbeiten wurden schnell in Angriff genommen. Und das ist auch gut so, denn auf diesem beliebten Fleckchen Erde gibt's kulturelle Attraktionen, gute Restaurants, kleine Regenwälder, versteckte Wiesen und eine prächtige Pflanzenwelt. Die Highlights sind der **Streets Beach**, ein witziger, künstlich angelegter Strand, der an eine tropische Lagune erinnert, und dahinter die **Stanley Street Pla-**

za, ein sanierter Abschnitt der historischen Stanley St mit Läden, Cafés und einer Touristeninformation.

Die South Bank Parklands sind vom Stadtzentrum aus gut zu Fuß zu erreichen. Wer lieber mit dem Boot fahren möchte, nimmt den CityCat oder die Inner City Ferries. Weitere Optionen sind der Bus oder die Bahn von den Stationen Roma St oder Central.

Queensland Maritime Museum MUSEUM
(Karte S. 308; Sidon St, South Brisbane; Erw./Kind 8/3,50 AU$, Trockendock 4/2 AU$; ☻9.30–16.30 Uhr) Am östlichen Ende des Parkgeländes

South Bank

man aus einer Höhe von 60 m einen grandiosen Rundumblick über die Stadt. Während der 15-minütigen Fahrt bekommt man auch Erklärungen zu Brisbanes Sehenswürdigkeiten zu hören.

FORTITUDE VALLEY & NEW FARM

Seit mehr als einem Jahrzehnt gelten die alternativen Stadtviertel Fortitude Valley und das nahe gelegene New Farm dank der Künstler, Gastronomen und verschiedensten ausgeflippten Typen als Inbegriff des Modernen und Coolen. Brisbanes **Chinatown** ist zwar klein (am meisten los ist in der Duncan St), steht aber ihren Pendants in Sydney und Melbourne in puncto Buntheit und Attraktivität in nichts nach.

Institute of Modern Art   KUNSTGALERIE
(Karte S. 324; www.ima.org.au; ☺Di–Sa 11–17, Do 11–20 Uhr) Eine von Brisbanes Top-Galerien und das zweitälteste Zentrum für zeitgenössische Kunst in ganz Australien. In den Räumen des ehemaligen Industriegebäudes werden innovative Werke von einheimischen und ausländischen Künstlern gezeigt. Multimedia-Werke (Sound Art, Musik, bewegte Bilder) bilden einen großen Teil des

befindet sich ein Museum mit vielen Exponaten über maritime Abenteuer (und Unglücksfälle). Es lohnt sich auf jeden Fall, ein paar Dollar mehr für die Besichtigung des Trockendocks hinzublättern und sich das Highlight des Museums, die *HMAS Diamantina,* anzuschauen. Es macht Spaß, die beeindruckenden Räumlichkeiten dieser restaurierten Fregatte aus dem Zweiten Weltkrieg zu erforschen.

Wheel of Brisbane   RIESENRAD

(Karte S. 308; www.thewheelofbrisbane.com.au; Russell St, South Brisbane; Erw./Kind 15/10 AU$; ☺11–21 Uhr) Von dem Riesenrad im Park hat

Die Unwetter im Sunshine State im Dezember 2010 und Januar 2011 führten in ganz Queensland zu starken Überschwemmungen und setzten viele Städte unter Wasser, die so von der Umwelt abgeschnitten wurden. Auch Brisbane war betroffen. Hier wurde das gewaltigste Hochwasser seit 1974 verzeichnet. Der normalerweise ruhige Brisbane River wurde zu einem reißenden Strom. Das braune Wasser riss Boote, Pontons u. v. m. mit sich in Richtung Meer. Große Teile der Uferbereiche im CBD wurden überschwemmt. In den tiefer liegenden Vororten ragten nur noch die Hausdächer aus dem Wasser heraus. Mehr als 30 000 Gebäude waren von den Fluten betroffen. Auch einige beliebte Attraktionen wie die South Bank Parklands und das Riverside Centre blieben nicht verschont. Am schlimmsten traf es jedoch den Riverwalk, einen schwimmenden Teilabschnitt des Uferwegs, der völlig zerstört wurde. Auch die Fährterminals der Stadt erlitten erhebliche Schäden, zahlreiche Hafenanlagen wurden einfach weggewischt, wodurch der ansonsten rege Fährverkehr zum Erliegen kam. Nach den Aufräumarbeiten wurde unverzüglich mit den Restaurierungs- und Wiederaufbauarbeiten begonnen, sodass in vielen Teilen der Stadt kaum noch Spuren von dem Hochwasser des Jahres 2011 zu sehen sind.

Repertoires. Die Galerie befindet sich im **Judith Wright Centre for Contemporary Arts** (Karte S. 324; ☑3872 9000; www.judithwrightcentre.com.au; 420 Brunswick St, Fortitude Valley) – ein toller Veranstaltungsort für Live-Performances aller Art.

Weitere Galerien in dieser Gegend:

Suzanne O'Connell Gallery (Karte S. 316; www.suzanneoconnell.com; 93 James St; ☺Mi–Sa 11–16 Uhr)

Fireworks Gallery (www.fireworksgallery.com.au; 52 Doggett St, Newstead; ☺Di–Fr 10–18, Sa 10–16 Uhr)

Jan Murphy Gallery (Karte S. 324; ☑0254 1855; 486 Brunswick St; ☺Di–Sa 10–17 Uhr)

Philip Bacon Galleries (Karte S. 324; ☑3358 3555; 2 Arthur St; ☺Di–Sa 10–17 Uhr)

Von Dezember bis Februar präsentieren die **Moonlight Cinemas** (www.moonlight.com.au; Erw./Kind 15/11 AU\$; ☺Mi–So 19 Uhr) im New Farm Park Kinofilme unterm Sternenhimmel. Früh kommen!

GROSSRAUM VON BRISBANE

Newstead HISTORISCHE STÄTTE
(Karte S. 306 f.; ☑3216 1846; www.newsteadhouse.com.au; Ecke Breakfast Creek Rd & Newstead Ave, Newstead; Erw./Kind/Fam. 6/4/15 AU\$; ☺Mo–Do 10–16, So 14–17 Uhr) Brisbanes bekanntestes Kulturerbe steht oben auf einem luftigen Hügel mit Blick über den Fluss. Das 1846 erbaute Haus ist wunderschön mit viktorianischen Möbeln und Antiquitäten eingerichtet. Es sind auch Kleidungsstücke und andere Exponate aus der damaligen Zeit zu sehen. Das Gebäude steht inmitten gepflegter Gärten und bietet einen fantastischen Blick aufs Wasser. Es befindet sich nördlich des Stadtzentrums im Newstead Park. Sonntags wird auf der Veranda Devonshire Tea serviert.

Mt. Coot-tha Reserve NATURSCHUTZGEBIET
Die große Busch- und Parklandschaft (Karte S. 306) ist nur eine kurze Fahrt von der Stadt entfernt. Sie umfasst einen großartigen botanischen Garten, ein Planetarium, Restaurants und einen herrlichen Aussichtspunkt mit Blick auf die Stadt, der über den Samuel Griffith Dr zu erreichen und auch mit dem Rollstuhl zugänglich ist. An klaren Tagen kann man die Inseln in der Moreton Bay erspähen.

Gleich nördlich der Straße zum Aussichtspunkt befindet sich die Abzweigung zu den **JC Slaughter Falls**, zu denen man nur eine kurze Strecke zurücklegen muss. Der 1,5 km lange **Aboriginal Art Trail** führt zu acht Kunststätten mit Arbeiten lokaler Aborigine-Künstler.

Die schönen **Brisbane Botanic Gardens** (Karte S. 306 f.; Eintritt frei; ☺8–17 Uhr, kostenlose geführte Spaziergänge Mo–Sa 11 & 13 Uhr) bestechen durch eine Fülle von Mini-Ökosystemen – darunter Kakteen-, Kräuter- und japanische Gärten, Regenwälder und Trockengebiete. Besucher werden daher vielleicht den Eindruck gewinnen, sie würden gerade sämtliche Vegetationszonen der Erde in all ihrer Pflanzenpracht durchqueren.

Ebenfalls innerhalb der Gartenanlage findet sich das **Sir Thomas Brisbane Planetarium** (Karte S. 338; ☺Di–Fr 10–16, Sa

0 ————— 200 m

Roma Street Parkland

Roma St

Brisbane Transit Centre

22

Herschel St

Tank St

Turbot St

14

Museum of Brisbane

King George Square

1

Brisbane Square Library

42

Queen St Mall

35

39

6

North Quay

40

23

Commissariat Stores Building

Stephens La

18

Mary St

41

Margaret St

32

30

31

21

QUT Gardens Point

4

5

3

Queensland University of Technology (QUT)

38

Goodwill Bridge

City Botanic Gardens

Mangrove Boardwalk

City Cat

River Plaza

Captain Cook Bridge

Inner City Ferry

CT White Park

7

M3

Vulture St

WOOLOONGABBA

20

The Gabba (400 m)

SPRING HILL

Leichhardt St

Little Edward St

Wickham Tce

24

Wickham Park

Old Windmill & Observatory

King Edward Park

Albert St

Upper Edward St

Central Station

26

King George Square

25

43

Adelaide St

Ann St

Post Office Square

Queen St

Charlotte St

Edward St

37

Felix St

Alice St

Thornton St

10

Edward St

8

River Tce

27

Llewellyn St

Bell St

Main St

Pearson St

North-South Bypass Tunnel

Spring Hill Baths (400 m)

St Pauls Tce

Boundary St

33

19

11

12

16

Turbot St

Astor Tce

Wharf St

Bowen St

St John's Cathedral

Shrine of Remembrance Anzac Square

Ann St

Adelaide St

Market St

Creek St

Eagle St

2

Eagle St

Riverside

Brisbane River

Holman St

Holman St

36

Annie St

9

Wharf St

34

Rotherham St

15

Holman St

Deakin St

Main St

Bradfield Hwy

Cairns St

Dockside

KANGAROO POINT

Shafston Ave

Mowbray Park

Centenary Aquatic Centre (500 m)

Phillips St

17 13

Thombury St

Gotha St

Barry Pde

Turbot St

Ann St

Macrossan St

28

Boundary St

Queen St

15

23

Central Brisbane & Kangaroo Point

Highlights
- City Botanic Gardens B5
- Commissariat Stores Building A4
- Museum of Brisbane B2
- Roma Street Parkland A1

Sehenswertes
- 1 City Hall A3
- 2 Eagle St Pier C3
- Land Administration Building .. (siehe 23)
- 3 Old Government House A5
- 4 Parliament House A5
- 5 QUT Art Museum A5
- 6 Treasury Building A3

Aktivitäten, Kurse & Touren
- 7 Cliffs Rock-Climbing Area A7
- 8 Riverlife Adventure Centre C5
- 9 Story Bridge Adventure Climb D4
- 10 Valet Cycle Hire B4

Schlafen
- 11 Acacia Inner-City Inn B1
- 12 Annie's Inn B2
- 13 Dahrl Court D1
- 14 Explorers Inn A2
- 15 Il Mondo D4
- 16 Inchcolm Hotel C2
- 17 Kookaburra Inn D1
- 18 M on Mary B4
- 19 Portal C1
- 20 Queensland Motel B7
- 21 Stamford Plaza Brisbane C4
- 22 Tinbilly A2
- 23 Treasury A4
- 24 Urban Brisbane A1
- 25 X-Base Brisbane Central B2
- X-Base Brisbane Embassy ..... (siehe 29)

Essen
- 26 Bleeding Heart Gallery B2
- Cha Cha Char ..... (siehe 2)
- 27 Cliffs Cafe B6
- 28 E'cco D2
- 29 Embassy Hotel B3

Ausgehen
- 30 Belgian Beer Cafe B4
- 31 Moo Moo B4
- 32 Port Office Hotel B4
- 33 Sportsman's Hotel C1
- 34 Story Bridge Hotel D4

Unterhaltung
- 35 Brisbane City Myer Centre B3
- 36 Brisbane Jazz Club D3
- 37 Metro Arts Centre B4
- 38 QUT Gardens Theatre A6
- 39 Ticketek B3

Shoppen
- 40 Archives Fine Books A3
- 41 Folio Books B4
- 42 Record Exchange A3
- 43 World Wide Maps & Guides B2

11–19.30, So 11–16 Uhr), Australiens größtes Planetarium. Hier gibt es eine tolle Sternwarte, und die Darbietungen im Inneren des **Cosmic Skydome** (Erw. 7–14 AU$/Kind 7–9 AU$) vermitteln einem das Gefühl, an Bord der *Enterprise* zu sein. Wenn keine Shows stattfinden, kann man das kleine Weltraummuseum besichtigen.

Anfahrt mit öffentlichen Verkehrsmitteln: gegenüber vom King George Sq auf der Adelaide St in den Bus 471 einsteigen (3,90 AU$, 25 Min., Mo–Fr stündl., Sa & So 5-mal). Er hält am Parkplatz beim Aussichtspunkt und vor den Botanic Gardens.

D'Aguilar Range National Park
NATURSCHUTZGEBIET

Unter Stadtstress leidende Brisbaner können in diesem 50 000 ha großen Park in der D'Aguilar Range, 10 km nördlich vom Stadtzentrum gelegen, ihre Sehnsucht nach unberührter Wildnis stillen. Es gibt etliche unterschiedliche **Wanderwege** von einigen 100 m bis zu 13 km Länge, u. a. den 6 km langen Morelia Track im Tageswandergebiet Manorina und den 5 km langen Greene's Falls Track am Mt. Glorious.

Das **Walkabout Creek Visitor Centre** (Campinggenehmigungen ☎13 74 68; www.derm.qld.gov.au; 60 Mt. Nebo Rd) am Parkeingang hält Infos über Campingmöglichkeiten (5,15 AU$/Pers.) und Parkpläne bereit. Wer campen möchte, sollte bedenken, dass man sein Zelt auf abgelegenen, nur zu Fuß zu erreichenden Campingplätzen im Busch aufstellen muss.

Neben dem Besucherzentrum befindet sich das Tierzentrum **Walkabout Creek** (Erw./Kind/Fam. 6/3/15 AU$), in dem man Schnabeltiere, Schildkröten, Korallenfinger-Laubfrösche, Eidechsen, Pythons und Gleitbeutler hautnah erleben kann. Außerdem gibt's hier noch ein kleines, aber ganz

Wer auf dem Uferweg spaziert, radelt oder joggt, entdeckt die Stadt auf eine tolle Art und Weise. Man kann einen ganzen Tag damit zubringen, erst die eine Flussseite hinauf und dann die andere wieder hinunterzubummeln. Einen Spaziergang durch die South Bank Parklands bis zum Kangaroo Point sollte man auf keinen Fall auslassen. Bei diesem Bummel geht es unterhalb der Felsklippen entlang (ein guter Zwischenstopp ist Cliffs Café). Fast jede Brücke hat einen separaten Fußgängerweg, so auch die Story Bridge, von der aus man einen grandiosen Blick auf das Stadtzentrum hat. Die Fähren halten an vielen Stellen, sodass man jederzeit an Bord gehen kann.

entzückendes Vogelhaus, durch das man spazieren kann. Eine ausgezeichnete Alternative zum Zoo!

Hin kommt man mit Bus 385 (5,30 AU$, 30 Min.), der zwischen 10.22 und 15.22 Uhr stündlich an der Roma St Station abfährt (am Wochenende startet der erste Bus um 8.47 Uhr). Die Bushaltestelle liegt vor dem Besucherzentrum. Der letzte Bus zurück in die Stadt fährt um 16.48 Uhr (am Wochenende um 15.53 Uhr).

Lone Pine
Koala Sanctuary   NATURSCHUTZGEBIET
(☑3378 1366; Jesmond Rd, Fig Tree Pocket; Erw./Kind/Fam. 30/21/80 AU$; ☺8.30–17 Uhr) Das Lone Pine Koala Sanctuary südlich des Stadtzentrums ist mit dem Bus in 35 Minuten zu erreichen. Es liegt inmitten einer schönen Parklandschaft am Fluss. Hier leben etwa 130 Koalas sowie Kängurus, Opossums und Wombats. Die Koalas sind wirklich putzig – kein Wunder, dass die meisten Besucher gern bereit sind, 16 AU$ für ein Foto mit einem niedlichen Wollknäuel auf dem Arm hinzublättern.

Man gelangt mit dem Bus 430 (4,70 AU$, 43 Min., stündl.) zu dem Schutzgebiet; er hält am Busbahnhof in der Queen Street. Eine Alternative ist die Fahrt mit der **Mirimar II** (☑1300 729 742; www.miramar.com; inkl. Parkeintritt Erw./Kind/Fam. 55/33/160 AU$). Das Boot legt am North Quay neben der Victoria Bridge ab und folgt dem Lauf des Brisbane River bis zum Lone Pine Koala Sanctuary. Los geht's täglich um 10 Uhr, vom Lone Pine zurück um 13.45 Uhr.

🏃 Aktivitäten
Radfahren
Brisbane hat mehr als 900 km Radwege, von denen einige dem idyllischen Verlauf des Brisbane River folgen. Im **Transport Information Centre** (Ecke Ann St & Albert St, Brisbane) gibt's kostenlose Karten. Fahrradverleiher sind **Valet Cycle Hire** (Karte S. 310; ☑04-0800 3198; www.cyclebrisbane. com; Ecke Edward St & Alice St; 1 Std./2 Std./ Tag 18/24/42 AU$) und **Bicycle Revolution** (Karte S. 326; www.bicyclerevolution.org.au; 294 Montague Rd, West End; Tag/Woche 35/150 AU$).

City Cycle (www.citycycle.com.au) bietet ein Fahrrad-Sharing-Programm an. Man benötigt aber einen Helm, außerdem ist der Spaß nicht billig, wenn man den Drahtesel für längere Zeit benötigt. Der Mitgliedsbeitrag pro Tag/drei Monate beträgt 11/28 AU$ plus Nutzungsgebühr (die ersten 30 Minuten sind kostenlos, danach zahlt man 2,20/6/11 AU$ pro weitere 30/60/90 Minuten). Um diesen Service in Anspruch zu nehmen, muss man das Rad online reservieren.

Klettern & Abseilen
Riverlife Adventure
Centre   KLETTERN, KAJAKFAHREN
(Karte S. 310; ☑3891 5766; www.riverlife.com.au; Naval Stores, Kangaroo Point) Ein guter Laden unweit der **Kangaroo Point Cliffs**, der viele diverse Aktivitäten anbietet. Hier kann man Klettern (45 AU$ pro Unterrichtseinheit), Abseilen (39 AU$) und Kajakfahren (39 AU$) lernen. Das Zentrum verleiht auch Fahrräder (90 Min./4 Std. 15/30 AU$), Kajaks (90 Min. 25 AU$) und Inlineskates (90 Min./4 Std. 20/40 AU$).

Adventures Around Brisbane   KLETTERN
(☑1800-689-453; www.adventuresaroundbris bane.com.au; Klettern 35 AU$) Es werden Klippenkletterkurse für Anfänger, Abseilen sowie Klettertouren in den Glass House Mountains und am Mt. Tinbeerwah angeboten.

Adventure Seekers   KLETTERN
(☑1300 855 859; www.adventureseekers.com. au; ½-tägige Kletter- oder Abseiltour 110 AU$) Veranstaltet halbtägige Abseil- und Klettertouren am Kangaroo Point.

Schwimmen
Es gibt mehrere gute Schwimmbäder in Brisbane, u.a. das **Centenary Aquatic**

Centre (400 Gregory Tce, Spring Hill; Erw./Kind 5/4 AU$; ☺Mo–Fr 5.30–19, Sa & So 16 Uhr), die **Spring Hill Baths** (14 Torrington St, Spring Hill; Erw./Kind 4,50/3,20 AU$; ☺Mo–Do 6.30–19, Fr 6.30–18, Sa 8–17, So 8–13 Uhr) und den **Streets Beach** an einer Lagune in den South Bank Parklands.

Fallschirmspringen & Ballonfahren

Das **Brisbane Skydiving Centre** (☏1300 788 555; www.jumpthebeachbrisbane.com.au; Tandemsprung ab 310 AU$) bietet Tandemsprünge an, **Fly Me to the Moon** (☏3423 0400; www.flymetothemoon.com.au; Mo–Fr 300 AU$, Sa & So 350 AU$) Ballonfahrten.

☞ Geführte Touren

City Sights Tour INNENSTADT
(Tagesticket Erw./Kind 25/20 AU$) Der „Hop on, Hop off"-Shuttlebus klappert 19 der wichtigsten Sehenswürdigkeiten von Brisbane ab. Die Touren starten zwischen 9 und 15.45 Uhr alle 45 Minuten am Post Office Sq an der Queen St. Das gleiche Tagesticket berechtigt auch zu beliebig vielen Fahrten mit der CityCat-Fähre.

Ghost Tours GEISTER
(☏3344 7265; www.ghost-tours.com.au; Spaziergang/Bustour 25/75 AU$) Dieser Veranstalter bietet 90-minütige Spaziergänge oder zweieinhalbstündige Bustouren durch Brisbanes verwunschenes Erbe an: Mordschauplätze, Friedhöfe, gruselige Arkaden und das berüchtigte Boggo Road Gaol, das von 1883 bis 1992 schwere Jungs „beherbergte".

Story Bridge
Adventure Climb ABENTEUERTOUR
(Karte S. 310; ☏1300 254 627; www.storybridgeadventureclimb.com.au; 170 Main St, Kangaroo Point; Erw./Kind ab 89/76 AU$) Mit Story Book können Brückenkletterer zweieinhalb Stunden lang berauschende (oder auch Angst einflößende) Ausblicke auf Brisbane genießen – der Blick reicht bis zu den Glass House Mountains im Norden und zum Hinterland der Gold Coast im Süden. Die Klettertour führt bis in die oberen Bereiche der wichtigsten Brücke der Stadt.

Castlemaine-Perkins XXXX Brewery BIER
(Karte S. 320; ☏3361 7597; www.xxxxalehouse.com.au; Ecke Black St & Paten St; Erw./Kind 22/15 AU$; ☺Mo–Fr stündl. 11–16, Mi 18, Sa 12.30, 13 & 13.30 Uhr) Wer ein Erwachsenenticket kauft, bekommt am Ende vier Bier gegen den Durst. Das Auto sollte man also besser an der Unterkunft stehen lassen. An den Wochenenden werden auch Bier- und Barbecue-Touren inklusive Mittagessen (35 AU$) angeboten. Die Brauerei ist zu Fuß 20 Minuten vom Transit Centre entfernt. Man kann aber auch mit dem Zug bis zur Milton Station fahren. Feste, geschlossene Schuhe tragen.

Kookaburra River Queens BOOTSFAHRT
(☏3221 1300; www.kookaburrariverqueens.com; Fahrt mit Mittag-/Abendessen ab 49/75 AU$ pro Pers.) Mittags- und Abendtouren auf restaurierten Holzraddampfern. Los geht's normalerweise am Eagle St Pier. Zum

---

BRISBANE MIT KINDERN

Die beste Attraktion für Kinder ist das **Cultural Centre** (S. 305). Das Queensland Museum bietet in den Schulferien tolle interaktive Programme für Kids – dann kann alles angefasst und ausprobiert werden. Das dazugehörige Sciencentre ist für kleine Entdecker gemacht und wird sie stundenlang mit Erfinden, Bauen und Tüfteln beschäftigen. Die Queensland Art Gallery beherbergt das Children's Art Centre, wo das ganze Jahr über regelmäßig Programme für Kinder angeboten werden.

In den **South Bank Parklands** (S. 306) befinden sich neben dem sicheren und kinderfreundlichen Streets Beach auch noch einige Dschungelspielplätze mit Gummibelag. Im **Roma Street Parkland** (Karte S. 310) gibt's noch mehr fantasievolle Spielplätze.

C!RCA (Karte S. 324; ☏3852 3110; www.circa.org.au; 420 Brunswick St; 80 AU$/Tag) erteilt im Judith Wright Centre in Fortitude Valley „Zirkusunterricht" mit jeder Menge Action für angehende Künstler (Trommeln, Balancieren, Springen, Trapezarbeit).

Der Fluss ist ein echtes Highlight. Viele Kinder werden bei einer Bootsfahrt einen Riesenspaß haben, vor allem wenn es zum **Lone Pine Koala Sanctuary** (S. 312) geht, wo sie mit einem der liebenswerten Tierchen kuscheln können.

Wer eine Kita oder einen Babysitter braucht, kann sich u. a. an **Dial an Angel** (☏1300 721 111; www.dialanangel.com) und **Care4Kidz** (www.careforkidz.com.au/brisbane/babysitting.htm) wenden.

Zeitpunkt der Recherchen musste man vorübergehend an der Bretts Wharf an Bord gehen, weil der sonst verwendete Anleger durch das Hochwasser zu sehr in Mitleidenschaft gezogen worden war. Bei der Reservierung also unbedingt nach dem genauen Abfahrtsort fragen.

River City Cruises BOOTSFAHRT
(Karte S. 308; 📱0428-278 473; www.rivercity cruises.com.au; South Bank Parklands; Erw./Kind/Fam. 25/15/60 AU$) Eineinhalbstündige Bootsfahrten mit Erklärungen. Los geht's um 10.30 und 12.30 Uhr (und im Sommer auch um 14.30 Uhr) in South Bank.

🎆 Feste & Events

Weitere Infos gibt's online unter www.our brisbane.com/whatson.

Chinesisches Neujahr Immer wieder ein beliebtes Event in Valley im Januar/Februar.

Tropfest (www.tropfest.com) Landesweites Kurzfilmfestival, das Mitte Februar live in South Bank übertragen wird.

Paniyiri Festival (www.paniyiri.com) Das griechische Kulturfestival mit viel Tanz, Essen und Musik findet Ende Mai im Musgrave Park in West End statt.

Brisbane Pride Festival (www.pridebrisbane. org.au) Brisbanes glitzernd-pompöses Schwulen- und Lesbenfest im Juni.

Queensland Music Festival (http://qmf. org.au) Im Rahmen dieses Festivals wird 17 Tage lang die wunderbare Welt der Musik gefeiert. Es wird in Jahren mit ungeraden Zahlen im Juli abgehalten.

„Ekka" Royal National Agricultural (RNA) Show (www.ekka.com.au) Anfang August gibt das Land in der Stadt seine Visitenkarte ab: mit Wettkämpfen, Holzhacken und Karussells.

Brisbane Festival (www.brisbanefestival. com.au) Brisbanes bedeutendstes Kunstfestival mit Straßenkünstlern, Aufführungen, Musik und Konzerten findet im September statt. Weitere Infos im Kasten auf S. 315.

Valley Fiesta (www.valleyfiesta.com.au) Essen und Musik in Chinatown und in der Brunswick St Mall, Mitte September.

Brisbane International Film Festival (www.biff.com.au) Im November werden zehn Tag lang anspruchsvolle Filme gezeigt.

🛏 Schlafen

Brisbane hat eine hervorragende Auswahl von Unterkünften, passend für jeden Geldbeutel. Die Optionen in den innerstädtischen Vororten haben ihr ganz eigenes Flair. In Spring Hill unmittelbar nördlich vom CBD übernachtet man ruhig und in nicht allzu weiter Entfernung vom Stadtzentrum und Fortitude Valley. Petrie Tce und Paddington gleich westlich des Stadtzentrums bieten trendige Restaurants und belebte Bars. Wer im alternativen Fortitude Valley oder nahe gelegenen New Farm übernachtet, hat es nicht weit nach Chinatown. Auch das quirligste Nachtleben der Stadt liegt quasi um die Ecke. Und in West End südlich vom Fluss herrscht eine coole, leicht künstlerisch angehauchte Atmosphäre; in dem Viertel gibt es zudem einige fantastische Cafés und Restaurants.

STADTZENTRUM

Treasury LUXUSHOTEL $$$
LP TIPP (Karte S. 310; 📱3306 8888; www.trea surybrisbane.com.au; 130 William St; Zi. 200–349 AU$; ❄@) Brisbanes nobelstes Hotel befindet sich in dem wunderschön erhaltenen ehemaligen Land Administration Building. Alle Zimmer sind unterschiedlich mit unzähligen alten Gegenständen eingerichtet. Sie haben hohe Decken, an den Wänden hängen Kunstwerke, und die eleganten Holzmöbel sind auf Hochglanz poliert.

Portal BOUTIQUEHOTEL $$$
(Karte S. 310; 📱3009 3400; www.portalhotel. com.au; 52 Astor Tce; DZ ab 160 AU$; ❄🛜) Hinter der ultramodernen schwarz-weißen Fassade verbergen sich moderne Zimmer mit nettem Design und einigen guten Extras (in jedem Zimmer gibt's Originalkunstwerke, Docking-Stationen für iPods, Gratis-WLAN). Es gibt auch ein ganzes Stockwerk nur für Frauen. Minuspunkt: Einige Zimmer sind recht klein. Restaurant und Bar im Erdgeschoss haben das gewisse Etwas und eignen sich hervorragend für einen Drink.

Urban Brisbane BOUTIQUEHOTEL $$$
(Karte S. 310; 📱3831 6177; www.hotelurban.com. au; 345 Wickham Tce; DZ ab 170 AU$; ❄🛜🏊) Das 2008 für 10 Mio. AU$ frisch renovierte Urbane Brisbane hat stylishe, in maskulinen Tönen gehaltene Zimmer mit Balkon und erstklassiger Einrichtung (superbequeme Betten, riesige LCD-Fernseher, flauschig weiche Bademäntel). Außerdem gibt's einen

Während des größten Kunst-Events des Jahres – des Brisbane Festival (früher auch Riverfest genannt; www.brisbanefestival.com.au) – verwandeln sich Brisbanes Straßen in ein Wirrwarr aus Farben und Düften. In der ganzen Stadt herrscht ein besonderes Flair, die Krönung ist ein fantastisches Feuerwerk. Das dreiwöchige Festival findet im September statt und ist mit mehr als 300 Veranstaltungen und 60 Events eines der größten ganz Australiens, das 2000 und mehr Künstler aus der ganzen Welt anlockt. Kunstausstellungen, Tanz-, Theateraufführungen, Opern, Sinfonien, Zirkusvorführungen und Varietés tragen zu der bunten Szene bei. Überall in der Stadt gibt's Events und Konzerte – und das alles gratis.

Das Festival wird jedes Jahr im wahrsten Sinne des Wortes mit einem Knall eröffnet. Über dem Brisbane River erhebt sich ein gigantisches Feuerwerk mit einer schier unglaublichen visuellen Choreografie und einer darauf abgestimmten Begleitmusik. Den besten Blick hat man in South Bank, in der Innenstadt und in West End.

geheizten Pool im Freien und eine Bar, in der freitagabends Livemusik geboten wird.

Stamford Plaza Brisbane　　HOTEL $$$
(Karte S. 310; ✆3221 1999; www.stamford.com. au; Ecke Edward St & Margaret St; Zi. ab 225 AU$; ✳@🛜🏊) Das Stamford südlich der City besticht durch die historische Fassade vor dem modernen Turm. Die luxuriösen Zimmer mit antikem Touch haben große Betten und viel Atmosphäre. Zur Anlage gehören ein Fitnessstudio, eine Kunstgalerie, ein Friseur- und Schönheitssalon, eine Bar und mehrere Restaurants.

M on Mary　　APARTMENTS $$
(Karte S. 310; ✆3503 8000; www.monmary.com. au; 70 Mary St; Apt. ab 170 AU$; ✳) Das nur wenige Blocks vom botanischen Garten entfernt gelegene Gebäude mit seinen 43 Etagen hat moderne, komfortabel eingerichtete Apartments mit einem oder zwei Zimmern. Die besten Apartments haben einen Balkon. Einige sind schlecht geschnitten und dunkel.

Annie's Inn　　B&B $
(Karte S. 310; ✆3831 8684; www.babs.com.au/annies; 405 Upper Edward St; EZ/DZ ohne Bad 68/78 AU$, DZ 88 AU$) Das preiswerte B&B in zentraler Lage und Gehentfernung zum CBD hat einfache Zimmer mit dünnen Wänden, winzigen Waschbecken sowie Vorhängen und Bettdecken mit Rüschen. Morgens kann es laut werden.

Tinbilly　　HOSTEL $
(Karte S. 310; ✆1800 446 646, 3238 5888; www. tinbilly.com; 466 George St; B 22–30 AU$; DZ 100 AU$; ✳@) Das Tinbilly hat ein sauberes, modernes Innenleben mit ausgezeichneten Einrichtungen. In der beliebten Bar herrscht eigentlich immer Partystimmung

– Livebands, DJs und Mikros, in die jeder trällern kann.

Inchcolm Hotel　　HOTEL $$$
(Karte S. 310; ✆3226 8888; www.theinchcolm. com.au; 73 Wickham Tce; Zi. 160–250 AU$; ✳🛜) Das elegante, unter Denkmalschutz stehende Hotel weist noch viele Elemente aus den Anfängen des 20. Jhs. auf. Die Zimmer wurden aber in großem Umfang renoviert. Die im neueren Flügel sind größer und heller, die im älteren haben dafür mehr Charme. Das Hotel hat außerdem einen Swimmingpool auf dem Dach und ein Restaurant.

Acacia Inner-City Inn　　B&B $
(Karte S. 310; ✆3832 1663; www.acaciainn.com; 413 Upper Edward St; EZ/DZ ohne Bad 75/85 AU$, DZ 100 AU$) Gut geführtes, sauberes, funktionell eingerichtetes B&B mit kleinen, motelartigen Zimmern. Die Einzelzimmer sind gemütlich, die Doppelzimmer groß. Alle haben TV und einen kleinen Kühlschrank.

Explorers Inn　　HOTEL $$
(Karte S. 310; ✆3211 3488; www.explorers.com.au; 63 Turbot St; DZ ab 100 AU$; ✳@🛜) Modernes Hotel, sehr freundliches Management, erstklassige Lage im Zentrum. Minuspunkt: Die Zimmer sind extrem klein, aber sauber und gepflegt. Wer auf der Suche nach viel Platz ist, sollte sich besser woanders umschauen.

X-Base Brisbane Central　　HOSTEL $
(Karte S. 310; ✆1800 242 273, 3211 2433; www.stay atbase.com; 398 Edward St; B 27–32 AU$, EZ/DZ 50/80 AU$; ✳@🛜) Kolossale Backpacker-Institution mit einfachen Zimmern in einem denkmalgeschützten Haus gegenüber der Central Station. Von der Dachterrasse aus hat man einen tollen Blick über den CBD; im Erdgeschoss gibt's eine Bar. Ein Ableger befindet sich in 214 Elizabeth St.

PETRIE TERRACE

Aussie Way Backpackers
HOSTEL **$**

(Karte S. 320; ☑3369 0711; 34 Cricket St, Petrie Tce; B/EZ/DZ ohne Bad 28/55/68 AU$; ✳@) Das in einem malerischen, zweistöckigen Queenslander-Holzhaus untergebracht Aussie Way scheint eher eine Pension zu sein als ein Hostel. Geräumige, hübsch eingerichtete Zimmer und schöne Außenanlage. Kinder sind nicht erwünscht.

Brisbane City YHA
HOSTEL **$**

(Karte S. 320; ☑3236 1004; www.yha.com.au; 392 Upper Roma St, Petrie Tce; B 32–40 AU$, 2BZ & DZ 83–100 AU$; ✳@✶✸) Das saubere, gut ge-

führte Hostel hat einen Pool auf dem Dach und eine Sonnenterrasse mit Blick auf den Fluss. Die Schlafsäle haben drei bis zehn Betten. Außerdem gibt's eine Café-Bar, in der man schnell mit anderen Travellern in Kontakt kommt. In dieser Straße sind noch weitere Hostels angesiedelt.

SPRING HILL

Spring Hill Terraces
PENSION **$$**

(☑3854 1048; www.springhillterraces.com; 260 Water St, Spring Hill; Budget-/Standard-Zi. 85/110 AU$, Wohnstudio/Wohneinheit mit Terrasse 130/160 AU$; ✳@✶✸) Hier wird guter Service der alten Schule geboten. Es gibt

New Farm

Zimmer im Motelstil und größere Wohneinheiten mit Terrasse oder Balkon um einen begrünten Innenhof. Das Haus steht mitten im Grünen und ist doch nur zehn Gehminuten von Valley entfernt.

Dahrl Court   APARTMENTS **$$**
(Karte S. 310; ☎3830 3400; www.dahrlcourt. com.au; 45 Phillips Ct, Spring Hill, Apt. ab 155 AU$; ❄❓) Boutiquekomplex in einer ruhigen, grünen Ecke von Spring Hill mit gutem Preis-Leistungs-Verhältnis. Die recht großen Apartments (zwei davon mit Balkon) haben eine komplett eingerichtete Küche und sind durchweg traditionell möbliert.

Kookaburra Inn   PENSION **$**
(Karte S. 310; ☎3832 1303; www.kookaburra-inn. com.au; 41 Phillips St; EZ/DZ ohne Bad 55/72 AU$; ❄❓@) Die kleine, freundliche, zweistöckige Pension hat einfache Zimmer mit Waschbecken, Kühlschrank und saubere Gemeinschaftsbäder. Es gibt einen Aufenthaltsraum, eine Gästeküche und eine Terrasse. Alles in allem eine gute Budgetunterkunft für Menschen, die Schlafsäle nicht mögen.

FORTITUDE VALLEY

Limes   BOUTIQUEHOTEL **$$$**
(Karte S. 324; ☎3852 9000; www.limeshotel.com.au; 142 Constance St; DZ ab 229 AU$;

❄@❓☒) Stylisher Newcomer in Valley mit hübschen, relativ kleinen Zimmern. Jedes Gästezimmer ist edel eingerichtet, hat eine Kochnische und angenehme Extras wie Docking-Stationen für iPods und WLAN ohne Extrakosten. Außerdem bekommen die Gäste einen Ausweis, der zur Benutzung des Fitnessstudios berechtigt. Die Bar auf der Dachterrasse ist einsame Spitze.

Bunk Backpackers   HOSTEL **$**
(Karte S. 324; ☎3257 3644; www.bunkbrisbane. com.au; Ecke Ann St & Gipps St; B 15–33 AU$, EZ/ DZ 65/75 AU$; ❄@❓☒) Dieses Hostel mit Partystimmung hat großzügige Schlafsäle mit Bad, gute Matratzen, blitzblanke Küchen und ein cooles Dekor. Das Hostel ist nicht weit von Brisbanes bester Clubszene entfernt, sodass es zumindest an den Wochenenden recht laut werden kann. Außerdem gibt's eine geniale Bar (Birdee Num Num), einen Swimmingpool und ein Spa.

City Palms Motel   MOTEL **$**
(☎3252 1338; www.citypalmsmotel.com; 55 Brunswick St; DZ ab 90 AU$; ❄) Das kleine, von Palmen gesäumte Motel an der lebhaften Brunswick St hat kühle, dunkle Zimmer mit Kochnische. Einige sind etwas besser als andere. Diese einfache Unterkunft ist das Richtige für diejenigen, die in der Nähe von Valley übernachten wollen. Es kann etwas lauter sein, also besser um ein Zimmer nach hinten raus bitten.

NEW FARM

Bowen Terrace   PENSION **$**
(Karte S. 316; ☎3254 0458; www.bowentceaccommodation.com; 365 Bowen Tce; B/EZ/DZ 35/60/85 AU$, Deluxe Zi. 99–145 AU$; @☒) Diese Pension in einem wunderschön restaurierten Queenslander-Haus liegt in einer ruhigen Gegend von New Farm. Die freundlichen Gastgeber haben jedes Zimmer mit TV und einem kleinen Kühlschrank ausgestattet. Auf der Rückseite gibt's eine tolle Terrasse mit Blick auf den Pool. Ausgezeichnetes Preis-Leistungs-Verhältnis.

Allender Apartments   APARTMENTS **$$**
(Karte S. 316; ☎3358 5832; www.allenderapartments.com.au; 3 Moreton St; Wohnstudio/1-Zi.-Apt. 130/160 AU$; ❄❓) Allenders Wohnstudios und Ein-Zimmer-Apartments sind eine bunte Mischung. In dem gelben Backsteingebäude befinden sich einfach eingerichtete, aber saubere Zimmer, die etwas renovierungsbedürftig sind. Die Apartments in dem benachbarten Fingal House, einem

Queenslander-Haus aus dem Jahr 1918, sind sehr viel edler. Sie haben glänzende Holzfußböden, Eichenholzmöbel und eine eigene Veranda oder Terrasse.

WEST END

Edmondstone Motel   MOTEL $$
(Karte S. 326; ☏3255 0777; www.edmondstone motel.com.au; 24 Edmondstone St, South Brisbane; EZ/DZ 109/119 AU$; ✻@🛜🛁) Das Edmondstone ist nur zehn Gehminuten von den South Bank Parklands und West End entfernt. Es hat kleine, gemütliche Zimmer mit neuen Matratzen, Kochecke und LCD-TV. Die meisten haben einen kleinen Balkon. Auch ein kleiner Pool und ein Grillplatz stehen den Gästen zur Verfügung.

Brisbane Backpackers Resort   HOSTEL $
(Karte S. 326; ☏3844 9956; www.brisbaneback packers.com.au; 110 Vulture St, West End; B 25–32 AU$, DZ/3BZ 99/120 AU$; ✻@🛁) Pool und Spa mit gefliestem Bereich im Freien sowie eine Bar sind das Beste an diesem beliebten Hostel. Die Zimmer sind einfach, im Großen und Ganzen aber gut in Schuss. Die Bars und Cafés von West End liegen ganz in der Nähe.

KANGAROO POINT

Il Mondo   HOTEL $$
(Karte S. 310; ☏3392 0111; www.ilmondo.com.au; 25 Rotherham St; Zi./Apt. 160/250 AU$; ✻@🛁) Dieses Boutiquehotel in toller Lage unweit der Story Bridge hat Drei- und Vier-Sterne-Zimmer. Die geräumigen Varianten sind in modern-minimalistischem Design mit edlen Gerätschaften eingerichtet, die preiswerteren sind normale Hotelzimmer. Die teureren Apartments eignen sich für Selbstversorger.

Queensland Motel   HOTEL $
(Karte S. 310; ☏3391 1061; www.queenslandmotel. id.au; 777 Main St; DZ/3BZ 98/109 AU$; ✻🛜🛁) Das nette Queensland Motel bietet seinen Gästen große, in hellen Farben gehaltene Zimmer mit guten Betten. Wer ein Zimmer im Obergeschoss ergattert, wird auf dem Balkon von wedelnden Palmen begrüßt.

UMGEBUNG VON BRISBANE

Fern Cottage   B&B $$
(☏3511 6685; www.ferncottage.net; 89 Fernberg Rd, Paddington; EZ/DZ 115/140 AU$; ✻@) Das Fern Cottage ist ein wunderschön renoviertes Queenslander-Haus mit einem Hauch mediterranem Flair. Den Gästen stehen angenehme Zimmer, ein üppig grüner Garten und eine schattige Terrasse zur Verfügung.

Newmarket Gardens Caravan Park   CAMPING $
(☏3356 1458; www.newmarketgardens.com. au; 199 Ashgrove Ave, Ashgrove; Stellplatz mit/ ohne Strom 33/31 AU$, Hütte 95–116 AU$; ✻@) Auf diesem sauberen Campingplatz gibt es nicht allzu viele Bäume, dafür liegt er aber nur 4 km nördlich vom Stadtzentrum und ist mit mehreren Bussen und dem Zug gut zu erreichen (Newmarket Station).

 Essen

In Valley gibt's preiswerte Cafés und – der Chinatown sei Dank! – eine bunte Mischung von asiatischen Lokalen. Der nahe gelegene In-Bezirk New Farm wartet mit einer großen Auswahl von erstklassigen Multikulti-Restaurants auf, die auch schon die eine oder andere Auszeichnung eingeheimst haben. West End ist wahrhaft kosmopolitisch, hier gibt's trendige Cafés und Lokale unterschiedlichster Couleur.

STADTZENTRUM

E'cco   MODERN-AUSTRALISCH $$$
(Karte S. 310; ☏3831 8344; 100 Boundary St; Hauptgerichte 43 AU$; ⏱Di–Fr mittags, Di–Sa abends) Das preisgekrönte E'cco zählt eines der besten Restaurants des Bundesstaats und ein Muss für jeden Gourmet. Zu den Meisterwerken auf der Speisekarte gehört z. B. das Milly-Hill-Lammrumpsteak mit junger Roter Beete, geröstetem Kürbis, Blauschimmelkäse und Pinienkernen. Die Räumlichkeiten sind entsprechend nobel. Wer hier speisen will, sollte rechtzeitig einen Tisch reservieren.

Cha Cha Char   STEAK $$$
(Karte S. 310; ☏3211 9944; Eagle St Pier; Hauptgerichte 30–50 AU$; ⏱Mo–Fr mittags, tgl. abends) Das seit Langem beliebte Steakhouse kann sich vor Auszeichnungen kaum retten. Hier kommen die besten Steaks in ganz Brisbane auf den Tisch. Es gibt aber auch ausgezeichnetes Seafood und gebratenes Wild. Der elegante, halbkreisförmige Speisesaal hat riesige Fenster, die vom Fußboden bis zur Decke reichen, sodass man beim Essen den Blick aufs Wasser genießen kann.

Embassy Hotel   KNEIPENESSEN $
(Karte S. 310; 188 Edward St; Hauptgerichte 10–18 AU$; ⏱ mittags & abends) In diesem lässigen Hotel mit den vielen Rottönen, Sitzwürfeln und poliertem Holz wird hervorragendes Kneipenessen serviert. Es ist bei Einheimischen und Travellern gleichermaßen beliebt.

PHILIP JOHNSON: KÜCHENCHEF IM E'CCO

Küchen sind etwas Fantastisches. In ihnen werden die unglaublichsten Ideen geboren – man arbeitet mit verschiedenen Köchen zusammen und alles und jedes ist ständig dabei, sich weiterzuentwickeln.

Besonderheit

Das E'cco wurde vom *Gourmet Traveller* als bestes Restaurant des Jahres 1997 ausgezeichnet. Mitunter heißt es sogar, dass dies dazu beigetragen hat, dass nun auch Brisbane auf der kulinarischen Landkarte verzeichnet ist. Ich hasse es, die Dinge so zu sehen, glaube aber, dass das restliche Land nun zur Kenntnis genommen hat, dass „es in Brisbane anscheinend einige gute Restaurants gibt". Ein bekannter Restaurantkritiker sagte einmal, dass man nördlich von Paddington – dem Paddington in Sydney, wohlgemerkt – nicht essen gehen könne. Jetzt hat sich das endgültig geändert.

Kochstil

Modern Australian oder auch Mod Oz, die moderne australische Küche, ist italienisch bzw. mediterran beeinflusst, hat aber aufgrund der Nähe zu Asien auch immer einen Touch Asiatisches.

Restaurantszene in Brisbane

Es ist schon irre. Brisbane ist eine Stadt, die in den letzten 15 Jahren wahrhaft gewachsen ist. Ich glaube, wir haben jahrelang immer nur die zweite Geige nach Sydney und Melbourne gespielt. Jetzt haben wir aber fantastische Restaurants mit erstklassiger Qualität und Top-Service.

Weitere Lieblingsrestaurants

Ich liebe das lockere **Alto** im Powerhouse. Fantastisch ist auch das **Ortiga**, das gerade neu eröffnet hat.

BRISBANE ESSEN

Bleeding Heart Gallery CAFÉ **$**
(Karte S. 310; www.bleedingheart.com.au; 166 Ann St; Hauptgerichte 6–8 AU$; Mo–Fr 8–17 Uhr;) Dieses geräumige, künstlerisch angehauchte Café mit Galerie befindet sich etwas abseits von der belebten Ann St in einem charmanten, zweistöckigen Queenslander-Haus mit Veranda. Hier gibt's außer Vernissagen gelegentlich auch Konzerte und andere Events.

Java Coast Cafe CAFÉ **$**
(340 George St; Hauptgerichte 9–14 AU$; Mo–Fr 7.30–15.30 Uhr) Nichts wie rein in den ruhigen Garten mit Springbrunnen, subtropischen Pflanzen und Buddhastatuen und dabei den hektischen CBD hinter sich lassen. Guter Kaffee, Tees, Sandwiches, Salate und leichte Speisen mit asiatischem Touch.

FORTITUDE VALLEY & CHINATOWN

Ortiga SPANISCH **$$$**
(Karte S. 324; 3852 1155; 446 Brunswick St; Platten für mehrere Pers. 18–36 AU$; Di–So abends) Das Ortiga wurde 2010 mit großem Trara eröffnet und gehört jetzt zu den besten Newcomern in Brisbane. Man kann in der stylishen Tapas-Bar im Obergeschoss an rustikalen Holztischen speisen oder in dem eleganten Restaurant im Untergeschoss, wo man den Köchen in ihrer offenen Küche über die Schulter gucken kann. Besonders empfehlenswert sind u.a. *cochinillo* (langsam gegartes Spanferkel), *pulpo a gallega* (geschmorter Tintenfisch auf galizische Art) und die langsam gegarte Lammschulter.

Vietnamese Restaurant VIETNAMESISCH **$$**
(Karte S. 324; 194 Wickham St; Hauptgerichte 8–15 AU$; mittags & abends) Passender, wenn auch wenig einfallsreicher Name. Dieses Restaurant ist *der* Ort in Brisbane für vietnamesische Leckerbissen. Die ausgezeichnet zubereiteten Speisen sorgen für ein immer volles Haus. Die echten kulinarischen Highlights finden sich auf der „Authentic Menu". Das geschnetzelte Rindfleisch in Spinatblättern ist himmlisch, aber auch jedes Gericht mit dem Wörtchen „sizzling" (brutzelnd) ist traumhaft. Res-

Paddington

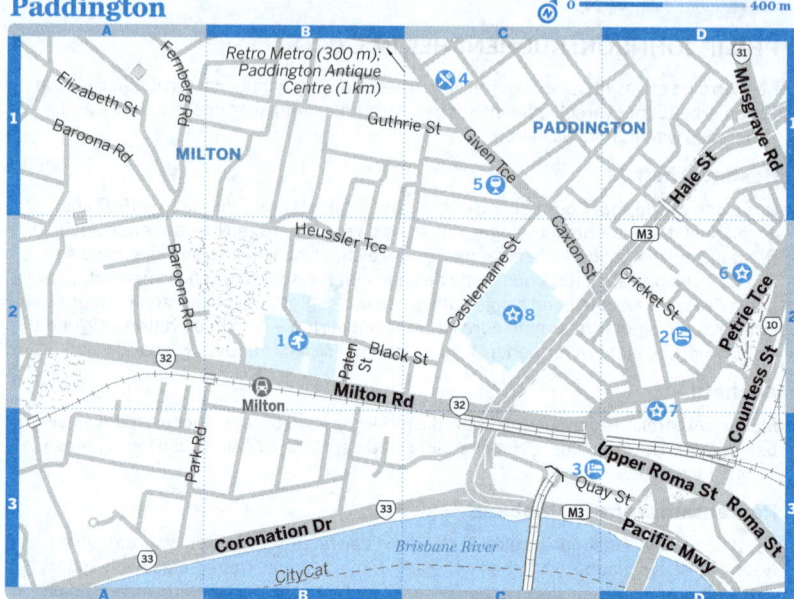

Paddington

🟢 Aktivitäten, Kurse & Touren
1 Castlemaine-Perkins XXXX
 Brewery B2

🔵 Schlafen
2 Aussie Way...D2
3 Brisbane City YHA C3

🔵 Essen
4 Lark...C1

🔵 Ausgehen
5 Paddo Tavern.....................................C1

🔵 Unterhaltung
6 Brisbane Arts Theatre.......................D2
7 Palace Barracks...................................D2
 Sit Down Comedy Club ....(siehe 5)
8 Suncorp Stadium C2

taurant mit Ausschanklizenz, in das man
aber auch seine eigenen Getränke mitbringen kann.

Kuan-Yin Tea House   VEGETARISCH **$**
(Karte S. 324; 198 Wickham St; Hauptgerichte
8–10 AU$; ☺Mo & Sa 11.30–17, Mi–Fr 11.30–19, So
11.30–15 Uhr) Das Kuan-Yin ist ein kleines,
gemütliches BYO-Lokal mit Holzpanelen
an den Wänden und Bambus an der Decke.

Hier trifft sich ein Querschnitt der Bevölkerung Brisbanes und genießt die schmackhaften vegetarischen Nudelsuppen, Klöße
und Reisgerichte mit Fleischersatz. Fantastische Teeauswahl.

Garuva   FUSION **$$**
(Karte S. 324; ☎3216 0124; 324 Wickham St;
Hauptgerichte 24 AU$; ☺abends) Vom Ein-
gangsbereich mit Regenwaldpflanzen ge-
langen die Gäste zu Tischen mit Sitzkissen,
die hinter Seidenvorhängen versteckt sind.
Hier fühlt man sich wie in einem Märchen
aus *Tausendundeiner Nacht*: gedämpfte
Beleuchtung, sanfte Musik und leise Stim-
men im Hintergrund (die an den Wochenen-
den etwas lauter werden können). Die gro-
ßen Portionen asiatischer Fusion-Gerichte
– Süßkartoffeln und Bohnencurry, warmer
thailändischer Fleischsalat, Shrimps in Ko-
kosnusssauce – sollte man sich mit mehre-
ren teilen. Auch die coole, versteckt liegende
Cocktailbar lohnt den Besuch.

Spoon Deli   CAFÉ **$$**
(Karte S. 324; 22 James St; Frühstück 10–15 AU$,
Hauptgerichte 14–21 AU$; ☺Mo–Fr 5.30–19, Sa &
So 5.30–18 Uhr) In dem guten Feinkostladen
im James St Market gibt's leckere, reichhal-
tige Pasta, Salate, Suppen sowie kolossale
Paninis und Focaccias. Die frischen Säf-
te bilden allein schon fast eine komplette

Mahlzeit. Die Gäste verzehren ihre Leckereien, während sie an riesigen rechteckigen Tischen oder auf niedrigen Bänken an den Fenstern sitzen und von allerlei Feinkostprodukten eingerahmt werden. Schon beim ersten Schritt, den man in diesen Laden setzt, läuft einem das Wasser im Mund zusammen.

Cafe Cirque CAFÉ $$

(Karte S. 316; 618 Brunswick St; Frühstück, Hauptgerichte 14–17 AU$; ☺8–16 Uhr) Eines der besten Frühstückscafés der Stadt. Das viel besuchte, tagsüber geöffnete Cafe Cirque serviert guten Kaffee und wechselnde Tagesspecials. Mittags gibt's dick belegte Sandwiches und köstliche Salate.

Flamingo CAFÉ $

(Karte S. 324; 5b Winn St; Hauptgerichte 9–15 AU$; ☺7.30–16 Uhr) Das Flamingo versteckt sich in einer winzigen Straße, die von der Ann St abgeht. Es ist ein quirliges kleines Café mit schwarz-pinkfarbenen Wänden, leicht abgehobenem Ambiente und witziger Bedienung.

Selbstversorger

James St Market (Karte S. 324; James St, Fortitude Valley) Dieser Markt ist zwar teuer, dafür ist die Qualität aber hervorragend. Hier gibt es auch einen guten Fischhändler.

Im **McWhirters Marketplace** (Karte S. 324; Ecke Brunswick St & Wickham St) ist ein fantastischer Obst- und Gemüsemarkt beheimatet. Die asiatischen Supermärkte in der Chinatown Mall haben ebenfalls eine hervorragende Auswahl von frischem Gemüse, asiatischen Lebensmitteln und exotischen Früchten.

NEW FARM

Anise FRANZÖSISCH $$$

(Karte S. 316; ☎3358 1558; 697 Brunswick St; Hauptgerichte 36–42 AU$; ☺So–Mi 17–1, Do–Sa 12–13 Uhr) Das elegante, preisgekrönte Restaurant mit 21 Plätzen und einer Weinbar serviert französisch angehauchte Gerichte, die aus saisonalen Produkten zubereitet werden. Die Gäste versammeln sich um die schmale Bar und genießen *amuse-bouches* (Appetithappen) wie Austern und elsässische Gänseleberpastete. Danach gibt's dann Freiland-Angusrind, frischen Fisch oder behutsam geschmortes Lamm.

Watt MODERN-AUSTRALISCH $$$

(Karte S. 316; ☎3358 5464; Brisbane Powerhouse; Hauptgerichte 24–34 AU$; ☺Di–So mittags, Di–Sa abends, Sa & So morgens) Das prämierte

Watts auf der unteren Ebene des Powerhouse-Arts-Bereichs serviert ausgezeichnete Mod-Oz-Gerichte. Als Vorspeise sollte man Queenslander-Krebs oder Salat mit knusprigem Entenfleisch nehmen. Weiter geht's dann mit Lammfilet, Pasta mit Meeresfrüchten oder dem perfekt gegrillten Fang des Tages.

Cafe Bouquiniste CAFÉ $

(Karte S. 316; 121 Merthyr Rd; Hauptgerichte 8–10 AU$; ☺8–17.30 Uhr) Das winzige Café mit Buchladen in dem Entrée eines entzückenden Queenslander-Hauses sprüht nur so vor Charme. Der Kaffee ist einfach genial, die Bedienung freundlich. Auch über die Preise für das Frühstück – getoastete Sandwiches, leckere Kuchen und Torten – kann man nicht meckern.

Himalayan Cafe NEPALESISCH $

(Karte S. 316; ☎3358 4015; 640 Brunswick St; Hauptgerichte 15–23 AU$; ☺Di–Sa abends; ✐) Das freundliche, einfache Restaurant mit unzähligen Gebetsfahnen und bunten Kissen serviert Authentisches aus Tibet und Nepal, u.a. *momo cha* (gedämpfte Klöße), Sherpa-Huhn (Curry und Sauerrahm) und zartes *fhaiya darkau* (Lammfleisch mit Gemüse, Kokosnussmilch und Gewürzen). Das Lokal wird in höchsten Tönen gelobt, Kinder sind hier gern gesehen.

Wok on Inn ASIATISCH, FUSION $

(Karte S. 316; 728 Brunswick St; Hauptgerichte 11–14 AU$; ☺So–Fr mittags tgl abends) Dieses betriebsame, beliebte Lokal mit dem hübschen, schattigen Vorgarten ist New Farms Topadresse, wenn man auf die Schnelle ein paar Nudeln verdrücken will. Hier kann man sich die Nudelsorte, den Kochstil (u.a. mongolisch) und die Fleisch-/Gemüsebeilage aussuchen. Gutes Mittagsspecial für 7,50 AU$.

BurgerUrge BURGER $

(Karte S. 316; 542 Brunswick St; Hauptgerichte 9–13 AU$; ☺Fr–So mittags, Di–So abends) Eines der besten Burger-Lokale der Stadt mit einer Riesenauswahl: Lammburger, Hähnchenburger mit Avocados und Schinkenspeck, klassische Rindfleischburger und vegetarische Varianten (gegrillter Tofu, Zuchtchampignons, Auberginen und Ziegenkäse). Gute Milchshakes.

PADDINGTON

Lark MODERN-AUSTRALISCH $$

(Karte S. 320; ☎3369 1299; 267 Given Tce; kleine Gerichte 8–26 AU$; ☺Di–Do 16–24, Fr–So 12–24 Uhr) Das Lark in einem umgebauten Cottage im Kolonialstil hat für seine innovativen Fusion-Gerichte und die kunstvoll zubereiteten Cocktails schon mehrere Preise eingeheimst. Als Vorspeise sollte man sich etwas aus der „grazing"-Speisekarte (Tapas-Karte) wie die Wagyu-Platte aussuchen und mit anderen teilen. Danach gibt's dann in Joghurt gebackenen Barramundi oder Tempura-Shrimps mit Wakame-Salat.

SOUTH BANK & KANGAROO POINT

Ahmet's
TÜRKISCH **$$**

(Karte S. 308; ☑3846 6699; 164 Grey St; Hauptgerichte 20–28 AU$; ◷mittags & abends) Das Ahmet's in der von Restaurants gesäumten Grey St serviert Leckeres aus der Türkei in farbenfroher Umgebung. Die Pide (türkische Pizza) ist grandios. Freitag- und samstagabends treten Bauchtänzerinnen auf, donnerstags gibt's „Gypsy-Jazz".

Piaf
FRANZÖSISCH **$$**

(Karte S. 308; ☑3846 5026; 186 Grey St; Hauptgerichte 22 AU$; ◷7 Uhr–open end) Lockeres Bistro mit vielen Stammkunden. Im Piaf kommt eine kleine Auswahl modern zubereiteter Speisen auf den Tisch: nur fünf Hauptgerichte, ein paar Salate und leichtere Gerichte. Gutes Preis-Leistungs-Verhältnis.

Cliffs Cafe
MODERN-AUSTRALISCH **$**

(Karte S. 310; 3 River Tce; Hauptgerichte 12–17 AU$; ◷7–17 Uhr) Der steile Anstieg vom Kangaroo Point Park zu diesem Café oben auf dem Felsen lohnt sich, denn der Blick über den Fluss ist grandios. In diesem relaxten Freiluftcafé ist jeder willkommen: Radfahrer, Jogger, junge Familien. Aus der Küche kommen u.a. dicke Burger, panierter Barramundi mit Pommes frites, Salate, Desserts und guter Kaffee.

WEST END

Mondo Organics
MODERN-AUSTRALISCH **$$**

(Karte S. 326; ☑3844 1132; 166 Hardgrave Rd; Hauptgerichte 26–38 AU$; ◷Fr–So mittags, Mi–Sa abends, Sa & So morgens) Das Mondo Organics verwendet nur qualitativ hochwertige Bio-Erzeugnisse für die hervorragend aus saisonalen Produkten zubereiteten Gerichte. Die neuesten Renner sind u.a. Tortellini mit Kürbis, Lauch und Ricotta, Lammkarree mit Pilzrisotto sowie Ozeanforelle mit geschältem Fenchel und Kartoffelpüree mit Safran.

Gunshop Cafe
MODERN-AUSTRALISCH **$$**

(Karte S. 326; ☑3844 2241; 53 Mollison St; Hauptgerichte 24–33 AU$; ◷Mo 7–14, Di–Sa 7–open end, So 7–12.30 Uhr) Eine wunderschöne Neugestaltung eines ehemaligen Waffengeschäfts: unverputzte Steinwände, Deckenleuchten, die aussehen wie Skulpturen, und ein netter Garten hinterm Haus. Auf der täglich wechselnden Speisekarte stehen Leckereien wie pochierte Eier mit in Wodka gepökelter Regenbogenforelle, Rippenfilet mit gebratenen Pilzen und gegrillter Kaiserfisch mit gedünstetem Lauch und Schinkenspeck.

Caravanserai
TÜRKISCH **$$**

(Karte S. 326; ☑3217 2617; 1-3 Dornoch Tce; Hauptgerichte 25–33 AU$; ◷Do–So mittags, Di–So abends) Aufwendig gewebte Tischdecken, rote Wände und Kerzen auf den Tischen sind für die warme, einladende Atmosphäre in diesem hervorragenden türkischen Restaurant verantwortlich. Die Meze-Platten (Humus, Auberginencreme, Artischocken, Dolmas usw.) lassen sich wunderbar teilen. Wer auf der hinteren Veranda einen Platz ergattert hat, bekommt den schönen Blick auf den Fluss gratis dazu.

Kafe Meze
GRIECHISCH **$$**

(Karte S. 326; ☑3844 1720; 56 Mollison St; Hauptgerichte 27–29 AU$; ◷mittags & abends) Dieses griechische Restaurant mit Plätzen drinnen und draußen bietet frische Aromen und den Geschmack des Mittelmeers. Die in kleinen Portionen angebotenen Speisen sind genau das Richtige, um mehrere Leckereien wie gegrillten Halloumi, marinierten Tintenfisch, Kalamari und Tsatsiki mit Fladenbrot zu probieren.

Three Monkeys
CAFÉ **$**

(Karte S. 326; 58 Mollison St; Hauptgerichte 12–15 AU$; ◷9.30–22 Uhr) Lockeres, künstlerisch angehauchtes Teehaus mit pseudomarokkanischem Dekor und Flair. Gedämpfte Beleuchtung, rustikale Holzmöbel und kleine Ecken und Winkel bilden einen tollen Rahmen für ein köstliches Stück Kuchen und einen guten Kaffee – oder auch für eine herzhafte Pizza, Focaccia oder ein Panini. Man kann es sich auch im Hof hinter dem Haus gemütlich machen.

Black Star
CAFÉ **$**

(Karte S. 326; 44 Thomas St; ◷Mo 7–15, Di–Fr 7–17, Sa 7–open end, So 8–15 Uhr) In West Ends beliebtester Rösterei treffen sich die Leute aus dem Viertel und genießen den hervorragenden Kaffee. Es gibt auch Tische im Freien, Frühstück wird den ganzen Tag über serviert. Samstagabends wird Livemusik geboten.

🍷 Ausgehen

Wer in Brisbane einen draufmachen will, geht nach Fortitude Valley mit all den Lounges und Bars mit Livemusik und Nachtclubs. Auch New Farm bietet ein gutes Nachtleben, während die CBD eher mit After-Work-Locations lockt. In West End finden sich einige tolle Bars, die hauptsächlich von Leuten aus dem Bezirk besucht werden.

STADTZENTRUM

Belgian Beer Cafe
BAR
(Karte S. 310; Ecke Mary St & Edward St, Brisbane; ⊘12 Uhr–open end) Zinndecken, holzgetäfelte Wände und Kugellampen sorgen in dieser stets brummenden Bar für altmodischen Charme. Der einladende, in mehrere Ebenen unterteilte Biergarten hinterm Haus eignet sich fantastisch dazu, eines der guten Biere (u.a. mehr als 30 belgische Sorten) und ausgezeichnete Kneipengerichte zu probieren.

Moo Moo
RESTAURANT, WEINBAR
(Karte S. 310; Ecke Margaret St & Edwards St, Brisbane; ⊘ Mo–Sa 18–24 Uhr) Das in dem historischen Port-Office-Gebäude beheimatete, stylische und erstklassige Grillrestaurant hat hinten eine einladende Open-Air-Lounge mit plätscherndem Springbrunnen und bunter Lichterkette.

Port Office Hotel
BAR
(Karte S. 310; Ecke Margaret St & Edward St) Die renovierte Kneipe mit „Industrieflair" hat sich mit dunklem Holz und Dschungelmotiven herausgeputzt. Wer früh genug kommt, schnappt sich einen Hocker oder sucht sich einen Platz auf einer Bank. Später am Abend trudelt dann ein gemischtes Publikum ein.

FORTITUDE VALLEY

Press Club
COCKTAILBAR
(Karte S. 324; www.thepressclub.net.au; 339 Brunswick St; ⊘Do–Sa 17 Uhr–open end) Der Press Club ist eine elegante, in bernsteinfarbenen Tönen gehaltene Location mit Ledersofas und -bänken, glitzernden Leuchtern, mit Stoff bezogenen Lampen und einem Touch von orientalischem Glamour. Donnerstags wird Livemusik – Jazz, Funk, Rockabilly – geboten, an den Wochenenden heizen DJs ein.

La Ruche
COCKTAILBAR
(Karte S. 324; 680 Ann St) Im La Ruche (französisch für: Bienenstock) brummt es im

wahrsten Sinne des Wortes. Die gut gekleideten Gäste lassen sich hervorragend gemixte Cocktails und Tapas schmecken. Der Hauptraum erinnert mit wild geformten Kerzenleuchtern und elegantem, wenn auch nicht wirklich passendem Mobiliar an *Alice im Wunderland*. Hinten befindet sich ein großer Hof, in dem geraucht werden darf; im Obergeschoss gibt's noch ein kleines, gemütliches Eckchen.

Cloudland
COCKTAILBAR
(Karte S. 324; 641 Ann St, Fortitude Valley; ⊘Mi–So 11.30 Uhr–open end) Kommt man in die geräumige, sich über mehrere Ebenen erstreckende Bar, hat man den Eindruck, einen Nebelwald (oder zumindest die Ann-St-Version eines solchen) zu betreten. Der riesige Eingangsbereich mit zusammenklappbarem Dach ist übervoll mit Pflanzen. Es gibt eine Wand, an der Wasser hinunterläuft, und vogelkäfigartig durch schmiedeeiserne Stäbe abgetrennte Separees. Eine Dachterrasse und eine Kellerbar dürfen natürlich auch nicht fehlen.

Alloneword
BAR
(Karte S. 324; www.alloneword.com.au; 188 Brunswick St) Diese Underground-Location an einem heruntergekommenen Abschnitt der Brunswick St ist der Gegenpol zu den schicken Cocktailbars, die sich in Valley breit machen. Der Laden ist schon etwas Besonderes: im Inneren alte Tapeten, samtweiche Sitze und Spiegeldecke, im Innenhof eine Grafitiwand und Musik vom Plattenteller.

Sky Room
COCKTAILBAR
(Karte S. 324; Level 2, 234 Wickham St; ⊘Mi–So 17 Uhr–open end) Der Sky Room ist eine verschachtelte Lounge mit Pflanzen, limettengrünen Sofas und Stühlen, einem langen Holztresen und einem Balkon mit flackernden Petroleumfackeln. DJs legen einen Mix aus gutem, altem Rock auf. Flaschenbier wird in braunen Papiertüten serviert.

Bowery
COCKTAILBAR
(Karte S. 324; 676 Ann St) Unverputzte Steinwände, Spiegel mit vergoldeten Rahmen und antike Kandelaber verleihen dieser langen, schmalen Bar einen eleganten, altmodischen Touch. Die Cocktails sind hervorragend (und die Preise angemessen). Ein kleiner Innenhof fehlt auch nicht. Dienstags bis donnerstags wird Livejazz geboten, an den Wochenenden werfen DJs ihr ganzes Können in die Wagschale.

Fortitude Valley & Chinatown

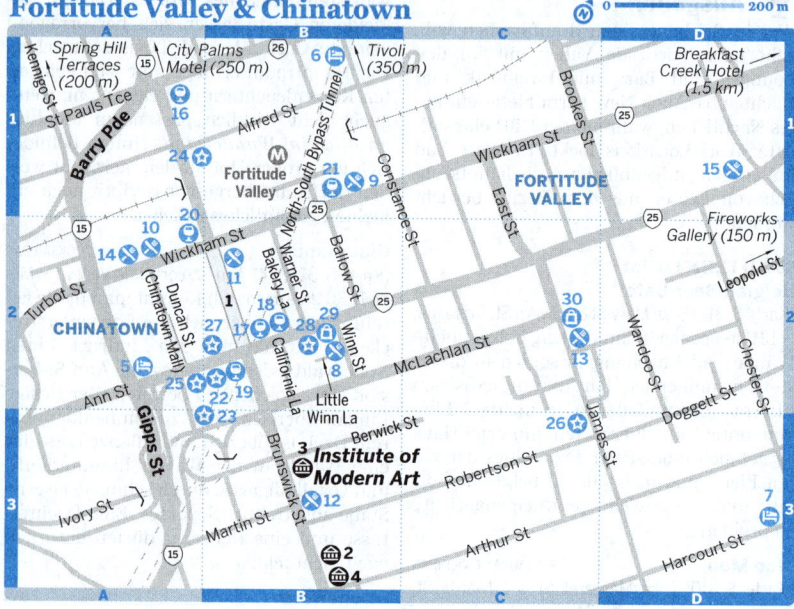

Fortitude Valley & Chinatown

BRISBANE & GOLD COAST BRISBANE

WEST END
Lychee Lounge   COCKTAILBAR
(Karte S. 326; 94 Boundary St, West End) Exotische, orientalische Lounge-Bar mit luxuriöser Einrichtung. Die makabren Puppenkopf-Kronleuchter sind ein besonderer Blickfang. Sanfte Musik, stimmungsvolle Beleuchtung und offene Fensterfront zur Boundary St

Lock 'N' Load   BAR, RESTAURANT
(Karte S. 326; www.locknloadbistro.com.au; 142 Boundary St, West End; ⊙10 Uhr–open end) In dem klassischen, zweistöckigen Gastropub mit viel Holz versammelt sich an den meisten Abenden ein bunt gemischtes, freundliches Publikum. Auf der kleinen Bühne treten Bands auf. Hinterm Haus gibt es einen Garten mit vielen Bäumen.

NEW FARM & BREAKFAST CREEK
Alto Bar   BAR, RESTAURANT
(Karte S. 316; www.brisbanepowerhouse.org; Brisbane Powerhouse, New Farm) Die offene Bar im Obergeschoss des Brisbane Powerhouse hat einen riesigen Balkon mit Blick über den Fluss – bei jedem Wetter ein fantastischer Aussichtspunkt. Auf der Speisekarte stehen kreativ zubereitete australische Gerichte. Außerdem ist im Powerhouse immer was los.

Breakfast Creek Hotel   BAR, RESTAURANT
(2 Kingsford Smith Dr.; ⊙mittags & abends) Die historische Kneipe in dem tollen, 1889 im Stil der französischen Renaissance errichteten Gebäude ist eine Brisbaner Institution. Es gibt mehrere Bars (u. a. einen Biergarten und eine Art-déco-„Privatbar", in der noch immer Bier aus Holzfässern ausgeschenkt wird). In der modernen, stylishen Bar Substation No. 41 werden edle Biere und Cocktails serviert.

KANGAROO POINT & SOUTH BANK
Story Bridge Hotel   BAR
(Karte S. 310; 200 Main St, Kangaroo Point) Die wunderschöne, alte Kneipe liegt unter der Brücke in Kangaroo Point und eignet sich perfekt für ein erfrischendes Bier nach einem langen Sightseeing-Tag. Es gibt verschiedene Bereiche: eine ganz normale Kneipe, eine Bar im Freien, einen Imbiss und die beliebte Outback Bar – ein Biergarten, in dem sonntags (ab 15 Uhr) Jazzbands auftreten.

☆ Unterhaltung
Brisbane zieht viele in Australien tourende internationale Bands an und hat eine Menge landesweit berühmter Clubs. Außerdem hat die Stadt zahlreiche Theater zu bieten.

In den Cafés in Valley liegen kostenlose Exemplare der Eventmagazine **Time Off** (www.timeoff.com.au), **Rave** (www.ravemag.com.au) und **Scene** (www.scenemagazine.com.au) aus.

Courier-Mail informiert täglich über aktuelle Kunst- und Unterhaltungevents und hat jeden Donnerstag die umfassende Rubrik „What's On In Town". Die städtische Behörde veröffentlicht den zweimal monatlich erscheinenden Führer *Live* mit einer Auflistung der Kunst- und Kulturveranstaltungen, von denen viele gratis sind.

Ticketek (☑13 28 49; http://premier.ticketek.com.au) ist eine Agentur, bei der man telefonisch Buchungen für viele Großereignisse, Sportveranstaltungen und Aufführungen vornehmen kann.

Um sicher zu sein, dass man in die Nachtclubs reinkommt, sollte man immer seinen Personalausweis oder einen anderen Altersnachweis griffbereit haben. Besonders Männer sollten nicht mit ärmellosen Shirts, Shorts, Badelatschen oder Flip-Flops auftauchen. Auch sollte man nicht versuchen, als Riesengruppe reinzukommen.

Nachtclubs
Brisbane ist stolz auf seine Nachtclubs, von denen die meisten von Donnerstag- bis Sonntagnacht geöffnet sind. Man muss seinen Ausweis dabeihaben und zwischen 7 und 25 AU$ Eintritt hinblättern. Die alternative Szene trifft sich hauptsächlich in Valley, wo sich ein gemischt hetero- und homosexuelles Publikum tummelt.

Monastery   NACHTCLUB
(Karte S. 324; ☑3257 7081; 621 Ann St, Fortitude Valley) Das Monastery macht in puncto Aussehen seinem Namen alle Ehre – himmlische Beleuchtung, große Buntglaspaneele und schwere Kronleuchter. Auf der Tanzfläche verausgabt sich eine keuchende, schwitzende Horde.

Family   NACHTCLUB
(Karte S. 324; ☑3852 5000; 8 McLachlan St, Fortitude Valley) Einer von Brisbanes besten Nachtclubs. Jedes Wochenende strömen Tanzwütige ins Family, um sich auf vier Ebenen mit zwei Dancefloors, vier Bars, vier schrägen Themenbereichen und einem erstklassigen Soundsystem auszutoben.

Uber   NACHTCLUB
(Karte S. 326; ☑3846 6680; 100 Boundary St, West End) Das Uber mit dem auf Hochglanz

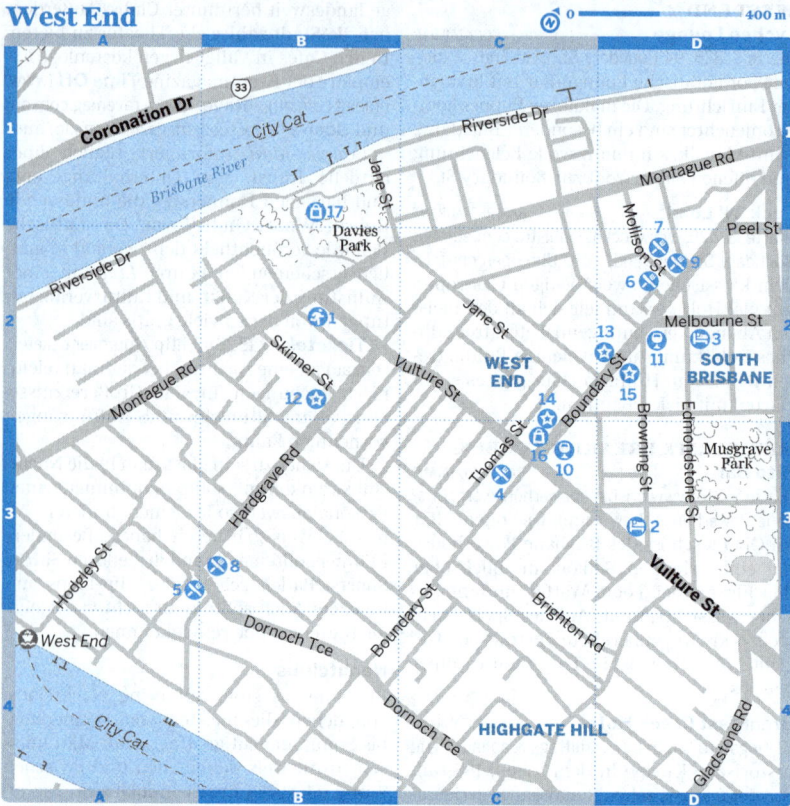

0 — 400 m

Coronation Dr
City Cat
Brisbane River
Riverside Dr
Riverside Dr
Montague Rd
Montague Rd
Jane St
Jane St
Vulture St
Skinner St
Hardgrave Rd
Hodgley St
Dornoch Tce
Dornoch Tce
Boundary St
Boundary St
Thomas St
Browning St
Edmondstone St
Boundary St
Mollison St
Riverside Dr
Montague Rd
Peel St
Melbourne St
Vulture St
Brighton Rd
Gladstone Rd
City Cat

Davies Park
WEST END
SOUTH BRISBANE
Musgrave Park
West End
HIGHGATE HILL

gebrachten dunklen Holz und dem gebürsteten Stahl hat einen Touch von Dekadenz, fast wie ein altmodisches Boutiquehotel. Es werden unterschiedliche Musikrichtungen aufgelegt, aber die Wochenenden gehören vor allem den House-Beats. Auf der unteren Ebene gibt's außerdem noch das Archive – eine gute „Bierboutique mit Bistro".

Beat MegaClub
NACHTCLUB
(Karte S. 324; ☎ 3852 2661; 677 Ann St, Fortitude Valley) Fünf Dancefloors, sechs Bars und Hardcore-Techno – der perfekte Ort für Liebhaber harter Beats. Dieser Club ist bei Schwulen und Lesben beliebt, es finden auch regelmäßig Drag-Shows statt.

Livemusik
Hi-Fi
ROCK
(Karte S. 326; www.thehifi.com.au; 125 Boundary St, West End) 2009 eröffnete Melbournes beliebter Laden für Rockkonzerte einen Ableger in Brisbanes hippem West End. In der modernen, minimalistisch eingerichte-

ten Location hat man von überall eine gute Sicht auf die Bühne. Hier treten australische und internationale Größen auf (z. B. die Bronx, Guttermouth, Concrete Blonde und die Charlatans).

Zoo
VERSCHIEDENES
(Karte S. 324; www.thezoo.com.au; 711 Ann St, Fortitude Valley; ⊙Mi–Sa) Schon zeitig bilden sich hier lange Schlangen – und das aus gutem Grund: Egal, ob man auf Hard Rock, Hip-Hop, akustische Musik, Reggae oder elektronische Klänge steht, im Zoo gibt's für jeden das Passende. Hier bietet sich die beste Gelegenheit, junge, einheimische Talente zu hören.

Brisbane Jazz Club
JAZZ
(Karte S. 310; ☎ 3391 2006; www.brisbanejazz club.com.au; 1 Annie St, Kangaroo Point) Der winzige, seit 1972 bestehende Club mit Blick auf den Fluss ist ein Muss für alle Jazzpuristen. Jeder Jazzmusiker, der was auf sich hält, tritt bei einem Aufenthalt in Brisbane

in dieser kleinen, intimen Location auf. Die Gigs finden donnerstag- bis sonntagabends statt. Der Grundpreis beträgt zwischen 15 und 20 AU$.

X&Y Bar
VERSCHIEDENES

(Karte S. 324; ☎3257 1259; www.xandybar.com. au; 648 Ann St, Fortitude Valley) Die einladende, einfache Bar zieht dank ihrer fairen Einlasskriterien ein bunt gemischtes Publikum an. Geboten werden Livekonzerte ganz unterschiedlicher Musikrichtungen (meist Indie-Rock) und Musik vom Plattenteller. Irgendetwas ist hier immer los.

Tivoli
VERSCHIEDENES

(☎3852 1711; www.thetivoli.net.au; 52 Costin St, Fortitude Valley) Künstler wie Nick Cave und Noel Gallagher sind bereits in dem eleganten, alten Art-déco-Gebäude aufgetreten, das Anfang des 20. Jhs. gebaut wurde. Viele Gastspiele, darunter auch erstklassige Comedy. Tickets gibt's über Ticketek.

Cafe Checocho
AKUSTISCHE MUSIK

(Karte S. 326; 69 Hardgrave Rd, West End; ⏰Mo 15–22, Di–Sa 10–22 Uhr; ☎) *Chess* (Schach), *coffee* (Kaffee) und *chocolate* (Kakao). Das charmante, lebendige Café bietet fast jeden Abend Livemusik (Jazz, Blues, Weltmusik).

Music Kafe
ROCK

(Karte S. 326; www.themusickafe.com; 185 Boundary St, West End) An den meisten Abenden gibt's Livemusik (Blues, Rock, Jazz und Folk). Mittwochs können die Gäste ins Mikro trällern.

Kinos
In den South Bank Parklands und im New Farm Park gibt's im Sommer Kino unterm Sternenhimmel.

Palace Centro
KINO

(Karte S. 324; www.palacecinemas.com.au; 39 James St, Fortitude Valley) Das Palace Centre in Valley zeigt Arthaus-Filme und organisiert Ende November ein griechisches Filmfestival.

Palace Barracks
KINO

(Karte S. 320; www.palacecinemas.com.au; Petrie Tce) Das Palace unweit der Roma St Station präsentiert einen Mix aus Hollywoodstreifen und unabhängigen Produktionen.

South Bank Cinema
KINO

(Karte S. 308; www.cineplex.com.au; Ecke Grey St & Ernest St, South Bank) Das preiswerteste Kino, in dem Mainstream über die Leinwand flimmert. Die Eintrittskarton oind um ca. ein Drittel billiger als in anderen Kinos.

Brisbane City Myer Centre
KINO

(Karte S. 310, Level 3, Myer Centre) Dieses Kino in der Queen St Mall zeigt Blockbuster und Mainstream.

Theater
Brisbane ist mit Theaterbühnen gut versorgt. Die meisten finden sich in South Bank. Plätze im Queensland Performing Arts Centre und allen Theatern in South Bank kann man über **Qtix** (☎13 62 46; www. qtix.com.au) buchen.

Queensland Performing Arts Centre
THEATER, LIVEMUSIK

(QPAC; Karte S. 308; ☎3840 7444; www.qpac. com.au; Cultural Centre, Grey St, South Bank) Dieses Zentrum präsentiert dem Publikum auf drei Bühnen Konzerte, Theaterstücke, Tanzvorführungen und verschiedenste Performances: von Flamenco bis hin zu Remakes der *West Side Story*.

SCHWULEN- & LESBENSZENE IN BRISBANE

Brisbanes schwul-lesbische Gemeinde kann zwar nicht mit der großen Szene in Sydney und Melbourne Schritt halten, bietet aber Qualität statt Quantität.

Die meiste Action findet in Fortitude Valley statt. Alle Infos, die für Schwule und Lesben interessant sein könnten, stehen in der alle zwei Wochen erscheinenden **Q News** (www.qnews.com.au). In **Queensland Pride** (www.queenslandpride.gaynewsnet work.com.au) steht, was im ganzen Bundesstaat los ist.

Die wichtigsten alljährlich stattfindenden Events sind u. a. das **Queer Film Festival** (www.bqff.com.au) im April, auf dem Schwulen-, Lesben-, Bisexuellen- und Transsexuellenfilme und -videos gezeigt werden, und das **Brisbane Pride Festival** (www. pridebrisbane.org.au) im Juni. Dieses zieht jedes Jahr bis zu 25 000 Menschen an, der Höhepunkt ist die in der Mitte des Festivals stattfindende Parade.

Brisbanes beliebtester Schwulen- und Lesbentreff ist das **Wickham Hotel** (Karte S. 324; Ecke Wickham St & Alden St, Fortitude Valley), eine klassische, alte viktorianische Kneipe mit guter Tanzmusik, Transvestitenshows und Tänzern. Das Wickham zelebriert das Sydney Mardi Gras und das Pride Festival pompös und in großem Stil.

Weitere gute Optionen sind der schwulenfreundliche **Beat MegaClub** (S. 326) und der beliebte Club **Family** (S. 325), in dem sonntags „Fluffy" stattfindet, Brisbanes größte schwule Tanzparty. Auch das **Sportsman's Hotel** (Karte S. 310; 130 Leichhardt St, Spring Hill) erfreut sich größter Beliebtheit; hier gibt's jeden Abend unterschiedliche Themenfeten oder Shows.

Brisbane Powerhouse　THEATER, LIVEMUSIK
(Karte S. 316; ☎3358 8600; www.brisbanepower house.org; 119 Lamington St, New Farm) Das ehemalige Elektrizitätswerk aus dem Jahr 1940 sorgt noch immer für Power in der Stadt – wenn auch in Form landesweit gefeierter Theater-, Musik- und Tanzproduktionen. Das Powerhouse mit seinen Bars und Restaurants hat unzählige – oft kostenlose – Veranstaltungen im Programm. Noch dazu liegt es an einem malerischen Flecken mit Blick auf den Brisbane River.

Queensland Conservatorium　LIVEMUSIK
(Karte S. 308; ☎3735 6111; www.griffith.edu.au/ concerts; 140 Grey St, South Bank; ☺März–Okt.) Im südlich vom Queensland Performing Arts Centre gelegenen Konservatorium kann man sich Opern anschauen. Hier treten auch nationale und internationale Klassik-, Jazz-, Rock- und Weltmusikinterpreten auf. Viele Konzerte sind kostenlos.

Metro Arts Centre　THEATER
(Karte S. 310; ☎3002 7100; www.metroarts.com. au; Level 2, 109 Edward St) Progressive Spielstätte mit Theatervorführungen, Tanz- und Kunstshows.

QUT Gardens Theatre　THEATER
(Karte S. 310; ☎3138 4455; www.gardenstheatre. qut.com; QUT, 2 George St) Im Universitätstheater werden nationale und internationale Tourneeproduktionen und Studentenaufführungen gezeigt.

Brisbane Arts Theatre　THEATER
(Karte S. 320; ☎3369 2344; www.artstheatre. com.au; 210 Petrie Tce) Amateurtheater, das sich an Shakespeare und Dickens orientiert.

Sit Down Comedy Club　COMEDY
(Karte S. 320; ☎3369 4466; www.standup.com. au; Paddo Tavern, Given Tce, Paddington) Es gibt mehrere Comedy-Veranstaltungsorte in der Stadt. Der bekannte Club in der Paddo Tavern gehört aber zu den etabliertesten.

Sport

Wie so viele andere Australier sind auch die Brisbaner geradezu verrückt nach Sport. Regionale und internationale Kricketspiele kann man sich im **Gabba** (Brisbane Cricket Ground; Karte S. 306 f.; www.thegabba.org.au; 411 Vulture St) in Woolloongabba südlich von Kangaroo Point anschauen. Wer mit dieser Sportart nicht vertraut ist, sollte versuchen, Karten für ein 20/20-Spiel zu ergattern – Kricket in seiner explosivsten Form. Die Kricketsaison dauert von Oktober bis März.

In der anderen Hälfte des Jahres zieht die Rugbyliga massenweise Zuschauer an. Die Brisbane Broncos tragen ihre Heimspiele im **Suncorp Stadium** (Karte S. 320; www.suncorpstadium.com.au; 40 Castlemaine St, Paddington) aus.

Die einst von Teams aus Victoria dominierte Australian Football League (AFL) hat mit den **Brisbane Lions** (www.lions.com. au) neue Stars bekommen. Sie haben in den letzten Jahren bereits am Erfolg geschnuppert. Von März bis September kann man das Team bei seinen Heimspielen im Gabba anfeuern. Die **Gold Coast Suns** (www.gold coastfc.com) sind Queenslands neueste AFL-Mannschaft. Ihre Heimspiele tragen sie im Metricon Stadium in dem Gold-Coast-Vorort Carrara aus.

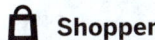

Shoppen

In Brisbane gibt's fantastische Märkte direkt am Flussufer, aufregende Boutiquen und Galerien und einmalige Läden, in denen man von Indie-Mode bis hin zu Aborigine-Kunsthandwerk wirklich alles bekommt: Secondhand-Klamotten und klassische Kleidung, neue Titel und gebrauchte Bücher, seltene Schallplatten u. v. m.

Paddington Antique Centre ANTIQUITÄTEN
(167 Latrobe Tce, Paddington) Im größten Antiquitätenzentrum der Stadt bieten mehr als 50 Händler Schätze und Kitsch aus der Vergangenheit an – Kleidung, Schmuck, Puppen, Bücher, Kunstwerke, Lampen, Musikinstrumente, Spielzeug u. v. m.

Blonde Venus BEKLEIDUNG
(Karte S. 324; 707 Ann St, Fortitude Valley) Eine der besten Boutiquen in Brisbane. Seit 20 Jahren verkauft das Blonde Venus ausgewählte Indie- und Haute-Couture-Labels. In der Ann St gibt's auch noch viele andere tolle Boutiquen.

Record Exchange MUSIK
(Karte S. 310; Level 1, 65 Adelaide St, Brisbane) Das Record Exchange hat eine umwerfende Sammlung an Schallplatten, CDs, DVDs, Postern und sonstigen Memorabilien.

Archives Fine Books BUCHLADEN
(Karte S. 310; 40 Charlotte St) Vorsicht: Beim Schmökern in den unzähligen Secondhand-Büchern vergisst man schnell die Zeit!

Avid Reader BÜCHER
(Karte S. 326; www.avidreader.com.au; 193 Boundary St, West End) Große Auswahl, ausgezeich-

neter Kaffee, Lesungen und andere Veranstaltungen.

Folio Books BUCHLADEN
(Karte S. 310; www.foliobooks.com.au; 80 Albert St) Kleiner, gut sortierter Buchladen.

World Wide Maps & Guides BUCHLADEN
(Karte S. 310; Shop 30, Anzac Sq. Arcade, 267 Edward St; ⊙So geschl.) Gutes Sortiment von Reiseführern und Karten.

Praktische Informationen

Geld

Im nationalen und internationalen Flughafenterminal gibt's mehrere Wechselstuben und Geldautomaten. Auch im gesamten Stadtgebiet stehen zahlreiche Geldautomaten.

American Express (☑1300 139 060; Shop 3, 156 Adelaide St)

Travelex (☑3210 6325; Shop 149f, Myer Centre, Queen St Mall)

Internetzugang

Viele Hotels und Cafés bieten WLAN an, leider allerdings selten gratis.

State Library of Queensland (South Bank; ⊙Mo–Do 10–20, Fr–So 10–17 Uhr; 🛜) Schnelle 20-Minuten-Terminals und Gratis-WLAN.

Brisbane Square Library (266 George St; 🛜) Kostenlose Internet-Terminals und WLAN.

Medizinische Versorgung

Pharmacy on the Mall (141 Queen St)

Royal Brisbane & Women's Hospital (☑3636 0111, Ecke Butterfield St & Bowen Bridge Rd, Herston; ⊙24-Std.-Unfallstation)

Travel Clinic (☑1300 369 359, 3211 3611; 1. Stock, 245 Albert St)

Travellers' Medical & Vaccination Centre (TMVC; ☑3815 6900; 75 Astor Tce, Spring Hill)

Notfall

Feuerwehr (☑000, 3247 5539)

Krankenwagen (☑000, 1300 369 003)

Lifeline (☑13 11 14)

Polizei (☑000) City (☑3224 4444; 67 Adelaide St); Hauptwache (☑3364 6464; 200

BRISBANE OPEN AIR

Jedes Jahr im März und April findet in den South Bank Parklands das **Brisbane Open Air** (www.brisbaneopenair.com.au) statt. Das Rainforest Green wird zur Bühne für Livebands und Filme. Gegen 17.45 Uhr geben sich Acoustic-Bands oder DJs ein Stelldichein. Filme werden nach Sonnenuntergang gegen 18.45 Uhr gezeigt. Tickets sind oft ausverkauft, Karten sollte man also am besten im Voraus online besorgen. Wer einen Sitzplatz ergattern will, muss früh erscheinen. Auf dem Gelände werden Essen und alkoholische Getränke verkauft.

James St Market
ESSEN

(Karte S. 324; James St, Fortitude Valley; ☺8.30–18 Uhr) Dieser kleine, aber fantastisch bestückte Markt ist ein echtes Feinschmeckerparadies. Hier gibt's Gourmetkäse, eine Bäckerei/Konditorei, Obst, Gemüse und unzählige Köstlichkeiten. An dem Seafood-Stand bekommt man ausgezeichnetes Sushi und Sashimi.

Jan Power's Farmers Market
ESSEN

(Karte S. 316; Brisbane Powerhouse, 119 Lamington St, New Farm; ☺am 2. & 4. Sa des Monats, 7–12 Uhr) Wer am zweiten oder vierten Samstag eines Monats zufällig in der Stadt ist, sollte diesen ausgezeichneten, unter Einheimischen beliebten Bauernmarkt mit mehr als 120 Ständen auf keinen Fall verpassen: frisches Obst und Gemüse, Weine aus der Gegend, Marmeladen, Säfte, Snacks (Waffeln, Würstchen, Desserts, Kaffee) und, und, und. Hin kommt man mit dem Citycat.

West End Markets
ESSEN

(Karte S. 326; Davies Park, Ecke Montague Rd & Jane St; ☺Sa 6–14 Uhr) Großer (Floh-) Markt mit Unmengen von Obst und Gemüse, Kräutern, Blumen, Biokost, Klamotten und Krimskrams. Hier kann man das bunte West End in vollen Zügen genießen: verschiedenste Spezialitäten und Livemusik im Davies Park.

South Bank Lifestyle Markets
ESSEN

(Karte S. 308; Stanley St Plaza, South Bank; ☺Fr 17–22, Sa 10–17, So 9–17 Uhr) Die beliebten Märkte warten mit einer großartigen Auswahl von Kleidungsstücken, Kunst, Kunsthandwerk, von Hand gemachten Gegenständen und Souvenirs auf Kunden.

Roma St); Fortitude Valley (☑3131 1200; Brunswick St Mall)

RACQ (☑13 19 05, Pannenhilfe 13 11 11) Innenstadt (GPO Bldg, 261 Queen St); St Pauls Tce (300 St Pauls Tce) Pannenhilfe.

Post

Australia Post (☑13 13 18; 261 Queen St; ☺Mo–Fr 7–18 Uhr) Schalter für postlagernde Sendungen.

Touristeninformation

Brisbane Visitor Information Centre (Karte S. 310; ☑3006 6290; Queen St Mall; ☺Mo–Do 9–17.30, Fr 9–19, Sa 9–16.30, So 9.30–16 Uhr) Zwischen Edward St und Albert St; super Adresse für umfassende Infos über Brisbane – alles aus einer Hand.

Queensland Parks & Wildlife (☑1300 130 372; Level 3, 400 George St; ☺Mo–Fr 8.30–16.30 Uhr) Karten, Broschüren und Bücher über Nationalparks und Wälder, Infos über Campingmöglichkeiten und Genehmigungen für die Fraser Island.

South Bank Visitors Centre (Karte S. 308; www.visitsouthbank.com.au; Stanley St Plaza, South Bank Parklands; ☺9–17 Uhr)

An- & Weiterreise

Details über Flüge, Züge und Busse stehen auf S. 303. Das Brisbane Transit Centre (Karte S. 310)

500 m nordwestlich vom Stadtzentrum ist der große Hauptbahnhof mit Reservierungsschalter für Fernbusse und -züge.

Auto & Motorrad

Es gibt fünf Hauptrouten (M1 bis M5), die in das Stadtgebiet hinein- und wieder hinausführen. Wenn man lediglich durch die Stadt muss, nimmt man am besten den Gateway Motorway (M1) bei Eight Mile Plains, der östlich ums Stadtzentrum herum zur Gateway Bridge (Maut 3 AU$) und über den Brisbane River führt.

AUTOVERMIETUNG Alle großen Autovermieter – **Hertz** (☑13 30 39), **Avis** (☑13 63 33), **Budget** (☑1300 362 848), **Europcar** (☑13 13 90) und **Thrifty** (☑1300 367 227) – haben sowohl an den Flughafenterminals als auch überall in der Stadt Büros.

Zu den kleineren Vermietern gehören:

Abel Rent A Car (☑1300 13 14 29; 3832 3666; www.abel.com.au; Roma St Transit Centre)

Ace Rental Cars (☑1800 620 408; www.acerentals.com.au; 330 Nudgee Rd, Hendra)

East Coast Car Rentals (☑1800 028 881; www.eastcoastcarrentals.com.au; 76 Wickham St, Fortitude Valley)

Bus

Die Reservierungsbüros der Busgesellschaften befinden sich im 3. Stock des Roma St Transit Centre. **Greyhound Australia** (☑1300 473 946;

www.greyhound.com.au) und **Premier Motor Service** (☏13 34 10; www.premierms.com.au) sind die größten Busunternehmen. Die Strecke Sydney–Brisbane kostet zwischen 90 und 200 AU$, die Fahrt dauert 16 bis 17 Stunden.

Zeiten und Preise für Fahrten gen Norden:

ZIEL	DAUER	PREIS (EINFACH)
Cairns	29–34 Std.	310–360 AU$
Hervey Bay	5½ Std.	50–75 AU$
Noosa Heads	2½ Std.	21–35 AU$
Mackay	16½–22 Std.	200–230 AU$
Rockhampton	11–14 Std.	138–170 AU$
Townsville	23 Std.	265–300 AU$

Flugzeug

Brisbanes wichtigster Flughafen befindet sich etwa 16 km nordöstlich des Stadtzentrums. Das internationale und das nationale Terminal sind fast 3 km voneinander entfernt; alle 15 bis 30 Minuten verbindet sie die **Airtrain** (www.airtrain. com.au; Ticket 5 AU$) miteinander.

Zug

Brisbanes Hauptbahnhof für Fernzüge ist das Brisbane Transit Centre. Wer Infos benötigt oder reservieren will, wendet sich am besten an das **Queensland Rail Travel Centre** (☏13 16 17; www.queenslandrail.com.au) mit den Büros Central Station (EG, Central Station, 305 Edward St) und Roma St (Roma St Transit Centre).

Fernzüge:

CountryLink (☏13 22 32; www.countrylink. nsw.gov.au) verkehrt täglich einmal zwischen Brisbane und Sydney (Economy/1. Klasse 92/130 AU$, 14½ Std.). Nachts fährt der Zug in Richtung Norden, tagsüber in Richtung Süden.

Spirit of the Outback Brisbane–Longreach (Economy-Sitz/Economy-Schlafwagen/ 1.-Klasse-Schlafwagen 190/250/385 AU$, 24 Std.) über Rockhampton (190/250/ 385 AU$, 10 Std.); zweimal wöchentlich.

Sunlander (219/279/430 AU$, 31 Std.) Fährt dienstags, donnerstags und sonntags über Townsville nach Cairns.

Tilt Train (Business Class 328 AU$, 24 Std.) Der Zug Brisbane–Cairns startet montags und freitags um 18.25 Uhr in Brisbane. In Cairns geht's mittwochs und sonntags um 9.15 Uhr los.

ℹ Unterwegs vor Ort

Auto & Motorrad

In der Rush Hour ist in Brisbane wirklich enormer Verkehr. In vielen Straßen im CBD und den inneren Vororten darf man zwei Stunden kostenlos parken. In den Hauptverkehrszeiten morgens und nachmittags werden die wichtigsten Durch-

gangsstraßen zu Halteverbotszonen. Abends kann man im CBD kostenlos parken.

Öffentliche Verkehrsmittel

Brisbane hat ein leistungsfähiges öffentliches Verkehrsnetz. Informationen über Busse, Züge und Fähren bekommt man im **Transit Informati-on Centre** (Karte S. 310; www.translink.com.au; Ecke Ann St & Albert St).

Die Fahrpreise für Busse, Züge und Fähren funktionieren nach einem Zonensystem. Es gibt insgesamt 23 Zonen, das Stadtzentrum und die meisten innerstädtischen Vororte liegen in der Zone 1 – man kommt also normalerweise mit einem Fahrschein für diese Zone (pro Erw./ Kind 3,90/2 AU$) aus. Wer Geld sparen will (ca. 30 % des Preises eines Einzelfahrscheins), sollte sich eine **Go Card** (5 AU$) besorgen, die man an Bahnhöfen und in Zeitungsläden kaufen (und aufladen) kann.

BUS Loop, ein kostenloser Busservice in der City, hält an der QUT, der Queen St Mall, der City Hall, der Central Station und Riverside. Er fährt an Wochentagen zwischen 7 und 18 Uhr alle zehn Minuten.

Die Haupthaltestelle der Stadtbusse befindet sich im Untergeschoss des Myer Centre. Die meisten nützlichen Busse halten außerdem an den farbig kodierten Haltestellen entlang der Adelaide St zwischen George St und Edward St.

Für Touristen interessante Busse sind u. a. die Linien 195, 196, 197 und 199 nach Fortitude Valley und New Farm. Sie starten in der Adelaide St zwischen dem King George Sq und der Edward St.

SCHIFF/FÄHRE Durch das Hochwasser von 2011 wurden viele Pontons und Fähranleger am Brisbane River beschädigt. Schon kurze Zeit später nahmen CityCat und City Ferry den Betrieb in begrenztem Umfang wieder auf, aber zum Zeitpunkt der Recherchen waren zahlreiche Fährterminals noch geschlossen. Es ist davon auszugehen, dass die meisten – vielleicht sogar alle – Fährverbindungen bis Ende 2011 wieder in Betrieb sind. Aktuelle Infos über Verbindungen und Fahrpläne gibt's bei **TransLink** (☏13 12 30; www.translink.com.au).

Wenn alles wieder dem normalen Fahrplan folgt, fahren die blauen CityCat-Katamarane zwischen 5.45 und 23 Uhr alle 20 bis 30 Minuten von der University of Queensland im Westen zur Bretts Wharf im Osten und auch wieder zurück. Zu den Haltestellen zählen North Quay (nahe der Queen St Mall), South Bank, Riverside (für den CBD) und New Farm Park.

Die Inner City Ferries schippern zwischen dem North Quay in der Nähe der Victoria Bridge und dem Mowbray Park im Zickzack über den Fluss. Es gibt auch noch einige direkte Fähren, am nützlichsten ist die zwischen Eagle St Pier und Thornton St (Kangaroo Point).

Wie auch in allen anderen öffentlichen Verkehrsmitteln basieren die Fahrpreise auf dem Zonensystem. Die für Traveller wichtigsten Haltestellen liegen im Innenstadtbereich und somit in Zone 1.

ZUG Das TransLink-Netz unterhält sieben Linien. Die schnellen Züge fahren in Richtung Norden bis nach Nambour, Cooroy und Gympie (zur Sunshine Coast) und gen Süden nach Nerang und Robina (zur Gold Coast). Weitere nützliche Ziele sind Rosewood (in Richtung Ipswich) und Cleveland (für die Fähre zur North Stradbroke Island).

Die **Airtrain**-Verbindung (www.airtrain.com. au) geht im CBD und auf der Gold-Coast-Strecke in das TransLink-Netz über. Alle Züge halten im Brisbane Transit Centre und an der Central Station in der City, ferner an der Brunswick St Station in Fortitude Valley.

Die Züge fahren von 4.30 bis 23.30 Uhr (sonntags bis 22 Uhr).

MORETON BAY ISLANDS

Das Gewässer, das an Brisbanes Stadtrand angrenzt, bietet zahlreichen Meeresbewohnern einen Lebensraum, darunter Walen, Delfinen und Dugongs. In der Moreton Bay liegen zudem ein paar wunderschöne Inseln, die man vom Festland aus gut erreichen kann. Am schönsten sind North Stradbroke Island mit ihrer lässigen Urlaubsstimmung und Moreton Island, ein atemberaubender Flecken Wildnis direkt vor Brisbanes Haustür.

North Stradbroke Island

Die Brisbaner können sich glücklich schätzen, eine so schöne Ferieninsel direkt vor ihrer Nase zu haben. Sie ist von Brisbanes Vorort Cleveland nur 30 Minuten mit der Fähre entfernt und besticht durch eine Reihe herrlicher Strände mit feinem, weißem Sand. Landeinwärts befinden sich zwei von Buschland umgebene glitzernde Seen, an der Küste warten ausgezeichnete Unterkünfte und Restaurants auf Besucher.

Sehenswertes & Aktivitäten

Straddies beste **Surf- und Badestrände** befinden sich am Point Lookout. Um die Landzunge herum finden sich einige Buchten und lange Streifen weißen Sandes.

Wer nicht hinter jeder Brandungswelle herjagen will, kann sich einige tolle Spaziergänge vornehmen, etwa die malerische

30-minütige Tour rund um die **North Gorge** an der Spitze des Point Lookout. Von hier können Kleine Tümmler, Delfine, Mantarochen und während der Saison (Juni–Nov.) auch Wale gesichtet werden. Auch Straddies Seen im Inselinneren sind einen Besuch wert. Wer kein eigenes Fahrzeug hat, kann an einer geführten Tour teilnehmen oder sich ein Rad leihen; allerdings muss man unterwegs mit einigen geradezu mörderisch steilen Hügeln rechnen! Sowohl der Brown Lake als auch der Blue Lake können von Dunwich aus über die befestigte Mining Company Rd erreicht werden. Nach etwa 3 km erreicht man die Abzweigung zum flachen **Brown Lake**. Ein kurzer Trampelpfad führt zum See, dessen Wasser – wie der Name schon vermuten lässt – ziemlich braun ist. Dennoch handelt es sich um einen bei Familien beliebten und netten Ort für ein Picknick.

Den **Blue Lake** erreicht man von einem Parkplatz aus (5 km weiter die Straße hinunter). Er gilt als Mittelpunkt des Blue Lake National Park. Ein wunderschöner, gewundener Wanderweg (2,1 km lang) führt zu dem kleinen See mit kristallklarem Wasser – ein ruhiges und malerisches Fleckchen Erde. Trotzdem muss man Vorsicht walten lassen: Denn der Blue Lake ist sehr tief, sein Boden fällt direkt am Ufer erschreckend schnell ab.

Der im Osten liegende **Eighteen Mile Beach** ist für Wagen mit Allradantrieb sowie Wohnmobile zugänglich und endet am beliebten Angelplatz **Jumpinpin** an der Südspitze der Insel. **Straddie Super Sports** (☑3409 9252; Bingle Rd) verleiht Angelausrüstungen ab 25 AU$ pro Tag. **Manta Lodge & Scuba Centre** (☑3409 8888; www. mantalodge.com.au; 1 East Coast Rd) beim YHA bietet Schnorchelausflüge für 85 AU$ an (inkl. 2-stündiger Bootsfahrt). Ausflüge mit zwei Tauchgängen kosten 185 AU$.

Straddie Adventures (☑3409 8414; www. straddieadventures.com.au; 112 East Coast Rd, Point Lookout) veranstaltet Kajaktouren auf dem Meer (rund um Straddie; inkl. Schnorchelgänge, 60 AU$) und hat Sandboarding (wie Snowboarding, nur auf Sand; 30 AU$) im Angebot.

☞ Geführte Touren

Mehrere Reiseveranstalter bieten Touren auf der Insel an. Die Ausflüge im Geländewagen führen im Allgemeinen an den östlichen Strand und zu mehreren Süßwasserseen.

North Stradbroke Island 4WD Tours & Camping Holidays — GELÄNDEWAGEN

(☎3409 8051; straddie@ecn.net.au) Die Halbtagestouren kosten im Allgemeinen 35/20 AU$ pro Erwachsener/Kind.

Straddie Kingfisher Tours — GELÄNDEWAGEN, ANGELN

(☎3409 9502; www.straddiekingfishertours.com.au; Erw./Kind 79/59 AU$) Es werden sechsstündige Touren im Geländewagen und Angelausflüge angeboten. Sofern gerade Saison ist, werden Walbeobachtungstouren organisiert.

Schlafen

Die meisten Unterkünfte finden sich an einem 3 km langen Küstenabschnitt, der sich im Norden der Insel rund um den Point Lookout erstreckt.

Pandanus Palms Resort — APARTMENTS $$

(☎3409 8106; www.pandanus.stradbrokeresorts.com.au; 21 Cumming Pde.; Apt. 245–315 AU$;) Die großen Stadthäuser mit zwei Zimmern, die hoch über dem Strand und der dichten Vegetation thronen, bieten viel Platz und sind modern eingerichtet. Die besten Apartments haben Blick aufs Meer und einen Garten mit Grillplatz. Das zur Anlage gehörende Restaurant ist hervorragend.

Straddie Views — B&B $$

☎3409 8875; www.northstradbrokeisland.com/straddiebb; 26 Cumming Pde.; Zi. ab 150 AU$) Das nette, von einem Straddie-Pärchen geführte B&B hat mehrere geräumige, gemütlich eingerichtete Suiten. Das Frühstück wird oben auf dem Sonnendeck mit genialem Blick aufs Wasser serviert.

Stradbroke Island Beach Hotel — HOTEL $$

(☎3409 8188; www.stradbrokeislandbeachhotel.com.au; East Coast Rd; DZ 230–310 AU$;) Straddies einziges Hotel erstrahlt in umwerfend modernem Design. Es gibt zwölf coole, einladende, in gedämpften Farben gehaltene Zimmer mit Spitzeneinrichtung und Balkon. Die Bar im Erdgeschoss mit Biergarten ist ein Traum. Restaurant und Spa dürfen natürlich auch nicht fehlen.

Anchorage on Straddie — APARTMENTS $$

(☎3409 8266; www.anchorage.stradbrokeresorts.com.au; East Coast Rd; 2 Nächte 235–400 AU$;) Die freundlichen Manager dieser Apartments mit komplett eingerichteter Küche und Balkon halten alles perfekt in Schuss. Ein Steg führt vom Hotel direkt an den Strand. Wer Meerblick wünscht, sollte nach Möglichkeit ein Zimmer im dritten Stock beziehen.

Manta Lodge YHA — HOSTEL $

(☎3409 8888; www.mantalodge.com.au; 1 East Coast Rd; B/DZ 30/78 AU$; @) Dieses große, gepflegte Hostel in Strandnähe hat hervorragende Einrichtungen, u. a. eine Tauchschule direkt vor der Haustür. Es gibt Schlafsäle mit vier, sechs und acht Betten. Die Betreiber sind auch gern bereit, die kleineren Schlafsäle gegen einen geringen Aufpreis an Paare oder Freunde zu vergeben, die lieber ungestört sein wollen.

Straddie Holiday Parks — CAMPING $

(☎1300 551 253; Stellplatz ohne/mit Strom 35/40 AU$, Hütte 109–165 AU$) Auf der Insel gibt es sieben Campingplätze, die von Straddie Holiday Parks verwaltet werden. Am schönsten sind die um Point Lookout. Von der **Adder Rock Camping Area** und der **Thankful Rest Camping Area** genießt man den Blick auf den hübschen Home Beach. Die **Cylinder Beach Camping Area** liegt direkt an einem der beliebtesten Strände der Insel. Es gibt auch einige preiswertere Stellplätze (ab 15 AU$/Nacht), die aber nur mit Geländewagen zu erreichen sind. Stellplätze sollten lange im Voraus gebucht werden.

Essen

Es gibt zwar ein paar Lebensmittelläden in Point Lookout, aber es lohnt sich, einige Grundnahrungsmittel mitzubringen.

LP TIPP Amis — MODERN-AUSTRALISCH $$

(☎3409 8600; 21 Cummings Pde., Pandanus Palms Resort; Hauptgerichte 28–36 AU$; ⏲Mi–So abends) In Straddies bestem Restaurant erhalten frische Produkte aus der Region nordafrikanische und asiatische Akzente. Zu den Köstlichkeiten gehören u. a. Kängurulendenfilets aus Queensland, Shrimps auf Bambusspießchen vom Holzkohlengrill, frisch gefangener Fisch und knuspriges Entenconfit.

Look — MODERN-AUSTRALISCH $$

(☎3415 3390; 29 Mooloomba Rd; Hauptgerichte mittags 12–18 AU$, Hauptgerichte abends 25–30 AU$; ⏲tgl. morgens & mittags, Do–Sa abends) Dieses Lokal scheint tagsüber *die* Anlaufstelle am Point Lookout zu sein. Während im Hintergrund funkige Musik läuft, können die Gäste wunderbar im Freien sitzen und die kühle Brise und den schönen Blick aufs Wasser genießen. Elegante, aber dennoch lockere Atmosphäre.

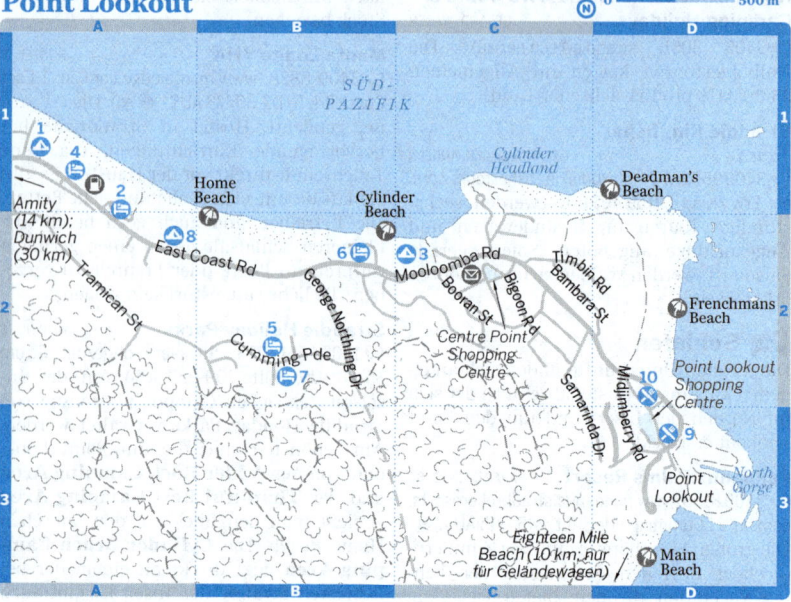

Point Lookout

Aktivitäten, Kurse & Touren

Scuba Centre .... (siehe 4)
Straddie Adventures ....(siehe 2)

ⓑⓐ Schlafen

1 Adder Rock Camping Area A1
2 Anchorage on Straddie A1
3 Cylinder Beach Camping Area C2
4 Manta Lodge YHA............................ A1
5 Pandanus Palms Resort....................B2
6 Stradbroke Island Beach Hotel B2
7 Straddie Views................................B2
8 Thankful Rest Camping Area............A2

ⓧ Essen

Amis..(siehe 5)
9 Fishes D3
10 Look D2

Fishes   SEAFOOD $$

(15 Mooloomba Rd; Hauptgerichte 15–20 AU$;
⏱Sa–Mo 9–19, Di–Do 9–16 Uhr) Das Fishes
hält, was sein Name verspricht: Es serviert leckere Fish & Chips, die man gegenüber vom North Gorge Walk auch an
Tischen im Freien verputzen kann. Ferner
gibt's Gratis-WLAN und man kann sich
Ferngläser (10 AU$/4 Std.) und Fahrräder
(22 AU$/4 Std.) leihen.

ⓘ Praktische Informationen

Auf Straddie existieren drei kleine Siedlungen:
Dunwich, Amity Point und Point Lookout. Sie alle
befinden sich am nördlichen Ende der Insel. Im
hügeligen Inselzentrum liegt der wunderschöne
Blue Lake National Park. Die wilde südliche
Inselhälfte ist fest in der Hand des Bergbaus
und daher für Besucher nicht zugänglich. Den
Eighteen Mile Beach, der sich an der Ostseite
der Insel erstreckt, erreicht man nur im Geländewagen.

ⓘ An- & Weiterreise

Das Tor zur North Stradbroke Island ist die Küstenstadt Cleveland. Züge von **TransLink** (www.
translink.com.au) starten regelmäßig von der
Central Station oder Roma St nach Cleveland
(6,70 AU$, 1 Std.). Am Bahnhof in Cleveland
stehen Busse, die Traveller zum Fähranleger
bringen (10 Min.).

Stradbroke Ferries (☎3488 5300; www.
stradbrokeferries.com.au) fährt zwischen 6 und
18 Uhr fast stündlich nach Dunwich (hin & zurück 19 AU$, 25 Min.). Es gibt auch eine Autofäh-
re, die allerdings nicht ganz so häufig verkehrt
(hin & zurück pro Fahrzeug inkl. Passagiere
135 AU$, 40 Min.).

Gold Cat Stradbroke Flyer (☎3286 1964;
www.flyer.com.au) verkehrt fast stündlich mit
einem Katamaran zwischen Cleveland und One
Mile Jetty (hin & zurück 19 AU$, 25 Min.), 1 km
nördlich von Dunwichs Zentrum.

ℹ️ Unterwegs vor Ort

Regionalbusse (☑ 3409 7151) warten in Dunwich und am One Mile Jetty auf ankommende Fähren und fahren zum Point Lookout (hin & zurück 9,50 AU$). Der letzte Bus nach Dunwich startet am Point Lookout gegen 18.45 Uhr, freitags später.

Moreton Island

Reisende müssen nicht erst weiter Richtung Norden fahren, um in Queensland ein Stück Inselparadies zu finden: Bereits an der malerischen Küste von Moreton Island grenzt dichtes Blattwerk an weiße Sandstrände. Der Großteil der Insel wurde zum Nationalpark erklärt und ist gänzlich unerschlossen. Es gibt einige Wanderwege und Unmengen von Vögeln. Die Farbe des Wassers schwankt zwischen Jadegrün und Indigoblau, außerdem ist es kristallklar. Das wird man schnell feststellen, wenn man z. B. das Tangalooma-Wrack gleich vor der Westküste tauchend oder schnorchelnd erkundet.

⊙ Sehenswertes & Aktivitäten

Tangalooma markiert ziemlich genau die Mitte der Westküste. Es ist ein beliebtes Touristenresort auf dem Gelände einer alten Walfangstation. Die Hauptattraktion ist die allabendlich bei Sonnenuntergang stattfindende **Delfinfütterung**. Für gewöhnlich schwimmen acht oder neun Delfine vom Meer herein, um sich den Fisch aus den Händen ihrer freiwilligen Fütterer abzuholen. Wer die Tiere füttern möchte, muss Gast im Resort sein. Zuschauen kann man aber auch so.

Auf der im **Marine Research & Education Centre** erhältlichen Karte der Insel sind alle Wanderwege verzeichnet. Das Zentrum beherbergt außerdem eine Ausstellung zur facettenreichen Meeres- und Vogelwelt von Moreton Bay. Wanderer können u. a. zwischen einem Wüstenweg (2 Std.) und einem Buschweg (1½ Std.) wählen, die beide am Resort beginnen. Ein längerer Weg führt zum Water Point (4 Std.) an der Ostküste. Auch die anstrengende Wanderung zum Gipfel des Mt. Tempest, 3 km landeinwärts von Eagers Creek, lohnt sich. Um an den Ausgangspunkt zu kommen, benötigt man aber einen fahrbaren Untersatz.

Mehrere Ausrüster im Resort verleihen Schnorchel-Equipment, mit dem man ganz wunderbar die Tangalooma-Wracks

erkunden kann. Wer sich alles lieber von der Wasseroberfläche aus anguckt, kann sich auch ein Kajak oder einen Katamaran ausleihen.

Etwa 3 km südlich und landeinwärts von Tangalooma befindet sich ein öder, sandiger Abschnitt, der **Desert** genannt wird. Die **Big Sandhills** und die **Little Sandhills** liegen weiter südlich am schmalen Südzipfel der Insel. Die größten Seen und einige Sumpfgebiete erstrecken sich im Nordosten.

☞ Geführte Touren

Tangatours (Tangalooma Wild Dolphin Resort; ☑ 1300 652 250, 3637 2000; www.tangalooma. com) bietet eineinhalbstündige Schnorcheltrips rund um die Tangalooma-Wracks (35 AU$) und Tauchgänge an.

Micat (☑ 3909 3397; www.micat.com.au; 1-tägige Touren Erw./Kind ab 155/95 AU$, 2-tägige Campingtouren ab 299 AU$) organisiert Inseltouren mit massenhaft Aktivitäten, u. a. Schnorcheln, Sandboarden und Bushwalking.

Moreton Bay Escapes (☑ 1300 559 355; www.moretonbayescapes.com.au; 1-tägige Touren Erw./Kind ab 165/125 AU$, 2-tägige Campingtouren 249/149 AU$) hat ähnliche Touren im Programm.

Sunrover Expeditions (☑ 1800 353 717, 3203 4241; www.sunrover.com.au; Erw./Kind 120/100 AU$) ist ein freundlicher, zuverlässiger Anbieter von Ausflügen im Geländewagen. Gute Tages- und Campingtouren.

🛏️ Schlafen

In Kooringal, Cowan Cowan und Bulwer gibt's es ein paar Ferienwohnungen und -häuser. Eine vollständige Liste ist unter www.moretonisland.com.au zu finden.

Tangalooma Wild Dolphin Resort   HOTEL, APARTMENTS **$$$**
(☑ 1300 652 250, 3637 2000; www.tangalooma. com; Pauschalangebot mit 1 Übernachtung ab 310 AU$; ✳ @ ⊠) Dieses wunderschön gelegene, aber bereits in die Jahre gekommene Resort ist die einzige „richtige" Touristenanlage auf der Insel. Hier wird eine Vielzahl von unterschiedlichen Optionen geboten, von normalen, langweiligen Hotelzimmern bis hin zu coolen, modern eingerichteten Wohneinheiten und Suiten, die einen direkten Zugang zum Strand haben. Mit etwas Glück kann man unter www.wotif.com ein Schnäppchen ergattern. Zur Anlage gehören auch mehrere Restaurants.

National Park Camping Grounds CAMPING
(DERM-Büro ✆1300 130 372; Level 3, 400 George St, Brisbane CBD; Stellplatz pro Pers./Fam. 6/21 AU$) Die zehn Nationalpark-Campingplätze, von denen fünf direkt am Strand liegen, haben alle Wasser, Toiletten und kalte Duschen. Weitere Infos und Campinggenehmigungen bekommt man im Brisbaner DERM-Büro oder unter der Telefonnummer ✆13 74 68. Online buchen kann man unter www.derm.qld.gov.au. Campinggenehmigungen muss man sich vor der Ankunft auf der Insel besorgen.

ⓘ Praktische Informationen

Abgesehen vom Tangalooma Resort sind die einzigen Siedlungen auf der Insel: Bulwer in der Nähe der Nordwestspitze, Cowan Cowan zwischen Bulwer und Tangalooma und Kooringal unweit des Südzipfels. Die Geschäfte in Kooringal und Bulwer haben gepfefferte Preise, daher sollte man so viele Vorräte wie möglich vom Festland mitbringen.

ⓘ Anreise & Unterwegs vor

Auto & Motorrad

Befestigte Straßen sucht man auf Moreton Island vergeblich, Geländewagen dürfen an den Stränden und auf einigen Wegen im Inselinneren fahren. Man sollte sich vorab über Gezeiten und Flussüberquerungen informieren. Karten des Queensland Parks & Wildlife Service (QPWS) bekommt man in den Büros der Autofähren oder am Infoschalter des Marine Research & Education Centre in Tangalooma. Fahrgenehmigungen für die Insel kosten 40 AU$ und sind bei den Fährbetreibern, online (www.derm.qld.gov.au) oder im DERM-Büro (in Brisbane: Level 3, 400 George St) erhältlich. Wer ein Fahrzeug mitnehmen will, muss die Überfahrt unbedingt vorab buchen.

Schiff/Fähre

Einige Fähren setzen vom Festland aus nach Moreton Island über. Der **Tangalooma Flyer** (✆3268 6333; www.tangalooma.com/tangalooma/transport; Erw./Kind Tagestrip hin & zurück 40/25 AU$, sonst ab 80/40 AU$) ist ein vom Resort betriebener Katamaran. Er startet täglich von einem Anleger an der Holt St (geht vom Kingsford Smith Dr in Eagle Farm ab) aus. Um 9 Uhr fährt ein Bus (10 AU$) vom Roma St Transit Centre zur Anlegestelle des Flyer. Ohne Reservierung geht nichts! Fahrten dauern 75 Minuten.

Die Autofähre **Moreton Venture** (✆3909 3333; www.moretonventure.com; Erw./Kind/Fahrzeug & 2 Passagiere hin & zurück 50/35/190 AU$; ⏰Mi–Mo 8.30 Uhr) legt in Lyton an Howard-Smith Dr (im Hafen von Brisbane) ab und schippert nach Tangalooma. Abfahrtszeiten auf der Insel sind 15.30 Uhr (tgl.), 10.30 Uhr (Fr)

sowie 13 und 16.30 Uhr (So). Dienstags fährt die Fähre nach Bulwer und zurück.

Die neue Autofähre **Amity Trader** (✆0487 227 437; www.amitytrader.com; Fahrzeug & Passagiere hin & zurück 100 AU$) verkehrt zwischen Amity und Kooringal am Südzipfel von Moreton Island. Fahrplan telefonisch erfragen. Unbedingt reservieren.

GOLD COAST

An den langen, durchgehenden Sandstreifen mit einigen der weltbesten Surfstrände schließt sich ein weiterer glitzernder Streifen mit Hochhäusern, Restaurants, Bars und Themenparks an. Gemeinsam garantieren sie, dass der Zustrom von sonnenhungrigen Urlaubern nicht abreißt. Der Hauptort ist ganz ohne Zweifel Surfers Paradise. Hier gerät man zwangsläufig in den Sog der Feierwütigen, der einen irgendwann wieder völlig erschöpft ausspuckt. Der ungestüme Konsumterror und das rasante Tempo sind sicher nicht jedermanns Sache. Hat man das Epizentrum erst mal verlassen, nimmt der Hype schnell ab und es erwarten einen das schicke Strandflair von Broadbeach, der Charme von Burleigh Heads und die relaxten Vibes im Surferort Coolangatta.

Southport & Main Beach

✆07 / 24100 EW.

Southport ist ein relativ ruhiges Wohnviertel 4 km nördlich von Surfers Paradise. Der Ort am Meeresarm Broadwater wird vor der Unbill des Pazifiks durch den langen Sandstreifen The Spit geschützt. Hier ist nicht viel los und der Strand in weiter Ferne – genau das macht Southport zu einer guten Basis für alle, die dem Wahnsinnstrubel in Surfers entgehen wollen.

Main Beach, direkt südlich von Southport, ist das Tor zum Spit und zu den Touristenhochhäusern. The Spit erstreckt sich 3 km gen Norden und trennt das Broadwater vom Südpazifik. Die dem Meer zugewandte Seite von The Spit ist noch relativ unberührt. Hier gibt es einen langen Streifen natürliches Buschland sowie ausgezeichnete Strände mit toller Brandung. Am Südende befindet sich der Themenpark Sea World, das exklusive Shoppingcenter Marina Mirage ist in der Nähe von Mariner's Cove und dem Jachthafen, wo die Kreuzfahrten starten und zahlreiche Aktivitäten am, im und auf dem Wasser möglich sind.

✦ Aktivitäten

Aktivitäten rund ums Wasser sollte man in Mariner's Cove buchen. Den besten Überblick über die unzähligen Anbieter bekommt man dort im **Mariner's Cove Tourism Information & Booking Centre** (✆5571 1711; Mariner's Cove; ⏱8.30–16.30 Uhr). Zu den empfehlenswerten Unternehmen gehören:

Australian Kayaking Adventures
KAJAKFAHREN

(✆0412 940 135; www.australiankayakingadventures.com.au; halbtägige Tour zur South Stradbroke Island 85 AU$)

GC Hovercraft Tours & Watersports
HOVERCRAFTFAHRT

(✆1300 559 931; www.goldcoasthovercraft.com; 30 Min. Erw./Kind/Fam. 55/40/150 AU$, 45 Min. 60/45/170 AU$)

Gold Coast Helitours
HUBSCHRAUBERFLUG

(✆5591 8457; www.goldcoasthelitours.com.au; Mariner's Cove Marina) Unterschiedliche Flugangebote. Wer will, kann einen Fallschirm anlegen und sich aus 3000 m in die Tiefe stürzen.

Jet Ski Safaris
JETSKIFAHREN

(✆5526 3111; www.jetskisafaris.com.au) Touren von 40 Minuten (70 AU$) bis zu zweieinhalb Stunden (160 AU$) Dauer, die um die Insel und durch die Mangroven führen; Übernachtung im Zelt (325 AU$) auf South Stradbroke Island.

Paradise Jet Boating
JETBOATFAHREN

(✆1300 538 2621, 5526 3190; Mariner's Cove Marina; 45 Min. 63 AU$) Mit einem Affenzahn und vielen Kurven geht's in einem Jetboat mit bis zu 85 km/h übers Wasser.

Tall Ship
SEGELN

(✆5532 2444; www.tallship.com.au; Mariner's Cove Marina; ganztägige Törns Erw./Kind ab 129/79 AU$) Mit Jachten, die wie Windjammern aussehen, geht's zur South Stradbroke Island. Für 50 AU$ können sich die Teilnehmer auch im Parasailing versuchen.

☞ Geführte Touren

Broadwater Canal Cruises
BOOTFAHREN

(✆0410 403 020; Mariner's Cove; 2 Std. Erw./Kind 35/18 AU$; ⏱10.30 & 14 Uhr) Ausflüge zur Tiki Village Wharf in Surfers Paradise.

Wyndham Cruises
BOOTFAHREN

(✆5539 9299; www.wyndhamcruises.com.au; 2 Std. Erw./Kind/Fam. 45/25/115 AU$) Tour auf dem Meeresarm Broadwater.

🛏 Schlafen

Palazzo Versace
RESORT $$$

(✆1800 098 000, 5509 8000; www.palazzoversace.com; Sea World Dr., Main Beach; DZ 480–585 AU$, Suite/Ferienwohnung ab 685/1300 AU$; ❄@☷) Das Palazzo mit seinen luxuriösen Zimmern, prächtigen Restaurants und Bars ist der Inbegriff von Extravaganz. Hier trägt alles die Handschrift von Donatella Versace, angefangen bei dem Mobiliar am Pool bis hin zu den Knöpfen an den Uniformen des Personals.

Sheraton Mirage Resort & Spa
RESORT $$$

(✆1800 073 535, 5591 1488; www.starwoodhotels.com/sheraton; Sea World Dr., Main Beach; DZ ab 215 AU$, Suite 500–650 AU$; ❄@☷) Wer direkt am Strand wohnen will, sollte eines der klassischen, geräumigen Zimmer in diesem Fünf-Sterne-Resort beziehen. Spa-Liebhaber finden im Golden Door Spa & Health Club des Mirage Resorts alles, was das Herz begehrt.

Harbour Side Resort
MOTEL $$

(✆5591 6666; www.harboursideresort.com.au; 132 Marine Pde., Southport; Wohnstudio 90 AU$, 1-/2-Zi.-Apt. 120/160 AU$; ❄@☷) Hinter der wuchtigen Backsteinfassade an einer belebten Straße bietet die große Anlage geräumige, in Pastellfarben gehaltene Wohneinheiten mit gut ausgestatteten Küchen. Außerdem gibt's auf dem Gelände einen Waschsalon und Tennisplätze.

Surfers Paradise YHA at Main Beach
HOSTEL $

(✆5571 1776; www.yha.com.au/hostels; 70 Sea World Dr., Main Beach; B/DZ & 2BZ 25/69,50 AU$; @) Fantastische Lage mit Blick über den Jachthafen. Man müsste eigentlich nur vom Balkon springen, um schon mittendrin in dem Riesenangebot von Wassersportarten, Bootsausflügen und geführten Touren zu landen. Es gibt einen kostenlosen Shuttlebus, freitagabends wird gegrillt und zur Fisherman's Wharf Tavern sind es auch nur ein paar Schritte.

Ebenfalls empfehlenswert:

Trekkers
HOSTEL $

(✆1800 100 004, 5591 5616; www.trekkersbackpackers.com.au; 22 White St, Southport; B/DZ & 2BZ 27/70 AU$; @☷) Freundliches, gemütliches Hostel in einer ruhigen Straße.

Main Beach Tourist Park
CAMPING $$

(✆5667 2720; www.gctp.com.au/main; Main Beach Pde, Main Beach; Stellplatz ohne/mit Strom

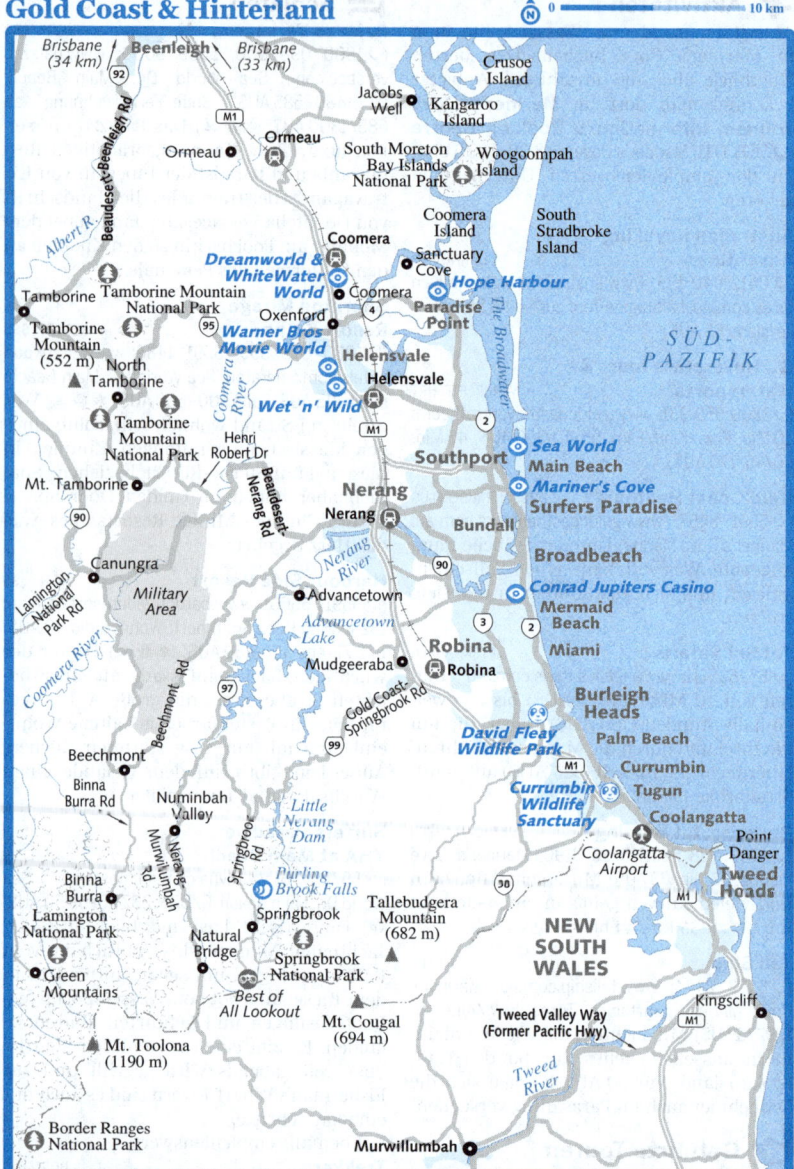

ab 33/36 AU$, Hütte ab 140 AU$; ❋ ✈) Bei Familien sehr beliebt.

✕ Essen

Wer auf das Reisebudget achten muss, sollte den Food Court im Australia Fair Shopping Centre ansteuern.

Saks   ITALIENISCH **$$$**

(☎5591 2755; Marina Mirage, 74 Sea World Dr, Main Beach; Hauptgerichte 30–50 AU$; ◷mittags & abends) Von der verglasten Terrasse des beliebten italienischen Restaurants hat man einen Traumblick auf den Jachthafen. Auf der kleinen, aber anspruchsvollen

Southport & Main Beach

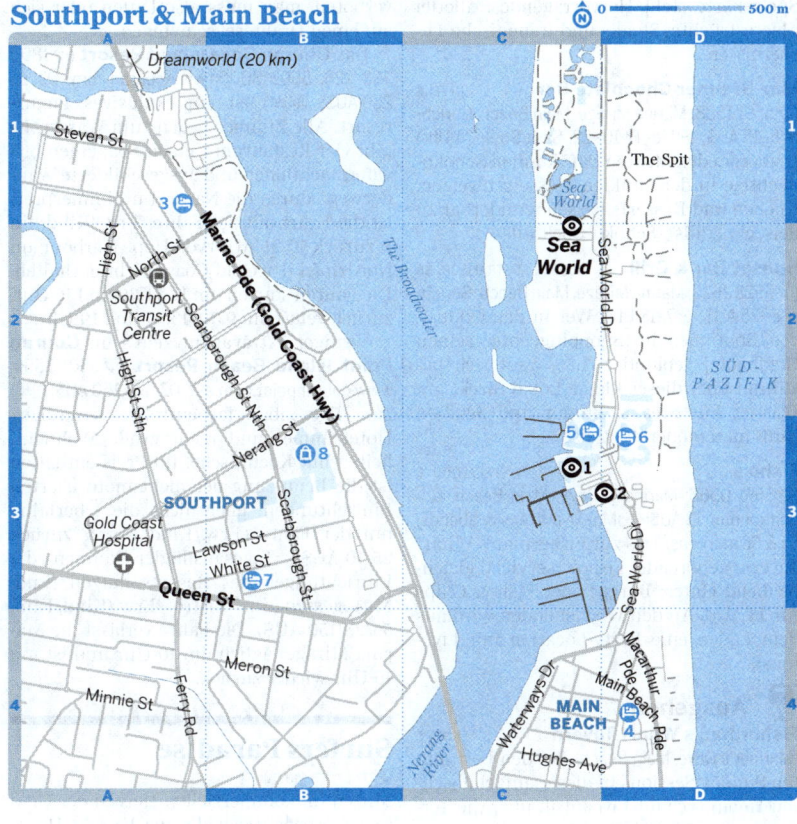

Southport & Main Beach

Speisekarte steht Hervorragendes: allerlei Meeresfrüchte, Steaks und italienische Leckerbissen.

Max Brenner Chocolate Bar CAFÉ $

(5591 1588; Marina Mirage, Main Beach; Gerichte 5–15 AU$; ⊙Mo–Fr 10–22, Sa & So 9–24 Uhr) In diesem dekadenten Café können Schoko-Süchtige in der dunklen Masse schwelgen. Kuchen und Desserts passen wunderbar zu den „choctails" (Schoko-Cocktails).

Sunset Bar & Grill MODERN-AUSTRALISCH $$

(5528 2622; Marina Mirage, Main Beach; Gerichte 8–25 AU$; ⊙7–18 Uhr) Wer in den exklusiven Boutiquen im Shoppingcenter seinen Geldbeutel geplündert hat, freut sich bestimmt über dieses kleine Lokal direkt am Wasser. Für Steaks, Burger und Seafood zahlt man moderate Preise.

Fisho's SEAFOOD $

(5571 0566; Mariner's Cove, Main Beach; Gerichte unter 13 AU$; ⊙Mo–Fr mittags & abends, Sa & So morgens) Das zur Fisherman's Wharf Tavern gehörende Fisho's serviert gleichbleibend Gutes: Burger oder Fish & Chips für 15 AU$. An den Wochenenden wird aus dem Laden eine Party-Location mit Livemusik.

Ausgehen

Fisherman's Wharf Tavern KNEIPE

(Mariner's Cove, Main Beach) Bei den berühmten Sunday Sessions in dieser aufgehübschten Kneipe schallt Livemusik über die Terrasse mit Blick aufs Broadwater.

An- & Weiterreise

Busse halten am Southport Transit Centre in der Scarborough St zwischen der North St und der Railway St. Die Regionalbusse von Surfside fahren vor dem Australia Fair Shopping Centre in der Scarborough St ab.

South Stradbroke Island

Diese schmale, 20 km lange Sandinsel ist kaum erschlossen und bildet einen ruhigen Gegenpol zu den Touristengegenden an der Gold Coast. Am nördlichen Ende wird sie durch einen schmalen, bei Anglern beliebten Kanal von der North Stradbroke Island getrennt, die südliche Spitze ist nur 200 m von The Spit entfernt. Es gibt zwei Resorts, einen Campingplatz und so viel Busch, Sand und Meer wie sich Angler, Surfer, Buschwanderer und Kajakfahrer nur wünschen können. Autos sind auf der Insel verboten, man muss also laufen oder sich auf einen Drahtesel schwingen.

Das **Couran Cove Island Resort** (1800 268 726, 5509 3000; www.couran.com; DZ ab 260 AU$; ✷✸) ist ein exklusives Luxusresort. Alle Zimmer liegen zum Wasser. Es gibt vier Restaurants, einen Spa, einen privaten Jachthafen und ausgeschilderte Wanderwege durch die Natur. Im Zimmerpreis ist die Fahrt mit der Fähre (Erw./Kind hin & zurück 50/25 AU$) von Hope Harbour am Nordzipfel der Gold Coast nicht enthalten. Die Fähren starten um 11, 14.30 und 16 Uhr, zurück geht's um 9.30, 13, 17 und 19 Uhr.

Weniger extravagant geht's im **Couran Point Island Beach Resort** (5501 3555; www.couranpoint.com.au; DZ ab 150 AU$; ✸) zu. Hier gibt's farbenfrohe, gemütliche Hotelzimmer und recht große Wohneinheiten mit Kochnische. Im Preis enthalten ist die Benutzung der nicht motorisierten Einrichtungen, aber nicht die Überfahrt mit der Fähre (Erw./Kind hin & zurück 25/10 AU$). Tagesausflügler können die Einrichtungen des Resorts nutzen (inkl. Mittagessen im Bistro Erw./Kind/Fam. 55/25/150 AU$). Die Fähre verlässt die Marina Mirage täglich um 10 Uhr und ist um 16 Uhr wieder zurück.

Surfers Paradise

07 / 18 510 EW.

Mitten im kommerziellen Herzen der Gold Coast erheben sich die markanten Hochhäuser von Surfers Paradise. Besucher finden dort schwindelerregende Hektik, ein aufregendes Nachtleben, jede Menge Shoppingmöglichkeiten und schier endlose Unterhaltungsmöglichkeiten. Surfers ist das anerkannte Partyzentrum der Gold Coast. Hierher kommen sie alle: Vom 40-Jährigen, der sich mit Martinis einen ansäuselt, über Millennials, die auf der Tanzfläche Pillen einwerfen, bis hin zu Schülern, die sich am Strand austoben. Bei so viel Glitzer und Glamour sitzt das Geld häufig locker. Damit Besucher wenigstens an einer Stelle weniger bezahlen, füttern die berühmten „Meter Maids" – hübsche junge Frauen in goldenen Bikinis – abgelaufene Parkuhren mit Münzen.

Die dicht aneinander stehenden Wolkenkratzer werfen nachmittags Schatten auf den Strand, für ein Sonnenbad oder einen entspannten Strandurlaub sollte man also weiter Richtung Süden ziehen.

... einem Tag

Tag eins sollte man in einem der **Themenparks an der Gold Coast** (S. 348) verbringen, um sich auf 1000 verschiedene Arten durchschütteln zu lassen. Nach einer Abkühlung und einem Abendessen in einem der Freiluft-Restaurants im Circle on Cavill ist es dann an der Zeit, sich in die Partyszene zu stürzen. Glücklicherweise konzentrieren sich fast alle **Nachtclubs** (S. 325) in Surfers in der Orchid Ave.

... zwei Tagen

Am zweiten Tag ist Wassersport am Mariner's Cove in **Main Beach** (S. 336) angesagt. Echte Surfer machen sich auf den Weg nach **Burleigh Heads** (S. 347) oder **Coolangatta** (S. 351) mit den legendärsten Wellen an der ganzen Küste. Mittags kehrt man dann ins **Oskars** (S. 350) ein und genießt den Blick auf Burleighs wunderschönen Strand. Den Nachmittag verbringt man im **Currumbin Wildlife Sanctuary** (S. 348) mit netten australischen Tierchen. Zu guter Letzt kann man dann noch sein Glück in **Jupiters Casino** (S. 347) herausfordern.

... drei Tagen

Am dritten Tag unternimmt man eine gemütliche Fahrt ins Hinterland. Kunst und Kunsthandwerk kann man in einem Cottage in der Gemeinde **Tamborine Mountain** (S. 355) bewundern, ein Tässchen Devonshire Tea ist hier ein Muss. Wer lieber wandert, fährt in den **Springbrook Nationalpark** (S. 354) oder in den **Lamington Nationalpark** (S. 356).

◉ Sehenswertes

QDeck AUSSICHTSPUNKT
(☑5582 2713; Q1 Bldg, Hamilton Ave; Erw./Kind/Fam. 19/11/49 AU$; ⊗So–Do 9–21, Fr & Sa 9–24 Uhr) Den Großteil der Sehenswürdigkeiten von Surfers sieht man am Strand auf Handtüchern liegen. Aber den spektakulären Rundumblick auf die Gold Coast und ihr Hinterland gibt's vom QDeck. An klaren Tagen kann man in Richtung Norden Brisbane und gen Süden die Byron Bay sehen.

Infinity IRRGARTEN
(☑5538 2988; www.infinitygc.com.au; Chevron Renaissance, Ecke Surfers Paradise Blvd & Elkhorn Ave; Erw./Kind/Fam. 24,90/16,90/69,90 AU$; ⊗10–22 Uhr) Kids werden vom Infinity begeistert sein. Das begehbare Labyrinth ist geschickt als aufwendige Sound- und Lightshow getarnt.

Gold Coast Art Gallery KUNSTGALERIE
(☑5581 6567; www.gcac.com.au; Gold Coast Arts Centre, 135 Bundall Rd; ⊗Mo–Fr 10–17, Sa & So 11–17 Uhr) Die 1,5 km landeinwärts gelegene Galerie hat sich auf erstklassige zeitgenössische Kunst spezialisiert.

🏃 Aktivitäten
Surfen & Kajakfahren

Hinter einer scheinbar undurchdringlichen Hochhauswand verbirgt sich ein Strand mit einer Brandung, die auch Anfänger aufs Brett lockt. Für zwei Stunden Surfunterricht muss man zwischen 40 und 50 AU$ hinblättern.

Brad Holmes Surf Coaching SURFEN
(☑5539 4068, 0418 757 539; www.bradholmessurfcoaching.com; 90 Min. Unterricht 75 AU$)

Cheyne Horan School of Surf SURFEN
(☑1800 227 873, 0403 080 484; www.cheynehoran.com.au; The Esplanade; 2 Std. Unterricht 45 AU$)

Go Ride a Wave SURFEN
(☑1300 132 441, 5526 7077; www.gorideawave.com.au; Cavill Ave Mall; Surfen & Kajakfahren 2 Std. Unterricht ab 55 AU$; ⊗9–17 Uhr)

Splash Safaris Sea Kayaking KAJAKFAHREN
(☑0407 741 748; Halbtagestouren 85 AU$)

Aktivitäten in der Luft

Nach der Ballonfahrt über das Gold Coast Hinterland wird ein Champagner-Frühstück serviert.

Balloon Aloft BALLONFAHREN
(☑5578 2244; www.balloonaloft.net; 1-stündiger Flug Erw./Kind 310/195 AU$)

Balloon Down Under BALLONFAHREN
(☑5593 8400; www.balloondownunder.com.au; 1-stündiger Flug Erw./Kind 310/200 AU$)

Adrenalin pur

Movie Stunt Experience STUNTS
(☎0415 999 626; www.moviestuntexperience.
com; halber/ganzer Tag 149/299 AU$; Gratistransfer ab/zum Hotel) Wer möchte nicht gern einmal der Held des Tages sein? Hier kann man sich generalstabsmäßig durchs Fenster abseilen, durch die Lüfte fliegen, von Häusern springen oder in Flammen aufgehen.

Jetboat Extreme JETBOATFAHREN
(☎5538 8890; www.jetboatextreme.com.au;
1 Std. Erw./Kind 50/35 AU$) In speziell angefertigten Jetboats mit zwei Turbomotoren düst man übers Wasser.

Walbeobachtung

Whales in Paradise WALBEOBACHTUNG
(☎3880 4455; www.whalesinparadise.com; Erw./
Kind 95/60 AU$; Juni–Nov.) Die dreieinhalbstündige Walbeobachtungstour startet im Zentrum von Surfers.

Reiten

Gumnuts Horseriding REITEN
(☎5543 0191; www.gumnutsfarm.com.au; Biddaddaba Creek Rd; Erw./Kind 110/75 AU$) Damper (Busch-Brot), Billy Tea, Mittagessen und Transfer ab/zum Hotel an der ganzen Gold Coast.

Numinbah Valley Adventure Trails REITEN
(☎5533 4137; www.numinbahtrails.com; Erw./
Kind 75/65 AU$) Die dreistündigen Ausritte führen durch den wunderschönen Regenwald und die idyllische Flusslandschaft im Numinbah Valley, 30 km südlich von Nerang.

👉 Geführte Touren

Eine witzige Art, Surfers zu erkunden, ist eine Fahrt mit der **AquaDuck** (☎5539 0222; www.aquaduck.com.au; 7a Orchid Ave; Erw./Kind 35/26 AU$). Der Amphibienbus (ein Boot auf Rädern) kann sich problemlos zu Wasser und zu Lande bewegen.

Außerdem bieten mehrere Veranstalter von Surfers Paradise aus geführte Touren durch das Hinterland der Gold Coast an. Mehr Infos auf S. 353.

✨ Feste & Events

Big Day Out MUSIK
(www.bigdayout.com) Riesiges internationales Musikfestival Ende Januar.

Quicksilver Pro-
Surfing Competition SURFEN
Mitte März reiten einige der weltbesten Surfer auf den Wellen.

Surf Life-Saving
Championships LEBENSRETTER
Ebenfalls Mitte März kann man unglaublich fitte Menschen in unglaublich knapper Kleidung bewundern.

Gold Coast
International Marathon MARATHON
Im Juli.

Coolangatta Gold IRONMAN
Im Oktober.

Schoolies Week SCHULABSCHLUSSFEIER
Mitte November bis Mitte Dezember. Meist sind viel Alkohol und flegelhaftes Benehmen im Spiel.

🛏 Schlafen

In Surfers gibt es jede Menge Ferienwohnungen. In der Hauptsaison schießen die Preise in die Höhe, oft muss man mindestens zwei oder drei Nächte bleiben. Die im Folgenden genannten Preise beziehen sich auf die Nebensaison.

Der **Gold Coast Accommodation Service** (☎5592 0067; www.goldcoastaccommodationservice.com; Shop 1, 1 Beach Rd) hilft beim Suchen und Buchen von Unterkünften und geführten Touren.

LP TIPP Vibe Hotel BOUTIQUEHOTEL $$
(☎5539 0444; www.vibehotels.com.
au; 42 Ferny Ave; DZ ab 140 AU$; ❄ @ 🐕) Das schokoladenbraune und limettengrüne Hochhaus am Nerang River fällt sofort ins

---

ℹ SCHULABGÄNGER IM ANMARSCH

Jedes Jahr im November strömen massenhaft Teenager nach Surfers Paradise, um in der sogenannten Schoolies Week einen Monat lang ihren Highschool-Abschluss zu feiern. Bei dieser zügellosen Party machen betrunkene und zugedröhnte Teenies die Straßen und Kneipen in Surfers unsicher. Die Behörden haben zwar Schritte unternommen, um die Exzesse einzudämmen, unflätiges Verhalten ist aber dennoch die Norm. In der Schoolies Week sollte man also möglichst nicht nach Surfers kommen (es sei denn, man hat gerade die Highschool abgeschlossen!).

Weitere Infos gibt's unter www.schoolies.com.

Auge. Diese Perle hebt sich definitiv von den langweiligen Hotels und Apartments in Surfers Paradise ab. Sie hat stylishe, dezent-schick eingerichtete Zimmer und einen Pool, an dem man seinen Sundowner perfekt genießen kann. Die Aqua-View-Zimmer bieten einen traumhaften Blick über den Fluss.

Q1 Resort APARTMENTS $$$

(☎1300 792 008, 5630 4500; www.q1.com.au; Hamilton Ave; 1-/2-/3-Zi.-Apt. ab 252/340/500 AU$; ✳@🛜🏊) Hier schlafen die Gäste im zweithöchsten Wohnturm der Welt. Das moderne, coole 80-stöckige Resort wartet mit einem Mix aus Metall, Glas und fantastischem Rundumblick auf. Jede Wohneinheit hat einen verglasten Balkon. Es gibt außerdem tolle Einrichtungen, u.a. einen lagunenförmigen Pool, ein Fitnesscenter und ein tagsüber geöffnetes Spa.

Surfers International
Apartments APARTMENTS $$

(☎1800 891 299, 5579 1299; www.surfers-international.com.au; 7-9 Trickett St; 1-/2-Zi.-Apt. ab 450/630 AU$, min. 3 Nächte; @🏊) Das Hochhaus in Strandnähe bietet große, gemütliche Apartments mit Blick aufs Meer. Zum Komplex gehören ein kleines Fitnessstudio und ein Pool auf dem Dach. Von hier aus ist alles schnell zu erreichen – insgesamt eine gute Wahl.

Chateau Beachside APARTMENTS $$

(☎5538 1022; www.chateaubeachside.com.au; Ecke Elkhorn Ave & The Esplanade; DZ/Wohnstudio/1-Zi.-Apt. 145/160/175 AU$, min. 2 Nächte; ✳@🏊) Der Gebäudekomplex unweit vom Meer und dennoch mitten in Surfers ist eine ausgezeichnete Option. Von den frisch renovierten Wohnstudios und Apartments hat man einen schönen Blick aufs Meer. Ein weiterer Pluspunkt ist der 18 m lange Pool.

Marriott Resort RESORT $$$

(☎5592 9800; www.marriott.com.au; 158 Ferny Ave; DZ/Suite ab 295/640 AU$; ✳@🛜🏊) Dieses Resort direkt nördlich des Zentrums bietet außergewöhnlichen Luxus: vom Foyer mit Sandsteinboden und fächerartigen Ventilatoren bis hin zum lagunenförmigen Pool mit künstlichen weißen Sandstränden und einem Wasserfall.

Trickett Gardens
Holiday Inn APARTMENTS $$

(☎5539 0988; www.trickettgardens.com.au; 24-30 Trickett St; EZ/DZ 150/185 AU$; ✳✳🏊) Dieser hübsche Flachbau in zentraler Lage mit gut ausgestatteten Wohneinheiten ist genau das Richtige für Familien. Hier herrscht eine solche Ruhe, dass man kaum glauben kann, wie nah man an der Action von Surfers ist.

Olympus APARTMENTS $$

(☎5538 7288; www.olympusapartments.com.au; 62 The Esplanade; DZ 130–180 AU$; @🛜🏊) Der Hochhausblock mit gepflegten, geräumigen Ein- und Zwei-Zimmer-Apartments liegt nur 200 m nördlich der Elkhorn Ave gegenüber vom Strand.

Sleeping Inn Surfers HOSTEL $

(☎1800 817 832, 5592 4455; www.sleepinginn.com.au; 26 Peninsular Dr; B 22–26 AU$, DZ mit/ohne Bad 78/68 AU$; @🏊) Die frisch renovierten Zimmer sind gemütlich, jeder Schlafsaal hat ein eigenes Bad und eine gut ausgestattete Küche. Wer das Bad nicht mit vielen Leuten teilen möchte, sollte versuchen, ein Bett in einem Vierbettzimmer zu ergattern. Man kann sich ohne Aufpreis in einer Limousine vom Transit Center abholen lassen.

Surfers Paradise
Backpackers Resort HOSTEL $

(☎1800 282 800, 5592 4677; www.surfersparadisebackpackers.com.au; 2837 Gold Coast Hwy; B/DZ 23/74 AU$; @🛜🏊) Das zweckmäßige Hostel mit Sauna, Tennisplatz, Billardzimmer und Bar hat frisch renovierte Zimmer und Apartments mit komplett eingerichteter Küche. Sichere, familienfreundliche Bleibe mit kostenloser Waschmaschinennutzung und Gratis-Zubringerbus vom Transit Centre.

Backpackers in Paradise HOSTEL $

(☎5538 4344; www.backpackersinparadise.com; 40 Peninsular Dr; B/DZ ab 20/65 AU$; @🏊) Das winzige Kino ist ein Hauptanziehungspunkt dieses Partyhostels. Zum Zeitpunkt der Recherchen wurden die Zimmer und Bäder gerade der seit Langem nötigen Renovierung unterzogen. Danach wird diese Unterkunft bestimmt einen höheren Standard haben. Ein weiterer Pluspunkt ist der dazugehörige Lebensmittelladen. Das Hostel ist ca. 1,5 km vom Stadtzentrum entfernt.

Ebenfalls empfehlenswert:

Surf 'n' Sun Backpackers HOSTEL $

(☎1800 678 194, 5592 2363; www.surfnsun-goldcoast.com; 3323 Surfers Paradise Blvd; B/DZ 25/65 AU$; @🛜🏊) Das nette Hostel in Familienhand macht einen etwas altbacke-

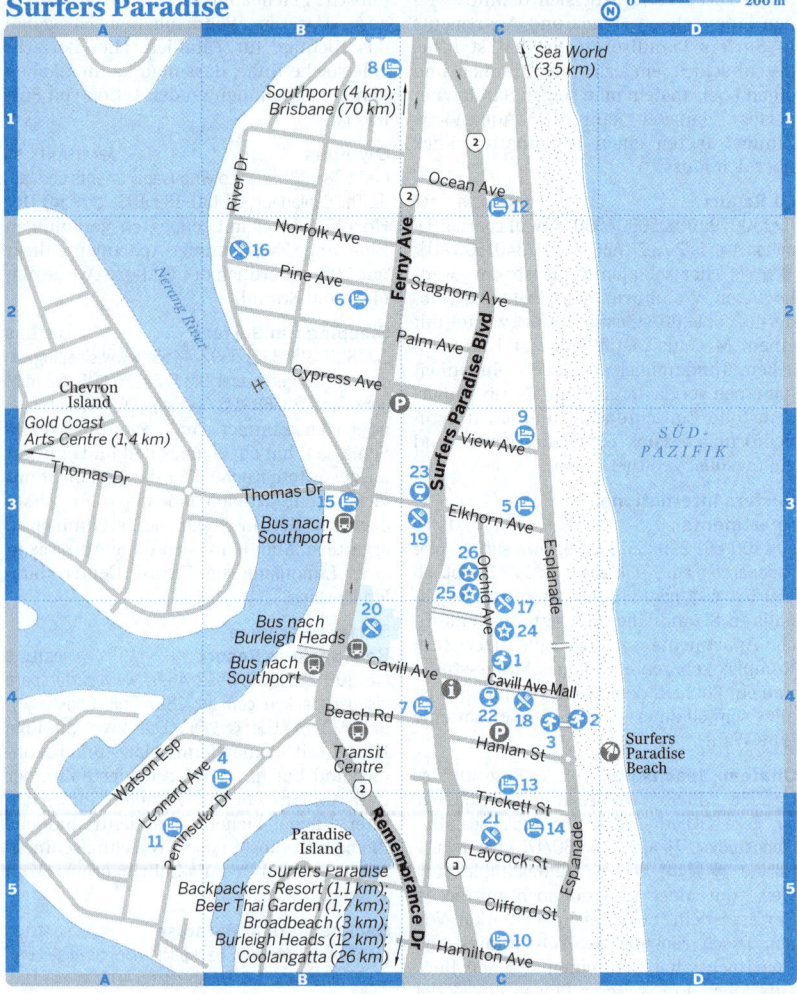

nen, abgenutzten Eindruck. Es liegt ganz in der Nähe von Surfers Strand und Bars.

Cheers Backpackers   HOSTEL $

(☎1800 639 539, 5531 6539; www.cheersback packers.com.au; 8 Pine Ave; B 22–32 AU$, DZ 60–90 AU$; @⚡) Ein echtes Partyhostel. Achtung: fürchterliche Bäder!

✖ Essen

Supermärkte finden sich im **Centro Surfers Paradise** (Cavill Ave Mall), im **Chevron Renaissance Shopping Centre** (Ecke Elkhorn Ave & Gold Coast Hwy) und in **Circle on Cavill** (Ecke Cavill Ave & Ferny Ave).

Baritalia   ITALIENISCH $$

(☎5592 4700; Shop 15, Chevron Renaissance Bldg., Ecke Elkhorn Ave & Surfers Paradise Blvd; Hauptgerichte 10–25 AU$; ⊙morgens, mittags & abends) Das italienische Freiluftrestaurant mit Bar ist der perfekte Ort, um Leute zu beobachten. Die rustikalen Holzbänke und das tolle Flair tun ihr Übriges. Der Kaffee ist *perfetto*. Freitagabends gibt's ein Special mit Pasta oder Risotto und einem Glas Wein. Gutes Preis-Leistungs-Verhältnis.

Kamikaze Teppanyaki   JAPANISCH $$

(☎5592 0888; Circle on Cavill, Surfers Paradise Blvd; Gerichte 8–27 AU$; ⊙mittags & abends) Zu jedem Hauptgericht in diesem sehr beliebten japanischen Freiluftrestaurant werden Teppanyaki-Gemüse, gedämpfter Reis, Kamikaze-Salat, Miso-Suppe sowie Ingwer- und Sesamsauce serviert.

Bumbles Café CAFÉ $$
(☏5538 6668; 21 River Dr.; Gerichte 11–25 AU$; ◷7–16 Uhr) Das reizende Café in einem ruhigen Eckchen am Nerang River gehört zu den wenigen beschaulichen Orten in Surfers. Auf der kleinen Speisekarte stehen einige interessante Leckerbissen.

Surfers Sandbar MODERN-AUSTRALISCH $$
(Ecke Elkhorn Ave & The Esplanade; Gerichte 8–20 AU$; ◷morgens, mittags & abends) Dieser Mix aus Café, Bar und Restaurant ist wirklich was Besonderes: Es bietet einen tollen Blick aufs Meer, während auf der Speisekarte hauptsächlich Burger, Fisch in Bierteig mit Pommes frites und leichte Seafoodgerichte stehen. Das recht unpersönliche Innere des Restaurants sollte man schnellstens verlassen und lieber im Freien essen. Man kann auch einfach nur ein kühles Blondes bestellen und die leichte Seebrise genießen.

Fishnets Café SEAFOOD $
(Circle on Cavill, 3/38 Surfers Paradise Blvd; Gerichte 7–13 AU$; ◷mittags & abends) Die Papp-

teller und das Plastikbesteck einfach ignorieren – die Fish & Chips, der Tintenfischsalat und die frischen Fischfilets in diesem Freiluftlokal im Herzen vom Circle sind ihr Geld absolut wert.

**Central Lounge
Bar & Restaurant** FUSION $$
(☏5592 3228; 27 Orchid Ave; Hauptgerichte mittags 11–20 AU$, abends 20–32 AU$; ◷Fr–So mittags, Di–So abends) Das Restaurant mit zugehöriger Lounge und Bar ist ein toller Ort für ein ausgedehntes Mittagessen. Die Tische und Stühle stehen bis in die Mitte des Einkaufszentrums, sodass man den Gästen dabei zusehen kann, wie sie es sich gut gehen lassen. Auf der Speisekarte stehen Salate, Steaks und Fisch im Bierteig mit Pommes frites. Der Haus-DJ stimmt mit coolen Klängen auf das Clubwochenende ein.

Beer Thai Garden THAI $$
(☏5538 0110; Ecke Chelsea Ave & Gold Coast Hwy; Hauptgerichte 15–25 AU$; ◷abends) Es heißt, dass in dem hübschen, stimmungsvollen Restaurant das beste *Pad Thai* der ganzen Küste serviert wird. Zwei glitzernde Elefanten flankieren den Eingang, die thailändische Gartenbar ist in sanftes Licht getaucht. Man bekommt wirklich Gutes für wenig Geld. Das Restaurant liegt am Gold Coast Hwy in Richtung Süden.

Tandoori Place
INDISCH $$

(☎5538 0808; Aegean Resort, Laycock St; Hauptgerichte 15–25 AU$; ☺mittags & abends) Das indische Restaurant hat schon jede Menge Preise eingeheimst und wird von Einheimischen wärmstens empfohlen – man kann also eigentlich nichts falsch machen. Auf der langen Speisekarte stehen Meeresfrüchte, Geflügel, Lamm, Rindfleisch und extrem scharfes Vindaloo Roo.

 ## Ausgehen

Beer Garden
BAR

(Cavill Ave Mall) Die beliebte Kneipe im Obergeschoss ist eigentlich kein Biergarten, sondern eher eine Art riesige Scheune mit Blick auf die Cavill Ave. Genau der richtige Ort, um einen langen Clubabend einzuläuten.

Clock Hotel
KNEIPE

(Ecke Elkhorn Ave & Surfers Paradise Blvd) Von der Bar im Innenraum sieht man leider nicht die am Glockenturm zu jeder vollen Stunde auftauchende Parade von Aussie-Ikonen (Känguru, Emu, Wanderarbeiter und Koala). Dafür hört man aber mit Sicherheit das Gebimmel der Glocken ... Zeit für noch einen Cocktail ... noch ein Glas Wein ... noch ein Bier ...

☆ Unterhaltung

In der Orchid Ave finden sich zahlreiche Bars und Nachtclubs. Der Gedeckpreis liegt zumeist zwischen 10 und 20 AU$, die größten Partys steigen mittwochs und samstags.

Ausgehen mit Anleitung bietet **Wicked Club Crawl** (☎5580 8422; www.wickedclubcrawl.com.au; Tickets 30–50 AU$) oder **Plan B Party Tours** (☎0400 685 501; www.planbtours.com; Tickets 30 AU$) an. Jeden Mittwoch, Freitag und Samstag organisieren die Teams eine Tour durch fünf oder sechs Nachtclubs; im Preis enthalten sind ein Getränk und eine Pizza in jedem Lokal, Partyspiele und reichlich Spaß. Außerdem gibt's für den Rest der Woche freien Eintritt in die besuchten Läden.

Backpackers Big Night Out (www.goldcoastbackpackers.net; Tickets 30 AU$) veranstaltet mittwochs und samstags eine ähnliche Tour, allerdings nur für Rucksacktouristen. Ein Partybus holt sie an ihren Unterkünften ab. Tickets bekommt man nur in Hostels der Gold Coast Association. Neben freiem Eintritt in vier Clubs bekommen die Teilnehmer in jedem Club ein kostenloses Getränk, Pizza und weitere Extras.

Nachtclubs

Vanity
NACHTCLUB

(26 Orchid Ave) Der ehemalige Bedroom gehört zu den coolsten Clubs der Stadt und ist stolz darauf, dass sich so viele Schöne und Reiche hier tummeln.

Sin City
NACHTCLUB

(22 Orchid Ave) In diesen Newcomer à la Las Vegas geht man, um gesehen zu werden.

Cocktails & Dreams
NACHTCLUB

(15 Orchid Ave) Einer der ältesten Clubs der Stadt. Hier treffen sich jede Menge Partysüchtige.

ℹ Praktische Informationen

Gold Coast Information & Booking Centre (☎5538 4419; Cavill Ave Mall; ☺Mo–Sa 8.30–17, So 9–16 Uhr) Informationsschalter, an dem auch Karten für Themenparks verkauft werden.

Our High Speed Internet (☎5504 7992; 3063 Surfers Paradise Blvd; ☺9–23 Uhr)

Post (☎13 13 18; Shop 165, Centro Surfers Paradise, Cavill Ave Mall; ☺Mo–Fr 9–17.30, Sa 9–12.30 Uhr)

Surfers Paradise Day & Night Medical Centre (☎5592 2299; 3221 Surfers Paradise Blvd; ☺7–23 Uhr)

Travellers Central (☎5538 3274; www.travelerscentral.com.au; Surfers Paradise Transit Centre, Ecke Beach Rd & Remembrance Dve; ☺9–19 Uhr) Hilft beim Buchen von Unterkünften und geführten Touren aller Preisklassen.

ℹ An- & Weiterreise

Das Transit Centre befindet sich an der Ecke Beach Rd und Remembrance Dve. Alle großen Busunternehmen haben hier einen Schalter. Weitere Infos über Busse und Züge stehen auf S. 303.

ℹ Unterwegs vor Ort

Mietwagen kosten um die 30 bis 50 AU$ pro Tag. Einige der vielen Anbieter sind:

Avis (☎13 63 33, 5539 9388; Ecke Ferny Ave & Cypress Ave)

Budget (☎1300 362 848, 5538 1344; Ecke Ferny Ave & Palm Ave)

Getabout Rentals (☎5504 6517; Shop 9, The Mark, Orchid Ave) Verleiht auch Motorroller und Fahrräder und organisiert Motorradtouren rund um den Meeresarm Broadwater (ab 60 AU$ pro 30 Min. bis zu 280 AU$ pro ½ Tag).

Red Back Rentals (☎5592 1655; Transit Centre, Ecke Beach Rd & Cambridge Rd)

Red Rocket Rent-A-Car (☎1800 673 682, 5538 9074; Centre Arcade, 16 Orchid Ave)

Verleiht auch Motorroller (30 AU$/Tag) und Fahrräder (12 AU$/Tag).

Broadbeach

☑07 / 3780 EW.

Boutiquen und angesagte Cafés säumen die Straßen von Broadbeach. Breite Parkstreifen trennen den feinen Sandstrand von der Promenade. All dies lockt die Bewohner der Gold Coast an, die hier dinieren und ausgehen. Für Touristen ist es ein exquisiter Ort, um den hiesigen von Strand und Sonne geprägten Lifestyle kennenzulernen.

◉ Sehenswertes & Aktivitäten

Conrad Jupiters Casino KASINO

(☑5592 8100; www.conrad.com.au; Gold Coast Hwy; Eintritt frei; ☉24 Std.) Dieser Riesentempel des Mammon zieht Jahr für Jahr Hunderttausende von optimistischen Spielern an, die sich das Geld aus der Tasche ziehen lassen. Hier befindet sich auch das **Jupiters Theatre** (☑1800 074 144), in dem Livemusik und glamouröse Dinner-Shows geboten werden.

🛏 Schlafen

Wave APARTMENTS $$$

(☑5555 9200; www.thewavesresort.com.au; 89–91 Surf Pde; Zi. 225–550 AU$, min. 3 Nächte; ✳@☎☲) Das beeindruckende Hochhaus mit seiner wellenförmigen Fassade im schicken Zentrum von Broadbeach ist nicht zu übersehen. Die Luxusapartments bieten einen spektakulären Blick auf die Küste. Unschlagbar ist natürlich der Blick vom Pool in der 34. Etage.

Hi-Ho Beach Apartments APARTMENTS $$

(☑5538 2777; www.hihobeach.com.au; 2 Queensland Ave; 1-/2-Zi.-Apt. 150/180 AU$; ☲) Tolle Lage in der Nähe des Strands und der Cafés von Broadbeach. Die Standardapartments machen einen etwas schlappen Eindruck, die frisch renovierten Superior- und Executive-Apartments sind äußerst ansprechend.

✕ Essen

Broadbeachs kulinarische Szene schlägt die von Surfers um Längen.

1two3 MEDITERRAN $$

(☑5538 4123; Phoenician Bldg., 90 Surf Pde; Gerichte 10–30 AU$; ☉morgens, mittags & abends) Das Restaurant mit mediterraner Küche und Lounge-Bar hat ein neues Konzept: alle Gerichte – Appetithäppchen, Vorspei-

sen und Hauptgerichte – gibt's in drei unterschiedlich großen Portionen. Tolle Idee, tolle Atmosphäre und jeden Abend tolle Livemusik.

Moo Moo STEAK $$$

(☑5539 9952; Broadbeach on the Park, 2685 Gold Coast Hwy; Hauptgerichte 30–60 AU$; ☉mittags & abends) Das Moo Moo ist ein Mekka für echte Fleischfans. Das klassische Gericht ist ein 1 kg schweres Wagyu-Rumpsteak, das gut gewürzt auf Holzkohle gegrillt, dann gebraten und am Tisch aufgeschnitten wird. Für Vegetarier stehen ein paar Pastagerichte auf der Speisekarte.

Manolas Brothers Deli FEINKOST $

(19 Albert Ave; Gerichte 8–25 AU$; ☉morgens & mittags, Feinkostladen 7–18 Uhr) Die deckenhohen Regale in diesem Feinkostcafé sind prall gefüllt mit Köstlichkeiten aus aller Welt. Beim Anblick der saftigen Oliven, Antipasti, importierten Käsesorten und sündhaft leckeren selbst gebackenen Kuchen und Kekse läuft einem garantiert das Wasser im Mund zusammen.

Koi FUSION $$

(☑5570 3060; Wave Bldg, Ecke Surf Pde & Albert Ave; Hauptgerichte 24–40 AU$; ☉morgens, mittags & abends) Diese Mischung aus lässigem Café und Lounge-Bar ist ein genialer Ort, um Leute zu beobachten, morgens einen Café Latte oder abends einen Sundowner zu genießen. Neben Gourmetpizzas und Tapas stehen auf der interessanten, modernen Speisekarte auch zahlreiche Seafood-Gerichte. Sonntagnachmittags lockt das Koi die Strandmeute mit Livemusik an.

Burleigh Heads & Currumbin

☑07 / 7610 & 2650 EW.

In dem chilligen Surferstädtchen Burleigh Heads blickt man von witzigen Cafés und Strandrestaurants auf einen umwerfend weißen Sandstrand und einen schönen, kleinen Nationalpark auf der felsigen Landspitze. Bei Surfern ist Burleigh wegen der legendären Righthander Point Breaks mit den schnellen, tiefen Tubes vor der Landzunge besonders beliebt. Wegen der starken Brandungsrückströmung und der scharfen Felsen sollten sich hier aber nur erfahrene Surfer aufs Brett trauen.

Surfanfänger fahren nach Currumbin Alley, 6 km südlich von Burleigh. Currumbin ist ein verschlafener kleiner Ort, in dem

FREIZEITPARKS AN DER GOLD COAST

Adrenalin pur und Nervenkitzel versprechen nördlich von Surfers fünf Freizeitparks im amerikanischen Stil. Verbilligte Tickets gibt's bei zahlreichen Touristeninformationen auf der Gold Coast. Der 3 Park Super Pass (Erw./Kind 177/115 AU$) beinhaltet den Eintritt zu Sea World, Movie World und Wet'n'Wild. Achtung: In den meisten Parks ist es Besuchern nicht erlaubt, eigenes Essen und eigene Getränke mitzubringen!

Con-x-Ion (☏5556 9888; www.con-x-ion.com) betreibt Shuttles zu den fünf verschiedenen Themenparks.

Dreamworld
THEMENPARK

(☏5588 1111; www.dreamworld.com.au; Pacific Hwy, Coomera; Erw./Kind 72/47 AU$; ⊙10–17 Uhr) Vorher zu frühstücken ist nicht unbedingt angebracht, wenn es auf die Big 6 gehen soll: Zu den Fahrgeschäften gehören die Claw, ein riesiges Pendel, das Wagemutige mit 75 km/h neun Stockwerke in die Höhe schleudert, und der Giant Drop, bei dem es im freien Fall 119 m abwärts geht. Aber die Rides sind nicht alles, es gibt auch eine interaktive Show mit Tigern und ein IMAX-Kino. Mit dem Zwei-Tages-Ticket (Erw./Kind 99/69 AU$) können Besucher, sooft sie wollen, zwischen Dreamworld und WhiteWater World wechseln.

WhiteWater World
THEMENPARK

(☏5588 1111; www.whitewaterworld.com.au; Pacific Hwy, Coomera; Erw./Kind 45/30 AU$; ⊙10–16 Uhr) In diesem Freizeitpark direkt neben Dreamworld dreht sich alles ums Wasser – ein idealer Ort für Kinder an einem heißen Sommertag. Sie können mit dem Hydrocoaster (einer Art Wildwasserbahn) fahren oder im Green Room mit einem Schlauchboot durch eine Röhre bis zu einem 15 m großen Trichter sausen, bevor sie senkrecht nach unten fallen. Im Rip wird man herumgewirbelt, bevor es ins große Wellenbad Cave of Waves geht.

Sea World
THEMENPARK

(☏5588 2222, Vorführungen 5588 2205; www.seaworld.com.au; Sea World Dr., Main Beach; Erw./Kind 75/50 AU$; ⊙10–17 Uhr) Australiens einzige Eisbären leben in diesem Wasserpark zusammen mit Dugongs, Haien, Robben und Delfinen, die in Shows auftreten. Außerdem gibt es atemberaubende Fahrgeschäfte, und wer etwas Einzigartiges hautnah erleben möchte, bucht beim Trainer für Meeressäugetiere das Animal Adventure.

Warner Bros Movie World
THEMENPARK

(☏5573 8485; www.movieworld.com.au; Pacific Hwy, Oxenford; Erw./Kind 75/50 AU$, ⊙10–17 Uhr) Das „Hollywood der Gold Coast" bietet statt echten Filmsets Fahrgeschäfte mit Filmthemen. Kinder sind meistens völlig aus dem Häuschen, wenn sie ihre liebsten Film- und Zeichentrickfiguren treffen.

Wet'n'Wild
THEMENPARK

(☏5573 2255; www.wetnwild.com.au; Pacific Hwy, Oxenford; Erw./Kind 55/35 AU$; ⊙Feb.–April & Sept.–Dez. 10–17 Uhr, Mai–Aug. bis 16 Uhr, 27. Dez.–25. Jan. bis 21 Uhr) Wenn es am Strand zu ruhig ist, bietet dieser riesige Wasserpark reichlich Möglichkeiten, sich ins kühle Nass zu stürzen. Im Schlauchboot rast man z. B. von einer 15 m hohen Plattform durch einen 40 m langen Tunnel, lässt sich im Black Hole herumwirbeln oder saust mit einem großen Gummischlauch die Mammoth Falls herab.

Familien einen entspannten Urlaub verbringen können. In dem ruhigen Currumbin Creek können auch Kids im Wasser toben.

⊙ Sehenswertes

Im Burleigh Heads National Park gibt's mehrere Wanderwege. Besucher sollten nach den Basaltsäulen Ausschau halten, die im Wald stehen und für die Kombumerri der Region von großer kultureller Bedeutung sind.

Currumbin Wildlife Sanctuary TIERPARK
(☏5534 1266; www.cws.org.au; Gold Coast Hwy, Currumbin; Erw./Kind 49/31 AU$; ⊙8–17 Uhr)

0 ——————— 400 m

SÜD-PAZIFIK

Broadbeach (7 km); Surfers Paradise (10 km)

Gold Coast Hwy

Second Ave

First Ave

The Esplanade

Burleigh Beach

Burleigh St

James St

Park Ave

Connor St

Ocean St

Goodwin Tce

Tweed St

Hayle St

W Burleigh Rd

David Fleay Wildlife Park (1,7 km)

George St W

George St E

Burleigh Head

Burleigh Heads National Park

Burleigh Ridge Park

Tabilban St

Ikkina Rd

Gold Coast Hwy

Tallebudgera Beach

Currumbin Wildlife Sanctuary (5 km); Coolangatta (11 km)

Tallebudgera Environmental Park

Hier kann man einheimische Tiere in ihrem natürlichen Lebensraum – Busch und Regenwald – beobachten. Zu Baumkängurus, Koalas, Emus, Wombats und anderen putzigen pelzigen Tierchen gesellen sich Schwärme von kunterbunten Keilschwanzloris, denen es ein besonderes Vergnügen ist, ihr Futter aus den Händen der Besucher zu picken. Den ganzen Tag über gibt's Tanzvorführungen von Aborigines und informative und interaktive Shows – wer weiß schon, dass eine Amethystpython Beute verschlucken kann, die viermal so groß wie ihr Kopf ist?! Wer das Reservat wirklich kennenlernen will, sollte an einer Wildnight Tour (Erw./Kind 89/59 AU$) teilnehmen, bei denen die einheimischen nachtaktiven Tiere beobachtet werden.

David Fleay Wildlife Park TIERPARK
(☏5576 2411; West Burleigh Rd; Erw./Kind/Senior/Fam. 17,10/7,95/10,30/43,45 AU$; ◷9–17 Uhr) Der von der Queensland Environ-

Burleigh Heads

🛏 Schlafen

✖ Essen

mental Protection Agency verwaltete Park kann mit 4 km langen Wanderwegen durch Mangroven und Regenwald aufwarten. Während des ganzen Tages werden außerdem viele pädagogische und informative

Shows geboten. Der Park trägt den Namen seines Gründers. Der australische Naturforscher David Fleay war der Erste, dem es gelang, Schnabeltiere in Gefangenschaft (im Healesville Sanctuary in Victoria) zu züchten. Außerdem gibt es ein Forschungs- und Zuchtprogramm für seltene und gefährdete Tierarten, obgleich hier bisher noch kein Schnabeltier das Licht der Welt erblickte.

🏃 Aktivitäten

Die Righthander Point Breaks vor Burleigh Heads sind die besten Wellen der Gegend, weshalb sich hier auch Unmengen Surfcracks tummeln. Weiter am Strand entlang gibt's aber auch genug andere Wellen zum Üben.

🛏 Schlafen

Hillhaven Holiday Apartments APARTMENTS $$
(☑5535 1055; www.hillhaven.com.au; 2 Goodwin Tce, Burleigh Heads; DZ 170 AU$, min. 3 Nächte; @) Das Feinste vom Feinsten dieser Luxusapartments ist der Gold-Deluxe-Room für 300 AU$ die Nacht. Das Haus thront auf der Landspitze neben dem Nationalpark. Von den Apartments hat man einen Traumblick auf Burleigh Heads. Da es keinen Durchgangsverkehr gibt, herrscht hier eine himmlische Ruhe – und das in einer Entfernung von nur 150 m vom Strand und von den Cafés.

Burleigh Palms Holiday Apartments APARTMENTS $$
(☑5576 3955; www.burleighpalms.com; 1849 Gold Coast Hwy, Burleigh Heads; 1-Zi.-Apt. pro Nacht/Woche ab 130/550 AU$, 2-Zi.-Apt. ab 160/660 AU$; ▣) Die großen, gemütlichen Wohneinheiten mit komplett eingerichteter Küche liegen zwar am Highway, da aber der Strand nicht allzu weit weg ist, sind sie ihr Geld trotzdem wert. Der Besitzer weiß so ziemlich alles über die Gegend und freut sich, wenn er geführte Touren organisieren und Ausflugstipps geben kann.

Burleigh Beach Tourist Park CAMPING $
(☑5667 2750; www.goldcoasttouristparks.com.au; Goodwin Tce, Burleigh Heads; Stellplatz ohne/mit Strom 29/36 AU$, Hütte ab 115 AU$; ▣@📶▣) Gemütlicher, von der Gemeinde betriebener Platz in hervorragender Lage. Wer ein schattiges Plätzchen haben möchte, muss frühzeitig kommen. Der Strand ist nur ein paar Schritte entfernt und die Grillstellen kann man kostenlos benutzen.

Die angegebenen Preise gelten für zwei Personen.

Ebenfalls empfehlenswert:

Wyuna APARTMENTS $$
(☑5535 3302; www.wyunaapartments@bigpond.com; 82 The Esplanade, Burleigh Heads; 2-Zi.-Apt. ab 640 AU$/Woche; ☎) Altmodische Apartments gegenüber vom Strand.

Tallebudgera Creek Tourist Park CAMPING $
(☑5667 2700; www.goldcoasttouristparks.com.au; 1544 Gold Coast Hwy, Burleigh Heads; Stellplatz ohne/mit Strom 29/36 AU$, Hütte ab 115 AU$; ▣@📶▣) Großer Platz am Tallebudgera Creek.

🍴 Essen

Oskars SEAFOOD $$$
(☑5576 3722; 43 Goodwin Tce, Burleigh Heads; Gerichte 20–50 AU$; ⊘mittags & abends) Das elegante Restaurant direkt am Strand ist eines der besten an der Gold Coast und schafft es aus gutem Grund immer wieder auf die umkämpften Bestenlisten. Durch die erhöhte Lage speist man hier mit grandiosem Blick über die Küste. Auf der Speisekarte stehen wechselnde Seafood-Gerichte.

Elephant Rock Café MODERN-AUSTRALISCH $$
(☑5598 2133; 776 Pacific Pde., Currumbin; Hauptgerichte 16–34 AU$; ⊘tgl. morgens & mittags, Do–Sa abends) Das coole Café hat sich auf Mod Oz und „vegetarische Gourmetküche" spezialisiert (genau das Richtige für alle, die kein Gluten vertragen). In dem trendigen Lokal ist tagsüber lässig-elegante Strandkleidung angesagt, abends wird's dagegen richtig fein. Vom Sonnendeck kann man beobachten, wie der Mond aufgeht oder einfach nur dem Plätschern der Wellen lauschen.

Mermaids on the Beach MEDITERRAN $$$
(☑5520 1177; 31 Goodwin Tce, Burleigh Heads; Hauptgerichte 23–36 AU$; ⊘morgens, mittags & abends) Das Mermaids ist ein weiteres Schmuckstück direkt am weißen Sandstrand von Burleigh Heads. Zum Frühstück sollte man sich eine Obstplatte bestellen, mittags probiert man am besten eines der mediterran angehauchten Gerichte, z.B. Tortellini mit Shrimps-Zitronen-Füllung. Außerhalb der Essenszeiten verwandelt sich das Mermaids in eine tolle Strandbar.

Zullaz FUSION $$
(☑5535 3511; 50 James St; Hauptgerichte 11–28 AU$; ⊘Fr mittags, Di–Sa abends) Die Speisekarte dieses Restaurants mit eigener Bar

ist genauso funky wie die Einrichtung. Die polynesischen, marokkanischen und indischen Gerichte haben verlockende Namen. Noch verlockender ist allerdings das jamaikanische Ziegencurry. Auch die Cocktails sind recht exotisch.

Govinda's
INDISCH $
(20 James St; Gerichte 7–13 AU$; ⊘11.30–20 Uhr) Wer in dem winzigen indischen Restaurant die Drei-Speisen-Platte für nur 13 AU$ bestellt, kann nichts falsch machen. Die Atmosphäre ist zwar gleich Null, was aber durch das klasse Essen wett gemacht wird.
Ebenfalls empfehlenswert:

Bluff Café
CAFÉ $$
(1/66 Goodwin Tce; Gerichte 10–30 AU$; ⊘morgens, mittags & abends) Beliebtes, luftiges Café gegenüber vom Strand.

Fishmongers
SEAFOOD $
(9 James St, Burleigh Heads; Gerichte 8–17 AU$; ⊘mittags & abends) Gute Fish & Chips.

Praktische Informationen

QPWS Information Centre (QPWS; ☑5535 3032; 1711 Gold Coast Hwy; ⊘Mo & Mi 9.30–15, Di, Do & Fr 9–15, Sa & So 9–12 Uhr) Am nördlichen Ende vom Tallebudgera Creek.

Coolangatta
☑07 / 4870 EW.

Das lockere Küstenstädtchen Coolangatta im Süden von Queensland ist stolz auf seine Surfstrände und das gute Gemeindeleben. Nach der schicken Runderneuerung der Promenade gehört dieser einst verschlafene Ort jetzt zu den Perlen an der Gold Coast. Wer auf der Flucht vor dem Glamour und der Partyszene der anderen Orte ist, kann hier wunderbar am Strand relaxen. Außerdem gibt's vor Coolangatta die besten Surfwellen überhaupt. Nördlich vom Point Kirra befindet sich ein wunderschöner langer Strand mit fantastischer Brandung. Vom Point Danger, einer Landzunge an der Grenze zu NSW, hat man einen grandiosen Blick über die Küste.

🏃 Aktivitäten

Die am schwierigsten zu bewältigende Brandung finden Surfer am Point Danger, aber auch der Kirra Point ist nichts für Anfänger. Wer auf der Suche nach sanfteren Wellen ist, fährt zum Greenmount Beach oder zur Rainbow Bay. Surfen lernen kann man bei **Walkin' on Water** (☑5534 1886,

0418 780 311; www.walkinonwater.com; 2 Std. Gruppenunterricht 40 AU$/Pers.). Dave Davidson von **Gold Coast Surf Coaching** (☑0417 191 629), der ehemalige Profisurfer und Trainer des australischen Surfteams, verspricht, dass seine Schüler sich schon nach einer Unterrichtsstunde auf dem Brett halten können.

Cooly Surf (☑5536 61470; Ecke Marine Pde & Dutton St; ⊘9–17 Uhr) verleiht Profisurfbretter und Malibu-Surfboards (halber/ganzer Tag 30/45 AU$) sowie Stand-Up-Paddel-Surfbretter (40/55 AU$).

Cooly Dive (☑5599 4104; www.coolydive. com.au; Ecke McLean St & Musgrave St; ⊘8–18 Uhr) bietet Tauchgänge (180 AU$), Schnorchelunterricht (85 AU$) und PADI-Tauchkurse an.

Coolangatta Whale Watch (☑5599 4104; www.coolangattawhalewatch.com.au; Ecke McLean St & Musgrave St; 3-stündige Tour Erw./Kind 85/60 AU$; ⊘8–18 Uhr) veranstaltet von Juni bis Ende Oktober Walbeobachtungstouren.

In die Tiefe stürzen kann man sich mit **Gold Coast Skydive** (☑5599 1920; Coolangatta Airport; Tandemsprung ab 325 AU$).

👉 Geführte Touren

Catch-A-Crab
FLUSSFAHRT
(☑5599 9972; www.catchacrab.com.au; Erw./Kind 55/36 AU$) Halbtagestouren zum Terranora Inlet am Tweed River. Die Teilnehmer können Krabben sammeln, angeln, Pelikane füttern und – wenn die Gezeiten mitspielen – Süßwasserkrebse fangen.

Rainforest Cruises
FLUSSFAHRT
(☑5536 8800; www.goldcoastcruising.com) Unterschiedliche Ausflüge: Von Krabbensammeln über Surf-&-Turf-Mittagessen bis hin zu Fahrten auf dem Tweed River durch den Regenwald. Die Preise liegen bei mindestens 35 AU$ für zwei Stunden.

🛏 Schlafen

 Komune
BOUTIQUEHOTEL $$
(☑5536 6764; www.komuneresorts. com; 146 Marine Pde, Coolangatta; B ab 45 AU$, 2-Zi.-Apt. 220 AU$, Penthouse 695 AU$, Penthouse & Sky-House Party-Room 1500 AU$, inkl. Frühstück; @🛜🏊) Das funky Stranddekor, der tropische Pool und die „kein Hemd, keine Schuhe, kein Problem"-Politik machen die Unterkunft zu einem ultimativen Surferparadies. Das neue Konzept der Bleibe fruchtete: Budgetschlafsäle (einer nur für Frauen), Apartments mit komplett eingerichteter Küche und ein hippes Pent-

Coolangatta

⚙ **Aktivitäten, Kurse & Touren**

🛏 **Schlafen**

🍴 **Essen**

⚙ **Unterhaltung**

house, das nach Partys schreit, ziehen unterschiedlichste Gäste an, die hier schnell Freundschaft schließen. Der Traumblick aufs Meer, das super Personal und das lauschige Freiluftkino sind ein weiterer Grund, warum man gar nicht wieder weg will.

Coolangatta Sands Hostel   HOSTEL $

(☎5536 7472; www.coolangattasandshostel.com. au; Ecke Griffith St & McLean St; B ab 30 AU$, DZ 72 AU$) Das saubere, luftige, angenehme Hostel oberhalb vom Coolangatta Sands Hotel und direkt gegenüber vom Strand

ist eine gute Wahl. Auf dem Balkon des Queenslander-Hauses, auf dem stets ein laues Lüftchen weht, stehen bequeme Liegen. Neben zahlreichen Angeboten wie Gratis-Surfunterricht und kostenlose Trips nach Nimbin, Mt. Warning und Byron Bay steht den Gästen auch noch ein kostenloser Shuttleservice vom/zum Flughafen zur Verfügung.

Meridian Tower   APARTMENTS $$

(☎1300 785 599, 5536 9400, www.meridian tower.com.au; 6 Coyne St, Kirra; 1-/2-Zi.-Apt. pro Woche ab 795/910 AU$; ✳@🏊) Der hohe Turm (der erste in Kirra) gegenüber vom wunderschönen Kirra Beach hat geräumige, luftige Apartments mit kompletter Küche und großen, nach Norden ausgerichteten Balkonen. Es gibt ein Spa, eine Sauna und Tennisplätze. In der Nebensaison sind auch kürzere Aufenthalte möglich.

Coolangatta YHA   HOSTEL $

(☎5536 7644; www.coolangattayha.com; 230 Coolangatta Rd, Bilinga; B 25–32 AU$, EZ 38–42 AU$, DZ 60–67 AU$, alle Preise inkl. Frühstück; @🔌🏊) Das gut ausgestattete Hostel, das laaange 4 km von der Hektik entfernt ist, zählt zu den Lieblingen der Surfjunkies (aller Altersklassen), die von der großartigen Brandung auf der anderen Straßenseite einfach nicht genug bekommen können.

Gäste können Surfbretter (25 AU$/Tag) und Fahrräder leihen und sich kostenlos aus Coolangatta abholen lassen.

Kirra Vista Holiday Units APARTMENTS $$

(☑5536 7375; www.kirravista.com.au; 12–14 Musgrave St, Kirra; DZ 150 AU$; 🖳) Über das triste Äußere sollte man einfach hinwegsehen. Die renovierten Wohneinheiten in dieser kleinen Anlage sind eine echte Überraschung. Alle Zimmer haben Meerblick. Achtung: unbedingt eine der frisch renovierten Wohneinheiten buchen!

Kirra Beach Tourist Park CAMPING $

(☑5667 2740; www.goldcoasttouristparks.com.au; Charlotte St, Kirra; Stellplatz ohne/mit Strom 29/34 AU$, Hütte ab 115 AU$; 🖳@🛜🖳) Der große kommunal verwaltete Campingplatz mit vielen Bäumen verfügt über eine gut ausgestattete Freiluftküche. Die modernen Hütten mit Küche sind ihren Preis unbedingt wert. Außerdem gibt's einen Fernsehraum sowie Grill-, Volleyball- und Basketballplätze. Die genannten Preise gelten für zwei Personen.

✖ Essen & Ausgehen

Die Marine Pde ist gesäumt von Freiluftcafés und Restaurants.

Bread'n'butter TAPAS $$

(☑5599 4666; 76 Musgrave St, Kirra; Tapas 14–19 AU$; ⏱tgl. abends, Sa & So mittags) Der Balkon im Obergeschoss mit gedämpfter Beleuchtung und lässiger Musik ist der perfekte Ort für einen Drink oder eine leichte Mahlzeit. Die Pizzas sind köstlich, die Tapasportionen enorm. Freitag- und samstagabends verwandelt ein DJ die obere Etage in eine peppige Bar.

Mist MODERN-AUSTRALISCH $$$

(☑5536 8885; Ecke Douglas St & Musgrave St, Kirra; Tapas 10–23 AU$, Hauptgerichte 36–42 AU$; ⏱morgens, mittags & abends) Kreative, innovative und leckere Mod-Oz-Gerichte, mit Vorhängen geschmückte Alkoven, designte Kronleuchter und witziges Dekor – sozusagen gestylter Beach-Chic. Die Cocktails sind genau richtig, die Tapasportionen allerdings einen Tick zu klein.

Bellakai MODERN-AUSTRALISCH $$

(☑5531 5177; Marine Pde; Gerichte 12–30 AU$; ⏱morgens, mittags & abends) Lockeres, relaxtes Café mit tollem Blick aufs Meer. Die Gerichte werden nur aus frischen regionalen Produkten hergestellt. Abends verleiht sanftes Kerzenlicht dem ganz in weiß gehaltenen Restaurant einen Hauch von Romantik. Das Essen ist unterschiedlich gut, der Kaffee immer ausgezeichnet.

Ebenfalls empfehlenswert:

Earth'n'Sea Pizza & Pasta PIZZERIA $$

(☑5536 3477; Marine Pde, Coolangatta; Hauptgerichte 17–33 AU$; ⏱mittags & abends) Dieses Lokal wurde zum besten Pizzarestaurant an der Gold Coast gewählt.

Grill'd BURGER $

(Showcase on the Beach, Marine Pde; Burger 9–13 AU$; ⏱11–22 Uhr) Burger in allen Varianten, u.a. auch fettarm und vegan.

☆ Unterhaltung

Coolangatta Hotel KNEIPE

(Ecke Marine Pde & Warner St) Im „Cooly", einer der In-Locations an der Gold Coast, finden sonntags legendäre Sessions statt. Im Balcony-Nachtclub treten einige der größten Stars der Musikszene auf.

ℹ Praktische Informationen

Coolangatta Visitors Centre (☑5569 3380; Shop 22, Showcase on the Beach, Griffith St; ⏱Mo–Fr 8.30–17, Sa 9–15, So 9–12 Uhr)

Post (☑13 13 18; Ecke Griffith St & McLean St)

ℹ An- & Weiterreise

Die Busse von **Greyhound** (☑1300 473 946; www.greyhound.com.au) halten in der Warner St, die von **Premier** (☑13 34 10; www.premierms.com.au) in der Wharf St. Weitere Infos auf S. 303.

GOLD COAST HINTERLAND

Neben den Stränden der Gold Coast mit Wellen, Sand und spärlich bekleideten Körpern wirken die dichten Wälder und unberührten Berge der McPherson Range wie eine ganz andere Welt. Die Gebirgskette bildet eine natürliche Grenze zwischen der Küste im Osten und den sanften grünen Hügeln von Darling Downs. Die Nationalparks der Gegend mit Regenwäldern, Wasserfällen, etlichen Wanderwegen, herrlichen Ausblicken und einer erstaunlicher Flora und Fauna gleichen subtropischen Paradiesen.

☞ Geführte Touren

Wer kein eigenes Auto hat, kann das Hinterland nur im Rahmen einer geführten Tour erkunden.

Australian Day Tours LANDSCHAFTSTOUR
(✉1300 363 436; www.daytours.com.au) Größter Anbieter mit einer Vielzahl von Touren.

Tour Gold Coast GLÜHWÜRMCHENTOUR
(✉5532 8687; www.tourgc.com.au; Erw./Kind 90/45 AU$, inkl. Abendessen 110/55 AU$) Abendliche Glühwürmchentouren zur Natural Bridge.

🌿 Bushwacker Ecotours ÖKOTOUR
(✉3720 9020; www.bushwacker-ecotours.com.au; Tagestour Erw./Kind 115/95 AU$) Diverse Ökotouren durchs Hinterland.

Scenic Hinterland Day Tours LANDSCHAFTSTOUR
(✉5531 5536; Tagestour inkl. Weinverkostung Erw./Kind 89,90/59,90 AU$) Touren einschließlich Weinverkostung bei O'Reilly's Canungra Valley Vineyards.

Springbrook National Park

Eine herrliche Fahrt über gewundene Straßen führt von den Stränden der Gold Coast in ein Ökosystem aus üppigem Regenwald, der auch in *Jurassic Park* eine gute Figur gemacht hätte. Hohe, dichte Baumkronendächer schützen eine erstaunliche Fülle von gefährdeten Pflanzen und Tieren. Der 3425 ha große Springbrook National Park umfasst drei Schutzgebiete: Springbrook Plateau, Mt. Cougal und Natural Bridge.

Springbrook ist, ebenso wie die ganze McPherson Range, aus einem riesigen Schildvulkan hervorgegangen, der vor 23 Mio. Jahren die Gegend dominierte. Vom Best of All Lookout (zu erreichen über die Lyrebird Ridge Rd) sieht man den mittlerweile freistehenden Vulkanschlot Mt. Warning (1156 m) in NSW. Die südlichen Abhänge von Springbrook und Lamington ziehen sich in einem riesigen Bogen am Rand des alten Vulkankraters bis nach NSW.

Die Fauna des Parks besteht aus subtropischem und gemäßigtem Regenwald und Eukalyptuswald. Entlang ausgedehnter Wanderwege entdecken Besucher eine kuriose Welt: Würgefeigen, Reben, Aufsitzerpflanzen, Pilze und Würmer, die im Dunkeln leuchten, farbenprächtige Tiere und Pflanzen, spektakuläre Wasserfälle und Schluchten. In bis zu 900 m Höhe kann es allerdings bis zu 5 °C kälter sein als in der Ebene.

Zu jedem Parkabschnitt führt eine lange Zugangsstraße. Zwischen den einzelnen Gebieten bestehen keine direkten Verbindungen. Man sollte daher sichergehen, dass man auch die richtige Straße erwischt. Von Nerang aus führt die Springbrook Rd zum Springbrook Plateau, die Nerang-Murwillumbah Rd zur Natural Bridge. Die Currumbin Creek Rd verbindet Currumbin mit dem Mt. Cougal.

Im Springbrook Research Observatory (✉5533 5055; www.springbrookobservatory.com.au; 2337 Springbrook Rd; Erw./Kind 15/8 AU$; ☺19 Uhr, nach Vereinbarung) kann man nicht nur die Sterne deuten, hier bekommt man auch Wanderkarten.

SPRINGBROOK PLATEAU
Springbrook thront am Rand des Plateaus, von dem zahlreiche Wasserfälle hinunter zur Küstenebene stürzen. Die „Stadt" besteht aus einer Reihe von Grundstücken an einer gewundenen Straße. Ihre größte Attraktion sind die grandiosen Aussichtspunkte, einige Stellen bieten Besuchern sogar den Nervenkitzel, sich vorsichtig über den Abgrund beugen zu können.

Bei der Gwongorella Picnic Area abseits der Springbrook Rd stürzt der malerische Purling Brook Falls 109 m tief in den Regenwald. Zwei leicht erreichbare Stellen eröffnen den Blick auf üppige Blätterdächer und gewaltige Wasserfälle. Zu den vielen Wanderwegen gehört der insgesamt 6 km lange Pfad zum Waringa Pool, einer hübschen Bademöglichkeit.

Das Informationszentrum des Nationalparks liegt am Ende der Old School Rd. Etwas weiter südlich bietet der Canyon Lookout freie Sicht durch das schroffe Tal bis hinunter zur Küste. Außerdem beginnen hier der 4 km lange Rundwanderweg nach Twin Falls und die 17 km lange Schleife Warrie Circuit.

Am Ende der Springbrook Rd findet sich an einem kleinen Bach die hübsche Goomoolahra Picnic Area mit Grillplatz. Ein Stückchen weiter liegt neben dem Wasserfall ein wunderbarer Aussichtspunkt mit Blick über das Plateau bis zur Küste.

Der Best of All Lookout macht seinem Namen alle Ehre: Besucher kommen vom südlichen Rand des Plateaus in den Genuss spektakulärer Bilder auf die Ebenen darunter. Der 350 m lange Pfad vom Parkplatz hierher führt an einer Gruppe mächtiger Antarktischer Südbuchen vorbei. Diese uralten Riesen wachsen nur dort sowie im Norden von NSW – man sollte sich Zeit nehmen, um sich die knorrigen, verdrehten Wurzeln anzuschauen.

TAMBORINE MOUNTAIN

Nur 45 km landeinwärts von den Stränden an der Gold Coast liegt Tamborine Mountain. Die Gemeinde auf einem von Regenwald umgebenen Bergplateau widmet sich in großem Stil dem Vertrieb von Schokolade, Buttertoffees und Kunsthandwerk. In den drei Satellitenorten (Eagle Heights, North Tamborine und Mt. Tamborine) ist **Gallery Walk** in Eagle Heights wohl das beste Fleckchen, an dem man sich mit hausgemachter Marmelade und allerlei Kunsthandwerk eindecken kann. Aber egal, wo man nun landet, Devonshire Tea gibt's so gut wie überall.

Hier oben leben nicht nur unzählige Künstler und Musiker, auf dem Plateau erstreckt sich auch Queenslands ältester Nationalpark. Der **Tamborine Mountain National Park** zieht sich in 13 einzelnen Abschnitten über die 8 km lange Hochebene und bietet neben Wasserfällen auch noch einen Traumblick auf die Gold Coast. Der Großteil des Nationalparks umgibt North Tamborine, zu den schönsten Stellen gehören die **Witches Falls, Curtis Falls, Cedar Creek Falls** und **Cameron Falls**.

Um zum Tamborine Mountain zu gelangen, fährt man in Oxenford oder Nerang vom Pacific Hwy ab. Die **Touristeninformation** (☏5545 3200; Doughty Park; ☉Mo–Fr 10–16, Sa & So 9.30–16 Uhr) befindet sich in North Tamborine. Eine Mittagspause sollte man im **St. Bernards Hotel** (☏5545 1177; 101 Alpine Tce, Mt. Tamborine; Hauptgerichte 20–32 AU$; ☉mittags & abends) einlegen, einer einfachen rustikalen, alten Bergkneipe mit großer Terrasse und tollem Blick auf die Schlucht.

Einer der vielen romantischen Schlupfwinkel im Regenwald ist das **Songbirds Rainforest Retreat** (☏5545 2563; www.songbirds.com.au; Tamborine Mountain Rd, North Tamborine; Villa ab 425 AU$/Nacht). Jede der sechs luxuriösen Villen in südostasiatischem Stil hat eine extragroße Spa-Wanne mit Blick auf den Regenwald.

🛏 Schlafen

Die meisten Pensionen befinden sich an der Springbrook Rd (auf die Schilder achten).

LP TIPP | **Mouses House** BOUTIQUECOTTAGES **$$$** (☏5533 5192; www.mouseshouse.com.au; 2807 Springbrook Rd; 2 Nächte ab 395 AU$, 1 Nacht So–Fr 240 AU$) Die intimen Märchenhütten im verzauberten Nebelwald sind ein hochgradig romantisches Refugium in den Bergen. Sanft beleuchtete Holzstege führen durch den Regenwald zu zwölf verwunschenen Nur-Dach-Chalets aus Australischer Rotzeder. Jedes verfügt über eine extragroße Wellnesswanne und einen Kamin. Auf Wunsch bereiten die Betreiber zum Frühstück, Mittagessen und Abendessen auch Körbe mit Leckereien für ihre Gäste vor.

English Gardens BOUTIQUECOTTAGES **$$** (☏5533 5244; www.englishgardens.com.au; 2932 Springbrook Rd; Cottage ab 160 AU$) In der Nähe des Goomoolahra Falls stehen zwei originelle Cottages mitten in einem wunderschön angelegten Garten. Die gewundenen Wege, terrassenförmigen Wasserfälle, Rosenbögen und plätschernden Bäche sind filmreif. Auf dem Gelände gibt's außerdem noch ein **Teehaus** (☉10.30–17.30 Uhr).

Springbrook Mountain Manor PENSION **$$** (☏5533 5344; www.springbrookmountainmanor.com.au; 2814 Springbrook Rd; Zi. ab 175 AU$) Das vornehme Herrenhaus im Tudorstil steht inmitten einer 10 ha großen Gartenlandschaft. Hier kann man Golf, Krocket und Tennis spielen und sich sogar im Bogenschießen versuchen. Die Zimmer sind üppig mit Brokat und antiken Möbeln eingerichtet.

Rosellas at Canyon Lookout MOTEL **$** (☏5533 5090; www.springbrookrosellas.com.au; 8 Canyon Pde; EZ/DZ ab 80/95 AU$) Das einfache Motel befindet sich auf der anderen Straßenseite vom Lookout.

Settlement Camp Ground CAMPING **$** (☏13 74 68; www.derm.qld.gov.au; Carrick's Rd; Zeltstellplatz 5,15 AU$/Pers.) Der wenig attraktive Campingplatz ohne Bäume und Duschen, aber mit Toiletten und Grillplätzen ist der einzige in Springbook.

🍴 Essen

Dancing Waters Café CAFÉ **$** (☏5533 5335; 33 Forestry Rd; Gerichte 8–17 AU$; ☉10–16 Uhr) Einfaches Café in der Nähe des Parkplatzes bei den Purling Brook Falls. Auf der Speisekarte stehen knackige Salate und leichte Speisen.

Gourmet Galah CAFÉ **$**
(☎5533 5126; 1924 Springbrook Rd; Hauptgerichte 6–22 AU$; ☺Do–Mo 9.30–16.30 Uhr) Einen Devonshire Tea oder ein etwas gehaltvolleres Mittagessen genießt man hier entweder am gemütlichen Kamin oder in dem schön angelegten, sonnigen Garten.

Lamington National Park

Der größte Rest von Australiens subtropischem Regenwald erstreckt sich über die tiefen Täler und steilen Abhänge der McPherson Range. Auf dem Lamington Plateau erreicht die Gebirgskette eine Höhe von 1100 m. Der 200 km² große Lamington National Park gehört zum Unesco-Welterbe und umfasst über 160 km Wanderwege.

Binna Burra und die **Green Mountains** gelten als die beliebtesten und unzugänglichsten Bereiche des Parks. Sie sind über Canungra zu erreichen, Binna Burra zusätzlich von Nerang aus. Beide Straßen winden sich den Berg hoch, schneiden sich ihren Weg durch üppig wuchernde Wälder und offenes Weideland. Die Strecke ist faszinierend und absolut lohnend, besonders der Abschnitt auf der Green Mountain Rd.

In den Green Mountains sollten sich Besucher den beeindruckenden **Tree-Top Ca-** nopy Walk nicht entgehen lassen. In 15 m Höhe geht's über eine Reihe von Hängebrücken durch die Baumkronen. Ambitionierte Wanderer können sich am 54 km langen **Great Walk** versuchen, der in Green Mountains beginnt, durch Binna Burra führt und am **Settlement Camp Ground** auf dem Springbrook Plateau endet. Die ersten 24 km von Green Mountain nach Binna Burra sind auch als **Border Trail** bekannt.

Wanderkarten erhält man an den **Rangerstationen** (Binna Burra ☎5533 3584; ☺Sa & So 9–15.30 Uhr; Green Mountains ☎5544 0634; ☺Mo–Fr 9–11 & 13–15.30 Uhr).

Die **Binna Burra Mountain Lodge** (☎1300 246 622, 5533 3622; www.binnaburra lodge.com.au; Binna Burra Rd, Beechmont; Stellplatz ohne/mit Strom 24/30 AU$, Safarizelte ab 55 AU$, DZ inkl. Frühstück mit/ohne Bad 250/190 AU$) ist ein wunderbares abgeschiedenes Plätzchen in den Bergen. Die rustikalen Holzhütten und Stellplätze liegen mitten im Wald. Das **O'Reilly's Rainforest Guesthouse** (☎1800 688 722, 5502 4911; www.oreillys.com.au; Lamington National Park Rd; Gästehaus EZ/DZ ab 163/278 AU$, Villen mit 1/2 Zi. ab 400/435 AU$, min. 2 Nächte, ☻☒) in den Green Mountains wurde 1926 errichtet. Bis heute bietet es seinen Gästen phänomenale Ausblicke.

Noosa &
Sunshine Coast

Gut essen

» Spirit House Restaurant
(S. 387)
» Humid (S. 364)
» Berardo's (S. 364)
» Wasabi (S. 364)

Schön
übernachten

» Secrets on the Lake
(S. 386)
» Islander Noosa Resort
(S. 363)
» Hidden Valley B&B (S. 386)

Auf nach Noosa &
zur Sunshine Coast!

Der entspannte Strandchic der Sunshine Coast verwandelt faule Sommerferien in kostbare Erinnerungen an schmelzendes Eis, Sand zwischen den Zehen und Fish & Chips am Meer. Der natürliche, unberührte Charme dieses Küstenstreifens zählt zu den größten Attraktionen dieser Region.

Von Bribie Islands Spitze führt die „Sunny Coast" über 100 goldene Kilometer nordwärts bis zur Cooloola Coast gleich jenseits des exklusiven, begrünten Ferienorts Noosa. Diese Küste ist ideal zum Surfen und Schwimmen. Ein beliebter Strand, Freiluftlokale und Cafés machen Mooloolaba zum Favoriten australischer Urlauberfamilien.

Die herrliche Hintergrundkulisse des spektakulären Küstenabschnitts bilden die himmlisch-hehren Glass House Mountains sowie die Blackall Range mit bewaldeten Gebirgsfalten bzw. -kämmen, Schluchten, Wasserfällen, saftig grünen Weiden und malerischen Dörfern.

Reisezeit

Noosa

°C Temperatur   Niederschlag mm

Mai Zügellose Geschmacksgelüste beim Noosa Food & Wine Festival befriedigen.

August–September Überall Straßenmusik: beim viertägigen Noosa Jazz Festival.

Dezember Das Jahresende wird beim vielfältigen Woodford Folk Festival gefeiert.

Highlights

1 Den Küstenpfad im **Noosa National Park** (S. 359) abwandern

2 Superbe Strand-küche in Noosas **Nobelrestaurants** (S. 359) probieren

3 In **Mooloolaba** (S. 369) surfen, son-nenbaden und die Strandcafészene abklappern

4 Die Wildtiere im **Australia Zoo** (S. 367) besuchen

5 Abgefahrene Schätze auf den **Eumundi Markets** (S. 385) ausgraben

6 Mit Fackeln, Kaftans und wildem New-Age-Hippiechic zum herrlich vielfäl-tigen **Woodford Folk Festival** (S. 388) gehen

7 Im erhabenen **Glass House Moun-tains National Park** (S. 366) zum Gipfel des Mt. Beerwah marschieren

8 Kanu- und Erkundungstrips in der Cooloola Section des **Great Sandy National Park** (S. 385) unternehmen

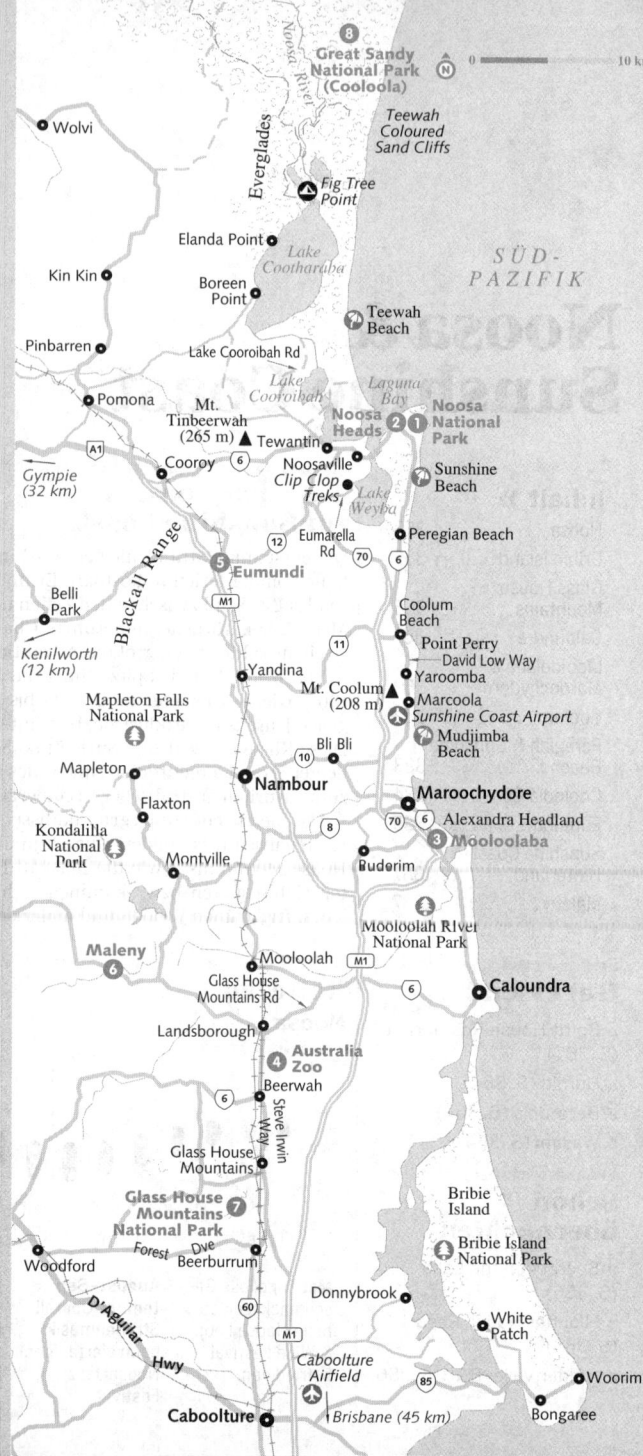

❶ An- & Weiterreise

Bus

Greyhound Australia (☏1300 473 946; www.greyhound.com.au) verbindet Brisbane mehrmals täglich mit Caloundra (30 AU$, 2 Std.), Maroochydore (30 AU$, 2 Std.) und Noosa (32 AU$, 2½ Std.). Auch **Premier Motor Service** (☏13 34 10; www.premierms.com.au) bedient Maroochydore und Noosa ab Brisbane.

Veolia (☏1300 826 608; www.vtb.com.au) schickt pro Tag zwei Expressbusse von Brisbane nach Noosa (einfache Strecke/hin & zurück 25/46 AU$).

Flugzeug

Der Sunshine Coast Airport bei Mudjimba liegt 10 km nördlich von Maroochydore und 26 km südlich von Noosa. **Jetstar** (☏13 15 38; www.jetstar.com.au) und **Virgin Blue** (☏13 67 89; www.virginblue.com.au) steuern den Regionalflughafen täglich ab Sydney bzw. Melbourne an. **Tiger Airways** (☏03-9335 3033; www.tigerairways.com) startet weniger oft in Melbourne.

❶ Unterwegs vor Ort

Mehrere Shuttlefirmen verbinden Brisbane (Erw. 40–50 AU$, Kind 20–25 AU$) und den Sunshine Coast Airport (Erw. 15–25 AU$, Kind 7–12 AU$) mit Zielen entlang der Küste. Empfehlenswert:

Col's Airport Shuttle (☏5450 5933; www.airshuttle.com.au)

Henry's (☏5474 0199; www.henrys.com.au)

Noosa Transfers & Charters (☏5450 5933; www.noosatransfers.com.au)

Sun-Air Bus Service (☏1800 804 340, 5477 0888; www.sunair.com.au)

Die blauen Minibusse von **Sunbus** (☏13 12 30) pendeln häufig zwischen Caloundra und Noosa. Ab Noosa fährt Sunbus auch regelmäßig zum Bahnhof in Nambour (über Eumundi; 5 AU$, 1 Std.).

Noosa

☏07 / 9110 EW.

Noosa ist ein großartiger, stilvoller Ferienort mit atemberaubender Natur: kristalline Strände und tropischer Regenwald. Während Designerboutiquen und Nobelrestaurants die weltmännische Strandelite anziehen, sind Strand und Buschland bis heute ursprünglich geblieben. So leben aufgedonnerte Modefreaks friedlich neben Flipflops, Surfershorts und bronzebraunen Körpern in knappen Bikinis.

Noosa ist zweifellos touristisch erschlossen. Allerdings wurden seine unauffälligen Eigentumswohnungen und die mondäne Stadtlandschaft so gestaltet, dass auch noch schlichte Strandfreuden genießbar sind. Allerdings verstopft zähflüssiger Verkehr an langen Wochenenden und in den Schulferien die geschäftige Hastings St.

Aufgrund zahlloser Kreisverkehre kann man sich in Noosa leicht verfahren. Die Stadt besteht grob aus drei Bereichen: Noosa Heads rund um Laguna Bay und Hastings St, Noosaville entlang des Noosa River und dem Verwaltungszentrum Noosa Junction.

◉ Sehenswertes

Eins der Highlights bedeckt die Landzunge: Zum reizenden **Noosa National Park** (Karte S. 360) mit herrlicher Küstenlandschaft gehören prima Wanderwege und eine Reihe von Buchten, deren Wellen Surfer aus ganz Australien anlocken. Die küstenseitige Promenade, die in der Stadt beginnt, bietet den schönsten Zugang zum Park. Das **QPWS Centre** (Karte S. 360; ☏5447 3243; ⊙9–15 Uhr) an dessen Eingang gibt Karten mit Wanderrouten aus. In den Bäumen nahe der Tea Tree Bay sieht man oft schläfrige Koalas. Die Alexandra Bay auf der Ostseite ist ein lässiger FKK-Strand mit umliegenden Felszungen, von denen sich häufig Delfine erspähen lassen.

Zwecks Panoramablick auf den Park heißt es vom Viewland Dr in Noosa Junction zum **Laguna Lookout** (Karte S. 360) hinauflaufen oder -fahren.

⚡ Aktivitäten

Surfen & Wassersport

Eine Reihe von Breaks rund um einen unberührten Nationalpark macht Noosa zu einem super Surfrevier. Im Dezember und Januar sind die Wellen allgemein am besten. Die Sunshine Corner am nördlichen Ende des Sunshine Beach steht ganzjährig für einen erstklassigen Break, der allerdings brutal an den Strand donnert. Die Pointbreaks rund um die Landzunge treten nur im Sommer auf. Dann allerdings sorgen sie für krasse Bedingungen und gute Wasserwände am Boiling Point oder Tea Tree auf der Nordseite. Sanfter ist die Noosa Spit am anderen Ende der Hastings St, wo die meisten Surfschulen ihre Kurse abhalten.

Flussmündung und Lake Weyba bieten von Oktober bis Januar die besten Bedingungen zum Kitesurfen. An windigen Tagen toben sich echte Draufgänger auf dem Noosa River aus.

Noosa Heads map

Empfehlenswerte Anbieter:

Merrick's Learn to Surf SURFEN
(☏0418 787 577; www.learntosurf.com.au; Surfkurs 60 AU$/2 Std.) Veranstaltet ein-, drei- und fünftägige Surfkurse.

Adventure Sports Noosa KITESURFEN
(Karte S. 362; ☏5455 6677; www.kitesurfaustralia.com.au; 203 Gympie Tce, Noosaville, Kitesurfkurs 150 AU$/2½ Std., Stehpaddelkurs 50 AU$/2 Std.) Verleiht auch Kajaks (35 AU$/halber Tag) und Fahrräder (19 AU$/2 Std.).

Go Ride A Wave SURFEN
(☏1300 132 441; www.gorideawave.com.au; Surfkurs 60 AU$/2 Std., Leihgebühr Surfbrett 25 AU$/2 Std., Stehpaddelbrett 25 AU$/Std.)

Noosa Longboards SURFEN
(Karte S. 360; ☏5447 2828; www.noosalongboards.com; 255 Hastings St, Noosa; Surfkurs 60 AU$/2 Std., Leihgebühr Surfbrett halber/ganzer Tag 35/50 AU$, Bodyboard 10 AU$/Tag)

Kanu- & Kajakfahren

Dem Noosa River kann man toll flussaufwärts durch die Seen Cooroibah und Cootharaba sowie durch die Cooloola Section des Great Sandy National Park folgen.

Noosa Ocean Kayak Tours KAJAKFAHREN
(☏0418 787 577; www.learntosurf.com; geführte Touren 66 AU$/2 Std., Leihkajak 55 AU$/Tag)

Geführte Trips im Noosa National Park und auf dem Noosa River.

Kayak Noosa KAJAKFAHREN
(Karte S. 362; ☏0448 567 321; www.kayaknoosa.com; 194 Gympie Tce, Noosaville; Dämmerungspaddeln 60 AU$/2 Std., geführte Kajaktouren halber/ganzer Tag 95/155 AU$) Geführte Touren im Noosa National Park plus Leihkajaks (Ein-/Zweisitzer pro 2 Std. 25/40 AU$).

Abenteuer-Aktivitäten

Noosa Ocean Rider SCHNELLBOOTFAHREN
(Karte S. 362; ☏0438 386 255; Ecke Gympie Tce & Weyba Rd, Noosaville; 70 AU$/Std.) Nasser Nervenkitzel auf einem äußerst leistungsstarken Schnellboot.

Noosa Bike Hire & Tours MOUNTAINBIKEN
(☏5474 3322; www.bikeon.com.au; geführte Touren 95 AU$) Halbtägige Mountainbiketrips entlang des Noosa Trail Network und auf der 100 km langen Rennstrecke Noosa Enduro.

Bootsfahrten

Gondolas of Noosa GONDELFAHRT
(Karte S. 360; ☏0412 929 369; www.gondolasofnoosa.com; Sheraton-Anleger, Noosa) Die romantischen Gondelfahrten im Mondlicht (ab 150 AU$/Std.) folgen dem Noosa River ab dem Sheraton-Anleger.

Noosa Ferry
FLUSSKREUZFAHRT

(Karte S. 360; ☎5449 8442; Sheraton-Anleger, Noosa) Die informativen Flussfahrten des Fährunternehmens führen vom Sheraton-Anleger nach Tewantin (hin & zurück 90 Min.).

Reiten & Kamelsafaris

Clip Clop Treks
REITEN

(☎0429 051 544; www.clipcloptreks.com.au; Eumarella Rd, Lake Weyba; Ausritte 90 AU$/2 Std.) Die Ausritte per Pferd des Trek-Anbieters führen rund um bzw. durch den Lake Weyba und das umliegenden Buschland. Auf S. 384 gibt's weitere Infos zu Strand- und Buschritten per Pferd oder Kamel.

☞ Geführte Touren
Fraser Island

Mit mehreren Tourveranstaltern geht's über die Cooloola Coast nach Fraser Island.

Fraser Island
Adventure Tours
JEEPTOUR

(☎5444 6957; www.fraserislandadventuretours. com.au; Tagestour 170 AU$) Die mehrfach preisgekrönte Tagestour zum Eli Creek und Lake McKenzie ist so intensiv wie ein zweitägiger Trip.

Trailblazer Tours
JEEPTOUR

(☎1800 639 518, 5499 9595; www.trailblazer tours.com.au; 3-tägige Safaris 330 AU$/Pers.) Die Touren für Kleingruppen umfassen auch zweitägige Safaris (260 AU$) und sind bei Backpackern beliebt. Teilnehmer können sich in Noosa oder Rainbow Beach absetzen bzw. aufsammeln lassen.

Discovery Group
JEEPTOUR

(☎5449 0393; www.thediscoverygroup.com.au; Tagestour Erw./Kind 169/115 AU$, 2-tägige Tour 360 AU$/Pers.) Teilnehmer besuchen die Insel in einem großen schwarzen Allrad-LKW. Die geführte Regenwaldwanderung bei Central Station führt zu den Seen Birrabeen und McKenzie.

Auf S. 361 stehen weitere Infos zu geführten Touren nach Fraser Island.

Wer Geld übrig hat und etwas Spektakuläres erleben will, kann auf Pauschalangebote von **Air Fraser Island** (☎1800 247 992; www. airfraserisland.com.au) und **Sunshine Aviation** (☎5450 5665; www.sunshineaviation.com.au) zurückgreifen. Sie beinhalten den Flug nach bzw. ab Fraser Island und einen Leihjeep für Tagestrips auf eigene Faust. Geführte Touren kosten 250 bis 300 AU$ pro Person.

Everglades

Der Oberlauf des Noosa River im Great Sandy National Park trägt den poetischen Namen „Spiegelfluss" oder einfach Everglades. Hier kann man prima ein Kajak zu Wasser lassen und auf vielen **Nationalpark-Campingplätzen** (www.derm.qld.gov.au; pro Pers./ Fam. 5,15/20,60 AU$) am Flussufer zelten.

Alternativ gibt's geführte Touren:

Discovery Group
BOOTSFAHRT

(☎5449 0393; www.thediscoverygroup.com.au; Tagestour Erw./Kind 155/105 AU$) Der Preis beinhaltet eine Jeeptour und den bunten Sand und eine Bootsfahrt. Mittwochs oder samstags kann man die Eumundi Markets besuchen und nachmittags durch die Everglades schippern (125 AU$/Pers.).

Noosaville

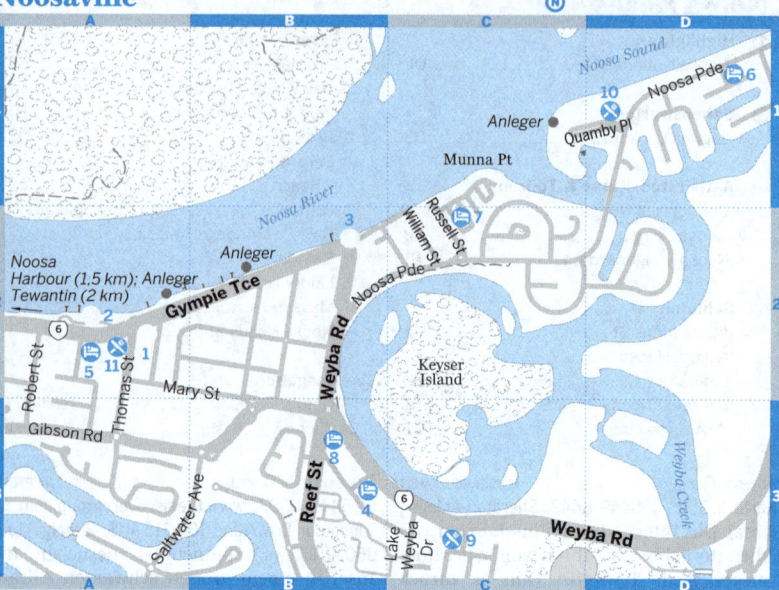

Noosaville

Aktivitäten, Kurse & Touren
1 Adventure Sports Noosa A2
2 Kayak Noosa A2
3 Noosa Ocean Rider............................B2

Schlafen
4 Anchor Motel Noosa...........................B3
5 Islander Noosa Resort.......................A2
6 Noosa Parade Holiday Inn D1
7 Noosa River Caravan Park C2
8 Noosa River Retreat B3

Essen
9   Humid C3
10 Ricky's River Bar & Restaurant D1
11 Thomas Corner A2
    Wasabi.................................. (siehe 10)

Kanu Kapers   KAJAKFAHREN
(☏5485 3328; www.kanukapersaustralia.com; 11
Toolara St, Boreen Point; ab 145 AU$/Pers., Trips
mit Übernachtung 145 AU$) Everglades-Pad-
deln mit oder ohne Führer und Leihkajaks
(ab 65 AU$/Tag).

Panoramatouren
Die Eumundi Markets sind ein beliebtes
Mittwochs- und Samstagsziel. Folgende
Firmen bieten attraktive Extras:

**On the Prowl
Surf n Adventures**   PANORAMATOUR
(☏0450 279 623; www.ontheprowl.com.au;
59 AU$/Pers.) Auf einen Abstecher zu den
Eumundi Markets folgen bei dieser Tour
zwei Stunden Surfen, Kajakfahren oder
Wakeboarden. Nach dem Mittagessen wird
unter den Wasserfällen des Hinterlands gebadet. Auf dem Weg zurück wird noch eine
Bierpause eingelegt.

Boomerang Tours   PANORAMATOUR
(☏1800 763 077; 59 AU$/Pers.) Die Stationen
entlang des „Hippie Trail" heißen Eumundi Markets, Kondalilla Falls, Montville und
Mary Cairncross Reserve. Inklusive Grill-
würstchen zum Mittagessen.

⭐ Feste & Events

Noosa Festival of Surfing   SURFEN
(www.usmevents.com.au/noosasurf) Eine März-
woche voller Longboard-Action.

Noosa Food & Wine Festival   GASTRONOMIE
(☏5447 5666; www.noosafoodandwine.com.au)
Drei Maitage im Zeichen aller gastronomi-
scher und kulinarischer Wonnen.

Noosa Jazz Festival   MUSIK
(☏5449 9189; www.noosajazz.com.au) Viertägige Veranstaltung zwischen Ende August
und Anfang September.

Noosa Long Weekend

KULTUR

(☎5474 9941; www.noosalongweekend.com) Zehntägiges Kunst-, Kultur-, Gastro- und Modefestival im Juni oder Juli.

Noosa Triathlon

TRIATHLON

(☎5449 0711; www.usmevents.com.au) Einwöchiges Triathlon- und Sportfestival Anfang November.

🛏 Schlafen

Außer bei Backpacker-Hostels können die Zimmerpreise während geschäftiger Perioden um bis zu 50% und in der Hauptsaison (Dez.–Jan.) um bis zu 100% steigen. In den meisten Unterkünften muss man dann mindestens zwei- oder dreimal übernachten. Die folgenden Tarife gelten für die Nachsaison.

Die Agentur **Accom Noosa** (Karte S. 360; ☎1800 072 078; www.accomnoosa.com.au; Shop 5, Fairshore Apartments, Hastings St, Noosa Heads) führt ein umfangreiches Verzeichnis mit privat vermieteten Feriendomizile, die sich für drei oder mehr Übernachtungen eignen.

Islander Noosa Resort

RESORT **$$**

(Karte S. 362; ☎5440 9200; www.islandernoosa.com.au; 187 Gympie Tce, Noosaville; Villa mit 2/3 Schlafzi. 178/205 AU$; ✱@☎☲) Das helle, fröhliche Resort animiert zum Cocktailschlürfen in Urlaubsinsel-Atmosphäre und hat ein super Preis-Leistungs-Verhältnis. Durch die Bäume der 1,6 ha großen, üppigen Tropengärten mit zentralem Pool schlängeln sich hölzerne Laufstege zu komfortablen Bungalows.

#2 Hastings Street

APARTMENTS **$$$**

(Karte S. 360; ☎5448 0777; www.2hastingsst.com.au; 2 Hastings St, Noosa Heads; Wohneinheit ab 225 AU$; ✱☎) Die Wohneinheiten am Noosa-Woods-Ende der Hastings St haben alle zwei Schlaf- und Badezimmer. Mit Blick auf Fluss oder Wald bieten sie ein prima Preis-Leistungs-Verhältnis für jeweils vier Personen. Alles liegt nur einen kurzen Fußmarsch entfernt.

Sheraton Noosa Resort

RESORT **$$$**

(Karte S. 360; ☎5449 4888; www.starwoodhotels.com/sheraton; 14–16 Hastings St, Noosa Heads; Zi. 255 AU$; ✱@☲) Wie zu erwarten besitzt das Fünf-Sterne-Hotel geschmackvoll dekorierte Zimmer mit Wildledermöbeln, wunderbaren Betten, Balkonen, Kochecken und Whirlpools. Zum Haus gehören auch ein Day Spa und die beliebte Cocktailbar Cato's.

YHA Halse Lodge

HOSTEL **$**

(Karte S. 360; ☎1800 242 567, 5447 3377; www.halselodge.com.au; 2 Halse Lane, Noosa Heads; YHA-Mitglieder/Nichtmitglieder B 29/32 AU$, DZ 78/86 AU$; Gerichte 10–15 AU$; @☎) Eine steile Auffahrt führt von der Hastings St hinauf zu diesem prächtigen, hölzernen Queenslander aus der Kolonialzeit – eine echte Backpacker-Legende mit breiter, hübscher Veranda, Doppelzimmern und Schlafsälen für drei oder sechs Personen. Die äußerst gesellige Bar serviert super Essen.

Emerald

APARTMENTS **$$$**

(Karte S. 360; ☎1800 803 899, 5449 6100; www.emeraldnoosa.com.au; 42 Hastings St, Noosa Heads; Apt. mit 1 Schlafzi. ab 255 AU$; ✱@☎☲) Die sinnlichen Zimmer des stilvollen Emerald erstrahlen in himmlischem Weiß und Sonnenlicht. Sie punkten mit klarer Linienführung und exquisitem Mobiliar. Alle Apartments mit einem, zwei oder drei Schlafzimmern sind für Selbstversorger. Am besten nach einem Balkon mit Aussicht fragen!

Anchor Motel Noosa

MOTEL **$$**

(Karte S. 362; ☎5449 8055; www.anchormotelnoosa.com.au; Ecke Anchor St & Weyba Rd, Noosaville; Zi. ab 115 AU$; ✱☎☲) Dem maritimen Dekor des farbenfrohen Motels kann man nicht entkommen. Blau gestreifte Bettwäsche, Bullaugenfenster und Seefahrtsmotive zwingen einen quasi dazu, beim Garnelengrillen Streifen und Hotpants zu tragen.

Noosa Parade Holiday Inn

APARTMENTS **$$**

(Karte S. 362; ☎5447 4177; www.noosaparadeholidayinn.com; 51 Noosa Pde, Noosa Heads; Zi. 125 AU$; ✱☎☲) Die großen, hellen Apartments nahe der Hastings St sind ihren Preis wert. Ihr angenehmes, kühles Inneres ist jeweils mit frechen Farben gestaltet und liegt abseits von Straße bzw. Durchgangsverkehr.

Noosa River Retreat

APARTMENTS **$$**

(Karte S. 362; ☎5474 2811; www.noosariverretreat.net; Ecke Weyba Rd & Reef St, Noosaville; Wohnstudio 110 AU$; ✱@☎☲) Der ordentliche Komplex mit geräumigen, blitzblanken Wohneinheiten bietet eine Menge fürs Geld. Zum Haus gehören eine Waschküche und ein zentraler Grillbereich. Die Eckquartiere werden fast komplett von kleinen Naturgärten abgeschirmt.

Nomads Backpackers

HOSTEL **$**

(Karte S. 360; ☎5447 3355; www.nomadshostels.com; 44 Noosa Dr, Noosa Junction; B ab 26 AU$;

@📶🚫) Hier gibt's die üblichen Markenzeichen der Nomad-Kette: beliebte Bar, zentrale Lage und Party-Atmosphäre. Hinzu kommt ein Schalter für Tourbuchungen. Die Schlafsäle haben mindestens acht Betten – aber wer kräftig feiert, wird sich daran nicht stören.

Noosa River Caravan Park WOHNWAGENPARK **$**
(Karte S. 362; ☑5449 7050; Russell St, Noosaville; Stellplatz ohne/mit Strom 31/39 AU$; 📶) Als nächstgelegene Campingeinrichtung zu Noosa belegt dieser Park ein hübsches Plätzchen am Ufer des Noosa River. Angesichts der Bestimmungen überlegt man es sich aber eventuell zweimal, hier zu zelten.

🍴 Essen

Im **Food Court** des **Bay Village Shopping Centre** (Karte S. 360; Hastings St, Noosa Heads) lässt sich's gut für ca. 10 AU$ speisen. Selbstversorger können im Noosa Fair Shopping Centre (Noosa Junction) einkaufen.

LP TIPP **Berardo's** MODERN-AUSTRALISCH **$$$**
(Karte S. 360; ☑5447 5666; Hastings St; Hauptgerichte 30–42 AU$; ☺abends) Vom sonnendurchfluteten, schwer eleganten Ambiente bis hin zum himmlischen Essen ist das wunderschöne Berardo's ein kulinarisches Utopia. Sanfte Flügelklänge und Köstlichkeiten aus frischen, lokalen Produkten versetzen Gäste in Geschmacksekstase.

Humid MODERN-AUSTRALISCH **$$**
(Karte S. 362; ☑5449 9755; 195 Weyba Rd, Noosaville; Hauptgerichte 25–30 AU$; ☺Mi–So mittags & abends) In dem zweistöckigen Restaurant mit hohen Decken scheint man in einem Designer-Warenhaus zu dinieren. Doch das Essen spricht eine andere Sprache: Die italienischen Einflüsse sind raffiniert und nobel. So wird das Humid immer wieder unter Noosas beste Lokale gewählt.

Berardo's on the Beach MODERN-AUSTRALISCH **$$**
(Karte S. 360; ☑5448 0888; am Strand, Hastings St; Hauptgerichte 20–36 AU$; ☺morgens, mittags & abends) Das stilvolle Bistro erinnert an die Französische Riviera und steht nur ein paar Meter von den Wellen entfernt. Eleganz ohne Arroganz – quasi Noosa in einer Muschelschale. Die modern-australische Küche mit Schwerpunkt auf Meeresfrüchten verwendet einheimische Zutaten.

Wasabi JAPANISCH **$$**
(Karte S. 362; ☑5449 2443; 2 Quamby Pl, Noosaville; Hauptgerichte 20–33 AU$; ☺Di–So abends,

Fr & Sa mittags) Das *hiramasa ponzu* ist ein Muss: Das preisgekrönte japanische Lokal garniert seine Spezialität – Königsdorsch-Sashimi auf einer langen, schmalen Glasplatte – mit gerösteter Sesamsaat, frittierten Ingwer-Chips, Frühlingszwiebelscheiben und zitronigem Soja-Ponzu-Dressing.

Cafe Le Monde MODERN-AUSTRALISCH **$$**
(Karte S. 360; Hastings St; Hauptgerichte 15–28 AU$; ☺morgens, mittags & abends) Die ellenlange Speisekarte befriedigt alle Genuss- und Ernährungsansprüche: Auf der großen Freilufterrasse vertilgen stets zahlreiche Gäste z. B. Hamburger, sautierte Thunfischsteaks, Salate, Currys oder Nudelgerichte. Tägliche Happy Hour (16–18 Uhr) für Drinks.

Lindoni's ITALIENISCH **$$$**
(Karte S. 360; ☑5447 5111; Hastings St; Hauptgerichte 20–50 AU$; ☺abends) Hinter dem gotischen Kronleuchter am Eingang öffnet sich ein mediterraner Hof fürs vertrauliche Speisen im Kerzenschein. Das italienische Romantik-Restaurant würzt die leichtere Küche Süditaliens (z. B. Positano, Amalfiküste) mit jeder Menge *amore*.

Aromas CAFÉ **$**
(Karte S. 360; 32 Hastings St; Hauptgerichte 10–28 AU$; ☺morgens, mittags & abends) Mit Kronleuchtern und künstlichen Marmortischen wirkt das europäisch anmutende Café unverhohlen protzig. Von den Korbmöbeln haben Gäste freien Blick auf vorbeikommende Passanten. Das Angebot umfasst wie üblich Panini, Kuchen und kleine Gerichte. Die meisten kommen jedoch wegen Kaffee und Atmosphäre.

Gaston MODERN-AUSTRALISCH **$$**
(5/50 Hastings St; Hauptgerichte 17–25 AU$; ☺morgens, mittags & abends) Der lässige Freiluftmix aus Bar und Bistro wird von Einheimischen wärmstens empfohlen. Zudem ist dies ein toller Ort zum Beobachten der vorbeiparadierenden Schönen.

Bistro C MODERN-AUSTRALISCH **$$**
(Karte S. 360; ☑5447 2855; am Strand, Hastings St; Hauptgerichte 25–35 AU$; ☺morgens, mittags & abends) Das Menü der Yuppie-Strandbrasserie ist eine Kombi aus allem, das derzeit angesagt ist. Der legendäre Tintenfisch mit gebratenem Ei ist nach wie vor populär.

Ricky's River Bar & Restaurant MODERN-AUSTRALISCH **$$$**
(Karte S. 362; ☑5447 2455; Noosa Wharf, 2 Quamby Pl, Noosaville; Hauptgerichte 30–40 AU$; ☺mittags & abends) Elegantes Uferrestaurant.

Thomas Corner
MODERN-AUSTRALISCH **$$**
(Karte S. 362; Ecke Thomas St & Gympie Tce, Noosaville; Hauptgerichte 15–31 AU$; ☺mittags & abends) Lässiger, aber schicker Neuzugang an Noosavilles „Eat Street".

Noosa Heads SLSC
KNEIPENESSEN **$$**
(Karte S. 360; Hastings St; Hauptgerichte 10–28 AU$; ☺Sa & So morgens, tgl. mittags & abends) Terrasse mit perfektem Strandblick.

Massimo's
EISKREM **$**
(Karte S. 360; Hastings St; Eis 2–4 AU$; ☺9–22 Uhr) Eine der besten Eisdielen Queenslands.

🍷 Ausgehen

Zachary's
BAR
(Karte S. 360; 30 Hastings St, Noosa Heads) Die schäbig-schicke „Gourmet-Pizzabar" im 2. Stock ist auch vor dem Start ins Nightlife ein beliebter Treffpunkt.

KB's
BAR
(44 Noosa Dr, Noosa Junction) In der populären Hostelbar starten Noosas Backpacker und andere Freigeister ihre Partynächte. An mehreren Abenden in der Woche füllt Liverock alle Winkel.

Cato's
COCKTAILBAR
(Karte S. 360; 16 Hastings St) Das Cato's im Sheraton Noosa Resort punktet mit dekadenter Cocktailkarte und über 30 offenen Weinen.

❶ Praktische Informationen
Noosa Visitors Centre (☎5430 5020; www.visitnoosa.com.au; Hastings St; ☺9–17 Uhr)
Palm Tree Tours (☎5474 9166; www.palmtree tours.com.au; Bay Village Shopping Centre, Hastings St; ☺9–17 Uhr) Nützlicher Touranbieter, der auch Unterkünfte und Bustickets bucht.

Post (91 Noosa Dr)

Urban Mailbox (Ocean Breeze, Noosa Dr, Noosa Heads; 3 AU$/15 Min.; ☺8–20 Uhr) Extrem teurer Internetzugang.

❶ An- & Weiterreise
Fernbusse stoppen an der Haltestelle nahe der Ecke Noosa Dr und Noosa Pde (Karte S. 360).
Greyhound Australia (☎1300 473 946; www.greyhound.com.au) fährt mehrmals täglich ab Brisbane (32 AU$, 2½ Std.) hierher, **Premier Motor Service** (☎13 34 10; www.premierms.com.au) einmal pro Tag (23 AU$, 2½ Std.). **Veolia** (☎1300 826 608; www.vtb.com.au) schickt Expressbusse von Brisbane nach Noosa (einfache Strecke/hin & zurück 25/46 AU$, 2-mal tgl.).

Am Noosa Dr (Noosa Junction) entstand zum Recherchezeitpunkt gerade ein neues Reiseverkehrszentrum, wo nach Fertigstellung alle Fernbusse halten werden.

Sunbus (☎13 12 30) bedient häufig Maroochydore (5 AU$, 1 Std.) und den Bahnhof Nambour (5 AU$, 1 Std.).

❶ Unterwegs vor Ort
Auto & Motorrad
Mietwagen gibt's ab ca. 60 AU$ pro Tag.
Avis (☎5447 4933; Shop 1, Ocean Breeze Resort, Ecke Hastings St & Noosa Dr, Noosa Heads)
Budget (☎5474 2820; 52 Mary St, Noosaville)
Hertz (☎5447 2253; 12 Eenie Creek Rd, Noosaville)
Thrifty (Accom Noosa, Shop 5, Fairshore Apartments, Hastings St, Noosa Heads)

Bus
Während der Haupturlaubszeiten (26. Dez.–10. Jan. und über Ostern) starten kostenlose Shuttlebusse alle zehn bis 15 Minuten gleich außerhalb von Noosa Junction an der Weyba Rd. Sie rollen bis hinüber nach Tewantin und halten unterwegs fast überall. Lokalservices von Sunbus verbinden Noosa Heads, Noosaville, Noosa Junction und Tewantin.

Fahrrad
Noosa Bike Hire & Tours (☎5474 3322; www.bikeon.com.au; 4 Std./Tag 29/39 AU$) verleiht Fahrräder im Nomads Backpackers (S. 363) und an diversen anderen Orten. Alternativ werden die Bikes kostenlos zur Unterkunft gebracht bzw. dort abgeholt.

Schiff/Fähre
Noosa Ferry (☎5449 8442) betreibt Fähren zwischen Noosa Heads und Tewantin (Erw./Kind/Fam. einfache Strecke 13/4,50/30 AU$, Tageskarte 10,50/5,50/45 AU$, 30 Min.). Der Bordkommentar ist gratis.

Bribie Island
☎07 / 15 920 EW.
Die schmale Insel am nördlichen Ende der Moreton Bay ist beliebt bei jungen Familien, Pensionären und jenen, die mal eben 1 bis 3 Mio. AU$ für ein Uferanwesen übrig haben. Bribie ist deutlich stärker erschlossen als Stradbroke oder Moreton Island. Trotzdem besitzt der **Bribie Island National Park** an der Nordwestküste ein paar herrlich entlegene **Campingbereiche** (www.derm.qld.gov.au; pro Pers./Fam. 5,15/20,60 AU$). Achtung: Zugang nur per Allradfahrzeug!

So einen Wagen kann man jedoch nicht direkt vor Ort mieten. **Genehmigungen für Geländewagen** (Woche/Jahr 37,65/117,60 AU$) sind online (www.derm.qld.

UNVERHOFFTER SCHATZ: ABBEY MUSEUM

Die eindrucksvolle, internationale Archäologie- und Kunstsammlung des **Abbey Museum** (5495 1652; www.abbeytournament.com; 1 The Abbey Pl; Erw./Kind 8,80/5 AU$; Mo-Sa 10–16 Uhr) stünde allen berühmten Museen der Welt gut zu Gesicht. Die einstige Privatsammlung des Engländers John Ward umfasst z. B. jungsteinzeitliche Werkzeuge, mittelalterliche Handschriften und sogar einen antiken griechischen Fußschutz (einen von nur vieren weltweit) – verblüfftes Kopfkratzen garantiert! Die Kirche weist mehr originales Buntglas aus der Winchester Cathedral auf als diese selbst. Im Juli kann man auf dem Gelände bei Australiens größtem Mittelalterfest mitfeiern.

An der Straße nach Bribie Island steht das Abbey Museum 6 km von der Abzweigung nach Bruce Hwy entfernt. An der Abzweigung selbst liegt das **Caboolture Warplane Museum** (5499 1144; Hangar 104, Caboolture Airfield, McNaught Rd; Erw./Kind/Fam. 8/5/18 AU$; 9–15 Uhr) mit einer gänzlich flugbereiten Sammlung von restaurierten Kampfflugzeugen aus dem Zweiten Weltkrieg.

gov.au) oder beim **Bribie Passage Kiosk & Boat Hire** (5497 5789; 23 Kalmakuta Dr, Sandstone Point; Mo–Fr 6–16, Sa & So 5.30–17.30 Uhr) erhältlich. Das **Bribie Island Visitors Centre** (3408 9026; www.bribie.com.au; Benabrow Ave, Bellara; Mo–Fr 9–16, Sa 9–15, So 9.30–13 Uhr) liefert weitere Infos.

Das **Inn Bongaree** (3410 1718; www.inn bongaree.com.au; 25 Second Ave, Bongaree; EZ/DZ 50/65 AU$) ist eine prima Budgetoption. Alternativ gibt's das **Sylvan Beach Resort** (3408 8300; www.sylvanbeachresort.com. au; DZ ab 170 AU$;) mit komfortablen Selbstversorger-Wohneinheiten gegenüber vom Strand.

Das **Bribie Island SLSC** (3408 4420; Rickman Pde; Hauptgerichte 10–25 AU$; mittags & abends) am südlichen Strandende serviert australische Traditionsgerichte.

Citytrain-Züge verkehren häufig zwischen Brisbane und Caboolture. Dort besteht Trainlink-Busanschluss nach Bribie Island.

Glass House Mountains

Jäh ragen die imposanten vulkanischen Steilhänge der Glass House Mountains in den subtropischen Ebenen 20 km nordwestlich von Caboolture empor. Gemäß einer Traumzeitlegende gehören sie einer Familie von Berggeistern. Vom Bruce Hwy führt ein lohnenswerter Umweg auf den gemächlicheren Steve Irwin Way (die frühere Glass House Mountains Rd), der sich durch dichte Kiefernwälder und grüne Wiesen schlängelt und einen genaueren Blick auf die spektakulären Vulkanschlote möglich macht.

Der Glass House Mountains National Park teilt sich in mehrere Abschnitte auf

(alle nur einen Steinwurf von Beerwah entfernt). Picknickplätze und Aussichtspunkte sind vorhanden, aber keine Campingmöglichkeiten. Zu den Gipfeln werden Traveller durch die teils befestigte, teils unbefestigte Route namens Forest Dr gelotst, die vom Steve Irwin Way landeinwärts abzweigt. Weitere Infos gibt's beim **QPWS** (5494 0150; Bells Creek Rd, Beerwah).

Sehenswertes & Aktivitäten

Mehrere ausgeschilderte Wanderwege führen zu den Gipfeln, aber die Pfade sind zum Teil steil und steinig. **Mt. Beerwah** (556 m) zieht besonders viele Besucher an, wobei ein Abschnitt aus nacktem Fels besteht und sich nicht für ängstliche Gemüter eignet. Moderater ist eine Strecke, die hinauf auf den **Ngungun** (253 m) führt. Hier werden Besucher ebenfalls mit einer spektakulären Aussicht belohnt. Den wohl besten Aufstieg mit einer anspruchsvollen Kletterpartie und mehreren beeindruckenden Aussichtspunkten auf seinem abgeflachten Gipfel bietet der **Tibrogargan** (364 m). Infos übers Klettern gibt's unter www.qurank.com. **Mt. Coonowrin**, der wohl eindrucksvollste Vulkanschlot, ist leider nicht zugänglich.

Schlafen & Essen

Die Glass House Mountains eignen sich am besten als Tagesziel, da es dort nur einfache Unterkünfte gibt.

Glasshouse Mountains Holiday Village WOHNWAGENPARK $ (5496 9338; www.glasshousemountainsholiday village.com.au; 778 Steve Irwin Way, Glass House Mountains; Stellplatz ohne/mit Strom 25/35 AU$, Hütte ab 110 AU$;) Dieser Park mit spektakulärem Bergblick hat komfortable

Selbstversorgerhütten und hübsche Stellplätze. Unter den Einrichtungen sind Grills, ein Tennisplatz und ein kleines Café.

Glasshouse Mountains Tavern
KNEIPENESSEN **$$**
(10 Reed St, Glasshouse Mountains; Hauptgerichte 15–25 AU$; ☺mittags & abends) Einladender Pub mit guter Kneipenkost und offenem Kamin für Gemütlichkeit im Winter. Hinzu kommen mehrere Freilufttische – super für ein Glas Mittagsbier an Sonnentagen.

Caloundra
☑07 / 20 140 EW.

Am Südende der Sunshine Coast liegt Caloundra an einem Kap. Langsam wird es sein ruhiges Seniorendorf-Image los, ohne seinen verschlafenen Küstencharme zu verlieren. Super Angelmöglichkeiten in der Pumicestone Passage (die schmale Wasserstraße zwischen Bribie Island und Festland) plus einige schöne Surferstrände machen die Stadt zum beliebten Urlaubsziel von Familien und Wassersportfans.

◉ Sehenswertes & Aktivitäten

Da sich Caloundras Strände rund um die Landzunge erstrecken, findet man bei jeder Windstärke ein geschütztes Plätzchen. Der **Bulcock Beach** gleich unterhalb der Hauptstraße liegt in nächster Nähe zur Nordspitze von Bribie Island. Sein guter „Windkanal" ist bei Kitesurfern beliebt. Die hübsche Vorlandpromenade setzt sich bis hinüber zum **King's Beach** fort, wo kindgerechte Erlebniswasserspiele und ein Gratis-Salzwasserpool auf den Felsen warten. Rund um die Landzunge verläuft der Küstenpfad weiter in Richtung **Currimundi**. Bedingungsabhängig haben **Moffat** und **Dickey Beach** die besten Surfbreaks:

Q Surf School
SURFEN
(☑0404 869 622; www.qsurfschool.com; Kurse 1/3 Std. 45/120 AU$) Bietet auch Kurse im Stehpaddeln (55 AU$/Std.) an.

Blue Water Kayak Tours
KAJAKFAHREN
(☑5494 7789; www.bluewaterkayaktours.com; Halbtages-/Tagestouren 75/150 AU$, min. 4 Pers.) Kanalpaddeln zur Nordspitze des Bribie Island National Park.

Caloundra Cruise
BOOTSFAHRT
(☑5492 8280; www.caloundracruise.com; Maloja Jetty; Erw./Kind/Fam. 20/10/45 AU$; 2½-stündige Ökotour Erw./Kind 44/20 AU$) Bootstrips durch die Pumicestone Passage.

Sunshine Coast Skydivers
FALLSCHIRMSPRINGEN
(☑5437 0211; www.sunshinecoastskydivers.com.au; Fallschirmsprünge ab 220 AU$) Bei dieser Firma können Wagemutige ihren Sprung aus dem Flugzeug auch filmen.

Queensland Air Museum
MUSEUM
(☑5492 5930; www.qam.com.au; Caloundra Airport; Erw./Kind/Fam. 10/6/24 AU$; ☺10–16 Uhr) Die viele Flugzeuge erfreuen Hobbypiloten.

🛏 Schlafen

In Caloundra stehen viele Hochhausapartments zur Auswahl. Die folgenden Preise gelten für die Hauptsaison, wo oft ein Mindestaufenthalt (3–5 Übernachtungen) gilt.

Rolling Surf Resort
APARTMENTS **$$$**
(☑5491 0777; www.rollingsurfresort.com; Levuka Ave, Kings Beach; Apt. mit 1/2 Schlafzi. 240/400 AU$; ❄@🛜🏊) Das ultraschicke

---

NICHT VERSÄUMEN

TIERE & PFLANZEN: AUSTRALIA ZOO

Gleich nördlich von Beerwah liegt eine von Queenslands bzw. wenn nicht gar Australiens berühmtesten Touristenattraktionen: Der **Australia Zoo** (☑5494 1134; www.australiazoo.com.au; Steve Irwin Way, Beerwah; Erw./Kind/Fam. 49/29/146 AU$; ☺9–16.30 Uhr) ist eine angemessene Hommage an seinen Gründer, den ulkigen Promi-Naturliebhaber Steve Irwin. Neben allerhand Schleimigem und Schuppigem beherbergt er auch tolle Wildtiergehege – darunter der Tiger Temple im kambodschanischen Stil, das asiatisch gestaltete Elephantasia und das berühmte Crocoseum. Zu sehen gibt's Aras, Raubvögel, Riesenschildkröten, Schlangen, Otter, Kamele sowie unvorstellbar viele Krokodile und Kleintiere. Somit sollte für diesen großartigen Tierpark ein ganzer Tag eingeplant werden.

Diverse Unternehmen bieten geführte Touren ab Brisbane und der Sunshine Coast (s. S. 387) an. Die zooeigenen Gratis-Shuttlebusse starten in mehreren Küstenstädten und am Bahnhof Beerwah (Reservierung erforderlich!).

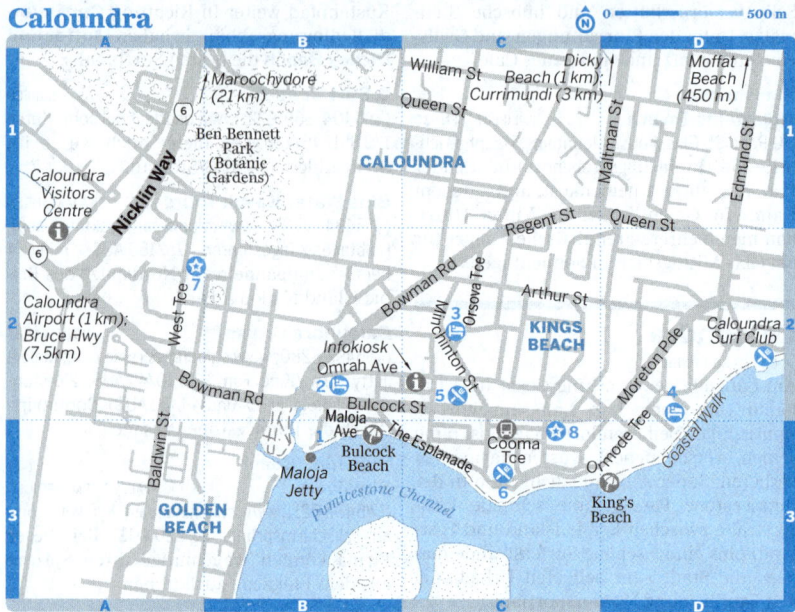

Caloundra

Aktivitäten, Kurse & Touren

Resort direkt am Strand punktet mit sehr moderner Einrichtung, super Aussicht und beheiztem Pool. In der Penthouse-Suite mit drei Schlafzimmern fühlt man sich wie der König von King's Beach. Während der Hauptsaison muss mindestens fünfmal übernachtet werden.

Caloundra Backpackers

(☏5499 7655; www.caloundrabackpackers.com. au; 84 Omrah Ave; B/DZ 28/65 AU$; @☏) Dieser Neuzugang besitzt ordentliche Schlafsäle, einen behaglichen Wohnbereich und zwei anständige Küchen. Gäste können gratis Fahrräder, Surf- und Stehpaddelbretter ausleihen.

Dicky Beach Family Holiday Park
WOHNWAGENPARK **$**

(☏5491 3342; www.dicky.com.au; 4 Beerburrum St, Dicky Beach; Stellplatz ohne/mit Strom 32/35 AU$, Hütte ab 90 AU$; ☀☏☒) Noch näher bei einem von Caloundras populärsten Stränden geht nicht. Die Backsteinhütten sind so sauber und ordentlich wie das Gelände mit kleinem Kinderpool. Die Tarife gelten für zwei Personen.

City Centre Motel
MOTEL **$$**

(☏5491 3301; 20 Orsova Tce; DZ 100–119 AU$; ☀) Das am nächsten zum Stadtzentrum gelegene Motel birgt keine Überraschungen: Der kleine Komplex hat einfache, aber komfortable Zimmer.

✖ Essen

Die diversen Freiluftcafés und -restaurants der frisch renovierten Promenade am Bulcock Beach warten allesamt mit perfektem Meerblick auf.

La Dolce Vita
ITALIENISCH **$$**

(☏5438 2377; Shop 1, Rumba Resort, Esplanade, Bulcock Beach; Hauptgerichte 20–35 AU$; ☺morgens, mittags & abends) Das moderne italienische Lokal ist stilvoll in Schwarz und Weiß gehalten. Am besten setzt man sich jedoch draußen hinter das große Separee mit den Glasfenstern, um an der frischen Luft bei herrlichem Meerblick zu dinieren. Tipp: Die *gambari alio olio pepperoncini* (Garnelen mit Knoblauch, Öl und Chili).

Saltwater@Kings
CAFÉ $$

(☑5437 2260; 8 Levuka Ave, Kings Beach; Hauptgerichte 16–35 AU$; ◔morgens, mittags & abends) Die neckische Speisekarte des lässigen Strandcafés verspricht nackte Austern, pikanten Hähnchensalat und verschiedene „sinnliche Gerichte". Perfekt für ein Mittagessen in direkter Strandnähe!

Chilli Jam Cafe
CAFÉ $

(51 Bulcock St; Hauptgerichte 8–14 AU$; ◔morgens & mittags) In seinem beliebten Café serviert ein freundliches Paar aus Yorkshire hier verschiedene köstliche Sandwiches, Wraps, Salate und Hamburger.

☆ Unterhaltung

CBX
KNEIPE

(12 Bulcock St) Queenslands einzige „Bierbörse" schwebt irgendwo zwischen RSL- und Surfclub. Tatsächlich bestimmt hier die Nachfrage hier börsenmäßig das Steigen und Fallen der Bierpreise. Livebands und Wochenend-DJs machen das CBX zum lokalen Partyschuppen.

Caloundra RSL
FREIZEITCLUB

(19 West Tce) Manche RSL-Einrichtungen sind klein und unscheinbar – diese nicht: Caloundras preisgekrönter RSL-Club ist extravagant genug, um Liberace auszustechen. Zu seinen diversen Restaurants und Bars zählt auch die fetzige Lava Lounge Bar im Stil der 1970er-Jahre. Die glamouröse Atmosphäre kann überwältigend wirken.

❶ Praktische Informationen

Caloundra Visitors Centre (☑1800 644 969; 7 Caloundra Rd; ◔9–17 Uhr) Steht beim Kreisverkehr am Stadteingang und betreibt auch einen Infokiosk an der Hauptstraße.

Hotspot Internet Cafe (☑5499 6644; Shop 2, 51 Bulcock St; 6 AU$/Std.; ◔Mo–Fr 9–17, Sa 9–15 Uhr)

❶ An- & Weiterreise

Am **Busbahnhof** (☑5491 2555; Cooma Tce) hält **Greyhound** (☑1300 473 946; www.greyhound. com.au) aus Richtung Brisbane (32 AU$, 2 Std.). **Sunbus** (☑13 12 30) fährt regelmäßig über Maroochydore (3,20 AU$, 50 Min.) nach Noosa (5,80 AU$, 1½ Std.).

Mooloolaba & Maroochydore

☑07 / 10 250 EW. / 16 360 EW.

Mooloolaba hat schon viele Menschen angelockt mit seinem wunderbaren Klima, goldenen Stränden und einem entspannten Lebensstil. Beim morgendlichen Bummel am Strand trifft man noch vor dem Frühstück lächelnde Spaziergänger, Jogger, Sonnenanbeter und Surfer.

Mooloolaba und Maroochydore bilden zusammen mit Alexandra Headland und Cotton Tree die Region Maroochy. Während sich Maroochydore um die Geschäfte kümmert, dreht sich in Mooloolaba alles ums Vergnügen. Lokale, Boutiquen und Grüppchen unaufdringlicher Resorts entlang der Promenade haben das früher bescheidene Fischerdorf in eines der beliebtesten Urlaubsziele Queenslands verwandelt. Im Sommer wimmelt Maroochy vor Familien, wird für den Rest des Jahres aber schnell wieder zur ruhigen Küstenstadt.

◉ Sehenswertes & Aktivitäten

Entlang des Strips warten gute Surfbreaks. Einer von Queenslands besten Spots für Longboarder ist der **Bluff** bzw. die hervorstehende Spitze des Alexandra Headland. Die Beach-Breaks zwischen Alex und Maroochydore sind selbst bei starkem Südwind beständig. Das **Pincushion** (Karte S. 370) nahe der Mündung des Maroochy River kann bei ablandigen Winterwinden einen erstklassigen Break bieten.

Ebenfalls beliebt sind Tauchgänge zur **HMAS Brisbane**. Das Kriegsschiff wurde im Juli 2005 gezielt als Tauchwrack versenkt und liegt in 28 m Tiefe. Seine Schornsteine enden nur 4 m unter der Wasseroberfläche.

Underwater World
AQUARIUM

(Karte S. 372; The Wharf, Mooloolaba; www. underwaterworld.com.au; Erw./Kind/Fam. 32/22/90 AU$; ◔9–17 Uhr) Im größten tropischen Aquarium der Südhalbkugel kann man mit Seehunden schwimmen, mit Haien tauchen oder schlicht das Meeresleben außerhalb des durchsichtigen Unterwassertunnels (80 m) bewundern. Ein Streichelbecken, Seehundshows und lehrreiche Vorträge unterhalten Groß und Klein.

Scuba World
TAUCHEN

(☑5444 8595; www.scubaworld.com.au; The Wharf, Mooloolaba; Tauchgänge ab 99 AU$; ◔Mo–Sa 9–17, So 10.30–16 Uhr) Organisiert

Haitauchen in der Underwater World (zertifizierte/nicht zertifizierte Taucher 195/225 AU$), Korallentauchen vor der Küste und Wracktauchen. Hat auch PADI-Kurse.

Robbie Sherwell's XL Surfing Academy
SURFEN
(☏5478 1337; www.robbiesherwell.com.au; 1 Std. Privat-/Gruppenunterricht pro Pers. 95/45 AU$) Hinein ins Nass!

Suncoast Kiteboarding
KITESURFEN
(☏0412 985 858; www.suncoastkiteboarding.com.au; Kurse 180 AU$/2 Std.) In Cotton Tree, Noosa und Caloundra.

Sunreef
TAUCHEN
(☏5444 5656; www.sunreef.com.au; 110 Brisbane Rd, Mooloolaba; PADI-Freiwasserkurse 595 AU$) Veranstaltet Tauchtrips (2 Tauchgänge 145 AU$) zur HMAS Brisbane (auch nachts).

Hire Hut
WASSERSPORT
(☏5444 0366; www.oceanjetski.com.au; The Wharf, Parkyn Pde, Mooloolaba) Verleiht Kajaks (25 AU$/2 Std.), Stehpaddelbretter (35 AU$/2 Std.), Jetskis (100 AU$/Std.) und Boote (Std./halber Tag 42/75 AU$).

Sunshine Coast Bike & Board Hire
SPORTVERLEIH
(☏0439 706 206; www.adventurehire.com.au) Verleiht Fahrräder (30 AU$), Kajaks (40 AU$) und Surfbretter (25 AU$).

Swan's Boat Hire
BOOTSVERLEIH
(☏5443 7225; 59 Bradman Ave, Maroochydore; Mietboot halber/ganzer Tag 146/226 AU$; ☺6–18 Uhr) Liegt am Maroochy River und verleiht auch Kajaks (Std./halber Tag 20/60 AU$).

☞ Geführte Touren
Bootsfahrten

Steve Irwin's Whale One
WALBEOBACHTUNG
(Karte S. 372; ☏1300 27 45 39; www.whaleone.com.au; Erw./Kind/Fam. 135/75/330 AU$) Wale beobachten (Sept.–Okt.) zu Sonnenaufgang.

Canal Cruise
BOOTSFAHRT
(Karte S. 372; ☏5444 7477; www.mooloolabacanalcruise.com.au; The Wharf, Mooloolaba; Erw./Kind/Fam. 18/6/45 AU$; ☺11, 13 & 14.30 Uhr) Schippert an den Häusern der Schickeria am Kanal bzw. Mooloolah River vorbei.

Cruiz Away River Tours
BOOTSFAHRT
(Karte S. 372; ☏5444 7477; www.cruisemooloolaba.com.au; The Wharf, Mooloolaba; Ökotouren Erw./Kind 39/27 AU$, Dämmerungsfahrten 30 AU$) Vogel- und Naturbeobachtungen per Boot im Mooloolah River National Park.

Fraser Island

Fraser Island Adventure Tours
JEEPTOUR
(☏5444 6957; www.fraserislandadventuretours.com.au; Tagestour 170 AU$) Super Tagesausflüge zum Eli Creek und Lake McKenzie.

Maroochydore

Kajakfahren

Aussie Sea Kayak Company KAJAKFAHREN
(Karte S. 372; ☑0407 049 747; www.ausseaka yak.com.au; The Wharf, Mooloolaba; 4-stündige Tour/2-stündige Dämmerungstour 65/45 AU$) Paddeln rund um Mooloolaba und die Noosa Everglades plus mehrtägige Trips nach North Stradbroke, Fraser oder zu den Moreton Islands.

🛏 Schlafen

In den Schulferien können sich die Zimmerpreise verdoppeln, während die meisten Unterkünfte auf mindestens zwei oder drei Übernachtungen bestehen. Die hier genannten Preise gelten für die Nachsaison.

Landmark Resort RESORT **$$**
(Karte S. 372; ☑1800 888 835, 5444 5555; www. landmarkresort.com.au; Ecke Esplanade & Burnett St, Mooloolaba; Wohnstudio/Apt. mit 1 Schlafzi. ab 175/195 AU$; ✳@🛜🖾) Der Meerblick der luftigen Apartments ist unvergleichlich. In nur 20 m Entfernung zum Strand liegt das Resort oberhalb von Mooloolabas trendigen Restaurants. Es hat auch einen beheizten Lagunenpool und einen Spa und Grillbereich auf dem Dach.

Seamark on First APARTMENTS **$$$**
(Karte S. 372; ☑5457 8600; www.seamarkresort. com.au; 29 First Ave, Mooloolaba; Apt. mit 1 Schlafzi. ab 180 AU$; ✳🛜🖾) Das stilvolle, moderne, helle, luftige und geräumige Resort findet man eine Straße hinter Mooloolabas schicker Esplanade. Die meisten Apartments bieten Meerblick – also auf den Balkon setzen und staunen! Mindestens zwei Übernachtungen.

Kyamaba Court Motel MOTEL **$$**
(Karte S. 372; ☑5444 0202; www.kyambacourt motel.com.au; 94 Brisbane Rd, Mooloolaba; DZ Mo–Fr 95 AU$, Sa 130 AU$; ✳🛜🖾) Das Motel mit super Preis-Leistungs-Verhältnis steht gleichzeitig an einer geschäftigen Straße und am Kanal. Man kann beim gemütlichen Abhängen ein paar Shrimps auf den Grill werfen. Die großen, komfortablen und sauberen Zimmer liegen nur einen kurzen Fußmarsch von Stadt oder Strand entfernt.

Coral Sea Apartments APARTMENTS **$$**
(Karte S. 370; ☑5479 2999; www.coralsea-apartments.com; 35-7 Sixth Ave, Maroochydore; Apt. mit 1/2 Schlafzi. ab 160/190 AU$; ✳@🖾) Die großen Apartments mit zwei oder drei Schlafzimmern belegen ein hübsches Plätzchen nahe dem Strand und dem Maroochy Surf Club. Das Innendekor ist geschmackvoll, die Balkone sind groß und luftig.

Alexandra Beach Resort RESORT **$$**
(Karte S. 370; ☑5475 0600; www.breakfreealex andrabeach.com.au; Ecke Alexandra Pde & Pacific Tce, Alexandra Headland; Wohnstudio/Apt. mit 1 Schlafzi. 170/199 AU$; ✳@🛜🖾) Die großen, bequemen Apartments gegenüber vom Strand grenzen an einen Innenhof oder an einen Balkon. Manche sind jedoch recht lärmig. Der Lagunenpool (150 m) hat eine eigene Bar. Mindestens zwei Übernachtungen.

Mooloolaba Beach Backpackers HOSTEL **$**
(Karte S. 372; ☑5444 3399; www.mooloolaba backpackers.com; 75 Brisbane Rd, Mooloolaba, B/ DZ 28/70 AU$; @🛜🖾) Nicht alle Schlafsäle besitzen eigene Bäder, manche Zimmer wirken etwas abgenutzt. Die vielen Gratis-Extras (Frühstück, Fahrräder, Kajaks, Surf- und Stehpaddelbretter) entschädigen dafür aber mehr als genug. Obendrein sind's nur 500 m bis zum Strandleben bei Tag und Nacht.

Cotton Tree Beach House Backpackers HOSTEL **$**
(Karte S. 370; ☑5443 1755; www.cottontreeback packers.com; 15 Esplanade, Cotton Tree, B/DZ 26/55 AU$) Der renovierte, 100 Jahre alte Queenslander steht gegenüber eines Parks und eines Flusses. Das saubere, gemütliche und sehr charmante Hostel verleiht kostenlos Surfbretter, Kajaks und Fahrräder. Sein Vibe ist so sympathisch wie die fröhlich gestrichenen Wände der Gemeinschaftsbereiche. Die Atmosphäre und der dicke Lunger-Labrador auf dem Sofa sind beide entspannt.

Mooloolaba Beach Caravan Park WOHNWAGENPARK **$**
(Karte S. 372; ☑1800 441 201, 5444 1201; www. maroochypark.qld.gov.au; Parkyn Pde, Mooloolaba; Stellplatz mit Strom ab 35 AU$) Dieses kleine Juwel am reizenden Mooloolaba Beach betreibt auch einen winzigen Wohnwagenpark am Nordende der Esplanade. Lage und Aussicht suchen vor Ort ihresgleichen. Die Preise gelten für zwei Personen.

Mooloolaba

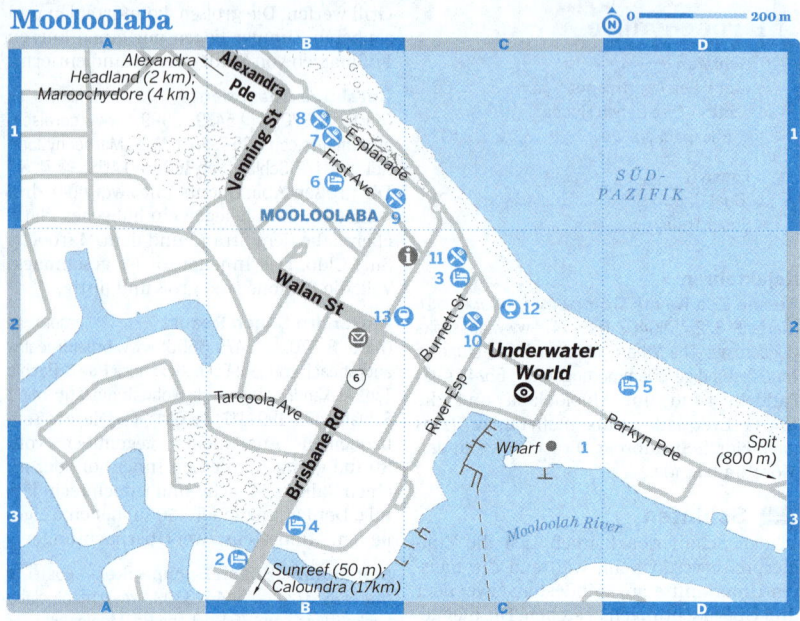

Mooloolaba

✖ Essen

LP TIPP ✖ **Bella Venezia**   ITALIENISCH **$$$**
(Karte S. 372; ☑5444 5844; 95 Esplanade, Mooloolaba; Hauptgerichte 25–38 AU$; ☺mittags & abends) Das von außen unscheinbare, aber einen lässig-schicke Lokal mit seiner unkonventionellen Weinbar befindet sich in einer Sackgasse mit Säulengängen. Auf der langen und rein italienisch gehaltenen Speisekarte stehen auch exquisite Köstlichkeiten, beispielsweise Ravioli mit Bärenkrebsen.

Boat Shed   SEAFOOD **$$**
(Karte S. 370; ☑5443 3808; Esplanade, Cotton Tree; Hauptgerichte 25–35 AU$; ☺tgl. mittags, Mo–Sa abends) Das schäbig-schicke Juwel am Ufer des Maroochy River ist super für Drinks zum Sonnenuntergang unter einem mächtigen Baumwollstrauch. Das Highlight sind Meeresfrüchte – unbedingt probieren: Die Shrimps in Kokosteig mit gerösteten Bananen und karamellisiertem Rumsirup. Nach dem Abendessen heißt's in

Fortsetzung auf S. 381

Das Great Barrier Reef

Wege zum Riff »
Top-Begegnungen am Riff »
Themenpark der Natur »
Der perfekte Riff-Trip »

Ein Taucher erkundet die Wunderwelt des Kelso Reef (S. 24)

Wege zum Riff

Es gibt mehrere Wege zu Australiens tollem Unterwasserreich. Entweder man sucht einen der beliebten Ferienorte auf und schließt sich einer Tour an oder man nimmt an einem mehrtägigen Törn teil und erkundet die seltener besuchte Außenseite des Riffs. Wer will, kann auch zu einer abgelegenen Insel fliegen und hat das Riff fast für sich allein.

Port Douglas

1 Das eine einstündige Fahrt nördlich von Cairns gelegene Port Douglas (S. 507) ist ein ruhiger Badeort, von dem aus Boote diverse Tauchspots ansteuern, u.a. unberührte Außenriffe wie das Agincourt Reef.

Townsville

2 Australiens größte Tropenstadt (S. 459) liegt weit entfernt vom äußeren Riff (2½ Std. Bootsfahrt), bietet aber Einzigartiges: Australiens besten Wrack-Tauchspot, ein super Aquarium und Meeresmuseen. Hier legen die Boote zu mehrtägigen Tauchtouren ab.

Cairns

3 Cairns (S. 485) ist der beliebteste Startpunkt für Touren zum Riff. Es gibt Dutzende Veranstalter, die Tagesausflüge und mehrtägige Touren anbieten. Cairns ist auch der richtige Ort, um tauchen zu lernen.

Whitsundays Islands

4 Türkisfarbenes Wasser, Korallengärten und palmengesäumte Strände – das sind die Whitsundays (S. 440). Hier gibt's unzählige Möglichkeiten, das Riff zu erforschen: Man kann sich auf einer der Inseln niederlassen, segeln gehen oder man wohnt in Airlie Beach und macht Tagestrips von Insel zu Insel.

Southern Reef Islands

5 Wer Ruhe sucht, bucht einen Ausflug auf eine der abgelegenen Koralleninseln (S. 418) am Südrand des Riffs. Direkt vor den Inseln kann man prima schnorcheln und tauchen.

Im Uhrzeigersinn von oben links
1. Aussichtspunkt bei Port Douglas (S. 507) **2.** Jachthafen von Townsville (S. 459) **3.** Nordstrand von Cairns (S. 498)

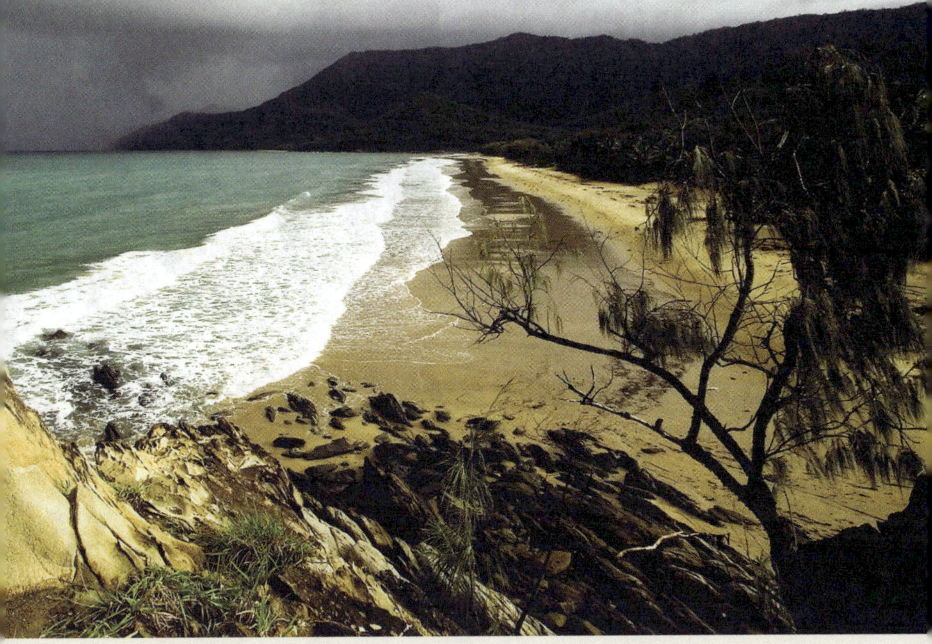

2

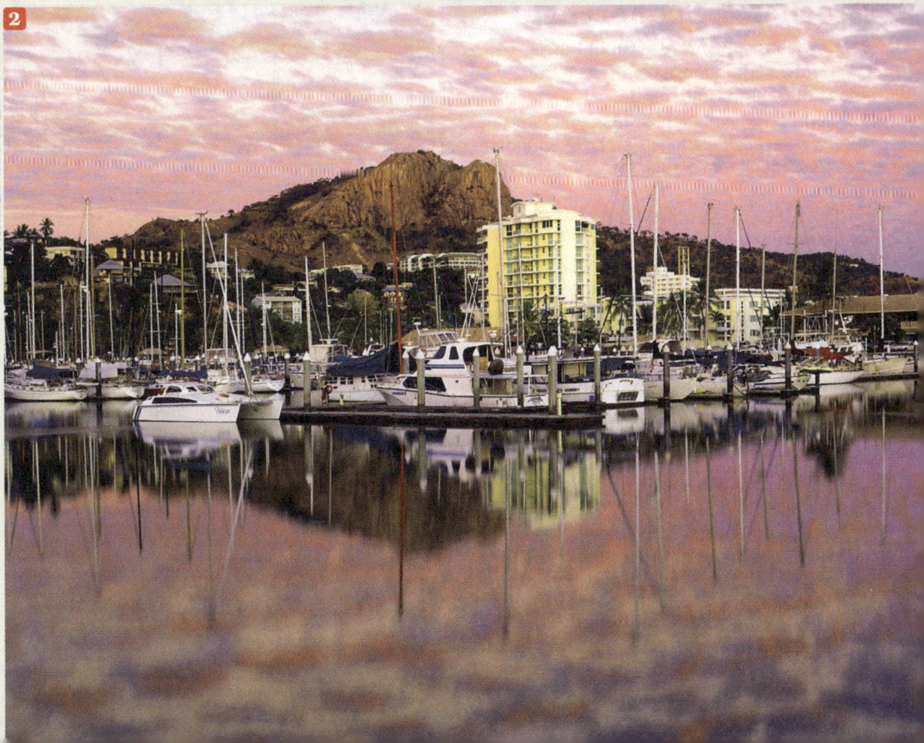

Top-Begegnungen am Riff

Am besten erkundet man das Great Barrier Reef und seine einmalige Unterwasserwelt mit Maske und Flossen. Eine Tour im Glasbodenboot, ein Rundflug oder Riffwanderungen sind auch toll.

Halbtauchboote

1 Immer mehr Anbieter (vor allem um Cairns) bieten Touren im Halbtauch- oder Glasbodenboot an. Ohne auch nur den kleinen Zeh nass zu machen, sieht man Korallen, Rochen, Fische, Schildkröten und Haie.

Panoramaflüge

2 Auf einem Panoramaflug kann man das weitläufige Korallenriff mit all seinen Atollen und Inseln aus der Vogelperspektive bewundern. Angeboten werden Flüge in Hubschraubern (z. B. in Cairns) oder in Wasserflugzeugen (einen Flug über die Whitsundays vergisst man so schnell nicht wieder).

Tauchen & Schnorcheln

3 Die klassische Art, das Great Barrier Reef zu erkunden, ist ein Tag an Bord eines Katamarans und der Besuch mehrerer Korallenriffe. Es gibt nichts, was den ersten Unterwasserblick – ausgerüstet mit Schnorchel oder Tauchausrüstung – toppen könnte!

Segeln

4 Wer die Massen hinter sich lassen will, macht einen Segeltörn, um die spektakuläre Unterwasserwelt zu genießen. Erfahrene Skipper können eine Jacht chartern, alle anderen an einer mehrtägigen Tour teilnehmen. Beides wird in Airlie Beach (S. 445) in der Nähe der Whitsundays angeboten.

Riffwandern

5 Viele Riffe am südlichen Great Barrier Reef liegen bei Ebbe trocken, sodass man kann auf Sandwegen zwischen den Korallen herumlaufen kann. Eine tolle Art, etwas über die Fauna zu erfahren, vor allem, wenn man von einem Führer Erklärungen bekommt!

Im Uhrzeigersinn von oben links
1. Anemonenfisch **2.** Wasserflugzeug auf Hayman Island (S. 454) **3.** Schnorcheln am Riff (S. 26)

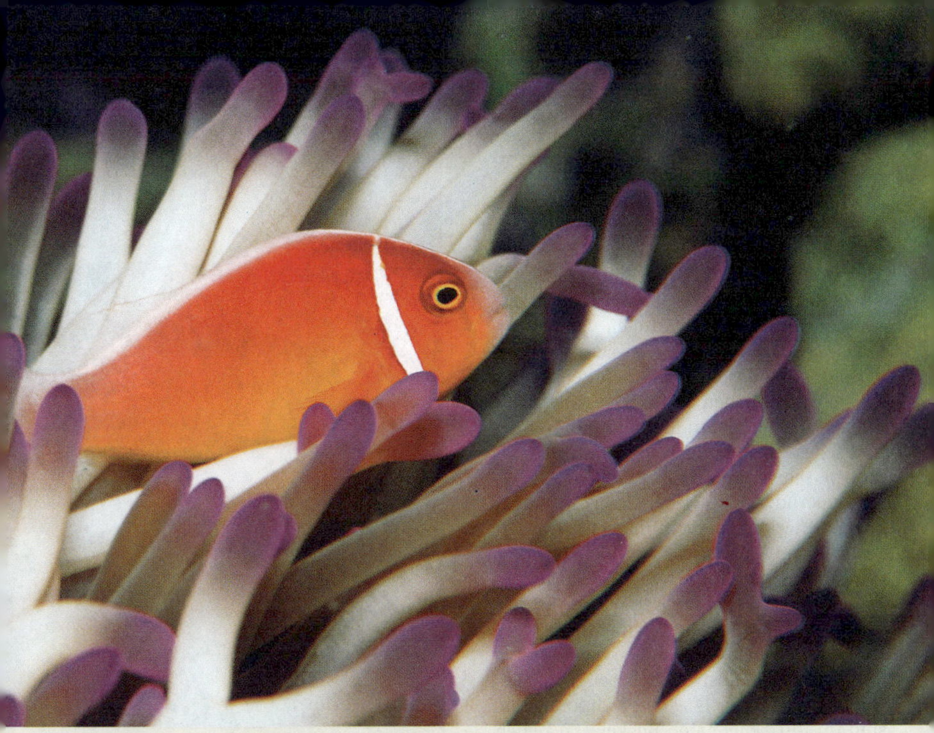

2

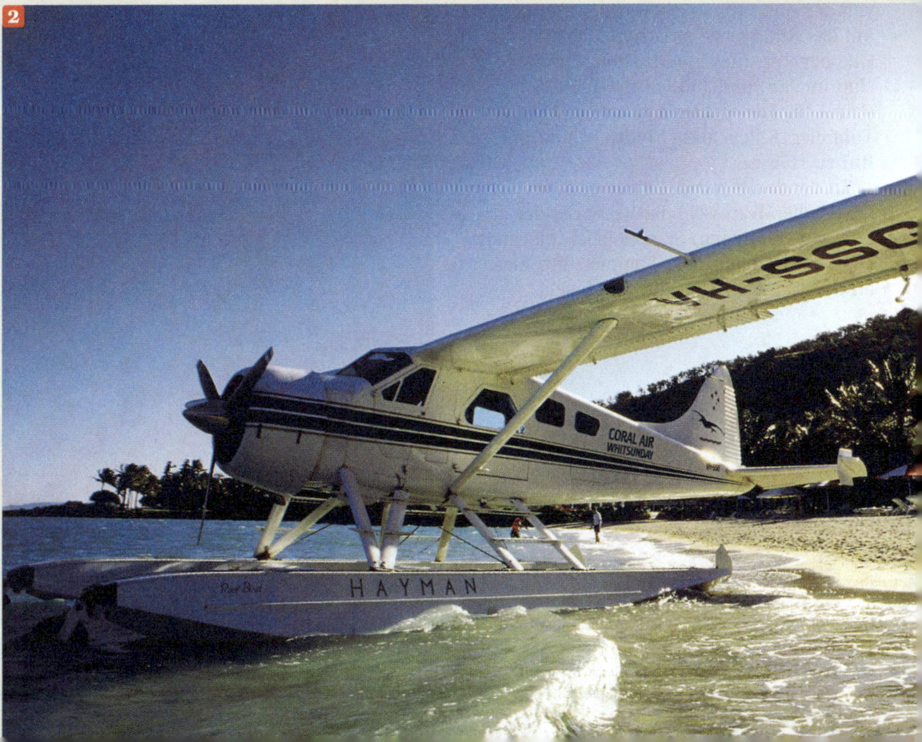

HOLGER LEUE/LONELY PLANET IMAGES ©

Themenpark der Natur

Das Great Barrier Reef mit dem größten Artenreichtum aller Ökosysteme der Welt ist ein wahres Unterwasserwunderland. Hier leben mehr als 30 Spezies von Meeressäugetieren und unzählige Fisch-, Korallen-, Weichtier- und Schwammarten. Auf den Riffinseln und Atollen wurden 200 Vogel- und 118 Schmetterlingsarten gezählt.

Zu den häufigsten Fischarten gehören die tiefdunkelblauen Schwarzen Falterfische mit schwefelgelb umrahmtem Maul und schwefelgelber Schwanzflosse, die großen, schwerfälligen, in Pastellfarben schimmernden Lippfische, kleine, leuchtend blaue, gefleckte Saphir-Riffbarsche und Sechsbinden-Kaiserfische mit blauem Schwanz, gelbem Körper und Tigerstreifen.

Das Riff ist außerdem eine Oase für Meeressäuger wie Wale, Delfine und Dugongs. Dugongs, von denen viele in den Gewässern Nordaustraliens leben, stehen unter Artenschutz; 15% der Weltpopulation sind im Riff beheimatet. Buckelwale ziehen von der Antarktis in die warmen Gewässer um das Riff, wo sie zwischen Mai und Oktober ihre Jungen aufziehen. Minkwale sind im Juni und Juli vor der Küste von Cairns bis Lizard Island zu sehen. Auch Tümmler, Killer- und Grindwale sind im Riff zu Hause.

Zu den beliebtesten Riffbewohnern gehört die Meeresschildkröte. Sechs der sieben (gefährdeten) Spezies leben hier und legen im Frühjahr oder Sommer ihre Eier an den sandigen Stränden der Inseln.

Im Uhrzeigersinn von oben links
1. Ein Barrakudaschwarm **2.** Meeresschildkröte bei der Eiablage **3.** Riesige Weichkoralle, Coral Sea

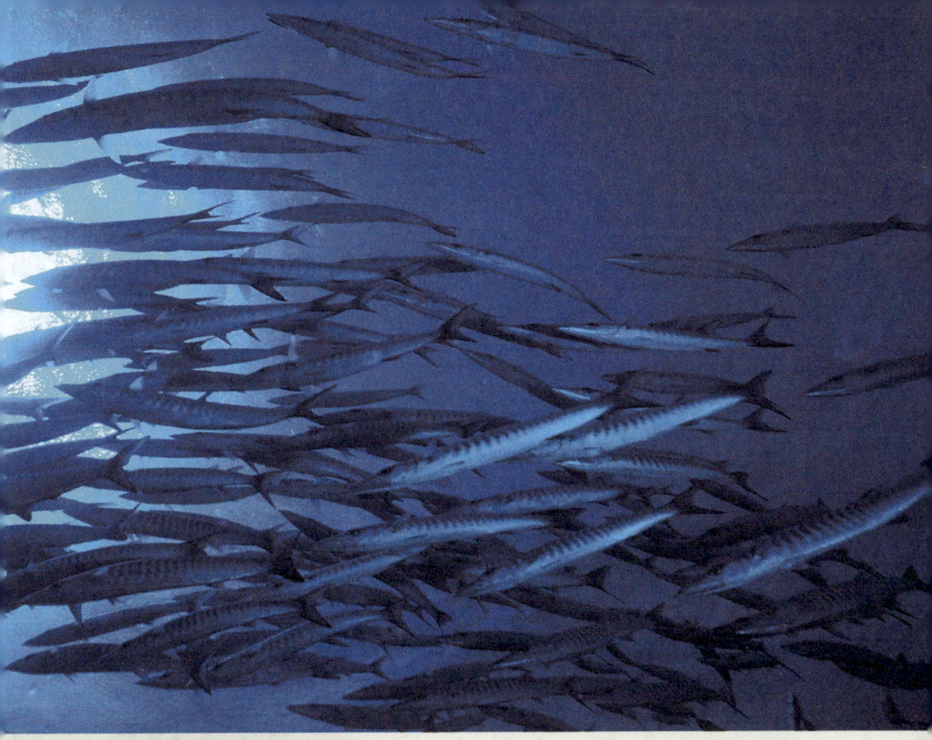

2

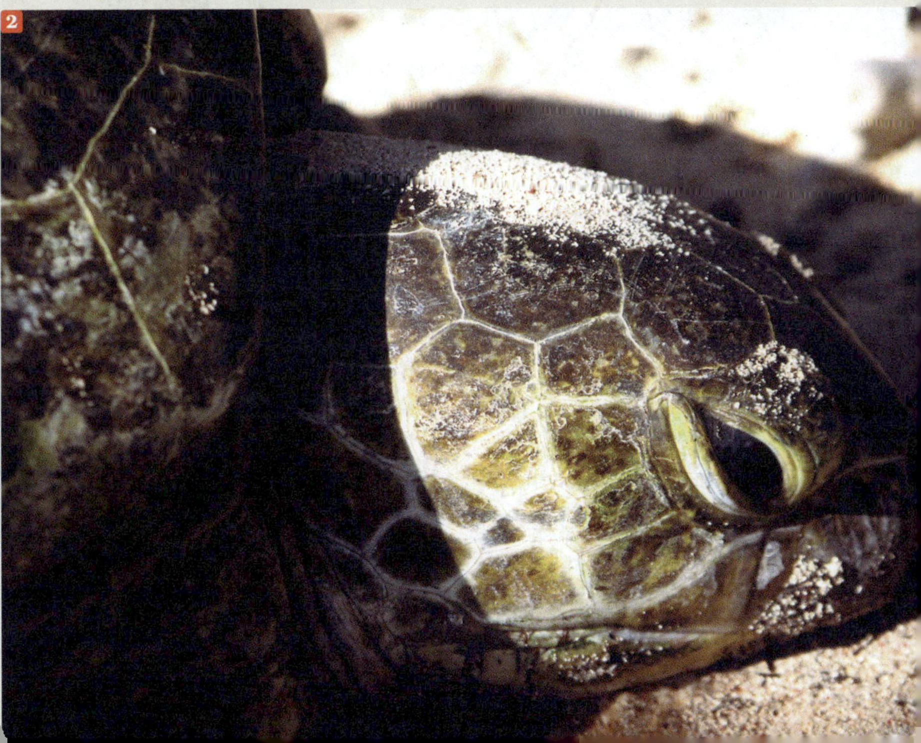

Der perfekte Riff-Trip

Eine Zwei-Wochen-Tour

Neben dem Great Barrier Reef, wo Schnorchel- und Tauchtrips ein Muss sind, stehen auch Segeltörns um die Korallenatolle, Wanderungen durch Regenwälder und Aufenthalte auf Tropeninseln mit weißen Stränden auf dem Programm.

» In Bundaberg steigt man in ein Wasserflugzeug und fliegt nach **Lady Elliot Island** (S. 418). Die Ferieninsel bietet super Schnorchel- und Tauchmöglichkeiten.

» Weiter geht's Richtung Norden nach **Town of 1770** (S. 412). Bei einer Tour zur **Lady Musgrave Island** (S. 419) betrachtet man Korallen vom Halbtauchboot aus und schnorchelt oder taucht im Blau einer Lagune.

» Danach steht **Airlie Beach** (S. 445) auf dem Programm und ein Segeltörn mit zwei Übernachtungen zu den Whitsundays mit ihren weißen Stränden und Korallengärten.

» Zurück in Airlie nimmt man einen Katamaran zum **Hardy Reef**, einem spektakulären, 13 km langen Riff mit einer Lagune, die von „Wasserfällen" gespeist wird.

» Weiter nördlich liegt **Townsville** (S. 459) mit seinem Reef-HQ-Aquarium. Tauchprofis sollten einen Trip mit Übernachtung auf dem Boot nach Yongala buchen.

» Am **Mission Beach** (S. 475) wird bei Regenwaldwanderungen relaxt und man übernachtet auf **Dunk Island** (S. 481), wo man bushwalken, baden und schnorcheln kann.

» Jetzt geht's nach **Cairns** (S. 485) und für einen Tag zu den atemberaubenden **Green und Fitzroy Islands** (S. 501) mit ihren Regenwäldern und Korallen.

» Als nächstes kommt das nette **Port Douglas** (S. 507), von wo sich ein Besuch des Agincourt Reef mit seinen super Schnorchel- und Tauchspots anbietet.

» Und wenn es dann Zeit und Geldbeutel noch erlauben, sollte man sich auf den Weg zur **Lizard Island** (S. 526) machen, dem Tor zu einigen der besten Tauchspots Australiens.

Oben
1. Idylle: Lady Musgrave Island (S. 419) **2.** Regenwaldwanderung zum Mt. Kootaloo, Dunk Island (S. 481)

Fortsetzung von S. 372

den Freiluft-Lounges ein Dessert und richtig romantisches Sternegucken genießen.

India Today
INDISCH $$
(Karte S. 370; ☑5452 7054; 91 Aerodrome Rd, Maroochydore; Hauptgerichte 15–22 AU$; ⊙Do, Fr & Sa mittags, tgl. abends) Die üppige Lichterkettendeko des Restaurants an Maroochydores Hauptstraße ist nicht zu übersehen. Innen wartet eine fröhliche, kunterbunte Augenweide aus indischen Tüchern, Textilien, Malereien und Wandbehängen. Lecker ist z. B. das Butterhuhn mit der Spezialsauce des Küchenchefs.

Nude
CAFÉ $
(Karte S. 372; Shop 3, Mooloolaba Esplanade, Mooloolaba; Gerichte 6–18 AU$; ⊙morgens & mittags) Das zwanglose Freiluftcafé in bester Lage an der Esplanade eignet sich ideal fürs Leutebeobachten bei Meerblick und Latte Macchiato. Nach dem Schwimmen stillen hier Salate, Wraps, Gourmetsandwiches und verführerische Kuchen den Hunger.

Via Italia
ITALIENISCH $$
(Karte S. 372; ☑5477 7343; Shop 13, Peninsular Apartments, Esplanade, Mooloolaba; Hauptgerichte 17–25 AU$; ⊙morgens, mittags & abends) Das stilvolle, aber zwanglose Freiluftlokal gegenüber vom Strand liegt mitten in der Action. Nach einem Dämmerschoppen an der zentralen Bar verleiten Spitzenpizzas zu längerem Verweilen.

Karma Waters
MODERN-AUSTRALISCH $$
(Karte S. 372; Mantra, Esplanade, Mooloolaba; Hauptgerichte 21–32 AU$; ⊙morgens, mittags & abends) Als weiteres Freiluftrestaurant an der belebten Esplanade serviert das Karma Waters moderne Aussie-Küche mit portugiesischen Einflüssen. Obwohl sie nicht immer offensichtlich sind, schmeckt das Essen prima – z. B. der sautierte Atlantik-Lachs mit einer Sauce aus Butter, Zitrone und Kapern.

Thai Seasons
THAI $
(Karte S. 372; ☑5444 4611; 10 River Esplanade, Mooloolaba; Hauptgerichte 10–12 AU$; ⊙abends) Vor Ort heißt der schlichte Laden liebevoll „dreckiger Thai". Doch die Plastikmöbel im Freien, das schmuddelige Äußere und das SB-Besteck täuschen: Hier gibt's die besten Thai-Gerichte der Stadt. Bei starkem Betrieb nimmt man sich am besten etwas mit und steuert die Picknicktische mit Blick auf Mooloolabas Hauptstrand an.

☕ Ausgehen

Mooloolaba SLSC
SURFCLUB
(Karte S. 372; Esplanade, Mooloolaba; ⊙So–Do 10–22, Fr & Sa 10–24 Uhr) Als traditionelle Aussie-Ikone ist der Surfclub werktags ein preiswertes Familienziel. Doch am Wochenende mutiert er irgendwie nahtlos zum Abschleppschuppen für Singles, in dem Lokalbands jeden Freitagabend Dance-Musik der 1980er-Jahre spielen. Die durchgängigen Terrassenfenster sorgen für super Aussicht.

Soave
BAR
(17–19 Brisbane Rd, Mooloolaba) Der angesagteste Ort für Feierabenddrinks oder fürs Freitags-Vorglühen vor dem Start ins Nachtleben. Die imposante Cocktailkarte ist der leckeren Pizza-Auswahl ebenbürtig.

Fridays
NACHTCLUB
(Karte S. 372; The Wharf, Parkyn Pde, Mooloolaba; ⊙Di–Sa) Laut, kitschig und bei Backpackern und Einheimischen unglaublich beliebt.

❶ Praktische Informationen
Am Strand des Alexandra Headland („Alex" im Lokalslang) wird die Mooloolaba Esplanade unmittelbar zur Alexandra Pde. Diese führt ein Stück weiter als Aerodrome Rd in Maroochydores Hauptgeschäftsbezirk hinein. Cotton Tree liegt an der Mündung des Maroochy River.

Email Central Internet Lounge (19 The Esplanade, Cotton Tree; 5 AU$/Std.; ⊙9–20 Uhr)

Sunshine Coast Visitor Information Centre (☑1000 044 060, 5478 2333; www.maroochytourism.com; Maroochydore (Ecke Sixth Ave & Melrose St, Maroochydore); Mooloolaba (Ecke Brisbane Rd & First Ave, Mooloolaba); Sunshine Coast Airport (Friendship Dr, Marcoola)

Post Mooloolaba (☑13 13 18; Brisbane Rd/Walan St); Maroochydore (Sunshine Plaza, Horton Pde)

QPWS (Karte S. 370; ☑5443 8940; 29 The Esplanade, Cotton Tree; ⊙Mo–Fr 8.30–16.30 Uhr)

❶ An- & Weiterreise
Fernbusse halten vor dem Sunshine Coast Visitor Information Centre in Maroochydore. **Greyhound Australia** (☑1300 473 946; www.greyhound.com.au) und **Premier Motor Services** (☑13 34 10; www.premierms.com.au) fahren nach und ab Brisbane. **Veolia** (☑1300 826 608; www.vtb.com.au) verbindet Brisbane mit der Underwater World (einfache Strecke/hin & zurück 23/42 AU$).

❶ Unterwegs vor Ort
Sunbus (☑13 12 30) fährt häufig von Mooloolaba nach Maroochydore (2 AU$) und weiter nach Noosa (5 AU$, 1 Std.). Die Umsteigestelle für Lokalbusse liegt an der Sunshine Plaza.

Coolum

📌07 / 7180 EW.

Coolum zählt zu den versteckten Schätzen der Sunshine Coast: Auf eine Reihe abgeschiedener Buchten zwischen Felszungen folgt der herrlich lange Coolum Beach mit goldenem Sand und donnernder Brandung. Mit seiner aufstrebenden Cafészene in der Nähe der regionalen Hotspots ist Coolum eine attraktive Alternative zu den beliebteren, aber überfüllten Urlaubszielen Noosa und Mooloolaba.

◉ Sehenswertes & Aktivitäten

Ein herrliche Küstenblick belohnt die schweißtreibende Wanderung zum Gipfel des **Mt. Coolum** südlich der Stadt. Das **Visitors Centre** (David Low Way; ⊙Mo–Fr 9–17, Sa 10–16 Uhr) gibt Routeninfos.

Die **Coolum Surf School** (📌5446 5279; www.coolumsurfschool.com.au; 2-stündiger Kurs 50 AU$, Pauschalangebot 3/5 Tage 135/180 AU$) stellt einen aufs Board und verleiht auch Stehpaddelbretter (50 AU$/24 Std.).

Skydive Ramblers (📌5446 1855; www.skydiveforfun.com; Fallschirmsprünge von 3048/4267 m 350/399 AU$) wirft Wagemutige aus heftiger Höhe aus einem Flugzeug. Vor der spektakulären Strandlandung gilt es, das Küstenpanorama zu genießen.

🛏 Schlafen

Beach Retreat   APARTMENTS **$$**
(📌5471 7700; www.beachretreatcoolum.com; 1750 David Low Way; DZ ab 250 AU$, min. 2 Übern.; 🅿🈯🛜🈺) Meerblick und Laufentfernung zu den Restaurants der Esplanade: Die geräumigen Apartments liegen super. Bei schlechtem Strandwetter kommt der zentrale Poolbereich gerade recht. Einzelübernachtungen können zum reduzierten Stand-by-Tarif (das bedeutet Sonderkonditionen bei kurzfristig freigewordenen Kontingenten) gebucht werden.

Villa Coolum   MOTEL **$**
(📌5446 1286; www.villacoolum.com; 102 Coolum Tce, Coolum Beach; Zi. 79–99 AU$; 🈀) Hinter einer begrünten Veranda verstecken sich anständige Bungalows mit großen, renovierten Zimmern im Motelstil. Sie grenzen an einen langen Balkon und sind ihr Geld wert.

Coolum Beach Caravan Park   WOHNWAGENPARK **$**
(📌1800 461 474, 5446 1474; www.maroochypark. qld.gov.au; David Low Way, Coolum; Stellplatz ohne/mit Strom 32/35 AU$; 🈁) Gleich gegenüber von Coolums Hauptstraße liegt der gute Platz auf Rasen vor dem Strand.

🍴 Essen

An der renovierten Esplanade sind einige Freiluftcafés und -restaurants entstanden. Ein Entscheidungsbummel macht Spaß!

My Place   MEDITERRAN **$$**
(📌5446 4433; David Low Way; Hauptgerichte 17–25 AU$; ⊙7–23 Uhr) Gegenüber der Promenade wartet hier ein sensationeller Meerblick – unschlagbar für Tapas-Tagesgerichte, Cocktails zu Sonnenuntergang oder sommerliches Speisen im Freien.

Castro's Bar & Restaurant   ITALIENISCH **$$**
(📌5471 7555; Ecke Frank St & Beach Rd; Hauptgerichte 15–30 AU$; ⊙abends) Wilder Barramundi als Filet im Tempura-Teig, toskanischer Fischeintopf, sautierter Lachs auf nahöstliche Art oder Holzofenpizzas befriedigen hier sämtliche Ansprüche.

Raw Energy   CAFÉ **$**
(David Low Way; Hauptgerichte 6–14 AU$; ⊙morgens & mittags) Das durchweg gesunde Mittagsmenü (z. B. Salate, Tofu) liefert „rohe Energie" nach dem Surfen.

DER KOPF IM MEER

Bei Mudjimba nahe Coolum liegt eine kleine Felsinsel etwas abseits der Küste von Maroochy im offenen Meer. Einheimische nennen Mudjimba Island auch „Old Woman Island": Nach einer einheimischen Legende strandete einst eine Frau auf der Insel und lebte dort bis ins hohe Alter. Einer zweiten Aborigines-Legende zufolge ist dieser aufragende Felsen in Wahrheit der Kopf eines mächtigen Kriegers: Scheinbar waren die beiden Krieger Coolum und Ninderry in dieselbe Frau namens Maroochy verliebt. Diese wurde von Ninderry entführt und von Coolum gerettet. Aus Rache trennte Ninderry dann Coolums Kopf ab, der 1 km weit ins Meer rollte.

Dies erzürnte natürlich die Götter, die Ninderry flugs in einen Felsen verwandelten. Coolum wurde dagegen zum Berg, sein Haupt zu Mudjimba Island. Maroochy floh trauernd in die Berge und weinte einen Fluss von Tränen – den Maroochy River.

Peregian & Sunshine Beach

📞07 / 2800 & 2360 EW.

Ab Coolum erstrecken sich 15 menschen-leere Strandkilometer nordwärts bis nach Sunshine Beach und zur felsigen Landzun-ge im Nordosten des Noosa National Park. Peregian Beach umgibt einen kleinen Dorf-platz mit nur wenigen Cafés und Restau-rants. Dank fehlendem Nachtleben schät-zen es manche Familien als Feiertagsziel. Hier heißt es lange, einsame Strandspazier-gänge, super Surfbreaks, frische Luft und viel Sonnenschein genießen. Obendrein tauchen vor der Küste öfter Wale auf.

Weiter nördlich zieht der Latte-Macchiato-Ethos von Sunshine Beach Einheimische aus Noosa an, die vor den sommerlichen Menschenmassen flüchten. Strandspazier-gänge setzen sich als Buschwanderungen über die Landzunge fort; Verdauungsmär-sche durch den Noosa National Park füh-ren z.B. zur Alexandria Bay (1 Std.) oder zur Laguna Bay bei Noosa (2 Std.). Per Auto gelangt man ab dem McAnally Dr oder der Parkedge Rd zum Park.

🧭 Sehenswertes & Aktivitäten

Peregian Originals (www.eastcoastoriginals. org.au) heißt eine wechselnde Zusammen-stellung bekannter und unbekannter Bands aus der Region, Australien oder anderen Ländern. Die kostenlosen Konzertsessions steigen jeweils am ersten und dritten Sonn-tagnachmittag des Monats im Park vor dem Peregian SLSC – inzwischen ein Sommer-klassiker, der Naturfreaks, Surfer und Lieb-haber guter Musik anlockt. Die Website in-formiert über Termine und Details.

Wavesense (📞0414369076; www.wavesense. com.au) ist ein super Surfausrüster und Kurs-anbieter, der von Surfing Australia zweimal zur Surfschule des Jahres gekürt wurde.

🛏 Schlafen

Bei den allermeisten Ferienapartments von Sunshine Beach müssen mindestens zwei Übernachtungen gebucht werden.

Dolphins Beach House　　　HOSTEL $
(📞5447 2100; www.dolphinsbeachhouse.com; 14 Duke St, Sunshine Beach; B 24–26 AU$, DZ 65–75 AU$; @🖥) Das gemütliche Backpacker-Hostel hat einfache, saubere Zimmer und zahlreiche Gästeküchen. Auf tropischem Gartengelände reflektiert es die asiati-schen bzw. mexikanischen Einflüsse seines

Sunshine Beach

🛏 Schlafen
1 Andari B1
2 Dolphins Beach House A2

❌ Essen
3 Embassy XO A2

🔵 Ausgehen
4 Marble Bar Bistro A2

weitgereisten Eigentümers. Cafés und der Strand sind nah, während Noosa nur eine kurze Busfahrt entfernt liegt. Feierwütige sind hier falsch – statt einer Bar gibt's Er-holung vor der Rückkehr zum turbulenten Backpackerzirkus.

Andari　　　　　　APARTMENTS $$$
(📞5474 9996; www.andari.com.au; 19–21 Bel-more Tce, Sunshine Beach; Apt. mit 2 Schlafzi. 200 AU$; ❄🖥) Das ruhige Refugium aus Stadthäusern steht in schattigen, subtro-pischen Gärten. Von den hellen, luftigen Apartments ist's nur ein kurzer Fußmarsch bis zu Cafés und Restaurants.

Pacific Blue Apartments　APARTMENTS $$
(📞5448 3611; www.pacificblueapartments.com. au; 236 David Low Way, Peregian Beach; Zi. ab 130 AU$; ❄) In Strand- und Kneipennähe findet man hier fröhliche, ordentlich gerä-mige Selbstversorger-Quartiere mit jeweils zwei Schlafzimmern.

🍴 Essen

Embassy XO　　　　　MEDITERRAN $$
(📞5455 4460; Ecke Duke & Bryan St, Sunshine Beach; Hauptgerichte 15–25 AU$; ⊙mittags &

abends) An der Sunshine Coast ist das Konzept der schicken Bistro-Weinbar-Kombi noch neu: Nach eigenhändiger Flaschenwahl im Edelweinkeller genehmigen sich Gäste ein zwangloses Mahl im angrenzenden Bistro. Oben befinden sich eine noble Cocktailbar und ein Spitzenrestaurant (Hauptgerichte 32–36 AU$) mit modernasiatischer Küche.

Wahoo SEAFOOD **$$**
(218 David Low Way, Peregian Beach; Hauptgerichte 16–23 AU$; ⏱tgl. mittags, Mi–Sa abends) Das lässig-coole, zweistöckige Lokal am Platzrand serviert eine super Auswahl an Seafood. Sein asiatischer Einfluss setzt sich im Dekor fort. Zu empfehlen ist ein langes Mittagessen unter dem riesigen Schraubenbaum.

Baked Poetry Cafe CAFÉ **$**
(218 David Low Way, Peregian Beach; Gerichte 10–16 AU$; ⏱morgens & mittags) Dieses Café mit Minibäckerei ist eine berühmte Institution in Sachen klasse Kaffee und deutsches Sauerteigbrot. Eine Frühstücksspezialität aus Frankfurt a. M. sind die weichen Eier im Glas, die in einem ebensolchen zu einem Teller mit Speck, Käse und gegrillten Tomaten gereicht werden.

🍸 Ausgehen

Marble Bar Bistro BAR
(40 Duke St; Tapas 12–19 AU$; ⏱12 Uhr–open end) Die relaxte Cocktail- und Tapasbar ohne Tür oder Wände serviert auch populäre Pizzas. Ansonsten laden Loungepolster zum Lümmeln und Marmorbänke zum Hinsetzen ein

Cooloola Coast

Die entlegene Cooloola Coast verläuft über 50 km zwischen Noosa und Rainbow Beach. Hinter ihrem langen Sandstrand erstreckt sich die Cooloola Section des **Great Sandy National Park**. Trotz des Mangels an touristischen Einrichtungen strömen Geländewagen- und Freizeitbootfans in Scharen hierher. Somit geht's nicht immer so ruhig zu wie vielleicht erwartet. Wer den vielen schmalen Buchten und Wasserläufen per pedes oder Kanu folgt, entkommt den Menschenmassen jedoch recht bald.

Vom Ende der Moorindil St in Tewantin schippert die **Noosa North Shore Ferry** (☏5447 1321; Fußgänger/Auto einfache Strecke 1/6 AU$; ⏱Fr & Sa 5.30–0.20, So–Do bis 22.20

Uhr) über den Fluss nach Noosa North Shore. Mit einem Geländewagen kann man am Strand entlang zum Rainbow Beach fahren – oder noch weiter hinauf bis zum Inskip Point, wo die Fähre nach Fraser Island festmacht. Voraussetzung ist allerdings eine entsprechende Genehmigung (www.derm.qld.gov.au; pro Tag/Woche/ Monat 10/25/40 AU$), die direkt beim **Noosa Visitors Centre** (☏5430 5020; www. visitnoosa.com.au; Hastings St; ⏱9–17 Uhr) vergleichsweise mehr kostet. Achtung: Unbedingt den Gezeitenkalender studieren!

Den Teewah Beach hinauf führt der Weg an **farbigen Sandklippen** vorbei, die schätzungsweise ca. 40 000 Jahre alt sind.

LAKE COOROIBAH

Ein paar Kilometer nördlich von Tewantin verbreitert sich der Noosa River zum Lake Cooroibah. Dank der Noosa North Shore Ferry kann man mit herkömmlichen Autos hinauf zum See fahren und an bestimmten Strandabschnitten campen.

Camel Company Australia KAMELREITEN
(☏0408 710 530; www.camelcompany.com. au; Beach Rd, North Shore, Tewantin; 1-stündiger Ausritt Erw./Kind 60/45 AU$, 2-stündiger Ausritt 80/60 AU$) Kamelreiten am Strand.

Noosa Horseriding REITEN
(☏0438 710 530; www.noosahorseriding.com.au; Ausritte 1/2 Tage 95/195 AU$, halber Tag 65 AU$) Erkundet Strand und Busch hoch zu Ross.

Noosa Equathon REITEN
(☏5474 2665; www.equathon.com; 1½-stündiger Strandritt 85 AU$; 1-stündiger Strand- & Buschritt 110 AU$) Hat auch mehrtägige Ausritte im Programm.

Noosa North Shore Retreat CAMPING
(☏5447 1225; www.noosanorthshoreretreat. com.au; Beach Rd; Stellplatz ohne/mit Strom ab 15/24 AU$, Zi. ab 145 AU$, Hütte ab 65 AU$; ❄@⚛) Der weitläufige Park in toller Lage am Lake Coorooibah bietet verschiedene Unterkunftsoptionen. Am Wochenende sind zwei Übernachtungen obligatorisch.

LAKE COOTHARABA & BOREEN POINT

Der ca. 5 km breite und 10 km lange Lake Cootharaba ist der größte See in der Cooloola Section des Great Sandy National Park. Am westlichen Seeufer bzw. südlichen Nationalparkrand liegt die relaxte kleine Gemeinde Boreen Point mit mehreren Unterkünften und Restaurants. Der See ist das Tor zu den Noosa Everglades mit Möglichkeiten zum Kanufahren, Buschwandern und -campen.

Kanu Kapers (☑5485 3328; www.kanukapersaustralia.com; 11 Toolara St, Boreen Point; Leihkajak 65 AU$/Tag) veranstaltet Kanutouren mit und ohne Führer (1/2 Tage 145/395 AU$) in die Everglades.

Die **Discovery Group Canoe Safari** (☑5449 0393; www.thediscoverygroup.com.au; 3-tägige selbstgeführte Kanutour inkl. 2 Übern. 135 AU$, 3-tägige Campingsafari 139 AU$) beinhaltet Shuttleservice, Kanumiete und Campingausrüstung für Touren auf eigene Faust.

Der ruhige, einfache **Boreen Point Camping Ground** (☑5485 3244; Dun's Beach, Teewah St, Boreen Point; Stellplatz ohne/mit Strom 15/22 AU$) am Fluss wird von großen Eukalyptusbäumen und natürlichem Busch dominiert. Seine Stellplatzpreise gelten für zwei Personen. Um ihn zu erreichen, von der Laguna St nach rechts in die Vista St abbiegen und direkt am See nochmals nach rechts halten.

Das **Apollonian Hotel** (☑5485 3100; Laguna St, Boreen Point; Hauptgerichte 10–24 AU$; ☺mittags & abends) ist ein toller alter Pub mit dicken Holzwänden, schattigen Verandas und wunderschön erhaltener Inneneinrichtung. Der berühmte Spießbraten zum Mittagessen lohnt einen Sonntagsbesuch.

Von Boreen Point führt eine unbefestigte Straße (5 km) weiter zum **Elanda Point**.

GREAT SANDY NATIONAL PARK (COOLOOLA)

Die Cooloola Section des Great Sandy National Parks bedeckt mehr als 54 000 ha Land zwischen dem Lake Cootharaba und dem Rainbow Beach weiter nördlich. In diesem naturbelassenen Gebiet finden sich Sandstrände, Wasserläufe durch Mangroven, Wälder, Heide und Seen, dazu zahlreiche Vogelarten – auch seltene Spezies wie der Fuchshabicht und die Östliche Graseule – und im Frühjahr unzählige Wildblumen.

Von Tewantin bis zum Rainbow Beach führt der Cooloola Way. Er kann, wenn es nicht zu stark geregnet hat, mit Allradwagen befahren werden – am besten erkundigt man sich vorher bei den Rangern. Zahlreiche Besucher strömen lieber zum Strand, müssen sich dort aber auf ein paar Stunden bei Ebbe beschränken. Man braucht eine Genehmigung (www.derm.qld.gov.au; Tag/Woche/Monat 10/25/40 AU$) und sollte sich genau über die aktuellen Gezeiten informieren – schon mancher Geländewagen hat bei Flut den Geist aufgegeben.

Viele Aussichtspunkte und Picknickplätze sind zwar mit Geländewagen erreichbar, aber am schönsten lässt Cooloola sich immer noch per Boot oder Kanu auf den vielen Zuflüssen vom Noosa River erkunden. Bootsverleihe gibt es in Tewantin und Noosa (an der Gympie Tce), Boreen Point sowie Elanda Point am Lake Cootharaba.

Mehrere wunderbare Wanderwege beginnen beim Elanda Point am Ufer des Lake Cootharaba, darunter der 46 km lange Cooloola Wilderness Trail zum Rainbow Beach und eine 7 km lange Strecke zu einem bei Kinaba liegenden, unbemannten Infozentrum vom QPWS.

Das **QPWS Great Sandy Information Centre** (☑5449 7792; 240 Moorindil St, Tewantin; ☺8–16 Uhr) liefert Infos zu Zugangsmöglichkeiten, Gezeiten und Feuerverboten im Park. Für Fraser Island und den Great Sandy National Park erteilt es auch Auto- bzw. Campinggenehmigungen, die man aber besser online (www.derm.qld.gov.au) bucht.

Die diversen Campingplätze des Parks liegen oft am Fluss. Am beliebtesten und besten ausgestattet sind **Fig Tree Point** am Lake Cootharaba (Nordende), **Harry's Hut** (ca. 4 km flussaufwärts) und **Freshwater** an der Küste (ca. 6 km südlich des Double Island Point). Bei Fahrten hinauf gen Rainbow Beach ist auch **Strandcamping** (Stellplatz Pers./Fam. 5,15/20,60 AU$) an ausgewiesenen Stellen erlaubt. Bis auf Harry's Hut, Freshwater und Teewah Beach sind alle Plätze nur zu Fuß oder über den Fluss erreichbar.

Eumundi

☑07 / 490 EW.

Eumundi ist ein reizendes kleines Bergdorf. Der Hauch von New Age, der hier in der Luft hängt, wird an Markttagen fast greifbar. Historische Straßen beherbergen moderne Cafés, außergewöhnliche Boutiquen, Silberschmiede, Kunsthandwerker und Tätowierstudios. Besucher von Eumundi soll angeblich manchmal sogar der plötzliche Wunsch überkommen, sich ein neues Hobby wie Perlenknüpfen oder Bodypainting zuzulegen.

⊙ Sehenswertes & Aktivitäten

Mit ihren gut 300 Ständen locken die **Eumundi Markets** (☺Sa 6.30–14, Mi 8–13 Uhr) Tausende von Besuchern an. Verkauft wird quasi alles von handgefertigten Möbeln und Schmuckstücken bis zu selbstgenähter Kleidung und alternativen Heilmitteln.

Außerdem ist die Stadt für das Eumundi Lager berühmt, das ursprünglich im Imperial Hotel gebraut wurde. Heute kommt es aus Yatala an der Gold Coast, doch im **Imperial Hotel** (Memorial Dr) gibt's den guten Tropfen immer noch vom Fass.

Tina Cooper Glass (☎5442 8110; www.tinacooper.com; 106 Memorial Dr; ⏰Sa–Mi 9–16, Do 10–15, So 11–15 Uhr) stellt wunderschöne Skulpturen und andere Glaskunstwerke aus. Samstags kann man die Glasbläser beim Arbeiten beobachten.

Murra Wolka Creations (☎5442 8691; www.murrawolka.com; 39 Memorial Dr; ⏰Mo–Fr 9–16.30 Uhr) gehört Aborigines und wird auch von diesen geführt. Hier gibt's Bumerangs und Didgeridoos, die indigene Künstler von Hand bemalen.

Rund 10 km nordwestlich von Eumundi liegt das kleine Dorf **Pomona** im Schatten des mächtigen Mt. Cooroora (440 m). Mit dem wunderbaren **Majestic Theatre** (☎5485 2330; www.majestictheatre.com.au; 3 Factory St, Pomona; ⏰Di–Fr) beherbergt es weltweit einen der wenigen Orte, an denen Stummfilme vom originalen Wurlitzer-Orgelsoundtrack begleitet werden. Die **Vorführung** (Ticket ohne/mit Essen 15/27 AU$; ⏰19.30 Uhr) des Kultstreifens *Der Sohn des Scheichs* (1926) erlaubt am jeweils ersten Donnerstag des Monats eine Reise in die Vergangenheit.

🛏️ Schlafen & Essen

Hidden Valley B&B   B&B **$$**
(☎5442 8685; www.eumundibed.com; 39 Caplick Way; Zi. 175–195 AU$; 🛜🌐) Nicht sonderlich versteckt steht dieses attraktive, ruhige Queenslander-Haus auf einem 1,5 ha großen Gelände an der Straße nach Noosa. Nur 400 m von Eumundi entfernt bietet es Themenzimmer für jeden Geschmack: Aladdin's Cave (Aladins Höhle), Emperor's Suite (Kaisersuite) oder Hinterland Retreat (Hinterland-Schlupfwinkel) sind allesamt mit Balkonen versehen und sehr detailverliebt gestaltet.

Harmony Hill Station   B&B **$$**
(☎5442 8685; www.eumundibed.com; 81 Seib Rd; Bahnwaggon 150 AU$; 🌐) Perfekt zum Entspannen oder Turteln: Hier steht ein restaurierter, violetter Eisenbahnwaggon von 1912 völlig frei auf einem Hügelgipfel. Gäste teilen sich das 5 ha große Grundstück mit grasenden Kängurus, genießen den Sonnenuntergang am Lover's Leap, trinken zusammen eine Flasche Wein unterm herrlichen Nachthimmel … oder heiraten sogar: Die Eigentümer sind traubefugt!

ABSTECHER

MONTVILLE & KENILWORTH

Das kitschige Bergdorf **Montville** mit seinen Bonbonläden, Teestuben und Kunsthandwerksbetrieben beeindruckt schon durch seine spektakuläre Lage auf einem 500 m hohen Bergrücken. Besucher können eine schöne Wanderung durch den Regenwald zu den Kondalilla Falls im **Kondalilla National Park,** 3 km nordwestlich der Stadt, machen. Nach einem erfrischenden Bad im felsigen Pool oberhalb des Wasserfalls sollte man sich allerdings nach Blutegeln absuchen.

Ein herrlicher Ort für Romantiker ist **Secrets on the Lake** (☎5478 5888; www.secretsonthelake.com.au; 207 Narrows Rd, Montville; wochentags/Wochenende ab 200/250 AU$; ❄️), wo Holzstege durch den Wald zu zauberhaften hölzernen Baumhäusern mit in den Boden eingelassenen Spas sowie offenen Kaminen führen und einen fantastischen Blick auf den Lake Baroon eröffnen.

Von Montville aus geht's zum winzigen Dorf **Mapleton** und dann links auf die Obi Obi Rd. 18 km weiter stößt man auf Kenilworth, eine Kleinstadt im malerischen Mary River Valley. Dort stellt **Kenilworth Country Foods** (☎5446 0144; 45 Charles St; ⏰Mo–Fr 9–16, Sa & So 10.30–15 Uhr), eine kleine, aber feine Käsefabrik, cremigen Joghurt und superleckeren Käse her. Zum Campen im Kenilworth State Forest oder dem Conondale National Park brauchen Besucher eine **Genehmigung** (☎13 74 68; www.derm.qld.gov.au; 5,15 AU$/Pers.).

Alternativ fährt man weiter Richtung Nordosten auf der Eumundi-Kenilworth Rd an malerischen grünen Hügeln mit vereinzelten alten Farmen und zahlreichen Jakarandas entlang. Nach 30 km trifft die Straße bei Eumundi auf den Bruce Hwy.

LP TIPP
Spirit House Restaurant
ASIATISCH $$$

(☑5446 8994; 20 Ninderry Rd, Yandina; Hauptgerichte 28–36 AU$; ☺tgl. mittags, Mi–Sa abends) Das legendäre Lokal liegt 11 km südlich von Eumundi in Yandina. Die subtropische Umgebung sorgt für echtes Südostasien-Ambiente, während das Küchenteam göttliche Innovationen mit Thai-Touch zaubert. Wer alle Köstlichkeiten durchtesten möchte, sollte das Probiermenü (10 AU$) bestellen.

Azzurro
ITALIENISCH $$

(69 Memorial Dr; Hauptgerichte 13–28 AU$; ☺Mi, Sa & So morgens, Di–So mittags, Mi–Sa abends) Einheimische empfehlen dieses luftige italienische Restaurant mit einfachen Panini und Salaten – ergänzt durch lecker klingende Gerichte wie gebratene Entenbrust mit ganz kurz gegartem Radicchio und Wildpilz-Risotto.

Sala Thai
THAI $

(Memorial Dr; Gerichte 10–16 AU$; ☺Di–So mittags & abends) Das stets gute Essen des tollen Thai-Restaurants wird von Einheimischen wärmstens empfohlen. Genug gesagt.

🍷 Ausgehen

Joe's Waterhole
KNEIPE

(www.musicliveatjoes.com; Memorial Dr) Die alte Kneipe von 1891 hat dem Zahn der Zeit widerstanden, um heute bekannte Musiker aus Australien und aller Welt anzulocken (Details s. Website).

ℹ Praktische Informationen

Discover Eumundi Heritage & Visitors Centre (☑5442 8762; Memorial Dr; ☺Mo–Fr 10–16, Sa 9–15, So 10–14 Uhr) Beherbergt auch das kostenlose Museum.

ℹ An- & Weiterreise

Sunbus (☑13 12 30) fährt stündlich ab Noosa Heads (3,20 AU$, 40 Min.) und Nambour (4,10 AU$, 30 Min.). Einige Tourveranstalter (S. 387 und S. 387) besuchen mittwochs und samstags die Eumundi Markets.

SUNSHINE COAST HINTERLAND

Mit Höhen von 400 m oder mehr bildet die Blackall Range eine atemberaubende Hintergrundkulisse für die beliebten, nur 50 km entfernten Strände der Sunshine Coast. Von dort aus sind entspannte, halb- oder ganztägige Rundfahrten entlang der gezackten Steilstufe möglich. Dabei führt die kurvige Straße durch malerische Bergdörfer und offenbart eine herrliche Aussicht auf das Küstentiefland. Obwohl sehenswert, leiden diese Dörfer teilweise unter einer Überdosis an kitschigen Kunsthandwerkshops und Teestuben im Devonshire-Stil. Hauptattraktion ist daher die Landschaft mit ihren saftig grünen Weiden, sanften Tälern bzw. Bergkämmen, Wasserfällen, Schwimmlöchern, Regenwäldern und Wandermöglichkeiten in Nationalparks. Vor allem im Winter sind die behaglichen Hütten und B&Bs beliebte Wochenendrefugien.

👉 Geführte Touren

Viele Tourveranstalter führen durchs Hinterland und holen einen überall entlang der Sunshine Coast ab.

Boomerang Tours
PANORAMATOUR

(☑1800 763 077; 59 AU$/Pers.) Die Stationen entlang des „Hippie Trail" heißen Eumundi Markets, Kondalilla Falls, Montville und Mary Cairncross Reserve. Inklusive Grillwürstchen zum Mittagessen.

Storeyline Tours
PANORAMATOUR

(☑5474 1500; www.storeylinetours.com.au; Erw./Kind 90/55 AU$) Trips zu den Glass House Mountains oder Kleingruppentouren nach Montville und zu nahen Regenwäldern.

Off Beat Rainforest Tours
PANORAMATOUR

(☑5473 5135; www.offbeattours.com.au; Erw./Kind 155/100 AU$) Allrad-Ökotouren zum Conondale National Park – mit Morgentee, leckerem Mittagessen und Shuttleservice.

Maleny
☑07 / 1300 EW.

Hoch droben liegt Maleny mitten in den grünen Hügeln der Blackall Range. Das Dorf steht für einen Mix aus Künstlern, Musikern, sonstigen Kreativen, Althippies, „Stadtflüchtlingen" und Firmenkooperativen. Die schräge, unkonventionelle Atmosphäre unterstreicht die Tatsache, dass diese auch wirtschaftlich florierende Gemeinde ihre Forst- und Milchwirtschaftszeiten erfolgreich und ganz hinter sich gelassen hat – allerdings ohne den Umschwung auf kitschigen Historienzirkus und typische Touristenläden, der andere Bergdörfer hier prägt. Stattdessen regieren fester Zusammenhalt und tolle Unterstützung für lokale Kooperativen oder Umweltmaßnahmen.

WOODSTOCK DOWN UNDER

Beim berühmten **Woodford Folk Festival** (27. Dez.–1. Jan.) spielen über 2000 Künstler aus Australien und aller Welt z. B. Folk-, Welt-, indigene oder traditionell irische Musik. Zum ungemein vielfältigen Programm gehören auch Straßenkünstler, Bauchtänzer, Kunsthandwerksmärkte, Performances mit Bildender Kunst, Umweltdiskussionen und eine Besuchergruppe von tibetischen Mönchen. Das Festival steigt alljährlich nahe der Kleinstadt Woodfort. Die Campingflächen auf dem Gelände verfügen über Toiletten, Duschen und diverse Gastrozelte. Bei Regen ist jedoch mit Schlammbädern zu rechnen. Da das Festival eine Ausschanklizenz hat, muss eigener Alkohol strikt zuhause bleiben.

Tickets kosten ca. 97 AU$ pro Tag (mit Camping 116 AU$) und sind online, am Eingang oder beim **Festivalbüro** (☎5496 1066) erhältlich. Eine Programmübersicht gibt's unter www.woodfordfolkfestival.com.

Woodford liegt 35 km nordwestlich von Caboolture. Zwischen dessen Bahnhof und dem Festivalgelände pendeln regelmäßig Shuttlebusse.

Zum Maleny Community Centre gehört ein kleines **Visitors Centre** (☎5499 9033; www.tourmaleny.com.au; 23 Maple St; ◷10–15 Uhr).

Die **Mary Cairncross Scenic Reserve** (☎5499 9907; Mountain View Rd) südöstlich der Stadt schützt über 52 ha ursprünglichen Regenwald mit gewundenen Wanderpfaden. Zudem leben hier viele Vogelarten und niedliche Beuteltiere namens Filander (*pademelons*).

🛏 Schlafen

Maleny Lodge Guest House B&B $$
(☎5494 2370; www.malenylodge.com; 58 Maple St; EZ 155–180 AU$, DZ 180–205 AU$; 🛜🏊) In den zahllosen tollen Zimmern des weitläufigen B&Bs gibt's bequeme Himmelbetten sowie eine Menge Antiquitäten und gebeiztes Holz. Hinzu kommen ein offener Kamin für kalte Wintertage und ein offenes Poolhaus für den heißen Sommer. Preise inklusive Frühstück.

Relax at the Cabin BOUTIQUEHÜTTE $$$
(☎5499 9377; www.kingludwigs.com.au; Hütte 350 AU$) Nur 3 km von Maleny entfernt steht diese Hütte einsam im Kiefernwald eines 8 ha großen Geländes. Ein Whirlpool, ein offener Kamin und ein bequemes Riesenbett dominieren das Wohnzimmer, während sich eine Glastürwand hin zu einer breiten Holzterrasse öffnet. Neuankömmlinge werden mit ihren Lieblingsweinen, mehreren Biersorten und einer einladenden Käseplatte begrüßt.

Morning Star Motel MOTEL $$
(☎5494 2944; www.morningstarmotel.com; 2 Panorama Pl; Zi. 88–110 AU$) Das komfortable, saubere und rollstuhlgerechte Motel hat Zimmer mit sensationellem Küstenblick. Seine Luxussuiten besitzen Whirlpools.

🍴 Essen

Up Front Club CAFÉ $
(31 Maple St; Gerichte 10–20 AU$; ◷morgens, mittags & abends) Mit Bio-Broten, Tofu und Tempeh-Salaten verpasst das gemütliche Café Malenys Hauptstraße eine kräftige Dosis Funk. Freitag- bis Sonntagabend gibt's Livemusik von Reggae bis Folk.

Terrace INTERNATIONAL $$$
(☎5494 3700; Ecke Mountain View & Maleny–Landsborough Rd; Hauptgerichte 25–50 AU$; ◷mittags & abends) Das preisgekrönte Restaurant zählt zu den besten in Queensland. Bei sensationeller Aussicht auf die Glass House Mountains serviert es köstliche Meeresfrüchte. Wer Heißhunger hat, bestellt eine brutzelnde Granitplatte mit Bärenkrebsen, Riesengarnelen Lachs und Barramundi. Dazu werden Wurzelgemüse und Polenta-Salat gereicht.

Monica's Cafe CAFÉ $
(11/43 Maple St; Hauptgerichte 10–20 AU$; ◷morgens & mittags) Die Kreidetafel des schicken Cafés verspricht innovative Gerichte und glutenfreie Kost. Gäste können entweder draußen Malenys lässigen Vibe aufsaugen oder drinnen an einem Holztisch futtern. Oben wartet eine lauschige Sitzecke.

Fraser Island & Fraser Coast

Inhalt »

Gut essen

» Waterview Bistro (S. 400)
» Cafe Tapas (S. 396)
» Black Dog Cafe (S. 395)

Schön übernachten

» Kingfisher Bay Resort (S. 409)
» Debbie's Place (S. 398)
» Beachfront Tourist Parks (S. 394)

Auf nach Fraser Island & zur Fraser Coast!

Fraser Island ist die größte Sandinsel der Welt, ein Paradies, geformt von Wind und Wellen. Riesige Dünen und alte Regenwälder prägen das geheimnisvolle Eiland, ebenso wie Seen mit kristallklarem Wasser und wilde Tiere, darunter die „reinrassigsten" Dingos Australiens.

Jenseits der Great Sandy Strait liegt das entspannte Strandnest Hervey Bay, das Tor zur Insel. Von Juli bis Oktober tummeln sich Buckelwale ein paar Tage, bevor sie zur Antarktis ziehen, in der Bucht. Südlich befindet sich das kleine Rainbow Beach, von dem aus man ebenfalls nach Fraser Island kommt. Beliebte Aktivitäten an der Küste sind Angeln, Baden, Bootfahren und Campen. Landeinwärts liegen altmodische Örtchen, umgeben von Busch und Feldern. Bundaberg, die größte Stadt hier, wird von Zuckerrohrfeldern umrahmt. Von hier kommt der goldene Rum, dem schon die eine oder andere Hirnzelle zum Opfer gefallen ist.

Reisezeit

Bundaberg

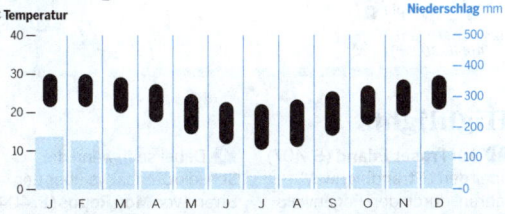

März–November	Juli–November	November–März
Sonne und milde Temperaturen – eine super Zeit, um Fraser Island zu besuchen.	Buckelwale beobachten; die besten Monate sind August bis Oktober.	Zusehen, wenn Schildkröten ihre Eier am Strand von Mon Repos vergraben.

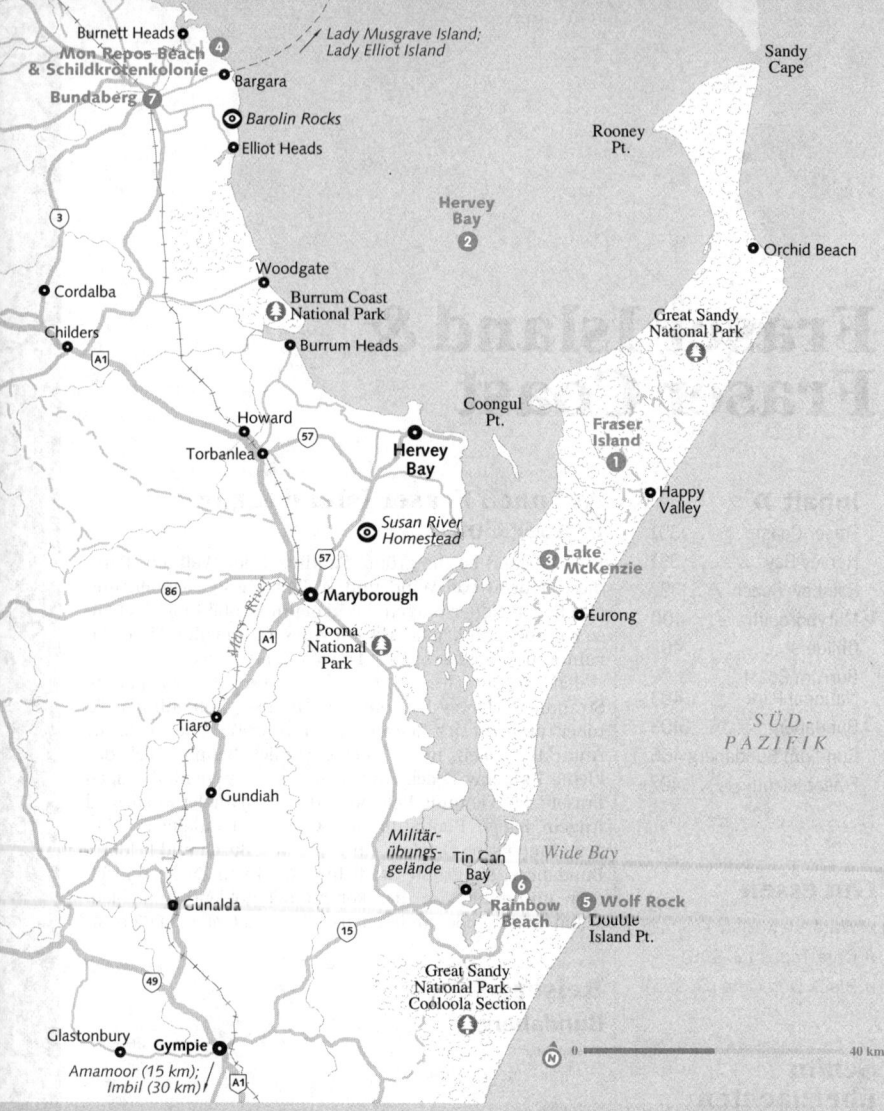

Lady Musgrave Island;
Lady Elliot Island

Burnett Heads ❹
Mon Repos Beach
& Schildkrötenkolonie
Bundaberg ❼
Bargara
Barolin Rocks
Elliot Heads

Sandy
Cape

Rooney
Pt.

Hervey
Bay ❷

Orchid Beach

Cordalba
Woodgate
Burrum Coast
National Park
Childers
Burrum Heads

Great Sandy
National Park

Howard
Coongul
Pt.

Fraser
Island ❶

Torbanlea
Hervey
Bay

Happy
Valley

Susan River
Homestead

Lake
McKenzie ❸

Maryborough

Eurong

Poona
National
Park

SÜD-
PAZIFIK

Tiaro

Gundiah

Militär-
übungs-
gelände

Tin Can
Bay

Wide Bay

Gunalda

Rainbow
Beach ❻

Wolf Rock ❺
Double
Island Pt.

Great Sandy
National Park –
Cooloola Section

Glastonbury
Gympie
Amamoor (15 km);
Imbil (30 km)

0   40 km

Highlights

❶ Auf **Fraser Island** (S. 407)
über den „Strandhighway"
fahren, durch den Regenwald
wandern und unterm
Sternenhimmel zelten

❷ Wale beobachten vor
Hervey Bay (S. 391)

❸ Im klaren, blauen Wasser
des **Lake McKenzie** (S. 407) auf
Fraser Island planschen

❹ Dabei sein, wenn die
Schildkrötenbabys über den
Strand von **Mon Repos** (S. 404)
zum Meer krabbeln

❺ Vor Rainbow Beach am
Wolf Rock (S. 397) mit Haien
tauchen

❻ Die farbenfrohen
Sandklippen von **Rainbow
Beach** (S. 397) bestaunen

❼ Das „flüssige Gold" in der
Rumbrennerei von **Bundaberg**
(S. 403) probieren

ℹ️ An- & Weiterreise

Bus

Regelmäßig verkehren Busse von **Greyhound Australia** (☎1300 473 946; www.greyhound.com.au) und **Premier Motor Service** (☎13 34 10; www.premierms.com.au) auf dem Bruce Hwy und halten unterwegs in allen größeren Städten. Sie steuern auch Ziele abseits des Highways an: Hervey Bay und Rainbow Beach.

Flugzeug

Qantas (☎13 13 13; www.qantas.com.au) bietet Flugverbindungen zwischen Brisbane und Bundaberg bzw. Hervey Bay. **Virgin Blue** (☎13 67 89; www.virginblue.com.au) fliegt direkt von Sydney nach Hervey Bay.

Zug

Queensland Rail (☎13 22 32, 1300 13 17 22; www.traveltrain.com.au) Regelmäßig passieren Züge auf der Strecke Brisbane–Rockhampton die Region. Man hat die Wahl zwischen dem superschnellen *Tilt Train* und dem gemütlicheren *Sunlander*. Mehr Infos sind in den Abschnitten zu den jeweiligen Städten unter dem Stichwort An- & Weiterreise zu finden.

FRASER COAST

Die Fraser Coast hat einfach alles zu bieten: traumhafte Strände, Nationalparks am Wasser und winzige Badeorte, aber auch Farmen und ländliche Städtchen, umgeben von Zuckerrohrfeldern.

Hervey Bay

41225 EW.

Die Stadt mit dem unwiderstehlichen Charme ist passenderweise nach einem britischen Casanova benannt. Sie verzaubert Traveller aller Arten (vom Backpacker über Familien bis hin zum Pensionär) mit ihrem subtropischen Klima, langen Sandstränden, dem ruhigen blauen Meer und entspannten, netten Einheimischen. Außerdem hat man von hier aus die Chance, ein paar majestätische Buckelwale live zu erleben, und bis Fraser Island – Teil des Unesco-Welterbes – ist es auch nicht weit. Kein Wunder also, dass das einst so verschlafene Örtchen unverschämt beliebt ist!

Das Surfbrett kann man getrost zu Hause lassen: Die Wellen brechen sich an Fraser Island, sodass das Wasser vor Hervey Bay spiegelglatt ist. Da es aber außerdem ganz flach ist, eignet es sich perfekt für Kids und um postkartentaugliche Fotos zu machen.

◉ Sehenswertes

Reef World AQUARIUM

(☎4128 9828; Pulgul St, Urangan; Erw./Kind 18/9 AU$, Tauchen mit Haien 40 AU$; ◷9.30–16 Uhr) Das kleine Aquarium beherbergt die buntesten Bewohner des Great Barrier Reef, u.a. einen 18 Jahre alten riesigen Zackenbarsch. Besucher haben die Möglichkeit, mit ungefährlichen Haien zu baden, u.a. mit Zitronen- und Walhaien.

Vic Hislop's Great White Shark & Whale Expo HAIAUSSTELLUNG

(553 The Esplanade, Urangan; Erw./Kind 15/7 AU$; ◷8.30–17.30 Uhr) Informativ, aber auch ein wenig kitschig: Diese berühmte Sammlung deckt einfach alles rund um das Thema Haie und Wale ab. Wer angesichts der Zeitungsartikel über grausame Haiattacken unbeeindruckt bleibt, zuckt vielleicht zumindest beim Anblick des 5,6 m langen, tiefgefrorenen weißen Hais zusammen!

Wetside PARK

(Esplanade, Scarness; ◷Mo 12–17, Di, Do & So 10–17, Fr & Sa bis zur Lightshow nach Sonnenuntergang) An heißen Tagen zieht dieses Fleckchen an der Küste die Kids magisch an. Geboten werden viel Schatten, Springbrunnen, eine Promenade und jede Menge Hintergrundwissen (man wird z.B. erfahren, dass das Gehirn ähnlich viel Wasser enthält wie ein Rindersteak). Der Wetside-Park ist fast jeden Nachmittag und am Wochenende bis abends geöffnet. Freitags und samstags gibt's eine Lightshow. Die Öffnungszeiten variieren, deshalb am besten auf der Website nachsehen!

🏃 Aktivitäten

Wale beobachten

Während der Walsaison von Ende Juli bis Anfang November werden in Hervey Bay täglich Walbeobachtungstouren angeboten, sofern das Wetter mitspielt. Von August bis Ende Oktober dürften Teilnehmer ziemlich wahrscheinlich ein paar Säuger zu sehen bekommen (und falls sie sich doch nicht blicken lassen, bekommt man eine Tour gratis). Außerhalb der Walsaison stehen bei vielen Bootsbetreibern Delfintouren auf dem Programm. Die Boote fahren vom Urangan Harbour zur Platypus Bay und dann im Zickzack zwischen den Walgruppen hin und her, um die aktivsten Tiere zu finden. Normalerweise zahlt man für einen halben Tag etwa 115 AU$ (Erw.) bzw. 60 AU$ (Kind) und meistens sind Früh-

Hervey Bay

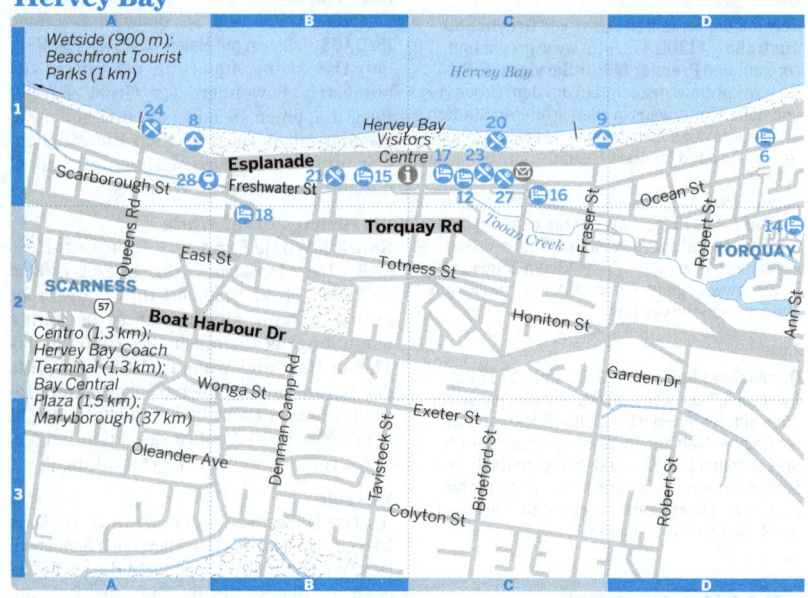

Hervey Bay

◎ **Sehenswertes**

1 Reef World..................................H2
2 Vic Hislop's Great White Shark &
Whale Expo G1

Aktivitäten, Kurse & Touren

Aquavue .... (siehe 20)
Blue Dolphin Marine Tours .... (siehe 30)
Enzo's on the Beach .... (siehe 24)
Freedom Whale Watch.............. (siehe 30)
3 Krystal Klear H3
MV Tasman Venture ....(siehe 30)
Spirit of Hervey Bay ....(siehe 30)
That's Awesome ....(siehe 30)

🛏 ⛱ **Schlafen**

4 Alexander Lakeside B&B E2
5 Arlia Sands Apartments........................E1
6 Australis Shelly Bay Resort D1
7 Bay B&B F1
8 Beachfront Tourist Park
(Scarness)......................................A1
9 Beachfront Tourist Park (Torquay) C1
10 Boat Harbour Resort............................G3
11 Colonial Village YHA G3
12 Fraser Roving.......................................C1

13 Grange Resort F1
14 Happy Wanderer Village D2
15 La Mer Beachfront Apartments B1
16 Next Backpackers C1
17 Nomads C1
18 Palace Backpackers..............................B2
19 Quarterdecks Harbour Retreat.............G3

✪ **Essen**

20 Aquavue C1
21 Black Dog Cafe B1
22 Cafe Balaena H2
23 Cafe Tapas C1
24 Enzo's on the Beach.............................A1
25 Pier Restaurant....................................E1
26 Raging Bull Stonegrill...........................E1
27 Simply Wok C1

🍺 **Ausgehen**

28 Hoolihan's A1

🛍 **Shoppen**

29 Urangan Central Shopping Centre F2

Praktische Informationen

30 Whale Watch Tourist Centre H3

stück oder Mittagessen inbegriffen. Buchungen können in den Unterkünften oder Besucherzentren vorgenommen werden.
Empfehlenswerte Anbieter sind:

Spirit of Hervey Bay　　　WALBEOBACHTUNG
(☏1800 642 544; www.spiritofherveybay.com; ⏰8.30 & 13.30 Uhr) Das größte Boot, das entsprechend auch die meisten Passagiere aufnehmen kann.

That's Awesome　　　WALBEOBACHTUNG
(☏1800 653 775; www.awesomeadventure.com. au; ⏰7, 10.30 & 14.30 Uhr) Dieses Boot ist schneller bei den Walen als alle anderen.

MV Tasman Venture　　　WALBEOBACHTUNG
(☏1800 620 322; www.tasmanventure.com.au; ⏰8.30 & 13.30 Uhr)

Blue Dolphin Marine Tours　　　WALBEOBACHTUNG
(☏4124 9600; www.bluedolphintours.com.au; ⏰7.30 Uhr)

Freedom Whale Watch　　　WALBEOBACHTUNG
(☏1300 879 960; www.freedomwhalewatch.com. au; Erw./Kind 120/80 AU$; ⏰9.30 Uhr)

Angeln

MV Fighting Whiting　　　ANGELN
(☏4124 6599; www.fightingwhiting.com.au; Erw./ Kind/Fam. 70/35/170 AU$)

MV Princess II　　　ANGELN
(☏4124 0400; Erw./Kind 130/85 AU$)

Bootsfahrten

Freedom Whale Watch　　　BOOTSFAHRT
(☏1300 879 960; www.freedomwhalewatch. com.au; Erw./Kind 80/50 AU$) Hier kann man durch die Bucht zu einer Perlenfarm schippern und den Angestellten bei der Arbeit zusehen.

Krystal Klear　　　BOOTSFAHRT
(☏4128 9800; 5-stündige Tour Erw./Kind 90/50 AU$) Mit einem 12 m langen Glasbodenboot geht es aufs Meer. Man kann schnorcheln und Korallen bestaunen, und ein Insel-Barbecue gehört auch dazu.

Wassersport

Aquavue　　　WASSERSPORT
(☏4125 5528; www.aquavue.com.au; The Esplanade, Torquay) Verleiht SeaKarts/Kajaks für 50/20 AU$ pro Stunde und Jet Skis für 50 AU$ (15 Min.). Geführte Jet-Ski-Touren auf Fraser Island kosten 320 AU$.

Enzo's on the Beach　　　WASSERSPORT
(☏4124 6375; 351a The Esplanade, Scarness) Kitesurfen (1½ Std. Unterricht 130 AU$) und Paddleboarding (1/2 Std. 30/40 AU$) sind hier die Specials. Verleiht auch Kajaks und Surf Ski.

FASZINIERENDE KREATUREN

Jedes Jahr zwischen August und Anfang November tummeln sich für ein paar Tage Tausende von Buckelwalen (*Megaptera novaeangliae*) vor Hervey Bay, bevor sie ihre beschwerliche Reise in die Antarktis fortsetzen. In den wärmeren Gewässern vor der Nordostküste Australiens paaren sie sich und bringen ihre Kälber zur Welt. Bei der Ankunft in der Hervey Bay formen sie zunächst Schulen aus etwa zwölf Tieren, später ziehen sie zu zweit oder zu dritt umher. Die Kälber fressen sich während der „Verschnaufpause" in der Hervey Bay den dicken Walfischspeck an, den sie im eiskalten Wasser im Süden benötigen. Sie brauchen 600 l Milch pro Tag!

Die riesigen Tiere zu beobachten ist ein unglaubliches Erlebnis. Die Wasserakrobaten kommen bis zur Brust aus dem Wasser, peitschen mit den Fluken und blasen Fontänen aus ihren Atemlöchern. Manche schwimmen neben Booten her, sodass ihr Auge ganz nah ist ... Wer beobachtet hier eigentlich wen?

Rundflüge

Air Fraser Island   RUNDFLUG
(☏1800 247 992, 4125 3600; www.airfraser island.com.au) Rundflüge über Fraser Island ab 70 AU$.

MI Helicopters   RUNDFLUG
(☏1800 600 345; www.mihelicopters.com.au) 10- bis 60 minütige Rundflüge; zehn Minuten kosten 95 AU$.

Fraser Coast Microlites   RUNDFLUG
(☏1300 732 801; 20-/30-/45-/70-minütiger Rundflug 75/120/175/230 AU$) Fliegen ohne „lästige" Metallhülle.

Weitere Aktivitäten

Hervey Bay Skydivers   FALLSCHIRMSPRINGEN
(☏1300 558 616, 4183 0119; www.herveybaysky divers.com.au) Tandemsprünge aus 3050 m Höhe gibt's ab 250 AU$, aus 4270 m Höhe ab 270 AU$. Wer weitere 30 AU$ drauflegt, kann über dem Strand abspringen.

Susan River Homestead   REITEN
(☏4121 6846; www.susanriver.com; Hervey Bay-Maryborough Rd; 2-stündiger Ausritt 85 AU$) Bei den Paketangeboten (Erw./Kind 220/

165 AU$) sind Unterkunft, Verpflegung und Nutzung des Swimmingpools und der Tennisplätze inklusive.

☞ Geführte Touren

Traveller können nicht nur nach Fraser Island (S. 407) übersetzen, sondern auch nach Lady Elliot Island (S. 404) fliegen.

Tory's Tours   SEHENSWÜRDIGKEITEN
(☏4128 6500; www.torystours.com.au; Erw./ Kind 99/85 AU$) Der Veranstalter organisiert montags und freitags Besichtigungen der BundabergRumDistillery(S. 403).Mittwochs kann man bei einem Ausflug nach Tin Can Bay Delfine füttern.

★ Feste & Events

Hervey Bay Whale Festival   WALFESTIVAL
(www.herveybaywhalefestival.com.au) Gefeiert wird die Rückkehr der Wale im August.

🛏 Schlafen

The Quarterdecks Harbour Retreat   APARTMENTS $$
(☏4170 0888; www.quarterdecksretreat.com.au; 80 Moolyyir St, Urangan; Villa mit 1/2/3 Schlafzi. 150/195/225 AU$; ✳🐾📶♨) Die fantastischen Villen mit eigenem Innenhof sind stilvoll eingerichtet und bieten tolle Extras, z.B. flauschig-weiche Bademäntel. Sie grenzen an ein Naturschutzgebiet, deshalb ist es hier sehr ruhig, mal abgesehen vom Gezwitscher der Vögel. Bis zum Strand ist es ein Katzensprung. Tolles Preis-Leistungs-Verhältnis (auch was die Touren angeht)!

Beachfront Tourist Parks   CAMPING $
(Pialba ☏4128 1399, Scarness ☏4125 1578, Torquay ☏4128 1274; www.beachfronttouristparks. com.au; Stellplätze ohne/mit Strom 23/31 AU$) Am langen Sandstrand von Hervey Bay liegen drei schattige Plätze mit Traumausblick aufs Meer. Der Campingplatz in Torquay liegt mitten drin im Geschehen.

Australis Shelly Bay Resort   APARTMENTS $$
(☏4125 4533; www.shellybayresort.com.au; 466 The Esplanade, Torquay; Wohneinheit mit 1/2 Schlafzi. 125/170 AU$; ✳@♨) Voll ausgestattete Wohnungen mit Meerblick, sauber und geräumig. Man muss nur die Straße überqueren, schon ist man am Strand – eine der besten Unterkünfte der Stadt. Praktisch: Vor Ort gibt's ein indisches Restaurant!

Bay B&B   B&B $$
(☏4125 6919; www.baybedandbreakfast.com. au; 180 Cypress St, Urangan; EZ 75 AU$, DZ 135-

150 AU$; ✴@⊠) Das tolle B&B wird von einem netten, weit gereisten Franzosen betrieben. Die Zimmer befinden sich in einem gemütlichen Anbau hinten und das Frühstück wird im Patio inmitten eines tropischen Gartens voller Vögel serviert. Für Familien eignet sich die voll ausgestattete Wohneinheit.

Colonial Village YHA
HOSTEL $

(☎1800 818 280; www.cvyha.com; 820 Boat Harbour Dr, Urangan; Stellplätze ohne/mit Strom 18/24 AU$; B/DZ/Hütte ab 20/54/85 AU$; ✴@⊠) Tolle Jugendherberge auf 8 ha ruhigen Buschlands, nahe dem Jachthafen und nur 50 m vom Strand. Das Colonial hat eine super Atmosphäre und wimmelt nur so von Opossums und Papageien. Zu den Einrichtungen zählen ein Whirlpool, Tennis- und Basketballplätze und eine coole Bar.

Alexander Lakeside B&B
B&B $$

(☎4128 9448; www.herveybaybedandbreakfast. com.au; 29 Lido Pde, Urangan; Zi. 135-165 AU$; ✴⌂) Das nette B&B liegt an einer ruhigen Straße. Morgens bekommt man manchmal Besuch von Schildkröten. Es gibt einen beheizten Whirlpool am See, zwei geräumige Zimmer mit eigenem Bad und zwei luxuriöse, voll ausgestattete Suiten. Gäste haben Zugang zur Küche und zur Waschküche.

La Mer Beachfront Apartments
APARTMENTS $$

(☎1800 100 181, 4128 3494; www.lamer.com. au; 396 The Esplanade, Torquay; 1/2 Schlafzi. ab 150/200 AU$; ✴⌂⊠) Die kräftigen Farben innen und außen wirken mediterran. Die Apartments sind riesig, komfortabel und besitzen voll ausgestattete Küchen. Lieber am Pool oder doch eher am Strand?

Next Backpackers
HOSTEL $

(☎4125 6600; www.nextbackpackers.com.au; 10 Bideford St, Torquay; B 20-32 AU$; DZ 69 AU$; ✴@⌂) Dieses moderne Hostel hat schon verschiedene Preise gewonnen. Zu Recht: Es wartet mit polierten Holzfußböden, supersauberen Zimmern und einer gut ausgestatteten Edelstahlküche auf. Außerdem gibt's einen Schlafsaal nur für Frauen. Die Bar ist bis Mitternacht geöffnet.

Nomads
HOSTEL $

(☎4125 3601; www.nomadshostels.com; 408 The Esplanade, Torquay; B/DZ ab 18/60 AU$; ✴@⌂⊠) Weitläufiger Komplex gegenüber dem Strand. Rund um die Bar im Kolonialstil, den Pool und den schattigen Grillbereich sind niedrige Häuschen angeordnet.

Das Reisebüro vor Ort bucht Pauschalangebote (wer die halbtägige Walbeobachtung bucht, bekommt eine Nacht gratis) sowie Fraser-Island-Touren ohne Guide zum Nomads-Camp auf der Insel.

Grange Resort
RESORT $$$

(☎4125 2002; www.thegrange-herveybay.com. au; Ecke Elizabeth & Shell Sts, Urangan; Villa mit 1/2 Schlafzi. 195/225 AU$; ✴⌂⊠) Erinnert an ein schickes Wüstenresort mit eleganten zweistöckigen Wohneinheiten voller kleiner Annehmlichkeiten. Bis zum Strand und in die Stadt ist es nicht weit.

Arlia Sands Apartments
APARTMENTS $$

(☎4125 4360; www.arliasands.com.au; 13 Ann St, Torquay; 1/2 Schlafzi. 135/145 AU$; ✴⊠) Modernisierte Apartments mit schicken Möbeln und großzügigen Bädern in ruhiger Lage abseits der Hauptstraße. Strand und Geschäfte sind ganz nah.

Boat Harbour Resort
APARTMENTS $$

(☎4125 5079; www.boatharbourresort.net; 651-652 Charlton St, Urangan; Zi. 115-135 AU$; ✴⌂⊠) Nahe der Urangan Marina. Die Holzstudios und -hütten befinden sich auf einem hübschen Grundstück. Die Studios haben große Terrassen und die geräumigen Villen sind genau richtig für Familien.

Ebenfalls empfehlenswert:

Fraser Roving
HOSTEL $

(☎1800 989 811, 4125 6386; www.fraserroving. com; 412 The Esplanade, Torquay; B 23-25 AU$, DZ mit/ohne Bad 60/65 AU$; @⌂) Nach wie vor ein Partyhostel.

Palace Backpackers
HOSTEL $

(☎1800 063 168, 4124 5331; www.palaceadven tures.com; 184 Torquay Rd, Scarness, B/DZ 25/55 AU$; ✴@⊠) Schlafsäle in separaten Wohneinheiten in einem Tropengarten.

Happy Wanderer Village
CAMPING $

(☎4125 1103; www.happywanderer.com.au; 105 Truro St, Torquay; Stellplätze ohne/mit Strom ab 30/35 AU$, Hütte/Villa ab 64/121 AU$; ✴⌂⊠) Großer Park mit schönen Stellplätzen.

✖ Essen
Selbstversorger finden Supermärkte in den Einkaufszentren Centro, Urangan Central und Bay Central Plaza.

LP TIPP Black Dog Cafe
FUSION $$

(☎4124 3177; 381 The Esplanade, Torquay; Hauptgerichte 14-33 AU$; ◷mittags & abends) Das Ambiente ist funky, die Speisekarte Zen-mäßig und die Gerichte vereinen Okzident und Orient: Es gibt Sushi, japanische Suppen, frische Burger, Currys, Meeresfrüchtesalate etc.

Enzo's on the Beach
CAFÉ $

(351a The Esplanade, Scarness; Hauptgerichte 8–20 AU$; ☺6.30–17 Uhr) Ein Open-Air-Café in toller Strandlage: Die Kellner servieren Focaccias, Wraps, gesunde Salate und andere leichte Mahlzeiten, man kann aber auch nur einen Kaffee bestellen und die Aussicht genießen.

Raging Bull Stonegrill
STEAK $$

(☑4194 6674; 486 The Esplanade, Torquay; Hauptgerichte 20–40 AU$; ☺abends) Ein Traum für Fleischliebhaber: Sie können zusehen, wie ein Stück Rind, Huhn oder Fisch auf einem heißen Stein gart. Aber nicht vergessen: Schön auch das Gemüse aufessen!

Pier Restaurant
SEAFOOD $$

(☑4128 9699; 573 The Esplanade, Urangan; Hauptgerichte 20–40 AU$; ☺Mo–Sa abends) Obwohl das Pier Restaurant direkt am Wasser liegt, haben die Besitzer nur wenig aus dem Meerblick gemacht – dafür gibt es eine interessante Auswahl von Meeresfrüchten, Krokodil und Hervey-Bay-Jakobsmuscheln. Zu Recht beliebt.

Cafe Tapas
TAPAS $$

(417 The Esplanade, Torquay; Tapas 7 AU$; ☺mittags & abends) In dem eleganten Lokal mit den schrägen Kunstwerken, der schummerigen Beleuchtung, den roten Sofas und den niedrigen Tischen werden Gäste mit asiatisch angehauchten Tapas und Musik verwöhnt. Man kann aber auch nur auf einen Drink vorbeischauen.

Aquavue
CAFÉ $

(415 The Esplanade, Torquay; Hauptgerichte 8–13 AU$; ☺morgens & mittags) Ein weiteres Strandcafé unter freiem Himmel. Neben einem unschlagbaren Meerblick hat es leichte Mahlzeiten wie Sandwiches zu bieten. Außerdem kann jede Menge Wasserspielzeug gemietet werden.

Cafe Balaena
CAFÉ $$

(Laden 7, Terminal Bldg, Buccaneer Ave, Urangan; Hauptgerichte 10–25 AU$; ☺tgl. morgens & mittags, Do–Mo abends) Das Café am Jachthafen hat ein superentspanntes Flair. Die Preise sind absolut fair. Auf der Speisekarte steht alles Mögliche querbeet – viel Seafood.

Simply Wok
ASIATISCH $$

(417 The Esplanade, Torquay; Hauptgerichte 14–25 AU$; ☺morgens, mittags & abends) Nu-

deln, Pfannengerührtes und Currys stillen den Appetit auf Asiatisches. Außerdem gibt's ein warmes All-you-can-eat-Buffet für 15,90 AU$.

Ausgehen

Hoolihan's
KNEIPE

(382 The Esplanade, Scarness) Als typisches Irish Pub ist das Hoolihan's sehr beliebt, vor allem bei Backpackern.

❶ Praktische Informationen

Zu Hervey Bay gehören einige Gemeinden am Wasser: Point Vernon, Pialba, Scarness, Torquay und Urangan. Jenseits der makellosen Strandbezirke und ruhigen Vororte verwandelt sich die Stadt allerdings in einen Fabrikdschungel.

Hervey Bay Visitor Information Centre (☑1800 811 728, 4125 9855; www.herveybay tourism.com.au; Ecke Urraween & Maryborough Rds; ☺9–17 Uhr) Die Mitarbeiter des Infozentrums am Stadtrand sind hilfsbereit und professionell.

Hervey Bay Visitors Centre (☑1800 649 926, 4124 4050; 401 The Esplanade, Torquay; Internet 4 AU$/Std.; ☺Mo–Fr 8.30–20.30, Sa & So 9–18.30 Uhr) Private Buchungsagentur mit Internetzugang. Sehr nette Angestellte! Man kann jederzeit anrufen.

Post (☑4125 1101; 414 The Esplanade, Torquay) Weitere Filialen sind in Pialba und Urangan.

Whale Watch Tourist Centre (☑1800 358 595, 4128 9800; Urangan Marina, Urangan; ☺7.30–18 Uhr) Privates Informationszentrum am Jachthafen, spezialisiert auf Walbeobachtungen.

❶ An- & Weiterreise

Bus

Busse fahren am **Hervey Bay Coach Terminal** (☑4124 4000; Central Ave, Pialba) ab. **Greyhound Australia** (☑1300 473 946; www. greyhound.com.au) und **Premier Motor Service** (☑13 34 10; www.premierms.com.au) betreiben verschiedene Verbindungen nach/ab Brisbane (75 AU$, 5½ Std.), Maroochydore (50 AU$, 3½ Std.), Bundaberg (24 AU$, 1½ Std.) und Rockhampton (95 AU$, 6 Std.).

Tory's Tours (☑4128 6500; www.torystours. com.au) steuert zweimal täglich den Flughafen von Brisbane an (65 AU$).

Wide Bay Transit (☑4121 3719) fährt wochentags stündlich von der Urangan Marina (hält an der Esplanade) nach Maryborough (8 AU$, 1 Std.), am Wochenende weniger regelmäßig.

Trainlink-Busse pendeln zwischen dem Bahnhof Maryborough West und dem Busterminal (8 AU$, 45 Min.).

Flugzeug

Der Flughafen ist über die Booral Rd, Urangan, zu erreichen (Richtung River Heads fahren).

Qantas (☏13 13 13; www.qantas.com.au) hat täglich mehrere Verbindungen von Hervey Bay und Brisbane. **Virgin Blue** (☏13 67 89; www.virginblue.com.au) fliegt täglich ab Sydney.

Schiff/Fähre

Fähren nach Fraser Island legen in River Heads, ca. 10 km südlich der Stadt, und an der Urangan Marina ab. Die meisten Tourveranstalter nutzen die Urangan Marina.

❶ Unterwegs vor Ort

Auto

Nirgendwo kann man besser ein Gefährt mit Allradantrieb für Fraser Island mieten als in Hervey Bay.

Aussie Trax (☏1800 062 275; 56 Boat Harbour Dr, Pialba)

Fraser Magic 4WD Hire (☏4125 6612; www.fraser-magic-4wdhire.com.au; 5 Kruger Crt, Urangan)

Hervey Bay Rent A Car (☏4194 6626) Vermietet auch Roller (30 AU$/Tag).

Safari 4WD Hire (☏1800 689 819, 4124 4244; www.safari4wdhire.com.au; 102 Boat Harbour Dr, Pialba)

Rainbow Beach

999 EW.

Das wunderschöne Rainbow Beach ist eine winzige Gemeinde auf der Inskip Peninsula, hinter deren Sandstrand, auf den die Brandung trifft, bunte Sandsteinfelsen aufragen. Rainbow Beach wird zunehmend beliebter, ist aber noch relativ unberührt und hat eine entspannte Atmosphäre. Die Einheimischen sind sehr freundlich. Außerdem ist man schnell auf Fraser Island (10 Min. mit dem Boot) und im Cooloola-Abschnitt des Great Sandy National Park.

◉ Sehenswertes

Der Name des Ortes geht auf die **bunten Sandsteinfelsen** zurück. Um hinzukommen, muss man von Rainbow Beach aus 2 km am Strand entlanglaufen bis zur Wide Bay. Die rötlich leuchtenden Gesteinsformationen zwischen dem Leuchtturm bei Double Island Point und Fraser Island im Norden sind ein atemberaubender Anblick.

Am südlichen Ende des Cooloola Dr verläuft ein 600 m langer Pfad an den felsen entlang zum **Carlo Sandblow**, einer 120 m hohen Sanddüne.

✦ Aktivitäten

Bushwalking & Campen

Im Cooloola-Abschnitt des **Great Sandy National Park** (S. 385) befinden sich einige **Nationalparkcampingplätze** (www.derm.qld.gov.au; pro Pers./Fam. 5,15/20,60 AU$), darunter ein toller Campingplatz am Strand (Teewah Beach). Reservierungen für Zeltplätze und **Genehmigungen für Autos mit Allradantrieb** (pro Tag/Woche/Monat 10/25/40 AU$) müssen online vorgenommen bzw. eingeholt werden.

Zu den Buschwanderwegen (Karten gibt's im QPWS-Büro) gehört der 46,2 km lange **Cooloola Wilderness Trail**, der am Mullens-Parkplatz beginnt (über die Rainbow Beach Rd zu erreichen) und fast bis zum Lake Cooloola führt.

Wer zeltet, bekommt am ehesten ein Gespür für diese Küstenregion. Ausrüstung und Campinggenehmigung können bei **Rainbow Beach Hire-a-Camp** (☏5486 8633; www.rainbow-beach.org) besorgt werden. Man kann sein Zelt sogar von den Mitarbeitern auf- und wieder abbauen lassen.

Fallschirmspringen & Paragliding

Skydive Rainbow Beach   FALLSCHIRMSPRINGEN
(☏ 0418 218 358; www.skydiverainbowbeach.com; Sprung aus 2440/3050/4270 m Höhe 260/295/334 AU$) Man landet am Strand.

Rainbow Paragliding   PARAGLIDING
(☏5486 3048, 0418 754 157; www.paragliding-rainbow.com; Tandemflug 150 AU$) Tandemflüge über dem Carlo Sandblow.

Kajak- & Kanufahren

Rainbow Beach Dolphin View Sea Kayaking   KAJAKFAHREN
(☏0408 738 192; 4-stündige Tour 85 AU$/Pers.; Kajakmiete halber Tag 65 AU$) Kajaksafaris.

Carlo Canoes   KANUFAHREN
(☏5486 3610; halber/ganzer Tag 30/45 AU$)

Surfen

Vor Double Island Point kann man prima surfen.

Rainbow Beach Surf School   SURFEN
(☏0408 738 192; rainbowbeachsurf@hotmail.com; 2 Std. Unterricht 55 AU$; Brettmiete 40 AU$/Tag)

Tauchen

Wolf Rock, eine Ansammlung von Gesteinsformationen vulkanischen Ursprungs vor Double Island Point, zählt zu den schönsten Tauchspots Queenslands. Dort tummeln sich ganzjährig vom Aussterben bedrohte (nicht aggressive) Sandtigerhaie.

Wolf Rock Dive Centre TAUCHEN
(☎5486 8004; www.wolfrockdive.com.au; Charterboot inkl. 2 Tauchgängen ab 160 AU$) Tauchen für Fortgeschrittene am Wolf Rock.

☞ Geführte Touren

Surf & Sand Safaris PANORAMATOUR
(☎5486 3131; www.surfandsandsafaris.com.au; Erw./Kind 70/35 AU$) Im Geländewagen geht's durch den Nationalpark und am Strand entlang zu den Sandsteinformationen und zum Leuchtturm bei Double Island Point.

Dolphin Ferry Cruise BOOTSFAHRT
(☎0428 838 836; www.dolphinferrycruise.net.au; 3-stündige Tour Erw./Kind 30/15 AU$; ⏱7.20 & 9.30 Uhr) Am Jachthafen von Tin Can Bay wartet Mystique, ein Sousa-Delfin, darauf, von den Passagieren gefüttert zu werden.

🛌 Schlafen

Debbie's Place B&B $
LP TIPP
(☎5486 3506; www.rainbowbeachaccommodation.com.au; 30 Kurana St; DZ/Suite ab 79/89 AU$, Apt. mit 3 Schlafzi. ab 99 AU$; ❄) In dem schönen Holzhaus, das vor lauter Topfpflanzen fast aus den Nähten platzt, gibt es nette Zimmer mit eigenen Eingängen und Veranden. Die energiegeladene Debbie ist eine erstklassige Infoquelle und sorgt dafür, dass sich ihre Gäste pudelwohl fühlen.

Rainbow Ocean Palms Resort APARTMENTS $$$
(☎5486 3211; www.rainbowoceanpalms.com; 105 Cooloola Dr; Apt. mit 1 Schlafzi. ab 200 AU$, Apt. mit 2 Schlafzi. ab 300 AU$; ❄🏊) Luxusapartments mit modernem Design (viel Glas, Licht und Platz). Man hat den Nationalpark und das Meer im Blick. Gleich nebenan ist das hervorragende Waterview Bistro.

SANDSAFARIS: FRASER ISLAND ERKUNDEN

Auf Fraser Island kann man sich nur mit einem Geländewagen fortbewegen. Für Traveller gibt's eigentlich nur drei Möglichkeiten: im Konvoi fahren, eine geführte Tour buchen oder selbst ein Auto mieten.

Unterwegs im Konvoi

Die ursprünglichen Touren – dreitägige Campingausflüge mit Geländewagen, die selbst gefahren werden – waren extrem beliebt bei Backpackern. In den letzten Jahren gab es allerdings ein paar schlimme Unfälle auf Fraser Island. Jetzt gibt es neue Bestimmungen; die Originaltouren wurden abgewandelt: Bis zu fünf Travellerautos folgen einem Wagen mit einem erfahrenen Fahrer und Guide. Dafür zahlt man 300 bis 320 AU$ (zzgl. Essen, Benzin und Alkohol).

Vorteile – Flexibilität; man lernt schnell neue Leute kennen.

Nachteile – Wenn die Chemie in der Gruppe nicht stimmt, können drei Tage echt lang werden! Unerfahrene Fahrer bleiben dauernd im Sand stecken – was andererseits aber auch ziemlich unterhaltsam sein kann.
  Empfehlenswerte Anbieter sind:
» **Colonial Village YHA** (☎1800 818 280, 4125 1844; www.cvyha.com) Hervey Bay.
» **Dingo's Backpacker's Resort** (☎1800 111 126, 5486 8200; www.dingosatrainbow.com) Rainbow Beach.
» **Fraser Roving** (☎1800 989 811, 4125 6386; www.fraserroving.com.au) Hervey Bay.
» **Nomads** (☎1800 354 535, 4125 3601; www.nomadshostels.com) Hervey Bay.
» **Next Backpackers** (☎4125 6600; www.nextbackpackers.com.au) Hervey Bay.
» **Pippies Beach House** (☎1800 425 356, 5486 8503; www.pippiesbeachhouse.com.au) Rainbow Beach.

Geführte Touren

Die meisten geführten Touren decken alle Highlights ab: die Regenwälder, Eli Creek, Lake McKenzie und Lake Wabby, die bunten Pinnacles und das Wrack der *Maheno*.

Vorteile – Wenig Aufwand; super Hintergrundinfos.

Nachteile – In der Hauptsaison bilden bis zu 40 Personen eine Gruppe!

Pippies Beach House HOSTEL **$**
(☎1800 425 356, 5486 8503; www.pippiesbeach house.com.au; 22 Spectrum St; B/DZ 24/65 AU$; ✳@🏊) Das kleine, *sehr* entspannte Hostel hat gerade mal zwölf Zimmer und ist ideal, wenn man zwischen Wellenreiten, Tauchgängen und Bushwalking eine Oase der Ruhe braucht. Es ist sauber und hat großzügige Bäder. Wer hier eine Tour nach Fraser Island bucht, darf zwei Nächte umsonst im Pippies übernachten. Weitere Extras: kostenloses Frühstück und Wasserspielzeug sowie jede Menge Platz im Garten für Zelte und kleine Wohnmobile.

Dingo's Backpacker's Resort HOSTEL **$**
(☎1800 111 126, 5486 8222; www.dingosatrain bow.com; 20 Spectrum Ave; B/DZ 22/65 AU$; ✳@🏊) Der quirlige Manager, ein Engländer, sorgt dafür, dass an der Bar dieses Partyhostels immer Action ist. Mittwoch-

und samstagabends gibt's Livemusik, ein balinesischer Pavillon lädt zum Chillen ein, zum Frühstück werden kostenlose Pfannkuchen serviert und auch die Ausflüge zum Carlo Sandblow sind gratis. Abends wird günstiges Essen angeboten.

Rainbow Sands Holiday Units MOTEL **$$**
(☎5486 3400; 42-46 Rainbow Beach Rd; DZ 95 AU$, Apt. mit 1 Schlafzi. 125 AU$; ✳🛜📶🏊) Vor dem niedrigen Gebäudekomplex stehen Palmen. Die Standardzimmer haben Glastüren zum Pool und Minibars, die separaten Wohneinheiten Waschmaschinen – praktisch, wenn der Aufenthalt länger ist.

Fraser's on Rainbow HOSTEL **$**
(☎1800 100 170, 5486 8885; www.frasersonrain bow.com; 18 Spectrum St; B/DZ ab 25/65 AU$; @🏊) Geräumige Schlafsäle in einem unfunktionierten Motel. Die Bar im Freien ist gut besucht.

Hier ein paar Veranstalter:
» **Footprints on Fraser** (☎1300 765 636; www.footprintsonfraser.com.au; 4-/5-tägige Wanderung 1375/1825 AU$) Super Wanderungen zu den Naturwundern der Insel.
» **Cool Dingo Tours** (☎1800 072 555, 4194 9222; www.cooldingotour.com; 2-/3-tägige Tour 328/405 AU$) In einer Lodge übernachten und eventuell ein paar Nächte auf Fraser dranhängen. Außerdem: In der Dingo Bar ist Party angesagt!
» **Kingfisher Bay Tours** (☎1800 072 555, 4120 3333; www.kingfisherbay.com; Fraser Island; Tagestouren Erw./Kind 169/99 AU$) Ökotouren unter der Leitung eines Rangers.
» **Fraser Explorer Tours** (☎1800 249 122; 4194 9222; www.fraserexplorertours.com.au; 1-/2-tägige Touren 175/312 AU$) Ebenfalls sehr zu empfehlen.
» **Fraser Experience** (☎1800 689 819, 4124 4244; www.fraserexperience.com; 2-tägige Touren 295 AU$) Flexibleres Programm dank kleinerer Gruppen.

Auf eigene Faust

Einen Geländewagen kann man in Hervey Bay, Rainbow Beach oder auf der Insel selbst mieten. Alle Autovermietungen verlangen eine saftige Kaution; häufig wird ein Kreditkartenabdruck gemacht. Achtung: Wer durch Salzwasser fährt, *muss* in jedem Fall blechen! Am besten nicht mal daran denken ...

Meist müssen Traveller sich ein Video über das richtige Handling der Autos anschauen, bevor sie den Wagen bekommen. Auf Fraser hat es ein paar wirklich böse Unfälle gegeben, viele wegen überhöhter Geschwindigkeit. Deshalb gibt es neue Tempolimits (am Strand 80 km/h, im Inselinnern 30 km/h). Es dürfen nicht mehr als acht Personen in einem Auto sitzen. Bei Nichtbeachtung der Gurtpflicht werden bis zu 300 AU$ fällig.

Für eine mehrtägige Wagenmiete müssen ca. 150 AU$ einkalkuliert werden. Die meisten Anbieter verleihen auch Campingausrüstung.

Vorteile – Maximale Flexibilität und die Möglichkeit, Menschenmassen zu umgehen.

Nachteile – Selbst erfahrene Fahrer kommen auf den ausgefahrenen „Straßen" im Inselinnern und am Strand ins Schlingern (und Schwitzen).

Autovermietungen in Hervey Bay und Rainbow Beach sind auf S. 391 bzw. S. 397 genannt. **Kingfisher Bay 4WD Hire** (☎4120 3366) ist ein Anbieter auf der Insel (ab 280 AU$/Tag).

Rainbow Beach Holiday Village WOHNWAGENPARK $
(☎1300 366 596, 5486 3222; www.beach-village.com; 13 Rainbow Beach Rd; Stellplatz ohne/mit Strom ab 27/34 AU$, Hütte ab 90 AU$; ✳ ≋) Beliebter Platz am Strand.

✖ Essen

Für Selbstversorger: An der Rainbow Beach Rd gibt's einen Supermarkt.

Waterview Bistro MODERN-AUSTRALISCH $$
(☎5486 8344; Cooloola Dr; Hauptgerichte 26–35 AU$; ⊗So morgens & mittags, Mi–Sa mittags & abends) Das noble Restaurant liegt auf einem Hügel und bietet eine geniale Aussicht auf Fraser Island – unbedingt bei Sonnenuntergang herkommen und was trinken! Die Speisekarte ändert sich regelmäßig – Fleischliebhaber wie Vegetarier finden was.

Rainbow Beach Hotel KNEIPENESSEN $$
(1 Rainbow Beach Rd; Hauptgerichte 20–35 AU$; ⊗mittags & abends) Schick aufgemachte Kneipe, die mit den Ventilatoren an der Decke, Holzböden und Möbeln aus Zuckerrohr an das Haupthaus einer Plantage erinnert. Das Restaurant ist hell und luftig und serviert Kneipenkost. Vom Balkon hat man das Geschehen auf der Straße im Blick.

ⓘ Praktische Informationen

QPWS-Büro (☎5486 3160; Rainbow Beach Rd; ⊗8–16 Uhr)

Rainbow Beach Visitors Centre (☎5486 3227; 8 Rainbow Beach Rd; ⊗7–17 Uhr)

Shell Tourist Centre (☎5486 8888, Rainbow Beach Rd; ⊗8–17 Uhr) An der Shell-Tankstelle; Tourbuchung und Fährtickets nach Fraser.

Tribal Travel (☎1800 559 987; www.tribaltravel.com.au; Rainbow Beach Rd; ⊗Sommer 7–19 Uhr, Winter 9–19 Uhr)

ⓘ Anreise & Unterwegs vor Ort

Mehrmals täglich kommen Busse von **Greyhound** (☎1300 473 946; www.greyhound.com.au) aus Brisbane (65 AU$, 5 Std.), Noosa (33 AU$, 2½ Std.) und Hervey Bay (30 AU$, 90 Min.) in Rainbow Beach an. **Premier Motor Service** (☎13 34 10; www.premierms.com.au) ist preiswerter. **Cooloola Connections** (☎5481 1667; www.coolconnect.com.au) betreibt einen Shuttlebus zwischen dem Brisbane Airport (110 AU$, 3 Std.) bzw. dem Sunshine Coast Airport (65 AU$, 2 Std.) und Rainbow Beach. **Polley's Coaches** (☎5480 4500) bedient die Strecke Rainbow Beach-Gympie (15 AU$, 1¾ Std.).

Die meisten Autovermietungen organisieren auch Genehmigungen und Fährtickets (hin & zurück 90 AU$/Wagen) und verleihen Campingausrüstung. Empfehlenswerte Anbieter sind:

All Trax 4WD Hire (☎5486 8767; Rainbow Beach Rd) An der Shell-Tankstelle.

Rainbow Beach Adventure Centre 4WD Hire (☎5486 3288; www.adventurecentre.com.au; Rainbow Beach Rd; ⊗7–17 Uhr)

Safari 4WD (☎1800 689 819, 5486 8188; 3 Karoonda Ct)

Maryborough
21500 EW.

Maryborough ist eine der ältesten Städte Queenslands (1847). Tausende Siedler setzten im 19. Jh. am hiesigen Hafen zum ersten Mal voller Hoffnung den Fuß auf australischen Boden. Denkmäler und Geschichte – das sind Maryboroughs Trümpfe. Glanz und Gloria von anno dazumal erahnt man, wenn man die restaurierten Kolonial- und Queenslander-Bauten betrachtet.

Die große, alte Stadt auf dem Land ist zudem der Geburtsort von P. L. Travers, der Schöpferin von Mary Poppins.

⊙ Sehenswertes

Portside HISTORISCHE STÄTTE
Im historischen Hafenbezirk am Mary River wartet Portside mit 13 denkmalgeschützten Gebäuden, Parkanlagen und Museen auf. So gepflegt, wie die Gärten und Bauten aus der Kolonialzeit sind, ist es kaum vorstellbar, dass es am Hafen und in den zwielichtigen Seitenstraßen einst von Seemännern, Raufbolden, Bordellen und Opiumhöhlen wimmelte. Das **Portside Centre** (☎4190 5730; Ecke Wharf St & Richmond St; ⊗Mo–Fr 10–16, Sa & So bis 13 Uhr) ist im früheren Zollhaus untergebracht und beherbergt interaktive Darstellungen zur Lokalgeschichte. Das **Bond Store Museum** gehört zum Portside Centre, befindet sich aber ein paar Hauseingänge entfernt. Auch dort geht es um Maryboroughs Vergangenheit. Treppab findet man den Originalkeller mit festgestampftem Boden und ein paar Alkoholfässern von 1864.

Mary-Poppins-Statue DENKMAL
An der Straße vor der neoklassizistischen **ehemaligen Union Bank** (Geburtsort der *Mary Poppins*-Autorin P. L. Travers) steht eine lebensgroße Statue der verbitterten Figur, die Travers' Fantasie entsprungen ist – und wenig mit der zuckersüßen Disney-Version gemein hat.

Brennan & Geraghty's Store MUSEUM
(64 Lennox St; Erw./Kind/Fam. 5,50/2,50/
13,50 AU$; ⊙10–15 Uhr) Dieser Laden zählt
zum Nationalerbe und war 100 Jahre in
Betrieb. Heute ist er ein Museum und voller
Konservendosen, Flaschen und Packungen,
u. a. alten „Vegemite"-Gläsern und Currypul-
ver aus den 1890er-Jahren. Die Gegenstände
stehen in Regalen bis unter die Decke. Der
älteste ist ein Teepäckchen aus China (1885).

**Maryborough Military &
Colonial Museum** MUSEUM
(106 Wharf St; Erw./Kind 5/2 AU$; ⊙9–15 Uhr)
Sehenswert ist z. B. das letzte dreirädrige
Girling-Auto, das 1911 in London gebaut
wurde. Außerdem hat das Museum einen
nachgebauten Cobb-&-Co.-Wagen und eine
der größten Militärbibliotheken Australiens.

Queens Park PARK
Hier gibt's jede Menge Bäume, darunter ein
mehr als 140 Jahre alter Banyanbaum – der
optimale Platz für ein Picknick!

🏃 Aktivitäten

Bei der **Tea-with-Mary-Tour** (⌨1800 214 789,
4190 5730; 12,50 AU$/Pers.) im historischen
Viertel plaudert ein kostümierter Guide aus
dem städtischen Nähkästchen. Kostenlose
Führungen (⊙Mo–Sa 9 Uhr) beginnen am
Rathaus und beinhalten alle Attraktionen.

Maryborough Riverboat Cruises
(⌨4123 1523; www.maryboroughrivercruise.com;
1-stündige Tour 20 AU$, 2-stündige Fahrt mittags
35 AU$; ⊙Di–So 10, 12 & 14 Uhr) bietet Boots-
fahrten auf dem Mary River an, unterlegt
mit fundierten Kommentaren.

Ghostly Tours & Tales (⌨1800 214 789,
4190 5742; Tour & Abendessen 75 AU$).Am
letzten Samstag im Monat ist Gruseln bei
Taschenlampenschein angesagt: Ziele sind
Mordschauplätze, Opiumhöhlen, Spukhäu-
ser und der Friedhof.

🛏 Schlafen

Eco Queenslander FERIENHAUS $$
(⌨0438 195 443; www.ecoqueenslander.
com; 15 Treasure St; Haus 120–140 AU$) Wie
wär's mit „eigenen" vier Wänden? Am
liebsten würde man in dem hübschen um-
gebauten Queenslander-Haus mit der ge-
mütlichen Lounge, der voll ausgestatteten
Küche, der gusseisernen Wanne und der
Waschküche einfach wohnen bleiben. Das

GOLD, HOLZ, DAMPF & GESANG: GYMPIE & MARY VALLEY

Einst bewahrte das Gold aus Gympie Queensland vor dem Bankrott. Das war in den
1860er-Jahren; seither hat sich hier nur noch wenig getan. Das **Gympie Gold Mining
& Historical Museum** (⌨5482 3995; 215 Brisbane Rd; Erw./Kind/Fam. 10/5/25 AU$;
⊙9–16 Uhr) beherbergt Gegenstände aus den Goldminen und Dampfmotoren. Span
nender ist allerdings das **Woodworks Forestry & Timber Museum** (⌨5483 7691;
Ecke Fraser Rd & Bruce Hwy; Erw./Student 10/5 AU$; ⊙Mi–So 10–16 Uhr) am Bruce Hwy
südlich der Stadt. Der Querschnitt eines fantastischen Kauribaums ist das Highlight
dieses Museums (und gleichzeitig der Tiefpunkt der Holzindustrie). Der Kauri hat das
Mittelalter überdauert, die Entdeckung Amerikas und die Industrielle Revolution. Im
frühen 20. Jh. wurde er dann gefällt.

Nach den sommerlichen Regenfällen ist das Mary Valley grün und traumhaft schön.
Wer kein Auto hat, kann das Tal an Bord eines Dampfzugs von 1923 erkunden, des
Valley Rattler (⌨5482 2750; www.thevalleyrattler.com; ½-tägige Tour Erw./Kind 20/10 AU$,
Tagestour 47/23,50 AU$). Er fährt jeden Mittwoch- und Sonntagmorgen um 10 Uhr am
alten Bahnhof von Gympie an der Tozer St ab und tuckert durch das Mary Valley ins
40 km entfernte Imbil (winzig!). Die Fahrt (hin & zurück) dauert fünfeinhalb Stunden.
Die **halbtägigen Touren** (⊙9.30, 11.30, 13.45 Uhr) samstags enden in Amamoor
(20 km). Dort findet jährlich das sechstägige Country-Festival **Muster** (www.muster.
com.au) statt (Aug.).

Gympie Cooloola Tourism (⌨1800 444 222, 5482 5444; www.cooloola.org.au);
Matilda (Matilda Service Centre, Bruce Hwy; ⊙9–17 Uhr); Lake Alford (Bruce Hwy, Gympie;
⊙9–16.30 Uhr) hat Infos zu Sehenswertem und Aktivitäten an der gesamten Küste.

Greyhound (⌨1300 473 946; www.greyhound.com.au) und **Premier** (⌨13 34 10; www.
premierms.com.au) bieten täglich zahlreiche Verbindungen zwischen Gympie und Bris-
bane, Noosa, Bundaberg und Hervey Bay. **Traveltrain** (⌨1300 131 722; www.traveltrain.
com.au) betreibt den *Tilt Train* (So–Fr) und den *Sunlander* (3-mal wöchentl.) zwischen
Brisbane und Cairns mit Stopps in Gympie und Rockhampton.

Prädikat „Öko" hat es sich durch Sonnenkollektoren, Regentonnen, Energiesparlampen und Fahrräder für Gäste verdient

McNevin's Parkway Motel
MOTEL $$

(☑1800 072 000, 4122 2888; www.mcnevins.com.au; 188 John St; Zi. ab 110 AU$; ❄@🖥🌀) Der Komplex mit dem fähigen Management ist sehr beliebt bei Geschäftsleuten, die hellen, komfortablen Motelzimmer sagen aber auch anderen Travellern zu. Die *executive*-Zimmer sind stilvoller und teurer (inkl. abgetrennter Schlafzimmer und Spas).

Arkana Motel
MOTEL $

(☑4121 2261; www.arkanamotel.com.au; 46 Ferry St; Zi. ab 90 AU$; ❄🖥🌀) Knapp außerhalb des Zentrums befindet sich dieses preiswerte, solide Motel. Recht komfortabel.

✖ Essen

The Basement
TAPAS $

(☑4121 0002; 389 Kent St; Tapas 9 AU$; ⊙Do–Sa 16.30–0 Uhr) Wer die Treppe hinuntergeht, wird eine sehr schicke Tapasbar mit stimmungsvoller Beleuchtung, Ledersitzgarnituren und Stahlbänken entdecken – und sich wie in der Großstadt fühlen. Dies ist die angesagteste Adresse für ein Glas nach Feierabend und mediterran-asiatische Tapas.

The Port Residence
MODERN-AUSTRALISCH $$

(☑4123 5001; Customs House, Wharf St; Hauptgerichte 15–30 AU$; ⊙Do–So morgens, mittags & abends) Elegantes Restaurant bzw. Teehaus im alten Zollhaus, Gäste werden mit leichten Mahlzeiten und Leckerbissen wie *scones* (Gebäck) und Tee verwöhnt. Gespeist wird auf einer schattigen Veranda mit Blick auf die Mary River Parklands.

Toast
CAFÉ $

(199 Bazaar St; Gerichte 5–10 AU$; ⊙Mo–Sa 6–16, Fr & Sa 7–22 Uhr) Edelstahlelemente, polierter Beton und Kaffee in Pappbechern sind die Markenzeichen des coolen Cafés.

Muddy Waters Cafe
SEAFOOD $$

(☑4121 5011; 71 Wharf St; Hauptgerichte 15–32 AU$; ⊙Di–Sa morgens & mittags, Do–Sa abends) Die schattige Terrasse am Fluss und die sommerlichen Fisch- und Meeresfrüchtegerichte sorgen in diesem stilvollen Café für Wohlfühl-Flair. Es gibt z. B. Barramundi im (Heineken-)Bierteig und Tintenfisch.

☆ Unterhaltung

Im schicken, modernen **Brolga Theatre** (☑4122 6060; 5 Walker St) finden Konzerte und Theatervorführungen statt.

ℹ Praktische Informationen

Das 100 Jahre alte Rathaus beherbergt das **Maryborough/Fraser Island Visitors Centre** (☑1800 214 789, 4190 5742; Rathaus, Kent St; ⊙Mo–Fr 9–17, Sa & So bis 13 Uhr). Die Mitarbeiter sind sehr hilfsbereit und geben kostenlose Broschüren mit Stadtspaziergängen aus.

ℹ An- & Weiterreise

Der *Sunlander* (60 AU$, 5 Std., 3-mal wöchentl.) und der *Tilt Train* (60 AU$, 3½ Std., So–Fr) verkehren zwischen Brisbane und dem Bahnhof Maryborough West, 7 km westlich des Zentrums. Ein Shuttlebus in die Stadt fährt am Busterminal neben dem Bahnhof von Maryborough an der Lennox St ab.

Greyhound Australia (☑1300 473 946; www.greyhound.com.au) und **Premier Motor Service** (☑13 34 10; www.premierms.com.au) bieten Verbindungen nach Gympie (30 AU$, 1 Std.), Bundaberg (40 AU$, 3 Std.) und Brisbane (64 AU$, 4½ Std.) an.

Wide Bay Transit (☑4121 3719) Zwischen Montag und Freitag pendeln stündlich Busse zwischen Maryborough und der Urangan Marina in Hervey Bay (8 AU$, 1 Std.), an den Wochenenden fahren sie seltener. Abfahrt in Maryborough ist vor dem Rathaus in der Kent St.

Childers

1350 EW.

Childers ist eine nette Kleinstadt, umgeben von grünen Feldern und Ackerland mit fruchtbarer roter Erde. Die Hauptstraße ist gesäumt von hohen, schattenspendenden Bäumen und alten Bauwerken. Backpacker kommen hierher, um als Erntehelfer auf den Farmen zu arbeiten. Childers ist Vielen ein Begriff, weil hier im Juni 2000 15 Traveller bei einem Brand im Palace Backpackers Hostel ums Leben gekommen sind.

◉ Sehenswertes & Aktivitäten

Eine bewegende Gedenkstätte mit Bildern der verstorbenen Backpacker ist in der **Childers Palace Memorial & Art Gallery** (72 Churchill St; ⊙Mo–Fr 9–16, Sa & So bis 15 Uhr) untergebracht.

The Old Pharmacy (90 Churchill St; ⊙Mo–Fr 9–15.30 Uhr) Die Apotheke war von 1894 bis 1982 in Betrieb. Der erste Apotheker war zugleich als Zahn- und Tierarzt, Optiker und Fotograf tätig – ein Tausendsassa!

Ein wunderschönes, 100 Jahre altes Gebäude ist das **Federal Hotel**. Vor dem **Grand Hotel** steht eine Bronzestatue; sie zeigt zwei miteinander kämpfende Hunde.

Am letzten Sonntag im Juli wimmelt es auf der Hauptstraße von Childers nur so von Straßenkünstlern, Musikern, Tänzern und Ständen, an denen Essen und Kunsthandwerk verkauft werden. Jedes Jahr zieht das **Festival of Cultures** mehr als 50 000 Besucher an.

🛏 Schlafen & Essen

Gastfreundschaft mit Herz und rustikale Gemütlichkeit versprechen die niedlichen Häuschen, die zum **Mango Hill B&B** (🖉4126 1311; www.mangohillcottages.com; 8 Mango Hill Dr; EZ/DZ 90/120 AU$; 🐾) 4 km südlich der Stadt gehören. Sie sind mit handgefertigten Holzmöbeln und bequemen Betten ausgestattet. Einfach charmant!

Childers Tourist Park & Camp (🖉4126 1371; 111 Stockyard Rd; Stellplatz ohne/mit Strom 24/25 AU$, platzeigenes Wohnmobil 66 AU$) Eine gute Option für Backpacker, die in Childers arbeiten; die Anlage liegt aber etwas außerhalb (man braucht ein Fahrzeug).

Kapé Centro (65 Churchill St; Hauptgerichte 9–15 AU$; ⏱morgens & mittags) In der alten Post gibt's Leichtes, Salate und Pizzas.

Beim Verlassen der Stadt bietet sich ein Abstecher zu **Mammino's** (115 Lucketts Rd; ⏱9–17 Uhr) an, um das unverschämt leckere, hausgemachte Macadamia-Eis zu kosten. Die Lucketts Rd geht gleich südlich von Childers vom Bruce Hwy ab.

ℹ Praktische Informationen

Childers Visitors Information Centre (🖉4130 4660; ⏱Mo–Fr 9–16 Uhr, Sa & So bis 15 Uhr) Unterhalb der Childers Palace Memorial & Art Gallery

ℹ An- & Weiterreise

Childers liegt 50 km südwestlich von Bundaberg. Busse von **Greyhound Australia** (🖉1300 473 946) und **Premier Motor Service** (🖉13 34 10) halten an der Shell-Tankstelle nördlich der Stadt. Sie rollen täglich aus Brisbane (75 AU$, 6½ Std.), Hervey Bay (18 AU$, 1 Std.) und Bundaberg (18 AU$, 1½ Std.) heran.

Burrum Coast National Park

Der Burrum Coast National Park umfasst zwei Küstenabschnitte, zwischen denen der kleine Ferienort Woodgate liegt (37 km östlich von Childers). Der Woodgate-Abschnitt beginnt am südlichen Ende der Esplanade und wartet mit schönen Stränden, tollen Angelmöglichkeiten und einem **QPWS-Campingplatz** (Pers./Fam. 5,15/20,60 AU$) am Burrum Point auf (dorthin kommt man nur mit einem Geländewagen). Mehrere Wanderwege beginnen am Campingplatz und an der Acacia St in Woodgate. Der Kinkuna-Abschnitt des Parks, ein paar Kilometer nördlich von Woodgate, lädt zum Zelten im Busch ein. Man braucht allerdings einen Wagen mit Allradantrieb, um dorthin zu gelangen. Campinggenehmigungen gibt's online unter www.derm.qld.gov.au.

Woodgate Beach Tourist Park CAMPING $ (🖉4126 8802; www.woodgatebeachtouristpark.com; 88 The Esplanade; Stellplatz ohne/mit Strom 27/29 AU$, Hütte 85–95 AU$, Villa am Strand 110 AU$; ✱@) Nahe dem Nationalpark, gegenüber vom Strand.

Bundaberg

46 961 EW.

Wegen des optimalen Klimas, seiner Strände mit zahlreichen Korallenriffen und im Wind wogenden Zuckerrohrfeldern sollte „Bundy" eigentlich auf Queenslands Tourismus-Hitliste weit oben stehen. Aber in dieser altmodischen Provinzstadt scheinen die Uhren stehen geblieben zu sein: Hier herrscht himmlische Stille. Die angenehm breite Hauptstraße wird von Palmen gesäumt und die Landschaft ringsum ist geprägt von einem malerischen Flickenteppich aus nährstoffreicher roter Vulkanerde und Äckern. Das flache Terrain erstreckt sich bis hin zur 15 km entfernten Küste. In dieser Region wird der berühmte Bundaberg-Rum hergestellt, ein starker Zuckerrohrschnaps mit Eisbärenlogo, der in Australien so bekannt ist wie die Marken Tim Tam und Vegemite.

Horden von Rucksackreisenden strömen nach Bundy, um auf den Obstplantagen und Farmen zu arbeiten. Viele australische Familien befinden sich hingegen nur auf der Durchreise auf ihrem Weg in den Sommerurlaub an der Küste.

◉ Sehenswertes

Bundaberg Rum Distillery RUMBRENNEREI (🖉4131 2999; www.bundabergrum.com.au; Avenue St; Audiotour Erw./Kind 15/7,50 AU$; ⏱Mo–Fr 9–15.30, Sa & So bis 14.30 Uhr; geführte Tour Erw./Kind 25/12,50 AU$) Bundy ist berühmt für den Bundaberg Rum: Der Eisbär ziert Werbeplakate in der ganzen Stadt. Bei einer Führung erfährt man alles über die Rumherstellung und darf sogar probieren.

Hinkler Hall of Aviation
MUSEUM

(☑4130 4400; www.hinklerhallofaviation.com; Botanic Gardens, Mt. Perry Rd; Erw./Kind/Fam. 15/10/40 AU$; ⊙9–16 Uhr) Das moderne Museum befindet sich auf dem Gelände des botanischen Gartens und beherbergt Multimediaausstellungen, einen Flugsimulator und informative Darstellungen zum Leben des Piloten Bert Hinkler. Der berühmte Sohn der Stadt schaffte 1928 den ersten Soloflug von England nach Australien.

GRATIS Alexandra Park & Zoo
PARK

(Quay St) Der nette weitläufige Park am Burnett River hat schattenspendende Bäume, Blumenrabatten und Rasenflächen für gemütliche Picknicks. Vor Ort gibt's zudem einen Zoo mit Kängurus, Wallabys, Vögeln und Rehen.

Bundaberg Barrel
BRAUEREI

(☑4154 5480; www.bundaberg.com; 147 Bargara Rd; Erw./Kind 12,50/5,50 AU$; ⊙Mo–Sa 9–16.30, So 10–15 Uhr) Das Bundaberg Ginger Beer ist nicht ganz so berühmt wie der Bundy Rum – wahrscheinlich weil es keinen Alkohol enthält! Im Barrel erfährt man, wie der Ingwer zermatscht wird und gärt.

Bundaberg Regional Arts Gallery
KUNSTGALERIE

(☑4130 4750; www.brag-brc.org.au; 1 Barolin St; ⊙Mo–Fr 10–17, Sa & So 11–15 Uhr) Die kleine (sehr lilafarbene) Galerie beherbergt erstaunlich gute Ausstellungen.

✈ Aktivitäten

Tauchen

Ca. 16 km östlich von Bundaberg liegt das kleine Stranddorf Bargara mit guten Tauch- und Schnorchelmöglichkeiten an den Barolin Rocks und im Woongarra Marine Park.

Dive Musgrave
TAUCHEN

(☑1800 552 614; www.divemusgrave.com.au; 239 Bourbong St; 698 AU$/Pers.)

Bundaberg Aqua Scuba
TAUCHEN

(☑4153 5761; www.aquascuba.com.au; Shop 1, 66 Targo St; Tauchkurse ab 265 AU$)

☞ Geführte Touren

Lady Elliot Island
INSELTOUR

(☑1800 072 200, 5536 3644; www.ladyelliot. com.au; Erw./Kind 299/162 AU$) Man fliegt nach Lady Elliot Island, verbringt fünf Stunden am Great Barrier Reef und kann die Resorteinrichtungen nutzen.

Bundaberg Ferry Company
BOOTSFAHRT

(☑4152 9188; 3 Quay St; 2½-stündige Tour Erw./ Kind/Fam. 25/13/70 AU$; ⊙Mi & Fr 9.30, Di, Fr, Sa & So 13.30 Uhr) Die *Bundy Belle,* eine altmodische Fähre, fährt in gemächlichem Tempo zur Mündung des Burnett River.

🛌 Schlafen

Entlang der Bundaberg-Childers Rd stehen zahlreiche Mittelklassemotels. Die Hostels in Bundaberg sind auf die Bedürfnisse der Backpacker zugeschnitten, die als Erntehelfer arbeiten. Die Angestellten helfen bei der Jobsuche. Normalerweise bleiben Gäste eine Woche und länger. Man sollte sich die Hostels genau angucken; die Standards sind sehr unterschiedlich.

Inglebrae
B&B $$

(☑4154 4003; www.inglebrae.com; 17 Branyan St; Zi inkl Frühstück 110–140 AU$; ❄) Altmodischer britischer Charme in einem stattlichen Queenslander-Bau – das bietet dieses wunderschöne B&B. Poliertes Holz und Buntglas prägen das Dekor vom Eingang bis in die Zimmer, in denen hohe Betten und Antiquitäten stehen.

BABYSCHILDKRÖTEN

Mon Repos liegt 15 km nordöstlich von Bundaberg und ist eine sehr gut zugängliche Schildkrötenkinderstation. Zwischen November und Ende März schleppen sich die Weibchen der Unechten Karettschildkröte den Strand hinauf, um ihre Eier einzubuddeln. Etwa acht Wochen später graben sich die frisch geschlüpften Babys an die Oberfläche, um dann im Schutz der Dunkelheit ins Wasser zu krabbeln, so schnell ihre kleinen Flossen sie tragen.

Im **Mon Repos Visitors Centre** (☑4159 1652; ⊙Mo–Fr 7.30–18 Uhr) sind Infos zu Schutzmaßnahmen für die Schildkröten erhältlich. Außerdem werden in der Brutsaison Nachtführungen angeboten (ab 19 Uhr; Erw./Kind 10/5,25 AU$). Buchungen sind ein Muss und können im Bundaberg Visitors Centre (S. 406) oder unter www.book bundabergregion.com.au vorgenommen werden. Alternativ kann man eine Schildkrötentour mit **Foot Prints Adventures** (☑4152 3659; www.footprintsadventures.com.au; Erw./Kind inkl. Transfer 48/30 AU$) machen.

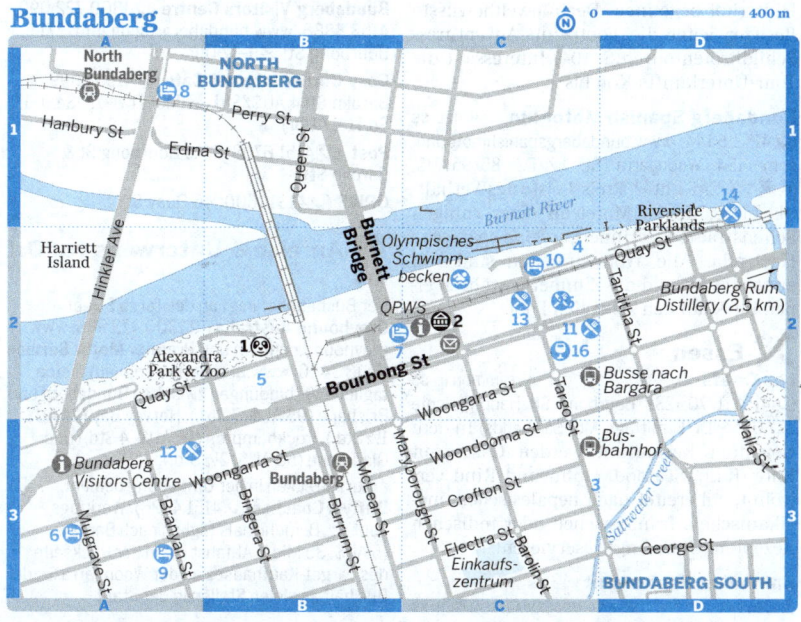

Bundaberg

Quality Hotel　　　　HOTEL **$$**
(☎4155 8777; www.burnettmotel.com.au; 7 Quay St; Zi. 185–200 AU$; ❄👶🛜🏊) Modernes Hotel, das häufig von Geschäftsleuten und für Konferenzen genutzt wird. Die Einrichtungen und die Deko sind besser als in fast allen anderen Unterkünften der Stadt. Die Zimmer sind recht schick. Es gibt ein Fitnessstudio, eine Sauna, ein Restaurant mit Ausschanklizenz und eine Cocktailbar mit Flussblick.

Cellblock Backpackers　　　HOSTEL **$**
(☎1800 837 773, 4154 3210; Ecke Quay & Maryborough Sts; B pro Nacht/Woche ab 27/160 AU$, DZ 66 AU$; ❄@🏊) Das tolle Hostel im denk-

malgeschützten ehemaligen Gefängnis wartet mit Plasma-TV, einer schicken Poolbar und sauberen, modernen Einrichtungen auf. Die sieben restaurierten Gefängniszellen (wir empfehlen die Gummizelle!) haben keine Fenster – nichts für Klaustrophobiker, aber gut für Pärchen.

Feeding Grounds Backpacker　　　HOSTEL **$**
(☎4152 3659; www.footprintsadventures.com.au; 4 Hinkler Ave; B 30 AU$) Bundys kleinstes Hostel ist ein netter Familienbetrieb in einem um- und ausgebauten Wohnhaus. Alles ist etwas eng, bei unserem Besuch wurde aber gerade mit dem Bau eines neuen Hostels im

Hinterhof begonnen. Der umweltbewusste Besitzer leitet die Footprints-Adventures-Schildkrötentouren (S. 404). Interessant: die Tour-Unterkunfts-Kombis.

Bundaberg Spanish Motor Inn MOTEL **$$**
(☎4152 5444; www.bundabergspanishmotorinn. com; 134 Woongarra St; EZ/DZ 85/95 AU$; ✳☎☎) Ein gutes Preis-Leistungs-Verhältnis bietet dieses Motel an einer ruhigen Seitenstraße. Es erinnert an eine spanische Hacienda. Alle Wohneinheiten sind voll ausgestattet, und die Zimmer gewähren einen Blick auf den zentralen Pool.

✕ Essen

Les Chefs INTERNATIONAL **$$**
(☎4153 1770; 238 Bourbong St; Hauptgerichte 27 AU$; ☽Di–Fr mittags, Mo–Sa abends) In dem eleganten Restaurant werden Gäste mit Ente, Kalb, Seafood, Huhn und Rind verwöhnt, zubereitet nach nepalesischen, mexikanischen, französischen oder indischen Rezepten. Unbedingt reservieren!

**Spinnaker Restaurant
& Bar** MODERN-AUSTRALISCH **$$**
(☎4152 8033; 1A Quay St; Gerichte 10–40 AU$; ☽Di–Fr mittags, Di–Sa abends) In malerischer Lage über dem Burnett River lädt das tolle Spinnaker zu einem ausgedehnten Mittagessen, romantischen Abendessen oder Drink an der Bar mit Tapas ein.

Spicy Tonight FUSION **$**
(☎4154 3320; 1 Targo St; Gerichte 12–20 AU$; ☽Mo–Sa mittags & abends) Bundabergs „scharfer" Geheimtipp vereint thailändische und indische Küche. Es gibt Currys, Vindaloo, Tandoori-Gerichte und Vegetarisches.

Indulge CAFÉ **$**
(80 Bourbong St; Gerichte 9–16 AU$; ☽morgens & mittags) Köstliches Gebäck.

Teaspoon CAFÉ **$**
(10 Targo St; Hauptgerichte 5–10 AU$; ☽Mo–Sa 8–17 Uhr) Leckerer Kaffee.

♉ Ausgehen & Unterhaltung

Central Hotel PUB
(18 Targo St) Abtanzen kann man in Bundys angesagtestem Nachtclub. Am Wochenende schwingen hier hübsche junge Menschen (und Backpacker) die Hüften.

❶ Praktische Informationen

Bundaberg Email Centre (☎4153 5007; 197 Bourbong St; 4 AU$/Std.; ☽10–22 Uhr) Internetzugang.

Bundaberg Visitors Centre (☎1300 722 099, 4153 8888; www.bundabergregion.info; 271 Bourbong St; ☽9–17 Uhr)

Cosy Corner Internet Cafe (☎4153 5999; Barolin St; 4 AU$/Std.; ☽Mo–Fr 8–19, Sa 9–17, So 11–17 Uhr)

Post (☎4151 6708; Ecke Bourbong St & Barolin St)

QPWS (☎4131 1600; 46 Quay St)

❶ Anreise & Unterwegs vor Ort

Bus

Der Busbahnhof liegt an der Targo Street. **Greyhound Australia** (☎1300 473 946; www. greyhound.com.au) und **Premier Motor Service** (☎13 34 10; www.premierms.com.au) bieten tägliche Verbindungen zwischen Bundaberg und Brisbane (95 AU$, 7 Std.), Hervey Bay (24 AU$, 1½ Std.), Rockhampton (75 AU$, 4 Std.) und Gladstone (50 AU$, 2½ Std.).

Kurzstrecken in der Umgebung bedient **Duffy's Coaches** (☎4151 4226). Werktags geht's z. B. mehrmals täglich nach Bargara (5 AU$, 35 Min.). Abfahrt ist an der Rückseite des Target-Kaufhauses an der Woongarra St; der Bus hält an vielen Stellen in der Stadt.

Flugzeug

Der **Hinkler Airport** (Takalvan St) liegt etwa 4 km südwestlich des Zentrums. Siebenmal täglich nimmt **Qantaslink** (☎13 13 13; www. qantas.com.au) Kurs auf Brisbane.

Zug

Queensland Rail's (www.traveltrain.com.au) *Sunlander* (68 AU$, 7 Std., 3-mal wöchentl.) und der *Tilt Train* (68 AU$, 5 Std., So–Fr) fahren von Brisbane über Bundaberg nach Cairns bzw. Rockhampton.

Rund um Bundaberg

Viele sind der Meinung, dass die Strandorte rund um Bundy schöner sind als die Stadt selbst. Etwa 25 km nördlich des Zentrums liegt **Moore Park** mit breiten, flach abfallenden Stränden. Südlich befindet sich das beliebte **Elliot Heads** mit einem hübschen Strand, felsiger Küste und tollen Angelmöglichkeiten. Besucher wie Einheimische eilen es von November bis März nach Mon Repos (S. 404) zum Schildkrötenbabysgucken.

BARGARA
5525 EW.

16 km östlich von Bundaberg liegt das entspannte **Bargara**, ein malerischer Ort mit nettem Surfstrand, einer Promenade und ein paar schicken Cafés. In den letzten Jah-

ren wurden ein paar Hochhäuser in Strandnähe gebaut, was aber nicht unangenehm auffällt. Familien lieben Bargara wegen der sauberen Strände und weil das Baden hier ungefährlich ist, vor allem im „Basin", einem künstlich angelegten Felsbecken.

In günstiger Lage gegenüber der Promenade befindet sich **Kacy's Bargara Beach Motel** (☏1800 246 141, 4130 1111; www.barga ramotel.com.au; Ecke See St & Bauer St; DZ ab 119 AU$, Apt. mit 2 Schlafzi. ab 199 AU$; ✸🛜🐾) mit Unterkünften von Motelzimmern bis Apartments. Unten ist **Kacy's Restaurant and Bar** (Hauptgerichte 12–32 AU$; ⊙tgl. morgens & abends, Fr–So mittags).

FRASER ISLAND

„K'Gari" – „Paradies" – nennen die einheimischen Aborigines Fraser Island. Wind, Sand und Wellen haben diese einzigartige Oase mit ihren blauen Süßwasserseen, klaren Bächen, riesigen Dünen und üppigen Regenwäldern geformt. Es dauerte Hunderttausende von Jahren, bis aus dem Sand, der von Australiens Ostküste weggespült wurde, ein Eiland entstanden war. Heute handelt es sich mit 120 km Länge und 15 km Breite um die größte Sandinsel weltweit und den einzigen Ort, wo Regenwald auf Sand wächst.

Landeinwärts variiert die Vegetation, besteht mal aus dichtem tropischem Regenwald und wilder Heide, mal aus feuchten Auen oder Wallum-Landschaften mit Sandverwehungen (extrem große, über 200 m hohe Dünen), aus mineralhaltigen Flüssen oder Süßwasserseen mit langen Sandstränden, an denen sich stürmische Brandungswellen brechen. Hier leben zahlreiche Vögel und andere Tiere und in den Küstengewässern wimmelt es von Dugongs, Delfinen, Haien sowie Buckelwalen.

Einst wurde die Insel wegen ihrer Naturschätze, z. B. Sand und Holz, geschröpft, erhielt aber 1992 Welterbestatus. Ihr Nordteil steht nun als Great Sandy National Park unter Schutz, das restliche Terrain teilen sich Staat, britische Krone und Privatleute.

Trotz aller Maßnahmen wird die traumhafte Gegend nach und nach von immer mehr Geländewagen zerfurcht. Fraser Island zählt jährlich über 350 000 Besucher und manchmal hat man den Eindruck, man befände sich in einer riesigen Sandgrube mit einem Strandhighway, auf dem zu Stoßzeiten regelmäßig Stau herrscht.

◉ Sehenswertes & Aktivitäten

Die Tour beginnt an der Südspitze der Insel, wo die Fähre zum Inskip Point auf dem Festland übersetzt. Ein hoch gelegener Pfad, der auch bei Flut passierbar ist, führt landeinwärts um den gefährlichen Hook Point herum und trifft schließlich auf die Hauptverkehrsstraße am Eastern Beach. Als Erstes taucht die Siedlung **Dilli Village** auf, wo sich einst ein Sandwerk befand. **Eurong** mit seinen Läden, Tankstellen und Lokalen liegt 9 km nördlich. Von dort aus quert eine Jeepstrecke das Inland und verbindet Eurong mit Central Station und Wanggoolba Creek (Fähre nach River Heads).

In der Mitte der Insel befindet sich das Ranger-Zentrum **Central Station**, ein Ausgangspunkt für zahlreiche Wanderungen. Diverse Pfade führen zu den herrlichen **Seen McKenzie**, **Jennings**, **Birrabeen** und **Boomanjin**, McKenzie, umrahmt von weißem Sand, ist kristallklar und herrlich zum Baden, Birrabeen weniger touristisch.

4 km nördlich von Eurong verläuft ein ausgeschilderter Wanderpfad am Strand entlang bis zum wunderschönen **Lake Wabby**, der unter allen Seen auf Fraser Island am leichtesten zugänglich ist. Besucher können auch dem Weg ab dem Aussichtspunkt an der Jeeproute folgen, die landeinwärts führt. Der Wabby wird von Eukalyptuswäldern gesäumt und an einer Seite von

---

DER FRASER ISLAND GREAT WALK

Wer dem Fraser Island Great Walk folgt, erlebt Fraser Island besonders intensiv. Der 90 km lange Wanderweg windet sich durch das Inselinnere, von Dilli Village bis Happy Valley. Er kann in etwa sieben ca. 16 km lange Etappen unterteilt werden (plus Abstecher entlang der Hauptstrecke). Man wandelt auf den Spuren der Ureinwohner von Fraser Island, den Butchulla. Der Wanderweg führt unterm Blätterdach des Regenwalds und zwischen Wanderdünen hindurch sowie an Seeufern entlang.

In den QPWS-Büros gibt's eine Broschüre mit dem Namen *Fraser Island Great Walk*, sie kann aber auch heruntergeladen werden (www.derm.qld.gov.au). Auf der Webseite erfährt man zudem alles über den Zustand des Weges.

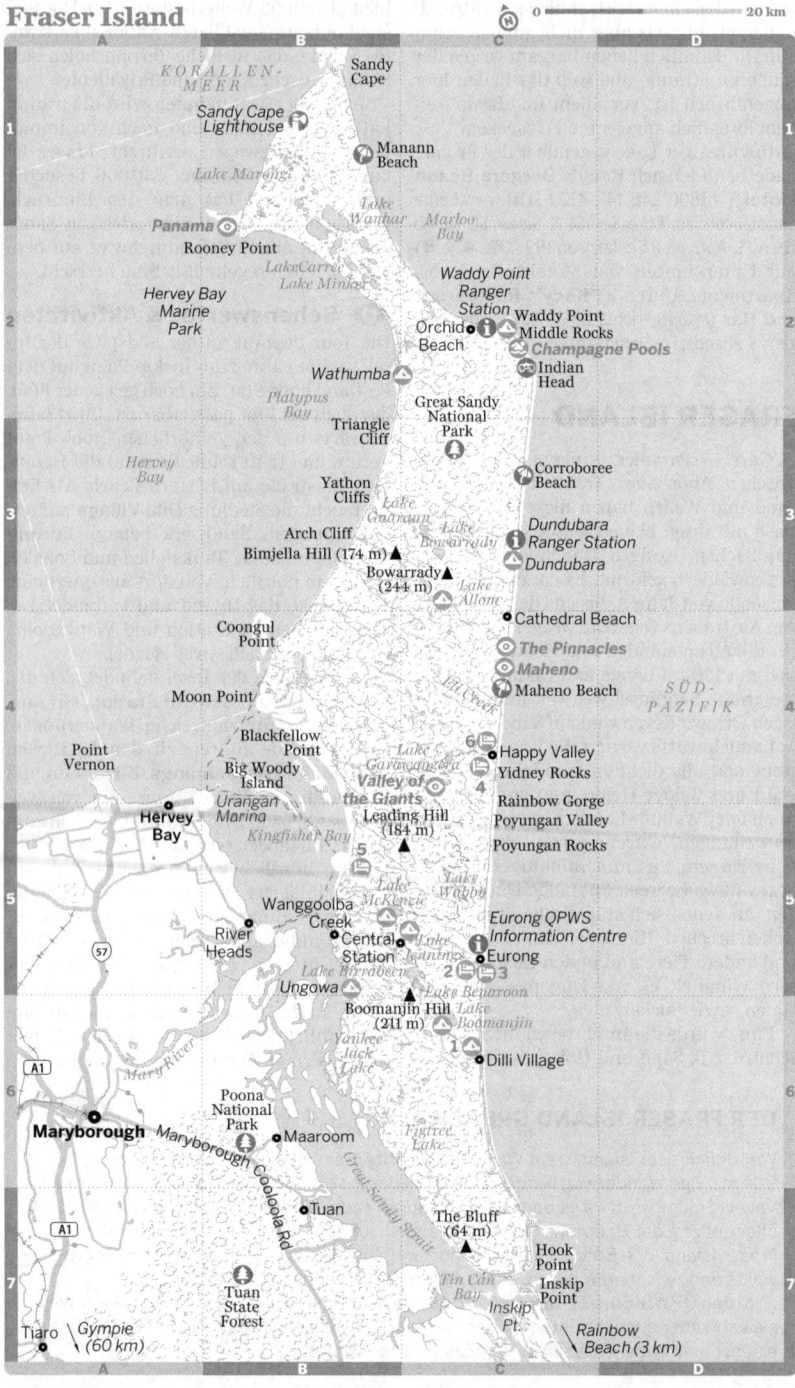

0 ———— 20 km

KORALLEN-
MEER

Sandy
Cape

Sandy Cape
Lighthouse

Manann
Beach

Lake Marong

Lake
Wanhar

Marloo
Bay

Panama
Rooney Point

LakeCarre
Lake Minlet

Hervey Bay
Marine
Park

Waddy Point
Ranger
Station

Waddy Point
Orchid
Beach

Middle Rocks
Champagne Pools

Indian
Head

Wathumba

Platypus
Bay

Great Sandy
National
Park

Hervey
Bay

Triangle
Cliff

Yathon
Cliffs

Lake
Gnaraun

Corroboree
Beach

Arch Cliff
Bimjella Hill (174 m) ▲

Lake
Bowarrady

Dundubara
Ranger Station

Dundubara

Bowarrady ▲
(244 m)

Lake
Allom

Coongul
Point

Cathedral Beach

The Pinnacles
Maheno

Moon Point

Eli Creek

Maheno Beach

SÜD-
PAZIFIK

Point
Vernon

Blackfellow
Point

Big Woody
Island

Lake
Garawongera

Valley of
the Giants

Leading Hill
(184 m) ▲

Happy Valley
Yidney Rocks

Rainbow Gorge
Poyungan Valley

Poyungan Rocks

Hervey
Bay

Urangan
Marina

Kingfisher Bay

River
Heads

Wanggoolba
Creek

Central
Station

Lake
McKenzie

Lake
Wabby

Lake
Jennings

Eurong QPWS
Information Centre

Eurong

Lake Birrabeen

Ungowa

Lake Benaroon

Boomanjin Hill
(211 m) ▲

Lake
Boomanjin

Yankee
Jack
Lake

Dilli Village

Maryborough

Poona
National
Park

Maaroom

Mary River

Maryborough Cooloola Rd

Fintree
Lake

Great Sandy Strait

Tuan

The Bluff
(64 m) ▲

Hook
Point

Inskip
Point

A1

Tuan
State
Forest

Tin Can Bay

Inskip
Pt.

Tiaro

Gympie
(60 km)

Rainbow
Beach (3 km)

57

A1

Fraser Island

einer Sanddüne begrenzt, die jedes Jahr 3 m weiter in den See „hineinwächst". Achtung: Tauchen ist hier sehr gefährlich.

Wer weiter am Strand Richtung Norden fährt, muss bei Flut eventuell einen Umweg landeinwärts machen, um Poyungan Rocks und Yidney Rocks zu umgehen. So kommt man nach **Happy Valley** mit einigen Unterkünften, einem Laden und einem Bistro. 10 km weiter nördlich plätschert der **Eli Creek**, ein glasklarer, schneller Wasserlauf, von dem man sich stromabwärts tragen lassen kann. Das vor sich hin rostende Wrack der **Maheno** ist nur 2 km entfernt. 1935 sollte das ehemalige Passagierschiff zu einem japanischen Schiffsschrottplatz transportiert werden, wurde jedoch unterwegs von einem Wirbelsturm an Land gespült.

5 km nördlich des Wracks befindet sich der Abschnitt mit den **Pinnacles** – durch Erosion geformte farbige Sandklippen – und 10 km weiter stößt man auf **Dundubara** mit einer Ranger-Station und einem super Campingplatz. Dahinter erstreckt sich ein 20 km langer Strand bis zur Felsnase **Indian Head**. Von der Landzunge aus können oft Haie, Mantarochen, Delfine und (in der Saison) auch Wale beobachtet werden.

Zwischen Indian Head und Waddy Point zweigt der Pfad ins Inselinnere ab. Er führt an den **Champagne Pools** vorbei, dem einzigen Fleck auf der Insel, wo man sicher in Salzwasser baden kann. Am **Waddy Point** und in **Orchid Beach** kann man gut campen.

Viele Pfade nördlich von hier wurden zum Schutz der Natur gesperrt.

Bei **MI Helicopters** (☑1800 600 345, 4125 1599; www.miheli copters.com.au; 25-minütiger Flug 240 AU$) im Kingfisher Bay Resort können malerische Rundflüge gebucht werden. Kürzere Trips bietet **Air Fraser** (☑1800 600 345, 4125 3600; ab 70 AU$/10 Min.).

🛏 Schlafen & Essen

Kingfisher Bay Resort   ÖKO-RESORT **$$**
(☑1800 072 555, 4194 9300; www.kingfish erbay.com; Kingfisher Bay; DZ 160 AU$, Villa mit 2

Schlafzi. 198 AU$; ✲ @ ☎) Das elegante Öko-Resort bietet Hotelzimmer mit eigenen Balkons und Holzvillen mit zwei oder drei Schlafzimmern. Die Villen und Ferienhäuser sind umwerfend. Manche haben Spas auf den Terrassen! In der Hauptsaison muss man mindestens drei Nächte buchen. Zur Anlage gehören Restaurants, Bars und Geschäfte. Es werden zwei geführte Öko-Touren organisiert (tgl., Erw./Kind 169/99 AU$).

Sailfish on Fraser   APARTMENTS **$$$**
(☑4127 9494; www.sailfishonfraser.com.au; Happy Valley; DZ ab 230–250 AU$, pro zusätzl. Pers. 10 AU$; ☎) Von unberührter, rauer Wildnis keine Spur – das Sailfish ist ein elegantes Refugium für Genießer. Die Apartments (bis 6 Pers.) haben Stil (Glastüren, Spas, moderne Ausstattung und ein toller Pool).

Fraser Island Beachhouses   FERIENHAUS **$$**
(☑1800 626 230, 4127 9205; www.fraserisland beachhouses.com.au; Eurong Second Valley; Studio 2 Nächte 300 AU$, Haus mit 2 Schlafzi. 2 Nächte ab 700 AU$; ☎) Noch eine luxuriöse Option mit Wohnungen, die mit poliertem Holz, Kabel-TV und Meerblick aufwarten. Am günstigsten sind die Studios, Strandhäuser mit zwei Schlafzimmern kosten 900 AU$.

Eurong Beach Resort   RESORT **$$**
(☑1800 111 808, 4120 1600; www.eurong.com.au; Eurong; Zi. 140 AU$, Apt. mit 2 Schlafzi. 199 AU$, Hauptgerichte 17,50–50 AU$; ☻morgens, mittags & abends; ✲ @ ☎) Das nette Eurong ist das größte Resort an der Ostküste und auch für Reisende mit wenig Geld erschwinglich. Man kann in Motelzimmern übernachten; die komfortablen Apartments eignen sich gut für Familien. Zur Anlage gehören ein Lokal, eine Bar, zwei Pools und Tennisplätze.

Fraser Island Wilderness Retreat   HOSTEL **$**
(☑4127 9144; Happy Valley; B 30 AU$; Hauptgerichte 20–25 AU$; ☻mittags & abends; @ 🛜 ☎) Eine Art Einsiedelei in der Wildnis, die heute ein Backpackerhostel ist: Man übernachtet in Schlafsälen (bis 6 Pers.) in neun Holzhäusern. Die Hütten stehen an einem Hang inmitten tropischer Vegetation. Vor Ort gibt's ein Bistro und eine Bar.

Camping

Auf der Insel ist die Versorgung mit Lebensmitteln und anderen Waren eingeschränkt und kostspielig. Camper sollten sich deshalb mit Vorräten eindecken. Moskitonetz und Insektenschutzmittel nicht vergessen!

Wer zelten möchte, benötigt eine Genehmigung. Die besten **QPWS-Campingplät-**

ze (Pers./Fam. 5,15/20,60 AU$) mit Münzduschen, Toiletten und Grillplätzen befinden sich am Waddy Point, in Dundubara und bei Central Station. Motorisierte können auch die kleineren Flächen mit weniger Infrastruktur am Lake Boomanjin sowie in Ungowa und Wathumba an der Westküste nutzen. Lager nur für Wanderer befinden sich abseits der Hauptcampingplätze entlang des Fraser Island Great Walk Trail (S. 407). Auf der Wanderkarte sind die Lager samt Anlagen verzeichnet. Zelte dürfen an speziell ausgezeichneten Abschnitten am östlichen Strand aufgestellt werden (ohne sanitäre Einrichtungen). Feuer machen ist verboten, eine Ausnahme bilden öffentliche Grillplätze am Waddy Point und in Dundubara (Brennholz muss unbehandelt sein und selbst mitgebracht werden).

Dilli Village Fraser Island   CAMPING **$**
(☑4127 9130; Dilli Village; Stellplatz ohne Strom/Schlafsaal/Hütte 20/40/100 AU$) Wird von der Universität Sunshine Coast betrieben und bietet gute Stellplätze an einem leicht abschüssigen Hang. Die Anlagen sind sauber, die Hütten schon etwas alt, aber gemütlich.

❶ Praktische Informationen

Um Fraser Island zu erkunden, braucht man einen Geländewagen. Proviant und teures Benzin bekommt man in Cathedral Beach, Eurong, Kingfisher Bay, Happy Valley und Orchid Beach. Die meisten Geschäfte haben außerdem Zelt- und Angelausrüstung auf Lager. In Kingfisher Bay, Eurong, Happy Valley und Orchid Beach bekommt man Alkohol. An all diesen Orten gibt's Telefone und meist auch Campingplätze.

In Eurong befindet sich die wichtigste Rangerstation, das **Eurong QPWS Information Centre**, (☑4127 9128). Weitere Stationen sind in **Dundabara** (☑4127 9138) und **Waddy Point** (☑4127 9190). Die Öffnungszeiten variieren.

Der **Fraser Island Taxi Service** (☑4127 9188) ist auf der ganzen Insel verfügt. Die Fahrt von Kingfisher Bay nach Eurong kostet 80 AU$.

Wenn das Auto liegen bleibt, kann man **Fraser Island Breakdown** (☑4127 9173) oder den **Abschleppdienst** (☑4127 9449, 0428 353 164), beide in Eurong, kontaktieren.

Genehmigungen

Genehmigungen für Autos (Monat/Jahr 39,40/197,20 AU$) und Camping (Pers./Fam. 5,15/20,60 AU$) müssen vor der Anreise bei **QPWS** (☑13 74 68; www.derm.qld.gov.au) gekauft werden. Für private Zeltplätze und Resorts benötigt man keine Erlaubnis. Hier ein paar Büros, die Genehmigungen ausstellen:

Great Sandy Information Centre (☑5449 7792; 240 Moorinidil St, Tewantin; ☺8–16 Uhr) Bei Noosa.

Marina-Kiosk (☑4128 9800; Buccaneer Ave, Urangan Boat Harbour, Urangan; ☺6–18 Uhr)

Maryborough QPWS (☑4121 1800; 20 Tennyson St; ☺Mo–Fr 8.30–17 Uhr)

QPWS-Büro Bundaberg (☑4131 1600; 46 Quay St)

Rainbow Beach QPWS (☑5486 3160; Rainbow Beach Rd)

River Heads Information Kiosk (☑4125 8485; ☺6.15–11.15 & 14–15.30 Uhr) Ablegestelle der Fähre in River Heads, südlich von Hervey Bay.

❶ An- & Weiterreise

Flugzeug

Air Fraser Island (☑1800 247 992, 4125 3600; www.airfraserisland.com.au) Ein Hin- und Rückflug vom Flughafen in Hervey Bay zum Oststrand der Insel kostet ab 125 AU$ (je 20 Min.).

Schiff/Fähre

Mehrere große Autofähren verbinden Fraser mit dem Festland. Viele Besucher nehmen die Fähre in River Heads (ca. 10 km südlich von Hervey Bay) oder beim Inskip Point nahe Rainbow Beach.

Fraser Island Barges (☑1800 227 437, 4194 9300; www.fraserislandferry.com.au; Fahrzeug & 4 Pers. hin & zurück 150 AU$, zusätzl. Pers. 11 AU$) setzt in 30 Minuten von River Heads nach Wanggoolba Creek an der Westküste von Fraser Island über. Abfahrt in River Head ist täglich um 8.30, 10.15 und 16 Uhr, die Abfahrtszeiten auf der Insel sind 9, 15 und 17 Uhr. Dasselbe Unternehmen bietet auch eine Autofährenverbindung zwischen der Urangan Marina in Hervey Bay und Moon Point auf Fraser Island, diese darf aber mit Mietautos nicht genutzt werden. Die Fahrt kostet genauso viel wie die von River Heads nach Wanggoolba Creek. Fußgänger zahlen für Hin- und Rückfahrt 36 AU$.

Kingfisher Vehicular Ferry (☑1800 072 555, 4194 9300; www.fraserislandferry.com; Fußgänger Erw./Kind hin & zurück 50/25 AU$, Fahrzeug & 4 Pers. hin & zurück 150 AU$, zusätzl. Pers. 11 AU$) betreibt eine Auto- und Passagierfähre zwischen River Heads und Kingfisher Bay (50 Min.). Abfahrt ist täglich um 6.45, 9, 12.30, 15.30, 18.45 und 21.30 Uhr. Aufs Festland zurückkehren kann man um 7.50, 10.30, 14, 17, 20.30 und 23 Uhr.

Wer aus Rainbow Beach kommt, könnte den **Rainbow Venture & Fraser Explorer** (☑4194 9300; Fußgänger/Fahrzeug hin & zurück 10/80 AU$) oder den **Manta Ray** (☑5486 8888; Fahrzeug hin & zurück 90 AU$) von Inskip Point nach Hook Point auf Fraser Island nehmen (15 Min.). Die Boote fahren regelmäßig zwischen 7 und 17.30 Uhr.

Capricorn Coast & Southern Reef Islands

Gut essen

» Shio Kaze (S. 425)
» Ferns Hideaway (S. 426)
» Tree Bar (S. 415)
» Saigon Saigon (S. 421)
» The Deck (S. 415)

Schön übernachten

» Svendsen's Beach (S. 428)
» Waterpark Farm (S. 426)
» Surfside Motel (S. 424)
» Criterion Hotel (S. 421)
» Agnes Water Beach Cara-
van Park (S. 414)

Auf zur Capricorn Coast & zu den Southern Reef Islands!

Die Küste auf Höhe des südlichen Wendekreises ist eine der friedlichsten und schönsten der Region. In den Ferien tummeln sich Familien aus der Gegend an den Hauptstränden, aber sonst ist es hier nur selten überlaufen. Selbst in der Hauptsaison findet man schnell einen einsamen Strand.

Der herrlich weiße, pulvrige Sand und das tiefblaue Wasser tragen viel zum Postkartenimage der Capricorn Coast bei. Die unberührten Inseln des südlich gelegenen Great Barrier Reef bieten einige der besten Schnorchel- und Tauchspots Queenslands. Außerdem hat man viele Möglichkeiten, wildlebende Tiere zu beobachten – von Babyschildkröten bis hin zu vorbeiziehenden Walen. Überall finden sich unberührte Strände und windumtoste Nationalparks.

Im Landesinneren liegt das turbulente Rockhampton, Capricornias Wirtschaftszentrum und die Hauptstadt der Viehzucht – natürlich mit vielen Steakhäusern.

Reisezeit
Rockhampton

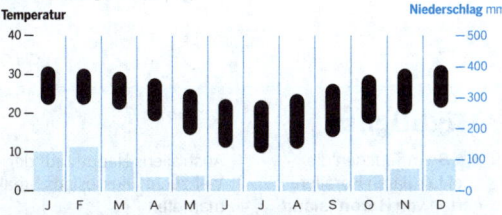

März–Mai Nach der Regenzeit ist die Carnarvon Gorge voller Wasser, und überall sieht man Tiere.

September–November Das Wasser wird wärmer, und das Wetter ist relativ mild.

Dezember–Februar Die Temperaturen steigen; die gefährlichen Würfelquallen breiten sich aus.

Agnes Water & Town of 1770

♪ 07 / 1620 EW.

Die Zwillingsstädte Agnes Water und Town of 1770 zählen zu Queenslands reizvollsten Küstenorten. Sie liegen zwischen Nationalparks und dem Pazifik. Agnes Water hat einen herrlichen weißen Sandstrand; dies ist das nördlichste Surfgebiet der Ostküste.

In Town of 1770 setzte James Cook in eben jenem Jahr erstmals seinen Fuß auf australischen Sand. Die „Discovery Coast" gilt als beliebte Ecke zum Wellenreiten, Segeln und Angeln abseits der Menschenmassen. Hierher kommt man über den Bruce Highway, den man bei Miriam Vale, 70 km südlich von Gladstone, in östlicher Richtung wieder verlässt. Bis Agnes Water sind es 57 km, weitere 6 km bis Town of 1770.

Highlights

1 Beim Tauchen die spektakulären Korallengärten von **Heron Island** (S. 419) und **Lady Elliot Island** (S. 418) entdecken

2 Die einsamen Inseln und Korallenriffe der **Southern Reef Islands** (S. 418) erkunden

3 In **Rockhampton** (S. 419),

Australiens Hauptstadt der Viehzucht, ein riesiges Steak mampfen

4 In den **Capricorn Caves** (S. 422) durch Löcher und enge Tunnel kraulen

5 In **Byfield** (S. 426) mit einem Kanu auf dem

Waterpark Creek durch den Wald paddeln

6 In **Agnes Water** (S. 412), dem nördlichsten Surfspot Queenslands, surfen und relaxen

7 Auf **Great Keppel Island** (S. 427) einen Tag am Strand verbringen

⊙ Sehenswertes

Miriam Vale Historical Society Museum
MUSEUM

(☑4974 9511; Springs Rd, nahe Ecke Captain Cook Dr, Agnes Water; Erw./Kind 3 AU$/frei; ⊙Mo & Mi–Sa 13–16, So 10–16 Uhr) Das Museum zeigt eine kleine Sammlung von Artefakten, Steinen und Mineralien. Zusätzlich lassen sich Auszüge aus Cooks Tagebuch und das Originalteleskop des ersten Leuchtturms besichtigen, der an der Küste Queenslands erbaut wurde.

🏃 Aktivitäten & Geführte Touren

Sämtliche Action findet hier am und im Wasser statt. Agnes Water ist der nördlichste **Surfstrand** Queenslands. Am Hauptstrand patrouillieren Rettungsschwimmer und an der Küste gibt es oft gute Breaks. Wer eine Bootsfahrt machen möchte, findet am Round Hill Creek in Town of 1770 einen ruhigen Ankerplatz. Flussaufwärts kann man gut **angeln** und **Krebse fangen**. Von hier aus kommt man auch schnell zum südlichen Ende des Great Barrier Reef. Man kann Boote für Angel-, Surf-, Schnorchel- und Tauchausflüge zum Reef chartern.

Lady Musgrave Cruises
BOOTSFAHRT

(☑4974 9077; www.1770reefcruises.com; 1770 Marina, 535 Captain Cook Dr, 1770; Erw./Kind 175/85 AU$) Bietet super Tagestrips zur Lady Musgrave Island mit der *Spirit of 1770* an. Die Fahrt zur Insel dauert 75 Minuten. Dann haben die Tourteilnehmer fünf Stunden Zeit, um die Insel und die atemberaubend blaue Lagune zu erkunden. Das Boot legt jeden Morgen um 8 Uhr vom Jachthafen in Town of 1770 ab. Im Preis inbegriffen sind eine Fahrt mit einem Halbtauchboot zu den Korallen, Mittagessen, Morgen- und Nachmittagstee sowie Schnorchel- und Angelausrüstung. Gegen einen Aufpreis kann man auch tauchen. Campingausflüge auf die Insel gibt's für 320 AU$ pro Nase.

1770 UnderSea Adventures
TAUCHEN, SCHNORCHELN

(☑1300 553 889; www.1770underseaadventures. com.au) Veranstaltet Tauchkurse und -trips zum Great Barrier Reef und zu Wracks (160 AU$ inkl. Schnorchelausrüstung & Verpflegung zzgl. 25 AU$/Tauchgang und 30 AU$ Leihgebühr für die Ausrüstung).

Reef 2 Beach Surf School
SURFEN

(☑4974 9072, 0402 328 515; www.reef2beach surf.com; 1/10 Round Hill Rd, Agnes Water) In der sehr renommierten Surfschule kann man auf den sanften Wellen des Hauptstrands surfen lernen. Der dreistündige Gruppensurfkurs kostet 17 AU$ pro Person, die Leihgebühr fürs Surfbrett beträgt 20 AU$ für vier Stunden.

1770 Liquid Adventures
KAJAKFAHREN

(☑0428 956 630, www.1770liquidadventures. com.au) Wird von denselben Leuten betrieben wie das Lazy Lizard und veranstaltet eine spektakuläre Kajaktour bei Dämmerung. Für 40 AU$ bekommt man eine Einführung ins Meerkajakfahren, dümpelt ein bisschen vor der Küste bei Town of 1770 in den Wellen und dann gibt's zur Entspannung am Strand ein paar Drinks und Snacks bei Sonnenuntergang. Mit etwas Glück sieht man Delfine. Man kann auch Kajaks mieten (halber Tag 40 AU$).

Scooteroo
MOTORRADVERLEIH

(☑4974 7697; www.scooterrootours.com; 21 Bicentennial Dr, Agnes Water; 3-stündige Fahrt 55 AU$; ⊙Abholung ca. 14.45 Uhr) Am coolsten lässt sich Agnes Water im Sattel eines Choppers erkunden, mit dem man durchs Hinterland kurvt. Auf der 60 km langen Motorradtour erhascht man immer wieder einen Blick auf malerische Küste und die Landschaft und sieht viele Kängurus und Wallabys. Alles, was man braucht, ist ein Führerschein, denn die Maschinen sind vollautomatisch, sodass man nicht einmal den Gang wechseln muss. Lange Hosen und festes Schuhwerk tragen!

1770 Larc Tours
ABENTEUERTOUR

(☑4974 9422; www.1770larctours.com.au) Der Veranstalter bietet ganztägige Touren mit Amphibienfahrzeugen (Mo, Mi & Sa, Erw./ Kind 148/88 AU$ inkl. Mittagessen) an. Los geht's am Jachthafen von Town of 1770. Die Touren umfassen auch Middle Island, Bustard Head und den Eurimbula National Park. Ebenfalls im Angebot sind einstündige Rundfahrten bei Sonnenuntergang (tgl., Erw./Kind 35/16 AU$) und Sandboarding-Safaris (Do & So, 85 AU$/Pers.). Larc Tours betreibt zudem die **MV James Cook** (www.1770jamescook.com.au). Mit dem 14 m langen Schiff können bis zu zehn Leute eine bis zu sieben Tage lange Tour machen.

ThunderCat 1770
SCHNELLBOOTFAHREN

(☑0427-177 000; Erw./Kind 85/65 AU$) Adrenalinjunkies werden diesen Veranstalter und seine Rennboote zum Wellenreiten lieben! Ein wenig geruhsamer geht es bei der Action-Adventurer-Tour und noch geruhsamer bei der Wilderness-Explorer-Tour zu: Man besucht abgeschiedene Strände, erfährt etwas über die Lokalgeschichte und erkundet die unberührten Wasserläufe von Town of 1770 und die Küste des National-parks. Die Touren und Aktivitäten können wunschgemäß zusammengestellt werden; selbst Fun-Sport wie Tube Riding oder die Möglichkeit, sich in „Sumo-Anzügen" hinter einem Boot hinterherziehen zu lassen, sind drin.

Wyndham Aviation RUNDFLUG
(Rundflug 1¼ Std. 85 AU$/Pers.) Ebenfalls sehr beliebt sind die Rundflüge über die Landzunge mit einer Cessna Skyhawk, einem Leichtflugzeug mit drei Sitzen. Von dort oben lassen sich oft Delfine und Meeresschildkröten im Wasser erspähen. Außerdem landet man an einem einsamen Strand. Den Flug bucht man über die Unterkunft.

Lazy Lizard Surf School SURFEN
(☑ 0488 177 000, www.lazylizardsurfschool.com.au) Gibt Kurse für Kleingruppen (bis 12 Pers., halber Tag 33 AU$).

Dive 1770 TAUCHEN
(☑ 4974 9359; www.dive1770.com) Bietet Kurse (PADI Open Water 250 AU$) und Tauchausflüge zum Great Barrier Reef (ab 30 AU$).

1770 Marina Café BOOTSVERLEIH
(☑ 4974 9227) Im Café werden Aluboote vermietet (halber/ganzer Tag 65/95 AU$).

Hooked on 1770 BOOTSVERLEIH
(☑ 4974 9794) Hat halbtägige und ganztägige Angeltouren im Programm und Charterboote für Rundfahrten (ab 55 AU$/Pers.).

🛏 Schlafen

Agnes Water Beach Caravan Park WOHNWAGENPARK/HÜTTEN $
LP TIPP
(☑ 4974 9132; www.agneswaterfirstpoint.com.au; Jeffrey Court, Agnes Water; Stellplatz ohne Strom 30 AU$, Stellplatz mit Strom 35–59 AU$, Hütte mit Bad 120–250 AU$) Der Park verfügt über Zelthütten auf Stelzen, die zu den Unterkünften am Strand mit dem wohl besten Preis-Leistungs-Verhältnis in der Gegend gehören. Jede Hütte hat ihre eigene Veranda und ist mit einem Gasgrill ausgestattet. Die sanitären Anlagen (Toiletten und Duschen) auf dem Campingplatz sind sauber und neu.

Sandcastles 1770 Motel & Resort MOTEL, RESORT $$
(☑ 4974 9428; www.sandcastles1770.com.au; 1 Grahame Colyer Dr, Agnes Water; Motel-Zi. ab 120 AU$, Villa & Strand-Apt. ab 160–650 AU$; ❄ @ 🐾) Auf dem 4 ha großen Anwesen mit hübschen Gartenanlagen und subtropischer Vegetation wartet eine Reihe verschiedener Unterkünfte auf Gäste, von motelartigen Zimmern bis hin zu luxuriösen Strandapartments und Villen. Die schicken, im balinesischen Stil gestalteten Villen (1–4 Schlafz.) sind groß und luftig und öffnen sich zu einem zentralen Hof; manche haben auch einen eigenen Pool. Auf dem Gelände gibt's auch ein beliebtes Restaurant, das Kahunas, und ein kleines Café, das morgens und mittags geöffnet ist.

Cool Bananas HOSTEL $
(☑ 4974 7660; www.coolbananas.net.au; 2 Springs Rd, Agnes Water; B 26 AU$; @) Das abgefahrene, balinesisch aufgemachte Backpackerhostel hat geräumige Schlafsäle mit sechs bzw. acht Betten und offene, luftige Gemeinschaftsbereiche. Von hier sind es zu Fuß nur fünf Minuten zum Strand und zu den Läden. Im tropischen Garten kann man in einer Hängematte genüsslich den Tag verbummeln.

1770 Southern Cross Tourist Retreat HOSTEL $
(☑ 4974 7225; www.1770southerncross.com; 2694 Round Hill Rd, Agnes Water; B/DZ mit Frühstück 25/75 AU$, Mindestaufenthalt 2 Nächte; @ 🐾) Das tolle Backpacker-Refugium befindet sich 2,5 km außerhalb der Stadt auf einem 6,5 ha großen Anwesen mitten im Busch. Die Doppelzimmer und die Schlafsäle mit drei oder vier Betten sind in sauberen, luftigen Holzhütten (alle mit Bad) untergebracht. Es gibt eine Meditationsfläche im Freien, einen ultracoolen Gemeinschaftsbereich zum Relaxen, Kängurus auf der Anlage und einen kostenlosen Shuttle-Bus in den Ort. Fahrräder gibt's kostenlos, man kann aber auch Motorroller ausleihen und zum Baden oder Angeln an den See gehen. Sehr empfehlenswert!

Sovereign Lodge BOUTIQUEHOTEL $$
(☑ 4974 9257; www.1770sovereignlodge.com; 1 Elliot St, Town of 1770; DZ 165–280 AU$; ❄ 🐾) Die hübsche Boutiqueunterkunft auf einem Hügel hat eine Reihe makelloser, voll ausgestatteter Zimmer mit ausgezeichnetem Blick. Im balinesischen „Body Temple" kann man sich massieren, eine Schlammpackung verpassen, mit warmen Steinen abrubbeln und mit Salz einreiben lassen.

1770 Camping Grounds WOHNWAGENPARK $
(☑ 4974 9286; www.1770campinggrounds.com; Captain Cook Dr, Town of 1770; Stellplatz ohne/mit

Strom 33/38 AU$) Ein großer und trotzdem friedlicher Park mit vielen Schatten spendenden Bäumen und Stellplätzen direkt am Strand. Die Preise gelten für zwei Personen.

🍴 Essen

Tree Bar
LP TIPP
MODERN-AUSTRALISCH **$$**
(🖉4974 7446; 576 Captain Cook Dr, Town of 1770; Hauptgerichte 14–38 AU$; ⊙morgens, mittags & abends) Der kleine, salzverkrustete Diner am Wasser hat viel Charme und eine nette Bar. Die Meeresfrüchte sind das Beste!

Deck
MODERN-AUSTRALISCH **$$**
(🖉4974 9157; 584 Captain Cook Drive, Town of 1770; Hauptgerichte 20–30 AU$; ⊙Di–So abends) Hier kann man drinnen oder draußen unter Palmen frische Meeresfrüchte aus der Region mit leckeren Beilagen oder auf perfekt gekochter Pasta genießen. Der tolle Service und die durch Kerzen beleuchteten Tische sorgen für romantisches Flair.

Kahunas Pizza Bar & Grill
MODERN-AUSTRALISCH **$$**
(🖉4974 9428; 1 Grahame Colyer Dr, AgnesWater; Hauptgerichte 15–38 AU$; ⊙abends) Das Kahunas im Motel Sandcastles ist sehr beliebt und lädt vor allem an warmen Abenden zu Bier und Pizza ein. Es gibt viel Fleisch vom Grill und ausgezeichnete Meeresfrüchte.

Yok Attack
THAI **$$**
(🖉4974 7454; Endeavour Plaza, Ecke Captain Cook Dr & Round Hill Rd, Agnes Water; Hauptgerichte 17–25 AU$; ⊙Do–Di mittags & abends) Das schlichte Thai-Lokal ist bei den Einheimischen beliebt und sehr empfehlenswert.

ℹ Praktische Informationen

Das **Agnes Water Visitors Centre** (🖉4902 1533; 3 Captain Cook Dr, Agnes Water; ⊙Mo–Fr 8.30–17, Sa & So 9–17 Uhr) liegt gegenüber der Endeavour Plaza. Direkt daneben bietet die **Agnes Water Library** (🖉4902 1515; 3 Captain Cook Dr, Agnes Water; ⊙Mo–Fr 9–16.30 Uhr) kostenfreien Internetzugang für eine halbe Stunde. Im Voraus reservieren!

Das **Hub CaféCentre** (🖉4974 7460; Endeavour Plaza, Ecke Captain Cook Dr & Round Hill Rd, Agnes Water) serviert einen der besten Kaffees vor Ort. Dazu darf man gratis eine halbe Stunde ins Internet (sonst 5 AU$/Std.).

ℹ An- & Weiterreise

Bus

Nur einer von täglich mehreren **Greyhound-Bussen** (🖉13 20 30; www.greyhound.com. au) macht den Abstecher vom Bruce Hwy nach Agnes Water. Der Direktbus aus Bundaberg (24 AU$, 1½ Std.) kommt 18.10 Uhr an und hält gegenüber dem Cool Bananas. Die anderen Busse, z. B. die von **Premier Motor Service** (🖉13 34 10; www.premierms.com.au), setzen ihre Fahrgäste an der Fingerboard Rd ab.

Eurimbula National Park & Deepwater National Park

Südlich von Agnes Water liegt der Deepwater National Park, eine unverbaute Landschaft mit langen Sandstränden, Süßwasserflüssen, Fischgründen und zwei Campingplätzen. Er dient als wichtiger Nistplatz der Unechten Karettschildkröte, die zwischen November und Februar an den Stränden ihre Eier legt. Von Januar bis April können Besucher nachts die Eiablagen beobachten und die frisch geschlüpften Babys auf ihren ersten tapsigen Schritten ins Meer begleiten. Allerdings müssen verschiedene Regeln eingehalten werden, die in der QPWS-Parkbroschüre nachzulesen sind (erhältlich im Büro in Town of 1770).

Der nördliche Parkeingang befindet sich 8 km südlich von Agnes Water und ist nur mit Geländewagen zugänglich. Zum einfachen Campingplatz bei Middle Rock (ohne Einrichtungen) sind es noch 5 km, nach weiteren 2 km kommt man zum Zeltplatz Wreck Rock mit Picknickgelände, Regen- und Leitungswasser sowie Komposttoiletten. Letzterer kann von Süden über Baffle Creek auch mit normalen Autos erreicht werden.

Die Landschaft des 78 km² großen Eurimbula National Park auf der Nordseite des Round Hill Creek besteht aus Dünen, Mangroven und Eukalyptuswald. Es gibt dort zwei einfache Campingplätze, einen mit Toiletten bei Middle Creek, und einen mit Toiletten und begrenztem Regenwasservorrat bei Bustard Beach. Die Hauptzufahrtsstraße zum Park liegt etwa 10 km südwestlich von Agnes Water.

In Middle Rock (Deepwater) und Middle Creek (Eurimbula) kann man sich selbst eintragen, aber für die anderen Campingplätze benötigt man Genehmigungen des **QPWS** (🖉13 74 68; www.qld.gov.au/camping).

Gladstone

🖉07 / 28 810 EW.

Auf den ersten Blick wirkt das industrielle Gladstone mit dem geschäftigen Hafen, dem Kraftwerk und dem Aluminiumwerk langweilig. Und manchmal trifft der erste Eindruck auch zu: Es gibt nur wenig, was Traveller hier halten könnte. Deshalb am besten gleich weitergehen zum Jachthafen, wo die Boote zu den südlich gelegenen Koralleninseln Heron, Masthead und Wilson am Great Barrier Reef ablegen! Am ehesten was los ist in dieser Stadt noch am Hafenende der Gondoon St.

◉ Sehenswertes & Aktivitäten

Wem noch Zeit bleibt, bevor er sich zu den Inseln aufmacht, der sollte zum **Auckland Point Lookout** fahren. Von dort hat man einen tollen Blick auf den Gladstone Harbour, die Hafenanlagen und die Anlegestellen. Ein Messingschild am Aussichtspunkt zeigt den Hafen und seine vielen Inseln.

Die **Toondoon Botanic Gardens** (☑4971 4444; Glenlyon Rd; Eintritt frei; ☺Okt.–März 9–18

ABSTECHER INS KÜNSTLERDORF

Die **Cedar Galleries** (☎4975 0444; www.cedargalleries.com.au; Bruce Hwy; ☺Do–So 9–16 Uhr) sind ein ruhiges Künstlerrefugium im Busch, wo man den Malern und Bildhauern bei der Arbeit zusehen kann. Ihre Ateliers befinden sich in von Hand erbauten Bretterhütten. Wer selbst seine kreative Ader beweisen will, kann bei den Künstlern vor Ort an einem der **Kunst & Kunsthandwerkskurse** teilnehmen (im Voraus telefonisch anmelden) oder auch einfach einen Bummel durch den Garten und die Galerie machen. Auf dem Gelände gibt's auch ein Café, eine schöne, kunstvoll von Hand errichtete Hochzeitskapelle, eine Hüpfburg für Kids, eine Herde zahmer Alpakas und einen Weinkeller. Unterkünfte sind leider nicht vorhanden; aufstrebende Künstler können aber ihr Zelt aufschlagen oder auf dem Boden schlafen. Am letzten Sonntag des Monats kann man einheimischen Musikern bei ihren monatlichen Sunday Sessions (Eintritt 12 AU$ inkl. Grill-Dinner) lauschen.

Diese einzigartige Künstlerkolonie (114 km südlich von Gladstone) liegt 7 km südöstlich von Calliope und ist an der entsprechenden Abzweigung vom Bruce Hwy ausgeschildert.

Uhr, April–Sept. 8.30–17.30 Uhr) liegen rund 7 km südlich der Stadt und vereinen auf 83 ha Regenwald, Seen und Areale mit in Australien heimischen Pflanzen. Es gibt ein Visitors Centre, ein Orchideenhaus und kostenlose einstündige Führungen (Feb.–Nov.), die man im botanischen Garten selbst oder über das Visitors Centre buchen kann. Die Anlage ist rollstuhlgerecht.

Wenn man schon mal in der Gegend ist, sollte man im 26 km südlich von Gladstone gelegenen **Calliope River Historical Village** (☎4975 7428; Dawson Hwy, Calliope; Eintritt 2 AU$; ☺8–16 Uhr) den beliebten **Markt** besuchen, der sechsmal im Jahr abgehalten wird (Termine im Visitors Centre erfragen!). Die mehr als 200 Verkaufsstände erfreuen die über 3000 Marktbesucher mit Kunst, Handwerk, Kleidung, Schmuck und regionalen Produkten. Außerdem sollte man einen Spaziergang durch das historische Dorf machen und die restaurierten denkmalgeschützten Gebäude bewundern, z.B. den alten Pub (an Markttagen wird hier auch Alkohol ausgeschenkt), die Kirche, das Schulgebäude und eine alte Bretterhütte.

Der 1984 durch den Bau des Awoonga Dam entstandene **Lake Awoonga** ist ein beliebtes Erholungsgebiet 30 km südlich von Gladstone. Im Hintergrund sieht man den schroffen **Castle Tower National Park**. Rund um den malerischen See voller Barramundis gibt es landschaftlich schön gestaltete Picknickplätze, ein Café, Grillstellen, Wanderwege und viele Vögel. Kanus, Boote und Angelausrüstungen kann man sich im **Lake Awoonga Caravan Park** (☎4975 0155; www.lakeawoongacaravanpark.com.au; Lake Awoonga Rd, Benaraby; Stellplatz ohne/mit Strom 20/29 AU$, Hütte ab 75 AU$) ausleihen. Die Preise gelten für zwei Personen.

☞ Geführte Touren

Gladstones große Industrieanlagen, darunter das Aluminiumwerk, das Schmelzwerk, das Elektrizitätswerk und der Hafen, veranstalten kostenlose **Führungen**. Die ein- bzw. eineinhalbstündigen Führungen beginnen je nach Fabrik an verschiedenen Wochentagen zu verschiedenen Uhrzeiten und sind über das Visitors Centre buchbar.

Die 20 m lange **MV Mikat** (☎4972 3415; www.mikat.com.au) hat sich auf Angelausflüge, Tauchtrips und Rundfahrten zu den Inselgruppen Swains und Bunker Island spezialisiert. Die Fahrten dauern mindestens drei Tage. Für Verpflegung ist gesorgt und es gibt eine Bar mit Alkoholausschank an Bord. **Capricorn Star Cruises** (☑4978 0499) und **Rob Benn Charters** (☑4972 8885) bieten auch Chartertrips zum Angeln, Tauchen, Schnorcheln und zum Riff.

🛏 Schlafen

Auckland Hill B&B
B&B $$$

(☑4972 4907; www.ahbb.com.au; 15 Yarroon St; EZ/DZ mit Frühstück 230/260 AU$; ✼🖥) Das weitläufige, komfortable Gebäude im Queenslander-Stil hat sechs geräumige Zimmer mit riesigen Betten. Jedes ist anders dekoriert: Es gibt eine Spa-Suite und eine mit rollstuhlgeeignetem Zugang. Das Frühstück ist herzhaft, die Atmosphäre relaxt.

Gladstone Backpackers
HOSTEL $

(☑4972 5744; www.gladstonebackpackers.com; 12 Rollo St; B/DZ 25/65 AU$; @🖥) Das recht zentral gelegene alte Queenslander-Haus wurde kürzlich renoviert; weitere Ausbesserungen werden folgen. Das freundliche, familienbetriebene Hostel hat eine große Küche, saubere Badezimmer und eine geräumige Terrasse. Gäste dürfen kostenlos die Fahrräder benutzen und werden auf Wunsch gratis vom Jachthafen, Busbahnhof, Bahnhof oder Flughafen abgeholt. Bis zur Abreise fühlt man sich praktisch wie ein Familienmitglied.

Barney Beach Caravan Park
WOHNWAGENPARK $

(☑4972 1366; barneybeach.com.au; 10 Friend St; Stellplatz mit Strom 37 AU$, Hütte für 2 Pers. 150–205 AU$; ✼@🖥) Der große, ordentliche Wohnwagenpark ist der am zentralsten gelegene – nur rund 2 km östlich vom Stadtzentrum und nahe an der Küste. Es gibt eine gute Campingküche und ausgezeichnete, voll ausgestattete Unterkünfte. Wer Heron Island besuchen will, wird kostenlos zum Jachthafen gefahren. Buslink Queensland hat Busse hierher (s. S. 417).

Harbour City Motel
MOTEL $$

(☑4976 7100; 20–24 William St; EZ/DZ 115/125 AU$) Wer in Gladstone übernachten muss, kann in diesem ordentlichen Motel im Stadtzentrum absteigen. Die großen Zimmer verfügen über moderne Badezimmer. Außerdem betreibt das Motel ein Steakhaus mit Alkoholausschank.

🍴 Essen & Ausgehen

Tables on Flinders
SEAFOOD $$

(☑4972 8322; 2 Oaka La; Hauptgerichte 20–39 AU$; ⊙Di–Fr mittags, Di–Sa abends) Das nette, gemütliche Restaurant hat sich auf leckere Meeresfrüchte spezialisiert. Die köstlichen Krebse werden heiß mit zerlaufener Butter, mit Knoblauchsauce oder nach Singapurer Art mit Chili serviert. Die gute Qualität, die Preise und die nette Atmosphäre locken Anzugträger und Pärchen an.

Library Square Brasserie
MODERN-AUSTRALISCH $$

(☑4972 8611; 56 Goondoon St; Hauptgerichte 22–30 AU$; ⊙Mo–Fr mittags, Mo–So abends) In dem Lokal mit ständig wechselnder Speisekarte kann man an den Tischen draußen essen und donnerstags und freitags gleichzeitig die vom Platz herüberwehende abendliche Livemusik genießen.

Gladstone Yacht Club
KNEIPENESSEN $

4972 8611; 1 Goondoon St; Hauptgerichte 12–24 AU$; ⊙mittags & abends) Der Jachtclub ist ein beliebtes Plätzchen, um günstig zu essen und Wein zu trinken. Die Steaks, Hühnchen, Pasta und Meeresfrüchte sind echt lecker und großzügig portioniert. Außerdem gibt's täglich Angebote vom Buffet, und man kann auf der Terrasse mit Blick aufs Wasser essen.

ℹ Praktische Informationen

Gladstone City Library (☑4976 6400; 39 Goondoon St; ⊙Mo–Fr 9.30–17.45, Do bis 19.45, Sa 9–16.30 Uhr) Hier kommt man kostenlos ins Internet, muss aber im Voraus reservieren.

Post (☑13 13 18; Valley Shopping Centre, Goondoon St)

QPWS (☑4971 6500; 3. Stock, 136 Goondoon St; ⊙Mo–Fr 8.30–16.30 Uhr) Hat Infos zu allen südlichen Inseln des Great Barrier Reef sowie zu allen Festlandparks in der Gegend.

Visitors Centre (☑4972 9000; Bryan Jordan Dr; ⊙Mo–Fr 8.30–17, Sa & So 9–17 Uhr) Befindet sich am Jachthafen, wo die Boote zur Heron Island ablegen.

ℹ An- & Weiterreise

Bus

Greyhound Australia (☑13 20 30; www.greyhound.com.au) hat mehrere Verbindungen ab Brisbane (105 AU$, 10½ Std.), Bundaberg (45 AU$, 1½ Std.) und Rockhampton (34 AU$, 2½ Std.). Der Busbahnhof für Fernbusse findet sich am Mobil 24 Hour Roadhouse am Dawson Hwy, etwa 200 m südwestlich vom Zentrum.

Flugzeug

Qantaslink (☑13 13 13; www.qantas.com.au) fliegt täglich mehrmals zwischen Brisbane und

Gladstone (70 Min.) und zweimal zwischen Rockhampton und Gladstone (25 Min.). Der Flughafen liegt 7 km vom Zentrum entfernt.

Schiff/Fähre

Curtis Ferry Services (☎4972 6990; www.curtisferryservices.com.au) bedient an fünf Tagen in der Woche regelmäßig Curtis Island (S. 418). Die Fähren fahren an der Gladstone Marina ab und legen einen Zwischenstopp am Farmers Point auf Facing Island ein. Auf Anfrage kann auch der Transport nach North West Island und Masthead Island arrangiert werden.

Auch diverse Charterboote (S. 414) steuern die Inseln an.

Für Gäste, die einen Aufenthalt auf Heron Island gebucht haben, betreibt das Resort eine Fähre (Erw./Kind 110/55 AU$, 2 Std.), die täglich um 11 Uhr von der Gladstone Marina ablegt.

Zug

Queensland Rail (☎1800 872 467, 3235 1122; www.queenslandrail.com.au) lässt regelmäßig Züge in nördlicher und südlicher Richtung fahren, die täglich durch Gladstone kommen. Der *Tilt Train* ab Brisbane (108 AU$, 6½ Std.) und Rockhampton (34 AU$, 1 Std.) hält in Gladstone. Die gemächlicheren Züge *Sunlander* und *Spirit of the Outback* brauchen wesentlich länger.

Southern Reef Islands

Wer jemals davon träumte, als Schiffbrüchiger auf einer winzigen Koralleninsel mit puderweißem Sandstrand und türkisblauem Meer zu landen, findet unter den südlichen Inseln des Great Barrier Reef mit ziemlich hoher Wahrscheinlichkeit sein Inselparadies. Von den wunderschönen Lady Elliot Island (80 km nordöstlich von Bundaberg) bis zur Tyron Island (östlich von Rockhampton) sprenkeln einsame Korallenriffe und Atolle den Ozean.

Einige Inselchen in diesem Teil des Riffs eignen sich wunderbar für Schnorchel- und Tauchausflüge oder auch, um einfach nur die Natur zu genießen – allerdings ist es meistens viel kostenintensiver, hierher zu kommen, als die Inseln in Küstennähe zu besuchen. Manche Eilande dienen als wichtige Brutplätze für Schildkröten und Meeresvögel. Deshalb sollte der verantwortungsvolle Umgang mit diesen Tieren immer an erster Stelle stehen. Verhaltensregeln sind den entsprechenden QPWS-Informationsblättern zu entnehmen.

Es ist möglich, auf Lady Musgrave Island, Masthead Island und den Inseln des North West National Park zu campen. Die

ABSTECHER

CURTIS ISLAND

Gleich gegenüber von Gladstone liegt **Curtis Island**. Die Insel ist alles andere als ein Touristenresort. Mal abgesehen davon, dass man hier schwimmen, angeln und gemütlich hingefläzt ein Buch lesen kann, ist die einzige wirkliche Attraktion der Insel das jährliche Auftauchen der seltenen Wallriffschildkröten zwischen November und Januar am Ostufer. Campinggenehmigungen erteilt der **QPWS** (☎13 74 68; www.qld.gov.au/camping), Mietwohnungen kann die **Capricorn Lodge** (☎4972 0222; Unterkunft ab rund 100 AU$) vermitteln. **Curtis Ferry Services** (☎4972 6990; www.curtisferryservices.com.au; hin & zurück Erw./Kind/Fam. 30/22/84 AU$) betreibt Fähren zwischen der Insel und Gladstone (Mo, Mi, Fr, Sa & So).

Anzahl der Übernachtungsgäste ist jedoch beschränkt; deshalb empfiehlt es sich, die Genehmigung weit im Voraus zu beantragen. Weitere Infos erteilt der **QPWS** (☎13 74 68; www.qld.gov.au/camping; Genehmigung pro Pers./Fam. 5,15/20,60 AU$).

Town of 1770 und Gladstone sind gute Ausgangspunkte für Trips zu den Inseln.

LADY ELLIOT ISLAND

Die 40 ha große rekultivierte Koralleninsel am südlichen Rand des Great Barrier Reef erfreut sich bei Tauchern, Schnorchlern und nistenden Meeresschildkröten großer Beliebtheit. Außerdem dient sie als Brut- und Nistplatz vieler tropischer Seevogelarten. Ihre absolute Hauptattraktion aber ist die atemberaubende Unterwasserwelt. Taucher können den Meeresgrund direkt vom Strand aus auf Schiffswracks, Korallengärten, Bommys (Korallenspitzen oder -zungen) und Blowholes (Öffnungen in den Decken von Meereshöhlen, aus denen zuweilen Wasserfontänen spritzen) untersuchen und eine vielfältige Fauna mit Barrakudas, riesigen Mantarochen und harmlosen Leopardenhaien bewundern.

Weil es sich bei Lady Elliot Island nicht um einen Nationalpark handelt, darf hier nicht gezeltet werden. Die einzige Übernachtungsmöglichkeit ist das schlichte **Lady Elliot Island Resort** (☎1800 072 200;

www.ladyelliot.com.au; ab 160–326 AU$/Pers.) mit spartanischen Zelten, einfachen, motelartigen Zimmern oder teureren separaten Zweizimmersuiten. Preise beinhalten Frühstück, Abendessen, eine Schnorchelausrüstung und einige Ausflüge; über Weihnachten und Neujahr muss man sich mindestens für drei Nächte einquartieren.

Die einzige Möglichkeit, auf die Insel zu kommen, ist ein Leichtflugzeugflug. Seair (über das Resort zu buchen) fliegt für 254/136 AU$ pro Erwachsenem/Kind von Bundaberg und Hervey Bay zum Resort und wieder zurück. Von beiden Orten aus kann das Eiland für 300/170 AU$ auch im Rahmen eines Tagesausflugs besucht werden (Mittagessen, Schnorchelausrüstung und eine breite Palette von Unternehmungen inklusive).

LADY MUSGRAVE ISLAND

Möchtegern-Robinson-Crusoes brauchen nicht länger zu suchen – dies ist die perfekte einsame Insel! Das nur 15 ha kleine Inselchen befindet sich 100 km nordöstlich von Bundaberg am westlichen Rand einer atemberaubenden türkisblauen Rifflagune. Besucher können dort gefahrlos schwimmen, schnorcheln und tauchen. Der strahlend weiße Sandstrand ist gesäumt vom dichten Blätterdach der Pisonienbäume, in dem eine bunte Vogelwelt lebt, darunter Seeschwalben, Sturmtaucher und Weißkopfnoddis. Die Vögel nisten zwischen Oktober und April, die Suppenschildkröten zwischen November und Februar.

Die unbewohnte Insel gehört zum Capricornia Cays National Park. Auf der westlichen Seite gibt es einen QPWS-Campingplatz mit Buschtoiletten, aber nicht viel mehr. Camper müssen sich hier vollkommen selbständig versorgen und sogar ihr eigenes Wasser mitbringen. Es dürfen sich nur maximal 40 Leute gleichzeitig hier aufhalten; wer also campen will, sollte frühzeitig eine Genehmigung beim **QPWS** (13 74 68; www.qld.gov.au/camping) beantragen. Man kann auch online auf der Website des Capricornia Cays National Park buchen. Gaskocher nicht vergessen, denn auf der Insel sind offene Feuer verboten!

Tagesausflüge zur Lady Musgrave Island starten am Jachthafen der Town of 1770 (s. S. 412).

HERON ISLAND & WILSON ISLAND

Praktischerweise kann man die Unterwasserwelt des Riffs direkt vom Strand aus erreichen. Heron Island ist bekannt für seine großartigen Möglichkeiten zum Gerätetauchen und Schnorcheln; allerdings verschlingt ein Besuch stattliche Beträge. Wie bei echten Korallenatollen üblich, finden sich hier jede Menge Pisonienbäume. Insgesamt ist die Insel von 24 km² Riff umgeben. Im nordöstlichen Drittel gibt es ein Resort sowie eine Forschungsstation; der Rest ist Nationalpark.

Heron Island Resort (4972 9055, 1800 737 678; www.heronisland.com; EZ/DZ inkl. Frühstücksbuffet ab 399/420 AU$) Die komfortablen Quartiere sind prima für Familien und Paare; die beste Aussicht bieten die Point-Suiten. Verpflegung kostet extra; für den Transfer ab Gladstone zahlen Gäste 200/100 AU$ pro Erwachsenen/Kind mit einer Barkasse bzw. 440/270 AU$ im Helikopter.

Wilson Island (www.wilsonisland.com; EZ/DZ ab 671/918 AU$) ist ebenfalls Teil eines Nationalparks und ein exklusiver Zufluchtsort mitten in der Wildnis mit sechs feststehenden Zelten sowie Solarduschen. Die Strände sind herrlich, und es lässt sich hier wunderbar schnorcheln. Man kommt nur über Heron Island her: Dafür muss man ein kombiniertes Wilson-Heron-Paket buchen und mindestens zwei Nächte bleiben. Der Transfer zwischen Wilson und Heron ist im Preis inbegriffen.

Rockhampton

07 / 74 500 EW.

Breitkrempige Hüte, Cowboy-Stiefel und V8-Fahrzeuge sind schon eindeutige Hinweise und die großen Stierdarstellungen in ganz Rockhampton beweisen schließlich, dass man sich in der australischen Rinderzuchthauptstadt befindet. Im Umkreis von 250 km gibt es mehr als 2,5 Mio. dieser Tiere, und so ist es kein Wunder, dass überall der Geruch von Kuhfladen in der Luft hängt. Rockhampton gilt als das Verwaltungs- und Wirtschaftszentrum von Zentralqueensland und seine breiten Straßen sowie die herrlichen Gebäude aus viktorianischer Zeit spiegeln den durch Gold- und Kupferminen ebenso wie durch Rinderzucht bedingten Wohlstand der Region im 19. Jh. wider.

„Rocky" markiert den Beginn der Tropen, liegt aber 40 km landeinwärts, sodass die angenehmen Meeresbrisen der Küste fehlen und die Sommer unerträglich heiß und schwül sein können. Es hat ein paar Attraktionen zu bieten, doch sein größtes Plus ist die Verbindung zu den Küstenschmuckstücken Yeppoon und Great Keppel Island. Man sollte im alten Teil der Stadt Station machen, um dort nette Spaziergänge am Ufer des Fitzroy River zu unternehmen.

◉ Sehenswertes & Aktivitäten

Botanic Gardens
GARTEN

(☏49221654; Spencer St; Eintritt frei; ☺6–18 Uhr) Der Botanische Garten gleich südlich der Stadt ist eine wunderschöne Oase mit beeindruckenden Banyan-Feigen, tropischen und subtropischen Regenwäldern, Gartenanlagen und von Seerosen bedeckten Lagunen. Der klar strukturierte japanische Garten ist eine Zen-Zone der Ruhe. Das **Café** (☺8–17 Uhr) serviert Tee und Kuchen unter einer gigantischen Feige, und der **Zoo** (☺8.30–16.30 Uhr) hat Koalas, Wombats, Dingos und eine begehbare Voliere zu bieten.

Quay Street
STRASSE

Im Zentrum sollte man diese historische Straße mit ihren prächtigen viktorianischen Sandsteingebäuden aus der Zeit des Goldrauschs entlangschlendern. In den Visitors Centres erhält man Stadtpläne mit Wanderwegen rund um den Ort.

Rockhampton City Art Gallery
KUNSTGALERIE

(☏4927 7129; 62 Victoria Pde; Eintritt frei; ☺Di–Fr 10–16, Sa & So 11–16 Uhr) Die Galerie beherbergt eine eindrucksvolle Sammlung australischer Gemälde, darunter auch Arbeiten von Sir Russell Drysdale, Sir Sidney Nolan und Albert Namatjira. Ausgestellt sind auch viele Arbeiten der zeitgenössischen indigenen Künstlerin Judy Watson. Die Dauerausstellung wird durch innovative Wechselausstellungen (Eintritt variiert) ergänzt.

Dreamtime Cultural Centre
KULTURZENTRUM

(☏4936 1655; www.dreamtimecentre.com.au; Bruce Hwy; Erw./Kind 13,50/6,50 AU$; ☺Mo–Fr 10–15.30 Uhr, Führung 10.30 & 13 Uhr) Rund 7 km nördlich der Stadt beschäftigt sich dieses besuchenswerte Kulturzentrum mit den Traditionen der Aborigines und der Torres-Strait-Insulaner und vermittelt einen faszinierenden Einblick in die indigene Lokalgeschichte. Das Zentrum befindet sich auf einem rund 12 ha großen Gelände mit natürlichem Busch und uralten Stammesstätten. Zu sehen sind Sandsteinexponate zur Archäologie und Mythologie der Aborigines. Die empfehlenswerte Führung dauert 90 Minuten; dabei können Gäste sich auch im Bumerangwerfen versuchen.

---

❶ GEFÄHRLICHE NESSELTIERE

Die potenziell tödlichen Chironex- und Irukandji-Würfelquallen, auch Seewespen oder Stinger genannt, kommen in Queenslands Küstengewässern nördlich von Agnes Water (manchmal auch weiter südlich) zwischen Oktober und April vor und machen das Baden während dieser Zeit gefährlich. Glücklicherweise ist an den Riffinseln das Baden und Schnorcheln das ganze Jahr über relativ ungefährlich. Allerdings sind die seltenen, winzigen Irukandji-Quallen (1–2 cm Durchmesser) am äußeren Riff und an den Inseln weiter draußen durchaus schon gesichtet worden. Weitere Infos zu Nesseltieren und zur Behandlung gibt's auf S. 558.

Kershaw Gardens
GARTEN

(☏4936 8254; über die Charles St; Eintritt frei; ☺6–18 Uhr) Der herrliche botanische Park gleich nördlich des Fitzroy River widmet sich den in Australien heimischen Pflanzen. Zu den Attraktionen gehören künstliche Stromschnellen, ein Regenwaldbereich, ein Duftgarten und denkmalgeschützte Architektur.

Heritage Village
MUSEUM

(☏4936 1026; Bruce Hwy; Erw./Kind/Fam. 7,70/4,50/22,70 AU$; ☺9–16 Uhr) Das Freilichtmuseum ist ein Nachbau historischer Gebäude in einem schönen Landschaftsgarten, 10 km nördlich vom Stadtzentrum. Schausteller in Kleidung der damaligen Zeit demonstrieren das Leben und Arbeiten von damals. Es gibt hier auch ein Visitors Centre.

Mt. Archer
BERG

Wie eine Kulisse ragt dieser Berg nordöstlich von Rockhampton 604 m in die Höhe. Vom Gipfel bietet sich ein vor allem abends atemberaubender Blick auf die Stadt und die Gegend. Der Berg ist ein Naturpark mit Wanderwegen, die durch Eukalyptushaine und Regenwaldgebiete mit vielen Tieren führen. Der Rockhampton City Council gibt eine Broschüre über den Park heraus, die in den Visitors Centres erhältlich ist.

Archer Park Station & Steam Tram Museum
MUSEUM

(☏4922 2774; Denison St; Erw./Kind/Fam. 6,60/4,50/15 AU$; ☺So–Fr 9–16 Uhr) Das Museum ist in dem ehemaligen Bahnhof von 1899 untergebracht. Anhand von Fotografien und Ausstellungen erzählt es die Geschichte des Bahnhofs und der einzigartigen dampfbetriebenen Bahn Purrey.

Geführte Touren

Little Johnny's Tours and Rentals
SEHENSWÜRDIGKEITEN

(0414 793 637; www.littlejohnnystours.com) Veranstaltet Ausflüge zu nahe gelegenen Attraktionen wie den Byfield Caves und den Capricorn Caves (S. 422) und betreibt außerdem einen Minibus zwischen dem Rockhampton Airport und Yeppoon.

Capricorn Coast Trail Rides
REITEN

Bietet Reitausflüge (S. 424) durch den Busch an.

Feste & Events

Beef Australia
ESSEN

(www.beefaustralia.org) Bei dem alle drei Jahre stattfindenden Fest (das nächste ist im Mai 2012) dreht sich alles um Rinder und Rindfleisch.

Jazz on Quay Festival
JAZZ

(www.jassonquay.com.au) Im September.

Schlafen

Die Zufahrtsstraßen von Norden und von Süden nach Rocky sind gesäumt von zahllosen Motels. Wer aber elegante, palmengesäumte Straßen mit Blick auf den Fitzroy River vorzieht, sollte irgendwo in der Altstadt südlich vom Fluss absteigen.

 Criterion Hotel
HOTEL, GASTHAUS $

(4922 1225; www.thecriterion.com.au; 150 Quay St; Zi. 55–80 AU$; Motel-Zi. 125–150 AU$;) Das Criterion ist Rockhamptons prächtigstes altes Gasthaus. Es hat ein elegantes Foyer mit Veranstaltungsraum, eine nette Bar und ein tolles Bistro (das Bush Inn). In den oberen beiden Etagen befinden sich Dutzende von urtümlichen Zimmern, von denen manche liebevoll restauriert wurden. In den Zimmern gibt es Duschen, aber die Toiletten sind auf dem Gang. Neben den alten Zimmern hat das Hotel noch ein paar Viereinhalb-Sterne-Motelzimmer.

Rockhampton YHA
HOSTEL $

(4927 5288; www.yha.com.au; 60 MacFarlane St; B 22 AU$; DZ 50–67 AU$;) Das Rocky YHA ist gut gepflegt und hat eine geräumige Lounge, einen Speiseraum und eine gut ausgestattete Küche. Außer den Schlafsälen mit jeweils sechs oder neun Betten gibt es

noch Doppelzimmer und Hütten mit Bad sowie einen großen Rasen zum Ballspielen. Das Hostel arrangiert auch Touren, holt seine Gäste kostenlos vom Busbahnhof ab und verkauft Fahrkarten für Busse von Premier und Greyhound.

Denison Hotel
BOUTIQUEHOTEL $$

(4923 7378; www.denisonhotel.com.au; 233 Denison St; Zi. 165–200 AU$;) Das frisch renovierte viktorianische Haus von 1885 liegt in Gehweite zur Quay St. In den herrschaftlich eingerichteten Zimmern gibt es Himmelbetten und Plasma-TVs. Wer will, kann sich mit dem hoteleigenen Rolls-Royce vom Flughafen oder Bahnhof abholen lassen.

Southside Holiday Village
WOHNWAGENPARK, HÜTTEN $

(1800 075 911, 4927 3013; www.sshv.com.au; Lower Dawson Rd; Stellplatz ohne/mit Strom/mit Bad 25/32/42 AU$, Hütte 62–102 AU$;) Dies ist einer der besten Wohnwagenparks der Stadt. Er hat nette, voll ausgestattete Hütten und Villen mit erhöhten Veranden, große Grasflächen, auf denen man sein Zelt aufschlagen kann, einen kostenlosen Bus und eine gute Küche. Die Preise gelten für zwei Personen. Die Anlage befindet sich ungefähr 3 km südlich vom Zentrum.

Essen & Ausgehen

LP TIPP Saigon Saigon
ASIATISCH, FUSION $$

(4927 0888; www.saigonbytheriver.com; Quay St, nahe Ecke Denham St; Hauptgerichte 15–20 AU$; Mi–Mo mittags & abends) In der zweistöckigen Bambushütte mit Blick auf den Fitzroy River werden panasiatische Gerichte mit lokalen Zutaten wie Känguru- und Krokodilfleisch serviert, das brutzelnd heiß auf den Tisch kommt (exotische Gerichte müssen im Voraus bestellt werden). Wer nicht so auf Reptilien steht, sollte das knusprige Hühnchen oder die Riesengarnelen probieren.

Criteron Hotel
KNEIPENESSEN, STEAKS $$

(4922 1225; Criterion Hotel, 150 Quay St; Gerichte 10–40 AU$; mittags & abends) Das Criterion hat vorne eine freundliche Bar, in der man gut ein Bierchen zischen kann, und hinten das im Westernstil aufgemachte Bush Inn mit Steinboden, Sitznischen und Tischen aus Holz. Es gibt riesige Steaks, z. B. das „Kilo Challenge" für 38 AU$. Wer kein Steak mag, findet auch viele andere Optionen, darunter Barramundi, Geflügelgerichte und Pizza. Regelmäßig gibt's werktags spätabends noch Livemusik.

CAPRICORN CAVES

Die unglaublichen **Capricorn Caves** (☑4934 2883; www.capricorncaves.com.au; Caves Rd; Erw./Kind 26/13 AU$; ☺9–16 Uhr) in den Berserker Ranges, 24 km nördlich von Rockhampton nahe der Ortschaft Caves, sollte man keinesfalls auslassen. Diese uralten Höhlen durchlöchern einen Kalksteinkamm. Bei einer Führung durch die Kavernen und Labyrinthgänge lassen sich Korallen, Stalaktiten, herabbaumelnde Wurzeln von Feigenbäumen und kleine, insektenfressende Fledermäuse besichtigen. Das Highlight der einstündigen „Cathedral Tour" ist die wunderschöne natürliche Felskathedrale, in der zur Demonstration der hervorragenden Akustik eine Aufnahme des Kirchenlieds „Amazing Grace" gespielt wird. Jedes Jahr im Dezember werden in der Kathedrale auch traditionelle Weihnachtslieder gesungen – Gäste dürfen gerne mitsingen. Ebenfalls im Dezember, um die Sommersonnenwende (1. Dez.–14. Jan.), dringt das Sonnenlicht durch einen 14 m hohen vertikalen Schacht direkt in die Belfry Cave ein und erzeugt ein atemberaubendes Lichtspiel. Steht man direkt unter dem Strahl, färbt das reflektierte Sonnenlicht die ganze Höhle in der Farbe der Kleidung, die man gerade trägt.

Furchtlose Höhlenforscher können sich mit der zweistündigen Adventure Tour (60 AU$) auch in ganz enge Höhlenbereiche mit Namen wie Fat Man's Misery vorwagen. Um an dieser Führung teilzunehmen, muss man mindestens 16 Jahre alt sein.

In dem Komplex der Capricorn Caves gibt es Grillstellen, einen Pool, einen Kiosk und **Unterkünfte** (Stellplatz ohne/mit Strom 27/32 AU$, Hütte ab 160 AU$).

Pacino's
ITALIENISCH **$$**
(☑4922 5833; Ecke Fitzroy & George St; Hauptgerichte 19–39 AU$; ☺Di–So abends) Das schicke italienische Restaurant mit seinen Holztischen und den eingetopften Feigenbäumen verströmt mediterrane Wärme und ist ideal für ein trauliches Essen mit köstlichen italienischen Speisen wie Ossobuco und Pasta verschiedenster Art.

Cassidy's
SEAFOOD, STEAKS **$$**
(☑4927 5322; www.98.com.au; 98 Victoria Pde; Hauptgerichte 18–46 AU$; ☺Mo–So morgens, Mo–Fr mittags & Mo–Sa abends) Das Lokal mit Alkoholausschank ist eines der besten in Rocky. Es gibt moderne australische Variationen von Känguru- und Lammfleisch sowie Steaks und Meeresfrüchte. Man kann drinnen sitzen oder draußen auf der Terrasse mit Blick auf den Fitzroy River.

Thai Tanee
THAI **$$**
(☑4922 1255; Ecke William & Bolsover St; Hauptgerichte 15–28 AU$; ☺abends) Das schlichte Restaurant wird von den Einheimischen wegen des dauerhaft guten thailändischen Essens sehr gelobt. Samstags zum Brunch gibt's Yum-Cha-Spezialitäten.

Heritage Hotel
KNEIPE **$**
(☑4927 6996; Ecke William & Quay St; Gerichte 7–21 AU$) Die Kneipe mit Eisengitterbalkonen hat eine Cocktaillounge mit Flussblick und Tischen im Freien. Auf der Karte stehen u.a. Pizza, Burger, Lammkeule und natürlich Steak.

☆ Unterhaltung

Great Western Hotel
KNEIPE
(☑4922 3888; www.greatwesternhotel.com.au; 39 Stanley St) Die 116 Jahre alte Kneipe wirkt wie die Filmkulisse eines Italowesterns und ist die „Heimat" von Rockys Cowboys und -girls. Hinten gibt's eine Rodeoarena, wo man mittwoch- und freitagabends zusehen kann, wie buckelnde Bullen und wilde Pferde Cowboys abwerfen. Mittwochabends bekommt man im Bistro auch noch zwei Gerichte zum Preis von einem. Manchmal rocken hier auch tourende Bands; Karten bekommt man online.

Stadium
CLUB
(☑4927 9988; 234 Quay St; Eintritt nach 22 Uhr 12 AU$; ☺Fr & Sa open end) Nachdem sie in der Kneipe waren, kommen die meisten Nachteulen noch in diesen großen, glitzernden Club gleich neben dem Heritage. Er gibt sich sportlich – die Tanzfläche hat die Form eines kleinen Basketballplatzes.

Pilbeam Theatre
THEATER
(☑4927 4111; Victoria Pde) Das schicke Theater mit 967 Sitzplätzen befindet sich im Rockhampton Performing Arts Complex und zeigt nationale und internationale Produktionen. Das italienische Restaurant wird von Einheimischen sehr gelobt.

Praktische Informationen

Capricorn Visitors Centre (☑4921 2311; Gladstone Rd; ☺9–17 Uhr) Die hilfreiche Touristeninformation befindet sich 3 km südlich des Zentrums am Highway neben der Markierung des südlichen Wendekreises. Die andere Filiale ist das **Rockhampton Visitors Centre** (☑4922 5339; 208 Quay St; ☺Mo–Fr 8.30–16.30, Sa & So 9–16 Uhr) im schönen, alten Zollhaus im Zentrum von Rocky.

CQ Net (☑4922 5988; 29 William St; ☺Mo, Di, Do & Fr 9–15.30 & 17 Uhr–open end; 5 AU$/ Std.) Internetzugang.

Post (☑13 13 18; 150 East St; ☺Mo–Fr 9–17 Uhr)

Queensland Parks & Wildlife Service (QPWS; ☑4936 0511; 61 Yeppoon Rd, North Rockhampton) Rund 7 km nordwestlich vom Zentrum Rockhamptons.

Rockhampton Library (☑4936 8265; 232 Bolsover St; ☺Mo, Di & Fr 9.15–17.30, Mi 13–20, Do 9.15–20, Sa 9.15–16.30 Uhr) Bietet kostenlosen Internetzugang; man muss sich aber vorher anmelden.

An- & Weiterreise

Bus

Greyhound Australia (☑13 20 30; www.greyhound.com.au) hat regelmäßig verkehrende Busse von Rocky nach Mackay (60 AU$, 4 Std.), Brisbane (114 AU$, 11 Std.) und Cairns (178 AU$, 18 Std.). Alle halten am **Mobil Roadhouse** (91 George St). **Premier Motor Service** (☑13 34 10; www.premierms.com.au) betreibt einen Bus zwischen Brisbane und Cairns, der unterwegs in Rockhampton hält.

Paradise Coaches (☑4933 1127) fährt täglich von Rocky nach Emerald (48 AU$, 4 Std.); Abfahrt ist am Mobil Roadhouse.

Young (☑4922 3813) fährt nach Yeppoon (12,10 AU$, 45 Min.) und macht eine Runde durch die Rosslyn Bay und Emu Park. Young hat von Montag bis Freitag auch Busse zum Mt. Morgan (12,10 AU$, 50 Min.). Abfahrt ist an der Kern Arcade in der Bolsover St.

Flugzeug

Qantas, Tiger Airways und Virgin Blue verbinden Rockhampton mit verschiedenen Städten.

Zug

Das Unternehmen **Queensland Rail** (☑1800 872 467, 3235 1122; www.queenslandrail.com.au) betreibt den *Tilt Train,* der Rockhampton mit Brisbane (ab 119 AU$, 7½ Std., So–Fr) und Cairns (ab 266 AU$, 16 Std., 2-mal wöchentl.) verbindet. Der langsamere *Sunlander* fährt ebenfalls zwischen Brisbane und Rockhampton (3-mal wöchentl.) und hat zwischen Rockhampton und Cairns einen Schlafwagen (ab 252 AU$, 20 Std.). Der Zug *Spirit of the Outback* fährt auch zwischen Rockhampton und Brisbane (ab 119 AU$), Emerald (65 AU$, 5 Std., 2-mal wöchentl.) und Longreach (130 AU$, 14 Std., 2-mal wöchentl.). Der Bahnhof liegt 450 m südwestlich vom Stadtzentrum.

HIRTEN & COWBOYS: AUFENTHALT AUF EINER FARM

Auf einer typisch australischen Cattle Station (Rinderranch) im Outback kann man eine ganze Menge roten Staub schlucken und erfährt, was der Unterschied zwischen Jackeroos, Ringers, Stockmen und Cowboys ist. Bei einem solchen Farmaufenthalt nimmt man an der täglichen Arbeit auf der Ranch teil, reitet, fährt Motorrad, treibt das Vieh zusammen, zieht Zäune und bereitet sich am Lagerfeuer Damper (Buschbrot) und Tee zu. Und ehe man sich versieht, legt man sich einen Pick-up und passend zu den R.-M.-Williams-Stiefeln und dem Akubra-Hut einen Blue Dog zu.

Myella Farm Stay (☑4998 1290; www.myella.com; Baralaba Rd; 3/7 Tage mit Verpflegung & Aktivitäten 360/750 AU$, Tagesausflug 110 AU$; ✻⊛✉), 125 km südwestlich von Rockhampton, gibt auf einer 10,5 km² großen Ranch einen Vorgeschmack auf den Outback. Das Paket beinhaltet die Erkundung des Buschs auf dem Pferderücken, per Motorrad und Geländewagen, Verpflegung, Unterkunft in einem renovierten Farmhaus mit Parkettboden und breiter Veranda, Farmkleidung und kostenlose Abholung von Rockhampton. Auf der Ranch gibt es auch ein Känguru-Rehabilitationszentrum, wo man bei der Pflege verwaister Kängurubabys mithelfen kann.

Auf dem 40 km² großen Gelände der **Lochenbar Cattle Station** (☑4992 2186; www.kroombit.com.au; B 27 AU$, DZ mit/ohne Bad 68/84 AU$, Paketangebote 2 Tage & 2 Nächte inkl. B, Verpflegung & Aktivitäten 280 AU$/Pers.; ✻⊛✉) nimmt der Kroombit Park 2 ha Eukalyptus-Buschland ein. Wer auf der Ranch übernachten will, kann zwischen mehreren Paketangeboten wählen: mit Übernachtung im Zelt, in einer Holzhütte im Busch oder in einer exklusiveren Hütte. Und während man einen auf Aussie macht, kann man lernen, mit der Peitsche zu knallen oder einen Bumerang bzw. ein Lasso zu werfen, und sich auf einem mechanischen Rodeobullen seine Sporen verdienen. Im Preis inbegriffen sind das Essen und die Abholung vom nahe gelegenen Biloela.

ⓘ Unterwegs vor Ort

Der Flughafen von Rockhampton befindet sich 5 km südlich vom Zentrum. **Sunbus** (☎4936 2133) unterhält ein recht umfangreiches Buslininennetz in der Stadt (Mo–Fr & Sa vormittags). Alle Linien treffen in der Bolsover St zusammen, zwischen der William und der Denham St. Busfahrpläne erhält man im Visitors Centre. Es gibt auch einen Taxiservice in der Stadt, die **Rocky Cabs** (☎13 10 08).

Yeppoon

☎07 / 13 290 EW.

Das hübsche, kleine Yeppoon ist ein Küstenstädtchen mit einem langen Strand am ruhigen Ozean und einer hübschen Kulisse aus Felsen vulkanischen Ursprungs, Ananashainen und Weideland. In den paar ruhigen Straßen, verschlafenen Motels und Strandcafés tummeln sich Ausflügler aus Rockhampton; Traveller zieht es meist nach Great Keppel Island, die nur 13 km vor der Küste liegt.

⊙ Sehenswertes & Aktivitäten

Ungefähr 15 km nördlich von Yeppoon liegt der **Cooberrie Park** (☎4939 7590; www.cooberriepark.com.au; Woodbury Rd; Erw./Kind/Fam. 25/15/65 AU$; ⊙10–15 Uhr), ein kleines Naturschutzgebiet auf 2 ha Buschland. Hier tummeln sich wild lebende Kängurus, Wallabys und Pfauen. Wer will, kann die Tiere auch füttern (der Park stellt dafür Futterpäckchen bereit) und gegen einen Aufpreis einen kuschligen Koala oder eines der kriechenden Reptilien auf den Arm nehmen.

Funtastic Cruises (☎0438 909 502; www.funtasticcruises.com; ganztägige Rundfahrt Erw./Kind 90/75 AU$) veranstaltet mit seinem 17 m langen Katamaran ganztägige Schnorcheltrips nach Middle Island mit zweistündigem Zwischenstopp auf Great Keppel Island. Im Preis inbegriffen sind der Morgen- und Nachmittagstee sowie die gesamte Schnorchelausrüstung. Wer auf den Inseln campen will, kann sich unterwegs auch dort absetzen lassen. **Sail Capricornia** (☎0402-102 373; www.keppelbaymarina.com.au; ganztägige Rundfahrt inkl. Mittagessen Erw./Kind 115/75 AU$) bietet Schnorchelausflüge mit einer 12 m langen Jacht sowie Rundfahrten bei Sonnenuntergang und mit Übernachtung an Bord an.

All diese Ausflüge sowie die Fähre nach Great Keppel Island starten an der Keppel Bay Marina in der Rosslyn Bay, gleich südlich von Yeppoon.

Mit **Capricorn Coast Trail Rides** (☎0413 483 850/4939 2611; www.cctrailrides.com.au) kann man vom hohen Ross aus alles Sehenswerte vor Ort in Augenschein nehmen. Angeboten werden ein- und zweistündige Ausritte am Wochenende (40/70 AU$) und manchmal auch längere Ausflüge. Los geht's an der Tankstelle Oaks Caltex, ungefähr auf halbem Weg zwischen Yeppoon und Rockhampton.

🛏 Schlafen

Es gibt Strände, Wohnwagenparks, Motels und Ferienwohnungen entlang der 19 km langen Küste, die sich südlich von Yeppoon bis Emu Park erstreckt, wo man die am nächsten gelegenen Backpackerunterkünfte findet. Eine recht vollständige Liste gibt's unter www.yeppooninfo.com.au.

Surfside Motel　　　MOTEL $

LP TIPP　(☎4939 1272; 30 Anzac Pde; Zi. 90/95 AU$; ❋@🛰🐾) Gegenüber vom Strand auf der anderen Straßenseite liegt nahe der Stadt diese Motelanlage aus den 1950er-Jahren mit limettengrünen Wohneinheiten – genau das Richtige für einen Sommerurlaub am Strand. Die wahnsinnig preisgünstigen Zimmer sind geräumig und ungewöhnlich gut mit Toaster, Föhn und kostenlosem WLAN ausgestattet.

While Away B&B　　　B&B $$

(☎4939 5719; www.whileawaybandb.com.au; 44 Todd Ave; EZ/DZ inkl. Frühstück 115/140 AU$; ❋) Das B&B mit vier Zimmern von guter Größe in dem makellos sauberen, rollstuhlgerechten Haus ist das perfekte, ruhige Refugium. Es gibt aber keine Einrichtungen für Kinder. Kostenlose Knabbereien, Tee, Kaffee, Portwein und Sherry und ein üppiges Frühstück runden das Ganze ab.

Beachfront 55　　　APARTMENTS $$

(☎4939 1403; www.beachfront55.com.au; 55 Todd Ave; Wohneinheit 139 AU$, Villa ab 285 AU$; ❋) Nördlich der Stadt liegen diese sehr komfortablen, vollständig in sich abgeschlossenen Wohneinheiten mit privater Grillstelle und Hof. Es gibt auch eine große Villa mit eigenem Pool, Blick auf den Garten und dem Meer im Hintergrund, in der sechs Leute bequem Platz finden. Allerdings ist die recht dicht am Haus des Betreibers.

Rydges Capricorn Resort　　　RESORT $$$

(☎1800 075 902, 4925 2525; www.capricornresort.com; Farnborough Rd; DZ 179–350 AU$; ❋🛰) Dies ist ein großes, grünes Golfresort, rund 8 km nördlich von Yeppoon. Die Unterkünfte reichen von normalen Hotelzimmern bis zu exklusiven, voll ausgestatteten Apartments. Es gibt auch einen riesigen Pool, einen Fitnessraum und mehrere Bars und Restaurants (die Einheimischen schwärmen vom Sushi). Paketangebote sind vorhanden; den besten Deal macht man bei Onlinebuchungen. Die beiden makellosen Golfplätze des Resorts sind auch für die Öffentlichkeit zugänglich (80 AU$ für 18 Löcher inkl. Motor-Buggy, Golfschläger 15 AU$).

Beachside Caravan Park WOHNWAGENPARK **$**
(☑4939 3738; Farnborough Rd; Stellplatz ohne/mit Strom 21/26–29 AU$) Der schlichte, aber nette kleine Campingpark nördlich des Stadtzentrums lockt mit bester Lage am Strand. Er verfügt über gute Einrichtungen und Rasenflächen mit etwas Schatten, nicht aber über Hütten oder fest dort stehende Wohnmobile. Die Preise gelten für zwei Personen.

✕ Essen & Ausgehen

LP TIPP **Shio Kaze** JAPANISCH **$$**
(☑4939 5575; 18 Anzac Pde; Gerichte rund 50 AU$/2 Pers.; ☿Mi–So mittags & abends) Das sehr empfehlenswerte Lokal mit Blick auf den Strand serviert köstliches, frisches Sushi. Die großartige Auswahl ist zudem preisgünstig. Alkohol muss man selbst mitbringen.

Thai Take Away THAI **$$**
(☑4939 3920; 24 Anzac Pde; Hauptgerichte 12–20 AU$; ☿abends) In dem zu Recht beliebten thailändischen Lokal (Alkohol selbst mitbringen!) kann man draußen auf dem Bürgersteig sitzen, die Meeresbrise genießen und die Köstlichkeiten mit Chili und Kokos verdrücken. Es gibt eine große Auswahl an Meeresfrüchten und der Service ist zackig.

Shore Thing FRÜHSTÜCK, SANDWICHES **$**
(☑4939 1993; 6 Normanby St; Hauptgerichte unter 14 AU$; ☿morgens & mittags) Das luftige, kleine Café an der Hauptstraße tischt Sandwiches, Focaccias, Wraps und ein großes Frühstück auf.

Strand Hotel KNEIPE
(☑4939 1301; 2 Normanby St, Ecke Anzac Pde) In der alten Kneipe gibt's am Wochenende immer Livemusik. Thekengerichte bekommt man täglich mittags und abends schon für 10 AU$. Besonders beliebt ist aber die *parrilla* am Sonntagabend: Grillfleisch nach argentinischer Art mit passender Musik.

✩ Unterhaltung
Das **Footlights Theatre Restaurant** (☑4939 2399; www.footlights.com.au; 123 Rockhampton Rd; Abendessen & Show 90 AU$) bietet freitags und samstags ein dreigängiges Abendessen und eine zweistündige Comedy-Show.

Im **Little Theatre** (www.yeppoonlittlethea tre.org.au; 64 William St) werden hin und wieder Amateurproduktionen gezeigt. Karten erhält man bei Yellow Door (S. 425)

ⓘ Praktische Informationen
Das **Capricorn Coast Visitors Centre** (☑1800 675 785, 4939 4888; www.capricorncoast.com. au; Scenic Hwy; ☿9–17 Uhr) befindet sich an der Einfahrt zur Stadt neben dem Kreisverkehr am Ross Creek. Die Mitarbeiter haben viele Infos zur Capricorn Coast und zu Great Keppel Island und buchen Unterkünfte und Touren.

Yellow Door (☑4939 4805; 11 Normanby St) verkauft neue und gebrauchte Bücher und CDs und betreibt einen Büchertausch. Hier kommt man für 5 AU$ pro Stunde auch ins Internet; in der **Yeppoon Library** (☑4939 3433; 78 John St) gibt's kostenlosen Internetzugang.

ⓘ An- & Weiterreise
Yeppoon liegt 43 km nordöstlich von Rockhampton. **Young's Bus Service** (☑4922 3813, www.youngsbusservice.com.au) hat häufig verkehrende Busse von Rockhampton (einfache Strecke 12 AU$) nach Yeppoon und hinunter zur Keppel Bay Marina.

Wer unterwegs zur Great Keppel Island oder zum Reef ist, findet ein paar Fährunternehmen, die auch Shuttles von der Unterkunft zur Keppel Bay Marina anbieten. Autofahrer können ihr Fahrzeug kostenlos auf dem Parkplatz am Jachthafen abstellen. Wem ein sicheres Parkhaus lieber ist, der findet südlich von Yeppoon am Scenic Hwy in der Nähe der Ausfahrt zur Keppel Bay Marina den **Great Keppel Island Security Car Park** (☑4933 6670; 422 Scenic Hwy; ab 12 AU$/Tag).

Rund um Yeppoon
Die Fahrt von Yeppoon und der Rosslyn Bay Richtung Süden führt über drei schöne Landzungen mit herrlichem Ausblick: **Double Head**, **Bluff Point** und **Pinnacle Point**. Hinter Pinnacle Point überquert die Straße den **Causeway Lake**, einen Meeresarm, wo man zum Angeln Boote, Köder und die nötige Ausrüstung mieten kann. **Emu Park** (2967 Ew.), 19 km südlich von Yeppoon, ist die zweitgrößte Ortschaft an der

Küste, hat aber nicht viel zu bieten – mal abgesehen von der schönen Aussicht und dem **Singing Ship Memorial** für Captain Cook, ein skurriles Denkmal aus durchlöcherten Rohren und Pfeifen, die im Wind schwermütige Pfiffe und ächzende Geräusche von sich geben. Das **Emus Beach Resort** (☑4939 6111; www.emusbeachresort.com; 92 Pattinson St; B 24–27 AU$, DZ/3BZ/4BZ 75/95/100 AU$) ist eine Backpacker-Absteige der Superlative, mit Pool, Küche, Grillbereich und Reisebüroservice. Es bietet auch Touren zu einer Krokodilfarm vor Ort. Nur einen Steinwurf vom Strand entfernt hat der **Bell Park Caravan Park** (☑4939 6202; bellpark@primus.com.au; Pattinson St; Stellplatz ohne/mit Strom 18/22 AU$, Hütte 84 AU$) geräumige Stellplätze, saubere Einrichtungen und komfortable Hütten.

Emu Park Pizza & Pasta (☑4938 7333; Hill St; Pizza 10–22 AU$; ☉abends) ist ein unscheinbares Restaurant, aber wegen der Pizza kommen die Leute sogar noch aus Yeppoon hierher.

Fährt man von Emu Park 15 km Richtung Rockhampton, gelangt man zur **Koorana Crocodile Farm** (☑4934 4749; www.koorana.com.au; Coowonga Rd; Erw./Kind 22/11 AU$; ☉Führung 10.30 & 13 Uhr), die aber nur im Rahmen der informativen Führung erkundet werden kann. Wer im Restaurant noch Kostproben von Kroko-Kebab, Kroko-Rippchen oder Kroko-Pie abbekommen möchte, muss frühzeitig da sein.

Byfield

Das winzige Byfield besteht aus einem Gemischtwarenladen, einer Schule und ein paar Häusern, aber die größten Attraktionen der kaum erschlossenen Region sind der prächtige **Byfield National Park** und der **State Forest**. Zum Park führt eine schöne, 40 km lange Fahrt von Yeppoon nordwärts durch die Kiefernhaine des Byfield State Forest. Unterwegs gibt es mehrere Abzweigungen zu diversen Picknickplätzen. Nördlich von Byfield grenzt das Armeeübungsgelände Shoalwater Bay an den Wald und den Park. Dort ist der Zutritt streng verboten.

Der Byfield National Park und der State Forest bilden gemeinsam die **Byfield Coastal Area**, eine wilde, malerische Region mit felsigen Landzungen, langen Sandstränden, großen Dünen, Heidelandschaften, Wäldern, von Mangroven gesäumten Meeresarmen, Bächen inmitten von Regenwald und Granitbergen. Der größte Wasserlauf ist der Waterpark Creek, der Rockhampton mit Wasser versorgt und wie geschaffen zum Kanufahren ist. Man hat die Auswahl zwischen fünf **Campingplätzen** (☑13 74 68; www.qld.gov.au/camping; Pers./Fam. 4,50/18 AU$): Upper Stoney Creek, Red Rock, Waterpark Creek, Nine Mile Beach und Five Rocks. Bei allen muss man im Voraus buchen. Nine Mile Beach und Five Rocks liegen am Strand und sind nur mit Geländewagen zu erreichen. Wenn die Wetterlage stimmt, gibt's am Nine Mile ordentliche Wellen.

Nob Creek Pottery (☑4935 1161; 216 Arnolds Rd; Eintritt frei; ☉9–17 Uhr), gleich südlich von Byfield mitten im grünen Regenwald, ist eine einzigartige Töpferei und Galerie. Man kann hier den Töpfern bei ihrer Arbeit zusehen. Der gigantische Brennofen erinnert an einen riesigen schlafenden Drachen. Die in der Galerie ausgestellten mundgeblasenen Gläser, Holzschnitzereien, Schmuckstücke und handgemachten Keramiken sind wunderschön.

Waterpark Farm (☑4935 1171; www.waterparkecotours.com; 201 Waterpark Creek Rd; Touren 2–3 Std. 25 AU$; Hütte 110 AU$; ❄) veranstaltet ausgezeichnete Ökotouren in einem elektrisch betriebenen Boot – so kann man in vollkommener Stille den Regenwald erkunden. Zur Tour gehören auch eine Kutschfahrt über eine Teebaumplantage, die Demonstration, wie Teebaumöl destilliert wird, eine Safaribusfahrt zu den historischen Stätten der Farm und der Morgentee. Wer von der warmherzigen Gastfreundschaft nicht genug bekommt, kann sich auf der 97 ha großen Farm in der voll ausgestatteten Holzhütte einmieten und dann in der Hängematte abhängen, im Bach baden oder einfach nur in dem warmen Whirlpool draußen relaxen.

LP TIPP **Ferns Hideaway** (☑4935 1235; www.fernshideaway.com.au; 67 Cahills Rd; Stellplatz ohne Strom 24 AU$, DZ 150 AU$; ❄▨), gleich nördlich von Byfield (ausgeschildert), ist eine abgeschiedene Buschoase in einem geradezu mustergültig gepflegten Garten. Für die Gäste werden Kanufahrten und Buschwanderungen angeboten. In dem Familienheim aus Holz gibt es ein erstklassiges **Restaurant** (Hauptgerichte 18–32 AU$; ☉Mi–So mittags & nachmittags, Sa abends, So morgens) mit Gerichten à la carte und Livemusik am Wochenende.

Zwischen den Bäumen stehen gemütliche, voll ausgestattete Hütten mit holzbefeuerten Kaminen. Zudem gibt es Doppelzimmer mit Gemeinschaftsbad und wer will, kann auch campen. Die Benutzung der Warmwasserduschen ist im Preis (gilt für 2 Pers.) inbegriffen. Restaurantgäste und Camper können kostenlos alle Einrichtungen benutzen, auch die Kanus.

Der **Byfield General Store & Café** (⊠4935 1190; 223 Byfield Rd; ⊙Mi–Mo 8–18, Di bis 14 Uhr) hat einfache Lebensmittel im Angebot und ein schlichtes Hofcafé, in dem Pasteten, Sandwiches und sehr leckere Burger serviert werden. Hier bekommt man auch Benzin und ein paar gute Infos über den Nationalpark.

Great Keppel Island

Great Keppel Island ist eine atemberaubend schöne Insel mit felsigen Landzungen, bewaldeten Hügeln und einem Rand aus pudrigem, weißem Sand an klarem, azurblauem Wasser. Zahlreiche einsame Strände säumen die 14 km² große Insel, die im Inneren zu 90 % mit natürlichem Buschland bedeckt ist. Hinter den Bäumen, die den Hauptstrand säumen, stehen ein paar Hütten und Unterkünfte, aber ansonsten ist die Bebauung auf der Insel sehr maßvoll und zurückhaltend. Great Keppel Island liegt nur 13 km vor der Küste und ist dementsprechend leicht erreichbar, aber trotzdem ein ruhiges Refugium: Man kann hier gut schnorcheln, baden und Buschwanderungen unternehmen.

Das weitläufige Great Keppel Island Resort war früher das Zentrum aller Aktivitäten hier, wurde 2008 aber unvermittelt geschlossen. Übrig geblieben sind nur eine zunehmend stärker verfallende Hülle und eine um vieles ruhigere Insel. Das Resort soll derzeit nicht wiedereröffnet werden.

◎ Sehenswertes

Die Strände von Great Keppel zählen zu den besten in Queensland. Bei einem kurzen Spaziergang abseits des **Fisherman's Beach**, des Hauptstrands, findet man schnell seinen eigenen einsamen Strandabschnitt mit schneeweißem Sand. Es gibt recht hübsche Korallen und super Fischgründe, insbesondere zwischen Great Keppel und Humpy Island im Süden. Ein halbstündiger Spaziergang über die Landzunge bringt einen zum **Monkey Beach**, wo es

sich gut schnorcheln lässt. Ein Wanderweg vom südlichen Ende des Flugplatzes führt zum **Long Beach**, dem wohl schönsten Strand der Insel.

Vom Fisherman's Beach gehen mehrere Buschwanderwege ab. Der längste und vielleicht schwierigste führt zum 2,5 m hohen „Leuchtturm" nahe **Bald Rock Point** auf der anderen Seite der Insel (hin & zurück 3 Std.).

Vor Middle Island, nahe Great Keppel Island, kann man ein **Unterwasser-Observatorium** sehen. Neben dem Observatorium wurde eine konfiszierte taiwanische Fischerdschunke versenkt, die heute ein Paradies für Fische ist.

⚡ Aktivitäten

Die **Watersports Hut** am Hauptstrand verleiht Schnorchelequipment, Kajaks und Katamarane und veranstaltet Fahrten auf einer Gummibanane. An der **Sandbar** bekommt man Getränke und Eis. Von hier aus kann man hervorragend den Sonnenuntergang über dem Wasser beobachten.

Keppel Reef Scuba Adventures (⊠4939 5022, 0408 004 536; www.keppeldive.com; Putney Beach) veranstaltet Einführungstauchkurse (200 AU$) und Schnorcheltrips (50 AU$/Pers.) und verleiht Schnorchelausrüstungen (15 AU$/Tag).

☞ Geführte Touren

Freedom Fast Cats (⊠1800 336 244, 4933 6244) veranstaltet ab der Keppel Bay Marina Rundfahrten (Erw./Kind 63/42 AU$) zu den besten Korallenstellen des Tages (je nach Gezeiten und Wetter). Durch den Glasboden des Bootes sieht man die Korallen, und wer will, kann auch Fische füttern. Freedom bietet auch ganztägige Fahrten (Erw./Kind 130/85 AU$) an, z.B. zu Korallenstellen, zum Fischefüttern, zum Schnorcheln, Boom-Netting oder mit Grill-Lunch. Für Abenteuerlustige könnten die rasanten Fahrten mit dem Schnellboot *Wild Duck* (35-minütige Fahrt Erw./Kind 25/20 AU$) interessant sein.

⌷ Schlafen

Da es das Great Keppel Island Resort nicht mehr gibt, sind Unterkünfte auf der Insel ziemlich rar. Ferienwohnungen vermittelt das **Capricorn Coast Visitors Centre** (⊠1800 675 785, 4939 4888; www.capricorncoast.com.au; Scenic Hwy, Yeppoon; ⊙9–17 Uhr) in Yeppoon. Die Häuser mit sechs bzw. acht Schlafzimmern können komplett oder zimmerweise gemietet werden.

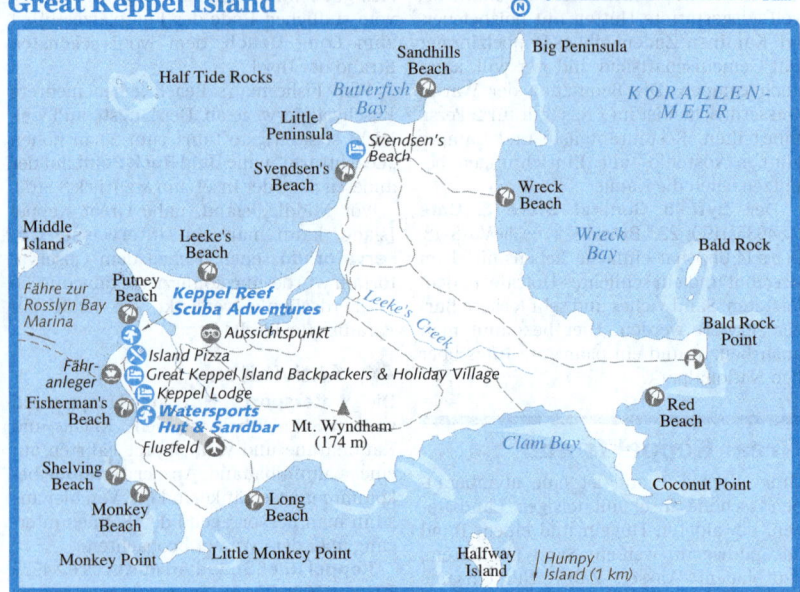

LP TIPP **Svendsen's Beach** HÜTTEN **$**
(📞4938 3717; www.svendsensbeach.com;
Svendsen's Beach; Hütte für 3 Nächte 285 AU$,
Mindestaufenthalt 3 Nächte) Die abgeschiedene Boutiqueunterkunft hat zwei luxuriöse
Zelt-Bungalows auf einzelnen erhöhten
Holzplattformen mit Blick auf den hübschen Svendsen's Beach. Die umweltfreundliche Anlage verfügt über Solarheizung,
Windgeneratoren, Regenwassertanks und
einen Öko-Kühlschrank. Es gibt auch eine
Gemeinschaftsstrandküche mit Grill und
Herdplatte. Der künstlerisch begabte Inhaber hat dekorative Holzskulpturen und
Einrichtungsgegenstände gebaut, darunter
eine hübsche, von Kerzen beleuchtete Ei-
merdusche im Busch. Dies ist ein perfekter
Ort zum Schnorcheln, Buschwandern und
für romantische Stunden. Im Preis inbegriffen ist die Abholung von der Fähre am
Fisherman's Beach.

Great Keppel Island Backpackers &
Holiday Village HOSTEL, HÜTTEN **$**
(📞4939 8655; www.gkiholidayvillage.com.au;
B 35 AU$, Zelt EZ/DZ 85 AU$, Hütte mit Bad
140 AU$, Haus mit 2 Schlafzi. ab 220 AU$) Das
Feriendorf bietet diverse gute Budgetunterkünfte (u. a. Vierbettzimmer und Hütten für 3 Pers.). Die freundliche, relaxte
Absteige hat Gemeinschaftsbäder und eine
ordentliche Gemeinschaftsküche sowie ei-

nen Grillbereich. Gäste können die Schnorchelausrüstungen gratis nutzen. Außerdem
werden von hier aus motorisierte Kanutrips
rund um Middle Island (30 AU$/Pers.) ver-
anstaltet.

Keppel Lodge PENSION **$$**
(📞4939 4251; www.keppellodge.com.au; Fisher-
man's Beach; F7/DZ 90–100/110–130 AU$, pro
zusätzl. Pers. 50 AU$) In dem offen gestal-
teten hübschen Haus gehen vier große
Schlafzimmer (mit Bad) von einem großen
Gemeinschaftsbereich mit Küche ab. Das
Haus kann komplett gemietet werden (ideal
für Gruppen) oder zimmerweise als einzel-
ne Motel-Suiten.

✕ Essen

Selbstversorger müssen alles Nötige selbst
mitbringen, da es auf der Insel keinerlei Le-
bensmittelläden und nur ein einziges Res-
taurant gibt.

Island Pizza PIZZA **$**
(📞4939 4699; The Esplanade; Gerichte
6–30 AU$) Das freundliche Lokal punktet
mit seinen Gourmet-Pizzas, die vielfältig
belegt werden können. Die Pizza ist zwar
nicht gerade billig, aber trotzdem verfüh-
rerisch. Man bekommt auch Hotdogs und
Pasta. Die Öffnungszeiten sind an der Tafel
angeschlagen.

LYNDIE MALAN: BETREIBERIN EINER FERIENUNTERKUNFT

Vor 20 Jahren ging Lyndie Malan am Svendsen's Beach auf Great Keppel Island an Land und verliebte sich sofort in die Insel … und in Carl Svendsen, der sein ganzes Leben hier verbrachte und eine Art moderner Robinson Crusoe war. Die beiden engagieren sich für die Natur auf der Insel und betreiben am Svendsen's Beach eine hübsche Boutiqueunterkunft für Ökotouristen. Hier ein paar Tipps von Lyndie:

Die spektakulärste Wanderung auf Great Keppel Island

Vom Svendsen's Beach geht's hinauf Richtung Leuchtturm, dann auf direktem Weg nach unten zum Wreck Beach und zurück entlang der Butterfish Bay.

Die besten Stellen zum Schnorcheln

Wreck Beach am Nordende und die Butterfish Bay.

Geheimtipp: die beste Badestelle

Secret Beach – ja, das ist der ultimative Geheimtipp! Einfach nach der Wegbeschreibung fragen …

Die niedlichsten Tiere auf Great Keppel Island

Die frisch geschlüpften Wallriffschildkröten – sie sind wirklich einfach süß!

Die gefährlichsten Bestien der Insel

Moskitos – das sind die gefährlichsten der Welt!

 **An- & Weiterreise**

Freedom Fast Cats (☎1800 336 244, 4933 6244, www.freedomfastcats.com) legt jeden Morgen von der Keppel Bay Marina in der Rosslyn Bay (7 km südlich von Yeppoon) ab und fährt zur Great Keppel Island (Erw./erm./Kind/Fam. 49/41/29/127 AU\$). Rückfahrt ist am Nachmittag desselben Tages (genaue Abfahrtszeiten telefonisch erfragen!). Wer eine Unterkunft auf der Insel gebucht hat, sollte sicherstellen, dass jemand zum Strand kommt und einem mit dem Gepäck hilft.

Noch mehr Inseln in der Keppel Bay

Great Keppel ist die größte von 18 atemberaubenden Inseln rund um die Keppel Bay. Diese befinden sich allesamt in einem Radius von 20 km vor der Küste. Anders als Koralleninseln, die sich als Anhäufung winziger Bruchstücke von Korallen, Algen und anderen Riffpflanzen sowie -tieren bilden, waren sie ursprünglich felsige Auswüchse des Festlandes.

Die herrlichen Atolle begeistern mit ihren sauberen Stränden und klarem Wasser, dessen Farbe von Helltürkis bis Tiefblau reicht. An den oft davor liegenden Korallenriffen können Besucher ausgezeichnet schnorcheln oder tauchen. Für Übernachtungsgäste auf Great Keppel Island lohnt sich ein Besuch von **Middle Island** mit seinem Unterwasserobservatorium oder von **Halfway Island** und **Humpy Island**. Auf einigen der Inseln – manche von ihnen sind auch Nationalparks – hat man zudem die Möglichkeit, ein paar Tage lang zu campen. Dafür müssen alle Vorräte und auch Wasser selbst mitgebracht werden. Es darf immer nur eine bestimmte Anzahl von Leuten gleichzeitig zelten: Infos und Genehmigungen erteilt der **QPWS** (☎13 74 68, www.qld.gov.au/camping).

Whitsunday Coast

Inhalt »

Gut essen

» Dommie Restaurant (S. 454)
» Alain's Restaurant (S. 448)
» Fish D'vine (S. 434)

Schön übernachten

» Qualia (S. 453)
» Paradise Bay (S. 450)
» Hayman Island Resort (S. 454)
» Platypus Bushcamp (S. 438)
» Water's Edge Resort (S. 446)

Auf zur Whitsunday Coast!

Opal- und jadefarbene Fluten und weißer Sand umrahmen die bewaldeten Kuppen der wundervollen Whitsunday Islands. Segeltörns durch das ruhige Korallenmeer sind einfach magisch. Doch die natürliche Schönheit der subtropischen Inselgruppe lässt sich auf viele Arten genießen: Man kann z. B. wie ein moderner Schiffbrüchiger an einsamen Buchten kampieren, in tropischen Resorts faulenzen oder an unberührten Korallenriffen schnorcheln und tauchen.

Als Tor zu den Inseln ist Airlie Beach eine belebte Backpacker-Hochburg, in der ein ständiges Kommen und Gehen herrscht und das Nachtleben pulsiert. Südlich von Airlie grenzt eine typische Queenslander Küstenstadt mit netten, palmengesäumten Straßen an ein Meer aus wogendem Zuckerrohr: Das Regionalzentrum Mackay ist ein idealer Ausgangspunkt für Trips zu den üppig grünen Hinterland-Oasen Finch Hatton Gorge und Eungella National Park mit ihren wildlebenden Schnabeltieren.

Reisezeit

Mackay

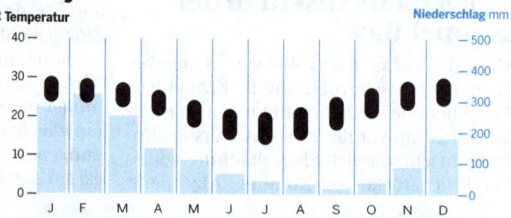

Juni–Oktober Perfekt: Sonne, friedliche Tage, mildes Wetter und quallenfreies Meer.

August Segelboote gleiten übers Wasser und die Partys der Airlie Beach Race Week steigen.

September–Oktober Optimale Bedingungen für Kajaktrips rund um die Inseln.

Gloucester Island
Saddleback Island
Bowen *Hydeaway Bay*
Stone Island
Dingo Beach
Olden Island
Cape Gloucester
Armit Island
Earlando
Grassy Island
Double Cone Island

5 Hayman Island
Hook Island
Whitsunday Islands
2 **3**
Great Barrier Reef **4**

Airlie Beach **7**
Whitsunday Island
Whitehaven Beach **1**
Shute Harbour

Cannonvale

Cedar Creek Falls
Conway National Park
Hamilton Island
Shaw Island

KORALLEN-MEER

Proserpine

A1

Conway

Thomas Island

Laguna Whitsundays
Midge Point
Blacksmith Island
Repulse Island
Linne Island
Goldsmith Island
Tinsmith Island

Bloomsbury

Carlisle Island
Cockermouth Island
Rabbit Island
Newry Island
Cape Hillsborough National Park
Brampton Island
Scawfell Island

Cameron's Pocket
Calen
A1
Seaforth
Mt Ossa
Keswick Island
St. Bees Island

Broken River

Eungella National Park **6**
Finch Hatton Gorge
Kuttabul
Yakapari
Bucasia
Eimeo
Blacks Beach
Slade Point

Eungella
Finch Hatton
Marian
Pioneer Valley
Mirani
Walkerston
Mackay
70

Bowen River

Elton
Homebush
Hay Point

Nebo Creek

Sarina Beach

Sarina
A1

70

Elphinstone

0   25 km

Highlights

1 Über den strahlend weißen Quarzsand am herrlichen **Whitehaven Beach** (S. 455) staunen

2 Durch die wundervoll aquamarinblauen Gewässer um die **Whitsunday Islands** (S. 455) segeln

3 Im **Whitsunday Islands National Park** (S. 443) unter Sternen zelten, Naturpfade abwandern und wie Robinson Crusoe leben

4 Am äußeren Rand des **Great Barrier Reef** (S. 440) tauchen und schnorcheln

5 Im tropischen Luxus-Inselresort von **Hayman Island** (S. 454) am Pool Cocktails schlürfen

6 Durch den diesigen Regenwald des **Eungella National Park** (S. 437) wandern und geduldig nach scheuen Schnabeltieren Ausschau halten

7 Sich im feierwütigen **Airlie Beach** (S. 445) antörnen lassen, Bier bechern und kräftig Party machen

❶ An- & Weiterreise

Bus

Greyhound (☎1300 473 946; www.greyhound. com.au) und **Premier** (☎13 34 10; www.premier ms.com.au) betreiben Busse, die auf dem Bruce Hwy entlangfahren und in größeren Städten halten. In Proserpine geht's runter vom Highway und weiter nach Airlie Beach. Details sind unter den jeweiligen Ortsbeschreibungen zu finden.

Flugzeug

Mackay hat einen großen lokalen **Flughafen** (www.mackayairport.com.au). Maschinen von **Jetstar** (☎13 15 38; www.jetstar.com.au), **Qantas** (☎13 13 13; www.qantas.com.au) und **Virgin Blue** (☎13 67 89; www.virginblue.com. au) fliegen regelmäßig in die größten Städte und zurück. **Tiger Airways** (☎03-9335 3033; www. tigerairways.com.au) hat Verbindungen von Melbourne nach Mackay.

Flugzeuge von Jetstar und Virgin Blue starten regelmäßig zur Hamilton Island; von dort aus geht es per Schiff/Flugzeug zu den anderen Inseln. Alle drei Fluglinien fliegen zum Whitsunday Coast Airport auf dem Festland. Von dort aus kann man per Charterflugzeug zu den Inseln bzw. einen Bus nach Airlie Beach oder ins nahe gelegene Shute Harbour nehmen.

Schiff/Fähre

Airlie Beach und Shute Harbour eignen sich als Ausgangspunkte für Schiffstouren zu den Whitsundays; Details finden sich in den jeweiligen Inselbeschreibungen.

Zug

Queensland Rail (www.queenslandrail.com. au) kommt auf dem Weg von Brisbane nach Townsville/Cairns durch die Region. Nähere Informationen gibt es bei den Ortsbeschreibungen.

Mackay

☎07 / 66 880 EW.

Das hübsche Mackay mit seinen palmengesäumten Straßen und den Art-déco-Gebäuden schafft es nicht ganz in die Touristencharts. Stattdessen ist die große, ländliche Küstenstadt ein Versorgungszentrum für Landwirtschaft und Bergbau in der Umgebung. Obwohl der neu gestaltete Jachthafen mit Open-Air-Restaurants und -cafés an einer malerischen Promenade durchaus lockt, dient Mackay eher als praktischer Ausgangspunkt für Trips in die Umgebung: Die Whitsundays liegen nur eine einenhalbstündige Autofahrt entfernt. Zur hübschen Brampton Island kommt man per Kurzstreckenflug, zum Pioneer Valley und zum Eungella National Park auf einer Panoramastraße, die durch Zuckerrohrfelder führt.

◉ Sehenswertes & Aktivitäten

Seine eindrucksvolle **Art déco-Architektur** verdankt Mackay größtenteils einem verheerenden Wirbelsturm, der 1918 viele der Stadthäuser zerstörte. Für Fans verteilt das Town Hall Visitor Information Centre die Broschüre *Art Deco Mackay*.

Vom **Mt. Basset Lookout** und vom **Rotary Lookout** in North Mackay hat man eine gute Aussicht auf den Hafen.

Artspace Mackay KUNSTGALERIE
(☎4961 9722; www.artspacemackay.com.au; Gordon St; Eintritt frei; ☉Di–So 10–17 Uhr) Mackays kleine Regionalgalerie zeigt Werke einheimischer und auswärtiger Künstler.

Mackay Regional Botanic Gardens GARTEN
(Lagoon St; Eintritt frei) Diese eindrucksvollen 33 ha 3 km südlich vom Stadtzentrum sind „aktuell in Arbeit": Sie umfassen u. a. mehrere Themengärten, z. B. auch einen **tropischen Schattengarten** (☉8.45–16.45 Uhr).

Bluewater Lagoon SCHWIMMEN
(Eintritt frei; ☉9–17.45 Uhr) Wenn im Sommer Quallen den Ozean unsicher machen, empfiehlt sich Mackays nette künstliche Lagune. Nahe dem Caneland Shopping Centre gibt's dort grasbewachsene Picknickbereiche, ein Café und diverse Wasserrutschen.

Mackay Marina JACHTHAFEN
(Mackay Harbour) Der belebte Jachthafen ist ein prima Plätzchen für ein Abendessen und einen Wein mit Blick aufs Wasser. Alternativ kann man ganz einfach im Park picknicken und am Wellenbrecher entlangspazieren.

Strände & Schwimmen

Mackay hat viele Strände, aber nicht alle sind ideal zum Baden. Die besten sind Blacks Beach, Eimeo und Bucasia (Details auf S. 437) ca. 16 km weiter nördlich.

Die beste Option in Stadtnähe ist der bewachte **Harbour Beach** gleich südlich der Mackay Marina und 6 km nördlich vom Zentrum. Im nahen Mulherin Park gibt's Grills und Picknicktische.

☞ Geführte Touren

Farleigh Sugar Mill WERKSFÜHRUNG
(☎4959 8360; Erw./Kind/Fam. 22/12/59 AU$; ☉2-stündige Führungen Juni–Nov. 9, 11 & 13 Uhr)

Während der Zuckerrohrernte können Besucher hier die Herstellung der süßen Kristalle beobachten. Außerdem erfahren sie alles Wichtige zu Geschichte, Produktion und Technologie. Wer die Raffinerie besichtigen möchte, sollte jedoch angemessen gekleidet sein (d. h. lange Hosen und Ärmel, geschlossene Schuhe).

Jungle Johno Eco Tours — PANORAMATOUR

(☎4944 1230; Tour 75 AU$) Das geheimnisvolle Schnabeltier ist der Goldtopf am Ende dieses Regenbogens: Tourteilnehmer dringen tief in den Nationalpark vor, um die scheuen, amphibisch lebenden Kreaturen in ihrem natürlichen Lebensraum zu beobachten. Außerdem baden sie unter kristallklaren Wasserfällen und erspähen wahrscheinlich auch andere Tiere wie Eisvögel, Schildkröten oder Australische Wasseragamen. Die siebenstündigen Tagesausflüge ab dem Hostel Gecko's Rest führen auch zur Finch Hatton Gorge und sind eine tolle Möglichkeit, die Highlights von Eungella und Umgebung an einem Tag abzuklappern.

Reeforest Adventure Tours — PANORAMATOUR

(☎1800 500 353, 4959 8360; www.reeforest. com) Die Öko-Tagessafari „Schnabeltier und Regenwald" (145 AU$/Pers.) führt zur Finch Hatton Gorge und zu den Schnabeltieren am Broken River. Sie umfasst eine Lehrwanderung und ein Mittagessen in einem einsamen Buschcamp nahe der Schlucht. Man kann auch von Airlie Beach aus starten (145 AU$/Pers.).

✦✦ Feste & Events

Wintermoon Festival — MUSIK

(www.wintermoonfestival.com) Mit Musikern aus nah und fern; im Mai oder Juni.

🛏 Schlafen

Südlich vom Zentrum säumen viele Motels die Nebo Rd. Die Budgetoptionen (DZ ca. 75 AU$) hängen ihre Preise jeweils vor dem Haus aus. Hier könnte allerdings der Straßenlärm recht lästig werden.

Clarion Hotel Mackay Marina — HOTEL $$$

(☎4955 9400; www.mackaymarinahotel.com; Mulherin Dr, Mackay Harbour; DZ 245–445 AU$; ✳@🛜🏊) Der Liebling des schnell wachsenden Jachthafenbezirks hat Zimmer mit Balkonen und geräumigen Duschen. Hinzu kommen alle modernen Extras, die man von einem Hotel internationalen Ranges erwartet. Tipp für Paare: Es gibt ein Pam-

per Package (Verwöhnpaket; 455 AU$) inklusive Spa-Suite, Sekt, Schokolade, Massage (30 Min.), warmem Frühstück und Auschecken um 12 Uhr.

Coral Sands Motel — MOTEL $$

(☎4951 1244; www.coralsandsmotel.com.au; 44 Macalister St; EZ/DZ 110/120 AU$; ✳🛜🏊) Eine von Mackays besseren Mittelklasseoptionen mit superfreundlichem Management und großen Zimmern in zentraler Lage. Angesichts von Fluss, Läden, Kneipen und Cafés quasi direkt vor der Haustür fällt der leicht heruntergekommene Pool nicht weiter ins Gewicht.

Mackay Grande Suites — HOTEL $$$

(☎4969 1000; www.mackaygrandesuites.com. au; 9 Gregory St; Zi. 205 AU$, Apt. mit 1 Schlafzi. ab 245 AU$; ✳@🏊) Die lange erwartete Erweiterung des Spitzenklassehotelangebots in Mackays Zentrum überzeugt mit stilvollem Dekor und modernen Extras. Wer sich mal was gönnen möchte, nimmt die Spa-Suite (310–390 AU$) mit riesigem Plasmafernseher und Panoramablick vom Balkon.

Gecko's Rest — HOSTEL $

(☎4944 1230; www.geckosrest.com.au; 34 Sydney St; B/EZ/DZ 24/55/90 AU$; ✳@) Das äußerst belebte Gecko's platzt vor abenteuerlustigen Travellern fast immer aus allen Nähten und ist auch Ausgangspunkt der Jungle Johno Eco Tours. Die Vierpersonenschlafsäle des leicht schmuddelig wirkenden Hostels haben eigene Minikühlschränke. Zudem gibt's eine große Küche und eine riesige Dachterrasse.

International Lodge Motel — MOTEL $$

(☎4951 1022; internationallodge@bigpond.com; 40 Macalister St; Zi. ab 105 AU$; ✳🛜) Die sauberen, hellen und fröhlichen Motelzimmer verbergen sich hinter einer unscheinbaren Fassade. Sie sind eine preiswerte Option nahe Mackays Restaurants und Bars.

Mid City Motor Inn — MOTEL $$

(☎4951 1666; stay@midcitymotel.com.au; 2 Macalister St; Zi. 114–180 AU$; ✳@🛜🏊) Das betagt wirkende, aber komfortable Motel punktet mit super Lage an der Flusspromenade. Bis zum Stadtzentrum ist es nur ein kurzer Fußmarsch.

✗ Essen

Burp Eat Drink — MODERN-AUSTRALISCH $$$

(☎4951 3546; www.burp.net.au; 86 Wood St; Hauptgerichte 32–40 AU$; ⊙Di-Fr mittags & abends, Sa abends) Das Burp wirkt wie ein

Melbourner Nobellokal, das in die Tropen versetzt wurde. Auf der kurzen, aber verführerischen Karte steht u.a. eine interessante, innovative Auswahl von Gerichten, die man sich mit seiner Begleitung teilen kann (z.B. japanische Auberginen, gefüllt mit Garnelen und Austernsauce).

Fish D'vine   SEAFOOD $$
(☎4953 4442; www.fishdvine.com.au; Sydney St; Hauptgerichte 12–25 AU$; ⏱mittags & abends) Dieser Mix aus Fischlokal und Rumbar hat mehrere Filialen (das Original ist in Airlie Beach). Neben diversen Gerichten mit frischem Fisch wird hier noch andere Kost aus Neptuns Reich serviert. Wer keine der 100 Rumsorten probieren will, kann unter vielen weiteren gehaltvollen Getränken wählen.

Oscar's on Sydney   FUSION $
(☎4944 0173; Ecke Sydney & Gordon St; Hauptgerichte 10–21 AU$; ⏱morgens & mittags) Die leckeren *poffertjes* (echte niederländische Pfannkuchen mit traditioneller Garnierung) sind immer noch schwer gefragt. Man kann aber auch die anderen Gerichte des bleibeten Eckcafés bedenkenlos ordern.

Kevin's Place   ASIATISCH $$
(☎4953 5835; Ecke Victoria & Wood St; Hauptgerichte 18–25 AU$; ⏱Mo–Fr mittags & abends, Sa abends) Noch brutzelnd serviertes, pikan-

tes Essen aus Singapur, fixe, professionelle Kellner, koloniales Ambiente und tropisches Klima sorgen hier zusammen für ein Erlebnis à la Sir Thomas Stamford Bingley Raffles (Forscher und Gründer Singapurs).

Angelo's on the Marina   ITALIENISCH $$
(☎4955 5600; www.angelosonthemarina.com.au; Mulherin Dr, Mackay Marina; Hauptgerichte 20–30 AU$; ⏱tgl. mittags & abends, Sa & So morgens) Hier gibt's Pasta mit Jachthafenblick.

Austral Hotel   KNEIPENESSEN $$
(☎4951 3288; www.theaustralhotel.com.au; 189 Victoria St; Hauptgerichte 17–31 AU$, Steaks 23–41 AU$; ⏱mittags & abends) Super Steaks.

🍷 Ausgehen

Gordi's Cafe & Bar   KNEIPE
(85 Victoria St) Prima zum Leutegucken.

Satchmo's at the Reef   BAR
(Mulherin Dr, Mackay Harbour) Noble Wein- und Tapasbar, die die Jachtbesitzer lieben; Livemusik am Sonntagnachmittag.

☆ Unterhaltung
Nachtclubs

The Code   NACHTCLUB
(99 Victoria St; www.thecodenightclub.com.au; ⏱22–3 Uhr) Für diesen Nobelnachtclub sollte man sich frech, aber piekfein stylen.

Mackay Zentrum

Platinum Lounge   NACHTCLUB
(83 Victoria St; ⊙Mi–Sa 19–3, So 17–2 Uhr) Beliebtester Nachtclub der Stadt.

Theater
**Mackay Entertainment &
Convention Centre**   THEATER
(☑4961 9777; Alfred St; ⊙Theaterkasse Mo–Fr
9–17, Sa 10–13 Uhr) Live-Vorstellungen.

❶ Praktische Informationen

Bahnhof, Flughafen, botanische Gärten und
Visitor Centre liegen ca. 3 km südlich vom
Zentrum entfernt. Rund 6 km nordöstlich der
Innenstadt befindet sich Mackay Harbour mit
seinem riesigen, unübersehbaren Zuckerlager.
Den benachbarten Jachthafen säumen erlesene
Uferrestaurants

Mackay City Library (☑4961 9387; Gordon St;
⊙Mo & Fr 9–17, Di 10–18, Do 10–20, Sa 9–15
Uhr) Internetzugang

Mackay Queensland Parks & Wildlife Service
(QPWS; ☑4944 7800; www.derm.qld.gov.au;
30 Tennyson St)

Mackay Visitors Centre (☑4944 5888; www.
mackayregion.com; 320 Nebo Rd; ⊙Di–Fr
8.30–17, Mo 9–17, Sa & So 9–16 Uhr)

Post (Sydney St) Nahe der Ecke Gordon St.

Town Hall Visitor Information Centre (☑4951
4803; townhall@mackayregion.com; 63 Sydney
St; ⊙Mo–Fr 9–17, Sa & So 9–12 Uhr)

❶ An- & Weiterreise
Bus

Busse halten am **Mackay Bus Terminal** (☑4944
2144; Ecke Victoria & Macalister St; ⊙Mo–Fr
7–18, Sa 7–16 Uhr), wo auch Tickets gekauft
werden können. **Greyhound** (☑1300 473 946;
www.greyhound.com.au) rollt die Küste hinauf

und hinunter. Beispiele für Preise (einfache
Strecke Erw.) und Reisedauer: Airlie Beach
(35 AU$, 2 Std.), Townsville (95 AU$, 6½ Std.),
Cairns (170 AU$, 13 Std.), Rockhampton
(75 AU$, 4½ Std.), Hervey Bay (155 AU$, 11 Std.),
Brisbane (200 AU$, 17 Std.).

Premier (☑13 34 10; www.premierms.com.
au) ist günstiger als Greyhound, fährt aber nicht
so häufig.

Flugzeug
Der Flughafen liegt ca. 3 km südlich von Mackays
Zentrum.

Jetstar (☑13 15 38; www.jetstar.com.au),
Qantas (☑13 13 13; www.qantas.com.au) und
Virgin Blue (☑13 67 89; www.virginblue.com.
au) fliegen nach bzw. ab Brisbane. **Tiger Airways**
(☑03-9335 3033; www.tigerairways.com.au)
bietet Direktflüge zwischen Mackay und Melbourne an.

Zug
Mehrere Züge der **Queensland Rail** (☑13 22
32, 1300 13 17 22; www.traveltrain.com.au)
halten zwischen Brisbane und Townsville/Cairns
in Mackay: Dienstags und samstags fährt der
schnelle *Tilt Train* um 6.50 Uhr über Townsville
(110 AU$, 5½ Std.) nach Cairns (190 AU$,
12 Std.). Sonntags und mittwochs startet er um
20.50 Uhr gen Brisbane (240 AU$, 13 Std.). Ge-
nannt sind hier die Preise für einen Erwachsenen
in der Business Class.

Mit dem *Sunlander* geht's von Mackay nach
Cairns (Mo & Mi 2.25, Fr 5.35 Uhr) oder Brisbane
(Di, Do & Sa 23.30 Uhr). Die Reise von Mackay
nach Brisbane dauert 17 Stunden (Sitz-/Schlaf-
wagenplatz Erw. 160/220 AU$).

❶ Unterwegs vor Ort
Die Autovermieter **Avis** (☑4951 1266; www.
avis.com.au), **Budget** (☑4951 1400; www.

WHITSUNDAY COAST MACKAY

budget.com.au), **Europcar** (☑4952 6269; www.
europcar.com.au), **Hertz** (☑4951 3334; www.
hertz.com.au) und **Redspot** (☑4998 5799;
www.redspotcars.com.au) sind am Flughafen
vertreten.

Die Stadtbuslinien von **Mackay Transit Coaches** (☑4957 3330) verbinden Mackay zudem
mit dem Hafen und den nördlichen Stränden.
Die Visitor Centres verteilen Fahrpläne. Alle
Linien starten am Caneland Shopping Centre
und haben viele ausgeschilderte Haltestellen.
Zusätzlich lassen sich die Busse überall an
den Straßenrändern heranwinken, sofern dort
genug Platz zum Anhalten ist. Ein kostenloser
Sonntagsservice klappert alle touristischen
Highlights ab und kann entlang seiner Route
(Gordon St–Nebo Rd) beliebig an den Straßenrand gewunken werden.

Wer telefonisch eines der **Mackay Taxis** (☑13
13 08) bestellt, bezahlt ab Bahnhof oder Flughafen ca. 20 AU$ zum Stadtzentrum.

Rund um Mackay

SARINA
☑07 / 3290 EW.

Das in den Ausläufern der Connors Range
gelegene Sarina versorgt die umliegenden
Zuckerrohrplantagen mit allem, was sie
brauchen. Zudem steht hier Plane Creek,
eine Zuckerraffinerie und Äthanoldestillerie der CSR Limited.

Das **Sarina Tourist Art & Craft Centre**
(☑4956 2251; Railway Sq, Bruce Hwy; ☺9–17
Uhr) liefert Touristeninfos und stellt einheimisches Kunsthandwerk aus. Nebenan befindet sich ein kleines **Museum** (Erw./Kind
4/1 AU$, ☺Di, Mi & Fr 9,30–14 Uhr).

Der **Sarina Sugar Shed** (☑4943 2801;
www.sarinasugarshed.com.au; Railway Sq; Erw./
Kind 18/9 AU$; ☺Führungen Mo–Sa 9.30, 10.30,
12 & 14 Uhr) ist die landesweit einzigartige
Miniaturausgabe einer Zuckerraffinerie
und Schnapsbrennerei. Nach der Führung
gibt's in Letzterer ein Gratisschlückchen.

Der Bruce Hwy führt mitten durchs
Ortszentrum. Nördlich von diesem steht
das **Tramway Motel** (☑4956 2244; 110 Broad
St; EZ/DZ 100/105 AU$; ❋🔊🛏) mit sauberen,
hellen Wohneinheiten. Für ein alternatives
Gastro-Erlebnis empfiehlt sich das **Diner**
(11 Central St; Hauptgerichte 4–6 AU$; ☺Mo–Fr
4–18, Sa 4–10 Uhr): Der rustikale Straßenimbiss verköstigt Lastwagenfahrer und
Zuckerrohrfarmer seit Jahrzehnten. Um
ihn zu finden, im Zentrum die Abzweigung
nach Clermont nehmen und kurz vor dem
Bahnübergang auf eine Blechbude zur Linken achten!

RUND UM SARINA
Östlich von Sarina erreicht man nach
kurzer Autofahrt ein paar bodenständige Küstenorte. Saubere, menschenleere
Strände und schmale, mangrovengesäumte
Buchten bieten dort super Möglichkeiten
zum Relaxen, Angeln, Strandwandern und
Tierebeobachten (z.B. Meeresschildkröten
bei der Eiablage).

Sarina Beach

Das entspannte Küstendorf mit dem langen
Strand und der Bootsrampe am Sarina Inlet
verfügt auch über einen Gemischtwarenladen mit Tankstelle plus Autowerkstatt.

Fernandos Hideaway (☑4956 6299; www.
sarinabeachbb.com; 26 Captain Blackwood Dr; EZ
100 AU$, DZ 130–140 AU$; ❋🛏) heißt ein B&B
im Stil eines spanischen Hazienda. Auf einer schroffen Landzunge gelegen, punktet
es mit sensationellem Küstenblick und direkter Strandlage. Das Wohnzimmer zieren
ein ausgestopfter Löwe, eine Ritterrüstung
und alle möglichen Souvenirs des weit gereisten, exzentrischen Eigentümers.

Die meisten Zimmer des **Sarina Beach
Motel** (☑4956 6266; sarbeach@mackay.net.au;
The Esplanade; DZ 100–135 AU$; ❋🛏) am Nordende der Esplanade grenzen direkt an den
Strand.

Armstrong Beach

Der **Armstrong Beach Caravan Park**
(☑4956 2425; 66 Melba St; Stellplatz ohne/mit
Strom 25/30 AU$) befindet sich ein paar Kilometer südöstlich von Sarina an der Küste.
Die Stellplatzpreise des Wohnmobilparks
gelten für zwei Personen.

Mackays nördliche Strände

Nördlich von Mackay besteht die Küstenlinie aus mehreren Landzungen und Buchten, in deren Schutz kleine Ortschaften mit
Ferienunterkünften liegen.

Am 6 km langen Strand von **Blacks
Beach** kann man sich ein bisschen bewegen und einen Tag lang ein Stück Küste am
Korallenmeer erobern. Zu den zahlreichen
hiesigen Unterkünften zählt z.B. das **Blue
Pacific Resort** (☑1800 808 386, 4954 9090;
www.bluepacificresort.com.au; 26 Bourke St,
Blacks Beach; Wohnstudio 155 AU$, Wohneinheit
mit 1/2 Schlafzi. 175/225 AU$; ❋🔊🛏) mit hellen, fröhlichen Wohneinheiten direkt am
Strand. Alle Zimmer sind für Selbstversorger konzipiert.

Von den Zeltstellplätzen des nahegelegenen **Seawinds Caravan Park** (📞4954 9334; seawinds16@bigpond.com; Stellplatz ohne Strom 21–25 AU$, Stellplatz mit Strom 29–31 AU$, Hütte 82–101 AU$; ✳@≋) fällt der Blick auf einen herrlich langen Strandabschnitt.

Am Nordende von Blacks Beach steht das **Dolphin Heads Resort** (📞1800 075 088, 4954 9666; www.dolphinheadsresort.com.au; Beach Rd, Dolphin Heads; DZ 180–220 AU$; ✳@🛜≋) mit vier Sternen und 80 komfortablen Wohneinheiten im Motelstil. Die Bucht davor ist hübsch, aber felsig.

Nördlich von Dolphin Heads liegt **Eimeo** mit dem **Eimeo Pacific Hotel** (Mango Ave, Eimeo) auf einer Landzunge. Bei sensationeller Aussicht aufs Korallenmeer lässt sich hier super ein Bier schlürfen.

Gegenüber von Eimeo und Dolphin Heads säumt **Bucasia** den anderen Rand der Sunset Bay. Nach dort oben führt jedoch nur ein langer Rückweg über die Hauptstraße. Die Zeltstellplätze des **Bucasia Beachfront Caravan Resort** (📞4954 6375; www.bucasiabeach.com.au; 2 The Esplanade; Stellplatz ohne Strom 27 AU$, Stellplatz mit Strom 28–37 AU$, Villa 160 AU$; ≋) liegen nicht direkt am Strand. Von der kleinen, komfortablen Villa sind es aber nur ein paar Gehminuten über eine Rasenfläche bis zum Meer.

Pioneer Valley

In Richtung Westen weicht Mackays Stadtlandschaft dem üppigen Grün des wunderschönen Pioneer Valley. Neben der Straße rattern hier Züge voller Zuckerrohr emsig voran, sodass einem dessen typischer Geruch in die Nase steigt. Zuckerrohr wurde 1867 erstmals hier angebaut und bedeckt heute fast den ganzen Talboden. Rund 10 km westlich von Mackay zweigt die Mackay-Eungella Rd zum Eungella National Park vom Peak Downs Hwy ab. Sie führt am Fluss entlang durch riesige Zuckerrohrfelder und passiert dabei ab und zu kleine Ortschaften oder qualmende Zuckerfabriken.

Etwa 17 km westlich von Mirani steht das **Pinnacle Hotel** (Eungella Rd, Pinnacle; Hauptgerichte 10–20 AU$), ein Gasthaus mit Freiluftcafé und Livemusik am Sonntagnachmittag.

Nach weiteren 10 km führt eine Abzweigung zur Finch Hatton Gorge im Eungella National Park. Hinter der Abzweigung

(1,5 km) kommt die hübsche Gemeinde **Finch Hatton** in Sicht.

Von dort aus sind es weitere 18 km bis zum malerischen Bergdorf Eungella oberhalb des Tales. Achtung: Der letzte Straßenabschnitt steigt plötzlich und extrem steil über mehrere heftigste Haarnadelkurven an – das ist nichts für lange Wohnwagengespanne!

Eungella

Das hübsche, kleine Eungella (*jang-glah*; „Land der Wolken") klebt direkt am Rand des Pioneer Valley. Hier gibt's einen **Gemischtwarenladen**, der Snacks, Lebensmittel und Benzin verkauft, sowie ein paar Unterkünfte und Restaurants.

Das **Eungella Mountain Edge Escape** (📞4958 4590; www.mountainedgeescape.com.au; Hütte mit 1/2 Schlafzi. 115/135 AU$; ✳) mit herrlichem Talblick besteht aus drei hölzernen Selbstversorgerhütten am Rand der Steilkante.

Das **Eungella Chalet** (📞4958 4509; eungellachalet.com.au; Hütte mit 1/2 Schlafzi. 115/135 AU$; ≋) verströmt den rustikalen Charme einstiger Eleganz. An der Flanke eines Berges gelegen, punktet es mit sensationeller Aussicht, die sich auch im Speiseraum offenbart. Hinzu kommen eine kleine Bar und Livemusik an den meisten Sonntagnachmittagen. Die Einrichtung der großen, geräumigen Hütten ist jedoch schon ziemlich betagt.

Gleich nördlich des Ortes liegt der kleine und spartanische **Eungella Holiday Park** (📞0437 479 205; www.eungella.com; Stellplatz ohne/mit Strom 20/22 AU$, Hütte 85–120 AU$) direkt an der Steilkante. Campinggäste müssen sich bei Ankunft selbst registrieren. Die Stellplatzpreise gelten für zwei Personen.

Das interessante **Hideaway Cafe** (📞4958 4533; Broken River Rd; Gerichte 4–10 AU$; ⏱9–16 Uhr) ist immer einen Abstecher auf ein Mittagessen wert, aber eventuell gerade geschlossen. Falls nicht, kann man hier anständige, hausgemachte Kost auf einem kleinen und schmucken Balkon vertilgen.

Eungella National Park

Der beeindruckende Eungella National Park liegt 84 km westlich von Mackay. Er bedeckt fast 500 km² der Clark Range. Seine größte Erhebung ist der 1280 m hohe Mt.

Dalrymple. Viele Teile des Bergparks sind nicht zugänglich. Eine Ausnahme bilden die Wanderwege rund um den Broken River und die Finch Hatton Gorge. Diese großen Abschnitte mit tropischer und subtropischer Vegetation waren über Tausende von Jahren von den übrigen Regenwaldgebieten getrennt und beheimaten nun einige einzigartige Tierarten.

Am Broken River kann man oft das eine oder andere Schnabeltier entdecken. Am besten gelingt das direkt nach Sonnenaufsowie kurz vor Sonnenuntergang, aber nur wenn man geduldig und sehr leise ist. Die Tiere sind von Mai bis August am aktivsten. In dieser Zeit fressen sich die Weibchen eine dicke Speckschicht an, um sich auf die Versorgung ihres Nachwuchses vorzubereiten. Mit großer Wahrscheinlichkeit sieht man auch die Nördliche Schnappschildkröte und leuchtend blaue Eisvögel, die über den Köpfen der Schnabeltiere umherhuschen.

BROKEN RIVER

5 km südlich von Eungella finden sich ein **QPWS Information Office** (☏4958 4552; ◷8–16Uhr), ein Picknickareal und ein **Kiosk** (◷Mi–Mo 9.30–17.30Uhr) in der Nähe der Brücke, die über den Broken River führt. Dort gibt es auch eine **Schnabeltierbeobachtungsplattform**, von der aus sich zudem viele Vögel erspähen lassen. Zwischen der Picknickstelle und Eungella gibt es ein paar hervorragende Wanderwege. Karten erhält man beim leider spärlich besetzten Informationsbüro.

In puncto Unterkunft stehen Camping oder Hütten zur Auswahl. Bei den komfortablen Zedernholzhütten des **Broken River Mountain Resort** (☏4958 4000; www.brokenrivermr.com.au; DZ 105–160 AU$; ✱@☎☒) reicht das Spektrum von kleinen Varianten im Motelstil bis hin zur großen Lodge für maximal sechs Selbstversorger. Zur gemütlichen Gästelounge mit offenem Kamin gehört auch das **Possums Table Restaurant & Bar** (Hauptgerichte 21–37 AU$; ◷morgens & abends). Das Resort organisiert verschiedene Gästeaktivitäten (die meisten sind gratis; beispielsweise Vogelbeobachtungen, nächtliche Tierbeobachtungen, geführte Wanderungen) und Shuttles für längere Wandertouren.

Die schattigen Stellplätze des reizenden **Fern Flat Camping Ground** (Stellplatz Pers./Fam. 5,15/20,60 AU$) sind ausschließlich zu Fuß erreichbar. Sie liegen ca. 500 m hinter Infozentrum und Kiosk am Fluss, in

dem die Schnabeltiere herumtollen. Gäste müssen sich selbst registrieren.

Der **Crediton Hall Camping Ground** (Stellplatz Pers./Fam. 5,15/20,60 AU$) 3 km hinter dem Broken River ist dagegen für Fahrzeuge zugänglich: Einfach die Crediton Loop Rd zur Linken nehmen, dann nach dem Eingang zum Wishing-Pool-Rundweg rechts abbiegen!

FINCH HATTON GORGE

Etwa 27 km westlich von Mirani zweigt kurz vor der Stadt Finch Hatton eine Straße zur Finch Hatton Gorge ab. Die letzten beiden der 10 km langen Strecke sind unbefestigt. Da einige Bäche über den Weg führen, wird dieser nach starkem Regen unpassierbar. Ein 1,6 km langer Wanderweg leitet einen zu den steil herunterfallenden **Araluen Falls** mit Schwimmstellen. Läuft man noch 1 km weiter, gelangt man zu den **Wheel of Fire Falls** mit einer tiefen Badegelegenheit.

Auf besonders unterhaltsame Weise erkunden Besucher den Regenwald, indem sie an einem Drahtseil mit **Forest Flying** (☏4958 3359; www.forestflying.com; Fahrten 60 AU$) unterhalb der grünen Baumwipfel entlanggleiten.

Folgende Unterkünfte sind an der Straße zur Schlucht ausgeschildert:

Platypus Bushcamp (☏4958 3204; www.bushcamp.net; Finch Hatton Gorge; Stellplatz/B/DZ 10/35/100 AU$) Der exzentrische Eigentümer Wazza hat sein absolut wunderbares, wahrhaftiges Buschrefugium selbst von Hand errichtet. Wohnt man in den einfachen Hütten mit den kaum vorhandenen Wänden, ist einem der Regenwald ganz nah. Direkt neben dem Camp fließt ein Bach mit Schnabeltieren und tollen Badestellen. Herz des Ganzen ist der große, gemeinschaftliche Küchen- und Essbereich im Freien. Obendrein gibt's herrlich warme Buschduschen und eine behaglichen Whirlpool aus Stein. Essen und Bettwäsche muss man selbst mitbringen. WWOOFers (s. S. 562) sind willkommen.

Die einzige Luxusunterkunft im Eungella National Park ist das leicht balinesische anmutende **Rainforest B&B** (☏4958 3099; www.rainforestbedandbreakfast.com.au; 52 Van Houweninges Rd; Hütte 300 AU$/Nacht). Dieses Regenwaldrefugium begrüßt seine Gäste mit Romantikdekor, einer Holzhütte und Gartenskulpturen.

Die recht einfachen **Finch Hatton Gorge Cabins** (☏4958 3281; www.finchhattongorgecabins.com.au; DZ 95 AU$, weitere Pers. zzgl.

20 AU$; ✦) für Selbstversorger punkten mit wunderbarem Waldblick.

ℹ️ An- & Weiterreise

Nach Eungella oder Finch Hatton fahren keine Busse. Wer dort länger bleiben möchte, kann sich jedoch von Reeforest Adventure Tours bzw. Jungle Johno Eco Tours (s. S. 433) im Rahmen von Tagestrips ab Mackay hinbringen oder abholen lassen. Da diese Touren nicht täglich stattfinden, können Aufenthalte allerdings länger ausfallen als geplant.

Cumberland Islands

Die etwa 70 Inseln der Cumberland-Gruppe (inkl. Brampton Island) werden manchmal als südliche Whitsundays bezeichnet. Bis auf Keswick, St. Bees und einen Teil der winzigen Farrier Island sind alle Eilande ausgewiesene Nationalparks. Der Zugang kann etwas schwierig sein.

BRAMPTON ISLAND

Brampton Island rühmt sich stolz damit, dass – außer sonntags – keine Tagesausflügler die Ruhe und den Frieden stören. Das klassische Resort ist vor allem bei Paaren, Hochzeitsreisenden und Gästen beliebt, die sich nach Entspannung sehnen. Partypeople und Kinder werden hier nicht unbedingt herzlich willkommen geheißen.

Brampton Island Resort (☎1300 134 044, 4951 4499; www.bramptonholidays.com. au; EZ 290–640 AU$, DZ 310–660 AU$; 🛏️@🚻) hat vier Zimmervarianten, die je nach Blick und Einrichtung berechnet werden. Am meisten kosten die Zimmer in Strandnähe. Die Aussicht auf den Ozean ist umwerfend, aber auch die Standardzimmer wirken nobel. Ein tolles Frühstücksbuffet gibt es im Bluewater Restaurant, außerdem Mittagund ein fabelhaftes Abendessen à la carte. Alternativ lässt man sich am Strand mit Gegrilltem verwöhnen. Oft muss man weniger tief in die Tasche greifen, wenn man ein Paket mit fünf Überachtungen bucht oder auf ein Last-Minute-Angebot wartet. Den Transfer zur Insel per Hubschrauber oder Flugzeug organisiert das Resort bei der Buchung.

WEITERE CUMBERLAND-INSELN

Hat man ein eigenes Schiff oder kann es sich leisten, ein Boot bzw. Wasserflugzeug zu mieten, lohnt sich ein Ausflug ins Umland, denn es handelt sich bei fast allen Eilanden der Cumberland-Inselgruppe und

der kompletten Sir-James-Smith-Gruppe im Norden um wirklich wunderschöne Nationalparks.

Informationen zu Campingplätzen, Buchungen und Genehmigungen etwa für **Carlisle Island**, **Scawfell Island** und **Goldsmith Island** sind unter www.derm. qld.gov.au oder beim Mackay QPWS (S. 435) und beim Visitors Centre ebenfalls in Mackay (S. 435) erhältlich.

Nach Carlisle gelangt man bei Ebbe von Brampton Island aus über einen schmalen Landstreifen oder indem man beim Resort in Brampton ein Boot mietet. Zu den Inseln Scawfell und Goldsmith kommt man mit einem gecharterten Schiff, das über das Mackay Visitors Centre organisiert werden kann.

Cape Hillsborough National Park

Obwohl er leicht zu erreichen ist, hat man in diesem Küstenpark 58 km nördlich von Mackay fast das Gefühl, am Ende der Welt zu sein. Er umfasst das schöne steinige, 300 m hohe Cape Hillsborough sowie Andrews Point und Wedge Island, die bei Ebbe durch einen Damm miteinander verbunden sind. In dem Park stößt man auf raue Felsen, einen breiten Strand, Landzungen, Sanddünen, Mangroven, australische Kiefern und Regenwald. Er beheimatet viele Kängurus, die man besonders abends und frühmorgens am Meeresufer sichten kann, Wallabys, Kurzkopfgleitbeutler und Schildkröten. Über Wanderwege gelangt man zu Überresten von Aborigine-Midden und Steinfischreusen. Richtung Küstenvorland führt ein sehr interessanter Uferweg durch einen Mangrovenwald (auf die Gezeiten achten!).

Auf dem Rasen des kleinen, hübschen **Smalleys Beach Campground** (Stellplatz Pers./Fam. 5,15/20,60 AU$) am Strand hüpfen viele Kängurus herum. Weil es hier keine Selbstregistrierung gibt, müssen Übernachtungswillige eine Campinggenehmigung einholen (☎13 74 68; www.derm.qld. gov.au).

Das **Cape Hillsborough Nature Resort** (☎4959 0152; www.capehillsboroughresort.com. au; Stellplatz ohne/mit Strom 25/30 AU$, Zi. 95 AU$, Hütte 65–120 AU$; @✦) liegt ruhig an einem langen Strandabschnitt. Die großen Zimmer im Motelstil wirken einfach, die Strandhütten am Wasser betagt und heruntergekommen. Die Wohnmobilstellplätze sind da deutlich besser.

WHITSUNDAY ISLANDS

Die Whitsunday Islands vor Queenslands nordöstlicher Küste erfüllen wahrhaftig das Klischee vom Tropenparadies. Die 74 Inseln des atemberaubenden Archipels sind in Wirklichkeit Berggipfel, die aus dem Korallenmeer herausragen. Von ihren sandigen Rändern erstreckt sich der Ozean in wunderschönen Kristall-, Aquamarin-, Blau- und Indigotönen gen Horizont. Weil sie vom Great Barrier Reef geschützt werden, gibt's hier keine donnernden Wellen oder tödlichen Unterströmungen. Die Gewässer sind perfekt zum Segeln.

Unter den zahlreichen herrlichen Stränden und abgeschiedenen Buchten sticht der Whitehaven Beach mit seinem reinweißen Quarzsand hervor. Als zweifellos schönster Strand der Whitsundays zählt er wohl auch weltweit zu den Topstränden.

Airlie Beach auf dem Festland ist Travellerbasis und Haupttor zu den Inseln. Ferienanlagen gibt's auf nur sieben Eilanden – aber es ist für jeden Geschmack und Geldbeutel etwas dabei: von Hook Islands einfachen Quartieren bis hin zum exklusiven Luxus auf Hayman Island. Die meisten Whitsundays sind unbewohnt und einige von ihnen bieten die Möglichkeit, naturnah am Strand zu campen oder im Busch zu wandern.

✹ Aktivitäten

Segeln

Was kann es Besseres geben als Segeltörns von einem Inselparadies zum nächsten? Zahlreiche Anbieter von **Segeltouren** (S. 442) warten nur darauf, Landratten mit an Bord zu nehmen. Wer Salzwasser in den Adern hat, steuert vielleicht lieber selbst ein „nacktes" Charterboot: Sogenannte *bareboat charters* haben erstmal nichts mit FKK zu tun. Vielmehr wird der reine Kahn ohne Skipper, Crew und Proviant gemietet – und somit ist nackte Haut an Deck dann doch wieder denkbar. Obwohl eine offizielle Qualifikation (z. B. Segelschein) hierzu nicht benötigt wird, muss man selbst bzw. ein Mitreisender nachweisen, dass das Boot sicher geführt werden kann.

Während der Hauptsaison (Sept.–Jan.) kostet eine komfortable Jacht für vier bis sechs Personen zwischen 500 und 800 AU$ pro Tag. Vor dem Auslaufen sind eine Anzahlung bei Buchung (500–750 AU$) und eine Kaution (200–2000 AU$) zu entrichten. Letztere bekommt man bei schadenfreier Rückgabe des Bootes ausbezahlt. Bettwäsche wird normalerweise gestellt, Vorräte gibt's gegen Aufpreis. Bei den meisten Anbietern beträgt die Mindestmietdauer fünf Tage.

Allgemein empfiehlt es sich nachzufragen, ob die jeweilige Firma zur Whitsunday Bareboat Operators Association gehört. Diese selbstkontrollierte Organisation garantiert gewisse Standards. Zudem sollte unbedingt die neueste Ausgabe von David Colfelts Buch *100 Magic Miles* (s. S. 444) mit an Bord sein.

In der Umgebung von Airlie Beach sind mehrere *Bareboat*-Charterunternehmen ansässig:

Charter Yachts Australia (☎1800 639 520; www.cya.com.au; Abel Point Marina)

Cumberland Charter Yachts (☎1800 075 101; www.ccy.com.au; Abel Point Marina)

Queensland Yacht Charters (☎1800 075 013; www.yachtcharters.com.au; Abel Point Marina)

Whitsunday Escape (☎1800 075 145, 4946 5222; www.whitsundayescape.com; Abel Point Marina)

Whitsunday Rent A Yacht (☎1800 075 000; www.rentayacht.com.au; Trinity Jetty, Shute Harbour)

Wer wissen will, warum die alten Seebären an der Bar immer in ihre Drinks grinsen, sollte das Segeln lernen:

Whitsunday Marine Academy (☎1800 810 116; www.explorewhitsundays.com; 4 The Esplanade) Unter Leitung von Explore Whitsundays.

Whitsunday Sailing Club (☎4946 6138; www.whitsundaysailingclub.com.au; Airlie Point)

Tauchen

Für das ultimative Taucherlebnis in dieser Ecke steht das eigentliche **Great Barrier Reef** mit Spots wie Black, Knuckle, Fairy, Bait oder Elizabeth Reef. Dennoch sind die Saumriffe rund um die Inseln (besonders an deren Nordspitzen) oft deutlich farbenprächtiger und artenreicher als die meisten Wände des Außenriffs. Auch die Vielfalt der Weichkorallen ist in der Regel größer.

Freiwasserkurse mit mehreren Tauchgängen im Ozean können ab etwa 500 AU$

belegt werden. Allgemein absolvieren Teilnehmer zwei oder drei Unterrichtstage auf dem Festland und tauchen ansonsten im Great Barrier Reef Marine Park. Wichtig: Die Gebühr für Letzteren und andere Zusatzkosten sollten unbedingt im Preis enthalten sein!

Mehrere **Segeltouren** (S. 442) beinhalten Tauchgänge für Anfänger oder zertifizierte Taucher als optionales Extra (ab 75 AU$). Bei ihren Tagestrips zum Riff bieten **Fantasea** (☑4967 5455; www.fantasea.com.au) und **Cruise Whitsundays** (☑4946 4662; www.cruisewhitsundays.com) ebenfalls Tauchgänge an.

Auch die meisten **Inselresorts** haben Tauchschulen und kostenlose Schnorchelausrüstung.

Kajakfahren

Eine der besten Methoden, die Whitsundays zu erkunden, besteht darin, Seite an Seite mit Delfinen und Schildkröten langsam paddelnd nach Inseln zu suchen. **Salty Dog Sea Kayaking** (☑4946 1388; www.saltydog.com.au) hat Leihkajaks (Einsitzer halber/ganzer Tag 50/60 AU$, Zweisitzer 80/90 AU$) und geführte Touren im Angebot – z. B. Ausflüge ab Shute Harbour (halber/ganzer Tag 70/125 AU$), Trips mit Übernachtung (365 AU$) oder eine tolle sechstägige Exkursion (1500 AU$), die sich für Anfänger eignet und 15 bis 20 km pro Tag umfasst.

Der **Ngaro Sea Trail** kombiniert Kajakrouten mit Bushwalking auf den Inseln. Bei der Planung hilft der Führer *Whitsunday National Park Islands and Ngaro Sea Trail*, erhältlich beim PWS-Büro.

☞ Geführte Touren

Nicht jeder hat Zeit und Geld fürs Segeln übrig. In diesem Fall kann man auf schnellere Katamarane zurückgreifen, um mehrere Inseln an einem Tag abzuklappern.

Solche Tagesausflüge beinhalten meist optionale Aktiv-Extras wie Schnorcheln,

SEGELTÖRNS ZU DEN WHITSUNDAYS

In einem Traum vom Inselurlaub kommt neben sich wiegenden Palmen, sandgesäumten Buchten und ruhigem, blauem Meer meist auch ein weißes Segelboot vor, das leicht auf dem Wasser dahingleitet. Auf den Whitsundays kann dieser Traum problemlos wahr werden, doch die verwirrende Auswahl von Charter-, Tour- und Sonderangeboten kann die Entscheidung für ein bestimmtes Wie erschweren. Vor der Buchung sollte man vergleichen, was man wo für sein Geld bekommt: Günstigere Unternehmen bedeuten oft überfüllte Boote, fades Essen und beengte Kojen. Wer zeitlich flexibel ist, kann den Preis über Last-Minute-Tarife reduzieren und hat auch die Wetterbedingungen besser im Blick.

Die Tagestrips mal außen vor gelassen, umfassen die meisten Pauschaltörns mit Übernachtung entweder drei Tage und zwei Nächte oder zwei Tage und zwei Nächte. Auch dabei heißt es, den Leistungsumfang genau zu prüfen: Manche Anbieter setzen die Segel am Nachmittag des ersten Tages und kehren am letzten vormittags zurück. Andere laufen früh aus und spät wieder ein. Zudem sollte man sicher wissen, was einem bevorsteht – wer Entspannung sucht, ist auf einem Partyboot eher fehl am Platz.

Unterwegs kann man meist an Saumriffen schnorcheln. Die dortigen Weichkorallen sind oft farbenprächtiger und zahlreicher als die am Außenriff. Interessenten sollten checken, ob Schnorchelausrüstung, Quallenschutzanzüge *(stinger suits)* und die Riffsteuer im Preis enthalten sind. Tauchen kostet normalerweise extra.

Nachdem man sich für ein bestimmtes Boot entschieden hat, bucht man am besten bei einem der vielen örtlichen Reisebüros wie dem **Whitsundays Central Reservation Centre** (☑1800 677 119, 4946 5299; www.airliebeach.com; 259 Shute Harbour Rd). Eine Alternative sind Veranstalter wie **Whitsunday Sailing Adventures** (☑4940 2000; www.whitsundaysailing.com; 293 Shute Harbour Rd) oder **Explore Whitsundays** (☑4946 4999; www.explorewhitsundays.com; 4 The Esplanade).

Empfehlenswerte Segeltörns:

Camira

(Tagestrip 165 AU$) Einer der schnellsten kommerziellen Segelkatamarane der Welt ist mittlerweile eine lilafarbene Whitsunday-Ikone. Die preiswerte Tagestour beinhaltet den Whitehaven Beach, Schnorcheln, Morgen- und Nachmittagstee, Mittagessen vom Grill sowie alle Erfrischungsgetränke (inkl. Wein und Bier).

Tauchen oder *boom netting*. Bei Letzterem wird man in einem stabilen Netz hinter dem Boot hergeschleppt. Kinder bezahlen allgemein die Hälfte. Die meisten Bootsbetreiber starten an der Abel Point Marina. Bei Tourbeginn in Shute Harbour organisieren sie jedoch Shuttles ab Airlie Beach oder Cannonvale. Shute Harbour ist auch mit öffentlichen Bussen erreichbar.

Es folgt eine Auswahl von Tagestrips, die bei allen Reisebüros in Airlie Beach buchbar sind:

Cruise Whitsundays BOOTSFAHRT
(☑4946 4662; www.cruisewhitsundays.com; Shingley Dr, Abel Point Marina; ganztägige Abenteuerfahrt Erw./Kind 199/95 AU$) Dieses Unternehmen veranstaltet Fahrten nach Daydream und Long Island. Sie betreibt auch eine Inselfähre und schickt einen Katamaran hinaus zu einem vertäuten Ponton an der Knuckle Reef Lagoon. Alternativ lassen sich die Inseln nach Belieben mit dem Island-Hopper-Tagespass (Erw./Kind 70/49 AU$) abklappern. Ansonsten wäre da noch der beliebte Tagestrip mit dem Katamaran *Camira* (Erw./Kind inkl. Mittagessen & aller Getränke 165/85 AU$), der auch am Whitehaven Beach vorbeiführt.

Voyager 3 Island Cruise BOOTSFAHRT
(☑4946 5255; www.wiac.com.au; Shute Harbour Rd; Erw./Kind 140/80 AU$) Preiswerte Tagestour mit Schnorcheln auf Hook Island, einem Abstecher nach Daydream Island und Strandwandern plus Schwimmen am Whitehaven Beach.

Ocean Rafting BOOTSFAHRT
(☑49466848; www.oceanrafting.com; Erw./Kind/Fam. 120/78/360 AU$) In einem großen und extrem flinken Schnellboot in Gelb lernen die Tourteilnehmer die „wilde" Seite der Inseln kennen: Die Passagiere schwimmen am Whitehaven Beach, besichtigen indigene Höhlenmalereien am Nara Inlet oder

Maxi Action Ragamuffin
(Tagestrip 156 AU$) Zur Auswahl stehen Fahrten zum Whitehaven Beach (Do & So) oder Schnorcheln an der Blue Pearl Bay (Mo, Mi, Fr & Sa) mit Tauchen (90 AU$) als Option.

Derwent Hunter
(3 Tage, 2 Nächte ab 590 AU$) Die beliebte Segelsafari auf einem Holzschoner mit Gaffeltakelung ist prima für Paare und alle, die Natur und Elementen nahe sein wollen.

Whitsunday Magic
(3 Tage, 3 Nächte ab 779 AU$) Törns der gehobeneren Art: Der wunderschöne Dreimastschoner ist das größte Segelboot der Whitsundays und schippert hinaus zum Außenriff.

Wings 2
(2 Tage, 2 Nächte ab 475 AU$) Komfortabler, gut gewarteter Schnellkatamaran für Traveller, die segeln, tauchen und neue Freunde gewinnen wollen.

Solway Lass
(3 Tage, 3 Nächte ab 549 AU$) Hier gibt's mehr fürs Geld: volle drei Tage auf Airlie Beachs einzigem echtem Großsegler (28 m). Beliebt bei Backpackern.

Pride of Airlie
(3 Tage, 2 Nächte 349 AU$) Die *Pride of Airlie* wird ihrem Ruf als waschechtes Partyschiff immer noch gerecht: Das fröhliche Bechern an Bord steht bei jungen Backpackern hoch im Kurs. Übernachtet wird im Adventure Island Resort auf South Molle Island.

Anheuern
„Crew gesucht": Solche Aushänge in Hostels, Jachtclubs oder -häfen lassen Abenteuerlustige von einer Mitfahrgelegenheit träumen. Als Gegenleistung für Kost, Logis und ein Segelabenteuer muss man das Großsegel hissen, das Ruder übernehmen und den Mastkopf putzen. Das kann eine Erfahrung fürs Leben sein. Ob es eine gute oder schlechte ist, hängt von Schiff, Skipper, der übrigen Crew (falls vorhanden) und der eigenen Einstellung ab. Interessierte sollten sich vorstellen, mit Fremden mehrere Kilometer vor der Küste auf einem 10 m langen Boot festzusitzen – und zwar bevor sie entern. Aus Sicherheitsgründen ist es ratsam, Dritte über Ziel, Dauer und Schiff bzw. Kapitän zu informieren.

schnorcheln an den Riffen von Mantaray Bay und Border Island.

Fantasea BOOTSFAHRT
(☑4967 5455; www.fantasea.com.au; Shute Harbour) Ein anderer großer Anbieter in Airlie Beach, der einen schnellen Katamaran hinaus zum firmeneigenen Ponton „Reefworld" am Great Barrier Reef (Erw./Kind/Fam. 225/102/589 AU$) schickt. Beim „Reefsleep" (ab 460 AU$) wird dort übernachtet.

Big Fury BOOTSFAHRT
(☑4948 2201; Abel Point Marina; Erw./Kind/Fam. 130/70/350 AU$) Das offene Sportboot des kleinen Unternehmens flitzt mit maximal 35 Passagieren zum Whitehaven Beach. Es folgen ein Mittagessen und Schnorcheln an einem einsamen Riff in der Nähe.

Panoramaflüge
Air Whitsunday PANORAMAFLUG
(☑4946 9111; www.airwhitsunday.com.au; Terminal 1, Whitsunday Airport) Das Tourangebot

umfasst auch Tagesausflüge nach Hayman Island (195 AU$).

HeliReef PANORAMAFLUG
(☑4946 9102; www.avta.com.au) Panoramaflüge mit dem Hubschrauber.

Aviation Adventures PANORAMAFLUG
(☑4946 9988; www.av8.com.au; 2927 Shute Harbour Rd) Panoramaflüge mit dem Hubschrauber.

🛏 Schlafen
Resorts
Die aufgeführten Standardpreise bezahlt kaum jemand. Die meisten Reisebüros stellen verschiedene ermäßigte Pauschalangebote inklusive Flügen, Shuttles, Unterkunft und Essen zusammen.

Camping
Auf mehreren Inseln verwaltet der **QPWS** (www.derm.qld.gov.au) die Campingplätze des **Whitsunday Islands National Park**,

die von Individualreisenden und kommerziellen Reisegruppen genutzt werden können. Campinggenehmigungen (Pers./Fam. 5,15/20,60 AU$) gibt's online, beim QPWS-Büro für die Whitsundays oder beim Whitsunday Information Centre in Proserpine.

Die Nationalparkbroschüre *Whitsunday National Park Islands and Ngaro Sea Trail* beschreibt die verschiedenen Campingplätze und informiert detailliert über Aktivitäten und die erforderliche Ausrüstung. Camper müssen sich komplett selbst versorgen können sowie 5 l Trinkwasser pro Person und Tag mitnehmen – plus einen extra Wasservorrat, der im Notfall für weitere drei Tage reicht. Ebenfalls benötigt wird ein Campingbrenner bzw. -kocher, da Holzfeuer auf allen Inseln verboten sind.

Whitsunday Island Camping Connections – Scamper (📞4946 6285; www.whitsundaycamping.com.au) bringt Inselfans von Shute Harbour aus nach South Molle, Denman oder Planton Island (hin & zurück je 65 AU$), Whitsunday Island (hin & zurück 105 AU$), Hook Island (hin & zurück 160 AU$) und zum Whitehaven Beach (hin & zurück 155 AU$). Diese Campershuttles beinhalten auch kostenlose Schnorchelausrüstung und Wasserbehälter. Gegen Aufpreis kann man Campingausrüstung ausleihen (40 AU$/Nacht) und sich Lebensmittelvorräte ans Ziel bringen lassen.

ℹ Praktische Informationen

Ein verwirrendes Angebot von Unterkünften, Reisebüros und Tourveranstaltern macht Airlie Beach zur Festlandbasis für die Whitsundays. Manche Tagestörns und Inselfähren starten rund 12 km östlich von Airlie in Shute Harbour. Jachtunternehmen und andere Bootsbetreiber nutzen meist die Abel Point Marina ca. 1 km westlich von Airlie Beach.

QPWS (📞4967 7355; www.derm.qld.gov.au; Ecke Shute Harbour & Mandalay Rd; ◷Mo–Fr 9–16.30 Uhr) Liegt 3 km westlich von Airlie Beach.

Whitsunday Information Centre (📞1300 717 407, 4945 3711; www.whitsundaytourism.com) Am Bruce Hwy nahe Proserpines Südrand.

Karten & Bücher

David Colfelts Buch *100 Magic Miles of the Great Barrier Reef – The Whitsunday Islands* gilt als „Whitsunday-Bibel". Neben umfangreichen Karten mit Beschreibung örtlicher Ankerplätze enthält es auch Abschnitte zu einzelnen Inseln und Resorts – ergänzt durch Infos zu Tauchen, Segeln, Angeln, Camping und Naturgeschichte.

Zu den besten Regionalkarten zählen *Australia's Whitsundays* (Sunmap) und *Great Barrier Reef* (Travelog) mit Rückseite zur *Whitsunday Passage*.

ℹ Anreise & Unterwegs vor Ort

Bus

Greyhound (📞1300 473 946; www.greyhound.com.au) und **Premier** (📞13 34 10; www.premierms.com.au) biegen vom Bruce Hwy gen Airlie Beach ab. **Whitsunday Transit** (📞4946 1800; www.whitsundaytransit.com.au) verbindet Proserpine, Cannonvale, Abel Point, Airlie Beach und Shute Harbour.

Whitsundays 2 Everywhere (📞4946 4940; www.whitsundays2everywhere.com.au) schickt Shuttles von den Flughäfen Mackay und Proserpine bzw. Whitsunday Coast nach Airlie Beach.

Flugzeug

Die beiden Hauptflughäfen für die Whitsundays liegen auf Hamilton Island (S. 454) und in Proserpine (S. 444). Vom Whitsunday Airport nahe Airlie Beach auf dem Festland schwirren regelmäßig Hubschrauber, Klein- und Wasserflugzeuge zu den Inseln.

Schiff / Fähre

Cruise Whitsundays (📞4946 4662; www.cruisewhitsundays.com) bietet Fährpassagen nach Daydream, Long und South Molle Island sowie zum Flughafen auf Hamilton Island an. Auch **Fantasea** (📞4946 5111; www.fantasea.com.au) schippert nach Hamilton Island. Die Abschnitte zu den einzelnen Inseln informieren über Details.

Proserpine

📞07 / 3250 EW.

Zweifellos mit dem Ziel, sein Image zu verbessern, hat sich der Proserpine Airport mittlerweile in Whitsunday Coast Airport umbenannt. Allerdings gibt es immer noch keinen Grund, sich in dieser Stadt der Zuckerindustrie, die als Drehscheibe in Richtung Airlie Beach und Whitsundays dient, länger als nötig aufzuhalten. Trotzdem lohnt es sich, gleich südlich der Stadt beim **Whitsunday Information Centre** (📞1300 717 407, 4945 3711; www.whitsundaytourism.com; Bruce Hwy; ◷Mo–Fr 9–17, Sa & So 10–16 Uhr) ein paar Infos zu den Whitsunday Islands und zur Umgebung einzuholen.

Fans von ungewöhnlichen Schmuckstücken, verrückten Klamotten und Haushaltswaren sollten wohl einen Shopping-Abstecher zu **Colour Me Crazy** (📞4945 2698; 2B Dobbins Lane; ◷Mo–Fr 8.30–17.30, Sa

Wenn die Whitsundays einige von Australiens schönsten Stränden besitzen und Australiens Strände zu den besten der Welt zählen, haben Strandkenner hier das große Los gezogen. Obwohl dieses Tropenparadies jede Menge einsame, sandige Bilderbuchbuchten hat, steuern die meisten Touranbieter (s. S. 443 & S. 442) aus gutem Grund folgende Ziele an:

» **Whitehaven Beach** (S. 455) Azurblaues Wasser an strahlend weißem Quarzsand macht den Whitehaven Beach auf Whitsunday Island absolut atemberaubend.

» **Chalkies Beach** Gegenüber vom Whitehaven Beach liegt noch ein strahlend weißer Quarzsandstrand auf Haslewood Island – und zwar abseits vom üblichen Tourizirkus. Daher ein Boot mieten und einen auf Robinson Crusoe machen!

» **Langford Island** Bei Flut ist Langford Island ein schmaler Sandstreifen am Rand einer türkisfarbenen Lagune voller Korallen.

8.30–15.30, So 9.30–14.30 Uhr) in der Stadt machen.

Der Whitsunday Coast Airport liegt 14 km südlich von Proserpine. **Jetstar** (☑13 15 38; www.jetstar.com.au) und **Virgin Blue** (☑13 67 89; www.virginblue.com.au) fliegen den Flughafen ab Brisbane und anderen Großstädten an.

Whitsunday Transit (☑4946 1800) stimmt seine Verbindungen auf alle Flüge bzw. Züge ab und schickt zudem pro Tag sechs Linienbusse von Proserpine nach Airlie Beach. Diese starten entweder am Flughafen (einfache Strecke/hin & zurück 15/28 AU$) oder am Bahnhof (8,20/15,20 AU$).

Airlie Beach

☑07 / 6770 EW.

Airlie Beach sollte eigentlich eine malerische Kleinstadt sein. Als Festlandbasis für Ausflüge zu den wunderbaren Whitsunday Islands wird es von einer Kulisse aus sanften Hügeln, einer tropischen Lagune und einem gestalteten Uferbereich eingerahmt. Nur wenige Meter davor zieren weiße Jachten den aquamarinfarbenen Ozean. Leider versteckt sich die hübsche Promenade hinter einer kitschigen Hauptstraße – geschäftig und unattraktiv, aber Herz und Seele der Action. Und von Letzterer gibt's hier jede Menge: Nachdem es von Tagestörns zu den Inseln zurückgekehrt ist, füllt das lebhafte, feierwütige Backpackervolk regelmäßig und schnell die Straße. Manchmal scheint man hier einen australischen Akzent zu hören. Doch dann zeigt sich, dass vorbeilaufende australische Jachtbesitzer, Paare und Familien genauso viel Spaß haben – nur eben nicht ganz so laut.

Eine hübsche Promenade führt zur Abel Point Marina etwa 1 km weiter westlich, wo die Inselfähren von Cruise Whitsunday ablegen und viele Ausflugsjachten vertäut sind. Die Inselfähren von Fantasea starten ungefähr 12 km weiter östlich in Shute Harbour. Airlies neuer Jachthafenbezirk in Richtung Shute Harbour befand sich zum Recherchezeitpunkt gerade noch im Bau – die Anlage ließ aber bereits große Dimensionen erkennen.

🏃 Aktivitäten

In der Saison vermieten Anbieter Jetskis, Katamarane, Windsurfbretter und aufblasbare Kajaks vor dem Airlie Beach Hotel. Auf S. 445 finden sich Infos zum Segeln, Tauchen und Kajakfahren rund um die Whitsundays.

Mit **Tandem Skydive Airlie Beach** (☑4946 9115; www.skydiveairliebeach.com.au; Tandemsprünge ab 249 AU$) kann man aus einem Flugzeug springen.

👉 Geführte Touren

Fawlty's 4WD Tropical Tours PANORAMATOUR (☑4946 6665; Erw./Kind 65/50 AU$) Regenwald-Tagestrips zu den Cedar Creek Falls.

QUALLENALARM: WO SCHWIMMEN?

Ohne Schutzanzug (*stinger suit*) ist es wegen der Quallen nicht ratsam, zwischen Oktober und Mai im Meer zu schwimmen. Airlie Beachs tolle Uferlagune erlaubt ganzjährig sicheres Baden. So können Strandschönheiten ihre knappen Bikinis präsentieren, ohne gestochen zu werden.

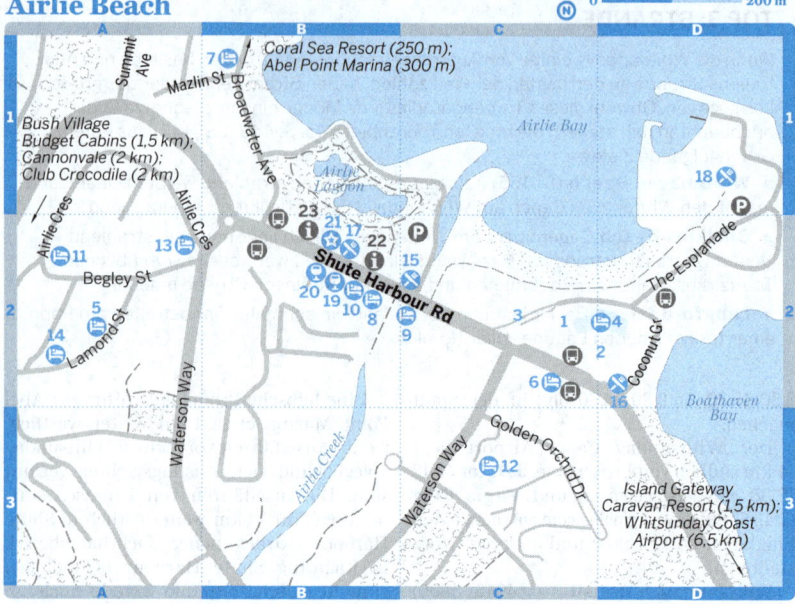

Coral Sea Resort (250 m); Abel Point Marina (300 m)

Airlie Bay

Airlie Lagoon

Bush Village Budget Cabins (1,5 km); Cannonvale (2 km); Club Crocodile (2 km)

Shute Harbour Rd

Begley St

The Esplanade

Boathaven Bay

Island Gateway Caravan Resort (1,5 km); Whitsunday Coast Airport (6,5 km)

🛏 Schlafen

Airlie Beach ist ein Backpackerparadies mit zahllosen Hostels. Dies heißt aber auch, dass die Qualität sehr unterschiedlich ist – nicht selten sind Bettwanzen ein Problem. Die meisten Resorts haben Pauschalangebote und Last-Minute-Preise, die deutlich unter den Normaltarifen liegen. Der Bau des neuen Jachthafens an der Boathaven Bay beschert manchen repräsentativen Resorts und Apartments auf dem Hügel im Moment eine miese Aussicht. Bis zum Abschluss der Arbeiten muss man also woanders nach Meerblick suchen.

🄻🄿 Water's Edge
TIPP Resort   APARTMENTS $$$

(📞4948 4300; www.watersedgewhitsundays. com.au; 4 Golden Orchid Dr; Apt. mit 1 Schlafzi. 210–260 AU$, Apt. mit 2 Schlafzi. 275–345 AU$; ❄🏊) Der offene Rezeptionsbereich erzeugt sofort Urlaubsfeeling: Hier verquirlen Deckenventilatoren sanft die schläfrige Tropenhitze. In den Zimmern sorgen zarte Farben, Kopfbretter aus Korbmaterial sowie Jalousien zwischen Schlaf- und Wohnbereich augenblicklich für Entspannung.

Waterview   APARTMENTS $$

(📞4948 1748; www.waterviewairliebeach.com. au; 42 Airlie Cres; Wohnstudio/Wohneinheit mit 1 Schlafzi. ab 135/149 AU$; ❄🛜) Super in Sa-

chen Lage und Komfort: Diese Boutique-Option an der Hauptstraße punktet u.a. mit super Buchtblick. Die modernen, luftigen und geräumigen Zimmer sind mit Kochgelegenheiten für Selbstversorger ausgestattet.

Coral Sea Resort   RESORT $$$

(📞1800 075 061, 4946 1300; www.coralsea resort.com; 25 Ocean View Ave; DZ 220–370 AU$, Apt. mit 1 Schlafzi. 330 AU$, Apt. mit 2 Schlafzi. 350–400 AU$; ❄@🛜🏊) Das am Wasser bzw. am Ende einer flachen Landzunge gelegene Coral Sea Resort erfreut sich eines der besten Standorte der Stadt, gleich westlich vom Zentrum. Viele der Zimmer bieten eine super Aussicht.

Airlie Waterfront B&B   B&B $$$

(📞4946 7631; www.airliewaterfrontbnb.com. au; Ecke Broadwater Ave & Mazlin St; DZ 259–285 AU$; ❄@) Das opulent eingerichtete B&B mit traumhafter Aussicht ist rundum top in Schuss. Es strotzt nur so vor Klasse und liegt fünf gemütliche Gehminuten auf der Promenade von der Stadt entfernt. Manche Zimmer besitzen sogar einen eigenen Whirlpool.

Bush Village Budget Cabins   HÜTTEN $

(📞1800 8098 256, 4946 6177; www.bushvillage. com.au; 2 St. Martins Rd; B ab 30 AU$, DZ 93 AU$;

✳️@✉️) Nach ihrer Renovierung sind die 17 schmucken Backpackerhütten für Selbstversorger die beste Budgetoption der Stadt. Sie liegen inmitten von grünen Gärten und beherbergen Schlafsäle und Doppelzimmer. Wer hier absteigt, kann abseits der Straße parken, hat es nicht weit bis zu einem Supermarkt und die Möglichkeit, mit einem hauseigenen Bus gratis nach Airlie hineinzufahren.

Whitsunday Organic B&B B&B $$
(☎4946 7151; www.whitsundaybb.com.au; 8 Lamond St; EZ/DZ 155/210 AU$) Obwohl es auch komfortable Zimmer gibt, kommen alle wegen der Führung durch den Biogarten und des sensationellen Drei-Gänge-Biofrühstücks (im Preis enthalten; für Nichtgäste 22,50 AU$) hierher. Ansonsten können Gäste z.B. Heilmassagen mit ätherischen Ölen buchen, im Gartenzelt meditieren oder einfach nur rundum in Bio schwelgen.

Nomads Backpackers HOSTEL $
(☎4999 6600; www.nomadsairliebeach.com; 354 Shute Harbour Rd; B/DZ 28/90 AU$; ✳️@🛜✉️) Das neueste Hostel in Airlies Zentrum ist auch das beliebteste. Auf etwa 3 ha Fläche vermietet es saubere und helle Zimmer. Die Zeltstellplätze hinter dem Haus liegen abseits der lärmgeplagten Hauptstraße an einer netten, schattigen Stelle. Alle Schlafsäle haben eigene Bäder und Betten mit Leselampen(!). Die Doppelzimmer verfügen

jeweils über TV, Kühlschrank und Kochgelegenheit. Im Haupthaus gibt's eine große Küche und eine kleine Bar.

Airlie Beach Hotel HOTEL $$
(☎1800 466 233, 4964 1999; www.airliebeach hotel.com.au; Ecke The Esplanade & Coconut Grove; EZ/DZ 129/139 AU$, Apt. 179–289 AU$; ✳️🛜✉️) Obwohl die Moteleinheiten ausgesprochen schäbig wirken, sind die Apartments auf der Seeseite sauber und geräumig. Angesichts dreier Hausrestaurants und super Zentrumslage wohnt es sich woanders doch wesentlich schlechter.

Club Crocodile RESORT $$
(☎1800 075 151, 4946 7155; www.oceanhotels. com.au; Shute Harbour Rd, Cannonvale; B ab 30 AU$, EZ/DZ 120/140 AU$; ✳️✉️) Der Club Croc ist bei Reisegruppen und Familien beliebt. Westlich von Airlie (2 km) bietet er nun aber auch Budgetquartiere für Backpacker an. Die Wohneinheiten im Motelstil machen einen abgenutzten, betagten Eindruck. Dafür grenzen sie an einen hübschen Innenhof mit Tropenpool, Springbrunnen, Tennisplatz, Restaurants und Bar.

Beaches Backpackers HOSTEL $
(☎1800 636 630; 4946 6244; www.beaches. com.au; 356 Shute Harbour Rd; B/DZ 25/85 AU$; ✳️@🛜✉️) Auch Nichtgäste sollten sich zumindest einen Drink an der großen Freiluftbar genehmigen. Trotz seiner Belebtheit versucht das Beaches nicht, den Partyfak-

tor des Magnums zu übertreffen. Allzu groß ist der Unterschied aber ohnehin nicht.

Magnums Backpackers
HOSTEL $

(☑1800 624 634, 4946 1199; www.magnums. com.au; 366 Shute Harbour Rd; Stellplatz für Zelt/Wohnmobil 22/24 AU$, B/DZ/Hütte 19/56/25 AU$; ✱@☎) Laute Bar, literweise Alkohol und lauter schöne, junge Leute ... das muss das Magnums sein! Die Zeltstellplätze in Barnähe kann man vergessen – an Schlaf können dort nur Komapatienten denken. Wer den hektischen Hochbetrieb an der Rezeption hinter sich gebracht hat, stößt auf einfache Schlafsäle in tropischer Gartenumgebung. Es gibt einen kleinen Frühstücksraum, aber keine nennenswerte Küche.

Flametree Tourist Village
CAMPING $

(☑4946 9388; www.flametreevillage.com.au; Shute Harbour Rd; Stellplatz ohne/mit Strom 21/29 AU$, Hütte ab 77 AU$; ✱@☎) Rund 6,5 km westlich von Airlie verteilen sich große Stellplätze über ein reizendes Gartengelände mit vielen Vögeln, guter Campingküche und Grillbereich.

Sunlit Waters
APARTMENTS $$

(☑4946 6352; www.sunlitwaters.com; 20 Airlie Cres; Wohnstudio ab 92 AU$, Apt. mit 1 Schlafzi. 115 AU$; ✱☎) Die geräumigen Wohnstudios haben eines der besten Preis-Leistungs-Verhältnisse der Stadt und dazu alle erdenklichen Vorzüge – z. B. Kochgelegenheiten für Selbstversorger und eine tolle Aussicht von den langen Balkonen.

Airlie Beach Motor Lodge
MOTEL $$

(☑1800 810 925, 4946 6418; www.airliebeachmotorlodge.com.au; 6 Lamond St; DZ 130–140 AU$, Apt. mit 2 Schlafzi. 240 AU$; ✱☎☎) Komfortable renovierte Wohneinheiten hinter einer tristen Fassade.

Backpackers by the Bay
HOSTEL $

(☑1800 646 994, 4946 7267; www.backpackers bythebay.com; 12 Hermitage Dr; B/DZ & 2BZ 28/70 AU$; ✱@☎) Ruhig, gemütlich und nach Fertigstellung des neuen Jachthafens auch wieder mit Aussicht.

Airlie Beach YHA
HOSTEL $

(☑1800 247 251, 4946 6312; airliebeach@yha. com.au; 394 Shute Harbour Rd; B 26,50 AU$, DZ 69,50–77,50 AU$; ✱@☎) Zentral gelegen und halbwegs ruhig.

Island Gateway Caravan Resort
CAMPING $

(☑4946 6228; www.islandgateway.com.au; Shute Harbour Rd, Jubilee Pocket; Stellplatz ohne/ mit Strom 30/37 AU$, Hütte 80–135 AU$, Chalet 145–225 AU$; ✱☎☎) Der große Platz liegt 1,5 km östlich von Airlie.

✗ Essen

🅛🅟 Fish D'vine
TIPP SEAFOOD $$

(☑4948 0088; www.fishdvine.com.au; 303 Shute Harbour Rd; Hauptgerichte 10–25 AU$; ☺mittags & abends) Natürlich werden Rum und Fisch serviert – die perfekte Kombination! Irgendwie hat dieses schräge Konzept wie eine Bombe eingeschlagen. Vielleicht hatten die rumtrinkenden Freibeuter der frühen Tage den richtigen Riecher. Die erinnerungswürdigen Gerichte aus Neptuns Reich kommen zusammen mit einer von mehr als 100 Rumsorten auf den Tisch, die bestimmt den inneren Piraten in einem weckt.

Alain's Restaurant
FRANZÖSISCH $$$

(☑4946 5464; www.alainsrestaurant.com.au; 44 Coral Esplanade, Cannonvale; Hauptgerichte 25–35 AU$; ☺Do–Sa abends) Wer nobel speisen möchte, kommt an dem traulichen französischen Lokal gegenüber von Cannonvales Strand nicht vorbei. Weißes Leinen, Silberbesteck und sanftes Kerzenlicht tragen zum Romantikfaktor bei. Beim Vertilgen des sechsgängigen Tagesmenüs bleibt genügend Zeit, nach dem in der Ecke geparkten Citroen zu fragen.

Deja Vu
FUSION $$$

(☑4948 4309; www.dejavurestaurant.com. au; Golden Orchid Dr; Hauptgerichte mittags 15–21 AU$, abends 27–40 AU$; ☺Mi–So mittags, Mi–Sa abends) Das polynesisch dekorierte Restaurant gilt als eines der besten in Airlie und tischt Essen mit asiatischen bzw. mediterranen Einflüssen auf. Unbedingt sonntags ein paar Stunden mit einem langen Mittagessen (acht Gänge; 39,50 AU$/ Pers.) verbringen!

Village Cafe
CAFÉ $

(www.villagecafe.com.au; 351 Shute Harbour Rd; Hauptgerichte 10–21 AU$; ☺morgens, mittags & abends) Auf der Frühstückskarte des populären Cafés steht genügend Energiereiches für den Start in den Tag. Das Village Cafe lockt seit Langem verkaterte Backpacker und alle anderen an, die Wert auf guten Kaffee legen. Mittags oder abends empfiehlt sich der *Hot Rock* (26–34 AU$) aus Vulkangestein, der zwölf Stunden lang erhitzt wird und den gewählten Proteinspender perfekt vor den Augen des Gastes garen lässt. Göttlich!

Whitsunday Sailing Club KNEIPENESSEN $$
(4946 7894; www.whitsundaysailingclub.com.
au; Airlie Point; Hauptgerichte 14–32 AU$; ⊙mittags & abends) In diesem Segelclub sollte
man auf jeden Fall draußen sitzen: Die
Terrasse ist super, um bei sensationellem
Meerblick gepflegt zu essen oder etwas zu
trinken. Zur Auswahl stehen die üblichen
Verdächtigen: Steaks und Schnitzel.

Marino's Deli FEINKOST $
(4946 4207; 269 Shute Harbour Rd; Gerichte
6–15 AU$; ⊙Mo–Sa 11–20 Uhr) Tolle Nudelgerichte und Antipasti zum Mitnehmen.

Selbstversorger

Selbstversorger finden den kleinen **Airlie Supermarket** (277 Shute Harbour Rd) im
Stadtzentrum und einen größeren Supermarkt ungefähr 2 km weiter westlich in
Cannonvale.

🍷 Ausgehen

Airlie Beach ist eine Partystadt mit einem
Seglerproblem. Zu den beiden großen Hostels im Zentrum, **Magnums** und **Beaches**,
gehören permanent brummende Bars. Einfach jeder stattet mindestens einer von beiden zum Vorglühen einen Besuch ab.

Uber BAR
(www.uberairliebeach.com; 350 Shute Harbour
Rd; ⊙Di–Do 14–23, Fr & Sa 14–2 Uhr) Nobel und
obercool.

Paddy's Shenanigans BAR
( Shute Harbour Rd; ⊙17–3 Uhr) Fördert
stolz den irischen Hang zum kräftigen Alkoholgenuss.

☆ Unterhaltung

Mama Africa NACHTCLUB
(263 Shute Harbour Rd; ⊙22–5 Uhr) Der Nachtclub im afrikanischen Safaristil liegt gleich
gegenüber der größten Partybars. Seinem
pulsierenden Beat können Jäger und Beute
kaum widerstehen.

❶ Praktische Informationen

An der Hauptstraße informieren viele private
Reisebüros mit Aushängen über Last-Minute-Angebote bei Segeltörns und Unterkünften.
Dank mehrerer Internetcafés und zahlreicher
Hostels mit Gästeterminals kann man überall
online gehen.

Airlie Beach Visitors Centre (4946 6665;
277 Shute Harbour Rd)

Post (13 13 18; Cannonvale Shopping Centre;
⊙Mo–Fr 9–17, Sa 9–12.30 Uhr)

QPWS (4967 7355; www.derm.qld.gov.au;
Ecke Shute Harbour & Mandalay Rd; ⊙Mo–Fr
9–16.30 Uhr)

❶ An- & Weiterreise
Bus

Greyhound (1300 473 946; www.greyhound.
com.au) und **Premier Motor Service** (13
34 10; www.premierms.com.au) biegen vom
Bruce Hwy gen Airlie Beach ab. Von dort gehen
Busse nach Brisbane (230 AU$, 19 Std.), Mackay
(38 AU$, 2 Std.), Townsville (58 AU$, 4½ Std.),
Cairns (140 AU$, 11 Std.) und zu allen anderen
Großstädten entlang der Küste.

Zwischen Segelclub und Airlie Beach Hotel
stoppen Fernbusse an der Esplanade. Alle Reisebüros entlang der Shute Harbour Rd reservieren
und verkaufen Bustickets.

Whitsunday Transit (4946 1800) verbindet
Proserpine (Whitsunday Coast Airport), Cannonvale, Abel Point, Airlie Beach und Shute Harbour miteinander (Betriebszeit 6–22.30 Uhr).

Flugzeug

Whitsunday Coast (Proserpine) und Hamilton
Island sind die am nächsten gelegenen Großflughäfen.

Der kleine **Whitsunday Airport** (4946
9933) liegt 6 km östlich von Airlie Beach auf
halbem Weg nach Shute Harbour. Ein halbes
Dutzend verschiedener Anbieter startet dort per
Hubschrauber, Klein- oder Wasserflugzeug in
Richtung Inseln bzw. Great Barrier Reef.

Schiff/Fähre

Cruise Whitsundays (4946 4662; www.
cruisewhitsundays.com) schippert von der
Abel Point Marina über Daydream, Long und
South Molle Island. Die Flughafenshuttles der
Firma verbinden die Marina zudem mit Hamilton
Island. **Fantasea** (4946 5111; www.fantasea.
com.au) betreibt Fähren zwischen Shute Harbour und Hamilton Island. Details stehen jeweils
unter „An- & Weiterreise" in den Abschnitten zu
den einzelnen Inseln.

❶ Unterwegs vor Ort

Airlie Beach ist klein genug, um es zu Fuß durchstreifen zu können. Die meisten Ausflugsbootsbetreiber holen Kunden kostenlos mit einem Bus
an der jeweiligen Unterkunft ab und bringen sie
nach Shute Harbour oder zur Abel Point Marina.
Die **Whitsunday Taxis** (13 10 08) können telefonisch bestellt werden. Ein Taxistand ist gegenüber von Magnums an der Shute Harbour Rd.

Autovermieter mit örtlichen Filialen:

Avis (4946 6318; www.avis.com.au; 366
Shute Harbour Rd)

Europcar (4946 4133; www.europcar.com.
au; 398 Shute Harbour Rd)

Fun Rentals (☏4948 0489; www.funrentals.
com.au; 344 Shute Harbour Rd)

Hertz (☏4946 4687; www.hertz.com.au; Shute
Harbour Rd)

Conway National Park

Die Berge dieses Nationalparks und die
Whitsunday Islands gehören zum selben
Gebirgszug. Nach den letzten Eiszeit stieg
der Meeresspiegel, sodass tiefer gelegene
Täler überflutet wurden und nur noch die
höchsten Bergspitzen als vom Festland ab-
geschnittene Inseln aus dem Ozean herausragen.

Durch den nördlichen Teil des Parks
führt die Straße von Airlie Beach nach
Shute Harbour. Mehrere **Wanderwege** be-
ginnen am nahe gelegenen Picknickplatz.
Etwa 1 km dahinter bringt einen die 2,4 km
lange Strecke hinauf zum **Mt. Rooper
Lookout**, von dem aus man einen tollen
Blick auf die Whitsunday Passage und die
Inseln hat. Ein Stück weiter entlang der
Hauptstraße Richtung Coral Point (vor
Shute Harbour) führt ein 1 km langer Weg
hinab zum **Coral Beach** sowie zum **The
Beak Lookout**. Der Pfad wurde mithilfe
der Giru Dala angelegt, der traditionellen
Hüter der Whitsundays. Eine am Anfang
der Route erhältliche Broschüre verdeut-
licht, wie sich die Aboriginies um die hier
gedeihende Flora kümmern.

Die schönen **Cedar Creek Falls** erreicht
man, indem man die Straße von Proserpine
nach Airlie Beach 18 km südwestlich von
Airlie Beach verlässt und auf die Conway
Rd abbiegt. Von dort aus sind es noch 15 km
bis zum Wasserfall; es gibt gute Beschilde-
rungen. An den Wasserfällen wird gerne
gepicknickt und gebadet – sofern sie genug
Wasser führen.

Long Island

Die unterbewertete Long Island bietet von
allem das Beste. Auch wenn das romantische Pepper's Palm Bay Resort mittlerweile geschlossen ist, können Flitterwöchner
und Liebespaare noch im Paradise Bay
kuscheln. Die zwanglosere Atmosphäre des
Long Island Resort wird eher Familien an-
sprechen. Nur ein 500 m breiter Meereska-
nal trennt die etwa 9 km lange, aber kaum
mehr als 1,5 km breite Insel vom Festland.
Tagesausflügler dürfen die Einrichtungen
des Long Island Resort benutzen.

🏃 Aktivitäten

Long Island besitzt einige der besten Strände der Whitsundays und insgesamt 13 km
lange Wanderwege mit einigen tollen Aussichtspunkten. Für Camper gibt's den **Na-
tionalpark-Campingplatz** (Stellplatz Pers./
Fam. 5/21 AU$) an der Sandy Bay.

🛏 Schlafen & Essen

🌿 **Paradise Bay**   RESORT **$$$**
(☏4946 9777; www.paradisebay.com.au;
Pauschalangebot mit 3 Nächten ab 1800 AU$/
Pers.) Zehn Bungalows mit hohen Giebel-
decken gehören zu dieser abgeschiedenen
Lodge am Ufer der Paradise Bay. Sie be-
stehen aus australischem Hartholz und
bekommen dank ihres Standorts richtig
viel von der frischen Meeresbrise ab. Das
Resort nutzt Solarstrom, Erdgas und ge-
sammeltes Regenwasser. Dies zielt dar-
auf ab, insgesamt weniger Energie als ein
normales Vorstadtwohnhaus zu verbrau-
chen und gleichzeitig seinen „Öko-Luxus-
standard" zu gewährleisten. Höchstens 20
Gäste können hier gleichzeitig übernachten
und Telefone und TV sind nicht gestattet.
Auch mit Kindern hat man ganz schlechte
Karten. Gäste müssen mindestens dreimal
übernachten und genießen garantiert be-
schauliche Ruhe, da es keine Tagesbesucher
oder motorisierten Wassersportgeräte gibt.
Der Preis beinhaltet alle Mahlzeiten, Bier,
Wein, nichtalkoholische Getränke, Aktivi-
täten, Segeltouren und den Hin- sowie den
Rückflug mit einem Hubschrauber ab Ha-
milton Island.

Long Island Resort   RESORT **$$**
(☏1800 075 125, 4946 9400; www.oceanhotels.
com.au/longisland; DZ inkl. VP 260–380 AU$;
✳@🛄) Ein Resort für jedermann – jawohl,
diese komfortable Mittelklasseoption im
Norden der Insel heißt auch Kinder herz-
lichst willkommen. Die an der Happy Bay
gelegene Anlage vermietet drei Arten von
Zimmern. Die besten Unterkünfte liegen
direkt am Strand. Zudem warten hier einige tolle Kurzwanderungen und Aktivitäten
für alle Altersgruppen. Derzeit wird in dem
Resort eine dringend nötige Renovierung
vorgenommen.

ℹ Anreise & Unterwegs vor Ort

Cruise Whitsundays (☏4946 4662; www.
cruisewhitsundays.com) verbindet das Long
Island Resort täglich und regelmäßig mit der
Abel Point Marina (direkt ca. 20 Min, Erw./Kind
30/20 AU$).

Hook Island

Die zweitgrößte Insel der Whitsundays, Hook Island (53 km²), ist in erster Linie ein Nationalpark und erreicht am Hook Peak eine Höhe von 450 m. Rund herum verteilen sich neben ein paar guten Stränden auch ein paar der besten regionalen Tauch- und Schnorchelspots. Das eigentliche Resort ist eine schlichte Budgetunterkunft. Viele Traveller haben sich bereits von den niedrigen Preisen hierherlocken lassen und sind enttäuscht wieder abgereist. Wer auf Fünf-Sterne-Luxus steht, für den empfiehlt sich eher Hayman Island!

Einfache, aber wunderbare **Nationalpark-Campingplätze** (Stellplatz Pers./Fam. 5,15/20,60 AU$) gibt's an der Maureen Cove, am Steen's Beach, am Bloodhorn Beach, am Curlew Beach und am Crayfish Beach.

Das **Hook Island Wilderness Resort** (☎4946 9380; www.hookislandresort.com; Stellplatz für Zelt 20 AU$/Pers., DZ ohne/mit Bad 100/120 AU$; ❄❀) hat schon bessere Tage gesehen: Die schlichten Einrichtungen und Zimmer könnten gepflegter sein. In den einfachen aneinandergrenzenden Wohneinheiten finden sechs oder acht Gäste Platz, die Bäder sind allerdings wirklich winzig. Die separaten Zimmer haben keine eigenen Bäder. In der Campingküche funktioniert fast nichts; bei den Grills sieht es noch düsterer aus. Andererseits liegen die Zeltstellplätze herrlich am Strand. Gleich davor befinden sich super Schnorchelspots im Meer. Wer das hauptsächlich schnorcheln möchte und eine gewisse Rustikalität in Sachen Wohnen in Kauf nimmt, könnte hier richtig sein.

Die Anreise nach Hook Island wird bei der Buchung der Unterkunft arrangiert. Zurück kommt man mit einem regelmäßig verkehrenden Ausflugsboot. Die **Voyager** läuft täglich Hook Island sowie zwei weitere Inseln (Whitehaven Beach, Daydream; s. S. 452) an und kann Traveller vor Ort absetzen (40 AU$). Allerdings muss man im Rahmen der Rückfahrt auch die beiden übrigen Stationen für weitere 120 AU$ in Kauf nehmen. Wenn man rechtzeitig Bescheid sagt, kümmert sich das Personal des Resorts um eine günstigere Alternative. **Whitsunday Island Camping Connections – Scamper** (☎4946 6285; www.whitsundaycamping.com.au) organisiert Shuttles zu den Campingplätzen (hin & zurück ca. 160 AU$).

South Molle Island

South Molle Island besitzt eine eindrucksvolle Zahl von kurzen und langen Wanderwegen durch herrliche Regenwälder. Damit ist sie ein ideales Ziel für alle, die sich mal ordentlich die Beine vertreten möchten. Das ausgesprochen unglamouröse Resort mit Golfplatz (neun Löcher), Fitnessraum, Tennis- und Squashplatz verleiht auch alle möglichen Wassersportgeräte an Tagesausflügler.

South Molle (4 km²) ist die größte Insel der Molle-Gruppe, die noch Mid Molle und North Molle umfasst. Abgesehen vom Resort- und Golfplatzgelände an der Bauer Bay im Norden steht ganz South Molle unter Nationalparkschutz. Sein kreuz und quer verlaufendes Wanderwegnetz (15 km) führt zu ein paar fantastischen Aussichtspunkten. Höchster Punkt ist der Mt. Jeffreys (198 m). Ein Aufstieg zum **Spion Kop** wird mit einem super Blick auf den Sonnenuntergang belohnt. Der Pfad zum Spion Kop passiert einen uralten Steinbruch der Ngaro – beim Wandern unbedingt auf die Hügelflanke achten, über die sich viele Felstrümmer verteilen.

Nationalpark-Campingplätze (Stellplatz Erw./Fam. 6/21 AU$) gibt's an der Sandy Bay im Süden und an der Paddle Bay nahe dem Resort.

Das **Adventure Island Resort** (☎1800 466 444; www.koalaadventuroo.com; D ab 49–100 AU$, DZ 180–240 AU$, Mindestaufenthalt 3 Nächte; ❄@❀) hieß früher South Molle Island Resort. Es ist alles andere als luxuriös und bedarf dringend einer Modernisierung. Seine sauberen, komfortablen und zweckmäßigen Zimmer entsprechen größtenteils denen eines einfachen Motels. Am besten sind die Strandbungalows mit Whirlpools und Balkonen, auf denen man die Meeresbrise genießen kann. Außerdem gibt's Schlafsäle mit eigenen Bädern und Platz für vier, fünf oder sechs Personen.

Adventure Island ist *die* Partylocation und zieht eher jung(gebliebene) Abenteuerlustige an. Dennoch sind auch tagsüber viele unterhaltsame Aktivitäten wie Bogenschießen, Buschwandern, Fischefüttern, Segeln, Paddeln oder Schnorcheln möglich.

Das Beste am Adventure Island Resort offenbart sich bei einer Fahrt mit der *Pride of Airlie,* die während ihres Dreitagestörns zwei Nächte lang auf South Molle Station macht. Der Segeltrip (349 AU$/Pers.) führt auch zum Whitehaven Beach und lässt sich um zwei weitere günstige Übernachtungen (je 49 AU$) im Resort erweitern. **Koala Adventures** (☑1800 466 444; www.koalaadventures.com) nimmt Buchungen entgegen.

Von der Abel Point Marina schippert **Cruise Whitsundays** (☑4946 4662; www.cruisewhitsundays.com) über Daydream in Richtung South Molle Island (Erw./Kind 30/20 AU$).

Daydream Island

Die herrliche kleine Daydream Island ist kaum mehr als 1 km lang und 200 m breit. Bei deutlich weniger Dauerbetrieb wäre es einfach traumhaft. Weil es das dem festland am nächsten gelegene Resort ist, fungiert das Eiland als beliebtes Tagesziel für jedermann – vor allem für lebhafte Familien, unternehmungslustige Singles und Paare, die auf eine romantische Inselhochzeit aus sind.

Das große **Daydream Island Resort & Spa** (☑1800 075 040, 4948 8488; www.daydreamisland.com; Pauschalangebot mit 3 Nächten 900–2500 AU$; ✳☎🐾🖥) ist von wunderschön gestalteten tropischen Gärten umgeben, durch die sich eine Lagune voller Stachelrochen, Haie und anderer Fische zieht. Gäste haben aber wahrscheinlich kaum Zeit zum Tagträumen: Tennisplätze, ein Fitnessraum, Katamarane, Windsurfbretter, ein Freilichtkino und drei Pools stehen ihnen hier gratis zur Verfügung. Insgesamt existieren fünf Unterkunftsoptionen. Die meisten Pauschalangebote beinhalten die Selbstbedienung am Frühstücksbuffet. Ein Club, in dem durchgängig diverse Aktivitäten angeboten werden, beschäftigt den Nachwuchs. Kids dürften wohl auch das vollkommen ungefährliche **Stachelrochen-Streicheln** (*Stingray Splash*; 38 AU$) und die Fischfütterungen am kleinen Korallenriff-Pool nahe dem Hauptinnenhof mögen. Die gesamte Insel wird vom Resort eingenommen und ist daher nichts für Traveller, die eher Ruhe und Erholung suchen.

Cruise Whitsundays (☑4946 4662; www.cruisewhitsundays.com; einfache Strecke Erw./Kind 30/20 AU$) fährt täglich und regelmäßig ab der Abel Point Marina hierher. Die **Voyager** (☑4946 5255; Erw./Kind 140/80 AU$) sticht jeden Tag in See und klappert segelnd die drei Stationen Hook Island, Whitehaven Beach und Daydream Island ab.

Hamilton Island

☑07 / 1840 EW.

Hamilton Island ist für Leute, die zum ersten Mal herkommen, vielleicht erst mal ein ziemlicher Schock: Mit den vielen Menschen und der starken Bebauung scheint sie eher eine geschäftige Stadt als eine Urlaubsinsel zu sein. Obwohl das nicht unbedingt den Vorstellungen vom perfekten Erholungsort entsprechen mag, ist die schiere Menge von Unterkünften, Restaurants, Bars und Aktivitäten sehr beeindruckend. Hamiltons Highlight: Hier gibt's für jedermann das Richtige! Das riesige Resort mit zahlreichen Unterhaltungsoptionen macht die Insel auch zu einem interessanten Tagesziel ab Shute Harbour. Besucher dürfen nämlich einige Einrichtungen wie die Tennis- und Squashplätze, den Fitnessraum, die Minigolfbahn oder die Driving Range (Übungsbereich) des Golfplatzes ebenfalls benutzen.

Am **Catseye Beach** vor dem Resort gibt's Windsurfbretter, Katamarane, Jetskis und andere Leihausrüstung. Zudem kann man Parasailing und Wasserskilaufen buchen.

Ein paar Tauchshops am Hafen organisieren Tauchtrips plus -kurse mit Zertifizierung. Im Angebot sind auch diverse Bootsfahrten zu anderen Inseln oder zum Außenriff. Inklusive Leihausrüstung kosten halbtägige Angelausflüge ungefähr 125 AU$ pro Person.

Vor dem Verlassen des Jachthafens empfiehlt sich ein Abstecher zu **Foots Artwork** (☑4946 8308; www.foot.com.au). Hier sind wunderschöne, faszinierende Marmor- bzw. Bronzeskulpturen von Meerjungfrauen, Delfinen, Meerestieren und Fabelwesen zu sehen.

Der beste der wenigen **Inselwanderwege** beginnt hinter dem Reef View Hotel und führt hinauf zum Passage Peak (230 m) in Hamiltons nordöstlicher Ecke. Für Kinder bietet das Resort den Clownfish Club und eine Tagesbetreuung.

🛏 Schlafen

Das Spektrum von Unterkünften im **Hamilton Island Resort** (☑137 333, 4946 9999; www.hamiltonisland.com.au; ✳@🐾🖥) reicht von Hotelzimmern bis hin zu Apartments und Penthouses für Selbstversorger. Die Preise in der folgenden Übersicht gelten jeweils für eine Übernachtung. Die allermeis-

Auf nur sieben Inseln befinden sich Resorts, aber alle sind, was Stil und Atmosphäre betrifft, einzigartig. Ob man nun auf Romantik, Party oder Luxus aus ist – man sollte sich besser an der folgenden Übersicht orientieren. Andernfalls gibt's am Ende vielleicht Karotten statt der schicken Cocktailschirmchen ...

... für Umweltbewusste

» Das **Paradise Bay** (S. 450) ist ein exklusives Öko-Resort mit grünem Gewissen und nur zehn einfachen Bungalows. Es wird nachhaltig und umweltfreundlich geführt – aber ohne Kompromisse beim Komfort.

... für Luxus-Liebhaber

» Das **Qualia** (S. 453) auf Hamilton Island ist göttlich: Gäste bewohnen Luxuspavillons zwischen den Bäumen und genießen vom eigenen Minipool aus den Blick aufs Korallenmeer.

» Das **Hayman Island Resort** (S. 454) verkörpert altmodischen Verwöhnluxus mit Schwerpunkt auf tadellosem Service und Sinnes- bzw. kulinarischem Genuss. Zudem hat es einen Riesenpool.

... für Familien

» Im **Daydream Island Resort & Spa** (S. 452) herrscht immer Hochbetrieb. Alle Altersgruppen können sich im Wasser und an Land vergnügen. Kinderclub, Freiluftkino, Poolbar, Cafés und viele Restaurants lassen keine Langeweile aufkommen.

» Das **Long Island Resort** (S. 450) ist deutlich weniger glamourös, beschäftigt Kinder aber dennoch mit vielen Aktivitäten. Eltern entspannen derweil am Strand oder am Pool mit einem rosa Cocktail in der Hand.

» Zum **Club Med** (S. 455) auf Lindeman Island gehört ein berühmter Kinderclub mit zahllosen Aktivitäten.

... für Romantiker

» Das **Paradise Bay** (S. 450) liegt ebenfalls auf Long Island und ist nicht nur ein Öko-Resort, sondern auch bei Flitterwöchnern sehr beliebt – exklusiv und traulich, aber ohne Glitzer und Glamour. Stattdessen regiert hier einfache, natürliche Eleganz.

... für Fun-Fans

» Im **Adventure Island Resort** (S. 451) auf South Molle Island feiert Airlie Beachs Partyvolk bis in die Puppen. Dank all den DJs, heißen Bands und Vollmondpartys ist Spaß hier immer nur so weit weg wie der nächste Drink. Gegen üble Kater helfen vielleicht die tollen Buschwanderungen, die die Insel zu bieten hat. Dann kann's abends gleich von vorne losgehen!

WHITSUNDAY COAST HAMILTON ISLAND

ten Gäste buchen aber mindestens drei, da dann günstigere Pauschaltarife greifen. Alle Buchungen sind über die zentrale Reservierungshotline vorzunehmen.

Qualia RESORT **$$$**
(DZ 1450–3500 AU$) Das neueste und luxuriöseste Resort auf den Whitsundays bedeckt etwa 12 ha Fläche. Die modernen Villen an einer grünen Hügelflanke wirken wie himmlische Baumhäuser. Hinzu kommen ein Privatstrand sowie jeweils zwei Restaurants und Pools.

Beach Club RESORT **$$$**
(DZ 700 AU$) Der Beach Club flankiert den Hauptkomplex des Resorts und hat Fünf-Sterne-Zimmer in direkter Strandlage.

**Whitsunday Holiday
Apartments** APARTMENTS **$$$**
(DZ 385 AU$) Apartments mit Zimmerservice und ein bis vier Schlafzimmern.

Palm Bungalows HÜTTEN **$$$**
(DZ 315 AU$) Die hübschen Einzelhütten hinter dem Resortkomplex besitzen jeweils eine kleine Veranda sowie ein Einzel- und

ein Doppelbett. Sie stehen recht dicht gedrängt, werden aber von üppigen Gärten abgeschirmt.

Unterkünfte für
Selbstversorger APARTMENTS $$$
(DZ 380–2000 AU$) Für Selbstversorger, die hier allerdings mindestens viermal übernachten müssen.

Reef View Hotel HOTEL $$$
(DZ ab 385 AU$) Das große, hässliche Vier-Sterne-Hotel mit 20 Stockwerken ist bei Familien beliebt.

✖ Essen
Der Hauptkomplex des Resorts beherbergt mehrere Restaurants. Auch am Jachthafen ist die Auswahl an Lokalen groß. Für Selbstversorger gibt's zudem einen Supermarkt mit Gemischtwaren.

Bommie Restaurant MODERN-AUSTRALISCH $$$
(☎4948 9433; Hamilton Island Yacht Club; Hauptgerichte 20–45 AU$; ☉abends) Das Spitzenrestaurant des tollen neuen Jachtclubs punktet mit sensationellem Meerblick und einem Café auf der Terrasse. Die kleine, aber köstliche Speiseauswahl hält einzigartige Überraschungen bereit.

Romano's ITALIENISCH $$$
(☎4946 8212; Marina Village; Hauptgerichte 28–40 AU$; ☉Mi–So abends) Das Romano's ist ein entspannter und beliebter Italiener mit großer, eingefriedeter Terrasse direkt über dem Wasser.

Manta Ray Cafe CAFÉ $$
(☎4946 8213; Marina Village; Hauptgerichte 17–30 AU$; ☉mittags & abends) Die Gerichte sind einfach, aber ultralecker (besonders die super Holzofenpizzas) – entsprechend beliebt ist der Laden.

Mariners Seafood Restaurant SEAFOOD $$$
(☎4946 8628; Marina Village; Hauptgerichte 38–47 AU$; ☉abends) Das stilvolle Mariners auf einer großen, geschlossenen Veranda mit Hafenblick hat eine Ausschanklizenz, lässt Gäste aber auch eigenen Alkohol mitbringen. Neben Gegrilltem werden vor allem Meeresfrüchte serviert.

Marina Tavern KNEIPENESSEN $
(☎4946 8839; Marina Village; Hauptgerichte 14–20 AU$; ☉mittags & abends) Der frühere Jachtclub ist heute eine belebte Hafenkneipe mit klasse Aussicht auf die Anlegeplätze. Super, um einen Drink zu nehmen und anständige Kneipenkost zu mampfen.

☆ Unterhaltung
Manche Resort- und Hafenbars bieten allabendlich Unterhaltung. Ansonsten bleibt immer noch der Boheme's NightClub (Marina Village; ☉Do–Sa 21 Uhr–open end).

ⓘ An- & Weiterreise
Flugzeug
Die meisten Traveller landen auf dem Hamilton Island Airport. Jetstar (☎13 15 38; www.jetstar.com.au) fliegt nach/ab Brisbane, Sydney und Melbourne, Virgin Blue (☎13 67 89; www.virgin blue.com.au) nach bzw. ab Brisbane.

Schiff/Fähre
Fantasea (☎4946 5111; www.fantasea.com.au) verbindet Hamilton Islands Jachthafen (Erw./Kind 125/62 AU$) bzw. Flughafen (Erw./Kind 49/27 AU$) täglich und regelmäßig mit Shute Harbour. Cruise Whitsundays (☎4946 4662; www.cruisewhitsundays.com) pendelt zwischen Hamilton Islands Flughafen und der Abel Point Marina in Airlie Beach (Erw./Kind 59/37 AU$).

ⓘ Unterwegs vor Ort
Von 7 bis 23 Uhr rollen Shuttlebusse über die ganze Insel, die man kostenlos nutzen kann.

Ansonsten flitzen alle in gemieteten Golfcarts (1/2/3 Std. 45/55/60 AU$, ganzer Tag 65 AU$) auf Hamilton herum. Diese Fahrzeuge bekommt man beim Büro nahe der Resort-Rezeption oder bei der Charter Base nahe dem Fähranleger.

Hayman Island
Als nördlichste Insel der Whitsunday-Gruppe misst Hayman Island nur 4 km² und ragt maximal 250 m über dem Meeresspiegel auf. Auf der Insel finden sich Täler, Strände, bewaldete Hügel und ein Fünf-Sterne-Luxusresort.

Eine Allee aus stattlichen, 9 m hohen Dattelpalmen führt zum Haupteingang des Hayman Island Resort (☎1800 075 175, 4940 1234; www.hayman.com.au; Zi. inkl. Frühstück 595–3900 AU$; ✳@☒). Dahinter befinden sich Pools, eine Gartenlandschaft, exklusive Boutiquen und eine eindrucksvolle Sammlung von Antiquitäten bzw. Kunstwerken auf 1 ha Fläche. Die Originalarchitektur und die Einrichtung aus den 1980er-Jahren wurden kürzlich zugunsten von mehr Licht und Platz generalüberholt. Von den Balkonen der Zimmer, die an dem wunderbaren Pool liegen, führen Trittleitern hinunter bis ins Wasser. Und seit Hayman auch noch acht moderne und stilvolle Strandvillen vermietet, zählt es definitiv zu den luxuriösesten Resorts am ganzen Great Barrier Reef.

Wer als Gast hierher fliegt, wird vom Hayman-Personal zu einem der hauseigenen Luxusboote (einfache Strecke Erw./Kind 290/145 AU$) geleitet und mit allen Schikanen zum Resort geschippert. **Air Whitsunday Seaplanes** (☎4946 9111) schickt Charter-Wasserflugzeuge (1590 AU$/Maschine) von Hamilton nach Hayman Island.

Da Tagestrips nach Hayman nur per Flieger möglich sind, muss man auch diesbezüglich bei **Air Whitsunday Seaplanes** (☎4946 9111; 195 AU$/Pers.) anfragen.

Lindeman Island

Die hübsche kleine Lindeman Island (8 km²) liegt nahe dem Südende der Whitsunday-Gruppe und spricht vor allem Familien oder Club-Med-Fans an. Das Resort wirkt etwas betagt, aber ansonsten herrscht überall eine lebendige und jugendfrische Atmosphäre. Die Insel ist größtenteils Nationalpark. Wer selbst keine oder nur wenige Kinder hat oder sich Lindeman nicht mit den vielen Kids teilen möchte, schaut am besten nach einem anderen Urlaubsziel.

Im **Club Med** (☎1800 258 2633, 4946 9333; www.clubmed.com; 3 Nächte mit VP für 2 Pers. pauschal 1788 AU$; ❋▣) ist immer viel los. Das Personal sorgt zuverlässig für viele unterhaltsame Aktivitäten. Gute Nachrichten für die meisten Eltern: Der berühmte Kinderclub stellt problemlos sicher, dass Eltern ihren Nachwuchs den ganzen Tag über nicht zu Gesicht bekommen. Die Unterkünfte sind zweckmäßig, aber nicht luxuriös. Sofern man nicht endlos Stufen erklimmen möchte, lohnt sich der Aufpreis für ein Zimmer auf der Resortseite.

Der Shuttle-Service mit der Club-Med-Barkasse sind im Pauschalangebot enthalten und zeitlich auf die Flüge ab Hamilton Island abgestimmt.

Whitsunday Island

Der 7 km lange **Whitehaven Beach** auf Whitsunday Island zählt zu Australiens schönsten Stränden: Dieser makellose Streifen blendend weißer Quarzsand wird von üppiger Tropenvegetation und strahlend blauem Meer flankiert. Ab dem Hill Inlet an seinem nördlichen Ende kreieren die reinweißen, verwirbelten Sandmuster im türkis- und aquamarinfarbenen Wasser ein magisches Bild. Am südlichen Strandende warten super Schnorchelmöglichkeiten.

Nationalpark-Campingplätze gibt's an Dugong Beach, Nari's Beach und Joe's Beach im Westen der Insel – ebenso an der Chance Bay im Süden, an der Peter Bay im Norden sowie am Südende des Whitehaven Beach.

Weitere Whitsunday Islands

Die nördlichen Whitsundays sind unerschlossen und werden nur selten von Ausflugsbooten oder Wassertaxis angesteuert. Manche davon (Gloucester, Saddleback, Olden und Armit Island) haben Nationalpark-Campingplätze. Campinggenehmigungen erteilt der **QPWS** (☎4946 7022; www.derm. qld.gov.au): Das Büro liegt 3 km südlich von Airlie Beach und informiert auch darüber, wie sich welche Inseln besuchen lassen.

Bowen

☎07 / 7850 EW.

Bowen erinnert daran, wie Queenslands typische Küstenkleinstädte in den 1970er-Jahren ausgesehen haben: Breite Straßen, niedrige Gebäude, hölzerne Queenslander-Häuser und entspannte, freundliche Einheimische. Ein lokaler Treffpunkt ist der Uferbereich mit neu gestalteter Promenade, Picknicktischen und Grills. Der eigentliche Ort hat für Besucher nicht viel zu bieten – es sei denn, man möchte bei der Obsternte helfen (April–Nov.). Allerdings liegen nordöstlich vom Zentrum ein paar herrliche Strände und Buchten.

🛏 Schlafen & Essen

Coral Cove Apartments   APARTMENTS $$$
(☎4791 2000; www.coralcoveapartments.com. au; Horseshoe Bay Rd; Apt. mit 1/2/3 Schlafzi. 250/340/360 AU$) Die schicken Apartments sind modern gestaltet – mit vielen Fenstern und Glastüren –, um den atemberaubenden Meerblick einzufangen. Alle Zimmer sind geräumig, extrem komfortabel und mit Doppelbetten ausgestattet.

Aussiemates Backpackers   HOSTEL $
(☎4786 3100; aussiemates@live.com; B/DZ pro Woche 160/190 AU$) Das familiengeführte und superfreundliche Hostel wirkt wie ein eigenes Zuhause auf Reisen: Der reizen-

de alte Queenslander im Ortszentrum ist sauber, frisch gestrichen und hat eine große Obergeschossveranda mit Blick auf die Hauptstraße. Der Wochentarif beinhaltet Shuttles für Gäste, die auf umliegenden Farmen arbeiten.

The Cove ASIATISCH, FUSION **$$**
(☏4791 2050; Coral Cove Apartments, Horseshoe Bay Rd; Hauptgerichte 15–25 AU$; ⊙Di–So mittags & abends) Die Holzterrasse mit sensationeller Aussicht aufs Korallenmeer schreit nach einem langen Mittagsmahl oder zumindest nach einem Sundowner vor dem Abendessen. Das interessante Fusion-Menü mixt z. B. chinesische und malaiische Elemente.

Ebenfalls empfehlenswert:

360 on the Hill CAFÉ **$**
(☏4786 6360; Flagstaff Hill; Hauptgerichte 6–16 AU$; ⊙tgl. morgens & mittags, Fr abends)

Atemberaubende Aussicht auf dem Gipfel des Flagstaff Hill.

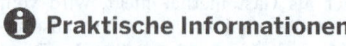

Praktische Informationen

Tourism Bowen (☏4786 4222; www.tourism bowen.com.au; ⊙Mo–Fr 8.30–17, Sa & So 10.30–17 Uhr) Rund 7 km südlich von Bowen am Bruce Hwy.

Im Ort gibt's auch einen **Infostand** (☏4786 2602; Santa Barbara Pde; ⊙Mo–Fr 10–17, Sa & So 10.30–17 Uhr).

An- & Weiterreise
Bus

Fernbusse halten vor **Bowen Travel** (☏4786 2835; 40 William St), wo man Bustickets buchen und kaufen kann. **Greyhound Australia** (☏1300 473 946; www.greyhound.com.au) und **Premier** (☏13 34 10; www.premierms.com.au) fahren regelmäßig nach bzw. ab Airlie Beach (28 AU$, 1½ Std.) oder Townsville (50 AU$, 4 Std.).

Von Townsville nach Innisfail

Inhalt »

Gut essen

» A Touch of Salt (S. 464)
» Man Friday (S. 469)
» MonsoonCruising(S. 482)
» Benny's Hot Wok (S. 464)

Schön übernachten

» Elandra (S. 477)
» Noorla Heritage Resort (S. 472)
» Sanctuary (S. 479)
» Reef Lodge (S. 463)

Auf nach Townsville!

Townsville ist eine authentische, lebendige Stadt mit Herz. Sie liegt zwischen den Touristenmagneten Cairns im Norden und Airlie Beach im Süden. Nur wenige Traveller schauen sich die größte Stadt in Nordqueensland an, dabei hat sie überraschend vielen Attraktionen: Da wären z.B. die von Palmen gesäumte Strandpromenade, die eleganten Gebäude aus dem 19. Jh. und die zig Kultur- und Sportereignisse. Außerdem lockt der Nationalpark Magnetic Island mit einer tollen Flora und Fauna und Wanderwegen.

Nördlich von Townsville erstrecken sich Zuckerrohrfelder und ein tropischer Küstenstreifen, die Cassowary Coast. Hier schlug Zyklon Yasi im Februar 2011 eine Schneise der Zerstörung. Besonders schlimm betroffen waren Mission Beach, Tully und Cardwell. Mittlerweile sollte aber wieder Normalität eingekehrt sein. Charters Towers und Ravenswood befinden sich landeinwärts und liefern ein gut zugängliches Stück „echtes" Outback. Die bewaldeten Inseln Hinchinbrook und Dunk kann man mit Booten erreichen.

Reisezeit

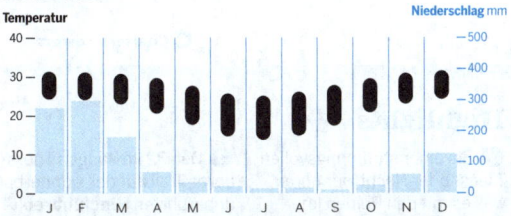

Mai Pasta und Musik sind die Stars beim australisch-italienischen Festival in Ingham.

Juli Die Venus Gold Battery in Charters Towers steht im Mittelpunkt des Gold Fever Festival.

August Townsville zeigt sich beim Australien Festivals of Chamber Music äußerst kultiviert.

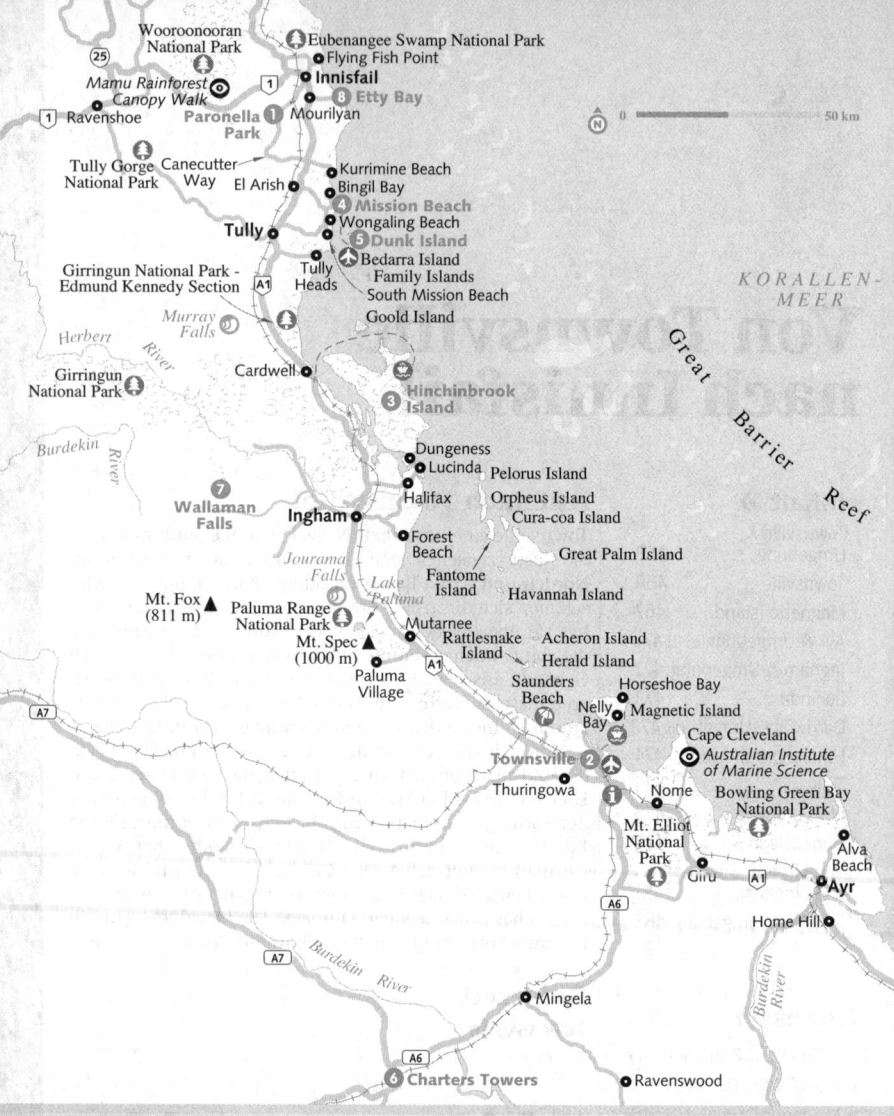

Von Townsville nach Innisfail — KORALLENMEER — Great Barrier Reef

Wooroonooran National Park
Eubenangee Swamp National Park
Flying Fish Point
Innisfail
Etty Bay
Mamu Rainforest Canopy Walk
Ravenshoe
Paronella Park
Mourilyan
Tully Gorge National Park
Canecutter Way
El Arish
Kurrimine Beach
Bingil Bay
Mission Beach
Wongaling Beach
Dunk Island
Tully
Bedarra Island
Family Islands
South Mission Beach
Tully Heads
Girringun National Park - Edmund Kennedy Section
Goold Island
Herbert River
Murray Falls
Cardwell
Hinchinbrook Island
Girringun National Park
Burdekin River
Dungeness
Lucinda
Pelorus Island
Halifax
Orpheus Island
Cura-coa Island
Wallaman Falls
Ingham
Great Palm Island
Jourama Falls
Forest Beach
Fantome Island
Havannah Island
Mt. Fox (811 m)
Lake Paluma
Paluma Range National Park
Mutarnee
Rattlesnake Island
Acheron Island
Herald Island
Mt. Spec (1000 m)
Paluma Village
Saunders Beach
Horseshoe Bay
Nelly Bay
Magnetic Island
Cape Cleveland
Townsville
Australian Institute of Marine Science
Thuringowa
Nome
Bowling Green Bay National Park
Mt. Elliot National Park
Giru
Alva Beach
Ayr
Home Hill
Burdekin River
Mingela
Charters Towers
Ravenswood

N   0   50 km

Highlights

❶ Bei einer stimmungsvollen Tages- oder Nachttour hören, was es mit den Ruinen im **Paronella Park** (S. 481) auf sich hat

❷ In **Townsville** (S. 462) die Cowboys anfeuern, Nordqueenslands geliebtes Rugbyteam, oder die Crocodiles der National Basketball League

❸ Den 32 km langen Thorsborne Trail auf der wunderbar unberührten **Hinchinbrook Island** (S. 474) meistern

❹ Fallschirmspringen und auf dem Sand bei **Mission Beach** (S. 475) landen

❺ Sich auf der idyllischen **Dunk Island** (S. 481) einen entlegenen Strand suchen

❻ In der Goldgräberstadt **Charters Towers** (S. 472) eine Vorführung von *Ghosts After Dark* miterleben

❼ Den höchsten einstufigen Wasserfall Australiens knipsen, die **Wallaman Falls** (S. 471)

❽ Am Strand der malerischen **Etty Bay** (S. 481) wilde Kasuare beobachten

TOWNSVILLE & UMGEBUNG

Die größte Stadt in Nordqueenslands ist die ideale Basis für Tagesausflüge an die Küste, ins Inland und auf die vorgelagerten Inseln.

Townsville

📞 07 / 181743 EW.

Hervorragende Museen, ein riesiges Aquarium, fantastische Tauchgründe, zwei hervorragende Mannschaften (Basketball und Rugby), ein erstklassiges Nachtleben und eine wunderschöne Strandpromenade – mit diesem Angebot hat Townsville beinahe Hauptstadtqualitäten! Darüber hinaus hat die Stadt eine große Studentenpopulation und etwa 70 % des australischen Militärs sind hier stationiert. Ein weiterer Pluspunkt ist das Klima: Im Schnitt scheint an 320 Tagen im Jahr die Sonne. Überdachte Sitzgelegenheiten im Stadion sah man als nicht notwendig an, denn während der Rugbysaison fällt so gut wie nie Regen.

Außerdem tut sich in Townsville so einiges: Im Zentrum werden derzeit die Gebäude aus dem 19. Jh. restauriert.

◉ Sehenswertes & Aktivitäten

Das Zentrum ist übersichtlich und kann problemlos „erlaufen" werden.

The Strand   PARKS

Die Strandpromenade ist 2,2 km lang und wird durch Parks, Pools, Cafés und Spielplätze aufgelockert. Hunderte von Palmen spenden Schatten. Schon bei Tagesanbruch sind Jogger unterwegs, etwas später kommen die ersten Strandgänger und am späten Nachmittag gesellen sich die Spaziergänger hinzu. Netze schirmen den Strand mit dem goldfarbenen Sand gegen gefährliche Meeresbewohner ab.

Am nördlichen Ende liegt der **Felsenpool** (Eintritt frei; ⏱24 Std.), ein riesiges, künstliches Schwimmbecken umgeben von Rasen und sandigen Stränden. Alternativ bieten die denkmalgeschützten **Tobruk Memorial Baths** (www.townsville.qld.gov.au; The Strand; Erw./Kind 3/2 AU$; ⏱Mo–Do 5.30–19, Fr bis 18, Sa 7–16, So 8–17 Uhr) olympische Abmessungen (und gechlorte Sicherheit!).

Kinder werden den kleinen **Wasserspielplatz** (Eintritt frei; ⏱Dez.–März 10–20, Sept.–Nov. & April–Mai bis 18, Juni–Aug. bis 17 Uhr) lieben. Wasser wird durch alle Arten von Rohren gepumpt und in einem riesigen Eimer gesammelt, dessen Inhalt sich dann über die Köpfe des quiekenden Nachwuchses ergießt.

Castle Hill (Schlosshügel)   SPAZIERGANG

Der auffällige 286 m hohe Hügel (eigentlich ein rosafarbener Granitmonolith) ist charakteristisch für das Stadtbild. Oben hat

---

ZYKLON YASI

Als sich 2011 der tropische Wirbelsturm Yasi über dem Korallenmeer bildete, stellten sich die Bewohner von Nordqueensland auf eine Katastrophe ein. Der verheerende Zyklon Larry lag knapp fünf Jahre zurück, doch viele fürchteten, dass Yasi, ein Wirbelsturm der Kategorie 5, noch schlimmer wüten würde. Tausende von Menschen zwischen Cairns und Townsville wurden evakuiert.

Am 3. Februar traf Yasi auf die Küste bei Mission Beach. Der Wind erreichte Geschwindigkeiten von bis zu 300 km/h. Die meisten Schäden richtete er in Tully und Cardwell und auf den Inseln Dunk, Bedarra und Hinchinbrook an.

An der Küste zwischen Innisfail und Ingham wurden Hunderte von Häusern und geschützter Regenwald zerstört sowie Bananenpflanzungen und Zuckerrohrfelder dem Erdboden gleichgemacht. Glücklicherweise kam niemand ums Leben. Die Stadt Cairns hatte einen Schutzengel: Der Zyklon drehte vor der Küste nach Südwesten ab. Auch in Townsville hielt sich der Schaden in Grenzen.

Das Ganze kostete 800 Mio. AU$, aber die Region wird sich wohl schnell wieder erholen. Reisende sollten nicht allzu viele Veränderungen bemerken. Bei unserem Besuch waren die meisten Nationalparks zwischen Cairns und Townsville (darunter Hinchinbrook Island, Dunk Island, Goold Island, Orpheus Island, Girringun und Eubenangee Swamp) komplett oder teilweise geschlossen, damit die Ranger den Schaden begutachten und Wanderwege sichern konnten. Mittlerweile sollte aber alles wieder beim Alten sein. Infos liefert das **Department of Environment & Resource Management** (DERM; 📞13 74 68; www.derm.qld.gov.au).

man einen tollen Blick auf Townsville und die Cleveland Bay. Vom Hillside Cres geht's auf dem unbefestigten „Ziegenpfad" bergauf (einfache Strecke 2 km). Klingt nach zu viel Arbeit? Dann fährt man einfach die gewundene Castle Hill Rd (2,6 km) hoch; sie geht von der Gregory St ab. Am Parkplatz oben weist eine Karte den Weg zu verschiedenen Aussichtspunkten.

Reef HQ
AQUARIUM

(✆4750 0800; www.reefhq.com.au; Flinders St E; Erw./Kind 24,75/12,10 AU$; ☺9.30–17 Uhr) Das Aquarium ist im Prinzip ein echtes, lebendes Riff auf dem Festland. 2,5 Mio. l Wasser

fließen durch das Korallenriff-Becken, in dem sich 130 Korallen- und 120 Fischarten tummeln. Im Raubfischbereich liefert der nachgebaute Bug der SS *Yongala* eine beeindruckende Kulisse. Ein Zyklon brachte das Originalschiff 1911 vor Townsville zum Sinken und mit ihm 125 Passagiere. Das Wrack wurde erst 1958 gefunden. Kinder werden im **Schildkrötenkrankenhaus** viel Spaß am Füttern und Streicheln der Reptilien haben. Man kann sich unterschiedlichen Führungen durch das Aquarium anschließen.

Nebenan geht die Unterwassererfahrung weiter: Die 18 m hohe Leinwand und das

Townsville Zentrum

geniale Surround-System des **IMAX-Kinos** (Erw./Kind/erm. 14/9/12 AU$; ◎10.30–16.30 Uhr) lassen einen in die Ozeanwelten abtauchen – beeindruckend!

Das Kombiticket für Aquarium und IMAX kostet 38,05/20,65 AU$ pro Erwachsener/Kind.

Museum of Tropical Queensland MUSEUM (www.mtq.qld.gov.au; 70-102 Flinders St E; Erw./ Kind 13,50/8 AU$; ◎9.30–17 Uhr) Dies ist kein schnödes 08/15-Museum: Die Besucher erwarten detaillierte Modelle und interaktive Darstellungen. Um 11 und 14.30 Uhr kann man eine Kanone laden und abfeuern, so, wie man es im 18. Jh. gemacht hat. Im Mittelpunkt steht die Geschichte Nordqueenslands, angefangen mit den Dinosauriern. Die naturwissenschaftliche MindZone ist kindgerecht.

Botanic Gardens GARTEN (Eintritt frei; ◎Sonnenauf- bis Sonnenuntergang) Der botanische Garten ist in drei üppig grüne Bereiche unterteilt. Sie sind unterschiedlich gestaltet, warten aber allesamt mit tropischen Pflanzen auf. Dem Zentrum am nächsten gelegen sind die repräsentativen **Queens Gardens** (Ecke Gregory & Paxton Sts)

am Fuße des Castle Hill (1 km nordwestlich der Stadt).

Billabong Sanctuary NATURSCHUTZGEBIET (www.billabongsanctuary.com.au; Bruce Hwy; Erw./Kind 30/19 AU$; ◎8–17 Uhr; 🚗) Gerade mal 17 km südlich von Townsville erstreckt sich dieser öko-zertifizierte Park (11ha groß), in dem man australische Wildtiere (Dingos, Kasuare & Co.) in ihrem natürlichen Lebensraum erleben kann – und das aus nächster Nähe. Hier kann man locker einen ganzen Tag verbringen: Im Halbstundentakt finden Fütterungen, Vorführungen u.Ä. statt. **Abacus Tours** (☎4775 5544; Erw./Kind 50/30 AU$ inkl. Eintritt zum Park) ermöglicht die Fahrt ab/nach Townsville.

GRATIS **Cultural Centre** KULTURZENTRUM (☎4772 7679; www.cctownsville.com.au; 2/68 Flinders St E; ◎9.30–16.30 Uhr) Beleuchtet die Geschichte, die Traditionen und Bräuche der Wulgurkaba und Bindal. Wann geführte Touren stattfinden, kann man telefonisch erfragen.

Perc Tucker Regional Gallery KUNSTGALERIE (www.townsville.qld.gov.au; Ecke Denham & Flinders Sts; Eintritt frei; ◎Mo–Fr 10–17, Sa & So bis 14

Uhr) Die modernen Arbeiten, vornehmlich von Künstlern aus Nordqueensland, sind in einem stattlichen Gebäude von 1885, einer ehemaligen Bank, ausgestellt.

Townsville Maritime Museum
MUSEUM

(www.townsvillemaritimemuseum.org.au; 42-68 Palmer St; Erw./Kind 6/3 AU$; ⊙Mo–Fr 10–16, Sa & So 12–15 Uhr) Für alle Liebhaber der Ozeane. In einer Galerie geht's um das Wrack der *Yongala*. Außerdem gibt Exponate zu regionalen Schifffahrtsindustrien.

North Queensland Military Museum
MUSEUM

(www.army.gov.au; Mitchell St, Kissing Point; Spende erbeten; ⊙Mo, Mi & Fr 9–12.30, So 10–14 Uhr) Auf dem Gelände der Jezzine Army Barracks sind Militärutensilien in den alten Waffenläden ausgestellt. Man muss einen Lichtbildausweis vorlegen.

Skydive Townsville
FALLSCHIRMSPRINGEN

(4721 4721; www.skydivetownsville.com.au; Tandemsprünge 395–445 AU$) Ein sicheres Flugzeug und phänomenale Landungen an der Strandpromenade.

Geführte Touren

Verschiedene Veranstalter organisieren Fahrten zum Great Barrier Reef sowie Tauchkurse (s. hierzu S. 465). Genaueres zu Bootstouren zwischen Townsville und Cairns an Bord der *Coral Princess* steht auf S. 490.

Kookaburra Tours
TAGESTOUREN

(0448 794 798; www.kookaburratours.com. au) Sehr zu empfehlen sind die Tagestouren von Kookaburra Tours in Townsville und Umgebung. Die Guides sind enthusiastisch und sehr kompetent. Hier das Programm:

ⓘ ACHTUNG: KROKODILE & WÜRFELQUALLEN

Von Ende Oktober bis Mai sollte man besser von einem Bad im Meer absehen, wenn man keinen gesteigerten Wert auf Begegnungen mit Würfelquallen (Irukandji) und anderen giftigen Zeitgenossen legt.

Und gleich noch ein Warnhinweis: Im offenen Meer, aber auch in den Meeresarmen und zwischen den Mangroven sind Salzwasserkrokodile heimisch. Auf Hinweisschilder achten!

Stadttour „Heritage and Highlights" (Erw./ Kind 40/18 AU$), Wallaman Falls (Erw./ Kind 125/55 AU$), Regenwaldtouren im Mount Spec National Park (Erw./Kind 125/55 AU$) und Führungen zum Thema Aborigines-Kultur (Erw./Kind 140/65 AU$).

Townsville Ghost Tours
GEISTERTOUREN

(0404 453 354; www.townsvilleghosttours. com.au) Im Angebot sind fünf unheimliche Führungen, z.B. in der Stadt an Bord des „Geisterbusses" (ab 65 AU$) oder nach Ravenswood (295 AU$ inkl. Mahlzeiten und Übernachtung).

✺ Feste & Events

Der Veranstaltungskalender von Townsville ist voll. Ordentlich gefeiert werden beispielsweise die Heimspiele des heißgeliebten Rugbyteams **North Queensland Cowboys** (4773 0700; www.cowboys.com.au; ⊙Saison März–Sept.) und der Basketballmannschaft **Crocodiles** (4778 4222; www.crocodiles.com. au; ⊙Saison Mitte Okt.–April). Oh ja. Basketball ist unheimlich beliebt in Australien. Davon zeugen die Krokodilschwänze, die aus den Kofferräumen vieler Autos hängen!

Noch mehr Highlights:

Townsville 400
MOTORSPORT

(www.v8supercars.com.au) Jedes Jahr Mitte Juli findet die V8-Supercar-Meisterschaft statt. Dann heizen V8 Supercars über einen extra zu diesem Zweck gebauten Straßenparcours.

Australisches Kammermusikfestival
MUSIK

(www.afcm.com.au) Alljährlich im September zeigt sich Townsville bei diesem international bekannten Festival von seiner kultivierten Seite. Zeitgleich findet das „Taste of Townsville"-Festival mit viel Essen und Wein statt.

🛏 Schlafen

Man kann sich kaum vorstellen, dass in einer so großen Stadt wie Townsville Bettenmangel herrschen könnte, aber bei Festivals etc. ist es tatsächlich ratsam, im Voraus zu buchen. The Strand wartet mit Mittelklassemotels und Wohnungen für Selbstversorger auf, internationale Hotelketten und Hostels findet man derweil im Zentrum und rund um die Palmer St.

Historic Yongala Lodge Motel
MOTEL $$

(4772 4633; www.historicyongala.com.au; 11 Fryer St; Motelzimmer 99–110 AU$, Apt. m. 1 Bett 115–120 AU$, Apt. m. 2 Betten 150–160 AU$;

✳🔊🖵) Das historische Anwesen von 1884 befindet sich in einer ruhigen Seitenstraße, nur einen kurzen Fußweg von der Promenade und dem Zentrum entfernt. Die modernen Motelzimmer und Apartments sind um das denkmalgeschützte Originalgebäude angeordnet, in dem ein tolles griechisches **Restaurant** (Hauptgerichte 20–38 AU$; ⏱Mo–Sa abends) untergebracht ist.

Reef Lodge
HOSTEL **$**

(📋4721 1112; www.reeflodge.com.au; 4 Wickham St; B 22–26 AU$, DZ 76 AU$, ohne Bad 62 AU$; ✳@🔊) In Townsvilles bestem Hostel sorgen buddhistische Skulpturen, Hängematten im Garten und das „Kino" unter freiem Himmel (mehr als 1200 DVDs!) für eine lässige Atmosphäre. Ein weiteres Plus ist der Spieleraum mit Mini-Fitnessstudio und Retro-Videospielgerät (Space Invaders, Frogger, Pacman ... genial!).

Coral Lodge B&B
B&B **$**

(📋4771 5512; www.corallodge.com.au; 32 Hale St; unten EZ/DZ 65/70 AU$, oben EZ/DZ 80/85 AU$; ✳) Wer in einem wunderbar altmodischen australischen Wohnhaus übernachten möchte, muss nicht weiter suchen. Die Zimmer oben sind ausgestattet wie private Apartments, in den Zimmern unten teilt man sich das Bad mit anderen Gästen. Das Frühstück kostet 5 AU$ extra (pro Pers.). Die netten Besitzer holen einen am (Bus-)Bahnhof oder Fährterminal ab.

Holiday Inn
HOTEL **$$**

(📋4772 2477; www.townsville.holiday-inn.com; 334 Flinders St; DZ 114–199 AU$; ✳🔊🖵) Wird auch „Zuckerstreuer" (*sugar shaker*) genannt (warum, ist offensichtlich). Das runde Gebäude (mit 20 Stockwerken das größte der Stadt) von 1976 ist das Wahrzeichen von Townsville. Die 199 Zimmer sind viel moderner als es die Fassade vermuten lässt. Auf dem Dach befindet sich ein schöner Pool und man hat einen wirklich tollen Ausblick.

Adventurers Resort
HOSTEL **$**

(📋4721 1522; www.adventurersresort.com; 79 Palmer St; B/EZ/DZ 25/45/55 AU$; ✳@🔊🖵) Erinnert an ein Motel mit geräumigen Schlafsälen. Regelmäßig finden Falafel-Abende und Mottopartys statt. Erwähnenswert sind auch die hauseigenen Legehennen. Das Beste ist allerdings der Pool auf dem Dach inklusive Panoramablick und Grillbereich. Für nur 5 AU$ darf man seinen Kleinbus hier parken und sämtliche Einrichtungen nutzen.

Aquarius on the Beach
HOTEL **$$** 463

(📋1800 622 474, 4772 4255; www.aquariuson thebeach.com.au; 75 The Strand; DZ 125–145 AU$; ✳@🔊🖵) Die Balkone mit Traumblick von den 130 Apartments sind ähnlich beeindruckend wie die Abmessungen des Komplexes: Es ist das größte Gebäude an der Promenade. Von der Fassade sollte man sich nicht in die Irre führen lassen; dies ist eine der besseren Unterkünfte. Besonders nett ist die *executive*-Kategorie (Fliesen statt Teppichboden, Flachbildschirme statt klobiger TVs).

Hotel M
HOTEL **$$$**

(📋1800 760 144; www.oakshotelsresorts.com; 81 Palmer St; DZ 144–189 AU$; ✳🔊🖵) Das elfstöckige Hotel (erb. 2009) bietet Zimmer in Metalltönen und Limettengrün, Küchen, Waschmaschinen und ein Fitnessstudio. Außerdem: Die teureren Zimmer gewähren einen Blick auf die glitzernde Skyline.

Beach House Motel
MOTEL **$$**

(📋4771 6683; www.orchidguesthouse.com.au; 34 Hale St; B 26 AU$, EZ 70 AU$, ohne Bad 50 AU$, DZ 80 AU$, ohne Bad 60 AU$; ✳) Das himmelblaue Motel im Stil der 1960er-Jahre ist eine gute Wahl, wenn man ein sauberes, komfortables, gut ausgestattetes Zimmer und netten Service wünscht und keinen Wert auf überflüssigen Schnickschnack legt.

Rowes Bay Caravan Park
WOHNMOBILPARK **$**

(📋4771 3576; www.rowesbay.com.au; Heatley Pde, Rowes Bay; Stellplätze ohne/mit Strom 25/33 AU$, Hütten ab 95 AU$, ohne Bad ab 65 AU$, Villen 98 AU$; ✳@🔊🖵) Ein baumbestandener Park gegenüber vom Strand von Rowes Bay. Die brandneuen Villen sind kleiner, aber schicker als die Hütten.

Orchid Guest House
PENSION **$**

(📋4721 1333; www.beachhousemotel.com.au; 66 The Strand; DZ 99–118 AU$; ✳🔊🖵) Eine Bilderbuchpension mit kostenlosem Abholservice und Waschmaschinen, gemütlichen, altmodischen Zimmern und viiiel Ruhe – nach 22 Uhr ist „Krach machen" verboten!

Mariners North
APARTMENTS **$$$**

(📋4722 0777; www.marinersnorth.com.au; 7 Mariners Dr; 2-/3-Bett-Apartments ab 250/390 AU$; ✳🔊🖵) Townsvilles einzige Unterkunft direkt am Meer. Die voll ausgestatteten Apartments verfügen über großzügige Wohnbereiche, Bäder und tolle Balkons mit Blick auf die Cleveland Bay. Zwei Übernachtungen sind das Minimum.

✗ Essen

Die Palmer St ist Townsville Top-Restaurantmeile mit ganz unterschiedlichen Küchen. Man hat die Qual der Wahl. Senkrecht zu „The Strand" verläuft die Gregory St mit mehreren Cafés und Imbissen und Gerichten zum Mitnehmen (*takeaways*). Auch in vielen Bars und Pubs wird Essen serviert (s. S. 464).

LP TIPP | A Touch of Salt
MODERN-AUSTRALISCH $$$

(☎4724 4441; www.atouchofsalt.com.au; Ecke Stokes & Ogden Sts; Hauptgerichte 30–36 AU$; ⊙Do & Fr mittags, Di–Sa abends) Köstliche Fisch- und Meeresfrüchtegerichte, eine umfangreiche Weinkarte und ein wirklich toller Service. Selbst die Pasteten, z.B. mit Lamm, Erbsen und Minze oder Rind mit hausgemachten Fritten, sind vom Feinsten. Zum Nachtisch empfehlen wir das Käsesoufflé. Bei unserem Besuch war die Mannschaft von Touch of Salt gerade mit der Eröffnung einer Tapas- und Weinbar in der Palmer St beschäftigt, dem **Salt Cellar** (☎4724 5866; www.thesaltcellar.com.au; 13 Palmer St; ⊙Mo–Sa abends).

Benny's Hot Wok
ASIATISCH $$

(☎4724 3243; www.bennyshotwok.com.au; 17-21 Palmer St; Hauptgerichte 14–29 AU$; ⊙Fr & So mittags, tgl. abends) Sitzplätze im Freien, eine gute Weinkarte und flinkes Personal machen Benny's zum besten pan-asiatischen Restaurant in ganz Nordqueensland: Es gibt frisches Sushi und Sashimi, Pekingentenkreationen, dampfende Laksa-Suppen und Lamm nach mongolischer Art sowie Pfannengerichte nach Wunsch.

Cafe Bambini
CAFÉ $

(http://cafebambini.com.au; 47 Gregory St; Hauptgerichte 11,50–20 AU$; ⊙Mo–Fr 5.30–17, Sa & So 6.30–16 Uhr; ☒) Beim letzten Zählen gab es schon fünf Filialen in der Stadt. Das Café Bambini ist ein Riesenerfolg, vermutlich, weil es hier das beste Frühstück von ganz Townsville gibt: Lamminnereien und Speck, Avocadocreme auf Vollkornbrot und Würstchen mit Schwein, Apfel und Salbei. Das Mittagessen ist international. Wie wär's mit geräuchertem Lachs mit Papadam-Brot oder einem Steak-Sandwich nach französischer Art?

Jamaica Joe's
JAMAIKANISCH $$

(☎4724 1234; www.jamaicajoes.com; The Strand, gegenüber von der Gregory St; Hauptgerichte 17–43 AU$; ⊙mittags- & abends) Am besten kehrt man sonntags nachmittags in diesem coolen karibischen Bar-Imbiss ein. Dann wird Livemusik gespielt oder DJs legen altmodische Reggae-Platten auf. Das jamaikanische Essen (z.B. Ziegencurry) schmeckt natürlich auch an anderen Tagen.

Mr. Mudcrab
SEAFOOD $

(www.mrmudcrab.com.au; 1 Rose St; Gerichte 3–10 AU$; ⊙8–20 Uhr) Wenn Krabbe auf der Karte steht, weiß man, dass sie frisch sein muss – Tiefkühlkrabben kommen bei Mr. Mudcrab nicht auf den Tisch! In diesem exzellenten Lokal gibt's Fangfrisches zum Selberzubereiten, Fish & Chips mit hausgemachter Tartarsauce und köstliche Meeresfrüchtepasteten.

Cbar
CAFÉ $$

(www.cbar.com.au; The Strand, gegenüber der Gregory St; Hauptgerichte 16–26 AU$; ⊙7–22 Uhr; ☒) Wer sehr früh oder spät eine Hungerattacke hat, macht sich am besten zur Cbar auf. Dort gibt's den ganzen Tag über große Mahlzeiten, z.B. Garnelen mit Kokosmilch und Mangosauce oder marokkanische Tajinen mit Rind.

Harold's Seafood
SEAFOOD $

(Ecke The Strand & Gregory St; Gerichte 4–10 AU$; ⊙mittags & abends) Riesige Burger wie in Moreton Bay, auch zum Mitnehmen.

Souvlaki Bar
GRIECHISCH $

(Laden 3 & 4, 58 The Strand; Hauptgerichte 6,50–17,50 AU$; ⊙Mo–Fr 10.30–21, Sa & So bis 22 Uhr) Das griechische Frühstück ist umfangreich. Speck, Eier, Würstchen, Souvlaki, gegrillte Tomaten, Halloumi und Pita-Brot ... danach ist man satt.

Bountiful Thai
THAILÄNDISCH $

(Laden 1/52 Gregory St, North Ward; Hauptgerichte 13–21 AU$; ⊙Mo–Fr mittags, tgl. abends) Enger kleiner Laden mit Gerichten zum Mitnehmen (Nudel- und Reisgerichte, Currys und Suppen), große Portionen, im Handumdrehen gemacht.

♟ Ausgehen & Unterhaltung

Vielleicht liegt es am sonnigen Klima – in Townsville wird jedenfalls gern gefeiert und getrunken. Das Nachtleben spielt sich größtenteils rund um die Flinders St East ab, die Bars auf der Palmer St und am „Strand" sind ruhiger. Am besten wirft man einen Blick in die Freitagsausgabe der Lokalzeitung *Townsville Bulletin*. Die Öffnungszeiten sind saisonal unterschiedlich. Nachtclubs sind in der Regel bis 5 Uhr geöffnet.

Das Great Barrier Reef ist weiter von Townsville entfernt als von Cairns oder Port Douglas, entsprechend höher sind die Preise für Fahrten ab Townsville. Positiver Nebeneffekt: Die Touristenhorden sind überschaubarer. Die Rifftouren ab Townsville sind zumeist auf Taucher zugeschnitten. Wer nur schnorcheln möchte, sollte sich für einen Tagesausflug entscheiden, der nur zum Riff geht, denn das Wrack der *Yongala* dürfen ausschließlich Taucher erkunden. Die *Yongala* liegt sehr viel näher an Alva Beach bei Ayr. Wenn also Wracktauchen das Hauptziel der Reise ist, empfiehlt sich ein Ausflug mit Yongala Dive (S. 471) in Alva Beach.

Im Besucherzentrum von Townsville gibt es eine Liste von Tauchschulen, die PADI-Kurse anbieten. Erst geht's zwei Tage in den Pool und dann ist man noch mal mindestens zwei Tage und eine Nacht auf einem Boot. Die Kurse kosten ab 615 AU$. Außerdem muss ein Arzt bescheinigen, dass man tauchen gehen darf (ca. 50 AU$; wird über die Schulen organisiert).

Adrenalin Dive   TAUCHEN
(☎4724 0600; www.adrenalinedive.com.au; 9 Wickham St) Tagestouren zur *Yongala* (ab 220 AU$) und zum Wheeler Reef (ab 280 AU$), jeweils zwei Tauchgänge inklusive. Ebenfalls im Angebot: Schnorchelausflüge zum Wheeler Reef (ab 180 AU$), Tauchkurse und mehrtägige Bootstouren .

Remote Area Dive   TAUCHEN
(RAD; ☎4721 4424; www.remoteareadive.com; 16 Dean St) Tagesausflüge (ab 220 AU$) zu den Inseln Orpheus und Pelorus. Außerdem: mehrtägige Bootstouren und Tauchkurse.

Salt Dive   TAUCHEN
(☎4721 1760; www.saltdive.com.au; 2/276 Charters Towers Rd, Hermit Park) Tagestouren für Taucher zur *Yongala* und zum Riff (ab 199 AU$) auf einem schnellen Boot. Tauchkurse.

✐ Coffee Dominion   CAFÉ
(www.coffeedominion.com.au; Ecke Stokes & Ogden Sts; ⊙Mo–Mi 6–17, Do & Fr bis 17.30, Sa & So 7–13 Uhr) An Wochentagen zwischen 8 und 11.30 Uhr kann man in diesem Öko-Café beim Rösten der Bohnen aus Regionen von Australien bis Sambia zusehen. Oh, welch verführerischer Duft! Wer keine Mischung findet, die ihm zusagt, kann seine eigene kreieren – die Bohnen werden dann frisch gemahlen.

LP TIPP The Brewery   MIKROBRAUEREI
(www.townsvillebrewery.com.au; 252 Flinders St; ⊙Mo–Sa) Zu den Bieren, die in dem wunderbar restaurierten ehemaligen Postamt aus den 1880er-Jahren gebraut werden, gehören das beliebte Townsville Bitter (mittelstarkes Lager) und ein „Bier der Saison". Das Dekor prägen nackte Ziegelsteinwände bzw. Tapeten mit Paisleymuster und altmodische Kamine. Zur Brauerei gehört ein tolles **Restaurant** (Hauptgerichte 17–36 AU$; ⊙Mo–Sa mittags & abends).

Watermark Hotel   BARS
(www.watermarktownsville.com.au; 72-74 The Strand) *Die* Adresse in Townsville. Also, wenn sich Missy Higgins und Silverchair hier wohl fühlen, ist es für Normalsterbliche wohl gerade gut genug. In der Taverne wird sonntags coole Livemusik gespielt. Außerdem gibt's noch eine noblere Bar und ein hervorragendes **Restaurant** (Hauptgerichte 28–36 AU$; ⊙So morgens, tgl. mittags & abends) mit moderner australischer Küche (auf engl. „Mod Oz").

Seaview Hotel   KNEIPE
(www.seaviewhotel.com.au; Ecke The Strand & Gregory Sts) Die Sonntagskonzerte in dem großen Beton-Bier„garten" sind berühmt. Das Seaview hat aber noch mehr zu bieten, z.B. eiskaltes Bier und Livemusik. In dem riesigen **Restaurant** (Hauptgerichte 21–44 AU$; ⊙mittags & abends) werden passenderweise gigantisch große Steaks serviert.

Molly Malones   KNEIPE
(www.mollymalonesirishpub.com.au; 87 Flinders St E) In dem lauten Irish Pub treten freitag- und samstagabends Livebands auf. Wer tanzen will, geht in den angrenzenden Nachtclub **The Shed** (⊙Di, Fr & Sa 20–5 Uhr).

Consortium   NACHTCLUB
(www.consortiumtownsville.com.au; 159 Flinders St E; ⊙Di & Do–So 9–5 Uhr) Hier legen DJs aus der Umgebung auf und es werden Motto-

Motto-Partys wie „Fetisch und Fantasie" ausgerichtet. Das Consortium stellt auch anspruchsvolle Großstädter zufrieden. Es ist der angesagteste Club in Townsville.

Flynns
LIVEMUSIK

(www.flynnsirishbar.com; 101 Flinders St E; ☺Di–So 17 Uhr–open end) Netter Irish Pub, der sich nicht zu krampfhaft darum bemüht, „total irisch" zu sein. Superbeliebt sind die Bierkrüge für 8 AU$ und die Livemusik (jeden Abend außer mittwochs, dann ist Karaoke angesagt!).

The Venue
LIVEMUSIK

(www.thevenuetownsville.com.au; 719 Flinders St W) Hier treten regelmäßig australische Bands auf (Grinspoon & Co.) und es gibt vier Bars.

Jupiters Casino
KASINO

(www.jupiterstownsville.com.au; Sir Leslie Thiess Dr) Nervenkitzel direkt am Wasser.

Shoppen

Cotters Market
MARKT

(www.townsvillerotarymarkets.com.au; Flinders St; ☺So 8.30–13 Uhr) Ca. 200 Kunsthandwerker- und Essensstände plus Liveunterhaltung.

Strand Night Market
NACHTMARKT

(www.townsvillerotarymarkets.com.au; The Strand; ☺Mai–Juni & Sept.–Dez. 1. Fr im Monat 17–21.30 Uhr, Juli & Aug. 2. Fr im Monat) An den Ständen am „Strand" ist Kurioses, Kunsthandwerk und Krimskrams zu finden.

❶ Praktische Informationen

Internetzugang

Internet Den (☎4721 4500; 265 Flinders St; 5 AU$ für 90 Min.; ☺8–22 Uhr) Kein gewöhnliches Internetcafé. Die Computer sind superschnell und es gibt einen Raum zum Lesen und Geschichtenerzählen, in dem auch Workshops zum Thema indigene Kunst stattfinden. Ein weiteres Extra für Reisende ist die Gepäckaufbewahrung.

Post

Post (Post Office Plaza, Laden 1, Sturt St)

Touristeninformation

Visitor Information Centre (☎4721 3660; www.townsvilleonline.com.au; Ecke Flinders & Stokes Sts; ☺9–17 Uhr) Umfangreiche Infos zu Townsville, Magnetic Island und die nahe gelegenen Nationalparks. Eine weitere Niederlassung befindet sich am Bruce Hwy 10 km südlich der Stadt.
Department of Environment & Resource Management (DERM; ☎13 74 68; www.derm.qld.gov.au; 1-7 Marlow St)

❶ An- & Weiterreise

Auto

Die großen Autovermietungen findet man in der Stadt und am Flughafen.

Bus

Täglich fahren drei Busse von **Greyhound Australia** (☎1300 473 946, 4772 5100; www.greyhound.com.au) nach Brisbane (270 AU$, 23 Std.), Rockhampton (149 AU$, 12 Std.), Airlie Beach (71 AU$, 4½ Std.), Mission Beach (63 AU$, 3¾ Std.) und Cairns (83 AU$, 6 Std.). Die Busse halten am Sunferries-Breakwater-Terminal (S. 470).

Premier Motor Service (☎13 34 10; www.premierms.com.au) bietet eine Verbindung täglich nach/ab Brisbane und Cairns. Abfahrt/Ankunft ist am Fantasea-Autofährenterminal (S. 470).

Flugzeug

Vom **Townsville Airport** (www.townsvilleairport.com.au) aus fliegen **Virgin Blue** (☎13 67 89; www.virginblue.com.au), **Qantas** (☎13 13 13; www.qantas.com.au) und **Jetstar** (☎13 15 38; www.jetstar.com) nach Cairns, Brisbane, an die Gold Coast, nach Sydney, Melbourne, Mackay und Rockhampton. **Strategic Airlines** (☎13 53 20; www.flystrategic.com.au) bietet zweimal wöchentlich eine direkte Verbindung nach Bali.

Schiff/Fähre

Infos zu den Fährverbindungen nach Magnetic Island stehen auf S. 470.

Zug

Der **Bahnhof** (Charters Towers Rd) liegt 1 km südlich des Zentrums.

Dreimal wöchentlich hält der *Sunlander* (unterwegs zwischen Brisbane und Cairns) in Townsville. Von Brisbane bis Townsville benötigt er 24 Stunden (einfache Strecke ab 190 AU$); Auskunft gibt **Queensland Rail** (☎1800 872 467; www.traveltrain.com.au).

❶ Unterwegs vor Ort

Bus

Sunbus (☎4725 8482; www.sunbus.com.au) bietet Busverbindungen in und um Townsville, u. a. den Redbus, an dessen Route die wichtigsten Touristenattraktionen liegen. Tickets kosten ab 1,60 AU$. Im Besucherzentrum sind Fahrpläne und Karten erhältlich.

Vom/zum Flughafen

Der Flughafen von Townsville liegt 5 km nordwestlich der Stadt in Garbutt. Ein Taxi ins Zentrum kostet ca. 20 AU$. Das **Airport Shuttle** (☎4775 5544; einfache Strecke/hin & zurück 10/18 AU$) ist auf sämtliche Abflug- und Ankunftszeiten abgestimmt und setzt Passagiere überall im Geschäftsviertel (*central business district*, kurz CBD) ab bzw. liest sie dort auf (nur nach vorheriger Reservierung).

Taxi

Taxis stehen vorm Sunbus-**Busterminal** (Ecke Flinders & Stokes Sts). Die Nummer von **Townsville Taxis** ist ☑13 10 08.

Magnetic Island

☑07 / 2107 EW.

Magnetic Island (oder Maggie) ist eine „richtige" Insel. Hier wird gewohnt und gearbeitet, und manch einer pendelt sogar Tag für Tag nach Townsville. Mehr als die Hälfte des bergigen, wie ein Dreieck geformten Eilands (52 km² Fläche) wurde zum Nationalpark erklärt und besticht durch schöne Wanderwege und eine vielfältige Fauna, u.a. eine der größten Koalapopulationen Australiens. Die Traumstrände laden zum Sonnenbaden, aber auch zu aufregenden Wassersportarten ein, und die Granitbrocken, Araukarien und Eukalyptusbäume stellen landschaftlich eine willkommene Abwechslung zu „gewöhnlichen" tropischen Inselparadiesen dar.

◉ Sehenswertes & Aktivitäten

Auf der Hauptstraße sind Nahverkehrsbusse unterwegs. Sie führt von Picnic Bay vorbei an Nelly Bay und Geoffrey Bay nach Horseshoe Bay – einmal quer über die Insel.

PICNIC BAY

Seit das Fährterminal nach Nelly Bay verlagert wurde, gleicht Picnic Bay einer Geisterstadt: Geschäfte mussten schließen und liegen nun verlassen da. Jetzt haben sich Brachvögel hier niedergelassen – elegantes, aber recht kurioses Federvieh –, und abends hat man auf dem Bootssteg einen schönen Blick auf Townsville.

NELLY BAY

Am neuen Nelly-Bay-Terminal spucken die Fähren Massen von Passagieren aus. An dem geschäftigen Jachthafen beginnt das Magnetic-Island-Erlebnis, der Urlaub selbst wird aber wahrscheinlich alles andere als hektisch sein.

In Nelly Bay hat man eine große Auswahl an Restaurants und Unterkünften. Außerdem ist der Strand nett; im nördlichen Bereich befindet sich ein Spielplatz und das vorgelagerte Korallenriff lädt zum Schnorcheln ein.

ARCADIA

Die meisten Geschäfte, Lokale und Hotels/Pensionen bietet dieses Dorf. Am südlichen Ende des Hauptstrands von Arcadia, der **Geoffrey Bay**, erstreckt sich ein Riff (DERM rät von Riffspaziergängen bei Ebbe ab). Der schönste Strand ist **Alma Bay Cove** mit den riesigen Felsblöcken, reichlich Schatten, Picknicktischen und einem Kinderspielplatz.

Am **Bremner Point**, zwischen Geoffrey Bay und Alma Bay, kann man um 17 Uhr wilde Felswallabys sehen. Sie haben sich daran gewöhnt, jeden Tag zur selben Zeit gefüttert zu werden. Sie fressen einem sprichwörtlich aus der Hand!

RADICAL BAY & DIE FESTUNGEN

Townsville war im Zweiten Weltkrieg eine Versorgungsbasis für die Pazifikregion, und die Festungen sollten die Stadt gegen Angriffe vom Meer her schützen. Wer nur einen Spaziergang unternehmen möchte, sollte sich unbedingt für die **Festungswanderung** (hin & zurück 2,8 km, 1½ Std.) entscheiden. Sie beginnt unweit der Abzweigung nach Radical Bay und führt an ehemaligen militärischen Stätten, Geschützstellungen und falschen „Felsen" vorbei. Man gelangt zu einem Beobachtungsturm mit tollem Ausblick auf die Küste und wird unter Garantie den einen oder anderen faulen Koala in einem Baumwipfel erspähen. Zurück geht's auf demselben Weg oder aber auf den abzweigenden Pfade, die nach Horseshoe Bay führen (dort geht's mit dem Bus weiter nach Hause)

HORSESHOE BAY

Horseshoe Bay liegt an der Nordküste und ist Maggies Zentrum für Wassersport. Der halbmondförmige Strand mit dem goldfarbenen Sand ist vermutlich der schönste auf der Insel. Netze halten gefährliche Meeresbewohner fern.

Man kann auf einem **Jet Ski** (☑4758 1100; Horseshoe Bay-Strand; 2-Sitzer 50/90/165 AU$ für 15/30/60 Min.; ⊘Di & Do geschl., tgl. während der Schulferien) durch die Bucht heizen.

Magnetic Island Hire Boats (☑4778 5327) verleiht Boote (220 AU$/Tag plus Benzin) für bis zu acht Personen. Genau richtig, wenn man einen Angel- oder Schnorchelausflug plant.

Zum Bungalow Bay Koala Village gehört ein **Tierpark** (Erw./Kind 19/10 AU$; ⊘2-stündige Touren 10, 12 & 14.30 Uhr), in dem man Koalas knuddeln kann.

Arbeiten einheimischer Künstler werden auf dem **Markt** (⊘letzter So im Monat 9.30–14 Uhr) am Strand feilgeboten.

☞ Geführte Touren

Reef Safari
TAUCHEN

(☑4778 5777; www.reefsafari.com; 1 Nelly Bay Rd, Nelly Bay) Bei Base Backpackers in Nelly Bay werden viertägige Tauchkurse (Lizenz fürs offene Meer, ab 299 AU$), Kurse für Fortgeschrittene, Schnuppertauchgänge etc. angeboten.

Pleasure Divers
TAUCHEN

(☑1800 797 797, 4778 5788; www.pleasuredivers.com.au; 10 Marine Pde, Arcadia) Gleich neben dem Magnums in Arcadia. Hier kosten dreitägige PADI-Kurse (Lizenz fürs offene Meer) ab 339 AU$ (ein Schnäppchen). Außerdem im Angebot: Kurse für Fortgeschrittene und Tauchgänge am *Yongala*-Wrack.

Tropicana Tours
INSELTOUREN

(☑4758 1800; www.tropicanatours.com.au; Tagestouren Erw./Kind 198/99 AU$) Genau richtig, wenn man nur wenig Zeit hat. In einem großen Wagen mit Allradantrieb geht's zu den schönsten Ecken der Insel. Man wird wilde Tiere sehen, mittags in einem Café essen und abends noch einen Cocktail schlürfen (alles im Preis inbegriffen). Es werden auch kürzere Touren angeboten.

Horseshoe Ranch
REITEN

(☑4778 5109; www.horseshoebayranch.com.au; 38 Gifford St, Horseshoe Bay) Die beliebten zweistündigen Ausritte (100 AU$) führen durch den Busch an den Strand, und dort gern auch mit dem Pferd ins Wasser! Alternativ könnte man dreieinhalb Stunden reiten gehen (130 AU$), und für die Kleinen gibt's Ponyreiten (20 Min., 20 AU$).

Providence V
SEGELN

(☑4778 5580; www.providencesailing.com.au) Sechsstündige Segeltörns an Bord eines 62 Fuß langen Gaffelschoners (Schnorchelausrüstung inkl.) für 129 AU$ und zweieinhalbstündige „Sekttouren" bei Sonnenuntergang.

⌇ Magnetic Island Sea Kayaks
KAJAKFAHREN

(☑4778 5424; www.seakayak.com.au; 93 Horseshoe Bay Rd; Touren ab 60 AU$) Ökologisch verträgliche morgendliche Touren nach Balding Bay (ab 85 AU$, inkl. Frühstück) und Ausflüge bei Sonnenuntergang (ab 60 AU$, Getränke inkl.). Wer mag, kann auch ein Kajak leihen (1/2 Pers. 75/150 AU$ pro Tag).

⌇ Reef EcoTours
SCHNORCHELN

(☑0419-712 579; www.reefecotours.com) Einstündige Schnorcheltouren unter Leitung eines Meeresbiologen (Erw./Kind 80/70 AU$). Nette Option für Familien.

🛏 Schlafen

Bei vielen Schlafgelegenheiten handelt es sich um Ferienhäuschen. Ansprechpartner sind z. B. **First National Real Estate** (☑4778 5077; 21 Marine Pde, Arcadia) und **Smith & Elliott** (☑4778 5570; 4/5 Bright Ave, Arcadia).

PICNIC BAY

Tropical Palms Inn
MOTEL **$$**

(☑4778 5076; www.tropicalpalmsinn.com.au; 34 Picnic St; EZ/DZ 100/110 AU$; ❄☀) Hat einen tollen, kleinen Pool. Die voll ausgestatteten Motelzimmer sind schön hell und komfortabel. An der Rezeption werden Wagen mit Allradantrieb vermietet (ab 75 AU$/Tag).

NELLY BAY

LP **TIPP** ⌇ Base Backpackers
HOSTEL **$**

(☑1800 242 273, 4778 5777; www.stayatbase.com; 1 Nelly Bay Rd; Zelten 10 AU$ pro Pers., B 24–30 AU$, DZ ab 120 AU$, ohne Bad ab 65 AU$; @❄☀) Diese riesige Backpackeroase verströmt eine unglaubliche Energie und ist berühmt für wilde Vollmondpartys. Ein paar der A-förmigen Hütten blicken aufs Wasser. Zu den Einrichtungen zählen eine riesige Terrasse am Meer und ein **Café** (Hauptgerichte 7–16 AU$; ⊘mittags & abends; ⌇). Ein paar Pauschalangebote sind unschlagbar günstig.

⌇ Shambhala Retreat
WOHNEINHEITEN **$$**

(☑0448 160 580; www.shambhhala-retreat-magnetic-island.com.au; 11-13 Barton St; DZ 110 AU$; ❄☀) Gelassenheit pur versprechen diese drei Unterkünfte in tropisch warmen Farben. Buddhistische Wandbehänge, Bücher und von Bäumen abgeschirmte Patios (manchmal bekommt man tierischen Besuch) sorgen für eine tolle Wohlfühlatmosphäre. Zur Einrichtung gehören voll ausgestattete Küchen, große Bäder und Waschmaschinen. Zwei Wohnungen warten zudem mit Duschen im Freien auf (im Hof). Außerdem gibt's einen winzigen Salzwasserpool. Die gesamte Anlage wird ausschließlich mit erneuerbaren Energien betrieben. Zwei Übernachtungen sind das Minimum.

Peppers Blue on Blue Resort
HOTEL **$$$**

(☑4758 2400; www.peppers.com.au/blue-on-blue; 123 Sooning St; DZ/1-/2-Bett-Apt. ab 229/

321/379 AU$; ❄🛜♿) Wie eine Vision aus Glas und Stahl erhebt sich Maggies schickstes Hotel neben dem Fährterminal. Dort findet man moderne Zimmer und Apartments, ein Wellnesszentrum und das lässig-elegante **Boardwalk Restaurant & Bar** (Hauptgerichte 24,50–32 AU$; ⏰morgens, mittags & abends; 🍴) mit Zugang zu einer riesigen Terrasse.

ARCADIA

Arcadia Beach Guest House　　PENSION $$
(☎4778 5668; www.arcadiabeachguesthouse.com.au; 27 Marine Pde; B 30 AU$, Safarizelt 50 AU$, DZ 120–150 AU$, ohne Bad 80–100 AU$; ❄🛜♿) Die extrem netten Besitzer haben eine originelle Unterkunft geschaffen. Die hellen Zimmer mit Strandflair sind nach den Buchten auf der Insel benannt. Vom Balkon aus kann man Schildkröten beobachten. Für Ausflüge stehen Miet-Kanus, -Mokes und -Wagen mit Allradantrieb zur Verfügung. Die Gäste werden zudem am Fährterminal abgeholt (kostenlos).

Magnums on Magnetic　　HOSTEL $
(☎1800 663 666, 4778 5177; www.magnums.com.au; 7 Marine Pde; B 20–24 AU$, DZ 75–85 AU$; ❄@♿) Das Magnums wurde gerade generalüberholt und versucht, dem gleichnamigen Hostel in Airlie Beach ordentlich Konkurrenz zu machen. Alle Mehrbett- und Doppelzimmer haben ein eigenes Bad; man sollte versuchen, einen Raum mit Meerblick zu ergattern! Die Doppelzimmer sind mit einem kleinen Kühlschrank und einem TV ausgestattet. Die hiesige Bistro-Bar **Island Tavern** (Hauptgerichte 19,50–28 AU$; ⏰mittags & abends) ist der Treffpunkt in Arcadia Bay. Bierkrüge kosten nur 10 AU$, es gibt einen großen, öffentlichen Swimmingpool und jeden Mittwochabend werden Krötenrennen veranstaltet.

HORSESHOE BAY

🏄 **Bungalow Bay Koala Village** HOSTEL $
(☎1800 285 577, 4778 5577; www.bungalowbay.com.au; 40 Horseshoe Bay Rd; Stellplätze ohne/mit Strom 12,50/15 AU$ pro Pers., B 30 AU$, DZ 90 AU$, ohne Bad 74 AU$; ❄@♿) Aufgemacht wie ein Ferienresort präsentiert sich dieses Hostel (gehört zur YHA-Vereinigung) mit eigenem Tierpark. Die A-förmigen Bungalows sind über ein baumbestandenes Gelände verteilt, das an den Nationalpark grenzt, und gerade mal fünf Gehminuten vom Strand entfernt. Es gibt eine Bar im Freien und ein **Restau-**

rant (Hauptgerichte 15,50–24 AU$; ⏰mittags & abends) und donnerstags wird „Kokosnuss-Bowling" angeboten.

Shaws on the Shore　　APARTMENTS $$$
(☎4778 1900; www.shawsontheshore.com.au; 7 Pacific Dr; 1-/2-/3-Zimmer-Apt. 195/270/325 AU$; ❄🛜♿) Die blitzsauberen Apartments sind lichtdurchflutet, die Balkons gewähren Blicke auf die Bucht. Die größeren Apartments bieten große Bäder, und die kleineren Räume gehen vom größten Schlafzimmer ab.

🍴 Essen & Ausgehen

Oh, Maggie. Deine natürliche Schönheit ist wahrlich umwerfend, Deine Fähigkeiten in Sachen Verköstigung sind allerdings, mit wenigen Ausnahmen, beschränkt. Gewiss, Lebensmittel müssen vom Festland herübergebracht werden, aber ist das Grund genug dafür, dass man so schwer an etwas „Vernünftiges" zu essen kommt?

Ein paar Hotels und Hostels betreiben Restaurants und Bars, die bei den Einheimischen mindestens genauso beliebt sind wie bei den Gästen. Die Öffnungszeiten sind saisonal unterschiedlich.

PICNIC BAY

Picnic Bay Hotel　　KNEIPE $$
(Picnic Bay Mall) Bei einem Drink kann man den Blick auf die nächtlichen Lichter von Townsville jenseits der Bucht genießen. Im hoteleigenen **R&R Cafe Bar** (Hauptgerichte 10,50–26 AU$; ⏰mittags & abends) gibt's den ganzen Tag über die unterschiedlichsten Gerichte und große Salate, z.B. mit Krabben nach Cajun-Art.

NELLY BAY

LP TIPP ▷ **Man Friday**　　MEXIKANISCH $$
(☎4778 5658; 37 Warboy St; Hauptgerichte 14–38,50 AU$; ⏰Mi–Mo abends; 🍴) Das beste mexikanische Essen auf der Insel, aber auch andere originelle Speisen werden in diesem rustikalen Garten mit der Lichterkettenbeleuchtung serviert. Achtung: Wein etc. selbst mitbringen (das Restaurant hat keine Ausschanklizenz) und vorab reservieren!

The Terrace　　MEDITERRAN $$
(☎4778 5200; www.allseasons.com.au; 61 Mandalay Ave; Hauptgerichte 22–44 AU$; ⏰Sa & So mittags, Mo–Sa abends; 🛜) Mit Blick auf den Pool des altmodischen All Seasons Hotel (es ist so altmodisch, dass es schon bald der Kategorie „Retro" angehören und wieder „in" sein wird). Das Terrace ist eins

der besseren Restaurants auf der Insel. Auf der Karte stehen z. B. gebratene Ente und gebackenes Frühlingslamm an Süßkartoffelpüree.

Fat Possum Cafe
CAFÉ $
(55 Spooning St; Hauptgerichte 7–17 AU$; ☺morgens & mittags;) Der Name ist gut gewählt: Auf Maggie wimmelt es tatsächlich von wohlgenährten Possums. Man beachte die Tagesangebote an der Tafel. Das Frühstücksbuffet am Sonntag (15 AU$, all you can eat) ist eine echte Institution.

ARCADIA

Butler's Pantry
CAFÉ $
(Laden 2-3/5 Bright Ave; Hauptgerichte 15–21 AU$; ☺Mi–Mo morgens & mittags;) Das leckerste Frühstück wird in diesem supermodernen Gourmet-Lebensmittelladen bzw. Café zubereitet. Es gibt Pfannkuchen, Eier in allen erdenklichen Varianten und eine große Auswahl für Vegetarier. Auch das Mittagessen kann sich sehen lassen: Lust auf thailändische Fischkuchen oder griechischen Salat mit Lamm? Der Service ist ebenfalls toll.

Caffè dell' isola
ITALIENISCH $$
(Laden 1, Arcadia Village; Hauptgerichte 15–26 AU$; ☺Di, Do & So morgens & mittags, Mi, Fr & Sa morgens, mittags & abends, tgl. während der Schulferien) Im Hof unter freiem Himmel läuft ein italienischer Radiosender – Beweis Nr. 1 dafür, dass die Pizzas mit dem schön krossen Rand wirklich „original" sind. Beweis Nr. 2 liefert die Speisekarte, in der es heißt: „Bitte keine Ananas bestellen." Achtung: Kreditkartenzahlungen sind nicht möglich!

Arcadia Night Market
NACHTMARKT $$
(Hayles Ave, Arcadia; ☺Fr 17–20 Uhr) Ein kleiner, aber gut besuchter Nachtmarkt, auf dem indonesische Gerichte und Meeresfrüchte zum selbst Zubereiten verkauft werden.

HORSESHOE BAY

Marlin Bar
KNEIPE $$
(3 Pacific Dr; Hauptgerichte 15,50–24 AU$; ☺mittags & abends) Bevor man Maggie wieder verlässt, muss man unbedingt in diesem beliebten Pub vorbeischauen und sich bei Sonnenuntergang ein kaltes Bier mit Blick auf die Bucht genehmigen. Die Essensportionen sind großzügig; es gibt vor allem Fisch und Meeresfrüchte. Tolles Preis-Leistungs-Verhältnis.

Barefoot
MODERN-AUSTRALISCH $$
(☑4758 1170; www.barefootartfoodwine.com.au; 5 Pacific Dr; Hauptgerichte 16–30 AU$; ☺Do–Mo mittags & abends) Das Barefoot verwöhnt seine Gäste mit ausgefallenem Essen (Artischockenrisotto mit Trüffelöl, Känguru-Burger mit ägyptischen Gewürzen etc.) und fungiert zudem als Kunstgalerie.

❶ Praktische Informationen

Auf Maggie gibt es kein offizielles Besucherzentrum, doch die Touristeninformation von Townsville hat umfangreiches Material in Form von Karten etc. parat und kann bei der Unterkunftssuche behilflich sein. Karten bekommt man auch an den Fährterminals in Townsville und Nelly Bay.

Überall auf der Insel findet man Geldautomaten, z. B. bei der **Post** (Sooning St, Nelly Bay), Banken gibt es allerdings keine.

❶ An- & Weiterreise

Das Fährterminal von Maggie ist in Nelly Bay.

Die Passagierfähre von **Sunferries** (☑4726 0800; www.sunferries.com.au) schippert regelmäßig von Townsville nach Magnetic Island und zurück (Erw./Kind hin & zurück 29/14,50 AU$). Die Überfahrt dauert ca. 20 Min. Abfahrt in Townsville ist am Sunferries Breakwater-Terminal, 2/14 Sir Leslie Thiess Dr.

Fantasea (☑4796 9300; www.magneticisland ferry.com.au; Ross St, Süd-Townsville) betreibt eine Autofähre, die unter der Woche achtmal, am Wochenende siebenmal täglich von der Südseite des Ross Creek aus nach Maggie übersetzt (35 Min.). Die Fahrt kostet 164 AU$ (hin & zurück) für einen Pkw mit bis zu drei Passagieren. Reisende ohne Wagen zahlen 26/15,50 AU$ (Erw./Kind hin & zurück). Man muss vorab reservieren. Der Fahrradtransport ist kostenlos.

Parkplätze findet man an beiden Fährterminals in Townsville.

❶ Unterwegs vor Ort
Bus

Der **Magnetic Island Bus Service** (☑4778 5130) verbindet Picnic Bay und Horseshoe Bay (verkehrt min. 18-mal am Tag und hält an den wichtigsten Unterkünften). Der Fahrplan ist auf die Ankunft/Abfahrt der Fähren abgestimmt. Ein Tagesticket kostet 6 AU$.

Fahrrad

Magnetic Island eignet sich hervorragend zum Fahrradfahren, ein paar Hügel haben es allerdings in sich. In den meisten Unterkünften können Räder für ca. 15 AU$ pro Tag geliehen werden, manchmal ist die Nutzung für Gäste sogar kostenlos.

Mokes & Roller

Es gibt jede Menge Roller- und Moke-Verleihe auf der Insel. Wer einen fahrbaren Untersatz mieten will, muss über 21 Jahre alt sein, einen gültigen internationalen Führerschein haben und eine Kaution hinterlegen. Die Rollermiete kostet ab 30 AU$ pro Tag. Soll es ein klassisches Moke oder Cabrio sein, ist **MI Wheels** (☑4778 5491; 138 Sooning St, Nelly Bay) die richtige Anlaufstelle. Roller und Trekkingräder verleiht z. B. **Roadrunner Scooter Hire** (☑4778 5222; 3/64 Kelly St, Nelly Bay).

Ayr & Umgebung

☑07 / 8093 EW.

Ayr liegt am Delta des gewaltigen Burdekin River, 90 km südöstlich von Townsville, und ist das wichtigste Handelszentrum inmitten der fruchtbaren Felder des Burdekin-Tals. In der Stadt und im Umland werden Zuckerrohr, Melonen und Mangos angebaut. Mehr Infos hat das **Burdekin-Besucherzentrum** (☑4783 5988; www.burdekintourism.com.au; Plantation Park, Bruce Hwy; ☺9–16 Uhr) am südlichen Ende der Stadt.

Yongala Dive (☑4783 1519; www.yongaladive.com.au; 56 Narrah St, Alva Beach) bietet Tauchausflüge zum *Yongala*-Wrack an (220 AU$ Ausrüstung inkl.). Ausgangspunkt ist Alva Beach, 17 km nordöstlich von Ayr. Von dort benötigt man nur 30 Minuten bis zum Wrack (zum Vergleich: von Townsville aus ist man zweieinhalb Stunden unterwegs). Die zu Yongala Dive gehörende **Taucherlodge** (B/DZ 27/65 AU$; ☺) hat den Standard eines Hostels (reservieren!). Die Gäste können sich in Ayr abholen lassen (kostenl.).

NÖRDLICH VON TOWNSVILLE

Mit Townsville verlässt man auch die trockenen Tropen. Die braune, verbrannte Landschaft weicht allmählich Zuckerrohrpflanzungen entlang des Highways und von Regenwald bedeckten Hängen.

Im Hinterland locken Wasserfälle, Dörfer und Nationalparks, z. B. der **Paluma Range National Park** (gehört zum UNESCO-Welterbe Feuchttropen); in den DERM-Büros und Besucherzentren in der Gegend sind Broschüren zu Wanderwegen, Schwimmgelegenheiten und Zeltplätzen erhältlich.

Zyklon Yasi wütete im Februar 2011 ganz fürchterlich in der Region nördlich von Townsville, nachdem bereits Larry 2006

hier sein Unwesen getrieben hatte. Küste, Inseln, Nationalparks und Ackerland wurden in Mitleidenschaft gezogen.

Ingham & Umgebung

☑07 / 6127 EW.

Das entspannte Ingham wacht stolz über das 120 ha große **Tyto-Feuchtgebiet** (Tyto Wetlands-Besucherzentrum; ☑4776 4792; www.hinchinbrooknq.com.au; Ecke Cooper St & Bruce Hwy; ☺Mo–Fr 8.45–17, Sa & So 9–16 Uhr). Dort befinden sich Wanderpfade (insgesamt 4 km lang) und man hat die Chance, Vertreter von insgesamt 230 Vogelarten zu erspähen; manche kommen von weither, aus Sibirien oder Japan. Am späten Abend und frühen Morgen sind zudem Hunderte von Wallabys unterwegs. Vom Besucherzentrum führt ein behindertengerechter Steg quer über die Lagune zu dem schicken Café/Restaurant **Pepper for Passion@ Tyto** (☑4776 6212; 24–30 Macrossan Ave; Hauptgerichte 16,50–25 AU$; ☺Mo–Do 10–16, Fr & Sa bis 21, So 8–16 Uhr; ☺).

Ingham ist der Ausgangspunkt für Ausflüge zu den fantastischen **Wallaman Falls**, mit 305 m der höchste einstufige Wasserfall Australiens. Er befindet sich im **Girringun National Park** 51 km südwestlich der Stadt (nur 10 km der Strecke sind unbefestigt) und sieht in der Regenzeit am schönsten aus, sehenswert ist er aber zu jeder Zeit. Ganz in der Nähe kann man zelten und wandern; eine Infobroschüre bekommt man im Tyto Wetlands Information Centre.

Mungalla Station (☑4777 8710; www.mungallaaboriginaltours.com.au; Forrest Beach, Allingham; 2-stündige Touren Erw./Kind 40/10 AU$) Befindet sich 15 km östlich von Ingham und organisiert informative Touren. Die Guides sind Aborigines und berichten über die lokale Nywaigi-Kultur. Außerdem lernt man, wie ein Bumerang geworfen wird. Unbedingt probieren sollte man ein traditionelles **Kup-Murri**-Mittagessen (80/20 AU$, inkl. Führung). Fleisch und Gemüse werden in Bananenblätter gewickelt und in einem „Herd" in der Erde gegart. Für Besucher mit voll ausgestattetem Wohnwagen gibt es **Stellplätze** (10 AU$/Wagen).

Mitte Mai steigt das **australisch-italienische Festival** (www.australianitalianfestival.com.au) und erinnert daran, dass 60 % der Bewohner von Ingham italienische Wurzeln haben. Drei Tage lang fließt dann der Wein in Strömen, es gibt Pasta und jede Menge Musik.

Man muss nicht allzu weit ins Inland vordringen, um das trockene, staubige Outback von Queensland zu erleben – der Kontrast zur üppig grünen Küste ist extrem! Ab Townsville kann man einen Tagesausflug nach Ravenswood und Charters Towers unternehmen, über Nacht zu bleiben ist aber noch besser.

Über die Abzweigung bei Mingela am Flinders Hwy, 88 km südwestlich von Townsville, gelangt man nach 40 km in südlicher Richtung zu der winzigen Goldminenstadt **Ravenswood** (150 Ew.) mit ein paar prächtigen Pubs, die um 1900 entstanden sind. Dort kann man in einfachen Zimmern mit Gemeinschaftsbädern übernachten.

Bleibt man auf dem Flinders Hwy, erreicht man 47 km westlich von Mingela die historische Goldgräberstadt **Charters Towers** (7979 Ew.). Die *towers* sind die umliegenden schroffen Hügel. Während des Goldrauschs war Charters die zweitgrößte und wohlhabendste Stadt Queenslands; William Skelton Ewbank Melbourne (WSEM) Charters war der zuständige „Goldkommissar". Mit fast 100 Minen, 90 Pubs und einer Börse erschien der Spitzname „die Welt" absolut passend.

Heutzutage sind die Spukgeschichten der Einheimischen und der Anblick der fantastischen Gebäude das Highlight. Sie erinnern an die fetten Jahre.

Die **Stock Exchange Arcade** (erb. 1890) gleich neben dem **Charters Towers Visitor Centre** ([📞]4752 0314; www.charterstowers.qld.gov.au; 74 Mosman St; ⊘9–17 Uhr) ist ein wirklich geschichtsträchtiger Ort. Im Besucherzentrum gibt's eine kostenlose Broschüre, in der der Wanderweg **One Square Mile Trail** beschrieben wird. Er führt an den wunderbar erhaltenen Bauwerken aus dem 19. Jh. vorbei. Im Besucherzentrum können zudem sämtliche Touren innerhalb der Stadt gebucht werden, z. B. zur **Venus Gold Battery** (Millchester Rd; Touren Erw./Kind 12/6 AU$; ⊘10–15 Uhr). Dort wurde goldhaltiges Erz abgetragen und verarbeitet. Mitte Juli ist es Schauplatz des **Gold Fever Festivals**.

Bei Einbruch der Dunkelheit liefert **Towers Hill** – von dort stammen die ersten Goldfunde – die stimmungsvolle Kulisse für das kostenlose **Open-Air-Kino**. Gezeigt wird der 20-minütige Film *Ghosts After Dark*. Die Vorführungszeiten kann einem das Visitor Centre sagen!

In der Stadt kann man z. B. im **Royal Private Hotel** ([📞]4787 8688; 100 Mosman St; DZ 90–115 AU$, EZ/DZ ohne Bad 45/55 AU$; ❄🛜) übernachten, einem ehemaligen Pub mit antiken Möbeln. Zu einem Ausflug nach Charters Towers gehört der Verzehr einer preisgekrönten Pastete in der **Towers Bakery** (114 Gill St; Pasteten 3,90–4,30 AU$; ⊘Mo–Fr 5–15, Sa bis 13 Uhr) einfach dazu.

Greyhound Australia ([📞]1300 473 946; www.greyhound.com.au) bietet vier Verbindungen pro Woche von Townsville nach Charters Towers an (36 AU$, 1¾ Std.)

Der *Inlander* von **Queensland Rail** ([📞]1300 131 722; www.traveltrain.com.au) fährt zweimal wöchentlich zwischen Townsville und Charters Towers (28 AU$, 3 Std.).

VON TOWNSVILLE NACH INNISFAIL NÖRDLICH VON TOWNSVILLE

[LP TIPP] **Noorla Heritage Resort** ([📞]4776 1100; www.hotelnoorla.com.au; 5-9 Warren St; Stellplätze mit/ohne Strom 15/22 AU$, B 28 AU$, DZ 139 AU$, ohne Bad 89 AU$; ❄🛜🏊) Hier wohnten einst italienische Zuckerrohrarbeiter. Das tolle Art-déco-Gebäude aus den 1920er-Jahren wartet mit restaurierten Zimmern mit hohen Decken und ein paar wohncontainerartigen Unterkünften im Garten auf. Eine Fotogalerie ziert die Wände und erweckt die Lokalgeschichte zum Leben. Aktuelle Geschichten werden derweil an der Bar (nur für Gäste) erzählt.

Das Wahrzeichen an der Hauptstraße ist **Lees Hotel** ([📞]4776 1577; www.leeshotel.com. au; 58 Lannercost St; EZ/DZ 55/65 AU$; ❄🛜) mit der Reiterstatue auf dem Dach. Hier stand einst das Day Dawn Hotel, das wegen des Gedichts „Pub Without Beer" (Pub ohne Bier) zu Berühmtheit gelangt war. Dan Sheahan hatte es 1882 geschrieben. Es lieferte die Vorlage für den Hit „Pub with no beer" der australischen Country-Ikone Slim Dusty aus dem Jahr 1956. Die Zimmer mit eigenem Bad sind nicht luxuriös, aber völlig in Ordnung, das **Essen** (Hauptgerichte 10–27,50 AU$; ⊘Mo–Sa mittags & abends) ist gut und es gibt sogar Bier!

Busse von **Greyhound Australia** ([📞]1300 473 946; www.greyhound.com.au; Townsville/

Cairns 39/63 AU$) und **Premier** (☏13 34 10; www.premierms.com.au; Townsville/Cairns 26/34 AU$) halten auf der Strecke zwischen Cairns und Brisbane in Ingham.

Ingham liegt an der Zugstrecke von **Queensland Rail** (☏1300 131 722; www.travel train.com.au) zwischen Brisbane und Cairns.

Lucinda

☏07 / 448 EW.

Touristen zieht es vor allem wegen des 5,76 km langen Bootsstegs in den kleinen Ort Lucinda, 27 km nordöstlich von Ingham. Die überdachte Konstruktion mit dem durchgehenden Fließband ist der längste Ladesteg für Zucker weltweit; an ihm können riesige Frachtschiffe anlegen. Nicht autorisierte Personen dürfen den Steg nicht betreten, aber man darf natürlich Fotos machen.

Vor der Küste liegt zum Greifen nah Hinchinbrook Island. **Hinchinbrook Wilderness Safaris** (☏4777 8307; www.hinchinbrook wildernesssafaris.com.au; Meeresarm-/Kanalfahrten 80/60 AU$) bietet vierstündige Ausflüge auf dem Deluge Inlet und zweieinhalbstündige Touren auf dem Kanal an und bringt Wanderer zum Südende des Thorsborne-Wanderwegs nach Hinchinbrook Island.

Angeln ist ein beliebter Zeitvertreib in Lucinda. Köder und Ausrüstung (und leckeren Fisch) bekommt man im **Lucinda Jetty Store & Take-Away** (☏4777 8280; 2 Rigby St; Hauptgerichte 15,50–19,50 AU$; ☺6–19 Uhr). Die netten Angestellten wissen alles über die Aktionen auf dem gigantischen Ladesteg und kennen die besten Angelplätze.

In Inghams Tyto Wetlands Information Centre können Unterkünfte in Lucinda gebucht werden oder aber man fährt 1,5 km

die Straße runter: **Hinchinbrook Marine Cove** (☏4777 8377; www.hinchinbrookmarine cove.com.au; Dungeness; DZ 125 AU$, Hütte 150–195 AU$; ❋☎) blickt auf einen belebten kleinen Hafen, hat luftige, moderne Zimmer und Hütten, ein **Café** (Gerichte 5–15 AU$; ☺Mo–Fr 7–18, Sa & So 6–18 Uhr) und ein **Restaurant** (Hauptgerichte 22–30 AU$; ☺Mi–Sa abends). Außerdem können **Hausboote** (ab 415 AU$ für 2 Tage und 1 Übernachtung) gemietet werden (auch ohne Bootsschein).

Cardwell & Umgebung

☏07 / 1250 EW.

Der Bruce Hwy verläuft größtenteils abseits der Küste, doch wenn man in kleine Cardwell hineinfährt, ist das Meer plötzlich ganz nah. Von hier aus kann man nach Hinchinbrook Island übersetzen. Yasi hat das arme Cardwell böse erwischt. Viele der älteren Häuser wurden zerstört und auch der neue Jachthafen hat einiges abbekommen.

☉ Sehenswertes & Aktivitäten

Girringun National Park   NATIONALPARK
Vom Stadtzentrum aus kann man dem **Cardwell Forest Drive**, einer malerischen Route (26 km lang) durch den Nationalpark und wieder zurück folgen, Aussichtspunkte, Wanderwege und Picknickbereiche sind ausgeschildert. Zum Schwimmen laden die **Attie Creek Falls**, aber auch der **Spa Pool** ein. Man hockt in einer Höhle zwischen Felsen, und das Wasser rauscht über einem hinweg.

Im Besucherzentrum von Cardwell sind Broschüren mit Infos zu Wanderwegen und Schwimmgelegenheiten im Park erhältlich.

GRATIS **Historisches Postamt Cardwell & Telegrafenstation**   MUSEUM
(53 Victoria St; ☺Mo–Fr 10–13, Sa 9–12 Uhr) Hier können die Originalräumlichkeiten mit Telefonvermittlungsstelle besichtigt werden. Das Holzgebäude (erb. 1870) hat Wirbelstürmen und Termiten getrotzt.

Girringun Aboriginal Art Centre   GALERIE
(http://girringunaboriginalart.com.au; 235 Victoria St; ☺Mo–Do 8.30–17, Fr bis 14 Uhr) Aborigines betreiben dieses Zentrum, in dem u.a. traditionelle Flechtkörbe verkauft werden.

🛏 Schlafen & Essen

Mudbrick Manor   B&B $$
(☏4066 2299; www.mudbrickmanor.com.au; Lot 13 Stony Creek Rd; EZ/DZ 90/120 AU$; ❋☎) Das

Haus aus Lehmziegeln, unbehandeltem Holz und Stein wartet mit großen, wunderschön aufgemachten Zimmern auf, die um einen Hof mit Springbrunnen angeordnet sind. Das warme Frühstück ist inklusive. Fürs abendliche Drei-Gänge-Menü (köstlich!) muss man sich mindestens drei Stunden im Voraus anmelden (30 AU$/Pers.).

Beachcomber WOHNWAGENPARK **$**
(☑4066 8550; www.cardwellbeachcomber.com. au; 43a Marine Pde; Stellplätze ohne/mit Strom 25/30 AU$, Motel DZ 75–100 AU$, Hütten & Wohnstudios 90–110 AU$; ✳@🛜🏊) Die große Anlage hat eine fröhliche Urlaubsatmosphäre. Nett ist auch das helle, tropisch angehauchte Café. Die schicken neuen Wohnstudios haben Holzdecken. Das **Restaurant** (Hauptgerichte 24,40–36,50 AU$; ⏰tgl. Frühstück, Mo-Sa mittags & abends) ist die Nr. 1 in Cardwell. Die Köche zaubern Lamm mit Rosmarinkruste, schonend gegartes Schwein, süßsaure Flunder und Pizza.

Kookaburra Holiday Park WOHNWAGENPARK **$**
(☑4066 8648; www.kookaburraholidaypark. com.au; 175 Bruce Hwy; Stellplätze ohne/mit Strom 22/29 AU$, B/EZ/DZ 25/45/50 AU$, Hütten 65 AU$, Apt. mit eigenem Bad 85–105 AU$; ✳@🛜🏊) Gepflegte Anlage. Gäste können Fangkörbe, Angeln und Krabbennetze borgen, um sich ihr Abendessen zu fangen.

Cardwell Central Backpackers HOSTEL **$**
(☑4066 8404; www.cardwellbackpackers.com. au; 6 Brasenose St; B 20 AU$; @🛜🏊) Nettes Hostel. Die Mehrbettzimmer dienten früher als Squash-Plätze und haben hohe Decken. Hier wohnen vor allem Bananenpflücker und Krabbenfänger (die Angestellten helfen bei der Jobsuche). Internet und Billard sind kostenlos.

ℹ Praktische Informationen

Das **DERM Rainforest & Reef Centre** (☑4066 8601; www.derm.qld.gov.au; Bruce Hwy; ⏰Mo-Fr 8.30–17, April–Okt. Sa & So 9–15, Nov.–März Sa & So bis 13 Uhr; @), gleich neben dem Bootssteg, beherbergt eine interaktive Regenwaldausstellung und man erhält Infos zu Hinchinbrook Island und anderen Nationalparks.

ℹ An- & Weiterreise

Die Busse von **Greyhound Australia** (☑1300 473 946; www.greyhound.com.au; Cairns/ Townsville 47/49 AU$) und **Premier** (☑13 34 10; www.premierms.com.au; Cairns/Townsville 30/26 AU$) halten auf der Strecke zwischen Brisbane und Cairns in Cardwell.

Cardwell liegt an der Zugstrecke Brisbane–Cairns; Infos zum Zugverkehr gibt's bei **Queensland Rail** (☑1300 131 722; www.traveltrain. qr.com.au).

Boote nach Hinchinbrook Island legen am Hafen von Port Hinchinbrook ab, 2 km südlich der Stadt.

Hinchinbrook Island

Das Urlaubsresort wurde geschlossen, aber der größte Inselnationalpark Australiens (399 km^2) ist noch immer ein Mekka für Wanderer. Granitberge ragen aus dem Meer auf und bieten einen spektakulären Anblick; Mt. Bowen (1121 m) ist die höchste Erhebung. Die dem Festland zugewandte Seite weist eine üppige, tropische Vegetation auf, der Osten zeichnet sich durch lange Sandstrände und Mangroven aus. Die Regenwälder haben sehr unter Zyklon Yasi gelitten. Zunächst wurde die Insel für Besucher gesperrt, mittlerweile sollte aber alles wieder in gewohnten Bahnen verlaufen.

Das Highlight von Hinchinbrook ist der **Thorsborne Trail** oder East Coast Trail, ein 32 km langer Küstenwanderweg. Er führt von Ramsay Bay an dem wunderschönen Wasserfall von Zoe Bay vorbei nach George Point ganz im Süden der Insel. Unterwegs wird man diverse **DERM-Campingplätze** (☑13 74 68; www.derm.qld.gov.au; 5,15 AU$/ Pers.) passieren. Es wird empfohlen, drei Übernachtungen einzuplanen – die Wanderung ist anspruchsvoll. Man kann natürlich auch nur einen Teil der Strecke laufen. Auf dem Weg gilt ein Besucherlimit von 40 Personen. DERM empfiehlt, ein Jahr im Voraus zu reservieren, wenn man in der Hauptsaison wandern will, den Rest des Jahres reicht es, sich sechs Monate vor dem Urlaub anzumelden. Wer nicht reserviert hat, muss nicht gleich verzagen: Immer mal wieder springt jemand ab und es wird ein Plätzchen frei.

Das Rainforest & Reef Centre in Cardwell hat die unerlässliche Broschüre *Thorsborne Trail*. Außerdem sind Wanderer verpflichtet, sich im Centre den 15-minütigen Film *Without a Trace* (Spurlos) anzusehen.

Fähren von **Hinchinbrook Island Ferries** (☑4066 8585; www.hinchinbrookferries.com. au) setzen von der Port Hinchinbrook Marina (Cardwell) nach Ramsay Bay auf der Insel über (einfache Strecke 85 AU$, 1½ Std.). Derselbe Anbieter organisiert eine fünfstündige **Tour** (Erw./Kind 99/50 AU$; ⏰tgl.

Ostern–Sept., Okt.–Ostern Mi, Fr & So). Man unternimmt eine Bootsfahrt von der Goold zur Garden Island, wird eventuell Delfine, Dugongs und Schildkröten sichten und am Ramsay-Bay-Steg anlegen, um zu picknicken und einen Spaziergang am 9 km langen Strand zu machen.

Wanderer können sich am George Point, dem südlichen Ende des Thorsborne Trail, von **Hinchinbrook Wilderness Safaris** (☏47778307;www.hinchinbrookwildernesssafaris. com.au; einfache Strecke 50 AU$) zum Festland mitnehmen lassen.

Tully
☏07 / 2457 EW.

Der 7,9 m hohe **goldene Gummistiefel** am Ortseingang erinnert daran, dass in der niederschlagsreichsten Stadt Australiens 1950 7,9 m Regen herunterkamen. Wer die Treppe zur Aussichtsplattform hinaufsteigt, kann sich eine Vorstellung davon machen, was das für Wassermassen sind! Der ganze Regen sorgt u. a. dafür, dass man auf dem nahen Tully River hervorragend raften kann (s. S. 476).

Eine Broschüre des **Tully Visitor & Heritage Centre** (☏4068 2288; Bruce Hwy; ◷Mo–Fr 8.30–16.45, Sa & So 9–15 Uhr) beschreibt einen **Stadtspaziergang** mit 17 Infotafeln – eine davon widmet sich dem Thema Ufos (ja, es wurden schon mehrere gesichtet). Außerdem sind Karten mit **Wanderwegen** in die nahe gelegenen Nationalparks erhältlich.

Im Besucherzentrum können die 90-minütigen **Zuckermühlentouren** (Erw./Kind 12/8 AU$; ◷Juni–Anfang Nov. tgl.) gebucht werden. Wann es losgeht, hängt vom Wetter ab. Auf jeden Fall geschlossene Schuhe und ein langärmeliges Oberteil tragen!

So ziemlich alle Unterkünfte sind auf die Bedürfnisse der Bananenpflücker zugeschnitten (günstige Wochenmieten, Hilfe bei der Jobsuche). Toll sind die **Banana Barracks** (☏4068 0455; www.bananabarracks. com; 50 Butler St; B ohne/mit Bad 24/26 AU$, Bungalows 60 AU$) mitten in der Stadt. Das Nachtleben von Tully konzentriert sich auf den **Club** dort (◷Do, Fr & Sa).

In den Pubs gibt's deftige Mahlzeiten (tgl. außer So). **Joe's Pizza Parlour** (☏4068 1996; 46 Butler St; Pizzas 11,30–21 AU$; ◷abends, Öffnunszeiten variieren) versorgt die hungrigen Massen mit altmodischen Pizzas mit dickem Rand.

Busse von **Greyhound Australia** (☏1300 473 946; www.greyhound.com.au, Cairns/Townsville 22/54 AU$) und **Premier** (☏13 34 10; www.premierms.com.au; Cairns/Townsville 26/30 AU$) halten auf der Strecke von Brisbane nach Cairns in Tully. Tully liegt an der **Queensland Rail** (☏1300 131 722; www.travel train.qr.com.au)-Zugstrecke von Brisbane nach Cairns.

Mission Beach
☏07 / 2594 EW.

Gerade mal 30 km östlich der Zuckerrohrfelder und Bananenpflanzungen am Bruce Hwy liegen die Dörfer um Mission Beach versteckt inmitten eines Regenwalds, der zum Unesco-Welterbe zählt. Er erstreckt sich bis zum Korallenmeer und verleiht dem 14 km langen, palmengesäumten Gebiet voller einsamer Meeresarme und breiter, menschenleerer Strände den Charme einer Tropeninsel.

Leider hat der Zyklon Yasi Mission Beach (oder einfach Mission) übel erwischt und einen Großteil der Bäume umgerissen. Mission hat sich zum Glück schnell wieder erholt. Schon nach zwei Wochen gab es wieder Strom und fließendes Wasser und die meisten Geschäfte und Tourveranstalter nahmen den Betrieb wieder auf.

Mission Beach umfasst mehrere einzelne Küstenorte. **Bingil Bay** liegt 4,8 km nördlich vom eigentlichen **Mission Beach** (manchmal auch North Mission genannt). **Wongaling Beach** liegt 5 km südlich, von dort sind es weitere 5,5 km Richtung Süden bis **South Mission Beach**. Die beste Infrastruktur bieten Mission Beach und Wongaling Beach. South Mission Beach und Bingil Bay sind in erster Linie Wohngebiete.

Von Mission Beach aus kommt man gut zum Great Barrier Reef und nach Dunk Island. Ringsum verlaufen zahlreiche Wanderwege durch den Regenwald, in dem die größte Kasuar-Population Australiens lebt (ca. 40).

◎ Sehenswertes & Aktivitäten

Adrenalin-Junkies kommen nach Mission Beach, um das Wasser- und Extremsportangebot auszukosten. Sie gehen z.B. raften. Surfer können in Bingil Bay ein paar Wellen mitnehmen; sie sind etwa 1 m hoch. Dies ist einer der wenigen Orte am Riff, an denen Surfen erlaubt ist.

Netze schützen Mission Beach und South Mission Beach vor unangenehmen Meeresbewohnern.

Skydiving FALLSCHIRMSPRINGEN

Mission Beach ist einer der beliebtesten Orte in Queensland für einen Fallschirmsprung. Es gibt zwei Anbieter: **Jump the Beach** (☏1800 444 568; www.jumpthebeach.com.au; Tandemsprünge 9000/11000/14000 Fuß 249/310/334 AU$) und **Skydive Mission Beach** (☏1800 800 840; www.skydivemissionbeach.com; Tandemsprünge 9000/11000/14000 Fuß 249/310/334 AU$). Gelandet wird jeweils im weichen Sand.

Calypso Dive & Snorkel TAUCHEN

(☏4068 8432; www.calypsodive.com; Wongaling Beach Rd, Wongaling Beach) Calypso bietet Tauchgänge am Riff (ab 264 AU$, Ausrüstung inkl.) und am Wrack der *Lady Bowen* (245 AU$) an sowie dreitägige PADI-Kurse (625 AU$). Schnorchelausflüge am Riff kosten 169 AU$, **Jet-Ski-Touren** vor Dunk Island ab 224 AU$).

 Spirit of the Rainforest KULTUREXKURSIONEN

(☏4088 9161; www.echoadventure.com.au; 4-stündige Tour Erw./Kind 80/60 AU$; ⊗Di, Do & Sa) Aborigines aus der Gegend zeigen Touristen den alten Regenwald, Flüsse, Wasserlöcher und -fälle rund um Mission Beach, erklären Flora und Fauna und erzählen Geschichten aus der Traumzeit. Teilnehmer werden in Mission Beach abgeholt (im Preis inbegriffen).

Mission Beach Adventure Centre WASSERSPORT

(☏0429 469 330; www.missionbeachadventurecentre.com.au; Seaview St, Mission Beach) In der kleinen Strandhütte werden Strand- und Wassersportarten organisiert. Man kann Kajaks leihen (für 1/2 Pers. 15/30 AU$ pro Std.) oder dreistündige Kajakausflüge machen (60 AU$), Bretter zum Paddelsurfen im Stehen leihen (15 AU$ pro Std.) und bei gutem Wind Strandsegeln (30/50 AU$ pro 30 Min./Std.). Das hiesige **Café** (Gerichte 5–8,50 AU$) ist berühmt für seine Hotdogs.

Wandern WANDERUNGEN

Vor allem am frühen Morgen besteht die Möglichkeit, einem wilden Kasuar zu begegnen. Das Besucherzentrum hat Broschüren auf Lager, in denen Wanderwege in der Umgebung beschrieben sind.

Coral Sea Kayaking KAJAKFAHREN

(☏4068 9154; www.coralseakayaking.com; Touren halber/ganzer Tag 77/128 AU$) Die Tagestour geht bis Dunk Island. Alternativ paddelt man einen halben Tag an der Küste entlang.

Fishin' Mission ANGELN

(☏4088 6121; www.fishinmission.com.au; Touren halber/ganzer Tag 130/190 AU$) Halbtägige Ausflüge auf der Insel bzw. ganztägige am Riff in Begleitung einheimischer Angler.

Mission Beach Tropical Fruit Safari ESSEN

(☏4068 7099; www.missionbeachtourism.com; Mission Beach-Besucherzentrum, Porter Promenade; Eintritt 4 AU$; ⊗Mo & Di 13–14 Uhr) Tropenfrüchte aus der Region kennenlernen und kosten.

✷ Feste & Events

Märkte MÄRKTE

Mission Beach Markets (gegenüber vom Hideaway Holiday Village-Campingplatz; ⊗1. & 3. So im Monat) An den Ständen werden Kunsthandwerk, Schmuck, tropische Früchte, hausgemachte Delikatessen und vieles mehr verkauft. Eine noch bessere Auswahl (u.a. handgefertigte Holzmöbel) hat man auf dem **Mission Beach Rotary Market** (Marcs Park, Cassowary Dr, Wongaling Beach; ⊗April–Nov. letzter So im Monat).

NICHT VERSÄUMEN

RAFTEN AUF DEM TULLY RIVER

Auf dem Tully River kann das ganze Jahr über gerafted werden, zum einen, weil dies die niederschlagsreichste Region des Landes ist, zum anderen, weil die Schleusentore den Wasserpegel regulieren: Die Raftingtouren starten, wenn die Tore geöffnet werden – dann „schaukelt" man über Stromschnellen der Stärke 4! Der Regenwald liefert eine ganz fantastische Kulisse.

Tagestouren mit **Raging Thunder Adventures** (☏4030 7990; www.ragingthunder.com.au/rafting.asp; Standard-/„extreme" Touren 185/215 AU$) oder **R'n'R White Water Rafting** (☏4041 9444; www.raft.com.au; 185 AU$) sind inklusive Grillspaß zum Mittagessen und Transfer ab Tully bzw. Mission Beach. Der Transport ab Cairns oder sogar Palm Cove kostet gerade mal 10 AU$ mehr, allerdings spart man sich ein paar mühsame Stunden im Bus, wenn man die Raftingtour in Tully bucht.

Er könnte *Jurassic Park* entsprungen sein, dieser flugunfähige prähistorische Vogel, der durch den Regenwald stakst. Er ist sehr groß, hat drei Zehen mit rasiermesserscharfen Krallen, einen leuchtendblauen Kopf mit einem helmartigen Kamm, rote Kehllappen und ein schwarzes Federkleid wie ein Emu. Kasuare sind ein wichtiger Bestandteil des Ökosystems Regenwald. Kein anderes Tier kann die Samen von mehr als 70 Baumarten verteilen, deren Früchte zu groß sind, um von anderen Regenwaldbewohnern aufgenommen und verdaut zu werden. Am wahrscheinlichsten ist eine Begegnung mit einem Kasuar in der Wildnis rund um Mission Beach, in Etty Bay und der Gegend von Cape Tribulation im Daintree National Park. Vorsicht: Die Tiere können aggressiv sein, vor allem, wenn sie Junge haben. Man sollte sich ihnen nicht nähern, aber auch nicht wegrennen, wenn sie in Angriffsposition gehen. Am besten ist es, irgendetwas Solides zwischen sich und den Vögeln zu haben – z. B. einen Baum.

In der Wildnis Nordqueenslands sollen noch zwischen 1500 und 2500 Kasuare leben. Die Vogelart ist vom Aussterben bedroht, weil ihnen der Lebensraum streitig gemacht wird. Unlängst hatte das ganz natürliche Ursachen: Zyklon Yasi mähte einen Großteil des Regenwalds rund um Mission Beach nieder. Die Kasuare müssen nun weite Strecken zurücklegen, um Nahrung zu finden, und werden leichter von Hunden gerissen oder von Autos überfahren. Gleich nach der Naturkatastrophe im Februar 2011 wurden etwa 80 „Futterstationen" rund um Mission Beach, Tully, Cardwell und Etty Bay eingerichtet und sogar Nahrung aus Flugzeugen abgeworfen. Es dauert mindestens zwölf Monate, bis der Regenwald wieder ausreichend Nahrung für seine tierischen Bewohner liefern kann.

Neben dem Mission Beach-Besucherzentrum kann man im **Wet Tropics Environment Centre** (☑4068 7197; www.wettropics.gov.au; Porter Promenade, Mission Beach; ☺10–16 Uhr, Öffnungszeiten variieren allerdings) mehr über die Kasuare erfahren. In dem Zentrum arbeiten Freiwillige der **Community for Cassowary & Coastal Conservation** (C4; www.cassowaryconservation.asn.au). Und wer etwas im Andenkenladen kauft, unterstützt damit den Kauf von Land für die Kasuare. Viele tolle Infos liefert die Website www.savethecassowary.org.au. Die NGO **Rainforest Rescue** (www.rainforestrescue.org.au) arbeitet mit der Regierung zusammen, um die Kasuare zu schützen.

Mission Beach Filmfestival FILM
(www.missionbeachfilmfestival.com.au) Drei Tage Mitte September stehen im Zeichen von Filmvorführungen unter freiem Himmel, Vorträgen, Gesprächsforen und Kurzfilmwettbewerben.

Mission Evolve-Musikfest MUSIK
(www.missionevolvemusicfest.com) Mitte Oktober wird zwei Tage lang Livemusik geboten. Die Künstler aus Nordqueensland spielen Blues, Soul und Funk.

🛏 Schlafen

In Mission Beach gibt es Ferienhäuser und -apartments wie Sand am Meer. Das Besucherzentrum vermittelt Kontakte. Hostels bieten einen kostenlosen Abholservice.

SOUTH MISSION BEACH

LP TIPP **Elandra** RESORT $$$
(☑4068 8154; www.elandraresorts.com; 1 Explorer Dr; DZ 270 AU$, Suite 370–520 AU$; ❇@☎☲) Das teuerste Resort in Mission ist

ein paradiesischer Ort und überhaupt nicht versnobt. Es hat eine entspannte Strandatmosphäre. Die meisten der 52 Zimmer sind mit Balkon und Meerblick. Afrikanische und asiatische Elemente versprühen einen Hauch Exotik (Kopfschmuck, Schnitzereien, Becken aus Speckstein). Der große Poolbereich mit Blick auf Dunk Island beherbergt ein tolles Restaurant und eine Cocktailbar.

WONGALING BEACH

Hibiscus Lodge B&B B&B $$
☑4068 9096; www.hibiscuslodge.com.au; 5 Kurrajong Close; Zi. 95–120 AU$; ❇☲) Vogelgezwitscher beim Aufwachen und Frühstück auf der Terrasse mit Blick auf den Regenwald – wahrscheinlich wird man sogar einen Kasuar erspähen! Die drei Zimmer dieses wunderbaren B&Bs sind mit Bad, und wer mag, kann eine Runde Krocket spielen.

Scotty's Mission Beach House HOSTEL $
(☑1800 665 567, 4068 8676; www.scottysbeachhouse.com.au; 167 Reid Rd; B 24–29 AU$,

DZ 71 AU$, ohne Bad 61 AU$; ✱ @ 🛜 🏊) Saubere, bequeme Zimmer (darunter Mehrbettzimmer nur für Frauen mit Barbie-rosafarbenen Laken) sind um den grasbewachsenen Poolbereich angeordnet. Dort kann man schön in der Sonne liegen. In **Scotty's Bar & Grill** (Hauptgerichte 10–30 AU$; ⊙abends), einer öffentlichen Bar, ist so ziemlich jeden Abend etwas los, z.B. Livemusik, Auftritte von Feuerjongleuren oder Wettbewerbe am/im Pool.

Licuala Lodge   B&B $$
(☑4068 8194; www.licualalodge.com.au; 11 Mission Circle; EZ/DZ 99/130 AU$; 🛜🏊) Modernes B&B mit einer Küche für die Gäste. Bier, aber auch nichtalkoholische Getränke sind umsonst und jedes der fünf Zimmer ziert ein Teddy.

Absolute Backpackers   HOSTEL $
(☑4068 8317; www.absolutebackpackers.com. au; Wongaling Beach Rd; B 22–26 AU$, DZ 56 AU$; ✱@🛜🏊) Tolles Management, entspannte Atmosphäre und jede Menge Hängematten am Pool, dazu luftige Zimmer und Musik in den Bädern. Achja, und die Küche ist rund um die Uhr zugänglich. Es ist o.k., Alkohol auf das Hostel-Gelände mitzubringen.

MISSION BEACH

Mission Beach Ecovillage   HÜTTEN $$
(☑4068 7534; www.ecovillage.com.au; Clump Point Rd; DZ 145–190 AU$; ✱🛜🏊) In dem tropischen Garten stehen Bananen- und Lindenbäume und ein Pfad führt durch den Regenwald zum Strand. Die teureren Bungalows sind inklusive Spa. Weitere Extras sind der Pool und das **Restaurant** (Hauptgerichte 18,50 AU$; ⊙Di–Sa abends) mit Ausschanklizenz.

Castaways Resort & Spa   RESORT $$
(☑1800 079 002, 4068 7444; www.castaways. com.au; Pacific Pde; DZ 145–185 AU$, 1-/2-Schlafzimmer-Apt. 205/295 AU$; ✱@🛜🏊) Die günstigeren Zimmer haben keinen Balkon, es

Mission Beach

Aktivitäten, Kurse & Touren

lohnt sich also, ein bisschen mehr für ein „Coral Sea"-Zimmer mit Terrasse und Tagesbett auszugeben. Auch die Apartments sind klein, aber man darf sich auf zwei Schwimmbecken, ein luxuriöses **Spa** (www.driftspa.com.au) und ein Unterhaltungsprogramm im **Bar-Restaurant** (Hauptgerichte 12–32 AU$; ⊙morgens, mittags & abends) freuen.

Sejala on the Beach   HÜTTEN **$$$**
(📞4088 6699; http://missionbeachholidays.com.au/sejala; 26 Pacific Pde; DZ 239 AU$; ❄☀) Drei Hütten (zwei mit Strandblick) mit Regenwaldduschen, Terrassen inklusive Grillbereich und viel Charme.

Rainforest Motel   MOTEL **$$**
(📞4068 7556; www.missionbeachrainforestmotel.com; 9 Endeavour Ave; EZ/DZ 89/109 AU$; ❄@🛜☀) Wenn doch alle Motels so wären! Die makellosen, gefliesten Zimmer liegen ein Stück abseits der Straße, es gibt Kaffee und gutes Shampoo für die Gäste und Räder können kostenlos genutzt werden.

Hideaway Holiday Village WOHNWAGENPARK **$**
(📞1800 687 104, 4068 7104; http://missionbeachhideaway.com.au; 58–60 Porter Promenade; Stellplätze ohne/mit Strom 29/35 AU$, Hütten 105 AU$, ohne Bad 85 AU$; ❄@🛜☀) Die Rückseite der schattigen, zentralen Anlage mit Blick auf den Strand grenzt an den Regenwald. Die Stellplätze und Hütten sind angenehm groß und die sanitären Einrichtungen etc. tiptop gepflegt.

Mission Beach Retreat   HOSTEL **$**
(📞4088 6229; www.missionbeachretreat.com.au; 49 Porters Promenade; B 21–24 AU$, DZ 56 AU$; ❄@🛜☀) Wer keine Lust auf Party hat, könnte sich in diesem Hostel am Strand einquartieren (35 Betten).

BINGIL BAY

Sanctuary   HÜTTEN **$**
(📞4088 6064, 1800 777 012; www.sanctuaryatmission.com; 72 Holt Rd; B 35 AU$, EZ/DZ Hütten 65/70 AU$, EZ/DZ Hütten 145/160 AU$; ⊙Mitte April–Mitte Dez.; @🛜☀) Vom Parkplatz geht's einen steilen, 600 m langen Weg durch den Regenwald hinauf (man kann sich auch am Parkplatz abholen lassen). Wer mag, schläft in einfachen Hütten unter einem Fliegenschutz, es gibt aber auch Hütten mit eigenem Bad (inkl. voll verglaster Duschen mit Blick auf den Regenwald). Ca. 95 % des Grundstücks werden wie ein Naturschutzgebiet gepflegt. Man kann wandern gehen, Yogaunterricht nehmen (15 AU$) oder sich massieren lassen (80 AU$ pro Std.). Es gibt eine Küche für Selbstversorger und ein **Restaurant** (Hauptgerichte 18,50–32,50 AU$; ⊙morgens, mittags & abends; 🍴) mit gesunder Kost. Mit dem eigenen Kanalisationssystem, Regenwasser und biologisch abbaubarem Putzmittel wird etwas für die Umwelt getan. Die Kinder der Gäste müssen mindestens elf Jahre alt sein.

Treehouse   HOSTEL **$**
(📞4068 7137; www.treehousehostel.com.au; Frizelle Rd; Stellplätze ohne Strom 12 AU$, B/DZ 25/55 AU$; @🛜☀) Das Holzrahmenhaus hoch oben im Regenwald (gehört zur YHA-Gruppe) hat eine chillige Atmosphäre (kein TV). Musikinstrumente können gern benutzt werden!

🍴 Essen & Ausgehen

Ein Großteil der Bars und/oder Restaurants befindet sich an der Porter Promenade und den angrenzenden Wegen im eigentlichen Mission Beach. Dort gibt es auch einen kleinen Supermarkt. Wongaling Beach hat einen riesigen Woolworths und ein paar Restaurants, Bars und Getränkemärkte.

SOUTH MISSION BEACH

Elandra   MODERN-AUSTRALISCH **$$$**
(📞4068 8154; www.elandraresorts.com; 1 Explorer Dr; Hauptgerichte 28–42 AU$; ⊙morgens, mittags & abends; 🍴) Wenn man sich auch kein Zimmer im Elandra Resort leisten kann, ist das Essen von Chefkoch Kurt

Goodban dennoch ein Muss! Er zaubert Känguru, gewürzt mit Akaziensamen, und Tintenfisch mit Papaya und Mango. Goodban verwendet dabei Zutaten aus der Gegend (häufig Bioprodukte). Sensationell sind auch die hausgemachten Marmeladen und Backwaren. Falls auch das Essen zu teuer ist, sollte man einen Mission Rumble bestellen – mit Frangelico, Bananenlikör, Bananeneiscreme und Honig.

WONGALING BEACH

Cafe Rustica ITALIENISCH $$
(☏4068 9111; Wongaling Beach Rd; Hauptgerichte 18–22 AU$; ⊙So mittags, Mi–So abends; 🖋) Man muss im Voraus buchen, dann hat man die Wahl zwischen etwa ein Dutzend authentischen Pastagerichten und zwei Dutzend traditionellen Pizzas mit knusprigem Rand. Dazu gibt's italienische Weine. Die Lokalität ist modern: eine Strandhütte aus Wellblech. Die Beleuchtung ist allerdings recht schwach (Taschenlampe einstecken!)

Spicy Thai Hut THAILÄNDISCH $$
(☏4068 9111; Laden 5, 2042 Tully Mission Beach Rd; Hauptgerichte 16–25 AU$; ⊙Mi–So abends; 🖋) Das beste Thai-Essen von Mission Beach gibt's auch zum Mitnehmen. In dem schicken neuen Restaurant werden Suppen, Pfannengerichte und Salate frisch zubereitet. Bei den Currys hat man die Wahl zwischen mild, mittel- und „verflucht scharf".

MISSION BEACH

LP TIPP New Deli CAFÉ $
(Laden 1, 47 Porter Promenade; Hauptgerichte 7,50–15,50 AU$; ⊙So–Fr 9.30–18 Uhr; 🖋) Wie wär's mit Blaubeerpfannkuchen oder geräuchertem Lachs und Brie-Bagels zum Frühstück oder Zucchini-Feta-Tarte zum Mittagessen? Alternativ kann man sich in diesem Gourmet-Lebensmittelladen/Café mit Leckerbissen für ein Picknick eindecken. Die meisten Produkte sind biologisch, und alles ist hausgemacht, auch die Kekse.

Early Birds Cafe CAFÉ $
(Laden 2, 46 Porter Promenade; Hauptgerichte 6–14,50 AU$; ⊙6–15 Uhr; 🖋) Den ganzen Tag über wird australisches Tropen-Frühstück (auf Australisch *brekkie*) mit Speck und Eiern, gegrillter Tomate und Banane, Toast und Tee bzw. Kaffee serviert.

Friends MODERN-AUSTRALISCH $$
(☏4068 7107; Porter Promenade; Gerichte 6–14 AU$; ⊙Fr–Di abends) Fein dinieren in eleganter Atmosphäre, ohne sich aufhüb-

schen zu müssen. Auf der überschaubaren Karte stehen kreative mediterrane Gerichte. Vegetarier werden sich schwertun, etwas Fleischloses zu finden. Vorher anrufen – Öffnungszeiten können variieren!

Coffee Tree CAFÉ $
(Laden 3, 47 Porter Promenade; Gerichte 3,50–6 AU$; ⊙Di–So 9.30–17 Uhr) Kräftiger Espresso, handgefertigte Schokoladen und eine traumhafte Kuchenselektion.

BINGIL BAY

Bingil Bay Cafe CAFÉ $$
(29 Bingil Bay Rd; Hauptgerichte 13,50–22 AU$; ⊙morgens, mittags & abends; 🖋) Der altmodische, lavendelfarbene Laden ist eine echte Institution. Er wurde in ein cooles Café mit Ausschanklizenz umfunktioniert. Die burgunderroten Ledersitze stammen aus alten Zugabteilen. Auf der Karte stehen Falafel-Wraps, Fish & Chips und Würstchen mit Sauerkraut, aber auch Linguine mit Meeresfrüchten. Man kann aber auch Lebensmittel und Eis kaufen – für den Strand.

❶ Praktische Informationen

Das tolle **Mission Beach-Besucherzentrum** (☏4068 7099; www.missionbeachtourism. com; Porters Promenade; ⊙Mo–Sa 9–16.45, So 10–16 Uhr; @) bietet jede Menge Infos in mehreren Sprachen.

Internetcafés inkl. Tourveranstalter sind z.B. **Intermission@the Beach** (David St, Mission Beach; 2/5 AU$ für 20 Min./1 Std.; ⊙Mo–Sa 8.30–18 Uhr) und **Mission Beach Information Station** (www.missionbeachinfo.com; 4 Wongaling Shopping Ctr, Cassowary Dr, Wongaling Beach; 2/6 AU$ für 20 Min./1 Std.; ⊙9–19 Uhr).

❶ Anreise & Unterwegs vor Ort

Busse von **Greyhound Australia** (☏1300 473 946; www.greyhound.com.au, Cairns/Townsville 21/40 AU$) und **Premier** (☏13 34 10; www.premierms.com.au, Cairns 19 AU$, Townsville 46 AU$) halten in Wongaling Beach neben dem riesigen Kasuar. **Sun Palm** (☏4087 2900; www.sunpalmtransport.com) bietet tägliche Verbindungen nach Cairns und zum Flughafen von Cairns (49 AU$), nach Innisfail und Tully.

Das **Mission Impossible Beach Shuttle** (www.calypsocoaches.com.au; Tagesticket 8 AU$; ⊙Mo–Sa) verkehrt etwa stündlich zwischen Bingil Bay und South Mission Beach (per Handzeichen anhalten) und fährt auch nach Tully (einfache Strecke 10 AU$); Fahrpläne gibt's im Besucherzentrum.

Sugar Land Car Rentals (☏4068 8272; www.sugarland.com.au; 30 Wongaling Beach Rd,

Wongaling Beach; ☻8–17 Uhr) verleiht Kleinwagen ab 59 AU$ pro Tag.

Mission Beach Adventure Centre (S. 476) hat Leihfahrräder (halber/ganzer Tag 10/20 AU$).

Die Taxizentrale ist unter ☑13 10 08 zu erreichen.

Dunk Island

Das Wasser rund um Dunk Island, nur 4,5 km südöstlich von Mission Beach (dem eigentlichen Ort), scheint zu blau um wahr zu sein! Das wird das Erste sein, was einem auffällt, sobald man die Fähre verlassen hat und auf dem langen Bootssteg steht. Neben den Holzplanken wird man Fischschwärme erspähen, eine Art selbsternanntes Empfangskomitee (Hobbyangler, frohlocket!). Die Djiru-Aborigines nennen die Insel Coonanglebah (Insel des Friedens und Überflusses). Sie ist ein Musterbeispiel für ein Tropeneiland.

Zyklon Yasi hinterließ im Februar 2011 eine Spur der Verwüstung auf Dunk Island, und das Resort musste geschlossen werden. Zur Zeit der Recherche hieß es, dass frühestens Ende August wieder Buchungen vorgenommen werden können. Und wahrscheinlich werden Tagesausflüge zur Insel auch erst wieder regelmäßig stattfinden, wenn das Resort öffnet. Aktuelle Informationen beim Mission-Beach-Besucherzentrum erfragen!

Die Insel durchzieht ein Netz aus Wanderwegen. Toll schnorcheln kann man in Muggy Muggy, zum Schwimmen eignet sich der Coconut Beach.

Mit einem Tagespass (Erw./Kind 40/20 AU$) können Tagesausflügler ein paar der Resorteinrichtungen nutzen. Ein Zwei-Gänge-Mittagsmenü in einem der exzellenten Resort-Cafés ist inklusive.

Die Standardzimmer im familienfreundlichen Dunk Island Resort (☑4068 8199, Reservierungen 1300 384 403, 4047 4740; www.dunk-island.com; EZ/DZ ab 386/375 AU$ inkl. Frühstück, Mittag- & Abendessen; ✳@☎☀) sind genauso schön wie die teureren Strandsuiten. Die Nutzungsgenehmigung für den DERM-Zeltplatz (☑13 74 68; www.derm.qld.gov.au; 5,15 AU$/Pers.) müssen im Resort besorgt werden.

Dort können auch Flüge nach/ab Cairns gebucht werden (Erw./Kind hin & zurück 390/290 AU$, 45 Min., 2-mal tgl.).

Calypso (☑4068 8432; www.calypsoadventures.com.au; Erw./Kind Rückkehr am selben Tag 40/20 AU$, einfache Strecke 25/12,50 AU$) legt vom Clump Point-Steg in Mission Beach ab, Mission Beach Dunk Island Water Taxi (☑4068 8310; Banfield Pde, Wongaling Beach; Erw./Kind hin & zurück 35/18 AU$) am Wongaling Beach. Die Fahrt dauert 20 Minuten. Calypso betreibt zudem ein Amphibienfahrzeug, die Sealegs (Erw./Kind hin & zurück 30/15 AU$), das Passagiere an einem Dutzend Stellen am Strand von Mission aufsammelt und auf Dunk Island wieder absetzt.

Von Mission Beach nach Innisfail

Die Straße, die von Mission Beach aus nach Norden führt, trifft bei El Arish (232 Ew.) wieder auf den Bruce Hwy. Dort findet man nicht viel mehr als einen Golfplatz und die El Arish Tavern (38 Chauvel St) aus dem Jahre 1927. Das Wirtshaus hat wirklich Persönlichkeit!

Die direkte Route gen Norden ist der Bruce Hwy. Die Ausfahrten führen zu Strandorten wie z.B. dem schicken Etty Bay, das von felsigen Landzungen und Regenwald umgeben ist. Kasuare tummeln sich am Strand, eine Vorrichtung schützt Schwimmer vor gefährlichen Meeresbewohnern und es gibt einen einfachen, aber toll gelegenen Zeltplatz.

Eine längere Route führt in Richtung Westen über den Old Bruce Hwy, auch bekannt als Canecutter Way (www.canecutterway.com.au). Im winzigen Mena Creek befinden sich die zauberhaften Ruinen zweier ehemals stattlicher Burgen in 5 ha großen Paronella Park (☑4065 0000; www.paronellapark.com.au; Japoonvale Rd; Erw./Kind 34/17 AU$; ☻9–19.30 Uhr). Die Anlage entstand in den 1930er-Jahren, um der hart arbeitenden Bevölkerung ein wenig Unterhaltung zu bieten. Heute muten die spanischen Ruinen allerdings geradezu mittelalterlich an: Wanderwege führen durch weitläufige Gärten, an einem Wasserfall und einer Badestelle vorbei. Bei der 45-minütigen Tour (tagsüber; abends 1 Std.) erfahren Besucher alles über die Hintergründe des Areals. Im Eintrittspreis sind beide Touren und eine Übernachtung auf dem Zeltplatz inbegriffen. Alternativ kann man sich auch in den Holzhütten (DZ 75 AU$; ✳) einquartieren (der Toilettenblock ist nagelneu). Tickets für den Paronella Park sind ein Jahr lang gültig.

Innisfail & Umgebung

📍07 / 8262 EW.

Nur 80 km südlich von Cairns, am Zusammenfluss von North und South Johnstone River, liegt das lebendige Innisfail. Es fühlt sich wie eine richtige kleine Stadt an und besticht mit wunderschönen Art-déco-Gebäuden (nirgendwo in Australien findet man mehr auf einem Fleck).

Beachside Flying Fish Point liegt 8 km nordöstlich des Stadtzentrums, Nationalparks und auch der Mamu Rainforest Canopy Walkway sind nicht weit entfernt.

🎯 Sehenswertes & Aktivitäten

Johnstone River Crocodile Farm
KROKODILFARM

(www.crocpark.com.au; Flying Fish Point Rd; Erw./Kind 28/14 AU$; ⏰8.30–16.30, Fütterungszeiten 11 & 15 Uhr) Hier werden Krokos für Handtaschen und Steaks gezüchtet. Regelmäßig finden halbstündige Führungen statt; dann setzen sich die Pfleger auf den tonnenschweren, 5 m langen Gregory, den „dicksten Oschi" der Farm, und man kann den 90-jährigen Johnny „kennenlernen". Unbedingt die Kroko-Spieße am Kiosk kosten!

Wooroonooran National Park
NATIONALPARK

Der **Palmerston- (Doongan-) Abschnitt** des Wooroonooran National Park ist Standort eines der ältesten Regenwälder Australiens; DERM liefert Infos zu Zeltplätzen und Wanderwegen.

 Mamu Rainforest Canopy Walkway
NATURWANDERWEG

(www.derm.qld.gov.au/mamu; Palmerston Hwy; Erw./Kind 20/10 AU$; ⏰9.30–17.30, letzter Einlass 16.30 Uhr) Nach 27 km auf dem Palmerston Hwy (4 km nordwestlich von Innisfail ausgeschildert) kommt man zu diesem „Gehweg" zwischen den Baumwipfeln, kann Blumen, Vögel und Früchte betrachten und den Blick von dem 37 m hohen Turm genießen (100 Stufen!). Dies ist ein Öko-Projekt: Der Belag besteht aus mehr als 900 000 recycelten 2-Liter-Plastikflaschen. Für den 2,5 km langen Rundweg (barrierefrei) sollte man mindestens eine Stunde einplanen.

Der Palmerston Hwy führt weiter gen Westen nach Millaa Millaa, vorbei am Eingang zum Waterfalls Circuit (S. 506).

Art-déco-Architektur
ARCHITEKTUR, SPAZIERGÄNGE

(www.artdeco-innisfail.com.au) Nach einem verheerenden Zyklon 1918 wurden die Gebäude in Innisfail im Art-déco-Stil der damaligen Zeit wiederaufgebaut. Zyklon Larry (2006) ist es zu verdanken, dass viele dieser Prachtbauten restauriert wurden. Im Besucherzentrum ist eine kostenlose **Broschüre mit Stadtspaziergängen** erhältlich. In ihr sind mehr als zwei Dutzend Sehenswürdigkeiten beschrieben.

✨ Feste & Events

Das viertägige **Feast of the Senses** (Festmahl der Sinne; www.feastofthesenses.com.au) im März wartet mit Essensständen und gefeierten Köchen auf.

🛏 Schlafen & Essen

Die Hostels sind vor allem auf die Erntehelfer (Bananenpflücker) zugeschnitten, die in der Umgebung arbeiten. In manchen kann man nur wochenweise übernachten (ca. 175 AU$ für 1 Woche im Mehrbettzimmer); mehr Infos im Besucherzentrum.

Barrier Reef Motel
MOTEL $$

(📞4061 4988; www.barrierreefmotel.au; Bruce Hwy; EZ/DZ 100/110 AU$, Apt. 130–150 AU$; ❄@🛜🏊) Die beste Schlafgelegenheit in Innisfail ist dieses komfortable Motel neben dem Besucherzentrum. Es hat 41 luftige, gefliese Zimmer mit großen Bädern. Selbstversorger können ein Apartment mit Küchenzeile nehmen. Es gibt ein **Restaurant** (Hauptgerichte 28–30,50 AU$; ⏰morgens & abends; 🍴) und eine Bar.

Codge Lodge
HOSTEL $

(📞4061 8055; www.codgelodge.com; 63 Rankin St; B 33 AU$; ❄@🛜🏊) Das stimmungsvolle Haus mit der breiten Holzveranda und den weitläufigen Fluren wurde um 1900 erbaut, hat eine fröhliche Atmosphäre und beherbergt viele Erntehelfer, die länger bleiben, aber auch „normale" Reisende. Die Angestellten organisieren Ausflüge (schwimmen, Wanderungen, angeln).

Flying Fish Point Tourist Park
WOHNWAGENPARK $

(📞4061 3131; www.ffpvanpark.com.au; 39 Elizabeth St, Flying Fish Point; Stellplätze ohne/mit Strom 26/31 AU$, B 30 AU$, Hütten & Villen 85–105 AU$, ohne Bad 50–65 AU$; ❄@🛜🏊) Ein super Zeltplatz. Jenseits der Straße erstreckt sich der Strand und lädt zum Angeln ein. Die netten Besitzer vermieten Boote.

🍴 Monsoon Cruising
CAFÉ $

(📞0427 776 663; 1 Innisfail Wharf; Hauptgerichte 10–14 AU$; ⏰je nach Wetter ganzjährig Mi-So 10–17 Uhr; 🍴) Sämtliche Speisen, die auf

ROBERT STEPHENS, RANGER, ÜBER DEN MAMU RAINFOREST CANOPY WALKWAY

Die Ursprünge von Mamu?

Mehrere Orte kamen für das Baumwipfelprojekt in Frage, aber dann war plötzlich Zyklon Larry da und nahm uns die Entscheidung ab. Er mähte Bäume nieder, und wir mussten anschließend nur noch aufräumen. Der Canopy Walkway war ein finanzieller Segen für Innisfail. Wir pflanzten erst mal 7000 Bäume und seit der Eröffnung noch Tausende mehr.

Das Verhältnis zu den Ma:Mu?

Die Ma:Mu setzen sich aus fünf Clans zusammen, darunter die Waribara, auf deren Land wir uns befinden. Wir haben einige Artefakte gefunden. Einer der traditionellen Besitzer arbeitet bei uns mit und ein Teil des Eintrittsgelds geht an die Ma:Mu. Auf lange Sicht sollen sie die Anlage von DERM übernehmen und die Jobs und Gelder selbst verwalten.

Was sind die typischen Aufgaben?

Unkraut entfernen, die Wildtiere im Auge behalten, Wege und Infrastruktur pflegen, Fotodatenbanken anlegen und die Besucher informieren. Früher habe ich als Tierpfleger im Zoo gearbeitet. Da hat man ähnliche Aufgaben. Ich möchte gern dafür sorgen, dass die Fehler von damals nicht wieder begangen werden; ich möchte endemische Arten schützen.

Das Beste am Job?

Ich bin jeden Tag hier und entdecke doch immer wieder etwas Neues. Die Flora und Fauna sind sehr abwechslungsreich.

diesem Boot serviert werden, bestehen aus lokalen (Bio-)Produkten. Es gibt z. B. frisch gebackenes Brot und schwarze Tigergarnelen direkt von den Fischkuttern.

Flying Fish Point Cafe   CAFÉ **$**
(9 Elizabeth St, Flying Fish Point; Hauptgerichte 13–19 AU$; ⊙7.30–20.30 Uhr; ☑) Wer die riesigen Meeresfrüchtekörbe mit Backfisch, gegrillten Tintenfischringen, Wonton-Krabben und Tempura-Muscheln „schafft", hat wirklich Hunger gehabt!

Oliveri's Continental Deli   FEINKOST **$**
(www.oliverisdeli.com.au; 41 Edith St; Sandwiches 7,50–8,50 AU$; ⊙Mo–Fr 8.30–17.30, Sa bis 13 Uhr; ☑) Schon seit Jahrzehnten eine echte Institution in Innisfail. Dieser Laden trumpft mit mehr als 60 Käse-, Schinken- und Salamisorten aus Europa sowie köstlichen Sandwiches auf.

Roscoe's   ITALIENISCH **$$**
(☑4061 6888; 3b Ernest St; Hauptgerichte 22–36 AU$, Buffets 24–38,50 AU$; ⊙mittags & abends) Superbeliebt in der Gegend, denn die Buffets sind gigantisch (inkl. hausgemachter Nachtische wie Tiramisu)!

Innisfail Fish Depot   SEAFOOD **$**
(51 Fitzgerald Esplanade; ⊙Mo–Fr 7.30–18, Sa 8–16, So 10–16 Uhr) Frischer geht's nicht: leckerer Fisch für den Grill und gekochte Biokrabben (18 AU$/kg).

ⓘ Praktische Informationen

Im **Besucherzentrum** (☑4061 2655; www.innisfailtourism.com.au; Ecke Eslick St & Bruce Hwy; ⊙Mo–Fr 9–17, Sa 9.30–12.30, So 10–13 Uhr; ☻) sind Rabattgutscheine für viele Sehenswürdigkeiten in der Gegend erhältlich.

ⓘ An- & Weiterreise

Täglich fährt ein Bus von **Premier** (☑13 34 10; www.premierms.com.au; Townsville/Cairns 52/19 AU$) und fünf von **Greyhound Australia** (☑1300 473 946; www.greyhound.com.au; Townsville/Cairns 70/32 AU$) von Innisfail nach Townsville (4½ Std.) und Cairns (1½ Std.). **Sun Palm** (☑4087 2900; www.sunpalmtransport.com) steuert Cairns (inkl. Flughafen; 35 AU$) sowie Tully (25 AU$) im Süden an.

Innisfail liegt an der Zugstrecke zwischen Cairns und Brisbane; Informationen liefert **Queensland Rail** (☑1300 131 722; www.traveltrain.com.au).

Cairns & Daintree Rainforest

Inhalt »

Gut essen

» Mojo's (S. 515)
» Yorkeys Knob Boating Club (S. 499)
» Julaymba Restaurant (S. 522)
» Zinc (S. 512)

Schön übernachten

» Crater Lakes Rainforest Cottages (S. 507)
» Tropic Days (S. 492)
» Sebel Reef House (S. 462)
» Mungumby Lodge (S. 523)

Auf nach Cairns & zum Daintree Rainforest!

Mit seiner spektakulären Unterwasserwelt und den korallengesäumten Inseln ist Cairns vor allem als Tauch- und Schnorchelparadies bekannt, aber es ist auch eine Partymetropole. Die Stadt ist zudem umgeben von Regenwald, Wasserfällen, Kraterseen und Badeorten. Die Farmen des Atherton Tableland erzeugen feinste Lebensmittel.

Einen Eindruck vom Norden Queenslands bekommt man auf der Küstenstraße, die sich von Cairns nach Port Douglas hinaufwindet. Doch das eigentliche Abenteuer beginnt jenseits des Daintree River. Im Daintree National Park, der sich die gesamte Küste entlang erstreckt, reicht der Regenwald bis an die Strände heran. Weiter nördlich führt der Bloomfield Track, eine großartigste Offroad-Piste vom Cape Tribulation nach Cooktown.

Die ganze Gegend ist gut – manchmal zu gut – auf Massentourismus eingestellt. Das Angebot übersteigt jedes Budget und alle Vorstellungen!

Reisezeit

Cairns

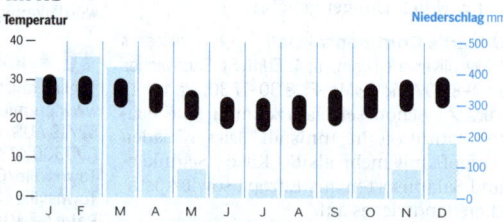

Juni Beim Cooktown Discovery Festival wird die Ankunft von James Cook nachgespielt.

September Während des Cairns Festivals feiert die Partystadt Cairns noch mehr als sonst.

Oktober Das Go Troppo Festival in Port Douglas steht im Zeichen der Kreativität des Tropenlebens.

CAIRNS

147 118 EW.

Aus der schwer schuftenden Zuckerrohrstadt ist längst eine Metropole des internationalen Tourismus geworden. Einen Strand hat Cairns zwar nicht zu bieten, doch die Sumpfgebiete und Mangroven des Küstenvorlands wurden in millionenschwere Ferienparks und eine beeindruckende Salzwasserlagune verwandelt. Und so blickt man nun von den erstklassigen Restaurants an der Esplanade direkt auf den glitzernden Jachthafen. Und wer unbedingt im Sand buddeln möchte, fährt einfach mit dem Stadtbus oder dem Auto an einen der Northern Beaches von Cairns.

Alteingesessene sind der Meinung, Cairns habe seine Seele verkauft, aber die Ferienstimmung ist einfach ansteckend. Im CBD (Geschäftsviertel), diesem städtischen Dschungel aus Tourveranstaltern, Reisebüros, Autovermietungen und Internetcafés, sind deutlich mehr Shorts- als Anzugträger unterwegs.

So wimmelt es in Cairns, das für viele Besucher entweder der Endpunkt oder (nach der Landung auf dem internationalen Flughafen) der Startpunkt ihrer Fahrt die Ostküste entlang ist, auch nur so von Bars und Nachtclubs, Unterkünften und Restaurants in allen Preisklassen. Der ideale Ort, um andere Reisende zu treffen und den äußersten Norden Australiens zu erkunden!

◉ Sehenswertes

Cairns Foreshore & Lagune   SCHWIMMEN
Statt an den nicht vorhandenen Strand strömen die Sonnenhungrigen an die seichte, aber spektakuläre **Salzwasserlagune** (Eintritt frei; ⊙ Do–Di 6–22, Mi 12–22 Uhr), die direkt an der Esplanade angelegt wurde. Die 4800 m² große Lagune wird tagsüber von Rettungsschwimmern überwacht und bei Nacht wunderschön beleuchtet.

Nordwestlich der Lagune erstreckt sich der fast 3 km lange Holzplankenweg der **Uferpromenade**, an der sich Spiel- und Picknickplätze sowie kostenlose Grillgeräte befinden.

Reef Teach   INFORMATIONSZENTRUM
(⊠4031 7794; http://reefteach.wordpress. com; 2. Stock, Main St Arcade, 85 Lake St; Erw./ Kind 15/8 AU$; ⊙Vorträge Di–Sa 18.30–20.30 Uhr) Bevor man sich zum Great Barrier Reef aufmacht, kann man in diesem ausgezeichneten Informationszentrum einiges

darüber erfahren. Meeresexperten erklären sehr anschaulich und ausführlich, wie man die verschiedenen Arten von Korallen und Fischen erkennt und auch, wie man das Riff mit dem gebührenden Respekt behandelt.

Flecker Botanic Gardens   GARTEN
(⊠4044 3398; www.cairns.qld.gov.au; Collins Ave, Edge Hill; Eintritt frei; ⊙ Mo–Fr 7.30–17.30, Sa & So 8.30–17.30 Uhr) In dem herrlichen Botanischen Garten gibt jede Menge Pflanzen des tropischen Regenwalds zu bewundern. Im **Informationszentrum** (⊙ Mo–Fr 8.30–17 Uh) gibt's eine Broschüre mit Spazierwegen. Es werden auch kostenlose Führungen angeboten. Im Park befinden sich ein tolles Café und ein **Freilichtkino** (Eintritt 10 AU$; ⊙ Mai–Nov. 3. Mi im Monat), in dem alte Filmklassiker gezeigt werden.

Tanks Arts Centre   GALERIE
(⊠4032 2349; www.tanksartscentre.com; 46 Collins Ave, Edge Hill; ⊙Galerie Mo–Fr 10–16 Uhr) Drei riesige Treibstofftanks aus dem Zweiten Weltkrieg wurden zu Ateliers und Galerien umgebaut, in denen Arbeiten einheimischer Künstler gezeigt und interessante Vorführungen der darstellenden Künste geboten werden. Außerdem findet einmal im Monat ein lebhafter **Markt** statt (April–Sept. letzter So im Monat).

Cairns Regional Gallery   GALERIE
(www.cairnsregionalgallery.com.au; Ecke Abbott St & Shields St; Erw./Kind unter 16 Jahren 5 AU$/ frei; ⊙ Mo–Sa 10–17 Uhr, So 13–17 Uhr) Die Ausstellungen, die in dem 1936 erbauten historischen Gebäude mit Säulengängen stattfinden, spiegeln das Selbstverständnis des tropischen Nordens wider. Im Mittelpunkt stehen Arbeiten von Künstlern aus der Region und von Aborigines. Zum Museum gehört auch ein ausgezeichnetes Café-Restaurant.

Tjapukai Cultural Park   KULTURZENTRUM
(⊠4042 9900; www.tjapukai.com.au; Kamerunga Rd, Smithfield; Erw./Kind 35/18 AU$; ⊙9–17 Uhr) Für diesen kulturellen Leckerbissen, der dem Aborigines-Volk der Tjapukai gehört, sollte man sich mindestens drei Stunden Zeit nehmen. Das Kulturzentrum besteht aus dem *Creation Theatre*, in dem die Schöpfungsgeschichte mithilfe von Schauspielern und riesigen Hologrammen erzählt wird, dem *Dance Theatre* und einer Galerie. Vorführungen im Bumerang- und Speerwerfen gehören ebenso zum Programm wie die Beobachtung von Schildkröten während einer Kanufahrt auf dem See. Höhe-

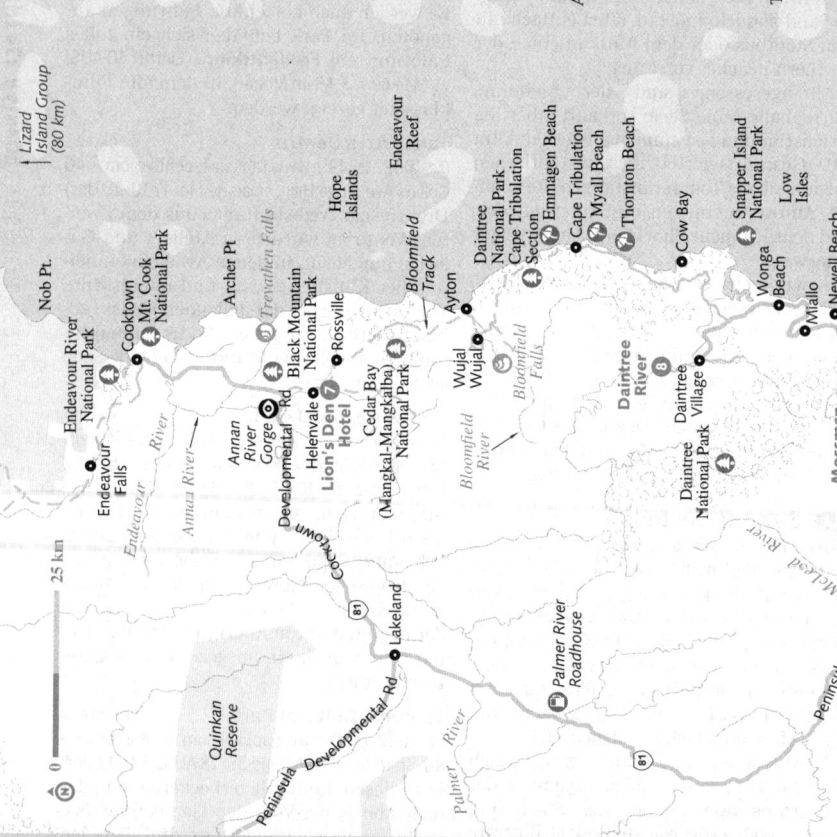

Highlights

❶ Am farbenfrohen **Great Barrier Reef** vor Cairns (S. 490) oder Port Douglas (S. 510) zwischen Fischen, Schildkröten und Seeanemonen schnorcheln und tauchen

❷ Mit einem Aborigines-Führer durch die **Mossman Gorge** (S. 514) wandern und im kristallklaren Wasser abtauchen

❸ Mit der Skyrail-Kabinenbahn durch den Regenwald nach **Kuranda** (S. 502) gondeln und auf der Eisenbahntrasse wieder zurück nach Cairns fahren

❹ Am **Lake Tinaroo** (S. 507) Barrakudas angeln, ein BBQ genießen oder einfach nur den Sonnenuntergang von einem Boot aus beobachten

---

KORALLEN-MEER

↑ *Lizard Island Group (80 km)*

❶ Great Barrier Reef

Agincourt Reefs

Tongue Reef

Nob Pt.

Cooktown

❹ Mt. Cook National Park

Archer Pt

Endeavour River National Park

Endeavour Falls

Endeavour River

Annan River

Annan River Gorge

Trevathen Falls

Helenvale

Black Mountain National Park

Rossville

❼ Lion's Den Hotel

Cedar Bay (Mangkal-Mangkalba) National Park

Bloomfield Track

Ayton

Wujal Wujal

Bloomfield Falls

Bloomfield River

Hope Islands

Endeavour Reef

Daintree National Park – Cape Tribulation Section

❶ Cape Tribulation

❻ Emmagen Beach

Myall Beach

❼ Thornton Beach

Cow Bay

Snapper Island National Park

❻ Wonga Beach

Low Isles

Miallo

Newell Beach

Mossman

Port Douglas

❶ Four Mile Beach

❷ Mossman Gorge

Daintree River

❽ Daintree Village

Daintree National Park

Mcleod River

Mt. Carbine

❶ Palmer River Roadhouse

Palmer River

Lakeland

Lakefield

Cooktown Developmental Rd.

Quinkan Reserve

Peninsula Developmental Rd.

Peninsula Developmental Rd.

⊕ N 0   25 km

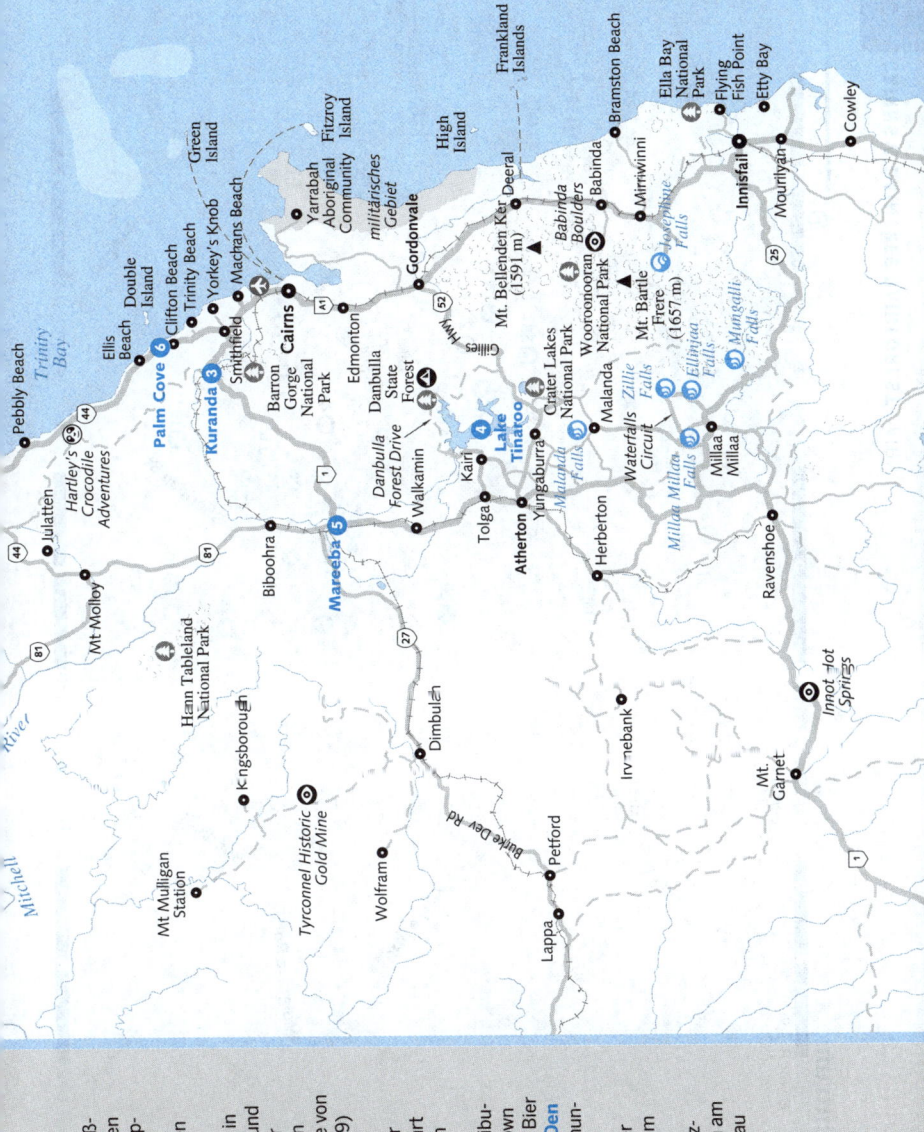

5 In **Mareeba** (S. 491) einen Heißluftballon besteigen und den Flickenteppich des Atherton Tableland von oben sehen

6 In einem Café in der Sonne sitzen und das Treiben an der palmengesäumten Strandpromenade von **Palm Cove** (S. 499) beobachten

7 Den Staub der Geländewagenfahrt auf dem holprigen Bloomfield Track zwischen Cape Tribulation und Cooktown mit einem kühlen Bier im urigen **Lion's Den Hotel** (S. 523) hinunterspülen

8 Während einer Bootsfahrt auf dem **Daintree River** (S. 522) nach Salzwasserkrokodilen am Flussufer Ausschau halten

---

Pebbly Beach

Trinity Bay

Hartley's Crocodile Adventures

Ellis Beach
Double Island
Clifton Beach
Trinity Beach
Yorkey's Knob
Machans Beach

Palm Cove

Kuranda

Smithfield
Cairns

Barron Gorge National Park

Edmonton

Green Island

Yarrabah Aboriginal Community

militärisches Gebiet

Gordonvale

Fitzroy Island

High Island

Frankland Islands

Bramston Beach

Ella Bay National Park
Flying Fish Point
Etty Bay

Mt. Bellenden Ker (1591 m)
Deeral

Babinda Boulders

Babinda

Wooroonooran National Park

Mt. Bartle Frere (1657 m)

Mirwinni

Innisfail

Mourilyan
Cowley

Julatten
Mt Molloy

Biboohra

Mareeba

Danbulla Forest Drive
Walkamin

Kairi

Tolga
Atherton
Yungaburra

Lake Tinaroo

Crater Lakes National Park

Malanda
Herberton

Zillie Falls
Ellinjaa Falls

Milaa Milaa

Mungalli Falls

Millaa Millaa Falls

Waterfalls Circuit

Hopevale Falls

Malanda Falls

Danbulla State Forest

Gillies Hwy

Mt Mulligan Station

Kingsborough

Ham Tableland National Park

Tycornel Historic Gold Mine

Dimbulah

Burke Dev Rd

Wolfram

Petford

Lappa

Irvinebank

Mt. Garnet

Innot Hot Springs

Ravenshoe

Mitchell River

Edmonton

Cairns Zentrum

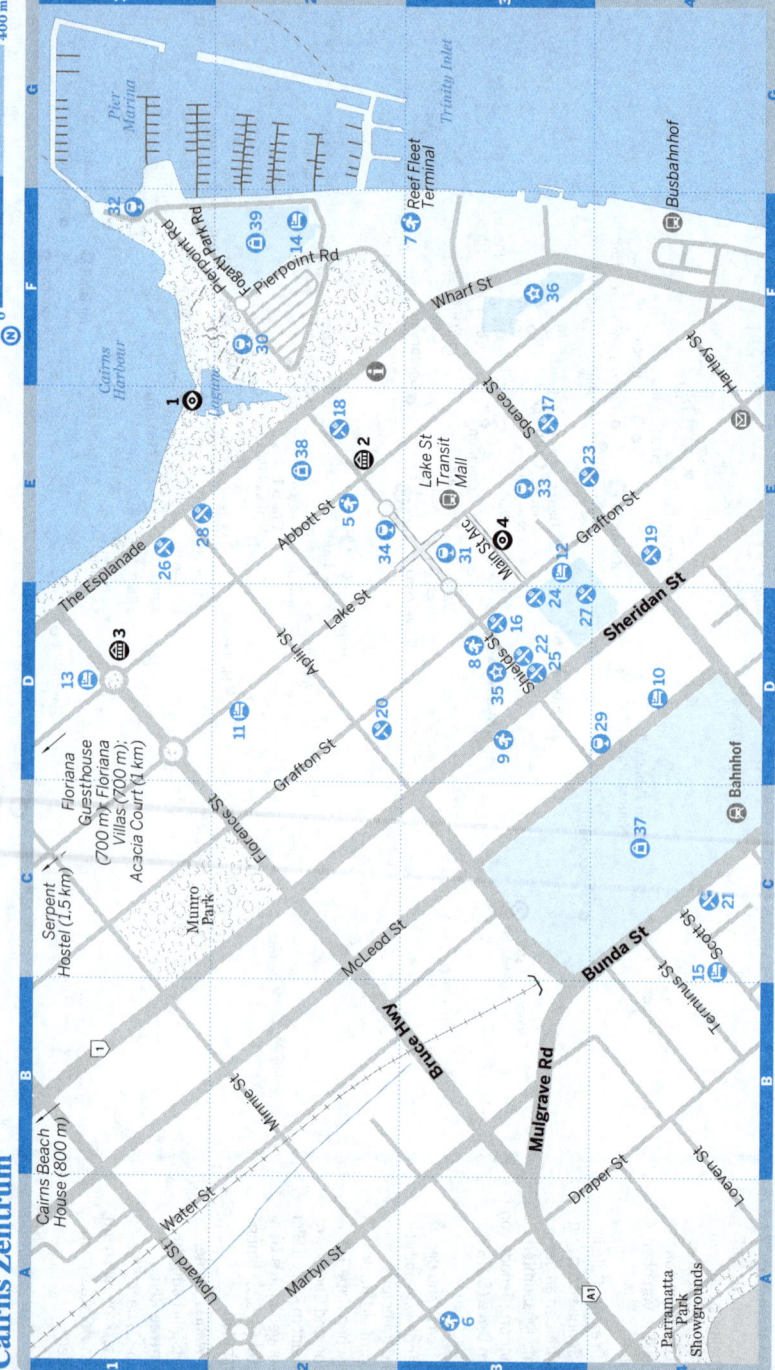

400 m

0

N

Cairns Zentrum

Sehenswertes		
1	Cairns Foreshore & Lagoon	E1
2	Cairns Regional Gallery	E2
	Cairns Wildlife Dome	(siehe 36)
3	Centre of Contemporary Arts	D1
4	Reef Teach	E3
Aktivitäten, Kurse & Touren		
5	Cairns Dive Centre	E2
	Cairns Heliscenic	(siehe 39)
6	Deep Sea Divers Den	A3
7	Great Adventures	F3
8	Pro-Dive	D3
9	Skydive Cairns	D3
	Taka Dive	(siehe 6)
Schlafen		
10	Cairns Central YHA	D4
11	Cairns Girls Hostel	D2
12	Gilligan's	E3
13	Hotel Cairns	D1
14	Shangri-La	F2
15	Travellers Oasis	C4
Essen		
16	Asian Foods Australia	D3
17	Cherry Blossom	E3
18	Dolce & Caffe	E2
19	First House	E4
20	Fusion Organics	D2
21	Green Ant Cantina	C4
22	La Fettuccina	D3
23	Marinades	E3
24	Meldrum's Pies in Paradise	D3
25	Ochre	D3
26	Raw Prawn	E1
27	Rusty's Markets	D3
28	Vanilla Gelateria	E1
Ausgehen		
29	Grand Hotel	D4
	Hotel Cairns	(siehe 13)
30	Pier Bar & Grill	F2
31	PJ O'Briens	E3
32	Salt House	F1
33	Vibe Bar & Lounge	E3
34	Woolshed Chargrill & Saloon	E2
Unterhaltung		
35	12 Bar Blues	D3
	Jute Theatre	(siehe 3)
36	Pullman Reef Hotel Casino	F3
	Velvet Underground	(siehe 36)
	Vertigo Bar & Lounge	(siehe 36)
Shoppen		
37	Cairns Central Shopping Centre	C4
38	Nachtmärkte	E2
39	Pier Marketplace	F2

punkt der nächtlichen Dinnervorstellung, **Tjapukai by Night** (Erw./Kind 99/50 AU$; ⌚19–22 Uhr), ist ein *corroboree* im Feuerschein.

Der Kulturpark befindet sich etwa 15 km nördlich des Stadtzentrums, direkt am Captain Cook Hwy, in der Nähe des Skyrail-Terminals. Ein Transfer wird angeboten, kostet aber extra.

Centre of Contemporary Arts GALERIE & THEATER
(CoCA; ☎4050 9401; www.coca.org.au; 96 Abbott St; ⌚10–17 Uhr Di–Sa) Das CoCA beherbergt die Galerie **KickArts** (www.kickarts.org.au), in der zeitgenössische visuelle Kunst aus der Region zu sehen ist, das **Jute Theatre** (www.jute.com.au) und den **End Credits Film Club** (www.endcredits.org.au).

Aktivitäten

Bei den Abenteuertouren, die von Cairns aus angeboten werden, übernehmen die Veranstalter zumeist auch den Transfer von und zu den verschiedenen Unterkünften. Weitere Infos siehe unten.

Great Adventures BOOTSFAHRT
(☎4044 9944; www.greatadventures.com.au; 1 Spence St; Erw./Kind 75/37,50 AU$) Die Tagestouren zur Koralleninsel Green Island vor Cairns werden mit Glasboden- und Halbtauchbooten angeboten.

AJ Hackett Bungy & Minjin BUNGEEJUMPING
(☎1800 622 888; www.ajhackett.com; McGregor Rd, Smithfield; Bungeejumping/Minjin-Schaukel 139/89 AU$, Bungeejumping & Minjin-Schaukel 194 AU$; ⌚10–17 Uhr) Am Gummiseil von dem eigens dafür gebauten Turm in die Tiefe springen oder mit der an Gurten aufgehängten Minjin-Schaukel mit mehreren Personen durch die Baumwipfel sausen. Im Preis enthalten ist jeweils der Transfer.

Geführte Touren

In Cairns starten jeden Tag mehr als 600 Touren mit dem Bus, Boot, Flugzeug oder Auto. Die folgende Auswahl gibt einen kleinen Vorgeschmack auf das überwältigende Angebot. Infos zu Fahrten nach Green Island, Fitzroy Island und zu den Frankland Islands gibt's auf S. 502.

Great Barrier Reef

Im Preis für die Touren zum Riff sind in der Regel Transport, Mittagessen und Schnorchelausrüstung enthalten. Bei vielen Touren besteht auch die Möglichkeit, zu tauchen, wobei eine kurze Einführung gegeben und keinerlei Taucherfahrung vorausgesetzt wird. Kriterien für die Auswahl einer Tour sollten die Art des Schiffes (Katamaran oder Segelschiff), die Anzahl der Passagiere (von sechs bis 300 Personen), die angesteuerten Ziele und die im Preis enthaltenen Extras sein. Die Riffe weiter draußen sind noch weitgehend intakt, die inneren Riffe in Küstennähe weisen zum Teil schon beträchtliche Schäden auf – verursacht von Menschen, der Korallenbleiche und den Dornenkronenseesternen. Anbieter, die nur eine Lizenz für die inneren Riffe haben, sind natürlich günstiger. Man bekommt eben das, was man bezahlt – meistens.

Neben Tagesausflügen bieten viele Veranstalter auch mehrtägige Touren an Bord von Booten (*live-aboard tours*) an, bei denen auch besondere Tauchgänge, beispielsweise Nachttauchen, durchgeführt werden. Die Tauchschulen (s. S. 490) bieten ebenfalls Touren an.

Auf einigen Booten ist auch Helmtauchen (ab 140 AU$) möglich, d.h., man „spaziert" auf einer Plattform durch die Unterwasserwelt. Die Luftzufuhr erfolgt über Schläuche am Helm, sodass man ganz normal atmen kann. Diese Art des Tauchens ist ideal für Nichtschwimmer, Kinder ab zwölf Jahren und alle, die keine nassen Haare mögen.

Die längeren *Live-aboard*-Touren, etwa zum Cod Hole bei Lizard Island, einem der besten Tauchspots Australiens, sind vor allem für leidenschaftliche und erfahrene Taucher interessant.

Coral Princess   BOOTSFAHRT
(☑1800 079 545, 4040 9999; www.coralprincess. com.au) Angeboten werden Kreuzfahrten von Cairns nach Townsville mit drei Übernachtungen (ab 1496 AU$/Pers. in der 2-Bett-Kabine) und von Cairns nach Lizard Island und zurück mit vier Übernachtungen (ab 1896 AU$).

Passions of Paradise   TAUCHEN
(☑1800 111 346; www.passions.com.au; Erw./ Kind 139/89 AU$) Mit dem schönen Segelka-

Infos zu Fahrten ... gibt's auf S. 502.

TAUCHKURSE

Cairns ist das Mekka der Sporttaucher am Great Barrier Reef und ein beliebter Ort, um den PADI-Open-Water-Tauchschein zu erwerben. Das Angebot an Kursen ist riesig: von preisgünstigen, viertägigen Kursen, bei denen sowohl im Pool als auch am Riff getaucht wird, bis zu fünftägigen Kursen, bei denen man zwei Tage lang die Theorie im Pool lernt und danach drei Tage an Bord eines Bootes verbringt, um in weniger stark frequentierten Bereichen des Riffs tauchen zu können.

Alle Veranstalter verlangen eine ärztliche Bescheinigung der Tauchtauglichkeit, die diese auch für etwa 50 AU$ selber ausstellen können. Viele Veranstalter bieten zudem Kurse für fortgeschrittene Taucher mit Tauchschein an. Hier eine Auswahl an Tauchschulen:

Cairns Dive Centre   TAUCHEN
(☑1800 642 591; 4051 0294; www.cairnsdive.com.au; 121 Abbott St) Einer der günstigsten Anbieter, der sich eher an Scuba Schools International (SSI) als an PADI orientiert. Angebote werden *live-aboard tours* an Bord eines Bootes (2/3 Tage 355/470 AU$) und Tagestouren (120 AU$).

Deep Sea Divers Den   TAUCHEN
(☑1800 612 223, 4046 7333; www.diversden.com.au; 319 Draper St) Die alteingesessene Tauchschule veranstaltet mehrtägige Kurse mit Übernachtung auf einem Boot und verschiedene Touren ab 570 AU$.

Pro-Dive   TAUCHEN
(☑1800 353 213; 4031 5255; www.prodivecairns.com; Ecke Grafton St & Shields St) Der Veranstalter, der zu den erfahrensten in Cairns gehört, bietet einen umfassenden, fünftägigen Tauchkurs an, der auch drei Tage an Bord eines Bootes beinhaltet (825 AU$).

tamaran geht es zum Tauchen oder Schnorcheln nach Michaelmas Cay und zum Paradise Reef.

Silverswift
TAUCHEN
(☎4044 9944; www.silverseries.com.au; Erw./Kind ab 167,50/125,50 AU$) Der beliebte Katamaran steuert drei äußere Riffe zum Schnorcheln und Tauchen an.

Sunlover
TAUCHEN
(☎4050 1333; www.sunlover.com.au; Erw./Kind ab 180/65 AU$) Zuerst rast man mit dem schnellen Katamaran zu einer Riff-Plattform am äußeren Moore Reef. Dann kann man entwede mit dem Halbtauchboot fahren oder mit dem Unterwasserhelm tauchen, was besonders gut für Familien geeignet ist.

Vagabond
JACHT
(☎4031 9959; www.vagabond-dive.com; 2-tägige Tour ab 290 AU$) Luxusjacht für elf Leute.

Taka Dive
TAUCHEN
(☎4051 8722; www.takadive.com.au; 319 Draper St; 4-/5-/7-tägige Tour ab 1290/1610/2650 AU$) Fährt zum Tauchen nach Cod Hole und zum weiter entfernten Osprey Reef und bietet Lehrgänge zur Unterwasserfotografie und andere Spezialkurse an.

Rundflüge

Cairns Heliscenic
PANORAMAFLUG
(☎4031 5999; www.cairns-heliscenic.com.au; Pier Marketplace; Flug 15/30 Min. ab 220/295 AU$ pro Person) Rundflüge mit dem Helikopter.

Rafting
Wie aufregend eine Raftingtour auf dem Barron, Russell und North Johnstone River ist, hängt von der Jahreszeit ab: je nasser das Wetter, desto wilder das Wasser. Auf dem Tully River gibt's das ganze Jahr über reißende Stromschnellen (s. S. 476).

Die Touren sind in verschiedene Schwierigkeitsgrade eingeteilt, vom gemütlichen Dahingleiten (Grad 1) bis zum abenteuerlichen Höllenritt (Grad 5).

Foaming Fury
RAFTING
(☎1800 801 540, 4031 3460; www.foamingfury.com.au) Im Angebot sind Tagestouren auf dem Russell River (139 AU$) und Halbtagestouren auf dem Barron (124 AU$), bei denen auch Kinder ab zehn Jahren mit dürfen.

Ballonfahren & Fallschirmspringen

Hot Air Cairns
BALLONFAHREN
(☎4039 9900; www.hotair.com.au; 30-minütige Fahrt ab 215 AU$)

ⓘ VORSICHT: QUALLEN & KROKODILE

Von Ende Oktober bis Mai ist das Baden an dieser Küste nicht zu empfehlen: Würfel- und Irukandji-Quallen sowie andere gefährliche Nesseltiere machen die Gewässer unsicher.

In Mangroven, Flussmündungen und auch im offenen Wasser lauern zudem Salzwasserkrokodile. Unbedingt beachten sollte man daher die Warnschilder, die an allen Wasserläufen aufgestellt sind, in denen sich Krokodile aufhalten könnten!

Raging Thunder
BALLONFAHREN
(☎4030 7990; www.ragingthunder.com.au; 30-minütige Fahrt ab 225 AU$)

Skydive Cairns
FALLSCHIRMSPRINGEN
(☎1800 444 568; 4031 5466; www.skydivecairns.com.au; 59 Sheridan St; Tandemsprung aus 3000 m Höhe 249 AU$) Ein Solo-Sprung für ausgebildete Fallschirmspringer kostet 50 AU$.

Atherton Tableland

Food Trail Tours
ESSEN
(☎4041 1522; www.foodtrailtours.com.au; Erw./Kind ab 154/77 AU$; ☺Mo–Sa) Die Feinschmeckertour führt zu den Farmen des Hochplateaus, auf denen Macadamianüsse, Weine aus tropischen Früchten, Käse, Schokolade und Kaffee erzeugt werden.

On the Wallaby
NATUR
(☎40336575; www.onthewallaby.com; Tagestour/2-tägige Tour 99/169 AU$) Ausgezeichnete Aktivtouren zu Fuß, mit dem Rad oder Kanu.

Uncle Brian's Tours
NATUR
(☎4033 6575; www.unclebrian.com.au; Exkursion 109 AU$; ☺Mo–Mi, Fr & Sa) Bei den eintägigen, sehr interessanten Exkursionen werden kleine Gruppe in den Regenwald, zu Wasserfällen und Seen geführt.

Cape Tribulation & Daintree

Billy Tea Bush Safaris
ÖKOTOUR
(☎4032 0077; www.billytea.com.au; Tagestour Erw./Kind 170/120 AU$) Die eintägigen Ökotouren zum Cape Trib sind sehr spannend und aufregend.

Tropics Explorer
NATUR
(☎1800 801 540; www.tropicsexplorer.com.au; Tagestour ab 119 AU$) Partytouren zum Cape Trib, die auch mit einer Übernachtung angeboten werden.

Cooktown & Cape York

Adventure North Australia KULTUR
(☏4053 7001; www.adventurenorthaustralia.
com; Tagestour 235 AU$) Mit Geländewagen
geht es über den Bloomfield Track nach
Cooktown. Außerdem werden mehrtägige
Touren, mit Flug kombinierte Fahrten und
Kulturtrips zu den Aborigines angeboten.

Undara Lava Tubes

Undara Experience NATUR
(☏4097 1411; www.undara.com.au; 2-tägige Tour
Erw./Kind 389/270 AU$) Mit Bussen werden
die Besucher zum längsten zusammenhängenden (wenn auch teilweise eingestürz-
ten) Lavaröhrensystem der Welt gebracht.
Übernachtet wird in umgebauten Eisen-
bahnwaggons.

✤✥ Feste & Events

Beim regionalen **Cairns Festival** (www.festival
cairns.com.au) im September steht die Stadt
drei Wochen lang ganz im Zeichen der
darstellenden Künste. Das vollgepackte
Programm bietet Musik aller Art, visuelle
Kunst und Veranstaltungen für die ganze Familie, z. B. das Erstellen von Sand-
skulpturen.

🛌 Schlafen

Als Hochburg der Rucksacktouristen bietet Cairns gut 40 Hostels, deren Größe von
kleinen, umgebauten Wohnhäusern bis hin
zu werkshallengroßen Anlagen reicht. Für
größere Gruppen und Familien sind zahlreiche Unterkünfte für Selbstversorger im
Angebot, während die Sheridan Street von
einer Vielzahl praktisch identischer Motels
gesäumt ist. Die meisten Tourenveranstalter holen ihre Gäste auch in den Strandun-
terkünften im Norden von Cairns ab.

LP TIPP **Tropic Days** HOSTEL $
(☏1800 421 521, 4041 1521; www.tropic
days.com.au; 28 Bunting St; Stellplatz/Zelt/B
11/16/26 AU$, DZ 64–74 AU$; ❋@🛜🏊) Das
beste Hostel von Cairns, das versteckt hinter dem Festplatz liegt (und seine Gäste kostenlos mit dem Bus in die Stadt fährt), ist
ein tropisches Paradies mit Hängematten,
Billardtisch und entspannter Atmosphäre.
In der Küche stehen Gewürze zur Verfügung, die Schlafsäle sind mit Einzelbetten
ausgestattet. Alle Doppelzimmer haben ein
blitzsauberes Gemeinschaftsbad. Zum Barbecue am Montagabend, bei dem Krokodil,
Emu und Känguru auf den Grill wandern,
dürfen sich auch Nicht-Gäste anmelden
(12 AU$ inkl. Didgeridoo-Vorführung).

Floriana Guesthouse PENSION $$
(☏4051 7886; www.florianaguesthouse.com;
183 The Esplanade; EZ 69 AU$, DZ 79–120 AU$;
❋@🛜🏊) In der altmodischen Pension
scheint die Zeit stehen geblieben zu sein.
Das von der charismatischen Jazzmusi-
kerin Maggie geführte Haus hat noch die
ursprünglichen, auf Hochglanz polierten
Holzfußböden und die Einrichtung ist ganz
im Stil des Art déco. Eine geschwungene
Treppe führt zu den zehn individuell aus-
gestatteten Zimmern, die entweder einen
Balkon oder große Erkerfenster haben, in
denen man auch sitzen kann. Alle Zimmer
haben ein eigenes Bad.

Shangri-la HOTEL $$$
(☏4031 1411; www.shangri-la.com; Pierpoint
Rd; Zi. ab 270 AU$; ❋@🛜🏊) Die Lage am
Wasser, hoch über dem Jachthafen, ist unschlagbar. Das superschicke Fünf-Sterne-
Hotel ist nicht nur das beste Haus am Platz,
sondern erzielt auch Bestnoten in puncto
Lage, Aussicht, Annehmlichkeiten (Fitnessraum, Poolbar etc.) und Aufmerksamkeit
des Personals. Besonders nobel sind die
„Horizon Club“-Zimmer.

Floriana Villas APARTMENTS $$
(☏4041 2637; www.florianavillas.com.au; 187-189
The Esplanade; Apt. mit 1/2 Schlafzi. 140/180 AU$,
❋🛜🏊) Der von einer Familie aus Malta
in den 1940er-Jahren errichtete einzig-
artige Gebäudekomplex wurde in riesige,
moderne Apartments für Selbstversorger
umgebaut. Nette Extras sind der kosten-
lose Fahrradverleih, ein schattiger Swim-
mingpool mit Massagedüsen und der schön
gestaltete Grillplatz. Dafür muss man min-
destens drei Übernachtungen bleiben.

Hotel Cairns HOTEL $$$
(☏4051 6188; www.thehotelcairns.com; Ecke Ab-
bott St & Florence St; DZ 195–265 AU$; ❋🛜🏊)
Das im traditionellen Stil der Plantagen in
Queensland errichtete weitläufige Hotel ist
strahlend weiß und hat richtig viel tropischen Charme. Alle Zimmer sind zurückhaltend elegant eingerichtet. Mit Chaise-
longues aus Weidenholz und eigenem Balkon sind die riesigen Räume und Suiten im
„Turm“ noch einen Tick luxuriöser. In der
Bar wird jeden Abend Klavier und Kontra-
bass gespielt.

Reef Palms APARTMENTS $$
(☏1800 815 421, 4051 2599; www.reefpalms.
au; 41-47 Digger St; Apt. 125–145 AU$; ❋@🛜🏊)
Die strahlend weißen Apartments funkeln
und blitzen so sehr, dass man auch drin-

nen fast die Sonnenbrille aufsetzen muss. Alle Zimmer verfügen über eine Kochgelegenheit, die größeren sogar über einen Wohnbereich und ein Wellnessbad. Bestens geeignet für Paare und Familien!

Serpent Hostel
HOSTEL **$**
(☑1800 666 237, 4040 7777; www.serpenthostel. com; 341 Lake St; B 24–28 AU$, DZ 55 AU$, DZ mit Bad 65–75 AU$; ❄@🛜🏊) Das schicke Nomads-Hostel (nicht zu verwechseln mit dem Nomads Esplanade an der Lagune von Cairns) befindet sich etwa 2 km nördlich des Stadtzentrums und ist äußerst beliebt bei Rucksacktouristen. Ein riesiger Swimmingpool, Beachvolleyball, die Sportbar, kostenloses Abendessen und der ebenfalls kostenlose Shuttlebus-Service in die Stadt sorgen für einen angenehmen Aufenthalt.

Acacia Court
HOTEL **$$**
(☑1300 850 472; www.acaciacourt.com; 223-227 The Esplanade; DZ 120–145 AU$; ❄🛜🏊) Vom Stadtzentrum führt ein schöner Spaziergang an der Esplanade entlang zu dem Hochhaus, das direkt am Wasser liegt. Mit freundlichen, azurblauen Tagesdecken und wahlweise Blick aufs Meer oder die Berge bietet es ein ausgezeichnetes Preis-Leistungs-Verhältnis. Die meisten Zimmer haben einen eigenen Balkon. Im Erdgeschoss befindet sich das bekannte Selbstbedienungsrestaurant *Charlie's*.

Gilligan's
HOSTEL **$**
(☑4041 6566; www.gilligansbackpackers.com. au; 57-89 Grafton St; B 26–32 AU$, DZ 130 AU$; ❄@🛜🏊) Der „G-Punkt" ist teuer, unpersönlich und sehr laut, dafür haben aber alle Zimmer dieses Hostels der Luxusklasse ein eigenes Bad, die meisten auch einen Balkon und die teuersten sogar Kühlschrank und TV. Neben verschiedenen Bars gibt's auch jeden Abend Unterhaltungsveranstaltungen wie Jelly Wrestling sowie einen Kosmetiksalon und einen Fitnessraum, um das ganze Bier wieder abzutrainieren.

Travellers Oasis
HOSTEL **$**
(☑4052 1377; www.travellersoasis.com.au; 8 Scott St; B 26 AU$, EZ 45 AU$, DZ 64–74 AU$; ❄@🛜🏊) Romantische Herberge mit 50 Betten, handgearbeiteten Holzmöbeln, Schlafsälen mit Einzelbetten und einem brandneuen Grillplatz. Zu den Zimmern gehören blitzsaubere Gemeinschaftsbäder.

Cairns Holiday Park
WOHNWAGENPARK **$**
(1800 259 977; 4051 1467; www.cairnscamping. com.au; 12-30 Little St; Stellplatz ohne Strom/

mit Strom/mit allen Anschlüssen 32/39/50 AU$, Hütte/Hütte mit Bad 60/85 AU$; ❄@🛜🏊) Der dem Stadtzentrum von Cairns am nächsten gelegene Campingplatz befindet sich 3,5 km nördlich davon. Die Einrichtungen wurden vor Kurzem komplett saniert. Außerdem gibt's kostenlosen Internetzugang.

Cairns Girls Hostel
HOSTEL **$**
(☑4051 2767; www.cairnsgirlshostel.com.au; 147 Lake St; B/2BZ 20 AU$; @🛜) Hier haben Jungs keinen Zutritt! Trotz der etwas sterilen Atmosphäre ist das reine Frauenhostel eine der angenehmsten Budgetunterkünfte in Cairns.

Cairns Beach House
HOSTEL **$**
(☑1800 229 228; 239 Sheridan St; B 13–20 AU$, DZ 50 AU$; ❄@🛜🏊) Obwohl regelmäßig Partys gefeiert werden, sind die Schlafsäle und Doppelzimmer (mit Gemeinschaftsbad) überraschend ruhig. Das kostenlose Abendessen ist nur eines von vielen netten Extras.

Cairns Central YHA
HOSTEL **$**
(☑4051 0772; www.yha.com.au; 20-26 McLeod St; B 27–36 AU$; ❄@🏊) Hell und freundlich, makellos sauber und professionell geführt.

✖ Essen

Cairns ist eine internationale Stadt. Das beweisen die vielen multikulturellen Restaurants, deren Küche oft mit einer Prise der australischen Tropen gewürzt ist. Allein am **Pier Marketplace** direkt am Jachthafen hat man die Auswahl zwischen einem halben Dutzend internationaler Restaurants.

Günstiges Essen auf die Schnelle gibt's vor allem in den lebhaften, asiatisch geprägten Food Courts auf den Nachtmärkten, die zwischen der Esplanade und der Abbott St stattfinden.

In einigen Pubs erhalten preisbewusste Rucksacktouristen erstaunlich günstige Mahlzeiten, die gar nicht so schlecht sind.

Rusty's Markets (Grafton St, zwischen Shields St & Spence St; ☺ Fr 5–18, Sa 6–15, So 6–14 Uhr) ist der größte Lebensmittelmarkt in Cairns.

🏷 LP TIPP Ochre
MODERN-AUSTRALISCH **$$$**
(☑4051 0100; www.ochrerestaurant.com. au; 43 Shields St; Hauptgerichte 30–36 AU$; ☺ Mo–Fr mittags, tgl. abends; 🍴) Der Speiseraum des innovativen Restaurants ist in ocker- und pflaumenfarbenen Tönen gehalten. Für die ständig wechselnde Speisekarte werden einheimische Fleisch- und Gemüsesorten kreativ verarbeitet, z.B. zu Krokodil mit

australischem Paprika, Känguru mit einer Quandong-Chili-Kruste, Wattleseed-Brot mit Erdnussöl und australischer Dukka-Würze oder Zitronen-Myrte-Pannacotta. Wer sich nicht entscheiden kann, nimmt einen Verkostungsteller (23–36 AU$) oder gleich das sechsgängige Verkostungsmenü (90 AU$, mit Wein 130 AU$).

Green Ant Cantina   MEXIKANISCH $$
(☏4041 5061; www.greenantcantina.com; 183 Bunda St; Hauptgerichte 17–40 AU$; ⊙abends) Das skurrile, kleine Fleckchen Mexiko hinter dem Bahnhof ist bekannt für seine hausgemachten Quesadillas, Enchiladas und Riesengarnelen im Corona-Bierteig. Dazu gibt's eine tolle Auswahl an Cocktails und coole Musik. Sonntagabends ist die Bühne frei für alle, die sich produzieren wollen.

Charlie's   SEAFOOD $$
(www.acaciacourt.com; 223-227 The Esplanade; Büfett 29 AU$; ⊙abends) Das Charlie's im Acacia Court Hotel ist nicht gerade das tollste Restaurant der Stadt, tischt aber jeden Abend ein legendäres Meeresfrüchte-Buffet zum Pauschalpreis auf. Erst lädt man sich den Teller voll mit Garnelen, Austern, Muscheln oder auch warmen Gerichten und lässt es sich dann auf der Terrasse am Swimmingpool schmecken. Dazu schlürft man einen der tollen Cocktails.

Fusion Organics   CAFÉ $
(www.fusionorganics.com; Ecke Grafton St & Aplin St; Gerichte 4–20 AU$; ⊙ Mo–Fr 7–16, Sa 7–13 Uhr; ☏) Das historische, rote Eckhaus von 1921, in dessen Hof Korbstühle und Tische stehen, diente einst als Unfallstation. Heute verarbeiten indische Köche allergenfreie Produkte aus biologischem Anbau zu Quiche, Frittata, Maisfladen und gefülltem Brot. Zum gesunden Frühstück gibt's u.a. Buchweizenwaffeln und stärkende „Entgiftungssäfte".

Marinades   INDISCH $$
(☏4041 1422; 43 Spence St; Hauptgerichte 14–30 AU$; ⊙ Di–So mittags & abends) Das beste indische Restaurant in Cairns. Auf der unendlich langen Speisekarte stehen aromatisch duftende Gerichte wie in Cashewpaste marinierter Hummer oder Garnelencurry aus Goa. Ganz im Gegensatz zu dieser Üppigkeit ist die Einrichtung des Lokals eher zurückhaltend.

Cherry Blossom   JAPANISCH $$$
(☏4052 1050; www.cherryblossom.com.au; Ecke Spence St & Lake St; Hauptgerichte 29–53 AU$;

⊙ Di–Fr mittags, Mo–Sa abends) In dem Restaurant im 1. Stock stehen sich zwei Köche wie bei einem Kochduell gegenüber. Wer also Sushi und Teppanyaki mit viel Theater genießen möchte, muss im Voraus buchen.

First House   VIETNAMESISCH $$
(☏4051 5153; 55 Spence St; Hauptgerichte 11–20 AU$; ⊙11–21 Uhr) Im Gegensatz zu fast allen anderen Restaurants in Cairns hat die Küche dieses kleinen, einfachen Lokals durchgehend geöffnet. Man muss allerdings Schweinefleisch mögen, denn das ist praktisch überall dabei. Kein Alkoholausschank, deshalb BYO.

Meldrum's Pies in Paradise   BÄCKEREI $
(97 Grafton St; Pie 5-6 AU$; ⊙ Mo–Fr 7–17, Sa 7–14.30 Uhr; ☏) Diese Institution in Cairns backt gut 40 geniale Varianten des einfachen australischen Pies – mit Hühnchen und Avocado ebenso wie mit Kürbisgnocchi oder Thunfisch in Mornay-Sauce.

Raw Prawn   SEAFOOD $$$
(☏4031 5400; www.rawprawnrestaurant.com.au; The Esplanade Centre, Esplanade; Hauptgerichte 29–40 AU$; ⊙mittags & abends) Das noble Restaurant ist besonders für seine Meeresfrüchte-Platten bekannt (54–90 AU$/Pers.). Bei den teuersten Gerichten liegt auch das saftige Fleisch der Mangrovenkrabbe auf dem Teller.

Dolce & Caffe   CAFÉ $$
(Shop 1, Mantra Esplanade, Shields St; Gerichte 6–19 AU$; ⊙ Mo–Sa 6–16.30, So 7–16.30 Uhr; ☏) Wegen des ausgezeichneten Kaffees und der knackig frischen Salate ist das Café bei den Einheimischen sehr beliebt.

La Fettuccina   ITALIENISCH $$
(☏4031 5959; www.lafettuccina.com; 41 Shields St; Hauptgerichte 25–30 AU$; ⊙abends) Die Spezialität des kleinen, stimmungsvollen italienischen Restaurants sind die hausgemachten Saucen. Am schönsten sitzt man auf dem winzigen, schmiedeeisernen Balkon zum Innenhof. Mit Alkoholausschank, aber auch BYO.

Vanilla Gelateria   EIS $
(Ecke Esplanade St & Aplin St; Waffel oder Becher 4–6 AU$; ⊙9.30–23 Uhr) Eiskalte Gemische wie Toblerone mit Zitrone, Limone und Magenbitter – und sogar Red Bull!

Selbstversorger
Selbstversorger können sich bestens bei Rusty's Markets oder im Cairns Central Shopping Centre eindecken.

Bei **Asian Foods Australia** (101-5 Grafton St) gibt's Lebensmittel aus ganz Asien.

♟ Ausgehen & Unterhaltung

Die Auswahl an Kneipen ist berauschend. Meistens bieten sie neben Getränken auch Essen und irgendeine Form der Unterhaltung an. Einige Kneipen, etwa das Gilligan's, gehören zwar zu einem Hostel, werden aber auch von den Einheimischen gerne besucht. Und überall gibt es einen Biergarten oder eine Terrasse, um die lauen Abende zu genießen. Nachtclubs schließen im Allgemeinen gegen 3 Uhr morgens oder später. In der Regel wird Eintritt verlangt.

Auf der Internetseite www.entertainment cairns.com und im kostenlosen Magazin *Backpacker Xpress* erfährt man, wo gerade was los ist.

LP TIPP **Salt House** BAR
(www.salthouse.com.au; 6/2 Pierpoint Rd; ⊘9–2 Uhr) Die schicke Bar im nautischen Stil, die sich neben dem neuen Jachtclub von Cairns befindet, hat sich seit ihrer Eröffnung vor ein paar Jahren zur angesagtesten Bar der Stadt entwickelt. Eigentlich sind es sogar zwei Bars: die an eine Luxusjacht erinnernde Sailing Bar mit Livemusik und die balinesisch anmutende Deck Bar, wo DJs auflegen und Killercocktails gemixt werden.

Vibe Bar & Lounge BAR
(www.vibebarcairns.com; 39 Lake St; ⊘Mo–Do 10.30 1, Fr 10.30–5, Sa 12–5, So 5–3 Uhr) Hinter dem bescheidenen Eingang öffnet sich ein riesiger, schummrig-dunkler Raum. Die Wände sind mit abgefallenen Kunstwerken geschmückt, in den Ecken stehen Sofas. Auf der Tanzfläche geht's jeden Abend ab 21 Uhr rund. Schwulen- und lesbenfreundlich.

Pullman Reef Hotel Casino KASINO
(www.reefcasino.com.au; 35-41 Wharf St; ⊘ So–Do 9–3, Fr & Sa 9–5 Uhr) Im Spielkasino von Cairns gibt's neben den Spieltischen (für Blackjack, Roulette, Bakkarat etc.) Hunderte von blinkenden und klingelnden Spielautomaten, vier Restaurants und vier Bars, darunter die **Vertigo Bar & Lounge** mit kostenloser Livemusik. Der dröhnende Nachtclub **Velvet Underground** (www. myspace.com/clubvelvetunderground), in dem auch kostenpflichtige Shows veranstaltet werden, gehört ebenso dazu wie der **Cairns Wildlife Dome** (www.cairnsdome.com.au; Erw./ Kind 22/11 AU$; ⊘9–18 Uhr), ein Minizoo auf dem Dach.

Pier Bar & Grill BAR
(www.pierbar.com.au, Pier Point Rd; ⊘11.30 Uhr– open end) Die lokale Institution direkt am Wasser serviert auch preisgünstiges Essen. Die sonntägliche Musiksession ist ein Muss.

Grand Hotel KNEIPE
(33 McLeod St; ⊘11–1 Uhr) Einmal sein Bier auf einem 11 m langen Krokodil abstellen – auch wenn es nur aus Holz ist und als Theke dient.

12 Bar Blues LIVEMUSIK
(62 Shields St; ⊘ Di–So 19–open end) Gemütliche Bar, in der Jazz, Blues und Swing gespielt wird.

PJ O'Brien's BAR
(www.pjobriens.com.au; Ecke Lake St & Shields St; ⊘tgl. open end) Der Teppich klebt, es riecht nach abgestandenem Guinness, aber wen stört das schon, wenn die Party abgeht, halbnackte Mädels an der Stange tanzen und das Essen spottbillig ist?

Woolshed Chargrill & Saloon BAR
(24 Shields St; ⊘tgl. open end) Auch eine typische Backpacker-Kneipe, wo junge Rucksacktouristen und Tauchlehrer sich besaufen und auf den Tischen tanzen.

🔒 Shoppen

Die Einkaufsmöglichkeiten in Cairns reichen von Edelboutiquen wie Louis Vuitton bis zu schrecklich kitschigen Souvenirschuppen. Egal, ob eine Dose Macadamianüsse, getrocknetes Emu- oder Krokodilfleisch, gefälschte Designersonnenbrillen oder Magnete in Form tropischer Fische für die Pinnwand – hier gibt's wirklich alles.

Das riesige **Cairns Central Shopping Centre** (www.cairnscentral.com.au; McLeod St; ⊘ Mo–Mi & Fr & Sa 9–17.30, Do 9–21, So 10–16.30 Uhr) besteht aus ein paar Supermärkten und unzähligen Spezialgeschäften, in denen von Büchern bis Bikinis alles zu haben ist.

Wer noch nicht genug T-Shirts mit „Cairns Australia" hat oder ein Reiskorn mit seinem Namen braucht, wird bestimmt auf den **Nachtmärkten** (The Esplanade; ⊘16.30–24 Uhr) und **Mud Markets** (Pier Marketplace; ⊘Sa vormittag) fündig.

ℹ Praktische Informationen

Geld
In der Innenstadt von Cairns sind alle größeren Banken mit Filialen und Geldautomaten vertreten. Geld tauschen kann man bei den meisten Banken oder bei den privaten Wechselstuben an der Esplanade, die länger geöffnet haben.

American Express (63 Lake St) hat einen Schalter in der Westpac Bank.

Internetzugang

Die meisten Reisebüros und Unterkünfte bieten Internetzugang. Internetcafés gibt's vor allem in der Abbott St, und zwar zwischen Shields St und Aplin St.

Post

Hauptpost (www.auspost.com; 13 Grafton St) Hier kann man postlagernde Sendungen abholen. Postfilialen befinden sich im Einkaufs-zentrum Orchid Plaza und im Cairns Central Shopping Centre.

Touristeninformation

Trotz der Flut von Touristeninformationen und kommerziellen Reisebüros, die sich als „Infor-mationszentren" bezeichnen und großzügig das weiße „i"-Zeichen auf blauem Hintergrund ver-wenden, gibt es nur ein einziges, offiziell aner-kanntes Besucherinformationszentrum, nämlich das staatliche **Cairns & Tropical North Visitor Information Centre** (☑4051 3588; www. tropicalaustralia.com.au; 51 The Esplanade; ☺8.30–18.30 Uhr); dessen Logo stellt ein *gel-bes, kursiv gesetztes „i"* auf blauem Hintergrund dar. Neben neutraler Beratung bietet das Büro auch die Buchung von Unterkünften und Touren an. Außerdem unterhält es ein umfangreiches Informationszentrum, das auch die Regionen nördlich von Cairns bis zum Cape York und im Süden bis nach Mission Beach umfasst. Und hier bekommt man auch die Broschüre *Welcome to Cairns* mit Stadtplan und Adressenverzeichnis.

Weitere nützliche Anlaufstellen:

Cairns Discount Tours (☑4055 7158; www. cairnsdiscounttours.com.au) Die kompetente Buchungsagentur für große und kleine Touren hat sich auf Last-Minute-Angebote spezialisiert.

Far North Queensland Volunteers (☑4041 7400; www.fnqvolunteers.org; 68 Abbott St) vermittelt freiwillige Helfer für gemeinnützige Gemeinschaftsprojekte.

Department of Environment & Resource Management (DERM; ☑13 74 68; www.derm. qld.gov.au; 5B Sheridan St) informiert über Nationalparks und Staatswälder, Wanderwege und Genehmigungen zum Campen.

ℹ An- & Weiterreise

Auto & Motorrad

Alle großen Autovermietungen sind in Cairns und am Flughafen vertreten. Außerdem gibt es in der ganzen Stadt unzählige Billiganbieter von Mietautos und -wohnmobilen. Ein Kleinwagen neueren Modells kostet ab 45 AU$, ein Fahrzeug mit Allradantrieb ab 80 AU$ pro Tag. Wer länger unterwegs sein will, kann das Schwarze Brett in der Abbott St nach gebrauchten Wohnmobilen

und Autos von ehemaligen Rucksacktouristen durchforsten.

Choppers Motorcycle Tours & Hire (☑0408-066 024; www.choppersmotorcycles.com.au; 150 Sheridan St) Eine Harley Davidson kostet zwischen 160 und 250 AU$ pro Tag, ein kleine-res Motorrad ist ab 95 AU$ pro Tag zu haben. Es werden auch Motorradtouren angeboten, die von der einstündigen Ausfahrt bis zur Tages-tour zum Cape Trib reichen.

Bus

Cairns ist ein wichtiger Knotenpunkt des Bus-verkehrs in Far North Queensland.

Greyhound Australia (☑1300 473 946; www. greyhound.com.au; Reef Fleet Terminal) fährt viermal am Tag die Küste entlang nach Brisbane (310 AU$, 29 Std.) und hält dabei auch in Towns-ville (81 AU$, 6 Std.), Airlie Beach (139 AU$, 11 Std.) und Rockhampton (215 AU$, 18 Std.). Mit einem Buspass kann es günstiger werden.

Premier (☑13 34 10; www.premierms.com. au; ab Haltestelle D, Lake St) fährt einmal täglich nach Brisbane (205 AU$, 29 Std.) und macht da-bei Station in Innisfail (19 AU$, 1½ Std.), Mission Beach (19 AU$, 2 Std.), Tully (26 AU$, 2½ Std.), Cardwell (30 AU$, 3 Std.), Townsville (55 AU$, 5½ Std.) und Airlie Beach (90 AU$, 10 Std.). Auch hier gibt's einen günstigeren Buspass.

TransNorth (☑4061 7944; www.transnorth bus.com; Abfahrt vor 46 Spence St) bietet täglich zwei bis fünf Verbindungen von Cairns ins Atherton Tableland an und fährt dabei Kuranda (4 AU$, 30 Min., 5-mal tgl.), Mareeba (16,80 AU$, 1 Std.), Atherton (22 AU$, 1¾ Std.) und Ravenshoe (33 AU$, 2½ Std.) an.

John's Kuranda Bus (☑0418-772 953; ab Lake St Transit Centre; 4 AU$, 30 Min.) verkehrt zwei-bis fünfmal täglich zwischen Cairns und Kuranda.

Sun Palm (☑4087 2900; www.sunpalm transport.com) fährt zweimal täglich von Cairns in Richtung Norden über Port Douglas (35 AU$, 1½ Std.) und Mossman (40 AU$, 1¾ Std.) zum Cape Tribulation (78 AU$, 3 Std.) sowie in Rich-tung Süden nach Mission Beach (49 AU$, 2 Std.). Außerdem fahren auch Busse nach Port Douglas.

Country Road Coachlines (☑4045 2794; www.countryroadcoachlines.com.au) verkehrt einmal täglich zwischen Cairns und Cook-town (75 AU$). Ob der Bus die Küstenstraße (Bloomfield Track) oder die Inlandsroute (über Mareeba) nimmt, ist abhängig von Reisezeit und Straßenverhältnissen.

Flugzeug

Vom internationalen **Cairns Airport** (www. cairnsairport.com) fliegt **Jetstar** (www.jetstar. com.au) nach Auckland, Singapur, Tokio und Osaka, **Cathay Pacific** (www.cathaypacific.com) nach Hongkong und **Air New Zealand** (www. airnewzealand.com) nach Auckland.

Innerhalb von Australien bieten Jetstar (13 15 38), **Qantas** (13 13 13; Ecke Lake St & Shield St, City Place; www.qantas.com.au) und **Virgin Blue** (13 67 89; www.virginblue.com. au) Direktflüge nach Brisbane (2 Std.), Sydney (4 Std.), Melbourne (5 Std.), Adelaide (4 Std.) und Darwin (2 Std.) an. Wer nach Perth oder Hobart möchte, muss in der Regel in Sydney oder Melbourne umsteigen.

Skytrans (1800 818 405, 4046 2462; www. skytrans.com.au) bedient die Halbinsel Cape York mit Flügen nach Cooktown, Coen, Bamaga und Lockhart River und fliegt auch nach Burketown und Normanton im Golf von Carpentaria sowie nach Mount Isa und Cloncurry.

Hinterland Aviation (4035 9323; www. hinterlandaviation.com.au) fliegt täglich außer sonntags von und nach Cooktown (1- bis 4-mal tgl., einfache Strecke 150 AU$, 40 Min.).

Zug
Jeden Dienstag, Donnerstag und Samstag macht sich der *Sunlander* vom **Bahnhof** (Bunda St) in Cairns auf den Weg nach Brisbane (einfache Strecke ab 219 AU$, 31½ Std.).

Infos zum Scenic Railway (S. 504), der täglich zwischen Cairns und Kuranda verkehrt, gibt's bei **Queensland Rail** (1800 872 467; www. traveltrain.com.au).

❶ Unterwegs vor Ort
Bus
Sunbus (4057 7411; www.sunbus.com.au) verkehrt regelmäßig in und um Cairns. Abfahrt der Busse ist am Lake St Transit Centre; dort ist auch der Fahrplan ausgehängt. Günstige Stationen sind Flecker Botanic Gardens/Edge Hill und Machans Beach (Linie 7), Holloways Beach und Yorkeys Knob (Linien 1c, 1d und 1h) sowie Trinity Beach, Clifton Beach und Palm Cove (Linien 1N, 1X, 2, 2A). Die meisten Busse in Richtung Norden fahren über Smithfield. Die genannten Stationen werden freitags und samstags auch (fast) alle vom Nachtbus (N) angefahren. In Richtung Süden fährt Linie 1 bis nach Gordonvale.

Fahrrad
Einige Unterkünfte verleihen auch Fahrräder. Ansonsten kann man es hier versuchen:
Bike Man (4041 5566; www.bikeman.com. au; 99 Sheridan St; 20/60 AU$ pro Tag/Woche) verleiht, verkauft und repariert Fahrräder.
Cairns Bicycle Hire (4031 3444; www. cairnsbicyclehire.com.au; 47 Shields St; ab 15/45 AU$ pro Tag/Woche, Motorroller ab 85 AU$/Tag) verleiht tolle Fahrräder und Motorroller.

Vom/Zum Flughafen
Der Flughafen liegt etwa 7 km nördlich des Zentrums von Cairns. Viele Zimmervermieter holen

ABSTECHER

GORDONVALE

24 km südlich von Cairns liegt das herrlich altmodische Städtchen Gordonvale (4420 Ew.). Es besticht nicht nur durch die unverhältnismäßig vielen, aus Holz gezimmerten Pubs rund um den zentralen Stadtpark und die riesige Zuckerfabrik, sondern hat auch die zweifelhafte Ehre, der erste Ort zu sein, an dem die giftigen Aga-Kröten 1935 ausgesetzt wurden. Überragt wird die Stadt vom 922 m hohen Berg **Walsh's Pyramid**, einer der höchsten frei stehenden Felsenpyramiden der Welt. Der Aufstieg auf den Gipfel ist anstrengend (hin & zurück 6 km, 6 Std.), aber jeden Schritt wert. Man sollte möglichst früh losgehen und jede Menge Trinkwasser mitnehmen.

ihre Gäste kostenlos dort ab. Die Shuttlebusse von **Sun Palm** (4087 2900; www.sunpalm transport.com; Erw./Kind 10/5 AU$) sind auf die Ankunftszeiten der Flieger abgestimmt und bringen die Neuankömmlinge direkt ins Stadtzentrum. Die Fahrt mit einem **Black & White Taxi** (13 10 08) kostet etwa 26 AU$.

Taxi
Black & White Taxis (131 008) warten an der Ecke von Lake St und Shields St und vor dem Cairns Central Shopping Centre in der McLeod St.

RUND UM CAIRNS

Cairns selbst und die Strände im Norden bieten eigentlich genug Unterhaltung, aber die Inseln vor der Küste und das Hochland im Landesinneren sind allemal einen Tagesausflug wert.

Babinda & Umgebung
Der üppig grüne Regenwald südlich von Cairns ist ein Paradies für Wanderer und Naturbeobachter. Faszinierende Einblicke in das kulturelle Erbe der Region bieten die Städte und Siedlungen in der Umgebung.

BABINDA
1167 EW.
Die kleine Arbeiterstadt Babinda liegt am Bruce Hwy, 60 km südlich von Cairns. Von

dort führt eine 7 km lange Straße landeinwärts in einen mystischen Regenwald mit bis zu 4 m hohen Granitfelsen (*boulders*), durch die ein schnell fließender Bach rauscht. Es gibt hier zwar keine Krokodile, aber die Felsbrocken sind sehr rutschig, und nach schweren Regenfällen ist die Strömung recht stark. Da hier immer wieder Leute ertrinken, wurde die Stelle, ab der das Schwimmen flussabwärts von der Hauptbadestelle verboten ist, mit Warnschildern deutlich gekennzeichnet.

Direkt vor der Picknickstelle befindet sich beim Parkplatz der kostenlose **Boulders Camping Ground** (max. 2 Nächte) mit Toiletten, kalten Duschen und kostenlosen Grillgeräten. Es gibt aber nur fünf Stellplätze, auf denen jeweils maximal fünf Personen erlaubt sind.

Südlich der *boulders* und 3,3 km entfernt von Babinda kann man mit dem Kajak auf dem glasklaren Babinda Creek fast den ganzen Weg zurück in die Stadt paddeln. Die Kajaks gibt's bei **Babinda Kayak Hire** (☏4067 2678; www.babindakayakhire. com.au; 330 Stager Rd; Leihgebühr für ½/1 Tag 35/50 AU$). Im Preis inbegriffen ist die Abholung der Teilnehmer.

Beim **Besucherzentrum** (☏4067 1008; www.cairnsgreatbarrierreef.org.au; Ecke Munro St & Bruce Hwy; ◷9–16 Uhr) um die Ecke befindet sich das **Babinda Heritage Blessing** (☏4067 2333; 29-33 Munro St; ◷ Mo–Fr 8–17, Sa 8–16.30, So 15–17 Uhr). Die Galerie für die Kunst der Aborigines wird von den Künstlern Judy Ross-Kelly und Mat Kadir geleitet, die Besuchern auch zeigen, wie sie ihr eigenes Didgeridoo herstellen können (200 AU$). Die eintägige Veranstaltung beinhaltet Mittagessen, einen Ausflug zu den *boulders*, Erzählungen aus der Traumzeit und den Transfer von und nach Cairns.

WOOROONOORAN NATIONAL PARK

Die Gegend um die **Josephine Falls** gehört zu dem als Wet Tropics World Heritage Area geschützten Wooroonooran National Park. Hier erhebt sich der höchste Berg Queenslands, der 1657 m hohe Mt. Bartle Frere. Von den Ausläufern an seinem Fuß bis zum Gipfel ist er von wildem, ursprünglich erhaltenem tropischem Regenwald bedeckt, in dessen Schutz und einzigartiger Umgebung unzählige Tiere und Pflanzen leben. Etwa 10 km südlich von Babinda weist ein Schild am Bruce Hwy den Weg zum 6 km entfernten Parkplatz der Josephine Falls. Von dort führt ein 600 m langer, befestigter, aber recht steiler Fußpfad durch den Regenwald und an einem moosbewachsenen Bach entlang zu den spektakulären Wasserfällen. An den Badestellen ist Vorsicht geboten, denn die Felsen dazwischen sind rutschig und trügerisch. Wenn es geregnet hat, kann die Strömung sehr stark werden und es kann auch zu Sturzfluten kommen.

Die Wasserfälle befinden sich am Fuße der Bellenden Ker Range. Am Parkplatz der Josephine Falls beginnt auch der **Mt. Bartle Frere Summit Track**, der bis zum Gipfel hinaufführt (15 km, hin & zurück 2 Tage). Den Aufstieg sollte man nicht unterschätzen: Er ist nur von fitten und gut ausgerüsteten Wanderern zu bewältigen, denn es können urplötzlich Wolken und Regen aufziehen. Am besten geht man mit einem erfahrenen Wanderführer vom Besucherzentrum oder **Department of Environment & Resource Management** (DERM; ☏13 74 68; www.derm. qld.gov.au) los. **Camping** (5,15 AU$) entlang des Weges ist erlaubt, man muss den Platz aber im Voraus buchen.

Die Palmerston (Doongan) Section des Wooroonooran Nationalparks wird auf S. 482 beschrieben.

Strände nördlich von Cairns

☏07

Eine ganze Reihe selbstständiger Gemeinden säumt den 26 km langen Küstenstreifen nördlich von Cairns. Sie sind durch die Kurven und Windungen der Küstenlinie voneinander getrennt und über die ausgeschilderten Abfahrten des Captain Cook Hwy zu erreichen.

YORKEYS KNOB

Der weitläufige, bescheidene Ort am weißen Sandstrand ist der attraktivste dieser nördlichen Vororte von Cairns. Im Jachthafen der sichelförmigen Half Moon Bay schaukeln gut 200 Boote.

Kite Rite (☏0409 283 322; www.kiterite. com.au; Shop 1, 471 Varley St; 79 AU$/Std.) erteilt Unterricht im Kite- und Windsurfen und verleiht die Ausrüstung. Ein zweitägiger Kurs mit Zertifikat kostet 499 AU$.

Die **Villa Marine** (☏4055 7158; www.villa marine.com.au; 8 Rutherford St; DZ 119–159 AU$; ✳☎◨) ist zwar einige Blocks vom Strand entfernt, bietet aber das beste Preis-Leistungs-Verhältnis. Nach dem herzlichen Empfang durch Peter, den Besitzer, fühlt man sich in den einstöckigen, im Retro-Stil eingerichteten und voll ausgestatteten Ferienwohnungen rund um den Swimming-pool gleich wie zu Hause.

LP TIPP **Yorkeys Knob Boating Club** (☑4055 7711; www.ykbc.com.au; 25-29 Buckley St; Hauptgerichte 17,50–28,50 AU$; ☺ tgl. mittags & abends, Sa & So morgens; ☑) Ein echtes Juwel! Der Bootsclub bringt mit die frischesten Meeresfrüchte in North Queensland auf den Tisch – und das will was heißen. Sehr zu empfehlen ist Kabeljau (sofern auf der Karte) oder der perfekt zubereitete Kalmar. Dazu genießt man ein großes Bier (oder auch zwei, denn es fährt ein kostenloser Shuttlebus), setzt sich auf die Terrasse und träumt sich an Bord einer der Luxusjachten, die vor dem Haus im Wasser schaukeln.

TRINITY BEACH & UMGEBUNG
Hochhäuser verunstalten den langen, windgeschützten, weißen Sandstrand von Trinity Beach, doch die Touristen lieben ihn trotzdem – sie drehen sich einfach von den Häusern weg und schauen aufs Meer und einen der schönsten Strände nördlich von Cairns.

Nur ein paar Schritte vom Strand entfernt befinden sich die Ferienwohnungen von **Castaways** (☑4057 6699; www.castaways

---

ABSTECHER

BRAMSTON BEACH

Etwa 6 km südlich von Babinda liegt das winzige Dorf Mirriwinni. Fährt man von dort in Richtung Osten, gelangt man nach 17 km durch Regenwald und Zuckerrohrfelder zu einem geheimen Schatz des nördlichen Queensland, dem friedlichen Bramston Beach (300 Ew.).

Im Gegensatz zu den Stränden nördlich von Cairns blieb dieser lange, golden schimmernde Sandstrand von Touristen bis jetzt weitgehend unentdeckt und ist dementsprechend einsam und kaum erschlossen. Im Sommer wird ein Quallennetz ausgelegt. Am Strand darf gecampt werden, aber es gibt auch ein kleines, stilvolles Motel und ein tolles Café, in dem man Fahrräder leihen kann, um die als Nationalpark ausgewiesene Gegend zu erkunden.

---

trinitybeach.com.au; Ecke Trinity Beach Rd & Moore St; Apt. mit 1/2 Schlafzi. 132/165 AU$; ❃❃❃), das sich durch drei Swimmingpools, Wellnessbecken, tropische Gartenanlagen und günstige Vor-Ort-Preise auszeichnet.

LP TIPP **L'Unico Trattoria** (☑4057 8855; www.lunico.net.au; 75 Vasey Esplanade; Hauptgerichte 22–44 AU$; ☺mittags & abends, Sa & So morgens; ☑) Rund um das stilvolle italienische Strandrestaurant zieht sich eine Holzterrasse. Neben den regulären Gerichten wie Kalbsmedaillons in Marsalasauce, hausgemachten Gnocchi mit Vier-Käse-Sauce und Pizza aus dem Holzofen gibt es auch Tagesgerichte wie Jakobsmuscheln in Chili-Sahne-Sauce. Und die Weinkarte ist einfach traumhaft!

PALM COVE
Palm Cove, das zwar kleiner und gemütlicher ist als das mondäne Port Douglas, aber weitaus nobler als die Nachbarorte im Süden, besteht im Wesentlichen aus der breiten Strandpromenade an der Williams Esplanade, die den herrlichen weißen Sandstrand von den luxuriösen Ferienanlagen und erstklassigen Restaurants trennt.

◉ Sehenswertes & Aktivitäten
Strandspaziergänge, Shoppen und Planschen sind hier die Hauptbeschäftigungen, aber es spricht nichts dagegen, sich so richtig im Wasser zu betätigen.

Palm Cove Watersports KAJAKFAHREN (☑0402 861 011; www.palmcovewatersports.com) Die 90-minütigen Fahrten im Seekajak (56 AU$) und die Halbtagesausflüge nach Double Island (Erw./Kind 96/68 AU$) vor der Küste von Palm Cove sind nichts für Langschläfer. Außerdem werden auch halbtägige Wanderungen zum Lake Placid und in die Barron Gorge (Erw./Kind 92/72 AU$) angeboten.

Beach Fun & Co WASSERSPORT (☑0411 848 580; www.tourismpalmcove.com) Verliehen werden Katamarane (50 AU$/ Std.), Jetskis (Ein-/Zweisitzer für 60/80 AU$ je 15 Min.), Tretboote (30 AU$) und Bodyboards (10 AU$). Geführte Jetski-Touren führen nach Double Island und Haycock Island (Ein-/Zweisitzer ab 120/180 AU$). Fischerboote gibt's ab 100 AU$ für zwei Stunden Angelvergnügen.

🛏 Schlafen
In den meisten Unterkünften muss man mindestens drei Nächte bleiben.

LP TIPP Sebel Reef House
HOTEL $$$

(☎1800 079 052, 4055 3633; www.
reefhouse.com.au; 99 Williams Esplanade; DZ ab
299 AU$; ✳@🌐🏊) Das ehemalige Wohn-
haus eines Brigadegenerals ist gemütlicher
und zurückhaltender als die meisten ande-
ren Ferienunterkünfte in Palm Cove. Weiß-
getünchte Wände, Korbmöbel und breite
Betten mit romantischen Musselin-Vorhän-
gen unterstreichen das kultivierte Ambi-
ente. Die Brigadier's Bar funktioniert auf
einer merkwürdigen Basis des Vertrauens
in die Ehrlichkeit der Gäste. In der Abend-
dämmerung wird kostenloser Punsch im
Kerzenschein gereicht.

Peppers Beach Club & Spa
HOTEL $$$

(☎1300 987 600, 4059 9200; www.peppers.
com.au; 123 Williams Esplanade; DZ ab 290 AU$;
✳@🌐🏊) Hinter der opulenten Eingangs-
halle öffnet sich eine märchenhafte Swim-
mingpool-Landschaft, bestehend aus einem
Lagunenbecken mit Sandstrand, einem Re-
genwaldpool unter schattigen Palmen und
einer Swim-up-Bar. Nach der sportlichen
Betätigung auf dem Tennisplatz kann man
sich im Wellnessbereich verwöhnen lassen.
Dabei gehört selbst zu den Standardzim-
mern ein eigenes Wellnessbecken auf dem
Balkon, zu den Suiten im Penthouse (ab
540 AU$) sogar ein eigener Swimmingpool
auf der Dachterrasse. Und auch der Service
übertrifft hier selbst die kühnsten Erwar-
tungen.

Palm Cove Camping Ground
CAMPING $

(☎4055 3824; 149 Williams Esplanade; Stellplatz
ohne Strom/mit Strom 16,50/23 AU$) Der von
der Regionalverwaltung geführte Campingplatz liegt direkt am Strand, in der
Nähe der Anlegestelle, und verfügt über einen Grillplatz und einen Waschsalon, aber
keine Hütten. Die einzige Möglichkeit, in
Palm Cove preiswert unterzukommen!

Silvester Palms
APARTMENTS $$

(☎4055 3831; www.silvesterpalms.com; 32 Vei-
vers Rd; Apt. mit 1/2/3 Schlafzi. 110/130/190 AU$;
✳🌐🏊) Die freundlichen, voll ausgestat-
teten Ferienwohnungen sind eine nette,
erschwingliche Alternative zu den giganti-
schen Hotelanlagen von Palm Cove und gut
für Familien geeignet.

✹ Essen & Ausgehen
Entlang der Esplanade gibt es einige aus-
gezeichnete Restaurants und Cafés. Au-
ßerdem stehen die noblen Restaurants der
Hotelanlagen auch Nicht-Gästen offen.

LP TIPP Beach Almond
MODERN-ASIATISCH $$$

(☎4059 1908; www.beachalmond.
com; 145 Williams Esplanade; Hauptgerichte
14–39,50 AU$; ◷mittags & abends) Das beste
Restaurant von Palm Cove befindet sich in
einem rustikalen Strandhaus nahe der Anlegestelle. Garnelen mit schwarzem Pfeffer,
Schweinebauch mit Ingwer, Mangrovenkrabben aus Singapur und balinesische
Barrakudas sind nur einige der frisch zubereiteten, intensiv duftenden Kreationen.

Nu Nu
MODERN-AUSTRALISCH $$$

(☎4059 1880; www.nunu.com.au; 123 Williams
Esplanade; Hauptgerichte 31–47 AU$; ◷morgens,
mittags & abends) Das im Retro-Stil gehalte-
ne Restaurant ist eines der markantesten
der Ostküste. Spezialitäten sind Gerichte
aus der „Wildnis" wie mit Roter Beete ge-
schmortes Filet vom Angusrind oder gebra-
tenes Hühnchen mit Feigen, die in Leather-
wood-Honig gegrillt werden.

The Surf Club
Palm Cove
CLUB MIT ALKOHOLAUSSCHANK $

(☎4059 1244; www.thesurfclubpalmcove.
com; 135 Williams Esplanade; Gerichte 14,50–
27,50 AU$; ◷abends) Tolles Lokal für einen
Drink in der sonnigen Gartenbar. Zu essen
gibt's Meeresfrüchte zum Spottpreis und
anständige Kindermenüs.

El Greko
GRIECHISCH $$

(☎4055 3690; www.elgrekostaverna.com.au;
Level 1, Palm Cove Shopping Village, 117 Williams
Esplanade; Hauptgerichte 22–34 AU$; ◷abends;
🅿) Souvlaki, Spanakopita und Mousaka
sind die Lieblingsgerichte in dieser lebhaf-
ten Taverne, aber auch die Vorspeisenteller
sind gut. Freitag- und samstagabends ist
Bauchtanz angesagt.

Apres Beach Bar & Grill
BISTRO $$

(☎4059 2000; http://apresbeachbar.com.au; 119
Williams Esplanade; Hauptgerichte 23–39 AU$;
◷morgens, mittags & abends) Die angesagtes-
te Lokalität in Palm Cove. Zum skurrilen
Interieur gehören alte Motorräder, Renn-
wagen und ein Doppeldecker, der an der
Decke baumelt. Regelmäßig Livemusik.

✦ Praktische Informationen
An der Williams Esplanade gibt's jede Menge
kommerzieller Agenturen, bei denen man Touren
und Ausflüge buchen kann, wenn man dies nicht
bereits im Cairns & Tropical North Visitor Infor-
mation Centre (S. 496) getan hat.

Im bonbonfarbenen, zweistöckigen **Paradise
Village Shopping Centre** (113 Williams Esp-
lanade) sind ein Postamt (mit Internetzugang

für 4 AU$/Std.), ein kleiner Supermarkt und ein Zeitungskiosk untergebracht.

ELLIS BEACH

Ellis Beach ist der letzte der Strände nördlich von Cairns. Er liegt am nächsten zum Highway, der direkt daran vorbeiführt. In der langen, traumhaft schönen Bucht, in der tropische Palmen lange Schatten spenden, gibt es einen überwachten Badestrand, der im Sommer von Quallennetzen geschützt wird. Ab hier wird die Fahrt an der Küste entlang nach Port Douglas erst richtig interessant.

LP TIPP **Ellis Beach Oceanfront Bungalows** (☎1800 637 036, 4055 3538; www.ellisbeach.com; Captain Cook Hwy; Stellplatz ohne Strom/mit Strom 26/32–38 AU$, Hütte 85 AU$, Bungalow mit Bad 149–185 AU$; ❄@) Auf dem Campingplatz unter Palmen direkt am Strand hat man von allen Stellplätzen, Hütten und modernen Bungalows den gleichen tollen Blick aufs Meer. Das Paradies auf Erden – bis die Pferdebremsen einen Angriff fliegen!

In **Ellis Beach Bar 'n' Grill** (Captain Cook Hwy; Hauptgerichte 8–24 AU$; ☺morgens, mittags & abends) gegenüber gibt's gutes Essen, am Sonntagnachmittag hin und wieder Livemusik und – das beste überhaupt – Flipperautomaten.

Hartley's Crocodile Adventures (☎4055 3576; www.crocodileadventures.com; Erw./Kind 32/16 AU$; ☺8.30–17 Uhr) veranstaltet täglich Führungen auf der Krokodilfarm inklusive Fütterung und „Angriffsshows", Bootsfahrten in der Lagune u.v.m.

Die Inseln vor Cairns

Die Inseln vor Cairns eignen sich prima für einen Tagesausflug, man kann aber auch länger bleiben.

GREEN ISLAND

Der lange, abgewinkelte Bootssteg von Green Island biegt sich unter den Bootsladungen von Ausflüglern, die hier Tag für Tag anlegen. Die hübsche Koralleninsel, die nur 45 Bootsminuten von Cairns entfernt ist, hat einen feinen, weißen Sandstrand, vor dem man herrliche Schnorcheltrips unternehmen kann. Das Inselinnere ist von Regenwald bedeckt, der von Wanderwegen mit Informationstafeln durchzogen wird. Eine Wanderung rund um die Insel dauert etwa 30 Minuten.

Sowohl die Insel als auch das sie umgebende Meer sind als National- und Meerespark geschützt. Im Aquarium des **Marineland Melanesia** (www.marinelandgreenisland.com; Erw./Kind 17/8 AU$) sind nicht nur Fische, Schildkröten, Stachelrochen und Krokodile zu bestaunen, sondern auch melanesische Kunst- und Gebrauchsgegenstände ausgestellt.

Das luxuriöse **Green Island Resort** (☎1800 673 366; 4031 3300; www.greenislandresort.com.au; Suite 570-670 AU$; ❄@≋) bietet stilvolle Suiten auf zwei Ebenen und mit eigenem Balkon. Im Preis inbegriffen ist der Transfer zur Insel. Teile des Hotels wie die Restaurants, Bars und das Eiscafé stehen auch Tagesausflüglern offen, die zudem in einem separaten Swimmingpool planschen und die Wassersporteinrichtungen nutzen dürfen.

Great Adventures (☎4044 9944; www.greatadventures.com.au; 1 Spence St, Cairns; Erw./Kind 75/37,50 AU$) und **Big Cat** (☎4051 0444; www.greenisland.com.au; Erw./Kind ab 75/37,50 AU$) veranstalten Tagesausflüge mit Glasboden- und Halbtauchbooten.

Oder man segelt mit **Ocean Free** (☎4052 1111; www.oceanfree.com.au; Erw./Kind ab 135/90 AU$) zur Insel, legt dort einen kurzen Zwischenstopp ein und verbringt den Rest des Tages am Pinnacle Reef vor der Küste.

FITZROY ISLAND

Die Insel ragt wie ein steiler Berggipfel aus dem Meer und ist rundum von Korallensträndern gesäumt. Durch den dichten Regenwald führen Wanderwege und hier steht auch der letzte noch besetzte Leuchtturm Australiens. Der beste Platz zum Schnorcheln ist zwischen den Felsen am Nudey Beach (1,2 km vom Resort entfernt), der aber, trotz seines Namens, kein Nacktbadestrand ist.

Auf dem **Fitzroy Island Camping Ground** (☎4044 3044; 28 AU$), der vom Cairns Regional Council verwaltet wird, kann man sein Zelt aufschlagen. Es stehen Duschen, Toiletten und Grillstellen zur Verfügung. Die Stellplätze müssen im Voraus gebucht werden.

Im umfangreich renovierten **Fitzroy Island Resort** (☎4044 6700; www.fitzroyisland.com; Studio/Hütte 195/299 AU$, Suite mit 1/2 Zi. 350-515 AU$ ❄≋) hat man die Wahl zwischen einem eleganten Studioapartment und einer Hütte am Strand oder aber dem mehr als dekadenten Penthouse (1899 AU$).

Immerhin stehen das Restaurant, die Bar und der Kiosk auch Tagesausflüglern offen. **Raging Thunder** (☑4030 7900; www.raging thunder.com.au; Reef Fleet Terminal in Cairns; Erw./Kind 58/31,50 AU$) organisiert solche Tagesausflüge von Cairns aus.

FRANKLAND ISLANDS

Wer einfach nur auf einer der fünf unbewohnten Koralleninseln abhängen, durch die fantastische Unterwasserwelt schnorcheln und am traumhaft weißen Sandstrand faulenzen will, muss einfach nur ein Boot besteigen und sich zum Frankland Group National Park schippern lassen.

Auf High Island und Russell Island, die beide mit tropischem Regenwald bedeckt sind, kann man auch campen, muss den Platz aber bei der Umweltbehörde **DERM** (☑13 74 68; www.derm.qld.gov.au) vorher reservieren. Das Büro informiert auch über saisonale Einschränkungen, falls man auf die Idee kommt, sich hier für längere Zeit niederzulassen.

Frankland Islands Cruise & Dive (☑4031 6300; www.franklandislands.com.au; Erw./Kind ab 136/84 AU$) veranstaltet ausgezeichnete Tagestouren, zu denen auch eine Bootsfahrt auf dem Mulgrave River gehört. Schnorchelausrüstung und Mittagessen sind inklusive. Ebenfalls im Angebot: Schnorcheltouren, die von einem Meeresbiologen geführt werden, und Tauchausflüge. Wer auf Russel Island campen will, kann sich hinbringen und wieder abholen lassen. Die Boote legen in Deeral ab. Der Transfer von Cairns und den Stränden im Norden kostet 16 AU$ pro Person.

Um nach High Island zu kommen, muss man sich selbst um ein Boot kümmern oder eines chartern.

Atherton Tableland

Das fruchtbare Hochplateau des Atherton Tableland, das sich an der Küste zwischen Innisfail und Cairns erhebt, ist der Obst- und Gemüsegarten der Region. Im Flickenteppich der Felder verstreut liegen malerische, ländliche Ortschaften, Öko-Lodges und luxuriöse B&Bs. Aber man findet hier auch noch ursprünglichen Regenwald mit spektakulären Seen und Wasserfällen und mit dem **Bartle Frere** (1657 m) und dem **Bellenden Ker** (1591 m) auch die höchsten Berge Queenslands.

Von der Küste führen vier Hauptstraßen ins Hochland: der Palmerston Hwy ab Innisfail, der Gillies Hwy ab Gordonvale, der Kennedy Hwy ab Cairns und die Rex Range Rd zwischen Mossman und Port Douglas.

Im folgenden Abschnitt wird der Kennedy Hwy ab Cairns in Richtung Süden und danach der Gillies Hwy zurück nach Cairns beschrieben.

ℹ Anreise & Unterwegs vor Ort

Von Cairns fahren (in der Regel dreimal täglich an Wochentagen, zweimal an Samstagen und einmal an Sonntagen) Busse in die größeren Städte, nicht aber in die kleineren Orte und auch nicht in die interessanten Gebiete *rund* um die Städte. Deshalb lohnt es sich, mit dem eigenen Auto anzureisen oder vor Ort ein Fahrzeug zu mieten.

Die regelmäßig verkehrenden Busse von **Trans North** (☑0400 749 476; www.transnorthbus. com) fahren von 46 Spence St in Cairns nach Kuranda (4 AU$, 30 Min.), Mareeba (16,80 AU$, 1 Std.), Atherton (22 AU$, 1¾ Std.) und Herberton (28 AU$, 2 Std., 3-mal wöchentl.). **John's Kuranda Bus** (☑0418 772 953; www.kuranda. org) verkehrt zwei- bis fünfmal täglich zwischen Cairns und Kuranda (4 AU$, 20 Min.). **Kerry's** (☑0427 841 483) Busse, die nach Ravenshoe (33 AU$, 2½ Std.) fahren, starten am Lake St Transit Centre in Cairns.

KURANDA
1428 EW.

Der künstlerisch angehauchte, alternative Marktflecken mitten im Regenwald ist das beliebteste Ziel für einen Tagesausflug ins Tableland.

◉ Sehenswertes & Aktivitäten

Mehrere Wanderwege winden sich rund um das Dorf, die entsprechenden Wanderkarten gibt's beim Besucherzentrum.

Märkte MÄRKTE

Schon seit 1978 wabert der Duft von Räucherstäbchen über die **Kuranda Original Rainforest Markets** (www.kurandaoriginal rainforestmarket.com.au; Therwine St; ⊙9–15 Uhr), die sich auf Holzplankenterrassen im Regenwald erstrecken. Hier kann man immer noch am besten den Glasbläsern und anderen Künstlern bei der Arbeit zusehen, alles Mögliche aus Hanf erstehen und Produkte aus der Region wie Honig oder Fruchtweine probieren.

Auf der anderen Straßenseite stapeln sich auf den **Heritage Markets** (www.kuranda markets.com.au; Rob Veivers Dr; ⊙9–15 Uhr) alle Arten von Souvenirs und Kunsthandwerk wie Keramik, Emu-Öl, Schmuck, (zumeist gebatikte) Kleidung und Figürchen aus Pistazienschalen.

WANEGAN (GLENIS GROGAN), EIGENTÜMERIN VON DJURRI DADAGAL ART ENTERPRISES (DDAE)

Ihr Werdegang?

Ich bin Krankenschwester und Hebamme und arbeitete an der Universität. Die Galerie gründete ich 2007, um der Ausbeutung unseres kulturellen Erbes ein Ende zu setzen.

Wie viele Künstler sind daran beteiligt?

Etwa 100, darunter auch eine Frau, die noch die traditionell für den Fischfang verwendeten Körbe weben kann. Sie bewahrt diese Tradition, indem sie den jüngeren Frauen beibringt, wie man die dafür notwendigen Blätter des Schraubenbaumes sammelt, sie reinigt, schneidet, einweicht, aufbereitet und schließlich zu Körben webt. Mein schon recht betagter Onkel wiederum hilft gerade jemandem, einen Bumerang herzustellen. Ich selbst male gerne, arbeite aber auch mit Tänzern und Musikern.

Die Philosophie der Galerie?

Wir wollen mehr als nur eine Galerie sein: Der erwirtschaftete Gewinn kommt der Gemeinschaft zugute, die u. a. ein Heilzentrum unterhält, in dem den Aborigines mit ihren ureigenen, traditionellen Methoden geholfen wird, die über Generationen weitergegebene Leiden, Verluste und Traumata zu überwinden und zu verstehen, wie sie sich so weit von ihrer Stammeskultur entfernen konnten.

Stellt die Ausbeutung der Kunst der Aborigines immer noch ein so großes Problem dar?

Ja natürlich! Viele Geschäfte verkaufen Souvenirs der „Aborigines", die von nicht indigenen Künstlern und oft sogar im Ausland hergestellt wurden, sie bezahlen den Künstlern nicht den wahren Wert ihrer Arbeit, etc. Und kein Gesetz dieses Landes verbietet ihnen das. Ich wollte mich nicht nur beklagen und nichts unternehmen. Die Galerie ist meine Art, etwas zu unternehmen. Sie finanziert sich selbst. Kritisch urteilende Besucher wollen schließlich wissen, was sie kaufen.

Dagegen sind die **New Kuranda Markets** (www.kuranda.org; 21-23 Coondoo St; ⏱9–16 Uhr), auf die man vom Bahnhof kommend zuerst trifft, im Prinzip nur eine ganz normale Ansammlung von Geschäften.

🚩 **Djurri Dadagal Art Enterprises** KUNSTGALERIE
(DDAE; 📞0428 645 945; 9 Coondoo St; ⏱9.30–15.30 Uhr) Bei dieser Galerie handelt es sich um eine zentrale Genossenschaft für indigene Kunst, die dem Oberhaupt der Gemeinschaft Wanegan (Glenis Grogan) gehört und auch von ihr geleitet wird. Die meisten der angebotenen Gemälde, Gegenstände, Siebdrucke und Textilien werden tatsächlich von Aborigines-Künstlern aus der Region hergestellt.

Kuranda Riverboat BOOTSFAHRT
(📞4093 7476; www.kurandariverboat.com.au; Erw./Kind 15/7 AU$; ⏱stündl. von 10.30–14.30 Uhr) Die 45-minütige Bootsfahrt ist vielleicht die entspannteste Art, den Barron River zu erkunden. Los geht's an der Anlegestelle hinter dem Bahnhof, auf der anderen Seite der Fußgängerbrücke. Die Fahrscheine werden an Bord verkauft.

Wildtierparks & Zoos ZOO
In Kuranda leben jede Menge wilde Tiere – nicht nur im Regenwald, sondern auch in Zoos und Wildschutzgebieten. Im Besucherzentrum ist ein ausführliches Verzeichnis erhältlich.

In den **Koala Gardens** (www.koalagardens.com; Erw./Kind 16/18 AU$; ⏱9–16 Uhr) kann man Koalas knuddeln, sofern sie nicht gerade im eukalyptusgesättigten Tiefschlaf verharren, und Wombats und Wallabys beobachten. Die schönsten Schmetterlinge flattern kreuz und quer durch das **Australian Butterfly Sanctuary** (www.australianbutterflies.com; 8 Rob Veivers Dr; Erw./Kind 18/9 AU$; ⏱9.45–16 Uhr), wo auch die Aufzucht von Schmetterlingen im Labor zu sehen ist. Auf Anfrage kann man an einer kostenlosen Führung von 30 Minuten teilnehmen.

Birdworld (www.birdworldkuranda.com; Erw./Kind 16/8 AU$; ⊙9–16 Uhr) ist eine riesige Voliere, in der sowohl einheimische als auch exotische Vögel frei herumfliegen. Das Kombiticket für alle drei Tierparks kostet 42/21 AU$ pro Erw./Kind.

Im **Cairns Wildlife Safari Reserve** (www.cairnswildlifesafarireserve.com.au; Kennedy Hwy; Erw./Kind 28/14 AU$; ⊙9–16.30 Uhr), das sich nicht in Cairns, sondern 9 km westlich von Kuranda befindet, fühlt man sich wirklich wie auf Safari in Afrika: Tiger, Löwen und Geparden, Flusspferde, Nashörner und Bären spazieren durch das riesige Freigehege. Während der Tour **Breakfast with the Beasts** (Erw./Kind 49,50/29,50 AU$; ⊙7.30–10.30 Uhr) sind die Rollen vertauscht: Die Besucher sitzen im Käfig, die Tiere schleichen drum herum. Also besser nicht die Hand hinausstrecken! Fütterungen und Gelegenheit zu Gesprächen mit den Wärtern gibt's den ganzen Tag über.

🛏 Schlafen & Essen

Kuranda Hotel Motel   MOTEL **$$**
(☎4093 7206; www.fireflykuranda.com.au; Ecke Coondoo St & Arara St; DZ 100–120 AU$; ✳✴) Die Einheimischen nennen es „bottom pub" (unterer Pub), offiziell heißt es seit Neuestem „Firefly", die großen Zimmer im hinteren Teil sind aber immer noch im Stil eines Motels der 1970er-Jahre. Die frei liegenden Backsteinwände und getönten Reliefglasscheiben kommen dank ausgefallener Kunstwerke, hochwertiger Bettwäsche und toller Beleuchtung noch besser zur Geltung.

Kuranda Rainforest Park   WOHNWAGENPARK **$**
(☎4093 7316; www.kurandarainforestpark.com au; 88 Kuranda Heights Rd; Stellplatz ohne Strom/mit Strom 26/28 AU$, Hostel EZ/DZ 30/55 AU$, Hütte mit Bad 90–110 AU$; 🌐✴) Mit grasbewachsenen Stellplätzen, umgeben von dichtem Regenwald, macht der ausgezeichnete und sehr gepflegte Campingplatz seinem Namen alle Ehre. Die einfachen, aber gemütlichen „Backpacker-Zimmer" gehen auf eine Holzterrasse mit Blechdach hinaus, die Hütten haben Blick auf den Swimmingpool oder den Garten. Auf dem Gelände gibt's auch ein **Restaurant** (Hauptgerichte 14–36 AU$; ⊙Mi–So abends; 🌐), in dem man die Küche Sri Lankas genießen kann. Von der Stadt sind es zehn Gehminuten durch den Wald.

LP TIPP **Kuranda Coffee Republic**   CAFÉ **$**
(www.kurandacofferepublic.com.au; 10 Thongon St; Kaffee 1–5,50 AU$; ⊙ Mo–Fr 8–16, Sa & So 9–16 Uhr) Das Essensangebot beschränkt sich praktisch auf italienische Mandelkekse, aber wen stört das, wenn der Kaffee so einmalig gut ist? Die Besucher können auch sehen – und riechen –, wie die in der Region angebauten Bohnen vor Ort geröstet werden. Nur einmal im Monat, nämlich an den drei Tagen vor Vollmond, wird die mit Vanilleschoten aromatisierte Kaffeesorte *Full Moon Roast* geröstet.

Frogs   CAFÉ **$$**
(www.frogsrestaurant.com.au; 11 Coondoo St; Hauptgerichte 14–32 AU$; ⊙ So–Mi 10–15, Do–Sa 10–19 Uhr; @🌐) Die Spezialitäten des freundlichen Familienbetriebs sind Barrakudas, Garnelen und ein geniales Omelette, das nicht nur zum Frühstück, sondern den ganzen Tag über gebacken wird (wenn man freundlich darum bittet). Sofern das Wetter mitspielt, finden im Garten hinter dem Haus täglich **Tanzvorführungen der Aborigines** statt (Eintritt gegen Spende; ⊙13 Uhr).

German Tucker   DEUTSCH **$**
(☎4057 9688; Therwine St; Gerichte 6–10 AU$; ⊙10–14.30 Uhr) Emu-, Krokodil- und Känguruwürstchen mit Sauerkraut sind nur einige der extremen Kombinationen aus traditioneller deutscher Küche und australischen Zutaten, die im German Tucker serviert werden. Zumindest das Bier ist rein deutsch (yay!).

Annabel's Pantry   PIES **$**
(Therwine St; Pies 4,10–4,50 AU$; ⊙morgens & mittags; 🌐) Bei gut 25 verschiedenen Sorten von Pies, darunter auch mit Känguru- und Spinat-Schafskäse-Füllung, findet man bei Annabel immer ein tolles Mittagessen auf die Schnelle.

❶ Praktische Informationen
Die **Touristeninformation von Kuranda** (☎4093 9311; www.kuranda.org; ⊙10–16 Uhr) befindet sich im zentral gelegenen Centenary Park.

❶ An- & Weiterreise
Die zwischen Kuranda und Cairns verkehrende Seilbahn *Skyrail* und die historische Eisenbahn *Scenic Railway* sind eher Sehenswürdigkeiten als Verkehrsmittel. Die meisten Besucher benutzen denn auch die eine für die Hinfahrt und die andere für die Rückfahrt. Ansonsten fährt man in 20 Minuten mit dem Auto von und nach Cairns oder nimmt einen der preiswerten Busse.

Auf der historischen Trasse der **Kuranda Scenic Railway** (☎4036 9333; www.ksr.com. au; ab Bahnhof von Cairns, Bunda St; Erw./Kind 45/23 AU$; hin & zurück 68/34 AU$), die sich über 34 km von Cairns zum Bahnhof an der Arara St in Kuranda schlängelt, fährt zweimal täglich ein Zug durch malerische Berglandschaft und insgesamt 15 Tunnel.

Die 7,5 km lange **Skyrail Rainforest Cableway** (☑4038 1555; www.skyrail.com.au; Erw./ Kind einfache Strecke 42/21 AU$, hin & zurück 61/30,50 AU$; ☺9–17.15 Uhr) ist eine der längsten Kabinenseilbahnen der Welt. Die Fahrt nach Kuranda (Arara St), die an der Ecke Kemerunga Rd und Cook Hwy im Vorort Smithfield im Norden von Cairns (15 Autominuten nördlich von Cairns) beginnt, dauert 90 Minuten und beinhaltet zwei Stopps. Für die Fahrt mit der Scenic Railway *und* der Skyrail gibt's günstige Kombitickets. An Bord sind jeweils nur Tagesrucksäcke erlaubt. Die Plätze sollten im Voraus gebucht werden.

MAREEBA
6806 EW.

Das **Mareeba Heritage Museum & Tourist Information Centre** (☑4092 5674; www. mareebaheritagecentre.com.au; Centenary Park, 345 Byrnes St; Eintritt frei; ☺8–16 Uhr), das sich neben dem ausgezeichneten kleinen Stadtmuseum befindet, bietet neben ausführlichen Informationen über die **Militärmuseen** und **Feuchtgebiete** in der Umgebung auch eine Liste der Erzeuger von **Whisky und tropischen Weinen** in der Region, bei denen man vorbeischauen kann. Da immer mehr Erzeuger von Lebensmitteln öffnen ihre Tore für Besucher, so etwa Bruno Maloberti, der zu einer unterhaltsamen Besichtigung seiner **North Queensland Gold Coffee Plantation** einlädt (☑4093 2269; www.nqgoldcoffee.com.au; Dimbulah Hwy; Führung 5 AU$; ☺8–17 Uhr).

Mareeba ist aber vor allem das Mekka der Ballonfahrer. Auf S. 491 sind die Veranstalter genannt, bei denen man sich einklinken kann.

Das **Mareeba Rodeo** (www.mareebarodeo. com.au) im Juli ist eine der größten und besten Rodeoveranstaltungen Australiens. Es wird versucht, auf wilden Bullen und Pferden zu reiten, die herausgeputzten Kleinlastwagen werden begutachtet und die Cowboystiefel stampfen im Rhythmus der Country-Musik.

ATHERTON & UMGEBUNG
6247 EW.

Vom Aussichtspunkt Hallorans Hill schweift der Blick weit über die Felder, die sich wie ein in Erdfarben gehaltener Flickenteppich rund um die inoffizielle Hauptstadt des Atherton Tableland ausbreiten.

An die mehr als 500 chinesischen Einwanderern, die Ende des 19. Jhs. auf der Suche nach Gold in die Region kamen, erinnert in **Atherton Chinatown** (www.nationaltrustqld. org; 86 Herberton Rd; Erw./Kind 10/5 AU$; ☺Mi–So 11–16 Uhr) nur noch der Hou-Wang-Tempel. Im Eintrittspreis für das Museum ist eine Führung durch den Tempel enthalten.

Das **Atherton Tableland Information Centre** (☑4091 4222; www.athertoninformationcentre.com.au; Ecke Main St & Silo Rd; ☺9–17 Uhr) informiert über landwirtschaftliche Betriebe der Region, die besucht werden können.

Das großartige „BV" alias **Barron Valley Hotel** (☑4091 1222; www.bvhotel.com.au; 53 Main St; EZ/DZ 40/60 AU$, EZ/DZ mit Bad 60/75 AU$, Hauptgerichte 12–30 AU$; ✳🛜) wurde Anfang der 1940er-Jahre im Art-déco-Stil erbaut. Die Zimmer über dem Pub sind sauber und preiswert, zu essen gibt's gigantische Steaks.

MILLAA MILLAA
250 EW.

Das Milchbauerndorf Millaa Millaa ist nicht nur das südliche Tor zum Atherton Tableland, sondern auch der dem Waterfalls Circuit (s. S. 506) am nächsten gelegene Ort. Ausführliche Infos gibt's im Internet unter www.millaamillaa.com.au.

Das Herz des Ortes schlägt im einzigen Pub, dem **Millaa Millaa Hotel** (☑4097 2212; 15 Main St; EZ/DZ 70/80 AU$; Hauptgerichte 14,50–26 AU$; ☺Restaurant Mo–Sa mittags & abends), das sechs blitzsaubere Motelzimmer vermietet und Pubessen in gigantischen Portionen serviert. Außerdem organisiert der Besitzer Terry regelmäßige Events, z.B. Gummistiefelweitwurf.

📍 **LP TIPP** **Falls Teahouse & B&B** (☑4097 2237; www.fallsteahouse.com.au; Palmerston Hwy; EZ/DZ 65/110 AU$, Gerichte 7–16 AU$; ☺10–17 Uhr) In der Landhausküche wird auch das Brot selbst gebacken und zu leckeren Gerichten wie gebratenen Barrakudas oder Rays legendären Pies mit Rindfleisch aus der Region gereicht. Jedes der drei Hotelzimmer ist individuell eingerichtet, aber alle haben herrlich altmodische Armaturen. Von der Terrasse hinter dem Haus schaut man auf die mit Feldern bedeckten Hügel. Die Pension befindet sich an der Abzweigung zu den Millaa Millaa Falls.

Mungalli Creek Dairy (www.mungalli creekdairy.com.au; 254 Brooks Rd; Hauptgerichte 15,50–16,50 AU$; ☺März–Jan. 10–16 Uhr) In der biologisch-dynamischen Molkerei, etwa

WATERFALLS CIRCUIT

Auf dem 15 km langen Rundkurs, den man bequem mit dem Auto oder Rad abfahren kann, gelangt man zu drei der schönsten Wasserfälle des Atherton Tableland. Die Fahrt beginnt in der Theresa Creek Rd, 1 km östlich von Millaa Millaa am Palmerston Hwy. Schon nach 1,5 km sind die von Blumen und Baumfarnen eingerahmten **Millaa Millaa Falls** erreicht. Hier lässt es sich am besten schwimmen und ein Picknick im Grünen genießen. Nach weiteren 8 km kommt das Supermotiv der Qantas-Werbung in Sicht: Die spektakulären, 11 m hohen **Zillie Falls** gelten als die am meisten fotografierten Wasserfälle Australiens. Ein kurzer Fußweg führt zu einem Aussichtspunkt hinauf, der einen sagenhaften Blick auf die tosenden Wassermassen bietet. Bei den folgenden **Ellinjaa Falls** steigt man auf einem 200 m langen Pfad zur Basis hinunter, wo ein Felsenbecken zum Schwimmen einlädt. Zurück auf dem Palmerston Hwy kommt nach 5,5 km die Abzweigung zu den **Mungalli Falls**.

6 km südöstlich von Millaa Millaa, darf man kostenlos Joghurt und Käse probieren. Oder man bestellt sich eines der daraus zubereiteten Gerichte wie die Pastete mit drei Käsesorten und zum Nachtisch einen sündhaft leckeren, sizilianischen Käsekuchen (mit Schokolade und Zimt).

MALANDA & UMGEBUNG
1928 EW.

Seit 1908, als 500 Rinder in 16 Monaten von New South Wales nach Malanda getrieben wurden, fließt hier die Milch in Strömen. Allerdings ist nur noch eine Molkerei in Betrieb. In der Umgebung der Stadt locken der üppige Regenwald und die **Malanda Falls** mit einem schattigen und vor allem krokodilfreien Badebecken.

Die Angehörigen der Ngadjonji-Gemeinschaft bieten **geführte Wanderungen durch den Regenwald** an (15 AU$, nach Vereinbarung). Infos gibt's beim **Besucherzentrum** in Malanda (☎4096 6957; www.malanda falls.com; ☺9.30–16.30 Uhr), das die Touren auch organisiert. Das Büro befindet sich zur Zeit im **Malanda Dairy Centre** (8 James St; ☺9.30–15 Uhr, im Okt. 3 Wochen geschl.), da das frühere Gebäude abgebrannt und das neue Besucherzentrum bei den Wasserfällen noch nicht fertiggestellt ist. Während der 40-minütigen **Führung durch die Molkerei** (10,50/6,50 AU$; ☺Mo–Fr 10 & 11 Uhr) erfährt man mehr über Kühe, als einem vielleicht lieb ist. In dem **Café** (Hauptgerichte 12–18 AU$, ☑), das zugleich das beste Restaurant der Stadt ist, wird Alkohol ausgeschenkt.

Das riesige **Malanda Hotel** (Ecke James St & Edith St; Hauptgerichte 13–26 AU$; ☺morgens, mittags & abends) ist die größte Holzkonstruktion der südlichen Hemisphäre. Die lange Geschichte des 1911 erbauten Hauses ist mit unzähligen Schwarz-Weiß-Fotos dokumentiert.

6 km südöstlich von Malanda findet sich noch ein Superlativ: **Nerada Tea** (☎4096 8328; www.neradatea.com.au; Glen Allyn Rd; ☺9–16 Uhr) ist die größte Teeplantage Australiens und kann im Rahmen einer **Betriebsführung** (Erw./Kind 13/6 AU$; ☺auf Anfrage) besichtigt werden.

YUNGABURRA
1200 EW.

Das kleine beschauliche Yungaburra, in dem auch eine Kolonie der scheuen Schnabeltiere lebt, ist eines der unauffälligeren Schmuckstücke des Tableland, obwohl es mit 18 historischen Gebäuden das größte denkmalgeschütze Dorf in Queensland ist. Die zentrale Lage, die malerischen Spielzeughäuschen und hübschen Hotels machen es zum beliebten Wochenenddomizil für Insider.

Die gut ausgeschilderte Sehenswürdigkeit des Ortes befindet sich in 3 km Entfernung: Die Luftwurzeln des 500 Jahre alten **Curtain Fig Tree** bilden tatsächlich einen riesigen, luftigen Vorhang.

Tagesausflügler schätzen vor allem das Kunstgewerbe und die Lebensmittel, die auf den lebhaften **Yungaburra Markets** angeboten werden (www.yungaburramarkets. com; Gillies Hwy; ☺jeden 4. Sa im Monat 7.30–12 Uhr). Ende Oktober wird das **Yungaburra Folk Festival** mit Musikveranstaltungen, Workshops, Lesungen und vielen Aktivitäten für Kinder gefeiert.

LP TIPP **On the Wallaby** (☎4095 2031; www. onthewallaby.com; 34 Eacham Rd; Stellplatz/B/DZ 10/24/55 AU$; ☺) Gemütliches Hostel mit blitzsauberen Zimmern, handgearbeiteten Holzmöbeln und Mosaiken – aber ohne TV! Zu den **Ausflügen in die Natur** (30 AU$) gehören auch nächtliche Kanufahrten. Die Touren (s. S. 491) können inklusive Transfer (einfache Strecke 30 AU$) auch von Cairns aus gebucht werden.

Eines der vielen B&Bs des Ortes ist die 1911 erbaute **Williams Lodge** (☏4095 3449; www.williamslodge.com; Cedar St; DZ 180–285 AU$; ✳@🌐☎), die mit den Möbeln der damaligen Zeit und richtigen Himmelbetten eingerichtet ist. Einige Zimmer haben auch ein Wellnessbad. Kinder unter zwölf Jahren dürfen hier nicht übernachten.

In der Liste aller Unterkünfte, die beim **Besucherzentrum** (☏4095 2416; www.yungaburra.com; Cedar St; ⏱10–18 Uhr; @) in Yungaburra erhältlich ist, sind auch herrliche Schlupfwinkel in der ländlichen Umgebung aufgeführt.

LAKE TINAROO

Der auch als *Tinaroo Dam* bezeichnete Lake Tinaroo wurde ursprünglich als Stausee für das Wasserkraftwerk am Barron River angelegt. Als das Becken 1959 geflutet wurde, versank das Dorf Kulara im Wasser; die Einwohner waren zuvor nach Yungaburra und Umgebung umgesiedelt worden.

Das Angeln von Barramundis im krokodilfreien, künstlichen See gehört zum Pflichtprogramm und ist das ganze Jahr über erlaubt. Besonders angenehm gestaltet sich das Angeln und anschließende Grillen mit einem Glas Wein an Bord einer superbequemen „schwimmenden Lounge" von **Lake Tinaroo Cruises** (☏0457 033 016; www.laketinaroocruises.com.au; Bootscharter 240/380/550 AU$ für 2 Std/½ /1 Tag). Die Preise gelten jeweils für das ganze Boot (mit bis zu 12 Pers.).

Am Nordufer des Sees schlängelt sich der **Danbulla Forest Drive** durch den Regenwald und an Nadelbaumplantagen vorbei. Entlang der 28 km langen Straße durch den Danbulla State Forest, die zwar unbefestigt, aber in gutem Zustand ist, befinden sich fünf **Campingplätze der Umweltbehörde DERM** (☏13 74 68; www.derm.qld.gov.au; 5,15 AU$/Pers.). Auf allen diesen Plätzen gibt's Wasser, Toiletten und Grillstellen, und die Stellplätze müssen im Voraus gebucht werden.

CRATER LAKES NATIONAL PARK

Die von dichtem Regenwald umgebenen Kraterseen **Lake Eacham** und **Lake Barrine** sind beide spiegelglatt, frei von Krokodilen und Teil der Wet Tropics World Heritage Area. Über befestigte Straßen gelangt man vom Gillies Hwy zu den Wanderwegen, die rund um beide Seen führen. Campen ist nicht erlaubt.

Im Erdgeschoss des **Lake Barrine Rainforest Tea House** (☏4095 3847; www.lake barrine.com.au; Gillies Hwy; Hauptgerichte 7,50–16,50 AU$; ⏱morgens & mittags), das direkt am See liegt, kann man eine 45-minütige **Bootsrundfahrt** (Erw./Kind 16/8 AU$; ⏱4-mal tgl.) buchen.

Einen Zwischenstopp sollte man im **Rainforest Display Centre** (McLeish Rd; ⏱Mo, Mi & Fr 9–13 Uhr) bei der Rangerstation am Lake Eacham einlegen, um sich über die Geschichte der Holzindustrie und die Wiederaufforstung des Regenwalds zu informieren.

LP TIPP ⟩ **Crater Lakes Rainforest Cottages** (☏4095 2322; www.craterlakes.com.au; Eacham Close, unweit des Lakes Dr; DZ 230 AU$; ✳@) Jede der vier Holzhütten steht unter einem anderen Motto: Bali, Strandhütte, Toskana, Pionierzeit. Allen gemeinsam ist die perfekte Lage auf einer eigenen Parzelle im Regenwald und die romantische Ausstattung mit Kerzen, Blumen und Holz für den Kaminofen. Zu jeder Hütte gehören ein Wellnessbad und eine voll ausgestattete Küche. Das Frühstückskörbchen enthält nicht nur Schinken, Eier und Pralinen, sondern auch Obst, um die Vögel anzulocken.

VON PORT DOUGLAS IN DIE DAINTREE-REGION

Das süße Leben in Port Douglas genießen, die Wildnis des Daintree Rainforest erkunden und Grenzlandluft in Cooktown schnuppern – willkommen in der Daintree-Region.

Port Douglas

3000 EW.

Port Douglas ist die schicke Spielwiese des tropischen Nordens von Queensland. Wie ein verzogenes Kind zeigt es mit dem Finger auf das bescheidenere Cairns und prahlt mit der viel lässigeren, familiären Atmosphäre und vor allem mit den herrlichen weißen Sandstränden direkt vor der Haustür. Und das Great Barrier Reef ist nur weniger als eine Stunde von der Küste entfernt.

Port Douglas

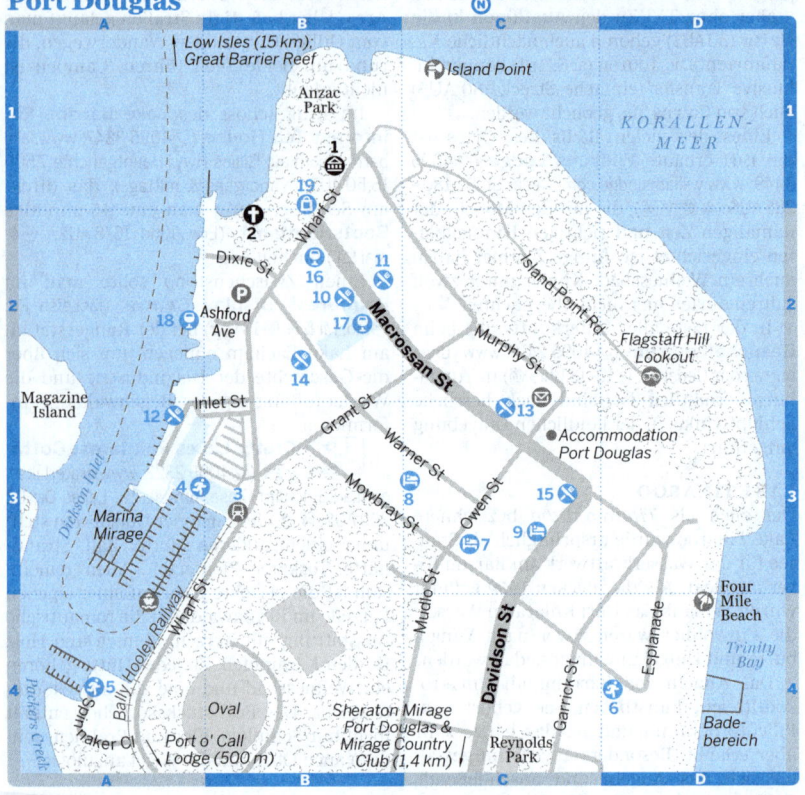

Low Isles (15 km);
Great Barrier Reef

KORALLEN-
MEER

Anzac
Park

Island Point

Wharf St

Dixie St

Ashford
Ave

Island Point Rd

Macrossan St

Murphy St

Flagstaff Hill
Lookout

Magazine
Island

Inlet St

Grant St

Warner St

Accommodation
Port Douglas

Dickson Inlet

Marina
Mirage

Mowbray St

Owen St

Mudlo St

Davidson St

Garrick St

Esplanade

Four
Mile
Beach

Trinity
Bay

Bally Hooley Railway

Wharf St

Packers Creek

Spinnaker Cl

Oval

Port o' Call
Lodge (500 m)

Sheraton Mirage
Port Douglas &
Mirage Country
Club (1,4 km)

Reynolds
Park

Bade-
bereich

Vom Captain Cook Hwy führt eine 6 km lange Straße über eine Landzunge in die Stadt, vorbei an Golfplätzen und schicken Ferienanlagen, die so groß wie ein ganzes Dorf sind. In dem für den Tourismus gebauten Ort herrscht denn auch eine fröhliche, entspannte Stimmung und das Geld wird mit vollen Händen ausgegeben. Obwohl das überraschend kleine Port Douglas (oder einfach nur „Port") alle Annehmlichkeiten einer Großstadt bietet, hat es sich doch einen liebenswerten Charme bewahrt, über dem man nicht vergessen sollte, dass es weiter nördlich noch viel mehr zu entdecken gibt.

⊙ Sehenswertes

Port Douglas selbst bietet nicht viele Sehenswürdigkeiten, aber einige wenige muss man einfach gesehen haben.

Four Mile Beach   STRAND
Im Hintergrund die Palmen, im Vordergrund ein breiter Strand mit strahlend wei-

ßem Sand, so weit das Auge reicht. Vor dem Clubhaus der Rettungsschwimmer befindet sich der überwachte Badebereich, der im Sommer mit Quallennetzen geschützt wird.

Wer den Four Mile Beach in seiner ganzen Pracht sehen will, geht die Wharf St entlang und steigt dann die steile Island Point Rd hinauf zum **Flagstaff Hill Lookout**.

Wildlife Habitat
Port Douglas   NATURSCHUTZGEBIET
(☎4099 3235; www.wildlifehabitat.com.au; Port Douglas Rd; Erw./Kind 30/15 AU$; ⊙8–17 Uhr) Von den vielen Wildtierparks, die es im nördlichen Queensland gibt, ist dieser einer der besten. In dem Park leben einheimische Tiere in Gehegen, die ihre natürlichen Lebensbedingungen – in Sumpfgebieten, im Grasland oder Regenwald – so weit wie möglich nachahmen, den Besuchern aber erlauben, Koalas, Kängurus, Krokodile, Baumkängurus und andere Exoten aus größtmöglicher Nähe zu beobachten. Dabei kann man sich ruhig Zeit lassen, denn

Port Douglas

die Eintrittskarte gilt drei Tage lang. Zum Park, der 4 km außerhalb der Stadt liegt, fährt man auf der Davidson St in Richtung Süden.

Frühaufsteher können zum **Breakfast with the Birds** (Erw./Kind inkl. Parkeintritt 44/22 AU$; ⊙8–10.30 Uhr) kommen und/oder später zum **Lunch with the Lorikeets** (Erw./Kind 44/22 AU$; ⊙12–14 Uhr).

Court House Museum MUSEUM
(www.douglas-shire-historical-society.org; 18 Wharf St; Eintritt 2 AU$; ⊙Di, Do, Sa & So 10–15 Uhr) Das kleine, aber faszinierende Museum, das im 1879 errichteten ehemaligen Gerichtsgebäude von Port Douglas untergebracht ist, erzählt die Geschichte der Stadt und ihrer Umgebung.

St. Mary's by the Sea KIRCHE
(6 Dixie St) Sofern nicht gerade wieder eine Hochzeit stattfindet, sollte man einen Blick ins Innere der pittoresken weißen Holzkirche werfen, die von allen Konfessionen genutzt wird. Errichtet wurde sie bereits 1911, aber erst 1989 wieder an ihren ursprünglichen Standort am Meer versetzt.

🏃 Aktivitäten

Was Port Douglas an Sehenswürdigkeiten fehlt, macht es mit einem Riesenangebot an Aktivitäten und Touren wett. So verfügen die Ferienanlagen Sheraton Mirage und Sea Temple über renommierte (und teure) Golfplätze.

GRATIS **Port Douglas Yacht Club** SEGELN
(www.portdouglasyachtclub.com.au; Spinnaker Close) Schon am Riff gewesen? Der Jachtclub von Port Douglas bietet jeden Mittwochnachmittag einen kostenlosen Segeltörn mit seinen Mitgliedern an. Da die Plätze zumeist begrenzt sind, kostet es vielleicht etwas Überredungskunst, aber schließlich ist es eine tolle Möglichkeit, hinaus ans Riff zu segeln und Einheimische kennenzulernen.

Ballyhooley Steam Railway MINIZUG
(www.ballyhooley.com.au; Tagespass Erw./Kind 8/4 AU$; ⊙So) Die Kids werden hellauf begeistert sein vom hübschen Minizug, der jeden Sonntag (und an manchen Feiertagen) von der kleinen Haltestelle am Marina Mirage zum Bahnhof von St. Crispins dampft. Abfahrt ist jeweils um 11, 13 und 14.30 Uhr, angehalten wird bei den Hotels Dougies, Mirage Country Club und Rydges Sabaya Resort. Die ganze Rundfahrt dauert etwa eine Stunde, Teilstrecken sind günstiger. Die Fahrkarten werden im Zug verkauft.

WindSwell KITESURFEN
(📱0427 498 042; www.windswell.com.au; Four Mile Beach; 2-stündiger Kurs ab 100 AU$) Am südlichen Ende des Strandes.

Port Douglas Boat Hire BOOTSVERLEIH
(📱4099 6277; pdboathire@bigpond.com; Berth C1, Marina Mirage) Zu leihen sind Schlauchboote (31 AU$/Std.) und überdachte, familienfreundliche Pontonboote (41 AU$/Std.) plus Angelausrüstung.

👉 Geführte Touren

Als Tourismuszentrum verfügt Port Douglas über ein riesiges Tourenangebot. Zudem starten auch viele Unternehmen aus der Gegend um Cairns hier ihre Veranstaltungen wie Rafting oder Ballonfahren. Umgekehrt holen viele der folgenden Veranstalter aus Port Douglas ihre Gäste in Cairns oder von den Stränden im Norden von Cairns ab.

Great Barrier Reef

Das äußere Riff liegt näher an Port Douglas als an Cairns, und der andauernde Besucherstrom hat hier ebenso deutliche Spuren hinterlassen. Farbenfrohe Korallen und buntes Meeresleben sind zwar immer noch zu bewundern, aber an manchen Stellen ist das Riff schon recht mitgenommen. Schließlich dauert die Fahrt von Port Douglas zu den meisten Zielen am Riff nur etwa eine Stunde.

Fast alle Boote für die Tagesausflüge legen vor dem Einkaufskomplex Marina Mirage ab. Im Tourenpreis inbegriffen sind der Transfer von der jeweiligen Unterkunft, die Riffgebühr, Mittagessen, Getränke und Schnorcheln. Ein überwachter Schnuppertauchgang, für den weder Bescheinigung noch Taucherfahrung erforderlich sind, kostet um die 240 AU$, jeder weitere Tauchgang 40 AU$. Zertifizierte Taucher bezahlen für zwei Tauchgänge inklusive der gesamten Ausrüstung etwa 250 AU$.

Einige Veranstalter schippern auch zu den nur 15 km von der Küste entfernt liegenden Low Isles. Die kleine, malerische Inselgruppe ist von einem herrlichen Korallenriff umgeben, in dem es nur so von Meeresschildkröten wimmelt.

Hier nur einige der vielen Anbieter:

Quicksilver
RIFF-TOUREN

(☏4087 2100; www.quicksilver-cruises.com; Erw./Kind 205/105 AU$) Der größte Anbieter fährt mit Schnellbooten bis zum Agincourt Reef. Wer keine nassen Haare mag, kann mit einem speziellen Tauchhelm, der über einen Schlauch mit Frischluft versorgt wird, auf einer Plattform unter Wasser „spazieren gehen" (142 AU$) – eine tolle Sache für Nichtschwimmer und Kids ab zwölf Jahren. Oder wie wär's mit einem Rundflug im Hubschrauber (148 AU$, min. 2 Passagiere), der von der Pontonbrücke im Riff startet?

Sailaway
SEGELN

(☏4099 4772; www.sailawayportdouglas.com; Erw./Kind 190,50/120,50 AU$) Die Segel- und Schnorcheltouren (mit max. 27 Passagieren) zu den Low Isles sind vor allem bei Familien sehr beliebt. Ein besonderes Erlebnis sind die 90-minütigen Segeltörns vor der Küste von Port Douglas in der Abenddämmerung (Mo–Fr 50 AU$).

Haba
RIFF-TOUREN

(☏4098 5000; www.habadive.com.au; Erw./Kind 181/105 AU$) Die alteingesessene Tauchschule führt auch 25-minütige Fahrten mit dem Glasbodenboot durch (Erw./Kind 16/8 AU$).

Poseidon
RIFF-TOUREN

(☏4099 4772; www.poseidon-cruises.com.au; Erw./Kind 196/136 AU$) Mit einem Luxuskatamaran bringt die freundliche Inhaber- und Betreiberfamilie ihre Gäste zum Agincourt Reef.

Reef Dive School
TAUCHEN

(☏4099 6980; www.reefdiveschool.com; 4- bis 5-tägige Kurse im offenen Meer ab 550 AU$) Die freundlichen Lehrer führen auch Kurse für Fortgeschrittene durch.

Reef Sprinter
SCHNORCHELN

(☏4099 3175; www.reefsprinter.com.au; Erw./Kind 100/80 AU$) Die superschnelle Fahrt zum Schnorcheln vor den Low Isles dauert nur 15 Minuten – keine Zeit, um seekrank zu werden! Die Sprinter-Boote legen am Bootssteg neben dem Restaurant On the Inlet ab.

Daintree & Umgebung

Infos zu Geländewagenfahrten von Cairns über Port Douglas nach Cooktown und Cape York stehen auf S. 489.

Reef and Rainforest Connections
DAINTREE

(☏4099 5333; www.reefandrainforest.com.au) Aushängeschild des Veranstalters ist die Tour zum Cape Trib und zur Mossman Gorge (Erw./Kind 163/105 AU$).

Angeln

In Port Douglas legen regelmäßig Charterboote ab, um am Riff, auf dem Fluss oder vor der Küste zu angeln. Dabei sind Angelausrüstung und Köder im Preis inbegriffen.

Fishing Port Douglas
ANGELTOUREN

(☏4099 4058; www.fishingportdouglas.com.au) Geangelt wird auf dem Fluss (Teil-/Vollcharter pro Tag 200/800 AU$) und am Riff (Teil-/Vollcharter pro Tag 225/3200 AU$).

Flusskreuzfahrten & Schnorcheln im Fluss

Lady Douglas
FLUSSKREUZFAHRT

(☏4099 1603; www.ladydouglas.com.au; 1½-stündige Flussfahrt Erw./Kind 30/15 AU$) Der hübsche Raddampfer kreuzt morgens, nachmittags und bei Sonnenuntergang auf dem Dickson Inlet, wo man mit etwas Glück auch Krokodile zu Gesicht bekommt.

Back Country Bliss Adventures
SCHNORCHELN

(☑4099 3677; www.backcountryblissadventures.com.au; Ausflug 80 AU$) Einfach mit der Strömung den Fluss entlang treiben lassen und dabei Schildkröten und Süßwasserfische beobachten. Sehr kinderfreundlich.

Rundflüge

GBR Helicopters
HUBSCHRAUBERFLUG

(☑4099 6030; www.gbrhelicopters.com.au; Port Douglas Rd; Rundflug 359–529 AU$) Das Riff und/oder den Regenwald aus der Vogelperspektive erleben.

★ Feste & Events

Port Douglas Carnivale
KARNEVAL

(http://carnivale.com.au) Es ist nicht gerade Rio de Janeiro, aber auch beim Karneval in Port Douglas Ende Mai wird zehn Tage lang kräftig gefeiert. Ein farbenfroher Umzug gehört ebenso dazu wie Livemusik, Essen und jede Menge Wein.

Go Troppo Arts Festival
KUNST

(www.go-troppo-arts-festival.com) Beim Kunstfestival Ende Oktober sind Töpferworkshops, Malkurse, Geschichtenerzählen u. v. m. geboten.

🛏 Schlafen

Wie es sich für einen ordentlichen Ferienort gehört, wimmelt es in Port Douglas nur so von Unterkünften. Dabei handelt es sich überwiegend um abgeschlossene Wohneinheiten oder Luxusferienanlagen, die zumeist an den Ausfallstraßen liegen, ein paar Kilometer vom Zentrum entfernt.

LP TIPP   Pink Flamingo
RESORT $$

(☑4099 6622; www.pinkflamingo.com.au; 115 Davidson St; Zi. 125–195 AU$; ※@🛜☀) Die in leuchtendem Purpur, Lila und Orange gestrichenen Zimmer haben alle einen eigenen, mit einer Mauer umgebenen Hof, in dem Hängematten schaukeln. Bad und Dusche sind ebenso unter freiem Himmel wie die tolle Bar mit der Diskokugel. Abends gibt's Freilichtkino unter Palmen, im Fitnessraum kann man etwas für die Bikinifigur tun oder man leiht sich ein Fahrrad und düst durch die Stadt. In dem von Schwulen geführten und dementsprechend schwulenfreundlichen Hotel sind – bis auf Kinder – alle herzlich willkommen.

Hibiscus Gardens
RESORT $$$

(☑1800 995 995, 4099 5315; www.hibiscusportdouglas.com.au; 22 Owen St; DZ ab 205 AU$; ※@☀) Die stilvolle Anlage mit Teakmöbeln und Holzverkleidungen, Falttüren und Lamellenläden sowie den vereinzelten Buddha-Figuren könnte ebensogut im exotischen Bali stehen. Das hoteleigene Wellnesszentrum, das sich auf indigene Medizin und Heilverfahren spezialisiert hat, gilt in der Region als beste der vielen Adressen, um sich so richtig verwöhnen zu lassen.

Dougies
HOSTEL $

(☑1800 996 200, 4099 6200; www.dougies.com.au; 111 Davidson St; Stellplatz/Pers. 12 AU$, B/Safarizelt/DZ 26/23/75 AU$; ※@🛜☀) Das entspannte Hostel lädt dazu ein, den Tag in einer Hängematte auf dem weitläufigen Gelände zu verbringen und abends in die Bar zu gehen. Wer sich dennoch aufraffen kann, das Paradies kurz zu verlassen, mietet sich an der Rezeption ein Fahrrad und/oder eine Angelausrüstung. Dort werden auch Lebensmittel verkauft. Montags, mittwochs und samstags werden die Gäste kostenlos in Cairns abgeholt.

Sheraton Mirage Port Douglas
RESORT $$$

(☑4099 5888; www.starwoodhotels.com; Davidson St; DZ ab 329 AU$; ※@🛜☀) Nicht zu verwechseln mit dem am anderen Ende der Stadt liegenden Einkaufszentrum Marina Mirage. Das Luxushotel, das von einer 2 ha großen Badelagune umgeben ist, hat eindeutig schon bessere Zeiten gesehen, bietet aber immer noch einen eigenen Strand, Golfplatz, Kinderbetreuung, Tennisplätze, Fitnessraum und einen Shuttlebus, der einen in die Stadt bringt.

Sea Temple Resort & Spa
RESORT $$$

(☑1800 833 762, 4084 3500; www.mirvachotels.com.au; Mitre St; DZ ab 309 AU$; ※@🛜☀) Das luxuriöseste Fünf-Sterne-Hotel von Port Douglas, das sich in einem üppig grünen, tropischen Park am südlichen Ende des Four Mile Beach befindet, kann auch mit einem 18-Loch-Golfplatz der Spitzenklasse aufwarten. Das Zimmerangebot ist auch üppig und reicht von Apartments mit Wellnessbad bis zum opulenten Penthouse, aus dem man direkt ins Lagunenbecken „schwimmen" kann.

Pandanus Caravan Park
WOHNWAGENPARK $

(☑4099 5944; Davidson St; Stellplatz ohne/mit Strom 30/35 AU$, Hütte mit/ohne Bad 95/72 AU$; ※@🛜☀) Nur fünf Gehminuten vom Strand entfernt bietet der große, schattige Campingplatz auch eine gute Auswahl an Hütten. Überall auf dem Gelände stehen den Gästen kostenlos benutzbare Gasgrills zur Verfügung.

Port Douglas Motel
MOTEL **$**

(☏4099 5248; www.portdouglasmotel.com; 9 Davidson St; DZ 96 AU$; ❄☒) Tolle Lage und freundliche Zimmer, aber keine schöne Aussicht.

ParrotFish Lodge
HOSTEL **$**

(☏1800 995 011, 4099 5011; www.parrot fishlodge.com; 37-39 Warner St; B 25–33 AU$, DZ ohne/mit Bad 85/95 AU$; ❄@☒) Energiegeladene Backpackerunterkunft mit äußerst strandlastiger Einrichtung und vielen kostenlosen Extras, etwa den Shuttleservice nach Cairns.

Lychee Tree
APARTMENTS **$$**

(☏4099 5811; www.lychee-tree.com.au; 95 Davidson St; Apt. mit 1/2 Schlafzi. 155/180 AU$; ❄☒) Die einstöckigen Apartmenthäuser mit Vollausstattung, zu der auch Waschmaschine und Trockner gehören, sind sehr familienfreundlich. Der Mindestaufenthalt ist zwei Nächte.

Port o' Call Lodge
HOSTEL **$**

(☏4099 5422; www.portocall.com.au; Ecke Port St & Craven Cl; B 35 AU$, DZ 99–119 AU$; ❄@☎☒) Das einfache, mit Sonnen- und Windenergie betriebene YHA-Hostel bietet auch Zimmer mit eigenem Bad und ein preiswertes Bistro.

✖ Essen

Für eine Stadt dieser Größe hat Port Douglas überraschend viele Restaurants, die zu den feinsten nördlich von Noosa zählen. Vor den Cafés breiten sich Stühle und Tische aus, die von Kerzen beleuchteten Gärten laden zum romantischen Abendessen ein. Eine Reservierung ist generell empfehlenswert, in den richtig beliebten Restaurants gar zwingend notwendig.

Unzählige Saftbars, Pie Shops, Pizzerias und vieles mehr finden sich in der winzigen Grant St.

Beach Shack
MODERN-AUSTRALISCH **$$**

(☏4099 1100; www.the-beach-shack.com.au; 29 Barrier St, Four Mile Beach; Hauptgerichte 21-30 AU$; ◷abends; ✎) Ein Aufschrei der Empörung würde durchs ganze Land gehen (naja, fast), wenn im Lieblingslokal der Einheimischen die in Macadamia panierten Auberginen (mit gegrilltem und gebratenem Gemüse, Ziegenkäse und Rucola) von der Karte verschwinden würden. Noch besser ist das Ambiente, für das alleine es sich lohnt, zum südlichen Ende des Four Mile Beach zu fahren: ein von Laternen beleuchteter Garten, in dem Tische und Stühle im Sand stehen. Neben guten Riff-Fischen und Rindersteaks gibt's auch leckere Tagesgerichte.

Zinc
MODERN-AUSTRALISCH **$$**

(☏4099 6260; www.zincportdouglas.com; 53-61 Macrossan St; Hauptgerichte 25–34 AU$; ◷7–24 Uhr) Es sind nicht nur die mehr als 70 Weine (davon 40 im offenen Ausschank) und 110 Sorten von Hochprozentigem, mit denen sich das Zinc deutlich von seinen Nachbarn absetzt. Auch die Gerichte wie geröstete Insekten mit kandierten Cashew-Nüssen und Süßkartoffelpüree, das nach Äpfeln und Vanille duftet, sind so ganz anders. Sehenswert ist auch das vom Boden bis zur Decke reichende Aquarium mit bunten Fischen, das sich bei den Toiletten befindet.

On the Inlet
SEAFOOD **$$**

(☏4099 5255; www.portdouglasseafood.com; 3 Inlet St; Hauptgerichte 22–39,50 AU$; ◷mittags & abends) Auf der riesigen Terrasse mit Blick auf den Dickson Inlet warten die Gäste auf George, den Zackenbarsch, der (meistens) pünktlich um 17 Uhr zur Fütterung erscheint. Von 15.30 bis 17.30 Uhr gibt's für 18 AU$ einen Eimer voll Garnelen und ein Getränk. Oder man sucht sich im Wasserbecken Mangrovenkrabben oder eine Languste aus. Der Service ist toll und die Atmosphäre echt cool.

Nautilus
MODERN-AUSTRALISCH **$$$**

(☏4099 5330; www.nautilus-restaurant.com.au; 17 Murphy St, Eingang in der Macrossan St; Hauptgerichte 33–55 AU$; ◷abends) Ein kleiner Trampelpfad führt durch einen tropischen Garten zu den mit weißem Leinen eingedeckten Tischen unter Palmen. Spezialität der jahrzehntealten Institution sind Meeresfrüchte wie die im Wok zubereiteten Mangrovenkrabben mit Kaffir-Limettenund Zitronengras-Laksa. Der Renner aber ist das sechsgängige Verkostungsmenü nach Art des Hauses (110 AU$; 160 AU$ mit dem passenden Wein). Kinder unter acht Jahren haben keinen Zutritt.

Re:hab
CAFÉ **$**

(www.beijaflordesign.com.au; 7/42 Macrossan St; ◷8–18 Uhr; @☎) In dem entspannten Café mit einer Galerie einheimischer Künstler wird auch der Kaffee zum Kunstwerk: In den Schaum des frisch aufgebrühten Muntermachers werden verblüffende Muster gezaubert. Dazu gibt's hausgemachte Kuchen, Torten und Muffins, die man sich im kleinen Zen-Hof hinter dem Haus schmecken lässt.

Four Mile Seafood & Takeaway
HAMBURGER $

(Four Mile Beach Plaza, Barrier St, Four Mile Beach; Gerichte 5,50–14 AU$; ⊗Mo–Sa 9–20, So 11–20 Uhr) Tolle Gerichte zum Mitnehmen, etwa frischer Forellenbarsch mit Avocado.

Selbstversorger

Lebensmittel aller Art bekommt man im großen **Coles Supermarket** (11 Macrossan St) im Einkaufszentrum Port Village, direkt vor der Küste gefangene Garnelen, Mangrovenkrabben und alle möglichen Fischsorten im **Seafood House** (11 Warner St; ⊗9–18 Uhr).

Ausgehen & Unterhaltung

Essen und Ausgehen gehören in Port Douglas zusammen und so servieren die Clubs und Hotels der Stadt auch günstige Gerichte im Stil von Pubs. Noch bevor die Tische abgeräumt sind, geht man in vielen Restaurants schon zum gemütlichen Teil über.

LP TIPP Tin Shed
BAR

(www.thetinshed-portdouglas.com.au; 7 Ashford Ave) Der Combined Services Club von Port Douglas ist ein Geheimtipp der Einheimischen. So etwas findet man selten: günstiges Essen direkt am Wasser, selbst die Getränke sind preiswert. Einfach in die Mitgliederliste eintragen, Essen und Getränke abholen und sich einen Tisch auf der Terrasse mit Blick auf den Fluss oder die Küste suchen.

Iron Bar
KNEIPE

(5 Macrossan St) Hier sieht es aus wie in einem Schuppen der Schafscherer im Outback von Queensland. Nachdem man das Filetsteak Don Bradman – die Steaks sind hier alle nach berühmten Australiern benannt – verdrückt hat, geht's nach oben zum Agakröten-Rennen (5 AU$). Diese Kneipe ist in der Regel die letzte, die nachts dichtmacht.

Court House Hotel
KNEIPE

(www.at-the-courty.com; Ecke Macrossan St & Wharf St; Hauptgerichte 15–25 AU$; ⊗mittags & abends) Das „Courty" ist eine lebhafte Eckkneipe in bester Lage, in der am Wochenende Coverbands für Stimmung sorgen.

Port Douglas Yacht Club
BAR

(www.portdouglasyachtclub.com.au; Spinnaker Close) Auch eine Lieblingskneipe der Einheimischen, deren nautisch angehauchte Atmosphäre ihrem Namen alle Ehre macht. Jeden Abend gibt's preiswertes Essen.

Shoppen

Port Douglas Markets
MARKT

(Anzac Park, am Ende der Macrossan St; ⊗So 8–13.30 Uhr) Auf diesen Märkten sind wahre Schätze zu entdecken. Nur Waren – Kunst und Kunsthandwerk, Schmuck, tropische Früchte aus der Region usw. –, die die Standbesitzer oder ihre Familien selbst hergestellt oder erzeugt haben, dürfen hier verkauft werden. Wer nicht früh genug kommt, hat das Nachsehen.

Praktische Informationen

In Port Douglas gibt's keine „offizielle", d. h. nicht-kommerzielle, Touristinformation, aber das staatliche Cairns & Tropical North Visitor Information Centre (S. 496) deckt auch Port Douglas und die Gegend um den Daintree River ab, sodass man alles dort buchen kann.

Die Internetcafés in der Macrossan St verlangen etwa 5 AU$ pro Stunde im Netz. Die Hauptpost befindet sich in der Owen St.

An- & Weiterreise

Ausführliche Informationen zur Reise von und nach Cairns finden sich auf S. 497.

Coral Reef Coaches (☎4098 2800; www.coralreefcoaches.com.au) Die Busse fahren von Port Douglas über den Flughafen von Cairns und Palm Cove nach Cairns (36 AU$, 1¼ Std.).

Sun Palm (☎4087 2900; www.sunpalmtransport.com) verkehrt mehrmals täglich zwischen Port Douglas und Cairns (35 AU$, 1½ Std.) und fährt dabei über die Strände im Norden und den Flughafen sowie die Küste entlang nach Mossman (10 AU$, 20 Min.), zum Fähranleger in Daintree (20 AU$, 1 Std.) und zum Cape Tribulation (48 AU$, 3 Std.).

Airport Connections (☎4099 5950; www.tnqshuttle.com; $36; ⊗3.20–17.20 Uhr) fährt mit Shuttlebussen stündlich von Port Douglas nach Cairns und dort zu den Stränden im Norden, dem Flughafen und in die Innenstadt.

Country Road Coachlines (☎4069 5446; www.countryroadcoachlines.com.au) Die Busse fahren dreimal pro Woche auf der Küstenroute von Port Douglas über Cape Tribulation nach Cooktown (63 AU$), wenn die Wetterlage es zulässt.

Unterwegs vor Ort
Auto & Motorrad

In Port Douglas gibt's jede Menge kleiner, örtlicher Autovermietungen, aber auch die großen internationalen Firmen sind vertreten. Abgesehen vom Daintree Wild Zoo ist hier die letzte Möglichkeit vor Cooktown, ein Fahrzeug mit Allradantrieb zu mieten. Ein Kleinwagen kostet pro Tag etwa 65 AU$, ein Allrad-Fahrzeug

DER BAMA WAY

Wer auf dem Bama Way (www.bamaway.com.au) von Cairns nach Cooktown reist, sieht das Land mit den Augen der Aborigines. In den Sprachen der Kuku Yalanji und Guugu Yimithirr steht *Bama* für „Person". Zu den Highlights entlang des Weges gehören Touren, die von Aborigines geführt werden. So ist beispielsweise die Walker Family (S. 523) auf dem Bloomfield Track unterwegs, und Willie Gordon mit Guurrbi Tours (S. 525) in Cooktown. Eine Karte zum Bama Way ist in allen Besucherzentren erhältlich.

130 AU$, dazu kommt jeweils noch die Gebühr für die Versicherung.

Latitude 16 (4099 4999; www.latitude16.com.au; 54 Macrossan St) vermietet auch die jeepähnlichen Mokes (ab 49 AU$/Tag).

Bus

Die Busse von **Sun Palm** (4087 2900; www.sunpalmtransport.com; 7–24 Uhr) fahren alle halbe Stunde auf der Strecke vom Wildlife Habitat Port Douglas zum Einkaufszentrum Marina Mirage und halten unterwegs häufig an. Wer zusteigen will, gibt dem Busfahrer an den ausgewiesenen Haltestellen ein Handzeichen.

Fahrrad

Port Douglas Bike Hire (4099 5799; www.portdouglasbikehire; Ecke Wharf St & Warner St; 19 AU$/Tag)

Taxi

Port Douglas Taxis (13 10 08) stehen rund um die Uhr zur Verfügung. Der Taxistand ist in der Warner St.

Mossman

1740 EW.

Im Gegensatz zur Touristenhochburg Port Douglas ist das 20 km weiter nördlich gelegene Mossman eine angenehme, bescheidene Zuckerrohrstadt, deren Zuckerfabrik noch immer in Betrieb ist und mit der Zuckerrohrbahn beliefert wird. Wesentlich interessanter ist der Ort aber als Ausgangspunkt für den Besuch der Mossman Gorge (und des Restaurants Mojo's) sowie als gute Gelegenheit, auf dem Weg in den Norden noch einmal zu tanken und sich mit Proviant einzudecken.

⊙ Sehenswertes & Aktivitäten

Mossman Gorge   NATIONALPARK

In der südöstlichen Ecke des Daintree National Park, 5 km westlich der Stadt Mossman, liegt die Mossman Gorge auf dem angestammten Land der Kuku Yalanji. Die vom Mossman River geformte Schlucht ist voller riesiger Felsbrocken, durch deren uraltes Gestein das kristallklare Wasser rauscht. **Wanderwege** am Fluss führen zu einer erfrischenden **Badestelle**, an der die Strömung aber recht stark sein kann. Picknicken ist erlaubt, Campen nicht. Der Rundweg zurück zum Eingang ist in einer Stunde zu schaffen.

Um die Bedeutung der Schlucht zu verstehen, sollte man an einem der anderthalbstündigen **Kuku-Yalanji Dreamtime Walks** (Erw./Kind 39/22 AU$; ⊙ Mo–Fr 9, 11, 13 & 15 Uhr) teilnehmen, bei denen Aborigines durchs Kultur- und Besucherzentrum **Mossman Gorge Gateway** (4098 2595; www.yalanji.com.au; ⊙ Mo–Fr 8.30–17 Uhr) führen.

Janbal Gallery   GALERIE

(4099 5599; www.janbalgallery.com.au; 5 Johnston Rd; ⊙Di–Sa oder nach Vereinbarung) In der von Aborigines geführten Galerie kann man Kunstwerke der Ureinwohner bewundern und kaufen oder aber unter Anleitung der ortsansässigen Künstlerin Binna selbst Kunstwerke in dieser Tradition herstellen. Das Angebot an Kunstkursen beinhaltet u. a. Malen auf Leinwand im DIN-A4-Format (Erw./Kind 65/30 AU$, 2 Std.), das Bemalen (und Spielen) eines Didgeridoos (165/80 AU$, 3 Std.) und eines Bumerangs (48/30 AU$, 1 Std.) sowie Einzelunterricht. So erfährt man außerdem viel über die Traditionen und Überlieferungen der indigenen Riff- und Regenwaldkultur.

Mossman Sugar Mill Tours   GEFÜHRTE TOUR

(4030 4190; www.mossag.com.au; Mill St; Erw./Kind 25/15 AU$; ⊙ Juli–Okt. Mo–Fr 11 & 13.30 Uhr) Wer sich angesichts der vielen riesigen Zuckerrohrfelder rund um Mossman fragt, wie aus den meterhohen tropischen Gräsern Zucker wird, kann in der Erntezeit an einer Führung durch die Zuckerfabrik teilnehmen. Dabei unbedingt geschlossene Schuhe tragen! Kinder unter fünf Jahren haben keinen Zutritt.

🛏 Schlafen & Essen

Silky Oaks Lodge   HÜTTEN **$$$**

(4098 1666; www.silkyoakslodge.com.au; Finlayvale Rd; Baumhaus/Haus am Fluss ab 598/798 AU$; ❄@🛜🏊) Die internationale

Ferienanlage mit sanft schaukelnden Hängematten, Wellness-Behandlungen und Designer-Holzhütten mit Duftöllampen ist genau das Richtige für die Flitterwochen oder stressgeplagte Manager. Das tolle **Treehouse Restaurant & Bar** (Hauptgerichte 34–38 AU$; ☺morgens, mittags & abends) steht auch Nichtgästen offen.

LP TIPP **Mojo's** INTERNATIONAL **$$** (☏4098 1202; www.mojosbarandgrill. com.au; 41 Front St; Hauptgerichte 24–29 AU$; ☺Mo–Fr mittags, Mo–Sa abends; ☺) Hier kann man sich das Geld für eine Weltreise sparen: Aus der französisch-australischen Gemeinschaftsküche von Remi Pougeard-Dulimbert und Michael Hart, die auch alle zwei Jahre bei den olympischen Sommer- und Winterspielen kochen, kommen so exquisite Kreationen wie federleichte Gnocchi mit Blauschimmelkäse und karamelisierter Birne, würzige Samosas mit Tamarindenchutney, Tacos mit jungen Garnelen und die *himmlische* Jakobsmuschelpastete, gefolgt von Schokoladenfondue „Flaming Mojo" mit australischem Bundy-Rum. Unglaubliches Preis-Leistungs-Verhältnis und deshalb auch die Fahrt von Port Douglas (oder Paris oder jedem anderen Ort) auf jeden Fall wert!

❶ Praktische Informationen

Bei der Umweltbehörde **DERM** (☏4098 2188; www.derm.qld.gov.au); Centenary Bldg, 1 Front St; ☺ Mo–Fr 8–16 Uhr) gibt's Infos vom Daintree National Park bis zum Cape Tribulation und darüber hinaus.

❶ An- & Weiterreise

Die Busse von **Sun Palm** (☏4007 2900; www. sunpalmtransport.com;) fahren dreimal täglich von Cairns (70 AU$, 1¾ Std.) über den Flughafen von Cairns und Port Douglas (10 AU$, 20 Min.) nach Mossman und weiter zum Cape Tribulation.

Von Mossman zum Daintree National Park

Fährt man von Mossman in Richtung Norden, führt die Straße kilometerweit durch Zuckerrohrfelder und Ackerland, bis nach 26 km eine Kreuzung kommt. Dort geht es dann entweder in das Dorf Daintree oder zum Fähranleger am Daintree River. Unterwegs bieten sich einige lohnende Zwischenstopps an.

Bereits 5 km hinter Mossman erstreckt sich der 2,5 km lange, palmengesäumte Sandstrand von **Newell Beach**. In dem kleinen Ort ist nichts wichtiger als Faulenzen und einen Fisch fürs Abendessen zu angeln.

Nach weiteren 3 km in Richtung Nordwesten folgt in Miallo die Abzweigung ins **Whyanbeel Valley**. Ein Highlight in diesem Tal ist der im Regenwald versteckte, paradiesische Obstgarten der **High Falls Farm** (☏4098 8231; www.highfallsfarm.com.au; Old Forestry Rd, Miallo; Hauptgerichte 12–20 AU$; ☺Juni–Okt. Fr –Di mittags, So morgens & mittags; ☺). Auf Anfrage kann man die Obstgärten auf eigene Faust besichtigen und tropische Früchte verkosten.

22 km nördlich von Mossman zweigt eine Straße zum friedlichen **Wonga Beach** ab, der sich über 7 km im Schatten von Palmen und Hartholzbäumen erstreckt. Mit **Wonga Beach Horse Rides** (☏4098 7583; www.beachhorserides.com.au; Gruppenausritt 115 AU$) kann man morgens und nachmittags für jeweils drei Stunden am Strand entlangreiten.

Fährt man von Wonga Beach auf der Hauptstraße weiter in Richtung Norden, kommt nach 5 km, kurz vor der Kreuzung nach Daintree und zur Fähre, der **Daintree Wild Zoo** (☏4098 7272; 2054 Daintree Rd; www.daintreewild.com.au; Erw./Kind 26/13 AU$; ☺8.30–16.30 Uhr), in dem Wildtiere wie Süß- und Salzwasserkrokodile, Kängurus, Dingos und lautstarke Vogelscharen leben. Der Zoo bietet auch gemütliche Unterkünfte auf einer Farm, ein BYO-Restaurant und Touren mit verschiedenen Pauschalangeboten von Cairns und Port Douglas aus. Außerdem werden Allradfahrzeuge für den Bloomfield Track zu günstigen Bedingungen organisiert.

DAINTREE NATIONAL PARK

Mit „Daintree" können mehrere Dinge gemeint sein: ein Fluss, ein Regenwald-Nationalpark, ein Riff, ein Dorf und die Heimat der traditionellen Hüter dieses Landes, der Kuku Yalanji. Die Region Daintree umfasst das Flachland an der Küste zwischen den beiden Flüssen Daintree und Bloomfield, wo der Regenwald bis ans Wasser heranreicht. Nachdem das uralte, empfindliche Ökosystem durch Holzeinschlag und Entwicklungsprojekte stark bedroht war, ist es heute zum größten Teil als Weltkulturerbe geschützt.

Benannt wurde der Daintree National Park nach dem britischen Geologen, Goldschürfer und Fotografen Richard Daintree (1832–1878), der zugleich der erste von der Regierung bestellte Geologe für den Norden Queenslands war. Er leistete nicht nur Pionierarbeit auf dem Gebiet der geologischen Vermessung, sondern sammelte auch Unmengen von Pflanzenproben.

Vom Daintree River zum Cape Tribulation

Die zum Wet Tropics World Heritage gehörende unglaublich schöne Gegend, die sich vom nördlichen Ufer des Daintree River bis zum Cape Tribulation erstreckt, ist bekannt für uralten Regenwald, feinsandige Strände und wild zerklüftete Berge.

Nur Cow Bay und Cape Tribulation gelten im eigentlichen Sinne als „Ortschaften", doch entlang der gesamten Straße bis zum Cape Tribulation gibt's Lokale und Unterkünfte. Nördlich des Daintree River gibt's kein Stromnetz – der Saft kommt von Generatoren und zunehmend auch von Sonnenkollektoren. Geschäfte und Busverbindungen sind kaum vorhanden, mit dem Handy zu telefonieren ist praktisch unmöglich.

Die **Daintree River Ferry** (Auto/Motorrad/Fahrrad & Fußgänger einfache Strecke 12/5/1 AU$; ☺6–24 Uhr, keine Reservierung) ist eine hübsche Kabelfähre, die Autos und Passagiere alle 15 Minuten (oder so) über den Fluss bringt.

COW BAY & UMGEBUNG

An der steilen, kurvigen Straße zwischen Cape Kimberley und Cow Bay befindet sich der **Walu Wugirriga (Alexandra Range) Lookout**. Der mit einer Informationstafel versehene Aussichtspunkt bietet einen tollen Blick auf die Berge der Alexandra Range und die tief eingeschnittene Mündung des Daintree River, der bei Sonnenuntergang besonders spektakulär anzusehen ist.

Daintree Discovery Centre (☑4098 9171; www.daintree-rec.com.au; Tulip Oak Rd; Erw./Kind 28/14 AU$; ☺8.30–17 Uhr) Über die Laufstege des **Aerial Walkway** gelangen die Besucher des preisgekrönten Regenwald-Informationszentrums durch die Baumkronen hinauf zu einem 23 m hohen Turm, in dem der Kohlenstoffgehalt der Luft gemessen wird. Ein paar kurze Lehrpfade führen zu den im Dickicht

versteckten, lebensgroßen Skulpturen von mittlerweile ausgestorbenen Riesenwombats, Echidnas und anderen Tieren. In einem kleinen Kinosaal werden Filme über Kasuare, Krokodile, Kohlendioxid und Klimawandel gezeigt. Die Eintrittskarten sind sieben Tage lang gültig und besonders günstig für Familien.

Daintree Rainforest Retreat (☑4098 9101; www.daintreeretreat.com. au; 1473 Cape Tribulation Rd; DZ 121-149 AU$, FZ 190-210 AU$; ☒) Die Zimmer des Boutiquemotels, das abseits der Hauptstraße mitten im Regenwald liegt, sind in kräftigen, tropischen Farben gehalten und mit glänzenden Holzmöbeln eingerichtet. Einige haben eine Küchenzeile oder man speist im hoteleigenen Restaurant **Tree Frogs** (Hauptgerichte 15–36 AU$; ☺Mo–Sa abends), das auch Nichtgästen offensteht.

Jambu (www.daintreecoffeecompany. com.au; 335 Cape Tribulation Rd; Hauptgerichte 9,50–15 AU$; ☺morgens & mittags; ☑) Der abgefahrene Geheimtipp serviert 30 cm lange Wraps, fantastische Hamburger mit Tofu und hausgemachter Erdnusssauce, saftige Steaks und Fische vom Riff. Dazu gibt's ausgesuchte australische Biere wie *Little Creatures* und Kaffee aus der hauseigenen Daintree Coffee Company, der in zehn verschiedenen Varianten zubereitet wird (Espresso, Ristretto, Affogato usw.).

Das **Cow Bay Hotel** (☑4098 9011; Cape Tribulation Rd; EZ/DZ 77/99 AU$, Hauptgerichte 12 –25 AU$; ☺mittags & abends), das sich an der Abzweigung zum Strand befindet, ist der einzige richtige Pub in der gesamten Daintree-Region.

Floravilla Ice Cream Factory (☑40 98 9016; Bailey Creek Rd; Eis 5 AU$; ☺8-17.30 Uhr) An der Theke der „Eisfabrik" direkt neben dem Pub stehen mindestens 26 Sorten Bio-Eiscreme zur Wahl.

Das YHA-Hostel **Crocodylus Village** (☑4098 9166; www.crocodyluscapetrib.com; Buchanan Creek Rd; B 25 AU$; DZ mit Bad 85 AU$; @�([?])☒) liegt an der befestigten Buchanan Creek Rd, die zumeist als Cow Bay Rd oder einfach „die Straße zum Strand" bezeichnet wird. Im hauseigenen **Restaurant** (Hauptgerichte 15 AU$; ☺abends) und in der Bar sind Nicht-Hostelgäste ebenso willkommen wie bei den diversen Aktivitäten wie Halbtagestouren mit dem **Kajak** (65 AU$) oder die abenteuerlichen, zweitägigen **Meerkajaktouren nach Snapper Island** (220 AU$; ☺Mo, Mi & Fr).

Das entspannte **Epiphyte B&B** (☏4098 9039; www.rainforestbb.com; 22 Silkwood Rd; EZ/DZ/Hütte 70/95/140 AU$) liegt inmitten eines üppig grünen, 3,5 ha großen Geländes. Jedes der unterschiedlich großen Zimmer hat seinen eigenen Stil, aber alle sind mit Bad und eigener Veranda. Noch besser ist die großzügige, völlig frei stehende Hütte mit Innenhof, Küchenzeile und tiefer liegendem Bad. Auf der Terrasse vor dem Haus kann man sich entspannt zurücklehnen und den Blick auf den beeindruckenden Thornton Peak (1975 m) genießen. Frühstück ist im Preis inbegriffen.

Eindeutig die beste Unterkunft in der Gegend sind die **Daintree Rainforest Bungalows** (☏4098 9229; www.daintreerainforestbungalows.com; Lot 40 Spurwood Rd; DZ 90 AU$). Die frei stehenden Holzhütten sind einfach, aber stilvoll eingerichtet: violette und fliederfarbene Stoffe, eigenes Bad, überdachte Terrasse mit Blick auf den Regenwald. Mindestaufenthalt sind zwei Nächte.

Die wahre Attraktion von Cow Bay aber liegt am Ende der Straße, wo der herrliche weiße Sand des **Cow Bay Beach** das Tropenparadies schlechthin darstellt.

🖉 **Daintree Ice Cream Company** (☏4098 9114; Lot 100 Cape Tribulation Rd; Eis 5 AU$; ◷11–17 Uhr) In der Eisdiele, die ihr Eis nur aus natürlichen Rohstoffen herstellt, wird einem die Qual der Wahl abgenommen, denn es gibt einen Becher mit vier exotischen Geschmacksrichtungen, die jeden Tag wechseln. Zum Abtrainieren spaziert man 20 Minuten durch den Obstgarten.

Im **Rainforest Village** (☏4098 9015; ◷7–19 Uhr) südlich von Cooper Creek kann man sich mit Lebensmitteln, Eis und Benzin eindecken. Außerdem gibt's einen kleinen **Campingplatz** (Stellplatz ohne/mit Strom 24/32 AU$) mit warmen Duschen und einer Campingküche.

Das auch als „Jungle Bugs & Butterflies" bezeichnete **Daintree Entomological Museum** (☏4098 9045; www.daintreemuseum.com.au; Turpentine Rd; Erw./Kind 10/5 AU$; ◷10–16 Uhr) umfasst eine riesige, private Sammlung von einheimischen und exotischen Insekten, Schmetterlingen und Spinnen, die, fein säuberlich aufgespießt, in Glaskästen zu bewundern sind. Es gibt auch ein paar lebendige Riesenkakerlaken und Schmetterlinge, die in einer Voliere umherflattern.

Zu den geführten Wanderungen mit **Cooper Creek Wilderness** (☏4098 9126; www.ccwild.com; Cape Tribulation Rd; geführte Wanderung 45 AU$) muss man sich vorher anmelden. Da sich bei den Wanderungen am Tag, die jeweils um 9, 14 und 15 Uhr starten und durch den Daintree Rainforest führen, auch die Gelegenheit zum Schwimmen im Cooper Creek bietet, sollte man Badesachen einpacken. Bei den Nachtwanderungen (ab 20 Uhr) liegt der Schwerpunkt auf der Beobachtung von nachtaktiven Tieren. Ebenfalls im Angebot ist ein ganztägiger Ausflug mit Mittagessen und Bootsfahrt auf dem Fluss (130 AU$).

Cape Tribulation Wilderness Cruises (☏4033 2052; www.capetribcruises.com; Cape Tribulation Rd; Erw./Kind 25/18 AU$) veranstaltet einstündige Bootsfahrten durch die Mangroven, wo man Ausschau nach Krokodilen halten kann.

Nur eine Handtuchlänge vom feinen Sand des **Thornton Beach** entfernt befindet sich das **Cafe on Sea** (Cape Tribulation Rd; Hauptgerichte 12–20 AU$; ◷9–16 Uhr), in dem auch Alkohol ausgeschenkt wird.

Cape Tribulation

Dieses paradiesische Fleckchen Erde ist immer noch Grenzland. Davon zeugen die bescheidene Infrastruktur, Straßenschilder, die vor Kasuaren warnen, und Krokodile, die einen Strandspaziergang nicht ganz so entspannt sein lassen.

Der Regenwald reicht direkt bis an die beiden strahlend weißen Sandstrände Myall Beach und Cape Trib heran, die durch ein knubbeliges Kap voneinander getrennt sind. Der kleine Ort Cape Tribulation liegt buchstäblich am Ende der Straße, denn hier beginnt die nur mit Geländewagen befahrbare Küstenroute des Bloomfield Track.

◉ Sehenswertes & Aktivitäten

Strände & Badestellen SCHWIMMEN & WANDERN
Lange Spaziergänge an den fantastischen Stränden **Cape Tribulation Beach** und **Myall Beach** gehören hier zu den Lieblingsbeschäftigungen der Touristen. Wenn nicht gerade Quallensaison ist, kann man auch im Meer schwimmen, sollte allerdings immer die Warnschilder und Hinweise der Einheimischen bezüglich der Krokodile beachten. Oder man wandert auf Plankenwegen durch die Mangroven.

Garantiert krokodilfrei ist das kristallklare **Badebecken** neben Mason's Store (der Eintritt erfolgt gegen Spende einer Goldmünze).

DER DAINTREE NATIONAL PARK DAMALS UND HEUTE

Fast der gesamte Daintree Rainforest steht als Teil des Daintree National Park unter Naturschutz. Das Gebiet hat eine von Kontroversen geprägte Geschichte hinter sich. Gegen den massiven Widerstand von Umweltschützern wurde 1983 der Bloomfield Track vom Cape Tribulation zum Bloomfield River mitten durch den küstennahen Regenwald geschlagen. Die immense internationale Beachtung, die dieses Projekt fand, veranlasste die australische Bundesregierung indirekt, den feuchttropischen Regenwald von Queensland für die Aufnahme in die Liste des Welterbes vorzuschlagen. Dies führte wiederum zu heftigen Protesten seitens der Holzindustrie von Queensland, aber 1988 wurde das Gebiet tatsächlich zum Weltnaturerbe erklärt. Damit war das kommerzielle Abholzen des Regenwalds ab sofort verboten.

Da die Aufnahme in die Liste des Welterbes keinerlei Auswirkungen auf die Eigentums- oder Kontrollrechte hat, bemühen sich die Regierung von Queensland und Umweltschutzorganisationen seit den 1990er-Jahren, Grundbesitz zurückzukaufen und Eigentumsrechte wiederherzustellen, um das Land zum Daintree National Park hinzufügen und Besucherinformationszentren errichten zu können. Als mit dem Ausbau der Straße zum Cape Tribulation 2002 die schnelle Besiedelung der Region begann, wurden Hunderte von weiteren Grundstücken zurückgekauft. In Verbindung mit einer kontrollierten Entwicklungspolitik führen diese Anstrengungen dazu, dass sich der Regenwald wieder erholen kann. Weitere Informationen gibt's bei **Rainforest Rescue** (www.rainforestrescue.org.au).

Artenvielfalt

Der feuchttropische Regenwald von Far North Queensland weist eine verblüffende Artenvielfalt auf. Die Wet Tropics World Heritage Area, die von Townsville bis nach Cooktown reicht, erstreckt sich über insgesamt 8944 km² entlang der Küste und im Hinterland. Sie umfasst Sumpfgebiete und Mangrovenwälder, Eukalyptus- und tropische

Ocean Safari
RIFF-TOUREN
(☎4098 0006; www.oceansafari.com.au; Erw./Kind 108/69 AU$; ☺9 & 13 Uhr) Obwohl das Great Barrier Reef nur eine halbe Stunde von der Küste entfernt ist, war Ocean Safari zur Zeit der Recherche der einzige Anbieter von Touren zum Riff. Die Schnorchelausrüstung ist im Preis inbegriffen. Da nur maximal 25 Personen mitfahren können, sollte man im Voraus reservieren.

Jungle Surfing
SEILRUTSCHE
(☎4098 0043; www.junglesurfing.com.au; 90 AU$) An einem Stahlseil hängend schwingt man sich zu fünf Plattformen im Blätterdach des Regenwalds. Treffpunkt für die Touren, die achtmal täglich stattfinden, ist bei der Apotheke in Cape Tribulation (neben dem IGA-Supermarkt), da es nicht möglich ist, selber zur Rutsche zu fahren. Zuschauer sind nicht erlaubt.

Der gleiche Anbieter veranstaltet auch geführte **Nachtwanderungen** (40 AU$; ☺19.30 Uhr), bei denen schrullige Biologen Licht ins Dunkel des Dschungellebens bringen. Die Teilnehmer der Tour werden kostenlos von überall auf dem Cape Tribulation abgeholt.

Cape Trib Exotic Fruit Farm
OBSTPLANTAGE
(☎4098 0057; www.capetrib.com.au; Verkostung 20 AU$; ☺14 Uhr) Die Führung durch die paradiesischen Obstgärten und die Verkostung von zehn Früchten der Saison muss im Voraus gebucht werden. Übers Jahr werden hier insgesamt mehr als 100 tropische Obstsorten biologisch und ökologisch nachhaltig angebaut. Die Besitzer vermieten auch tolle Ferienhäuschen.

Bat House
NATURSCHUTZZENTRUM
(☎4098 0063; Cape Tribulation Rd; www.austrop.org.au; Eintritt 2 AU$; ☺Di–So 10.30–15.30 Uhr) Die Auffangstation für verletzte und verwaiste Flughunde wird von der Naturschutzorganisation Austrop geführt. Sie freut sich immer über Freiwillige, die mindestens eine Woche lang bei der Wiederaufforstung des Regenwaldes und bei Neuanpflanzungen mithelfen. Dafür gibt's kostenloses Essen und die Möglichkeit, in den Stockbetten der Station zu übernachten.

Mount Sorrow
WANDERN
Nur geübte, fitte Wanderer sollten sich (früh!) aufmachen, um den anstrengenden,

Regenwälder. Das entspricht zwar nur 0,01 % der Gesamtfläche Australiens, dennoch findet man hier:

» 36 % aller Säugetierarten,

» 50 % der Vogelarten,

» rund 60 % der Schmetterlingsarten und

» 65 % der Farnarten.

Was kann ich tun?

Der zunehmende Tourismus bleibt nicht ohne Auswirkungen für die Daintree-Region. Daher sollte man bei einem Besuch lediglich Fußspuren hinterlassen, also alle Abfälle wieder mitnehmen, auf den ausgeschilderten Wegen bleiben und beim Autofahren auf Tiere Acht geben.

Außerdem kann man mit folgendem Verhalten dazu beitragen, die unglaubliche Schönheit dieses Fleckchens Erde zu bewahren:

» Nur bei Tourenveranstaltern mit Ökosiegel buchen (www.ecotourism.org.au).

» Natürliche, chemiefreie Toilettenartikel benutzen.

» Freiwilligenarbeit wie Strandreinigung oder Wildtierbeobachtung übernehmen oder bei den Wiederaufforstungs- und Pflanzaktionen der Umweltschutzorganisation Austrop (s. Bat House auf S. 518) mithelfen.

» Gemeinnützige Umweltschutzorganisationen wie Rainforest Rescue, Wilderness Society oder Australian Conservation Foundation mit Spenden unterstützen.

» In Unterkünften übernachten, die ihren Müll trennen und sparsam mit Energie und Wasser umgehen.

aber lohnenden Mt. Sorrow Ridge Walk (hin & zurück 7 km, 5–6 Std.) abzulaufen. Der markierte Weg beginnt etwa 150 m nördlich der Parkfläche des Kulki-Picknickplatzes, auf der linken Seite.

Geführte Touren

Cape Trib Horse Rides REITEN
(1800 111 124; 4098 0030; 95 AU$/Pers.; ⊘8 & 13.30 Uhr) Gemütliches Reiten am Strand.

Cape Tribulation Kayaks KAJAKFAHREN
(4098 0077; www.capetribcamping.com.au; 2-stündige Tour 60 AU$) Geführte Kajaktouren und Verleih von Kajaks (Einer-/Zweierkajak 20/30 AU$ pro Std.).

D'Arcy of the Daintree JEEPTOUR
(4098 9180; darcyofdaintree@yahoo.com.au) Die Fahrten führen über den holperigen Bloomfield Track nach Cooktown (Erw./Kind 185/90 AU$) oder auf der Cape Tribulation Rd in Richtung Süden (Erw./Kind ab 55/35 AU$). Die Teilnehmer werden kostenlos in Cape Trib und Cow Bay abgeholt.

Mason's Tours WANDERN & JEEPTOUR
(4098 0070; www.masonstours.com.au, Mason's Store, Cape Tribulation Rd) Im Ange-

bot sind lehrreiche Wanderungen, die zwei Stunden (Erw./Kind 49/40 AU$) oder einen halben Tag (70/55 AU$) dauern, eine Nachtwanderung mit Krokodilbeobachtung (49 AU$) und eine Tour mit dem Geländewagen auf dem Bloomfield Track (ab 135/114 AU$).

Schlafen & Essen

In allen Restaurants der Ferienanlagen bekommen auch Nichtgäste etwas zu essen.

Cape Trib Exotic Fruit Farm Cabins LP TIPP HÜTTEN **$$**
(4098 0057; www.capetrib.com.au; DZ 180 AU$) Zwei Holzhütten stehen auf Stelzen mitten in den Obstplantagen der Cape Trib Exotic Fruit Farm, die direkt an einem plätschernden Bach am Rande des Welterbegebiets liegt und rundum von Regenwald umgeben ist. Die Fußböden, Decken und riesigen Terrassen der einfachen, aber eleganten Hütten bestehen aus unbehandeltem Holz, für Speisen und Getränke stehen elektrische Kühlboxen bereit. Im Preis inbegriffen ist ein Korb voller tropischer Früchte der Farm, den es zum Frühstück gibt. Mindestaufenthalt sind zwei Nächte.

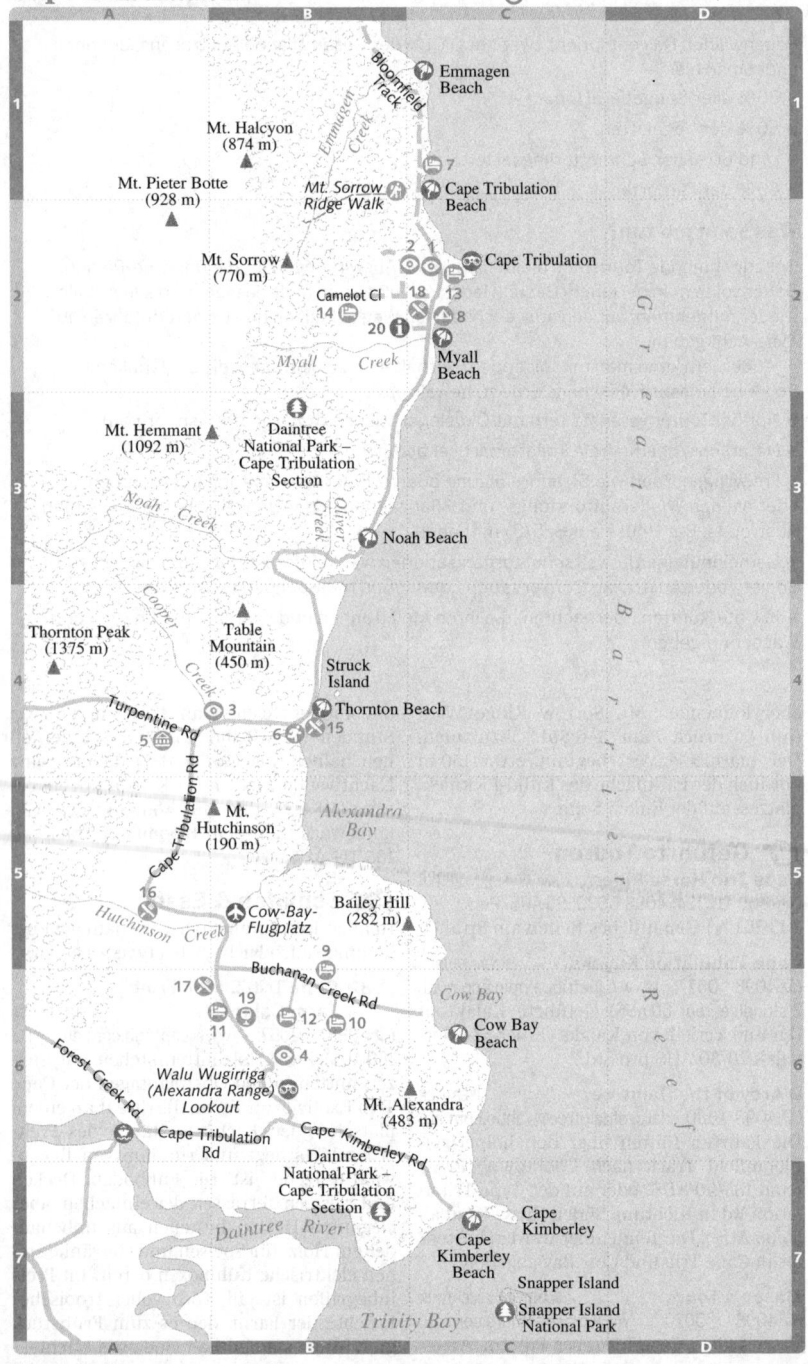

N

0 5 km

A B C D

1

Bloomfield Track

Emmagen Beach

Mt. Halcyon (874 m)

Emmagen Creek

Mt. Pieter Botte (928 m)

Mt. Sorrow Ridge Walk

7

Cape Tribulation Beach

2 1

Mt. Sorrow (770 m)

Cape Tribulation

Camelot Cl

18

13

14

20

8

Myall Creek

Myall Beach

Mt. Hemmant (1092 m)

Daintree National Park – Cape Tribulation Section

Noah Creek

Oliver Creek

3

Noah Beach

Thornton Peak (1375 m)

Cooper Creek

Table Mountain (450 m)

Struck Island

Turpentine Rd

3

Thornton Beach

5

6 15

Cape Tribulation Rd

Mt. Hutchinson (190 m)

Alexandra Bay

4

Great Barrier Reef

5

16

Hutchinson Creek

Cow-Bay-Flugplatz

Bailey Hill (282 m)

9

Buchanan Creek Rd

Cow Bay

17

19

11

12 10

4

Cow Bay Beach

Forest Creek Rd

Walu Wugirriga (Alexandra Range) Lookout

Cape Tribulation Rd

Cape Kimberley Rd

Mt. Alexandra (483 m)

Daintree National Park – Cape Tribulation Section

Cape Kimberley

6

7

Daintree River

Cape Kimberley Beach

Snapper Island

Snapper Island National Park

Trinity Bay

Cape Tribulation

🌿 Rainforest Hideaway B&B **$$**
(📞4098 0108; www.rainforesthideaway.
com; 19 Camelot Close; DZ 95–135 AU$) Das
farbenfrohe B&B wurde von seinem Besitzer,
dem Künstler und Bildhauer „Dutch
Rob", ganz alleine gebaut – selbst die Möbel
und Betten hat er selbst geschreinert.
Seine Skulpturen hat er entlang eines Pfades
aufgestellt, der sich durch das gesamte
Anwesen schlängelt. Frühstück ist im Preis
inbegriffen.

Cape Trib Beach House HOSTEL **$**
(📞4098 0030; www.capetribbeach.com.au;
B 26 32 AU$; DZ 75 AU$; Hütte 130–230 AU$;
❄@🏊) Auf dem Gelände direkt am Strand
stehen die für den Regenwald typischen
einfachen Hütten mit mehreren Betten bis
hin zu kleinen Häuschen mit eigenem Bad.
Eine saubere Gemeinschaftsküche ist ebenso
vorhanden wie ein **Restaurant** mit Terrasse
und Lizenz zum Alkoholausschank
(Hauptgerichte 11,50–26,50 AU$; ◷morgens,
mittags & abends).

PK's Jungle Village HOSTEL **$**
(📞4098 0040; www.pksjunglevillage.com; Stellplatz
ohne Strom 15 AU$/Pers., B 25 AU$, einfache
Hütte ohne Bad EZ/DZ 48/70 AU$, Hütte mit
Bad DZ 125 AU$; ❄@🛜🏊) Das „PK" ist seit
ewigen Zeiten ein Treffpunkt für Rucksacktouristen.
Ein Plankenweg führt zum Myall
Beach hinunter. Die **Jungle Bar** (Gerichte
5–18 AU$; ◷Restaurant mittags & abends, Bar
12–24 Uhr) ist das Epizentrum der Partyszene
am Cape Trib.

Mason's Store & Cafe CAFÉ **$**
(Cape Tribulation Rd; Hauptgerichte 12 AU$; ◷
So–Do 10–16, Fr & Sa 10–19 Uhr) Das Mason's
ist ein entspanntes Café, in dem es gute
Fisch & Chips und riesige Steakbrötchen
gibt. Im zugehörigen Laden werden ein
paar Lebensmittel und Alkohol zum Mitnehmen
verkauft.

Cape Tribulation Camping CAMPING **$**
(📞4098 0077; www.capetribcamping.com.au;
Stellplatz ohne/mit Strom 30/40 AU$, Safarizelt
EZ/DZ 45/70 AU$, 🍴) Auf dem geselligen
Platz direkt am Strand wird jeden Abend
ein Lagerfeuer angezündet. Die freundlichen
Leiter führen auch Kajaktouren
durch.

**Whet Restaurant
& Cinema** MODERN-AUSTRALISCH **$$**
(📞4098 0007; 1 Cape Tribulation Rd; Hauptgerichte
27,50–33 AU$; ◷mittags & abends) Das
coolste Lokal am Cape Trib serviert ganz
ordentliches Essen, das aber stark überbewertet
wird – vielleicht, weil es das einzige
ist, das man nach 20 Uhr am Kap noch bekommt.
Die Zeiten der Filmvorführungen
muss man telefonisch erfragen.

IGA LEBENSMITTEL **$**
(PK's Jungle Village; ◷8–18 Uhr) Größter Supermarkt
in der Daintree-Region.

ℹ Praktische Informationen
In **Mason's Store** (📞4098 0070; Cape Tribulation
Rd; ◷8–18 Uhr; @) gibt's Infos über die
Region und den Zustand des Bloomfield Track.

DAINTREE VILLAGE

Natürlich kann man auf direktem Weg zu den Stränden am Cape Trib fahren. Wesentlich schöner ist der 20 km lange Umweg über das winzige Dorf Daintree (130 Ew.). Obwohl weder das Dorf noch die Landschaft in der Umgebung zum Wet Tropics World Heritage gehören, sind Teile des Regenwalds hier noch völlig unberührt.

Hauptattraktion des Dorfes sind Flussfahrten auf dem Daintree River, um Krokodile zu sichten. Zu den zahlreichen Anbietern solcher Touren gehören **Crocodile Express** (☑4098 6120; www.daintreeconnection.com.au; Daintree Village; 1-stündige Flussfahrt Erw./ Kind 25/13 AU$; ☉tgl. ab 8.30 Uhr) und **Daintree River Wild Watch** (☑4098 7068; www.daintreeriverwildwatch.com.au; 2-stündige Bootsfahrt Erw./Kind 50/35 AU$), die auch lehrreiche Touren zur Vogelbeobachtung bei Sonnenaufgang und Fotosafaris mit dem Boot bei Sonnenuntergang anbieten.

Daintree Eco Lodge & Spa (☑4098 6100; www.daintree-ecolodge.com.au; 20 Daintree Rd; DZ 550–598 AU$; ✻@☎⚟) Die 15 kleinen, aber feinen „Banyans" (Hütten auf Stelzen), von denen zehn ein eigenes Wellnessbad haben, befinden sich hoch in den Baumkronen des Regenwalds, ein paar Kilometer südlich von Daintree Village. Selbst der auch Tagesgästen offenstehende Wellnessbereich ist umweltschonend angelegt und es werden eigens hergestellte, von der Medizin der Ureinwohner inspirierte Bioprodukte und Behandlungen verabreicht. Im hervorragenden **Julaymba Restaurant** (Hauptgerichte 29–32 AU$; ☉morgens, mittags & abends) sind auch Nicht-Hotelgäste willkommen. Hier werden nur regionale Erzeugnisse wie einheimische Beeren, Nüsse, Blätter und Blumen verarbeitet. Unbedingt den Ameisencocktail Flaming Green Ant probieren!

Eine Tankstelle gibt's in Daintree Village nicht.

NACH NORDEN BIS COOKTOWN

Zwei Wege führen aus Richtung Süden nach Cooktown: die Küstenstrecke vom Cape Tribulation über den Bloomfield Track, der nur mit Jeep befahrbar ist, und die Inlandsroute über die Peninsula Developmental Rd und die Cooktown Developmental Rd, die durchweg asphaltiert sind.

Die Inlandsroute

Die Inlandsroute von Cairns nach Cooktown zieht sich über 332 km an der Westflanke der Great Dividing Range entlang, was einer Fahrtzeit von etwa viereinhalb Stunden entspricht.

Startpunkt ist das historische Städtchen **Mt. Molloy** (275 Ew.), 40 km nördlich von Mareeba, wo die Peninsula Developmental Rd beginnt. Die guten Zeiten des Gold- und Kupferbergbaus sind längst vorbei. Heute besteht das Stadtzentrum nur noch aus einem Pub, einer Bäckerei, einem Postamt und einem Café. Nicht viel mehr hat die einst blühende Bergbaustadt **Mt. Carbine** weiter nördlich zu bieten, und so fährt man die Straße weiter bis zum **Palmer River**, wo

es Tankstellen, Campingplätze und Restaurants gibt.

Nach weiteren 15 km ist das kleine Dorf **Lakeland** an der Kreuzung von Peninsula Developmental Rd und Cooktown Developmental Rd erreicht. In Richtung Westen kommt man über Laura nach Cape York (nicht ohne Allradantrieb und guter Planung), in Richtung Nordosten gelangt man nach weiteren 80 km nach Cooktown.

Knapp 30 km vor Cooktown erstreckt sich der umwerfende **Black Mountain National Park** mit Tausenden von aufeinandergestapelten, kahlen, schwarzen Granitblöcken, die vor 260 Mio. Jahren entstanden sind. Der Park markiert das nördliche Ende der Wet Tropics World Heritage Area.

Die Küstenroute

Der legendäre, nur mit Geländewagen und Allradantrieb befahrbare Bloomfield Track vom Cape Tribulation nach Cooktown durchquert Flussläufe, steigt höllisch steil bergauf und windet sich durch unwegsamstes Gebiet. In der Regenzeit ist er oft wochenlang unpassierbar. Auch in der Trockenzeit sollte man sich vorab über die Straßenverhältnisse erkundigen, denn die

Flussläufe sind den Gezeiten unterworfen. Bevor die befestigte Cooktown Developmental Rd 30 km südlich von Cooktown beginnt, sind 80 km auf dieser Piste zu bewältigen.

Die bereits 1968 geplante, heftig umstrittene Schneise durch den Urwald war viele Jahre lang nicht mehr als ein Trampelpfad am Ende der Welt (s. S. 516). Ein paar Einheimische versuchen zu erreichen, dass sie im Laufe des nächsten Jahrzehnts nach und nach gesperrt wird.

Schon 5 km hinter Cape Trib beginnen am **Emmagen Creek** die steilen Anstiege und scharfen Kurven. Dies ist der anspruchsvollste Abschnitt der gesamten Strecke, vor allem, wenn es zuvor geregnet hat. Die Straße folgt dann dem breiten Bloomfield River, bevor er 30 km nördlich vom Cape Trib überquert wird.

Direkt hinter der Brücke geht es links zu den **Bloomfield Falls**. Der Fluss, in dem es von Krokodilen wimmelt, und die Wasserfälle sind den Aborigines der Wujal Wujal heilig, deren Siedlung sich am nördlichen Ufer befindet. Die hier lebende **Walker Family** (☑4060 8069; www.bamaway.com.au; Erw./Kind 15/8 AU$; ⊙nach Vereinbarung) führt die Besucher bei ihren äußerst empfehlenswerten halbtägigen **Wanderungen** durch den Regenwald zu den Wasserfällen.

Etwa 5 km nördlich von Wujal Wujal kann man sich im **Bloomfield Track Takeaway & Middleshop** (☑4060 8174; Gerichte 7–28 AU$; ⊙Di–Sa 8–22, So & Mo 8–20 Uhr) mit Pizza und Hamburgern, Benzin, Angelzeug und Lebensmitteln eindecken.

Nördlich von Bloomfield zweigt eine holprige, 3 km lange Straße ab, an deren Ende die **Home Rule Wilderness Cabins** (☑4060 3925; www.home-rule.com.au; Rossville; Stellplatz ohne Strom 10/5 AU$ pro Erw./Kind, Zi. 25/15 AU$ pro Erw./Kind) stehen. Die Gemeinschaftsküche ist wie alle anderen Einrichtungen blitzsauber, man kann sich aber auch bekochen lassen. Es werden Kanus verliehen und mehrere Wanderwege beginnen hier. Auf dem Gelände findet an einem Wochenende im September das **Wallaby Creek Festival** (www.wallabycreekfestival.org.au; ⊙Sept.) statt, bei dem viel Roots- und Blues-Musik, alternative Workshops und Familienprogramm geboten werden.

Nach weiteren 9 km erscheint endlich das einladende Schild des **Lion's Den Hotel** (☑4060 3911; www.lionsdenhotel.com.au; Helenvale; Stellplatz ohne/mit Strom 20/26 AU$, EZ/DZ 40/50 AU$, DZ im Safarizelt 70 AU$; ▣). Die

weltberühmte Kneipe mit viel Wellblech-Deko und Graffiti gibt's schon seit 1875, was ihrer Beliebtheit bei Reisenden und Einheimischen aber keinen Abbruch tut. Es gibt Benzin und eiskaltes Bier, das **Restaurant** (Hauptgerichte 18–23 AU$; ⊙morgens, mittags & abends) bringt ausgezeichnetes Pubessen auf den Tisch.

◨ **Mungumby Lodge** (☑4060 3158; www.mungumby.com; Helenvale; EZ/DZ 260/279 AU$; ☏▣) In dieser grünen Oase, 5 km östlich des Bloomfield Track, drehte David Attenborough vor Kurzem einen Film. Wenn man die Wege durch den Regenwald abläuft und die nahe gelegenen Wasserfall sieht, weiß man auch, warum. Auf dem Rasen unter den Mangobäumen verteilen sich frei stehende Ferienhäuschen mit Bad. Frühstück ist im Preis inbegriffen, Mittag- und Abendessen wird ebenso angeboten wie Touren in die Natur.

4 km weiter nördlich trifft der Bloomfield Track auf die befestigte Cooktown Developmental Rd, auf der man nach 28 staubfreien Kilometern Cooktown erreicht.

Cooktown

2093 EW.

Der kleine Ort mit großem Namen liegt in der südöstlichen Ecke der Cape York Peninsula. Schon seit Jahrtausenden hatten die Aborigines der Guugu Yimithirr und Kuku Yalanji ihre Versammlungen in Waymbuurr abgehalten, bevor am 17. Juni 1770 ein gewisser Lieutenant (und späterer Kapitän) James Cook hier sein Schiff *Endeavour* in den Sand der Flussmündung setzte. Cook und seine Crew ließen sich für 48 Tage hier nieder, um die *Endeavour*, die vor der Küste des Cape Tribulation auf ein Riff aufgelaufen war, wieder flott zu machen. So entstand, wenn auch nur vorübergehend, die erste nicht-indigene Siedlung auf dem australischen Kontinent.

Seit 2005 ist die Inlandsroute von Mareeba nach Cooktown durchgehend asphaltiert. Obwohl seitdem der Tourismus beständig zunimmt, herrscht hier noch immer Grenzlandstimmung – und das höchste Glück der Erde besteht in einer Angelrute und einer Kühlbox voller Bier.

◉ **Sehenswertes & Aktivitäten**

Im Sommer hält Cooktown Winterschlaf, denn in der Regenzeit, die die Einheimischen die „tote Saison" nennen, haben viele Sehenswürdigkeiten und Tourenveranstalter nur eingeschränkt geöffnet oder ganz geschlossen. In der Hauptstraße, der Charlotte St, stehen einige schöne Gebäude aus dem 19. Jh.

Nature's Powerhouse & Botanic Gardens
GALERIE

(☎4069 6004; www.naturespowerhouse.com.au; Walker St; Galerien Erw./Kind 3,50 AU$/frei; ⏱9–17 Uhr) In dem Umweltinformationszentrum sind zwei ausgezeichnete Ausstellungen untergebracht: die **Charlie Tanner Gallery**, in der eingelegte und konservierte Krabbeltiere zu bewundern sind, und die **Vera Scarth-Johnson Gallery**, die den in der Region heimischen Pflanzen gewidmet ist.

Das Infozentrum ist gleichzeitig das offizielle Besucherzentrum von Cooktown, in dem man Broschüren und Karten für die großartigen Wanderwege in der Region erhält. Im **Verandah Cafe** (Hauptgerichte 9–16 AU$; ⏱10–14.30 Uhr; ✍) kann man sich mit Kokosnuss-Brot zu Gado-Gado-Salat und anderen Gerichten stärken.

Das Nature's Powerhouse befindet sich am Eingang zum 62 ha großen **Botanischen Garten** (uneingeschränkter Zutritt). Der riesige Park, in dem einheimische und exotische Tropenpflanzen sowie seltene Orchideen wachsen, gehört zu den ältesten und schönsten Botanischen Gärten Australiens.

James Cook Museum
MUSEUM

(www.nationaltrustqld.org; Ecke Helen St & Furneaux St; Erw./Kind 10/3 AU$; ⏱9.30–16 Uhr) Was 1889 als Kloster erbaut wurde, ist heute das schönste historische Gebäude in Cooktown und dient der Aufbewahrung und Präsentation der Erinnerungsstücke an James Cooks Aufenthalt in der Stadt. Zu sehen sind u. a. die Einträge im Logbuch sowie die Kanone und der Anker der *Endeavour*, die 1971 aus dem Meer geborgen wurden. Ein Teil der Ausstellung ist der indigenen Kultur in der Region gewidmet.

Bicentennial Park & Umgebung
DENKMAL

Im Bicentennial Park steht das meist fotografierte Objekt der Stadt, die Bronzestatue des **Captain Cook**. Nicht weit davon entfernt erzählt die 12 m lange **Milbi Wall** in bunten Mosaiken die Geschichte Australiens von der Schöpfung über den ersten Kontakt der Europäer mit den Aborigines der Gungarde (oder Guugu Yimithirr) bis zum Zweiten Weltkrieg und den Versuchen der Versöhnung mit den Ureinwohnern in der jüngsten Vergangenheit. Ein **Felsen** im Wasser vor dem Bicentennial Park markiert die Stelle, an der Cook sein Schiff auf Grund laufen ließ und es an einem Baum festband. Ein Teil des Originalbaums ist im James Cook Museum zu sehen.

Der **Wharf** (Landungssteg) von Cooktown ist einer der schönsten Orte zum Angeln in ganz Queensland.

Grassy Hill
WANDERN

Eine vor Kurzem fertiggestellte Straße windet sich in Form der Regenbogenschlange, dem heiligen Wesen in der Traumzeit der Aborigines, zum Grassy Hill Lookout hinauf. Von dort hat man eine tolle Rundumsicht auf die Stadt, den Fluss und das Meer. Zu Fuß sind es 15 Minuten auf einem steilen Weg, der besonders schön bei Sonnenaufgang ist. Auch Cook stieg einst auf diesen Hügel, um eine Passage durch das Riff zu suchen.

Ein weiterer Spazierweg (einfache Strecke 800 m, 25 Min.) führt vom Gipfel hinunter zum Strand in der Cherry Tree Bay.

✨ Feste & Events

Das **Cooktown Discovery Festival** (www.cooktowndiscoveryfestival.com.au; ⏱Anf. Juni) zur Erinnerung an James Cooks Ankunft im Jahr 1770 findet alljährlich an dem Wochenende statt, an dem Queen Elizabeth II. ihren Geburtstag feiert. Der Landgang wird mit kostümierten Darstellern nachgespielt, danach gibt's einen großen Umzug mit fantasievollen Kostümen, aber auch indigene Workshops und einen traditionellen Corroboree (zeremonielles Treffen der Aborigines).

🍴 Schlafen & Essen

Cooktown bietet jede Menge Unterkünfte, darunter auch mehrere Wohnwagenparks. Trotzdem sollte man vor allem in der Trockenzeit im Voraus buchen.

Sovereign Resort Hotel
HOTEL $$

(☎4043 0500; www.sovereign-resort.com.au; Ecke Charlotte St & Green St; DZ 170–185 AU$, Apt mit 2 Schlafzi. 210 AU$; ❄@🌐🏊) Das nobelste Hotel von Cooktown liegt direkt an der Hauptstraße. Die luftigen Zimmer im tropischen Stil haben Jalousien aus Holz und gefliestе Fußböden. Das Resort ist wunderbar geeignet, um sich in der parkähnlichen Badelandschaft zu entspannen und im schicken **Balcony Restaurant** (Hauptgerichte 23,50–30,50 AU$; ⏱morgens & abends) und der günstigen **Cafe-Bar** (Hauptgerichte 11–21,50 AU$; ⏱11–20 Uhr; @✍) verwöhnen zu lassen.

GEFÜHRTE TOUREN VON COOKTOWN AUS

Obwohl das Riff nicht weit ist, werden in Cooktown keine regelmäßigen Tauch- oder Schnorcheltrips angeboten. Fahrten auf dem Wasser beginnen am Landungssteg.

» **Guurrbi Tours** (☑4069 6259; www.guurrbitours.com; 2-/4-stündige Tour 95/120 AU$, Selbstfahrer 65/85 AU$; ☺Mo–Sa) Willie Gordon, das Oberhaupt der Familie Nugal-Warra, benutzt auf seinen aufschlussreichen Touren die physische Landschaft zur Erklärung der spirituellen Landschaft. Bei der morgendlichen *Rainbow Serpent Tour* wird gewandert, Essen aus dem Busch probiert, Felsenmalerei bewundert und eine Geburtshöhle besichtigt. Die *Great Emu Tour* am Nachmittag ist kürzer und führt zu drei Stellen mit Felsenmalereien. Selbstfahrer treffen sich in der Nähe des Dorfes der Hopevale Aboriginal Community.

» **Catch-a-Crab** (☑4069 6289; cook.cac@bigpond.com; Erw./Kind 100/50 AU$) Der örtliche Meeresfrüchtelieferant Nicko befährt die Flüsse Endeavour und Annan, um Mangrovenkrabben zu fangen. Eine tolle Sache und nicht nur bei Kindern sehr beliebt – deshalb frühzeitig buchen.

» **Cooktown Barra Fishing Charters** (☑4069 5346; www.cooktownbarracharters. com; ½/1 Tag 100/200 AU$) veranstaltet auch Fahrten zum Beobachten von Krokodilen oder Vögeln und zum Krabbenfangen sowie Ökotouren.

» **Cooktown Tours** (☑1300 789 550; www.cooktowntours.com) Es gibt zweistündige Führungen durch die Stadt (Erw./Kind 55/33 AU$) oder Halbtagesausflüge zum Black Mountain und Lion's Den Hotel (Erw./Kind 110/77 AU$).

» **Cooktown Cruises** (☑4069 5712; www.cooktowncruises.com; 2-stündige Bootsfahrt Erw./Kind 55/35 AU$; ☺Juni–Sept. Di–So, April–Juni & Okt.–Dez. 3-mal wöchentl.) Landschaftlich reizvolle Bootsfahrten auf dem Endeavour River.

Pam's Place & Cooktown Motel MOTEL **$**
(☑4069 5166; www.cooktownhostel.com; Ecke Charlotte St & Boundary St; B/EZ/DZ 28/50/55 AU$, Motel DZ 90 AU$; ❊@☎☀) Im YHA-Hostel von Cooktown finden Rucksacktouristen alles, was sie brauchen: eine einladende und gesellige Atmosphäre, gemütliche Gemeinschaftsbereiche, Sauberkeit und einen schattigen Garten. Die schicken, neuen Motelzimmer riechen noch nach frischer Farbe. Das freundliche Personal hilft den Gästen auch gerne, einen Job als Erntehelfer zu finden.

Endeavour Falls
Tourist Park WOHNWAGENPARK **$**
(☑4069 5431; www.endeavourfallstouristpark. com.au; Endeavour Valley Rd; Stellplatz ohne/mit Strom 24/28 AU$, Hütte 115 AU$; ❊☀) Der gut geführte, friedliche Campingplatz liegt 32 km nordwestlich von Cooktown, an der Straße nach Hopevale, die auf den letzten 15 km nicht asphaltiert ist. Im Hintergrund rauschen die paradiesischen Endeavour Falls, in deren Badebecken man besser nicht schwimmt – will man nicht Bekanntschaft mit dem dort lebenden Krokodil machen. Zum Campingplatz gehört ein gut sortiertes Ladengeschäft, in dem es auch **Essen zum Mitnehmen** (Gerichte 6,50–13,50 AU$) gibt, und eine Tankstelle.

Seaview Motel MOTEL **$$**
(☑4069 5377; seaviewmotel@bigpond.com.au; 178 Charlotte St; DZ 99–155 AU$, Reihenhaus 220 AU$; ❊☀) Moderne Zimmer, teilweise mit eigenem Balkon, in toller Lage gegenüber vom Landungssteg.

Restaurant 1770 MODERN-AUSTRALISCH **$$**
(☑4069 5440; 7 Webber Esplanade; Hauptgerichte 20,50–32 AU$; ☺morgens, mittags & abends; ☎) In dem Restaurant mit romantischer Terrasse direkt am Wasser steht frischer Fisch ganz oben auf der Speisekarte, aber auch die Desserts wie weißer Schokoladenkuchen sind superlecker.

Cooktown
Bowls Club CLUB MIT ALKOHOLAUSSCHANK **$$**
(☑4069 5819; Charlotte St; Hauptgerichte 14–25 AU$; ☺Mi–Fr mittags, tgl. abends) Der Boule-Club serviert Bistroessen in riesigen Portionen. Mittwoch- und samstagnachmittags darf sich jeder mit den Kugeln versuchen, mittwochabends wird barfuß gespielt.

Gill'd & Gutt'd FISH & CHIPS **$**
(☑4069 5863; Fisherman's Wharf, Webber Esplanade; Hauptgerichte 7–12 AU$; ☺mittags & abends) Fish & Chips wie es sich gehört – frisch zubereitet und auf dem Landungssteg am Wasser gegessen.

ℹ Praktische Informationen

Auf www.cooktownandcapeyork.com finden sich viele Infos über die Stadt und die Umgebung.

Cooktown DERM (☑13 74 68; www.derm.qld. gov.au; Webber Esplanade; ◷Mo–Fr 9–15 Uhr) informiert über Nationalparks sowie Lizard Island und stellt Genehmigungen zum Campen aus.

Nature's Powerhouse (☑4069 6004; www. naturespowerhouse.com.au; Walker St; ◷9–17 Uhr) Hier befindet sich das Besucherzentrum von Cooktown.

ℹ Anreise & Unterwegs vor Ort

Der Flugplatz von Cooktown liegt 10 km westlich der Stadt an der McIvor Rd. **Hinterland Aviation** (☑4035 9323; www.hinterlandaviation.com.au; einfache Strecke 150 AU$) fliegt ein- bis viermal täglich außer sonntags von und nach Cairns (einfache Strecke 150 AU$, 40 Min.).

Country Road Coachlines (☑4045 2794; www.countryroadcoachlines.com.au) verkehrt einmal täglich zwischen Cairns und Cooktown (75 AU$). Ob der Bus die Küstenstraße (auf dem Bloomfield Track über Port Douglas) oder die Inlandsroute (über Mareeba) nimmt, ist abhängig von Reisezeit und Straßenzustand.

Das Sovereign Resort Hotel vermietet Allradfahrzeuge für 120 AU$ am Tag.

Wer ein Taxi braucht, wählt ☑4069 5387.

Lizard Island

Lizard Island besteht aus fünf kleinen Inseln, die dicht an dicht 27 km vor der Küste liegen und etwa 100 km von Cooktown entfernt sind. Die von den Aborigines der Dingaal als Jiigurru bezeichnete Hauptinsel Lizard Island ist trocken, felsig und bergig, aber von einem spektakulären Riff umgeben, in dem man toll schnorcheln und tauchen kann. Der Großteil der Insel, die über insgesamt 24 strahlend weiße Sandstrände verfügt, wurde zum Nationalpark erklärt, in dem jede Menge Tiere leben, darunter elf verschiedene Echsenarten.

An Unterkünften stehen nur zwei Extreme zur Wahl: entweder das superexklusive Fünf-Sterne-Luxushotel **Lizard Island Resort** (☑1300 863 248; www.lizardisland.com.au; Anchor Bay; DZ ab 1700 AU$; ✳@☎✉) oder der supereinfache Bush-**Campingplatz** (☑13 74 68; www.derm.qld.gov.au; 5,15 AU$/Pers.), den die **DERM** auf der Insel unterhält. Da es keinen Laden auf der Insel gibt, muss man alles selber mitbringen.

Am einfachsten ist Lizard Island mit dem Flugzeug zu erreichen. Die Flüge von und nach Cairns (hin & zurück 530 AU$) müssen über das Lizard Island Resort gebucht werden. Die Flugzeit beträgt eine Stunde.

Daintree Air Services (☑1800 246 206; 4034 9300; www.daintreeair.com.au) bietet Tagestouren mit Flug an, die um 8 Uhr in Cairns starten (690 AU$). Im Preis inbegriffen sind das Mittagessen, die Schnorchelausrüstung, alle Transfers und ein Führer vor Ort.

Australiens Ostküste verstehen

Die Ostküste aktuell

Überschwemmungen & Brände

Ende 2010 gingen Rekordregenfälle über große Teile der Ostküste nieder, insbesondere über NSW und Queensland. Zunächst begrüßten die Farmer das Ende der zehnjährigen Dürreperiode, doch dann wurden ihre Felder überschwemmt und die Ernte zerstört. Die anhaltenden Niederschläge verschlimmerten die Lage und Anfang 2011 standen dutzende Städte unter Wasser. Insgesamt war ein 1 Mio. km² großes Gebiet betroffen, was in etwa der Fläche von Deutschland und Frankreich zusammen entspricht. Brisbane, Australiens drittgrößte Stadt, traf es am 11. Januar, als der Brisbane River über die Ufer trat. Der Wasserstand erreichte über 4 m, weite Teile der Stadt wurden überflutet.

Die Flut hinterließ 35 Tote und über 30 000 zerstörte oder beschädigte Häuser und Geschäfte. Der australische Finanzminister Wayne Swan bezeichnete die Überschwemmungen als die „teuerste wirtschaftliche Katastrophe unserer Geschichte". Die Kosten durch die Schäden belaufen sich auf 5,6 Mrd. AU$. Bereiche wie Kohleförderung, Landwirtschaft und Tourismus wurden stark in Mitleidenschaft gezogen.

Auch der Süden wurde von den Überschwemmungen Anfang 2011 nicht verschont, so waren über 50 Gemeinden in West- und Zentralvictoria betroffen. Etwa 1700 Grundstücke wurden geflutet, Felder überschwemmt und Tausende Nutztiere getötet. Der landwirtschaftliche Schaden beläuft sich auf über 1,5 Mrd. AU$.

Zwei Jahre zuvor war Victoria von einer noch verheerenderen Naturkatastrophe heimgesucht worden: Die tragischen Buschbrände vom 7. Februar 2009, auch „Black Saturday" genannt, kosteten 173 Menschen das Leben. Als Folge einer Rekordhitzewelle zerstörten die Brände ein etwa 4500 km² großes Gebiet und verursachten Schäden von über 1 Mrd. AU$.

Top-Filme

Australia (2008) Die tollen Aufnahmen aus Baz Luhrmanns epischem Werk vor dem Hintergrund des Zweiten Weltkriegs sind aus NSW und Queensland. **Ned Kelly** (2003) Unterhaltsames Portrait des legendären Buschrangers.

The Castle (1997) Höchst amüsante Komödie, die mit australischen Klischees spielt. **Picknick am Valentinstag** (1975) Packender Film über eine Gruppe von Schülerinnen, die in der mysteriösen australischen Landschaft verschwindet.

Top-Musiker

Powderfinger Fünf Platinalben; zogen sich 2010 aus dem Musikgeschäft zurück. **Slim Dusty** Eine singende NSW-Legende – toll für Roadtrips. **Christine Anu** Die Torres-Strait-Insulanerin mischt kreolischen Rap und Gesang von den Inseln mit englischen Texten.

Religion
(% der Bevölkerung)

65 christlich

18 keine Religion

11 unbekannt

6 andere

Gäbe es nur 100 East-Coast-Aussies, wären …

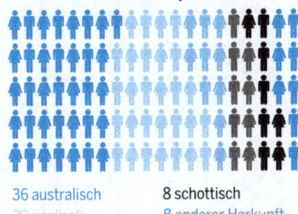

36 australisch
29 englisch
10 andere Europäer
9 irisch

8 schottisch
8 anderer Herkunft

Das Riff in Gefahr

Für viele Klimaforscher sind diese Naturkatastrophen ein weiterer Beweis dafür, dass der von Menschen verursachte Klimawandel verheerende Folgen auf die Wetterlage in Australien und anderen Teilen der Welt hat.

Der Klimawandel bleibt ein heiß diskutiertes Thema in Australien (und das ist kein Wortspiel), besonders wenn es um Queenslands größte Touristenattraktion geht. Aufgrund der anhaltend steigenden Meerestemperatur rechnen Forscher mit fatalen Folgen für das Great Barrier Reef. Manche schätzen, dass es innerhalb der nächsten 50 Jahre fast vollständig zerstört werden wird. Für viele ist das unvorstellbar und die wirtschaftlichen Folgen wären katastrophal: Das Great Barrier Reef sorgt in der Tourismusbranche für einen geschätzten Gewinn von 4 Mrd. AU$ pro Jahr.

Wirtschaftliche Stabilität

Abgesehen von den Naturkatastrophen steht Australiens Wirtschaft gut da. Die vom Rohstoffhandel geotürkte Nation gehörte zu den wenigen OECD-Ländern, die in der Weltwirtschaftskrise eine Rezession abwenden konnten. Das erwartete Ansteigen der Arbeitslosenrate auf 8 bis 10 % blieb aus, sie erreichte nicht einmal 6 %. Grund dafür war u. a. ein cleveres 50 Mrd. AU$ schweres Investitionsprojekt, das der schwächelnden Weltwirtschaft entgegenwirkte. Die globale Krise brach während der Amtszeit von Premierminister Kevin Rudd aus, mittlerweile folgte ihm Julia Gillard ins Amt. 2010 sank die Arbeitslosigkeit auf 5 % und das BIP stieg um über 3 %. Den größten Anteil daran haben NSW, Victoria und das noch von den Folgen der Flut gebeutelte Queensland, die wirtschaftlich stärksten Bundesstaaten Australiens.

Top-Alben

Back in Black – AC/DC
Diesel & Dust – Midnight Oil
Circus Animals – Cold Chisel
Neon Ballroom – Silverchair
Kick – INXS
Woodface – Crowded House
The Boatman's Call – Nick Cave & the Bad Seeds

Aussie-Slang

Aussie salute Fliegen vom Gesicht anderer verscheuchen
rough as guts sehr derb, unzivilisiert
blow-in unerwarteter Gast
perve jmd. lüstern anschauen
yapping/verbal diarrhoea unablässiges Sprechen

gutless wonder Feigling
tinnie Bierdose
pissed as a fart/parrot/newt;
legless sturzbetrunken
like a stunned mullet komplett verwirrt
looks like a dog's breakfast steckt in einer misslichen Lage

Trotz der harschen, rauen Landschaft war und ist Australien ein beliebtes Einwanderungsland. Der Lebensstandard gehört zu den höchsten weltweit und der Human Development Index der Vereinten Nationen führt Australien beständig auf einem der ersten fünf Plätze aufgrund des hohen Niveaus in den Bereichen Bildung, Gesundheit, demokratische Freiheitsrechte, Sicherheit und Lebenserwartung. Das Pro-Kopf-Einkommen ist hoch und Melbourne, Sydney und Brisbane rangieren in der Liste der lebenswertesten Städte meist auf den vorderen Plätzen.

Trotz der hohen Lebensqualität sorgen sich viele Australier um ihre Zukunft. Die Immobilienpreise sind in den letzten 30 Jahren stark gestiegen. Viele haben sich finanziell übernommen oder bleiben auf ihrem Weg zur Verwirklichung des Traums vom eigenen Haus mit Grundstück auf der Strecke. Manche Ökonomen warnen sogar vor einer ernsthaften Kreditkrise in den kommenden Jahren, vergleichbar mit der in den USA, die die Weltwirtschaftskrise auslöste. So sind die Immobilienpreise mancherorts um bis zu 20 % überbewertet.

Eine Nation für alle

Seit den gegen Einwanderer gerichteten Parolen der Gründerin der One Nation Party Pauline Hanson, die 1996 den unrühmlichen Ausspruch tätigte, Australien schwebe in der Gefahr, von „Asiaten überschwemmt zu werden", hat sich im Land einiges getan. Die meisten Australier lehnen die ausländerfeindliche, rassistische Politik früherer Zeiten ab. Die Aufarbeitung der dunklen Vergangenheit hinsichtlich der Diskriminierung der indigenen Bevölkerung ist allerdings noch in vollem Gange. 2008 schlug der damalige Premierminister Kevin Rudd den Weg der Versöhnung ein und entschuldigte sich in einer bewegenden Rede all-

Top-Bücher

Der verborgene Fluss Kate Grenvilles Roman handelt von Sträflingen und den Aborigines **Zur Ruhe kam der Baum des Menschen nie** Roman von Patrick White über frühe Siedler **Johnno** David Maloufs Bildungsroman spielt im Brisbane der 1940er-Jahre

Erfindungen

Tiefkühler James Harrison baute in den 1850er-Jahren eine mechanische Gefrieranlage **Bohrmaschine** 1889 von Arthur James aus Melbourne patentiert **Rasenmäher mit Zweitaktmotor** 1930 entwickelt; kam bei den Olympischen Spielen in Sydney zum Einsatz

„Big Things"

Big Banana – Coffs Harbour, NSW **Big Wine Bottle** – Pokolbin, Hunter Valley, NSW **Big Guitar** – Tamworth, NSW **Big Koala** – Phillip Island, Victoria **Big Mango** – Bowen, QLD

umfassend für die Fehler der Vergangenheit. Er rief zu parteiübergreifendem Engagement auf, um die Lebensbedingungen der indigenen Bevölkerung zu verbessern. Rudds Entschuldigung richtete sich in erster Linie an die *stolen generations*; dabei handelt es sich um indigene Kinder, die im 19. und 20. Jh. ihren Eltern weggenommen und in weiße Familien gebracht wurden.

Rudds Rede fand in weiten Teilen Australiens Gehör und die Regierungen der Bundesstaaten starteten verschiedene Initiativen, darunter Queenslands Reconciliation Plan; er hat sich die Verbesserung der Beziehungen, ein respektvolles Miteinander und bessere Chancen in der höheren Bildung und in der Arbeitswelt als Ziel gesetzt. Rudd begrüßte diese Maßnahmen als wichtige Schritte auf dem Weg hin zu „wahrer Aussöhnung und dem gemeinsamen Aufbau einer großen Nation".

Geschichte

Michael Cathcart

Michael Cathcart präsentiert Geschichtsprogramme auf
ABC TV, ist Rundfunksprecher bei ABC Radio National und
unterrichtet Geschichte am Australian Centre der University
of Melbourne.

Eindringlinge

Bei Sonnenaufgang hatte sich der Sturm gelegt. Zachary Hicks hielt
schläfrig Wache auf dem britischen Schiff *Endeavour,* als er mit einem
Schlag hellwach wurde. Er rief seinen Kapitän James Cook zu sich, der
zu ihm in die frische Morgenluft trat und den wunderbaren Ausblick
genoss. Vor den beiden Männern lag ein unerforschtes Land mit bewaldeten Hügeln und sanften Tälern. Es war der 19. April 1770. In den
folgenden Tagen zeichnete Cook die erste europäische Landkarte von
Australiens Ostküste und besiegelte so für die Aborigines das Ende ihrer
Unabhängigkeit.

**Auf den
Spuren
der Straf-
gefangenen**

» Hyde Park
Barracks Mu-
seum, Sydney

» St. Thomas
Anglican Church,
Port Macquarie,
NSW

» Trial Bay Gaol,
Trial Bay, NSW

» Commissariat
Stores Building,
Brisbane

» Heritage Cen-
tre, Maryborough

Strafgefangene

18 Jahre später, im Jahr 1788, kamen die Engländer zurück: Es handelte
sich um 751 zerlumpte Sträflinge und Kinder sowie rund 250 Soldaten,
Beamte und deren Ehefrauen. Diese bunt zusammengewürfelte „First
Fleet" stand unter dem Kommando des jovialen, gewissenhaften Mari-
nekapitäns Arthur Phillip. An einer kleinen Bucht im idyllischen Gebiet
der Eora-Aborigines gründete dieser eine Strafkolonie und benannte den
Ort nach dem britischen Innenminister Lord Sidney.

Robert Hughes Bestseller *Australien: Die Besiedlung des fünften
Kontinents* (1987) beschreibt die Kolonie als einen grauenhaften Gulag,
in dem britische Obrigkeiten Rebellen, Landstreicher und Kriminelle
quälten. Andere Historiker heben dagegen hervor, dass einflussreiche
Männer in London die Deportation als eine Möglichkeit ansahen, Gefan-

ZEITLEISTE

60 000 v. Chr.	43 000 v. Chr.	6000 v. Chr.
Obwohl nicht bekannt ist, wann die ersten Menschen Australien besiedelten, gehen die Experten doch davon aus, dass die Aborigines sich in dieser Zeit auf dem Kontinent niederlassen.	Eine Gruppe von Aborigines besiedelt das Nepean Valley nahe dem heutigen Sydney und arbeitet mit Werkzeugen aus Stein. Archäologische Funde dieser Art werden später in ganz Australien gemacht.	Aufgrund der Erderwärmung steigt der Meeresspiegel und zwingt viele der indigenen Gruppen, die fruchtbaren Gebiete an der Küste zu verlassen. Ganze Landstriche von der Größe des heutigen NSW gehen verloren.

Es ist nur wenig darüber bekannt, wie die ersten Menschen nach Australien kamen. Auch wann sie kamen, wird breit diskutiert. Die Überlegungen orientieren sich eher an geologischen als an anthropologischen Gesichtspunkten. Es könnte vor 50 000 oder auch vor 70 000 Jahren gewesen sein. Sicher ist aber, dass Menschen aus Asien auf diesen Kontinent kamen, als die Erde noch viel kälter und die Wasserstände noch viel niedriger waren. So war es ihnen möglich, von Neuguinea aus über die Torres-Straße zu laufen. Wahrscheinlich hat es seither immer wieder größere Migrationen nach Australien gegeben, zuletzt vor 5000 Jahren. Bei Cooks Ankunft im Jahr 1770 gab es auf dem Kontinent bereits eine reiche und vielfältige Kultur indigener Gemeinschaften.

gene in ein neues, nützliches Leben einzugliedern. Tatsächlich wurden unter Phillips viele Gefangene schon bald auf Bewährung freigelassen, konnten wohnen, wo sie wollten, und sich selbst Arbeit suchen.

Doch das System konnte grausam sein. Frauen, die im Verhältnis 1:5 in der Unterzahl waren, drohte die ständige sexuelle Ausbeutung. Weibliche Strafgefangene, die ihre Wärter gegen sich aufbrachten, siechten in deprimierenden „Frauenfabriken" dahin. Männliche Wiederholungstäter wurden brutal ausgepeitscht und konnten selbst für kleinere Vergehen wie Diebstahl gehängt werden. 1803 etablierten englische Offiziere eine zweite Sträflingskolonie im „Van Diemens Land" (dem heutigen Tasmanien). Schnell füllten Wiederholungstäter das üble Gefängnis von Port Arthur an der schönen und wilden Küste bei Hobart. Andere erlitten sinnlose Qualen auf Norfolk Island im abgelegenen Pazifik.

Anfangs waren Sydney und diese kleineren Siedlungen auf Schiffe angewiesen, die sie mit allem Lebensnotwendigen versorgten. Die Regierung teilte daraufhin Soldaten, Offizieren und freigelassenen Häftlingen Land zu, um damit die Landwirtschaft anzukurbeln, und nach 30 Jahren voller Mühen und Fehlschlägen begannen die Farmen endlich zu florieren. Einer der jähzornigsten und skrupellosesten unter den Grundbesitzern hieß John Macarthur. Gemeinsam mit seiner temperamentvollen Ehefrau Elizabeth leistete er auf seinen grünen Wiesen nahe Sydney Pionierarbeit: Er züchtete Merinoschafe.

Rum

John Macarthur war außerdem ein führendes Mitglied des Rum Corps. Dabei handelte es sich um eine Clique mächtiger Offiziere, die einen amtierenden Gouverneur nach dem anderen schikanierten und ihren Reichtum vermehrten, indem sie einen Großteil des Handels in Sydney kontrollierten, vor allem den mit Rum. Doch 1810 machte ein neuer starker Gouverneur namens Lachlan Macquarie ihren Gaunereien ein Ende.

Begegnungen mit der Geschichte

» The Rocks Discovery Museum, Sydney

» Cadman's Cottage, Sydney

» Melbourne Museum, Melbourne

» Immigration Museum, Melbourne

» Newstead House, Brisbane

» Queensland Maritime Museum, Brisbane

» Historical Museum, North Stradbroke

» Mossman Gorge, Queensland

» National Gallery of Australia, Canberra

3000 v. Chr.	**1607**	**1770**	**1776**
Die letzte (zumindest bis ca. 1970) bekannte große Immigrationswelle aus Asien erreicht den Kontinent. Mehr als 250 Sprachen sind in Australien zu hören.	Der spanische Entdecker Luis Torres segelt durch die Meerenge zwischen Australien und Neuguinea, ohne den großen Kontinent im Süden zu entdecken. Die Meerenge trägt heute seinen Namen.	Der britische Seefahrer James Cook zeichnet auf seinem Schiff *Endeavour* eine Karte von Australiens Ostküste. Danach läuft er beim Great Barrier Reef in der Nähe eines Orts, den er Cape Tribulation nennt, auf Grund.	In den USA erklären die 13 britischen Kolonien ihre Unabhängigkeit. Nun hat die Krone keinen Ort mehr, an dem sie Unerwünschte und Sträflinge loswerden kann. Die Behörden richten ihre Aufmerksamkeit auf Australien.

Unter seiner Führung wurden die Hauptstraßen des heutigen Sydney angelegt, einige herrliche öffentliche Gebäude errichtet (viele von ihnen entwarf ein Strafgefangener, der talentierte Architekt Francis Greenway) und die Grundlagen für eine zivile Gesellschaft geschaffen.

Macquarie engagierte sich auch für die Rechte befreiter Gefangener. Er teilte ihnen Land zu und berief einige von ihnen in öffentliche Ämter. In höheren Gesellschaftskreisen stieß diese Toleranz allerdings auf wenig Begeisterung. Großgrundbesitzer, bürgerliche Snobs und ältere britische Offiziere legten auch fern der Heimat ein rigides Klassendenken an den Tag. Ehemalige Gefangene waren für sie Luft und die lockeren Umgangsformen sowie den starken Akzent der neuen Australier empfanden sie als äußerst peinlich.

Inzwischen sprach sich in England herum, dass es auf dem Kontinent günstiges Land und jede Menge Arbeit gab. Abenteurer brachen nun in Scharen auf, um auf der anderen Seite der Welt ihr Glück zu versuchen. Währenddessen schickte die britische Regierung immer mehr Sträflinge hierher. 1825 gründeten Soldaten und Strafgefangene eine Kolonie auf dem Territorium der Yuggera nahe dem heutigen Brisbane. Bald danach zog diese warme, fruchtbare Region auch freie Siedler an, die Ackerbau, Viehzucht, Holzwirtschaft und Bergbau auf dem Land der Aborigines betrieben.

Schafe

Im kühleren Grasland Tasmaniens florierte die Schafzucht und die Bauern suchten immer neue Weiden für ihre Tiere. 1835 segelte ein ambitionierter junger Siedler namens John Batman nach Port Phillip Bay auf dem Festland. Am Ufer des Flusses Yarra bestimmte er die Stelle für das spätere Melbourne und sagte den legendären Satz: „Das ist der Ort für ein Dorf." Danach heckte er einen dreisten Deal aus. Er überredete die Aborigines, ihm ihr Land (ganze 2500 km²) für eine Kiste Decken, Mehl, Messer und Krimskrams zu „verkaufen". In Sydney erklärte Gouverneur Burke den Vertrag für ungültig, und zwar nicht, weil er ihn für ungerecht hielt, sondern weil das Land offiziell der britischen Krone gehörte. Burke untermauerte seinen Standpunkt, indem er Batman bestes Ackerland nahe Geelong zuwies.

Land

Auf der Suche nach Weideland und Wasser drangen die Siedler – man nannte sie Sqatters – Jahr für Jahr weiter in das Territorium der Aborigines ein, besetzten nach Gutdünken Land und verteidigten es mit Waffengewalt. In den USA war der Konflikt zwischen Siedlern und Einheimischen die Basis für den Mythos vom „Wilden Westen", während die Auseinandersetzungen in Australien hingegen kaum im Gedächt-

Vor dem Eintreffen der Europäer gab es in Australien schätzungsweise 750 000 Aborigines, die sich auf 600 bis 700 indigene Stämme verteilten. Es gab mindestens 250 indigene Sprachen und Dialekte.

1788	1824	1835	1844–45
Die Eora von Bunnabi stellen fest, dass sie neue Nachbarn haben. Elf Schiffe mit Soldaten und Strafgefangenen werfen Anker an der Stelle, die die Neuankömmlinge Botany Bay nennen.	Die Regierung errichtet die schreckliche Strafkolonie von Moreton Bay, ein Ort des Grauens. Eine zweite Strafkolonie in Brisbane folgt zwei Jahre später.	Für Mehl und billigen Schmuck „erwirbt" John Batman von den Aborigines des Dutigalla-Stamms 2500 km² Land. Melbourne wird am Nordufer des Yarra River gegründet.	Ludwig Leichhardt schreibt den ersten Reiseführer über Australien in Form eines Tagebuchs. Darin verzeichnet er seine Expedition von Brisbane bis fast nach Darwin. 1848 verschwindet er spurlos.

nis der Siedlernachkommen geblieben ist, sodass manche Historiker heute am Ausmaß der Gewalt zweifeln. Die Aborigines haben jedoch von Generation zu Generation weitergegeben, wie man ihre Vorfahren niedergemetzelt und ihre Wasserlöcher vergiftet hat. Einige der erbittertsten Kämpfe ereigneten sich in entlegenen Gegenden des zentralen Queensland. In Tasmanien waren die Folgen dieser Besiedlungen so verheerend, dass heute alle verbliebenen Aborigines der Insel aus Mischehen abstammen.

Auf dem Festland gelang es vielen Siedlern, einen Waffenstillstand mit den besiegten Stämmen herzustellen. In abgelegenen Gegenden wurde es üblich, dass Aborigines schlecht bezahlte Arbeiten auf Höfen annahmen und auf Schaf- sowie Rinderfarmen als Viehtreiber, Hilfsarbeiter, Scherer sowie Hausangestellte Beschäftigung fanden. Jene, die weiter auf ihrem traditionellen Land arbeiten durften, passten sich den neuen Bedingungen an. Dieses Arrangement blieb auf Weideflächen im Hinterland noch bis nach dem Zweiten Weltkrieg bestehen.

Gold & Rebellion

Der Sträflingstransport nach Ostaustralien endete in den 1840er-Jahren und das war auch gut so, denn 1851 entdeckten Schürfer Gold in New South Wales und Victoria. Diese Nachricht schlug ein wie eine Bombe. Junge Männer und auch abenteuerlustige Frauen aus allen Schichten begaben sich nun auf Schatzsuche und es dauerte nicht lange, bis ihnen ein Strom aus Goldgräbern, Unterhaltungskünstlern, Wirten, Schnapsschmugglern, Prostituierten und Gaunern folgte. In Victoria machte sich der britische Gouverneur größte Sorgen. Nicht nur, weil die Standesgesellschaft völlig aus den Fugen geriet, sondern auch, weil nun zusätzliche Kosten anfielen, um Recht und Gesetz auf den Goldfeldern zu sichern. Seine Lösung war, allen Glückssuchern eine hohe monatliche Schürflizenz abzuverlangen. Damit ging die Hoffnung einher, dass die Ärmeren unter ihnen in ihre Heimatorte zurückkehren würden.

Doch der Reiz des Edelmetalls war zu groß. Die Stimmung auf den Goldfeldern war so ausgelassen, dass sich zunächst kaum jemand von der berittenen Polizei abschrecken ließ, die auf brutale Weise die Gebühren für Lizenzen eintrieb. Doch nach drei Jahren war das leicht zugängliche Gold in Ballarat erschöpft und die Schürfer mussten nun in tiefen, wasserlaufenden Schächten abmühen. Inzwischen waren sie wütend über das korrupte und gewalttätige Rechtssystem, das ihnen nur Verachtung entgegenbrachte. Unter Führung des charismatischen Iren Peter Lalor hissten sie ihre eigene Flagge, das „Southern Cross", und schworen, ihre Rechte und Freiheiten zu verteidigen. Sie bewaffneten sich, verschanzten sich in Eureka hinter Palisaden und warteten auf die Reaktion der Staatsmacht.

RUM HOSPITAL

Münzhaus und Parlamentsgebäude in Sydney waren ursprünglich Seitenflügel des berüchtigten Rum Hospital. Zwei Kaufleute hatten es errichtet, um im Gegenzug das Monopol auf den Rumhandel zu erhalten.

1846	**1871**	**1891**	**1901**
Jemmy Morrill, einziger Überlebender eines Schiffsunglücks vor Queensland, wird von Aborigines gerettet. Er lebt 17 Jahre mit ihnen zusammen und spielt später eine Schlüsselrolle in der Verbesserung der Beziehungen.	Der Aborigines-Angehörige Jupiter, ein Viehzüchter, entdeckt Gold in Queensland und der Rausch nimmt seinen Lauf. Innerhalb von zehn Jahren macht Brisbane ein Vermögen mit Gold und Wolle.	Der Streik der Schafscherer in der Gegend um Barcaldine, Queensland, geht in die Geschichte ein. Die Konfrontationen führen dazu, dass die Australian Labor Party ins Leben gerufen wird.	Australien wird ein föderativer Staat. Das neue Bundesparlament trifft sich in Melbourne. Die White Australia Policy wird verabschiedet und Nichteuropäer erhalten Einwanderungsverbot.

TRAGISCHE EXPEDITIONEN

REGIS ST. LOUIS

Befasst man sich mit der Geschichte der europäischen Expeditionen nach Australien, so darf man auf keinen Fall die tragischen Missgeschicke vergessen, die bis dato geschätzte Eigenschaften wie Mut und gesunden Menschenverstand regelmäßig durch haarsträubende Ignoranz und wahnsinnige Selbstüberschätzung zunichte machten.

Die Great Northern Expedition war der Versuch, Australien von Melbourne bis zum Golf von Carpentaria zu durchqueren. Das Ganze wurde von der Kolonialregierung finanziert. Obwohl es Robert O'Hara Burke an Erfahrung fehlte, sollte er die 19-köpfige Expedition zusammen mit seinem Stellvertreter William „Jack" Wills leiten. Unter dem Jubel von 10 000 Schaulustigen nahm die Gruppe im August 1860 in Melbourne die 3200 km lange Strecke in Angriff. Sie war wirklich nicht gut vorbereitet und nahm Sachen wie Holztische, Raketen, Flaggen, einen chinesischen Gong und Marschverpflegung für mindestens zwei Jahre mit. Alles in allem verstaute sie 20 Tonnen auf 26 Kamelen, 23 Pferden und sechs Wagen. Sie waren völlig überladen und kamen nur im Schneckentempo voran. Für 750 km brauchte die Gruppe fast zwei Monate (eine Postkutsche hätte diese Strecke in rund zehn Tagen geschafft). Überall an der Strecke ließ sie ausrangierte Gegenstände zurück. Außerdem erreichte sie die heißesten Gegenden Australiens im Hochsommer. Temperaturen von über 50 °C sorgten dafür, dass die Gruppe echte Probleme bekam – Defekte am Material, ständige Streitereien, Resignation und Rausschmiss von Expeditionsteilnehmern.

Burke wurde immer frustrierter, teilte schließlich die Gruppe auf und stürmte dann im Dezember mit drei anderen (Wills, Charles Gray und John King) in Richtung Küste. Die Hauptgruppe blieb zurück. Burke hatte ihr befohlen, erst nach einer Wartezeit von drei Monaten in den Süden zurückzukehren. Er ging davon aus, dass sein Vierertrupp die Strecke zur Küste und zurück in zwei Monaten bewältigen würde. Er brauchte aber mehr als vier Monate und als er schließlich in die Nähe der Küste kam, war es unmöglich, die Mangrovensümpfe zu durchqueren und das Meer zu erreichen. Die Verbliebenen kehrten in das Basislager zurück (Gray starb unterwegs), wo sie feststellen mussten, dass die Gruppe sich wenige Stunden zuvor mit Sack und Pack auf den Weg gen Süden gemacht hatte. Die drei gingen zu einer Hirtensiedlung in der Nähe von Mt. Hopeless. Burke und Wills kamen ums Leben. King wurde von Aborigines gerettet und wieder aufgepäppelt. Er war der Einzige, der das Land durchquert hatte und lebend wieder an den Ausgangspunkt zurückgekehrt war.

Im Morgengrauen des 3. Dezember 1854, einem Sonntag, stürmte eine Polizeitruppe die Befestigung. Innerhalb von 15 Minuten töteten sie 30 Goldgräber und verloren fünf eigene Männer. Die Geschichte von der Eureka-Rebellion wird häufig als Kampf für nationale Unabhängigkeit und Demokratie dargestellt, so als ob Letztere nur durch Blutvergießen entstehen kann. Dabei waren die Opfer eigentlich völlig unnötig. In den Ostkolonien entstanden bereits erste demokratische Parlamente – und

» Anzac Bridge, Sydney

CAROL WILEY/LONELY PLANET IMAGES ©

1915

In Einklang mit den engen Beziehungen zu Großbritannien unterstützen australische und neuseeländische Truppen (die Anzacs) die Alliierten bei ihrer Türkeiinvasion auf Gallipoli. Die Anzac-Legende ist geboren.

1918

Der Erste Weltkrieg ist zu Ende. 320 000 von 4,9 Mio. Einwohnern wurden in den Kampf nach Europa geschickt; fast 20 % kamen ums Leben. Das australisch-britische Verhältnis bekommt Risse.

1928

Reverend John Flynn ruft in Cloncurry, Queensland, den Royal Flying Doctor Service ins Leben – eine Einrichtung von unschätzbarem Wert, die heute in ganz Australien tätig ist.

zwar mit voller Unterstützung britischer Behörden. In den 1880er-Jahren schließlich wurde Lalor Parlamentssprecher in Victoria.

Der Goldrausch lockte auch zahlreiche Chinesen an, denen prompt die Feindschaft der Weißen entgegenschlug. 1860/61 wurden viele von ihnen Opfer schwerer Rassenunruhen auf den Goldfeldern von Lambing Flat (heute Young) in New South Wales. Schon bald entwickelten sich chinesische Bezirke in den Seitenstraßen von Sydney sowie Melbourne und in den 1880er-Jahren schwelgte die Literatur regelrecht in Geschichten über chinesische Opiumhöhlen, zwielichtige Spielhöllen und orientalische Bordelle. Tatsächlich etablierten sich dort viele Chinesen als Geschäftsleute, vor allem als Gemüsehändler. Heute ist in den chinesischen Vierteln der Städte immer viel los; auch die Chinarestaurants in vielen Orten des Landes weisen auf die wichtige Rolle hin, die Chinesen mittlerweile einnehmen.

Gold und Wolle brachten Melbourne und Sydney jede Menge Geld und Stil. Bereits in den 1880er-Jahren präsentierten sich beide Städte modern und elegant. Es gab Gaslaternen, Eisenbahnen und eine geniale neue Erfindung: den Telegrafen. Die Hauptstadt im Süden zeigte sich so reich an Theatern, Hotels, Galerien und Modegeschäften, dass man sie nur noch „Marvellous Melbourne" (fantastisches Melbourne) nannte.

Weit entfernt von den südlichen Zentren der politischen und wirtschaftlichen Macht lag das großflächige Queensland. Es war eine raue Grenzkolonie, in der Geld mit harter Arbeit verdient wurde, ob in Minen, im Wald oder auf Viehfarmen. Durch die Zuckerindustrie an der Küste häuften südliche Investoren Reichtümer an, indem sie auf ihren Plantagen Arbeiter von den Pazifischen Inseln (sog. „Kanaken") ausbeuteten. Viele von ihnen hatte man gekidnappt.

Zahlreiche weiße Queensländer verkörpern nach wie vor den grobkörnigen, unabhängigen, egalitären und dabei oft leicht rassistischen Menschenschlag, der ein Schlüsselelement für die „Australische Legende" ist. Gegen Ende des 19. Jhs. idealisierten australische Nationalisten den „Busch", seine Bewohner und ihre Kameradschaft. Extrem populär war damals die Zeitschrift *Bulletin*, die eine egalitäre, demokratische und republikanische Politik vertrat ... und eine weiße.

Doch während die Autoren noch an patriotischen Legenden strickten, entwarfen australische Politiker bereits die Grundlagen für eine nationale Verfassung.

Nationale Unabhängigkeit

Am 1. Januar 1901 wurde Australien ein föderativer Staat (Australischer Bund). Als die schnauzbärtigen Abgeordneten des neuen Bundesparlaments in Melbourne zusammentrafen, war ihr oberstes Ziel, die Identität und Werte eines europäisch geprägten Australiens gegen den Einfluss

Waltzing Matilda wurde 1895 von „Banjo" Paterson geschrieben und wird oft als Australiens inoffizielle Nationalhymne angesehen. Das Lied soll eine Hommage an streikende Schafscherer während des Arbeiteraufstands in den 1890er-Jahren sein.

1929	1937	1941	1950er–60er
Weltwirtschaftskrise: Die Volkswirtschaft bricht zusammen, Tausende hungern. 1932 erreicht die Arbeitslosigkeit 28 % – eine der höchsten in der industrialisierten Welt (übertrumpft nur von der in Deutschland).	Es werden Agakröten ausgesetzt, um den Schädlingen auf Queenslands Zuckerrohrfeldern beizukommen. Die Aktion erweist sich als katastrophal. Die Kröten werden auch in anderen Bundesstaaten zur Plage.	Die Japaner bombardieren Townsville, der Krieg hat den Pazifik erreicht. Australische Truppen strömen auf die Schlachtfelder der Welt. Tausende US-Soldaten kommen ins Land – und trinken jede Menge Bier.	Der Nachkriegsboom setzt ein. Queensland erlebt einen starken Anstieg in der Fertigungsbranche und anderen Industriezweigen. Erschwingliche Wohnungen sind die Norm, in den Vororten wird wie wild gebaut.

von Asiaten und Südseeinsulanern zu schützen. Ihre *White Australia Policy* galt für die folgenden 70 Jahre als rassistisches Glaubensbekenntnis. Für die Weißen, die hier als Einwohner willkommen waren, sollte eine Gesellschaft mit Modellcharakter unter dem schützenden Mantel des British Empire entstehen.

Nur ein Jahr später bekamen weiße Frauen das Wahlrecht bei den Bundeswahlen. Mit einer Reihe radikaler Neuerungen führte die Regierung ein umfassendes Sozialsystem ein und schützte das australische Lohnniveau durch Importzölle. Die Mischung aus kapitalistischer Dynamik und sozialistischer Fürsorge wurde als *Australian settlement* bekannt.

Ein Großteil der Australier lebte an den Küsten. Das trockene Kernland war so unwirtlich, dass der Trockensee Lake Eyre als „totes Herz" des Landes galt. Doch Premierminister Alfred Deakin war entschlossen, es mit dem Klima aufzunehmen. Bereits in den 1880er-Jahren hatte er sich für den Plan zweier kanadischer Ingenieure stark gemacht, Felder am Fluss Murray in Miltuda zu bewässern. Schon bald nach der Umsetzung wurde die Region von einer florierenden Wein- und Trockenobst-Industrie geprägt. Heute steckt das ertragreiche Gebiet allerdings in einer ökologischen Krise, weil der Murray dem hohen Wasserbedarf nicht mehr gewachsen ist.

Krieg & Weltwirtschaftskrise

Da sie isoliert vom Rest der Welt am Rand eines unwirtlichen Landes lebten, empfanden viele Australier es als durchaus beruhigend, noch Teil des British Empire zu sein. Nachdem 1914 der Erste Weltkrieg ausbrach, folgten deshalb auch Tausende von ihnen dem Ruf des Empires, die Waffen zu ergreifen. Ihre erste Begegnung mit dem Tod fand am 25. April 1915 statt: Das Australian and New Zealand Army Corps (Anzac) kämpfte an der Seite britischer und französischer Truppen bei einem Angriff auf die türkische Halbinsel Gallipoli. Es dauerte jedoch acht Monate, bis die britischen Kommandeure das Scheitern ihrer Taktik eingestanden; inzwischen hatten 8141 junge Australier ihr Leben gelassen. Bald darauf kämpfte die Australian Imperial Force auch auf Europas Schlachtfeldern. Bis Kriegsende fielen 60 000 australische Männer. Zu ihren Ehren werden am Anzac-Day (25. April) in Australien und auf Gallipoli Gedenkfeiern abgehalten.

Die 1920er-Jahre waren wilde Jahre. Australien investierte in Immigration und Wachstum, bis die Ökonomie während der Weltwirtschaftskrise 1929 in sich zusammenbrach. Die nun folgende Zeit der Arbeitslosigkeit brachte jedem dritten Haushalt Not und Elend. Wer Geld oder Arbeit hatte, spürte von der Krise allerdings wenig, denn durch die extreme Deflation nahm die Kaufkraft der Löhne sogar zu.

1956	**1962**	**1965**	**1969**
In Melbourne werden die Olympischen Sommerspiele ausgetragen – das erste Mal finden die Spiele auf der Südhalbkugel statt. Australien brillierte und erhielt nach der UdSSR und den USA die meisten Medaillen.	Die Aborigines dürfen an den Bundeswahlen teilnehmen, müssen aber bis 1967 warten, bis ihnen durch ein überwältigendes landesweites Referendum die Staatsbürgerschaft zuerkannt wird.	Merle Thornton und Rosalie Bogner ketten sich in Brisbane an eine Bar, um gegen reine Männerkneipen zu protestieren. Ihre Aktion war der Beginn der Frauenbewegung in Australien.	Joh Bjelke-Petersen wird für die nächsten 21 Jahre Queenslands Premierminister. Sein politisches Programm kann weitestgehend als Wachstum um jeden Preis beschrieben werden.

Helden

Bei all den Problemen bot der Sport der spiel- und wettbegeisterten Nation Abwechslung. Das vielversprechende Rennpferd Phar Lap holte 1930 mühelos den Melbourne Cup (bis heute bekannt als „the horse race that stops a nation" – ein absoluter Straßenfeger). 1932 sollte das Tier dann auch die amerikanischen Rennbahnen erobern, starb dort aber unter mysteriösen Umständen. In Australien halten sich seitdem Verschwörungstheorien, dass Phar Lap von neidischen Amerikanern vergiftet worden sei.

Auch auf dem Cricketfeld gab es 1932 Ärger. Das englische Team setzte unter seinem Mannschaftskapitän Douglas Jardine eine brutale neue Wurftechnik namens „Bodyline" ein. Ziel war es, Australiens Star-Schlagmann Donald Bradman aus der Fassung zu bringen. Die Verbitterung war groß und Bradman machte trotzdem weiter: mit unübertroffenen 99,94 Runs im Durchschnitt.

Im selben Jahr wollte der radikale Premier von New South Wales, Jack Lang, feierlich die Sydney Harbour Bridge einweihen. Bevor jedoch irgendjemand begreifen konnte, was passierte, ritt ein Mann in Militäruniform auf seinem Pferd los, zog den Säbel und schlug im Namen des Königs das Eröffnungsband durch. Es handelte sich um Francis de Groot, ein Mitglied der faschistischen New Guard, der Lang vorwarf, ein Kommunist zu sein. Die Brücke nahm dadurch keinen Schaden, vereinte die geteilte Stadt und wurde zu einem großartigen Symbol für Hoffnung und Optimismus.

Zweiter Weltkrieg

Langsam erholte sich die Wirtschaft. Kaum lief jedoch der Alltag wieder in einigermaßen geregelten Bahnen, zogen die australischen Soldaten 1939 in den Zweiten Weltkrieg. Obwohl Japan eine Bedrohung darstellte, waren sich die meisten Australier sicher, dass die britische Kriegsmarine sie schützen würde. Im Dezember 1941 bombardierte Japan die US-Flotte in Pearl Harbor. Wenige Wochen später war auch der „unüberwindbare" britische Marinestützpunkt in Singapur angeschlagen, und schon bald fanden sich Tausende australische und alliierte Soldaten in grausamen japanischen Kriegsgefangenenlagern wieder.

Die Japaner drangen unterdessen bis nach Papua Neuguinea vor, woraufhin die Briten erklärten, dass sie keine Möglichkeiten mehr hätten, Australien zu verteidigen. Der legendäre US-Kommandeur General Douglas Mac-Arthur sah in Australien allerdings einen perfekten Stützpunkt für amerikanische Einsätze im Pazifik. In einer Reihe erbitterter Kämpfe auf See und an Land schlugen die alliierten Kräfte die japanische Offensive deshalb nach und nach zurück. Entscheidend war, dass nicht die Briten, sondern die Amerikaner zu Hilfe eilten. Die Tage des Bündnisses mit England waren nun gezählt.

Das legendäre Rennpferd Phar Lap wurde ausgestopft und ist nun als von den einen verehrtes und von den anderen abgelehntes Ausstellungsstück im Melbourne Museum zu bewundern. Das Herz des Tieres kann man sich in Canberra (National Museum of Australia) anschauen. In Neuseeland (wo es auf die Welt kam) befindet sich sein Skelett.

Bert Hinklers *Avian Cirrus*, mit der er als erster im Alleinflug von England nach Australien flog, kann man im Queensland Museum in Brisbane bewundern.

1970er-Jahre

Inflation, steigende Zinssätze und zunehmende Arbeitslosigkeit setzen den goldenen Nachkriegsjahren ein Ende. Die Immobilienpreise schießen in die Höhe, ein Eigenheim ist für viele unerreichbar.

1972

Die Aboriginal Tent Embassy wird auf den Grünflächen des Parlamentsgebäudes in Canberra errichtet. Sie soll in den nächsten Jahrzehnten daran erinnern, dass den Aborigenes ihr Land genommen wurde.

1975

Der Great Barrier Reef Marine Park wird gegründet und später zum Weltnaturerbe erklärt. Das wurmt Queenslands Premier Joh Bjelke-Petersen, denn er wollte im Riff nach Erdöl bohren lassen.

DAVID WALL / LONELY PLANET IMAGES ©

» Great Barrier Reef (S. 373)

Für sein Werk *Voss* (1957) ließ sich Patrick White von der Geschichte des preußischen Entdeckers Leichhardt inspirieren. *Voss* ist eine psychologische Erzählung, eine Liebesgeschichte und eine epische Reise durch die australische Wüste. Für viele ist es der größte australische Roman überhaupt.

Frieden, Wohlstand & Multikulti

Als der Krieg vorbei war, ging ein neuer Slogan durchs Land: „Populate or Perish!" (bevölkern oder untergehen). Die australische Regierung entwickelte ehrgeizige Pläne, um eine möglichst große Anzahl Einwanderer ins Land zu locken. Mit staatlicher Hilfe kamen sie dann auch, Engländer, Griechen, Italiener, Slawen, Serben, Kroaten, Holländer, Polen, Türken, Libanesen und viele andere. Auf diese „neuen Australier" setzte man große Hoffnungen und erwartete, dass sie sich in Vorstädten ansiedeln sowie an den „Australian Way of Life" anpassen würden.

Es folgten die große Zeit der Kleinfamilien sowie ein lang anhaltender Wirtschaftsaufschwung. Viele Zugezogene fanden Jobs in der verarbeitenden Industrie, wo Firmen wie General Motors und Ford durch großzügige Zollbestimmungen unterstützt wurden. Zeitgleich wuchs fast überall in der Welt die Nachfrage nach australischen Erzeugnissen: Metalle, Wolle, Fleisch und Weizen. Das Land wurde sogar zu einem der Hauptexporteure von Reis nach Japan.

Diese Ära des wirtschaftlichen Wachstums und Wohlstands wurde von Robert Menzies geprägt, dem Gründer der modernen Liberal Party sowie dem dienstältesten Premierminister. Er besaß eine Art onkelhaften Charme und war ein wachsamer Gegner des Kommunismus. Als der Kalte Krieg immer größere Dimensionen annahm, schlossen Australien und Neuseeland 1951 in formales Militärbündnis mit den USA, das Anzus-Abkommen. Als sich die USA in den Vietnamkrieg stürzten, schickte auch Menzies Truppen in den Kampf. Ein Jahr später trat er zurück und hinterließ seinem Nachfolger ein schwieriges Erbe. Die Antikriegsbewegung spaltete das gesamte Land.

Künstler, Intellektuelle und Jugendliche fanden Menzies Australien langweilig, selbstgefällig sowie mehr mit der amerikanischen und britischen Kultur verbunden als mit eigenen Talenten und Traditionen. Der Kontinent litt ihrer Ansicht nach unter „Minderwertigkeitskomplexen". Jugendliche Rebellion und ein neu entdecktes Nationalgefühl lagen in der Luft und die Australier begannen, sich wieder mehr für ihre eigene Geschichte und Kultur zu interessieren. Die Kunst erlebte ebenso wie die Universitäten eine neue Blütezeit, und eine eigenständige Filmindustrie brachte mit staatlicher Unterstützung beachtliche Werke heraus.

Zu dieser Zeit gelangten viele weiße Australier zu der Überzeugung, dass den Aborigines großes Unrecht angetan worden war und nun Zeit zum Handeln sei. Zwischen 1976 und 1992 erlangten die Ureinwohner daraufhin größere Siege beim Kampf um Landrechte. Australiens Handel mit China und Japan florierte, die White Australia Policy wurde mit steigendem Grad als peinlich empfunden, als Folge Anfang der 1970er-Jahre offiziell aufgelöst und Australien schließlich sogar zum Mitglied beim Kampf gegen die rassistische Apartheitspolitik in Südafrika.

1988	**1992**	**2000**	**2006**
Australien feiert den 200. Jahrestag der Besiedlung durch die Europäer. Im Sydney Harbour steigt ein gigantisches Feuerwerk.	Nach zehn langen Jahren trifft der High Court eine Grundsatzentscheidung im Mabo-Fall. Damit werden die Landrechte der indigenen Bevölkerung landesweit anerkannt.	In Sydney finden die Olympischen Sommerspiele statt. Als Botschafterin der australischen Ureinwohner entzündet die Leichtathletin und spätere Olympiasiegerin über 400 m das olympische Feuer.	Die australische Fußballnationalmannschaft erreicht bei der WM in Deutschland sensationell das Viertelfinale. Dort scheiden die „Socceroos" unglücklich gegen den späteren Weltmeister Italien aus.

Im Mai 1982 führte Eddie Mabo eine Gruppe von Torres-Strait-Insulanern an, die vor Gericht ihren auf der Tradition begründeten Rechtsanspruch auf Mer (Murray Island) geltend machen wollten. Sie argumentierten gegen das Rechtsprinzip der *terra nullius* (wörtlich „Land, das niemandem gehört") und demonstrierten so ihre seit Tausenden von Jahren ungebrochene Verbundenheit mit ihrem Land. Im Juni 1992 entschied der High Court zu Gunsten von Eddie Mabo und den Insulanern und hob das Prinzip der *terra nullius* auf – diese Entscheidung wurde als Mabo-Beschluss bekannt und sollte weitreichende Auswirkungen auf Australien haben, u. a. wurde 1993 der Native Title Act eingeführt.

Eddie Mabo sammelte mehr als 20 Jahre Erfahrung als Aborigines-Führer und Menschenrechtsaktivist. Er hatte zehn Kinder und war oft arbeitslos. Mabo gründete eine Black Community School – die erste Schule dieser Art in Australien – und engagierte sich für die Gesundheit und Wohnsituation der Aborigines. Ende der 1960er-Jahre arbeitete er als Gärtner an der James Cook University, wohin er 1981 zurückkehrte, um auf einer Konferenz über Landrechte eine Rede zu halten, die Geschichte machen sollte und schließlich in einer Grundsatzentscheidung endete.

Unglücklicherweise starb Eddie Mabo sechs Monate, bevor die Entscheidung von dem Gericht bekannt gegeben wurde, an Krebs. Nach der traditionellen Trauerzeit erhielt er auf Mer eine königliche Bestattung. Ein solches Ritual fand auf der Insel seit mehr als 80 Jahren nicht mehr statt und ist ein Beweis für das Ansehen, das er bei seinem Volk genossen hat.

In den 1970er-Jahren wuchs zudem die Einwandererzahl aus nicht englischsprachigen Ländern auf über 1 Mio. an. Mit ihnen kamen neue Sprachen, Kulturen, Essgewohnheiten und Ideen ins Land. Gleichzeitig lösten China und Japan Europa allmählich als Australiens wichtigste Handelspartner ab. Als immer mehr Asiaten in Australien leben wollten, errangen die vietnamesischen Gemeinschaften sowohl in Sydney als auch in Melbourne Berühmtheit. In beiden Städten wehte ein neuer Geist der Toleranz und man war stolz auf das multikulturelle Flair.

Wer einen Einblick in das Leben der heutigen Einwanderer bekommen will, muss nur mit dem Zug von Sydney nach Cabramatta fahren, und schon fühlt er sich fast wie auf einem lebendigen Markt mitten in Hanoi oder Shanghai.

GESCHICHTE FRIEDEN, WOHLSTAND & MULTIKULTI

2008	**2009**	**2010**	**2011**
Im Namen des Parlaments entschuldigt sich Premierminister Kevin Rudd in einer bewegenden Rede bei den Aborigines für die Gesetze und die Politik, die „großen Schmerz, Leid und Schaden" verursacht haben.	Eine Hitzewelle und starke Winde schaffen ideale Bedingungen für die „Black Saturday Bushfires" in Victoria. Mehr als 170 Menschen kommen ums Leben. Die Sachschäden belaufen sich auf ca. 1 Mrd. AU$.	Julia Gillard wird zur Premierministerin gewählt. Die Politikerin ist die erste Frau, die erste unverheiratete Person und die erste nicht in Australien geborene Person seit Billy Hughes (1915–1923) im Amt.	Überschwemmungen setzen große Teile Queenslands unter Wasser. 35 Menschen sterben, die Sachschäden betragen mehrere Milliarden Dollar. Wochen später verwüstet der Zyklon Yasi Teile von Nordqueensland.

Natur & Umwelt

Tim Flannery
Tim Flannery ist Wissenschaftler, Entdecker und Schriftsteller. Er hat eine Reihe preisgekrönter Bücher geschrieben,
u. a. *The Future Eaters, Throwim Way Leg* (der Bericht seiner
Arbeit als Biologe in Neuguinea) und *Wir Wettermacher*. Er
lebt in Sydney, wo er Professor an der wissenschaftlichen
Fakultät der Macquarie University ist.

Das erste Schnabeltier, das zu Studienzwecken nach England gebracht wurde, hielt man dort zunächst für unecht. Schließlich war eine Kreatur mit dem Schnabel einer Ente und dem Schwanz eines Bibers, die sowohl Eier legt als auch ihro Jungen säugt, ein Ding der Unmöglichkeit.

Wenn man Australiens Pflanzen und Tiere mit anderen auf dieser Erde vergleicht, wirken sie wie von einem anderen Stern. Der Grund: Australien war von allen anderen Erdteilen für sehr lange Zeit isoliert – mindestens 45 Mio. Jahre. Bewohnbare Kontinente waren durch Landbrücken miteinander verbunden, und so konnte es immer mal wieder zu einem Austausch diverser Arten kommen. Vor gerade einmal 15 000 Jahren hätte man von der Südspitze Afrikas durch Asien und Nordamerika bis zum südamerikanischen Feuerland laufen können, aber eben nicht nach Australien. Die Entwicklung hiesiger Vögel, Säugetiere und Pflanzen nahm daher einen vollkommen unterschiedlichen Verlauf zum Rest der Welt und führte zu einer einzigartigen Natur sowie einer besonders großen Artenvielfalt.

Die ersten Naturforscher, die nach Australien kamen, waren erstaunt über das, was sie vorfanden. Schwarze Schwäne etwa waren für Europäer der Inbegriff des Unmöglichen. Außerdem stellten sie irritiert fest, dass Säugetiere wie Ameisenigel und Schnabeltiere Eier legten, sich viele der größeren Tiere hüpfend fortbewegten und Bäume jedes Jahr statt Laub ihre Rinde abwarfen.

Bei einem kurzen Besuch erschließt sich die Mannigfaltigkeit der Natur vielleicht nicht sofort, denn Australien ist ein unaufdringliches Land. Zudem wurde leider die Umwelt insbesondere rund um die Städte teilweise zerstört und hat sich durch aus Europa importierte Bäume sowie Tiere stark verändert. In Orten wie Sydney sind jedoch außergewöhnliche Reste der ursprünglichen Landschaft erhalten geblieben und relativ leicht zugänglich. Vor ihrer Erkundung eignet man sich am besten ein paar Grundlagen über die Besonderheiten der australischen Natur an. Australien ist einzigartig, und wer seine Ursprünge und seine natürlichen Rhythmen versteht, wird es noch mehr zu schätzen wissen.

Eine einzigartige Natur

Zwei Faktoren waren entscheidend bei der Entwicklung von Australiens Natur: der Boden und das Klima. Beide sind einzigartig. Die Besonderheit australischer Böden mag dabei weniger auffällig sein, doch gerade sie waren entscheidend für die Evolution.

Während der jüngeren Erdgeschichte kam es auf anderen Kontinenten zu Prozessen wie Vulkanismus, Entstehung von Gebirgen und Gletscheraktivitäten, wodurch in weitem Umfang neu beschaffener Boden

Die Website des Australian Museum (www. australian museum.net.au) hält eine Fülle von Informationen über Australiens Tierwelt bereit – von der Kreidezeit bis heute. Kinder werden auch ihre Onlinespiele, die interessanten Fakten und die Filme lieben.

In Australien gibt es 18 Welterbestätten der Unesco, von denen mehr als ein Dutzend aufgrund ihrer besonderen Bedeutung auf der Liste der Weltnaturerbestätten steht. Die Top-Tipps an der Ostküste sind:

» **Blue Mountains** Die Sandsteinplateaus, Felswände und Schluchten in der Nähe von Sydney bieten grandiose Eindrücke und großartiges Bushwalking (wahrscheinlich erspäht man auch das eine oder andere Tierchen, es sind hier etwa 400 Spezies beheimatet). Auch die Pflanzenwelt ist ausgesprochen vielfältig, sodass man u. a. den Wollemie-Baum bewundern kann, den es schon zu Zeiten der Dinosaurier gab.

» **Fraser Island** Die größte Sandinsel der Welt ist die Heimat von vielen unterschiedlichen empfindlichen, vielschichtigen Ökosystemen: farbige Sandklippen, Süßwasserseen und Regenwälder auf Sandboden.

» **Gondwana Rainforests** Die einzigartigen gemäßigten Regenwälder an der Grenze zwischen Queensland und New South Wales beherbergen u. a. den weltweit größten subtropischen Regenwald sowie den Lamington Nationalpark und den Main Range Nationalpark.

» **Great Barrier Reef** Das Great Barrier Reef mit seinen 3000 einzelnen Riffs und einer atemberaubenden Unterwasserwelt ist eins der vielfältigsten Ökosysteme der Welt.

» **Wet Tropics** Diese 9000 km^2 große Welterbestätte erstreckt sich an Queenslands Nordküste und kann mit der weltweit höchsten Konzentration an primitiven Blütenpflanzenfamilien aufwarten (es bietet so ein nahezu perfektes Abbild der Pflanzenevolution auf der Erde). Die Nationalparks Daintree, Barron Gorge und Wooroonooran gehören ebenfalls zu den Wet Tropics.

entstand. Die fruchtbare Erde Nordamerikas, Nordasiens und Europas ernährt heute die Welt. Sie entwickelte sich durch Gletscher, die in den letzten 2 Mio. Jahren Gestein unterschiedlicher chemischer Zusammensetzung zermalmten. Indiens sowie ein Teil von Südamerikas ertragreiche Böden kamen aufgrund der Abtragung von Bergen durch Flüsse zustande, wohingegen Java in Indonesien seine außergewöhnlich ergiebige Erde den Vulkanen verdankt.

Solche bodenbildenden Prozesse fehlen in Australiens jüngerer Erdgeschichte fast völlig, sieht man einmal von den paar Vulkanen ab, die aber nur 2 % der Landesfläche ausmachen. Seit 90 Mio. Jahren, also bis tief hinein in die Zeit der Dinosaurier, liegt Australien sozusagen geologisch im Koma. Hier war es einfach zu flach, zu warm und zu trocken für Gletscher und die Erdkruste zu alt und zu dick für die Herausbildung von Vulkanen und Gebirgen.

Unter solchen Bedingungen entstehen keine neuen Böden und aus den bereits vorhandenen wäscht der Regen nach und nach alle Nährstoffe heraus. Auch wenn in einem Jahr nur 30 cm Niederschlag fällt, kam innerhalb der vergangenen 100 Mio. Jahre doch eine 30 Mio. km hohe Wassersäule zusammen, die allmählich durch den Boden gesickert ist und ihn dadurch stark ausgelaugt hat. Fast alle australischen Gebirge sind älter als 90 Mio. Jahre. Deshalb gibt es sehr viel Sand hier und große Landstriche, in denen steiniges „Gerippe" aus dem Boden ragt. Australien ist ein altes unfruchtbares Land und das Leben hat sich diesen Verhältnissen immer angepasst.

Ähnlich unvorteilhaft wie die Böden ist auch das Klima. Fast überall auf der Welt, mit Ausnahme der Tropen, hängt das Leben vom Wechsel der Jahreszeiten ab, also davon, ob gerade Sommer oder Winter, Regen- oder Trockenzeit ist. Fast ganz Australien kennt Jahreszeiten, die teilweise sehr extrem ausfallen, doch ist das Leben nicht ausschließlich davon geprägt. Es gibt zwar durchaus Gebiete mit viel Schnee und Kälte,

National-parks

» New South Wales: www. environment. nsw.gov.au/ nationalparks

» Victoria: www.parkweb. vic.gov.au

» Queensland: www.derm.qld. gov.au/parks_ and_forests

Derzeit bewegt sich Australien mit einer Geschwindigkeit von jährlich 73 mm gen Norden. Laut NASA wird Australien in 250 Mio. Jahren mit Asien und Afrika mit Europa kollidieren – das Ergebnis wird dann der neue Superkontinent Pangaea Ultima sein.

Von Australiens 7,4 Mio. km² Fläche sind nur ca. 6,5 % kultivierbar – das ist gerade mal die Fläche Spaniens.

allerdings wirft kaum ein Baum seine Blätter ab und kein australisches Tier hält Winterschlaf. Stattdessen unterliegt die Natur einem weitaus stärkeren klimatischen Einfluss: El Niño.

Durch ihn wechseln sich Dürreperioden und Überschwemmungen regelmäßig ab. Flüsse – selbst der mächtige Murray River, der als landesweit größter Strom durch den Südosten fließt – können in einem Jahr kilometerbreit sein, und im nächsten lassen sie sich buchstäblich mit einem Schritt überqueren. So stark ist El Niño! Wenn er auf Australiens karge Böden trifft, sind die Auswirkungen verheerend.

Angesichts einer solchen klimatischen Unstetigkeit überrascht es kaum, dass es in der Vogelwelt Australiens nur wenige Saisonbrüter und kaum Zugvögel gibt. Gebrütet wird, wenn es regnet, und viele folgen dem lebenswichtigen Niederschlag über den ganzen Kontinent.

Hiesige Lebensbedingungen stellen für Vögel eine so große Herausforderung dar, dass manche unter ihnen erstaunliche Gewohnheiten angenommen haben. Kookaburras (Lachender Hans), Elstern und Blaue Staffelschwänze, um nur ein paar zu nennen, entwickelten ein besonderes Brutsystem: das der „Nesthelfer". Ausgewachsene Jungvögel der vorherigen Brut bleiben bei ihren Eltern, und helfen bei der Aufzucht neuer Küken. Lange war der Grund dafür unklar, bis man herausfand, dass die Konditionen in Australien so hart sein können, dass mehr als zwei erwachsene Vögel benötigt werden, um die Brut durchzubringen. In Asien, Europa und Nordamerika kommt ein solches Nestverhalten nur sehr selten vor, doch unter australischen Vögeln ist es weit verbreitet.

Australien ist berühmt für seine Kängurus (Roos) und weitere Beuteltiere, die ihr Verhalten perfekt an die harten Bedingungen des Landes angepasst haben. Außerhalb von Wildparks bekommt man sie nur selten zu sehen, weil viele von ihnen nachtaktiv sind. Kängurus sind die einzi-

DAS GREAT BARRIER REEF

Das weltweit größte und bekannteste Riffsystem erstreckt sich in Süd-Nord-Richtung über ca. 2300 km von Bundaberg über die ganze Länge von Queensland bis fast nach Papua Neuguinea. Das Great Barrier Reef besteht aus etwa 2900 einzelnen Saumriffen (die ein äußeres Lagunenband parallel zur Küste bilden) und Barriereriffen (weiter draußen im Meer). Das „echte" oder äußere Riff verläuft am Rand des australischen Kontinentalsockels. Die biologische Vielfalt hier ist wahrhaft verblüffend: mehr als 1500 Fischarten, 400 Korallenarten, 4000 verschiedene Muscheln und andere Mollusken, 800 verschiedene Stachelhäuter, darunter auch Seegurken, 500 Seegrasarten, 1500 verschiedene Schwammarten, über 30 Meeressäugerspezies, 200 Vogelarten und 118 Arten von Schmetterlingen. Sechs von insgesamt sieben weltweit vorkommenden Schildkrötenarten legen hier ihre Eier.

Auch die 900 Inseln des Riffs spielen eine bedeutende Rolle im Ökosystem. Auf einigen gibt es üppige Regen- und Mangrovenwälder, sie bilden den Lebensraum für brütende Seevögel und Meeresschildkröten. Andere Inseln sind kaum mehr als Sandwüsten, die bei Starkwind vom Wasser überschwemmt werden.

Im Verhältnis zum australischen Festland ist das Riff (geologisch gesehen) noch relativ jung. Es ist vor ca. 500 000 Jahren entstanden, hat aufgrund des sich ändernden Meereswasserspiegels und der Kontinentalverschiebungen in dieser Zeit aber dramatische Änderungen erfahren. Die heutige Struktur des Riffs ist nur zwischen 6000 und 8000 Jahre alt, die Fossilreste auf dem Riff stammen aus Zeiten mit höherem Wasserspiegel.

Eines der spektakulärsten Ereignisse am Barrier Reef findet im Spätfrühjahr oder Frühsommer in einigen wenigen Nächten nach Vollmond statt, wenn viele Korallen gleichzeitig laichen. Die winzigen Samen- und Eizellenbündel sind mit dem bloßen Auge zu erkennen: Zusammen sehen sie aus wie ein gigantischer Unterwasserschneesturm. Auch viele andere Rifforganismen vermehren sich in dieser Zeit und sorgen so für das Überleben der vielen Spezies.

gen größeren hüpfenden Säugetiere weltweit. Und warum hüpfen sie? Ganz einfach: Hüpfen ist die effizienteste Fortbewegungsart bei mittleren Geschwindigkeiten. Die Sprungenergie in ihren Beinsehnen ist wie in einem Pogostock gespeichert. Ihre Gedärme hüpfen auf und ab wie ein Kolben, ihre Lungen füllen sich mit Luft und leeren sich wieder, ohne dass dabei Brustmuskeln beansprucht werden. Da Kängurus lange Wege zurücklegen und nur spärliche Nahrung finden, ist diese Effizienz für sie überlebenswichtig.

Beuteltiere sind sogar so energieeffizient, dass sie ein Fünftel weniger Nahrung benötigen als andere Säugetiere, von Fledermäusen über Ratten bis hin zu Walen und den Menschen. Manche Beuteltiere haben die Sache sogar noch etwas weiter getrieben: In Naturreservaten oder Zoos kann man Koalabären dabei beobachten, dass sie einen ziemlich abwesenden Blick haben, so als wären sie gerade nicht zu Hause. Und das kommt der Wahrheit schon sehr nahe. Vor einigen Jahren fanden Biologen heraus, dass Koalas die einzigen Lebewesen sind, deren Gehirn den Schädel nicht ganz ausfüllt. Dieses gleicht vielmehr einer verschrumpelten Walnuss, die sich im mit Flüssigkeit gefüllten Schädel hin und her bewegt. Andere Forscher bestreiten das. Sie meinen, dass die Koalahirne während der Untersuchung geschrumpft sein müssen, weil sie eine so weiche Konsistenz haben. Doch egal, ob weiche Birne oder hohle Nuss, der Koala gilt sicherlich nicht als Einstein der Tierwelt. Heute geht man davon aus, dass er sein Gehirn geopfert hat, weil dieses ein wahrer Energiefresser ist. Bei Menschen wiegt es beispielsweise zwar nur 2 % des Körpergewichts, verbraucht aber dafür ganze 20 % der Energie. Koalas ernähren sich von Eukalyptusblättern, die so giftig sind, dass die Tiere 20 % ihrer Energie allein dafür aufwenden, um die Pflanze zu entgiften. Da bleibt nur noch wenig für ihr Hirn übrig. Allerdings macht das nichts, weil es in den Baumkronen sowieso kaum natürliche Feinde gibt und sie deshalb auch ohne viel Grips über die Runden kommen.

Die besonderen Beschränkungen der australischen Umwelt haben aber nicht alle Lebewesen verdummen lassen. Wombats (es gibt drei Arten), die engsten Verwandten von Koalas, haben ein für Beuteltiere großes Gehirn. Sie leben in komplexen Erdhöhlen, wiegen bis zu 35 kg und sind die größten unterirdisch lebenden Pflanzenfresser der Welt. Ihr Bau ist immer gut klimatisiert, weil es unter der Erde viel kühler ist als über ihr. Außerdem fahren sie ihren Stoffwechsel herunter, wenn sie dort sind. Ein Physiologe hat ihre Schilddrüsenhormone untersucht und dabei herausgefunden, dass bei schlafenden Wombats die biologische Aktivität so gering ist, dass sie – an ihren Hormonen gemessen – wie leblos erscheinen! Die Tiere können eine ganze Woche am Stück unter der Erde bleiben und kommen in dieser Zeit mit einem Drittel der Nahrung aus, die ein Schaf der gleichen Größe benötigt. Vielleicht halten effizient denkende Bauern ja irgendwann Wombats statt Schafe! Bislang ist daran aber noch nicht zu denken, denn die größte Wombatart, der Haarnasenwombat, gehört mit etwa 100 Exemplaren zu den seltensten Lebewesen weltweit. Er lebt in einem entlegenen Naturreservat im zentralen Queensland.

Einige der weiter verbreiteten Beuteltiere kann man in Nationalparks nahe australischer Großstädte beobachten: Beutelmäuse. Diese nachtaktiven Tiere von der Größe einer Ratte führen ein ungewöhnliches Leben. Männchen werden nur elf Monate alt und sind in den ersten zehn davon vor allem damit beschäftigt, zu essen und zu wachsen. Wie bei Teenagern kommt schließlich der Tag, ab dem sie sich für Sex interessieren, wobei sich dies bei ihnen mit einer solchen Besessenheit äußert, dass keine Zeit mehr bleibt, um zu essen und zu schlafen. Stattdessen legen sie sich in Grüppchen auf die Lauer und quieken vorbeikommenden Weibchen hinterher. Bis Ende August – nur zwei Wochen nach dem Erreichen ihrer Ge-

Das Buch *Field Guide to Birds of Australia* von Pizzey und Knight ist ein unerlässlicher Führer für Vogelfans und jeden, der an Australiens gefiederten Zeitgenossen interessiert ist. Knights Illustrationen sind nicht nur wunderschön, sie helfen auch, die verschiedenen Tiere einzuordnen.

NATUR & UMWELT EINE EINZIGARTIGE NATUR

Früher gab es in Australien eine Megafauna, große Tierspezies, die aber mit der Ankunft der Menschen (40 000– 60 000 v. Chr.) verschwand.

VERANTWORTUNGSBEWUSSTES BUSHWALKING

Jeder kann dabei helfen, die Natur und die Schönheit Australiens zu erhalten, wenn er beim Wandern die folgenden Punkte beachtet:

» Kleine und auch größere menschliche Geschäfte mindestens 100 m von Wasserquellen entfernt erledigen – sonst können sich Krankheiten ausbreiten. Auch wertvolle Wasserreserven werden verunreinigt.

» Man sollte mindestens 50 m von einer Wasserquelle entfernt sein, wenn man sich selbst oder Gegenstände wäscht, und immer biologisch abbaubares Waschmittel verwenden.

» In beliebten Bushwalking-Regionen kein Feuerholz schneiden, da dies zu einer schnellen Abholzung führen kann. Stattdessen lieber einen Petroleumkocher, Brennspiritus oder andere flüssige Brennstoffe verwenden. Keine Butangaskocher mit Wegwerf-Kartuschen benutzen!

» Beim Wandern auf vorhandenen Wegen bleiben, denn Hügel und Berghänge sind erosionsgefährdet.

schlechtsreife – sind alle Männchen tot, völlig verausgabt vom Dauersex und dem Herumtragen ihrer geschwollenen Hoden. Auch diese seltsame Lebensform könnte mit Australiens schwierigen Lebensbedingungen zusammenhängen. Würden die Männchen nämlich zur überleben, hätten die Weibchen nicht ausreichend Nahrung zur Verfügung, um sich zu ernähren und ihren Nachwuchs aufzuziehen. Im Grunde ist der Beutelmaus-Papa durchaus entbehrlich, denn für den Bestand der Beutelmäuse hat er einen größeren Nutzen, wenn er im Testosteronrausch untergeht.

Häufig in Australien zu sehen sind Reptilien und auch Schlangen, von denen einige zu den giftigsten überhaupt gehören. Da wenig Futter vorhanden ist, darf man der seltenen Beute keine zweite Chance gewähren – daher das starke Gift! Rund um Sydney und in anderen Teilen Australiens stößt man aber eher auf harmlose Pythons als auf gefährliche Giftschlangen. Solange man sie nicht provoziert, greifen sie Menschen normalerweise nicht an. Am besten ist man wachsam, gerät im Fall der Fälle nicht in Panik und weicht vorsichtig zurück. Dann sollte nichts passieren.

Besucher halten Eidechsen schon mal für Schlangen, allerdings sehen manche von ihnen auch wirklich bizarr aus. Besonders verbreitet sind Tannenzapfenechsen. Sie leben in der gesamten südlichen Trockenzone und sehen genauso aus, wie sie heißen. Die Echsen sind harmlos und so etwas wie das australische Pendant zur Schildkröte. Andere Tiere sind wesentlich größer. Man müsste schon auf die indonesische Insel Komodo fahren, um eine noch größere Echse als den Großwaran zu finden. Er trägt ein schönes Leopardenmuster, wird bis zu 2 m lang und ist ein versierter Jäger eingeführter Tiere wie Kaninchen und verwilderte Katzen.

Nur mit sehr viel Glück erhascht man einen Blick auf den Honigbeutler. Das winzige Beuteltier, das sich fast ausschließlich von Nektar und Pollen ernährt, gibt Rätsel auf. Es ist z. B. ein großes Rätsel, warum die Männchen mehr Sperma haben als ein Blauwal und warum ihre Hoden so groß sind. Wären Menschen so üppig ausgestattet, müssten die Männer mit 4 kg schweren Kartoffelsäcken zwischen ihren Beinen herumlaufen!

Die Australian Conservation Foundation (ACF; www.acfonline.org.au) ist Australiens größte regierungsunabhängige Organisation in Sachen Umweltschutz.

Aktuelle Umweltprobleme

An der Spitze der Umweltprobleme, die Australiens empfindliche Natur gegenwärtig bedrohen, stehen Klimawandel, Wasserknappheit, Atomenergie und Uranabbau. Alle hängen zusammen. Für Australien bedeuten die wärmeren Temperaturen durch den Klimawandel eine weitere Katastrophe für eine ohnehin schon anfällige Umwelt. Ein durchschnittlicher Temperaturanstieg von 2 °C wird auf dem trockensten Kontinent der Erde zu einer noch trockeneren Südhälfte des Landes und zu noch größerer Wasserknappheit führen. Wissenschaftler sagen auch, dass heißeres und trockeneres Klima die Buschbrände verschlimmern und zu heftigeren Wirbelstürmen führen wird – zwei Naturphänomene, die in Australien schon viele Menschenleben gefordert und viel Geld gekostet haben.

Australien ist aufgrund der Tatsache, dass es sich bei der Energieversorgung auf Kohle und andere fossile Brennstoffe stützt, ein großer Produzent von Treibhausgas. Die häufigste und umstrittenste alternative Energiequelle ist die Atomenergie, die weniger Treibhausgase produziert und auf Uran basiert, von dem Australien jede Menge besitzt. Bis der radioaktive Müll, der in den Atomkraftwerken entsteht, jedoch harmlos ist, können Jahrtausende vergehen. Darüber hinaus ist Uran (im Gegensatz zu noch saubereren erneuerbaren Energiequellen wie Solar- und Windenergie) eine endliche Energiequelle. Selbst wenn Australien jetzt genügend Kernkraftwerke baute, um die Kohleabhängigkeit entscheidend zu verringern, würde es Jahre dauern, bis sich die ersten positiven Auswirkungen für Umwelt und Wirtschaft zeigten.

Die Meinungen über den Uranabbau selbst polarisieren sich ebenfalls. Da sich auch andere Länder rund um den Globus auf die Atomenergie verlassen, ist Australien in der Lage, den Export seiner gewinnträchtigsten Ressource ausweiten zu können. Der Uranabbau hat im Land jedoch seit Jahrzehnten entschiedene Gegner, nicht nur, weil das Erzeugnis ein

HERAUSFORDERUNGEN FÜR DEN UMWELTSCHUTZ

Mehrere Faktoren schadeten Australiens Natur. Die verheerendsten sind eingeschleppte Krankheiten, Zerstörung der Wälder, Überweidung, inadäquate Landwirtschaft und Eingriffe in den Wasserhaushalt.

Schon kurz nach 1788 entliefen die ersten Hauskatzen in den australischen Busch. Seither laufen Unmengen Schädlinge in Australien herum, von Füchsen über wilde Kamele bis hin zu Agakröten. Die Folge ist die Ausrottung vieler Arten der einheimischen Fauna. Jede zehnte Säugetierart, die vor der europäischen Kolonisation in Australien lebte, ist inzwischen verschwunden, viele weitere sind stark bedroht.

Auch die Vernichtung von Wäldern hatte tiefgreifende Auswirkungen. Die australischen Regenwälder sind bereits zum größten Teil gerodet. Noch aber kämpfen Umweltschützer und Holzindustrie um das Schicksal der letzten ungeschützten „alten Bestände".

Nur 1,5 % der australischen Bodenfläche produzieren mehr als 95 % der landwirtschaftlichen Erträge. Diese Flächen werden künstlich bewässert und liegen größtenteils im Murray-Darling-Becken. Es ist das landwirtschaftliche Herz Australiens. Die Gefahr ist allerdings auch hier groß, dass Boden und Flüsse versalzen. Durch die Bewässerung sickert Wasser in Sedimentschichten, die ein Urmeer abgelagert hat. Es trägt Salz in die Wasserreservoirs und auf die Felder.

Trotz der immensen Ökokrise, in die Australien hineinzuschlittern scheint, reagieren Staat und Gesellschaft nur langsam. Es gab aber einige wichtige staatliche Initiativen: Mit **Landcare** (www.landcareaustralia.com.au) wurde eine Organisation geschaffen, durch die Menschen auf lokale Umweltprobleme wirkungsvoller aufmerksam machen können. Außerdem investierte die bundesstaatliche Initiative **Caring for our Country** (www. nrm.gov.au) mehr als 2 Mrd. AU$.

Auch Einzelpersonen schließen sich zusammen, um zu helfen. In Gruppen wie **Bush Heritage Australia** (www.bushheritage.org.au) und **Australian Wildlife Conservancy** (AWC; www.australianwildlife.org) kann man mit Spenden und ehrenamtlicher Tätigkeit helfen, heimische Arten zu retten. Einige dieser Gruppen konnten bereits spektakuläre Erfolge verbuchen. So kümmert sich das AWC beispielsweise auf seinem 25 000 km^2 großen Gelände um bedrohte Arten.

Zur Lösung dieser Probleme sollten erneuerbare Energien, nachhaltige Landwirtschaft und ein bedachter Umgang mit Wasser Priorität haben. Erst jetzt entwickeln die Australier einen Fahrplan zur Nachhaltigkeit – und die ist Voraussetzung, wenn die Menschen langfristig eine Zukunft auf diesem Kontinent haben wollen.

Schlüsselelement für den Bau von Atomwaffen ist, sondern auch, weil sich ein Großteil der australischen Uranvorkommen unter heiligem Aborigines-Land befindet. Befürworter des verstärkten Uranabbaus und -exports argumentieren, der beste Weg, den Gebrauch von Uran zu kontrollieren, sei es, seinen gesamten Lebenskreislauf zu überwachen, d.h. das Roherzeugnis an internationale Abnehmer zu verkaufen und dann eine Gebühr für die Entsorgung des Mülls zu erheben. Für die beiden großen politischen Parteien scheint eine Ausweitung von Australiens Uranexportindustrie aus wirtschaftlichen Gründen unumgänglich.

Australiens Nationalheld Steve Irwin starb bei den Dreharbeiten von *Ocean's Deadliest*, einem Dokumentarfilm, den er 2007 mit Philippe Cousteau Jr. produzierte. Mit Ausnahme des Rochens, der Irwin den tödlichen Stich versetzte, zeigt dieser Film alle tödlichen Kreaturen, die sich in Queenslands Gewässern aufhalten.

Wildtiere beobachten

Queensland lohnt sich für einen Besuch wegen seiner Vielfalt an tropischen Regenwäldern und weil viele seiner Gebiete zum Weltnaturerbe gehören. Tagsüber sieht man dort Paradiesvögel, Kasuare und andere Vögel, nachts Baumkängurus (ja, manche Känguruarten leben tatsächlich in Bäumen). Bei Nachtwanderungen entdeckt man sehr wahrscheinlich die kuriosen Beutelratten, von denen manche aussehen wie Stinktiere. Auf andere Beuteltiere trifft man heute nur noch in kleinen Gebieten im nordöstlichen Queensland. Fossilfunde aus Westqueensland und Südvictoria weisen aber, dass sie früher weit verbreitet waren.

Die fantastische Artenvielfalt des Great Barrier Reef in Queensland ist legendär – ein Bootsausflug von Cairns oder Port Douglas zu diesem Riff wird sicher ein unvergessliches Erlebnis. Nicht minder spektakulär, aber weitaus weniger beachtet ist die Artenvielfalt der südlichen Gewässer.

Wer nur Zeit für Sydney hat, muss auf Australiens Natur trotzdem nicht verzichten. Sydney Sandstone, ein Sandsteinplateau, zieht sich 150 km um die Stadt und zählt zu den abwechslungsreichsten und spektakulärsten Landschaften des Kontinents. Im Frühling leuchten in den Parks dieser Gegend die knallroten Blüten der Telopea. Auch die australische Holzbirne wächst hier, eine Verwandte der Telopea, die vor allem die ersten Siedler sehr verblüffte, ebenso wie die mehr als 1500 weiteren Blütenpflanzenarten. Selbst in irgendeinem von Sydneys Hinterhöfen gibt es mehr Reptilienarten (insbesondere Glattechsen) als in ganz England. Also: Augen auf!

VON WALEN & MENSCHEN

Für NSWs indigene Einwohner, die Yuin, waren Orcas (Killerwale) urzeitliche Lebewesen. Früher versammelten sich die Tiere scharenweise in der Twofold Bay und jagten in dem seichten Wasser vorbeiziehende Wale. Die stammesältesten Aborigines führten währenddessen am Strand Rituale durch und flehten die Orcas an, ihnen einen Teil der Beute zu überlassen. Erstaunlicherweise schienen die Orcas zu gehorchen. Sie verzehrten lediglich Lippen und Zunge ihrer Opfer und ließen den Leib zurück.

Ab 1830 gab es eine noch tiefere Bindung zwischen Wal und Mensch. Die Davidson Whaling Station (S. 173) stellte viele einheimische Aborigines ein, was für jene Zeit sehr ungewöhnlich war. Wenn Orcas einen vorbeiziehenden Wal entdeckten, schlug einer von ihnen Alarm. Die Walfänger nahmen dann rasch die Verfolgung des erschöpften, gehetzten Tieres auf und erlegten es mit einer Harpune. Dann hingen sie den getöteten Wal über Nacht an einen Anker. Am nächsten Morgen hatten sich die Orcas Zunge und Lippen geholt – beide Seiten hatten ihren Vertrag erfüllt.

1900 endete diese „Vereinbarung" jedoch, als ein Orca während der Jagd am Aslings Beach strandete. Die Walfänger wollten ihm sogleich zu Hilfe eilen, allerdings kam ihnen ein Vagabund zuvor und tötete den gestrandeten Orca unter den Blicken der anderen Tiere. Danach machten nur noch wenige ältere Orcas, u.a. Old Tom – dessen Skelett in Edens Killer Whale Museum (S. 172) bewundert werden kann – gemeinsame Sache mit den Walfängern. Kurze Zeit später verließen die Mitglieder der letzten Yuin-Gemeinschaft Eden und zogen an den Wallaga Lake.

Essen & Trinken

Die australische Küche, die zunächst von schmaler Sträflingskost bestimmt und dann stark vom britischen Mutterland geprägt wurde, hat sich in den letzten 20 Jahren mächtig weiterentwickelt. Australien ist im kulinarischen Bereich so erfindungsreich und dynamisch wie kaum ein anderes Land der Welt, was den diversen Zuwanderergemeinden, einfallsreichen Köchen und einem für alles Neue aufgeschlossenen Publikum zu verdanken ist. Restaurantbesucher haben eine riesige Auswahl, und die kulinarischen Köstlichkeiten kommen aus allen Winkeln der Erde, u. a. – aber das ist nur eine kleine Auswahl – aus Vietnam, Indien, Thailand, Italien, Spanien, Griechenland und Japan.

Sydney und Melbourne, ja sogar Brisbane und Canberra sind zu Städten geworden, in denen man auf gutes Essen wert legt und die reisende Gourmets zu rühmen wissen. Überall locken fantastische Lebensmittelmärkte, mit Preisen überhäufte Chefköche, stilvolle Speisesäle und eine tolle Café-Kultur. Außerhalb der großen Städte ist das Angebot an Restaurants natürlich kleiner, aber einige echte Juwelen gibt es auch hier. Überall an der Küste findet man unglaublich gute Meeresfrüchte, in einfachen Fish-&-Chips-Buden genauso wie in eleganten Speiserestaurants mit Blick auf den Ozean. Man kann sich den frischen Fisch aber auch an den Kais und auf den Märkten holen und ihn selber nach Aussie-Art grillen. Auf den Weingütern der Mornington Peninsula und im Hunter Valley (wo es auch tolle Restaurants gibt) kann man einige der besten Weine des Landes probieren. Byron Bay und Noosa sind beide berühmt für die einmalige, innovative Küche, für die es sogar extra Kochbücher gibt. Ganz egal, wo man gerade unterwegs ist: Weder in den malerischen Blue Mountains noch in Newcastle, weder in Townsville noch in Cairns braucht man auf gutes Essen zu verzichten.

Australien hat das Markenzeichen „modern-australisch" oder „Mod Oz" für seine Küche schnell angenommen. Modern-australisch ist, was Einflüsse aus Ost und West zwanglos verbindet. Wenn etwas nicht authentisch italienisch oder französisch ist, dann ist es bestimmt modern-australisch – man hat es also mit einem manchmal gewagten Versuch zu tun, das nicht Klassifizierbare zu klassifizieren. Die Gerichte sind meistens nicht allzu schwierig, dafür aber einfallsreich und interessant.

Köstliches aus der Region

Australiens beste Nahrungsmittel stammen aus dem Meer. Nichts lässt sich mit den Meeresfrüchten vergleichen, die aus einigen der saubersten Gewässer weltweit gefischt werden. An der Küste sind selbst einfache Fish & Chips (sogar in der Variante zum Mitnehmen) superfrisch und gut zubereitet.

Kenner preisen die Sydney-Felsenauster (eine Austernspezies, die an der Küste von New South Wales lebt) und die Meermuscheln aus Queensland. Langusten schmecken fantastisch, erzielen aber auch fantastische Preise, und „Schlammkrabben" klingen zwar nicht gerade pri-

Tausende Rezepte, Tipps, Tricks und Kochvideos finden sich unter www.lifestylefood.com.au. Hier steht alles über Klassiker wie Pavlova, Lamington, Braten, panierten Tintenfisch mit Salz und Pfeffer und Scones auf Damper, außerdem auch über viele schnelle und einfache Gerichte.

The Cook's Companion von Stephanie Alexander ist die Bibel der australischen Kochkunst mit fast tausend Rezepten in zwölf Kapiteln. Der tausendseitige Wälzer ist enzyklopädisch im Umfang, aber gut lesbar: Neben den Rezepten gibt's Infos zu ihrer Geschichte und den Zutaten, und all das wird mit Volksweisheiten und literarischen Zitaten gut abgeschmeckt.

KAFFEE

In Sachen Kaffee hat Australien ein phänomenales Angebot: In praktisch jedem Café steht eine italienische Espressomaschine. Kleinröstereien sind der letzte Schrei, und, zumindest in städtischen Gebieten, sind kundige Baristas praktisch die Norm. Den besten Kaffee gibt's in Melbourne, wo jeder auf seine bevorzugte Bohne und Mischung schwört und mit „seinem" Barista auf Du und Du ist. Ausgezeichnete Cafés findet man auch in Sydney und Brisbane, aber auch in vielen kleineren Orten. Melbournes Kaffeehausszene gehört zu den muntersten weltweit – am besten schaut man sich einfach in den von Cafés gesäumten Gassen im Stadtzentrum um.

**Essen:
Infos im
Internet**

» www.urban
spoon.com:
Gourmetkritiken
zu Restaurants im
ganzen Land

» grabyourfork.
blogspot.com:
kulinarische
Ausflüge rund um
Sydney

» www.melbourne
gastronome.com:
gründliche Kritiken zu Restaurants und Bars

» www.eatingbris
bane.com: Infos
zur Gourmet-
szene in Brisbane

ckelnd, sind aber eine echte Delikatesse. Eine weitere, zunächst fragwürdige Leckerei sind Bärenkrebse – tatsächlich handelt es sich um Verwandte der Hummer, die allerdings wesentlich preisgünstiger sind: Probieren sollte man etwa den Balmain Bug oder seinen Verwandten, den Moreton Bay Bug. Die „Yabbies", kleinere Verwandte des Flusskrebses, finden sich im ganzen Südosten Australiens. Auch Garnelen sind sehr zu empfehlen, besonders die Eastern King Prawns oder Yamba Prawns aus dem Norden von New South Wales.

Nimmt man noch die unzähligen Fischarten hinzu, die hier zu finden sind, lässt sich wirklich nicht mehr bestreiten, dass Australien in Sachen Meerestiere ein echtes Füllhorn ist. Auf Sydneys Fischmarkt (S. 63) gehen Tag für Tag Fische und Meeresfrüchte, die mehreren hundert Spezies angehören, über die Theke – so viele, wie sonst nur in Tokio.

Die Aussies lieben ihre Meeresfrüchte, aber der Appetit auf ein mächtiges Steak ist ihnen deswegen keineswegs vergangen. Rockhampton ist die Rindfleisch-Hauptstadt des Landes, und durchreisende Fleischesser täten sich einen Tort an, würden sie hier nicht bei einem brutzelnden Steak richtig zulangen. Auch Lamm von den üppigen Weiden in Gippsland (Victoria) steht hoch im Kurs. Steaks und Lammbraten bleiben also auf dem Speiseplan, doch bekommt man Rind und Lamm außer als Steak bzw. Lammkotelett heute auch aus dem Tandur sowie auf griechische oder provenzalische Art.

Bei der Größe Australiens und seinen vielen Klimazonen – vom tropischen Norden bis in den gemäßigten Süden – ist es kein Wunder, dass es eine riesige Auswahl an Obst und Gemüse gibt. Auf den fruchtbaren Böden von Queensland finden sich wogende Bananen- und Mangoplantagen, Obsthaine und gewaltige Zuckerrohrfelder (deren Zucker für den bernsteingelben Bundaberg Rum verwendet wird). Im Sommer gibt es so viele Mangos, dass die Leute in Queensland ihrer überdrüssig werden. Die Macadamia, jene endemische Nuss mit dem weichen, buttrigen Aroma, wächst überall im Südosten des Bundesstaats; manche Einwohner verwenden sie für alles und jedes: in gemischten Salaten, eingefroren in Stückchen in Eiscreme oder geröstet in Kuchen und Süßigkeiten.

Es gibt auch eine kleine, aber durchaus brillante Bio-Käse-Erzeugung, die darunter leidet, dass nur pasteurisierte Milch verwendet werden darf. Trotzdem sind die Ergebnisse überhaupt nicht zu verachten. Man sollte die Augen ganz besonders nach Ziegenkäse aus Gympie und den Produkten des Unternehmens Kenilworth Country Foods (S. 386) offenhalten.

Kulinarische Touren

Das mit Weinreben bepflanzte Hunter Valley produziert weit mehr als nur Wein. In den sanften Hügelhängen sind außerdem Bio-Käse, geräucherter Fisch und Fleisch, saisonale Früchte (Feigen, Zitrusfrüchte, Pfirsiche, Avocados), belgische Pralinen, Spezialbiere, Oliven und vieles mehr im Angebot. Hier kann man sich also alles für ein Picknick mit ausgesuchten Spezialitäten zusammenstellen.

Im Atherton Tableland in North Queensland kann man sich einen Eindruck von den besten Kaffeeplantagen des Landes verschaffen – und den Kaffee auch probieren. Neben dem unglaublich aromatischen, frisch zubereiteten Kaffee sollte man auch den hiesigen Kaffee-Likör und die Kaffeebohnen in dunkler Schokolade nicht außer Acht lassen.

Weiter im Norden gibt es im Daintree-Nationalpark weitere kulinarische Versuchungen. Hier kann man köstliche Eiscreme aus Früchten schlecken, die in den umliegenden Obsthainen frisch gepflückt wurden, oder sich an Tropenfrüchten laben, die auf der Cape Trib Exotic Fruit Farm angebaut werden.

Das Wine Country

In der ältesten Weinbauregion Australiens, dem Hunter Valley (S. 117), wurde schon in den 1830er-Jahren Wein angebaut, aber zu internationaler Berühmtheit kam es erst in den letzten fünfzig Jahren. In dem Tal, ein paar Autostunden nördlich von Sydney, gibt es mehr als 120 Weingüter – teils kleine, spezialisierte Familienbetriebe, teils industrielle Großwinzereien. Zu den Spitzenweinen zählt der blühende, nicht ausgebaute Sémillon, den viele für einen der besten weltweit halten. Auch der hiesige Syrah hat Weltklasse. Weitere beliebte Rebsorten, die hier angebaut werden, sind Chardonnay, Verdelho, Cabernet Sauvignon und Merlot.

Melbourne ist von erstklassigen Weinbauregionen umgeben, die alle ein anderes Klima und andere Böden haben. Gleich am Stadtrand liegt das von Weingütern durchzogene Yarra Valley, in dem die glamourösen Riesen dieses Gewerbes, Chateau Yering und Domaine Chandon, ihren Sitz haben und fruchtige, unausgebaute Pinot Noirs, einen samtigen Chardonnay und frisch perlende Schaumweine produzieren. Weiter im Süden verbergen sich viele Weingüter in den Hügeln und Tälern der Mornington Peninsula. Hier findet man einen wunderbaren, früh reifenden Pinot Noir, feine, honigsüße Chardonnays und Pinot Gris sowie duftige italienische Sorten wie Arneis und Pinot Grigio.

Es gibt sogar eine Weinregion in Queensland (den Granite Belt), die sich in den letzten Jahren langsam einen Namen gemacht und in internationalen Wettbewerben ausgezeichnet reüssiert hat. Die beiden Nachbarorte Stanthorpe und Ballandean, zwei Stunden südwestlich von Brisbane, sind die Tore zu dieser charmanten Region.

Die meisten Weingüter sind für Besucher geöffnet (manche allerdings nur an den Wochenenden) und bieten kostenlose Weinproben. Eine Liste der besten Weingüter in der Region steht auf S. 117.

Etwas ganz anderes, was man sich aber auch nicht entgehen lassen sollte, sind die „tropischen Weine" Australiens. Sie werden im nördlichen Queensland u. a. aus Pflaumen, Mangos und Passionsfrüchten hergestellt.

Bier, Brauereien & Bundaberg

Biere aller Art findet man in großer Auswahl in Läden, Pubs, Bars und Restaurants. Die üblichen Marken (eiskaltes Carlton, VB, XXXX und Tooheys) sind an einem heißen Sommertag durchaus überzeugend und erfrischend. Sucht man aber was wirklich Schmackhaftes, sollte man sich an die wachsende Zahl von Kleinbrauereien halten.

Hier eine Auswahl lohnender Marken:

» **James Squire** Ein Brauer aus Sydney mit einer Reihe von Spezialbieren, die weit verbreitet sind. Das India Pale Ale ist hervorragend.

» **St. Arnou** Eine Kleinbrauerei aus New South Wales mit einem ausgezeichneten Weißbier nach belgischer Art namens St. Cloud.

Bei Restaurantrechnungen versteht sich die unten ausgewiesene Summe als Gesamtsumme: Mehr braucht man nicht zu zahlen. Sie sollte die 10 %-ige GST (Goods & Services Tax; eine Mehrwertsteuer), aber keinen „optionalen" Serviceaufschlag enthalten. Kellner und Kellnerinnen erhalten einen recht ordentlichen Lohn und sind für ihr Auskommen nicht auf Trinkgelder angewiesen. Allerdings geben immer mehr Gäste auch etwas Kleingeld; in Spitzenrestaurants sind Trinkgelder, die sich auf bis zu 15 % der Rechnungssumme belaufen, durchaus nicht unüblich.

Viele Restaurants gestatten ihren Gästen, eigene alkoholische Getränke mitzubringen. Wenn das Restaurant selber Alkohol ausschenkt, kann es sein, dass der Verzehr selbst mitgebrachter Getränke nicht erlaubt ist oder man ein „Korkgeld" (in der Größenordnung zwischen 5 und 25 AU$) zahlen muss. Bevor man reserviert, einfach nachfragen!

» Northern Rivers Brewing Co Die kleine Brauerei liegt in der Nähe von Byron Bay und produziert eine ganze Reihe von Bierspezialitäten – das Ruby Raspberry beispielsweise ist beliebt, um sich nach einem Tag am Strand zu entspannen.

» Mountain Goat Mitten in der Melbourner Vorstadt Richmond produziert diese Brauerei das Hightale Ale, ein perfektes englisches Ale.

FARMERS MARKETS

Die von vielen Einheimischen geliebten Farmers Markets (Bauernmärkte) sind ideal, um die kulinarischen Spezialitäten einer Region kennenzulernen und dabei die örtlichen Farmer zu unterstützen und die lustige Atmosphäre (mit Livemusik, freundschaftlichen Wortgeplänkeln und kostenlosen Probehäppchen) zu genießen, die oft zu finden ist. Im Angebot sind Obst, Gemüse, Meeresfrüchte, Fleisch, Backwaren und vieles mehr. Märkte dieser Art verteilen sich über die gesamte Ostküste Australiens. Weitere Optionen findet man auf der Website der **Australian Farmers Market Association** (www.farmersmarkets.org.au).

New South Wales

Eine komplette Übersicht über die vielen Märkte im nördlichen New South Wales steht auf S. 208.

» Sydney (S. 51) Neben Sydneys legendärem Fischmarkt (S. 63) gibt es muntere Bauernmärkte in den Rocks (Fr & Sa), in Bondi Junction (Do), in Darlinghurst (www. sydneysustainablemarkets.org; Sa) und in Manly (www.manlymarkets.com.au; Sa).

» Byron Bay (S. 175) Den Markt am Donnerstagvormittag lassen sich die Einheimischen nicht entgehen.

» Nimbin (S. 189) Einer der muntersten Märkte in New South Wales: Hier gibt's Livemusik und (überwiegend) Bio-Produkte.

» Bellingen (S. 208) Der monatlich stattfindende Markt ist mit mehr als 250 Marktständen, Livemusik und Unterhaltung für die ganze Familie eine Spitzenattraktion.

» Bangalow (S. 187) Am Samstag ist in diesem charmanten Städtchen im Hinterland Wochenmarkt.

Victoria

Melbournes prächtige Märkte sind ein Begriff. Sie sind ideal als Ausgangspunkt für eine kulinarische Reise:

» Queen Victoria Market (S. 225) Den legendären Markt gibt's schon seit mehr als 130 Jahren.

» Prahran Market (S. 231) Einer der besten Lebensmittelmärkte in Melbourne.

» Abbotsford Convent (S. 228) Der Slow-Food-Markt findet einmal im Monat statt.

» Ceres (S. 229) Wöchentlich zweimal findet dieser Bio-Markt in einer Parkanlage statt.

Queensland

Brisbane hat eine gute Auswahl an Märkten, darunter prächtige und beliebte am Ufer in New Farm und West End (S. 330). Weitere Top-Märkte in Queensland:

» Surfers Paradise (S. 340; www.yourlocalmarkets.com.au) Der Markt ist mit mehr als 80 Ständen einer der größten an der Gold Coast; er findet immer sonntags statt.

» Noosa (S. 359; www.noosafarmersmarket.com.au) Zu dem wunderbaren Markt kommen am Sonntag viele Anbieter.

» Piss Das Bier aus Victoria bringt die Sache auf den Punkt. Aber abgesehen von dem mäßig witzigen Namen ist dieses Bier tatsächlich ein ausgezeichnetes, vollmundiges Lager.

» Blue Sky Brewery Die preisgekrönte Brauerei aus Cairns produziert ein frisches Lager (namens FNQ) und ein Pilsener nach traditionell tschechischer Art, darüber hinaus auch ein Stout und Cider.

» Burkes Brewing Company Die Brauerei aus North Brisbane ist am bekanntesten für ihr Hemp Premium Ale, ein goldenes, leicht süßes Bier. Das Gebräu wird durch Hanf gefiltert (das scheint legal zu sein).

» Mt. Tamborine Brewery (www.mtbeer.com) Diese Brauerei produziert einige der besten Bierspezialitäten in Queensland. Seine Spitzenmarken sind ein Ale belgischer Art, ein hopfenstarkes India Pale Ale und ein vollmundiges Imperial Stout.

Und will man sich einmal selber ein Bild von Queenslands bevorzugter Biermarke machen, sollte man Brisbanes XXXX Brewery (lies *four-ex*; S. 313) einen Besuch abstatten, die es schon seit 1924 gibt. Im Rest des Landes rümpft man die Nase, aber die Einheimischen schwören darauf. Altbekannt und abgedroschen ist der Witz, dass die Queenslander das Gebräu XXXX nennen, weil sie nicht wissen, wie sich „Beer" schreibt.

Das *Australian Wine Annual* von Jeremy Oliver ist der unverzichtbare Lesestoff für alle, die mehr über die australische Weinszene erfahren wollen. Oliver stellt mehr als 300 Weingüter und Tausende von Weinen im Detail vor. Seine Auswahl – Wein des Jahres, Top 100 sowie „die besten für unter 20 AU$ – ist ein praktischer Ratgeber, wenn man eine Flasche Wein kaufen möchte.

ESSEN & TRINKEN BIER, BRAUEREIEN & BUNDABERG

WEINTIPS

Sport

Wenn Australien auf die Idee käme, eine Staatsreligion einzuführen, hätten die Katholiken und Anglikaner sicherlich gute Chancen. Allerdings bliebe ein auch noch so spiritueller Kirchengang bei den meisten Aussies gegenüber einem Platz auf der Haupttribüne des Lieblingsteams chancenlos. In Australien herrscht eine große Begeisterung für Sport, der als große einigende – und je nach Mannschaftsvorliebe auch spaltende – Kraft fungiert.

Alle drei Ostküstenstaaten haben Anrecht auf den Titel des australischen Sportmekkas. Sogar in Canberra gibt's Profiteams und eine ordentliche Anzahl von Fans. Der Gegenstand der Leidenschaft variiert allerdings von Staat zu Staat. In NSW und Queensland dreht sich alles um Rugby; die oft zu hörende Bezeichnung „Thugby" (abgeleitet von *thug*: Gangster) steht für die auf der Straße und ohne viele Regeln gespielte Variante bzw. für eine besonders rüde Spielweise bei den Profis. In Victoria unten im Süden ist Australian Football („Aerial Ping Pong": Luftpingpong) angesagt. Cricket – böse Zungen sprechen von einer der langweiligsten Sportarten der Welt – erfreut sich im Sommer landesweit großer Beliebtheit. Und das ist längst nicht alles. Australier begeistern sich für alle möglichen Sportarten, von Basketball und Motorsport über Tennis, Fußball, Pferderennen, Korbball, Surfen bis hin zu Bullenreiten. Steht irgendwo ein Wettbewerb an, sind jubelnde Zuschauer garantiert. Brisbanes Australia Day Cockroach Races (also Kakerlakenrennen) locken jedes Jahr über 7000 begeisterte Fans an.

Angesichts seiner bedeutsamen Rolle verlangt der Sport einige wichtige Rituale, und so gelten für den Zuschauer in Australien folgende unausgesprochene Regeln: Wer im Stadion mit dabei ist, muss sich in den Farben des Lieblingsteams anziehen. Für Kinder gilt dieselbe Kleiderordnung, außerdem sind diese schon kurz nach der Geburt mitzunehmen, um sie so früh wie möglich zu indoktrinieren. Das Thema Sport sollte bei jeder Gelegenheit diskutiert werden, vor, nach und während des Spiels. Zudem ist die Einnahme von Bier während des Zuschauens ratsam. Wer nicht live dabei sein kann, geht zu einem Kumpel – am besten zu dem mit dem größten Fernseher – oder in eine Kneipe. Bei der ersten Variante ist für einen vollen Kühlschrank und genügend Snacks auf dem Coachtisch zu sorgen. Das Tragen der Teamfarben und die unablässige Analyse des Spiels finden natürlich auch in diesem Fall Anwendung.

Das Zuschauen hat sich zu einer regelrechten Kunst entwickelt, in der Praxis sind die Australier jedoch noch viel besser. Die Rugby-Union-Nationalmannschaft, die „Wallabies", gewann bereits zweimal die William Webb Ellis Trophy, also den Rugby-Weltpokal. Im Rugby League (mehr Infos zu den Unterschieden gibt's später) läuft's noch besser, so konnte der Weltmeistertitel neunmal geholt werden; Großbritannien, dem zweitbesten Team, gelang das nur dreimal. Die australische Cricket-Mannschaft spielt schon lange sehr erfolgreich und gewann den

FOOTY-FACHJARGON

» **Avagoyermug!** „Have a go, you mug!" (Auf geht's, du Trottel!) – Traditioneller Schlachtruf, der auch bei Cricketspielen Anwendung findet

» **Carn!** „Come on" (Auf geht's) – Wie im Schlachtruf „Carn the Saints"

» **Chewie on ya boot** (Kaugummi an deinem Schuh) – Soll Spieler beim Schuss aufs Tor ablenken

» **Got coat-hangered** – Wurde von einem ausgestreckten Arm getroffen

» **Got dragged** – Wurde vom Trainer aus dem Spiel genommen

» **Had a blinder** – Hat ein Bombenspiel hingelegt

» **Drop kick** – Versager, hat also nichts mit dem Spielzug zu tun

Im amerikanischen Englisch bedeutet „rooting" so viel wie „anfeuern". Australier schmunzeln darüber, hier ist es nämlich ein Vulgärausdruck für „Sex haben". Sie selbst verwenden das Verb „to barrack for" für das Anfeuern einer Mannschaft.

Weltpokal viermal – das ist Rekord. Im letzten Jahrzehnt führte sie die Weltspitze meistens an und stellt einige der besten Spieler überhaupt.

Australien ist zwar eine relativ kleine Nation, schafft es jedoch regelmäßig, sich gegenüber etablierten Gegnern aus der ganzen Welt in allen erdenklichen Sportarten Respekt zu verschaffen. Das Land richtete zweimal die Olympischen Sommerspiele aus (1956 in Melbourne, 2000 in Sydney) und belegte im Medaillenspiegel der letzten drei Sommerspiele zweimal den vierten und einmal den sechsten Platz. Gemessen an der Bevölkerungszahl gehört Australien somit zu den erfolgreichsten Teilnehmerstaaten überhaupt.

Footy

Australian Rules Football, in Victoria der einzig wahre Sport, wird auch Aussie Rules oder einfach Footy genannt. Melbourne ist die spirituelle Heimat der skurrilen Fußballvariante, einer Art Mischform zwischen Rugby und Gaelic Football. Von dort aus verwaltet die **Australian Football League** (AFL; www.afl.com.au) das Spielgeschehen im Land. Traditionell finden die meisten großen Partien im Melbourne Cricket Ground (MCG; S. 228) statt. In der von März bis September dauernden Saison herrscht in Victoria große Footy-Begeisterung; es wird getippt, über Spielmanöver diskutiert und rupelhaftes Verhalten – auf und neben dem Feld – gepflegt. Zum Saisonhöhepunkt am letzten Samstag im September, wenn in Melbourne das große AFL-Finale stattfindet, steht die Stadt Kopf. Das Spiel wird von etwa 100 000 Fans im MCG und von Millionen vor dem Fernseher verfolgt.

Die AFL gab es ursprünglich nur in Victoria. Melbourne ist in der Liga mit neun von 16 Teams überrepräsentiert, Tasmanien, das Northern Territory (NT) und das Australian Capital Territory (ACT) wiederum stellen keine Mannschaften. Einige Teams wie Essendon, Richmond und Port Adelaide betreiben Programme zur Sportförderung in indigenen Gemeinden im ganzen Land. Alle Vereine haben indigene Mannschaftsmitglieder, denen besondere Fähigkeiten wie Übersicht – beispielsweise bei Ballvorlagen – nachgesagt werden.

Das Spektakuläre an dem Spiel sind die langen Abstöße, die hohen Sprünge beim Fangen des Balls und die brutalen Zusammenstöße. Die Zuschauer fiebern mit vollem Einsatz mit und aus 50 000 Kehlen gegrölte Schlachtrufe wie „Carn the [Spitzname des Teams]" (Auf geht's ...) und „Baaalll... You're joking umpire" (Das kann nicht dein Ernst sein, Schieri!) erreichen solch eine Lautstärke, dass sogar Hunde in den Gärten der Vorstädte mitjaulen.

Böse Zungen behaupten, dass mehr Australier den Schlagdurchschnitt der Cricket-Legende Don Bradman kennen (99,94) als das Jahr, in dem Captain Cook in Australien an Land ging (1770).

BRADMANS SCHNITT

Rugby

Auch wenn die Einwohner von Melbourne davon nichts wissen wollen oder höchstens mit abschätzigem Gesichtsausdruck davon sprechen, gibt es Varianten des Footy. Die National Rugby League ist der beliebteste Sportwettbewerb nördlich des Murray River und das dort gespielte, so genannte Dreizehner-Rugby gilt in NSW und Queensland als Sport für echte Männer. Die Liga, deren Saison ebenfalls von März bis September dauert, umfasst 16 Teams – zehn aus NSW, drei aus Queensland und jeweils eins aus ACT, Neuseeland und Victoria. Letzteres, ein Verein aus Melbourne, spielt traditionell erfolgreich und hat 2007 und 2009 die Meisterschaft gewonnen. Später stellte sich allerdings heraus, dass das Team gegen die Ligaregeln für Gehaltsobergrenzen verstoßen hatte; die Titel wurden ihm wieder aberkannt und in NSW lachte man sich vielerorts ins Fäustchen.

Ein weiterer Höhepunkt auf dem Ligakalender neben dem großen Finale im September ist die State of Origin Series im Juni oder Juli, wenn sich die besten Spieler Queenslands mit ihren Pendants aus NSW ein von Lokalrivalitäten genährtes Duell liefern. Von 2006 bis 2010 musste NSW, repräsentiert von den „Blues" (auch „Cockroaches" genannt), eine Serie von fünf demütigenden Niederlagen in Folge gegen ihre Erzrivalen aus Queensland, den „Maroons" (auch „Cane Toads" genannt), hinnehmen.

Rugby Union, auch Fünfzehner-Rugby genannt, wird in der Australian Rugby Union gespielt und erfreut sich ähnlich großer Beliebtheit, insbesondere seit Mitte der 1990er-Jahre, als die Liga professionell wurde. Historisch gesehen handelt es sich um einen Amateursport, der in elitären britischen Internatsschulen von Angehörigen der Oberschicht betrieben wurde. Rugby League hingegen wurde mit den einfachen Arbeitern Nordenglands assoziiert. Diese ideologische Spaltung fand ihren Weg nach Australien und war über weite Teile des letzten Jahrhunderts tonangebend.

Russell Crowe verbrachte einen Teil seiner Kindheit in Sydney und ist heute Miteigentümer der Rabbitohs. Das vor 100 Jahren gegründete Team aus dem Süden der Stadt spielt in der National Rugby League.

Praktische
> Informationen

Gefahren an der Ostküste

In Australien lauern viele Gefahren: Buschbrände, eine heimtückische Brandung, glühende Hitze, Quallen, Schlangen, Spinnen, Haie, Krokodile, Zecken und Moskitos. Im Allgemeinen wird bei den Risiken für Traveller aber übertrieben. Mit einigen einfachen Vorsichtsmaßnahmen dürfte man eigentlich keine wirklichen Probleme bekommen. Sicherheitshinweise für Autofahrer und Trips ins Outback stehen auf S. 576.

Buschbrände

In Australien kommt es jedes Jahr zu Buschbränden. An heißen, trockenen, windigen Tagen muss man extrem vorsichtig mit offenem Feuer sein und darf auch keine brennenden Zigarettenkippen aus dem Autofenster werfen. An Tagen mit striktem Feuerverbot ist es sogar verboten, Campingkocher im Freien zu benutzen.

Wer im Busch unterwegs ist und – selbst in größerer Entfernung – Rauch sieht, sollte das ernst nehmen und sich so schnell wie möglich auf offenes Gelände begeben, wenn möglich bergab.

Die größte Gefahr besteht auf bewaldeten Bergzügen. Buschbrände breiten sich rasend schnell aus und ändern ihre Laufrichtung mit der Windrichtung. Und last but not least: Unbedingt die Warnhinweise, Vorschriften und Anweisungen der Behörden befolgen!

Outdoor-Gefahren

Korallenschnitte

Korallen können extrem scharf sein. Bei nur leichter Berührung kann man sich schon schneiden. Die Schnitte gründlich reinigen und dann mit einem Antiseptikum desinfizieren!

Hitzekrankheiten

In Australien herrschen fast immer sehr hohe Temperaturen, die (durch extremen Flüssigkeitsverlust) zu einem Hitzekollaps oder gar Hitzschlag führen können. Wer aus gemäßigten oder kühleren Gefilden anreist, sollte daran denken, dass die Akklimatisierung zwei Wochen dauert.

Jahr für Jahr sterben im australischen Outback schlecht vorbereitete Reisende an Dehydrierung. Das lässt sich vermeiden, indem man die folgenden Regeln beherzigt:

» Auf jede Tour genug Wasser mitnehmen (inkl. Reserve für den Fall einer Autopanne).

» Immer jemandem Bescheid sagen, wohin man fährt und wann man etwa dort sein will.

» Kommunikationsmittel mitnehmen.

» Bei Problemen lieber beim Fahrzeug bleiben als zu Fuß Hilfe holen.

» Wer im Busch wandert, sollte immer genügend trinken und ausreichend Wasser mitnehmen, auch auf kurzen Wanderungen.

Sonnenbrand & Hautkrebs

Die Hautkrebsrate in Australien ist eine der höchsten weltweit. Man sollte immer darauf achten, wie lange man sich dem direkten Sonnenlicht aussetzt. Am stärksten ist die UV-Strahlung zwischen 10 und 16 Uhr. Man

DIE WICHTIGSTEN RIFFREGELN

» Das Berühren der Meeresflora und -fauna ist grundsätzlich verboten.

» In Riffnähe immer Schuhe mit dicken Sohlen tragen.

» Keine Fische essen, die man nicht kennt oder nicht identifizieren kann.

» Nicht in trübem Wasser schwimmen; stets versuchen, in Gewässern zu baden, die in Sonnenlicht getaucht sind.

sollte seiner Haut in dieser Zeit also kein Sonnenbad zumuten. Um Hautschäden zu vermeiden, sollte man einen Hut mit breiter Krempe und ein langärmeliges Hemd mit Kragen tragen. Die Sonnencreme sollte mindestens Lichtschutzfaktor 30 haben und eine halbe Stunde, bevor man in die Sonne geht, aufgetragen werden. Regelmäßiges Nachcremen ist unerlässlich!

Ertrinken

In Australien ertrinken jährlich etwa 80 Menschen. An den Stränden herrschen eine starke Brandung und eine enorme Rippströmung. Das kann zu ernsthaften Problemen führen. Wenn man von der Strömung erfasst und aufs Meer hinausgezogen wird, immer parallel zur Küste schwimmen – auf keinen Fall versuchen, gegen die Strömung anzuschwimmen, das ermüdet sehr schnell.

Bisse & Stiche

Meerestiere & ihre Stacheln

Die Stacheln von Meerestieren wie Seeigeln, Katzen-, Skorpion- und Steinfischen sowie Stechrochen können ausgesprochen heftige Schmerzen verursachen. In diesem Fall die betroffene Stelle sofort ins heiße Wasser (so heiß, dass es gerade noch erträglich ist) tauchen und einen Arzt aufsuchen.

Blaugeringelte Kraken und Barrier-Reef-Kugelschnecken können tödlich sein, also nicht anfassen. Wenn jemand gestochen wurde, sollte man einen Druckverband anbringen, die Atmung aufmerksam beobachten, bei Atemstillstand Mund-zu-Mund-Beatmung vornehmen und natürlich sofort einen Arzt aufsuchen.

Quallen wie die Würfelqualle und die Irukandji-Qualle, deren Stiche tödlich enden können, sind in den tropischen Gewässern

KEIN GRUND ZUR PANIK

Die Anzahl von beißenden und stechenden Kreaturen in Australien ist wahrhaft beeindruckend. Man sollte sich davon aber nicht abschrecken lassen. In Australien fordern Haiangriffe durchschnittlich ein Todesopfer pro Jahr. Tödliche Krokodilangriffe sind ähnlich selten. Todesfälle durch die Blaugeringelte Krake sind noch seltener (nur zwei in den letzten 100 Jahren), und nur ein bestätigtes Todesopfer geht auf das Konto der Kugelschnecke. Mit etwa zwei Opfern pro Jahr sind durch Quallen verursachte Todesfälle weitaus häufiger. Aber keine Angst, es ist 40-mal wahrscheinlicher, dass man ertrinkt, als von einem dieser Biester getötet zu werden.

An Land sterben eine bis zwei Personen jährlich durch Schlangenbisse und Bienenstiche (weniger als ein Tausendstel aller Verkehrstoten). Seit mehr als 50 Jahren ist niemand mehr an einem Zeckenbiss gestorben und in den letzten 20 Jahren auch niemand an einem Spinnenbiss.

Australiens recht verbreitet. Zwischen November und Mai sollte man nördlich von Agnes Water besser nicht ins Wasser gehen, es sei denn, dass Quallennetze ausgelegt sind. Das Tragen von „Stinger suits" (Ganzkörperanzüge aus Lycra) oder Neoprenanzügen ist eine gute Vorbeugemaßnahme. Rund um Queenslands Riff-Inseln kann man im Allgemeinen das ganze Jahr über schwimmen und schnorcheln; allerdings wurde die seltene kleine (Durchmesser 1 bis 2 cm) Irukandji-Qualle bereits am äußeren Riff und nahe der Inseln gesichtet.

Im Falle eines Falles besteht die erste Hilfe darin, die Haut mit Essig zu waschen, um einen weiteren Ausfluss der brennenden Substanz zu verhindern. Danach sollte man schnell in ein Krankenhaus fahren. Keinesfalls versuchen, die Tentakel zu entfernen.

Moskitos

Moskitos können in ganz Australien ein Problem sein. Malaria kommt in Australien nicht vor. Im Norden von Queensland ist Denguefieber vor allem in der Regenzeit

(Nov.–April) eine Gefahr. Die Viruskrankheit wird von Stechmücken übertragen, die hauptsächlich tagsüber aktiv sind. Meistens erholt man sich nach ein paar Tagen, aber die Krankheit kann auch schwere Formen annehmen.

Mit diesen Vorsichtsmaßnahmen kann man sich vor Stichen schützen:

» Locker sitzende, langärmelige Kleidung tragen.
» Auf unbedeckte Haut ein Insektenschutzmittel (30 % DEET) auftragen.
» Kleidung mit Permethrin imprägnieren.
» Moskitospiralen benutzen.
» Unter Deckenventilatoren schlafen, die auf Höchstgeschwindigkeit eingestellt sind.

Haie & Krokodile

Das Risiko, von einem Hai angegriffen zu werden, ist gering. Risiken vor Ort mit Rettungsschwimmern abchecken!

Die Gefahr, im tropischen Norden Queenslands von einem Krokodil angegriffen zu werden, ist zwar durchaus gegeben, aber vorherzusehen und damit weitgehend vermeidbar. In Victoria,

New South Wales oder Südqueensland (südlich von Rockhampton) sind Krokodile keine Gefahr. „Salties" sind Salzwasserkrokodile, die bis zu 7 m lang werden. Sie leben in Küstengewässern und auch in den Tidegebieten der Flüsse, wurden aber auch schon in Strandnähe und Süßwasserlagunen gesichtet. Man sollte also Hinweise wie Krokodil-Warnschilder unbedingt beachten und nicht denken, dass man gefahrlos schwimmen kann, wenn eine Schilder aufgestellt sind. Im Zweifelsfall also lieber nicht ins Wasser springen!

Wer an leeren Stränden nördlich von Mackay ist, sollte sich weder in Flüssen oder Tümpeln noch im Meer unweit von Flussmündungen abkühlen. Fische oder andere Lebensmittel nicht in Ufernähe putzen oder zubereiten und mindestens 50 m vom Wasser entfernt campen. Krokodile sind in der Paarungszeit (Okt.–März) besonders mobil und gefährlich.

Schlangen

Australische Schlangen haben einen extrem schlechten Ruf. Der ist, was die Stärke ihres Gifts angeht, zwar berechtigt, steht aber in keinem Verhältnis zum tatsächlichen Risiko für Touris-

ten. In der freien Natur sind Schlangen im Allgemeinen schüchterne Tiere, die sich verziehen, wenn sie gestört werden. Außerdem haben sie nur kleine Fangzähne, sodass man sich leicht vor Bissen in die unteren Gliedmaßen (die von 80 % der Bisse betroffen sind) schützen kann. Bei Buschwanderungen sollte man entsprechende Schutzkleidung um die Knöchel tragen (z. B. Gamaschen). Wenn man gebissen wurde, sollte man eine elastische Bandage um das Körperglied wickeln (wie bei einem verstauchten Knöchel; zur Not tut es auch ein T-Shirt). Die Bandage fest – jedoch nicht so fest, dass die Blutzirkulation unterbrochen wird – um das gesamte Körperglied wickeln und mithilfe einer Schiene oder Schlinge ruhigstellen. Danach sofort einen Arzt aufsuchen. Auf keinen Fall einen Arterienabbinder benutzen. Nicht versuchen, das Gift herauszusaugen!

Spinnen

In Australien gibt es eine Reihe giftiger Spinnen. Todesfälle durch Spinnen sind aber extrem selten. Allgemein verbreitete Arten sind:

» Rotrückenspinne: Der Biss verursacht immer stärker werdende Schmerzen, gefolgt von heftigen Schweißausbrüchen. Eisbeutel oder

kalte Kompressen auflegen und ins Krankenhaus fahren!

» White-Tailed Spider (Braune Einsiedlerspinne): Der Biss kann ein Geschwür verursachen, das nur langsam und schwer verheilt. Die Wunde reinigen und einen Arzt aufsuchen!

» Riesenkrabbenspinne: Die Bisse der großen, tarantelartigen Spinnen sind schmerzhaft aber harmlos.

Zecken

Die einfache Buschzecke (die an der ganzen Ostküste vorkommt) kann gefährlich werden, wenn sie in der Haut bleibt, denn das von ihr abgesonderte Gift kann teilweise Lähmungen hervorrufen und theoretisch sogar zum Tod führen. Nach einem Marsch durch Zeckengebiet immer den ganzen Körper absuchen (auch den von Kindern und Hunden). Die Zecke mit Brennspiritus oder Petroleum begießen und als Ganzes rausheben.

Fälle von Zeckentyphus sind in ganz Australien aufgetreten. Etwa eine Woche nach dem Biss bildet sich eine dunkle Stelle um die Wunde, danach kommt es zu Hautausschlag und eventuell zu Fieber, Kopfschmerzen und entzündeten Lymphknoten. Die Krankheit lässt sich mit Antibiotika behandeln (Doxycyclin).

Allgemeine Informationen

Arbeiten in Australien

Traveller dürfen in Australien nur mit einem Working-Holiday-Makers-Visum (WHM) arbeiten, ein normales Visum reicht nicht aus. Größere Touristenzentren wie die Ferienorte an Queenslands Küste und die Skigebiete in Victoria und New South Wales sind in der Hauptsaison gute Anlaufpunkte für Gelegenheitsjobber.

Die saisonale Obsternte baut ebenfalls auf Gelegenheitsarbeiter. In Australien gibt es das ganze Jahr über irgendwo irgendetwas zu pflücken, zu schneiden oder anzubauen. Das ist harte Arbeit, die früh am Morgen beginnt. Üblicherweise wird man nach Erntemenge bezahlt (pro Korb/Eimer). Zu Beginn kann man etwa mit 10 bis 15 AU$ pro Stunde rechnen, mehr wird's, wenn man eingearbeitet und schneller ist.

Weitere Optionen für Gelegenheitsjobs bieten sich in Fabriken und auf Baustellen oder als Bedienung in Bars sowie Restaurants. Wer Erfahrungen in Sachen IT, als Sekretär/in, im Gesundheitswesen oder als Lehrer/in hat, kann sich in den großen Städten bei entsprechenden Zeitarbeitsfirmen registrieren lassen (s. unten).

Praktische Informationen

Backpackerunterkünfte, Zeitschriften und Zeitungen sind prima Informationsquellen für Jobangebote vor Ort. Nützliche Websites:

Career One (www.career one.com.au) Stellen für alle Berufsgruppen; vor allem in Großstädten.
Face2Face Fundraising (www.face2facefundraising. com.au) Gesucht werden Spendensammler für wohltätige und gemeinnützige Organisationen.
Good Cause (www.good cause.com.au) Jobs für Spendensammler für wohltätige und gemeinnützige Organisationen.
Harvest Trail (www.job search.gov.au/harvesttrail) Erntehelferjobs in ganz Australien.
Seek (www.seek.com) Stellen für alle Berufsgruppen; vor allem in Großstädten.
Workabout Australia (www.workaboutaustralia.com. au) Barry Brebners Website

mit detaillierten Infos zur Saisonarbeit in den einzelnen Bundesstaaten.

Visa für Working Holiday Maker (WHM)

Deutsche Australienurlauber im Alter zwischen 18 und 30 Jahren können ein WHM-Visum (Kategorie 417) beantragen, das zur Annahme von Gelegenheitsjobs während eines maximal einjährigen Aufenthalts berechtigt. Staatsbürger Österreichs und der Schweiz haben diese Möglichkeit bislang noch nicht. Achtung: Mit einem WHM-Visum darf man nur Gelegenheitsjobs für maximal sechs Monate annehmen, nicht aber Vollzeitstellen! Gegen eine Bearbeitungsgebühr von 235 AU$ können WHM-Visa online (Details unter www. immi.gov.au) oder bei diplomatischen Auslandsvertretungen Australiens beantragt werden. Wer ein erstes WHM-Visum besitzt und mindestens drei Monate lang „vorschriftsmäßige Saisonarbeit" (*specified work*; z. B. in den Bereichen Obst- bzw. Gemüseernte, Fischerei, Austernzucht, Bergbau, Bauwesen) im ländlichen Australien geleistet hat, kann theoretisch um ein zweites WHM-Visum mit zwölf Monaten Gültigkeit ersuchen.

STEUERN

Wer ein WHM-Visum besitzt, sollte sich unbedingt eine Steuernummer (Tax File Number, TFN) zulegen. Andernfalls greift bei jeglicher Entlohnung automatisch der Höchststeuersatz, und der beträgt ungefähr 47 %. Steuernummern können online beim **australischen Finanzamt** (Australian Taxation Office, ATO; www.ato. gov.au) beantragt werden; die Bearbeitung des Antrags dauert normalerweise etwa vier Wochen. Das ATO kann einem auch Zusatzdetails zu Steuerzahlungen und -rückerstattungen verraten.

Ermäßigungen

Der weltweit erhältliche **Internationale Studentenausweis** (International Student Identity Card, ISIC; www.isic.org) für Vollzeitstudenten berechtigt zu Ermäßigungen bei Unterkünften, Verkehrsmitteln und diversen Sehenswürdigkeiten. Seniorenrabatte greifen ebenfalls bei Verkehrsmitteln und Attraktionen.

Feiertage & Ferien

Die gesetzlichen Feiertage sind je nach Bundesstaat etwas anders. Die folgende Übersicht nennt die wichtigsten landesweiten und regionalen Feiertage. Da die genauen Termine von Jahr zu Jahr variieren können, ist es am besten, vor Ort nachzufragen.

Nationale Feiertage

Neujahr 1. Januar
Australia Day 26. Januar
Ostern (Karfreitag bis Ostermontag) März/April
Anzac Day 25. April
Geburtstag der Königin Zweiter Montag im Juni
Weihnachten 25. Dezember
Zweiter Weihnachtsfeiertag (Boxing Day) 26. Dezember

New South Wales

Bank Holiday Erster Montag im August
Labour Day Erster Montag im Oktober

Queensland

Labour Day Erster Montag im Mai
RNA Show Day (nur in Brisbane) Im August

Victoria

Labour Day Zweiter Montag im März
Melbourne Cup Day (nur in Melbourne) Erster Dienstag im November

Schulferien

Zu diesen Spitzenzeiten sind Unterkünfte am teuersten und oft schon lange im Voraus ausgebucht:

Weihnachtsferien (Mitte Dez.–Ende Jan.)

Ostern (März/April)

Drei kürzere bzw. zweiwöchige Schulferien (normalerweise Mitte April, Ende Juni–Mitte Juli & Ende Sept.–Mitte Okt.).

Fotos & Video

Digitalkameras und Fotoausrüstung gibt's landesweit in Elektronikgeschäften und Kaufhäusern. Die englischsprachige Lonely Planet Ausgabe *Travel Photography: A Guide To Taking Better Pictures* liefert Knipstipps.

In den meisten Strandorten bekommt man günstige, wasserdichte Einwegkameras, die für Schnappschüsse beim Schnorcheln oder Flachwassertauchen ganz in Ordnung sind. Bei guten Bedingungen bringen sie anständige Ergebnisse, obwohl die Farben ohne Blitz zu bleich werden. Wegen des Wasserdrucks funktionieren solche Kameras ab ca. 5 m Tiefe nicht mehr. Wer viel unter Wasser fotografieren möchte, kann gute Geräte mit Blitzlicht bei vielen Tauchshops entlang der Küste ausleihen.

Wie überall auf der Welt sollten Traveller auf der Jagd nach Schnappschüssen unbedingt die Etikette wahren und besonders vor Personenaufnahmen immer um Erlaubnis bitten. Indigene Australier möchten sich generell nicht einmal aus gewisser Entfernung ablichten lassen.

Frauen unterwegs

Australien ist für Frauen normalerweise ein sicheres Reiseland, die üblichen Sicherheitsmaßnahmen gelten aber natürlich auch hier. In den größeren Städten sollten es weibliche Reisende vermeiden, nachts allein durch die Straßen zu ziehen. Außerhalb einer Stadt sollte man zudem immer genug Geld für eine Taxifahrt dabeihaben, damit man sicher wieder zu seiner Unterkunft kommt. Einfache Gasthäuser sind für allein reisende Frauen nicht unbedingt geeignet. Also im Vorfeld darauf achten, dass sich das Management vertrauenswürdig präsentiert und die Sicherheit gewährleistet ist!

Freiwilligenarbeit

In Australien können Freiwillige ihre Zeit und Kompetenz auf vielerlei Arten einbringen. Nützliche Infoquellen:

Conservation Volunteers Australia (www.conservationvolunteers.com.au) Organisiert Naturschutzprojekte praktischer Art wie Bäumepflanzen, das Anlegen von Wanderwegen oder Bestandserhebungen in Sachen Flora und Fauna.

Go Volunteer (www.govolunteer.com.au) Nationale Website, die Möglichkeiten zur Freiwilligenarbeit nennt.

i-to-i (www.i-to-i.com) Dietet ehrenamtlichen Naturschutzurlaub in Australien an.

Volunteering Australia (www.volunteeringaustralia.org) Unterstützung, Training und Tipps für Freiwillige.

Willing Workers on Organic Farms (WWOOF; www.wwoof.com.au) Freiwillige Farmarbeit für Kost und Logis.

Gefahren & Ärgernisse

Obwohl Australien allgemein ein relativ ungefährliches Reiseland ist, sind zur Sicherheit gewisse Vorkehrungen ratsam:

Hotelzimmer und Fahrzeuge sollten immer sorgfältig abgeschlossen werden. Es ist außerdem sinnvoll, Wertsachen nirgendwo unbeaufsichtigt oder von außen sichtbar im Auto zurückzulassen. Da Sydney, die Gold Coast, Cairns und Byron Bay für Diebstähle berüchtigt sind, empfiehlt sich in diesen Ecken ein besonders gutes Auge auf die eigenen sieben Sachen. Idealerweise benutzt man immer Schließfächer oder Hoteltresore.

Manche Kneipen und Bars in Sydney und anderen Touristenhochburgen warnen per Aushang vor Drogen, die heimlich in unbeaufsichtigte Getränke geschüttet werden könnten: Es ist bereits mehrfach vorgekommen, dass vor allem Frauen einen Drink von Fremden angenommen haben und dann bewusstlos zum Opfer eines sexuellen Übergriffs geworden sind. Alle Traveller sollten sich daher nichts von fremden Barbesuchern spendieren lassen und Getränke in verschlossenen Flaschen stets solchen in offenen Gläsern vorziehen.

Geld

Alle Preise in diesem Buch sind in Australischen Dollar (AU$) angegeben. Auf der Umschlaginnenseite sind die zum Recherchezeitpunkt aktuellen Wechselkurse genannt.

Bares in der Landeswährung hebt man am besten an den überall vorhandenen Geldautomaten ab. MasterCard und Visa werden auch weithin akzeptiert. Lastschriftkarten funktionieren bei den meisten Einzelhändlern mit Eftpos-Terminals (Electronic Funds Transfer at Point of Sale).

Wechselstuben in Großstädten (z. B. Travelex, Amex) und die meisten Banken tauschen ausländische Währungen oder Reiseschecks um. Bekannte Reisescheckmarken wie American Express oder Thomas Cook werden von den meisten Einrichtungen genommen.

Trinkgelder sind in Australien nicht üblich.

Gesundheit

Obwohl in Australien recht viele Gefahren lauern (s. S. 558), werden die meisten Traveller wohl kaum Schlimmeres als einen verdorbenen Magen oder einen heftigen Kater erleiden. Falls doch, profitieren Patienten vom hohen Standard der medizinischen Einrichtung und Versorgung.

Apotheken & rezeptpflichtige Medikamente

Rezeptfreie Medikamente (z. B. schmerzstillende Mittel, Antihistaminika, Hautsalben) sind landesweit in Apotheken erhältlich. Achtung: Es kann sein, dass ein Medikament in der Heimat nicht verschreibungspflichtig ist, in Australien aber rezeptpflichtig. Wenn eine regelmäßige Einnahme von bestimmten Medikamenten (Antibabypille, Asthmamedikamente, Antibiotika) erforderlich ist, sollten sie in ausreichender Menge mitgebracht werden – am besten jeweils in Originalverpackung und mit vollständigen Klarnamen, da Marken- bzw. Produktnamen von Land zu Land variieren können.

Empfohlene Impfungen

Der Nachweis einer Gelbfieberimpfung wird nur von Travellern verlangt, die nach dem Besuch eines Gelbfieberrisikogebiets innerhalb von sechs Tagen in Australien eintreffen. Die Websites der **Weltgesundheitsorganisation** (World Health Organisation, WHO; www.who. int) oder der **Centers for Disease Control and Prevention** (CDC; wwwnc. cdc.gov/travel) informieren über alle Länder mit akuter Gelbfiebergefahr. Parallel lohnt sich ein Blick auf die Reisewebsite der eigenen Regierung (s. Kasten unten).

Unabhängig vom Reiseziel empfiehlt die WHO allen Travellern einen Impfschutz gegen Diphtherie, Tetanus, Masern, Mumps, Röteln, Windpocken, Kinderlähmung und Hepatitis B.

Leitungswasser

Australisches Leitungswasser kann im Allgemeinen recht bedenkenlos getrunken werden, schmeckt aber nicht immer gut. Während der letzten Jahre sind Wasseraufbereitungsanlagen in kleinen Gemeinden und entlegenen Regionen vereinzelt ausgefallen. Es kann daher nicht schaden, vor Ort nach der Leitungswas-

---

INFOS IM INTERNET

Vor dem Start nach Australien empfiehlt sich in jedem Fall ein Blick auf die Reisewebsite der eigenen Regierung sowie auf gesundheitsspezifische Online-Plattformen:
Deutschland http://www.auswaertiges-amt.de/DE/
Laenderinformationen/00-SiHi/AustralienSicherheit.html
Österreich http://www.bmeia.gv.at/aussenministerium/
buergerservice/reiseinformation/a-z-laender/australien
-de.html?dv_staat=11
Schweiz http://www.eda.admin.ch/eda/de/home/
travad/hidden/hidde2/austra.html
Fit for Travel www.fit-for-travel.de
mediScon http://www.mediscon.de/

serqualität zu fragen. Die Website **Water Alerts** (www. freewateralerts.com) informiert über Gebiete in ganz Australien, die Probleme mit ihrem Trinkwasser haben. Wer Wasser direkt aus Bächen, Flüssen oder Seen entnimmt, sollte es vor dem Trinken unbedingt angemessen aufbereiten.

Medizinische Versorgung & Kosten

Australiens hervorragendes medizinisches Versorgungsnetz umfasst private sowie staatliche Kliniken bzw. Krankenhäuser. Details finden sich im Internet unter www.health.gov.au.

Wichtig: Niemals die riesigen Entfernungen zwischen den meisten größeren Ortschaften im Outback unterschätzen! Bei ernsthaften medizinischen Notfällen in entlegenen Regionen kann bis zum Eintreffen eines Rettungsdiensts sehr viel Zeit vergehen. Deshalb ist eine angemessene Ausrüstung und Vorbereitung unerlässlich. Empfehlenswert sind Kurse zur ersten Hilfe in der Wildnis, wie sie z. B. vom **Equip Wilderness First Aid Institute** (www.equip. com.au) angeboten werden. Bei allen geplanten Aktivitäten sollten auch unbedingt eine geeignete Erste-Hilfe-Ausrüstung und funktionierende Kommunikationsmittel bereitstehen. Stark besiedelte Gebiete haben gute Handynetze, während in entlegenen Ecken oft nur Funkgeräte genutzt werden können. Der Royal Flying Doctor Service unterhält einen Notfalldienst für abgeschiedene Gemeinden.

Versicherung

Eine angemessene Reisekrankenversicherung ist ein absolutes Muss! Im internationalen Vergleich ist Australiens gute medizinische Versorgung recht günstig. Dennoch kommen bei Behandlungen schnell große Summen zusammen.

Zudem sollte man rechtzeitig herausfinden, ob die eigene Krankenversicherung direkt mit Dienstleistern im Ausland abrechnet. Andernfalls müssen die Behandlungskosten vor der späteren Rückerstattung zunächst selbst beglichen werden. Wenn ein vorhandener Versicherungsvertrag bei Auslandsreisen nicht greift, sollte er unbedingt entsprechend erweitert oder ergänzt werden (s. Versicherung, S. 570).

Weiterführende Lektüre

Der englischsprachige Lonely Planet Band *Healthy Travel Australia, New Zealand & the Pacific* im praktischen Hosentaschenformat enthält u. a. viele nützliche Infos zu Reiseplanung, erster Hilfe im Notfall, Impfschutz, Krankheiten und Verhalten bei unterwegs auftretenden Gesundheitsproblemen. Die englischsprachige Lonely Planet Ausgabe *Travel with Children* gibt auch Tipps zur Reisegesundheit kleinerer Kinder.

Internetzugang

Die meisten Städte an der australischen Ostküste haben Einrichtungen mit Internetzugang (ca. 6–8 AU$/ Std.). In viel besuchten Orten kann man z. B. in Gemischtwarenläden, Reisebüros oder Visitor Centres online gehen. Auch fast alle Hostels bieten diese Möglichkeit und in öffentlichen Bibliotheken kann man sogar gratis ins Netz. Das Symbol @ kennzeichnet in diesem Buch jeweils vorhandene Internetzugänge.

WLAN

WLAN ist in Australien weit verbreitet und in größeren bzw. großen Städten an der Tagesordnung. Das Symbol ☎ kennzeichnet Einrichtungen und Unterkünfte mit kostenpflichtigem oder -losem WLAN. Letztere sind

leider rar und hauptsächlich öffentliche Bibliotheken. Doch auch bei manchen Hotels, Motels und Wohnmobilplätzen ist WLAN gratis, während dafür anderswo bis zu 20 AU$ pro 24 Stunden fällig werden. Bei den meisten Hotspots muss man vor Nutzung per Kreditkarte ein Guthaben kaufen.

Große Mobilfunkanbieter wie Telstra, Optus oder Vodaphone verkaufen Breitband-Empfangssticks mit USB-Anschluss und bis zu 2 GB Datenvolumen, die nahezu landesweit mit den meisten Laptops funktionieren (ca. 80 AU$/30 Tage).

Karten & Stadtpläne

In Australien herrscht kein Mangel an hochwertigen Straßen- und topografischen Karten. Für erstere sind die verschiedenen Automobilclubs (S. 572) der Bundesstaaten eine prima Bezugsquelle. Lokale Touristeninformationen verteilen normalerweise kostenlose Karten und Stadtpläne der Region, deren Qualität allerdings sehr unterschiedlich ist.

Straßenverzeichnisse der Städte wie die von Ausway, Gregory's und UBD sind sehr nützlich, aber teuer und unhandlich. Sie lohnen sich nur, wenn man in einer Stadt viel herumfahren möchte.

Für Buschwanderungen und andere Outdoor-Aktivitäten, für die man Karten mit kleinem Maßstab benötigt, sollte man sich an **Geoscience Australia** (☎02-6249 9111, 1800 800 173; www. ga.gov.au) halten. Outdoor-Fachgeschäfte haben die beliebtesten meist vorrätig.

Kinder
Praktisch & Konkret

In allen größeren und großen Städten finden Eltern öffentliche Still- und Wickelräume. Manchmal erntet frau schiefe Blicke, wenn sie in der Öffentlichkeit stillt oder wickelt, aber im Allgemeinen sind Australier da recht relaxt.

Die meisten Motels stellen Gitterbetten zur Verfügung. Viele haben auch Pools, Spielplätze und Betreuungsservices. Andererseits vermarkten sich viele B&Bs als kinderfreie Refugien.

Wer ein paar Stunden ohne den Nachwuchs auskommen muss oder möchte, kann auf kurzfristig nutzbare Dienste lizenzierter Betreuungsagenturen zurückgreifen, die von vielen größeren Hotels vermittelt werden.

Kinderrabatte gibt's z.B. auf Unterkünfte, Eintrittspreise und Flug-, Bus- oder Zugtickets. Die Ermäßigung kann bis zu 50% des Erwachsenenpreises betragen. Allerdings variiert die Definition „Kind" zwischen „unter zwölf Jahren" und „unter 18 Jahren".

Der medizinische Versorgungs- und Einrichtungsstandard in Australien ist hoch. In städtischen Gegenden bekommt man überall Artikel wie Wegwerfwindeln, Babymilch und -pflegeprodukte. Wichtig: Neuerdings schreibt das australische Gesetz Sicherungssysteme für alle Fahrzeuginsassen bis sieben Jahre vor. Gegen Aufpreis bieten große Autovermieter Kindersitze inklusive Installation und Einstellung an (am besten immer gleich bei Buchung nachfragen).

Sehenswertes & Aktivitäten

Entlang der Ostküste wartet auf Kinder jede Menge Unterhaltung. Themenparks wie die Sea World oder die Movie World an der Gold Coast sind sehr beliebt. Außerdem gibt's viele günstigere oder kostenlose Möglichkeiten. Nützliche Websites:

New South Wales (www.sydneyschild.com.au)

Victoria (www.melbourneschild.com.au)

Queensland (www.brisbaneschild.com.au)

Öffnungszeiten

In den Regionenkapiteln dieses Buches sind nur Öffnungszeiten erwähnt, die von folgenden allgemeinen Angaben abweichen:

Banken Mo–Fr 9.30–16 Uhr
Bars & Kneipen 12–2 Uhr
Cafés 8–17 Uhr
Einkaufszentren 9–21 Uhr
Geschäfte Mo–Fr 9–17, Sa 9–13 Uhr
Nachtclubs Do–Sa 23–4 Uhr
Postfilialen Mo–Fr 9–17 Uhr
Restaurants 12–14.30 & 18.30–21 Uhr
Supermärkte 9–20 Uhr

Post

Die leistungsfähige **Australia Post** (www.auspost.com.au) verlangt 0,60 AU$ für Postkarten innerhalb Australiens. Internationale Luftpostbriefe bis 50 g kosten 2,20 AU$ (Postkarte 1,45 AU$).

Rechtsfragen

Alkohol am Steuer

Fahren unter Alkohol- oder Drogeneinfluss wird in Australien sehr streng verfolgt. Polizisten sind überall auf den Straßen präsent. Sie haben jederzeit das Recht, einen anzuhalten und die Fahrerlaubnis (Mitführungspflicht!) zu kontrollieren,

die Verkehrstüchtigkeit des Fahrzeugs zu überprüfen und einen Atemalkoholtest vorzunehmen. Wer dabei die Grenze von 0,5‰ überschreitet, hat ein ernsthaftes Problem: Neben einem hohen Bußgeld (ein paar Hundert bis 3300 AU$) droht der Führerscheinentzug.

Drogen & Überzogene Visa

Wer erstmals mit einer kleinen Menge illegaler Drogen erwischt wird, bekommt statt Gefängnis wahrscheinlich noch ein Bußgeld aufgebrummt. Eine solche Verurteilung wird jedoch registriert und kann den Visumsstatus beeinträchtigen. Apropos Visum: Wer länger bleibt, als das Visum gilt, macht sich offiziell zum *overstayer* und muss mit Verhaftung, Abschiebung und bis zu drei Jahren Einreiseverbot rechnen.

Reisen mit Behinderung

In Australien gibt es ein relativ großes Bewusstsein und Verständnis für Menschen mit Behinderungen. Die Gesetzgebung verlangt, dass jede neue Einrichtung und Unterkunft behindertengerecht ist. Außerdem dürfen Angestellte im Tourismussektor Behinderte nicht diskriminieren.

STEUERRÜCKERSTATTUNGEN

Wer weniger als 30 Tage vor der Ausreise aus Australien neue oder gebrauchte Waren im Gesamtwert von mindestens 300 AU$ kauft, kann sich nach dem Tourist Refund Scheme (TRS, Erstattungssystem für Touristen) die gezahlte Mehrwertsteuer (üblicherweise 10% GST) zurückerstatten lassen. Diese Regelung betrifft nur Waren, die man als Handgepäck mit sich führt oder als Reisegepäck in Flugzeugen oder Schiffen. Die Erstattung gilt auch für Waren, die man von mehr als einem Anbieter erworben hat, aber nur wenn bei jedem mindestens 300 AU$ ausgegeben wurden. Mehr Infos erhält man beim **Australian Customs Service** (www.customs.gov.au).

TRAVELLER AUS ÜBERSEE

Einreise

Vor dem Start gen Australien sollten alle erforderlichen Visumsdokumente unbedingt vollständig und sauber geordnet sein. Ohne Lebensmittel oder illegale Waren im Gepäck reist man recht zügig ein. Autofahrer können in Australien ihren eigenen nationalen Führerschein verwenden, sofern dieser Angaben auf Englisch enthält. Falls nicht, ist zusätzlich ein Internationaler Führerschein (International Driving Permit, IDP) erforderlich.

Botschaften & Konsulate

Das **Department of Foreign Affairs & Trade** (www.dfat.gov.au) listet online alle diplomatischen Auslandsvertretungen in Australien auf. Neben den Botschaften in Canberra (s. unten) unterhalten einige Länder auch Konsulate in Brisbane, Melbourne und Sydney. Deren Adressen lassen sich über die Website des eigenen Außenministeriums ermitteln.
Deutschland (☑02-6270 1911; www.canberra.diplo.de; 119 Empire Circuit, Yarralumla, ACT 2600)
Neuseeland (☑02-6270 4211; www.nzembassy.com/australia; Commonwealth Ave, Canberra)
Österreich (☑02-6295 1533; www.aussenministerium.at/canberra; 12 Talbot St, Forrest, ACT 2603)
Schweiz (☑02-6162 8400; www.eda.admin.ch/australia; 7 Melbourne Ave, Forrest, ACT 2603)

Praktisch & Konkret

» DVDs laufen auf dem PAL-System.

» Die Netzspannung beträgt 220 bis 240 V bei 50 Hz; Stecker haben schräg stehende Stifte (s. S. 568).

» Zu den größten Zeitungen gehören der landesweit erscheinende *Australian*, der *Sydney Morning Herald*, *Age* mit Sitz in Melbourne und die *Courier-Mail* aus Brisbane.

» Australien verwendet bei Maßen und Gewichten das metrische System.

» Zu den frei empfangbaren Fernsehprogrammen zählen ABC (staatlich und werbungsfrei), SBS (multikulturell), die Privatsender Seven, Nine und Ten sowie diverse zusätzliche Digitalkanäle.

Visa

Formulare für Visumsanträge bekommt man bei Reisebüros, diplomatischen Vertretungen Australiens im eigenen Heimatland oder online beim **Department of Immigration and**

Verlässliche Informationen sind das A und O für Reisende mit Behinderungen. Die beste Quelle hierfür ist das **National Information Communication & Awareness Network** (Nican; ☑/TTY 02-6241 1220, TTY 1800 806 769; www.nican. com.au). Die Organisation gibt ein das ganze Land umfassendes Verzeichnis heraus, in dem sich Hinweise zu öffentlichen Einrichtungen, Unterkünften, Sport- und Erholungsangeboten, Verkehrsmitteln und Veranstaltern von speziell auf Behinderte zugeschnittenen geführten Touren nachschlagen lassen.

Die Website der **Australian Tourist Commission** (ATC; www.australia.com) stellt detaillierte Informationen zum Download zur Verfügung, mitsamt Tipps zu Reisen und Verkehrsmitteln sowie Kontaktadressen von Organisationen in den einzelnen Bundesstaaten.

Weitere Infoquellen für Traveller mit Handicap:
Accessible Tourism Website (www.australiaforall. com) Gute Online-Touristeninfos zu behindertengerechten Attraktionen, Unterkünften, Tourveranstaltern und Ausrüstern.
Ambleside Tours (☑03-9720 9800; www.ambleside

tours.com) Geführte, komplett betreute Touren durch Melbourne und Victoria.
National Disability Service (☑07-3357 4188; www.nds.org.au) Nationaler Verband für nichtstaatliche Behindertenservices; prima Einsteigerinfos.
Wheelchair Accessible Sydney (☑0419-017-085; www.wheelchairs.sydney. net) Behindertengerechte Touren durch Sydney, das Hunter Valley und die Blue Mountains.
Wheelie Easy (☑07-4091 4876; www.wheelieeasy.com. au) Spezialanbieter für Reisende mit eingeschränkter Mobilität, der Trips durch

Citizenship (www.immi.gov.au). Auf S. 561 stehen Infos zu Visa für Working Holiday Maker (WHM).

TOURISTENVISA MIT KURZER GÜLTIGKEIT

Bei maximal dreimonatigen Aufenthalten sind Touristenvisa mit kurzer Gültigkeitsdauer der direkteste Weg. Beantragungsstelle und Kosten hängen von der jeweiligen Staatsbürgerschaft ab.

Für EU-Bürger und Schweizer gibt's das kostenlose Visum eVisitor (www.immi.gov. au), das schnell online erteilt wird.

Die Visumsvariante ETA (Electronic Travel Authority; www.eta.immi.gov.au) können EU-Bürger und Schweizer seit Einführung des eVisitor-Systems nicht mehr neu beantragen.

ANDERE VISA

Alle Traveller, die sich länger als drei Monate in Australien aufhalten möchten, benötigen ein **Touristenvisum der Kategorie 676**. Die Standardvariante dieses Visums (für sie bezahlt man 105 AU$) berechtigt – je nach Ausführung – zur ein- oder mehrmaligen Einreise nach Australien sowie zu einem Aufenthalt von drei, sechs oder aber zwölf Monaten im Land.

DAS VISUM VERLÄNGERN

Inklusive Visumsverlängerung dürfen sich Besucher maximal zwölf Monate lang in Australien aufhalten. Visa lassen sich vor Ort beim Department of Immigration and Citizenship verlängern – am besten spätestens zwei bis drei Wochen vor Ablaufdatum. Die Bearbeitungsgebühr (aktuell 255 AU$) wird auch dann nicht zurückerstattet, wenn der Antrag abgelehnt wird.

Zoll

Der Australian Customs Service (www.customs.gov.au) erteilt umfassende Infos zu allen aktuellen Zollbestimmungen.

Pro Person dürfen 2,25 l Alkohol, 250 Zigaretten und zollpflichtige Waren im maximalen Gesamtwert von 900 AU$ abgabenfrei eingeführt werden.

Verboten sind beispielsweise jegliche Drogen (es besteht eine Meldepflicht für sämtliche Medikamente) und Lebensmittel. Da man diese Regelungen in Australien ausgesprochen streng handhabt, sollten Traveller selbst Essensreste aus dem Flieger unbedingt angeben.

den äußersten Norden Queenslands veranstaltet und auch recht nützliche Informationen zu Cairns in petto hat.

Gute Adressen für allgemeine Infos zum Reisen mit Behinderung sind auch die folgenden:

Mobility International Schweiz (☎062-212-6740; www.mis-ch.ch; Amthausquai 21, 4600 Olten)

MyHandicap Deutschland (☎089-7677-6970; www.myhandicap.de; Steinheilstr. 6, 85737 München-Ismaning)

MyHandicap Schweiz (☎043-211-4949; www.myhandicap.ch; Weinbergstr. 29, 8006 Zürich)

Nationale Koordinierungsstelle Tourismus für Alle e. V. (Natko; ☎0211-3368-001; www.natko. de; Fleher Str. 317a, 40223 Düsseldorf)

Schwule & Lesben

Australiens Ostküste, vor allem Sydney, ist ein beliebtes Ziel für Schwule und Lesben. In einigen Gegenden ist die schwul-lesbische Szene besonders lebendig: in Cairns und Noosa in Queensland, in der Oxford Street und bei King's Cross in Sydney, in den Blue Mountains, im Hunter Valley und im Hinterland der Nordküste von NSW sowie in den Melbourner Vororten Prahran, St. Kilda und Collingwood. Und was in Sydney zwischen Februar bis Anfang März Mardi Gras ist, ist in Melbourne im Januar und Februar das Midsumma Festival.

Im Allgemeinen sind Australier gegenüber Homosexuellen aufgeschlossen, doch je weiter man sich von den großen Städten entfernt, umso eher begegnet man Menschen, die Schwule und Lesben anfeinden. In allen großen Städten gibt es schwul-lesbische Zeitschriften und Lifestyle-Magazine, wie etwa *DNA, Lesbians on the Loose* und das Kunstmagazin *Blue*.

Nützliche Websites:

Gay & Lesbian Tourism Australia (Galta; www.galta.com.au) Allgemeine Informationen.

Pink Board (www.pinkboard.com.au) Auf Sydney bezogen, mit hilfreichen Foren.

Strom

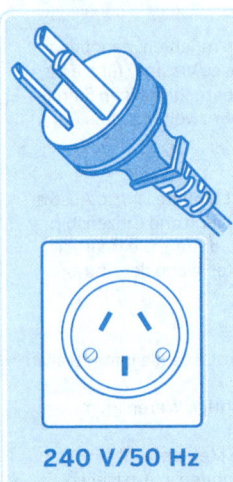

240 V/50 Hz

Telefon

Die Vorwahl ☑1800-REVERSE (1800 738 3773) kann landesweit für R-Gespräche von privaten oder öffentlichen Anschlüssen genutzt werden.

Gebührenfreie Nummern beginnen im Allgemeinen mit ☑1800. Wenn ☑13 oder ☑1300 am Anfang der Nummer stehen, telefoniert man zum Ortstarif.

Handys

Lokale Handynummern beginnen mit ☑04xx. Die Netzabdeckung ist in Küstenstädten und -orten gut, im Landesinneren aber teilweise nur sporadisch oder gar nicht gegeben.

Australiens digitales Handynetz ist kompatibel mit den europäischen Standards GSM 900 und 1800, die auch Deutschland, Österreich und die Schweiz verwenden. Alternativ lässt sich das örtliche Mobilfunknetz mit Prepaid-Angeboten der drei größten Betreiber (Telstra, Optus, Vodafone) problemlos, kurzfristig und recht günstig nutzen.

Dazu braucht man nur ein Einsteigerset inklusive Handy bzw. SIM-Karte (bei eigenem Gerät; unter 10 AU$) und Prepaid-Guthabenkarte. Letztere gibt's z.B. bei Gemischtwaren- und Zeitungsläden.

Telefonkarten

Telefonkarten (Gesprächsguthaben z.B. 10, 20 oder 30 AU$) sind bei Zeitungshändlern und Postfilialen erhältlich. Sie funktionieren an allen privaten und öffentlichen Apparaten: Einfach die gebührenfreie Zugangsnummer wählen und dann die PIN auf der Karte eingeben. Einige öffentliche Telefone lassen sich auch mit Kreditkarten benutzen.

Vorwahlen

Um von Australien aus ins Ausland zu telefonieren, wählt man zuerst Australiens Code für internationale Gespräche (☑0011 oder ☑0018). Es folgen der Ländercode des eigenen Heimatlands (Deutschland ☑49, Österreich ☑43, Schweiz ☑41), die Regionalvorwahl ohne Null am Anfang und die eigentliche Anschlussnummer. Ein Anruf nach Berlin beginnt z.B. mit der Zahlenfolge ☑0011-49-30 (Wien ☑0011-43-1, Bern ☑0011-41-31).

Bei Überseeverbindungen nach Australien muss nach dem Ländercode ☑61 die Regionalvorwahl des jeweiligen Bundesstaats bzw. Territoriums ohne Null eingegeben werden.

Australische Regionalvorwahlen für die Ostküste:

BUNDES-STAAT/	VORWAHL
ACT	☑02
NSW	☑02
VIC	☑03
QLD	☑07

Touristen-information

Informationen für Traveller haben verschiedene Regional- und Lokalbüros auf Lager. Deren Kontaktadressen finden sich in den jeweiligen Stadt- bzw. Regionenkapiteln. Alle Bundesstaaten unterhalten zudem eigene Touristeninformationen, die zahllose Details liefern. Nützliche Websites:

Tourism New South Wales (www.visitnsw.com)
Tourism Queensland (www.queenslandholidays.com.au)
Tourism Victoria (www.visitvictoria.com)

Die **Australian Tourism Commission** (ATC; www.australia.com) ist für das Anlocken ausländischer Besucher zuständig. Diese Regierungsbehörde unterhält internationale Ableger (Adressen unter www.tourism.australia.com) und eine Website in acht Sprachen.

Unterkunft

An der Ostküste liegen Australiens größte Städte und berühmteste Ferienorte. Entsprechend groß ist das Angebot von Unterkünften für jeden Geldbeutel. Es umfasst überall viele Hotels, Motels, Pensionen, B&Bs, Hostels, Gasthäuser und Wohnmobilparks mit Zeltstellplätzen. Hinzu kommen ungewöhnlichere Optionen wie Farmstays, Hausboote und Jachten. Die Unterkunftsverzeichnisse dieses Buches sind jeweils nach Attraktivität sortiert, wobei die besten Adressen zuerst erwähnt werden.

Preise

In diesem Buch sind alle Unterkünfte mit Preisen unter 100 AU$ pro Doppelzimmer dem Budgetbereich ($) zugeordnet. In Mittelklassehotels ($$) werden für ein Doppelzimmer 100 bis 180 AU$ verlangt, in Spitzenklassehotels ($$$) mehr als 180 AU$. Schulferien, allgemeine Feiertage und die Urlaubsperioden um Ostern bzw. Weihnachten lassen die Preise um ca. 25 % steigen – ebenso die Hauptsaison, die südlich von Queensland überall in den Sommer (Dez.–Feb.) fällt. Vor allem im tropischen Norden geht Queenslands Hauptsaison von Juni bis September, wenn das Wetter mild ist und die Strände quallenfrei sind.

Onlinebuchung

Nützliche Websites für ermäßigte oder Last-Minute-Unterkunftsbuchungen:
Wotif.com (www.wotif. com.au)
Lastminute.com (www. au.lastminute.com)
Quickbeds.com (www. quickbeds.com.au)

B&Bs

Zur Sparte B&B (Bed & Breakfast) gehören z. B. restaurierte Bergmannshütten, umgebaute Scheunen, weitläufige alte Häuser, luxuriöse Landsitze, Strandbungalows und schlichte Schlafzimmer in den Privathäusern von Familien. Der Durchschnittspreis liegt bei 100 bis 180 AU$ pro Doppelzimmer – wird teilweise aber auch weit übertroffen.

Örtliche Touristeninformationen führen in der Regel Verzeichnisse mit den verfügbaren Optionen. Gute Infos im Internet liefern:
B&B and Farmstay NSW & ACT (www.bedandbreak fastnsw.com.au)
B&B and Farmstay Far North Queensland (www. bnbnq.com.au)
B&B Australia (www.babs. com.au)
B&B and Farmstay Victoria (www.accommodation getawaysvictoria.com.au)
OZ Bed and Breakfast (www.ozbedandbreakfast.com)

Camping

Lust auf Ostküste für wenig Geld? Dann empfiehlt sich Camping, das in Nationalparks nichts bis 14 AU$ pro Person kostet – Lagerfeuernächte unterm Sternenzelt sind unvergesslich. Fürs Zelten auf privaten Camping- und Wohnmobilplätzen bezahlen zwei Personen ca. 20 bis 30 AU$ pro Nacht. Mit Strom sind Stellplätze etwas teurer. Oft gibt's auch Hütten mit Kochgelegenheit (60–100 AU$/Nacht).

Die Nationalparks und die dortigen Campingmöglichkeiten werden von den Bundesstaaten verwaltet. Das Internet liefert z. B. Kontaktdetails zu:
New South Wales (www. environment.nsw.gov.au)
Queensland (www.derm.qld. gov.au)
Victoria (www.parkweb.vic. gov.au)

Wer oft im Zelt übernachten will oder viel mit dem Wohnmobil unterwegs ist, kann eine Mitgliedschaft bei großen Ketten wie **Big 4 Holi-**

day Parks (www.big4.com. au) in Erwägung ziehen, die dann Übernachtungsrabatte einräumen.

Hinweis: Alle Stellplatz- und Hüttenpreise in diesem Buch gelten jeweils für zwei Personen.

Farmstays

Viele Küsten- und Hinterlandfarmen bieten neben Betten für die Nacht auch die Chance, in die ländliche Arbeitswelt Australiens einzutauchen. Bei manchen Farmstays schaut man anderen Leuten relaxt beim Schwitzen zu, woanders ist tagtäglich aktive Mithilfe gefragt. Diverse Möglichkeiten stellt www.babs.com.au unter „Family Holidays" bzw. „Farmstays" in den Menüs zu den einzelnen Bundesstaaten vor. Dank **Willing Workers on Organic Farms** (WWOOF; www.wwoof.com. au) können Traveller selbst mit anpacken (s. S. 562). Auch lokale und regionale Touristeninformationen liefern theoretisch Details zu Farmstays in ihren Zuständigkeitsbereichen.

Gasthäuser

Für Reisende mit kleinem Geldbeutel können Zimmer in australischen Gasthäusern bzw. Hotels, die allgemein als Pubs (abgeleitet von *public houses*) oder auch *the local* bezeichnet werden, eine gute Alternative sein. Weniger attraktiv sind solche Unterkünfte in Großstädten, da sie oft entweder laut oder heruntergekommen oder auch beides sind. Doch auf dem Land stellen Pubs durchaus eine angenehme und interessante Wahl dar. In Touristengegenden befinden sich manche dieser Gasthäuser zwar in schön restaurierten alten Gebäuden, aber die angebotenen Räumlichkeiten sind im Allgemeinen klein und altmodisch, mit einem langen Weg über den Flur bis zum Badezimmer. Wer einen leichten Schlaf hat, sollte

---

UNTERKÜNFTE ONLINE BUCHEN

Weitere Unterkunftsbewertungen von Lonely Planet Autoren gibt's unter http://hotels.lonelyplanet.com/ Australia (englisch). Dort findet man unabhängig recherchierte Infos und Empfehlungen zu den besten Adressen. Zudem kann online gebucht werden.

sich kein Zimmer über der Bar geben lassen.

Gasthäuser bieten meist Einzel-/Doppel-/Zweibettzimmer mit Gemeinschaftsbad und -toiletten ab etwa 50/80/80 AU$ an, Zimmer mit eigenem Bad sind teurer. Die Website www.pubstay.com.au führt ein paar der besseren Häuser auf.

Hostels

Hostels alias Backpackers sind ein fester, günstiger und sehr geselliger Bestandteil des Unterkunftsspektrums an der Ostküste. Die riesige Auswahl reicht von familiengeführten Herbergen in umgebauten Häusern bis hin zu eigens errichteten großen Resorts mit Bars, Nachtclubs und Partyvibe. Der Einrichtungsstandard rangiert zwischen überragend und schrecklich, das Management zwischen freundlich und garstig.

Neben Schlafsaalbetten (ca. 20–30 AU$) sind teilweise auch Einzelzimmer (ca. 60 AU$) und Doppelzimmer (70–100 AU$) vorhanden.

Folgende nützliche Organisationen mit Jahresmitgliedschaft (37–43 AU$) gewähren Übernachtungsrabatte und andere Ermäßigungen:

Nomads Backpackers (www.nomadsworld.com)

VIP Backpacker Resorts (www.vipbackpackers.com) Mitglieder (43 AU$/Jahr) können diverse Sparangebote wahrnehmen.

YHA (www.yha.com.au)

Hotels & Motels

Die Ostküste hat etliche tolle Hotels mit fünf, vier oder weniger Sternen. Die besten Adressen verfügen über einen Pool, ein Restaurant oder Café, Zimmerservice und verschiedene andere Einrichtungen. Dieses Buch gibt überall die offiziell ausgeschriebenen Listenpreise (*rack rates*) an. Viele Hotels und Motels gewähren aber regelmäßig Rabatte oder Sonderangebote, die man

vor allem per Online-Recherche findet.

An der ganzen Ostküste empfehlen sich Motels bzw. Motor Inns (Zi. ca. 80–130 AU$) als komfortable Mittelklassequartiere.

Mietwohnungen

Mietwohnungen finden sich in Form von Ferienwohnungen (in Touristengegenden) sowie Wohnungen mit Hotelservice (in Städten). Ferienwohnungen entsprechen in etwa einer Moteleinheit, haben jedoch besser ausgestattete Küchen. Sie werden oft wochenweise vermietet, wobei Einzimmerapartments zwischen 90 und 180 AU$ pro Nacht kosten. Nach freien Unterkünften fragt man am besten bei Immobilienmaklern vor Ort.

Um für längere Aufenthalte in größeren Städten ein Zimmer oder eine Mitwohnung zu finden, bietet es sich an, mittwochs und samstags die Wohnungsanzeigen der Tageszeitungen zu durchforsten. Zudem empfiehlt sich ein Blick auf die Schwarzen Bretter in Universitäten, Hostels und Cafés. Zu beachten ist: Bei manchen längerfristigen Mietverhältnissen wird eine Kaution fällig; nicht alle Zimmer sind möbliert.

Nützliche Websites:

Couch Surfing (www.couchsurfing.com) Hier findet man freie Sofas und neue Freunde auf der ganzen Welt.

Domain.com.au (www.domain.com.au) Verzeichnis für Ferienapartments und Mietwohnungen.

Flatmate Finders (www.flatmatefinders.com.au) Dies ist eine prima Seite für alle, die an einer längerfristigen Wohngemeinschaft in Sydney oder Melbourne interessiert sind.

Sleeping with the Enemy (www.sleepingwiththeenemy.com) Eine weitere empfehlenswerte Seite für alle, die für längere Zeit nach Sydney oder Cairns wollen (min. einen Monat).

Versicherung

Der Wert einer guten Reiseversicherung, die Diebstahl, Verlust von Gepäck und die medizinische Versorgung abdeckt, ist nicht zu unterschätzen. Viele Firmen bieten unterschiedlich hohe Krankenversicherungstarife an; die höheren lohnen sich hauptsächlich für Länder mit extremen Kosten für die medizinische Versorgung wie etwa die USA. Da es eine ganze Reihe von Policen gibt, sollte man das Kleingedruckte lesen und Produktvergleiche anstellen.

Einige Versicherungen schließen ausdrücklich „Risikosportarten" wie Sporttauchen, Paragliding, Bungeejumping, Motorradfahren, Skilaufen oder sogar Buschwanderungen aus. Wer solche Aktivitäten plant, muss darauf achten, dass diese von der Versicherung wirklich abgedeckt sind.

Zum Thema Auslandskrankenversicherung finden sich weitere Infos auf S. 570, Wissenswertes rund um Kfz-Versicherungen stehen auf S. 576.

Zeit

Australien ist in drei Zeitzonen unterteilt:

» Australian Eastern Standard Time (MEZ+9 Std.) Queensland, New South Wales, Victoria und Tasmanien

» Australian Central Standard Time (MEZ+8½ Std.) Northern Territory, South Australia

» Australian Western Standard Time (MEZ+7 Std.) Western Australia

In Queensland gilt ganzjährig die Australian Eastern Standard Time, das übrige Land stellt im Sommer größtenteils auf Sommerzeit (*daylight-saving time*) um.

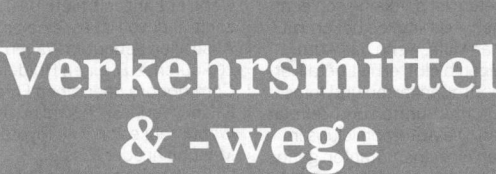

Verkehrsmittel & -wege

AN- & WEITERREISE

In diesem Kapitel soll erklärt werden, wie Australien-Traveller die größten Städte entlang der Ostküste erreichen bzw. von diesen Städten aus zu anderen Zielen gelangen können. Flüge, Touren und Zugtickets können online gebucht werden unter lonely planet.com/bookings.

Flugzeug

International

Am teuersten sind Flüge nach Australien, wenn dort Sommer ist (Dez.–Feb.); in den Übergangsmonaten (Okt./Nov. & März/April) sind die Preise schon wesentlich niedriger. In der Nebensaison, dem australischen Winter (Juni–Aug.), zahlt man bis zu 50 % weniger für einen Flug als in der Hauptsaison.

Viele Flieger aus dem Ausland steuern Sydney, Melbourne oder Brisbane an, man kann aber auch nach Cairns oder Coolangatta an der Gold Coast fliegen.

Brisbane Airport (http://bne.com.au)

Cairns Airport (www.cairnsairport.com)

Gold Coast Airport (www.goldcoastairport.com.au)

Melbourne Airport (www.melbourneairport.com.au)

Sydney Airport (auch: Kingsford Smith Airport; www.sydneyairport.com.au)

Die nationale australische Fluggesellschaft **Qantas** (www.qantas.com) hat vorbildliche Sicherheitsstandards und -berichte.

Tickets

Round-the-world-Flugtickets können eine gute Option für Australien-Traveller sein.

REISEN & KLIMAWANDEL

Der Klimawandel stellt eine ernste Bedrohung für unsere Ökosysteme dar. Zu diesem Problem tragen Flugreisen immer stärker bei. Lonely Planet sieht im Reisen grundsätzlich einen Gewinn, ist sich aber der Tatsache bewusst, dass jeder seinen Teil dazu beitragen muss, die globale Erwärmung zu verringern.

Fast jede Art der motorisierten Fortbewegung erzeugt CO_2 (die Hauptursache für die globale Erwärmung), doch Flugzeuge sind mit Abstand die schlimmsten Klimakiller – nicht nur wegen der großen Entfernungen und der entsprechend großen CO_2-Mengen, sondern auch weil sie diese Treibhausgase direkt in hohen Schichten der Atmosphäre freisetzen. Die Zahlen sind erschreckend: Zwei Personen, die von Europa in die USA und wieder zurück fliegen, erhöhen den Treibhauseffekt in demselben Maße wie ein durchschnittlicher Haushalt in einem ganzen Jahr.

Die englische Website www.climatecare.org und die deutsche Internetseite www.atmosfair.de bieten sogenannte CO_2-Rechner. Damit kann jeder ermitteln, wie viel Treibhausgase seine Reise produziert. Das Programm errechnet den zum Ausgleich erforderlichen Betrag, mit dem der Reisende nachhaltige Projekte zur Reduzierung der globalen Erwärmung unterstützen kann, beispielsweise Projekte in Indien, Honduras, Kasachstan und Uganda.

Lonely Planet unterstützt gemeinsam mit Rough Guides und anderen Partnern aus der Reisebranche das CO_2-Ausgleichs-Programm von climatecare.org. Alle Reisen von Mitarbeitern und Autoren von Lonely Planet werden ausgeglichen. Weitere Informationen gibt's auf www.lonelyplanet.com.

Online buchen kann man sie z. B. hier:

Opodo (www.opodo.com) Deutschsprachige Website, mit günstigen Flügen.

Reisen.ch (www.reisen.ch) Online-Reisebüro mit günstigen Angeboten und Sondertarifen für Jugendliche und Studenten.

STA Travel (www.statravel. de; www.statravel.at) Super Angebote für Studenten, aber auch für andere Reisende.

Travel.com.au (www.travel. com.au) Gute australische Website.

UNTERWEGS VOR ORT

Auto & Motorrad

Die Ostküste lässt sich am besten mit dem Auto bereisen, denn nur mit einem eigenen fahrbaren Untersatz kommt man auch zu entlegeneren Orten, ohne gleich eine geführte Tour buchen zu müssen.

Diesel und bleifreies Benzin gibt's an Tankstellen. Autogas (LPG) ist in dichter bewohnten Gebieten erhältlich, aber nicht unbedingt im Outback. Auf den wichtigsten Highways kommt man normalerweise alle 50 km durch eine kleine Stadt bzw. an einer Raststätte mit Tankstelle vorbei.

Motorradfahren ist ebenfalls sehr beliebt in Australien. Die langen, leeren Straßen sind einfach wie gemacht für Biker, und das Wetter ist fast das ganze Jahr über angenehm. Wer sein eigenes Motorrad nach Australien überführen möchte, wird allerdings tief in die Tasche greifen müssen. Es muss zu Hause offiziell registriert sein, und man benötigt ein *Carnet de Passages en Douanes*. Das ist ein international anerkanntes Dokument, mit dem das Motorrad nach Australien importiert werden kann, ohne dass

Steuern und Zoll fällig werden. Das Carnet beantragt man bei Automobilclubs im Heimatland. In Australien besteht Helmpflicht und man braucht – natürlich – einen Motorradführerschein. Wenn die Maschine mit vollem Tank 350 km schafft, wird man an der Ostküste (bzw. in ganz Australien) keine Probleme bekommen.

Automobilclubs

Einem Automobilclub beizutreten, ist gar keine schlechte Idee. Als Mitglied bekommt man Hilfe, wenn das Auto liegen bleibt, erhält detaillierte Straßenkarten und Infos zu Unterkünften und Zeltplätzen. Die Automobilclubs in den einzelnen Staaten gehören zur **Australian Automobile Association** (www.aaa. asn.au), das ist die nationale Dachorganisation.

Die regionalen Organisationen haben Abkommen mit anderen Bundesstaaten bzw. Territorien und ähnlichen Vereinigungen im Ausland geschlossen. Wer Mitglied in einem Automobilclub ist, sollte seine Mitgliedskarte auf jeden Fall einstecken.

Die wichtigsten Vereinigungen in Australien:

NSW & ACT NRMA (☑13 21 32; www.nrma.com.au)

Queensland RACQ (☑13 19 05; www.racq.com.au)

Victoria RACV (☑13 72 28; www.racv.com.au)

Führerschein

Wer in Victoria, New South Wales oder Queensland nach

dem Führerschein gefragt wird, muss eine beglaubigte Übersetzung des Dokuments (mit Foto!) ins Englische vorlegen können. Im Australian Capital Territory wird zudem ein internationaler Führerschein verlangt.

Kaufen

Wer mehrere Monate durch Australien reisen und lange Strecken zurücklegen möchte, kommt mit dem Kauf eines Autos billiger davon als wenn er Langzeitmiete bezahlt. Sinnvoll ist es, einen in Australien gebauten Wagen zu kaufen, z. B. einen Holden Commodore oder einen Ford Falcon. Verlässlich sind auch Wohnmobile von VW, Toyota, Mitsubishi oder Nissan.

Sydney ist ein guter Ort, um sich ein Auto zuzulegen. Dort versuchen viele Reisende, ihr Auto am Ende der Reise loszuwerden. Aushänge finden sich z. B. in Hostels, Gebrauchtwagenhändler sind ebenfalls eine gute Anlaufstelle.

Achtung: Was den Autokauf und -verkauf angeht, hat jeder Staat eigene Bestimmungen, insbesondere was die Zulassung betrifft. In Victoria z. B. muss jedes Auto einen Sicherheitscheck durchlaufen (Road Worthy Certificate; RWC), bevor es vom neuen Besitzer angemeldet werden kann.

Am einfachsten ist es, das Auto in dem Staat zu verkaufen, in dem es registriert ist. Andernfalls muss der Verkäufer oder der neue Besitzer ihn in dem jeweiligen

MITFAHRER GESUCHT

Jayride (www.jayride.com.au) ist eine Art Mitfahrzentrale, die von Einheimischen und Travellern genutzt wird. Man trifft neue Leute und tut sogar etwas für die Umwelt. Wie beim Trampen besteht allerdings auch hierbei ein gewisses Risiko. Nachdem man sich online mit seinen Mitfahrern/seinem Fahrer ausgetauscht hat, sollte man sich an einem neutralen Ort treffen, bevor man einsteigt. Wenn einem irgendetwas komisch vorkommt, sollte man sich nicht scheuen, einen Rückzieher zu machen!

Von Sydney nach Melbourne via Princes Hwy

Gesamtstreckenlänge = 1041 km

93 Entfernung (km) zwischen Städten

SYDNEY
93
[1]
Wollongong
28
Kiama
47
Nowra
68
Canberra (144 km) · Ulladulla
48
[52]
Batemans Bay
69
Narooma
Cooma (101 km) · 77
[18]
Bega
35
Pambula · Merimbula
Eden · 19
57

NSW

VICTORIA · Genoa
Bombala (85 km) · 47 · *Mallacoota (23 km)*
[B23]
Cann River
Bemm River (23 km)
75
Orbost
Marlo (15 km) & Cape Conran (34 km)
59
Lakes Entrance
Omeo (120 km) · [B500] · 36 · *Metung (10 km)*
Bairnsdale
69
[A1]
Sale · [A440] · *Yarram (72 km)*
49
Traralgon · [C482] · *Yarram (60 km)*
31
Moe · [B460]
28 · *Leongatha (56 km)*
Warragul
72
Dandenong
34
MELBOURNE

Von Sydney nach Brisbane via Pacific Hwy

Gesamtstreckenlänge = 940 km

93 Entfernung (km) zwischen Städten

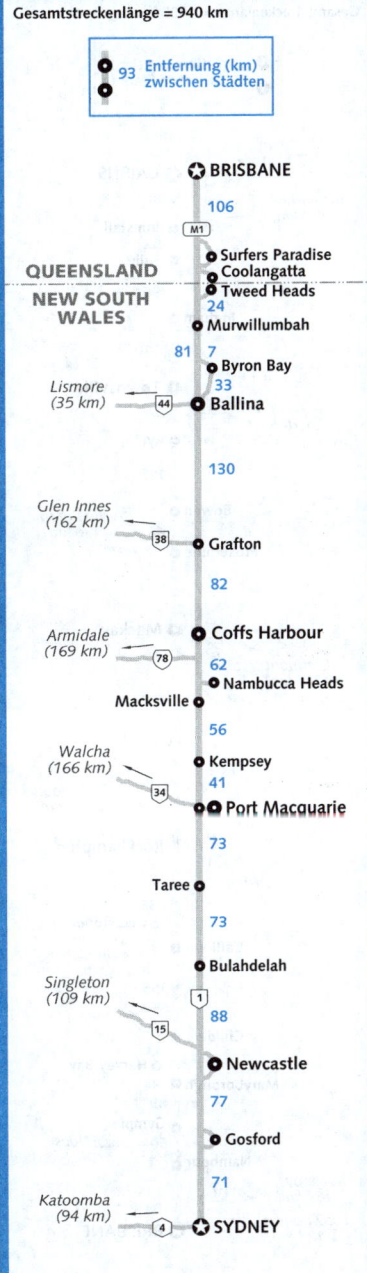

BRISBANE
106
[M1]
Surfers Paradise
Coolangatta
Tweed Heads
24
QUEENSLAND
NEW SOUTH WALES
Murwillumbah
81 · 7
Byron Bay
33
Lismore (35 km) · [44] · Ballina
130
Glen Innes (162 km) · [38] · Grafton
82
Armidale (169 km) · Coffs Harbour
[78] · 62
Nambucca Heads
Macksville
56
Walcha (166 km) · Kempsey
[34] · 41
Port Macquarie
73
Taree
73
Bulahdelah
Singleton (109 km) · [1]
[15] · 88
Newcastle
77
Gosford
71
Katoomba (94 km) · [4] · SYDNEY

Von Brisbane nach Cairns via Bruce Hwy

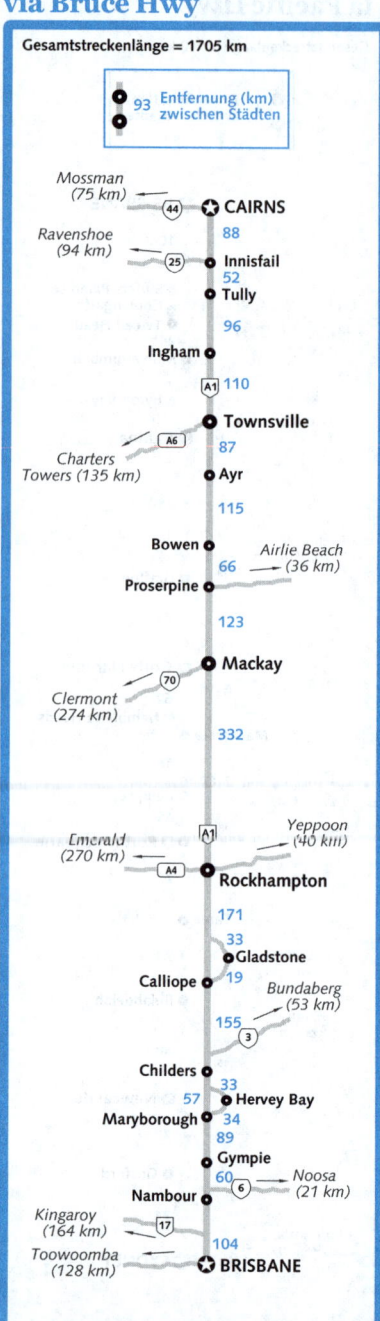

Gesamtstreckenlänge = 1705 km

93 Entfernung (km) zwischen Städten

Mossman (75 km)
44 ★ CAIRNS
88
Ravenshoe (94 km)
25 Innisfail
52
Tully
96
Ingham
A1 110
Townsville
A6 87
Charters Towers (135 km)
Ayr
115
Bowen
Airlie Beach (36 km)
66
Proserpine
123
Mackay
70
Clermont (274 km)
332
Emerald (270 km)
A1
Yeppoon (40 km)
A4 Rockhampton
171
33
Gladstone
Calliope 19
Bundaberg (53 km)
155
3
Childers
33
57 Hervey Bay
Maryborough 34
89
Gympie
60
Noosa (21 km)
6
Nambour
Kingaroy (164 km)
17
Toowoomba (128 km)
104
★ BRISBANE

anderen Staat neu anmelden – echt umständlich.

Es versteht sich von selbst, dass man ein Fahrzeug nur dann kaufen sollte, wenn es zuvor von einem Fachmann gründlich überprüft worden ist. Die Automobilclubs der Bundesstaaten helfen bei der Suche nach verlässlichen Kfz-Werkstätten.

Bei den jeweiligen Bundesstaatsbüros des Register of Encumbered Vehicles (REVS) kann man sich erkundigen, ob das Auto, das man kaufen möchte, dem Verkäufer auch tatsächlich gehört und vollständig abbezahlt ist. Einfach beim REVS anrufen und um eine Überprüfung des Wagens bitten!

New South Wales & Australian Capital Territory (☎13 32 20; www.revs.nsw.gov.au)

Queensland (☎13 13 04; www.fairtrading.qld.gov.au)

Victoria (☎13 11 71; www.vicroads.vic.gov.au)

RÜCKKAUFVEREIN-BARUNGEN

Wer den Aufwand, der mit einem privaten Kauf und Verkauf verbunden ist, abschreckend findet, kann eine Rückkaufvereinbarung mit einem Auto- oder Motorradhändler treffen. Auf diese Art von Kaufgeschäften ist z.B. **Travellers Autobarn** (☎1800 674 374; www.travellers-autobarn.com.au) spezialisiert (für normale Autos und Wohnmobile). Büros des Unternehmens finden sich in Brisbane, Cairns, Melbourne und Sydney.

Mieten

Autovermietungen gibt es jede Menge. Wenn man in einer Gruppe unterwegs ist, kann ein Leihwagen eine wirklich preiswerte Transportmöglichkeit darstellen. Wer weite Strecken zurücklegen will, muss bei der Buchung aber unbedingt darauf achten, auch unbegrenzt viele Kilometer fahren zu dürfen!

GEBÜHRENPFLICHTIGE STRASSEN

An der australischen Ostküste gibt es ein paar gebührenpflichtige Straßen, allerdings sind die Mautstellen so gut wie verschwunden – bezahlt wird jetzt online. Zahlt man nicht, heißt es Bußgeld entrichten, und zwar nicht zu knapp, egal, ob man im eigenen Wagen oder Leihauto unterwegs ist. Die Mautstraßen befinden sich rund um Melbourne, Sydney und Brisbane; es handelt sich um stark befahrene Abschnitte wichtiger Autobahnen. Hat man diese Strecken genutzt, bleiben einem normalerweise zwei oder drei Tage Zeit zum Zahlen.

In New South Wales wird die Maut z. B. mithilfe eines *e-pass* gezahlt. Infos gibt's unter www.roam.com.au, www.myRTA.com oder www.roamexpress.com.au.

In Victoria kann man sich unter www.citylink.com.au einen Melbourne Pass besorgen. Damit können Gebühren online bezahlt werden.

Die entsprechende Website für Queensland ist www.govia.com.au.

Die größten Anbieter sind:
Avis (☎13 63 33; www.avis.com.au)
Budget (☎1300 362 848; www.budget.com.au)
Hertz (☎13 30 39; www.hertz.com.au) und
Thrifty (☎1300 367 227; www.thrifty.com.au).

Filialen findet man in den meisten größeren Städten. Kleinere lokale Anbieter sind häufig günstiger, haben aber mitunter kompliziertere Mietbedingungen.

Die großen Unternehmen bieten teilweise ohne Aufpreis an, dass man das Auto woanders abgeben kann, statt zurückfahren zu müssen.

Weitere Pakete umfassen z. B. keine Kilometerbegrenzung oder 100 km pro Tag gratis (ab dem 100. wird dann ein bestimmter Preis pro Kilometer festgelegt). Für ein kleines Auto zahlt man normalerweise ab 50 AU$ pro Tag, für ein mittelgroßes 75 bis 80 AU$ und 85 bis 100 AU$ für eine große „Kutsche" (zu diesen Preisen kommt noch die Versicherung hinzu). Wer online bucht, spart wahrscheinlich einige Dollar.

Die meisten Vermieter verlangen, dass die Fahrer mindestens 21 Jahre alt sind. Wer unter 25 ist, darf meist nur ein kleines Auto ausleihen bzw. muss eine zusätzliche Gebühr zahlen.

GELÄNDEWAGEN (4WD) & WOHNMOBILE

Wer mit einem Geländewagen unterwegs ist, kann sich abseits ausgefahrener Pfade bewegen und vielen Naturwundern einen Besuch abstatten, die mit einem normalen Wagen nicht zu erreichen sind. Ein kleiner Suzuki kostet beispielsweise etwa 120 AU$ pro Tag, ein Toyota Land Cruiser um die 170 AU$. Der Preis sollte inklusive Versicherung und ein paar Freikilometern sein (üblich sind 100 Freikilometer pro Tag; im Outback und im äußersten Norden gibt es in der Regel keine Kilometerbegrenzung). Die Versicherungsbedingungen sollte man allerdings sehr gründlich prüfen, vor allem die Sache mit dem Selbstbehalt. Der Betrag kann haarsträubend hoch sein!

Hertz, Budget und Avis verleihen Autos mit Allradantrieb. Spezialisierte Autovermietungen sind folgende:

Britz Australia (☎1800 331 454; www.britz.com.au)
Camperman Australia (☎1800 216 223; www.campermanaustralia.com.au) Verleiht Wohnmobile.
Wicked Campervans (☎1800 246 869; www.wickedcampers.com.au) Wohnmobile mit schrägem Design.

Straßenverhältnisse & Gefahren

In Australien gibt es kaum Highways mit mehr als einer Fahrspur in jede Richtung, außer in den Ballungsgebieten Sydney, Melbourne und Brisbane. Dort gibt es Straßenabschnitte mit vier oder sechs Spuren. Die Regel ist aber eine Spur pro Richtung.

Abseits der stark befahrenen Straßen fängt oft schon bald das Niemandsland mit unbefestigten Pfaden an. Das Problem an der Sache ist, dass die Autovermietungen Schäden, die auf diesen Strecken entstanden sind, nur dann übernehmen, wenn man in einem (teuren) Geländewagen unterwegs ist.

TIERE

Kängurus sind eine typische Gefahrenquelle auf Landstraßen. Egal was der Tacho anzeigt, eine Kollision mit einem Känguru kann ein Auto übel zurichten – ganz zu schweigen von dem Tier! Kängurus sind bei Sonnenauf- und Sonnenuntergang besonders aktiv. Häufig tauchen sie in Gruppen auf. Viele Einheimische verzichten auf dem Land komplett auf Fahrten nach Einbruch der Dunkelheit, weil sie wissen, wie gefährlich die sonst so harmlosen Beuteltiere im Straßenverkehr sind.

Wer nachts beim Fahren ein großes Känguru vor sich erspäht, sollte eine Vollbremsung hinlegen, falls kein anderes Auto folgt, das Licht abblenden, damit das Tier nicht weiter ins hypnotisiert auf die Scheinwerfer starrt, und nur dann ausweichen, wenn es die Situation zulässt. Es sind bereits zig

Reisende bei Ausweichmanövern umgekommen. Wenn das Auto Schaden nimmt oder das Känguru stirbt, ist das immer noch besser, als andere Passagiere, Verkehrsteilnehmer oder sich selbst zu gefährden!

Verkehrsregeln

In Australien fährt man auf der linken Straßenseite. Wer in einen Kreisverkehr fährt, muss den von rechts kommenden Fahrern Vorfahrt gewähren. Gleiches gilt an Kreuzungen ohne spezielle Beschilderung. Der Fahrer, der von rechts kommt, darf zuerst (wie bei uns).

Das allgemeine Tempolimit liegt innerorts bei 60 km/h, auf vielen Straßen in Wohngebieten sind es 50 km/h. In der Nähe von Schulen darf man morgens und nachmittags nicht schneller als 40 km/h fahren. Auf den Highways sind 100 oder 110 km/h erlaubt. Immer gut auf die Schilder achten! Die Polizei arbeitet mit Radarfallen und Kameras und setzt diese gern an strategisch günstigen (also für die Fahrer schlecht auszumachenden) Orten ein.

Es besteht Anschnallpflicht. Kinder unter 7 Jahren müssen in einem Kindersitz angegurtet werden.

ALKOHOL AM STEUER

An der Ostküste, insbesondere aber weiter im Landesinneren, ist Alkohol am Steuer ein echtes Problem. Man bemüht sich, die Zahl der Verkehrsopfer zu verringern, z. B. indem in Wohngegenden immer häufiger Alkoholkontrollen durchgeführt werden. Bei mehr als 0,5 ‰ ist man seinen Führerschein wahrscheinlich los und wird zur Kasse gebeten, und zwar ordentlich!

PARKEN

In großen Städten wie Sydney oder Melbourne (oder in Touri-Orten wie Byron Bay) kann einen die Parkplatzsuche in den Wahnsinn treiben. Wenn man dann endlich ein

Plätzchen gefunden hat, darf man vermutlich nur begrenzt lange dort stehen bleiben bzw. muss ein Parkticket ziehen oder die Parkuhr mit Münzen füttern. Für ein „Knöllchen" zahlt man 50 bis 120 AU$. Wer im Halteverbot steht, wird abgeschleppt bzw. darf sich auf eine Radkralle freuen – besser aufmerksam die Schilder studieren!

In den Städten gibt's große Parkplätze, auf denen man den Wagen für 20 bis 40 AU$ pro Tag abstellen kann.

Versicherung

In Australien ist die Kfz-Haftpflicht in der Kfz-Zulassungsgebühr inbegriffen, damit jedes Auto grundversichert ist. Wir empfehlen, den Versicherungsschutz so aufzustocken, dass auch Sachschäden abgedeckt werden. Selbst kleine Unfälle können irre teuer sein!

Wer einen Wagen mietet, sollte sich vorab genau nach den Haftungsbedingungen im Fall eines Unfalls erkundigen. Es besteht meist die Möglichkeit, eine Extragebühr an die Autovermietungen zu zahlen, um die Haftungssumme von teilweise mehr als 3000 AU$ auf ein paar Hundert Dollar zu senken. Viele Kreditkarteninstitute bieten diese Form der Deckung gratis, wenn man den Wagen mit der jeweiligen Karte zahlt. Nachfragen lohnt sich!

Bus

Das Busstreckennetz an der Ostküste ist gut ausgebaut und verlässlich, längere Distanzen zu fahren, ist allerdings nicht ganz billig. Die meisten Busse sind klimatisiert und mit Toiletten und Videorekordern ausgestattet. Rauchen ist nicht gestattet. In Kleinstädten gibt es häufig keine „richtigen" Busbahnhöfe. Stattdessen steigt man vor der Post oder einem Geschäft ein bzw. aus.

Busunternehmen & -strecken

Greyhound Australia (☎1300 473 946; www. greyhound.com.au) Hat das umfassendste nationale Streckennetz.

Premier Motor Service (☎13 34 10; www.premierms. com.au) Der größte Konkurrent von Greyhound an der Ostküste bietet weniger Verbindungen pro Tag, ist aber etwas günstiger

Hier zusätzlich ein paar kleinere Anbieter:

Firefly Express (☎1800 631 164; www.fireflyexpress. com.au) Verkehrt zwischen Sydney und Melbourne bzw. Canberra.

V/Line (☎13 61 96; www. vlinepassenger.com.au) Bus- und Zugverbindungen in Victoria.

Countrylink (☎13 22 32; www.countrylink.nsw.gov.au) Bus- und Zugverbindungen in New South Wales.

Coachtrans (☎07-3358 9700; www.coachtrans.com.au) Das Unternehmen bedient die Gold Coast sowie die Sunshine Coast.

Backpacker-Busse

Entlang der Küste sind auch ein paar Partybusse unterwegs, die an Sehenswürdigkeiten oder Kneipen halten und jeden Abend ein Hostel ansteuern. Die Fahrten sind preiswert und der Unterhaltungsfaktor kann höher sein als in einem ganz normalen Bus. Die Party-Vehikel sind außerdem normalerweise kleiner und Traveller werden viele andere Reisende treffen – allerdings geht es hier doch mehr ums Feiern als ums Sightseeing.

Studenten mit gültigem Ausweis und Mitglieder diverser Hostelketten bekommen Rabatte.

Oz Experience (☎1300 300 028; www.ozexperience. com) Das Unternehmen hat Fahrzeuge im Zentrum sowie im Norden und Osten Australiens.

Busklassen

An Bord der Busse gibt es keine unterschiedlichen Sitzklassen. Die Fahrzeuge der verschiedenen Unternehmen sehen alle ziemlich ähnlich aus. Sie sind klimatisiert, haben Toiletten und sind mit Videorekordern ausgestattet. Rauchen ist nirgendwo erlaubt.

Buspässe

Buspässe sind eine gute Option, wenn man in vielen Ortschaften aussteigen und etwas bleiben möchte. Wer einen der folgenden Pässe hat, sollte mindestens einen Tag vor der geplanten Abfahrt beim jeweiligen Anbieter anrufen, um einen Sitzplatz zu reservieren.

Greyhound (☎13 14 99; www.greyhound.com.au) bietet eine ganze Reihe Pässe an. Es lohnt sich, einen Blick auf die Website zu werfen. Hier ein paar Optionen:

Kilometre Pass Er bietet jede Menge Flexibilität: Man kann reisen, wohin man möchte und zu einem Ort auf ein- und derselben Strecke hin- und wieder zurückfahren. 500 km kosten 105 AU$, 20 000 km 2239 AU$.

Mini Traveller Pass Von Cairns nach Sydney (360 AU$) oder Melbourne (417 AU$) in bis zu 90 Tagen: Unterwegs darf man so oft aussteigen, wie man möchte.

Explorer Pass Man bewegt sich auf festgelegten Strecken an der Ostküste und darüber hinaus (inkl. Sydney–Brisbane; 211 AU$).

Premier (☎13 34 10; www. premierms.com.au) bietet mehrere Pässe für Fahrten an der Ostküste an. Ein Sechs-Monats-Pass für die Strecke zwischen Melbourne und Cairns kostet 320 AU$.

Preise

Im Folgenden die durchschnittlichen Preise für ein paar Strecken (einfache Strecke) an der Ostküste:

STRECKE	PREIS (AU$)	DAUER (STD.)
Melbourne–Canberra	60–85	9
Melbourne–Sydney	60–110	12
Sydney–Byron Bay	90–145	13
Sydney–Brisbane	90–160	16
Brisbane–Airlie Beach	180–240	20
Brisbane–Cairns	310–360	29
Townsville–Cairns	50–85	5½

Reservierungen

Wer im Sommer, in den hiesigen Schulferien oder an Feiertagen reisen möchte, sollte sich sein Ticket schon einige Zeit im Voraus besorgen, insbesondere wenn die fragliche Strecke eine Langstrecken ist. Während des übrigen Jahres dürfte es kein Problem sein, einen Platz im gewünschten Bus zu bekommen.

Wer einen Buspass besitzt, sollte mindestens einen Tag vor der geplanten Abfahrt einen Sitzplatz reservieren.

Fahrrad

Die Ostküste ist eine großartige Gegend zum Radfahren. In den meisten größeren Städten gibt es schöne Radwege und auch auf dem Land findet man etliche geeignete lange Strecken. In vielen Küstengebieten ist das Gelände flach oder bildet sanft geschwungene Hügel.

Als der australische Osten besiedelt wurde, hat man darauf geachtet, dass die Gasthäuser prinzipiell nicht weiter als einen Tagesritt auseinander liegen. Deshalb muss man auch auf extrem langen Touren am Ende des Tages nicht auf eine erfrischende Dusche verzichten. Viele Radler nehmen ihre Campingausrüstung mit, aber man kann durchaus auch von Ort zu Ort reisen und in Hostels, Hotels oder Wohnwagenparks übernachten.

Ganz egal, wie fit man sich fühlt: Man muss unbedingt ausreichend trinken, um sich vor Austrocknung zu schützen. Auch ein Hitzschlag kann lebensbedrohlich sein (s. S. 558). Im Sommer wird es teilweise sehr heiß, sodass man es gemütlich angehen, einen Fahrradhelm

---

MIT DEM RAD DURCH MELBOURNE & BRISBANE

In Melbourne und Brisbane gibt es günstige „Bike-Sharing"-Optionen, sodass man in beiden Städten schnell an einen Drahtesel kommt. Man zahlt einmal eine Gebühr und sucht sich dann an einer der zahlreichen Stationen ein Fahrrad aus. Die erste halbe Stunde Fahrt kostet nichts, man kann also theoretisch den ganzen Tag umsonst fahren, wenn man es denn schafft, die Räder alle halbe Stunde zu wechseln. Nach den ersten 30 Minuten wird es dann aber vergleichsweise teuer. Man muss übrigens einen Helm tragen, sonst wird ein ordentliches Bußgeld fällig. In Melbourne gibt's günstige Helme in ein paar Geschäften oder sogar an Automaten an der Southern Cross Station und der Melbourne University. Weitere Infos und auch eine Übersicht der Anbieter, die Helme parat haben, sind online zu finden:
Melbourne (www.melbournebikeshare.com.au)
Brisbane (www.citycycle.com.au)

mit Sonnenschild oder eine Schildmütze unter dem Helm tragen und jede Menge Sonnencreme verwenden sollte. In der Mittagshitze möglichst nicht Rad fahren und insgesamt viel Wasser trinken! Außerdem muss man bedenken, dass es in den Bergen sehr kalt werden kann, also die warme Kleidung nicht vergessen! Im Süden gilt es, sich auf die mörderisch heißen Sommernordwinde (*northerlies*) einzustellen, die Radlern auf ihrem Weg Richtung Norden das Leben regelrecht zur Hölle machen können.

Fahrradhelme sind gesetzlich vorgeschrieben, ebenso ein weißes Vorderlicht und ein rotes Rücklicht, wenn man im Dunkeln unterwegs ist. In vielen mittelgroßen Städten gibt es Läden, die wichtige Ersatzteile führen.

Kaufen & Leihen

Nur wenige Anbieter verleihen Räder für mehr als einen oder zwei Tage am Stück, wer also längere Touren unternehmen will, sollte sein eigenes Rad von zu Hause mitbringen.

Für den Kauf eines neuen Straßen- oder Mountain-

bikes in Australien muss man mindestens 500 AU$ einkalkulieren. Wenn man dann noch die Ausrüstung für unterwegs hinzurechnet (Fahrradtaschen, Helm etc.), ist man schnell bei 1700 AU$.

Wer seinen Drahtesel nach der Tour verkaufen möchte, könnte folgende Sites ausprobieren: **Trading Post** (www.tradingpost.com.au), **Gumtree** (www.gumtree.com.au) und **Bike Exchange** (www.bikeexchange.com.au).

Die meisten Fahrradverleihe vermieten normale Straßen- und Mountainbikes für 10 bis 15 AU$ pro Stunde bzw. 20 bis 45 AU$ pro Tag. In Budgetunterkünften werden die Räder häufig zu günstigeren Preisen an die Gäste vermietet. Je nach Leihfrist muss ein Pfand von 50 bis 200 AU$ hinterlegt werden.

Praktische Informationen

Die nationale Radfahrervereinigung heißt **Bicycle Federation of Australia** (www.bfa.asn.au). In jedem Bundesstaat oder Territorium gibt es eine eigene Radfahrerorganisation, die jede Menge Infos bereitstellt:

ACT www.pedalpower.org.au
New South Wales www.bicyclensw.org.au
Queensland www.bq.org.au
Victoria www.bv.com.au

Wenn das Material nicht ausreicht, könnte *Cycling Australia* von Lonely Planet weiterhelfen.

Flugzeug

Die australische Ostküste wird von vielen großen und kleinen Fluggesellschaften bedient.

Jetstar (☎13 15 38; www.jetstar.com.au) Die Billig-Airline von Qantas hat viele Strecken im Angebot.

Qantas/QantasLink (☎13 13 13; www.qantas.com.au) Bedient ganz Australien.

Tiger Airways (☎03-9335 3033; www.tigerairways.com) Billig-Airline mit Hauptsitz in Melbourne. Steuert viele Ziele an der Ostküste an, von Mackay bis Canberra.

Virgin Blue (☎13 67 89; www.virginblue.com.au) Landesweite Flüge.

Hier ein paar Kurzstreckenfluggesellschaften:

Hinterland Aviation (☎07-4035 9323; www.hinterland aviation.com.au) Montags bis samstags geht's von Cairns nach Cooktown.

Regional Express (Rex; ☎13 17 13; www.regional express.com.au) Verbindet Melbourne, Sydney und Townsville und nutzt kleine Provinzflughäfen.

Skytrans (☎1300 759 872; www.skytrans.com.au) Im Norden Queenslands. Fliegt z.B. von Cairns nach Bamaga (die äußerste „Spitze" Australiens) und Mt. Isa.

Nahverkehr

Der öffentliche Nahverkehr in Brisbane, Melbourne und Sydney umfasst Busse, Züge, Fähren und/oder Straßenbahnen. Auch in

---

DER QANTAS AIRPASS

Wer mehrere Städte in Australien besuchen möchte, für den könnte der **Aussie Airpass** eine interessante Option sein. Mit ihm können bis zu drei Städte zu extrem ermäßigten Preisen angesteuert werden. Der **Walkabout Pass** von Qantas ermöglicht es Travellern, sich selbst einen Reiseplan zusammenzustellen und Tickets zu den wichtigsten Zielen im Land zu fixen Preisen zu kaufen. Der Haken an der Sache ist, dass man einen internationalen Qantas-Flug dazubuchen muss und dass sämtliche Verbindungen gleichzeitig festgelegt werden müssen.

Die Preise werden nach folgendem Muster ermittelt: Es gibt drei Zonen. Flüge innerhalb einer Zone kosten 59 US$ pro Strecke, wer von einer Zone in eine andere fliegt, zahlt 119 US$ pro Strecke. Eine Zone umfasst Queensland, New South Wales, South Australia, Tasmanien und das Australian Capital Territory. Western Australia und das Northern Territory bilden die Zonen 2 bzw. 3. Weitere Infos gibt's unter www.qantas.com.au.

den anderen größeren Städten an der Ostküste verkehren öffentliche Nahverkehrsbusse. Bahn- und Busbahnhof liegen gewöhnlich nebeneinander. Falls es keinen Bahnhof gibt, findet man die Stellplätze für die Lokalbusse am Terminal für Langstreckenbusse. In großen Städten sind Taxis unterwegs. Nördlich von Cairns verkehren so gut wie keine öffentlichen Verkehrsmittel, deshalb muss man sich einer Tour anschließen oder einen Wagen mieten. Nördlich von Cairns wird es übrigens schwierig, einen Leihwagen zu organisieren!

Trampen

Beim Trampen gibt es immer ein gewisses Restrisiko, egal, in welchem Land man sich befindet. Wir raten davon ab. Wer dennoch per Anhalter fahren will, sollte ein paar Vorsichtsmaßnahmen beachten: Es ist sicherer, gemeinsam mit einer weiteren Person zu trampen und Dritte wissen zu lassen, wo man sich gerade aufhält.

In Australien versteht man die Geste mit dem ausgestreckten Arm und dem nach oben zeigenden Daumen, üblicher ist es jedoch, mit einem Finger nach unten zu deuten.

Zug

An der Ostküste können Kurzstrecken auch gut mit dem Zug zurückgelegt werden, die Züge sind allerdings zwar komfortabler, aber auch teurer und langsamer als Busse. Die Abkürzung XPT steht für Express Passenger Train (Express-Passagierzug). Diese Züge aus New South Wales verbinden Sydney mit Melbourne, Brisbane, Dubbo, Grafton und Casino.

Jeder Staat hat eine eigene (staatliche oder private) Aufsichtsbehörde für den Zugverkehr.

CityRail (☏13 15 00; www.cityrail.info) Verantwortlich für die Küstenregion von New South Wales rund um Sydney (und die Blue Mountains) bis hoch nach Newcastle.

CountryLink (☏13 22 32; www.countrylink.info) In New South Wales zuständig, und zwar für Strecken zwischen Sydney, Canberra und Melbourne sowie an der Küste bis Brisbane (aber Byron Bay gehört *nicht* dazu).

Queensland Rail (☏13 12 30; www.queenslandrail.com. au) Betreiber verschiedener Zugverbindungen zwischen Brisbane und Cairns.

V/Line (☏13 61 96; www.vline.com.au) Zugstrecken in Victoria.

Preise

Kinder reisen zu ermäßigten Preisen. Wer sich seine Zugtickets im Voraus besorgt, spart zwischen 30 und 50 %. Die 1. Klasse ist ungefähr 40 % teurer als die 2. Klasse. Fahrkarten zu reduzierten Preisen bekommt man normalerweise nur bei Vorabbuchung. Studenten mit internationalem Studentenausweis (ISIC) erhalten einen Rabatt von 50 % auf Tickets 2. Klasse. Hier ein paar typische Zugpreise (einfache Strecke) als Anhaltspunkte:

STRECKE	PREIS (AU$)	DAUER (STD.)
Sydney–Melbourne	130	11
Sydney–Canberra	60	4½
Sydney–Brisbane	130	14½
Brisbane–Cairns	230	31

Reservierungen & Zugklassen

In den Schulferien, an Feiertagen und an Wochenenden sind Sitzplatzreservierungen eine gute Idee. Diese können an den Bahnhöfen oder bei den Zugunternehmen vorgenommen werden. Ermäßigte Preise erhält meist nur, wer seine Fahrkarten lange im Voraus kauft.

Züge mit (teureren) Schlafwagen verkehren zwischen Melbourne, Sydney, Brisbane und Cairns. In manchen Zügen findet man auch Waggons 1. Klasse.

Zugpässe

Das Streckennetz an der Ostküste ist ganz gut ausgebaut. Einige Zugpässe könnten daher für Traveller interessant sein. **Rail Australia** (www.railaustralia.com. au) versorgt Interessierte mit Infos zu Zugpässen verschiedener Eisenbahnunternehmen.

Austrail Flexipass Damit kann man sechs Monate lang durch ganz Australien fahren (890 AU$ bei Kauf außerhalb des Landes, 990 AU$ bei Kauf in Australien). Dieses Ticket wird nur an Ausländer verkauft.

Backtracker Man kann unbegrenzt oft mit den CountryLink-Zügen fahren, die Sydney mit Canberra, Melbourne und Brisbane verbinden. 14 Tage kosten 220 AU$, ein Monat kostet 251 AU$ und für drei Monate zahlt man 275 AU$ (nur für Ausländer).

East Coast Discovery Pass Man legt sich auf eine bestimmte Strecke fest, die nur in eine Richtung befahren werden darf. Unterwegs darf man so oft aussteigen, wie man möchte (sechs Monate gültig). Die Strecke Melbourne–Cairns kostet z. B. 451 AU$, die Route Sydney–Brisbane 130 AU$.

Sprache

Briten, Amerikaner und Neuseeländer, deutsche Geschäftsleute und norwegische Wissenschaftler, der indische Verwaltungsbeamte und die Hausfrau in Kapstadt – fast jeder scheint Englisch zu sprechen. Und wirklich: Englisch ist die am weitesten verbreitete Sprache der Welt (wenn's auch nur den zweiten Platz für die am meisten gesprochene Muttersprache gibt – Chinesisch ist die Nr. 1).

Klar, dass es bei einer solchen Verbreitung nicht *das* Englische gibt, sondern eine Unmenge von lokalen Eigenheiten in der Aussprache und im Wortschatz. Ein texanischer Ranger wird wahrscheinlich seine Schwierigkeiten haben, einen australischen Jugendlichen aus Sydney zu verstehen.

Hier folgen nur die wichtigsten Begriffe und Wendungen, um sich in Australien durchschlagen zu können – Fortgeschrittene werfen für den letzten Schliff noch einen Blick ins Glossar auf S. 586, wo typische Aussi-Ausdrücke aufgelistet sind.

KONVERSATION & NÜTZLICHES

Hallo.	*Hello.*
Guten ...	*Good ...*
Tag	*day*
Tag (nachmittags)	*afternoon*
Morgen	*morning*
Abend	*evening*
Auf Wiedersehen.	*Goodbye.*
Bis später.	*See you later.*
Tschüss.	*Bye.*

Wie geht es Ihnen/dir?	*How are you?*
Danke, gut.	*Fine. And you?*
Und Ihnen/dir?	*... and you?*
Wie ist Ihr Name?/	
Wie heißt du?	*What's your name?*
Mein Name ist ...	*My name is ...*
Wo kommen Sie her?/	
Wo kommst du her?	*Where do you come from?*
Ich komme aus ...	*I'm from ...*
Wie lange bleiben Sie/	
bleibst du hier?	*How long do you stay here?*
Ja.	*Yes.*
Nein.	*No.*
Bitte.	*Please.*
Danke/Vielen Dank.	*Thank you (very much).*
Bitte (sehr).	*You're welcome.*
Entschuldigen Sie, ...	*Excuse me, ...*
Entschuldigung.	*Sorry.*
Es tut mir leid.	*I'm sorry.*
Verstehen Sie (mich)?	*Do you understand (me)?*
Ich verstehe (nicht).	*I (don't) understand.*
Könnten Sie ...?	*Could you please ...?*
bitte langsamer sprechen	*speak more slowly*
das bitte wiederholen	*repeat that*
das bitte aufschreiben	*write it down*

FRAGEWÖRTER

Wer?	*Who?*
Was?	*What?*
Wo?	*Where?*
Wann?	*When?*
Wie?	*How?*
Warum?	*Why?*
Welcher?	*Which?*
Wie viel/viele?	*How much/many?*

GESUNDHEIT

Wo ist der/die/das nächste ...?
Where's the nearest ...?

Apotheke	*chemist*
Zahnarzt	*dentist*
Arzt	*doctor*
Krankenhaus	*hospital*

Ich brauche einen Arzt.
I need a doctor.

Gibt es in der Nähe eine (Nacht-)Apotheke?
Is there a (night) chemist nearby?

Ich bin krank.	*I'm sick.*
Es tut hier weh.	*It hurts here.*
Ich habe mich übergeben.	*I've been vomiting.*
Ich habe ...	*I have ...*
Durchfall	*diarrhoea*
Fieber	*fever*
Kopfschmerzen	*headache*
(Ich glaube,)	*(I think)*
Ich bin schwanger.	*I'm pregnant.*
Ich bin allergisch gegen	*I'm allergic to ...*
Antibiotika	*antibiotics*
Aspirin	*aspirin*
Penizillin	*penicillin*

MIT KINDERN REISEN

Ich brauche ...	*I need a/an ...*
Gibt es ...?	*Is there a/an ...?*
einen Wickelraum	*baby change room*
einen Babysitter	*babysitter*
einen Kindersitz	*booster seat*
eine Kinderkarte	*children's menu*
einen Kinderstuhl	*highchair*
(Einweg-)Windeln	*(disposable) nappies*
ein Töpfchen	*potty*
einen Kinderwagen	*stroller*

Stört es Sie, wenn ich mein Baby hier stille?
Do you mind if I breastfeed here?

Sind Kinder zugelassen?
Are children allowed?

NOTFALL

Hilfe!	*Help!*
Es ist ein Notfall!	*It's an emergency!*
Rufen Sie die Polizei!	*Call the police!*
Rufen Sie einen Arzt!	*Call a doctor!*
Rufen Sie einen Krankenwagen!	*Call an ambulance!*
Lassen Sie mich in Ruhe!	*Leave me alone!*
Gehen Sie weg!	*Go away!*

PAPIERKRAM

Name	*name*
Staatsangehörigkeit	*nationality*
Geburtsdatum	*date of birth*
Geburtsort	*place of birth*
Geschlecht	*sex/gender*
(Reise-)Pass	*passport*
Visum	*visa*

SHOPPEN & SERVICE

Ich suche ...
I'm looking for ...

Wo ist der/die/das (nächste) ...?
Where's the (nearest) ...?

Wo kann ich ... kaufen?
Where can I buy ...?

Ich möchte ... kaufen.
I'd like to buy ...

Wie viel (kostet das)?
How much (is this)?

Das ist zu viel/zu teuer.
That's too much/too expensive.

Können Sie mit dem Preis heruntergehen?
Can you lower the price?

Ich schaue mich nur um.
I'm just looking.

Haben Sie noch andere?
Do you have any others?

Können Sie ihn/sie/es mir zeigen?
Can I look at it?

mehr	more
weniger	less
kleiner	smaller
größer	bigger

Nehmen Sie ...?	Do you accept ...?
Kreditkarten	credit cards
Reiseschecks	traveller's cheques
Ich möchte ...	I'd like to ...
Geld umtauschen	change money
einen Scheck einlösen	cash a cheque
Reiseschecks einlösen	change traveller's cheques

Ich suche ...	I'm looking for ...
einen Arzt	a doctor
eine Bank	a bank
die ... Botschaft	the ... embassy
einen Geldautomaten	an ATM
das Krankenhaus	the hospital
den Markt	the market
ein öffentliches Telefon	a public phone
eine öffentliche Toilette	a public toilet
die Polizei	the police
das Postamt	the post office
die Touristen-information	the tourist information
eine Wechselstube	an exchange office

Wann macht er/sie/es auf/zu?
What time does it open/close?

Ich möchte eine Telefonkarte kaufen.
I want to buy a phone card.

Wo ist hier ein Internetcafé?
Where's the local Internet cafe?

Ich möchte ...	I'd like to ...
ins Internet	get Internet access
meine E-Mails checken	check my email

UHRZEIT & DATUM

Wie spät ist es?	What time is it?
Es ist (ein) Uhr.	It's (one) o'clock.
Zwanzig nach eins	Twenty past one
Halb zwei	Half past one
Viertel vor eins	Quarter to one

morgens/vormittags	am
nachmittags/abends	pm

jetzt	now
heute	today
heute Abend	tonight
morgen	tomorrow
gestern	yesterday
Morgen	morning
Nachmittag	afternoon
Abend	evening

Montag	Monday
Dienstag	Tuesday
Mittwoch	Wednesday
Donnerstag	Thursday
Freitag	Friday
Samstag	Saturday
Sonntag	Sunday

Januar	January
Februar	February
März	March
April	April
Mai	May
Juni	June
Juli	July
August	August
September	September
Oktober	October
November	November
Dezember	December

UNTERKUNFT

Wo ist ...?	Where's a ...?
eine Pension	bed and breakfast guesthouse
ein Campingplatz	camping ground
ein Hotel/Gasthof	hotel
ein Privatzimmer	room in a private home
eine Jugend-herberge	youth hostel

Wie ist die Adresse?
What's the address?

Ich möchte bitte ein Zimmer reservieren.
I'd like to book a room, please.

Für (drei) Nächte/Wochen.
For (three) nights/weeks.

Ein Zimmer reservieren

(per Brief, Fax oder E-Mail)

An ...	*To ...*
Vom ...	*From ...*
Datum	*Date*

Ich möchte reservieren ...
I'd like to book ...

auf den Namen ...	*in the name of ...*
vom ... bis zum ...	*from ... to ...*

(Bett-/Zimmeroptionen s. Liste
Unterkunft)

Kreditkarte	*credit card*
Nummer	*number*
gültig bis	*expiry date*

Bitte bestätigen Sie	*Please confirm*
Verfügbarkeit und	*availability and*
Preis.	*price.*

Haben Sie ein ...?	*Do you have a ... room?*
Einzelzimmer	*single*
Doppelzimmer	*double*
Zweibettzimmer	*twin*

Wieviel kostet es pro Nacht/Person?
How much is it per night/person?

Kann ich es sehen?
May I see it?

Kann ich ein anderes Zimmer bekommen?
Can I get another room?

Es ist gut, ich nehme es.
It's fine. I'll take it.

Ich reise jetzt ab.
I'm leaving now.

VERKEHRSMITTEL & -WEGE

Öffentliche Verkehrsmittel

Wann fährt ... ab?
What time does the ... leave?

das Boot/Schiff	*boat/ship*
die Fähre	*ferry*
der Bus	*bus*
der Zug	*train*

Wann fährt der ... Bus?
What time's the ... bus?

erste	*first*
letzte	*last*
nächste	*next*

Wo ist der nächste U-Bahnhof?
Where's the nearest metro station?

Welcher Bus fährt nach ...?
Which bus goes to ...?

U-Bahn	*metro*
(U-)Bahnhof	*(metro) station*
Straßenbahn	*tram*
Straßenbahnhaltestelle	*tram stop*
S-Bahn	*suburban (train) line*

Eine ... nach (Sydney).
A ... to (Sydney).

einfache Fahrkarte	*one-way ticket*
Rückfahrkarte	*return ticket*
Fahrkarte 1. Klasse	*1st-class ticket*
Fahrkarte 2. Klasse	*2nd-class ticket*

Der Zug wurde gestrichen.
The train is cancelled.

Der Zug hat Verspätung.
The train is delayed.

Ist dieser Platz frei?
Is this seat free?

Muss ich umsteigen?
Do I need to change trains?

Sind Sie frei?
Are you free?

Was kostet es bis ...?
How much is it to ...?

Bitte bringen Sie mich zu (dieser Adresse).
Please take me to (this address).

Private Transportmittel

Wo kann ich ein ... mieten?
Where can I hire a/an ...?

Ich möchte ein ... mieten.
I'd like to hire a/an ...

Auto	*car*
Fahrzeug mit Automatik	*automatic*
Fahrzeug mit Schaltung	*manual*
Allradfahrzeug	*4WD*

Schilder

Danger	Gefahr
No Entry	Einfahrt verboten
One-way	Einbahnstraße
Entrance	Einfahrt
Exit	Ausfahrt
Keep Clear	Ausfahrt freihalten
No Parking	Parkverbot
No Stopping	Halteverbot
Toll	Mautstelle
Cycle Path	Radweg
Detour	Umleitung
No Overtaking	Überholverbot

Motorrad	motorbike
Fahrrad	bicycle

Wieviel kostet es pro Tag/Woche?
How much is it per day/week?

Wo ist eine Tankstelle?
Where's a petrol station?

Benzin	petrol
Diesel	diesel
Bleifreies Benzin	unleaded

Führt diese Straße nach ...?
Does this road go to ...?

Wo muss ich bezahlen?
Where do I pay?

Ich brauche einen Mechaniker.
I need a mechanic.

Das Auto hat eine Panne.
The car has broken down.

Ich habe einen Platten.
I have a flat tyre.

Das Auto/Motorrad springt nicht an.
The car/motorbike won't start.

Ich habe kein Benzin mehr.
I've run out of petrol.

WEGWEISER

Können Sie mir bitte helfen?
Could you help me, please?

Ich habe mich verirrt.
I'm lost.

Wo ist (eine Bank)?
Where's (a bank)?

In welcher Richtung ist (eine öffentliche Toilette)?
Which way's (a public toilet)?

Wie kann ich da hinkommen?
How can I get there?

Wie weit ist es?
How far is it?

Können Sie es mir (auf der Karte) zeigen?
Can you show me (on the map)?

links	left
rechts	right
nahe	near
weit weg	far away
hier	here
dort	there
an der Ecke	on the corner
geradeaus	straight ahead
gegenüber ...	opposite ...
neben ...	next to ...
hinter ...	behind ...
vor ...	in front of ...

Norden	north
Süden	south
Osten	east
Westen	west

Biegen Sie ... ab.	Turn ...
links/rechts	left/right
an der nächsten Ecke	at the next corner
bei der Ampel	at the traffic lights

Schilder

Police	Polizei
Police Station	Polizeiwache
Entrance	Eingang
Exit	Ausgang
Open	Offen
Closed	Geschlossen
No Entry	Kein Zutritt
No Smoking	Rauchen verboten
Prohibited	Verboten
Toilets	Toiletten
Men	Herren
Women	Damen

ZAHLEN

0	zero
1	one

2	*two*	20	*twenty*
3	*three*	21	*twentyone*
4	*four*	22	*twentytwo*
5	*five*	23	*twentythree*
6	*six*	24	*twentyfour*
7	*seven*	25	*twentyfive*
8	*eight*	30	*thirty*
9	*nine*	40	*fourty*
10	*ten*	50	*fifty*
11	*eleven*	60	*sixty*
12	*twelve*	70	*seventy*
13	*thirteen*	80	*eigthy*
14	*fourteen*	90	*ninety*
15	*fifteen*	100	*hundred*
16	*sixteen*	1000	*thousand*
17	*seventeen*	2000	*two thousand*
18	*eighteen*	100 000	*hundred thousand*
19	*nineteen*	**eine Million**	*one million*

GLOSSAR

Jeder, der meint, Australisch (*Strine*) sei nur eine etwas seltsam klingende Variante des Englischen, wird überrascht sein: Die australische Umgangssprache ist ein merkwürdiges Labyrinth, in dem man schnell den Faden verliert. Einige Wörter haben eine völlig andere Bedeutung als in den übrigen englischsprachigen Ländern. Häufig benutzte Wörter werden zumeist bis zur Unkenntlichkeit abgekürzt, andere leiten sich aus der Sprache der Ureinwohner oder der frühen Siedler ab.

Wer als Aussie durchgehen will, sollte Folgendes versuchen: nasal sprechen, alle Wörter auf höchstens zwei Silben verkürzen, an jedes Wortende einen Vokal hängen, wo immer es geht Verniedlichungsformen verwenden und jeden Satz mit einem Kraftausdruck garnieren.

Der englischsprachige Lonely Planet Band *Australian Phrasebook* gibt eine Einführung ins australische Englisch und in einige Sprachen der Aborigines. Die folgende Liste könnte auch hilfreich sein.

4WD – Wagen mit Allradantrieb
ACT – Australian Capital Territory
Akubra hat – Hut der australischen Buschmänner; heute häufiger auf dem Kopf deutscher Rentner auf Australienurlaub zu sehen
ALP – Australian Labor Party
Anzac – Australian and New Zealand Army Corps
Aussie rules – Australian Rules Football; eine Variante des Rugby; das Team besteht aus 18 Spielern
award wage – Mindestlohn

Banana Bender – Einwohner Queenslands
bastard – allgemeine Form der Anrede mit unterschied-

licher Bedeutung: Sie drückt Lob oder Respekt aus (z. B. „He's the bravest bastard I know!" – „Er ist der tapferste Kerl, den ich kenne!"), kann aber auch beleidigend sein (z. B. „You bastard!" – „Du Idiot!"). Wer sich nicht sicher ist, ob der Ausdruck passt, sollte ihn eher vermeiden.
bathers – Badebekleidung (in Victoria)
B&B – Bed and Breakfast
BBQ – Barbecue
bêche-de-mer – Seegurke
bevan – siehe *bogan* (in Queensland)
billabong – Wasserloch in einem Flussbett während der Trockenzeit
billy – Blechkessel zum Wasserkochen im *bush*
bitumen – Asphaltstraße
bogan – sehr einfach gestrickter Mensch
bombora – „bommie"; separates küstennahes Riff
boogie board – kleines Surfbrett
boom netting – Passagiere werden in einem Netz am Bug oder Heck eines Bootes durch die Brandung gezogen
boomerang – Bumerang
booner – siehe *bogan* (im ACT)
bora ring – ein kreisförmiger, von aufgehäufter Erde begrenzter Bereich, dient den Aborigines zu zeremoniellen Zwecken; hauptsächlich in NSW und im Südosten Queenslands zu finden
bottle shop – Getränkeladen, Wein- und Spirituosenhandlung
box jellyfish – eine tödliche Quallenart; auch *sea wasp, box jelly, sea jelly, stinger*
brekky – Frühstück
budgie smuggler – kleine, enge Männerbadehose
bug – *Moreton Bay/Balmain bug*; essbarer, kleiner Krebs
bunyip – mythisches Tier oder Wesen im *bush*
bush, the – Land voller Bäume und Sträucher; alles, was sich außerhalb der Stadt befindet

bush tucker – einheimische Nahrung, die man im *outback* findet
bushranger – das australische Äquivalent zu den Gesetzlosen des amerikanischen Wilden Westens
BYO – „Bring your own"; Restaurant, bei dem Gäste ihren *grog* selbst mitbringen

camp-o-tel – ein Zelt mit Betten und Beleuchtung
chook – Huhn
Cockroaches – Australier in und um Sydney
counter meal – Essen in der Kneipe, wird meist an der Theke verspeist
cozzie – Badebekleidung (in NSW)
cuppa – „cup of"; eine Tasse Tee, Kaffee o. Ä.

dag – schmutziger Wollklumpen am Hintern eines Schafs; nett gemeintes Schimpfwort für jemanden, der sich nicht an gesellschaftliche Konventionen hält
damper – Buschbrot aus Wasser und Mehl, oft in einem *camp oven* gebacken
DEET – Permethrinhaltiges Insektenschutzmittel
didjeridu (didgeridoo), didj – Blasinstrument aus einem hohlen Holzstück; traditionelles Instrument der männlichen Aborigines
donga – kleine, mobile Hütte, oft im *outback* verwendet
Dreamtime – Traumzeit; Grundlage des Glaubens der Aborigines: Geisterwesen erschufen die Welt und leben als ewige Kräfte fort; der Begriff „Dreaming" wird alternativ benutzt, da er keine Verbindung zur „Zeit" herstellt
Dry, the – Trockenzeit im nördlichen Australien (April–Okt.)
dunny – Freilufttoilette

Eftpos – *Electronic Funds Transfer at Point of Sale* (Geldkarte, mit der man bargeldlos die Rechnungen

für Einkäufe und Dienstleistungen begleichen kann)
EPA – *Environmental Protection Agency* (Umweltschutzbehörde; in QLD QPWS)
Esky – große Kühltasche für Essen und Getränke

flake – Haifleisch; oft in Fish-&-Chips-Läden erhältlich
freshie – Süßwasserkrokodil (harmlos, es sei denn, man provoziert es); neue Bier-*tinny*

galah – lauter Papagei; nerviger Idiot
grog – allgemein für alkoholische Getränke
gum tree – Eukalyptusbaum

jackaroo – männlicher Trainee in einer *outback station*
jillaroo – weiblicher Trainee in einer *outback station*
jumper – Sweatshirt; Pulli

Koorie – Aborigines aus Südostaustralien; in NSW *Koori*; s. auch *Murri*

lamington – quadratischer Biskuitkuchen mit Schokoguss und Kokosraspeln
larrikin – Rowdy, Jugendlicher mit Blödsinn im Kopf
lay-by – in einem Laden für einen Kunden Zurückgelegtes
live-aboard – Tauchsafari mit Übernachtungsoptionen
long black – doppelter Espresso

mal – Abkürzung für „Malibu surfboard"
mangrove – ein in Küstennähe zu findender Baum, der in Salzwasser wächst
mate – gebräuchliche familiäre Anrede
Mexicans – Leute aus Victoria
middy – kleines Glas Bier (285 ml), NSW; s. auch *pot*
milk bar – kleiner Laden, der Milch und andere Grundnahrungsmittel verkauft
Mod Oz – moderne australische Küche, die von vielen ausländischen Stilen beeinflusst wird, aber alles mit einer regionalen Note versetzt

mozzies – Mücken
Murri – Aborigines aus Australiens Nordosten; s. auch *Koorie*

NRMA – *National Roads and Motorists Association* (Automobilclub von NSW)
NSW – New South Wales

outback – einsame Gegend im *bush*

paddock – Viehweide
PADI – *Professional Association of Diving Instructors* (international anerkannte Organisation für Tauchkurse)
piss – Bier
pokies – Spielautomaten
pot – Glas Bier (VIC und QLD); s. auch *middy*

QPWS – *Queensland Parks & Wildlife Service* (s. *EPA*)
Queenslander – Holzhaus auf Stelzen und mit großer Veranda

RACQ – *Royal Automobile Club of Queensland*
RACV – *Royal Automobile Club of Victoria*
rashie – *rash-vest* (UV-beständiges enges Oberteil für Surfer)
road train – Sattelschlepper mit mehreren Anhängern
RSI – *Returned Servicemen's League* (Bund australischer Veteranen) bzw. das Vereinshaus, das vom Bund betrieben wird

saltie – Salzwasserkrokodil; auch *estuarine crocodile*; s. auch *freshie*
scar tree – ein Baum, von dem die Rinde entfernt wurde, um daraus Kanus, Geschirr usw. herzustellen
schoolies – ein paar Wochen Ende November/Anfang Dezember, in denen australische Teenager ihren Abschluss in Massen am Strand feiern und sich hemmungslos betrinken
schooner – großes Glas Bier (in NSW)
scrub – *bush*; Bäume, Sträucher und andere Pflanzen, die in einem trockenen Gebiet wachsen

sea wasp – Seewespe; s. auch *box jellyfish*
sealed road – befestigte Straße; siehe auch *bitumen*
Session – eine lange Zeitspanne intensiven Trinkens
shout – eine Runde Bier ausgeben („Your shout!")
SLSC – *Surf Life Saving Club*; ein Ableger der *Surf Life Saving Association*
station – große Farm
stinger – tödliche Qualle; s. auch *box jellyfish*
Stolen Generations – Kinder von Aborigines und Torres Straiters, die während der Assimilationspolitik der Regierung von den Familien getrennt wurden
stubby – 375-ml-Flasche Bier
Surf Life Saving Association – Organisation, die für den Wasserschutz und Rettung von Menschenleben zuständig ist und hauptsächlich von Freiwilligen betrieben wird
surf 'n' turf – ein Steak, das mit Meeresfrüchten garniert wird; meist in Kneipen zu bekommen
swag – Bettrolle zum Übernachten im *outback*; große Menge
swagman – Vagabund (veraltet); umherziehender Arbeiter

terra nullius – die britische Krone legte fest, dass Australien niemandem gehörte, und nahm es für sich selbst in Anspruch
thongs – Flip-Flops
tinny – 375-ml-Bierdose; kleines Beiboot aus Alu
tucker – Essen

veggie – Gemüse; Vegetarier

walkabout – lange, einsame Wanderung
wattle – australische Akazienart mit haarigen gelben Blüten
Wet, the – Regensaison im Norden (Nov.–März)

yabbie – kleiner Süßwasserkrebs
yum cha – klassisches chinesisches Festessen im Süden

Hinter den Kulissen

WIR FREUEN UNS ÜBER EIN FEEDBACK

Post von Travellern zu bekommen, ist für uns ungemein hilfreich – Kritik und Anregungen halten uns auf dem Laufenden und helfen, unsere Bücher zu verbessern. Unser reiseerfahrenes Team liest alle Zuschriften ganz genau, um zu erfahren, was an unseren Reiseführern gut und was schlecht ist. Wir können solche Post zwar nicht individuell beantworten, aber jedes Feedback wird garantiert schnurstracks an die jeweiligen Autoren weitergeleitet, rechtzeitig vor der nächsten Nachauflage.

Wer uns schreiben will, erreicht uns über **www.lonelyplanet.de/kontakt**.

Hinweis: Da wir Beiträge möglicherweise in Lonely Planet Produkten (Reiseführer, Websites, digitale Medien) veröffentlichen, ggf. auch in gekürzter Form, bitten wir um Mitteilung, falls ein Kommentar nicht veröffentlicht oder ein Name nicht genannt werden soll. Wer Näheres über unsere Datenschutzpolitik wissen will, erfährt das unter www.lonely planet.com/privacy.

DANK VON LONELY PLANET

Vielen Dank an folgende Leser, die mit der letzten Auflage des Reiseführers unterwegs waren und uns wertvolle Hinweise, nützliche Tipps und interessante Geschichten zugesandt haben:

Alexander Dackes, Meredith Bamhrick, David Barker, Thoralf Bock, Louise Botterill, Jane L. Brown, Gillon Campbell, Alexandra Cantwell, Catsuris Carole, Brittany Dahl, Stuart Davie, John Dunbar, Joe Fletcher, Rebecca Fletcher, Lucas George, Juliette Giannesini, Katherine Golding, Charles Ingrao, Louise Keevill, Tracy Kingstone, Fran Lax, Kelly Maloney, Heather McNeill, Alex Murden, Nick Pond, Janneke Pot, Martin Reisser, Charlotte Rowley, Mark Simons, Petrina Slaytor, Dominik Spoden, Rebecca Tofield, Sophie Trenear

DANK DER AUTOREN
Regis St. Louis

Danke an die vielen Leute aus Brisbane, die mir Tipps und Einblicke in ihre geliebte Stadt gegeben haben, an den Meisterkoch Philip Johnson und die vielen Weinbauern, die mich mit Wissen (und Wein) aus dem Weinbaugebiet im Granite Belt versorgt haben. Auch den vielen anderen hilfreichen Queensländern überall im Bundesstaat sei hier gedankt. Bei Lonely Planet danke ich Maryanne Netto, weil

sie mich mit ins Boot geholt hat, und meinen Koautoren für all ihre harte Arbeit. Mein spezieller Dank gilt Cassandra und ihren Töchtern Magdalena und Genevieve, die mir einen unvergesslichen Aufenthalt in Brisbane beschert haben. Umarmen möchte ich auch Leonie und Col, die mir fern von zu Hause ein Zuhause gaben, und Tim, Leone, Nadina, August und Luca für ihre herzliche Gastfreundschaft.

Jayne D'Arcy

Mein Dank geht an die Kollegen vom Magazin M: Miranda Tay, Dani Valent, James Smith und Penny Modra. Ich danke auch Euch, Blakey, Nat, Keshia, Cecilia und den Humes. Danke, Denis von der Seaview Lodge: Die Lichter eures B&Bs waren im Nebel ein willkommener Anblick! Danke an Sharik Billington für die unglaubliche Unterstützung und an unseren kleinen Miles, der mir wieder gezeigt hat, wie toll die Great Ocean Road ist (vor allem die Robben). Danke, Mum, Dad und Kate, dass ihr auf Miles aufgepasst habt. Grüße gehen an Paul Harding und Donna Wheeler, und ein großes Dankeschön gilt Maryanne Netto.

Sarah Gilbert

Ich danke Misha, Jamie, Elijah und Zeke für die Gastfreundschaft. Mein Dank gilt auch meinen Lonely Planet Kollegen, vor allem Regis und Maryanne. Danke, Kyles, Mel, Pen, Bill, B.J., Ports, Jane und alle anderen, für die schönen Erlebnisse in Canberra. Meinen geliebten

Eltern, Danny und Kathleen, bin ich dankbar, ebenso meinem Bruder James und meiner Schwester Mary. Vor allem aber danke ich Nico für seine Begleitung auf der Reise und im Leben.

Paul Harding

Mein Dank gilt zuerst meiner Frau Hannah und meiner wundervollen Tochter Layla, die unmittelbar vor meiner Arbeit an diesem Band geboren wurde. Bei meiner Tour haben mir viele Leute geholfen und mir Ideen, Tipps oder auch ein Dach über dem Kopf gegeben – ihr wisst schon, wer gemeint ist! Danke an Jayne D'Arcy für ihren Einsatz und die Nachbesprechung in Melbourne. Bei Lonely Planet danke ich Maryanne Netto für ihre Hilfe und ihr Vertrauen sowie Liz, David und dem Rest der Crew.

Catherine Le Nevez

Ich danke den vielen Einheimischen, den Leuten in der Tourismusbranche und all den Travellern, die bei meiner Tour durch Nord-Queensland für Tipps, unbezahlbare Einblicke und eine tolle Zeit gesorgt haben. Vor allem möchte ich Robert Stephens von Mamu & Wanegan (Glenis Grogan) in Kuranda sowie Colin und seiner Familie, allen am Bramston Beach und natürlich auch Julian danken. Vielen Dank auch an Maryanne, weil sie mich engagiert hat, an Regis und alle von Lonely Planet. Und wie immer: *merci surtout* an meine Familie!

Virginia Maxwell

Vielen Dank an Maryanne Netto, Regis St. Louis, Elizabeth Maxwell, Matthew Clarke, Bridget Smyth, Christopher Procter, Phil Learoyd, Helen Campbell, Stephen Alexander, Peter Handsaker und Max Handsaker.

Olivia Pozzan

Bei Lonely Planet danke ich Maryanne für die Möglichkeit, wieder durch das Land, das ich so sehr liebe, zu reisen und darüber zu schreiben. Dank auch an Regis und meine Koautoren. Ich danke auch allen, die ich unterwegs traf, insbesondere den Leuten auf den Whitsunday Islands, die sich die Zeit genommen haben, mir alles zu zeigen. Speziell danke ich auch dir, Tony. Und von ganzem Herzen danke ich Andrew, der für Spaß und tolle Erlebnisse sorgte.

Penny Watson

Auf immer und ewig danke ich Pippy und unserem Neuzugang Digby. Ihr seid mir die Liebsten auf der Welt. Vielen Dank auch den Leuten, die uns versorgt haben: Kekky und Gaga, Jojo Mcharg; J.J. und Sar Quigley; Jem Norris und Ali & Ferg McPhee. Wir lieben Euch!

QUELLENNACHWEIS

Die Klimatabellendaten stammen von Peel MC, Finlayson BL & McMahon TA (2007) *Updated World Map of the Köppen-Geiger Climate Classification,* Hydrology and Earth System Sciences, 11, 163344.

Titelfoto: Blick auf die Skyline der Stadt von South Head, Sydney, Carol Wiley, Lonely Planet Images. Die meisten Fotos in diesem Reiseführer können bei Lonely Planet Images auch lizensiert werden: www.lonelyplanet images.com.

ÜBER DIESES BUCH

Dies ist die 2. deutschsprachige Auflage von *Australien Ostküste*, basierend auf der mittlerweile 4. englischsprachigen Auflage von *East Coast Australia*. Die Erstauflage unter der Leitung von Verity Campbell wurde 2002 veröffentlicht. Die 2. Auflage wurde von Lindsay Brown koordiniert, die 3. von Ryan Ver Berkmoes. Der verantwortliche Autor für die vorliegende Auflage war Regis St. Louis; unterstützt wurde er von seinen Koautoren Jayne D'Arcy, Sarah Gilbert, Paul Harding, Catherine Le Nevez, Virginia Maxwell, Olivia Pozzan und Penny Watson. Wer für welche Region zuständig war, ist im Kapitel „Die Autoren" (S. 599) nachzulesen. Von Dr. Tim Flannery stammt das Kapitel „Natur & Umwelt" und von Dr. Michael Cathcart das Kapitel „Geschichte". Beide Kapitel sind mit Marginalien und Kästen von Regis St. Louis versehen. Dieser Reiseführer wurde vom Lonely Planet Büro in Melbourne in Auftrag gegeben und von folgenden Mitarbeitern produziert:

Verantwortliche Redakteurin Maryanne Netto

Leitende Redakteurinnen Susie Ashworth, Alison Ridgway

Leitender Kartograph Corey Hutchison

Leitende Layoutdesignerin Kerrianne Southway

Redaktion Liz Heynes

Kartographie David Connolly

Layoutdesign Chris Girdler

Chefredakteurin Anna Metcalfe

Redaktionsassistenz Elizabeth Anglin, Elisa Arduca, Andrew Bain, Adrienne Costanzo, Jackey Coyle, Andrea Dobbin, Carly Hall, Kim Hutchins, Bella Li, Simon Sellars

Kartographieassistenz Tom Webster

Umschlagrecherche Naomi Parker

Bildrecherche Aude Vauconsant

Dank an Helen Christinis, Ryan Evans, Jane Hart, Laura Jane, Lisa Knights, Annelies Mertens, Susan Paterson, Gerard Walker, Jeanette Wall, Celia Wood

Register

Auf einen Blick

Mit diesen Symbolen sind wichtige Kategorien leicht zu finden:

- 👁 Sehenswertes
- 🏃 Aktivitäten
- 🚣 Kurse
- 👉 Geführte Touren
- 🎉 Feste & Events
- 🛏 Schlafen
- 🍴 Essen
- 🍺 Ausgehen
- ⭐ Unterhaltung
- 🔒 Shoppen
- ❶ Praktische Informationen/ Transport

Empfehlungen von Lonely Planet:

- **LP TIPP** Das empfiehlt unser Autor
- **GRATIS** Hier bezahlt man nichts
- 🌿 Nachhaltig und umweltverträglich

Unsere Autoren haben diese Einrichtungen gewählt, weil man dort großen Wert auf Nachhaltigkeit legt: etwa durch die Förderung einheimischer Gemeinschaften oder Hersteller, durch eine umweltverträgliche Bewirtschaftung oder durch ein Engagement im Naturschutz.

Diese Symbole bieten wertvolle Zusatzinformationen:

- 📞 Telefonnummern
- 🕐 Öffnungszeiten
- Ⓟ Parkplatz
- 🚭 Rauchen verboten
- ❄ Klimaanlage
- @ Internetzugang
- 📶 WLAN
- 🏊 Schwimmbecken
- 🥗 vegetarische Speisen
- 📋 Speisekarte auf Englisch
- 👶 familienfreundlich
- 🐾 tierfreundlich
- 🚌 Bus
- 🚢 Fähre
- Ⓜ Metro
- Ⓢ Subway (U-Bahn)
- 🚊 Straßenbahn
- 🚆 Zug

Die Reihenfolge spiegelt die Bewertung durch die Autoren wider.

Kartenlegende

Sehenswertes
- buddhistisch
- christlich
- Denkmal
- hinduistisch
- islamisch
- jüdisch
- Museum/Galerie
- Ruine
- Schloss
- Strand
- Weingut/Weinberg
- Zoo
- andere Sehenswürdigkeit

Aktivitäten, Kurse & Touren
- Kanu/Kajak fahren
- Schwimmbecken
- Ski fahren
- surfen
- tauchen/schnorcheln
- wandern
- windsurfen
- andere/r Aktivität/ Kurs/Tour

Schlafen
- Camping
- Unterkunft

Essen
- Lokal

Ausgehen
- Bar/Kneipe
- Café

Unterhaltung
- Unterhaltung

Shoppen
- Shoppen

Praktisches
- Bank
- Botschaft/ Konsulat
- Internetzugang
- Krankenhaus/Arzt
- Polizei
- Post
- Telefon
- Toilette
- Touristeninformation
- andere Einrichtung

Verkehrsmittel
- Bus
- Einschienenbahn
- Fähre
- Fahrrad
- Flughafen
- Grenzübergang
- Metro
- Parkplatz
- Seilbahn/ Gondelbahn
- Straßenbahn
- Taxi
- Tankstelle
- Zug
- anderes Verkehrsmittel

Verkehrswege
- Mautstraße
- Autobahn
- Hauptstraße
- Landstraße
- Verbindungsstraße
- sonstige Straße
- unbefestigte Straße
- Platz/Promenade
- Treppe
- Tunnel
- Fußgänger- überführung
- Stadtspaziergang
- Abstecher vom Stadtspaziergang
- Pfad

Geografisches
- Aussichtspunkt
- Berg/Vulkan
- Hütte/Unterstand
- Leuchtturm
- Oase
- Park
- Pass
- Picknickplatz
- Wasserfall

Städte
- Hauptstadt (Staat)
- Hauptstadt (Bundesland/Provinz)
- Großstadt
- Kleinstadt/Ort

Grenzen
- Internationale Grenze
- Bundesstaat/Provinz
- umstrittene Grenze
- Region/Vorort
- Meerespark
- Klippen
- Mauer

Gewässer
- Fluss/Bach
- periodischer Fluss
- Sumpf/Mangrove
- Riff
- Kanal
- Wasser
- Trocken-/Salz-/ periodischer See
- Gletscher

Gebietsformen
- Friedhof
- Friedhof (christlich)
- Highlight (Gebäude)
- Park/Wald
- Sehenswürdigkeit (Gebäude)
- Sportgelände
- Strand/Wüste

DIE LONELY PLANET STORY

Ein ziemlich mitgenommenes, altes Auto, ein paar Dollars in der Tasche und eine Vorliebe für Abenteuer – 1972 war das alles, was Tony und Maureen Wheeler für die Reise ihres Lebens brauchten, die sie durch Europa und Asien bis nach Australien führte. Die Tour dauerte einige Monate, und am Ende saßen die beiden – erschöpft, aber voller Inspiration – an ihrem Küchentisch und schrieben ihren ersten Reiseführer *Across Asia on the Cheap*. Innerhalb einer Woche hatten sie 1500 Exemplare verkauft. Lonely Planet war geboren.

Heute hat der Verlag Büros in Melbourne, London und Oakland und mehr als 600 Mitarbeiter und Autoren. Und alle teilen Tonys Überzeugung: „Ein guter Reiseführer sollte drei Dinge tun: informieren, bilden und amüsieren." Und an diesem Grundsatz änderte sich auch nichts, als 2011 BBC Worldwide alleiniger Inhaber von Lonely Planet wurde.

DIE AUTOREN

Regis St. Louis

Hauptautor, Brisbane & Gold Coast Regis' Liebe zu Australien führte ihn an der ganzen Küste entlang, über die bezaubernden Märkte Melbournes, auf die malerischen Landzungen Sydneys und durch die Regenwälder und tropischen Inseln Queenslands. Bei seinem letzten Trip beobachtete er die Wale vor North Stradbroke Island, zeigte seinen Töchtern die knuddeligen Koalas im Lone Pine Sanctuary und stürzte sich ins Chaos des Brisbane Festival. Regis hat an mehr als 30 Lonely Planet Titeln mitgearbeitet; der letzte war der Reiseführer *Queensland & Great Barrier Reef*. Wenn er nicht gerade irgendwo unterwegs ist, lebt er in New York City und in Sydney.

Jayne D'Arcy

Melbourne & Victorias Küste In einem am Meer gelegenen Vorort von Frankston in Victoria aufgewachsen zu sein, hatte für Jayne seine Vorteile: Bei jeder Gelegenheit fuhr sie mit der Met durch alle drei Zonen, um in der Greville St in Prahran, in der Brunswick St in Fitzroy, in St. Kilda oder am Queen-Vic-Markt abzuhängen. Nachdem sie lange bei einem Gemeinderadio in Osttimor gearbeitet hatte, ließ sie sich mit ihrer Familie im turbulenten Norden Melbournes nieder. Wenn sie nicht mit ihrem Fahrrad aus den 1970er-Jahren in North Fitzroy unterwegs oder am Renovieren ist, schreibt Jayne für *The Age*. Sie hat an acht Lonely Planet Bänden mitgearbeitet.

Sarah Gilbert

Canberra & Südküste New South Wales, Capricorn Coast & Southern Reef Islands Sarah wurde auf dem Land in New South Wales geboren, ist in Sydney aufgewachsen, hat an der Australian National University in Canberra studiert und lebte danach in Amsterdam, New York und Buenos Aires. Als Autorin sammelte sie erste Erfahrungen bei den Boulevardblättern von Big Apple, dann kehrte sie heim, um als Fernsehjournalistin zu arbeiten. Sie hat bei mehreren Lonely Planet Titeln mitgearbeitet und lebt heute wieder in Sydney, wo sie als freie Journalistin für Film und Fernsehen tätig ist. Derzeit schreibt sie ihr erstes Sachbuch.

Paul Harding

Melbourne & Victorias Küste Paul ist zwar in Melbourne geboren, aber auf dem Land aufgewachsen. Als Kind verbrachte er die Sommer an den Gippsland Lakes; später unternahm er viele Touren die australische Ostküste hinauf. Er hat einen großen Teil der Welt gesehen und darüber geschrieben, ist aber noch immer in diesem Teil Australiens zu Hause. Für den vorliegenden Band reiste Paul kreuz und quer durch das schöne Gippsland und fand hin und wieder auch Zeit, das Notebook aus der Hand und sich an den Strand zu legen. Er hat an mehr als 30 Lonely Planet Bänden mitgearbeitet, u. a. an diversen über Australien.

Catherine Le Nevez

Von Townsville nach Innisfail, Cairns & Daintree Rainforest Catherines erster Beitrag für Lonely Planet war einer über Queensland, als sie gerade ihren Doktor in kreativem Schreiben machte. Damals drehte sie eine 65 000 km lange Runde über den halben Kontinent und fuhr auch durch zwei Zyklone. Seitdem war Catherine Autorin bzw. Koautorin für mehr als zwei Dutzend Reiseführer weltweit, auch für die Lonely Planet Bände *Australia* und *Queensland & the Great Barrier Reef*. Die Chance, für diesen Auftrag wieder ins tropische Paradies zurückzukehren, nahm sie gerne wahr.

Virginia Maxwell

Sydney & die Central Coast, Das ist Sydney Virginia arbeitete viele Jahre als Redakteurin im Melbourner Büro von Lonely Planet. Dann entschied sie aber, dass sie mehr Spaß daran hätte, selbst Reiseführer zu schreiben, als sie zu bearbeiten. Seitdem hat sie für mehrere ausländische Reiseführer, Zeitschriften und Websites über diverse Reiseziele geschrieben. Virginia stammt zwar aus Melbourne, hat aber auch schon in Sydney gelebt und lehnt es ab, in dem uralten Zwist zwischen Melbourne und Sydney mitzumischen, weil sie sich in beiden Städten glücklich und zu Hause fühlt.

Olivia Pozzan

Brisbane & Gold Coast, Noosa & Sunshine Coast, Fraser Island & Fraser Coast, Whitsunday Islands An der Fraser Coast im Sunshine State aufgewachsen, verdankt Olivia ihrer Kinderstube an der Küste ihre lebenslange Leidenschaft für traumhafte Strände. Ihre Bikinis hat sie schon an jedem Sandstrand vom nördlichen Reef bis zur Gold Coast zur Schau getragen. Nachdem sie jahrelang um die Welt gereist ist, sehnte sich Olivia wieder danach, Sand zwischen den Zehen zu spüren. Das zog sie zurück nach Queensland, wo sie heute an der herrlichen Sunshine Coast lebt. Für die Recherchen an diesem Band bereiste Olivia erneut ihre Lieblingsorte an der Küste.

Penny Watson

Canberra & Südküste New South Wales, Byron Bay & Nordküste New South Wales Penny ist ausgebildete Journalistin und Fulltime-Reiseautorin. Sie wuchs auf dem Land in New South Wales auf und ist inzwischen Expertin für die verschiedenen Landschaftsformen in dem Bundesstaat, vor allem für seine Strände. Der vorliegende Band ist der dritte über diese wunderschöne Ostküste Australiens, an dem Penny mitgearbeitet hat. Auch wenn sie heute in Hongkong lebt, war das Angebot, in die Heimat zurückzukehren und hier herumzureisen, zu verführerisch.

Lonely Planet Publications.

Locked Bag 1, Footscray,
Melbourne, Victoria 3011,
Australia

Verlag der deutschen Ausgabe:
MAIRDUMONT, Marco-Polo-Str. 1, 73760 Ostfildern,
www.mairdumont.com,
lonelyplanet@mairdumont.com

Chefredakteurin deutsche Ausgabe: Birgit Borowski
Übersetzung: Julie Bacher, Berna Ercan, Tobias Ewert, Marion Gref-Timm, Laura Leibold, Marion Matthäus, Dr. Christian Rochow, Katja Weber
Redaktion: Julia Berger, Frank J. Müller, Verena Stindl (red.sign, Stuttgart)
Redaktionsassistenz: Dr. Dirk Mende, Karin Rappold, Thomas Tilsner
Satz: Frank J. Müller, Neslihan Tatar-Akbiyik (red.sign, Stuttgart)

Australien Ostküste

2. deutsche Auflage März 2012, übersetzt von *East Coast Australia 4th edition*, August 2011 Lonely Planet Publications Pty

Deutsche Ausgabe © Lonely Planet Publications Pty, März 2012

Fotos © wie angegeben

Printed in China

Titelfoto: Blick auf die Skyline der Stadt von South Head, Sydney, Carol Wiley, Lonely Planet Images